Schöningh

ZEITEN UND MENSCHEN

1

Geschichte • Kursstufe

Herausgegeben von:
Hans-Jürgen Lendzian

Autoren:
Lambert Austermann
Siegfried Bethlehem
Jörn Bodeck
Friedrich Wilhelm Bratvogel
Ulrich Bröhenhorst
Ulrike Denne
Wolfgang Emer
Andreas Gawatz
Bernd Hendig
Ulrich Henselmeyer
Helga Jung-Paarmann
Hans-Jürgen Lendzian
Christoph Andreas Marx
Felix Rengstorf
Jörg van Norden

www.schoeningh-schulbuch.de
Schöningh Verlag, Jühenplatz 1–3, 33098 Paderborn

Druck 5 4 3 2 1 / Jahr 2014 13 12 11 10
Die letzte Zahl bezeichnet das Jahr dieses Druckes.

Umschlaggestaltung: Franz-Josef Domke, Hannover
Druck und Bindung: westermann druck GmbH, Braunschweig

ISBN 978-3-14-024975-1

Arbeiten und lernen mit „Zeiten und Menschen“

Auftaktseiten: Jedes Kapitel beginnt mit einer Auftaktdoppelseite. Abbildungen, die für die Kapitelthematik repräsentativ sind, führen in Verbindung mit kurzen begleitenden Texten, die zentrale Frage- und Problemstellungen sowie die Gegenwartsbedeutung aufzeigen, in die Themengebiete ein.

Info: Darstellungstexte informieren über ereignisgeschichtliche Zusammenhänge und historische Strukturen des Kapitelthemas. Sie entfalten argumentativ zentrale Struktur- und Problemzusammenhänge und ermöglichen den Aufbau eines geordneten Basis- und Orientierungswissens.

Thema: Thematisch konzipierte Einheiten dienen der vertiefenden Beschäftigung mit relevanten historischen Problemstellungen in Anknüpfung an die jeweiligen Leitthemen des Kapitels. Facettenreiche Materialien (zentrale sprachliche Quellen und Bildquellen, Karten, Statistiken, Schaubilder, Tabellen) stellen die Grundlage für eigenständiges fachliches Lernen und systematischen Kompetenzerwerb dar.
Arbeitsanregungen, die vernetzt Bezug auch auf die Darstellungstexte nehmen, strukturieren und erleichtern die fachgerechte Erarbeitung und kritische Auseinandersetzung mit dem vielfältigen Materialangebot mit zielführendem Blick auf die ausgewiesenen thematischen Leitfragen der jeweiligen Einheit. So, wie die ausgewählten Materialien als Angebot zu verstehen sind, das jederzeit durch eigene Recherche veränder- und erweiterbar ist, stellen auch die Arbeitsaufträge Vorschläge für einen möglichen Arbeits- und Erkenntnisweg dar.

Methode: Methodenseiten (am Ende des Bandes wie auch im Kontext von Thema-Einheiten) führen in grundlegende Methoden historischen Arbeitens ein. Sie vermitteln und trainieren das systematische, fachgerechte Umgehen mit fachbezogenen Arbeitstechniken, die an den wissenschaftlichen Standards historischen Arbeitens orientiert sind. Neben Methoden, die speziell den Umgang mit Geschichte schulen, finden sich methodische Angebote, die sich die Einübung allgemeiner, fachübergreifender Schlüsselqualifikationen und Methodenkompetenz (z. B. Recherche, Präsentation) zum Ziel gesetzt haben.

Forum: Hier kommen vornehmlich Experten – Historikerinnen und Historiker, Publizisten – zu Wort. Die Analyse und kritische Auseinandersetzung mit unterschiedlichen Standpunkten der Wissenschaft und Publizistik schafft Voraussetzungen und Möglichkeiten, eigene historisch-politische Urteilsfähigkeit zu erproben, in Zustimmung und Abgrenzung eigene Standpunkte zu formulieren und eigene Perspektiven für gegenwärtiges und zukünftiges Handeln zu gewinnen. Arbeitsvorschläge helfen auch hier auf dem Weg der Erkenntnisgewinnung.

Üben – Vertiefen – Anwenden Zu jedem Kapitel gibt es am Ende unterschiedliche Arbeitsanregungen, um erworbenes Sachwissen, gewonnene Erkenntnisse sowie Urteils- und Problemkompetenz in wiederholenden und neuen Arbeitszusammenhängen anzuwenden und erlernte fachmethodische Fähigkeiten wie auch fachübergreifende Methodenkompetenz zu trainieren.
Das Klausurtraining ermöglicht anhand von Schlüsselmaterialien die Einübung der unterschiedlichen Aufgabentypen im Abitur.

Der Band ist geeignet für die vierstündige Kursstufe. Für den zweistündigen Kurs kann eine entsprechende Auswahl getroffen werden.

Inhaltsverzeichnis

Die Zerstörung der Demokratie durch den Nationalsozialismus 370

Individuum und Gesellschaft im Wandel: *Ein Projekt durchführen* 466

Methodenkompetenz für Geschichte 502

Glossar 510

Register 523

Prozesse der Modernisierung in Wirtschaft, Politik und Gesellschaft seit dem 18. Jahrhundert

„Elektrische Fee“ (Plakat für die „Allgemeine Elektricitätsgesellschaft“ von Louis Schmidt, 1888)

Aufbruch in die Moderne: Arbeiter der Lokomotivenfabrik Esslingen präsentieren ihr neuestes Modell, Baujahr 1858.

Moderne, Modernisierung, Fortschritt: Fragen und erste Antworten

In einem von Ihnen selbst moderierten Kreisgespräch können Sie auf der Grundlage der Abbildungen auf dieser Seite und der Textmaterialien auf den nächsten Seiten über die historische Leitkategorie „Modernisierung" diskutieren.

Wie definieren Historiker den Begriff „Moderne"?

Warum bezeichnen die Historiker die Zeit zwischen ca. 1750 und 1850 als „Sattelzeit"?

Wann wurde unsere Welt modern?

Was sind wesentliche charakteristische Merkmale der Modernisierungsprozesse?

Wie nehmen betroffene Zeitgenossen diese Veränderungen wahr?

Warum kann man das „lange" 19. Jahrhundert als die „Epoche der klassischen Modernisierung" bezeichnen?

Warum sehen Historiker in dem Begriff „Modernisierung" ein geeignetes universalgeschichtliches Konzept, um historische Entwicklungsprozesse zu beschreiben?

Warum ist der Begriff „Modernisierung" nicht unumstritten?

Welche zeitgenössischen Botschaften und Deutungen vermitteln die Bilder und wie beurteilen Sie diese?

Fragen, die Sie zum Beispiel erörtern könnten …

Eigene weitere Fragen ???

1. Prozesse der Modernisierung seit dem 18. Jahrhundert

Rein kalendarisch betrachtet begann das 19. Jahrhundert im Jahr 1800 und endete im Jahr 1899. In der Geschichtswissenschaft hat sich jedoch eine Epochendefinition durchgesetzt, die den inneren historischen Abläufen des Jahrhunderts eher gerecht wird. Demnach begann es 1789 mit der Französischen Revolution und endete 1914/18 mit dem Ersten Weltkrieg. Nach dieser Epochendefinition dauerte das „lange" 19. Jahrhundert also insgesamt 125 Jahre.

„Moderne". Unter diesem Begriff verstehen Wissenschaftler die fundamentalen Strukturen und Denkweisen der Epoche, in der wir leben. Das wesentliche Kennzeichen der „Moderne" ist die im Gefolge der Aufklärung verbreitete Vorstellung, dass der Mensch mithilfe seiner Vernunft die Zukunft im Sinne einer Verbesserung seines Lebens und seiner Lebensumstände gestalten könne. Diese grundlegende Denkfigur eines dem Menschen möglichen „Fortschritts" in der Geschichte umfasst vor allem die Möglichkeit der Verbesserung der materiellen Lebensumstände durch Wissenschaft und Technik, durch industrielle Produktion und Medizin, aber – nicht minder – die Verbesserung des menschlichen Zusammenlebens durch die Demokratisierung von Staat und Gesellschaft. Die Moderne ist noch gar nicht so alt. Sie entstand in den Jahrzehnten von etwa 1750 bis 1850 – ein Zeitraum, der von den Historikern als „Sattelzeit" oder „Schwellenzeit" bezeichnet wird. Diese Begriffe sollen zum Ausdruck bringen, dass in dieser Zeit in einem mächtigen, langsam kumulierenden Umwälzungsprozess gewissermaßen eine Schwelle übertreten wurde, die die traditionelle Welterfahrung des frühen Mittelalters hinter sich ließ und die „moderne" Sicht der Welt begründete. In diesen Jahren verdichteten sich die – mit einem „modernen" Begriff gesprochen – „fortschrittlichen" Elemente der Frühen Neuzeit, wie die Entdeckungen, die technischen Erfindungen oder das Denken der Aufklärung, zu einer „Doppelrevolution": zur politisch-demokratischen Revolution und zur Industriellen Revolution. Beide etwa zeitgleich sich entwickelnden Revolutionen basierten auf dem festen Glauben an und dem Willen zum vernunftgesteuerten Fortschritt. Sie transformierten zunächst Nordamerika und Westeuropa, später das übrige Europa und schließlich die ganze Welt.

„Sattelzeit": Dieser Begriff wurde von dem Historiker Reinhart Koselleck (1923–2006) für die Jahre um 1800 geprägt. Koselleck erkannte die epochale Bedeutung dieser Zeit, indem er Begriffs- und Wortbedeutungen untersuchte, die wiederum Aussagen über die Wirklichkeitserfahrung und das Denken der Menschen erlauben. Er wies nach, dass sich in den Jahrzehnten um 1800 der Bedeutungsgehalt „alter" Begriffe der Frühen Neuzeit (wie z. B. „Staat") grundlegend wandelte und neue Begriffe (z. B. die sogenannten Kollektivsingulare wie „die Geschichte", „der Fortschritt", „der Imperialismus") erfunden wurden, die wir bis heute problemlos verstehen können, während die zentralen Begriffe früherer Zeiten heute gewissermaßen einer Übersetzung bedürfen, weil uns das ihnen zugrunde liegende Denken und Fühlen ganz fremd geworden ist. Das bedeutet: Die Kennzeichen und grundlegenden gesellschaftlichen, sozialen sowie politischen Strukturen unserer „modernen" Welt haben noch gar keine so lange historische Tradition, sondern entwickelten sich im Kern erst vor etwa 200 Jahren.

Die „Moderne"
Als typische Kennzeichen der „Moderne" gelten:

- Übergang von der Agrar- zur Industriegesellschaft
- Sinkende Mortalität, Bevölkerungswachstum, Verstädterung
- Industrialisierung, Kommerzialisierung, wirtschaftliches Wachstum
- Verwissenschaftlichung, Alphabetisierung, Säkularisierung
- Bürgerliche, in Schichten oder Klassen gegliederte Gesellschaft (anstelle der Ständegesellschaft)
- Soziale Mobilität auf der Grundlage von Leistung und Besitz (anstelle der Erblichkeit)
- Zunahme der politischen Partizipation, Demokratie
- Politische Öffentlichkeit, Legitimation von Herrschaft durch Bezug auf breite Bevölkerungsschichten (Massendemokratie)

Modernisierungsprozesse. Der Prozess der Ausbreitung der Moderne verlief nicht linear, sondern in Brüchen und Phasenverschiebungen. In Deutschland etwa setzte die Industrialisierung später, in der Folge aber kräftiger ein als in England, während die Demokratisierung der politischen Systeme noch länger auf sich warten ließ. Insgesamt blieben die konservativ-monarchischen Kräfte in Deutschland im 19. Jahrhundert noch tonangebend: Ansätze einer Demokratisierung der politischen Systeme entstanden infolge der Französischen Revolution in einigen süddeutschen Staaten („Frühkonstitutionalismus"), während die preußische Staatsführung zu Beginn des 19. Jahrhunderts solche Bestrebungen mit „Reformen von oben" (s. S. 225f.) zu verhindern versuchte („konservative Modernisierung"). Die „Märzrevolution" des Jahres 1848 (s. S. 234ff.) scheiterte zwar am Widerstand monarchischer Kräfte und an vielfältigen internen Problemen, zeigte aber zugleich, dass die „moderne" Idee der Demokratie auch aus Deutschland nicht mehr wegzudenken war. Auch die Verfassung des 1871 gegründeten Deutschen Reiches (s. S. 274) blieb ambivalent: Sie enthielt noch starke monarchische Elemente, nahm aber immerhin ein fortschrittliches Wahlrecht auf. Erst 1918/19 – nach dem Ersten Weltkrieg – gelang mit der Weimarer Verfassung (s. S. 324ff.) die Errichtung eines modernen Verfassungsstaates.

Ambivalenz des Begriffs. Von Beginn an war die „Moderne" nicht unumstritten: Schon im 18. Jahrhundert sahen konservative Zeitgenossen in ihr eine Art menschlicher Hybris, den Abfall von gottgewollten Traditionen, den Sieg eines ungezügelten Materialismus über Sitte und Anstand. Heute – im 21. Jahrhundert – hat die Fortschrittsgläubigkeit des 19. und 20. Jahrhunderts wieder deutliche Risse bekommen. Die Erfahrung ökologischer Probleme, der Kehrseiten technologischer Entwicklung sowie vor allem die Erfahrung von Krieg und Gewalt zeigen, dass die Vorstellung einer „Machbarkeit von Welt" zwar Fortschritt erzeugt, das Leben aber zugleich neuen Risiken ausgesetzt und es nicht unbedingt glücklicher gemacht hat. Heute gilt die Moderne deshalb als ambivalenter Prozess; manche sehen bereits ihr Ende und den Beginn eines neuen „postmodernen" Zeitalters gekommen. Außerdem wird das Konzept der Moderne in Wissenschaft und Politik heute deshalb kritisiert, weil es das europäische Modell historischer Entwicklung als universellen Maßstab setzt und damit andere, vornehmlich außereuropäische Konzepte möglicherweise vorschnell als „unmodern" oder „vormodern" abwertet.

„Blinde Macht" (Ölgemälde von Rudolf Schlichter, 1937)

2. „Modernisierung": Theorieüberlegungen aus heutiger Perspektive

M 1 Ulrich Thamer: Zeitenwende 1800 – Der Beginn der Moderne (2002)

Friedrich von Ancillon, preußischer Minister und Prinzenerzieher, beschrieb 1828 eine Erfahrung, die viele seiner Zeitgenossen teilten und die sie beunruhigte: „Alles ist beweglich geworden oder wird beweglich gemacht; und in der Absicht [...], alles zu vervollkommnen, wird alles infrage gezogen, bezweifelt und geht einer allgemeinen Umwandlung entgegen." Die Welt war in Bewegung geraten, und die Richtung wie die Ursachen dieser permanenten Veränderung hatten andere Beobachter der Zeit schon sehr viel deutlicher (und polemischer) ausgemacht. Für den kurmärkischen Gutsherren Friedrich August Ludwig von der Marwitz, einen konservativen Widersacher Hardenbergs, war es die „Revolutionierung des Vaterlandes", „der Krieg der Besitzlosen gegen das Eigentum, der Industrie gegen den Ackerbau, des Beweglichen gegen das Stabile, des krassen Materialismus gegen die von Gott eingeführte Ordnung, des Nutzens gegen das Recht, des Individuums gegen die Familie, des Wissens und eingebildeten Talents gegen Tugend und ehrenwerten Charakter". [...]

Revolution und Umbruch als göttliche Strafe für den Abfall von der gottgewollten Tradition, das war eine verbreitete konservative Reaktion auf die vielfältigen und dramatischen Veränderungen um 1800, [...] die alle Teil jener „Entzauberung" der Welt waren, mit der Max Weber den Beginn der Moderne charakterisiert hat. Seither ist der Begriff der Moderne zu einem universalen Leitbild geworden, ist die Politik der Modernisierung zum Kriterium für moderne Herrschaft und deren Legitimation geworden. [...]

Modernisierung ist [...] zu einem Schlüsselbegriff für die „Große Erzählung" einer universalen und linearen Fortschrittsgeschichte geworden. Der Begriff soll den einmaligen Vorgang eines ungeheuer schnellen ökonomischen, sozialen, kulturellen und politischen Wandels beschreiben, der sich in den letzten zweihundert Jahren, seit der Doppelrevolution des späten 18. Jahrhunderts, nämlich der industriellen und der politisch-demokratischen Revolution, in einem kumulativen und sich wechselseitig verstärkenden Prozess zunächst in der atlantischen, westeuropäischen, dann in den übrigen europäischen Zonen und schließlich in der ganzen

Welt mit einer charakteristischen Phasenverschiebung vollzogen hat. Als Merkmale dieses Prozesses des sozialen Wandels gelten [...]: Bevölkerungsentwicklung bzw. -vermehrung durch das Sinken der Mortalität; Industrialisierung, Mechanisierung, Kommerzialisierung; Rückgang des Agrarsektors, Urbanisierung, Mobilisierung; wirtschaftliches Wachstum, technologische Innovationen, Ansteigen der Produktivität und des Masseneinkommens; schließlich im kulturellen Bereich Alphabetisierung, Säkularisierung und Verwissenschaftlichung und last but not least im politisch-institutionellen Bereich der Ausbau des zentralisierenden Verwaltungsstaates, der sich zugleich als Nationalstaat ausbildet und verfestigt, schließlich auch der Ausbau zum sozialen Interventionsstaat, der seine Tätigkeit immer mehr ausdehnt und in das Leben der Einzelnen stärker eingreift; der Wandel in der Rekrutierung der sozialen und politischen Eliten, die nicht mehr nach Prinzipien der Erblichkeit und Zuschreibung, sondern nach Leistung und Besitz erfolgt; die Zunahme der politischen Partizipation und die Einbeziehung der Massen in die Politik, was eine neue Form der Legitimität und des Konsenses herstellt; der Übergang von der ständischen zur bürgerlichen Gesellschaft. [...]

Dass diese neue Zeit, die wir seit dem 20. Jahrhundert als Moderne bezeichnen, nicht nur die Geschichte eines unendlichen, linearen Fortschritts darstellt, sondern auch eine Verlustgeschichte bedeute, war für die Anhänger der alten Ordnung ohnehin klar; der Kommentar von Marwitz verdeutlicht dies. Seit den Katastrophen des 20. Jahrhunderts wurden die Ambivalenzen und Schattenseiten des Modernisierungsprozesses überdeutlich. Nicht nur das Nebeneinander von technisch-zivilisatorischer Moderne und Barbarei als Merkmal der deutschen Gesellschaft im Zivilisationsbruch des Holocaust wurde und wird als Extremfall für die Widersprüche der Moderne sichtbar; auch hat die endgültige Durchsetzung einer modernen Industriegesellschaft das Bewusstsein für die damit verbundene Auflösung der alten Lebensformen und traditionaler Bindungen verstärkt, hat die Sorge um die Labilität der Moderne wachsen lassen. Diese und andere Erfahrungen haben in der wissenschaftlichen Diskussion dazu geführt, dass man von dem allzu fortschrittsoptimistischen Begriff der Modernisierung Abschied nimmt und dem offeneren, zur Selbstkritik und zu größerer Reflexivität neigenden Begriff der Moderne den Vorzug gibt.

(Ulrich Thamer, in: Westfalens Aufbruch in die Moderne (Ausstellungskatalog), Westfälisches Museum für Kunst und Kulturgeschichte Münster, 2002, S. 125 ff.)

M 2 Der Historiker Thomas Nipperdey zum Begriff Modernisierung und seiner Tragfähigkeit als Kategorie für historischen Wandel (1986)

Modernisierung ist ein Begriff, der in den letzten zwanzig Jahren, ausgehend von der Soziologie in den USA, zu einem Modebegriff geworden ist. Einerseits sollte der Begriff die Prozesse beschreiben, die sich bei der Übernahme der industriellen, der westlichen Zivilisation in Ländern der Dritten Welt abspielen. Andererseits wurde er zu einem Schlüsselbegriff der Universalgeschichte: Er soll den einmaligen Prozess des ungeheuer schnellen ökonomischen, sozialen, kulturellen, politischen Wandels beschreiben, der sich in den letzten zweihundert Jahren, seit der Doppelrevolution des späten 18. Jahrhunderts, der industriellen und der demokratischen Revolution, zuerst in der europäisch-atlantischen Sphäre und dann in der ganzen Welt abgespielt hat.

Modernisierung tritt an die Stelle älterer universalgeschichtlicher Begriffe, die den gleichen Vorgang zu beschreiben suchten: Aufstieg und Auflösung des Kapitalismus, industrielle Revolution, Rationalisierung, Säkularisierung, Demokratisierung, Europäisierung oder Verwestlichung. Denn offenbar ist dieser komplexe und interdependente Vorgang nicht mit Begriffen aus der Ökonomie, der Technik, der Religion, der Geistesgeschichte, der Kultur oder der Politik allein zu erfassen. Darum eben wählt man den farbloseren, aber allgemeineren und umfassenderen Begriff Modernisierung, und man kann damit bisher vernachlässigte Wandlungsprozesse – vor allem den Wandel des Staates und den Wandel der Rolle des Einzelnen im politischen, sozialen, kulturellen System – besser beschreiben. [...]

Kritik ist inzwischen auch Mode. Ich hebe drei Punkte hervor: Diesem Konglomerat von Eigenschaften fehlt ein wirklich nachgewiesener, innerer Zusammenhang, eine Ordnung, eine Hierarchie der Faktoren. [...] Wo der Sprung zwischen Tradition und Moderne zu finden ist, wird nicht gesagt. Sodann: Eine solche Beschreibung endet in einer Fülle von Dichotomien (prämodern – modern), während die historische Wirklichkeit aus Übergängen und Mischungen besteht; die Welt der Tradition ist nicht einfach statisch, die Welt der Moderne nicht einfach dynamisch, und in der Geschichte der letzten zweihundert Jahre ist beides in keiner Gesellschaft getrennt und einfach entgegengesetzt. [...] Schließlich: Das Konzept ist in Gefahr, eine bestimmte Norm, ein Ideal von Modernität anzusetzen. [...]

Trotz dieser Einwände kann man die Konzepte Modernisierung und Modernität sinnvoll benutzen. Es handelt sich um Idealtypen, die uns die Wirklichkeit präziser begreifen und erklären lassen. Der Unterschied moderner und traditionaler Gesellschaften bleibt evident. Die Gefahren, von denen die Einwände sprechen, lassen sich bei methodisch kritischem Gebrauch des idealtypischen Modells vermeiden. Und wir brauchen ein universalgeschichtliches Konzept, wenn wir die Geschichten der einzelnen Gesellschaften in den letzten zweihundert Jahren vergleichend und zusammenfassend zu dem verbinden wollen, was sie gewesen sind, zu einer Geschichte.

(Thomas Nipperdey, Nachdenken über die deutsche Geschichte, München 1986, S. 52–58)

M 3 Der Historiker Jürgen Kocka im Schlusskapitel seiner Gesamtdarstellung über „Das lange 19. Jahrhundert" in Deutschland (2001)

Theorieangebote mit synthetischem Anspruch sind knapp und tragen in der Regel nicht weit. Am ehesten kann man sich der wiederentdeckten Tragfähigkeit des Moderne-Begriffs bedienen.

Reinhart Kosellek hat das späte 18. (und frühe 19.) Jahrhundert als „Sattelzeit" analysiert, in der sich in Europa die „moderne Welt" herausbildete. Der begriffsgeschichtliche Befund aus der Zeit selbst wie theoretische Überlegungen aus heutiger Perspektive unterstützen diese Interpretation. In dieselbe Richtung weist die Denkfigur der „Doppelrevolution" um 1800. Auch Autoren, die wie Norbert Elias die Geburt der Moderne als einen langfristigen, weiter in frühere Jahrhunderte zurückreichenden Prozess beschreiben, leugnen seine Zuspitzung und Beschleunigung in der großen Zäsur des späten 18. Jahrhunderts nicht. Umgekehrt hat Detlev Peukert die Geschichte der Weimarer Republik als „Krise der klassischen Moderne" analysiert. Diese selbst müsste sich also vorher herausgebildet haben. Andere Historiker haben über die Modernität und die Modernisierungswirkung des Nationalsozialismus gestritten; als Periode der klassischen Moderne begreift ihn mit gutem Grund niemand. Aber der deutsche Nationalsozialismus ist zum Hauptbefund für die Erkenntnis geworden, dass die Moderne viele Gesichter hat und außer Fortschritt auf dem Weg der Zivilisierung den Absturz in die Barbarei bereithalten kann. [...]

Das 19. Jahrhundert als die „Epoche der klassischen Modernisierung"? Es wäre in der Tat unschwer möglich, die meisten der [...] Veränderungen – Durchsetzung der Marktwirtschaft, Industrialisierung, demografischer Übergang, Mobilitätszunahme, Territorialisierung, Konstitutionalisierung und beginnende Demokratisierung der politischen Herrschaft, die Bewegung vom Stand zur Klasse, Individualisierung, die Durchsetzung eines empirisch-analytischen Verständnisses von Wissen u. a. – mit einem Modell der Modernisierung und ihrem Resultat, der Moderne, in Verbindung zu bringen. Klassisch kann, so könnte man fortfahren, die Moderne nur in der Phase sein, in der sie sich erst entwickelte und noch längst nicht das Ganze war, wie eben im 19. Jahrhundert.

Die Faszination des Moderne-Begriffs ist ungebrochen, und sei es aus postmoderner Sicht. Es gibt keinen anderen Begriff, der eine ganze Epoche so suggestiv, assoziationsreich und kraftvoll in diachrone Prozesse langfristigen Wandels einzuspannen vermag: als gegenwärtig im Unterschied zu vorher, als neu im Unterschied zu alt, aber auch als vorübergehend und damit zukunftsbezogen, mit unterschiedlichen Füllungen und Wertungen.

(Jürgen Kocka, Das lange 19. Jahrhundert, Stuttgart (Klett-Cotta) 2001 (= Gebhardt – Handbuch der deutschen Geschichte, 10. völlig neu bearb. Aufl., Bd. 13), S. 149–153)

Auf der Schwelle zur Moderne – Politische Revolutionen: Amerika, Frankreich, Russland

Paris 1789: Sturm auf die Bastille

Die Revolutionen in Amerika und Frankreich waren ein tief greifender Einschnitt in der Geschichte. Die Zeitgenossen spalteten sich in zwei Lager: Die einen interpretierten die Ereignisse als teuflische Vorboten des Jüngsten Gerichts, weil – so ihre Sicht der Dinge – die Revolutionäre die traditionelle göttliche Ordnung von Staat und Gesellschaft zerstören wollten. Die anderen glaubten, im Kampf für Freiheit, Gleichheit und Brüderlichkeit und gegen die alten Mächte des Absolutismus, der ständischen Gesellschaft und des Feudalismus eine Zeitwende mitzuerleben und mitzugestalten. Symbole der Revolutionen waren das Feuer, das die Throne der Könige vernichtete, sowie die Göttin der Freiheit, die für eine neue, bessere Zeit stand. Die Revolutionen der „Sattelzeit" um 1800 gelten in vielerlei Hinsicht als die Geburtsstunde unserer modernen Welt.

Wie in der Französischen Revolution stürzten ca. 125 Jahre später auch die russischen Revolutionäre die Monarchie. Mit ihren kommunistischen und sozialistischen Revolutionsidealen strebten sie jedoch einen anderen, neuen Weg in die moderne Welt des 20. Jahrhunderts an. Es entstand eine neuartige Gesellschafts- und Wirtschaftsordnung, die beanspruchte, eine bessere Alternative zu den kapitalistisch wirtschaftenden, parlamentarischen Demokratien des Westens zu sein. Bessere Alternative oder nicht? Tatsache ist, dass die Idee der sozialistischen Revolution als Weg in die Moderne die internationale Politik des 20. Jahrhunderts und den Zustand der heutigen Welt entscheidend geprägt hat.

Freiheitsstatue, New York

Die Zeitenwende: Als Startschuss für eine lichte Zukunft projiziert dieses Diorama den Sturm auf das Winterpalais. Es spiegelt nicht die historische Wirklichkeit wider, sondern die offizielle Version des Umsturzes vom Oktober 1917.

Die Modernisierungsrevolutionen

Die Bedeutung der Revolutionen

Als Scheitelpunkt der Umwälzung zur Moderne kann das Jahr 1789 gelten – das Jahr, in dem die Französische Revolution den Absolutismus besiegte und durch eine konstitutionelle Monarchie ersetzte. Während viele diese Revolution kennen, ist eine zweite nur wenigen vertraut: Die politisch-demokratische Revolution beschränkte sich nicht auf Frankreich; in Amerika war wenige Jahre zuvor im Unabhängigkeitskrieg die erste moderne Republik entstanden.

Nationale und welthistorische Bedeutung. Beide Revolutionen nehmen im Selbstbild „ihrer" Nationen einen herausragenden Stellenwert ein. Die unter Opfern erkämpfte und durch die revolutionäre Aktion erst geschaffene Nation bildet den Kern des historischen Selbstverständnisses der USA und Frankreichs. Diese Revolutionen gelten als „großer" Akt bürgerlicher Selbstbefreiung.
Zugleich haben sie eine umfassende Wirkung von welthistorischer Bedeutung entfaltet. Sie verhalfen der bereits zuvor in vielen gesellschaftlichen Bereichen angelegten Moderne zum Durchbruch und gelten seitdem als verallgemeinerbares Modell moderner Nationalstaatsbildung. Ihre zentralen Errungenschaften – wie die Menschenrechte, die Gründung der Nation auf dem Prinzip der Volkssouveränität, der Aufbau eines effektiven Verwaltungs- und Rechtsstaates oder die Prinzipien einer demokratischen Verfassungsordnung – sind heute weithin als Grundpfeiler demokratischer Nationalstaaten anerkannt. Es war die Französische Revolution, die diese in der Amerikanischen Revolution angelegten Prinzipien radikalisierte und dazu beitrug, dass sie in Europa und darüber hinaus verbreitet wurden.

Absolutismus: Monarchische Regierungsform in Europa im 17. und 18. Jahrhundert, in der der Herrscher „von Gottes Gnaden" ohne Mitwirkung der Stände oder eines Parlaments die ungeteilte Staatsgewalt hatte, die durch keine Gesetze beschränkt war.

Konstitutionelle Monarchie: Staatsform, in der der regierende Monarch an eine Verfassung gebunden ist. Das Parlament hat in der Regel eingeschränkte Gestaltungsmöglichkeiten.

Republik: Eine Staatsform, in der das Volk die souveräne Macht ausübt und deren oberstes Staatsorgan nur auf Zeit bestellt bzw. gewählt wird. Seit der Französischen Revolution wird die Bezeichnung für die von der Monarchie grundsätzlich verschiedene Staatsform gebraucht.

Unterschiedliche Interpretationen

Modernisierungsrevolutionen. Wegen ihres engen Zusammenhangs mit der Durchsetzung der Moderne hat sich heute weithin – und so auch in dieser Darstellung – die zusammenfassende Bezeichnung „Modernisierungsrevolutionen" durchgesetzt. Allerdings hat diese begriffliche Interpretation auch Unzulänglichkeiten: Neben den Schwächen des Begriffs „Moderne" (s. S. 10f.) muss nämlich fraglich bleiben, ob die Modernisierungsprozesse nicht schon viel früher und nachhaltiger auf anderen Gebieten, etwa der Philosophie, der Kultur, der Gesellschaft und der Wirtschaft, einsetzten und ob sie sich nicht auch ohne die Revolutionen durchgesetzt hätten.
Nachdenklich stimmt auch, dass manche revolutionären Triebkräfte eher aus einer Abneigung gegen die Moderne gespeist wurden und regelrecht antimoderne Züge trugen. Dies gilt zum Beispiel für die Sehnsucht der nach Amerika ausgewanderten Puritaner (s. S. 22) nach einem unverfälscht ursprünglichen Leben auf dem Lande.

Bürgerliche Revolutionen. Wissenschaftshistorisch älter ist die zusammenfassende Bezeichnung „bürgerliche Revolutionen" – eine allerdings schillernde Begrifflichkeit, die in der französischen Unterscheidung zwischen dem „citoyen" als politisch aktivem Staatsbürger und dem „bourgeois" als dem wohlhabenden Angehörigen des Bürgertums besonders augenfällig zum Ausdruck kommt.
Einerseits hebt also die Bezeichnung „bürgerliche Revolutionen" auf die Erschütterung des monarchischen Prinzips und die Durchsetzung politischer Mitwirkungsrechte für die politisch aktiven Staatsbürger ab, die sicherlich zu den herausragenden Ergebnissen der Revolutionen gehören. In Frankreich führte dieser Prozess schnell vom Zensus- zum allgemeinen Wahlrecht, auch wenn dieses später wieder zurückgenommen wurde. In Amerika war das Wahlrecht von vornherein eher im Sinne einer ursprünglichen, direkten Demokratie dem Prinzip der sozialen Gleichheit verpflichtet. In beiden Revo-

Bürger: Seit dem 18. Jahrhundert Angehörige einer Bevölkerungsschicht, die sich auf der einen Seite von den mit Vorrechten ausgestatteten Ständen des Adels und der Geistlichkeit unterscheidet, auf der anderen Seite auch von Bauern und städtischen Unterschichten strikt abhebt. Kennzeichen der Bürger sind Besitz, Bildung und Orientierung am Leistungsprinzip.

lutionen blieb es jedoch bei einem reinen Männerwahlrecht; Frauen blieben von politischer Mitwirkung zumindest in formaler Hinsicht ausgeschlossen.
Andererseits zielt die Bezeichnung „bürgerliche Revolutionen" aber auch auf die Rolle des Bürgertums als sozialer Trägerschicht der Revolutionen. Besonders die marxistische Geschichtswissenschaft hat diesen Begriff in Abgrenzung zu späteren „proletarischen Revolutionen" wie der russischen Oktoberrevolution (1917) genutzt. Danach soll der Begriff „bürgerliche Revolution" den Übergang von der Epoche des „Feudalismus", auf dem Besitz an Grund und Boden beruhend, zum „Kapitalismus" und – damit verbunden – den Sturz des Adels durch das Bürgertum bezeichnen. Diese Interpretation hebt die Bedeutung des aufgeklärten Bürgertums hervor, übersieht jedoch dessen innere Vielschichtigkeit ebenso wie die Rolle anderer sozialer Gruppen. Der amerikanische Unabhängigkeitskrieg z. B. war getragen von der breiten Schicht der selbstständigen Siedler und Bauern – die kaum als Bürgertum im europäischen Sinne bezeichnet werden kann.

Proletariat: Der Begriff umfasste im Denken des Marxismus alle Arbeiter, die nur ihre Arbeitskraft besaßen und über keinerlei Besitz an Boden, Kapital, Maschinen oder Fabriken verfügten. Deren Besitzer wurden „Bourgeoisie" genannt. Das Wirtschaftssystem war das des Kapitalismus.

Dynamik der Revolution

Der Revolutionsbegriff. In besonderer Weise stand und steht die Französische Revolution als Modell für eine Form des beschleunigten und umwälzenden historischen Wandels. Der Begriff „Revolution" wurde an ihrem Beispiel entwickelt und – in Übereinstimmung oder Abgrenzung – auf andere „Revolutionen", wie z. B. die russische Oktoberrevolution 1917, die Novemberrevolution in Deutschland 1918/19 oder die sogenannten friedlichen Revolutionen 1989/90 in Osteuropa übertragen.
So bildet die Französische Revolution gewissermaßen das Modell einer „Revolution". Erst im Nachhinein wurde auch die Amerikanische Revolution nach französischem Vorbild überhaupt als „Revolution" klassifiziert.
Dafür spricht trotz aller Unterschiede, dass die Revolutionen eine Übereinstimmung im Ablauf und in der Abfolge bestimmter revolutionärer Phasen aufweisen. In beiden Revolutionen spielte die Eigendynamik der Ereignisse eine oft unterschätzte Rolle. Manche Maßnahmen und Entwicklungen, die den sinnvollen Interessen der Beteiligten zu widersprechen scheinen, sind nur vor ihrem Hintergrund nachvollziehbar.

Ablauf und Phasen der Revolution. Auffällig ist zunächst, dass beiden Revolutionen eine Art Vorbereitungshase, eine „revolutionäre Situation" vorausging. Diese Phase war jeweils gekennzeichnet durch einen grundlegenden Ansehensverlust des herrschenden Regimes. Dieser Ansehensverlust trug macht- und finanzpolitische sowie auch moralische Züge: Beide Revolutionen sind durch die Vorstellung der eigenen moralischen Überle-

„Revolution" (lat. „revolutio" = Umwälzung)
Im vormodernen Sprachgebrauch verstand man unter „Revolution" die ständige, kreisförmige Umdrehung der Planeten um die Sonne. Im modernen Sprachgebrauch bezeichnet „Revolution" nach dem Modell der Französischen Revolution den Prozess einer beschleunigten Umwälzung bestehender Herrschaftsverhältnisse. In der Geschichtswissenschaft gibt es keine allgemeingültige Definition. Diskutiert werden – in unterschiedlicher Gewichtung – folgende Elemente:
Vorrevolutionäre Bedingungen:
- Autoritätsverlust der alten Führungsschichten und -gruppen
- Existenz einer gesellschaftlich bedeutenden, aber bis dahin politisch unterdrückten Bevölkerungsschicht als Trägerin der Revolution

Verlauf der Revolution:
- Bewusstes und zielgerichtetes Handeln der revolutionären Gruppen
- Entmachtung der alten Führungsgruppen gegen deren Widerstand und ggf. mit Gewalt
- Beschleunigte Abfolge von Ereignissen

Ergebnis der Revolution:
- Umwälzung der Gesellschaftsordnung (bisher unterdrückte werden zu herrschenden Schichten, Klassen oder Gruppen)
- Fundamental neue politische und staatliche Strukturen
- Verändertes Normensystem

In Abgrenzung zur „Revolution" sind folgende Begriffe zu sehen: **Reform** (schrittweise Modernisierung in Teilbereichen des Staates oder der Gesellschaft) sowie **Revolte** (Umsturz durch eine Minderheit).

„Die Unterdrückung des Dritten Standes" (satirisches Flugblatt aus Frankreich, 1789)

genheit der Revolutionäre über die als bestechlich, abgewirtschaftet oder verbrecherisch eingestuften Regime gekennzeichnet. Dazu hatten vor allem kulturelle und gesellschaftliche Veränderungsprozesse beigetragen, die lange vor den Revolutionen eingesetzt hatten. Aufgrund der Aufklärung wurde das „Gottesgnadentum" nicht mehr fraglos hingenommen. Stattdessen setzte sich das Bild eines neuen, selbstbestimmten Menschen durch (s. S. 21). So war es ein weiteres Kennzeichen der „revolutionären Situation", dass dem verhassten Regime eine konkrete Utopie gegenüberstand, die die Revolution rechtfertigte und zugleich eine Alternative zur bisherigen Staatsform darstellte.

Im Ablauf der eigentlichen Revolutionen zeigt sich weiter ein gemeinsames Muster typischer Phasen, das sich mit den Begriffen Befreiung – Radikalisierung – Reaktion beschreiben lässt. Zu Anfang standen Aktivitäten der – teils realen, teils auch primär symbolischen – Befreiung von Herrschaftsstrukturen im Vordergrund der revolutionären Erhebung. In diese Phase fielen die zentralen dauerhaften Errungenschaften der Amerikanischen und der Französischen Revolution, die sich in den „großen", weltgeschichtlich bedeutenden Dokumenten der Unabhängigkeitserklärung (s. S. 42 f.) und der Erklärung der Menschenrechte (s. S. 71) niederschlugen. Wie sehr die Revolution sich dann in einer zweiten Phase radikalisierte, scheint neben der Reichweite der von den Trägergruppen der Revolution verfolgten Ziele vor allem von der Intensität des Widerstands abhängig gewesen zu sein, den das Regime der Revolution entgegenstellte.

In der Amerikanischen Revolution fiel die Radikalisierungsphase am schwächsten aus, weil der – räumlich weit entfernte – englische König nach dem einmal errungenen Sieg über die Kolonialtruppen keine Gefahr mehr darstellte und die Revolution ihr Programm ungefährdet umsetzen konnte.

Die Erklärung der Menschenrechte 1789: Die Frau mit dem heiligen Feuer ist Sinnbild der Vernunft, der Farbige ist Symbol der Gleichheit der Menschen.

Zeitgenössischer Stich zum Vertrauen in die Verfassung der USA

In Frankreich hingegen geriet die Revolution massiv unter Druck. Anders als im gesellschaftlich und sozial eher gleichförmigen Amerika führten die tiefen sozialen Unterschiede in Frankreich – zusammen mit dem Gegensatz zwischen der Hauptstadt Paris und den Provinzen – zu sehr gegensätzlichen Interessen. Die Revolution wurde von außen durch die gegnerischen Mächte bedroht, im Inneren stießen soziale Gegensätze aufeinander. Beides stellte die Revolution vor eine gewaltige Herausforderung und führte sie schließlich in eine besonders ausgeprägte Radikalisierungsphase.

Dauerhaftigkeit der Revolution. Die relativ hohe Einheitlichkeit der sozialen und politischen Interessen in der Amerikanischen Revolution verhalf ihr – im Vergleich zur Französischen Revolution – nicht nur zu einem gemäßigten Verlauf, sondern auch zu einer hohen Dauerhaftigkeit ihrer Ergebnisse.
Dagegen schlossen sich im Verlauf der Französischen Revolution an die radikale Phase eine Zeit autoritärer Herrschaft und dann schließlich die Wiederherstellung der Monarchie an. Diese Rückkehr der Monarchie war allerdings nicht von Dauer: Die Ergebnisse der Revolutionen erwiesen sich als unumkehrbar.

Die Amerikanische Revolution

Die Freiheitsstatue im New Yorker Hafen auf Liberty Island. Sie ist ein Geschenk Frankreichs an die USA anlässlich der Hundertjahrfeier der Unabhängigkeitserklärung von 1776. Eingeweiht am 28. Oktober 1886, „begrüßt" die Freiheitsgöttin seitdem alle ankommenden Besucher, Einwanderer oder Rückkehrer nach Amerika.

Denkmäler haben eine symbolische Funktion. Sie veranschaulichen Herrschaft, sie würdigen oder verherrlichen Persönlichkeiten oder sie sind Abbilder großer Ideen. Die Freiheitsstatue verkörpert das amerikanische Selbstverständnis, wie es sich in der Revolution Bahn brach: Amerika ist das Land der Freiheit, das den bedrängten Menschen der Welt offensteht und ihnen ein Leben in Wohlstand und Freiheit ermöglicht.

In den Jahren 1775 bis 1783 lösten sich im Unabhängigkeitskrieg die englischen Kolonien in Amerika vom englischen Mutterland. In Amerika entstand ein neuer Staat: die Vereinigten Staaten von Amerika (USA). Nach gut 200 Jahren der Besiedlung Nordamerikas erklärten die 13 Gründungskolonien 1776 ihre Unabhängigkeit. 1789 wurde die neue Republik Realität, mit einer eigenen Verfassung und dem ersten Präsidenten, George Washington.
Für die Vorgänge im amerikanischen Unabhängigkeitskrieg hat sich – obwohl umstritten – die Bezeichnung „Amerikanische Revolution" durchgesetzt. Zwar fehlten typische Merkmale einer Revolution: ein Wechsel der politischen Eliten sowie der Sturz einer veralteten Gesellschaftsordnung. Für diesen Begriff spricht jedoch, dass die amerikanischen Siedler nicht nur einen Krieg für ihre Unabhängigkeit und gegen eine ihnen fremde Macht führten, sondern zugleich auch die aus England überkommene politische Verfassung mit einem gezielten Programm stürzten und durch völlig neue Machtstrukturen ersetzten.
Diese große Revolution der Moderne vollzog sich somit in zwei Phasen: (1) In einer „Unabhängigkeitsrevolution" lösten sich die amerikanischen Siedler vom englischen Mutterland. (2) In einer „Verfassungsrevolution" errichteten sie den ersten – im modernen Sinne – demokratischen Staat der Weltgeschichte.
Die Amerikanische Revolution war inspiriert durch die Ideen der europäischen Aufklärung und sie wirkte nach Europa zurück. Sie erbrachte den Beweis, dass eine Republik möglich war, erschütterte damit die monarchischen Ordnungen auf dem europäischen Kontinent und beschleunigte die Entwicklung zur Französischen Revolution.
Mit der Staatsgründung der USA war die erste Phase der Landnahme abgeschlossen. Der neue Staat begnügte sich jedoch nicht mit dem Gebiet der 13 Gründungsstaaten. Das 19. Jahrhundert wurde die Zeit der großen Ausdehnung nach Westen bis zum Pazifik bzw. zum Ufer des Rio Grande. Die USA fühlten sich auserwählt, ihre Ideale auf dem Kontinent und schließlich darüber hinaus auszubreiten.

Datentafel	
1607:	Jamestown: Die erste englische Siedlung in Amerika wird gegründet.
1620:	Ankunft der „Mayflower": Die puritanischen Pilgerväter landen am 25.12. bei Cape Cod (in der Nähe des heutigen Boston).
1754–1763:	„French and Indian War"
1775:	Unabhängigkeitskrieg zwischen England und seinen Kolonien; George Washington wird Oberbefehlshaber der amerikanischen Truppen.
1776:	Unabhängigkeitserklärung: Am 4. Juli verkünden die 13 englischen Kolonien ihre Unabhängigkeit als Vereinigte Staaten von Amerika.
1781:	Ende des Unabhängigkeitskrieges: Die britischen Truppen kapitulieren (Friedensschluss 1783).
1788:	Inkraftsetzung der amerikanischen Verfassung zum 4.3.1789
1789:	Bill of Rights: Die Verfassung wird ergänzt durch Grundrechte (1.– 10. Verfassungszusatz). George Washington wird erster Präsident.
1861–1865:	Bürgerkrieg zwischen den Süd- und Nordstaaten: Die Nordstaaten unter Präsident Abraham Lincoln siegen. Die Sklaverei wird verboten. Die Einheit der USA ist gesichert.
1890:	Die Eroberung des amerikanischen Westens ist abgeschlossen.
1898:	Sieg der USA im spanisch-amerikanischen Krieg
1899/1900:	„Politik der offenen Tür" in China
1901–1909:	Intervention der USA in Lateinamerika

Freiheitsstatue: Mit einem Fuß steht die Freiheitsgöttin auf zerbrochenen Ketten, die Zwangsherrschaft und Unterdrückung ausdrücken. Sie hält in ihrer linken Hand eine Tafel mit dem Datum der amerikanischen Unabhängigkeitserklärung. In ihrer erhobenen rechten Hand leuchtet eine Fackel mit einer goldbeschichteten Flamme. Diese symbolisiert die Erleuchtung der Welt. Die siebenstrahlige Krone versinnbildlicht die sieben Meere.

Aufklärung: Seit Ende des 17. Jahrhunderts von England und Frankreich ausgehende Denkrichtung, nach der die vernünftige Natur des Menschen einen obersten Weg darstellt. Im Lichte der Vernunft sollen traditionelle Wahrheiten überprüft werden – in Wissenschaft und Religion, Staat und Gesellschaft. Aufgrund seiner vernünftigen Natur sollte jeder Mensch geachtet und als Persönlichkeit respektiert werden. Jedem Menschen sollen gleiche Freiheitsrechte eingeräumt werden. Er soll sich kraft seines Verstandes von Bevormundung befreien, z. B. von einer absoluten Herrschaft.

Die USA – von der Kolonie zur Nation

1. Die Vorgeschichte der Revolution

Besiedlung und Kolonisation des nordamerikanischen Kontinents

Aufbruch in die Neue Welt: Die Pilgerväter begeben sich an Bord der „Mayflower", um in Amerika eine neue Heimat zu finden (Zeichnung).

Europäische Wurzeln. Amerika wurde durch die Einwanderung aus Europa geprägt. Seit dem Beginn des 16. Jahrhunderts richtete sich das Interesse der seefahrenden europäischen Großmächte auf die kolonialpolitische Nutzung Nordamerikas. Während Spanien und Frankreich Handelsstützpunkte errichteten, betrieb England den Bau fester Siedlungen. Seit dem frühen 17. Jahrhundert begann die zunehmende Besiedlung Nordamerikas durch englische Auswanderer. Als erste dauerhafte Niederlassung gilt das 1607 gegründete, nach dem englischen König James benannte Jamestown, die Keimzelle der späteren Kolonie Virginia.

Die Motive der europäischen Auswanderer waren vielfältig. Neben materieller Not und der Hoffnung auf bessere Lebensverhältnisse spielte vor allem religiöse Verfolgung eine wichtige Rolle. Sie bildete auch das entscheidende Motiv der „Pilgerväter", einer Gruppe von Puritanern, die mit ihrem Schiff, der „Mayflower", am 25. Dezember 1620 an der amerikanischen Küste landete und die Kolonie „Plymouth Plantation" gründete. Bereits 1630 erweiterte sich diese Gründung zur puritanischen Kolonie Massachusetts. Die „Pilgerväter" wollten einen religiösen Musterstaat auf biblischer Grundlage errichten.

Puritaner: Bezeichnung für Mitglieder einer kirchlichen Reformbewegung in England in der Mitte des 16. Jahrhunderts. Sie traten für die Trennung von Staat und Kirche ein, befürworteten Toleranz und Gewissensfreiheit. Folglich gerieten sie immer wieder in Konflikte mit der anglikanischen Kirche, deren Hierarchie sie ablehnten. An der Spitze ihrer Gemeinden sollten gewählte Vertreter stehen, die Kirchenältesten oder Presbyter. Sie strebten insgesamt nach einem einfachen, gottgefälligen Leben.

In der Folgezeit entstanden aus weiteren Siedlungen die ersten 13 englischen Kolonien in Nordamerika. Diese waren von großer Vielfalt. Sie unterschieden sich nach Siedlungsformen, nach rechtlichen Konstruktionen sowie hinsichtlich ihrer klimatischen Bedingungen. Sie wiesen zudem große Differenzen der Konfessionen auf: Neben den Puritanern in Neu-England spielten in den Südstaaten Katholiken und andernorts weitere religiöse Gruppen eine wichtige Rolle.

Wirtschaft und Gesellschaft in den Kolonien. Die ersten Siedler waren denkbar schlecht vorbereitet auf Siedlungstätigkeiten. Es taten sich große wirtschaftliche Schwierigkeiten auf, die in der Frühzeit oft zur Aufgabe der Siedlungen zwangen. Im Laufe des 17. Jahrhunderts entstanden jedoch zunehmend ertragreiche Produktionsgrundlagen: In den nördlichen Kolonien herrschte die Farmwirtschaft mit Getreide- und Maisanbau vor, die vorwiegend für den Eigenbedarf produzierte. Handel und handwerkliches Gewerbe entwickelten sich vor allem in den mittleren Kolonien, wo günstige Küstenverhältnisse die Entstehung von Häfen förderten (Boston, New York, Philadelphia). In den südlichen Kolonien etablierte sich die Plantagenwirtschaft (Tabak, Baumwolle), die zunehmend mit Sklaven afrikanischer Herkunft betrieben wurde.

Verlierer dieser Entwicklung waren langfristig die indianischen Bewohner. Als die ersten Siedler amerikanischen Boden betraten, stießen sie keineswegs auf leere, feindliche Wildnis, sondern auf Indianerstämme, die das Land bewirtschafteten. Ohne die Hilfe

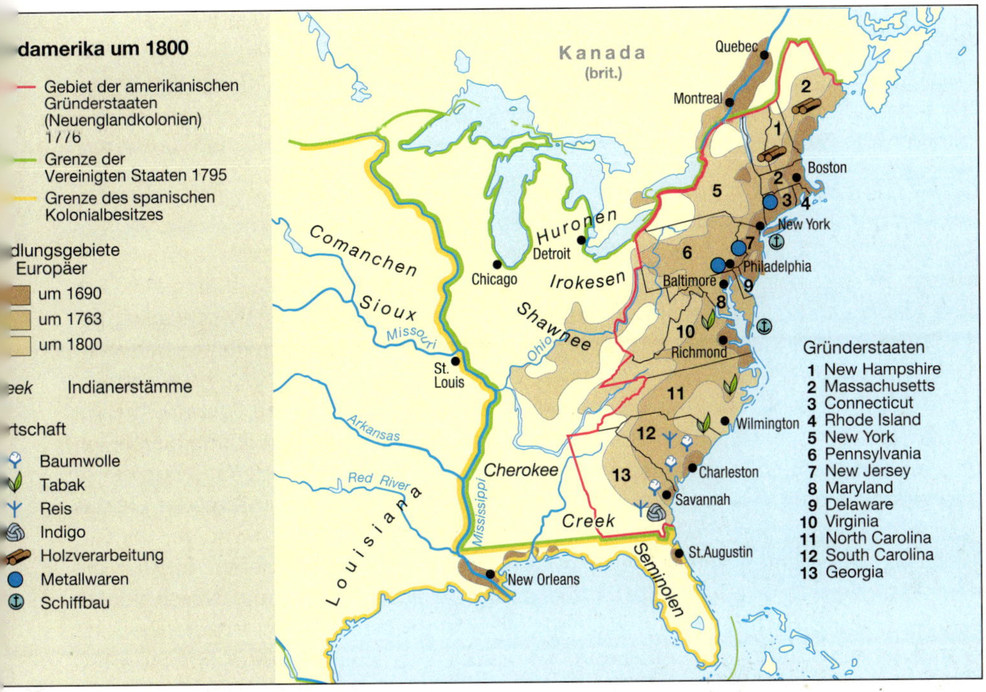

http://www.mayflowerhistory.com/History/history.php
Umfangreiche und sehr anschauliche Sammlung von schriftlichen und bildlichen Quellen sowie Darstellungen zur Geschichte der Mayflower (privater Anbieter)

der benachbarten Indianer hätten die Siedler die ersten Jahre kaum überstehen können. Die indianischen Urbewohner spielten deshalb für die Erhaltung der ersten Siedlerkolonien eine zentrale Rolle.

Während das Verhältnis der europäischen Einwanderer zu den indianischen Urbewohnern Nordamerikas zunächst von Kooperation und Freundschaftlichkeit geprägt war, schlug dieses Verhältnis in der Folgezeit mit der Ausbreitung der europäischen Siedlungen in erbitterte Konflikte, Verfolgungen und Vertreibungen um. Neben Toleranz und Vielfalt stand somit von Anfang an die Ausgrenzung von Minderheiten.

Innerhalb der weißen Gesellschaft bildete sich in den nordamerikanischen Kolonien eine Gesellschaft heraus, die nicht unter materieller Not oder Mangelerscheinungen litt. Es gab keine Privilegien der Stände und der Herkunft. Der Lebensstandard war besser als in den europäischen Ländern. Es gab reichlich Grund und Boden. Die Verfügbarkeit von Boden und der Arbeitskräftemangel schufen eine hohe Dynamik. Die Löhne waren hoch. Soziale Ungleichheit wurde hingenommen, da die wirtschaftlichen Verhältnisse insgesamt gesichert waren und die freie männliche Bevölkerung über gleiche politische Rechte verfügte. Die Sozialstruktur war insgesamt homogen. Es dominierte eine breite Mittelschicht von unabhängigen, kleinen Agrarproduzenten. Dadurch entstand eine „Mittelstandsgesellschaft" – ohne feste Gesellschaftsordnung, ohne Obrigkeit, geprägt durch Selbstverwaltung, mit großen Chancen auf individuellen Reichtum.

Durch Vermehrung und Einwanderung stieg die Zahl der weißen Bevölkerung rasch an. Sie wuchs von 2000 Personen im Jahr 1620 auf etwa 2,5 Mio. Einwohner im Jahr 1776. Die Bevölkerungszunahme hatte zwei wichtige Folgen: Sie förderte die Verstädterung und die Siedlungsexpansion. In der Gesellschaft und im politischen Leben führend waren die „freemen" (freie Landbesitzer). Den starken Bedarf an Arbeitskräften deckten viele Einwanderer, die sich zur Finanzierung ihrer Überfahrtskosten zu mehrjährigen Diensten verpflichtet hatten und erst nach drei oder fünf Jahren den Status von Freien erhielten. Sklaven afrikanischer Herkunft arbeiteten vor allem auf den Plantagen des Südens, sie erreichten bis 1776 einen Bevölkerungsanteil von etwa 20 %. Die einheimischen indianischen Völker, die in nomadischen Kulturen lebten und ein Eigentum an Grund und Boden nicht kannten, wurden unterworfen, getötet oder nach Westen abgedrängt.

http://www.indianer-web.de/index.html
http://www.indianer.de
Umfangreiche private Sites zur Geschichte und Lebensweise der Indianer
http://bancroft.berkeley.edu/Exhibits/nativeamericans/
Digitale Bildersammlung zur Geschichte der Indianer

Vorrevolutionäre Bedingungen

Einer Revolution geht eine Vorbereitungsphase voraus, sie entsteht nicht ohne Vorankündigung. In den Kolonien vollzog sich ein grundlegender Ansehensverlust des englischen Mutterlandes, gespeist aus machtpolitischen und wirtschaftlichen Interessengegensätzen.

„French and Indian War“: Krieg zwischen den englischen und französischen Kolonien, Niederlage Frankreichs; im Frieden von Paris (1763) verliert es seine nordamerikanischen Besitzungen an England bzw. Spanien (Louisiana westlich des Mississippi), nur New Orleans bleibt französisch.

Die Entfremdung vom Mutterland. Bis 1763 hatte sich die britische Regierung nur wenig in die inneren Angelegenheiten ihrer 13 nordamerikanischen Kolonien eingemischt. Sie betrieb eine Politik des wohlwollenden Gewährenlassens. Nach dem Sieg über Frankreich im „French and Indian War“ (1754–1763) um die Vorherrschaft auf dem nordamerikanischen Kontinent folgte rasch eine Entfremdung zwischen den amerikanischen Kolonien und dem englischen Mutterland.
Den Hintergrund bildeten entgegengesetzte Schlussfolgerungen aus dem Sieg über Frankreich: Die amerikanischen Siedler hofften, sich nun ungehindert auf dem amerikanischen Kontinent entfalten zu können, während das englische Mutterland darauf bedacht war, die enormen Kosten des Krieges aus den Kolonien zu erwirtschaften. Daraus resultierte der Anspruch des englischen Mutterlandes, die Kolonien davon abzuhalten, Industrien zu errichten, durch die sie mit England in Konkurrenz treten würden. Die Kolonien sollten vor allem als Rohstoffquellen und Absatzmärkte für englische Produkte dienen. England dachte, es sei legitim von den Kolonien Leistungen einzufordern, da sich diese dem Mutterland unterzuordnen hätten. Aus amerikanischer Sicht wurden Regeln verletzt, die sich über Jahrzehnte in den Kolonien entwickelt hatten.

2. Die Revolution

Der Verlauf der Revolution

Eine vorrevolutionäre Situation führt zu offenen, häufig gewalttätigen Auseinandersetzungen, wenn neben spontanen Aktionen Führungsgruppen zielgerichtet handeln.

Widerstand gegen die Stempelakte im August 1765 (Stich von Daniel Chodowicki)

Die „Unabhängigkeitsrevolution“	
1764:	Zuckergesetz: Das britische Parlament beschließt die Erhebung von Einfuhrzöllen auf Zucker, Textilien, Kaffee, Wein; Protest in Neuengland.
1765:	Stempelsteuergesetz: Das britische Parlament beschließt Gebühren auf die Ausstellung von Urkunden sowie Abgaben auf Zeitungen, Druckschriften, Spielkarten und Würfel. Auf einem Kongress in New York erklären Vertreter von neun Kolonien, das britische Parlament sei für solche Maßnahmen nicht zuständig; Boykott britischer Importe.
1766:	Aufhebung des Stempelsteuergesetzes
1768:	Neue Einfuhrzölle auf Glas, Farbe, Papier und Tee
1770:	„Boston Massaker“: Fünf Tote bei Zusammenstößen zwischen Siedlern und britischen Truppen; Aufhebung aller Zölle außer auf Tee
1773:	„Boston Tea Party“: Als Indianer verkleidete Siedler werfen die Teeladung eines englischen Schiffes ins Wasser.
1774:	Strafmaßnahmen des britischen Parlaments, u. a. Schließung des Bostoner Hafens **5.9.–26.10.:** Erster Kontinentalkongress in Philadelphia – 56 Delegierte aus allen Kolonien (außer Georgia) beschließen Widerstandsmaßnahmen.

1775:	Beginn des Unabhängigkeitskrieges **10.5.:** Zweiter Kontinentalkongress in Philadelphia erklärt den Verteidigungszustand und ernennt George Washington zum Oberbefehlshaber der amerikanischen Truppen.
1776:	**10.1.:** Thomas Paine fordert in der Flugschrift „Common Sense" die Unabhängigkeit von England. **4.7.:** Der Zweite Kontinentalkongress verabschiedet die im Wesentlichen von Thomas Jefferson formulierte Unabhängigkeitserklärung.
19.10.1781:	Kapitulation der britischen Truppen nach der Schlacht von Yorktown (Virginia)
1783:	Frieden von Paris: Anerkennung der Souveränität der Vereinigten Staaten

Thomas Jefferson (1743–1826): Anwalt, Gutsbesitzer (Sklavenhalter); Abgeordneter in Virginia; 1775 Delegierter des Kontinentalkongresses; Verfasser der Unabhängigkeitserklärung von 1776; 1789 Außenminister unter Präsident Washington; 1801–1809 Präsident der USA

Der Steuerstreit als Anlass. Dieser schwelende Konflikt entlud sich an der Frage von Steuern und Abgaben. Englische Forderungen nach Einfuhrzöllen und Abgaben riefen den Widerstand der amerikanischen Siedler hervor. Sie lehnten die Abgaben mit dem Argument ab, dass die Amerikaner selbst nicht im britischen Parlament vertreten seien. Mit ihrer Devise „No taxation without representation", also keine Erhebung von Steuern ohne Zustimmung der Besteuerten, beriefen sich die Kolonisten auf alte englische Freiheitsrechte in der Tradition der englischen Parlamentsgeschichte und der „Glorious Revolution". Andererseits hatten sie so etwas wie eine eigene Identität entwickelt, die sie gemeinsame wirtschaftliche und politische Interessen vertreten ließ. Sie widersetzten sich dem Eingriff des Mutterlandes in ihre innenpolitische Autonomie und ihre Selbstverwaltung. Dieser Konflikt um Expansion, Mitsprache und Wahrung alter Freiheitsrechte bildete die wesentliche Ursache der Revolution.
Radikale Siedler, wie Samuel Adams (1722–1803), verfassten Protestschriften und riefen zum Boykott englischer Waren auf. Repräsentanten der Kolonien schlossen sich in Komitees zusammen, um ihren Forderungen Nachdruck zu verleihen. Ein Wechselspiel von englischen Vorstößen, begrenzten Rückzügen und Unklarheiten ließ den Konflikt zwischen den Bürgern und englischen Truppen eskalieren.
Als dann radikale Siedler im Bostoner Hafen eine Teeladung von einem englischen Schiff ins Wasser warfen, reagierte das britische Parlament mit harten Strafmaßnahmen und entsandte zusätzliche Truppen.
Auf dem „Ersten Kontinentalkongress" in Philadelphia erklärten die kolonialen Delegierten die englischen Steuergesetze für ungültig und verfügten die Unterbindung des Handels mit England. Obwohl auch in England selbst manche Politiker zur Mäßigung aufriefen, setzten das britische Parlament und der englische König ihren harten Konfrontationskurs fort. Daraufhin beschlossen die amerikanischen Kolonien den Verteidigungszustand und beriefen George Washington (1732–1799) zum Oberbefehlshaber der amerikanischen Streitkräfte. Damit begann der amerikanische Unabhängigkeitskrieg. Gegensätze der politischen Praxis und des politischen Verständnisses zwischen England und seinen Kolonien mündeten in einen Krieg, an dessen Ende die Loslösung vom Mutterland stand, ohne dass es zu sozialen Unruhen in den Kolonien kam.

Glorious Revolution: Bezeichnung für den vom englischen Parlament erzwungenen Wechsel des Königs von 1688. Die Revolution wird „glorreich" genannt, weil sie ohne Blutvergießen verlief. Zwar blieb die bisherige staatliche und gesellschaftliche Ordnung bestehen, durch die „Bill of Rights" von 1689 wurde aber das englische Verfassungssystem grundlegend geändert: keine Aufhebung von Gesetzen und keine Gelderhebungen ohne Zustimmung des Parlaments, Bekräftigung der Freiheit des Parlaments. Das Parlament, nicht der Fürst, bildete nun die Grundlage des Staates.

Die Unabhängigkeit. Während des eskalierenden Steuerstreits und noch zu Beginn des Unabhängigkeitskrieges hatten die Kolonisten zunächst auf ein Entgegenkommen des englischen Parlaments gehofft und auf eine Zusammenarbeit mit Oppositionellen im Mutterland gesetzt. Als diese Perspektive aber immer unrealistischer erschien, wandelte sich die öffentliche Meinung und Forderungen nach einer endgültigen Loslösung vom Mutterland nahmen zu. Mit der am 10.1.1776 erschienenen und massenhaft verbreiteten Flugschrift „Common Sense" von Thomas Paine wurde die Forderung nach Unabhängigkeit zur zentralen Perspektive des Krieges.
Auch der Kontinentalkongress in Philadelphia übernahm diese Position und verabschiedete am 4.7.1776 die im Wesentlichen von Thomas Jefferson vorbereitete und

George Washington als „Vater" der Unabhängigkeit (Bild auf einem Fensterladen, um 1800)

Virginia Bill of Rights: Nach der Unabhängigkeitserklärung von 1776 nahmen die meisten US-Staaten in ihre Verfassungen einen Grundrechtskatalog, eine Bill of Rights, auf. Die berühmteste wurde die „Virginia Bill of Rights" vom Juni 1776. Sie bildete die Vorlage für den Grundrechtskatalog von 1789, der der amerikanischen Verfassung hinzugefügt wurde.

John Locke (1632–1704) gilt als der einflussreichste Begründer der Menschenrechtslehre. Er formulierte die grundlegenden Rechte des Menschen als Dreiheit des Rechts auf Leben (life), Freiheit (liberty) und Eigentum (property). Diese

formulierte Unabhängigkeitserklärung, die als das eigentliche Gründungsdokument der Vereinigten Staaten von Amerika gilt. Ausgehend von einer naturrechtlich argumentierenden Präambel werden Menschenrechtsideen, Freiheits- und Gleichheitsansprüche der Bürger sowie das Prinzip der Volkssouveränität im Sinne der Einsetzung und Kontrolle der Regierung durch die Regierten zur Basis des neuen politischen Systems.

Der militärische Sieg. Das Fehlen einer starken Zentralgewalt erwies sich im Unabhängigkeitskrieg als Nachteil. Eine Reihe von Einzelstaaten kam ihren Verpflichtungen, etwa zur Versorgung mit Soldaten, Waffen und Geld, nur unzureichend nach. Nach anfänglichen Rückschlägen der amerikanischen Truppen gelangen den Kolonien jedoch militärische Erfolge. In der Schlacht von Yorktown in Virginia besiegten amerikanische und französische Truppen die englische Armee endgültig. Der englische König musste die Unabhängigkeit der amerikanischen Kolonien anerkennen. Das Land reichte jetzt bis zum Mississippi, hatte sich damit verdoppelt.

Das Ergebnis der Revolution

Die amerikanische Revolution schuf grundlegend neue politische und staatliche Strukturen, die Gesellschaft dagegen wurde nicht umgewälzt.

Die „Verfassungsrevolution"	
1776:	**12.6.:** Virginia Bill of Rights **4.7.:** Unabhängigkeitserklärung
1787:	**Mai–September:** Verfassungskonvent in Philadelphia mit 55 Delegierten aus allen Staaten, Verabschiedung einer neuen Verfassung.
1788:	Ratifizierung der Verfassung durch die meisten Einzelstaaten, Inkraftsetzung der Verfassung durch den Kongress zum 4.3.1789
1789:	Bill of Rights: Zehn Ergänzungsartikel zur Verfassung garantieren Grundrechte (Presse-, Glaubens- und Versammlungsfreiheit; Unverletzlichkeit der Person, des Eigentums und der Wohnung). George Washington wird zum ersten Präsidenten der Vereinigten Staaten, John Adams zum Vizepräsidenten gewählt.

Die neue Verfassung. Nach dem Sieg über die englische Kolonialmacht entstanden aus den ehemaligen Kolonien selbstständige Einzelstaaten mit republikanischen Verfassungen, die miteinander nur durch eine lockere Konföderation verbunden waren. Die Gegensätze waren so groß, dass dieser lockere Staatenbund – die United States of America – wieder zu zerfallen drohte. 55 Delegierte aus den 13 Staaten traten vom Mai bis September 1787 unter dem Vorsitz von George Washington in Philadelphia zu einem Verfassungskonvent zusammen, um die Verfassung ihres neuen gemeinsamen Staatsgebildes zu beraten. Nach zähen Verhandlungen trat sie am 4. März 1789 in Kraft. Sie gilt – versehen mit 22 Zusätzen – bis heute.
Die amerikanische Verfassung beruht auf den Prinzipien der Freiheit und Gleichheit der Bürger, der Volkssouveränität und der Gewaltenteilung. Sie griff damit die Entwicklung der Staats- und Gesellschaftslehren des 17. und 18. Jahrhunderts auf. Diese schreiben allen Menschen einen „natürlichen", aus ihrem Menschsein abgeleiteten Anspruch auf Recht und Gerechtigkeit, Selbstbestimmung und persönliche Freiheit zu. Daraus ergaben sich Konsequenzen für die Funktion des Staates: Er entsteht demzufolge durch eine freiwillige Vereinbarung mit seinen Mitgliedern, garantiert die Existenz des Einzelnen sowie die Aufrechterhaltung von Recht und Ordnung und schützt das Eigentum. Der englische Staatstheoretiker John Locke ging von einer Herrschaftsübertragung auf Zeit aus; das Mandat wurde widerrufen, wenn der Herrscher Rechte und Freiheiten der Regierten missachtete. Politische Macht sollte kontrolliert werden. Der Lockesche Staatsbegriff kam der amerikanischen Pioniergesellschaft entgegen: Der Staat sollte das selbst-

ständige Streben nach Wohlfahrt und Glück unterstützen und sich ansonsten auf ein Minimum beschränken, in dieser Funktion auch als „Nachtwächterstaat" bezeichnet.
In der amerikanischen Verfassung erwies sich das Problem der Machtverhältnisse zwischen den einzelnen unterschiedlich bevölkerungsreichen Staaten untereinander und zum Zentralstaat als besonders schwierig. Der Verfassungskonvent löste dieses Problem durch die historisch völlig neue Konstruktion eines Bundesstaates, der die zunächst traditionelle Form eines lockeren Staatenbundes ablöste. In dem neuen Bundesstaat waren die Kompetenzen der einzelnen Bundesstaaten und des Zentralstaates genau definiert, aufeinander abgestimmt und voneinander abgegrenzt. Zu dieser Konstruktion gehört auch die Teilung des Kongresses in zwei Häuser; das sind: der Senat, in dem jeder Bundesstaat unabhängig von der Bevölkerungszahl mit gleichem Gewicht repräsentiert ist, und das Repräsentantenhaus, in dem sich die Anzahl der Abgeordneten nach der Bevölkerungszahl eines Bundesstaates richtet.
Die Gesamtverfassung stellt sich als ein ausgeklügeltes System gegenseitiger Machtkontrollen dar, im Englischen „Checks and Balances" genannt.

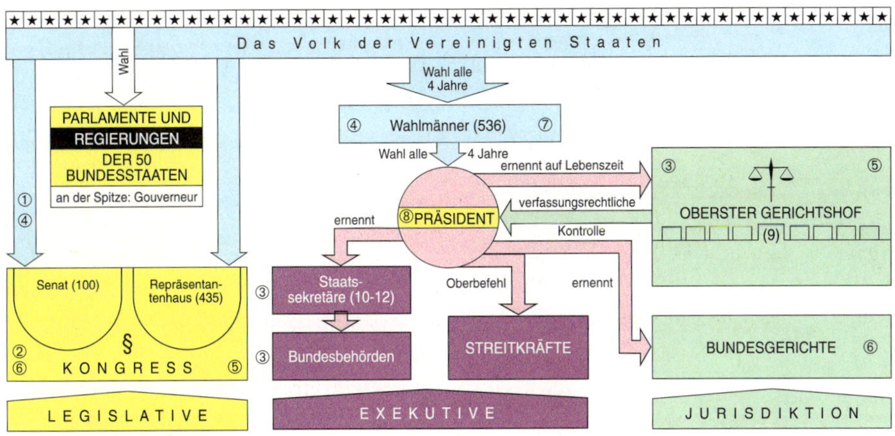

① 2 Senatoren aus jedem Bundesstaat für 6 Jahre gewählt. Alle 2 Jahre wird ein Drittel neu gewählt.
② Der Präsident hat das suspensive (aufschiebende) Vetorecht.
③ Der Senat bestätigt die Ernennungen.
④ Mehrheitswahlrecht.
⑤ Die Gesetzgebung wird vom Obersten Gerichtshof überwacht.
⑥ Die Bundesgerichte werden vom Kongress eingerichtet und aufgehoben.
⑦ Jeder Staat hat so viele Wahlmänner, wie er Abgeordnete und Senatoren im Kongress hat.
⑧ Der Präsident darf nur einmal wiedergewählt werden.

Die Verfassung der USA (1789)

Rechte werden dem Menschen nicht verliehen, sondern er besitzt sie von Natur aus; sie sind „angeboren", „unveräußerlich", „unantastbar". Der Staat muss sie schützen. Als Schutz vor der Willkür eines übermächtigen Staates schlug Locke eine Aufteilung der Staatsgewalt auf konkurrierende Organe vor. Diese Idee der Gewaltenteilung führte der Franzose **Charles de Montesquieu (1689–1755)** fort. Die oberste staatliche Gewalt soll danach aufgeteilt werden in die gesetzgebende Gewalt (Legislative), die ausführende Gewalt (Exekutive) und die rechtsprechende Gewalt (Judikative).

Checks and Balances: (engl: Kontrollen und Gegengewichte). Bezeichnung für das Verfassungsverständnis der USA zur Gewaltenteilung: Exekutive (Präsident und Regierung), Legislative (Kongress) und Judikative (Oberstes Bundesgericht) sind voneinander unabhängig, kontrollieren und beeinflussen sich jedoch durch ein System von Kontrollen gegenseitig.

Das Amt des Präsidenten. 1789 wurde George Washington zum ersten Präsidenten gewählt. Unabhängig von der Person wurde die „Präsidentschaft" zur zentralen Institution und bestimmte das Bewusstsein der Menschen. Dennoch waren die Präsidenten nie allmächtig, sie sind auf Zeit gewählt und werden durch Gewaltenteilung und Gewalteneinschränkung kontrolliert. Es waren die Präsidenten der Frühgeschichte, die sich im kollektiven Bewusstsein Amerikas am stärksten festgesetzt haben: George Washington (1789–1797) markiert den Beginn der amerikanischen Nationalgeschichte. Die Bundeshauptstadt – als Nachfolgerin von Philadelphia – trägt seinen Namen. Thomas Jefferson (1801–1809), der Republikaner des Südens, steht für die Prinzipien der Unabhängigkeitserklärung, für die Werte der Demokratie. Abraham Lincoln (1861–1865) verkörpert die Einheit der Nation, die unter großen Opfern – Lincoln selbst wurde ermordet – im amerikanischen Bürgerkrieg erkämpft wurde. An sie reichen heran Woodrow Wilson (1913–1921) und Franklin D. Roosevelt (1933–1945), die die USA in den beiden Weltkriegen zum Sieg führten.

http://www.historyplace.com/unitedstates/revolution/index.html
Detaillierte englischsprachige Chronologie der Amerikanischen Revolution mit weiteren Links
http://myloc.gov/Exhibitions/creatingtheus/Pages/default.aspx
Ausführliche Erläuterung und Dokumentation der amerikanischen Unabhängigkeit und Verfassungsgebung

Mount Rushmore: Die 20 Meter hohen Porträts der Präsidenten Washington, Jefferson, Th. Roosevelt und Lincoln entstanden zwischen 1927 und 1941.

Amerikanische Kinder am Unabhängigkeitstag

Die „Civil Religion". „What does it mean to be an American?" Was bedeutet es, ein „Amerikaner" zu sein? Nach Auffassung des Historikers Michael Walzer verbindet die Amerikaner – unabhängig davon, welcher Nationalität, Sprachgruppe oder Religion sie angehören – das Bewusstsein, Bürger, „American citizens" zu sein. Amerika wird durch eine gemeinsame Überzeugung, eine Art „ziviler Religion" zusammengehalten, die sich in Ritualen und Symbolen – vor allem der Freiheitsstatue, der Hauptstadt Washington DC, der amerikanischen Nationalflagge und der Hymne – ausdrückt und deren Grundprinzipien sich in der Amerikanischen Revolution herausgebildet haben. Diese sind:

- Demokratie – als repräsentative Mitwirkung im Einzelstaat und auf Bundesebene, als direkte Mitwirkung auf lokaler Ebene;
- Freiheit – als staatliche Unabhängigkeit und als Freiheit des Einzelnen gegenüber dem Staat, Anti-Staatlichkeit als Misstrauen gegenüber staatlicher Macht;
- Gleichheit aller Bürger – unabhängig von Religion, Herkunft und sozialem Stand;
- Individualismus – als freie Entfaltung des Einzelnen, geknüpft an die Verfügung über Eigentum;
- Fortschrittsglaube – als optimistischer Umgang mit Herausforderungen, im öffentlichen und privaten Leben.

Die Verfassungswirklichkeit. Die Ansprüche der amerikanischen Unabhängigkeitserklärung und der Verfassung wurden in der Wirklichkeit nicht vollständig eingelöst. Sie galten im Prinzip für die weiße Rasse und das männliche Geschlecht. Frauen, Sklaven und Indianer waren zunächst ausgeschlossen. Andererseits boten die Prinzipien der amerikanischen Unabhängigkeit diesen Gruppen den Anknüpfungspunkt für ihre Emanzipations- und Freiheitsanstrengungen.
Mit der Staatsgründung war die Revolutionszeit beendet. Die massiven Widersprüche zwischen Verfassung und Verfassungswirklichkeit blieben bestehen. Deshalb stand dem ersten modernen Verfassungsstaat der Welt seine Feuertaufe noch bevor: Im amerikanischen Bürgerkrieg – etwa sieben Jahrzehnte nach dem Unabhängigkeitskrieg – standen sich Befürworter und Gegner der Sklaverei gegenüber (s. S. 31 ff.).

Ein Beispiel für die Entrechtung der Indianer: „Eine Prämie für Skalps" (Plakat aus Denver, 1867)

3. Nationale Entfaltung und Expansion im 19. Jahrhundert

Das 19. Jahrhundert war in den USA die Zeit der großen Ausdehnung nach Westen bis zum Pazifik bzw. zum Ufer des Rio Grande. Von 1810 bis 1900 wuchs die Bevölkerung von sieben auf 76 Millionen, in 100 Jahren waren 32 Millionen Menschen eingewandert. Von 1803 bis 1853 verdreifachte sich das Territorium der Vereinigten Staaten. Expansion war die prägende Grunderfahrung des neuen Staates.

Die Eroberung des Kontinents. Mit der Staatsgründung der USA war auch die erste Phase der Landnahme abgeschlossen. Sie umfasste das Territorium der dreizehn Gründerstaaten. Eigenmächtig nach Westen vordringende Siedler stellten jedoch schon bald die Weichen für eine Erweiterung des Staatsgebietes. Die Gebiete jenseits der Appalachen wurden besiedelt

Die wandernde Grenze der USA bewegte sich in mehreren Wellen Richtung Westen: Jäger und Fallensteller waren die Erstsiedler; Cowboys, Goldgräber und Holzfäller folgten; Siedler ließen sich nieder, wurden Kleinbauern und Farmer. Nach dem Bürgerkrieg drangen Rancher mit ihren Viehherden in das Land vor. Schließlich kamen Handwerker und Kaufleute.

Die zweite große Phase der amerikanischen Landnahme erfasste die weitgehend unerschlossenen Gebiete des Ohio- und Mississippibeckens. Voraussetzung dafür waren der Verfall der spanischen Herrschaft, sodass Florida an die USA verkauft wurde (1819), sowie der Britisch-Amerikanische Krieg (1812–1814).

Die dritte Phase der Expansion setzte kurz vor der Jahrhundertmitte ein, als die Siedler begannen, die Great Plains zu überwinden und die Pazifikküste anzustreben. Das riesige Gebiet zwischen Mississippi und Rocky Mountains war zunächst kaum attraktiv erschienen, da man glaubte, dass die trockenen Prärien des „Wilden Westens" für die landwirtschaftliche Nutzung wenig geeignet seien.

1869: Fertigstellung der ersten transkontinentalen Eisenbahn. 1850 maß das Gleisnetz 14 900 km, bis 1900 verzwanzigfachte es sich.

http://www.americanwest.com/pages/awexpans.htm
Umfangreiche Quellensammlung zur Westausdehnung der USA

Die territoriale Entwicklung der USA im 19. Jahrhundert

http://www.lib.washington.edu/exhibits/frontier/index.html
Darstellungen und Quellen zur Bedeutung der Frontier

Zensuswahlrecht: Ein Wahlrecht, das die Möglichkeit der Ausubung der Wahl an die Höhe des Vermögens bzw. der Steuerleistung bindet. In einer vollendeten Demokratie ist das Wahlrecht allgemein (unabhängig von Geschlecht, Rasse, Glaube usw.) und gleich (gleiches Gewicht jeder Stimme).

Der Frontier-Geist. Der Kampf der Pioniere im Grenzland zwischen Zivilisation und Wildnis, der „Frontier", prägte das Selbstverständnis der Amerikaner grundlegend. 1893 vertrat der amerikanische Historiker Frederik Jackson Turner (1861–1932) die These, dass das Vorhandensein freien Landes und das Vordringen der Siedlungsgrenze nach Westen die amerikanische Entwicklung erkläre. Die Bedingungen des Grenzraums, des Aufeinandertreffens besiedelten und unbesiedelten Landes, der Frontier, hätten die Möglichkeiten des sozialen Aufstiegs, des Individualismus und der Demokratie gefördert. Turner sah den Westen als das wahre Amerika. Damit erklärte er die fortschrittlichen politischen und gesellschaftlichen Institutionen Amerikas nicht aus der europäischen Tradition, sondern leitete sie aus dem demokratisierenden Einfluss der Siedlungserfahrung ab. Zwar wurde Turners These kritisiert, die besondere Bedeutung der ständigen Grenzverschiebung ist jedoch unbestritten, insbesondere die durch die Piniergesellschaften aus Farmern, Kaufleuten, Händlern, Handwerkern, Arbeitern und freien Berufen geförderte Tendenz zur gleichberechtigten, Standesunterschiede einebnenden und vom Einzelnen zu verantwortenden Teilhabe an sozialen und ökonomischen Chancen. Dieses Denken hatte politische Folgen. Unter Präsident Jackson wurde in fast allen Staaten das Zensuswahlrecht durch ein allgemeines Wahlrecht für Männer ersetzt. Frauen verlangten das Recht der freien Rede und forderten das Wahlrecht.

„Westwärts geht der Weg des Imperiums" (Gemälde von 1861)

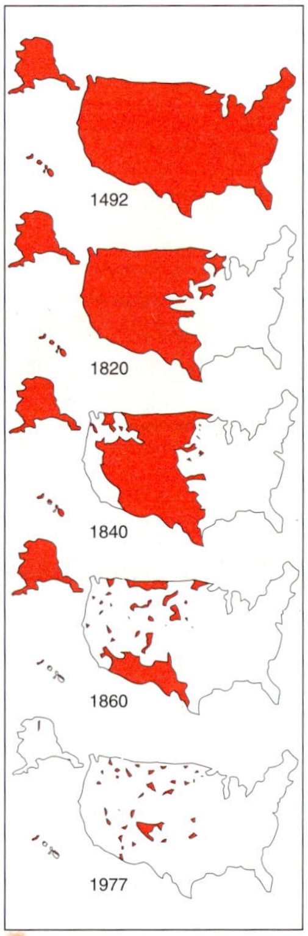

Die Entwicklung des indianischen Territoriums

Die offensichtliche Bestimmung: Manifest Destiny. Der Pioniergeist wurde ideologisch überhöht, als der Journalist John L. Sullivan 1845 das Schlagwort von der „Manifest Destiny", der offensichtlichen Bestimmung, prägte. Danach war es die von Gott gewollte nationale Bestimmung der USA, ihre wirtschaftlichen und politischen Ordnungvorstellungen über den Kontinent auszubreiten. Puritanischer Auserwähltheitsglaube, Sendungsbewusstsein und die Vorstellung der gottgegebenen nationalen Bestimmung trafen zusammen und verbanden sich mit rein machtpolitischen Triebkräften. Amerika galt als der Hort der politischen Demokratie, die den Menschen überall Glück und Freiheit bringen sollte. Wenige Jahrzehnte später wurde der Begriff zur Rechtfertigung der außerkontinentalen Expansion der USA benutzt.

Opfer der Expansion: die Indianer. Opfer der Erschließung des Landes wurden die Indianer. Wo die indianische Urbevölkerung dem Besitzstreben der Siedler im Wege stand, die ihrer Natur- und Lebensphilosophie mit Unverständnis begegneten, wurden sie vertrieben oder getötet. Die Indianer unterlagen nicht nur militärisch, sondern durch die massenhafte Tötung der Bisons wurde ihnen auch die Nahrungsgrundlage entzogen. Erst das Massaker am Wounded Knee Creek 1890, bei dem 350 Sioux-Indianer getötet wurden, beendete die 300-jährige Geschichte der Indianerkriege. Nur 250 000 Indianer hatten überlebt. Erst Präsident Franklin Dean Roosevelt (1933–1945) versuchte, die Lage der Indianer, die fast alle in Reservaten lebten, durch einen „Indian New Deal" zu verbessern, ein Unterstützungsprogramm, das begrifflich an das staatliche Aufbauprogramm zur Überwindung der 1929 einsetzenden Weltwirtschaftskrise erinnerte.

„Thanksgiving im Herbst 1621" (Ölgemälde, USA 1919): Im Herbst 1621 luden die weißen Mayflower-Pilger einen Indianerstamm zu einem Festmahl ein, um ihnen für ihre Überlebenshilfe zu danken. Dies ist das Vorbild für das amerikanische Erntedankfest, den „Thanksgiving Day". Die Pilger schlossen einen Friedensvertrag, der 50 Jahre wirksam blieb.

4. Bürgerkrieg und soziale Konflikte

In Nordamerika war ein völlig neuer demokratischer Staat entstanden, der den Prinzipien der Gleichheit und Freiheit verpflichtet war. Von Anfang war aber auch deutlich, dass nicht alle Ideale in die Wirklichkeit umgesetzt wurden. Der Bürgerkrieg steht für das Ringen der Nation um ein gleiches Recht für alle. Die Sklavenfrage war der Anlass des Krieges, es ging aber wesentlich auch um politische und wirtschaftliche Machtfragen.

Abraham Lincoln (1809–1865), Jurist; 1861–1865 Präsident der USA; im Bürgerkrieg (1863) Proklamierung der Sklavenbefreiung in den Südstaaten; 1865 von einem Südstaatler erschossen. Er gilt als einer der größten Präsidenten in der Geschichte der USA.

Die Zerreißprobe des Bürgerkriegs. Im amerikanischen Bürgerkrieg von 1861–1865 trat der Widerspruch zwischen Idealen und Wirklichkeit mit aller Macht hervor. Der Auseinandersetzung über die Sklaverei lag ein tief greifender Nord-Süd-Gegensatz zugrunde. Im Süden wurden Tabak, Baumwolle, aber auch Zuckerrohr und Reis in großen Plantagen für den Export angebaut. Sklaven dienten als billige Arbeitskräfte. Die gemischte Landwirtschaft des Nordens war weniger exportabhängig. Daneben hatte sich in dem Gebiet zwischen Appalachen und den Großen Seen frühzeitig Industrie, die nicht auf Sklaverei, sondern auf freier Lohnarbeit basierte, entwickelt. So bildeten sich im Süden und im Norden zwei unterschiedliche Gesellschaftsordnungen heraus: im Süden eine neofeudale Gesellschaftsstruktur aus reichen Großgrundbesitzern und unfreien Arbeitskräften, im Norden eine modern-kapitalistische Gesellschaftsstruktur aus Unternehmern und Lohnarbeitern sowie einer breiten ländlichen Mittelschicht aus freien Produzenten. In der ersten Hälfte des 19. Jahrhunderts war unklar,

Richmond/Virginia (Fotografie von 1865, Ausschnitt)

welches dieser beiden Gesellschaftsmodelle sich in den USA insgesamt durchsetzen würde. Es ging dabei um zentrale wirtschaftliche Anliegen: um Expansionsmöglichkeiten entweder für Farmer oder für Plantagenbesitzer, um Trassenführungen für die Eisenbahn vom Atlantik zum Pazifik, um Schutzzölle im Norden und um Freihandel im Süden.

Die alten Gegensätze zwischen Nord- und Südstaaten entzündeten sich im Streit um die Kontrolle der neuen Westgebiete. Immer wieder stellte sich die Frage, ob die neu hinzukommenden Territorien die Sklaverei zulassen sollten oder nicht. Verschärft wurde der Gegensatz durch das Problem, ob der Kongress der Union in den neuen Gebieten über die Zulassung der Sklaverei entscheiden könne oder ob dieses die Kompetenz des Einzelstaates sei. In dieser Situation glaubten die Südstaaten, die Wahl Abraham Lincolns zum 16. Präsidenten der USA nicht hinnehmen zu können, da seine Partei – die 1854 gegründete Republican Party – jedes weitere Vordringen der Sklaverei verhindern wollte. Die Südstaaten erklärten den Austritt aus der Union (Sezession) und bildeten einen eigenen Bund, die „Confederate States of America". Mit der Emanzipationserklärung vom 22. September 1862 kündigte Lincoln die Befreiung der Sklaven an. Der Sezessionskrieg um den Erhalt der Union wurde zum amerikanischen Bürgerkrieg, der über 600 000 Tote forderte. Der Krieg wurde unversöhnlich als erster moderner Massenkrieg geführt. Nach vier Jahren unterlagen die Südstaaten. Die Nordstaaten erwiesen sich als weit überlegen, denn sie verfügten über

- eine größere Bevölkerungszahl (22,2 Mio. verglichen mit 9,2 Mio. in den Südstaaten);
- eine größere Zahl von wehrfähigen Weißen (4,6 Mio. im Vergleich zu 1,1 Mio. im Süden);
- eine überlegene Infrastruktur (30 000 km Eisenbahnlinien im Unterschied zu nur ca. 9 000 km im Süden);
- einen industriellen Vorsprung mit dem mehr als 10-fachen Wert der Industrieproduktion.

http://www.history.com/content/lincoln
Umfangreiche Sammlung von schriftlichen und bildlichen Quellen zur Geschichte Lincolns

http://www.historyplace.com/civilwar/index.html
Bildliche und schriftliche Quellen zum amerikanischen Bürgerkrieg

http://memory.loc.gov/ammem/cwphtml/cwphome.html
Originalzeugenberichte zur Sklaverei

http://usa.usembassy.de/etexts/democrac/part6.htm
Kerndokumente zur Geschichte der amerikanischen Civil Rights-Bewegung

http://www.pbs.org/wgbh/aia/home.html
„Americas journey through slavery": Eine detaillierte Geschichte der Sklaverei vom 15.–19. Jahrhundert

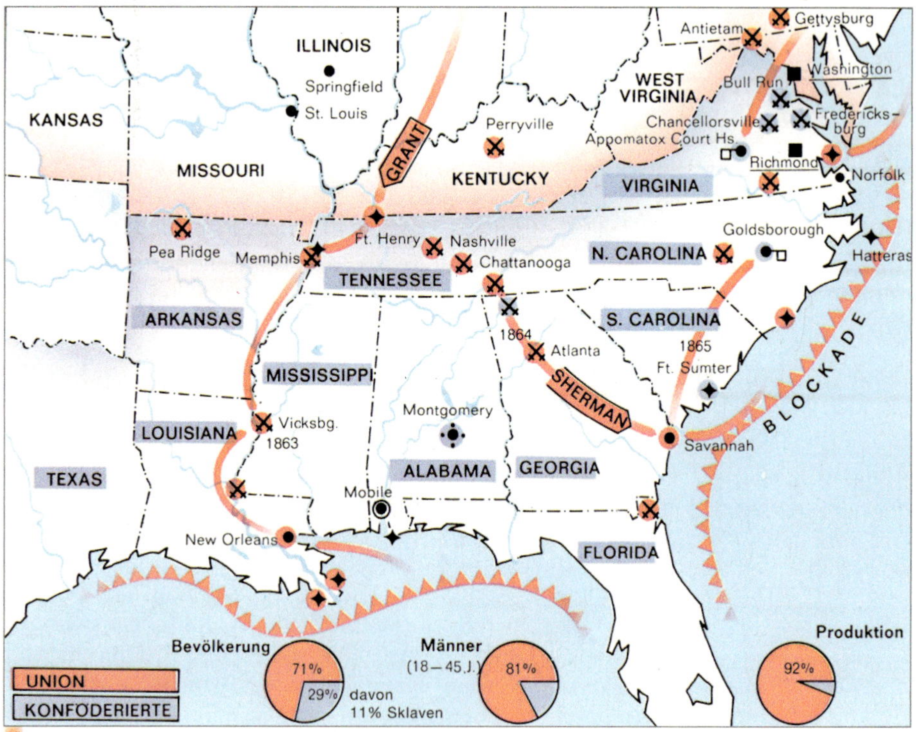

Der Sezessionskrieg 1861–1865

Mit dem militärischen Sieg der Nord- über die Südstaaten wurde die Sezession der Südstaaten verhindert, die nationale Einheit blieb erhalten und wurde fortan von dem Gesellschaftsmodell der Nordstaaten geprägt. Zwischen 1865 und 1870 setzten drei Verfassungszusätze Lincolns Emanzipationserklärung in geltendes Recht um:

- Die Sklaverei wurde verboten.
- Die in den USA geborenen Personen, mit Ausnahme der Indianer, erhielten das Bürgerrecht.
- Wahlrechtsbeschränkungen aus rassischen Gründen waren nicht zulässig.

Allerdings blieben Frauen und Indianer weiter vom Wahlrecht ausgeschlossen. Und: Trotz der formalrechtlichen Gleichstellung blieb die reale soziale Neugestaltung zunächst aus; sie blieb ein zentrales innenpolitisches Thema bis in das 21. Jahrhundert hinein.

„Emancipation Proclamation" (Gemälde von 1864)

Im historischen Rückblick lässt sich der Bürgerkrieg als eine Fortsetzung der amerikanischen Revolution, als eine Art nachgeholte Radikalisierungsphase interpretieren, in der ihre sozialen Gegensätze und Interessen ausgefochten wurden. Ohne die im Bürgerkrieg getroffene Entscheidung gegen das auf Großgrundbesitz basierende Modell des Südens und für das modern-kapitalistische Modell des Nordens hätten sich die USA in den folgenden Jahrzehnten nicht zur führenden Industriemacht der Welt entwickeln können.

Von der Sklavenbefreiung zur Rassentrennung. Die Nordstaaten erlebten nach dem Krieg einen gewaltigen Wirtschaftsaufschwung. Von diesem Aufschwung – bereits 1860 lag der Lebensstandard in den USA höher als in Westeuropa – profitierten nicht alle Amerikaner gleichmäßig. Die formale rechtliche Gleichstellung konnte etwa die soziale Benachteiligung der Afroamerikaner nicht beseitigen. Sie wurden mit Tricks vom Wahlrecht ausgeschlossen (z.B. Lese- und Bildungstests) und durch weiße Geheimbünde (Ku-Klux-Klan) eingeschüchtert. Sie arbeiteten auch weiterhin unter unwürdigen Bedingungen auf Plantagen oder wanderten in den industrialisierten Norden; auch dort lebten sie häufig unterhalb der Armutsgrenze in Slums.

In öffentlichen Einrichtungen wurden Weiße und Schwarze getrennt. Der Grundsatz des „Separate but equal" – durch das Oberste Bundesgericht 1896 bestätigt – wurde zum gesellschaftlichen Ordnungsprinzip im Süden und Norden. Erst vor dem Hintergrund der Erfahrungen des Zweiten Weltkriegs – gemeinsam kämpften weiße und schwarze Amerikaner gegen den Rassenwahn Hitlers – kam es allmählich zu einer grundsätzlichen Änderung der Stellung der Afroamerikaner. 1948 wurde die Rassentrennung bei Streitkräften und Bundesbehörden aufgehoben. 1954 annullierte das Oberste Bundesgericht seinen Beschluss von 1896, Rassentrennung an Schulen wurde für verfassungswidrig erklärt. In der Folgezeit erkämpfte sich die Bürgerrechtsbewegung weitere demokratische Rechte. 1964 untersagte der „Civil Right Act" jegliche Diskriminierung. Seit den 1970er-Jahren ließen die Rassenunruhen in den USA nach. Es entstand eine schwarze Mittelschicht mit ihrem eigenen Lebensstil. Gleichzeitig gehört immer noch ein größerer Teil der Afroamerikaner zu den sozial Benachteiligten.

Versammlung des Ku-Klux-Klan in Arkansas 2005.
Der Ku-Klux-Klan ist ein terroristischer Geheimbund, der 1865 als Zusammenschluss weißer Farmer zur Aufrechterhaltung der kolonialen Lebensform in den Südstaaten gegründet wurde. Die Organisation richtete ihre meist nächtlichen Aktionen in Form von Brandstiftungen, Auspeitschungen und Fememorden vor allem gegen emanzipierte Schwarze und radikale Republikaner. Ihre Symbole: Flammenkreuz und Tracht (schwarze, später weiße Kutte mit spitzer Kapuze); dadurch sollte der Schrecken erhöht werden. 1871 aufgelöst, 1915 neu gegründet gegen religiöse, rassische und ethnische Minderheiten.

5. Der Aufstieg der USA zur Großmacht

Die Weltwirtschaftsmacht

Expansion war auch die Grunderfahrung der industriellen Entwicklung der USA (vgl. auch S. 173 ff.). Zwischen 1860 und 1920 stieg das Land zur Weltwirtschaftsmacht auf, noch vor Großbritannien und Deutschland. Das Schlagwort vom „Land der unbegrenzten Möglichkeiten“ erhielt hier seine besondere Prägung. Diese industrielle Dynamik wies aber auch ihre Schattenseiten auf.

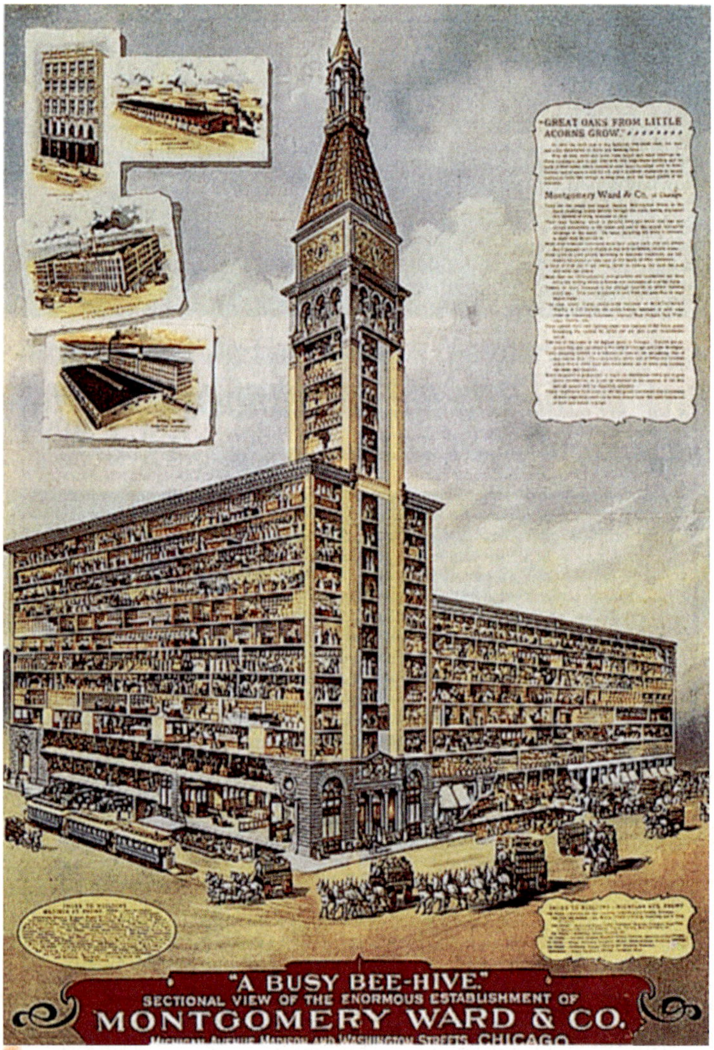

„Ein emsiger Bienenstock“ (Plakat des Versandhauses Montgomery Ward & Co, Chicago, um 1900).
Das Kaufhaus stand stellvertretend für die neue Massenkonsumgesellschaft, den „American way of life“. Waschmaschine, Kühlschrank, Bügeleisen und Staubsauger brachten den Fortschritt in die eigenen vier Wände.
Ein weiteres Symbol der neuen Zeit: das Auto. Ford baute zwischen 1908 und 1927 zehn Millionen Stück seines „Tin Lizzy“; der Preis: 290 Dollar, etwa ein Zehntel des jährlichen Mindesteinkommens.

Der Prozess der Industrialisierung. Die Industrialisierung in den USA lässt sich in zwei Phasen einteilen: die Anfänge vom Ende des 18. Jahrhunderts bis zur Jahrhundertmitte und der Aufstieg zur Weltwirtschaftsmacht zwischen 1860 und 1920. Um 1900 überstieg der Wert der industriellen Produktion den der landwirtschaftlichen um das Doppelte. Die USA verwandelten sich von einem Agrarland in einen Industriestaat, wobei vor allem der Süden zurückblieb. Grundlagen der Industrialisierung waren:

- reichhaltige Rohstoffvorkommen (Bodenschätze, Holz, Wasser);
- technische Erfindungen und neue Verfahren: das Fließband mit der billigen Produktion von Massengütern (Fords Tin Lizzy), neue Vertriebsarten (Warenhäuser für den Massenkonsum), neue Verkaufsstrategien (Werbung);
- der Ausbau des Verkehrsnetzes und die Erschließung des Landes (Wasserstraßen, Eisenbahn), um 1900 hatten die USA ein umfangreicheres Schienennetz als ganz Europa;
- der Einsatz großer Kapitalien;
- ein riesiger Binnenmarkt ohne Zollschranke;
- eine stetig wachsende Bevölkerung aufgrund hoher Einwanderung (18 Mio. zwischen 1880 und 1910), dadurch standen Verbraucher und Arbeitskräfte zur Verfügung;
- auf der Grundlage von Privateigentum Freiheit der wirtschaftlichen Betätigung, die die Großindustrie begünstigte („Big Business“) und zu einer – die Freiheit bedrohenden – Vormachtstellung großer Unternehmungen führte;
- ausgeprägtes Leistungsdenken des Einzelnen und Fortschrittsoptimismus.

Folgen der Industrialisierung. Der Industrialisierungsprozess wurde begleitet von zwei wesentlichen Auswirkungen:
Es vollzog sich ein Konzentrationsprozess der Industrie. Großkonzerne beherrschten zunehmend den Markt. Das galt um die Jahrhundertwende vor allem für die Stahl-, Öl-, Chemie- und Elektroindustrie. John Rockefeller, der als Gründer des Standard Oil Trusts fast alle amerikanischen Ölraffinerien besaß, betrachtete das Wachstum von „Big Business" als „Naturgesetz" vom „Sieg des Stärkeren über den Schwächeren". In Kartellen zusammengeschlossene Unternehmen trafen Preisabsprachen und schalteten damit den Wettbewerb aus. Die USA verzichteten auf einen staatlichen Ordnungsrahmen für die wirtschaftliche Entwicklung. Sie verließen sich auf die Selbstorganisation der Wirtschaft.

John D. Rockefeller (1863–1947)

„Bosses of the Senate" (Lithografie von John Keppler, 1889)

Die Kehrseite: Unternehmer versuchten Einfluss auf politische Entscheidungen zu nehmen. Die rapide wirtschaftliche Entwicklung erzeugte neuartige soziale und politische Konflikte. Es wurden niedrige Löhne gezahlt, Starke wurden begünstigt, das Sozialprodukt wurde ungleichmäßig verteilt, Arbeitsbedingungen waren gefährlich.

Jugendliche Arbeiter in einer Kohlenzeche in Pennsylvania, um 1900. Um 1890 arbeiteten fast zwei Millionen Kinder auf Farmen und in der Industrie. Sie erhielten ein paar Dollar Lohn für 60 Stunden Arbeitszeit pro Woche. Erst 1938 wurde Kinderarbeit dieser Art in den USA endgültig verboten.

http://www.historyplace.com/unitedstates/childlabor/
Dokumentation zur Kinderarbeit Ende 19. Jahrhundert

Die USA als imperialistische Macht

http://www.smplanet.com/imperialism/toc.html
Online-Geschichte zum amerikanischen Imperialismus

„Expanding society". Die USA verdankten ihre staatliche Existenz einer revolutionären Aufstandsbewegung gegen die britische Herrschaft. Die Unabhängigkeitserklärung von 1776 war eine Erklärung gegen Herrschaft ohne die Zustimmung der Beherrschten. Die USA verstanden sich somit als antiimperialistisch. Dennoch betrieben sie eine imperiale Politik. Historiker sehen in der ökonomischen, militärischen und politischen Expansion deshalb auch den „roten Faden der amerikanischen Geschichte", die sich als „expanding society" begreift. Von Anfang an wurde die Wohlfahrt des Landes von der Ausbreitung in verschiedenen Formen abhängig gemacht. Nachträglich kann der Prozess der amerikanischen Landnahme unter Verdrängung der eingesessenen indianischen Bevölkerung sowie der Zuerwerb von Territorien auf dem Kontinent, wie z. B. Florida (1819) oder die Angliederung Neumexikos und Kaliforniens, als imperialer Prozess gedeutet werden.

Beweggründe und Ziele der Expansion. Nachdem die USA im Zuge der Westexpansion die Pazifikküste erreicht hatten, gingen zunehmend die Erwartungen der Öffentlichkeit über den nordamerikanischen Kontinent hinaus. Dabei verschmolzen mehrere Beweggründe und Ziele.

Die USA verstanden sich als dynamische, aufstrebende junge Nation, die im Sinne eines religiösen Sendungsbewusstseins die von Gott vorgesehene Führungsrolle in der Welt übernahm („Manifest Destiny") und der ganzen Welt die Errungenschaften der amerikanischen Zivilisation und Freiheit schenkte. Machtpolitische, zivilisatorische und vermeintlich pazifistische Ansprüche gingen, abgesichert durch religiöse Auserwähltheitsgewissheit, eine für die USA programmatische Verbindung ein.

In den 1890er-Jahren erhielt die imperialistische Ideologie zunehmend eine ökonomische Komponente. Mit dem Aufstieg der USA zur Industriemacht und zugleich zum größten Agrarexporteur gewann die Vorstellung, dass aus wirtschaftlichen Gründen eine Ausweitung des amerikanischen Wirtschaftsraumes unverzichtbar sei, zunehmend an Bedeutung. Die Verfügung über sichere Außenmärkte bot einen Ausweg aus einer Überproduktionswirtschaft und federte die Ungleichmäßigkeit des Konjunkturverlaufs mit Wachstumskrisen ab. Ein florierender Außenhandel konnte die gesellschaftliche Gliederung der USA sowie die innere Machtstruktur verteidigen.

Die USA als Kolonialmacht. Dabei setzte sich der Gedanke durch, dass Amerika den Status einer Seemacht gewinnen müsse, um Handel und Kolonien zu sichern. Daraus erwuchs die Forderung nach kolonialen Niederlassungen im Pazifik. Der Krieg gegen Spanien (1898) mit dem Erwerb von Protektoratsrechten über Kuba sowie die Einnahme von Puerto Rico, Guam und den Philippinen markierten den Übergang zum unverhüllten Kolonialismus.

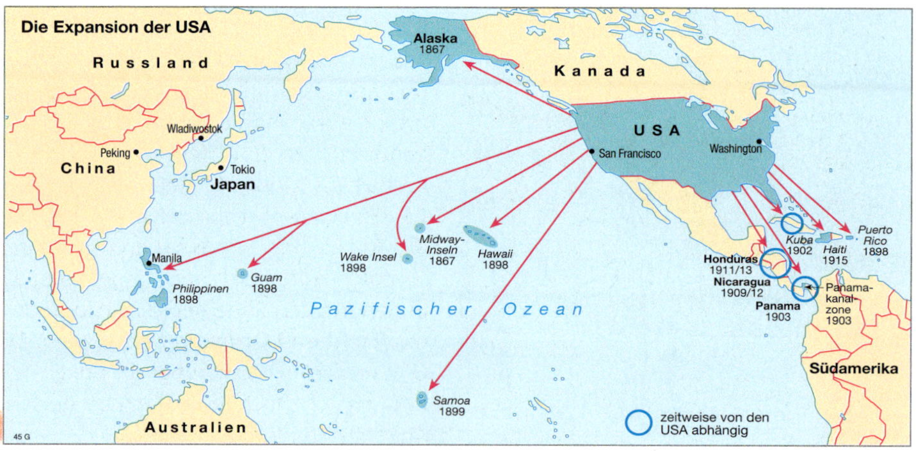

Das amerikanische Empire um 1915

Damit sind die drei klassischen Stoßrichtungen der amerikanischen Ausbreitung des 19. Jahrhunderts genannt: zunächst der nördliche Kontinent unter Einschluss von Kanada und Mexiko, dann die Karibische See sowie in Verlängerung Lateinamerika und schließlich der Pazifik und Ostasien. Auf diese Weise wurde Spanien aus Mittelamerika verdrängt, die Karibik wurde in ein „amerikanisches Meer" verwandelt, mit dem Bau des Panamakanals wurde die Kanalzone gesichert, mit dem Erwerb der pazifischen Inseln wurde eine Inselbrücke nach Ostasien gesichert.

Auch wenn die inneramerikanische Ausdehnung durchaus einen formellen Imperialismus darstellt und einzelne größere Erwerbungen außerhalb des Kontinents getätigt wurden (Philippinen), entsprach der wirtschaftlichen Ausweitung eher das Ideal des „Informal Empire". Es ging um den Aufbau eines Freihandelsimperiums, dessen Hauptverkehrswege durch Stützpunkte abzusichern waren. Formeller Kolonialbesitz mit seiner kostspieligen militärischen und politischen Verantwortungsübernahme galt als nicht erstrebenswert.

Nach der Jahrhundertwende konzentrierten sich die USA darauf, die Festsetzung europäischer Mächte im amerikanischen Interessengebiet oder in bisher unberührten Gebieten, z. B. in China, zu verhindern. 1899 protestierten sie deshalb vehement gegen die territoriale Aufteilung im Chinesischen Reich, strebten aber selbst nach wirtschaftlicher Einflussnahme. Die USA begnügten sich mit der „Politik der offenen Tür" (Open-Door-Policy), forderten in China keine Herrschafts- und Einflusszonen, sicherten sich aber den ungehinderten Zugang zu den Märkten. China galt als riesiger Absatzmarkt für amerikanische Konsumgüter. Der informelle Imperialismus erhielt eine zusätzliche Ausprägung in Form der „Dollar-Diplomatie". Amerikanisches Kapital wurde in weniger entwickelten Regionen der Welt eingesetzt, um den amerikanischen Außenhandel zu fördern. Banken und Konzerne investierten in den Abbau von Bodenschätzen und in Plantagenwirtschaft (Zucker, Kaffee, Südfrüchte). Die USA schwankten somit auch weiterhin zwischen der nach außen gerichteten Zurückweisung des formellen Imperialismus und der massiven Vertretung eigener Interessen auf informellem Wege. Die USA verbanden einen formellen Antiimperialismus mit Methoden des informellen Imperialismus, um ihre eigenen politischen und wirtschaftlichen Interessen zu vertreten.

Diese Strategie wurde vor allem auch in Mittel- und Südamerika angewandt, auf das sich nach der nordamerikanischen Landnahme und dem Zerfall des spanischen und portugiesischen Kolonialreiches zunehmend der Blick richtete. Die USA hatten bereits 1823 durch die sog. Monroe-Doktrin das politische Eingreifen der europäischen Staaten zurückgewiesen. Der von dem damaligen Präsidenten Monroe entwickelte politische Grundsatz besagte, dass Mittel- und Lateinamerika zum natürlichen Einflussbereich der USA gehörten und eine Einmischung Europas deshalb als feindlicher Akt betrachtet werde. Stattdessen beanspruchten die USA das Recht einer „internationalen Polizeimacht" mit der Befugnis, gegebenenfalls in den Staaten Südamerikas einzugreifen, um Recht und Ordnung herzustellen. Die USA forderten damit, über die politischen und wirtschaftlichen Verhältnisse nach eigenen Vorstellungen zu befinden.

„Pass auf, Europa. Betritt nicht amerikanischen Boden" (Karikatur von Victor Gillam, New York, 1902)

Open-Door-Policy: In der Auseinandersetzung um den Zugang zu China zu Beginn des 20. Jahrhunderts forderten die USA im Gegensatz zu den europäischen Mächten keine Herrschafts- oder Einflusszonen. Sie plädierten für einen ungehinderten Zugang („offene Tür") zu den chinesischen Märkten. Aufgrund der Überlegenheit der amerikanischen Wirtschaft war damit ihren Interessen am meisten gedient. Den USA fiel es deshalb leicht, auf formelle imperialistische Machtmittel zu verzichten.

Monroe-Doktrin: In seiner Jahresbotschaft an den Kongress vom 2. Dezember 1823 legte Präsident Monroe die Grundsätze der amerikanischen Außenpolitik nieder, die als „Monroe-Doktrin" in die Geschichte der internationalen Beziehungen eingingen. Monroe verkündete zwei Prinzipien: Die politische Betätigungsfreiheit nichtamerikanischer, vor allem europäischer Staaten auf amerikanischem Boden wird eingeschränkt, d. h. europäische Staaten dürfen nicht nach Mittel- und Südamerika expandieren. Umgekehrt gilt der zweite Grundsatz: Politische Aktivitäten der USA gegenüber Europa werden ebenfalls beschränkt, d. h. Amerika mischte sich nicht in europäische Angelegenheiten ein. Der erste Grundsatz wurde genutzt, um die amerikanische Einflussnahme auf Mittel- und Südamerika zu rechtfertigen.

Zu Beginn des 20. Jahrhunderts verfolgte Präsident Roosevelt das geostrategische Konzept einer Kanalverbindung zwischen Atlantik und Pazifik. Auf Betreiben der USA wurde die Republik Panama gegründet, die eine 32 km breite Kanalzone an die USA abtrat. Der bis 1914 gebaute Kanal verkürzte den Seeweg von der Ost- zur Westküste um 15 000 km. Davon profitierten die amerikanische Wirtschaft und die Kriegsmarine. Der Panamakanal in Verbindung mit der Monroe-Doktrin machten die Karibik im Verständnis vieler Amerikaner zum „Hinterhof" der USA. Während sich die USA in Asien mit der Open-Door-Policy begnügten, intervenierten sie auf dem eigenen Kontinent mit militärischen Mitteln. Der amerikanische Präsident umschrieb diesen Polizeimachtanspruch mit den Worten. „Sprich sanft, aber trage stets einen dicken Knüppel mit dir." Militärische Einflussnahme und wirtschaftliche Investition mit hohen Gewinnen aus Bodenschätzen und Plantagenkultur unterwarfen die meisten Staaten Zentralamerikas den Wirtschaftsinteressen der USA. Zentralamerika und die Karibik wurden damit zu den wichtigsten Aktionsfeldern des „Dollar-Imperialismus". Da die Gewinne der Unternehmer in die USA abflossen, wurde die Entwicklung der Länder verzögert. Bis zum Eintritt in den Ersten Weltkrieg übten die USA wiederholt die von Roosevelt proklamierte Polizistenrolle aus. Auch die Nachfolger Roosevelts ließen sich vom Ziel der umfassenden Wahrung der nationalen Interessen leiten, wobei militärische Sicherheitsüberlegungen, wirtschaftliches Profitstreben und subjektive Fortschrittsgesichtspunkte verschmolzen.

„Measuring Uncle Sam for a new suit" – Die USA erhalten einen „neuen Anzug": Anspielung auf die weitere territoriale Ausdehnung der USA (Karikatur aus der amerikanischen Zeitschrift „Puck", 1900).

Internetadressen zur Geschichte der USA:

www.house.gov www.senate.gov www.whitehouse.gov
Internetseiten des Repräsentantenhauses, des Senats und des Weißen Hauses

http://www. bpb.de/themen/1BBPJP,0,0,Eine_Nation_entsteht.html
Themenheft USA der Bundeszentrale für poltische Bildung

http://usa.usembassy.de/geschichte.htm
Internetseite der US-Botschaft in Berlin mit Übersichtsdarstellungen und Quellen (engl. und deutsch)

http://avalon.law.yale.edu/
Internetseite der Universität Yale mit Quellen zur Geschichte der USA (engl.)

http://memory.loc.gov/ammem/index.html
The Library of Congress, American Memory; Internetseite der Bibliothek des Kongresses mit Bild-, Ton- und Textquellen (engl.)

„We hold these truths to be self-evident" – Selbstverständnis, Ideale und politische Grundsätze des revolutionären Amerika

Titel eines amerikanischen Schulbuches

Jeden Morgen wiederholt sich an vielen amerikanischen Schulen das gleiche Ritual. Schüler und Schülerinnen legen die rechte Hand auf ihr Herz und geloben mit dem Blick auf das Sternenbanner: „I pledge allegiance to the flag of the United States, and to the republic for which it stands: one nation, under God, indivisible with liberty and justice for all." Die Fahne verkörpert die Vereinigten Staaten, 50 Sterne für 50 Staaten, 13 rote und weiße Streifen für die Gründungskolonien. Das Gelöbnis spiegelt die zentralen Werte der amerikanischen Zivilreligion: die unteilbare Nation, Freiheit und Gerechtigkeit für alle. Der Glaube an diese Zivilreligion machte Menschen unterschiedlicher Herkunft zu Amerikanern, vereint sie in dem Land, dessen Verfassung dieses Zusammenleben auf die beste Art und Weise regelt. Die Grundzüge dieser Zivilreligion entwickelten sich in der Kolonial- und Revolutionszeit.

- **Was sind die zentralen Komponenten des amerikanischen Selbstverständnisses, die wesentlichen politischen Prinzipien und Verfahren der USA, die sich in der Kolonial- und Revolutionszeit herausbildeten?**

Halten Sie einen foliengestützten Vortrag, der die Leitfrage zum Thema hat.

1. Sie können sich für Einzelarbeit, einen Vortrag zusammen mit einer Partnerin bzw. einem Partner oder einen Gruppenvortrag entscheiden.
Die inhaltliche Basis bildet in jedem Fall die gezielte Analyse und Auswertung der thematisch verknüpften Materialien (M 1: der Mayflower Compact, M 2: Thomas Paine, M 3/M 4: die „Virginia Bill of Rights" und die Unabhängigkeitserklärung, M 5: die Verfassung der USA, M 6/M 7: „Der Blick aus Europa").
Weitere Informationen, die Sie für Ihren Vortrag nutzen können, bietet auch der Infotext (S. 22–28).

2. Arbeitsvorschläge für eine systematische methodische und inhaltliche Erschließung der Materialien unter der Leitfrage des Vortrags:

a) Nehmen Sie eine formale Analyse der verschiedenen Texte vor, indem Sie die Textart, den Verfasser, die Adressaten, soweit ermittelbar den Anlass sowie eine Einordnung in den historischen Kontext vornehmen.

b) Analysieren Sie die verschiedenen Materialien inhaltlich aspektgeleitet:

- Das Mayflower-Gelöbnis ist ein erster Ausdruck der Selbstregierung der Kolonisten. Arbeiten Sie heraus und erklären Sie Selbstverpflichtung und -verständnis, Motive und Ziele der Unterzeichner in ihrem historischen Kontext.
- In der Streitschrift von Thomas Paine spiegelt sich zeitgenössisches Denken gegenüber der Monarchie und der amerikanischen Demokratie. Arbeiten sie heraus, wie der Autor die Forderung nach einer Loslösung vom englischen Mutterland begründet.
- Die Unabbhängigkeitserklärung ist das Kerndokument des revolutionären Amerika. Die „Virginia Bill of Rights" nimmt zentrale Menschenrechtsfragen vorweg.
  Beschreiben Sie, welche Rechte die „Virginia Bill of Rights" den Menschen zuschreibt und erläutern Sie, von welchem Menschenbild sie ausgeht.
  Analysieren Sie die Unabhängigkeitserklärung vor allem im Blick auf den Aufbau der Erklärung, die Legitimation des Vorgehens mit Bezug auf den englischen König, das Bild des Menschen und erkennbare eigene Staatsvorstellungen.

- Beschreiben und erläutern Sie die amerikanische Verfassung. Berücksichtigen Sie besonders deren Einrichtungen, die beteiligten Personen/Gruppen sowie die Anordnung und Verteilung von Macht und Mitbestimmung.
- Arbeiten Sie heraus, worin europäische Beobachter das Besondere Amerikas erblickten.

➡ **Tipp:** Notieren Sie die Analyseergebnisse auf Karteikarten.

3. Entwickeln Sie aus diesen Bausteinen ein strukturiertes inhaltliches Konzept für den Vortrag.

4. Gestalten Sie die Folien, die Sie zur Visualisierung Ihrer Ausführungen einsetzen möchten, so, dass mit ihrer Hilfe die Inhalte von den Zuhörern schnell und anschaulich erfasst werden können. Zum Beispiel:
- nur eine begrenzte Anzahl von Folien einsetzen (keine „Folienschlacht" veranstalten);
- auf jeder Folie nur eine überschaubare Zahl von inhaltlichen Punkten unterbringen;
- eine übersichtliche grafische Anordnung wählen (Mindmap, thematisches Cluster, Strukturskizzen u. Ä.).

MATERIALIEN

M 1 Der „Mayflower Compact"

Ende 1620 ging das Schiff „Mayflower" mit insgesamt 101 Passagieren bei Cape Cod in der Nähe der heutigen Stadt Boston vor Anker. Unter den Auswanderern befand sich eine Gruppe englischer Calvinisten (Pilgrim Fathers). Sie waren radikale Puritaner, die sich offen von der anglikanischen Staatskirche losgesagt hatten. Sie waren von dem Wunsch beseelt, in der Neuen Welt die wahre Gemeinde Christi zu begründen. Sie wollten ein neues Jerusalem, eine „City upon the Hill", errichten. Die Puritaner verstanden sich als ausgesuchte Werkzeuge Gottes. Sie fühlten sich verpflichtet, der gesamten Welt ihr „Holy Commonwealth" vor Augen zu führen.
Die Gesamtheit der Auswanderer auf der Mayflower bestand aus zwei Gruppen: Die Pilgrims führten das Unternehmen an; daneben gab es die Gruppe der „Strangers", die auf materiellen Erfolg hofften.
Die Mayflower landete außerhalb des bestehenden britischen Rechtsgebietes. Die Pilgerväter waren somit gezwungen, ihren neuen „Staat" selbst zu organisieren. Bevor sie an Land gingen, legten die 41 Familienoberhäupter am 11. November 1620 ein feierliches Gelöbnis (engl. Compact) ab.

Die Unterzeichnung des Mayflower Compact

Bevor wir an diesem Tag vor Anker gingen, hielt man es – da einige wenig Neigung zur Einigkeit und Eintracht, vielmehr Zeichen von Parteisucht erkennen ließen – für angebracht, eine Vereinigung zu bilden und eine Vereinbarung einzugehen, nämlich uns zu einem einzigen Körper zusammenzuschließen und der Regierung und den Leitern zu unterstellen, deren Einrichtung und Wahl wir unter allgemeiner Zustimmung vereinbaren wollten, und uns an das zu machen, was Wort für Wort hier folgt […]. Im Namen Gottes, Amen. Wir, die Unterzeichner dieses, treue Untertanen unseres erhabenen Herrschers und Herrn König Jakobs I., von Gottes Gnaden König von Großbritannien, Frankreich und Irland, Hüter des Glaubens usw., haben zur Ehre Gottes und zur Ausbreitung des christlichen Glaubens und zum Ruhm von König und Vaterland eine Fahrt unternommen, um die erste Kolonie in den nördlichen Teilen von Virginia zu gründen. Und wir kommen hiermit feierlich und wechselseitig, vor Gottes Angesicht und voreinander, überein und vereinigen uns selbst zu einem bürgerlichen politischen Körper, zur besseren Ordnung unter uns und zu Schutz und Förderung der oben genannten Absichten; und kraft dieses wollen wir von Zeit zu Zeit verordnen, errichten und einrichten rechte und billige Gesetze, Verfügungen, Erlasse, Einrichtungen und Ämter, wie es uns am zuträglichsten und zweckmäßigsten für das allgemeine Wohl der Kolonie erscheint. Und wir versprechen dazu alle schuldige Unterwerfung und Gehorsam.

(Es folgen die Unterschriften von 43 männlichen Mitgliedern.)

(Zit. nach: Fritz Wagner (Hg.), Geburt und Aufstieg der neuen Welt – Geschichte in Zeitdokumenten 1607–1865, München 1947, S. 18 f.; das Originaldokument finden Sie unter: http://www.yale.edu/lawweb/avalon/amerdoc/mayflower.htm)

M 2 Thomas Paine: Common Sense

Thomas Paine (1737–1809) wanderte im Jahre 1774 mit Unterstützung von Benjamin Franklin aus England in Amerika ein. Im Januar 1776 veröffentlichte er zunächst anonym seine Flugschrift „Common Sense", die zum ersten politischen Bestseller Amerikas wurde. Sie erreichte eine Auflage von mehr als einer halben Million Exemplaren. Paine galt als engagierter Verfechter der Unabhängigkeitsbestrebungen der Kolonien. Nach seinem Aufenthalt in Frankreich kehrte er 1802 nach Amerika zurück. Dort starb er unbeachtet in großer Armut.

Von Monarchie und Erbfolge

[...] es gibt einen anderen und größeren Unterschied, für den kein wahrer Grund weder aus der Natur noch der Religion angegeben werden kann. Das ist der Unterschied zwischen *Königen* und *Untertanen*. Männlich und weiblich sind die Unterscheidungen der Natur, gut und böse die Unterscheidungen des Himmels. Wie aber eine Art Menschen in die Welt kam, die so sehr über die anderen erhoben und gleichsam wie ein neues Geschlecht unterschieden wurde, verdient untersucht zu werden. Auch: ob sie der Menschheit zum Glück oder zum Elend gereichen.

Kurzum: Monarchie und Thronfolge haben nicht nur dieses oder jenes Königreich, sondern die ganze Welt in Blut und Asche gelegt. Sie ist eine Regierungsform, gegen die das Wort Gottes Zeugnis ablegt, und Blutvergießen ist ihr unzertrennlicher Gefährte.

Je mehr ein Regierungssystem einer Republik gleicht, desto weniger hat dort der König zu tun. [...] Warum ist die englische Verfassung kränklich? Doch nur weil die Monarchie die Republik vergiftet hat. Die Krone hat die Gemeinen ganz an sich gezogen.

Gedanken über den jetzigen Zustand der amerikanischen Angelegenheiten

Auf den folgenden Seiten trage ich nichts vor als einfache Tatsachen, schlichte Begründungen und gesunden Menschenverstand. Vom Leser verlange ich nichts weiter, als dass er sich von Vorurteilen und vorgefassten Meinungen losmachen und seiner Vernunft und seinem Gefühl ungehindert erlauben soll, für sich selbst zu entscheiden; dass er den wahren Charakter eines Menschen annehmen oder vielmehr nicht ablegen soll, der mit offenem Sinn seine Ansichten über den heutigen Tag hinaus ausdehnen will. [...]

Ich fordere den hitzigsten Verfechter der Aussöhnung auf, nur einen einzigen Vorteil zu zeigen, der diesem Kontinent aus der Verbindung mit England erwächst. Ich wiederhole die Herausforderung: Nicht ein einziger Vorteil kann daraus hergeleitet werden. [...]

Die Nachteile und der Schaden aber, die wir durch eine Verbindung erleiden, sind unzählbar; und unsere Pflicht sowohl gegenüber der Menschheit insgesamt wie gegen uns selbst lehrt uns, die Verbindung aufzugeben. Denn jede Unterwerfung unter oder Abhängigkeit von Großbritannien wird geradewegs darauf abzielen, diesen Kontinent in europäische Kriege und Zänkereien zu verwickeln, uns in Gegensatz zu Nationen zu setzen, die sonst unsere Freundschaft suchen würden und denen gegenüber wir weder Unmut fühlen noch zu klagen hätten. [...]

Alles, was richtig oder vernünftig ist, spricht für eine Trennung. Das Blut der Erschlagenen, die jammernde Stimme der Natur rufen überlaut: *Es ist Zeit, voneinander zu scheiden.* Selbst die Entfernung, die der Allmächtige zwischen England und Amerika gelegt hat, ist ein starker und natürlicher Beweis, dass die Oberherrschaft des einen über den anderen nie die Absicht des Himmels war. [...]

Aber, werden einige fragen, wo ist der König von Amerika? Ich will es Euch sagen, Freunde: Dort oben regiert Er und richtet keine Verheerung unter den Menschen an, wie das königliche Untier von Großbritannien. Damit wir es aber nicht an irdischen Ehrenzeichen mangeln lassen, so setze man feierlich einen Tag fest zur öffentlichen Bekanntmachung der Verfassung. Und stelle sie so dem Volk zur Schau: Man lege sie auf das göttliche Gesetz, das Wort Gottes, man setze eine Krone darauf, um der Welt zu zeigen, dass wir der Monarchie insofern zustimmen, als in Amerika das Gesetz König ist. Denn so wie in absoluten Regierungen der König das Gesetz ist, so sollte in freien Ländern das Gesetz König sein, und nichts sonst. [...]

Oh, Ihr Freunde der Menschheit! Ihr, die Ihr es wagt, Euch nicht nur der Tyrannei, sondern auch dem Tyrannen zu widersetzen, tretet hervor! Jeder Fleck der Alten Welt ist von Unterdrückung bedeckt. Die Freiheit ist um den ganzen Erdball gejagt

worden. Asien und Afrika haben sie längst ausgestoßen. Europa betrachtet sie als Fremdling und England hat ihr zu verstehen gegeben, sie solle sich fortmachen. Oh! Empfangt den Flüchtling und bereitet der Menschheit rechtzeitig ein Asyl. [...]
Nichts kann unsere Sache so schnell in Ordnung bringen wie eine offene und entschlossene *Unabhängigkeitserklärung*. [...]

(Zit. nach: Willi Paul Adams/Angela Meurer Adams (Hg.), Die Amerikanische Revolution in Augenzeugenberichten, München (dtv) 1976, S. 225 ff.)

M 3 Die „Virginia Bill of Rights" (12. Juni 1776)

Unter den Erklärungen der Menschenrechte in den Verfassungen der Vereinigten Staaten wurde diese die bedeutendste und diente vielen Staaten als Muster; sie wirkte sich auch auf Europa aus, wie die entsprechende Erklärung der französischen Nationalversammlung von 1789 beweist. Die „Virginia Bill of Rights" enthält eine Grundsatzerklärung, eine Erklärung des Amtswechsels, der Wahlfreiheit, der Gewaltenteilung und die Aufzählung grundlegender Freiheiten.

Eine Erklärung der Rechte, gegeben von den Vertretern des guten Volkes von Virginia, zusammengekommen in vollzähliger und freier Versammlung darüber, welche Rechte ihnen und ihrer Nachkommenschaft als Grundlage und Fundament der Regierung zustehen.
I. Dass alle Menschen von Natur aus gleich, frei und unabhängig sind und bestimmte angeborene Rechte besitzen, die sie ihrer Nachkommenschaft durch keinen Vertrag rauben oder entziehen, wenn sie eine staatliche Verbindung eingehen, nämlich das Recht auf den Genuss des Lebens und der Freiheit, auf die Mittel zum Erwerb *und Besitz* von Eigentum, auf das Streben nach Glück und Sicherheit und das Erlangen beider.
II. Dass alle Gewalt im Volke ruht und folglich von ihm abgeleitet ist, dass die Behörden seine Bevollmächtigten und Diener sind und ihm zu aller Zeit verantwortlich.
III. Dass eine Regierung eingesetzt ist oder eingesetzt sein sollte zum allgemeinen Wohle und Schutz und zur Sicherheit des Volkes, der Nation oder der Gemeinde; dass von *allen verschiedenen* Regierungsformen diejenige die beste ist, die fähig ist, den höchsten Grad von Glück und Sicherheit hervorzurufen und die am wirksamsten gegen die Gefahr schlechter Verwaltung gesichert ist, und dass die Mehrheit einer Staatsgemeinde ein unzweifelhaftes, unveräußerliches und unverletzliches Recht hat, eine Regierung zu reformieren, zu verändern oder abzuschaffen, wenn sie diesen Zwecken unangemessen oder entgegengesetzt befunden wird, und zwar in einer Weise, die für das Allgemeinwohl am dienlichsten scheint.
IV. Dass kein Mensch oder keine Gruppe von Menschen zu ausschließlichen und besonderen Vorteilen und Vorrechten in der Gemeinde berechtigt ist, außer in Anbetracht öffentlicher Dienstleistungen, und da diese nicht vererbt werden können, sollten auch die Ämter der Obrigkeit, des Gesetzgebers oder Richters nicht erblich sein.

(Zit. nach: W. Lautemann/M. Schlenke (Hg.), Geschichte in Quellen, Amerikanische und Französische Revolution, München (bsv) 1981, S. 107 ff., übers. v. B. Dennewitz)

M 4 „Declaration of Independence"

Am 2. Juli 1776 beschloss der Zweite Kontinentalkongress, dass die 13 Vereinigten Kolonien freie und unabhängige Staaten seien. Zwei Tage später, am 4. Juli, billigte der Kongress ohne Gegenstimmen, aber bei Enthaltungen des Staates New York, die Unabhängigkeitserklärung der „Vereinigten Staaten von Amerika". Sie wurde hauptsächlich von Thomas Jefferson (1743–1826), vielseitig gebildeter Jurist und Großgrundbesitzer aus Virginia, entworfen.

Wenn es im Zuge der menschlichen Geschichte für ein Volk notwendig wird, die politischen Bande zu lösen, die es mit einem anderen Volke verbunden haben, und unter den Mächten der Erde den selbstständigen und gleichen Rang einzunehmen, zu dem Naturrecht und göttliches Gesetz es berechtigen, so erfordert eine geziemende Rücksichtnahme auf die Meinung der Menschheit, dass es die Gründe darlegt, die es zur Trennung veranlassen.
Folgende Wahrheiten halten wir für selbstverständ-

Der von Th. Jefferson geleitete Redaktionsausschuss übergibt dem Plenum des Kontinentalkongresses in Philadelphia den Entwurf der Unabhängigkeitserklärung (zeitgenössisches Gemälde von John Trumbull).

lich: dass alle Menschen gleich geschaffen sind; dass sie von ihrem Schöpfer mit gewissen unveräußerlichen Rechten ausgestattet sind; dass dazu Leben, Freiheit und das Streben nach Glück gehören; dass zur Sicherung dieser Rechte Regierungen unter den Menschen eingesetzt werden, die ihre rechtmäßige Macht aus der Zustimmung der Regierten herleiten; dass, wann immer irgendeine Regierungsform sich als diesen Zielen abträglich erweist, es Recht des Volkes ist, sie zu ändern oder abzuschaffen und eine neue Regierung einzusetzen und diese auf solchen Grundsätzen aufzubauen und ihre Gewalten in der Form zu organisieren, wie es ihm zur Gewährleistung seiner Sicherheit und seines Glückes geboten zu sein scheint.

Die Regierungszeit des gegenwärtigen Königs von Großbritannien ist von unentwegtem Unrecht und ständigen Übergriffen gekennzeichnet, die alle auf eine Errichtung einer absoluten Tyrannei über diese Staaten abzielen. Zum Beweise dessen seien der gerecht urteilenden Welt Tatsachen unterbreitet:

[Es folgen 18 Beschwerden, darunter:]

Er hat wiederholt Abgeordnetenkammern aufgelöst, weil sie mit männlicher Festigkeit seinen Eingriffen in die Rechte des Volkes entgegentraten.

Er hat Richter hinsichtlich der Amtsdauer und der Höhe und des Zahlungsmodus ihrer Gehälter von seinem Willen allein abhängig gemacht.

Er hat eine Unzahl neuer Ämter geschaffen und Schwärme von Amtsträgern hierhergesandt, um unser Volk zu drangsalieren und seine Substanz aufzuzehren.

Er hat in Friedenszeiten ohne Zustimmung unserer gesetzgebenden Versammlung auf unserem Boden stehende Heere unterhalten. […]

Er hat seinen Herrschaftsanspruch hier dadurch aufgegeben, dass er uns als außerhalb seines Schutzes stehend erklärte und Krieg gegen uns führte.

Er hat unsere Meere geplündert, unsere Küsten verheert, unsere Städte niedergebrannt und unsere Mitbürger getötet.

Er schafft gerade jetzt große Heere fremder Söldner heran, um das Werk des Todes, der Verheerung und der Tyrannei zu vollenden, das er bereits mit Grausamkeit und Treuebrüchen begonnen hat, die ihresgleichen kaum in den barbarischsten Zeiten finden und des Oberhauptes einer zivilisierten Nation völlig unwürdig sind.

Er hat im Inneren Aufstände in unserer Mitte angezettelt und versucht, die erbarmungslosen indianischen Wilden gegen unsere Grenzbewohner aufzuhetzen, deren Kriegführung bekanntlich darin besteht, ohne Unterschied des Alters, Geschlechts oder Zustands alles niederzumetzeln. […]

Daher tun wir, die in einem gemeinsamen Kongress versammelten Vertreter der Vereinigten Staaten von Amerika, unter Anrufung des Obersten Richters über diese Welt als Zeugen für die Ehrlichkeit unserer Absichten, namens und im Auftrag der rechtschaffenen Bevölkerung dieser Kolonien feierlich kund und zu wissen, dass diese Vereinigten Kolonien freie und unabhängige Staaten sind und es von Rechts wegen bleiben sollen; dass sie von jeglicher Treuepflicht gegen die britische Krone entbunden sind und dass sie als freie und unabhängige Staaten das Recht haben, Krieg zu führen und Frieden zu schließen, Bündnisse einzugehen, Handel zu treiben und alle anderen Handlungen vorzunehmen und Staatsgeschäfte abzuwickeln, zu denen unabhängige Staaten rechtens befugt sind.

Und zur Erhärtung dieser Erklärung verpflichten wir uns gegenseitig feierlich und in festem Vertrauen auf den Schutz der göttlichen Vorsehung zum Einsatz unseres Lebens, unseres Gutes und der uns heiligen Ehre.

(Zit. nach: Udo Sautter, Geschichte der Vereinigten Staaten von Amerika, Stuttgart (Kröner) 1976, S. 536f.)

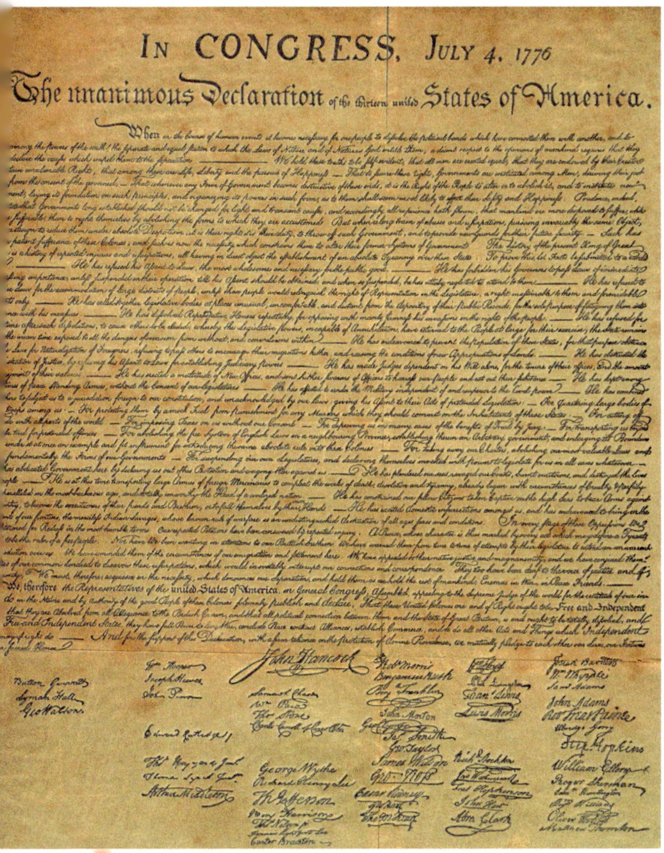

Titelseite der amerikanischen Unabhängigkeitserklärung von 1776

M 5 Aus der Verfassung der USA

Von den 13 Kolonien hatte Rhode Island keine Delegierten entsandt, von den 65 Delegierten der anderen 12 Kolonien zur verfassungsgebenden Versammlung unterzeichneten 39 im Jahre 1778 das Dokument.

Die Unterzeichnung der amerikanischen Verfassung am 17. September 1787 (Gemälde von Howard Chandler Christy, 1940)

Präambel

Wir, das Volk der Vereinigten Staaten, bestimmen und begründen diese Verfassung der Vereinigten Staaten von Amerika, um eine bessere Union zu bilden, Gerechtigkeit zu begründen, öffentliche Ruhe zu festigen, für die gemeinsame Verteidigung zu sorgen, den allgemeinen Wohlstand zu fördern und die Segnungen der Freiheit für uns und unsere Nachfahren zu sichern.

§ 1: Legislative

1.1 Alle legislative Gewalten, die hier festgelegt werden, sollen beim Kongress der USA liegen, der aus einem Senat und einem Repräsentantenhaus besteht.

1.2 Repräsentantenhaus:

Das Repräsentantenhaus soll aus Mitgliedern bestehen, die alle zwei Jahre von dem Volk der verschiedenen Bundesstaaten gewählt werden. [...]

1.3 Niemand soll zum Repräsentanten gewählt werden können, der nicht mindestens 25 Jahre alt ist, sieben Jahre Bürger der USA war und zum Zeitpunkt seiner Wahl in dem Bundesstaat wohnt, in dem er kandidiert. Repräsentanten und direkte Steuern sollen zwischen den verschiedenen Bundesstaaten – welche Teile dieser Union sind – nach den jeweiligen Bevölkerungszahlen aufgeteilt werden, die festgestellt werden, indem zu der Gesamtzahl freier Personen (einschließlich derer, die sich im Dienst befinden, und ohne nicht Steuern zahlende Indianer) drei Viertel aller anderen Personen hinzugerechnet werden[1]. [...]

Das Repräsentantenhaus hat die alleinige Macht, ein Impeachmentverfahren (zur Amtsenthebung des Präsidenten) einzuleiten [...].

1.3 Senat:

Der Senat der Vereinigten Staaten soll aus zwei Senatoren je Bundesstaat bestehen, die von dessen Legislative für sechs Jahre gewählt werden. Jeder Senator soll eine Stimme haben. [...]

Niemand kann Senator werden, der nicht die 30 Jahre erreicht hat, neun Jahre Bürger der USA war und bei der Wahl nicht in dem Bundesstaat wohnt, für den er kandidiert. [...]

Nur der Senat hat das Recht, Impeachmentverfahren durchzuführen [...].

Vollmachten des Kongresses: Der Kongress hat die Macht,

- Steuern festzulegen und einzuziehen [...];
- den Fortschritt der Wissenschaften und nützlichen Künste zu fördern [...];
- die Gerichtshöfe unterhalb des Obersten Gerichtshofes zu besetzen [...].

§ 2: Exekutive

Die exekutive Gewalt soll beim Präsidenten der USA liegen. Er soll für vier Jahre im Amt sein, zusammen mit dem Vizepräsidenten.

Nur jemand, der als Bürger der USA geboren wurde bzw. bei der Annahme der Verfassung Bürger war, kann zum Präsidenten gewählt werden [...].

Vollmachten des Präsidenten:

Der Präsident ist der Oberkommandierende der Marine [...].

Der Präsident hat die Macht, mit dem Rat und der Zustimmung des Senats Verträge zu schließen, wenn zwei Drittel der Senatoren zustimmen; er benennt mit dem Rat und der Zustimmung des Senats Botschafter, andere öffentliche Beamte und Konsuln, die Richter des Obersten Gerichtshofs sowie alle anderen Beamten der USA, für deren Ernennung keine andere Vorschrift besteht [...].

(Zit. nach: Hans-Heinrich Nolte (Hg.), Geschichte der USA I – Von der Entstehung bis zum Ausgang des 19. Jahrhunderts, Schwalbach/Ts. (Wochenschau) 2006, S. 106ff.)

---

[1] Der Kompromiss zwischen den Süd- und Nordstaaten umfasst, dass Sklaven – die kein Stimmrecht besaßen – bei der Berechnung der Repräsentanten des Staates teilweise mitgerechnet wurden. Zu dem Kompromiss gehörte auch, dass das Wort „Sklave“ in der Verfassung nicht auftaucht.

Der Blick aus Europa

M 6 Was ist ein Amerikaner?

Der gebürtige Franzose Hector St. John de Crevecoeur (1735–1815) kam 1754 als Soldat nach Nordamerika, wo er viel reiste. 1793 wurde er französischer Konsul in New York.

Hier gibt es keine aristokratischen Familien, keine Fürstenhöfe, keine Könige, keine Bischöfe, keine geistliche Oberherrschaft, keine unsichtbare Macht, die wenigen eine sehr sichtbare verleiht, keine großen Manufakturbesitzer, die Tausende beschäftigen, keine Übertreibung des Luxus. Die Reichen und die Armen sind nicht so weit voneinander entfernt wie in Europa. [...]
Rechtsanwalt oder Kaufmann sind die erhabensten Titel, die unsere Städte gewähren; der eines Farmers ist die einzige Bezeichnung für die ländlichen Bewohner unseres Gemeinwesens. Gewiss wird der Reisende einige Zeit benötigen, ehe er sich mit unserem Wortschatz anfreunden kann, dem es wohl an würdevollen Bezeichnungen und Ehrennamen gebricht. So sieht er an einem Sonntag eine Versammlung respektabler Farmer und ihrer Frauen, alle in schmuckes, selbst erzeugtes Tuch gekleidet, wohlberitten oder in ihren eigenen schlichten Wagen. Unter ihnen gibt es keinen Hochwohlgeboren außer dem unbelesenen Friedensrichter. Dort erblickt er einen Pfarrer, so schlicht wie seine Herde, einen Farmer, der nicht von der Arbeit anderer in Saus und Braus lebt. Wir haben keine Prinzen, für die wir uns abmühen, hungern und bluten; wir sind die vollkommenste Gesellschaft, die jetzt in der Welt existiert. Hier ist der Mensch so frei, wie er sein sollte [...].
In diesem großen amerikanischen Asyl haben sich die Armen Europas auf die eine oder andere Weise und im Ergebnis verschiedener Ursachen zusammengefunden; zu welchem Zweck sollten sie einander fragen, aus welchem Land sie kommen? Ach, zwei Drittel von ihnen hatten kein Heimatland. Kann ein Unglücklicher, der umherstreifen muss, der arbeitet und hungert, dessen Leben ständig voll tiefen Elends und bedrückender Armut ist – kann dieser Mensch England oder irgendein anderes Königreich sein Heimatland nennen? Ein Land, das kein Brot für ihn hatte, dessen Felder ihm keine Ernte lieferten, dem nichts anderes als das Stirnrunzeln der Reichen, die Härte der Gesetze, Kerkerhaft und schwere Strafen zuteil wurden, dem kein Fußbreit der unendlichen Oberfläche dieses Planeten gehörte? Nein! Gedrängt von einer Vielfalt von Beweggründen kamen sie hierher, wo alles darauf gerichtet war, ihnen neues Leben einzuhauchen; neue Gesetze, eine neue Lebensweise, ein neues Gesellschaftssystem; hier sind sie Menschen geworden [...]. Welche unsichtbare Kraft hat diese überraschende „Verwandlung" bewirkt? Die der Gesetze und die ihres Fleißes. Die Gesetze, die nachsichtigen Gesetze schützen sie bei ihrer Ankunft und verleihen ihnen das Siegel der Aufnahme; sie erhalten reichen Lohn für ihre Arbeit; der angehäufte Lohn verschafft ihnen Land; dieses Land verleiht ihnen den Titel freier Menschen und diesem Titel haftet jeglicher Vorteil an, welchen Menschen je erlangen können. [...]
Sein Heimatland ist nun das, welches ihm Boden gibt, Brot, Schutz und Ansehen. [...] Was also ist dann der Amerikaner, dieser neue Mensch? Er ist weder ein Europäer noch Abkömmling eines Europäers – daher diese seltsame Mischung des Blutes, welche ihr in keinem anderen Land finden werdet. Ich könnte euch eine Familie nennen, wo der Großvater ein Engländer war, dessen Frau eine Holländerin, deren beider Sohn eine Französin heiratete und dessen gegenwärtige vier Söhne nun vier Frauen verschiedener Nationalität geehelicht haben. Derjenige ist Amerikaner, der all seine alten Vorurteile und Verhaltensweisen hinter sich gelassen hat und aus der neuen Lebensform, die er angenommen hat, von der neuen Regierung, der er gehorcht, und von dem neuen Stand, den er bekleidet, neue empfängt. [...] Hier sind die Einzelwesen aller Nationen verschmolzen zu einem neuen Menschen-

Europäische Einwanderer treffen in New York ein (Abbildung in Frank Lesslie's Weekly, spätes 19. Jh.).

schlag, dessen Taten und Nachkommenschaft eines Tages große Veränderungen in der Welt hervorrufen werden. Die Amerikaner sind die Pilger des Westens. […] Der Amerikaner ist ein neuer Mensch, der nach neuen Grundsätzen handelt; er muss deshalb neue Gedanken hegen und neue Meinungen formen. Aus unfreiwilligem Müßiggang sklavischer Abhängigkeit, Armut und nutzloser Fron ist er zu einem Schaffen ganz anderer Art übergegangen, das durch ein reichliches Auskommen belohnt wird – das ist ein Amerikaner. […]

(Zit. nach: Heinz Förster (Hg.), Was ist ein Amerikaner? Zeugnisse aus dem Zeitalter der amerikanischen Revolution, Leipzig/Weimar 1987, S. 8ff., übers. v. Ruprecht Willnow)

M 7 Alexis de Tocqueville: Über die Demokratie in Amerika

Tocqueville (1805–1859), französischer Richter, Politiker und Schriftsteller, reiste 1831/32 durch die USA und studierte im Auftrag der Pariser Regierung das amerikanische Rechtssystem. Seine Erkenntnisse veröffentlichte er in dem vierbändigen Hauptwerk „Über die Demokratie in Amerika“. Das Buch wurde sofort ein Weltbestseller.

Es wird also eine Zeit kommen, da werden in Nordamerika einhundertfünfzig Millionen gleicher Menschen leben, der gleichen Familie angehörig, gleicher Herkunft, gleicher Kultur, gleicher Sprache, gleicher Religion, gleicher Gewohnheiten und gleicher Sitten; sie werden gleichförmig denken und ihr Denken wird sich in den gleichen Farben malen. Alles Übrige ist zweifelhaft, dies ist sicher. Freilich eine vollständig neue Tatsache, deren Tragweite sich der Einbildungskraft noch verschließt.

Es gibt heute auf der Erde zwei große Völker, die von verschiedenen Punkten ausgehend zum selben Ziel vorzurücken scheinen: die Russen und die Angloamerikaner. Beide sind im Verborgenen groß geworden; und während die Aufmerksamkeit der Menschen anderswo gefesselt war, sind sie plötzlich in die vorderste Reihe der Nationen getreten, und die Welt hat fast zur gleichen Stunde wie ihre Geburt ihre Größe vernommen.

Alle anderen Völker scheinen etwa die Grenzen erreicht zu haben, die ihnen von der Natur gezogen sind, und scheinen diese nur noch bewahren zu sollen. Russland aber und Amerika wachsen. Alle anderen sind entweder zur Ruhe gekommen oder dringen doch nur unter großen Anstrengungen vor; sie allein schreiten leicht und rasch aus in einer Bahn, deren Ziel das Auge noch nicht zu erkennen vermag.

Der Amerikaner kämpft gegen die Hindernisse, die die Natur ihm bietet; der Russe liegt im Kampf mit den Menschen. Jener ringt mit Wüste und Barbarei, dieser mit der vollbewaffneten Zivilisation: Daher erobert der Amerikaner mit dem Pflug, der Russe mit dem Schwert des Soldaten. Sein Ziel zu erreichen, baut der Amerikaner auf das private Interesse und lässt die Kraft und die Vernunft des Einzelnen wirken, ohne sie zu dirigieren. Der Russe drängt gewissermaßen die ganz Macht der Gesellschaft in einem Menschen zusammen. Freiheit ist dem einen der Antrieb, Knechtschaft dem anderen. Wie nach einem geheimen Plan der Vorsehung scheint jeder von ihnen berufen, dereinst die Geschichte der halben Erde zu lenken.

(Alexis de Tocqueville, Über die Demokratie in Amerika (1835/40), hg. v. J. P. Mayer, Stuttgart 1985, übers. v. Hans Zbinden)

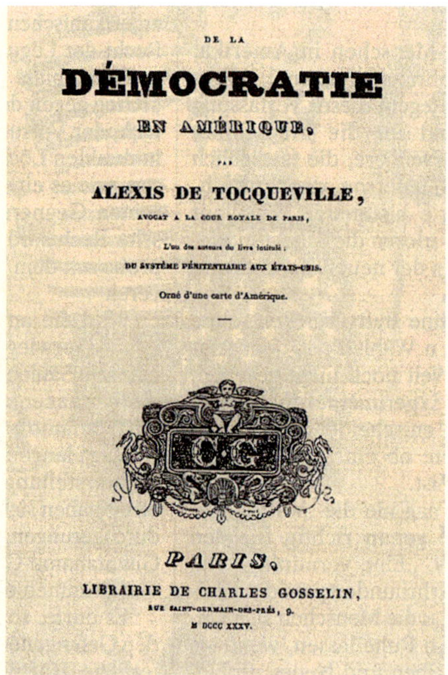

Titelblatt des Werkes von Tocqueville

„That all men are created equal" – Sklaven und die indianischen Ureinwohner in einem demokratischen Land

„Folgende Wahrheiten halten wir für selbstverständlich: dass alle Menschen gleich geschaffen sind; dass sie von ihrem Schöpfer mit gewissen unveräußerlichen Rechten ausgestattet sind [...]". Das Gleichheitspostulat der amerikanischen Unabhängigkeitserklärung ist unmissverständlich. Dennoch konnte sich der Verfassungskonvent von 1787 nur darauf verständigen, die Einfuhr von Sklaven nach dem 1. Januar 1808 zu verbieten. Bei der Berechnung der Bevölkerungszahl sollten die „Unfreien", so die beschönigende Bezeichnung, nur als „Drei-Fünftel-Personen" gezählt werden. 1857 stellte das Oberste Gericht der Vereinigten Staaten entsprechend fest, dass „(es) nicht die Absicht war, sie (die Sklaven) unter dem Begriff ‚Bürger' in die Verfassung einzubeziehen". Erst 100 Jahre später verbot das Bürgerrechtsgesetz die Diskriminierung aufgrund der Haufarbe.

Die Zahl der „Native Americans", der Indianer, sank von mehreren Millionen auf 500 000; sie starben an Krankheiten, wurden vertrieben, getötet. Erst 1924 wurden die verbleibenden Native Americans als amerikanische Staatsbürger anerkannt. Die vollständige Integration ist immer noch nicht erreicht.

Beide Bevölkerungsgruppen erlebten in ihrer langen Geschichte den Widerspruch zwischen der Verkündung der amerikanischen Ideale und der sozialen und rechtlichen Realität.

- **Wie entwickelte sich die soziale, rechtliche und politischen Lage der afroamerikanischen und eingeborenen Bevölkerung?**
- **Wie wurde trotz des Bekenntnisses zur Gleichheit zunächst die Benachteiligung der afroamerikanischen und eingeborenen Bevölkerung gerechtfertigt?**
- **Wie wurde später in Abkehr vom Prinzip der Ungleichbehandlung die zunehmende Gleichheit der Bevölkerungsgruppen begründet?**

Gestalten Sie eine visualisierte Stafettenpräsentation, in der Sie unter Verwendung von Lernplakaten differenzierte Statements zu den drei Leitfragen vorstellen.

Vorschläge, wie Sie die Arbeitsprozesse arbeitsteilig organisieren und die Materialien gezielt untersuchen und auswerten können:

Entscheiden Sie nach einer kursorischen Lektüre der Materialien M 1 – M 12 in Einzelarbeit, für welchen der drei Themabereiche Sie in einem Zweier- oder Dreierteam eine Präsentation erarbeiten möchten.

Thema 1: Sklaverei und deren Rechtfertigung

Erörtern Sie das Problem der Sklavenhaltung und deren Rechtfertigung, indem Sie
a) die Lebensverhältnisse der Sklaven beschreiben (M 1, M 2);
b) ausgehend von einer Analyse der Materialien M 3 und M 4 zusammenfassend darstellen, wie die Ungleichbehandlung der Afroamerikaner aus zeitgenössischer Sicht begründet wurde;
c) zur Problemstellung Sklaverei eine begründete persönliche Stellungnahme formulieren.

Thema 2: Der Prozess der rechtlichen Gleichstellung

Stellen Sie auf der Grundlage einer formalen und inhaltlichen Analyse der Materialien M 5 – M 9 den Prozess der rechtlichen Gleichstellung der Afroamerikaner dar. Erläutern und beurteilen Sie diesen Prozess, indem Sie
a) Lincolns Verfügung zur Sklavenbefreiung (M 5) erklären und die historische Tragweite dieses Vorgangs erörtern;
b) den Kerngedanken der Gettysburg Address (M 6) wiedergeben und erörtern, worin die wegweisende Bedeutung der Erklärung bestand;
c) die rechtlichen Verfügungen der Bürgerrechtsurteile bzw. -gesetze (M 7 – M 9) erläutern und die Entwicklung beurteilen.

Thema 3: Die Lebensverhältnisse und das Selbstverständnis der Indianer

Charakterisieren Sie anhand der Materialien M 10, M 11 und M 12 die Grundzüge der Lebenssituation der Indianer im 19. Jahrhundert, indem Sie
a) das Umgehen mit der indianischen Urbevölkerung und deren Rechtsstellung beschreiben (M 10);
b) darstellen wie Präsident Andrew Jackson die Umsiedlungspolitik rechtfertigte (M 11), und dazu Stellung nehmen;
c) das Selbstverständnis der indianischen Urbewohner sowie ihre Sicht des Konfliktes mit der weißen Mehrheitsbevölkerung (M 12) erläutern und bewerten.

Präsentations- und Vortragstipps:

- Überlegen und entscheiden Sie gemeinsam, wie Sie Ihre Visualisierung der Arbeitsergebnisse auf dem Lernplakat strukturiert gestalten wollen.
- Integrieren Sie in Ihre Präsentation die Erläuterung geeigneter Bildquellen.
- Treffen Sie Absprachen, wie Sie sich bei der Präsentation ihres Themabereichs abwechseln wollen.

MATERIALIEN

Die Lage der Sklaven

M 1 Anzeige für eine Sklavenauktion

Übersetzung des vollständigen Textes der unten abgebildeten Anzeige:

Zu Mieten und zu Verkaufen/Öffentliche Auktion am Montag, den 18. Mai 1829, unter den Bäumen

---

Zum Verkauf werden die drei folgenden SKLAVEN angeboten:

- Hannibal, etwa 30 Jahre alt, ein hervorragender Hausdiener, sehr gutwillig
- William, etwa 35 Jahre alt, ein Arbeiter
- Nancy, ein ausgezeichnetes Dienst- und Kindermädchen

Die Männer gehören zum „Leech-Haushalt“, das Mädchen zu Frau D. Smit.

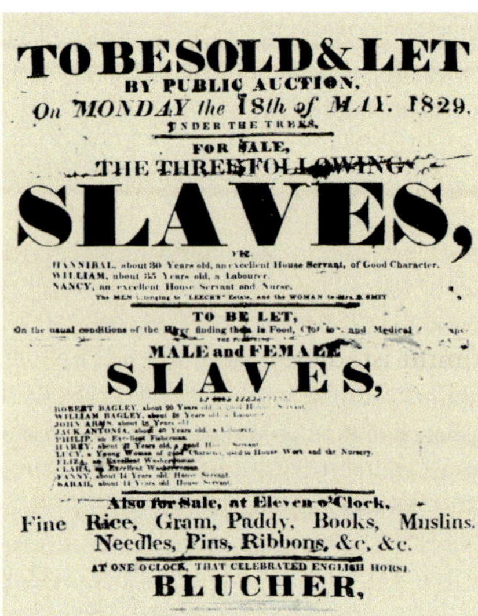

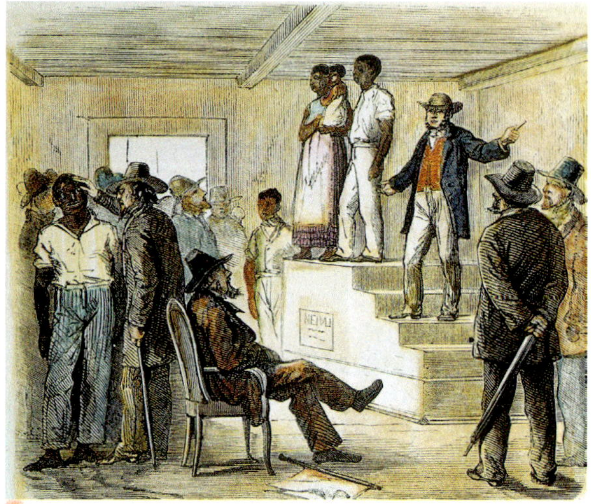

Sklavenauktion in Richmond/Virginia (Holzstich 1861)

Zum Verleih werden die folgenden männlichen und weiblichen SKLAVEN angeboten; für den Mieter gelten die üblichen Bedingungen, wie Versorgung mit Nahrungsmitteln, Kleidung und Medizin:

- Robert Bagley, etwa 20 Jahre alt, ein guter Hausdiener
- William Bagley, etwa 18 Jahre alt, ein Arbeiter
- John Arms, etwa 18 Jahre alt
- Jack Antonia, etwa 40 Jahre alt, ein Arbeiter
- Philip, ein ausgezeichneter Fischer
- Harry, etwa 27 Jahre alt, ein guter Hausdiener
- Lucy, eine junge Frau besten Charakters, verwendbar für Haushalt und Kinderpflege
- Eliza, eine ausgezeichnete Waschfrau
- Clara, eine ausgezeichnete Waschfrau
- Fanny, etwa 14 Jahre alt, ein Hausmädchen
- Sarah, etwa 14 Jahre alt, ein Hausmädchen

Ebenso zum Verkauf um 11 Uhr: Feiner Reis, Getreide, ungeschälter Reis, Bücher, Musselin, Nähnadeln, Stecknadeln, Bänder, etc.

Um ein Uhr wird das berühmte englische Pferd BLUCHER versteigert.

M 2 Tagesablauf auf einer Baumwollplantage

Dies beschreibt der Sklave Salomon Northup. Seine Berichte zählen zu den wenigen überlieferten Augenzeugenberichten der Sklaven.

Der erste Tag (Anlernzeit): Wenn ein neuer Handlanger, der sich bei der Arbeit noch nicht richtig auskennt, zum ersten Mal aufs Feld geschickt wird,

wird er richtig mit der Peitsche angetrieben und den Tag lang gezwungen, so schnell wie möglich zu pflücken. Am Abend wird die Ladung gewogen, damit seine Leistung bekannt ist. Nun muss er an jedem folgenden Abend das gleiche Gewicht anbringen. Wird es weniger, so gilt es als Beweis dafür, dass er getrödelt hat, und das wird mit einer größeren oder kleineren Anzahl von Peitschenhieben bestraft. […]

Arbeitszeit: Die Handlanger müssen bei Sonnenaufgang auf den Feldern sein, und abgesehen von der Mittagspause von 10 bis 15 Minuten, in der sie ihre Ration kalten Specks herunterschlingen, dürfen sie keinen Moment Ruhe genießen bis es völlig dunkel wird. Wenn Vollmond ist, arbeiten sie oft bis mitten in die Nacht hinein. Nicht einmal zu Mittag wagen sie aufzuhören oder – egal wie spät der Abend wird – ins Quartier zurückzukehren, ehe der Driver [Aufseher] ihnen den Befehl gibt.

Das Abwiegen: Wenn die Tagesarbeit auf dem Feld erledigt ist, werden die Körbe ins Entkörnungshaus gebracht, wo die Baumwolle zunächst gewogen wird. Egal wie müde er ist – egal wie sehr er sich nach Schlaf und Ruhe sehnt –, wenn der Sklave sich mit seinem Korb Baumwolle dem Entkörnungshaus nähert, begleitet ihn immer die Angst. Fällt es zu leicht aus – hat er das ihm zugemutete Pensum nicht geschafft – dann weiß er, dass er es büßen wird. Sollte er das Soll um zehn oder zwanzig Pfund überschritten haben, wird sein Herr wahrscheinlich die Aufgabe für den nächsten Tag höher einschätzen.

Daher ist, egal ob zu wenig oder zu viel Baumwolle, sein Weg zum Entkörnungshaus nie frei von Furcht und Zittern. […]

Ein Sklave wird unter großer öffentlicher Aufmerksamkeit ausgepeitscht.

Die Ration: Die Sklaven bekommen nur Mais und Speck. Die Ration wird jeden Sonntagvormittag am Kornspeicher und an der Räucherkammer ausgeteilt, jeder erhält eine Wochenration von 3 Pfund Speck und genug Mais für ein Pekh [9 Pf. Mehl]. *Das ist alles* – kein Tee, kein Kaffee, kein Zucker, und, abgesehen von einer kleinen Prise hie und da, kein Salz.

Das Essen: […] Die meisten Sklaven besitzen kein Messer, geschweige denn eine Gabel. Sie schneiden ihren Speck mit der Axt am Holzstapel. Das Maismehl wird mit etwas Wasser gemischt, ins Feuer gelegt und gebacken. […] Der Bewohner der Sklavenhütte darf sich zum Dinieren auf den Boden setzen. Jetzt ist es gewöhnlich schon Mitternacht.

Der Schlaf: Dieselbe Angst vor Strafe, die die Sklaven vor dem Entkörnungshaus erleben, packt sie wieder, wenn sie sich zur Ruhe hinlegen: Jedoch ist es jetzt die Angst, dass sie verschlafen. Dieses Vergehen zöge nicht weniger als 20 Peitschenhiebe nach sich.

(Zit. nach: Wolfgang Wimmer, Die Sklaven – Eine Sozialgeschichte mit Gegenwart, Reinbek (Rowohlt) 1979, S. 159 ff.; ausführliche Materialien unter: http://usa.usembassy.de/geschichte-civilwar.htm)

Zur Rechtfertigung der Sklaverei

M 3 Todesstrafe für Sklavenbefreiung

Der Gouverneur von South Carolina erhob 1835 die Forderung, Agitatoren für die Sklavenbefreiung mit dem Tode zu bestrafen.

Keine menschliche Einrichtung entspricht nach meiner Meinung deutlicher dem Willen Gottes als häusliche Sklaverei und keine seiner Verordnungen ist mit lesbareren Zeichen geschrieben als diejenige, die die afrikanische Rasse zu dieser Stellung bestimmt: Wird sie doch dadurch zu ihrem eigenen Glück geführt, weit mehr als durch alles andere, für das sie empfänglich ist. Ob wir die Heilige Schrift oder die Offenbarungen der Natur und der Vernunft zu Rate ziehen, so tritt uns diese Wahrheit unzählige Male entgegen. […]

Dass der afrikanische Neger von der Vorsehung dazu bestimmt ist, diese Stellung dienstbarer Abhängigkeit einzunehmen, ist nicht weniger offensichtlich. Es steht auf seinem Gesicht geschrieben, auf seiner Haut gestempelt und geht deutlich aus der geistigen Unterlegenheit und natürlichen Sorglosigkeit dieser Rasse hervor […]. Keine menschliche Macht kann die Eigenschaft verleihen, die zum Genuss der Freiheit befähigt. Sie ist eine Gabe Gottes,

Eine Baumwollplantage am Mississippi (Lithografie von William Walker, 1853)

und eine der seltensten, die er in seiner unerforschlichen Weisheit den Völkern der Erde zu verleihen für gut hielt […]. Es liegt klar am Tage, dass die Bestimmung der Negerrasse entweder die scheußlichste Art politischer Knechtschaft oder jene häusliche Sklaverei ist, wie sie jetzt in den sklavenhaltenden Staaten besteht. Und außer Frage steht der Vorzug häuslicher Sklaverei auch vor der günstigsten Art politischer Versklavung. Es ist nicht bloß die Pflicht, sondern das augenfällige Interesse des Herrn, für gute Nahrung und Kleidung seiner Sklaven zu sorgen; und was für Märchen und übertriebene Geschichten auch verbreitet werden […]: Auf der ganzen Erde gibt es, ob hoch oder niedrig, keine zweite Volksklasse, die wie diese völlig frei von Sorgen und Angst ist […]. Mit einem Wort, unsere Sklaven sind heiter, zufrieden und glücklich, und zwar weit mehr, als es die menschliche Rasse im Allgemeinen sein kann […]. Häusliche Sklaverei ist daher keineswegs ein politisches Übel, sondern der Eckstein unseres republikanischen Gebäudes.

(Zit. nach: W. Lautemann/M. Schlenke (Hg.), Geschichte in Quellen, Bd. 3, München (bsv) 1980, S. 506f.)

M 4 Aus der Urteilsbegründung des Supreme Court im Dred Scott-Prozess (1857)

Der Sklave Dred Scott hatte längere Zeit in einem sklavenfreien Gebiet gelebt. Daraus leitete er den Anspruch ab, freigelassen zu werden. Seine Klage gegen seinen ehemaligen Besitzer verhandelte der Supreme Court.

Es scheint angenommen zu werden, dass es einen Unterschied zwischen Eigentum an einem Sklaven und anderem Eigentum gibt und dass unterschiedliche Regeln in der Auslegung der Verfassung der Vereinigten Staaten angewendet werden könnten. Die Gesetze und Praktiken anderer Völker, die Schriften bedeutender Juristen über die Beziehungen zwischen dem Herrn und dem Sklaven und über ihre wechselseitigen Rechte und Pflichten, die Befugnisse, die Regierungen dabei innehaben mögen, sind in dieser Argumentation stark betont worden.

Aber wenn die Verfassung das Eigentumsrecht des Herrn an einem Sklaven anerkennt und keinen Unterschied zwischen jener Eigentumsdefinition und anderem Eigentum eines Bürgers macht, dann hat keine Behörde, die im Namen der Vereinigten Staaten handelt, gehöre sie der Legislative, Exekutive oder Justiz an, das Recht, eine solche Unterscheidung vorzunehmen oder jemandem den Vorteil jener Vorschriften und Garantien zu verweigern, die zum Schutz des privaten Eigentums gegen die Eingriffe der Regierung vorgesehen sind.

Nun ist das Eigentumsrecht an einem Sklaven deutlich und ausdrücklich in der Verfassung bestätigt. Das Recht, damit Handel zu treiben wie mit einem normalen Handelsgut, wurde den Bürgern der Vereinigten Staaten für zwanzig Jahre […] garantiert. Und die Regierung ist ausdrücklich gehalten, es für alle Zukunft zu schützen, wenn ein Sklave seinem Eigentümer entflieht. Kein Wort ist in der Verfassung zu finden, das dem Kongress eine größere Verfügungsgewalt über das Eigentum an Sklaven gibt oder das dem Eigentum dieser Art weniger Schutz zuerkennt als sonstigem Eigentum. Die einzige zusätzliche Zuständigkeit ist die Zuständigkeit, die mit der Pflicht verbunden ist, den Eigentümer in seinen Rechten zu beschützen.

Angesichts dieser Betrachtungen ist es die Meinung des Gerichtshofes, dass das Kongressgesetz, das es einem Bürger untersagt, Eigentum an Sklaven in dem Gebiet der Vereinigten Staaten nördlich der Linie zu besitzen, die in dem Gesetz erwähnt wird, durch die Verfassung nicht gestützt wird und darum nichtig ist; und dass weder Dred Scott noch jemand aus seiner Familie frei wurde, indem er in jenes Gebiet gebracht wurde, selbst wenn sie vom Eigentümer in der Absicht dorthin gebracht worden wären, sie zu ständigen Einwohnern dieses Territoriums werden zu lassen.

(Zit. nach: Diethelm Düsterloh/Joachim Rohlfes, Die Vereinigten Staaten von Amerika, Politische Weltkunde II, Stuttgart (Klett) 1980, S. 34f., übers. v. Joachim Rohlfes)

Die rechtliche Gleichstellung

M 5 Abraham Lincoln, Emanzipationserklärung (22. September 1862)

Dass am 1. Januar 1863 A. D. alle als Sklaven gehaltenen Personen in einem Einzelstaat oder einem

Präsident Abraham Lincoln proklamiert die Sklavenbefreiung (vgl. hierzu auch die Abbildung auf S. 33 o.).

genau bezeichneten Teil eines Staates, deren Bevölkerungen sich zu diesem Zeitpunkt im Zustand der Rebellion gegen die Vereinigten Staaten befinden, dann, fortan und für immer frei sein sollen und dass die Exekutive der Vereinigten Staaten, einschließlich der Militär- und Marinebehörden derselben, die Freiheit solcher Personen anerkennen und aufrechterhalten und keine Handlung oder Handlungen begehen werden, solche Personen oder Person an Versuchen zur Erringung ihrer tatsächlichen Freiheit zu hindern.

Dies verfüge ich, Abraham Lincoln, Präsident der Vereinigten Staaten, kraft der mir als Oberbefehlshaber des Heeres und der Flotte der Vereinigten Staaten in Zeiten einer vorliegenden bewaffneten Rebellion gegen die Autorität und Regierung der Vereinigten Staaten verliehenen Gewalt und als geeignete und notwendige kriegerische Maßnahme zur Unterdrückung genannter Rebellion an diesem 1. Januar 1863 A. D., und in Übereinstimmung mit meiner Absicht, solches zu tun, wie es für die volle Periode von 100 Tagen seit dem eingangs zuerst genannten Tag öffentlich erklärt wurde, bezeichne ich als die Staaten und Teile der Staaten, in denen die Bevölkerungen derselben sich am heutigen Tag in Rebellion gegen die Vereinigten Staaten befinden, die folgenden, nämlich: Arkansas, Texas, Louisiana (mit Ausnahme der Kreise St. Bernard, Plaquemines, Jefferson, St. John, St. Charles, St. James, Ascension, Assumption, Terrebonne, Lafourche, St. Mary, St. Martin und Orleans einschließlich der Stadt New Orleans), Mississippi, Alabama, Florida, Georgia, South Carolina, North Carolina und Virginia (mit Ausnahme der als West-Virginia bezeichneten 48 Kreise sowie der Kreise Berkeley, Accomac, Northampton, Elisabeth City, York, Princess Anne und Norfolk einschließlich der Städte Norfolk und Portsmouth), womit sich die ausgenommenen Teile vorläufig im gleichen Zustand befinden, als wäre diese Erklärung nicht verkündet worden.

Und kraft der oben genannten Gewalt und in oben genannter Absicht verfüge und erkläre ich, dass alle als Sklaven gehaltenen Personen in den oben bezeichneten Staaten und Teilen von Staaten frei sind und fortan frei sein werden und dass die Exekutive der Vereinigten Staaten einschließlich der Militär- und Marinebehörden derselben die Freiheit besagter Personen anerkennen und aufrechterhalten werden.

Und ich ermahne hiermit die Bevölkerung, die nunmehr für frei erklärt wurde, sich aller Gewalttätigkeit außer in Notwehr zu enthalten, und empfehle ihr, dass sie in allen Fällen, in denen es ihr ermöglicht wird, treu gegen vernünftigen Lohn arbeitet.

Und weiter erkläre ich und gebe bekannt, dass solche tauglichen Personen in den Dienst mit der Waffe der Vereinigten Staaten aufgenommen werden, um als Besatzung für Forts, Stellungen, Posten und sonstige Plätze zu dienen und als Mannschaften auf Schiffen jeder Art als Teil genannten Dienstes.

Und für diese Verfügung, die wir aufrichtig für eine Verfügung der Gerechtigkeit halten, die durch die Verfassung aufgrund einer militärischen Notwendigkeit gerechtfertigt ist, erbitte ich das besonnene Urteil der Menschheit und die Gnade des Allmächtigen.

Urkundlich dessen habe ich meine Unterschrift hierzu gegeben und das Siegel der Vereinigten Staaten anbringen lassen.

Geschehen in der Stadt Washington, diesen 1. Januar 1863 A. D. und im 87. Jahr der Unabhängigkeit der Vereinigten Staaten von Amerika

ABRAHAM LINCOLN

Mit dem Präsidenten: WILLIAM H. SEWARD, Außenminister

(Zit. nach: http://www.yale.edu/lawweb/avalon/emancipa.htm; eigene Übersetzung)

M 6 Abraham Lincoln: Gettysburg Address (19. November 1863)

Die Grußansprache Lincolns wurde anlässlich der Einweihung eines Soldatenfriedhofs gehalten, der noch während des Bürgerkrieges angelegt wurde. Die Ansprache dauerte nur zweieinhalb Minuten und enthielt 272 Wörter. Amerikanische Schüler lernen sie heute auswendig, sie gilt als zentraler Bestandteil des nationalen historischen Gedächtnisses.

Vor 87 Jahren gründeten unsere Väter auf diesem Kontinent einen neuen Staat – in Freiheit gebildet und dem Gedanken geweiht, dass alle Menschen gleich geschaffen sind. Gegenwärtig führen wir einen großen Bürgerkrieg, in dem erwiesen werden wird, ob dieser Staat oder irgendein so gebildeter und solchen Gedanken geweihter Staat Bestand haben kann. Wir sind hier auf einem großen Schlachtfelde dieses Krieges versammelt. Wir sind hierher gekommen, einen Teil dieses Schlachtfeldes den Kämpfern als letzten Ruheplatz zu weihen, die hier ihr Leben hingaben, damit dieser Staat leben könne. Dies zu tun ist nicht mehr als recht und billig. Aber in weiterem Sinne können wir diesen Boden gar nicht weihen, heiligen oder segnen. Die tapferen Männer, Lebende und Tote, die hier gekämpft haben, gaben ihm eine Weihe, die weit darüber hinausgeht, was unsere Kraft hinzuzutun oder wegzunehmen vermag. [...]
An uns, den Lebenden, ist es vielmehr, uns an dieser Stätte der von jenen schon so heldenmütig vorangebrachten Aufgabe zu weihen. An uns ist es vielmehr, uns an dieser Stätte den verbliebenen großen Aufgaben zu weihen, damit wir uns angesichts der ehrwürdigen Toten noch stärker als zuvor jener Sache hingeben, für die sie hier das höchste Maß an Opfer gegeben haben; damit wir uns feierlich geloben, dass sie nicht vergebens gefallen sein sollen, dass diese Nation unter Gottes Fügung zu neuer Freiheit geboren werde und dass die Herrschaft des Volkes durch das Volk und für das Volk nicht von dieser Erde verschwinde.

(Zit. nach: Herbert Schambeck u. a. (Hg.), Dokumente zur Geschichte der Vereinigten Staaten von Amerika, Berlin (Duncker & Humblot) 1993, S. 375)

M 7 Civil Rights Act (1866)

Es wird hiermit verfügt, dass alle Personen, welche in den Vereinigten Staaten geboren wurden und welche keiner ausländischen Macht unterworfen sind – ausgenommen Indianer, welche nicht besteuert werden –, hiermit zu Bürgern der Vereinigten Staaten erklärt werden; und dass solche *Bürger* jeder Rasse und Farbe und ohne *Rücksicht* auf einen etwaigen früheren Zustand der Sklaverei oder der unfreiwilligen Knechtschaft – ausgenommen den Fall einer Bestrafung für ein Verbrechen, dessen der Betroffene rechtmäßig verurteilt worden ist – dasselbe Recht haben sollen, in jedem Staat und Territorium in den Vereinigten Staaten Verträge abzuschließen und durchzusetzen, zu klagen, Parteistellung zu besitzen und als Zeuge auszusagen; weiters das Recht besitzen, Grundbesitz und persönliches Eigentum zu erben, zu kaufen, zu mieten, zu verkaufen, zu besitzen und zu übertragen; weiters das gleiche Recht auf vollen und gleichen Nutzen aller Gesetze und Verfahren für die Sicherheit der Person und des Eigentums, so wie er von weißen Bürgern genossen wird; und sie sollen weiters derselben Bestrafung, Gefängnisstrafen und Geldstrafen, unterworfen sein und keiner anderen, ungeachtet irgendeines Gesetzes, einer Satzung, einer Verordnung, einer Verfügung, einer Regelung oder einer Gewohnheit, die das Gegenteil aussagen.

(Zit. nach: Herbert Schambeck, a. a. O., S. 383)

M 8 Das „Separate-but-equal"-Urteil des Obersten Gerichtshofes (1896)

Rassentrennung in den USA – ein Trinkwasserbehältiger für Farbige in einer Straßenbahnstation in Oklahoma City (Juli 1939)

Das Ziel des 14. Verfassungszusatzes war es fraglos, die absolute Gleichheit der beiden Rassen vor dem Gesetz durchzusetzen; doch nach Lage der Dinge konnte damit nicht beabsichtigt werden, durch die Hautfarbe bedingte Unterschiede abzuschaffen oder soziale Gleichheit – im Gegensatz zu politischer Gleichheit – durchzusetzen oder eine Vermischung der beiden Rassen unter Bedingungen zu bewirken, die für beide Rassen unbefriedigend waren. Gesetze, die rassische Trennung an Orten erlauben oder selbst gebieten, an denen die beiden Rassen in Berührung miteinander kommen können, implizieren nicht notwendigerweise die Minderwertigkeit der einen gegenüber der anderen Rasse.
Solche Gesetze gelten gemeinhin, wenngleich nicht ausschließlich, als Regelungen, die in die Zuständigkeit der einzelstaatlichen Parlamente und

die Ausübung einzelstaatlicher Polizeigewalt fallen. Das bekannteste Beispiel dieser Art ist die Einrichtung getrennter Schulen für weiße und farbige Kinder, was als rechtmäßige Ausübung einzelstaatlicher gesetzgeberischer Befugnisse selbst von Gerichten solcher Staaten angesehen wurde und wird, in denen die politischen Rechte der farbigen Rasse am längsten und nachhaltigsten durchgesetzt sind.

Der Kläger erklärt, dass in einer gemischtrassischen Gemeinde die Zugehörigkeit zur dominierenden Rasse, in diesem Falle der weißen, als Eigentum im gleichen Sinne wie das Erbrecht oder das Recht auf Handlungsfreiheit gelten müsse. Der Fehlschluss in der Argumentation des Klägers liegt in der Annahme, dass die erzwungene Trennung der beiden Rassen die farbige Rasse als minderwertig abstempele. Sollte dies so sein, dann nicht aufgrund irgendeiner Bestimmung des Gesetzes, sondern ausschließlich deswegen, weil die farbige Rasse glaubt, das Gesetz so interpretieren zu müssen. Die Argumentation unterstellt ferner, dass soziale Vorurteile durch Gesetz überwunden und dass dem Neger gleiche Rechte nur durch die erzwungene Vermischung der beiden Rassen gesichert werden könnten. Wir vermögen dieser Behauptung nicht zu folgen. Wenn die beiden Rassen sich auf der Basis sozialer Gleichstellung treffen sollen, muss dies das Ergebnis einer natürlichen Wesensverwandtschaft, einer wechselseitigen Wertschätzung der Vorzüge des anderen und freiwilliger individueller Zustimmung sein. Wenn die zivilrechtlichen und politischen Rechte beider Rassen gleich sind, kann die eine Rasse im zivilrechtlichen oder politischen Sinn gegenüber der anderen nicht minderwertig sein. Wenn eine Rasse gesellschaftlich unter der anderen steht, kann die Verfassung der Vereinigten Staaten sie nicht auf das gleiche Niveau stellen.

(Zit. nach: Gerhart Schlott, Das Negerproblem in den USA, Opladen (Leske & Budrich) [2]1970; zit. nach: Düsterloh/Rohlfes, a. a. O., S. 37 f.)

M 9 Aus dem Bürgerrechtsgesetz vom 2. Juli 1964

Jedermann soll Anspruch haben auf den vollen und gleichen Genuss der Güter, Dienstleistungen, Einrichtungen, wie sie in diesem Abschnitt definiert sind, ohne Diskriminierung oder Trennung aufgrund von Rasse, Hautfarbe, Religion oder nationaler Herkunft.

Jede der folgenden Einrichtungen, die der Öffentlichkeit dient, ist eine öffentliche Einrichtung im Sinne dieses Abschnitts, wenn ihr Betrieb kommerzieller Art ist oder wenn die von ihr vorgenommene Diskriminierung oder Segregation durch staatliche Maßnahmen unterstützt wird:

(1) Jedes Gasthaus, Motel oder jede andere Einrichtung, die durchreisenden Gästen Unterkunft gewährt, mit Ausnahme solcher Einrichtungen, die nicht mehr als fünf vermietbare Räume haben und in deren Gebäude der Eigentümer seine Wohnung hat;

(2) jedes Restaurant, jede Cafeteria, jeder Imbissstand, jede Getränkehalle oder jedes andere Lokal, das grundsätzlich dazu dient, Nahrungsmittel zum Verbrauch an Ort und Stelle zu verkaufen;

(3) jedes Kino, Theater, Konzertgebäude, Stadion, jeder Sportplatz oder sonstige Platz für Ausstellungen oder Unterhaltungszwecke.

Diskriminierung oder Segregation durch eine Einrichtung wird durch staatliche Maßnahmen im Sinne dieses Abschnitts unterstützt, wenn solche Diskriminierung oder Segregation unter Berufung auf irgendein Gesetz, ein Statut oder eine Verordnung oder auf irgendeine Gewohnheit oder einen Brauch vorgenommen wird, der durch die Bevollmächtigten eines Staates oder einer politischen Untergliederung für notwendig gehalten wird.

Jedermann hat in den genannten Einrichtungen einen Anspruch darauf, von jeglicher Diskriminierung oder Segregation aufgrund von Rasse, Hautfarbe, Religion oder nationaler Herkunft frei zu sein, wenn solche Diskriminierung oder Segregation tatsächlich oder vorgeblich durch irgendein Gesetz, Statut, eine Verordnung oder Regelung eines Staates, einer Behörde oder einer ihrer Untergliederungen geboten wird.

(Zit. nach: Düsterloh/Rohlfes, a. a. O., S. 151 f.; übers. v. Joachim Rohlfes)

Die Lage der Indianer

M 10 Der Historiker Hans R. Guggisberg beschreibt die Lage der Indianer

Zu den dunkelsten Kapiteln der Geschichte der Westexpansion gehört unzweifelhaft das Schicksal der Indianer. Hier wirkte sich der Individualismus und der unersättliche Landhunger der vordringenden „Frontiersmen" in brutalster Weise aus. Da die Indianer kein Stimmrecht besaßen, beschäftigte sich keine politische Partei mit ihnen, und die wenig energische Indianerpolitik der Bundesregierung stand unter keinerlei Druck. Wohl waren mit einzelnen Stämmen im Gebiet zwischen Appalachen und Mississippi seit dem späten 18. Jahrhundert Landnahmeverträge abgeschlossen worden, aber diese wurden immer wieder gebrochen und die

„Der Vertrag von Penn" (Ölgemälde von Benjamin West, 1771). Das Bild zeigt William Penn (1644–1718), den Begründer der Kolonie Pennsylvania, seine Mitstreiter und Delaware-Indianer. Penn setzte sich für die Indianer ein und hielt sich strikt an die mit ihnen geschlossenen Verträge.

Eingeborenen sahen sich stets um die versprochenen Entschädigungen geprellt. Sie verloren ihre Jagdgründe und damit auch die Möglichkeit, sich zu ernähren und zu bekleiden. Um diese Probleme kümmerten sich die weißen Siedler jedoch nicht. Sie waren überzeugt von ihrem Recht, ja von ihrer Pflicht, die Wilden zu verjagen, da diese das Land ja nicht erschlossen und seine Fruchtbarkeit nicht ausnützten. Solche Argumentation verriet das Fehlen jedes Verständnisses für die Denkweise der Indianer. Sie richtete sich insbesondere gegen die Jägerstämme, aber mit der Zeit wurden auch die Ackerbau treibenden Völker aus ihren Gebieten verdrängt. Wenn die Indianer organisierten Widerstand zu leisten begannen, kam es stets zu blutigen Konfrontationen. […]

Schon seit dem Anfang des 19. Jahrhunderts hatten einzelne amerikanische Politiker die Möglichkeit erwogen, die Indianer in ihrer Gesamtheit westlich des Mississippi anzusiedeln. Im Jahre 1830 – also während der ersten Präsidentschaft Jacksons – beschloss der Kongress die Durchführung dieser Massendeportation und reservierte gleichzeitig von Oklahoma bis Wisconsin große Landstriche, in denen sich die verdrängten Stämme permanent niederlassen sollten. In einzelnen Fällen erhob sich heftiger Widerstand gegen die Umsiedlung. Um 1832 kehrten die Sauk- und Fox-Indianer unter ihrem Häuptling „Black Hawk" nach Illinois zurück, wurden aber rasch und erbarmungslos wieder nach Westen getrieben. […] Um 1845 waren die meisten Indianer aus den Gebieten östlich des Mississippi verschwunden. Überreste hielten sich nur in wenigen älteren Reservaten. […]

Auf ihrem Vormarsch nach dem Westen drangen die Pioniere, Viehzüchter, Farmer und Goldsucher immer tiefer in die letzten Gebiete ein, die bisher noch den Indianern vorbehalten gewesen waren. Der Konflikt, der 50 Jahre früher im Osten ausgetragen worden war, wiederholte sich nunmehr in den „Great Plains". Schon seit 1851 betrieb die Bundesregierung gegenüber den Indianern eine systematische Politik der „Concentration", die hauptsächlich in der Verkleinerung und fortgesetzten Aufteilung der Reservate bestand. Bald fühlten sich die Stämme zwischen der „Mining Frontier" [Goldsucher, Bergbau] und der „Agricultural Frontier" [Viehzüchter und Farmer] eingekeilt und einmal mehr zeigte es sich, dass dem Wort des weißen Mannes nicht zu trauen war. Nicht nur die Jagdgründe wurden den Indianern geraubt; ebenso verhängnisvoll wirkte sich die Vernichtung der Büffelherden aus, die ihnen bisher Nahrung, Kleidung, Zeltmaterial und Brennstoff geliefert hatten. Die Büffel behinderten die Bewegungsfreiheit der Farmer und Viehzüchter; Berufsjäger und Soldaten rückten ihnen deshalb systematisch zu Leibe und töteten sie zu Tausenden. Ihre Häute und Knochen wurden industriell verwertet; ihr Fleisch ernährte nicht nur die Siedler, sondern vor allem auch die Eisenbahnarbeiter. Ursprünglich hatte es im Westen zwischen 15 und 30 Millionen Büffel gegeben; bis zur Mitte der 1880er-Jahre waren sie fast völlig ausgerottet.

Dass sich die Indianer gegen die Bedrohung ihrer Existenz auch im Westen zur Wehr setzten, war nur natürlich. Erste Ansätze zu organisiertem Widerstand waren schon vor 1860 sichtbar geworden. Der offene Indianerkrieg begann im Gebiet von Colorado ungefähr zu der Zeit, da im Osten der Bürgerkrieg ausbrach. Die Kämpfe breiteten sich bald nach Norden aus und wurden dort vor allem von den Sioux geführt. Die Bundesregierung, die nach 1865 die Rekonstruktion des Südens unterstützte, verhielt sich gegenüber den Indianern des Westens weit weniger liberal und widersetzte sich ihrem Anspruch auf bürgerliche Gleichberechtigung hartnäckig. Zur Unterdrückung der Aufstände setzte sie starke Truppenkontingente ein, die sich ihrer Kampfaufträge oft mit unbeschreiblicher Grausamkeit entledigten und zahlreiche gnadenlose Vernichtungsfeldzüge durchführten. Gegen die außerordentlich beweglichen und mit dem Mut der Verzweiflung kämpfenden Reiterhorden der Indianer hatten sie allerdings mitunter einen

Gräber und eine Gedenkstätte erinnern an das Massaker vom Wounded Knee Creek.

schweren Stand. Als die Sioux im Jahre 1876 unter Sitting Bull zur Verteidigung ihres Reservats im Dakota-Territorium gegen die von Bundestruppen unterstützten Goldsucher antraten, gelang ihnen in dem berühmten Gefecht am Little Big Horn die totale Vernichtung einer von General George A. Custer befehligten Streitmacht. Trotz dieses Erfolges, der keineswegs der einzige blieb, ließ jedoch die Widerstandskraft der Indianer mit der Zeit nach. Ihre Ernährungslage wurde immer prekärer und das Ausweichen in noch unberührte Gebiete immer schwieriger. In den 1880er-Jahren kam es noch zu sporadischen Kampfhandlungen, aber sie veränderten die allgemeine Lage nicht mehr. Der letzte Akt des Indianerkrieges, der die Unterwerfung der kontinentalen „Ureinwohner" besiegelte, war das ebenso unnötige wie grausame Massaker in Wounded Knee (South Dakota), dem am 29. Dezember 1890 über 300 Männer, Frauen und Kinder vom Stamme der Sioux zum Opfer fielen. Kurz zuvor hatte das Zensusbüro von Washington offiziell erklärt, der „Frontier" habe praktisch zu bestehen aufgehört.

Wohl waren seit 1865 immer wieder Anstrengungen unternommen worden, die Lebensbedingungen der Indianer zu verbessern. Sie waren hauptsächlich von religiösen und sozialreformerischen Gruppen ausgegangen, hatten aber nie nachhaltige Erfolge erzielt, weil man die Mentalität der Indianer in Bezug auf Landbesitz und Sesshaftigkeit nie richtig begriff oder begreifen wollte. Dass sich mit der Zeit auch in Washington konstruktive Tendenzen durchsetzten, wird vor allem durch den „Dawes Act" von 1887 bezeugt, der das Land in den Reservaten den einzelnen Familien und sogar einzelnen Personen zuteilte. Aber auch diese Maßnahme vermochte das Los der Indianer nicht wirklich zu lindern. Einzelne Stämme widersetzten sich der Landaufteilung; in vielen Reservaten war der Boden unfruchtbar und die Bewohner, die sich ohnehin nur mit äußerstem Widerwillen zu Farmern hatten umerziehen lassen, blieben zur Armut verurteilt. Vor allem aber konnte die Landspekulation nicht abgestellt werden. Sie blühte überall dort weiter, wo man im Laufe der Zeit auf neue Mineral- oder auf Erdölvorkommen stieß. […] Die generelle Aufnahme aller Indianer in die Staatsbürgerschaft erfolgte um 1924. Von ihrer völligen Integration in die amerikanische Gesellschaft kann jedoch auch heute noch nicht gesprochen werden.

(Hans R. Guggisberg, Geschichte der USA – Entstehung und nationale Konsolidierung, Bd. 1, Stuttgart (Kohlhammer) 1973, S. 83ff., 129ff.)

M 11 Aus einer Kongressbotschaft des US-Präsidenten Andrew Jackson zur Umsiedlung der Indianer (1830)

„The Trail of Tears": Fünf Indianerstämme, die sich in den 13 Staaten eingegliedert hatten, wurden unter Präsident Jackson (1829–1837) gewaltsam nach Westen umgesiedelt. Die Deportation endete mit dem 2000 km langen „Zug der Tränen" (1838). Ein Viertel der verbliebenen 17000 Cherokee-Indianer kam ums Leben. (Gemälde von Robert Lindneux)

Dem Kongress teile ich mit Freuden mit, dass die wohlwollende Politik der Regierung im Hinblick auf den Umzug der Indianer aus den weißen Siedlungsgebieten vor dem glücklichen Abschluss steht. […] Bevölkerungswellen und die Zivilisation rollen nach Westen und wir schlagen jetzt vor, die Gebiete, die von den Rothäuten des Südens und Westens bewohnt sind, in einem fairen Tausch zu erwerben und sie auf Kosten der Vereinigten Staaten in ein Gebiet zu schicken, wo ihre Existenz vielleicht dauerhaft gesichert werden kann. Zweifellos

wird es schmerzlich für sie sein, die Gräber ihrer Väter zu verlassen; aber was tun sie mehr, als was unsere Vorfahren taten oder was unsere Kinder jetzt tun?
Um ihre Lebensverhältnisse in einem unbekannten Land zu verbessern, ließen unsere Vorfahren alles zurück, was ihnen an irdischen Dingen teuer war. Unsere Kinder verlassen Jahr für Jahr zu Tausenden ihre Geburtsorte, um in entfernten Regionen eine neue Heimat zu suchen. Weinen die Menschen über diese schmerzhafte Trennung [...]? Ganz und gar nicht. Es ist vielmehr eine Quelle der Freude, dass unser Land Raum bietet, in dem sich unser junges Volk frei von geistigen und körperlichen Zwängen entfalten kann. Es zieht Hunderte, fast Tausende von Meilen auf eigene Kosten um, kauft Grund und Boden und bestreitet vom Augenblick seiner Ankunft an selbst seinen Unterhalt. Kann es grausam von unserer Regierung sein, [...] dem Indianer ein neues und ausgedehntes Gebiet zu geben, ihm die Umzugskosten zu bezahlen und ihn ein Jahr lang in seiner Heimat zu unterstützen? Wie viele tausend unserer eigenen Leute würden freudig die Gelegenheit ergreifen, unter solchen Bedingungen in den Westen zu ziehen! Und ist anzunehmen, dass der umherziehende Wilde eine stärkere Bindung an seine Heimat hat als der sesshafte, zivilisierte Christ? [...] Er ist nicht willens, sich den Gesetzen der Einzelstaaten zu unterwerfen und sich mit deren Bevölkerung zu vermischen. Um ihn davor zu schützen – oder gar vor der völligen Vernichtung –, bietet ihm die Zentralregierung großzügig eine neue Heimat an.

(Zit. nach: Anton Egner u a., Herausforderungen der Moderne, Hannover (Schroedel) 2002, S. 25, übers. v. Rudolf Renz)

Das Selbstverständnis der Indianer

M 12 Häuptling Tecumseh (12. August 1810)

Tecumseh war als Häuptling der im Bundesstaat Ohio ansässigen Shawnee-Indianer ein fesselnder Redner und ein Mann mit einer tiefen Einsicht und Phantasie. Er war beseelt von der Idee, dass das Land den Indianern gehöre. Sein Gegner, General William Henry Harrison, Gouverneur des Indianerterritoriums, musste in Anbetracht des großen Einflusses des Tecumseh zugeben: „Er ist eines dieser ungewöhnlichen Genies, die gelegentlich auftauchen, um [...] die gefestigte Ordnung der Dinge auf den Kopf zu stellen.“ Im Jahr 1813 starb Tecumseh in der Schlacht von Thames (Südontario).

Es ist wahr, ich bin ein Shawnee. Meine Vorväter waren Krieger. Ihr Sohn ist ein Krieger. Ihnen verdanke ich nur meine Existenz, meinem Stamm verdanke ich nichts. Ich mache mein Glück selbst; ach, dass ich doch das Glück meines roten Volkes und meines Landes so groß machen könnte wie die Vorstellungen, die ich im Sinne habe, wenn ich an den Geist denke, der das All regiert. Dann käme ich nicht zu Gouverneur Harrison, um ihn zu bitten, den Vertrag zu zerreißen und die Grenzzeichen auszulöschen, sondern dann würde ich zu ihm sagen: Sir, es steht Ihnen frei, in Ihr eigenes Land zurückzukehren. Mein inneres Wesen hält Zwiesprache mit vergangenen Zeiten und sagt mir, dass es einst, noch vor Kurzem, keinen weißen Mann auf diesem Kontinent gab. Dass er damals ganz den roten Männern gehörte, den Kindern derselben Eltern, denen der Große Geist, der sie geschaffen hatte, diesen Kontinent gab, damit sie ihn behalten, ihn durchwandern, seine Erzeugnisse genießen und ihn mit derselben Rasse bevölkern sollten. Einst war es eine glückliche Rasse. Seither wurde sie ins Elend gebracht durch die Weißen, die nie zufrieden sind und sie ständig bedrängen. Es gibt einen Weg und es ist der einzige Weg, diesem Übel Einhalt zu gebieten und es zu unterbinden: Alle roten Männer müssen sich vereinen und ein allgemeines und gleiches Recht an dem Land beanspruchen, wie es früher war und auch heute sein sollte; denn es wurde nie geteilt, sondern es gehört uns allen zum Gebrauch eines jeden. Kein Teil unseres Volkes hat das Recht, es zu verkaufen, nicht einmal an einen anderen Teil, und noch viel weniger an Fremde – an die, die es ganz haben wollen und sich nicht mit weniger zufrieden geben. Die Weißen haben kein Recht, den Indianern das Land wegzunehmen, denn diese hatten es zuerst; es gehört ihnen. Sie können es verkaufen, aber nur, wenn alle zustimmen. Jeder Verkauf, der nicht von allen getätigt wird, ist nicht gültig. [...]

(Zit. nach: Herbert Schambeck, a. a. O., S. 270 ff.)

Indianisches Dorf (Gemälde, 19. Jh.)

Hat die Amerikanische Revolution eine weltgeschichtliche Bedeutung?

Das Gemälde von Le Barbier ist die bekannteste bildliche Darstellung der „Erklärung der Menschenrechte", die die französische Nationalversammlung am 26. August 1789 beschloss. Die Menschenrechte erscheinen als ehrwürdige Botschaft, die sich in das Gedächtnis der Menschen eingraben soll. Der Engel des Gesetzes verkündet der französischen Nation und allen anderen Betrachtern die Menschenrechte wie eine frohe Botschaft. Die Tafeln erinnern an die biblische Botschaft von der Übergabe der Zehn Gebote, der Gesetzestafeln, an Moses am Sinai.

Es sind diese Bilder aus der Französischen Revolution, die die öffentliche Vorstellung von der Entstehung der Menschenrechte im Besonderen und den Errungenschaften moderner Revolutionen im Allgemeinen geprägt haben. Aber das französische Modell ist ohne das amerikanische Experiment nicht denkbar. Am Entwurf der Menschenrechtserklärung war Thomas Jefferson beteiligt, der Verfasser der amerikanischen Unabhängigkeitserklärung. Dieser wiederum ging die „Virginia Bill of Rights" voraus. In der späteren Diskussion über Revolutionen der Neuzeit haben solche Wirkungen der Amerikanischen Revolution jedoch in der Regel kaum eine Rolle gespielt. Die Französische Revolution markiert das Modell der Revolutionen.

- **Worin besteht nach Auffassung moderner Historiker die Bedeutung der Amerikanischen Revolution?**
- **Wird ihre Bedeutung nicht geschmälert durch die Widersprüche zur sozialen und politischen Realität?**

Die Erklärung der französischen Menschen- und Bürgerrechte (zeitgenössisches Schmuckblatt)

Präsentieren Sie wissenschaftliche Positionen, die von Historikern zur Frage des historisch wegweisenden Charakters der Amerikanischen Revolution vertreten werden, und erörtern Sie auf dieser Basis im gemeinsamen Kursgespräch die beiden Leitfragen zur weltgeschichtlichen Bedeutung der Amerikanischen Revolution.

Vorschläge zum Arbeitsgang:

1. Entscheiden Sie nach eingehender kursorischer Lektüre der Materialien M 1 – M 5, welchen der fünf Textauszüge Sie in Partnerarbeit systematisch gezielt untersuchen und auswerten möchten.
2. Analysieren Sie den Text, indem Sie
   a) jeweils ausgehend von einer formalen Analyse der Merkmale des von Ihnen gewählten Textes
   b) Folgendes herausarbeiten und erläutern:
      - Willy Paul Adams' Sicht von der Besonderheit der Amerikanischen Revolution (M 1),
      - Hans-Christoph Schröders Einordnung der Amerikanischen Revolution als „Verfassungsrevolution" (M 2),
      - Hans-Ulrich Wehlers Urteil zur universalhistorischen Wirkung und Bedeutung der Amerikanischen Revolution (M 3),
      - Philipp Gasserts Behauptung zum Gegensatz von Anspruch und Wirklichkeit (M 4),
      - Heinrich August Winklers Einordnung der Amerikanischen Revolution als „erste moderne Revolution" der Geschichte (M 5);
   c) dabei insbesondere jeweils darlegen, an welchen Maßstäben die Historiker die Bedeutung der Amerikanischen Revolution messen.

3. Fassen Sie die Kernaussagen und Argumente, mit denen diese Positionen begründet und gestützt werden, strukturiert auf einer Folie zusammen.

4. Präsentieren Sie Ihr Arbeitsergebnis für die Mitschülerinnen und Mitschüler als Gesprächsgrundlage für das gemeinsame Kursgespräch.

MATERIALIEN

M 1 Der Historiker Willy Paul Adams (1977)

Die Gründung des amerikanischen Nationalstaates war neben der französischen Revolution das folgenträchtigste Ereignis der politischen Entwicklung des europäisch-amerikanischen Raumes im 18. Jahrhundert. Die staatliche Verselbstständigung der Amerikaner beruhte auf wirtschaftlichen, sozialen und im engeren Sinn des Wortes politischen Vorgängen in Europa. Von den ersten Siedlungen der Europäer bis hin zur Unabhängigkeit und darüber hinaus ist die Gesellschaft der Weißen in Nordamerika in Louis Hartz' treffendem Ausdruck zunächst einmal ein „Fragment Europas" gewesen. Investitionen aus Europa, die Bereitschaft von Europäern, auf dem neuen Kontinent zu siedeln, und die erfolgreiche Selbstbehauptung der Kolonisten innerhalb des britischen Welthandelsreiches hatten die Europäer in Amerika im Laufe von anderthalb Jahrhunderten eine Gesellschaft entwickeln lassen, die für die Zeitgenossen überraschend früh einen dauerhaften Nationalstaat gründete. Grundlage ihrer wachsenden Prosperität war der unverminderte Bedarf an amerikanischen Erzeugnissen in ganz Europa. Und schließlich hat allein die Rivalität der europäischen Großmächte – vor allem die Konkurrenz Frankreichs und Englands um die Vorherrschaft auf dem nordamerikanischen Kontinent – die militärische und diplomatische Behauptung der Unabhängigkeit ermöglicht. Mit der vertraglichen Beendigung des Siebenjährigen Krieges hätte Frankreich 1763 Nordamerika bis zum Mississippi Großbritannien überlassen müssen. […]

Der strukturelle Unterschied zwischen dem amerikanischen Unabhängigkeitskampf und den meisten späteren antikolonialistischen Unabhängigkeitsbewegungen in Asien und Afrika ist offensichtlich. In Amerika kämpften übergesiedelte Europäer mit militärischer Unterstützung mehrerer europäischer Mächte um ihre Selbstbestimmung. Ihr Widerstandswille war zudem Teil der Entschlossenheit einer bereits prosperierenden einheimischen Mittelklasse, die ungehinderte weitere Entwicklung ihres Wohlstandes zu verteidigen. Das Besondere an der zur Revolution führenden „relativen Deprivation" der breiten Mittelklasse nach 1763 war, dass sie noch nicht erlitten, sondern als Folge der nun einsetzenden strikteren britischen Kolonialpolitik lediglich befürchtet wurde. Der Widerstand gegen das Zucker- und Steuermarkengesetz von 1764/65, der einem steuerzahlenden Engländer unverhältnismäßig heftig erscheinen musste, zeigte an, dass ein großer Teil der Kaufmannsschicht, der Politiker und der breiten Bevölkerung nicht länger bereit war, wirtschaftliche Interessen der Kolonien denen des Mutterlandes unterzuordnen. Eine echte Adelsklasse, die ihr Geschick etwa mit dem der englischen identifizierte, gab es in den Kolonien nicht. Die amerikanische Revolution war voll und ganz eine bürgerliche: Große Teile der Ober- und Mittelklasse bürgerlicher Kolonialeuropäer beteiligten sich an der gewaltsamen Übernahme der Macht. Zu einem Zusammenbruch der Gesellschaftsordnung und einer sozialen Umwälzung führte der Kampf um die Unabhängigkeit deshalb nicht.

Ist es daher heute sinnvoll, von einer amerikanischen „Revolution" zu sprechen? Die Frage wird außerhalb des englischen Sprachbereichs des öfteren aufgeworfen. Eine Sprachregelung, die etwa auf der Bezeichnung „Unabhängigkeitskrieg" bestünde, wäre jedoch nur sinnvoll, wenn der Begriff „Revolution" in der Zwischenzeit zu einem sozialwissenschaftlich analytischen präzisiert worden wäre und seine Verwendung falsch sein könnte, weil sie vorauszusehende Missverständnisse auslöste. Eine derartige Präzisierung des Begriffs hat sich aber bis heute nicht durchgesetzt. Es gibt deshalb keinen zwingenden Grund, Unabhängigkeitsbewegung und Staatsgründung der Amerikaner nicht zu den beiden Revolutionen höchst unterschiedlicher Art zu zählen, die in der zweiten Hälfte des 18. Jahrhunderts das Zeitalter der Kämpfe um die Institutionalisierung der Souveränität des Volkes im modernen Verfassungsstaat eingeleitet haben. […]

(Willi Paul Adams, Revolution und Nationalstaatsgründung 1763–1815; in: Ders. (Hg.), Die Vereinigten Staaten von Amerika, Fischer Weltgeschichte, Bd. 30, Frankfurt/M. (Fischer Taschenbuch) 1977, S. 22ff.)

M 2 Der Historiker Hans-Christoph Schröder (1982)

[…] das umfassende Verständnis für den revolutionären Charakter der Ereignisse in Amerika und für ihre weltgeschichtliche Bedeutung ergibt sich erst dann, wenn man sie als *Verfassungsrevolution* begreift. Ihre in den Schemata und Kriterienkatalogen der Sozialwissenschaftler nur unzureichend berücksichtigte Eigentümlichkeit bestand darin, ohne grundlegende Veränderung der Eigentums- und Gesellschaftsordnung, ohne vollständigen Austausch der herrschenden Klasse und selbst unter Beibehaltung der meisten schon bestehenden Verfassungselemente eine radikale Neubegründung von „government" vorzunehmen. Die Entscheidung des Zweiten Kontinentalkongresses, dass sich „government" auf die „Autorität des Volkes" zu gründen habe, bedeutete für sich genommen eine revolutionäre Neuerung; wurde doch hier, obgleich im politischen System der amerikanischen Kolonien das demokratische Element bereits relativ stark gewesen war, zum ersten Mal die Volkssouveränität zum Fundament staatlicher Ordnung gemacht. In seinen Gesprächen mit König Maximilian II. von Bayern im Jahre 1854 konstatierte Leopold von Ranke: „Dies war eine größere Revolution, als früher je eine in der Welt gewesen war; es war eine völlige Umkehrung des Prinzipes. Früher war es der König von Gottes Gnaden, um den sich alles gruppierte; jetzt tauchte die Idee auf, dass die Gewalt [...] von unten aufsteigen müsse. [...] Diese beiden Prinzipien stehen einander gegenüber wie zwei Welten und die moderne Welt bewegt sich in nichts anderem als in dem Konflikt zwischen diesen beiden."

Die Amerikanische Revolution erhob den Gedanken, „dass die öffentliche Gewalt von denen ausgehen muss, über die sie ausgeübt wird", zum konstitutiven Prinzip. Sie zerstörte nicht nur die bestehende Verfassungsordnung, sondern schuf eine völlig neue Legitimationsgrundlage politischer Herrschaft. Das Revolutionäre lag aber nicht allein in der Proklamierung und Begründung, sondern, wie besonders Palmer betont hat, in der praktischen Verwirklichung des Prinzips der Volkssouveränität. Es bestand darin, dass das Konzept vom „Volk als der konstituierenden Gewalt" im Zusammenhang mit einer prinzipiellen Auseinandersetzung über die Grundlagen von Staat und Gesellschaft allmählich realisiert und unter dem Einfluss der gegen England gerichteten Losungen von unten her durchgesetzt wurde. [...]

Die innovatorischen und beispielgebenden Hervorbringungen der Amerikanischen Revolution lagen denn auch ganz überwiegend auf dem konstitutionellen Gebiet. Ihre Hauptleistung bestand in der Durchsetzung des modernen Verfassungsstaats, in der Einführung des Verfassungskonvents als der Form, in der das Volk als der dem Gesetzgeber überlegene Verfassungsgeber und Souverän tätig wird. Sie führte zu einer klaren Trennung von Gesetz und Verfassung, gesetzgebender und verfassungsgebender Versammlung. Sie verwirklichte mit den „Bills of Rights" die Idee unveräußerlicher Grundrechte, die auch dem Zugriff des demokratischen Gesetzgebers entzogen sind. Mit dem Gedanken der Machbarkeit von Verfassungen und ihrer Revidierbarkeit im Lichte von Erfahrungen oder aufgrund eingetretener Veränderungen offenbarte sie ein modernes Weltverständnis. [...] Mit den Revisionsklauseln in den meisten Verfassungen gab es eine Art von „eingebautem Wandel", der sich etwa bei Jefferson und Paine auch aus der Vorstellung herleitete, dass jede Generation über sich selber neu zu entscheiden habe und nicht mit dem Ballast vorangegangener Generationen belastet werden dürfe.

(Hans-Christoph Schröder, Die Amerikanische Revolution, München (Beck) 1982, S. 199 ff.)

M 3 Der Historiker Hans-Ulrich Wehler (1987)

Als 1775 der schwelende Interessengegensatz zwischen den nordamerikanischen Kolonien und dem englischen Mutterland in den offenen Konflikt überging, begann im Grunde die Kette der europäischen Revolutionen, die bis 1848 andauern sollten. Denn diese achtjährige Auseinandersetzung stellte nicht nur den ersten siegreichen Befreiungskampf neuzeitlicher Kolonien dar, die sich von der Vorherrschaft der Metropole lösen konnten, sondern in derselben Zeit vollzog sich auch eine Revolution, mit der eine [...] Siedlergesellschaft der Alten Welt voranging. Schon die Zeitgenossen waren sich des Doppelcharakters der Ereignisse bewusst: Der „Unabhängigkeitskrieg" nach außen war unauflöslich verquickt mit der „Amerikanischen Revolution" im Innern. Ihre Ergebnisse gingen über den Erfolg, den sich die aufbegehrenden Kolonien mit der staatlichen Selbstständigkeit [...] errangen, noch weit hinaus. „Dies war eine größere Revolution, als früher je eine in der Welt gewesen war", hat Ranke über sie geurteilt. „Früher war es der König von Gottes Gnaden [...]; jetzt tauchte die Idee auf, dass die Gewalt [...] von unten aufsteigen müsse." [...]

In der Tat ist die Amerikanische Revolution ihrer universalhistorischen Wirkung und Bedeutung nach hauptsächlich eine Verfassungsrevolution gewesen. [...] Das entscheidende Resultat bildete die Gründung eines großen Flächenstaats in der Form einer föderativ organisierten Republik, welche auf die neuartige Legitimationsbasis der Volkssouveränität gestellt wurde, die öffentliche Ordnung in einer schriftlichen Verfassung regelte, gewählte Volksvertretungen einführte und außer der strikten Gewaltenteilung ein ungeahntes Maß von liberalen Freiheits- und demokratischen Gleichheitsrechten verwirklichte. Die einzelstaatlichen Verfassungen, bald auch die Unionsverfassung, garantierten unveräußerliche Menschen- und Bürgerrechte; das Recht auf Widerstand gegen ein rechtsverletzendes Regime, die Eigentumsrechte und zahlreiche naturrechtlich fundierte Zielvorstellungen der Aufklärung wurden gesetzlich verankert; darüber hinaus wurden sie feste Bestandteile jenes American Creed[1], der das neue Gemeinwesen als Integrationsideologie[2] überwölbte.

(Hans-Ulrich Wehler, Deutsche Gesellschaftsgeschichte, Bd. 1, München (C.H. Beck) 1987, S. 347)

---

[1] Creed: Glaubensbekenntnis

[2] Integrationsideologie: weltanschauliche Lehre, die das Zusammengehörigkeits- und Einheitsgefühl der Nation stärken soll

M 4 Der Historiker Philipp Gassert (2008)

Ohne europäische Hilfe hätte der Freiheitskampf [der Kolonien] gegen die haushoch überlegenen Briten schwerlich Erfolg gehabt. Nach einem überraschenden Sieg in Saratoga (1777) schloss das absolutistische Frankreich ein Bündnis mit den Kolonien. Da auch Spanien und die Niederlande auf Frankreichs Seite eingriffen, wurde die Royal Navy in einen globalen Seekrieg verwickelt und kapitulierte schießlich 1781 bei Yorktown. Im Frieden von Paris (1783) wurde die Unabhängigkeit der Vereinigten Staaten anerkannt und ihnen das Gebiet bis zum Mississippi zugesprochen. Die Kolonien erlangten Unabhängigkeit, weil sich die Rebellion zu einem Weltkonflikt der europäischen Mächte ausweitete. Verdienen die Ereignisse 1776–1783 daher die Bezeichnung „Revolution“? Damalige europäische Beobachter sprachen vom „Unabhängigkeitskrieg“, da die sozialen Verhältnisse intakt blieben. Tatsächlich waren die revolutionären Führer Mitglieder der Elite, Großgrundbesitzer, wohlsituierte Anwälte und Händler. Indes hatte die Revolution bürgerkriegsähnliche Züge. Im Hinterland tobte ein brutaler Guerillakrieg; in der Mitte und im Süden, wo die Loyalisten bis zu 50% stellten, wurde die Zivilbevölkerung stark in Mitleidenschaft gezogen. Etwa 100 000 flohen nach Kanada und Westindien, ein höherer Anteil als während der Französischen Revolution. Da die Loyalisten aus allen Schichten stammten, blieb die Besitzstruktur unverändert.

Staatsrechtlich war 1776 eine Revolution. Zum ersten Mal wurde in einem Flächenstaat eine Regierung ohne gekröntes Oberhaupt geschaffen. Auch dass die Verfassungen der Einzelstaaten sich auf das Prinzip der Volkssouveränität beriefen, war revolutionär, obwohl die politischen Ordnungen nicht demokratisch im modernen Sinne waren. Besitzlose hatten kein Wahlrecht (bis zu 30% der weißen Männer), ebensowenig Frauen. Die Situation der Afroamerikaner verschlechterte sich sogar.

Ein bedeutender Schritt auf dem Weg zu einer Verfassung für die neu gewonnene Unabhängigkeit war die Verabschiedung von Grundrechtskatalogen. Virginia proklamierte schon 1776 eine Bill of Rights (die später u. a. als Vorlage für die US-Verfassung diente), um die individuellen Freiheiten zu sichern: Presse- und Meinungsfreiheit, Religionsfreiheit, Versammlungsrecht, Anspruch auf Anklage vor einem Geschworenengericht, Schutz vor willkürlicher Verhaftung, vor Folter und grausamen Strafen, Unterordnung der militärischen unter die zivile Macht, das Recht auf Leben, Freiheit und das Streben nach Glück sowie der Anspruch auf eine Bürgermiliz und die Abschaffung stehender Heere. Nicht soziale Gleichheit war das Ziel. Der Einfluss der Habenden sollte begrenzt, Habenichtsen ein Weg zu Besitz und Einfluss eröffnet werden. Revolutionär daran war, dass politische Privilegien nicht mehr ererbt werden konnten.

Nach dem Frieden von Paris befand sich die Bundesgewalt in einem beklagenswerten Zustand. Der Kongress vagabundierte ohne festen Sitz. Er blieb den Veteranen Teile des Lohns schuldig. Es kam zu Aufständen und Unruhen. Angesichts des revolutionären Wetterleuchtens […] traten 1787 in Philadelphia Delegierte von 12 Staaten (außer Rhode Island) zusammen. Sie setzten sich über ihr Mandat hinweg und schufen eine Bundesexekutive mit einem Präsidenten als Gegengewicht zum Kongress. Indes wurde das Präsidentenamt durch „checks and balances“ eingeengt.

Diese neu geschaffenen Grundlagen für eine US-Verfassung waren hart umkämpft. Die Südstaaten wollten die nicht wahlberechtigten Sklaven bei der Festlegung der Abgeordnetenzahl mitrechnen, aber nicht bei der der direkten Steuern. Die Nordstaaten, die erste Schritte zur Abschaffung der Sklaverei bereits unternahmen, argumentierten umgekehrt. Da Sklaven keine Bürger seien, müssten sie bei der Repräsentation unberücksichtigt bleiben, als Besitz bei der Besteuerung aber voll ins Gewicht fallen. Da die Einheit nur um den Preis der Unfreiheit zu erhalten war, akzeptierten die Sklavereigegner, dass die Sklaven zu „drei Fünfteln" berücksichtigt wurden. Diesen Geburtsmakel der Verfassung beseitigte formell erst der Bürgerkrieg, de facto erst die Bürgerrechtsgesetze der 1960er-Jahre.

Die Revolution und die Ratifizierung der Verfassung 1788 waren Teil eines größeren Transformationsprozesses im europäisch-atlantischen Raum. Die Menschen standen am Ausgang einer ständisch geprägten Ordnung, in der soziale Ordnungen überwiegend auf ererbten Privilegien beruhten, in der Religion und Herkommen über das Einzelschicksal bestimmten. Amerika ließ diese traditionelle Gesellschaft bereits Mitte des 18. Jahrhunderts hinter sich; aber es hatte die liberal-kapitalistische, demokratische Moderne noch nicht erreicht. Die Revolution war ein Meilenstein auf dem Weg dorthin. Sie schuf Raum für demokratisierende Tendenzen; die egalitäre Rhetorik stachelte zu Reformen an, auch wenn zwischen Anspruch und Wirklichkeit jahrhundertelang eine Lücke klaffte.

(Philipp Gassert, Eine Nation entsteht – Die Geschichte der USA bis 1787/91; zit. nach: http://www1.bpb.de/themen/1BBPJP,1,0,Eine_Nation_entsteht.html, 18.10.2009)

M 5 Der Historiker Heinrich August Winkler (2009)

Die Unabhängigkeitserklärung argumentierte historisch und naturrechtlich: Sie berief sich zum einen, ähnlich wie die großen britischen Texte zur Verteidigung der Parlamentsrechte aus dem 17. Jahrhundert, auf überkommene Rechte, die der Machthaber, der König von Großbritannien, systematisch verletzt habe. Zum anderen beschwor sie angeborene und unveräußerliche Rechte aller Menschen. […] In „geziemender Rücksichtnahme auf die Meinung der Menschheit" (a decent Respect to the Opinions of Mankind) vertraten die Gründerväter der Vereinigten Staaten von Amerika ihr Anliegen, die vollständige Trennung von der als tyrannisch empfundenen Herrschaft Großbritanniens, mit dem Wunsch aller freiheitsliebenden Menschen, ein selbstbestimmtes Leben ohne alle Unterdrückung zu führen.

Schon die Lossagung vom kolonialen Mutterland wies alle Eigenschaften eines revolutionären Aktes auf. Die Berufung auf allgemeine Menschenrechte und das aus ihnen abgeleitete Prinzip der Volkssouveränität aber waren noch in einem anderen Sinn revolutionär: Sie stellten ein Versprechen an die Menschheit dar und machten damit aus dem Unabhängigkeitskampf der Amerikaner die erste moderne Revolution der Geschichte.

Was die Unabhängigkeitserklärung zu den Menschenrechten sagte, war in einem Satz zusammengefasst. Aber dieser eine Satz bündelte Erfahrungen und Erkenntnisse von Jahrtausenden auf eine Weise, die aus den „selbstverständlichen Wahrheiten" ein Programm zur Veränderung der Welt machte. Der humanistisch gebildete, von der europäischen Aufklärung geprägte Jefferson schöpfte […] aus einem Gedankengut, zu dem die naturrechtliche Tradition seit [dem antiken Schriftsteller] Cicero, die Lehren neuerer Denker wie […] Locke und Montesquieu ebenso gehörten wie die in Amerika selbst gewonnenen Einsichten in die Notwendigkeit von religiöser und politischer Toleranz. Jefferson konnte auf die sehr viel ausführlichere Darlegung der Menschenrechte in der Declaration of Rights seiner Heimatkolonie Virginia vom Juni 1776 zurückgreifen, die zum Vorbild für die Verfassungen anderer Gründerstaaten der USA werden sollte. […]

Die neue Nation war, so der Titel eines posthum erschienenen Buches von Präsident John F. Kennedy, eine „Nation von Immigranten". Die Einwanderer waren aus Europa über den Nordatlantik gekommen und kamen später auch aus anderen Teilen der Welt, um als freie Bürger in einem freien Land mit scheinbar unbegrenzten Möglichkeiten ein neues Leben zu beginnen, also Amerikaner zu werden. […]

Die Nationsbildung war mit dem Abschluss der Staatsgründung noch längst nicht beendet. Aber es gab ein Ziel dieses Prozesses: Amerika wolle anders sein als die alten Nationen Europas, nämlich, wie es in der Nationalhymne heißt, „das Land der Freien", offen für alle, die sich die Werte der Unabhängigkeitserklärung zu eigen machten und sich zu den Institutionen bekannten, die diese Werte schützen sollten.

Die Gründungsväter gaben dem Bewusstsein des Neuanfangs auf pathetische Weise Ausdruck, indem sie in das Staatswappen eine Anspielung […] aufnahmen, die schon in frühchristlicher Zeit als heidnische Vorhersage des Erscheinens Christ gedeutet worden war: „novus ordo saeclorum", was sich am besten als „neue Zeitordnung" übersetzen lässt.

(Heinrich August Winkler, Geschichte des Westens, München (C. H. Beck) 2009, S. 282f., 303f.)

Üben – Vertiefen – Anwenden

Die Amerikanische Revolution

Kernbegriffe:

- ★ Puritaner
- ★ Unabhängigkeitserklärung 1776
- ★ Unabhängigkeitskrieg 1776–1781
- ★ Verfassung der USA 1787/89
- ★ Virginia Bill of Rights
- ★ Checks and Balances
- ★ Frontier
- ★ Manifest Destiny
- ★ Bürgerkrieg 1861–1865
- ★ Seperate-but-equal
- ★ Bürgerrechte
- ★ Indianer
- ★ Industrialisierung der USA
- ★ Amerikanischer Imperialismus
- ★ Open-Door-Policy
- ★ Monroe-Doktrin

Info, S. 16–19
1. Erklären Sie den Begriff „Modernisierungsrevolutionen".

Info, S. 22–28
2. Beschreiben Sie die zentralen ereignisgeschichtlichen Abläufe und Stationen von der Ankunft der europäischen Siedler bis zur Gründung der USA.

Info, S. 24–28
3. Stellen Sie die Ursachen, den Verlauf sowie das Ergebnis der Amerikanischen Revolution in einer PowerPoint-Präsentation dar.

Info, S. 24ff.
Thema, S. 42f.
Forum, S. 57ff.
4. Benennen und erläutern Sie die Kernaussagen der amerikanischen Unabhängigkeitserklärung und begründen Sie, warum sie ein „Dokument der Weltgeschichte" ist.

Info, S. 26ff.
Thema, S. 44
5. Übertragen Sie das Schaubild der amerikanischen Verfassung (S. 27) auf eine Folie. Erläutern Sie anhand der Folie in einem Kurzvortrag den institutionellen Aufbau und die Grundprinzipien dieser Verfassung sowie die Überlegungen, auf denen Sie beruhen.

Info, S. 24–28
Forum, S. 57ff.
6. Erörtern Sie in einem Streitgespräch, welche der beiden Bezeichnungen für die Ereignisse von 1776 und 1789 in Amerika angemessener ist: „Unabhängigkeitskrieg" oder „Revolution"?

Info, S. 16–19
Forum, S. 57ff.
7. Erörtern Sie in einem Kreisgespräch, ob und inwieweit der Begriff „Modernisierungsrevolution" für das Beispiel Amerika anwendbar ist.

Forum, S. 57ff.
8. Vergleichen Sie die Einschätzungen moderner Historiker zur weltgeschichtlichen Bedeutung der Amerikanischen Revolution und versuchen Sie, eine Bewertung aus Ihrer persönlichen Sicht zu formulieren.

Info, S. 22f., 30f.
Thema, S. 53–56
9. Charakterisieren Sie die wesentlichen Etappen der Geschichte der Indianer in den USA. Erklären Sie das Verhalten des „weißen Amerika" und bewerten Sie es.

Info, S. 31ff.
Thema, S. 47–53
10. Erläutern Sie die rechtliche und soziale Entwicklung der afroamerikanischen Bevölkerungsgruppe von der Sklaverei bis zur rechtlichen Gleichstellung. Wie lässt sich deren jahrhundertelange Benachteiligung trotz des Anspruchs auf Gleichheit erklären?

Info, S. 22f., 29ff.
11. Beschreiben Sie mithilfe geeigneten Kartenmaterials die territoriale Ausdehnung der USA auf dem nordamerikanischen Kontinent; arbeiten Sie heraus, wie die Expansion legitimiert wurde und wie die Expansionserfahrung das Selbstverständnis prägte.

Info, S. 34f.
12. Stellen Sie den Aufstieg der USA zur ökonomischen Großmacht dar.

Info, S. 36ff.
13. Beschreiben und charakterisieren Sie Verlauf und Begründung der imperialen Ausdehnung der USA. Beurteilen Sie die Legitimität der amerikanischen Außenpolitik.

Klausurtraining

Interpretation eines Gemäldes als historische Quelle

1. Analysieren Sie das Gemälde, indem Sie die Einzelelemente der Darstellung unter Einbeziehung der Bildkomposition und der verwendeten Gestaltungsmittel beschreiben und die historischen Zusammenhänge erläutern.

2. Deuten Sie die zentrale Bildaussage in ihrem historischen Entstehungskontext und in ihrer Darstellungsabsicht mit Blick auf das amerikanische Selbstverständnis.

3. Setzen sie sich kritisch mit Bildaussage und Botschaft auseinander. Wie verhalten sich die bildliche Interpretation des Malers und die historische Wirklichkeit zueinander?

M **„American Progress"**

Gemälde von John Gast, ca. 1872

Die Französische Revolution

Die Französische Revolution (1789–1799) stellt einen entscheidenden Wendepunkt in der europäischen Geschichte dar. In ihrem Verlauf wandelte sich Frankreich, der damals mächtigste Staat Europas, von einer absolutistischen Monarchie in eine Republik. Die Bedeutung der Revolution geht aber weit über Frankreich hinaus: Sie bündelte und verdichtete die Erfahrungen der englischen und der amerikanischen Revolution und schuf das Modell moderner Staats- und Gesellschaftsordnung, das seitdem und bis heute das Fundament des Selbstverständnisses demokratischer Staaten bildet.
Der Sieg der Revolution in Frankreich beendete die Epoche des alten monarchischen Europas. Zwar konnte in Frankreich die Republik erst später (1871) dauerhaft gesichert werden und in vielen europäischen Staaten – u. a. dem Deutschen Reich – wurde das monarchische Element der Staatsordnung erst mit dem Ersten Weltkrieg überwunden. Aber das Gegenmodell war da, der universalistische Anspruch der Aufklärung zum ersten Mal in die Realität umgesetzt.
Von Anfang an wurde die Revolution höchst unterschiedlich und kontrovers aufgenommen. Auf der einen Seite entfalteten die Errungenschaften insbesondere der ersten, liberalen Phase der Revolution – wie persönliche Freiheit, Meinungs- und Pressefreiheit, Berufs- und Gewerbefreiheit, Gleichheit der Bürger vor dem Gesetz, Volkssouveränität und allgemeines Wahlrecht – eine ungeheure Faszination in Europa. Die napoleonischen Truppen trugen diese Ideen nach ganz Europa und riefen – paradoxerweise gerade im antifranzösischen Befreiungskampf – die Forderung nach nationaler Selbstbestimmung hervor. Auf der anderen Seite erzeugte die Revolution aber auch Gegenkräfte: Vor allem die Zeit des Terrors, der Schreckensherrschaft des Wohlfahrtsausschusses, erzeugte Revolutionsfurcht im europäischen Bürgertum bis weit in kleinbürgerliche Schichten hinein.
Auf dem Weg in die Moderne hat die Französische Revolution so einerseits mobilisierende und andererseits retardierende Wirkungen erzeugt. Bis heute scheiden sich an ihr die Geister: Die extrem verdichteten und beschleunigten Erfahrungen der Revolution bildeten für Zeitgenossen und nachfolgende Generationen eine Art Laboratorium der Moderne. Wie in einem Brennglas wurden und werden fundamentale Errungenschaften und Fortschritte, aber auch Gefahren und Schattenseiten sichtbar und studierbar.

http://www.elysee.fr/elysee/elysee.fr/allemand/die_symbole_der_republik/die_marseillaise/die marseillaise.20715.html
Erläuterungen zu den Symbolen der Revolution auf den Seiten des französischen Staatspräsidenten

Datentafel	
	Phase 1: Die liberale Revolution
5.5.1789:	Eröffnung der Generalstände
20.6.1789:	Ballhausschwur
14.7.1789:	Sturm auf die Bastille
4./5.8.1789:	Abschaffung der ständischen Privilegien
26.8.1789:	Erklärung der Menschen- und Bürgerrechte
21.6.1791:	Fluchtversuch des Königs
3.9.1791:	Verfassung
	Phase 2: Radikalisierung und Terror
10.8.1792:	Sturm auf die Tuilerien
21.1.1793:	Hinrichtung des Königs
23.8.1793:	Einführung der allgemeinen Wehrpflicht
	Phase 3: Das Ende der Revolution
28.7.1794:	Hinrichtung Robespierres
9.11.1799:	Staatsstreich von Napoleon Bonaparte
2.12.1804:	Napoleon krönt sich zum Kaiser der Franzosen.

Die Französische Revolution

1. Voraussetzungen und Ursachen der Revolution

Die Autoritätskrise des Ancien Régime

„Das Erwachen des Dritten Standes" (zeitgenössische Karikatur aus Frankreich)

Die wesentliche Ursache der Französischen Revolution war ein im Verlauf des 18. Jahrhunderts fortschreitender innerer und äußerer Verfall der Autorität des absolutistischen Regimes.

Finanzkrise. Zum inneren Verfall trugen vor allem die enormen Staatsschulden bei, die der Staat aufgrund einer Reihe kostspieliger Kriege angehäuft hatte. Schon 1715, zum Zeitpunkt des Todes Ludwigs XIV., des „Sonnenkönigs", war der Staatshaushalt um 18 Jahresbudgets überzogen. Vor diesem Hintergrund fand die aufwendige Repräsentation am absolutistischen Königshof immer weniger Akzeptanz. Der ausschweifend-frivole Lebensstil Ludwigs XV. und seine Vernachlässigung der Regierungsgeschäfte desavouierten die Autorität des Hofes zusätzlich. Kurz vor Beginn der Revolution, im August 1788, musste die Staatskasse den Staatsbankrott verkünden.

Missstände im Verwaltungs- und Steuersystem. Die Finanzkrise ließ zusätzlich gravierende Missstände im Verwaltungs- und Steuersystem des Landes deutlich hervortreten. In den verschiedenen Teilen des Landes herrschte ein Wirrwarr unterschiedlicher Regelungen, Kompetenzen, Privilegien und Rechtsvorschriften. Unter den Nachfolgern Ludwigs XIV. erstarkten die ständischen Parlamente wieder im Kampf gegen die Zentralgewalt und nahmen den Kampf um Macht und ständische Privilegien wieder auf. Adel und Klerus waren von der wichtigsten Steuer des Landes, der Taille (Einkommens- und Grundsteuer) befreit. Die wichtigste indirekte Steuer, die Gabelle (Salzsteuer), wurde von Steuerpächtern mit hohem Gewinn eingetrieben und in verschiedenen Regionen ganz unterschiedlich gehandhabt. Dies alles führte dazu, dass die Staatskasse während des gesamten 18. Jahrhunderts nicht in der Lage war, einen verlässlichen Überblick über ihre Einnahmen und Ausgaben zu erhalten.

http://www.historicum.net/themen/franzoesische-revolution/
Darstellung diverser Aspekte des Themas mit vielfältigen, weiterführenden Links, Quellen und Materialien

Aufklärung. Von außen wurde die Autorität der absolutistischen Herrschaft durch die Philosophie der Aufklärung untergraben. Sie entzog ihrem auf dem Gedanken des Gottesgnadentums basierenden Herrschaftsanspruch sowie der religiösen Legitimation der Ständegesellschaft die Grundlage.

Die Krise der Ständegesellschaft

Unterschiede im Dritten Stand. Das starre Ständesystem geriet zusätzlich aus wirtschaftlichen Gründen unter Druck, denn die Ungerechtigkeiten des ständischen Steuersystems wurden durch eine Auseinanderentwicklung der Einkommen der Bevölkerung verschärft. Von einem seit 1715 einsetzenden wirtschaftlichen Aufschwung profitierten großbürgerliche Schichten, wie Großhändler und -kaufleute oder Inhaber

großer landwirtschaftlicher Betriebe. Diese nutzten ihr zunehmendes wirtschaftliches Gewicht, um gegen ihre Benachteiligung gegenüber dem Adel zu protestieren und die Aufhebung der ständischen Privilegien, vor allem die Steuerbefreiung, zu fordern.
Die Mittel- und Unterschichten profitierten hingegen kaum vom wirtschaftlichen Aufschwung. Kleinbauern und Kleinpächter auf dem Land sowie Handwerker, Kleinkaufleute und Tagelöhner in der Stadt lebten oftmals am Rande des Existenzminimums und empfanden die Einkommensunterschiede zur großbürgerlichen und adeligen Schicht zunehmend als bedrückend und empörend. Diese Einkommensunterschiede spitzten sich durch ein bedeutendes Bevölkerungswachstum (von 18 Mio. im Jahr 1715 auf 26 Mio. im Jahr 1789) weiter zu, denn es erhöhte die Arbeitskräftekonkurrenz und führte zu Lohnsenkungen.

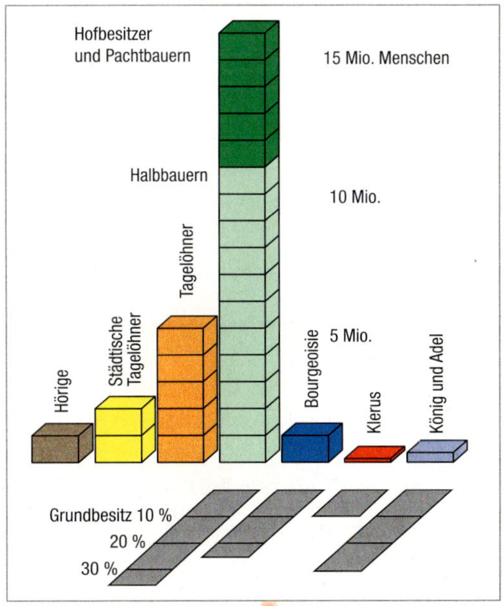

Bevölkerungsstruktur und Verteilung des Grundbesitzes vor der Revolution

Verschärfung der sozialen Gegensätze. So verschärften sich die sozialen Gegensätze und Interessenunterschiede innerhalb des Dritten Standes, der 98 % der Bevölkerung ausmachte. Gemeinsam war allen Gruppen des Dritten Standes der Kampf gegen die Privilegien der ersten beiden Stände und gegen den Versuch des Hofes, die Finanzkrise des Staates durch eine weitere Verschärfung der Steuerlast für den Dritten Stand zu lösen. Dieses über Jahrzehnte aufgebaute Protestpotenzial wurde kurz vor der Revolution durch eine Industrie- und Agrarkrise in den 1780er-Jahren, durch eine Missernte 1788 und durch den folgenden strengen Winter noch einmal erheblich verschärft: Sinkende Einkommen und steigende Brotpreise gefährdeten die Existenzgrundlage breiter Mittel- und Unterschichten.

Die Träger der Revolution

Drei Revolutionen. Träger des seit 1788 einsetzenden Umsturzes waren drei unterscheidbare Gruppen: erstens das liberale Großbürgertum, das von liberal gesinnten Eliten des Klerus und des Adels unterstützt wurde; zweitens die Masse der bäuerlichen Kleinpächter auf dem Land und drittens die klein- und unterbürgerlichen Schichten der Städte, insbesondere in Paris. Programm und Interessen dieser drei Gruppen waren so unterschiedlich, dass man von drei miteinander verknüpften und wechselseitig aufeinander einwirkenden Revolutionen sprechen kann.

http://www.republique.de/personal.php
Kurzbiografien zu den wichtigsten Akteuren der Revolution

Liberale Reformer. Die Bewegung der liberalen Reformer stützte sich zwar sozial vor allem auf das Großbürgertum, wurde aber gebildet von aufgeklärten Eliten aller drei Stände. Sie zielte – im Wesentlichen nach englischem Vorbild – auf eine umfassende Modernisierung des Landes, vor allem seiner Verwaltung, des Steuersystems und der Wirtschaftspolitik. Ständische Privilegien sollten abgeschafft und die Gesellschaftsordnung sowie der Zugang zu politischer Macht an individueller Leistungsfähigkeit orientiert sein. Diese Gruppe hoffte zunächst, ihre Ziele in Zusammenarbeit mit der Krone zu erreichen, und entschied sich erst spät, als der König sich offensichtlich als Reformgegner erwies, für eine republikanische Lösung.

Bauernbewegung. Die Bauernbewegung war – in der Tradition früherer Bauernrevolten – bestimmt von dem Ziel einer Befreiung von drückenden Feudallasten und der Sicherung einer tragfähigen selbstständigen Kleinbauernexistenz. Die Bauernbewegung erreichte ihren Höhepunkt im Juli 1789, als Bauern adelige Schlösser stürmten und Feudalurkunden verbrannten. Mit der Aufhebung aller Feudallasten durch die Nationalversammlung in der Nacht vom 4. auf den 5. August 1789 war das Ziel der Bauernbewegung erreicht.

Bewegung der städtischen Mittel- und Unterschichten. Die Bewegung der städtischen klein- und unterbürgerlichen Schichten war zunächst vor allem durch die akute Versorgungskrise und die hohen Lebensmittelpreise angetrieben. Mit vielfältigen, teils gewalttätigen Aktionen unterstützte sie die radikalen Kräfte der Revolution, die eine von Einkommen oder Vermögen unabhängige politische Partizipation und eine egalitäre Gesellschaftsordnung anstrebten. Sie richtete sich nicht nur gegen den Feudalstaat, sondern auch gegen den aufkommenden Industriekapitalismus, von dem sich viele Kleinhandwerker und Gewerbetreibende bedroht fühlten.

Das Programm der Revolution

Bündelung von Erfahrungen. „Liberté, Egalité, Fraternité" (Freiheit, Gleichheit, Brüderlichkeit) – das war der Schlachtruf der Französischen Revolution. Er fasste ihr politisches Programm prägnant zusammen. Es wäre ohne die gedankliche Vorarbeit der Aufklärung sowie die Erfahrungen der Englischen und der Amerikanischen Revolution nicht denkbar gewesen. Sie lieferten nicht nur die Kritik am Ancien Régime, sondern stellten auch alle notwendigen Elemente zum Aufbau einer modernen Gesellschaft und eines modernen Staates zur Verfügung. Allerdings waren diese Elemente keineswegs widerspruchsfrei: Für welches moderne Menschenbild, für welche Verfassung, für welches Wertesystem sich die Revolution entscheiden würde, hing schließlich wesentlich von der Dynamik der revolutionären Ereignisse ab.

2. Der Verlauf der Revolution

Die Phasen der Revolution im Überblick

Die vorrevolutionäre Phase: Krise der absolutistischen Herrschaft (1770–1788)	Zahlreiche Kriege der europäischen Großmacht Frankreich sowie die kostspielige repräsentative Hofführung führen zu massiven Staatsschulden und zu einem Autoritätsverlust des Hofes. Ludwig XVI. ist 1788 für die Lösung der Finanzkrise zur Einberufung der „Generalstände" gezwungen.
Die liberale Revolution (1789–1791)	Gegen den Widerstand des Königs erklärt sich der Dritte Stand der Generalstände zur „Nationalversammlung". Begleitet von Erhebungen der Pariser Bevölkerung (Sturm auf die Bastille) hebt die Nationalversammlung alle ständischen Privilegien auf, verabschiedet eine Erklärung der Menschen- und Bürgerrechte sowie eine Verfassung und enteignet kirchlichen Grundbesitz.
Die Destabilisierung und Radikalisierung der Revolution (1791–1792)	Nach einem gescheiterten Fluchtversuch des Königs spaltet sich die revolutionäre Bewegung in einen gemäßigten (liberalen) und einen radikalen Flügel. Der Krieg des revolutionären Frankreich gegen eine Koalition der europäischen Großmächte spitzt den Konflikt weiter zu; städtische Massen nehmen aus Furcht vor einer konterrevolutionären Verschwörung den König gefangen und ermorden im September 1792 vermeintliche Verschwörer.
Die Konventsherrschaft (1792–1794)	Im neu gewählten „Konvent" dominieren radikale Kräfte. Der Konvent schafft das Königtum ab und verurteilt Ludwig XVI. wegen Hochverrats zum Tode. Der vom Konvent eingerichtete „Wohlfahrtsausschuss" errichtet ein systematisches Terrorregime zur Durchsetzung seines innenpolitischen Programms und zur Sicherung der Kriegsführung im Koalitionskrieg. Die Zuspitzung des Terrors führt zur Diktatur ihres Vorsitzenden Maximilien Robespierre. Aus Furcht führen Mitglieder des Wohlfahrtsausschusses ein Komplott gegen Robespierre durch, der am 28.7.1794 guillotiniert wird.

Die Herrschaft der Thermidorianer und des Direktoriums (1794–1799)	Nach dem Ende der Terrorherrschaft übernehmen bürgerlich-gemäßigte Kräfte im Konvent die Macht, die vor allem auf die Armee gestützt ist. Eine neue „Direktorialverfassung" entspricht liberaldemokratischen Vorstellungen. Radikalrevolutionäre sowie royalistische Aufstände werden niedergeschlagen. Am 9.11.1799 stürzt der erfolgreiche republikanische General Napoleon Bonaparte das Direktorium, erklärt die Revolution für beendet und regiert mit einer „Konsulatsverfassung" (24.12.1799).
Die nachrevolutionäre Phase: Die Herrschaft Napoleons (1799–1815)	Am 2.12.1804 krönt sich Napoleon selbst zum Kaiser. Damit ist die Republik abgeschafft; die gesellschaftlichen Errungenschaften der Revolution bleiben jedoch erhalten. Unter der Führung Napoleons erobert die französische Armee fast ganz Europa, scheitert jedoch 1812 im Feldzug gegen Russland. In den folgenden Koalitionskriegen wird Napoleon besiegt und verbannt. Die territoriale Neuordnung Europas wird auf dem „Wiener Kongress" (1814/15) festgelegt. In Frankreich wird auf der Grundlage einer konstitutionellen Verfassung, die der Verfassung von 1791 ähnelt, Ludwig XVIII., ein Bruder Ludwigs XVI., als König eingesetzt.

Die vorrevolutionäre Phase (1770–1788)

Einberufung der Generalstände. Die beiden Jahrzehnte vor Beginn der Revolution waren von verzweifelten Versuchen der königlichen Finanzminister Turgot (1774– 76), Necker (1777–81), de Calonne (1783–87) und de Loménie de Brienne (1787–88) geprägt, die Schuldenkrise in den Griff zu bekommen. Sie scheiterten allesamt einerseits an der Größe dieser Aufgabe, andererseits aber vor allem an der wechselseitigen Blockade zwischen königlicher Zentralgewalt und adeliger Parlamentsopposition. Letztere blockierte alle Versuche einer an individueller Leistungsfähigkeit orientierten Reform des Steuersystems, die ihre Privilegien angetastet hätte. 1788 ging der Streit so weit, dass die adeligen Parlamente zu einem Steuerboykott aufriefen, dem sich Kleriker, Städte und Behörden anschlossen. Im August 1788 blieb Ludwig XVI. nichts anderes übrig, als dem Drängen der Adelsopposition nachzugeben und die Generalstände, die seit 175 Jahren nicht mehr getagt hatten, zum Mai 1789 einzuberufen. Von der Einbeziehung des in den Generalständen vertretenen Dritten Standes erhofften sich alle Seiten eine Entscheidung im Steuerstreit zu ihren Gunsten.

http://www.zum.de/Faecher/G/BW/neuzeit/frzrev/fr3.htm
Informationen zur Einberufung der Generalstände auf den Seiten der „Zentrale für Unterrichtsmedien im Internet e.V."

Politische Öffentlichkeit. In Erwartung der Sitzung der Generalstände wurden aus dem ganzen Land – der Tradition entsprechend – sogenannte „Cahiers des Doléances" (Beschwerdebriefe) nach Paris geschickt. In ihnen artikulieren Stände und Gruppen ihre Lebenssituation und ihre Ziele; heute bilden sie eine einzigartige Quellensammlung zu den Lebensverhältnissen im vorrevolutionären Frankreich. In der durch die Missernte im Sommer 1788 zusätzlich angeheizten allgemeinen Proteststimmung erschien eine Fülle von öffentlich verbreiteten Flugschriften, unter anderem die Broschüre „Was ist der Dritte Stand" von Abbé Emmanuel Joseph de Sieyés.

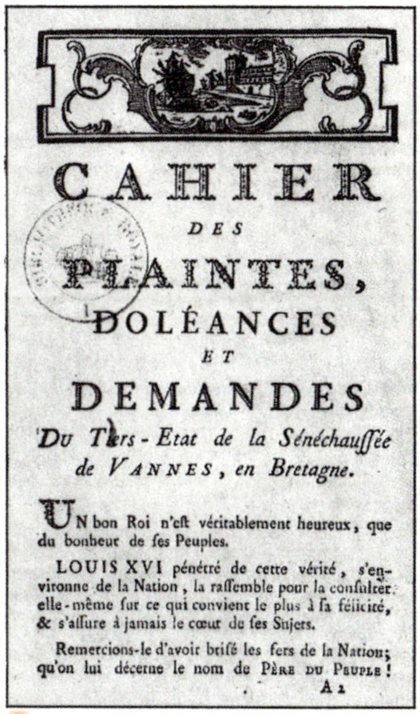
CAHIER
DES
PLAINTES,
DOLÉANCES
ET
DEMANDES
Du Tiers-Etat de la Sénéchaussée de VANNES, en Bretagne.

UN bon Roi n'est véritablement heureux, que du bonheur de ses Peuples.

LOUIS XVI pénétré de cette vérité, s'environne de la Nation, la rassemble pour la consulter elle-même sur ce qui convient le plus à sa félicité, & s'assure à jamais le cœur de ses Sujets.

Remercions-le d'avoir brisé les fers de la Nation; qu'on lui décerne le nom de PÈRE DU PEUPLE!

A 2

Titelseite eines Beschwerdeheftes (Cahier des Doleances) des Dritten Standes, 1789

Die liberale Revolution (1789–1791)

Gründung der Nationalversammlung. Am 5. Mai 1789 traten die Generalstände in Versailles zu ihrer Eröffnungssitzung zusammen. Der erneut einberufene Finanz- und nun auch Premierminister des Königs, Jacques Necker, hatte die Verdopplung der Sitze des Dritten Standes verfügt; die Krone hatte aber offen gelassen, ob – wie üblich – korporativ (nach Ständen) oder nach Köpfen abgestimmt werden sollte. Ersterer Abstimmungsmodus hätte den ersten beiden Ständen, letzterer dem Dritten Stand die Mehrheit in den Generalständen gesichert. Als auch nach sechs Wochen noch keine Einigung im Streit um den Abstimmungsmodus erzielt werden konnte, fassten die Vertreter des

Eröffnung der Generalstände am 5. Mai 1789 (Stich von J. Helman, 1790)

Dritten Standes den ersten umwälzenden Beschluss der Revolution: Sie erklärten sich am 17. Juni zur „Nationalversammlung", die allein berechtigt sei, die Nation zu repräsentieren, und riefen die Abgeordneten der anderen beiden Stände auf, sich ihnen anzuschließen. Als der König die Umsetzung dieses Beschlusses mit Gewalt verhindern wollte, verpflichteten sich die Abgeordneten der Nationalversammlung am 20. Juni feierlich, nicht auseinanderzugehen, bis eine Verfassung verabschiedet sei („Ballhausschwur"). Mit diesem Übergang von einer ständisch gegliederten Vertretung hin zu einer modernen, nationalen Repräsentation war die Grundlage der Verfassungsrevolution gelegt.

Aufhebung der ständischen Privilegien. Die zweite wichtige Entscheidung der Nationalversammlung war die Aufhebung ständischer Privilegien und damit einer der wesentlichen Grundlagen des Feudalsystems in einer dramatischen Sitzung in der Nacht vom 4. auf den 5. August 1789. Das in dieser Nacht beschlossene Maßnahmenbündel bedeutete eine grundlegende Umwälzung der gesamten Gesellschaftsordnung. Dabei stand die Nationalversammlung unter dem Einfluss einer Zuspitzung der Ereignisse im Land: In Paris hatten die steigenden Lebensmittelpreise und Gerüchte über eine bevorstehende Auflösung der Nationalversammlung durch den König zu einem Aufruhr geführt. Die Wahlmänner der Stadtbezirke übernahmen als „Kommune" die Verwaltung der Stadt und bildeten eine aus Freiwilligen bestehende „Nationalgarde" zur Verteidigung der Revolution. Um Waffen zu erbeuten, stürmte am 14. Juli 1789 eine Volksmenge das alte Stadtgefängnis und Symbol der königlichen Macht, die „Bastille". Ähnliche Aufstände schlossen sich in den Städten und Ortschaften im ganzen Land an. Als der König, der sich zunächst auf die Seite der alten Ordnung gestellt hatte, nun die Nationalversammlung – zumindest nach außen hin – zu akzeptieren schien, begann eine Emigrationswelle unter den Adeligen des Landes. Diese wiederum löste panikartige Reaktionen aus Furcht vor einem Adelskomplott in der Landbevölkerung aus: Überall im Land wurden Adelssitze angegriffen oder zerstört, Urkundenarchive niedergebrannt. Aus Furcht vor einem Verlust der Kontrolle über die Ereignisse im Land beschlossen deshalb die Abgeordneten der Nationalversammlung, über die ursprünglich beabsichtigte Steuergleichheit hinaus nun auch die mit dem adeligen Großgrundbesitz verknüpften Feudallasten abzuschaffen. Dieser Beschluss vom 4./5. August 1789 sah zunächst noch – für die betroffenen Bauern sehr ungünstige – Entschädigungszahlungen für solche Feudallasten vor, die vertraglich vereinbart worden waren. Erst im Juli 1793 – auf dem Höhepunkt der jakobinischen Diktatur – beschloss der Konvent die vollständige und entschädigungslose Aufhebung aller Feudallasten.

Die liberale Revolution (1789–1791)	
5.5.1789:	Erste Sitzung der Generalstände
17.6.1789:	Der Dritte Stand erklärt sich zur Nationalversammlung.
20.6.1789:	Ballhausschwur
14.7.1789:	Sturm auf die Bastille
4/5.8.1789	Aufhebung der ständischen Privilegien durch die Nationalversammlung
26.8.1789:	Erklärung der Menschen- und Bürgerrechte
5./6.10.1789:	Zug nach Versailles
3.9.1791:	Die Verfassung tritt in Kraft.

Die „Große Angst" (anonymer Stich, 1789)

Erklärung der Menschen- und Bürgerrechte. Kurze Zeit später, am 26. August 1789, fasste die Nationalversammlung ihren dritten wichtigen Beschluss: Sie verabschiedete die „Erklärung der Menschen- und Bürgerrechte", ein Dokument von welthistorischer Bedeutung, in dem die Philosophie der Aufklärung und das moderne Menschenbild zum Ausdruck kommen und das bis heute Vorbildcharakter hat.

Verfassung. Die vierte wichtige Leistung der Nationalversammlung bestand in der Ausarbeitung einer Verfassung, die zum 3. September 1791 in Kraft trat und den Staat als konstitutionelle Monarchie konzipierte. Wie die Erklärung der Menschenrechte spiegelt die Verfassung von 1791 deutlich die liberale Phase der Revolution: Sie ging von den Prinzipien der Volkssouveränität und der Gewaltenteilung aus, das Wahlrecht blieb jedoch noch an Besitz und Bildung gebunden.

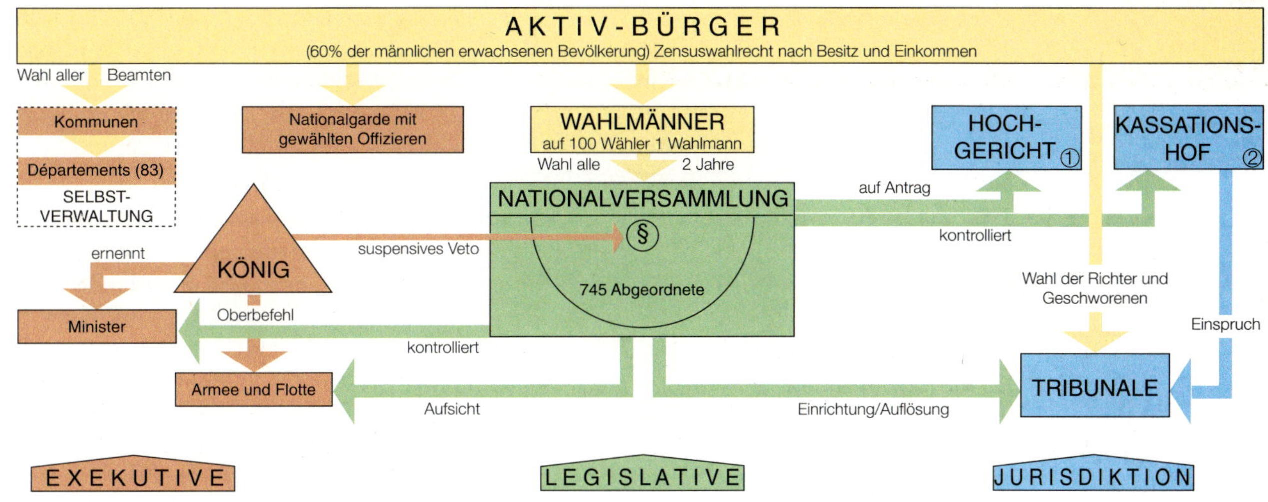

Die französische Verfassung vom 3. September 1791

Zug nach Versailles. Die Beschlüsse der Nationalversammlung vom 4./5. August 1789 waren bereits auf Druck der Bauernbewegung und der Bewegung der städtischen Mittel- und Unterschichten zustande gekommen. Als der König sich weigerte, diese Beschlüsse zu unterzeichnen, griff Letztere wiederum entscheidend in den Gang der Ereignisse ein. Vor dem Hintergrund andauernder Brotknappheit und hoher Arbeitslosigkeit sowie des hohen Politisierungsgrades in den Pariser Sektionen zog ein Zug von Demonstranten zum königlichen Schloss von Versailles und zwang Ludwig XVI. zum Umzug nach Paris, in die Tuilerien, wo der König faktisch zum Gefangenen der Revolution wurde. Das Ereignis kündigte bereits früh die zunehmende Bedeutung der städtischen Massen und ihrer radikalen politischen Führer, wie Georges Danton, Camille Desmoulins oder Jean Paul Marat, an.

Die Destabilisierung und Radikalisierung der Revolution (1791–1792)

In den Monaten zwischen Juni 1791 und September 1792 radikalisierte sich die Revolution. Den liberalen Reformern gelang es nicht, den Umwälzungsprozess auf dem im Sommer 1791 erreichten Niveau zu stabilisieren. Dazu trugen vor allem drei Faktoren bei: der Konflikt mit der katholischen Tradition, die unentschlossene Haltung des Königs und der Krieg des revolutionären Frankreich gegen die europäischen Monarchien.

Die Destabilisierung und Radikalisierung der Revolution (1791–1792)	
20.–25.6.1791:	Fluchtversuch des Königs
17.7.1791:	Kundgebung auf dem Marsfeld
20.4.1792:	Kriegserklärung an Österreich, Beginn des 1. Koalitionskrieges (1792–1797)
10.8.1792:	Sturm auf die Tuilerien
10.8.1792:	Suspendierung des Königtums durch die Nationalversammlung
2.–5.9.1792:	Septembermorde

Maßnahmen gegen die katholische Kirche. Im Zuge ihrer auf die Abschaffung der Ständegesellschaft zielenden Politik hatte sich die Nationalversammlung – teils motiviert durch die Philosophie der Aufklärung, teils auch aus ökonomischen Gründen (Enteignung kirchlichen Grundbesitzes) – in einer Reihe von Dekreten gegen die katholische Kirche gewandt. Besonders bedeutsam wurde das Dekret vom 21. November 1790, das alle Geistlichen zum Eid auf die neue revolutionäre Kirchenverfassung verpflichtete. Da Papst Pius VI. diese Verfassung für ungültig erklärte, befand sich der gesamte Klerus in einer Zwangslage. Etwa die Hälfte aller Geistlichen verweigerte den Eid und die Revolution entfremdete sich sowohl von einem Teil derjenigen Angehörigen des Klerus, die ihr anfangs sympathisierend gegenübergestanden hatten, wie auch von einem Großteil der katholisch geprägten Bevölkerung auf dem Lande. Damit war der Grundstein für gegenrevolutionäre, konservativ-religiös motivierte Aufstände gelegt.

Gruppierungen und Clubs in der Revolution

Sansculotten (wörtl. „Ohnehosen"): zusammenfassende Bezeichnung für die politisch aktiven kleinbürgerlichen Gruppen der Pariser Kommune.

Girondisten: gemäßigte Republikaner; benannt nach dem Departement „Gironde", aus dem die Mehrzahl ihrer politischen Führer stammte.

Jakobiner: Jakobinerclub, benannt nach seinem Tagungsort im Dominikanerkloster in der Rue St. Jacques; zunächst allgemeiner Versammlungsort revolutionärer Abgeordneter und Politiker, später Radikalisierung und Austritt gemäßigter Kräfte.

Cordeliers: typischer Club der Sansculotten, später Zusammenarbeit mit den Jakobinern.

Feuillants: Club der Feuillants, benannt nach dem Versammlungsort im gleichnamigen Kloster; gemäßigte Abspaltung vom Jakobinerclub nach dem 17.7.1791.

Haltung des Königs. Die in der liberalen Phase der Revolution geschaffene konstitutionell-monarchische Ordnung litt von Anfang an darunter, dass der König sich unter dem Druck der Machtverhältnisse zwar nach außen hin auf den Boden der neuen Ordnung stellte, sie aber innerlich ablehnte und wo immer möglich eine heimliche Obstruktionspolitik betrieb. Das Verwirrspiel endete, als im Juni 1791 ein heimlicher Fluchtversuch Ludwigs XVI. entdeckt und sein Versuch vereitelt wurde, vom Ausland aus die Restauration der alten Ordnung zu betreiben. In dem Ort Varennes wurde der König erkannt und nach Paris zurückgebracht. In den Augen der städtischen Massen hatte er sich nun endgültig als Feind der Revolution erwiesen.

Spaltung der Revolution. Als eine Massenkundgebung auf dem Pariser Marsfeld am 17. Juli 1791, die die Bestrafung des Königs forderte, von Truppen der Nationalgarde unter Führung des Generals Lafayette mit Waffengewalt angegriffen und zerstreut wurde, trat die Spaltung der Revolution deutlich zutage: Auf der einen Seite versuchte die liberal-bürgerliche Mehrheit in der Nationalversammlung, die neu geschaffene Ordnung und die Verfassung, die am 3. September 1791 in Kraft trat, zu verteidigen, während auf der anderen Seite eine kleine Gruppe radikaldemokratischer Politiker mit zunehmendem Einfluss auf die städtischen Massen, wie Maximilien de Robespierre, Jean-Paul Marat und George Danton, diese Ordnung zu bekämpfen begann. Das bis dahin gemeinsame Forum der revolutionären Abgeordneten und Politiker, der Jakobinerclub, spaltete sich in die gemäßigten „Feuillants" und die im Jakobinerclub verbleibenden, radikalen „Girondisten".

George Danton (1759–1794)

Erster Koalitionskrieg. Am 20. April 1792 beschloss die Nationalversammlung auf Vorschlag des Königs eine Kriegserklärung an Österreich. Mit dem Krieg waren höchst unterschiedliche Interessen verbunden: In weiten Teilen der Bevölkerung traf er auf Zustimmung, weil man einem befürchteten Komplott der europäischen Monarchien gegen die Revolution zuvorkommen wollte. Die Feuillants erhofften sich von ihm eine Stabilisierung der inneren Ordnung, die Girondisten strebten nach einer Ausbreitung der Revolution auf ganz Europa. Ludwig XVI. erwartete insgeheim eine Niederlage der französischen Truppen und eine Restauration der alten Ordnung mithilfe des monarchischen Auslands.

Jean Paul Marat (1743–1793)

Sturm auf die Tuilerien. Tatsächlich führte der Krieg innerhalb weniger Monate zu einer Radikalisierung der Revolution: Als nach dem Kriegseintritt Preußens der Oberbefehlshaber der Koalitionstruppen, der Herzog von Braunschweig, in einem Manifest von der französischen Bevölkerung die bedingungslose Unterwerfung unter die Autorität des Königs forderte, stürmten Pariser Massen die Tuilerien, nahmen die königliche Familie gefangen und forderten die Aufhebung des Königtums. Die Nationalversammlung kam dieser Forderung durch einen formalen Beschluss am 10. August 1792 nach. Damit wandelte sich das revolutionäre Frankreich von einer konstitutionellen Monarchie in eine Republik.
Faktisch hatte damit die Pariser Kommune neben der Nationalversammlung die Führung der Revolution übernommen. Unter dem Druck der Ereignisse suspendierte die Nationalversammlung das Zensuswahlrecht und schrieb Neuwahlen nach allgemeinem Wahlrecht zu einem neu geschaffenen „Nationalkonvent" aus.

Der Sturm auf die Tuilerien (zeitgenössisches Gemälde von Jean Duplessi Bertaux)

Septembermorde. Im Sommer 1792 sah sich die Revolution von drei Seiten bedroht: Gegenrevolutionäre Aufstände bedrohten sie von innen, die Koalitionstruppen von außen. Dem König wurde vorgeworfen, an der Spitze einer royalistischen Verschwörung zu stehen und mit den feindlichen Truppen zu kollaborieren. Es war vor allem die Angst vor Verrat, die schließlich zu den sogenannten „Septembermorden" (2.–5. September 1792) führte: Aus Furcht, die Insassen der überfüllten Pariser Gefängnisse könnten nach dem bevorstehenden Auszug revolutionärer Truppen gegen den Feind einen Aufstand gegen die Revolution unternehmen, stürmten erregte Massen die Gefängnisse und ermordeten ca. 1000 bis 1500 Gefängnisinsassen, unter ihnen viele unpolitische, gewöhnliche Gefangene. Dieser Akt präventiver Volksjustiz bildete den vorläufigen Höhepunkt des Terrors der Pariser Kommune, der in der folgenden Konventsherrschaft systematisch ausgebaut und auf das ganze Land ausgeweitet werden sollte.

Die Konventsherrschaft (1792–1794)

Kräfteverhältnisse im Konvent. Im neu gewählten Konvent hatten sich die politischen Kräfteverhältnisse teils aufgrund des neuen allgemeinen Wahlrechts, teils infolge des vorangegangenen Terrors der Pariser Kommune entscheidend verändert: Die gemäßigten Kräfte fehlten; die Girondisten (nach ihren unteren Rängen im Konvent „Ebene" oder „Sumpf" genannt) dominierten, gerieten aber zunehmend unter den Einfluss der mit der Pariser Kommune kooperierenden radikalen Jakobiner (nach ihren erhöhten Sitzpositionen: „Berg").

Politische Gruppierungen in den Nationalversammlungen und im Konvent				
Verfassungsgebende Nationalversammlung 17.6.1789 ca. 800 Mitglieder der Ständeversammlung	**Demokraten** (Jakobiner) vertreten stärker die Interessen des mittleren und des Kleinbürgertums	**Konstitutionelle** vertreten die Interessen der Großbürger, für liberale Reformen	**Monarchisten** für eine starke Stellung des Königs in der Verfassung	**Aristokraten** für eine Beibehaltung ständischer Privilegien
Gesetzgebende Nationalversammlung 1.10.1791 gewählt nach der Verfassung vom 3.9.1791 745 Abgeordnete	**Jakobiner (136)** radikale Jakobiner, vertreten die Interessen des Kleinbürgertums („Sansculotten")	Girondisten, vertreten das mittlere Bürgertum	**Unabhängige (345)** ohne feste politische Position	**Konstitutionelle (264)** für die Stabilisierung der konstitutionellen Monarchie
Nationalkonvent 21.9.1792 gewählt nach allgemeinem und gleichem Männerwahlrecht 749 Abgeordnete	**Der „Berg" (140)** radikale Jakobiner, egalitäres gesellschafts- und wirtschaftspolitisches Programm, für eine zentralistische Herrschaft der „volonté générale"		**Die „Ebene", der „Sumpf" (609)** aus dem Jakobinerclub ausgetretene Girondisten, treten für eine föderalistische Republik ein; rücken teils an den rechten Rand des politischen Spektrums (für eine gemäßigte, liberale Republik), zum größeren Teil Annäherung an die Bergpartei	

Maximilien de Robespierre (1758–1794)

Kriegsdiktatur: „Tugend und Terror". In der Zeit der Konventsherrschaft von September 1792 bis Juli 1794 errichtete die Bergpartei eine Art Kriegsdiktatur, die sich durch die von ihrem führenden Politiker, Maximilien de Robespierre, geprägte Formel „Tugend und Terror" charakterisieren lässt. „Tugend" – darunter verstand Robespierre eine puritanisch-asketische, antiklerikale und antifeudale, unkorrumpierbare revolutionäre Haltung, einen durch die Revolution geschaffenen neuen Menschentyp. „Terror" (Terreur) – darunter verstand Robespierre die systematische und unbarmherzige Verfolgung aller „Feinde" der Revolution. Die Tugend sollte den Terror legitimieren und der Terror sollte der Tugend machtpolitisch zum Durchbruch verhelfen. Das machtpolitische Zentrum des diktatorischen Kriegsregimes der Bergpartei bildete der vom Konvent am 6. April 1793 als Exekutivorgan eingerichtete „Wohlfahrtsausschuss". Er übernahm – zunächst unter dem Vorsitz von George Danton, dann von Maximilien de Robespierre – nach und nach die Rolle einer provisorischen Revolutionsregierung.

Die Politik des Konvent	
20.9.1792:	Zusammentritt des Nationalkonvents
21.9.1792:	Abschaffung des Königtums und Anklage gegen Ludwig XVI.
17.1.1793:	Ludwig XVI. wird vom Konvent zum Tode verurteilt und hingerichtet (21.1.).
10.3.1793:	Errichtung eines Revolutionstribunals; Festlegung von Höchstpreisen für Getreide; Festlegung eines Kurses für die unter Wertverlust (Inflation) leidenden Assignaten (Papiergeld der Revolution)
6.4.1793:	Einrichtung des Wohlfahrtsausschusses (Comité du Salut Public)
2.6.1793:	Ein bewaffneter Aufstand der „enragés" zwingt den Konvent zur Verhaftung von führenden Girondisten, denen eine Politik zugunsten der Provinzen und zulasten der Hauptstadt vorgeworfen wird.
17.7.1793:	Vollständige, entschädigungslose Abschaffung der Feudalrechte
26.7.1793:	Todesstrafe für das Horten von Waren
23.8.1793:	Einführung der allgemeinen Wehrpflicht (Levée en masse)
17.9.1793:	Nach Demonstrationen der Pariser Volksbewegung stimmt der Konvent mit dem „Gesetz über die Verdächtigen" systematischen Terrormaßnahmen zu; Beginn des „Terreur" (Schreckensherrschaft).
27.9.1793:	„Maximum-Gesetz": allgemeiner Lohn- und Preisstopp; entschädigungslose Abschaffung verbliebener Feudalrechte
5.10.1793:	Einführung des Revolutionskalenders
10.11.1793:	„Fest der Freiheit und der Vernunft" in der Kathedrale Notre-Dame
13.3.1794:	Robespierre erreicht mithilfe Dantons die Verhaftung und Hinrichtung (24.3.) von Jacques-René Hébert und seiner Anhänger (Hébertisten), einer radikal antiklerikalen Gruppe am linken Rand der Jakobiner.
30.3.1794:	Verhaftung und Hinrichtung (5.4.) von George Danton, der einen Friedensschluss mit den Koalitionstruppen anstrebte, und seiner Anhänger (der „Nachsichtigen") am rechten Rand der Jakobiner
8.6.1794:	Erste Feier des Kultes des „Höchsten Wesens"
10.6.1794:	Ein neues Terrorgesetz liefert auch Konventsmitglieder ohne Zustimmung der Konventsmehrheit dem Revolutionstribunal aus.
27.7.1794:	Sturz Robespierres, Hinrichtung am folgenden Tag

Die Terrorherrschaft des Konvents beruhte auf wesentlichen, miteinander verwobenen Bedingungsfaktoren: (1) der Bedrohung durch den äußeren Feind im Koalitionskrieg, (2) der Bedrohung durch gegenrevolutionäre Aufstände in der Vendée, (3) einer durch den Krieg verstärkten Wirtschaftskrise, (4) dem Einfluss der politisierten und durch die drei vorgenannten Faktoren sich existenziell bedroht fühlenden Massen der Pariser Kommune auf den Konvent sowie (5) einer von einer kleinen Gruppe radikaler Jakobiner verfochtenen revolutionären Ideologie.

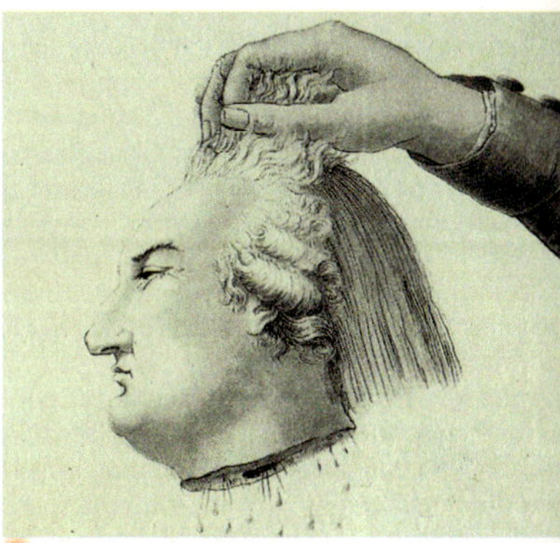
Das Haupt Ludwigs XVI. nach seiner Hinrichtung (Radierung von Villeneuve, 1793). Text dazu: „Gegenstand zum Nachdenken für gekrönte Jongleure – Das unreine Blut tränke unsere Äcker".

Hinrichtung des Königs. Die erste Entscheidung des im September 1792 neu zusammentretenden Konvents bestand in der Aufhebung des Königtums und der Anklage gegen Ludwig XVI. wegen Landesverrats.
Die Hinrichtung des Königs am 21. Januar 1793 war ein provozierendes Signal an ganz Europa und hatte Folgen für den Krieg: Es bewegte weitere Staaten, vor allem England, Spanien, Holland und Portugal, dazu, den Koalitionstruppen beizutreten. Dies führte zu erneuten Rückschlägen im Kriegsverlauf.

Wirtschaftskrise. Folgenreich war vor allem die englische Seeblockade, die die wirtschaftliche Lage in Frankreich erneut verschlechterte. Sie verschärfte die Lebensmittelkrise und beschwor eine Hungersnot herauf. Das Papiergeld der Revolution, die Assignaten, verlor dramatisch an Wert; die Arbeitslosigkeit stieg, die Reallöhne sanken.

Aufstand in der Vendée. Neben der Verschärfung der Wirtschaftskrise hatte der Krieg eine weitere negative innenpolitische Konsequenz: Der Versuch des Konvents, neue

http://www.zum.de/Faecher/G/BW/neuzeit/frzrev/bmat/
Bildquellen u. a. zur Flucht der königlichen Familie und zur Hinrichtung des Königs auf den Seiten der Zentrale für Unterrichtsmedien

Soldaten für die Revolutionsarmee zu rekrutieren, verschärfte die durch die antiklerikale Politik der vorangegangenen Monate verbreitete gegenrevolutionäre Stimmung in einigen Landesteilen und löste gegenrevolutionäre Aufstände, vor allem in der Vendée, aus.

All diese Entwicklungen bedrohten die Revolution im Frühjahr 1793 massiv und führten zu einer neuen Krisenstimmung in der Hauptstadt. Unter dem Eindruck der Wirtschafts- und Hungerkrise verbreiteten sich Wut, Verdächtigungen und Vorwürfe gegen „Feinde der Revolution". Weit verbreitet war zum Beispiel der Vorwurf, Waren zu horten und auf Kosten des Volkes hohe Gewinne zu erzielen. Vor diesem Hintergrund gelang es den hochpolitisierten Massen der Hauptstadt, organisiert von den Vertretern der Stadtbezirke (den „enragés" = „Aufgebrachten"), immer mehr Einfluss auf den Revolutionsverlauf zu erzielen.

Ein Sansculotte (zeitgenössischer Stich)

Rolle der Bergpartei. Im Konvent selbst erreichte die Bergpartei immer mehr Einfluss, weil ihr eine Art Mittlerrolle zwischen den Pariser Massen und der Konventsmehrheit zufiel. Sie nutzte diese Situation, um einerseits in der Stunde der höchsten Not die Revolution verteidigen und andererseits ihr auf materielle Gleichheit zielendes und auf der Forderung nach politischer Tugend basierendes Programm in die Realität umsetzen zu können.

Dieser Einfluss der Sansculotten zeigte sich vor allem in der Wirtschaftspolitik des Konvents. Gegen die wirtschaftsliberalen Prinzipien der Jakobiner, auch der Bergpartei, erzwangen die Sansculotten eine egalitäre, staatsdirigistische, gegen die „Reichen" gerichtete Politik zugunsten der kleinbürgerlichen Schichten. Dazu gehörten Requirierungen, Produktionskontrollen, Warenrationierungen sowie die entschädigungslose Aufhebung derjenigen grundherrlichen Rechte, die die Nationalversammlung in ihrem Beschluss vom 4./5. August 1789 noch als rechtmäßig angesehen hatte. Ein „Maximum-Gesetz" vom 27. September 1793 verfügte einen allgemeinen Preis- und Lohnstopp.

Krieg und Gegenrevolution. Im Zentrum der Politik des Konvents stand jedoch die Bekämpfung der inneren und äußeren Feinde der Revolution. Im Sommer 1793 war Frankreich von feindlichen Staaten umgeben; preußische Truppen hatten das Elsass, England hatte Toulon besetzt. Im Südwesten der Republik wurden manche Städte, z. B. Lyon, von Royalisten beherrscht, während sich in der Vendée gegenrevolutionäre Aufständische durchgesetzt hatten. Der Konvent organisierte die Revolutionsarmee neu, vor allem durch die Einführung einer allgemeinen Wehrpflicht (Levée en masse) am 23. August 1793. Die anschließenden militärischen Erfolge der Revolutionsarmee festigten die Konventsherrschaft und förderten das revolutionäre Nationalbewusstsein. Zur Jahreswende 1793/94 waren die gegenrevolutionären Aufstände niedergeschlagen und die Front stabilisiert; seit dem Frühjahr begannen die Siegeszüge der Armee.

Verhör vor einem Revolutionsausschuss (zeitgenössische Darstellung)

Terror. Zur Durchsetzung seiner Ziele verfolgte der Wohlfahrtsausschuss zwei miteinander verknüpfte Strategien: die Durchsetzung einer revolutionären Ideologie in einer Art Kulturrevolution und den systematischen Terror zur Einschüchterung möglicher Gegenkräfte. Zur Durchführung des Terrors wurden „Revolutionsausschüsse" gebildet, die aufgrund vager Indizien Verhaftungen vornehmen und Todesurteile aussprechen konnten. Bis zum Ende der Terrorherrschaft im Juli 1794 wurden etwa 17 000 Todesurteile ausgesprochen und vollstreckt. Nur eine verschwindend geringe Zahl unter den Opfern waren im engeren Sinne Feinde der Revolution, wie etwa Royalisten oder Aristokraten; viele waren Anhänger einer revolutionären Strömung, die gerade der Politik des Wohlfahrtsausschusses im Wege stand, oder zufälliges Opfer von Gerüchten und Neidkampagnen.

Kultureller Umbruch. Propagandistisch flankiert wurde der Terror durch einen offensiv betriebenen kulturellen Umbruch, der wesentlich antiklerikale Züge trug, einer revolutionären „Tugend" zum Durchbruch verhelfen und letztlich einen neuen, republikanischen Menschen schaffen sollte. So wurde im Oktober 1793 der christliche Kalender (mit der Geburt Jesu als Jahr 1) abgeschafft und durch einen neuen republikanischen Kalender ersetzt, dessen Jahr 1 mit dem 22. September 1792, dem ersten Tag der Republik, begann. Die zwölf neuen Monatsnamen sollten die Bedeutung der Natur als zentralem Bezugspunkt (anstelle der Religion) zum Ausdruck bringen: Germinal (Monat des Keimens), Floréal (Blütenmonat), Prairial (Wiesenmonat) etc. Die christliche Siebentage-Woche wurde durch Dekaden ersetzt, um die Bedeutung des christlichen Sonntags zu schmälern. Kirchen wurden geschlossen und an die Stelle christlicher Feiertage und Riten traten sogenannte Vernunft-Kulte, revolutionäre Feiern, antiklerikale Maskenumzüge, neue Namen und Symbole.

Todesurteile		
Grundlage der folgenden Statistik sind Angaben von 14 080 bzw. 16 594 Hinrichtungen, die zwischen März 1793 und August 1794 stattgefunden haben.		
Von den Verurteilten waren:		
Adlige	1 158	(8,25 %)
Geistliche	920	(6,50 %)
Gehobenes Bürgertum[1]	1 964	(14,00 %)
Kleinbürgertum[2]	1 488	(10,50 %)
Lohnempfänger[3]	4 389	(31,25 %)
Bauern	3 961	(28,50 %)
Sonstige	200	(1,50 %)
Verurteilung wegen:		
bewaffneten Aufruhrs	78 %	
eidverweigernder Agitation	19 %	
Wirtschaftsverbrechen	1 %	
Regionale Verteilung der Urteile:		
Paris	16 %	
Südosten	19 %	
Westen	52 %	
Rest des Landes	13 %	

(Nach: D. Greer, Terror during the French Revolution, 1935)

[1] Kaufleute, Bankiers, hohe Staatsdiener etc.
[2] Handwerker, Kleinhändler etc. [3] Sansculotten

Diktatur Robespierres. Mit der Hinrichtung der jakobinischen Konkurrenten Jacques-René Hébert (24. März 1794) und Georges Danton (5. April 1794) errichtete Robespierre seine eigentliche Diktatur und das Terrorregime erreichte seinen Höhepunkt. Tatsächlich hatte es aber zu diesem Zeitpunkt durch die Erfolge der Revolutionsarmee seine realen Grundlagen bereits verloren. Die Volksbewegung der Pariser Sansculotten ließ nach und Robespierre war zunehmend auf die Unterstützung des Konvents angewiesen. Zur Rettung seiner Macht führte er den Kult des „Höchsten Wesens" ein und ließ ein neues, verschärftes Terrorgesetz beschließen. Aus Furcht vor der eigenen Verhaftung schmiedeten jedoch Mitglieder des Wohlfahrts- und des Sicherheitsausschusses ein Komplott gegen Robespierre, nahmen ihn am 27. Juli 1794 fest und guillotinierten ihn mit 21 seiner Anhänger am folgenden Tag.

http://www.revolution.historicum-archiv.net/biographien/robbespierre.html
Biografie zu Robespierre mit Hinweisen auf Literatur und Quellen

Exkurs: Gewalt in der Revolution – Erklärungsansätze und Urteile

„In Meeren von Blut hat man das Idol der despotischen Gewalt ertränkt" – mit diesen Worten beschrieb der französische Philosoph Voltaire 1734 in seinen „Lettres philosophiques sur les Anglais" die Englische Revolution. Die Englische, die Amerikanische und die Französische Revolution waren von Gewalt begleitet, sodass Gewalt wie ein notwendiges Mittel der Revolution scheint. Dennoch prägte die Anwendung von Gewalt – und das konnte Voltaire 1734 noch nicht wissen – vor allem die Französische Revolution. Für die exzessive Gewaltanwendung in der Zeit des „Terreur" sind verschiedene Erklärungsansätze entwickelt worden.

Gewalt als „reinigende Kraft". Einer dieser Ansätze scheint bereits in dem Zitat Voltaires auf: Es ist die – aus antiken Vorbildern übernommene – ideologische Vorstellung einer reinigenden und erneuernden Kraft der Gewalt, die unter den französischen Re-

Das Ende: Der Henker guillotiniert sich selbst (Karikatur von 1794).

volutionären, insbesondere in der jakobinischen Strömung, weit verbreitet war. In Verbindung mit einer Haltung der revolutionären Entschlossenheit und Unerbittlichkeit auch sich selbst und seiner engen Umgebung gegenüber (Robespierre wurde der „Unbestechliche" genannt), die als bewusstes Gegenmodell zur aristokratischen „Dekadenz" entwickelt war, erschien die revolutionäre Gewalt nicht nur legitim, sondern notwendiger Bestandteil des Kampfes gegen innere und äußere Gegner der Revolution.

Gewalt als historisch-kulturelle Prägung. Ein zweiter Erklärungsansatz stellt die historisch-kulturellen Erfahrungen einer Gesellschaft mit dem Phänomen der Gewalt in den Mittelpunkt. Danach ist entscheidend, welche Rolle politische Gewalt zur Zeit des alten Regimes gespielt hat und wie weitgehend sie in der politischen Kultur einer Gesellschaft verankert war. Die lange Parlamentstradition hatte in England zu einer schon recht weitgehenden Zivilisierung und Verrechtlichung der politischen Auseinandersetzung geführt, die auch im Verlauf der Englischen wie auch der in dieser Hinsicht englisch geprägten Amerikanischen Revolution handlungsleitend blieb. So konnten zum Beispiel während des Unabhängigkeitskrieges kritische Abgeordnete im englischen Parlament ohne jede Gefährdung für die Sache der amerikanischen Siedler plädieren. Selbst die Hinrichtung Karls I. beruhte auf einem Gerichtsurteil, während das Todesurteil gegen Ludwig XVI. auf ausdrücklichen Wunsch Robespierres nicht von einem Gericht, sondern vom Konvent beschlossen wurde.
Im Unterschied zum angelsächsischen Raum war die politische Kultur Frankreichs durch geradezu traumatische Gewalterfahrungen, besonders in den sogenannten „Hugenotten-Kriegen" im 16. Jahrhundert, geprägt. Die grausame Ermordung und gewaltsame Vertreibung der protestantischen Hugenotten durch die katholische Monarchie („Bartholomäus-Nacht", 1572) wirkte – immer wieder aktualisiert durch grausame Strafen, mit denen die monarchische Herrschaft ihren Machtanspruch bekräftigen wollte – über Jahrhunderte fort. Wie alltagsgeschichtliche Forschungen zeigen, prägte sie noch die für unsere heutigen Begriffe oftmals sehr grausame Gewaltkultur breiter Bevölkerungsschichten in der Revolution.

Gewalt als rationales Mittel der Politik. Ein dritter Erklärungsansatz führt den „Terreur" in der Französischen Revolution eher auf „objektive" politische Notwendigkeiten – die existenzielle Bedrohung der Revolution im Sommer 1793 – zurück und sieht darin eher ein rational-zielgerichtet eingesetztes Mittel der Politik.

Urteile über die Französische Revolution. Die Frage nach der Legitimität revolutionärer Gewalt prägt ganz wesentlich die Urteile über die Französische Revolution und insbesondere ihre radikale Phase. Wie das Urteil ausfiel und ausfällt, hängt zu einem nicht unerheblichen Teil auch von dem Maß der Sympathie für die über die liberalen Ziele der Revolution hinausgehenden sozialen und politischen Forderungen des radikalen Flügels der Revolution ab. Wer aus der Perspektive des egalitären Gesellschaftsmodells und der radikaldemokratischen Forderungen der Sansculotten argumentierte, dem schien die Anwendung der Gewalt oft als notwendiges Übel. Dies gilt im Grundsatz auch für die marxistische Geschichtsschreibung, die in der Bewegung der Sansculotten (oder auch der „Levellers" in England) eine Art Vorboten der späteren proletarischen Bewegungen sieht. Im Sinne des oben angeführten dritten Erklärungsansatzes stehen für viele Historiker die auf der Revolutionsführung lastenden Bedrohungen im Mittelpunkt des Urteils. In dieser Perspektive ist der Terror zwar nicht zu rechtfertigen, aber doch eher von außen aufgezwungen worden. Nur mithilfe der Kriegsdiktatur des Wohlfahrtsausschusses und der äußersten Konzentration aller Kräfte sei es gelungen, sowohl die gegenrevolutionär-royalistischen Aufstände niederzuschlagen als auch die Truppen der Koalition zu besiegen.
Insbesondere neuere Historikerurteile – etwa des führenden französischen Revolutionshistorikers François Furet – lehnen eine solche Relativierung ab und heben eher die

Zerstörung der Errungenschaften der liberalen Phase – vor allem der Menschen- und Bürgerrechte – durch die Konventsherrschaft hervor. In dieser Perspektive scheint der Terror eher wie ein Vorbote der Rücksichtslosigkeit des „modernen" Herrschafts- und Machbarkeitswahns, wie er sich in den menschenverachtenden Diktaturen des 20. Jahrhunderts zeigte.

http://germanhistorydocs.ghi-dc.org/sub_doclist_s.cfm?s_sub_id=24&sub_id=317&section_id=8
Quellen zur zeitgenössischen Bewertung der Revolution auf der Seite „Deutsche Geschichte in Dokumenten und Bildern"

Die Herrschaft der Thermidorianer und des Direktoriums (1794–1799)

Thermidorianer. Nach dem Sturz Robespierres übernahm die bürgerliche Mehrheit des Konvents, die Thermidorianer (benannt nach dem 9. Thermidor des Jahres II des Revolutionskalenders, dem 27. Juli 1794), die Macht. Teils handelte es sich dabei um ehemalige Mitläufer des Terrorregimes, teils um Girondisten, die im Juni 1793 aus dem Konvent ausgeschlossen worden waren. Sie entfalteten als neue revolutionäre Elite des Landes einen großbürgerlichen, mondänen, durchaus an aristokratischen Vorbildern orientierten Lebensstil, der sich bewusst von der asketischen Ideologie der Terrorzeit abgrenzte.
Das Regime blieb instabil, weil es einerseits gegen radikaldemokratische und andererseits gegen royalistische Kräfte zu kämpfen hatte. Sowohl die hauptstädtischen Sansculotten wie auch großbürgerlich-aristokratische Royalisten lehnten es ab; seine eher schmale soziale Basis lag vor allem in jenen Gruppen und Schichten, die von der Revolution profitiert hatten, wie Beamte und Militärs. Das Regime stützte sich im Wesentlichen auf die Revolutionsarmee und ihre Erfolge. Die äußere Expansion wurde zur Bedingung der inneren Stabilität.

Bürger in der Zeit des Direktoriums beim Kartenspiel (anonyme zeitgenössische Radierung)

Direktorialverfassung. Nach dem Scheitern der jakobinischen Republik kehrten die Thermidorianer mit der am 22. August 1795 eingeführten Direktorialverfassung zum Verfassungsmodell des Jahres 1791 zurück (Gewaltenteilung, Zensuswahlrecht); sie wurden deshalb von den liberalen Reformern, die in der ersten Phase der Revolution tonangebend gewesen waren, toleriert. An die Stelle des Königs als zentraler Exekutive trat nun formal ein „Direktorium" aus fünf gewählten Direktoren. Zunächst wurde diese Position de facto von der republikanischen Generalität, dann später auch offen von dem erfolgreichsten General der Republik, Napoleon Bonaparte, eingenommen.

Staatsstreiche. Während Aufstände der Sansculotten mit Erfolg niedergeschlagen

Die Herrschaft des Direktoriums	
1.4. und 20.–23.5.1795:	Zwei Aufstände der Sansculotten werden mit Waffengewalt niedergeschlagen, die Pariser Sektionen entwaffnet.
22.8.1795:	Direktorialverfassung
5.10.1795:	Royalistischer Aufstand in Paris
10.5.1796:	Ein radikaljakobinischer Aufstand unter der Führung von François Babeuf wird niedergeschlagen.
4.9.1797:	Staatsstreich vom 18. Fructidor
17.10.1797:	Nach der Eroberung Mittel- und Norditaliens zwingt Napoleon Österreich zum Frieden von Campo Formio; in der Folge Errichtung von „jakobinischen" Satellitenstaaten (Niederlande, Genua, Neapel, Schweiz).
9.11.1799:	Staatsstreich vom 18. Brumaire, Beginn der Herrschaft Napoleons

wurden, gelang es dem Direktorium nicht, den Zuwachs royalistischer Kräfte zu begrenzen. Es suchte schließlich Zuflucht bei der Armee, seiner eigentlichen Machtbasis: In einem von republikanischen Generälen, unter anderem Napoleon, unterstützten Staatsstreich entmachteten die Direktoren Barras, Reubell und Larevellière-Lépaux eine royalistische Mehrheit des im Frühjahr 1797 neu gewählten Parlaments und regierten in der Folge mit neuen Terrormaßnahmen, die das Direktorium vom Bürgertum entfremdeten. Als es dem Direktorium dennoch nicht dauerhaft gelang, die royalistische Opposition einzudämmen, organisierte eine Gruppe um den erfolgreichen Revolutionsgeneral Napoleon Bonaparte am 9. November 1799 einen erneuten Staatsstreich, löste die Direktorialverfassung auf und führte eine neue „Konsulatsverfassung" ein. Napoleon selbst trat als „Erster Konsul" an die Spitze der neuen Regierung und erklärte, die Revolution habe nun ihre Ziele erreicht und sei beendet.

Die nachrevolutionäre Phase: Die Herrschaft Napoleons (1799–1815)

Die Herrschaft Napoleons	
24.12.1799:	Konsulatsverfassung
14.6.1800:	Siege der napoleonischen Armee über Österreich festigen die Stellung Napoleons.
3.12.1800:	Auflösung der lokalen Selbstverwaltungsorgane der Revolution und Einführung eines zentralen Präfektensystems
2.8.1802:	Plebiszit: Ernennung Napoleons zum Konsul auf Lebenszeit
2.12.1804:	Napoleon krönt sich selbst in Anwesenheit des Papstes Pius VII. zum Kaiser der Franzosen (Napoleon I.).
1806:	Gründung des Rheinbundes deutscher Fürsten unter französischem Protektorat, Errichtung einer Kontinentalsperre gegen englische Industriegüter
1807:	Niederlage Preußens, Gründung des Königreiches Westfalen unter Napoleons Bruder Jerôme
1812:	Napoleons Feldzug gegen Russland scheitert.
1813:	Preußen und Österreich schließen sich wieder der antinapoleonischen Koalition an.
16.–19.10.1813:	„Völkerschlacht" bei Leipzig: Sieg der Koalitionstruppen über die französische Armee
31.3.1814:	Einmarsch der Koalitionstruppen in Paris
2.4.1814:	Der Senat erklärt Napoleon für abgesetzt, Napoleon wird auf die Insel Elba ins Exil geschickt (6.4.).
6.4.1814:	Konstitutionelle Verfassung, Ludwig XVIII. wird – aus dem englischen Exil kommend – auf den Thron gesetzt.
1.3.–7.7.1815:	Herrschaft der Hundert Tage: Napoleon kehrt – gestützt durch eine breite Unzufriedenheit in der Bevölkerung – an die Macht zurück, wird aber von Koalitionstruppen in der Schlacht von Waterloo (18.6.1815) erneut besiegt und nach St. Helena verbannt; Ludwig XVIII. kehrt auf den Thron zurück.

Konsulatsverfassung. Die neue Konsulatsverfassung trat am 24. Dezember 1799 in Kraft. Sie sah ein allgemeines Wahlrecht vor, minderte aber deutlich die Bedeutung des Parlamentes, das aus zwei Kammern – dem Senat und dem Tribunat – bestand: Das Tribunat durfte nur beraten, der Senat nur ohne Debatte abstimmen. Das Schwergewicht der Verfassung lag auf der Exekutive, dem Konsul, der für zehn Jahre gewählt wurde, die Regierung ernannte und das Recht hatte, Gesetze zu erlassen. Insgesamt nahm die Konsulatsverfassung so zwar das republikanische Erbe der Revolution auf, bildete aber tatsächlich nur den formalen Rahmen für die Herrschaft Napoleons, der sich schließlich am 2. August 1804 durch ein Plebiszit zum Konsul auf Lebenszeit wählen ließ.

Kaiserkrönung. Die demokratische Fassade fiel endgültig, als sich Napoleon am 2. Dezember 1804 selbst zum Kaiser von Frankreich krönte. Während Napoleon auf diese Weise im Hinblick auf die politische Partizipation das Erbe der Revolution aufhob, blieben deren Errungenschaften im gesellschaftlichen Bereich erhalten. Zwischen 1804 und 1810 erschien eine Reihe von Gesetzbüchern, die eine Sphäre rechtlicher Gleichheit und Sicherheit schufen.

Napoleonische Hegemonie über Europa. Unter Führung Napoleons gelang es der französischen Armee, weite Teile Europas zu erobern und eine Hegemonie auf dem gesamten Kontinent zu errich-

Kaiserkrönung Napoleons in der Pariser Kathedrale Notre Dame am 2. Dezember 1804 (Ausschnitt aus einem Gemälde von Jacques-Louis David)

ten. In den eroberten Gebieten wurden Satellitenstaaten nach französischem Muster errichtet: ohne politische Partizipationsrechte, aber mit einem modernen Gesellschafts-, Staats- und Rechtssystem. Nach den Erschütterungen durch die liberale Revolution und dann die Terrorherrschaft überflutete nun die Revolution in dieser gebrochenen, machtpolitischen Form den Kontinent ein drittes Mal – mit beträchtlichen Wirkungen: In einer Mischung aus Nachahmung und abwehrender Prävention entfaltete die napoleonische Herrschaft vielfältige Modernisierungsprozesse in den europäischen Staaten. Dazu zählten u. a. die „preußischen Reformen" – eine Reihe von Reformgesetzen, mit deren Hilfe der preußische, durch die napoleonischen Eroberungen auf seine ostelbischen Territorien reduzierte Rumpfstaat sich modernisieren und ökonomisch erstarken konnte (s. S. 226).

http://www.karlsruhe.de/kultur/stadtgeschichte/blick_geschichte/blick70/grossherzogtum
Informationen zu den Auswirkungen der Revolution im Großherzogtum Baden

Befreiungskriege und Wiener Kongress. Paradoxerweise entfaltete dann gerade der von der Französischen Revolution übernommene Gedanke der nationalen Einheit und Selbstbestimmung seine Kraft in den „Befreiungskriegen" gegen die napoleonische „Fremdherrschaft". Die Befreiungskriege beendeten die Herrschaft Napoleons in Europa und sein Kaisertum in Frankreich. Trotz der Restauration der monarchischen Ordnung in Europa auf dem Wiener Kongress (1814/15) entfaltete der Gedanke des bürgerlichen Nationalstaates eine lang anhaltende Wirkungskraft. Mit der „Charte constitutionelle" und der Inthronisation Ludwigs XVIII. kehrte Frankreich vorläufig zu den Anfängen der Revolution, der konstitutionellen Monarchie, zurück. Erst mit der Februarrevolution des Jahres 1848 und der Errichtung der „Zweiten Republik" wurde die republikanische Staatsordnung dauerhaft etabliert.

Der moderne Staat und die Demokratie – Vom Gesellschaftsvertrag zur politischen Mitbestimmung

Locke

Montesquieu

Rousseau

Diderot

Der englische Philosoph John Locke (1637–1704) und die französischen Staatsdenker Charles de Montesquieu (1689–1755), Jean-Jacques Rousseau (1717–1778) und Denis Diderot (1713–1784) zählen zu den geistigen Vordenkern des modernen Staates. Ihre Vorstellungen von Staat und Gesellschaft, von der Rolle des Staatsbürgers auf der einen und der Regierung auf der anderen Seite, brachen mit den christlich geprägten Traditionen des Mittelalters und legten die Grundlage für den westeuropäischen Verfassungsstaat. Montesquieu und Rousseau reagierten auf die politischen Herausforderungen des 18. Jahrhunderts und gingen von ähnlichen Denkansätzen aus, die sie im Blick auf das Mitspracherecht der Bürger mehr oder weniger weit entwickelten. Ihre Staatsphilosophie ist einerseits das Kind ihrer Zeit, hat aber andererseits ihren Wert bis heute nicht verloren.

- **Wie stellten sich die Staatsphilosophen des Zeitalters der Aufklärung den modernen Staat vor?**
- **Wie sind ihre Vorstellungen und Ideen zu bewerten?**

Visualisieren Sie die Staatsvorstellungen auf Lernplakaten und erörtern Sie in einem Kreisgespräch die historisch-politische Bedeutsamkeit dieser Denkansätze aus zeitgenössischer und heutiger Sicht.

1. Erarbeiten Sie in Gruppen arbeitsteilig aus den Quellen M1, M2, M3 und M4,
   a) welche Rahmenbedingungen oder Akteure für die „Erschaffung" eines Staates vorgesehen sind;
   b) von welchem Menschenbild und/oder Geschichtsverständnis die Autoren ausgehen;
   c) wie die Staatsgewalt ausgestaltet werden soll;
   d) wie politische Entscheidungen getroffen werden sollen;
   e) in welchem Verhältnis Bürger und Staat zueinander stehen sollen.

2. Visualisieren Sie die komplexen Inhalte und Zusammenhänge anschaulich und strukturiert in einem Schema auf einem Lernplakat.
➡ **Präsentationstipp:** Die mediale Aufbereitung in einer Concept-Map, in der im Unterschied zu einer Mindmap die zentralen Stichworte durch beschriftete Linien und Pfeile verbunden werden, ist z. B. gut geeignet, um komplexe Wissensinhalte anschaulich und strukturiert so darzustellen, dass inhaltlich-logische Zusammenhänge auch grafisch deutlich erkennbar werden.

3. Notieren Sie für sich als Ergebnisse eines abschließenden kurzen Meinungsaustauschs in der Gruppe in Thesenform auf Karteikarten Einschätzungen und Argumente zur Bewertungsproblematik (Leitfrage 2), die Sie in die Diskussion im Kreisgespräch einbringen möchten. Beziehen Sie dabei den Infotext (S. 66–71) mit ein.

MATERIALIEN

M 1 Der englische Philosoph John Locke (1690)

Jeder Mensch ist gleich. Da aber der größte Teil kein getreuer Beobachter der Gerechtigkeit und des Rechts ist, ist die Freude an dem Eigentum, das er in diesem Land besitzt, überaus unsicher. Das macht ihn willens, diese Situation aufzugeben, die, wie frei auch immer, voll Furcht und beständiger Gefahren ist. Es ist daher nicht grundlos, wenn er einen Ausweg sucht und bereit ist, sich mit anderen zusammenzutun, die schon miteinander verbunden oder sich zu vereinigen geneigt sind, um sich ihr Leben, ihre Freiheit und ihre materiellen Güter [...] gegenseitig zu bewahren. Das große hauptsächliche Ziel der Menschen, sich zu Gesellschaften zu vereinigen und sich einer Regierung zu unterstellen, ist die Bewahrung ihres Eigentums. Im Naturzustand (d.h. in der Vereinzelung) fehlen ihnen viele Möglichkeiten dazu.

Das erste und grundlegende Gesetz aller Staaten ist die Einrichtung der legislativen Gewalt. Die legislative Gewalt ist nicht nur die höchste Gewalt des Staates, sie ist auch heilig und unabänderlich in den Händen, in welche die Gemeinschaft sie einmal gelegt hat. Da aber die Gesetze, die dort auf einmal und innerhalb kurzer Zeit gegeben werden, eine immerwährende Kraft haben und stetiger Aufsicht bedürfen, muss überdies eine ständige Gewalt vorhanden sein, die auf die Vollziehung der erlassenen Gesetze achtet. Und so kommt es oft vor, dass die legislative und exekutive Gewalt getrennt werden [...].

Obwohl es in einem geordneten Staate nur eine höchste Gewalt geben kann, welches die Legislative ist und der alle übrigen untergeordnet sind und sein müssen, so verbleibt dennoch dem Volke die höchste Gewalt, die Legislative zu entfernen oder zu ändern, wenn es findet, dass die Legislative dem in sie gesetzten Vertrauen zuwiderhandelt. Sooft die Legislative das Grundgesetz der Gesellschaft überschreitet und aus Ehrgeiz, Furcht, Torheit oder Verderbtheit versucht, eine absolute Gewalt über Leben, Freiheit und Vermögen des Volkes entweder selbst an sich zu reißen oder in die Hände eines anderen zu legen, verwirkt sie durch diesen Vertrauensbruch die Gewalt, die das Volk ihr zu ganz entgegengesetzten Zwecken verliehen hatte, und die Gewalt fällt an das Volk zurück, das ein Recht hat, seine ursprüngliche Freiheit wieder an sich zu nehmen und durch Einrichtung einer neuen Legislative für seine eigene Wohlfahrt und Sicherheit zu sorgen.

(John Locke, Two Treatises of Government, hg. v. Peter Laslett, New York und Toronto (Mentor Book) 1963)

M 2 Der französische Staatsdenker Charles de Montesquieu (1748)

Demokratie und Aristokratie sind nicht freie Staaten aufgrund ihrer Natur. Die politische Freiheit ist nur unter maßvollen Regierungen anzutreffen. Indes besteht sie selbst in maßvollen Staaten nicht immer, sondern nur dann, wenn man die Macht nicht missbraucht. Eine ewige Erfahrung lehrt jedoch, dass jeder Mensch, der Macht hat, dazu getrieben wird, sie zu missbrauchen. Er geht immer weiter, bis er an Grenzen stößt. Wer hätte das gedacht: Sogar die Tugend hat Grenzen nötig.

Damit die Macht nicht missbraucht werden kann, ist es nötig, durch die Anordnung der Dinge zu bewirken, dass die Macht die Macht bremse. Ein Staat kann so aufgebaut werden, dass niemand gezwungen ist, etwas zu tun, wozu er nach dem Gesetz nicht verpflichtet ist, und niemand gezwungen ist, etwas zu unterlassen, was das Gesetz ihm gestattet. [...]

Es gibt in jedem Staat drei Arten von Vollmacht: die legislative Befugnis, die exekutive Befugnis in Sachen, die vom Völkerrecht abhängen, und die exekutive Befugnis in Sachen, die vom Zivilrecht abhängen.

Aufgrund der ersteren schafft der Herrscher oder Magistrat Gesetze auf Zeit oder für die Dauer, ändert geltende Gesetze oder schafft sie ab. Aufgrund der zweiten stiftet er Frieden oder Krieg, sendet oder empfängt Botschaften, stellt die Sicherheit her, sorgt gegen Einfälle vor. Aufgrund der dritten bestraft er Verbrechen oder sitzt zu Gericht über die Streitfälle der Einzelpersonen. Diese letztere soll richterliche Befugnis heißen und die andere schlechtweg exekutive Befugnis des Staates.

Politische Freiheit für jeden Bürger ist eine geistige Beruhigung, die aus der Überzeugung hervorgeht, die jedermann von seiner Sicherheit hat. Damit man diese Freiheit genieße, muss die Regierung so beschaffen sein, dass kein Bürger einen anderen zu fürchten braucht.

Sobald in ein und derselben Person oder derselben Beamtenschaft die legislative Befugnis mit der exekutiven verbunden ist, gibt es keine Freiheit. Es wäre nämlich zu befürchten, dass derselbe Monarch oder derselbe Senat tyrannische Gesetze erließe und dann tyrannisch durchführte. Freiheit gibt es auch nicht, wenn die richterliche Befugnis nicht von der legislativen und von der exekutiven Befugnis geschieden wird. Die Macht über Leben und Freiheit der Bürger würde unumschränkt sein, wenn jene mit der legislativen Befugnis gekoppelt wäre, denn der Richter wäre Gesetzgeber. Der Richter hätte die Zwangsgewalt eines Unterdrückers, wenn jene mit der exekutiven Gewalt gekoppelt wäre. [...]

Alles wäre verloren, wenn ein und derselbe Mann beziehungsweise die gleiche Körperschaft entweder der Mächtigsten oder der Adligen oder des Volkes folgende drei Machtvollkommenheiten ausübte: Gesetze erlassen, öffentliche Beschlüsse in die Tat umsetzen, Verbrechen und private Streitfälle aburteilen.

(Charles de Montesquieu, Vom Geist der Gesetze, 11. Buch/Kapitel 4 und 6, hg. v. Kurt Weigand, Stuttgart (Reclam) 1965, S. 211 ff.)

M 3 Der französische Philosoph Jean-Jacques Rousseau (1762)

Der Mensch wird frei geboren und dennoch liegt er in Ketten. [...]

Betrachte ich nur die Gewalt und die von ihr ausgehenden Wirkungen, so würde ich sagen: Solange ein Volk gezwungen ist zu gehorchen und wirklich gehorcht, tut es gut daran. Sobald es sich befreien kann und sich wirklich befreit, tut es noch besser daran. Denn wenn es seine Freiheit mit demselben Recht zurückerobert, mit dem man sie ihm geraubt hat, war es entweder befugt, sie zurückzunehmen, oder man war nicht befugt, sie ihm zu nehmen. [...].

Auf seine Freiheit verzichten, heißt auf seine Eigenschaft als Mensch, auf die Menschenrechte, sogar auf seine Pflichten zu verzichten. Es gibt keine mögliche Entschädigung für jemanden, der auf alles verzichtet. Ein solcher Verzicht ist unverträglich mit der Natur des Menschen; und würde man seinem Willen jede Freiheit nehmen, so hätten seine Handlungen keinen sittlichen Wert. [...]

Es ist eine Gesellschaftsform zu finden, die mit der ganzen gemeinsamen Kraft die Person und das Eigentum eines jeden Mitgliedes schützt und verteidigt und in der jeder, obwohl er sich mit allen zusammenschließt, dennoch nur sich selbst gehorcht und ebenso frei bleibt wie vorher. Das ist die Grundaufgabe, deren Lösung den Vertrag der Gesellschaft ergibt.

Die Bedingungen dieses Vertrages sind durch die Natur seines Zustandekommens so genau bestimmt, dass die geringste Änderung ihn nichtig und wirkungslos machen würde. Sie sind, obgleich vielleicht niemals formell verkündet, überall dieselben, überall stillschweigend angenommen und anerkannt, bis nach Verletzung dieses Vertrages jeder in seine ursprünglichen Rechte zurücktritt und seine natürliche Freiheit wiedererlangt, wobei er zugleich die durch den Vertrag erlangte Freiheit, die ihn zum Verzicht auf jene erste bewog, verliert. Diese Bedingungen, richtig verstanden, lassen sich auf eine einzige zurückführen, nämlich auf die vollständige Hingabe jedes Mitgliedes mit allen seinen Rechten an die ganze Gemeinschaft. Denn da sich jeder ganz hingibt, ist die Bedingung erstens für alle gleich, und niemand kann ein Interesse daran haben, sie für die anderen drückend zu machen. [...]

Befreit man also den Gesellschaftsvertrag von allem Unwesentlichen, so wird man finden, dass er sich auf folgende Formel zurückführen lässt: Jeder von uns stellt seine Person und seine ganze Kraft gemeinschaftlich unter die oberste Leitung des allgemeinen Willens (volonté générale); wir nehmen jedes Mitglied in einem Körper als untrennbaren Teil des Ganzen auf.

Anstelle der einzelnen Person jedes Vertragsschließenden entsteht jetzt durch diesen Akt der Vergesellschaftung ein sittlicher und gemeinschaftlicher Körper, der sich aus so viel Mitgliedern zusammensetzt, wie die Versammlung Stimmen hat, und der durch ebendiesen Akt seine Einheit, sein gemeinschaftliches Ich, sein Leben und seinen Willen empfängt.

Diese Staatspersonalität, die sich durch die Vereinigung aller Einzelpersonen bildet, erhielt ehemals den Namen Stadt (cité) und heißt jetzt Republik oder Staatskörper, der von seinen Mitgliedern Staat genannt wird, wenn er passiv bleibt, Staatsoberhaupt, wenn er aktiv ist, Macht, wenn er sich in Vergleich zu andern setzt.

Die Mitglieder der Gesellschaft erhalten als Gemeinschaft den Namen Volk und nennen sich als einzelne Staatsbürger in ihrer Eigenschaft als Teilhaber der höchsten Staatsgewalt und Untertanen, soweit sie den Gesetzen des Staates unterworfen sind. [...]

Da nun das Staatsoberhaupt nur aus den Einzelnen besteht, aus denen es zusammengesetzt ist, hat es und kann es kein ihnen selbst entgegengesetztes Interesse haben; demzufolge bedarf die oberste Gewalt gegenüber den Untertanen keiner Bürgschaft, weil der Körper seine Glieder unmöglich schädigen will, und wie wir später sehen werden, kann er keinen, auch nicht einen Einzelnen, schädigen. Das Staatsoberhaupt ist allein dadurch, dass es ist, auch immer schon das, was es sein soll.

Anders verhält es sich mit den Untertanen in Bezug auf das Staatsoberhaupt, denn dieses würde trotz des gemeinsamen Interesses keine Sicherheit für deren Verpflichtungen haben, wenn es keine Mittel fände, sich ihrer Treue zu versichern. In der Tat kann jedes Einzelwesen als Mensch einen besonderen Willen haben, der mit dem allgemeinen Willen, den es als Staatsbürger hat, nicht übereinstimmt oder ihm entgegengesetzt ist. Sein Privatinteresse kann ihn ganz anders ansprechen als das gemeinsame Interesse; sein selbstständiges und von Natur aus unabhängiges Dasein kann ihm das, was er der Gemeinschaft schuldet, als einen freiwilligen Beitrag erscheinen lassen, dessen Entziehung für die anderen nicht so schädlich, wie die Leistung für ihn beschwerlich sei; und da er die den Staat darstellende sittliche Person, weil sie kein Mensch ist, nur als eine Idee auffassen könnte, würde er die Rechte des Staatsbürgers genießen, ohne die Pflichten des Untertanen erfüllen zu wollen; eine Ungerechtigkeit, die fortschreitend den Untergang des Staatskörpers herbeiführen würde. Damit so der Vertrag der Gesellschaft keine leere Form sei, enthält er stillschweigend die Verpflichtung, dass, wer sich weigert, dem allgemeinen Willen zu gehorchen, durch die Gesamtheit gezwungen werden kann. Das bedeutet nichts anderes, als dass er gezwungen wird, frei zu sein.

(J. J. Rousseau, Der Gesellschaftsvertrag, hg. von W. Tietze, München (Verlag Herbert Kluger) 1948)

M 4 Denis Diderots Artikel in der von ihm herausgegebenen „Enzyklopädie" (1751)

Kein Mensch hat von Natur das Recht erhalten, den anderen zu gebieten. Die Freiheit ist ein Geschenk des Himmels und jedes Individuum von derselben Art hat das Recht, sie zu genießen, sobald es Vernunft besitzt.

Wenn die Natur irgendeine Autorität geschaffen hat, so ist es die väterliche Macht; aber die väterliche Macht hat ihre Grenzen und im Naturzustand würde sie aufhören, sobald die Kinder in der Lage wären, sich selbst zu leiten.

Jede andere Autorität entspringt einer anderen Quelle als der Natur. Man untersuche sie genau; dann wird man sie immer auf eine der zwei folgenden Quellen zurückführen können: entweder auf die Stärke und die Gewalt desjenigen, der sie an sich gerissen hat, oder auf die Zustimmung derjenigen, die sich ihr tatsächlich oder angeblich durch einen Vertrag zwischen ihnen und demjenigen, dem sie die Autorität übertrugen, unterworfen haben.

Der Fürst erlangt doch von den Untertanen selbst die Autorität, die er über sie hat, und diese Autorität ist durch die Gesetze der Natur und des Staates eingeschränkt. Die Gesetze der Natur und des Staates sind die Bedingungen, unter denen die Untertanen sich der Regierung des Fürsten tatsächlich unterworfen haben oder so anzusehen sind, als hätten sie dies getan. Eine dieser Bedingungen lautet: Da der Fürst Autorität und Gewalt über die Untertanen nur aufgrund ihrer Wahl und ihrer Zustimmung hat, darf er diese Autorität nie anwenden, um die Urkunde oder den Vertrag aufzuheben, durch die sie ihm verliehen worden ist. Er würde in diesem Fall gegen sich selbst handeln, da seine Autorität nur aufgrund des Rechtstitels bestehen kann, der sie begründet hat. Wer das eine zunichte macht, zerstört das andere. Der Fürst kann also über seine Gewalt und seine Untertanen weder ohne die Zustimmung der Nation noch unabhängig von der im Unterwerfungsvertrag zutage getretenen Wahl verfügen. […]

Zudem ist die Regierung, auch wenn sie in einer Familie erblich ist und in die Hände eines Einzelnen gelegt wurde, kein privates Gut, sondern ein öffentliches, das eben deshalb nie dem Volk genommen werden darf, dem es – dem Wesen nach und als volles Eigentum – allein gehört. Daher verpachtet doch immer das Volk dieses Gut; es nimmt immer an dem Vertrag teil, der zu seiner Ausübung berechtigt. Der Staat gehört nicht dem Fürsten, sondern der Fürst gehört dem Staat.

(Denis Diderot, Enzyklopädie – Philosophie und politische Texte aus der „Encyclopedie", München 1969, S. 198 ff., übers. v. Manfred Naumann)

Zwischen Tradition und Emanzipation – Frauen in der Französischen Revolution

Die Frau in der Frühen Neuzeit, ganz egal welchem sozialen Stand sie angehörte, war dem Mann untertan. Sie war kein eigenständiges Rechtssubjekt, d. h. sie konnte keine Verträge schließen, nicht vor Gericht auftreten und keine öffentlichen Ämter ausüben. Die Herrschaft der Männer, das Patriarchat, wurde auch in den Kirchen von der Kanzel gepredigt und erschien als unumstößliche, im menschlichen Wesen und in der göttlichen Schöpfung verankerte Ordnung.
Die Französische Revolution erschütterte die traditionellen Machtverhältnisse in Staat und Gesellschaft. Vor diesem Hintergrund erscheint es mehr als berechtigt, danach zu fragen, ob sich dies auch auf die Rolle der Frau ausgewirkt hat.

- **Welche Frauenbilder werden in zeitgenössischen Quellen deutlich?**
- **Lässt sich eine typisch männliche und eine typisch weibliche Sicht der Frau in der Französischen Revolution feststellen?**
- **Befreite die Französische Revolution die Frau aus ihrer traditionellen Rolle als das „schwache Geschlecht"?**

Formulieren Sie ein Statement, in dem Sie Ihre Antworten auf die drei Leitfragen vorstellen und in der Kursgruppe zur Diskussion stellen.

1. Interpretieren Sie in Partnerarbeit arbeitsteilig die Text- und Bildquellen M1 – M10 mit Blick auf die Leitfragen (s. Basismethoden, S. 503 f. und S. 508).
2. Halten Sie für jede Text- und Bildquelle Ihre Ergebnisse in knapper schriftlicher Form fest (z. B. als „Steckbrief" zum jeweiligen Frauenbild).
3. Formulieren Sie auf der Basis Ihrer Interpretationsergebnisse Ihr zusammenfassendes schriftliches Statement.

MATERIALIEN

Frauen mischen sich ein: Der Zug der Marktfrauen nach Paris

M 1 Der Zug der Marktfrauen von Paris nach Versailles am 5.10.1789

Anonymer Kupferstich

M 2 Bericht eines Offiziers

Der Offizier der Palastwachen, Thiébault, über den Marsch der Marktfrauen nach Versailles am 5.10.1789:

Es kam der Befehl, das Volk daran zu hindern, nach Versailles zu ziehen, und kurz darauf erschienen etwa sechzig schreckliche Weiber, die mit lautem Geschrei verkündeten, sie wollten den König aufsuchen, und jeden aufforderten, sich ihnen anzuschließen.

Beim Anblick dieser Furien, die aus der Richtung des Palais Royal kamen und deren Zahl und Betrunkenheit von Schenke zu Schenke wuchs und von denen einige Stöcke und große Küchenmesser schwangen, hatte ich, was mir an Leuten noch übrig geblieben war, unter die Waffen treten lassen; ich hatte mich kampfbereit vor dem Portal der Feuillants [des Clubs der politisch Gemäßigten] aufgestellt und fünf Mann, darunter einen Korporal, mit dem Befehl ausgeschickt, das Gesindel zurückzutreiben.

Da dieser Befehl die Weiber nur aufbrachte, wurde mein Vortrupp ausgepfiffen und zurückgeworfen; ich ließ ihm aber sogleich durch den Rest meiner Truppe, welche die Rue Saint-Honore sperrte, Hilfe zukommen und ging gegen die Weiber vor. Mit kräftigen Kolbenstößen oder Fußtritten, mit den Bajonetten, die wir ihnen in die Seite oder den Leib drückten, warfen wir sie über den Haufen und drängten sie unter Schlägen bis zum Schießstand von Saint-Roch zurück; Flüche und entsetzliche Drohungen ausstoßend, drängten sie sich dort zusammen. […]

Erst gegen sechs Uhr abends langte ein Adjutant des Monsieur de Lafayette bei den Feuillants an. Augenblicklich ergriffen wir die Waffen und unser rechtes Halbbataillon wurde nach Versailles in Marsch gesetzt […]. Der Marsch, der immer mühseliger wurde, dauerte mehr als sechs Stunden.

(Mémoires du Général Thiébault, Paris 1898; zit. nach: Georges Pernoud/Sabine Flaissier (Hg.), Die Französische Revolution in Augenzeugenberichten, Berlin/Darmstadt/Wien, S. 61 – 64, übers. v. Hagen Thürnau)

M 3 Bericht aus der Nationalversammlung

Der Genfer Etienne Dumont, eng befreundet mit Mirabeau[1], berichtet aus der Nationalversammlung in Versailles am 5.10.1789:

Wir aßen bei Monsieur de Servan zu Mittag, in dem Palais, das die Petites-Ecuries heißt und wo er als Hofmeister der Pagen eine Wohnung hat. Von den Fenstern, die den ganzen großen Platz beherrschen, sahen wir die Menge aus Paris ankommen, die Fischweiber, die Lastträger der Markthalle; und alle verlangten Brot. Das Regiment Flandern und die Bürgerwehr von Versailles waren außerhalb der äußeren Einfriedung des Schlosses aufgestellt; die Königliche Garde zu Fuß und zu Pferde stand innerhalb der Einzäunung des großen und kleinen Hofes. Es gab einige tumultuarische Auftritte, die wir aber nicht genau erkennen konnten. Mirabeau blieb nicht lange bei uns; ich glaube sogar, mich zu erinnern, dass er nicht bei Servan dinierte. Obgleich die Menge groß war und niemand wusste, was noch geschehen konnte, spazierten wir überall umher, sahen in abgelegenen Straßen königliche Wagen fahren und meinten, es handele sich darum, die königliche Familie fortzubringen.

Müde vom Umherstreifen kam ich gegen acht Uhr abends in die Nationalversammlung. Sie bot ein merkwürdiges Schauspiel. Das Pariser Volk war dort eingedrungen, sogar die Umgänge waren besetzt. Die Galerien waren besetzt mit Weibern und Männern, die mit Hellebarden, Stöcken und Piken bewaffnet waren. […] Ich stand auf einer Galerie, wo ein Fischweib sich mit einer überlegenen Autorität betätigte und ungefähr hundert Weiber, vor allem junge Personen, dirigierte, die ihre Befehle erwarteten, um zu schreien oder zu schweigen. Sie rief ungeniert die Deputierten an und fragte: „Wer redet denn da hinten? Lasst den Schwätzer den Mund halten! Darum handelt es sich gar nicht, es handelt sich darum, Brot zu bekommen. Man soll unser Mütterchen Mirabeau sprechen lassen, wir wollen ihn hören […]“. Ihre ganze Gesellschaft schrie: „Unser Mütterchen Mirabeau!“ (Das war damals bei den Leuten jener Klasse ein Kosewort für Mirabeau.)

(Etienne Dumont, Souvenirs sur Mirabeau et sur les deux premiéres Assemblées legislatives, Paris 1832; zit. nach: Die Französische Revolution in Augenzeugenberichten, a. a. O., S. 65 f., übers. v. Hagen Thürnau)

[1] Mirabeau gehörte dem Adel an, war aber Abgeordneter des Dritten Standes und in der Anfangsphase der Revolution eine der führenden Persönlichkeiten; er trat für eine konstitutionelle Monarchie ein.

Marie Antoinette: Eine Königin auf dem Schafott

M 4a Marie Antoinette mit ihren Kindern

Zeitgenössisches Gemälde

M 4b Marie Antoinette auf dem Henkerkarren

Die Zeichnung von J.L. David zeigt sie kurz vor ihrer Hinrichtung am 16.10.1793.

M 5 Der gemäßigte Deputierte Marquis de Ferrieres über den 5.10.1789

Während die Verschwörer Herren des Schlosses sind und alle Gemächer überfluten, verbreiten Männer, als Weiber verkleidet, die Nachricht unter dem Volk, Lafayette sei ein Verräter und man müsse sich seiner entledigen. Einer der Hauptverschwörer, der die Kleidung eines Offiziers der Nationalgarde und am Knopfloch ein Malteserkreuz trägt, rät einer Gruppe von Männern und Weibern, die sich um ihn drängen und denen er Geld zusteckt, nur den Dauphin und den Herzog von Orleans zu schonen. „Wir fordern den Kopf der Königin und den von Lafayette; er ist nur widerwillig und erst sehr spät von Paris aufgebrochen." Nach dieser Rede zeigt ein als Weib verkleideter Mann mit einem scheußlichen Gesicht eine Art Sichel und schwört, dieser Hure selbst den Kopf abzuschneiden. Die Weiber klatschen Beifall und versichern, er habe recht, sie wollten den Herzog von Orleans auf dem Thron sehen und Lafayette umbringen; man solle ihnen dafür Geld geben. Der Paradeplatz und die Höfe des Schlosses bieten ein noch grauenvolleres Bild der Volkswut. Trupps von Weibern und Männern, mit Piken und Gewehren bewaffnet, verfolgen die Leibgardisten überall. [...] Mehr als dreißig Gardisten, an verschiedenen Orten gefangen, werden auf den Paradeplatz geführt; man schickt sich an, sie abzuschlachten [...]. Im Schloss bot sich ein Bild tiefster Bestürzung. Die Königin und die königliche Familie hatten sich in die inneren Gemächer zurückgezogen. Die Königin saß in einer Fensternische und hatte zu ihrer Rechten Madame Elisabeth [die jüngere Schwester des Königs], zur Linken Madame Royale [ihre Tochter] und vor sich auf einem Stuhl den Dauphin, der mit dem Haar seiner Schwester spielte und sagte: „Mama, ich habe Hunger." Mit Tränen in den Augen wiederholte ihm die Königin, er müsse Geduld haben und das Ende des Tumults abwarten. Plötzlich bemerkte sie den Herzog von Orleans [ein Konkurrent um den Königsthron] [...]. Voller Schrecken ruft die Königin: „Sie wollen meinen Sohn töten!" Sie nimmt den Dauphin in die Arme und springt auf; jemand kommt und sagt der Königin, das Volk verlange nach ihr; sie zögert einen Augenblick. Aber Lafayette gibt ihr zu bedenken, dieser Schritt sei notwendig, um das Volk zu beruhigen. „Dann", antwortet die Königin, „zögere ich nicht mehr und sollte ich auch zum Schafott gehen, ich komme." Ihre beiden Kinder an der Hand, begibt sich die Königin auf den Balkon. „Keine Kinder!", schreit ein Mann aus dem Volk. Die Königin [...] tritt allein vor. Einer der Verschwörer legt auf sie an; aber selber erschreckt über die Ungeheuerlichkeit seines Verbrechens, wagt er nicht, auf die Königin zu schießen. […] Am Mittag brach der König auf. […] Eine bunt gemischte Menge von Männern mit Piken, einer Hundertschaft der Schweizer, von Soldaten des Regiments Flandern, von Weibern mit dreifarbenen Kokarden, die Pappelzweige trugen, und von anderen Weibern, die auf Kanonen ritten, umgab die Karosse des Königs. Die Gewehre zum Zeichen des Sieges mit Eichenlaub geschmückt, ununterbrochenes Musketenfeuer, Schreie: „Wir bringen den Bäcker, die Bäckerin und den kleinen Bäckerjungen!", grobe Beleidigungen gegen die Königin, Drohungen gegen die Priester und Adeligen: Das war der schimpfliche und barbarische Zug, der den König, die Königin und die königliche Familie auf einem Marsch von mehr als sechs Stunden zum Pariser Rathaus begleitete.

(Mémoires du Marquis de Ferrieres, Paris 1822; zit. nach: Die Französische Revolution in Augenzeugenberichten, a. a. O., S. 66–72, übers. v. Hagen Thürnau)

Die Ermordung des Jean-Paul Marat

M 6 Adresse der Girondistin[1] Charlotte Corday an die Franzosen, 12.7.1793

Charlotte Corday (1768–1793) war zunächst eine Unterstützerin der Revolution, empörte sich dann als Girondistin über ihre Radikalisierung in der jakobinischen Phase. Den Jakobinern warf sie vor, die Ideale der Revolution zu verraten. Am 13. Juli 1793 ermordete sie den führenden Jakobiner Jean-Paul Marat in dessen Wohnung. Einen Tag nach dem feierlich begangenen Begräbnis Marats wurde sie hingerichtet.

O Frankreich, deine Ruhe hängt davon ab, dass das Gesetz befolgt wird; ich taste es durchaus nicht an, wenn ich Marat töte, der vom Universum verurteilt ist, er steht außerhalb des Gesetzes. […] Welches Tribunal wird mich verurteilen? Wenn ich schuldig bin, war es denn also auch Alcides[2], als er die Ungeheuer umbrachte; stieß er aber auf so abscheuliche? O Freunde der Menschheit, ihr werdet eine wilde Bestie nicht bedauern, die sich an eurem Blut gemästet hat, und ihr traurigen Aristokraten, die die Revolution nicht gar geschont hat, werdet ihn auch nicht bedauern, ihr habt nichts mit ihm gemein.
O mein Vaterland! Dein Unglück zerreißt mir das Herz; ich kann dir nichts bieten als mein Leben und ich danke dem Himmel, dass ich die Freiheit habe, darüber zu verfügen; niemand wird durch meinen Tod verlieren, ich werde mich auch nicht töten; ich will, dass mein letzter Hauch meinen Mitbürgern nützlich sei, dass mein Haupt, wenn es in Paris herumgetragen wird, ein Signal für alle Gesetzesfreunde sei und dass der wankende Berg seinen Untergang in der Schrift meines Blutes lese, dass ich ihr letztes Opfer sei und dass das gerächte Universum erkläre, ich habe mich um die Menschheit verdient gemacht. Im Übrigen, wenn man mein Verhalten mit andern Augen betrachten sollte – ich kümmere mich nicht viel darum.
Lass diese große Tat der schreckensstarren Welt ein Grauen sein, dem sich Bewunderung gesellt. Mein Geist, der nicht erwägt, ob Nachruhm ihm gebührt, bleibt gegenüber Preis wie Vorwurf ungerührt. Zufrieden, Bürger stets und immer frei zu sein, kenn' ich nur meine Pflicht, das Übrige ist Schein. Geht, denkt nur noch, wie ihr der Sklaverei entflieht![3]
Meine Verwandten und Freunde soll man nicht belästigen, niemand hat meine Pläne gekannt. Ich füge dieser Adresse meinen Taufschein bei, um zu zeigen, was die schwächste Hand vermag, wenn sie von ganzer Hingebung gelenkt wird. Wenn mir mein Unternehmen nicht gelingt, Franzosen, so habe ich euch den Weg gezeigt; ihr kennt eure Feinde, erhebt euch, vorwärts marsch und schlagt den Feind.

(Zit. nach: Briefe aus der französischen Revolution, ausgewählt von Gustav Landauer, Bd. 2, Potsdam (Bütten und Löning) 1948, S. 143–145)

[1] Girondisten: gemäßigter Flügel im Konvent
[2] Bezeichnung für Herkules
[3] Zitat aus Voltaires Drama „Tod Cäsars"

M 7 Der Tod des Marat

Gemälde von Jacques-Louis David, 1793 (162 x 128 cm), Ausschnitt

Am 13. Juli 1793 erstach Charlotte Corday den führenden jakobinischen Politiker Jean-Paul Marat in dessen Haus in der Rue de Cordeliers mit einem Küchenmesser. Zum Zeitpunkt des Mordes saß Marat in einer Badewanne und beantwortete Briefe. Marat (1743–1793) war Mitglied des Konvents und Präsident des Jakobinerclubs. Er war maßgeblich an der Verfolgung der Girondisten und an den Septembermorden beteiligt.
Corday (1768–1793) war republikanisch gesinnt, verabscheute jedoch den jakobinischen Terror. Sie wurde wenige Tage nach dem Attentat, am 17. Juli 1793, unter der Guillotine hingerichtet.
In seinem Auftragsgemälde für den Konvent bezog der Maler David eindeutig Position. Vor allem indem er eine Vielzahl gestalterischer Traditionen und Symbole der christlichen Malerei (Kreuzabnahme Christi) nutzte, setzte er Corday mit den Christusmördern gleich und charakterisierte Marat als Heilsbringer und Märtyrer. In schroffem Gegensatz dazu verehren heute manche Wissenschaftler – so der französische Philosoph André Glucksmann – die Corday als Kämpferin für die Freiheit und mutige Tyrannenmörderin.

Olympe des Gouges und die Rechte der Frau

M 8 In einem politischen Frauenclub bei der Lektüre der revolutionären Zeitung „Moniteur"

Wasserfarbmalerei von Lesueur, 1791. Der Text lautet: „Patriotische Frauen hatten einen Club gegründet […]. Man traf sich zweimal pro Woche. Die Präsidentin verlas die Sitzungsprotokolle des Nationalkonvents, dessen Beschlüsse man billigte oder kritisierte. Aus Wohltätigkeitseifer veranstalteten die Damen untereinander eine Sammlung, deren Erlös sie an hilfsbedürftige Familien guter Patrioten verteilten."

M 9 Olympe des Gouges: Erklärung der Rechte der Frau und Bürgerin

Olympe des Gouges (1748–1793) engagierte sich während der Französischen Revolution in den sogenannten „Frauenclubs" und verfasste die folgende Menschenrechtserklärung, die aber von der Nationalversammlung abgelehnt wurde. Sie wurde 1793 verhaftet und nach monatelangen Verhören hingerichtet.

Mann, bist du fähig, gerecht zu sein? Eine Frau stellt dir diese Frage. Dieses Recht wirst du ihr zumindest nicht nehmen können. Sag mir, wer hat dir die selbstherrliche Macht verliehen, mein Geschlecht zu unterdrücken? Deine Kraft? Deine Talente? Betrachte den Schöpfer in seiner Weisheit. Durchlaufe die Natur in all ihrer Majestät, die Natur, der du dich nähern zu wollen scheinst, und leite daraus, wenn du es wagst, ein Beispiel für diese tyrannische Herrschaft ab. Geh zu den Tieren, befrage die Elemente, studiere die Pflanzen, ja wirf einen Blick auf den Kreislauf der Natur und füge dich dem Beweis, wenn ich dir die Mittel dazu in die Hand gebe. Suche, untersuche und unterscheide, wenn du es kannst, die Geschlechter in der Ordnung der Natur. Überall findest du sie ohne Unterschied zusammen, überall arbeiten sie in einer harmonischen Gemeinschaft an diesem unsterblichen Meisterwerk. Nur der Mann hat sich aus der Ausnahme ein Prinzip zurechtgeschneidert. Extravagant, blind, von den Wissenschaften aufgeblasen und degeneriert, will er in diesem Jahrhundert der Aufklärung und des Scharfsinns, doch in krassester Unwissenheit, despotisch über ein Geschlecht befehlen, das alle intellektuellen Fähigkeiten besitzt. Er behauptet, von der Revolution zu profitieren; er verlangt sein Anrecht auf Gleichheit, um nicht noch mehr zu sagen.

Von der Nationalversammlung am Ende dieser oder bei der nächsten Legislaturperiode zu verabschieden.
Präambel: Wir, Mütter, Töchter, Schwestern, Vertreterinnen der Nation, verlangen, in die Nationalversammlung aufgenommen zu werden. In Anbetracht dessen, dass Unkenntnis, Vergessen oder Missachtung der Rechte der Frauen die alleinigen Ursachen öffentlichen Elends und der Korruptheit der Regierungen sind, haben wir uns entschlossen, in einer feierlichen Erklärung die natürlichen, unveräußerlichen und heiligen Rechte der Frau darzulegen, damit diese Erklärung allen Mitgliedern der Gesellschaft ständig vor Augen ist und sie unablässig an ihre Rechte und Pflichten erinnert; damit die Machtausübung von Frauen

ebenso wie jene von Männern jederzeit am Zweck der politischen Einrichtung gemessen und somit auch mehr geachtet werden kann; damit die Beschwerden von Bürgerinnen, nunmehr gestützt auf einfache und unangreifbare Grundsätze, sich immer zur Erhaltung der Verfassung, der guten Sitten und zum Wohl aller auswirken mögen. Das an Schönheit wie Mut im Ertragen der Mutterschaft überlegene Geschlecht anerkennt und erklärt somit, in Gegenwart und mit dem Beistand des Allmächtigen, die folgenden Rechte der Frau und Bürgerin.

Art. I: Die Frau ist frei geboren und bleibt dem Manne gleich in allen Rechten. Die sozialen Unterschiede können nur im allgemeinen Nutzen begründet sein.

Art. II: Ziel und Zweck jedes politischen Zusammenschlusses ist der Schutz der natürlichen und unveräußerlichen Rechte sowohl der Frau als auch des Mannes. Diese Rechte sind: Freiheit, Sicherheit, das Recht auf Eigentum und besonders das Recht auf Widerstand gegen Unterdrückung.

Art. III: Das Prinzip jeder Herrschaft ruht wesentlich in der Nation, die nichts anderes darstellt als eine Vereinigung von Frauen und Männern. Keine Körperschaft und keine einzelne Person kann Macht ausüben, die nicht ausdrücklich daraus hervorgeht.

Art. IV: Freiheit und Gerechtigkeit bestehen darin, den anderen zurückzugeben, was ihnen zusteht. So wird die Frau in der Ausübung ihrer natürlichen Rechte nur durch die fortdauernde Tyrannei, die der Mann ihr entgegensetzt, gehindert. Diese Schranken müssen durch Gesetze der Natur und Vernunft revidiert werden.

Art. V: Die Gesetze der Natur und Vernunft wehren alle Handlungen von der Gesellschaft ab, die ihr schaden könnten. Alles, was durch diese weisen und göttlichen Gesetze nicht verboten ist, darf nicht behindert werden, und niemand darf gezwungen werden, etwas zu tun, was diese Gesetze nicht ausdrücklich vorschreiben.

Art. VI: Das Gesetz sollte Ausdruck des allgemeinen Willens sein. Alle Bürgerinnen und Bürger sollen persönlich oder durch ihre Vertreter an seiner Gestaltung mitwirken. Es muss für alle das gleiche sein. Alle Bürgerinnen und Bürger, die gleich sind vor den Augen des Gesetzes, müssen gleichermaßen nach ihren Fähigkeiten, ohne andere Unterschiede als die ihrer Tugenden und Talente, zu allen Würden, Ämtern und Stellungen im öffentlichen Leben zugelassen werden.

Art. VII: Für Frauen gibt es keine Sonderrechte; sie werden verklagt, in Haft genommen und gefangen gehalten in den durch das Gesetz bestimmten Fällen. Frauen unterstehen wie Männer den gleichen Strafgesetzen.

Art. VIII: Das Gesetz soll nur Strafen verhängen, die unumgänglich und offensichtlich notwendig sind, und niemand darf bestraft werden, es sei denn kraft eines rechtsgültigen Gesetzes, das bereits vor der Tat in Kraft war und das legal auf Frauen angewandt wird.

Art. IX: Gegenüber jeder Frau, die für schuldig befunden wurde, muss das Gesetz mit großer Strenge angewendet werden.

Art. X: Niemand darf wegen seiner Meinung, auch wenn sie grundsätzlicher Art ist, verfolgt werden. Die Frau hat das Recht, das Schafott zu besteigen. Sie muss gleichermaßen das Recht haben, die Tribüne zu besteigen, vorausgesetzt, dass ihre Handlungen und Äußerungen die vom Gesetz gewahrte öffentliche Ordnung nicht stören.

Art. XI: Die freie Gedanken- und Meinungsäußerung ist eines der kostbarsten Rechte der Frau, denn diese Freiheit garantiert die Vaterschaft der Väter an ihren Kindern. Jede Bürgerin kann folglich in aller Freiheit sagen: „Ich bin die Mutter eines Kindes, das du gezeugt hast, ohne dass ein barbarisches Vorurteil sie zwingt, die Wahrheit zu verschleiern. Dadurch soll ihr nicht die Verantwortung für den Missbrauch dieser Freiheit in den durch Gesetz bestimmten Fällen abgenommen werden.

Art. XII: Ein höherer Nutzen erfordert die Garantie der Rechte der Frau und Bürgerin. Diese Garantie soll zum Vorteil aller und nicht zum persönlichen Vorteil derjenigen dienen, denen diese Rechte anvertraut sind.

Art. XIII: Für den Unterhalt der Polizei und für die Verwaltungskosten werden von der Frau wie vom Manne gleiche Beträge gefordert. Hat die Frau teil an allen Pflichten und Lasten, dann muss sie ebenso teilhaben an der Verteilung der Posten und Arbeiten, in niederen und hohen Ämtern und im Gewerbe.

Art. XIV: Die Bürgerinnen und Bürger haben das Recht, selbst oder durch ihre Repräsentanten über die jeweilige Notwendigkeit der öffentlichen Beiträge zu befinden. Die Bürgerinnen können dem Prinzip, Steuern in gleicher Höhe aus ihrem Vermögen zu zahlen, nur dann beipflichten, wenn sie an der öffentlichen Verwaltung teilhaben und die Steuern, ihre Verwendung, Einbeziehung und Zeitdauer mit festsetzen.

Art. XV: Die weibliche Bevölkerung, die gleich der männlichen Beiträge leistet, hat das Recht, von jeder öffentlichen Instanz einen Rechenschaftsbericht zu verlangen.

Art. XVI: Eine Gesellschaft, in der die Garantie der Rechte nicht versichert und die Trennung der Gewalten nicht festgelegt ist, hat keine Verfassung. Die Verfassung ist null und nichtig, wenn die Mehrheit der Individuen, die die Nation darstellen, an ihrem Zustandekommen nicht mitgewirkt hat.

Art. XVII: Das Eigentum gehört beiden Geschlechtern, vereint oder einzeln. Jede Person hat darauf ein unverletzliches und heiliges Anrecht. Niemandem darf es als wahres Erbteil der Nation vorenthalten werden, es sei denn, eine öffentliche Notwendigkeit, die gesetzlich festgelegt ist, machte es augenscheinlich erforderlich, jedoch unter der Voraussetzung einer gerechten und vorher festgesetzten Entschädigung.

(Olympe de Gouges, Schriften, Frankfurt (Roter Stern) 1980, S. 41 ff., übers. v. Monika Dillier)

Porträt der Olympe de Gouges

M 10 Der Pariser Sicherheitsausschuss in seiner Begründung des Verbots der Frauenclubs, Oktober 1793

Die häuslichen Aufgaben, zu denen Frauen von Natur aus bestimmt sind, gehören selbst zur allgemeinen Ordnung der Gesellschaft. Diese soziale Ordnung resultiert aus dem Unterschied, der zwischen Mann und Frau besteht. Jedes Geschlecht ruft nach der ihm eigenen Art von Beschäftigung, bewegt sich in diesem Kreis, den es nicht überwinden kann. Denn die Natur, die dem Menschen diese Grenzen gesetzt hat, befiehlt gebieterisch und hält sich an kein Gesetz.

Der Mann ist stark, robust, mit einer großen Energie, mit Kühnheit und Mut geboren. Er meistert die Gefahren, die Rauheit der Jahreszeiten durch seine Konstitution. Er widersteht allen Elementen. Er ist für die Künste wie für die schweren Arbeiten geeignet. Und da er fast ausschließlich für die Landwirtschaft, den Handel, die Schifffahrt, die Reisen, den Krieg bestimmt ist, zu all jenem also, was nach Kraft, Intelligenz und Kompetenz verlangt, so scheint auch er allein zu jenen tief gehenden und ernsthaften Meditationen geeignet, die eine große Anstrengung des Geistes und lange Studien voraussetzen, denen Frauen nicht nachgehen können.

Welches ist der der Frau eigentümliche Charakter? Die Sitten und die Natur selbst haben ihr Aufgaben zugesprochen: die Erziehung der Menschen zu beginnen, den Geist und das Herz der Kinder auf die öffentlichen Tugenden vorzubereiten, sie von früh an zum Guten hinzulenken, ihr Gemüt zu entfalten, [...] neben den Sorgen um den Haushalt. [...] Wenn die Frauen all diese Aufgaben erfüllen, haben sie sich um das Vaterland verdient gemacht. [...]

Erlaubt es die Sittsamkeit einer Frau, sich in der Öffentlichkeit zu zeigen und gemeinsam mit den Männern zu kämpfen, im Angesicht des Volkes über Fragen zu diskutieren, von denen das Wohl der Republik abhängt? Im Allgemeinen sind Frauen kaum zu hohen Vorstellungen und ernsthaftem Nachdenken fähig.

(Zit. nach: Susanne Petersen, Brot und Kokarden – Frauenalltag in der Revolution; in: Viktoria Schmidt-Linsenhoff (Hg.), Sklavin oder Bürgerin? Französische Revolution und neue Weiblichkeit 1760–1830, Marburg 1989, S. 35 f.)

Der Despotismus der Freiheit – Revolutionäre Moral und Gewalt in der jakobinischen Phase der Revolution

Die Hinrichtung Ludwigs XVI. war gewissermaßen der Auftakt zu dem verzweifelten Versuch, die Revolution gegen ihre inneren Feinde zu verteidigen. Die Aufstände in der Vendée und der Krieg gegen die europäischen Monarchien 1793 verschärften die Lage. Die Revolution griff zu Terrormaßnahmen: Bürger wurden bespitzelt, Verdächtige in Schnellgerichten ohne juristischen Beistand zum Tode verurteilt und guillotiniert, bewaffnete Sansculotten übten Selbstjustiz an vermeintlichen Verrätern der Revolution und in der Vendée gingen die Revolutionsarmeen gnadenlos gegen die Aufständischen vor. Historiker schätzen, dass dabei insgesamt etwa 500 000 Menschen ermordet worden sind. Von den unter der Guillotine hingerichteten Opfer gehörten ungefähr 8 % dem Adel, aber 84 % dem Dritten Stand an.

- **Wie legitimierten die Revolutionäre die Anwendung von Gewalt?**
- **Wie ist diese Argumentation aus zeitgenössischer und heutiger Sicht zu beurteilen bzw. zu bewerten?**

Bereiten Sie in Partnerarbeit einen mediengestützten Kurzvortrag zu den beiden thematischen Leitfragen vor, in dem Sie sich kritisch mit dem Handeln der Revolutionäre auseinandersetzen.

So können Sie mit einer Partnerin oder einem Partner ein Konzept für Ihren Vortrag erstellen:

1. Interpretieren Sie die Text- und Bildmaterialien M 1 – M 9 mit Blick auf die Leitfragen, indem Sie die Arbeitsschritte fachgerechter Quellen- und Bildinterpretation (s. S. 503 f. u. S. 508) anwenden. Ziehen Sie dabei auch den Infotext (S. 74 – 79) mit heran.
   ➡ Tipp: Sprechen Sie mit Ihrem Lernpartner die Aufteilung von Einzelarbeit und gemeinsamer Arbeit ab. Die Gesamteinschätzungen mit Bezug zur Leitfrage sollten Sie gemeinsam formulieren. Beachten Sie dabei, dass Sie Sichtweisen und Handeln sowohl im Kontext der zeitgenössischen Wertvorstellungen als auch aus der Perspektive heutiger Wertvorstellungen erörtern.
2. Erstellen Sie auf der Basis Ihrer Arbeitsergebnisse ein gemeinsames Vortragskonzept.
   a) Stellen Sie die zentralen inhaltlichen Aussagen des Vortrags zusammen.
   b) Überlegen Sie, wie Sie den Vortrag strukturieren wollen.
   c) Legen Sie fest, welche Visualisierung (z. B. Bilder, Strukturskizzen u. Ä.) Sie begleitend einsetzen wollen, um Ihre Ausführungen zu veranschaulichen, und welches Präsentationsmedium Sie nutzen wollen.
   d) Sprechen Sie die Redeanteile im Vortrag genau ab.

MATERIALIEN

Der Prozess gegen den König

M 1 Hinrichtung Ludwigs XVI., 21.1.1793 (Darstellung auf einem Zierteller)

M 2 Der Jakobiner Antoine de Saint-Just am 13.11.1792 vor dem Konvent

Saint-Just war seit 1792 im Nationalkonvent und entscheidend am Sturz der Girondisten beteiligt. Als Anhänger Robespierres war er Mitglied des Wohlfahrtsausschusses. Am 27.7.1794 wurde er zusammen mit Robespierre gestürzt und am 28.7. guillotiniert.

Ich will beweisen, dass der König gerichtet werden kann; dass die Meinung Morissons [ein Abgeordneter, der sich dagegen ausgesprochen hatte, weil es keine Gesetze gebe, nach denen er zum Tode verurteilt werden könne], der an der Unverletzlichkeit festhält, so falsch ist wie die des Ausschusses, der ihn als Bürger richten will, und dass er gerichtet werden muss nach Grundsätzen, die weder mit der einen Meinung noch mit der anderen etwas zu schaffen haben. Ich sage, der König muss als Feind gerichtet werden; wir haben ihn weniger zu richten als zu bekämpfen. […]

Eines Tages wird die Menschheit, wenn sie von unseren Vorurteilen so weit entfernt ist wie wir von denen der Vandalen, erstaunen über die Barbarei eines Jahrhunderts, in dem man sich ein Gewissen daraus machte, einen Tyrannen zu richten, in dem das Volk, das einen Tyrannen zu richten hatte, ihn erst zum Rang eines Bürgers erhob, ehe es seine Verbrechen prüfte. Man wird erstaunen darüber, dass man im 18. Jahrhundert weniger fortgeschritten war als zur Zeit Cäsars: Der Tyrann wurde geschlachtet mitten im versammelten Senat, ohne andere Förmlichkeiten als 22 Dolchstiche, ohne andere Gesetze als die Freiheit Roms. Und heute scheut man sich, einem Mann den Prozess zu machen, der der Mörder eines Volkes, der ergriffen worden ist auf frischer Tat, die Hand im Blut, die Hand im Verbrechen! […]

In einer anderen Zeit würde manche edle Seele sagen, einem König muss der Prozess gemacht werden, nicht wegen der Verbrechen seiner Verwaltung, sondern wegen des Frevels, dass er überhaupt König war; denn diese Anmaßung kann nichts auf der Welt rechtfertigen; und mit welchen Selbsttäuschungen, mit welchen Gewohnheitslügen sich das Königtum verkleiden mag, es bleibt ein ewiges Verbrechen, gegen das jeder Mensch das Recht hat, sich zu erheben und zu bewaffnen, es ist eines jener Attentate, die selbst die Verblendung eines ganzen Volkes nicht rechtfertigen kann. Solch ein Volk begeht durch das Beispiel, das es gegeben hat, ein Verbrechen gegen die Natur […]. Man kann nicht herrschen und dabei schuldfrei sein, der Aberwitz ist offenbar. Jeder König ist Rebell und Usurpator. – So eilt denn, den König zu richten; denn jeder Bürger hat dasselbe Recht auf ihn wie Brutus auf Cäsar.

(Zit. nach: Paul Hartig, Die Französische Revolution, Stuttgart 1960, S. 43 f.)

M 3 Romain de Sèze, Rechtsanwalt aus Bordeaux, am 26.12.1792

De Sèze verteidigte den angeklagten König vor dem Konvent:

Ohne Zweifel kann die Nation heute erklären, dass sie kein monarchisches Regiment mehr will, weil dieses ohne Unverletzlichkeit seines Hauptes nicht bestehen kann; sie kann eben wegen dieser Unverletzlichkeit auf diese Verfassungsart verzichten; aber sie kann sie nicht auslöschen für die ganze Zeit, in der Ludwig den verfassungsmäßigen Thron eingenommen hat. Ludwig war unverletzlich, solange er König war; die Abschaffung des Königtums kann an seiner Rechtslage nichts ändern. […]

So kommen wir zu dem Schluss, dass, wo es kein anwendbares Gesetz gibt, auch kein Richten stattfinden kann und dass, wo kein Richten stattfindet, auch keine Verurteilung möglich ist. Ich spreche von Verurteilung! Aber nehmt euch in Acht; nehmt ihr Ludwig die Unverletzlichkeit des Königs, so seid ihr ihm wenigstens die Rechte des Bürgers schuldig; denn ihr könnt nicht bewirken, dass Ludwig aufhört, König zu sein, wenn ihr erklärt, ihn richten zu wollen, und dass er wieder König wird in dem Augenblick, da ihr das Urteil sprecht. Wollt ihr nun aber Ludwig als König richten, dann frage ich euch: Wo sind die schützenden Formen, die jeder Bürger kraft unveräußerlichen Rechtes verlangen kann? Ich frage euch: Wo ist jene Teilung der Gewalten, ohne die weder Verfassung noch Freiheit möglich sind? Ich frage euch: Wo sind die Geschworenen für Anklage und Urteil, die den Bürgern durch das Gesetz als Geiseln zum Schutz ihrer Sicherheit und Unschuld gegeben sind? […] Mit einem Wort, ich frage euch: Wo sind alle jene strengen Vorkehrungen, die das Gesetz bestimmt hat, damit der Bürger, selbst wenn er schuldig ist, nur durch das Gesetz getroffen wird?

Bürger, ich spreche mit der Offenheit eines freien Mannes: Ich spähe unter euch nach Richtern und bekomme nur Ankläger zu Gesicht. Ihr wollt richten über Ludwig und seid selbst seine Ankläger! Ihr wollt richten über Ludwig und habt euer Urteil schon ausgesprochen! […]

Ludwig soll weder die Rechte des Bürgers noch die Vorrechte des Königs haben! Er soll weder in der alten noch in der neuen Rechtsstellung geachtet werden! Welch absonderliches und unbegreifliches Geschick!

(Zit. nach: ebd., S. 46 f.)

M 4 Karikatur James Gillrays vom 17.2.1793 auf die Hinrichtung Ludwigs XVI.

Text links unten: „The Zenith of French Glory: The Pinnacle of Liberty. Religion, Justice, Loyalty + all the Bugbears of Unenlighted Minds". Oben rechts über dem Kreuz: „Bonjours Messieur", davor auf der Mütze: „Li-

berté", auf der Mütze des Geige spielenden Sansculotten: „Ca ira".

Der „Große Terror"

M 5 Der Jakobiner Maximilien Robespierre am 5.2.1794 vor dem Konvent

Was ist das Ziel, dem wir zustreben? Der friedliche Genuss der Freiheit und der Gleichheit, das Reich jener ewigen Gerechtigkeit, deren Gesetze eingegraben sind nicht in Marmor und Stein, sondern in den Herzen aller Menschen, selbst in dem Herzen des Sklaven, der sie vergisst, und des Tyrannen, der sie verleugnet. Wir wollen eine Ordnung der Dinge, in der alle niedrigen und grausamen Leidenschaften in Ketten liegen, in der alle wohltätigen und großmütigen Leidenschaften durch die Gesetze erweckt werden, wo der Ehrgeiz besteht in dem Verlangen, den Ruhm zu verdienen und dem Vaterland zu dienen, wo sich die Unterscheidungen nur ergeben aus der Gleichheit selber, wo der Bürger der Behörde, die Behörde dem Volk und das Volk der Gerechtigkeit unterworfen ist, wo das Vaterland das Wohlergehen jedes Individuums sichert und wo jedes Individuum mit Begeisterung sich des Wohlergehens und des Ruhmes des Vaterlandes erfreut, wo jede Seele sich weitet durch die ständige Gemeinschaft der republikanischen Gefühle und durch das Bedürfnis, sich die Achtung eines großen Volkes zu verdienen, wo die Künstler die Zierde der Freiheit sind, die sie adelt, die Wirtschaft die Quelle des öffentlichen Reichtums und nicht die groteske Protzerei einiger Häuser. Wir wollen in unserem Land an Stelle des Egoismus die Moral setzen, an Stelle der Ehre die Rechtschaffenheit, an Stelle der Gewohnheiten die Grundsätze, an Stelle der Willkür die Pflichten, an Stelle der Tyrannei der Mode das Reich der Vernunft, an Stelle der Verachtung des Unglücks die Verachtung des Lasters, an Stelle des Hochmuts den Stolz, an Stelle der Eitelkeit die Seelengröße, an Stelle der Geldgier die Liebe zum Ruhm, an Stelle der „guten Freunde" die guten Menschen, an Stelle der Intrige das Verdienst, an Stelle der Geistreichigkeit den wahren Geist, an Stelle des Aufsehens die Wahrheit, an Stelle der Langeweile der Lüste die Heiterkeit des Glückes, an Stelle der Kleinheit der Großen die Größe des Menschen, ein großmütiges, mächtiges, glückliches Volk an Stelle eines liebenswürdigen, frivolen und erbärmlichen, d. h. alle Tugenden und alle Wunder der Republik an die Stelle der Laster und Lächerlichkeiten der Monarchie. [...]

Welche Art von Regierung kann diese Wunder vollführen? Allein die demokratische oder die republikanische Regierung: Die beiden Worte sind Synonyme trotz des Missbrauchs in der gewöhnlichen Sprache, denn die Aristokratie ist ebenso wenig republikanisch wie die Monarchie. Die Demokratie ist nicht ein Staat, wo das Volk, ständig versammelt, unmittelbar alle Geschäfte regelt, erst recht nicht einer, wo 100 Millionen Bruchstücke des Volkes mit vereinzelten vorschnellen und widersprüchlichen Maßnahmen über das Schicksal der ganzen Gesellschaft beschließen. Solch ein Regime hat niemals existiert und es könnte nur existieren, um das Volk wieder dem Despotismus auszuliefern. Die Demokratie ist ein Staat, wo das souveräne Volk, gelenkt durch Gesetze, die sein eigenes Werk sind, selbst alles ausführt, was es gut ausführen kann, und durch Delegierte das, was es nicht ausführen kann.

Aber um unter uns die Demokratie zu begründen und zu festigen, um zur friedlichen Herrschaft der verfassungsmäßigen Gesetze zu gelangen, müssen wir den Krieg der Freiheit gegen die Tyrannei beenden und glücklich die Stürme der Revolution überstehen; das ist das Ziel des revolutionären Systems, das ihr organisiert habt. Ihr müsst euer Verhalten noch nach den stürmischen Umständen einrichten, in denen sich die Republik befindet, und der Plan eurer Verwaltung muss das Ergebnis des Geistes der revolutionären Regierung in Verbindung mit den allgemeinen Grundsätzen der Demokratie sein.

Welches ist nun der entscheidende Grundsatz der demokratischen Volksregierung, d.h. die Haupttriebfeder, die sie hält und in Bewegung setzt? Das ist die Tugend, und zwar die öffentliche Tugend, die in Griechenland und Rom Wunder erzeugte und die im republikanischen Frankreich noch viel erstaunlichere vollbringen wird; jene Tugend, die nichts anderes ist als die Liebe zum Vaterland und zu seinen Gesetzen. Da aber das Wesen der Republik oder Demokratie die Gleichheit ist, so folgt daraus, dass die Liebe zum Vaterland logischerweise die Liebe zur Gleichheit in sich schließt. [...] Es folgt ferner, dass die erste Regel eurer politischen Haltung die sein muss, eure sämtlichen Handlungen auf die Erhaltung der Gleichheit und die Förderung der Tugend zu richten: Denn die erste Sorge des Gesetzgebers muss auf die Stärkung des Regierungsprinzips gerichtet sein. So müsst ihr alles, was die Liebe zum Vaterland wecken, die Sitten reinigen, die Seelen erheben, die Leidenschaften des menschlichen Herzens erziehen will, ergreifen oder dementsprechende Maßregeln treffen. [...]

Hier könnten wir die Entwicklung unserer Theorie beenden, wenn wir das Schiff der Republik nur bei Windstille zu steuern hätten; aber der Sturm braust und der revolutionäre Zustand, in dem wir uns befinden, erlegt uns eine andere Aufgabe auf. [...] Wenn die Triebkraft der Volksregierung im Frieden die Tugend ist, so ist in revolutionärer Zeit die Triebkraft zugleich die Tugend und der Schrecken; die Tugend, ohne die der Schrecken unheilvoll wäre, der Schrecken, ohne den die Tugend ohnmächtig bliebe. Der Schrecken ist nichts anderes als die rasche, strenge, unbeugsame Gerechtigkeit; er ist also ein Ausfluss der Tugend; er ist weniger ein besonderes Prinzip als eine Folge des allgemeinen Prinzips der Demokratie in seiner Anwendung auf die dringendsten Bedürfnisse des Vaterlandes. Die Regierung der Revolution ist der Despotismus der Freiheit im Kampf gegen die Tyrannei.

(Zit. nach: Paul Hartig, Die Französische Revolution, Stuttgart 1960, S. 54ff.)

M 6 Anonymer Kupferstich, Flugblatt Ende 1794

Auf dem Obelisken steht: „Hier ruht ganz Frankreich". Achten Sie auf die umgekehrte phrygische Mütze auf seiner Spitze! Vor dem Obelisken steht Robespierre und guillotiniert den Henker.

M 7 Der Redakteur Camille Desmoulins am 15.12.1793 in seiner Zeitung „Le Vieux Cordelier"

Desmoulins war ein enger Freund Robespierres. Am 5.4.1794 wurde er guillotiniert. Mithilfe eines Tacitusplagiats charakterisiert er die Regierung Robespierres:

Insgesamt gesehen war unter diesen Kaisern der natürliche Tod eines berühmten oder gut gestellten Mannes so selten, dass dies in den Zeitungen vermerkt und vonseiten des Historikers der Geschichtsschreibung anvertraut wurde. Unser Annalist bemerkt, dass es „unter den damaligen Umständen einen Priester namens Piso gab, der in seinem Bette starb, was ans Wunderbare grenzte". Der Tod so vieler unschuldiger und ehrenwerter Bürger schien ein geringeres Ärgernis darzustellen als die Unverschämtheit und das skandalöse Glück ihrer Mörder und Denunzianten [...].

Alle diese Denunzianten rühmten sich der besten Namen und ließen sich Cotta, Scipio, Regulus, Cassius oder Severus nennen. [...]

Wie die Ankläger, so die Richter. Die Tribunale, Schützer von Leben und Besitz, waren zu Fleische-

reien entartet, wo das, was den Namen Hinrichtung und Beschlagnahme trug, nur noch Diebstahl und Mord war.
Und wenn man gar keinen Weg fand, einen Mann vor Gericht zu bringen, dann griff man zu Mord oder Gift [...]. Genügten auch solche halben Maßnahmen nicht, dann griff der Tyrann zur allgemeinen Ächtung. So erklärte Caracalla, nachdem er seinen Bruder Geta eigenhändig getötet hatte, dessen sämtliche 20000 Freunde und Parteigänger zu Staatsfeinden. [...]
Wenn ein Löwe als Kaiser einen Hof und eine Prätorianergarde aus Tigern und Panthern besessen hätte, so hätten diese nicht mehr Menschen zerreißen können als die Denunzianten, die Freigelassenen, die Giftmischer und die Strauchdiebe der Cäsaren, denn die aus Gründen des Hungers begangene Grausamkeit endet mit dem Ende des Hungers, doch die Grausamkeit aus Gründen der Angst, der Gier und des Verdachts ist grenzenlos. Bis zu welchem Punkt der Erniedrigung und der Niedrigkeit kann das Menschengeschlecht herabsinken, wenn man bedenkt, dass Rom die Herrschaft eines Ungeheuers [gemeint ist Kaiser Nero] hat aushalten müssen, das sich beklagte, unter seiner Herrschaft kein Unheil, keine Pest, keine Hungersnot und kein Erdbeben verzeichnen zu können! [...]

(Zit. nach: W. Lautemann/M. Schlenke (Hg.), Geschichte in Quellen – Amerikanische und Französische Revolution, München (bsv) 1981, S. 428, übers. v. Karlheinz Reif u. Helmut Krause)

M 8 Manon Roland kurz vor ihrer Hinrichtung am 8.11.1793

An der Seite ihres Ehemanns, der bis zur Hinrichtung des Königs Innenminister war, beeinflusste Manon Roland die Politik der Girondisten wesentlich.

Oh Brutus, dessen kühne Hand vergeblich die korrumpierten Römer befreite, wir haben uns geirrt wie du. Diese lauteren Männer, deren glühendes Streben der Freiheit galt, die ihr dienten, indem sie sich in strenger Zurückgezogenheit philosophischen Studien widmeten, diese Männer haben sich wie du vorgegaukelt, der Sturz der Tyrannei werde die Herrschaft der Gerechtigkeit und des Friedens einleiten; doch er war nichts als das Signal für den Ausbruch hasserfüllter Leidenschaften und für Auswüchse der scheußlichsten Sittenlosigkeit. [...] Wird die Geschichte jemals die Schrecken dieser entsetzlichen Zeiten und die abscheulichen Menschen, die sie mit ihren Freveltaten erfüllten, schildern? [...] Womit lässt sich die Herrschaft der Heuchler vergleichen, die, immer mit der Maske der Gerechtigkeit vor dem Gesicht, immer die Sprache des Gesetzes im Munde führend, ein Tribunal geschaffen haben, das ihrer Rache dient, und die, in rechtlich unhaltbaren Verfahren, alle aufs Schafott schicken, deren Tugend sie beleidigt, deren Begabung sie in den Schatten stellt oder deren Wohlhabenheit ihre Begehrlichkeit weckt? [...] Welches Volk hat je seine Sittlichkeit und seinen Instinkt so weit verkommen lassen, dass es das Bedürfnis verspürt, Hinrichtungen beizuwohnen, dass es bebt vor Zorn, wenn sie aufgeschoben werden, und dass es jederzeit bereit ist, seine Grausamkeit an dem auszulassen, der versucht, sie zu mildern oder zu besänftigen? [...] Oh Freiheit, was für Verbrechen werden in deinem Namen begangen!

(Madame Roland, Memoiren aus dem Kerker, Zürich/München 1987, S. 91 f.; zit. nach: Ernst Schulin, Die Französische Revolution, München ²1989, S. 213 f.)

M 9 Die Hinrichtung Robespierres am 28.7.1794

Zeitgenössischer Kupferstich

Die Französische und die Amerikanische Revolution im Urteil der Historiker – Standpunkte und Stellungnahmen im Vergleich

Schon während der Französischen Revolution war das Urteil über die Geschehnisse in und außerhalb Frankreichs deutlich polarisiert. Während die einen in ihr die Befreiung vom Joch absolutistischer Tyrannei sahen, warnten andere vor dem Untergang der christlichen Zivilisation. Heute ist die Revolution in Frankreich Teil der nationalen Identität, der Sturm auf die Bastille Nationalfeiertag und 1989 wurde der zweihundertste Jahrestag der Revolution umfangreich gefeiert. Auch die Amerikanische Revolution ist heute Teil des Gründungsmythos der USA.

Die Historiker legen in ihren Bewertungen jeweils unterschiedliche Maßstäbe an und kommen dementsprechend zu abweichenden Urteilen. Die Ereignisse in Frankreich und in Amerika werden z. T. als „Modernisierungsrevolutionen" (s. S. 16–19) interpretiert, die die Entstehung des heutigen freiheitlichen Rechtsstaates in der ganzen westlichen Welt vorangetrieben haben. Vor dem Hintergrund des Scheiterns der deutschen Demokratie 1933 wird z. B. auf das Revolutionsdefizit Deutschlands gegenüber Frankreich hingewiesen. Andere Stimmen verweisen auf die Blutopfer und den Terror Robespierres und kontrastieren sie mit dem vergleichsweise friedlichen Weg Deutschlands zur Demokratie.

Gerade was die Frage revolutionärer Gewalt angeht, lohnt der Vergleich zwischen Frankreich und Amerika. Aber nicht nur in dieser Hinsicht. Die Beurteilung des Stellenwerts der Amerikanischen und der Französischen Revolution als zentrale Schlüsselereignisse im Hinblick auf neue, moderne Gesellschafts- und Politikmodelle wird kontrovers gesehen.

- **Wie sind die Leistungen und der historische Stellenwert der Französischen Revolution im Vergleich zur Amerikanischen Revolution aus heutiger Sicht zu beurteilen und zu bewerten?**

Präsentieren Sie Expertenurteile zur gestellten Leitfrage und moderieren Sie eine Diskussion im Plenum, in der Sie die Positionen miteinander vergleichen und zu den Sichtweisen Stellung nehmen.

Arbeitsvorschläge für eine erfolgreiche Präsentation und Diskussion:

1. Entscheiden Sie sich nach kursorischer Lektüre der Texte M 1 – M 5 für einen Text, den Sie bearbeiten möchten.
2. Bilden Sie Partner- oder kleine Arbeitsgruppen, in denen Sie den jeweils ausgewählten Text mithilfe der Methode „Historische Urteile analysieren und vergleichen" untersuchen.
   Für den vierten Arbeitsschritt (sich kritisch mit den Urteilen auseinandersetzen) sollten Sie die Ausführungen in den Infotexten hinzuziehen.
3. Gestalten Sie in gemeinsamer Arbeit ein Plakat sowie ein begleitendes Handout, die jeweils die Gesprächsgrundlage für die Präsentation und die daran anknüpfende vergleichende Erörterung im gemeinsamen Kursgespräch bilden.

Methode

Historische Urteile analysieren und vergleichen

A. Historische Urteile

Was ist Geschichte? Der britische Historiker E. H. Carr definiert Geschichte als einen fortwährenden Prozess der Wechselwirkung zwischen dem Historiker und seinen Fakten, als einen unendlichen Dialog zwischen Gegenwart und Vergangenheit. Seine beispielhaft gewählte Formulierung bringt treffend zum Ausdruck, was geschichtswissenschaftlicher Konsens ist: Geschichte ist immer ein Vorgang zeitgebundener Deutung, d. h. Interpretation. Historikerinnen und Historiker konstruieren in ihren Darstellungen eine historische Wirklichkeit und spezifische Deutungen von Ereignissen und Zusammenhängen. Dabei beschreiben und urteilen sie zugleich.

So entstehen ihre Urteile:

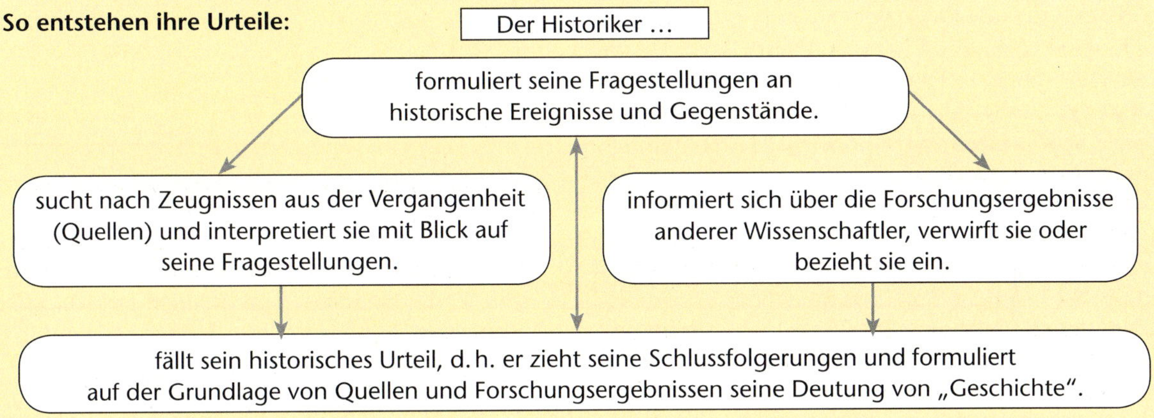

B. Schritte, um historische Urteile zu analysieren und sich kritisch mit ihnen auseinanderzusetzen

1. Schritt – Leitfrage(n) festlegen:
Das eigene Erkenntnisinteresse festlegen und als Untersuchungsfrage(n) formulieren, unter denen vorliegendes Textmaterial gezielt untersucht werden soll.

2. Schritt – Formale und inhaltliche Erfassung des Textes:
– Vorstellung des Textes
– Strukturierte Textwiedergabe

- Die äußeren formalen Textmerkmale und -daten beschreiben.
- Den Inhalt und Gedankengang (Argumentationsstruktur) des Textes in seinen Hauptaussagen zusammengefasst wiedergeben.
  Tipp: Siehe die Arbeitsschritte zur Auswertung historischer Sekundärliteratur, S. 506.

3. Schritt – Historische Urteile identifizieren:

- Die Textstellen markieren oder herausschreiben, die Urteile enthalten.
- Darlegen, welche Position der Autor zu dem Sachverhalt, um den es geht, vertritt.
- Erläutern, welche Argumente (z. B. Sachaussagen, Fakten) der Autor nennt, um den vertretenen Standpunkt zu begründen und zu belegen.

4. Schritt – Sich kritisch mit den Urteilen auseinandersetzen:

- Die Urteile überprüfen und zu einem kritisch abwägenden eigenen Gesamturteil gelangen.
  – Sind die Urteile nachvollziehbar schlüssig begründet?
  – Sind sie einsichtig? Sind sie abwägend? Berücksichtigen sie mehrere Perspektiven? u. Ä.
  – In Zustimmung oder Abgrenzung mit Blick auf die gestellte(n) Leitfrage(n) auf der Grundlage eigener historischer Kenntnisse und eventuell im Vergleich zu anderen bekannten Urteilen eigene begründete Sichtweisen entwickeln.

MATERIALIEN

M 1 Die Philosophin und Soziologin Hannah Arendt (1974)

Schließlich war es die Französische und nicht die Amerikanische Revolution, die die Welt in Brand setzte, und so hat denn auch das Wort „Revolution" von den Ereignissen in Frankreich, ohne jede Beziehung zu dem, was die „gründenden Väter" in Amerika taten und erreichten, seine Assoziationen und Bedeutungsqualitäten bezogen. [...]
Auch in Amerika, das doch seine eigene Revolution gehabt hat, orientiert sich das historische und politische Revolutionsverständnis zumeist ausschließlich an dem französischen Modell. Dafür mag es gute Gründe geben, vor allem aber den, dass Amerika und die Vereinigten Staaten – also die Kolonisation des neuen Kontinents und die Errichtung einer republikanischen Staatsform, die zusammen vielleicht das größte, sicher das kühnste Unternehmen der europäischen Menschheit in der Neuzeit darstellen – kaum mehr als hundert Jahre ihrer Geschichte in Isolierung von den Mutterländern der Alten Welt verbracht haben. [...]
Dass gerade in Amerika, mehr noch als in Europa, die gelehrte Welt die Neigung hat, die Amerikanische Revolution im Sinne der Französischen zu interpretieren bzw. das an ihr zu kritisieren, was so offensichtlich mit keiner der Lektionen übereinstimmt, die man aus der Französischen Revolution gelernt hat, mutet in der Tat oft seltsam an. Aber schließlich ist auch dies nur ein verhältnismäßig harmloser Teilaspekt der traurigen Wahrheit, dass die Französische Revolution, die in der Katastrophe endete, Weltgeschichte gemacht hat, während die Amerikanische Revolution, trotz ihrer wahrhaft triumphalen Erfolge, über eine gleichsam lokale Bedeutung kaum hinausgekommen ist.
Für das Letztere ist vor allem unser eigenes Jahrhundert mit seinen zahlreichen Revolutionen und Bürgerkriegen das sprechendste Beispiel. Sie alle sind in Bildern gesehen worden, die im Lauf der Französischen Revolution zuerst auftauchten, in Begriffen verstanden, die von den Zuschauern dieser Revolution geprägt worden waren und infolgedessen im Sinne der hegelschen historischen Notwendigkeit interpretiert wurden.
Was nun die Revolutionäre des 20. Jahrhunderts selbst betrifft, so darf man wohl sagen, dass nichts ihnen ferner lag als das leidenschaftliche Interesse an Staatsformen, das für die Amerikanische Revolution so charakteristisch und auch in den Anfangsstadien der Französischen Revolution noch so sehr lebendig ist. Erst als die Männer der Französischen Revolution mit dem ihnen unerwarteten Anblick der Massen, die in der Amerikanischen Revolution ja eigentlich überhaupt keine Rolle gespielt haben, weil sie dort einfach noch nicht existierten, konfrontiert wurden, riefen sie mit Robespierre: „Republik? Monarchie? Ich kenne nur die soziale Frage." Aber das war auch genau der Moment, in dem sie zusammen mit den Institutionen und Verfassungen [...] die Revolution selbst verloren.

(Hannah Arendt, Über die Revolution, München (Piper) ²1974, S. 68f.)

M 2 Der Historiker Rolf Reichardt (1988)

Was die Revolution von 1789 mehr als etwa die Englische Revolution des 17. Jahrhunderts oder die Amerikanische Revolution zu einem weltweit beachteten Modell macht, ist nicht nur ihre idealtypische Verlaufskurve, sondern auch und besonders der engstens mit ihr verknüpfte Messianismus der Freiheit und Gleichheit. Er vor allem ist es, der in der Erinnerung fortlebt und politisch wie gesellschaftlich bis heute eine aktuelle Herausforderung bleibt. Je länger und nachdenklicher man die Quellen befragt, welche Kraft die Französische Revolution denn eigentlich vorantrieb, worin deren frappierende Selbstläufigkeit und Prozesshaftigkeit bestand, umso deutlicher erkennt man, dass selbst Schlüsselereignisse wie die Einnahme der Bastille, der Tuileriensturm, das Abschlachten der Gegenrevolutionäre in der Vendée letztlich Oberflächenerscheinungen waren. Was ihnen zugrunde lag, was sie auffordernd, kommentierend, rechtfertigend wie selbstverständlich begleitete, das waren zum einen politische Grundsatzerklärungen, Parolen, Leitbegriffe und Symbole, also im weitesten Sinne sprachlich-zeichenhafte Äußerungen, zum anderen sie tragende oder bekämpfende politische Gruppierungen [...].
Lässt man sich erst einmal auf diese Perspektive ein, wird eine damals neuartige, originäre politische Kultur in der Phase ihrer ersten praktischen Erprobung und Entwicklung sichtbar. Wie einige Revolutionäre selbst erkannten, handelte es sich um nicht weniger als um das erste, modellhafte Experiment der „Demokratie" im modernen Sinne. [...] Was diese demokratische Kultur kennzeichnet, ist hauptsächlich Zweierlei: zum einen eine permanente, sehr grundsätzliche und unitarische [Einigung erstrebende] öffentliche Debatte um die aktuelle Politik, ihre Recht- und Zweckmäßigkeit – im

damaligen Verständnis eine freie Diskussion aufgeklärter Privatleute, aus deren Meinungswettstreit die „Wahrheit" von selbst als Siegerin hervorgehen würde. Um sich gegen die historisch und juristisch argumentierenden Reform- und Revolutionsgegner durchzusetzen, ging der revolutionäre Diskurs von naturrechtlichen und existenziellen Grundsätzen aus […]; es konnte nur eine wahre Meinung, nur eine wahre Politik zum Wohl des Volkes geben; alles Konkurrierende, Widersprechende war notwendig entweder in Vorurteilen befangen oder „konterrevolutionär".

Zum anderen bestand die demokratische Kultur der Französischen Revolution in einer neuartigen Öffentlichkeit und ihrem Kommunikationssystem: einem Netzwerk von Versammlungen und Clubs, von Zeitungen, Flugschriften, Bildflugblättern, Liedern und anderen Medien der Informationsvermittlung und Meinungsbildung, das es in dieser Dichte, Intensität und Aktualität zuvor nicht gegeben hatte. Es bildete den Resonanzboden jener permanenten politischen Diskussion und vermittelte diese an breite, traditionell eher unpolitische soziale Gruppen. Indem es in Hauptstadt und Provinz Teile der klein- und unterbürgerlichen Schichten politisierte und mobilisierte, verschaffte es der Revolution erst ihre Massenbasis bis hin zu Gruppen, die noch ganze oder halbe Analphabeten waren. Daher erlangten in der Revolution vom politischen Straßenbild über Bildpublizistik und Theater bis hin zu öffentlichen Feiern nichtschriftliche, halbmündliche Medien und Formen der gesellschaftlichen Wissensvermittlung an Zahl wie an Inhalt eine so große Bedeutung, dass man geradezu von der zeitweiligen Rückkehr einer von Absolutismus und Aufklärung verdrängten, „wesentlich mündlichen, karnevalistischen" Volkskultur sprechen kann.

(Rolf Reichardt, Die städtische Revolution als politisch-kultureller Prozess; in: Ders. (Hg.), Die Französische Revolution, Freiburg/Br. 1988, S. 28ff.)

M 3 Der deutsche Historiker Hans-Ulrich Wehler (1989)

Interview mit dem Bielefelder „StadtBlatt" anlässlich des 200. Revolutionsjubiläums in Frankreich:

StadtBlatt: Die Deutschen haben sich immer etwas schwergetan mit der Französischen Revolution. Sehen Sie bei aller Unterschiedlichkeit der Reaktionen, die es gab, einen gewissen roten Faden, eine Kontinuität bis heute hin?

Wehler: Ich kann nicht finden, dass sie sich durchgehend schwergetan haben. Erst mal gibt es eine enthusiastische Zustimmung rund vier Jahre lang bis zur Jakobiner-Herrschaft und die erfasst eigentlich alle aufgeklärten Intellektuellen und auch Berufspolitiker, die damals weithin Beamte waren. Dann kippt das natürlich um in der Zeit des Terreur, aber selbst dann kann man nicht sagen, dass die großen Köpfe anfingen, in der Revolution nur noch das Blutbad zu sehen. Kant und Hegel z. B. haben bis zuletzt betont, dass die Revolution ein Höhepunkt der Menschheitsgeschichte gewesen sei. Vor allem aber kann man die gesamte Reformpolitik in den deutschen Staaten, ob im Rheinbund oder in Preußen, nicht verstehen ohne die halb bewundernde, halb neidische Nachahmung von Errungenschaften der Französischen Revolution.

Sicher ist es dann richtig, dass sich im 19. Jahrhundert in der öffentlichen Meinung, bei den nationalkonservativen Historikern das Bild durchsetzt, dass die Revolution im Grunde nur aus der Schreckensherrschaft, der Herrschaft der Guillotine bestanden habe. Das ist, wenn man das quantifizieren wollte, das vorherrschende Bild geworden, später, im Ersten Weltkrieg und durch die Nazis, ungeheuer verschärft. Für die letzten 25 Jahre würde ich da aber nicht mehr von Kontinuität dieser verbohrten Ablehnung der Revolution sprechen. Die historische Forschung und die politische Meinung und Publizistik haben ein sehr viel differenzierteres, positiveres Bild entwickelt.

StadtBlatt: Es ist ja häufig der Versuch unternommen worden, die Französische Revolution in eine gute und eine schlechte Phase aufzuteilen. Macht es überhaupt Sinn, eine Art Kosten-Nutzen-Analyse zu erstellen?

Wehler: Ja, macht es, muss man immer als Historiker. Ich bin kein absoluter Verehrer der Französischen Revolution. Ich sehe die großen positiven Folgen, was die Durchsetzung von Grund- und Menschenrechten in Europa, überhaupt was das Vorbild betrifft, das sie für alle Staaten danach gebildet hat: nämlich wie man mit dem Spätfeudalismus fertig werden konnte, wie man eine neue Gesellschaft, ein neues Recht konstituieren konnte usw. Trotzdem, wenn Sie das mit der Amerikanischen oder Englischen Revolution vergleichen, ist die Französische an ihren Hausaufgaben gescheitert. Denn zehn Jahre später war der Diktator wieder da. Da kann man nur von Glück sprechen, dass Napoleon in bestimmten Bereichen – etwa in dem großen, z. T. bis heute gültigen Gesetzeswerk, dem Code Napoleon – die Errungenschaften der Revolution nicht rückgängig gemacht hat. Insgesamt gesehen ist aber Frankreich durch die Revolution nicht in eine stabile gesellschaftliche und politische Verfassung überführt worden. Zweitens ist sie ökonomisch ungeheuer zerstörerisch gewesen, hat Frankreich, das in der Hinsicht vor der Revolution etwa gleichauf lag mit England, um mindestens 50 Jahre zurückgeworfen – was erst in den 1850er-Jahren wieder aufgeholt wurde. Insofern kann man sehr wohl Nutzen und Kosten sehen, Vorzüge und Schattenseiten.

StadtBlatt: Wie stehen Sie dem aktuellen Revolutionsgedenken, den 200-Jahr-Feierlichkeiten vor allem in Frankreich selbst gegenüber?

Wehler: Ich bin ein Feind der Anhäufung von Gedenktagen [...]. Dahinter steckt im Grunde der alte Anspruch, dass die Französische Revolution die Revolution par excellence ist – was sie in meinen Augen nicht ist. [...] Das Positive nun ist, dass heute die erdrückende Mehrheit der Franzosen sich mit den Folgen der Revolution identifiziert. Die Feierlichkeiten heute sind also ein Zeichen für einen breiten inneren Konsens und für die gewachsene Stabilität der Republik – auch wenn dies natürlich auf einem sehr verklärten Bild der Revolution damals beruht. [...]

StadtBlatt: Was für Deutschland natürlich nicht so gelten kann. [...]

Wehler: Weil es in Deutschland an einer erfolgreichen Revolution im 19. Jahrhundert fehlt. Max Weber hat mal gesagt, es täte jedem Volk gut, wenn es sich einmal von seiner alten Obrigkeit durch die Köpfung des Königs befreite, weil man sich dann als freie Nation konstituieren kann. Doch das hier nie ganz abgeschnittene Band zum deutschen Obrigkeitsstaat hat eben seine Blockaden im deutschen politischen Bewusstsein hervorgebracht. Deswegen kann man sich hier, weil es kein eigenes Vorbild gibt, nicht mit derselben Emphase und Unbefangenheit auf die Revolution berufen, wie das Franzosen selbstverständlich können und tun.

StadtBlatt: Hat das auch etwas Faszinierendes für Sie?

Wehler: Hats auch. Wenn Sie das politisch sehen und mal überlegen, ob es möglich wäre, in der Bundesrepublik 130 Jahre nach der 48er-Revolution ein Jahr lang Revolutionsfeiern abzuhalten. [...] Sie merken an Ihrer eigenen Reaktion, was für ein Kontrast das ist. Das würde heute noch die Bevölkerung hier spalten, obwohl im Vergleich zur Französischen Revolution die noch bieder war. Und man würde hier auch keine Million Menschen zu einer Revolutionsparade zusammenkriegen wie auf den Champs-Élysées. Der DGB würde in Frankfurt einen Marsch zur Paulskirche machen, die SPD irgendwo eine Tagung; fraglich, ob die Adenauer-Stiftung was machen würden, selbst die Liberalen.

(Interview von Niko Ewers mit dem Historiker Hans-Ulrich Wehler, in: Stadt Blatt, 13.7.1989)

M 4 Der Historiker Horst Möller (1989)

Als die französische Constituante (Nationalversammlung) am 26. August 1789 nach amerikanischem Vorbild die Erklärung der Menschen- und Bürgerrechte beschloss, siegte das aufgeklärte Naturrecht auf ganzer Breite. Die Erklärung begann mit der Präambel, die die „Unkenntnis oder die Verachtung der Menschenrechte“ als „die einzigen Ursachen des öffentlichen Unglücks und der Verderbtheit der Regierungen“ bezeichnete. Deswegen entschieden sich die Vertreter des französischen Volkes, „die natürlichen, unveräußerlichen und heiligen Rechte der Menschen in einer feierlichen Erklärung darzulegen“. Diese für demokratische Rechtsstaaten bis heute fundamentale Erklärung enthielt 17 Artikel, die später der ersten Revolutionsverfassung vom 3. September 1791 vorangestellt wurden. Unter den anderen, kaum minder wichtigen Menschenrechten wurden die Unverletzlichkeit der Person, das Recht auf Schutz vor willkürlicher Verhaftung, der Zugang zu allen Ämtern gemäß den jeweiligen Fähigkeiten, die nur durch Gesetze mögliche Einschränkung von Freiheitsrechten, die Religionsfreiheit und anderes mehr genannt.

In vielen Sektoren des gesellschaftlichen und ökonomischen Lebens fällte die Nationalversammlung binnen zwei Jahren revolutionäre Fundamentalentscheidungen, die die früheren Beschlüsse ergänzten und die zum größeren Teil ebenfalls Themen betrafen, die während der letzten Jahrzehnte im Heiligen Römischen Reich immer wieder Gegenstand politischer Reformen und publizistischer Überlegungen gewesen waren. So beschloss die Constituante die Abschaffung des Adels, die Nationalisierung und den Verkauf der Kirchengüter, die Einführung eines Papiergeldes. Die Abgeordneten schafften die grundherrliche Gerichtsbarkeit ab, hoben die Binnenzölle auf, beseitigten die Zünfte, führten die Zivilehe ein, schufen eine neue Kirchenverfassung und krönten ihr Werk mit der Verfassung von 1791, die Frankreich in eine konstitutionelle Monarchie verwandelte, die die erste repräsentative Verfassung in Europa praktizierte. Insgesamt wurden bereits während dieser ersten Phase Kirche, Staat, Gesellschaft und Wirtschaft grundlegend umgestaltet.

Freiheit, Gleichheit, Brüderlichkeit erwiesen sich als Fanfarenstöße, die nicht allein die Franzosen erregten und mobilisierten, die vielmehr den Traum der Menschheit von einer besseren Welt aus der Utopie in die Realität zu holen versprachen. Die Revolution in Frankreich sollte von Beginn an ein weltgeschichtliches Ereignis von unvergleichlichem Rang werden, als die Franzosen den aufgeklärten Kosmopolitismus in die Politik einer Nation umsetzten. Die Erklärung der Menschen- und Bürgerrechte betraf eben nicht nur die Franzosen, sondern alle Menschen – jenseits von Konfession, Stand, Nation, ganz so, wie es das aufgeklärte Naturrecht beanspruchte.

(Horst Möller, Fürstenstaat oder Bürgernation – Deutschland 1763–1815, Berlin (Siedler) 1989, S. 518 ff.)

M 5 Der Historiker Heinrich August Winkler (2009)

[...] Auch darum ließen sich die Ideen von 1789 durch den Terror der Jahre 1793/94 nicht widerlegen. Der Anspruch auf unveräußerliche Menschen- und Bürgerrechte, darunter das Recht des Volkes auf politische Selbstbestimmung, war, seit ihn 1776 die Amerikaner und 13 Jahre später die Franzosen erhoben hatten, nicht mehr aus der Welt zu schaffen.

Aus dem Beispiel beider „atlantischen" Revolutionen ließ sich lernen. Die Vereinigten Staaten hatten es insofern leichter gehabt, als sie nur einen äußeren Feind, das koloniale Mutterland, bezwingen mussten. Für die revolutionären Franzosen ging es darum, sich gegenüber inneren und äußeren Feinden zu behaupten. Die Amerikaner verfügten, dank ihrer englischen Prägung, über Erfahrungen mit Gewaltenteilung, „checks and balances" und repräsentativer Demokratie, die Franzosen nicht. Wer die Freiheit nicht nur erobern, sondern dauerhaft sichern wollte, tat gut daran, den angelsächsischen Einsichten und einem französischen Aufklärer wie Montesquieu zu folgen, der sich an diesen Erkenntnissen orientierte.

Die Französische Revolution hatte in der Zeit ihrer stärksten Bedrohung ein Gefühl des Zusammenhalts hervorgebracht, von dem man vermuten durfte, dass es Nachahmer finden würde. Die Franzosen empfanden ihren Nationalismus als verträglich mit den Interessen der anderen europäischen Völker, ja sich selbst als Vorkämpfer der Befreiung des Menschengeschlechts. Folgerichtig konnte im Prinzip Franzose werden, wer sich glaubwürdig zu den Werten der Französischen Revolution bekannte. Die französische Sprache freilich, die Sprache der Menschenrechte, musste, wer Bürger des revolutionären Frankreich sein wollte, beherrschen. Das galt nicht nur für Ausländer; der Konvent forderte dies Anfang 1794 auch von den Citoyens jener Departements, in denen nicht Französisch, sondern Bretonisch, Baskisch, Italienisch oder Deutsch die Muttersprache war.

Das revolutionäre Frankreich wurde, indem es der Bindung an die Nation einen höheren Rang zusprach als anderen Bindungen, zur Pioniernation des modernen Nationalismus. Da die Aufklärung die Bindekraft der alten Autoritäten, der Kirche wie der Herrscher von Gottes Gnaden, in großen Teilen Europas erschüttert hatte, gab es auch andernorts ein Bedürfnis nach neuen Formen des Zusammenhalts. Die Frage war, ob sich der Nationalismus auch jenseits der französischen Grenzen mit dem Bekenntnis zu den Menschen- und Bürgerrechten verbinden oder auf rein nationale Werte wie die eigene Sprache und Kultur berufen würde.

Offen war im ersten Jahrzehnt nach 1789 auch, ob andere Länder einen ähnlich radikalen Bruch mit dem Christentum wie Frankreich vollziehen oder eine Verbindung von Nationalgefühl und überkommener Religion anstreben würden.

Sicher war nur, dass die Umwälzungen, die Frankreich zwischen 1789 und 1794 erlebt hatte und die noch längst nicht abgeschlossen waren, eine tiefe Zäsur für ganz Europa bildeten: Der alte Kontinent befand sich in einer Zeit des tief greifenden geistigen, gesellschaftlichen und politischen Umbruchs, dessen Ende nicht abzusehen war.

(Heinrich August Winkler, Geschichte des Westens – Von den Anfängen in der Antike bis zum 20. Jahrhundert, München 2009, S. 365 ff.)

Üben – Vertiefen – Anwenden

Die Französische Revolution

Kernbegriffe:

- ★ Generalstände
- ★ Nationalversammlung
- ★ Konstitutionelle Monarchie
- ★ Erklärung der Menschenrechte
- ★ Koalitionskriege
- ★ Sansculotten
- ★ Wohlfahrtsausschuss
- ★ Konventsherrschaft
- ★ Direktorium
- ★ Befreiungskriege

Info, S. 66–81
1. Stellen Sie die Ursachen und den Verlauf der Französischen Revolution in einer PowerPoint-Präsentation dar.

Info, S. 66–81
2. Erarbeiten Sie in Kleingruppen den Verlauf der verschiedenen Phasen der Französischen Revolution. Arbeiten Sie heraus, welche Entwicklungen und Ereignisse diese Phasen jeweils charakterisieren und auf welche sozialen Gruppen oder politischen Kräfte sich die revolutionäre Politik jeweils stützte. Präsentieren Sie Ihre Ergebnisse dem Kursverband.

Info, S. 71–74
Thema, S. 93 ff.
3. Stellen Sie die Faktoren, die zur Radikalisierung der Revolution in den Jahren 1791/92 führten, in einer Mindmap dar.

Info, S. 74–77
Thema, S. 93 ff.
4. Benennen Sie die wesentlichen Elemente der jakobinischen Politik zur Zeit der Konventsherrschaft (1792–1794) und erläutern Sie, in welchem Zusammenhang sie zueinander standen.

Info, S. 77–79
Thema, S. 93 ff.
5. Kann der „Terror" der Bergpartei in den Jahren 1792–1794 gerechtfertigt werden? Stellen Sie verschiedene Erklärungs- und Urteilsansätze zur Frage der Gewalt in der Französischen Revolution dar.

Thema, S. 86 ff.
6. Beschreiben Sie die Rolle der Frau in der Französischen Revolution.

Info, S. 17–19, 24–28, 66–81
7. Vergleichen Sie systematisch den Ablauf und die innere Dynamik der Französischen und der Amerikanischen Revolution miteinander: Lassen sich gemeinsame Verlaufsmuster erkennen? Gibt es jeweils typische Besonderheiten oder Akzentuierungen?

Forum, S. 98 ff.
8. Arbeiten Sie die besondere Leistung und historische Bedeutung der Amerikanischen und der Französischen Revolution heraus. Gewichten und bewerten Sie diese Leistungen im Vergleich.

Klausurtraining

Interpretation einer sprachlichen Quelle

1. Fassen Sie den Inhalt des Manifestes in strukturierter Form zusammen.
2. Ordnen Sie die Rede in den historischen Kontext ein und erläutern Sie die zum Ausdruck kommende Grundhaltung sowie die verwendeten Denkmuster.
3. Nehmen Sie begründet zu den Ausführungen des Autors Stellung.

M J. Roux: „Manifest der Enragés", 25.6.1793 vor dem Nationalkonvent

Der Jakobiner Jacques Roux (1752–1794), ein ehemaliger Priester, beteiligte sich zu Beginn der Revolution an der Zerstörung einiger Adelsschlösser. Er war Sprecher einer Pariser Sektion (Stadtviertel) und führte Ludwig XVI. zur Guillontine. 1792 gründete er die „enragés", eine Splittergruppe der Jakobiner. Auf Betreiben Robespierres, der Roux' Radikalismus ablehnte, verurteilte man ihn im Januar 1794 zum Tode. Er beging im Kerker Selbstmord.

Abgeordnete des französischen Volkes! Hundertmal hat dieser geheiligte Saal von den Verbrechen der Egoisten und Schurken widergehallt; immer wieder habt ihr uns versprochen, die Blutsauger des Volkes zu vernichten. Jetzt soll die Konstitutionsakte dem Volkssouverän zur Billigung vorgelegt werden. Habt ihr darin die Börsenspekulation geächtet? Nein! Habt ihr die Todesstrafe gegen die Hamsterer ausgesprochen? Nein! Habt ihr festgelegt, worin die Handelsfreiheit besteht? Nein! [...]
Nun denn, so erklären wir euch, dass ihr nicht alles für das Glück des Volkes getan habt. Die Freiheit ist nur ein leerer Wahn, solange eine Klasse die andere ungestraft verhungern lassen kann. Die Gleichheit ist nur ein leerer Wahn, solange der Reiche kraft seines Monopols über Leben und Tod seiner Mitmenschen entscheidet. Die Republik ist nur ein leerer Wahn, solange die Gegenrevolution tagtäglich am Werk ist, indem sie alle Lebensmittelpreise hinaufschraubt, die von Dreivierteln der Bürger nur unter Tränen aufgebracht werden können.
Und doch, nur wenn man die Erpressermethoden der Geschäftemacherei ausschaltet, hat Handel Anspruch auf Achtung; nur wenn ihr die Lebensmittel für die Sansculotten erschwinglich macht, werdet ihr diese an die Sache der Revolution binden, sie um die Verfassungsgesetze scharen. Wie? Weil die Politiker, ihrem Auftrag untreu, in unser unglückliches Vaterland die Geißel des auswärtigen Krieges gerufen haben, soll der Reiche uns einen noch schrecklicheren im Inneren erklären dürfen? Weil 300000 Franzosen [...] durch das mörderische Schwert der Monarchenknechte umgekommen sind, sollen die, die an ihrem Herd geblieben sind, sich damit begnügen, Steine zu essen? Sollen die Witwen der für die Sache der Freiheit Gefallenen [...] mit barem Gold die Milch und den Honig für die Ernährung ihrer Kinder bezahlen? [...]
Nein, Abgeordnete des Berges, ihr werdet euer Werk nicht unvollendet lassen; ihr werdet den Grund für den öffentlichen Wohlstand legen, die allgemeinen Strafbestimmungen gegen die Spekulation und Hamsterei bestätigen; ihr werdet euren Nachfolgern nicht das schreckliche Beispiel der barbarischen Unterdrückung des Schwachen durch den so Starken, des Armen durch den Reichen geben; ihr werdet, schließlich, eure Laufbahn nicht mit Schande beenden.
Als Zeichen dieser unserer festen Überzeugung nehmt hier von uns den erneuerten Schwur entgegen, dass wir bis ins Grab für die Freiheit und Gleichheit, für die Einheit und Unteilbarkeit der Republik und für die unterdrückten Sansculotten der Departements kämpfen werden. Mögen sie schnell [...] nach Paris kommen, die Bande der Brüderlichkeit fest zu knüpfen! Dann werden wir ihnen jene unsterblichen Piken zeigen, die die Bastille in Trümmer gelegt haben, jene Piken, [...] die kurzen Prozess machen werden mit den Intriganten und Verrätern, unter welcher Maske sie sich auch verstecken, in welchem Lande sie auch leben mögen. Wir werden sie zum Fuß jener jungen Eiche führen, unter der die Marseiller und die Sansculotten der Departements [...] den Eid leisteten, den Thron umzustürzen. Wir werden sie schließlich in den Gesetzesstempel geleiten, wo wir ihnen mit republikanischer Hand die Seite zeigen werden, die den Tyrannen retten wollte, und den Berg, der für seinen Tod stimmte.
Es lebe die Wahrheit, es lebe der Nationalkonvent, es lebe die Französische Republik!

(Zit. nach: Walter Grab (Hg.), Die Französische Revolution – Eine Dokumentation, München 1973, S. 163f. und 170f.)

Russische Revolution und Sowjetunion – Sozialistischer Weg der Zukunftsgestaltung

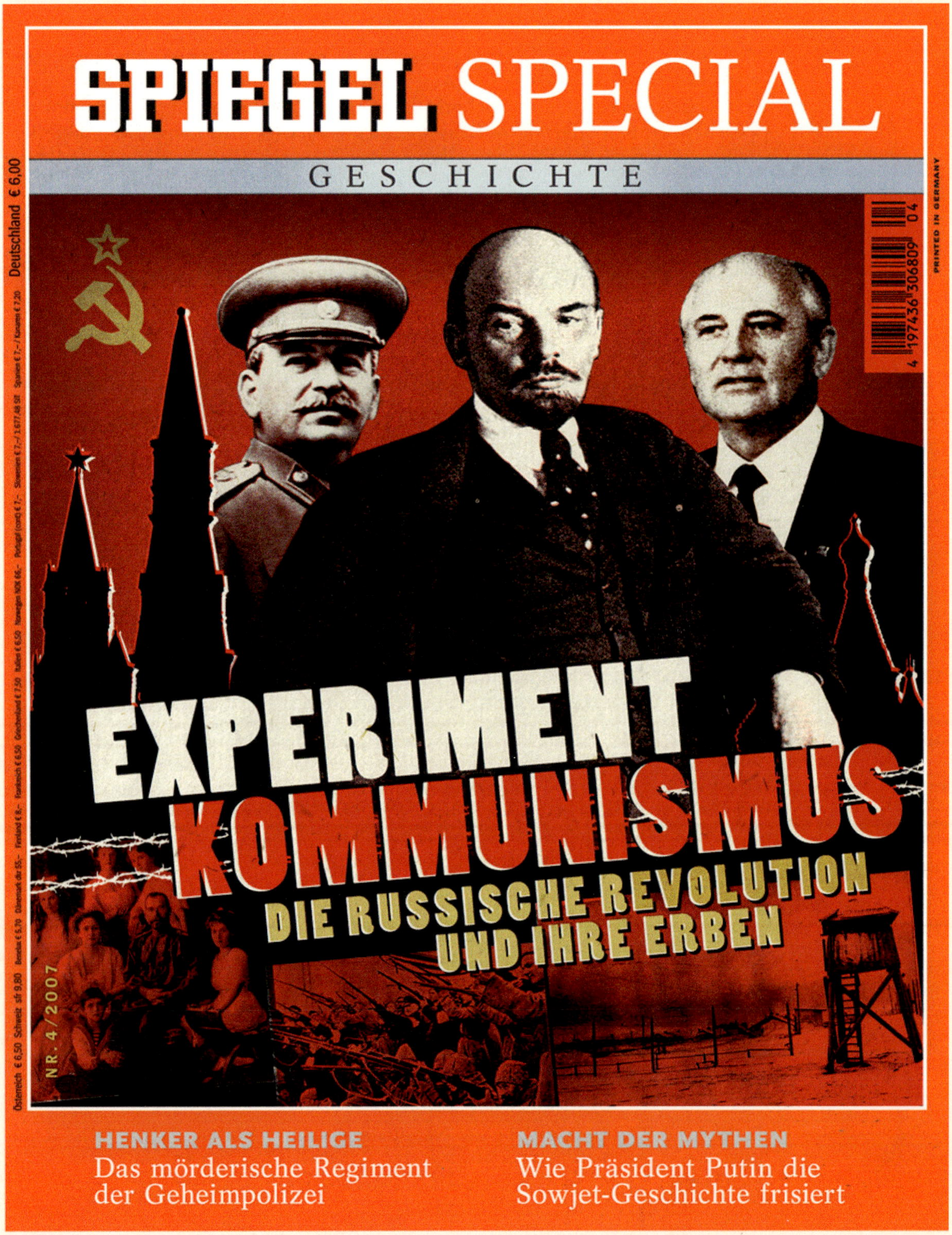

Wie keine andere politische Umwälzung hat das „Experiment Kommunismus" die Geschichte des 20. Jahrhunderts beeinflusst: Die Oktoberrevolution des Jahres 1917 beseitigte die jahrhundertealte Herrschaft der Zaren, um den Weg für die Umformung des russischen Großreiches in ein Staatswesen nach kommunistischem Vorbild frei zu machen. Mit der Gründung der Sowjetunion betrat der erste kommunistische Staat die Weltbühne der Moderne.

Durch den Aufstieg der Sowjetunion zur Weltmacht nach dem Zweiten Weltkrieg markiert das Epochenjahr 1917 auch den Beginn des Ost-West-Konflikts zwischen der kommunistisch-planwirtschaftlichen Sowjetunion auf der einen und den demokratisch-kapitalistischen USA auf der anderen Seite. 1946 erklärte Stalins Außenminister Molotow selbstbewusst: „Die Sowjetunion ist eines der mächtigsten Länder der Welt, nicht ein einziges Problem der internationalen Beziehungen kann ohne die Sowjetunion gelöst werden." Die Sorge vor einer militärischen Konfrontation der Supermächte bestimmte für Jahrzehnte die internationale Politik.

Doch das Erbe der Russischen Revolution wirkt auch nach dem Zerfall der Sowjetunion und des Ostblocks in den Jahren nach 1989 nach. So stellt das neue Russland immer noch eine Weltmacht dar, die politisch und wirtschaftlich von großer Bedeutung ist. Gleichzeitig weist das heutige Russland von Präsident Putin Züge auf, die zunehmend an sowjetische Autokratie und Einparteienherrschaft erinnern. Die Neuordnung nach dem raschen Zusammenbruch des kommunistischen Systems erweist sich somit als überaus problematischer Prozess. Die tiefen Spuren, die die Sowjetunion hinterlassen hat, sind allgegenwärtig.

Ein Denkmal Stalins wird entsorgt (Ungarn 1990).

Datentafel	
18. Jahrhundert:	Aufstieg Russlands zur Großmacht
1905:	Erste Revolution nach dem „Petersburger Blutsonntag"
1906:	Erste russische Verfassung, Duma
Februar 1917:	Februarrevolution, Abdankung des Zaren
Oktober 1917:	Oktoberrevolution, Machtübernahme durch die Bolschewisten
1921:	Sieg der Roten Armee im Bürgerkrieg, Aufstand der Matrosen von Kronstadt
1922:	Gründung der UdSSR, Stalin wird Generalsekretär der Partei.
1924:	Tod Lenins (24.1.)
1928:	Beginn der Kollektivierung der Landwirtschaft
1929:	Beginn des ersten Fünfjahresplanes
1936:	Erste Schauprozesse gegen politische Gegner, Beginn der Terrorwellen
1953:	Tod Stalins (5.3.)

Russland: Der sozialistische Weg in die Moderne

Lenin
1870: Geburt als Wladimir Iljitsch Uljanow in Simbirsk
1897: Dreijährige Verbannung nach Sibirien wegen politischer Tätigkeit
1900: Verwendung des Decknamens Lenin
1907: Flucht vor der Geheimpolizei nach Finnland und Genf
1917: Rückkehr nach Petrograd mit deutscher Hilfe, nach der Oktoberrevolution Vorsitzender des Rats der Volkskommissare
1918: Attentat auf Lenin, schwere gesundheitliche Folgeschäden
1924: Tod Lenins

1. Sieben Jahrzehnte Sowjetunion

Supermacht Sowjetunion. So wie die Sowjetunion ist noch keine Weltmacht der Geschichte abgetreten. Sie wurde weder besiegt noch gestürzt – im Gegenteil, der Zusammenbruch kam nach einer mehrjährigen Phase des Friedens, der Entspannung und der Abrüstung in Europa und der Welt. Die östliche Supermacht löste sich innerhalb von drei Jahren ganz einfach auf: Am 8. Dezember 1991 bildeten die Staatschefs Russlands, der Ukraine und Weißrusslands die „Gemeinschaft Unabhängiger Staaten" (GUS) und beendeten damit die Existenz der UdSSR.
Umso faszinierender erscheinen im historischen Rückblick die sieben Jahrzehnte des unaufhaltsamen Aufstiegs dieser Union der Sozialistischen Sowjetrepubliken, die aus der Asche des Ersten Weltkriegs und der Russischen Revolution von 1917 entstand. Niemand hätte es in dieser Zeit für möglich gehalten, dass der russische Revolutionär und spätere Begründer der Sowjetunion Wladimir Iljitsch Lenin und seine Partei der Bolschewiki die Staatsmacht für mehr als ein paar Wochen oder Monate würden festhalten können – nicht einmal die Bolschewiki selbst glaubten das. Für sie bedeutete der Griff nach der Staatsmacht im Oktober/November 1917 den Aufbruch in ein Niemandsland der Geschichte. Bis zum Ende der 80er-Jahre des letzten Jahrhunderts entwickelte sich die Sowjetunion zu einer derjenigen Supermächte, die die Weltpolitik dominierten und auch Deutschlands politisches Schicksal maßgeblich beeinflussten.

Kommunistische Staatsgründungen. Auch annähernd 20 Jahre nach dem Ende der Sowjetunion berufen sich revolutionäre Bewegungen in verschiedenen Teilen der Welt noch immer auf die kommunistische Tradition. Den Griff nach der Staatsmacht hatten Kommunisten bereits nach dem Ende des Zweiten Weltkriegs in einer Reihe von Ländern gewagt. Während in Mittel- und Osteuropa zahlreiche Staaten unter dem di-

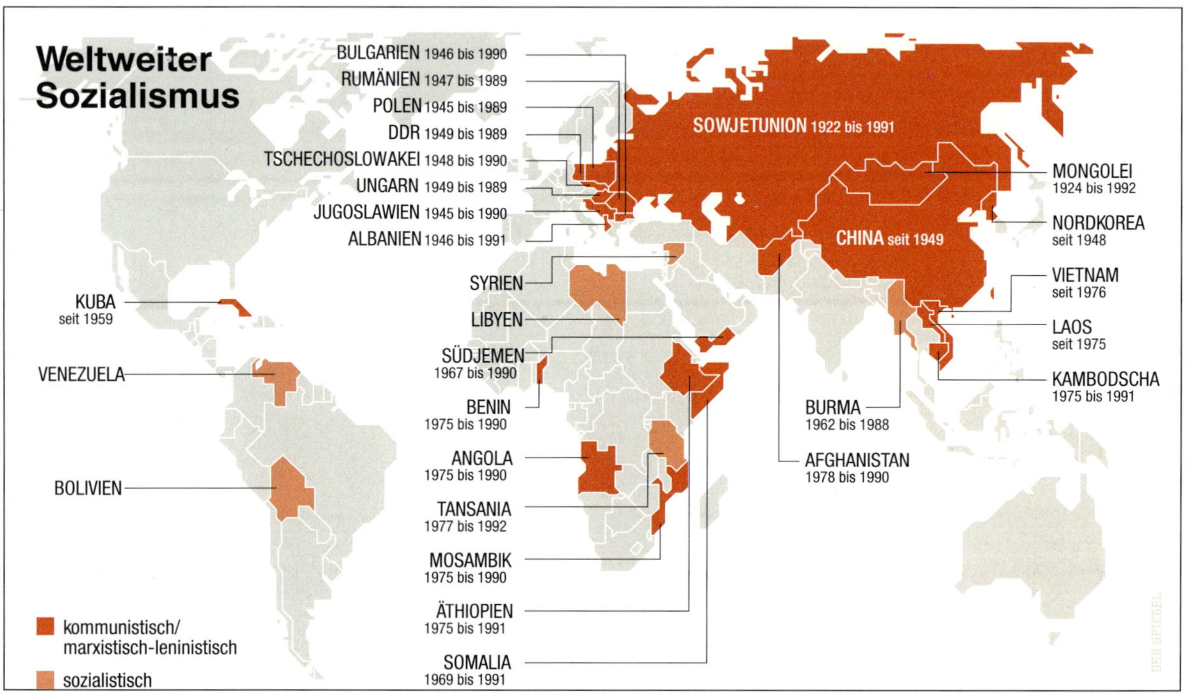

rekten Einfluss der Sowjetunion umgeformt wurden, entwickelten sich insbesondere in Asien und Afrika kommunistische Staatswesen. So siegten kommunistische Parteien im 20. Jahrhundert im alten Großreich China, in Ländern wie Vietnam oder Korea, wo sie in ihrem Widerstand gegen fremde Kolonialherren an ältere Traditionen anknüpfen konnten, oder sie schälten sich als neu gegründete Staatsparteien aus dem Pulverdampf verschiedener Befreiungskämpfe heraus, wie in den 1960er- und 70er-Jahren in Kuba, Angola, Mosambik, Südjemen oder Äthiopien.

„Arbeiter und Kolchosbäuerin" (Statue von Vera Muchina, 1937)

Ein neues Gesellschaftsmodell. Die Russische Revolution veränderte die weltpolitische Lage nicht nur dadurch, dass sie in Europa eines der wichtigsten Bollwerke des Absolutismus zu Fall brachte. In ihr entstand eine neuartige Gesellschafts- und Wirtschaftsordnung, die beanspruchte, eine bessere Alternative zu den kapitalistisch wirtschaftenden, parlamentarischen Demokratien des Westens zu sein und einen effektiveren Weg aus wirtschaftlicher und politischer Rückständigkeit zu zeigen als die marktwirtschaftlichen Systeme des Westens. Die Sowjetunion nahm von Anfang an für sich in Anspruch, ein Gesellschaftsmodell zu verwirklichen, in dem die Ausbeutung des Menschen durch den Menschen überwunden und ein Leben ohne Mangel möglich sein sollte. Die prägende Kraft dieser Revolution war die russische Arbeiterbewegung. Die Auseinandersetzung um die Bewertung der Oktoberrevolution und der Sowjetunion führte überall zu einer Spaltung der Arbeiterbewegung in einen sozialistischen Flügel, der eine Gesellschaftsveränderung eher mit evolutionären Mitteln anstrebte, und einen kommunistischen Flügel, der nach dem Vorbild der Oktoberrevolution einen gewaltsamen Umsturz für unumgänglich hielt. Die Kommunistische Internationale, zu der sich diese Parteien im März 1919 in Moskau zusammenschlossen, betrachtete die Oktoberrevolution als Beginn und Ausgangspunkt einer sozialistischen Weltrevolution und die Sowjetunion als Wiege des Kommunismus, deren Politik es zu unterstützen galt.

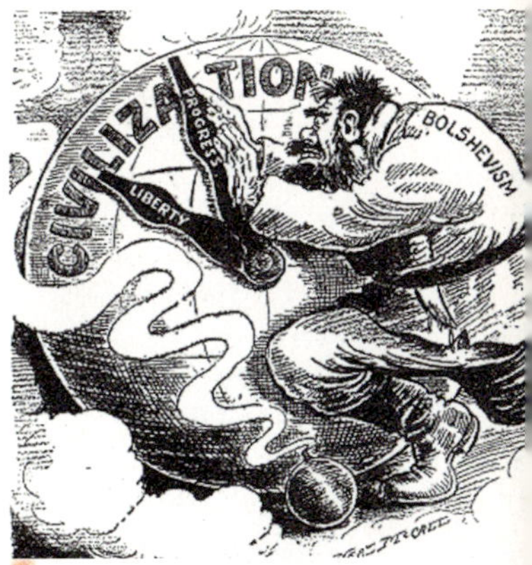

Der Bolschewismus bedroht die Zivilisation (amerikanische Karikatur, 1919).

Die Sowjetunion und der Westen. Durch das Entstehen eines alternativen Gesellschaftssystems fühlten sich die westlichen Demokratien bedroht, umso mehr als sie die kommunistischen Parteien in ihren Ländern als den verlängerten Arm der Sowjetunion betrachteten. Von Anfang an bekämpften sie die Sowjetunion, zunächst mit militärischen, dann, als dies erfolglos blieb, mit propagandistischen und diplomatischen Mitteln. Bis zu ihrem Zusammenbruch Ende der 80er-Jahre des vorigen Jahrhunderts blieb die Sowjetunion als sozialistischer Staat eine grundsätzliche Alternative zum liberaldemokratischen Modell der USA und der westlichen Demokratien.

2. Das Selbstverständnis der Sowjetunion: Der Sozialismus als gesetzmäßiger Weg zu Frieden und Fortschritt

Die ideologische Grundlage …

Marxismus-Leninismus. Das Selbstverständnis der Sowjetunion beruhte wesentlich auf dem von Karl Marx und Friedrich Engels im 19. Jahrhundert entwickelten Gedankengebäude des Marxismus, das von Lenin zum Marxismus-Leninismus weiterentwickelt wurde.

Historischer Materialismus. Den Kern dieser Lehre bildet der historische Materialismus, ein Geschichtsverständnis, das die menschliche Geschichte als gesetzmäßige Abfolge verschiedener Gesellschaftsformationen (s. Grafik auf S. 110) auffasst. Der Kommunismus, die letzte Phase dieser Entwicklung, wird beschrieben als ein Zustand ohne Unterdrückung, in dem alle Menschen im wirtschaftlichen Überfluss leben. Bis

Die Entwicklung der menschlichen Gesellschaft nach Marx

Kommunismus
„klassenlose Gesellschaft“

↑

Sozialismus
„Diktatur des Proletariats“

Kapitalismus
Kapitalisten ↔ Proletarier

Feudalismus
Feudalherren ↔ Bauern

Sklavenhaltergesellschaft
Sklavenhalter ↔ Sklaven

Urgesellschaft

auf die Urgesellschaft und den Kommunismus seien diese Gesellschaftsformationen durch den fundamentalen Gegensatz zwischen einer jeweils herrschenden und einer jeweils unterdrückten „Klasse“ bestimmt. Die herrschende Klasse ist dabei dadurch definiert, dass sie die Produktionsmittel wie landwirtschaftliche Flächen, Werkzeuge und Fabrikanlagen und damit die Ergebnisse der Produktion, die Produkte, besitzt, während die unterdrückte Klasse bestenfalls nur über privaten Besitz verfügt und deshalb gezwungen ist, ihre Arbeitskraft für eine unter dem Wert ihrer Arbeit liegende Entlohnung an die herrschende Klasse zu verkaufen.

Historische Aufgabe des Proletariats. Der Wechsel zwischen den historischen Gesellschaftsformationen wird – so dieses Geschichtsverständnis – immer durch eine Revolution bewirkt, in der, wenn die Zeit reif ist, die unterdrückte Klasse die Macht übernimmt und ihrerseits zur herrschenden Klasse wird. So habe sich in den bürgerlichen Revolutionen das Bürgertum gegen den Adel durchgesetzt und unterdrücke fortan im Kapitalismus die Arbeiterschaft, das „Proletariat“. Deshalb ist bzw. war es nach der Theorie von Marx und Engels die historische Aufgabe des Proletariats und seiner politischen Organisation, diese Herrschaft der Bourgeoisie in einer sozialistischen Revolution zu sprengen und seinerseits die Kontrolle über die Produktionsmittel zu übernehmen. In diesem Kommunismus sahen Marx und Engels die Voraussetzung für eine klassenlose Gesellschaft und das Ende der Ausbeutung des Menschen durch den Menschen.

Leninismus. Lenin konkretisierte diese marxistische Theorie vor allem in drei Richtungen: Erstens bezog er sie systematisch auf die besondere Situation Russlands, das seinen marxistisch orientierten Zeitgenossen als wenig industrialisiertes Land mit einer überwiegend bäuerlichen Bevölkerung nicht für eine sozialistische Revolution vorbestimmt schien. Zweitens entwickelte er das Konzept einer straff geführten Kaderpartei, die als „Vorhut“ der Arbeiterklasse die sozialistische Revolution vorbereiten und durchführen sollte. Drittens entwickelte er eine Staatstheorie: Im sozialistischen Staat sollte die Macht durch Räte (Sowjets) ausgeübt werden, die vom Volk direkt gewählt und kontrolliert wurden.

Lenin bei der Einweihung eines Denkmals für Marx und Engels 1918 in Moskau

… und ihre Umsetzung

Staatsideologie. Der Marxismus-Leninismus prägte als Weltanschauung Lenins Partei, die „Bolschewiki“, und die von ihr getragene „Oktoberrevolution“ im Jahre 1917. In der neu gegründeten Sowjetunion verfestigte er sich zu einer Staatsideologie, zu einem verordneten Geschichts- und Weltbild, das in seinen Grundzügen bis zur Selbstauflösung der Sowjetunion im Jahre 1989/90 Gültigkeit behielt.

Planwirtschaft. An die Stelle der Marktwirtschaft sollte im sozialistischen Staat die Planwirtschaft treten: Der Staat war Besitzer der Produktionsmittel und er sollte alle wirtschaftlichen Vorgänge – wie Art und Umfang der Produktion, die Preise für Investitions- und Konsumgüter, die Höhe der Löhne und Einkommen – entsprechend den gesellschaftlichen Bedürfnissen planen und festlegen. Dieses Modell wurde ab 1928 systematisch in die Realität umgesetzt und ermöglichte zunächst spektakuläre Erfolge bei der Industrialisierung der Sowjetunion, die ihm zu großer internationaler Popularität verhalfen: Das westliche, liberal-marktwirtschaftliche Modell geriet infolge der Weltwirtschaftskrise 1929/30 in eine schwere Legitimationskrise, während zeitgleich die sowjetische Industrieproduktion um über 80 % stieg.

Selbstbild der Sowjetunion. Diese Entwicklung festigte die grundlegenden weltanschaulichen Überzeugungen, die trotz wichtiger Nuancen durchgängige Elemente des Selbstbildes der Sowjetunion bildeten:

Genosse Lenin säubert die Welt vom Schmutz (russisches Plakat, 1920).

- die Überzeugung, die eigene Politik befände sich in Übereinstimmung mit „objektiven" Gesetzmäßigkeiten der Geschichte und bewege sich hin zu einem klar definierten Ziel (Kommunismus);
- die Überzeugung, die konkrete Politik des Staates könne von einer sozialistisch gebildeten Parteielite wissenschaftlich und „objektiv" aus dem historischen Materialismus abgeleitet werden;
- die Überzeugung, die eigene Politik sei eine ganze Epoche der Menschheitsgeschichte weiter und fortschrittlicher als die der kapitalistischen Staaten, deren baldiger Zusammenbruch immer wieder prophezeit wurde;
- die Überzeugung, dass politische Zwangsmaßnahmen und menschliche Opfer angesichts des großen historischen Ziels notwendig und vertretbar seien.

Selbstbild und Wirklichkeit. Schon unmittelbar nach dem Zusammenbruch der Sowjetunion 1991 stand fest, dass dieses Selbstbild zu einem Dogma geworden war, das spätestens in den 1980er-Jahren an der Wirklichkeit zerbrach. Bis heute ist allerdings umstritten, ob es sich um eine Ideologie zur Rechtfertigung einer diktatorischen Herrschaft und zahlreicher Menschenrechtsverletzungen handelte oder ob bzw. in welchem Ausmaß Teile der Bevölkerung, zumindest die Parteielite, tatsächlich von diesem Selbstbild überzeugt waren. Jedenfalls teilte niemals die ganze Bevölkerung diese Ideologie; die gesamte Geschichte der Sowjetunion ist auch eine Geschichte der Verfolgung ihrer Gegner im Inneren.

Mit pompösen Militärparaden auf dem Roten Platz, wie hier 1987, stellte sich die Sowjetunion als kraftstrotzender Staat dar. Der stellte zwar Unmengen an Stahl und Panzern her – aber keinen konkurrenzfähigen PKW oder Computer.

3. Die Russische Revolution

Russland vor der Revolution. Jahrhundertelang bildete das russische Zarenreich eine feste Größe unter den europäischen Großmächten. Russland war damals (und ist auch heute) der in Bezug auf seine geografische Ausdehnung und die Bevölkerungszahl mit Abstand größte Staat in Europa. Vor dem Ersten Weltkrieg, an der Schwelle zum 20. Jahrhundert, galt das Zarenreich zugleich als eines der wirtschaftlich, gesellschaftlich und politisch rückständigsten Länder Europas. Noch immer beherrschten Zar und Adel das Land. Für die Bürger gab es nur wenige politische Mitwirkungsmöglichkeiten. Die Leibeigenschaft der Bauern, über 80 % der Bevölkerung, war erst 1861 aufgehoben worden, die Landwirtschaft war wenig produktiv und die Industrie stand erst am Beginn ihrer Entwicklung.

Gesellschaftskritik (Flugblatt der „Union russischer Sozialisten“, um 1900 im Ausland veröffentlicht)

1905 kam es zu einem ersten Revolutionsversuch, als sich nach der Niederlage der zaristischen Armeen im Krieg gegen Japan 1904/05 die Lage der Bevölkerung weiter verschlechterte. Durch den brutalen Einsatz der Armee und das Zugeständnis einer Verfassung und Volksvertretung, der Duma, überstand der Zarismus diese Krise. Unter den Belastungen des Ersten Weltkrieges jedoch, in den Russland an der Seite Serbiens gegen Deutschland und Österreich eintrat, brach nicht nur die russische Armee, sondern auch die Wirtschaft und die Versorgung der Städte zusammen. Der Zar verlor jede Autorität.

Revolutionsjahr 1917

Februarrevolution 1917. Ende Februar 1917 erzwangen Massendemonstrationen und Streiks den Sturz des Zaren. Aus den Reihen der Duma entstand eine neue „Provisorische Regierung“, in der Adel und Bürgertum vertreten waren. Gleichzeitig bildeten sich Arbeiter-, Bauern- und Soldatenräte (Sowjets), die diese Regierung kontrollieren sollten. Die Räte forderten vor allem die sofortige Beendigung des Krieges, eine Bodenreform zugunsten der einfachen Bauern, Arbeiterkontrolle in den Betrieben und die sofortige Einberufung einer verfassungsgebenden Versammlung, während die Provisorische Regierung Reformen nach dem Vorbild der westeuropäischen Staaten anstrebte. In den Räten hatten zunächst diejenigen Kräfte die Mehrheit, die dem Bürgertum die Regierung überlassen wollten, da sie darin seine historische Aufgabe sahen. Bald zeigte sich aber, dass die Provisorische Regierung diejenigen Probleme, die die Bevölkerung am meisten belasteten, nicht angehen wollte: Sie führte keine Bodenreform durch, weil sie das Eigentum des Adels nicht angreifen wollte, und sie wollte den Krieg nicht beenden, weil sie es sich mit ihren Westalliierten nicht verderben wollte. Daraufhin gewannen Lenin und seine Partei, die Bolschewiki, immer mehr Anhänger. Lenin hatte schon im April eine sozialistische Revolution unter Führung der Arbeiter und Bauern auf der Tagesordnung gesehen und er stellte die Forderungen „Land" und „Frieden" in den Mittelpunkt seines Programms.

„Lenin verkündet die Sowjetmacht" (Gemälde, 1947).

Oktoberrevolution 1917. Der zunächst kleinen, aber straff organisierten Partei der Bolschewiki, die Lenin seit 1903 aufgebaut hatte, gelang es bis zum September 1917, die Mehrheit in den Sowjets für sich zu gewinnen. In der Nacht vom 24. zum 25. Oktober 1917 stürmten Truppen des Petersburger Sowjets, in dem die Bolschewiki die absolute Mehrheit hatten, das „Winterpalais", den Regierungssitz der Provisorischen Regierung. Am 25. Oktober trat der „Zweite Gesamtrussische Kongress der Arbeiter- und Soldatenräte" zusammen und beschloss auf Antrag der Bolschewiki

- das Dekret über den Frieden, das allen Krieg führenden Völkern sofortige Verhandlungen über einen „gerechten und demokratischen Frieden" ohne Gebietsabtretungen und Entschädigungen anbot;
- das Dekret über den Boden, das den Landbesitz der Grundherren entschädigungslos enteignete und die Nutzung des Landes jedermann zugestand, der es mit eigener Arbeitskraft bestellen wollte;
- die Einsetzung eines „Rats der Volkskommissare" unter dem Vorsitz Lenins als provisorische Regierung der Arbeiter und Bauern, die das Land bis zur Einberufung der verfassungsgebenden Versammlung regieren sollte.

Bolschewiki fordern den Rücktritt der Provisorischen Regierung (Juni 1917). Auf dem Transparent steht: „Nieder mit den kapitalistischen Ministern! Alle Macht den Sowjets!"

Revolutionäre Beschlüsse. Zunächst beendete die neue Regierung im März 1918 den Krieg mit Deutschland und Österreich-Ungarn durch den Frieden von Brest-Litowsk, obwohl Sowjetrussland dabei gezwungen wurde, Gebiete abzutreten, in denen ein Drittel seiner Bevölkerung wohnte und über 80 % seiner Eisen- und Kohlevorräte lagen. In den folgenden Tagen und Wochen schufen die Bolschewiki die gesetzlichen Grundlagen für die Durchführung ihrer übrigen Forderungen und Versprechungen. Sie erließen zahlreiche Dekrete und Verordnungen. Die Umsetzung dieser revolutionären Beschlüsse in die gesellschaftliche Wirklichkeit erwies sich jedoch als schwierig, zumal die völlige Umwälzung des Landes ungeahnte neue Probleme hervorrief.

Revolutionäre Beschlüsse 1918	
29.10.:	Dekret über den Achtstundentag
2.11.:	Deklaration der Rechte der Völker Russlands
10.11.:	Dekret über die Aufhebung der Stände
14.11.:	Verordnung über die Arbeiterkontrolle in den Betrieben
14.12.:	Nationalisierung der Banken
16.12.:	Demokratisierung der Armee
18.12.:	Gleichberechtigung der Frau

Radikalisierung und Reaktionen

Bürgerkrieg und Kriegskommunismus. In den folgenden Jahren bis 1920 wurde Russland durch einen Bürgerkrieg zwischen Befürwortern und Gegnern der Revolution verwüstet: Volkswirtschaft und Infrastruktur brachen zusammen, riesige Flucht- und Wanderungsbewegungen setzten ein, Millionen von Menschen starben durch Kriegshandlungen oder Hunger. Der Sowjetstaat konnte sich in dieser Situation nur behaupten, wenn er die gesamte wirtschaftliche und staatliche Tätigkeit auf die Bedürfnisse des Bürgerkrieges ausrichtete. Das dabei entstehende Wirtschafts- und Gesellschaftssystem wird Kriegskommunismus genannt, in dem eine Zentralverwaltungswirtschaft entstand, die die Bedeutung des Marktes und des Geldes weitgehend außer Kraft setzte. Um die wenigen Lebensmittel, Gebrauchsgüter und Rohstoffe für die Industrie im Sinne der politischen Zielsetzungen zu verteilen, wurden sie von staatlichen Stellen

Eine Folge des Krieges in Russland: hungernde Kinder (1922)

„Kommunismus – das ist Sowjetmacht plus Elektrifizierung" (Lenin).

Markt auf dem Land in den 1920er-Jahren während der NEP

vielfach kostenlos zugeteilt. Schließlich gelang der von Leo Trotzki (1879–1940) neu aufgebauten „Roten Armee" der Sieg über die Anhänger des Zaren, die sogenannten „Weißen", vor allem deshalb, weil die Bauern das neu gewonnene Land nicht an die alten Eigentümer zurückgeben wollten, sondern die Sowjetregierung unterstützten, die ihnen einen jahrhundertealten Traum erfüllt hatte.

Neue Ökonomische Politik. Nach dem Ende des Bürgerkriegs kam es angesichts der Zerrüttung des Landes zu Unruhen und Aufständen gegen das Zwangssystem des Kriegskommunismus. Die Bolschewiki sahen sich zu einem Kurswechsel gezwungen. Mit der „Neuen Ökonomischen Politik" (NEP) kamen sie vor allem den Interessen der Bauern entgegen, indem sie neben dem verstaatlichten wieder einen privaten Wirtschaftssektor zuließen: Er umfasste 20 bis 25 Millionen Bauernwirtschaften, kleine Betriebe, die überwiegend Güter des täglichen Bedarfs herstellten, und Händler, die den Güteraustausch zwischen Stadt und Land organisierten. Lediglich die „Kommandohöhen der Volkswirtschaft" – Großindustrie, Banken, Verkehrswesen, Großhandel, Außenhandel und gesamtwirtschaftliche Planung – blieben in staatlicher Hand. Die Bolschewiki trugen damit der Tatsache Rechnung, dass sie ein Bauernland regierten, das sich erst am Beginn der Industrialisierung befand und in dem das Industrieproletariat nur eine kleine Minderheit war. Im Unterschied zum Kriegskommunismus sahen sie den Aufbau des Sozialismus nun als eine Folge der allmählichen Entwicklung und Industrialisierung des Landes im Rahmen einer volkswirtschaftlichen Gesamtplanung, mit der politische Prioritäten durchgesetzt werden konnten. Mit der NEP gelang es der Sowjetunion innerhalb weniger Jahre (d. h. schneller als den meisten anderen kriegsbeteiligten Staaten), die Folgen von Krieg und Bürgerkrieg zu überwinden und das Vorkriegsniveau der Volkswirtschaft wieder zu erreichen.

Plakat 1923: Frau! Lerne lesen und schreiben! „Ach, Mama, wenn du lesen und schreiben könntest, könntest du mir helfen."

Kulturrevolution. Gleichzeitig erlebte die Sowjetunion einen beispiellosen kulturellen Aufschwung, der große internationale Beachtung fand. Auf dem Gebiet der Malerei und Bildhauerei, des Theaters und des jungen Films, der Literatur und Dichtkunst wurden avantgardistische Strömungen weiterentwickelt und neue Ausdrucksformen gefunden, die bis heute weiterwirken. Viele Künstler stellten ihr Schaffen in den Dienst der Revolution. Die Sowjetregierung unternahm große Anstrengungen, um die zwei Drittel der Bevölkerung, die weder lesen noch schreiben konnten, zu alphabetisieren und damit die Voraussetzungen für eine Weiterentwicklung und Industrialisierung des Landes zu schaffen.

4. Die Entwicklung der Sowjetunion

Das totalitäre System unter Stalin

Kampf um Lenins Nachfolge. Nach Lenins Tod 1924 entbrannte unter seinen Weggefährten ein Kampf um seine Nachfolge, der mit der Frage verbunden war, welchen Kurs die Partei der Bolschewiki verfolgen sollte: War es möglich, den Sozialismus in einem bäuerlich geprägten Land aufzubauen, obwohl die erwartete Unterstützung durch sozialistische Revolutionen in den entwickelteren Ländern ausgeblieben war? Musste die Industrialisierung forciert werden, um zu verhindern, dass schließlich doch wieder der privatwirtschaftliche Sektor der Wirtschaft die Oberhand gewann? Stalin bejahte beide Fragen.

Stalin als Diktator. Stalin war seit 1922 Generalsekretär der Partei, was ihm die Möglichkeit bot, sich durch geschickte Personalpolitik eine breite Machtbasis in der Partei zu verschaffen. Diese konnte er nutzen, um seine Konkurrenten auszuschalten, zumal seit 1921 durch ein „Fraktionsverbot" verhindert wurde, dass sich eine innerparteiliche Opposition formierte. Seinen gefährlichsten Gegner, Leo Trotzki, vertrieb er aus dem Land und ließ ihn 1940 in Mexiko ermorden. Trotzkis Theorie von der „permanenten Revolution" stellte er seine Idee vom „Aufbau des Sozialismus in einem Land" entgegen. Diese Option diente ihm als Vorwand für seine Politik der beschleunigten Industrialisierung und der gewaltsamen Kollektivierung der Landwirtschaft, der Errichtung einer modernen Armee und der Kontrolle aller Gesellschaftsschichten. Das Monopol der Partei auf Macht und Privilegien war gesichert.

Stalin
1878: Geburt des Iossif Wissarionowitsch Dschugaschwili in Gori
1899: Ausschluss aus dem Priesterseminar wegen politischer Tätigkeit
1912: Mitglied des Zentralkomitees der Bolschewiki, Deckname „Stalin"
1913–1917: Verbannung
1922: Generalsekretär der Kommunistischen Partei
1924: Tod Lenins, Verhaftung und Ermordung innerparteilicher Gegner
1927: Uneingeschränkter Alleinherrscher
1953: Tod Stalins

Zwangskollektivierung. Ab 1927 ging das Getreideangebot der Bauern auf den Märkten zurück, weil sie dort kein für sie interessantes Warenangebot vorfanden. Die staatlichen Getreideaufkäufer konnten immer weniger Getreide für den Export bereitstellen, der eine wesentliche Voraussetzung für die Realisierung der geplanten Industrieprojekte war. Daraufhin beschloss die Sowjetregierung unter Stalin, die Bauern zur Herausgabe des Getreides zu zwingen. Die privaten Märkte wurden beseitigt und die Bauern mussten sich zu Kollektivwirtschaften zusammenschließen; wer sich widersetzte, wurde in Zwangsarbeitslager deportiert, wo Millionen elend zugrunde gingen. Diese Zwangskollektivierung endete 1932/33 mit einer völligen Zerrüttung der landwirtschaftlichen Arbeitsorganisation, einem dramatischen Rückgang der Ernteerträge und einer Hungersnot, der abermals Millionen zum Opfer fielen.
Der private Wirtschaftssektor spielte künftig in der Sowjetunion keine Rolle mehr. Landwirtschaft und Industrie unterlagen gleichermaßen den durch die zentrale Wirtschaftsplanung festgelegten Vorgaben und führten deren Befehle aus. Die Landwirtschaft konnte sich nur schwer von den Folgen der Zwangskollektivierung erholen, zumal die für den Erfolg der Kollektivwirtschaften notwendigen landwirtschaftlichen Maschinen nur in geringen Mengen bereitgestellt werden konnten. Erst 1939/40 wurde das Produktionsniveau von 1928 wieder erreicht. Dennoch lieferte die Landwirtschaft 1940/41 dreimal so viel Marktgetreide wie 1928/29, denn nach dem Verschwinden der privaten Landwirtschaft war es den staatlichen Behörden möglich, den Bauern nur das Lebensnotwendigste zu belassen und die gesamte übrige Produktion für die Versorgung der Städte und den Aufbau der Industrie zu nutzen.

Forcierte Industrialisierung. Die Industrie wurde in den 1930er-Jahren in einem beispiellosen Tempo aufgebaut, während gleichzeitig die Entwicklung der kapitalistischen Länder seit 1929 durch die Weltwirtschaftskrise behindert wurde. So gelang es der Sowjetunion, den Anschluss an die industrialisierten Staaten zu finden. Ende der 1930er-Jahre nahm sie, gemessen am Umfang der Produktion, den zweiten Platz in der Welt hinter den USA ein.

„Der Sieg des Sozialismus in unserem Land ist garantiert" (Plakat 1932).

Folgen der Industrialisierung. Diese forcierte Industrialisierung war jedoch mit hohen Kosten verbunden. Für die Bevölkerung, deren Lebenshaltungsniveau sehr niedrig blieb, brachte sie tief greifende Veränderungen ihrer Lebensverhältnisse mit sich: Millionen mussten vom Land in die Städte und Industriezentren wandern und sich an die industrielle und städtische Lebens- und Arbeitsweise gewöhnen. Teils aus Enthusiasmus, teils durch drakonische Strafen gezwungen, erbrachten sie enorme Arbeitsleistungen. Der beschleunigte Aufbau der Wirtschaft, bei dem einzelne Bereiche bevorzugt entwickelt, andere zeitweilig vernachlässigt wurden, brachte viele Ungleichzeitigkeiten und Fehlentwicklungen mit sich, die das gesellschaftliche Konfliktpotenzial noch erhöhten. Da die freie Diskussion in Partei und Öffentlichkeit bereits in den 1920er-Jahren zum Erliegen gekommen und das politische System zu einer Ein-Mann-Diktatur erstarrt war, gab es keine Möglichkeiten, die vielfältigen gesellschaftlichen Widersprüche und Spannungen abzubauen. Sie entluden sich in einer Massenpsychose, in der für alle Missstände und Fehlentwicklungen Verräter und ausländische Spione verantwortlich gemacht wurden.

Staatlicher Terror. Der staatlich gelenkte Terror, dem Millionen von Menschen zum Opfer fielen, fand seinen augenfälligsten Ausdruck in den „Großen Säuberungen", bei denen 1936–38 fast alle Weggenossen Lenins als Verräter angeklagt und teils umgebracht wurden, teils in Arbeitslagern, den Gulags, Zwangsarbeit verrichten mussten und vielfach daran zugrunde gingen. Die Zahl der Opfer der stalinistischen Säuberungspolitik geht in die Millionen. Allein in den Jahren 1937/38 wurden unter Stalin etwa acht Millionen Menschen zu Zwangsarbeit verpflichtet und in Arbeitslager deportiert, etwa zwei Millionen Menschen starben dort. Viele Akteure der Russischen Revolution ereilte damit dasselbe Schicksal wie die französischen Revolutionäre von 1789, die der Guillotine zum Opfer gefallen waren. Dennoch konnte sich die Sowjetunion 1941, als sie von der mächtigsten Militärmaschinerie der Welt, der deutschen, überfallen wurde, erfolgreich zur Wehr setzen und war nach dem Krieg zum zweitmächtigsten Staat der Welt nach den USA aufgestiegen.

Häftlinge leisten Zwangsarbeit auf einer Baustelle, 1932.

Kult um einen Diktator. Insbesondere zu Beginn von Stalins Herrschaft war seine Popularität vor allem ein künstlich geschaffener Mythos, der in beharrlicher Propagandaarbeit aufgebaut worden war. In den Jahren nach dem Zweiten Weltkrieg erreichte der maßlose Kult um die Person Stalins ihren Höhepunkt. In jeder Stadt und jeder größeren Ortschaft wurde ein Stalin-Denkmal errichtet. Im Dezember 1949 bot Stalins 70. Geburtstag Gelegenheit zu der gewaltigsten Huldigung, die einem Men-

Choraufführung zu Stalins 70. Geburtstag im Moskauer Bolschoi-Theater. Die Trachten stehen für die 15 Sowjetrepubliken der UdSSR.

schen im 20. Jahrhundert zuteil wurde. Wochenlang zählten die sowjetischen Zeitungen Tausende von Geschenken auf, die der Herrscher aus aller Welt zum Zeichen der Dankbarkeit zugesandt bekam. Millionen von Grußbotschaften bejubelten den „genialen Führer des russischen Volkes" und versicherten ihm ihre tiefe Dankbarkeit angesichts der Weisheit, mit der er das Land in die Zukunft führe.

Die Sowjetunion nach Stalin

Entstalinisierung. Nach Stalins Tod im Jahre 1953 änderte sich der Kurs des Staates und es setzte eine gewisse Liberalisierung ein. 1956, auf dem 20. Parteitag der KPdSU, prangerte der damalige Parteichef Chruschtschow erstmals parteiintern die Verbrechen Stalins und den Personenkult an.
Die ideologischen und politischen Grundlagen des Staates blieben aber unverändert. Das planwirtschaftliche System, das die forcierte Industrialisierung geprägt hatte, erwies sich zunehmend als unfähig, die Bedürfnisse einer entwickelteren Wirtschaft und Gesellschaft zu befriedigen. Trotz mehrerer Versuche, dieses System flexibler und effektiver zu gestalten, stagnierte die Arbeitsproduktivität und die Sowjetunion fiel im Wettbewerb mit den westlichen Demokratien immer mehr zurück.

Reformen und Ende. Spätestens mit Beginn der 1980er-Jahre führten die inneren, vor allem ökonomischen Widersprüche zu unübersehbaren Rissen im System und zwangen die Staatsführung zum Handeln. Die Reformpolitik des Generalsekretärs Michail Gorbatschow führte schließlich in den Jahren von 1985 bis 1990 zu einem grundlegenden Systemwechsel und zur Selbstauflösung der Sowjetunion. Das „Experiment Sowjetunion", das eine ganze Epoche (das sogenannte „kurze 20. Jahrhundert") geprägt und definiert hatte, war an sein Ende gekommen.
Das heutige Russland und die anderen Nachfolgestaaten der Sowjetunion sind bis heute gezwungen, sich mit einem doppelten Erbe auseinanderzusetzen: Die Erfahrungen der Zwangskollektivierung und forcierten Industrialisierung sowie der totalitären Diktatur wirken bis heute nach.

Demontage eines Lenin-Denkmals, 1991

Die Russische Revolution – Lenins Revolution?

Am 23. Februar 1917 protestierten in Petrograd Hunderttausende gegen Hunger und Not, die Beteiligung Russlands am Krieg sowie die Herrschaft des Zaren. Die vom Zaren alarmierte Armee verweigerte jedoch den Schießbefehl und schloss sich den Aufständischen an. Innerhalb weniger Tage verlor der Zar die Macht in dieser Februarrevolution. Am 2. März musste er abdanken. Führende liberale Abgeordnete der Duma bildeten eine „Provisorische Regierung".
Dennoch war der Weg zur Machtübernahme durch die Bolschewisten noch nicht klar absehbar. In den Arbeiter- und Soldatenräten vertraten die sogenannten „Menschewiki" die Auffassung, das rückständige Russland sein noch nicht zu einer sozialistischen Umwälzung bereit. Gegenüber den Bolschewiki unter Führung von Lenin und Trotzki, die die sofortige Revolution forderten, befanden sich die Menschewiki in einer deutlichen Mehrheit.
Zu einer Schlüsselfigur der nun folgenden Ereignisse wurde Lenin: In der Nacht des 24. Oktober begann der bolschewistische Aufstand, der die Provisorische Regierung abschaffte und schließlich den Beginn der bolschewistischen Herrschaft in Russland markierte.

- **Wie ist mit Blick auf die bolschewistische Umgestaltung des russischen Staates Lenins Rolle und Lebensleistung zu bewerten?**

„Nicht wenn andere einen dafür halten, sondern erst wenn ein Mann in seinem Leben etwas wirklich Bedeutendes geleistet hat, ist er eine herausragende Persönlichkeit."
Formulieren Sie ausgehend von dieser These des angesehenen russischen Historikers Buldakow Thesenpapiere, in denen Sie die Rolle und Lebensleistung Lenins bewerten, und stellen Sie Ihre Einschätzungen im Plenum zur Diskussion.

Erarbeitungs- und Präsentationsvorschläge:

1. Bilden Sie kleine Teams, in denen Sie arbeitsteilig die Materialien systematisch und gezielt untersuchen und auswerten.
   a) Charakterisieren Sie anhand einer Datenleiste mithilfe der Materialien und des Infotextes (s. S. 112–114) die Schlüsselereignisse des Jahres 1917.
   b) Interpretieren Sie M1–M5 unter der Leitfrage, indem Sie die auf S. 503f. empfohlenen Arbeitsschritte anwenden.
   c) Arbeiten sie heraus, welche Positionen moderne Historiker vertreten und mit welchen Argumenten die jeweiligen Autoren ihren Deutungsansatz stützen (M6–M10).
   Beachten Sie dabei: Eine sachangemessene Bearbeitung von Textauszügen aus historischer Sekundärliteratur – eine Textsorte, deren charakteristisches Merkmal ist, dass es sich um perspektivisch gebundene Deutung von Geschichte handelt – erfordert eine Tätigkeit auf zwei Ebenen: die inhaltliche Analyse des Deutungsangebots und eine kritisch abwägende Auseinandersetzung mit der vertretenen Position, verbunden mit dem Ziel, zu begründeten eigenen Einschätzungen zu gelangen. Folgen Sie dazu den auf S. 506 dargestellten Schritten.
2. Formulieren Sie gemeinsam auf der Basis aller Arbeitsergebnisse ein Thesenpapier, mit dem Sie den Mitschülerinnen und Mitschülern Ihre Antworten auf die Leitfrage präsentieren.

Der Sturm auf das Winterpalais (nachgestellte Szene, 1917)

MATERIALIEN

Zeitgenössische Quellen berichten über die Entwicklung des Jahres 1917

M 1 Grundsatzerklärung der Provisorischen Regierung (3. März 1917)

Der aus Mitgliedern der Staatsduma gebildete provisorische Ausschuss hat gegenwärtig durch die Sympathie und Beihilfe der Truppen und Bevölkerung der Hauptstadt solche Erfolge über die dunklen Gewalten des alten Regimes davongetragen, die ihm gestatten, zu einem festeren Aufbau der Exekutivgewalt zu schreiten. […]

Das Kabinett wird sich in seiner Tätigkeit durch folgende Grundsätze leiten lassen:

sofortige Vollamnestie für alle politischen und religiösen Vergehen, darunter terroristische Attentate, Militäraufstände, Agrarrevolten usw.;

Redefreiheit, Pressefreiheit, Vereinigungs- und Versammlungs- sowie Streikfreiheit, mit Ausdehnung der politischen Freiheiten auf die Angehörigen des Heeres im Rahmen der militärisch-technischen Möglichkeit;

Aufhebung aller ständischen, konfessionellen und nationalen Beschränkungen;

sofortige Vorbereitung der Einberufung einer Konstituierenden Versammlung, die aufgrund des allgemeinen, gleichen, direkten, geheimen Wahlrechts gewählt werden und die zukünftige Staatsform und Verfassung bestimmen soll;

Im Petrograder Soldatenrat, der hier kurz nach der Februarrevolution in der Duma tagt, war die Meinung monatelang klar antibolschewistisch. Sie schlug erst kurz vor der Oktoberrevolution um.

Ersetzung der Polizei durch eine Volksmiliz mit gewählten Chargen, die den Organen der örtlichen Selbstverwaltung unterstellt sind;

Wahlen zur örtlichen Selbstverwaltung aufgrund des allgemeinen, gleichen, direkten, geheimen Wahlrechts;

Belassung aller Truppenteile in Petrograd, die sich an der revolutionären Bewegung beteiligt haben, und ihre Nichtentwaffnung;

Aufhebung aller Einschränkungen der Bürgerrechte der Soldaten bei strengster Wahrung der militärischen Disziplin im Dienste.

Die Provisorische Regierung hält es für ihre Pflicht hinzuzufügen, dass sie keineswegs die Absicht hat, den Kriegszustand zu irgendeiner Verzögerung oben angegebener Reformen und Maßnahmen auszunützen.

(Zit. nach: W. Astrow/A. Slepkow/J. Thomas (Hg.), Illustrierte Geschichte der russischen Revolution 1917, Berlin 1928, S. 122)

M 2 Lenins Aprilthesen (April 1917)

Erst am 3. April nachts in Petrograd eingetroffen, konnte ich in der Versammlung vom 4. April mein Referat über die Aufgaben des revolutionären Proletariats natürlich nur in meinem eigenen Namen und unter Hinweis auf meine ungenügende Vorbereitung halten. […] Ich veröffentliche diese meine persönlichen, nur mit ganz kurzen erläuternden Bemerkungen versehenen Thesen, die in meinem Referat viel eingehender entwickelt wurden.

THESEN

1. In unserer Stellung zum Krieg, der vonseiten Russlands auch unter der neuen Regierung Lwow und Co. – infolge des kapitalistischen Charakters dieser Regierung – unbedingt ein räuberischer imperialistischer Krieg bleibt, sind auch die geringsten Zugeständnisse an die „revolutionäre Vaterlandsverteidigung" unzulässig. Einem revolutionären Krieg, der die revolutionäre Vaterlandsverteidigung wirklich rechtfertigen würde, kann das klassenbewusste Proletariat seine Zustimmung nur unter folgenden Bedingungen geben:

a) Übergang der Macht in die Hände des Proletariats und der sich ihm anschließenden ärmsten Teile der Bauernschaft;

b) Verzicht auf alle Annexionen in der Tat und nicht nur in Worten;

c) tatsächlicher und völliger Bruch mit allen Interessen des Kapitals. […]

2. Die Eigenart der gegenwärtigen Lage in Russland besteht im Übergang von der ersten Etappe der Revolution, die infolge des ungenügend entwickelten Klassenbewusstseins und der ungenügenden

Organisiertheit des Proletariats der Bourgeoisie die Macht gab, zur zweiten Etappe der Revolution, die die Macht in die Hände des Proletariats und der ärmsten Schichten der Bauernschaft legen muss. […]

Keinerlei Unterstützung der Provisorischen Regierung, Aufdeckung der ganzen Verlogenheit aller ihrer Versprechungen […].

Anerkennung der Tatsache, dass unsere Partei in den meisten Sowjets der Arbeiterdeputierten in der Minderheit, vorläufig sogar in einer schwachen Minderheit ist gegenüber dem Block aller kleinbürgerlichen opportunistischen Elemente […].

Aufklärung der Massen darüber, dass die Sowjets der Arbeiterdeputierten die einzig mögliche Form der revolutionären Regierung sind und dass daher unsere Aufgabe, solange sich diese Regierung von der Bourgeoisie beeinflussen lässt, nur in geduldiger, systematischer, beharrlicher, besonders den praktischen Bedürfnissen der Massen angepasster Aufklärung über die Fehler ihrer Taktik bestehen kann. […]

5. Keine parlamentarische Republik – von den Sowjets der Arbeiterdeputierten zu dieser zurückzukehren wäre ein Schritt rückwärts –, sondern eine Republik der Sowjets der Arbeiter-, Landarbeiter- und Bauerndeputierten im ganzen Lande, von unten bis oben.

Abschaffung der Polizei, der Armee, der Beamtenschaft. Entlohnung aller Beamten, die durchweg wählbar und jederzeit absetzbar sein müssen, nicht über den Durchschnittslohn eines guten Arbeiters hinaus.

Im Agrarprogramm Verlegung des Schwergewichts auf die Sowjets der Landarbeiterdeputierten. Konfiskation aller Gutsbesitzerländereien. Nationalisierung des gesamten Bodens im Lande; die Verfügungsgewalt über den Boden liegt in den Händen der örtlichen Sowjets der Landarbeiter- und Bauerndeputierten. Bildung besonderer Sowjets von Deputierten der armen Bauern. Schaffung von Musterwirtschaften aus allen großen Gütern unter Kontrolle der Landarbeiterdeputierten und für Rechnung der Gesellschaft.

Sofortige Verschmelzung aller Banken des Landes zu einer Nationalbank und Errichtung der Kontrolle über die Nationalbank durch den Sowjet der Arbeiterdeputierten.

Nicht „Einführung“ des Sozialismus als unsere unmittelbare Aufgabe, sondern augenblicklich nur Übergang zur Kontrolle über die gesellschaftliche Produktion und die Verteilung der Erzeugnisse durch den Sowjet der Arbeiterdeputierten.

Aufgaben der Partei:

Mit dem Sturz des Zarenregimes endeten die Unruhen nicht. Am 4. Juli 1917 ließ die neue Regierung auf Demonstranten schießen, von denen Dutzende starben.

sofortige Einberufung des Parteitags;
Änderung des Parteiprogramms, in der Hauptsache in folgenden Punkten:
a) Imperialismus und imperialistischer Krieg;
b) Stellung zum Staat […];
c) Änderung des Namens der Partei […].
10. Erneuerung der Internationale.
Initiative zur Gründung einer revolutionären Internationale […].

(Wladimir I. Lenin, Werke, Bd. 24, Berlin (Dietz) 1959, S. 3–6)

M 3 Lenins Schreiben an das Zentralkomitee (12.–14. September 1917)

Nachdem jetzt die Bolschewiki in beiden hauptstädtischen Arbeiter- und Soldatendeputiertenräten die Mehrheit erhalten haben, können und müssen sie die Staatsmacht in ihre Hände nehmen. Sie können es, denn die aktive Mehrheit der revolutionären Elemente der Bevölkerung beider Hauptstädte reicht aus, um die Massen mitzureißen, den Widerstand des Gegners zu überwinden, ihn selbst zu schlagen, die Macht zu erobern und zu halten. Denn wenn sie sofort einen demokratischen Frieden anbieten, unverzüglich das Land den Bauern geben, die von Kerenski böse zugerichteten und zerschlagenen demokratischen Einrichtungen und Freiheiten wiederherstellen, werden die Bolschewiki eine Regierung bilden, die niemand stürzen kann […]. Es wäre naiv, eine „formelle“ Mehrheit der Bolschewiki abzuwarten: Keine Revolution wartet darauf! […] Die Geschichte wird uns nicht verzeihen, wenn wir die Macht jetzt nicht ergreifen.

(Wladimir I. Lenin, Werke, Bd. 26, Berlin 1961, S. 1–3)

M 4 Lenins Aufruf zur Revolution (24. Oktober 1917)

Genossen!
Ich schreibe diese Zeilen am 24. abends. Die Lage ist über alle Maßen kritisch. Es ist sonnenklar, dass jetzt eine Verzögerung des Aufstands schon wahrhaftig den Tod bedeutet.

Unter Aufbietung aller Kräfte bemühe ich mich, die Genossen zu überzeugen, dass jetzt alles an einem Haar hängt, dass auf der Tagesordnung Fragen stehen, die nicht durch Konferenzen, nicht durch Kongresse (selbst nicht durch Sowjetkongresse) entschieden werden, sondern ausschließlich durch die Völker, durch die Masse, durch den Kampf der bewaffneten Massen. […] Man muss um jeden Preis heute Abend, heute Nacht die Regierung verhaften, nachdem man die Offiziersschüler entwaffnet hat (sie besiegt hat, wenn sie Widerstand leisten) usw.

Man darf nicht warten!! Man kann alles verlieren!!

[…] Wer soll die Macht übernehmen?

Das ist jetzt nicht wichtig: Mag sie das Revolutionäre Militärkomitee übernehmen oder eine andere Körperschaft, die erklärt, dass sie die Macht nur den wahren Vertretern der Interessen des Volkes, der Interessen der Armee (sofortiges Friedensangebot), der Interessen der Bauern (vom Boden muss sofort Besitz ergriffen, das Privateigentum aufgehoben werden), der Interessen der Hungernden übergeben wird.

Es ist notwendig, dass alle Bezirke, alle Regimenter, alle Kräfte sofort mobilisiert werden und unverzüglich zum Revolutionären Militärkomitee, zum ZK der Bolschewiki Delegationen entsenden mit der dringenden Forderung: Auf keinen Fall darf die Macht bis zum 25. in den Händen Kerenskis und Co. belassen werden, unter keinen Umständen; die Sache ist unbedingt heute Abend oder heute Nacht zu entscheiden.

Eine Verzögerung wird die Geschichte den Revolutionären nicht verzeihen, die heute siegen können (und heute bestimmt siegen werden), während sie morgen Gefahr laufen, vieles, ja alles zu verlieren.

Wenn wir heute die Macht ergreifen, so ergreifen wir sie nicht gegen die Sowjets, sondern für sie.

Die Machtergreifung ist Sache des Aufstands; ihr politisches Ziel wird nach der Machtergreifung klar werden. […] Das hat die Geschichte aller Revolutionen bewiesen und maßlos wäre das Verbrechen der Revolutionäre, wenn sie den Augenblick vorübergehen ließen, obwohl sie wissen, dass die Rettung der Revolution, das Friedensangebot, die Rettung Petrograds, die Rettung vor dem Hunger, die Übergabe des Grund und Bodens an die Bauern von ihnen abhängen.

Die Regierung wankt. Man muss ihr den Rest geben – koste es, was es wolle!

Eine Verzögerung der Aktion bedeutet den Tod.

(Wladimir I. Lenin, Werke, Bd. 26, Berlin 1961, S. 223 f.)

Gemälde von 1917: Lenin ruft zur Revolution auf.

M 5 Aufruf des 2. Sowjetkongresses (26. Oktober 1917)

An die Arbeiter, Soldaten und Bauern! Der „Zweite Allrussische Sowjetkongress der Arbeiter- und Soldatendeputierten“ ist eröffnet. Auf diesem Kongress ist die gewaltige Mehrheit der Sowjets vertreten. Auf dem Kongress ist auch eine Reihe von Delegierten der Bauernsowjets anwesend. Die Vollmachten des paktiererischen Zentralvollzugskomitees sind abgelaufen. Gestützt auf den Willen der gewaltigen Mehrheit der Arbeiter, Soldaten und Bauern, gestützt auf den in Petrograd vollzogenen siegreichen Aufstand der Arbeiter und der Garnison, nimmt der Kongress die Macht in seine Hände. Die Provisorische Regierung ist gestürzt. Die meisten Mitglieder der Provisorischen Regierung sind bereits verhaftet.

Die Sowjetmacht wird sofort allen Völkern einen demokratischen Frieden und den sofortigen Waffenstillstand an allen Fronten vorschlagen. Sie wird die entschädigungslose Übergabe der Gutsbesitzer, Kron- und Klosterländereien in die Verfügungsgewalt der Bauernkomitees sicherstellen, die Rechte der Soldaten schützen, indem sie die volle Demokratisierung der Armee durchführt; sie wird die Arbeiterkontrolle über die Produktion einführen und die rechtzeitige Einberufung der Konstituierenden Versammlung gewährleisten; sie wird dafür sorgen, dass die Städte mit Brot und die Dörfer mit Gegenständen des dringendsten Bedarfs beliefert werden; sie wird allen in Russland lebenden Völkern das wirkliche Recht auf Selbstbestimmung sichern.

Der Kongress beschließt: Die ganze Macht geht überall an die Sowjets der Arbeiter-, Soldaten- und Bauerndeputierten über, die eine wirkliche revolutionäre Ordnung zu gewährleisten haben. Der Kongress ruft die Soldaten in den Schützengräben zu Wachsamkeit und Standhaftigkeit auf. Der Sowjetkongress ist überzeugt, dass die revolutionäre Armee es verstehen wird, die Revolution gegen jegliche Anschläge des Imperialismus zu verteidigen, bis die neue Regierung den Abschluss eines demokratischen Friedens erzielt hat, den sie unmittelbar allen Völkern vorschlagen wird. [...]

Es lebe die Revolution!

(Zit. nach: Manfred Hellman (Hg.), Die russische Revolution 1917, S. 318 f.)

Einschätzungen von Historikern zur Person Lenins

M 6 Der deutsche Historiker Manfred Hildermeier (1989)

Von selbst versteht sich dabei, dass die gesamte außerordentliche politische, organisatorische und militärische Leistung der jungen Sowjetmacht ohne herausragende Persönlichkeiten nicht denkbar war. Kaum eine Frage ist häufiger aufgeworfen als die nach der Bedeutung vor allem Lenins und Trotzkis für die Möglichkeit des Oktober und seiner Folgen. Ohne die äußeren Belastungen, die Strukturprobleme und die schlimmen Fehler der Provisorischen Regierung zu unterschätzen, kann die Antwort nur lauten: Zweifellos haben hier „Männer Geschichte gemacht". Weder die politische und technische Vorbereitung des Aufstandes noch die schnelle Liquidierung der zweiten plebiszitären Revolution und deren Ersetzung durch Versorgungsdiktatur und Kommissarherrschaft sind ohne ihre Direktiven und Durchsetzungsfähigkeit vorstellbar. Niemand anders als Lenin konnte in einer Partei, die so sehr sein Geschöpf war, die Aprilthesen verkünden und gegen heftigen Widerstand zur verbindlichen Taktik erheben. Kein anderer war sichtbar, der ihn in der Zeit des erzwungenen Rückzugs aus der Öffentlichkeit so vollwertig hätte ersetzen und nach dem Oktoberaufstand so kraftvoll und eigenständig hätte ergänzen können wie Trotzki. [...]

(Manfred Hildermeier, Die Russische Revolution 1905–1921, Frankfurt/M. (Suhrkamp) 1989, S. 301 f.)

M 7 Der österreichische Historiker Hugo Portisch (1991)

[Es] bleibt für den Historiker immer noch ein Rätsel, wie es einer an sich so kleinen Partei [wie den Bolschewiki] gelingen konnte, sich gegen so große Mehrheiten durchzusetzen. [...] Die heutigen sowjetischen Historiker geben auf diese Frage eine einfache Antwort: Es kommt der Zeitpunkt, an dem ein Volk müde wird. Die Februarrevolution hatte in der Bevölkerung gewaltige Hoffnungen geweckt; da war man bereit, alle Energien zu einem Neuaufbau Russlands einzusetzen, jubelte über den Sturz des Zaren, begrüßte die Demokratie, erhoffte den Frieden und erwartete eine rasche Verbesserung der Lebensverhältnisse. Doch die politischen Führer waren schwach, unerfahren, zögerlich. Statt den revolutionären Schwung zu nutzen, [...] verschob man alles auf die Zeit nach dem Krieg. Die Lebensverhältnisse wurden nicht besser, sondern nur schlechter; die Produktion nahm ab, der Hunger nahm zu. In dieser Situation gewinnt der, der handelt; Lenin handelte. Und er hatte der Bevölkerung auch etwas sehr Konkretes zu bieten: den sofortigen Frieden und die sofortige Landverteilung. Die Bolschewiki waren nicht beliebt; bei den Wahlen blie-

Lenin nach einer Sitzung, 1918

ben sie in der Minderheit, aber ihren Staatsstreich haben sich mehr oder weniger alle gefallen lassen. Es war niemand da, der dem Volk mehr oder Besseres anzubieten hatte als Lenin. Vor allem war niemand da, der an seiner statt gehandelt hätte.

(Hugo Portisch, Hört die Signale – Aufstieg und Fall des Sowjetkommunismus, München (dtv) 1991, S. 83, Lizenz des Verlages Kremayr & Scheriau/Wien)

M 8 Der russische Historiker Dimitri Wolkogonow (1994)

Lenin war ein bis zur Ekstase besessener Revolutionär. Es genügt, noch einmal an die letzten Tage vor dem Oktoberumsturz zu erinnern, als der Führer der Bolschewiki das Schicksal auf seiner Seite wähnte, so unbegrenzt war seine Gewissheit, dass der einmalige Augenblick gekommen war.
Er wandelte stets am Rande des Abgrunds und brach alle Brücken hinter sich ab, bis ihm sämtliche Rückzugswege versperrt waren […].
Hinter seinem gutmütigen und sanften äußeren Erscheinungsbild verbarg sich die Bereitschaft zu schrecklichen Grausamkeiten im Namen der Revolution.
Lenin war ein Diktator besonderen Typs – er war der Prototyp des revolutionären Diktators. Im Gegensatz zu Stalin, der einen Menschen häufig wegen persönlicher Differenzen vernichtete, wandte Lenin seine grausamen Maßnahmen mit der Überzeugung an, nur so die Diktatur des Proletariats verwirklichen zu können. Er war von Natur aus nicht rachsüchtig, sondern lediglich der Ansicht, dass die Revolution durch eine Schwächung der Diktatur zugrunde gehen würde. Diese jakobinische Denkweise war allerdings nicht minder gefährlich als die stalinistische Grausamkeit. Lenin „veredelte" lediglich seine Gewalttaten und verlieh ihnen einen revolutionären Heiligenschein. Wenn es um die Partei oder die Revolution ging, kannte Lenin keine Skrupel. […]
Lenin zog die Strategie des Augenblicks einer weitsichtigen historischen Strategie vor. Oft genug handelte er ohne klaren Plan und hatte nur allgemeine Ziele im Blick. Des Öfteren berief er sich auf die Worte Napoleons: „Zuerst stürzt man sich ins Gefecht – das Weitere wird sich finden." Er war bereit, seine politische Linie um hundertachtzig Grad zu ändern, wenn er erkannte, dass er damit rascher ans Ziel gelangen würde. […]
Der Führer der Bolschewiki war eine Verkörperung historischer Verantwortungslosigkeit. Die Idee, den Planeten „rot" zu färben, basierte auf dem Lügenpaket eines Schreibtischmenschen, der über viele Jahre hinweg verschiedene Pläne für die kommunistische Weltrevolution entwarf und dabei eine Vielzahl von ethnischen, nationalen, religiösen, geographischen und kulturellen Faktoren außer Acht ließ. Für ihn gab es nur einen Wert, den er um jeden Preis verteidigte: die Macht. Mithilfe ebendieser Macht hoffte der Führer früher oder später die russische Revolution auf die ganze Welt ausweiten zu können. […]

(Dimitri Wolkogonow, Lenin – Utopie und Terror, Düsseldorf (Econ) 1994, S. 540–544, übers. v. Markus Schweisthal)

---

[1] Anspielung auf den Terror der Jakobiner während der Französischen Revolution

M 9 Der britische Historiker Eric Hobsbawm (1995)

Wer die Forderungen der Massen übernahm – „Brot, Friede, Land" –, fand sofort Unterstützung, und das waren vor allem Lenins Bolschewiken. Lenins einzig wirkliche Leistung war, dass er zu erkennen in der Lage war, was die Massen wollten, und dementsprechend eben auch wusste, dass er führen musste, indem er ihnen folgte. Auf der anderen Seite war der Provisorischen Regierung und ihren Sympathisanten nicht bewusst geworden, wie unfähig sie war, Russland dahin zu bringen, ihre Gesetze und Dekrete zu befolgen. Die radikale Grundströmung in ihrer Gefolgschaft drängte die Bolschewiken unaufhaltsam zur Machtübernahme. Als der Augenblick dann da war, musste die Macht nur noch übernommen werden. Die Provisorische Regierung hatte sich schlichtweg in Luft aufgelöst, nachdem niemand mehr zu ihrer Verteidigung übrig geblieben war.

(Eric Hobsbawm, Das Zeitalter der Extreme, München (Hanser) 1995, S. 86 f., übers. v. Yvonne Bodal)

M 10 Der britische Historiker Robert Service (2000)

Trotz vieler Meinungsverschiedenheiten setzte sich mehr und mehr die Einschätzung durch, dass Lenin nicht ganz der originäre Weltenschöpfer gewesen war, als den ihn sowohl die Kommunisten als auch ihre Feinde hingestellt hatten, seit er 1917 erstmals die Welt auf sich aufmerksam gemacht hatte. Weitere Forschungen zum politischen, sozialen und ökonomischen Umfeld deuteten vielmehr darauf hin, dass Lenin ganz erheblich im Sinne russischer Traditionen gewirkt hatte. […]
Hierbei wurde sehr vieles übersehen. Es gab Umschwünge in der Geschichte Russlands und der Welt, die ohne Lenin nicht stattgefunden hätten.

Er prägte entscheidend Ereignisse, Institutionen, Gepflogenheiten und Grundeinstellungen. Das wurde schon zu seinen Lebzeiten so empfunden und die meisten Kommentatoren empfanden es viele Jahre später noch immer so. [...]

Es wäre abwegig zu behaupten, dass es ohne Lenin keine linkssozialistische Partei in Russland gegeben hätte. Aber gleichermaßen absurd wäre die Unterstellung, dass der sowjetische Einparteien- und Einideologienstaat auch entstanden wäre, wenn Lenin nicht gelebt hätte.

Hinzu kommt ein Weiteres: Weder Lenin noch die anderen Parteiführer sahen genau voraus, welchen Staat sie aufbauen würden; aber sie handelten in den ersten Jahren nach der Oktoberrevolution auch nicht aufs Geratewohl. Die Leninisten brachten eine Reihe von operationalen Grundannahmen zu ihrer Machtausübung mit. In ihrem Politikverständnis hatten Diktatur, Klassenkampf, Führerprinzip und revolutionärer Amoralismus Priorität. Nach ihrer Überzeugung wusste die „Vorhut", was für die Arbeiterklasse am besten war, und musste ihr unwiderlegliches Wissen über die Welt – über Vergangenheit, Gegenwart und Zukunft – dazu benutzen, die Heraufkunft der vollkommenen Gesellschaft auf Erden zu beschleunigen. Lenin war nicht der Urheber dieser Grundannahmen. Sie waren im Gegenteil weit verbreitet; man fand sie in der einen oder anderen Form im Marxismus, im russischen revolutionären Terrorismus um die Mitte des 19. Jahrhunderts und in anderen autoritär-revolutionären Lehren. Spuren dieser Annahmen gab es sogar in Traditionen noch älteren Datums. [...] Doch der springende Punkt ist, dass das Wiederaufleben solcher Traditionen nach 1900 nichts Zwangsläufiges hatte. Es bedurfte dazu einer marxistischen Partei in Russland. Genauer gesagt, es bedurfte eines Lenin.

(Robert Service, Lenin – Eine Biographie, München (Beck) 2000, S. 628–635, übers. v. Holger Fliessbach)

Agrarkrisen und Reformansätze – Der Weg in die Planwirtschaft

Zwei Ziele waren für die sowjetische Wirtschaft in der Ära Lenins und Stalins bestimmend: die Überwindung aller privatkapitalistischen Strukturen in der Produktion und die Aufholjagd aus wirtschaftlicher Rückständigkeit zu einer der führenden Weltmächte. Dazu waren ideologische Kompromisse, eine rücksichtslose Energie und ein klares Konzept notwendig. Schaut man auf die Ergebnisse, so ist bilanzierend nach Kosten und Nutzen, den Gewinnern und Verlierern, den Erfolgen und Rückschlägen, dem Preis und dem Mehrwert dieses Weges in die Planwirtschaft zu fragen.
Selbstverständlich sind die Rahmenbedingungen aus Revolution und Krieg, die weltwirtschaftliche Krise mit zu bedenken. Im Anspruch der sowjetischen Wirtschaft steckt aber das Gefühl der Überlegenheit gegenüber dem Kapitalismus und diesem Eindruck ist empirisch nachzugehen. Hinzu kommt die dominierende Rolle der Landwirtschaft, die als Einkommenssektor in entwickelten Ländern eher rückläufig ist, hier aber zum Motor der Industrialisierung werden sollte. Die folgenden Materialien konzentrieren sich deshalb auf die Landwirtschaft, obwohl auch im Industriesektor erhebliche Veränderungen zu verzeichnen waren.

- **Wie verlief der Weg in die Planwirtschaft und wie ist er im Blick auf Ziele und Ergebnisse zu beurteilen?**

Tag der Ernte und Kollektivierung (Plakat, 1930)

Bereiten Sie in kleinen Arbeitsgruppen auf der Grundlage der Materialien einen mediengestützten Vortrag vor.

Vorschläge für vorbereitende Arbeitsschritte:

1. Werten Sie das statistische Datenmaterial M 1 – M 3 aus, indem Sie die grundlegenden Arbeitsschritte – formale Analyse, inhaltliche Analyse, Interpretation – anwenden.
   Stellen Sie, z. B. auf Karteikarten, zusammen,
   a) welche belegbaren Hauptaussagen und Schlussfolgerungen bezogen auf die einzelnen Materialien formuliert werden können und
   b) welche Antworten das statistische Material auf die thematische Leitfrage Ihres Vortrags gibt.
2. Interpretieren Sie die Textmaterialien M 4 – M 7 mit Blick auf die thematische Leitfrage, indem Sie (unter Berücksichtigung der methodischen Hinweise auf S. 503 f.)
   a) die formalen äußeren Daten der jeweiligen Textquelle beschreiben;
   b) die Ausführungen des jeweiligen Verfassers strukturiert zusammenfassen, wobei Sie auch vermerken sollten, wie er seine Argumentation aufbaut und entfaltet;
   c) auf der Grundlage der Textanalyse interpretierende Schlussfolgerungen mit Blick auf die Leitfrage formulieren.
   ➧ **Tipp:** Teilen Sie die Arbeit in der Gruppe unter sich auf. Die Gesamteinschätzungen mit Bezug auf die Leitfrage sollten Sie jedoch gemeinsam erörtern und formulieren.
3. Erstellen Sie auf der Grundlage Ihrer Analyse- und Interpretationsergebnisse ein gemeinsames Vortragskonzept:
   a) Stellen Sie die zentralen inhaltlichen Aussagen des Vortrags zusammen.
   b) Überlegen Sie, wie Sie den Vortrag strukturieren wollen.
   c) Legen Sie fest, welche Visualisierungen Sie begleitend einsetzen wollen, um Ihre Ausführungen zu veranschaulichen.
   d) Entscheiden Sie, welche Präsentationsform (z. B. Einzelvortrag durch ein Gruppenmitglied, Gruppenvortrag) Sie wählen wollen.

MATERIALIEN

M 1 Wirtschaftsdaten zur Geschichte des vorrevolutionären Russlands (1860–1913)

a) Bevölkerungsentwicklung (in Mio. Menschen)

Zähljahr	Russland	USA	Deutsches Reich	Frankreich	Großbritannien und Irland
1860/61	74,1	–	–	37,4	28,9
1870/71	84,5	38,6	40,8	36,1	31,5
1880/81	97,7	50,2	45,2	37,7	34,9
1890/91	117,8	63,0	49,4	38,3	37,8
1900/01	133,0	73,0	56,4	39,0	41,5
1910/11	160,7	91,0	64,9	39,6	45,2

b) Eisenproduktion (in 1 000 Tonnen)

Jahr	Russland	USA	Deutsches Reich	Frankreich	Großbritannien und Irland
1870	359	1 665	1 261	1 178	6 059
1880	449	3 835	2 468	1 725	7 873
1890	928	9 203	4 100	1 962	8 031
1900	2 937	13 789	7 550	2 714	9 104
1910	3 047	26 674	13 111	4 038	10 173

c) Stahl (in 1 000 Tonnen)

Jahr	Russland	USA	Deutsches Reich	Frankreich	Großbritannien und Irland
1870	9	77	126	84	334
1880	307	1 397	690	389	1 316
1890	378	4 779	2 135	683	3 636
1900	2 216	11 227	6 461	1 565	4 980
1910	3 314	28 330	13 100	3 413	6 476

d) Russlands Außenhandel (in %)

Jahr	Nahrungsmittel		Rohstoffe und Halbfertigungsprodukte		Fertigprodukte	
	Export	Import	Export	Import	Export	Import
1894	56,9	18,4	37,5	54,4	3,6	26,5
1899	52,5	15,6	40,3	43,3	4,8	34,5
1903	61,3	20,1	31,9	52,5	4,0	26,6
1908	54,3	23,2	37,8	47,6	5,3	28,4
1913	55,3	17,3	36,9	48,6	5,6	32,0

e) Pro-Kopf-Bruttosozialprodukt der europäischen Großmächte (in US-Dollar von 1960)

Land	1830	1840	1850	1860	1870	1880	1890
Russland	170	170	175	178	250	224	182
Habsburger Reich	250	266	283	288	305	315	361
Deutschland	245	267	308	354	426	443	537
Frankreich	264	302	333	365	437	464	515
Italien	265	270	277	301	312	311	311
Großbritannien	346	394	458	558	628	680	785

(Nach: Hans-W. Ballhausen, Aufstieg und Zerfall der Sowjetunion, Historisch-politische Weltkunde, Kursmaterialien Geschichte Sekundarstufe II, Stuttgart (Klett) 1998, S. 17f.)

M 2 Daten zu Lenins Kriegskommunismus und Stalins Zwangskollektivierung

a) Sozialstruktur auf dem Lande (1926)

Gruppe	Anzahl in Mio.	Anteil in % der Landbevölkerung
Landproletariat	5,8	5,3
Dorfarmut	22,4	20,4
Mittelbauern	76,7	69,9
Kulaken	4,9	4,5

b) Einfluss der Kollektivierung (1928–1933) auf die Viehwirtschaft im Vergleich

Bestand in Mio. Stück	1916	1928	1933	1941
Kühe	28,8	30,7	19,6	28,0
Pferde	38,2	33,5	19,6	21,1
Schafe, Ziegen	96,3	146,7	50,2	91,7
Schweine	33,0	26,0	12,1	27,6

c) Sowjetische Landwirtschaft im Vergleich (1928 und 1940)

	1928	1940
Getreidefläche in Mio. ha	92	111
in % der Aussaatfläche	82	73
Getreideproduktion in Mio. t	73	96
Getreideertrag in dz/ha	7,9	8,6
Kunstdünger pro ha Ackerland in kg	0,04	3,1
staatl. Getreideablieferung in Mio. t	11	36
Rinderbestand in Mio. Stück	58	55
Schweinebestand in Mio. Stück	19	28
Fleischerzeugung in Mio. t	4,9	4,7
Traktoren in 1 000 Stück	27	531
Lastkraftwagen in 1 000 Stück	0,7	288
Beschäftigte in der Landwirtschaft in Mio.	1,1	31,3
davon in Kolchosen in Mio.	0,8	29,0
davon in Sowchosen in Mio.	0,3	1,8

(Nach: Wolf-Rüdiger Größl, Harald Herrmann, Die Russische Revolution und die innere Entwicklung der Sowjetunion bis zum XX. Parteitag, Stuttgart (Klett) 1987, S. 71)

M 3 Wirtschaftsdaten zur Sowjetunion in der Nachkriegszeit

a) Pro-Kopf-Produktion landwirtschaftlicher Erzeugnisse (1946–1983)

Zeitraum	Getreide		Fleisch		Milch	
Jahre	1913 = 100		1913 = 100		1913 = 100	
1946–1950	369,3	68	19,9	64	184,1	100
1951–1955	462,8	86	29,8	95	198,2	107
1956–1960	582,0	108	37,8	120	274,0	148
1961–1965	575,5	107	41,1	131	285,8	155
1966–1970	700,0	130	48,5	154	336,6	182
1971–1975	723,5	134	55,8	178	348,3	189
1976–1980	781,5	145	56,4	180	353,0	191
1981–1983	663,0	123	58,1	185	341,1	185

b) Durchschnittliches jährliches Wachstum der sowjetischen Wirtschaft (1951–1985)

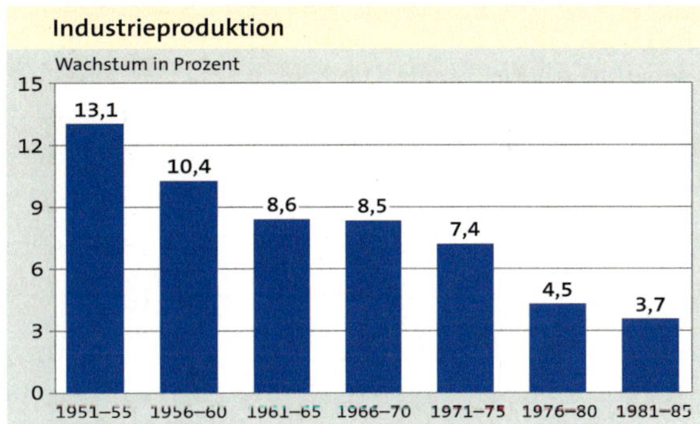

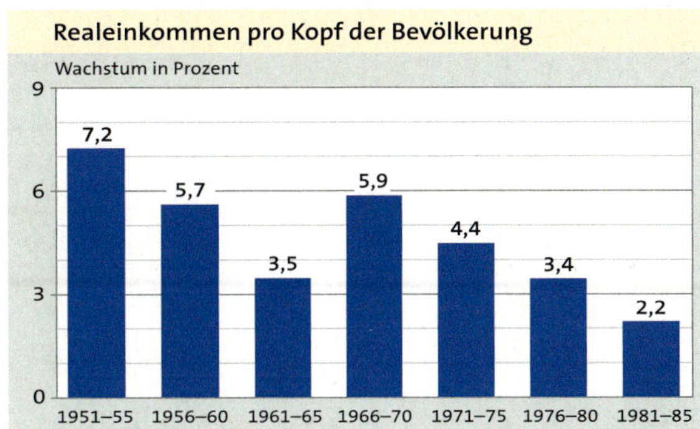

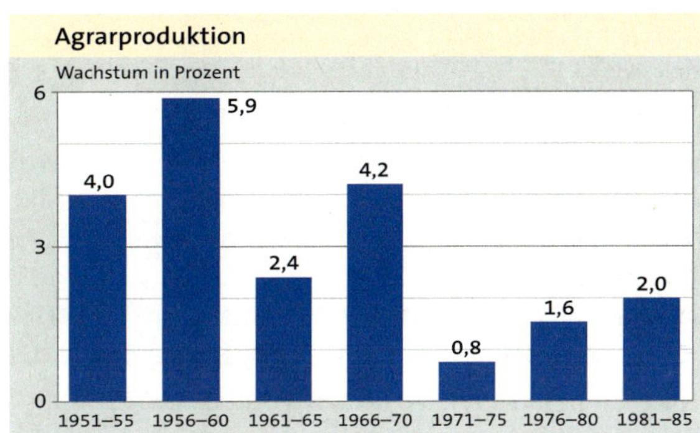

c) Produktion ausgewählter Zweige der Industrie 1971–1982 (Zunahme gegenüber dem Vorjahr in %)

	1971–1975	1976–1980	1976	1977	1978	1979	1980	1981	1982
Stromerzeugung	7,1	4,9	7	3	5	3	5	2	3
Brennstoffindustrie	5,9	3,0	4	4	3	2	2	1	2
Eisen- und Buntmetallurgie	5,9	1,7	4	2	2	0,2	0,6	0,5	0,9
Chemische und erdölverarbeitende Industrie	10,5	5,8	8	7	6	3	6	5	3
Maschinenbau und metallverarbeitende Industrie	11,6	8,2	10	9	9	8	6	6	5
Holz-, holzverarbeitende und Papierindustrie	5,2	1,6	3	3	2	−2	2	3	3
Baustoffindustrie	7,3	1,9	4	3	2	−1	0,9	2	0,9
Leichtindustrie	4,6	3,2	4	4	4	2	3	3	0,2
Nahrungsmittelindustrie	5,2	1,4	−2,5	5	2	2	−0,3	2	4
Haushaltswaren und dauerhafte Konsumgüter	9,9	7,2	7	8	8	5	8	7	2
Industrie insgesamt	7,4	4,4	4,8	5,7	4,8	4,3	3,6	3,4	2,8

(Nach: Hans-W. Ballhausen, Aufstieg und Zerfall der Sowjetunion, Historisch-politische Weltkunde, Kursmaterialien Geschichte Sekundarstufe II, Stuttgart (Klett) 1998, S. 109f.)

M 4 Vom Kriegskommunismus zur „Neuen Ökonomischen Politik"

In seiner Schrift „Über die Naturalsteuer" (1921) erklärt Lenin diesen Weg:

Der […] Kriegskommunismus bestand darin, dass wir faktisch von den Bauern alle Überschüsse, ja mitunter sogar nicht nur die Überschüsse, sondern einen Teil der für den Bauern notwendigen Lebensmittel einzogen, um den Bedarf der Armee und den Unterhalt der Arbeiter zu decken. Wir nahmen sie größtenteils auf Kredit, gegen Papiergeld. Anders hätten wir in dem ruinierten kleinbäuerlichen Lande über die Gutsbesitzer und Kapitalisten nicht siegen können.

[…] Der „Kriegskommunismus" war durch Krieg und Ruin erzwungen. Er war keine Politik, die den wirtschaftlichen Aufgaben des Proletariats entsprach, und konnte es auch nicht sein. Er war eine zeitweilige Maßnahme. Die richtige Politik des Proletariats, das seine Diktatur in einem kleinbäuerlichen Lande ausübt, ist der Austausch von Getreide gegen Industrieerzeugnisse, die der Bauer braucht. Nur eine solche Politik der Lebensmittelbeschaffung entspricht den Aufgaben des Proletariats, nur sie ist geeignet, Grundlagen des Sozialismus zu festigen und zu seinem vollen Siege zu führen.

Die Naturalsteuer bedeutet den Übergang zu dieser Politik. Wir sind noch immer so ruiniert, durch die Last des Krieges (der sich gestern abgespielt hat und, infolge der Gier und Wut der Kapitalisten, morgen wieder ausbrechen kann) noch so niedergedrückt, dass wir nicht imstande sind, dem Bauern für das *ganze* von uns benötigte Getreide Industrieerzeugnisse zu liefern. Da wir das wissen, führen wir die Naturalsteuer ein, d.h. die erforderliche Mindestmenge an Getreide (für das Heer und die Arbeiterschaft) nehmen wir als Steuer, während wir den Rest gegen Industrieerzeugnisse austauschen werden.

Dabei darf noch folgendes nicht übersehen werden: Die Not und der Ruin sind derart, dass wir nicht imstande sind, *mit einem Schlag* die fabrikmäßige, staatliche, sozialistische Großproduktion wiederherzustellen. Dazu bedarf es großer Vorräte an Getreide und Brennstoff in den Zentren der Großindustrie, bedarf es einer Ersetzung der verschlissenen Maschinen durch neue usw. Wir haben aus der Erfahrung gelernt, dass sich das nicht mit einem Male machen lässt, und wir wissen, dass selbst die reichsten und fortgeschrittensten Länder nach dem verheerenden imperialistischen Kriege erst nach einer gewissen, ziemlich langen Reihe von Jahren imstande sein werden, diese Aufgabe zu bewältigen. Es ist also notwendig, in gewissem Maße zur Wiederherstellung der *Klein*industrie beizutragen, die keine Maschinen erfordert, weder staatliche noch große Vorräte an Rohmaterial, Brennstoffen und Lebensmitteln erfordert, die der Bauernwirtschaft sofort eine gewisse Hilfe zu leisten und ihre Produktivkräfte zu heben vermag.

Was ergibt sich hieraus?

[...] Indem die Sowjetmacht den Staatskapitalismus in der Form von Konzessionen „züchtet“, stärkt sie den Großbetrieb gegenüber dem Kleinbetrieb, das Fortschrittliche gegenüber dem Rückständigen, die Maschinenarbeit gegenüber der Handarbeit, vermehrt sie die Menge der Erzeugnisse der Großindustrie in ihren Händen (den abzuführenden Teil der Erzeugnisse), stärkt sie die staatlich geregelten ökonomischen Beziehungen im Gegensatz zu den kleinbürgerlich-anarchischen. [...]

(Lenin, Werke, Bd. II, S. 838 ff.; zit. nach: Günter Schönbrunn, Geschichte in Quellen, Bd. 6, München (bsv) [4]1989, S. 137 ff.)

M 5 Landwirtschaft und Industrie in der Sowjetunion

Der sowjetische Wirtschaftsexperte Nikolai I. Bucharin (1888–1938) schreibt 1928 über die Entwicklung:

Um einen möglichst günstigen (möglichst krisenlosen) Verlauf der gesellschaftlichen Reproduktion und des systematischen Wachstums des Sozialismus und folglich auch ein für das Proletariat möglichst vorteilhaftes Kräfteverhältnis der Klassen im Lande zu erzielen, muss eine möglichst richtige Kombination der Grundelemente der Volkswirtschaft angestrebt werden. [...] In ihrer Naivität nehmen die Ideologen des Trotzkismus an, das Maximum des jährlichen Hinüberpumpens von Mitteln aus der Bauernwirtschaft in die Industrie sichere das maximale Entwicklungstempo der Industrie überhaupt. Es ist aber klar, dass dies unrichtig ist. Das größte dauerhafte Tempo erhalten wir bei einer solchen Kombination, in der die Industrie auf der Basis einer rasch wachsenden Landwirtschaft in die Höhe steigt. Gerade in diesem Falle wird auch die Industrie Rekordziffern in ihrer Entwicklung zeigen. Das setzt jedoch die Möglichkeit einer raschen realen Akkumulation in der Landwirtschaft, folglich also bei weitem nicht eine Politik des Trotzkismus voraus. Die Übergangsperiode eröffnet eine neue Epoche im Verhältnis zwischen Stadt und Land, eine Epoche, die dem systematischen Zurückbleiben des Dorfes, dem „Idiotismus des Dorflebens“, ein Ende setzt, die das Fundament des Kurses auf die Vernichtung des Gegensatzes zwischen Stadt und Land legt, die die Industrie selbst „mit dem Gesicht dem Dorfe zu“ wendet und industrialisiert, diese aus dem Hinterhof der Geschichte rückt. Die Trotzkisten begreifen folglich nicht, dass die Entwicklung der Industrie von der Entwicklung der Landwirtschaft abhängig ist.

Andererseits stehen die kleinbürgerlichen Ritter, die die Landwirtschaft gegen alle Aufgaben der Industrie „verteidigen“, im Wesentlichen auf dem Standpunkt der Verewigung der Kleinwirtschaft, ihrer erbärmlichen Technik, ihrer Familienstruktur, ihres engen Kulturhorizonts. Im Innern tief konservativ sehen diese Ideologen des „Wirtes“ in der Meierhofwirtschaft das A und O der Technik, der Agronomie, der Ökonomik und verteidigen die Routine und den Individualismus in einer Epoche, die die revolutionäre Umgestaltung und den Kollektivismus auf ihr Banner schreibt; sie bahnen eigentlich den Weg für die echten Kulakenelemente[1]. Wenn die Trotzkisten nicht begreifen, dass die Entwicklung der Industrie von der Entwicklung der Landwirtschaft abhängt, so begreifen die Ideologen des kleinbürgerlichen Konservatismus nicht, dass die Entwicklung der Landwirtschaft von der Industrie abhängt, das heißt, dass die Landwirtschaft ohne Traktoren, ohne chemische Düngemittel, ohne Elektrifizierung zur Stagnation verurteilt ist. Sie begreifen nicht, dass gerade die Industrie der Hebel der radikalen Umgestaltung der Landwirtschaft ist und dass es ohne die Hegemonie der Industrie unmöglich ist, die Rückständigkeit, die Barbarei und das Elend des Dorfes zu beseitigen.

(Zit. nach: Internationale Presse-Korrespondenz, 2. Hbj. 1928, Nr. 117 ff.)

[1] Als Kulaken wurden nach den Agrarreformen von 1906/07 in Russland Mittel- und Großbauern bezeichnet, die fremde Arbeitskräfte auf dem Hof beschäftigten (vgl. auch Infotext S. 24 und Glossar).

M 6 Die Ergebnisse des ersten Fünfjahresplans

Aus einer Rede Stalins am 7. Januar 1933:

Wir konnten ferner nicht wissen, an welchem Tag die Imperialisten die UdSSR überfallen und unseren Aufbau unterbrechen würden; dass sie uns aber in einem beliebigen Augenblick, unter Ausnutzung der technischen und wirtschaftlichen Schwäche unseres Landes, überfallen konnten, darüber war kein Zweifel möglich. Die Partei war deshalb gezwungen, das Land auszupeitschen, um keine Zeit zu versäumen, um die Atempause restlos auszunutzen und in der UdSSR rechtzeitig die Grundlagen der Industrialisierung zu schaffen, die die Basis ihrer Macht bilden. Die Partei hatte keine Möglichkeit zu warten und zu manövrieren und sie musste die Politik des maximal beschleunigten Tempos durchführen. Schließlich musste die Partei in möglichst kurzer Frist der Schwäche des Landes auf dem Gebiet der Landesverteidigung ein Ende setzen. Die gegenwärtige Lage, die Zunahme der Rüstungen in den kapitalistischen Ländern, das Fiasko der Ab rüstungsidee, der Hass der internationalen Bourgeoisie gegen die UdSSR – all das drängte die Partei dazu die Stärkung der Verteidigungskraft des Landes, dieser Grundlage seiner Unabhängigkeit, zu forcieren.

(Josef W. Stalin, Werke, Bd. 13, Düsseldorf 1955, S. 165)

M 7 Zeitplan nach dem XXII. Parteitag der KPdSU (1961)

Als Partei des wissenschaftlichen Kommunismus stellt und löst die KPdSU die Aufgaben des Kommunismus in dem Maße, wie die materiellen und geistigen Voraussetzungen dafür entstehen und heranreifen, stets der Tatsache eingedenk, dass es ebenso wenig angeht, notwendige Entwicklungsstufen zu überspringen wie beim Erreichten stehen zu bleiben und den Vormarsch aufzuhalten. Die Aufgaben des kommunistischen Aufbaus werden kontinuierlich in mehreren Etappen gelöst werden.
Im nächsten Jahrzehnt (1961–1970) wird die Sowjetunion beim Aufbau der materiell-technischen Basis des Kommunismus die USA – das mächtigste und reichste Land des Kapitalismus – in der Produktion pro Kopf der Bevölkerung überflügeln; der Wohlstand, das Kulturniveau und das technische Entwicklungsniveau der Werktätigen werden bedeutend steigen; allen wird ein gutes Auskommen gesichert; alle Kollektivwirtschaften und Staatsgüter werden sich in hochproduktive Betriebe mit hohen Einkünften verwandeln; der Bedarf der Sowjetbürger an komfortablen Wohnungen wird im Wesentlichen gedeckt werden; die schwere körperliche Arbeit wird verschwinden; die UdSSR wird zum Land mit dem kürzesten Arbeitstag. Im zweiten Jahrzehnt (1971–1980) wird die materiell-technische Basis des Kommunismus errichtet, und für die gesamte Bevölkerung ein Überfluss an materiellen und kulturellen Gütern geschaffen; die Sowjetgesellschaft wird unmittelbar darangehen, das Prinzip der Verteilung nach den Bedürfnissen zu verwirklichen, es wird sich der allmähliche Übergang zum einheitlichen Volkseigentum vollziehen. Somit wird in der UdSSR die kommunistische Gesellschaft im Wesentlichen aufgebaut sein. Vollendet wird der Aufbau der kommunistischen Gesellschaft in der nachfolgenden Periode. Der majestätische Bau des Kommunismus wird vom Sowjetvolk, von der Arbeiterklasse, der Bauernschaft und der Intelligenz in beharrlicher Arbeit errichtet. Je erfolgreicher ihre Arbeit, desto näher rückt das große Ziel: die Errichtung der kommunistischen Gesellschaft.

(Einheit, 16. Jg. (1961), Sonderheft, S. 43; zit. nach: Alexander Fischer, Sowjetische Außenpolitik seit 1945, Stuttgart (Klett) 1985, S. 69f.)

Gemeinsames Mittagessen auf den Feldern einer Kolchose (Tula, 1936)

Stalin – Der Mythos

Auch 55 Jahre nach seinem Tod ist Josef Stalin in der russischen Öffentlichkeit weiter populär. In einer nationalen Abstimmung zur „wichtigsten Person der russischen Geschichte“ liegt Stalin auf Rang drei.
Die Kommunisten loben den gebürtigen Georgier Stalin als „Vater der Völker“, der das Land geeint, soziale Mindeststandards geschaffen, den Hitler-Faschismus besiegt und die Atommacht hervorgebracht habe.
Schon zu Lebzeiten Stalins nutzten die politischen Machthaber das Massenmedium Plakat als Instrument des Personenkults. Das Plakat wurde zu einem bevorzugten Mittel der politischen Propaganda. Es war einfach strukturiert, seine zentrale Botschaft konnte auch von weniger gebildeten Betrachtern verstanden werden. Das Medium Propagandaplakat bot sich an, ideologische Sichtweisen zu formen, Meinung zu manipulieren, Gefolgschaft einzufordern und zu stärken.

- **Welches Bild vermittelte die russische Propaganda von Stalin?**
- **Warum wurde dieses Bild von Stalin vermittelt?**
- **Welche Funktion und Bedeutung hat dieser Personenkult in der Geschichte, welche Funktion erfüllt er heute?**

Kommunistische Demonstration am 1. Mai 2005 in Moskau

Stalin-Mythos: Propagandaplakate als historische Quellen
Gestalten Sie mit den Plakaten M 1 – M 6 eine animierte PowerPoint-Präsentation zu den drei Leitfragen.
Alternative: Entwerfen Sie auf einer Stellwand eine kleine thematische Dokumentation zu den drei Leitfragen.

Vorschläge für die inhaltliche Erarbeitung und grafische Gestaltung einer erfolgreichen Präsentation:

1. Für die inhaltliche Analyse und Interpretation der Plakate bietet es sich an, das dreistufige Schema, wie es für die Interpretation von Wahlplakaten vorgeschlagen wird (s. S. 348), in seinen drei Grundschritten variiert auf den vorliegenden Typ von Propagandaplakaten anzuwenden.
2. Analysieren Sie die Ausführungen des Historikers Hildermeier (M 7) und des Journalisten Donath (M 8), indem Sie für jeden Textauszug die zentralen Aussagen des Autors zur Problematik Stalin-Mythos herausarbeiten.
3. Bereiten Sie die Plakate für eine beamergestützte Projektion auf. **Tipp:** eine Folie pro Plakat.
4. Formulieren Sie auf der Grundlage Ihrer Plakatinterpretationen für jede Plakatfolie einen grafisch einprägsamen interpretierenden Begleittext, der den Betrachtern die zentralen Bild- und Textelemente vorstellt und erläutert sowie die Kernbotschaft des Plakats und die intendierte Wirkung aufzeigt.
5. Verfassen Sie ein kurzes Statement, in dem Sie eine zusammenfassende Einschätzung der Auswirkungen und der Bedeutung des Personenkults für totalitäre Herrschaftsordnungen sowie eine Einschätzung, welche Funktion der Stalin-Mythos in der heutigen Zeit erfüllt, vornehmen.

Alternative: Bei einer Stellwandprojektion müssten Sie die mediale Darstellungsform (z. B. Farbkopien) diesem Präsentationsmedium entsprechend gestalten.

M 1 Stalin und Lenin

Sowjetisches Plakat, 1944

M 2 „Unter der Führung des großen Stalin – vorwärts zum Kommunismus!"

Sowjetisches Plakat, 1951

M 3 Stalin als Kinderfreund

Sowjetisches Plakat, keine Jahresangabe

M 4 „Vorwärts, vernichten wir die deutschen Okkupanten und jagen wir sie hinter die Grenzen unserer Heimat!"

Sowjetisches Plakat, 1944

M 5 „Der große Stalin ist das Banner der Freundschaft der Völker der UdSSR!"

Sowjetisches Plakat, 1950

M 6 „Der Kapitän des Sowjetlandes führt uns von einem Sieg zum anderen Sieg!"

Sowjetisches Plakat, 1933

M 7 Der Historiker Manfred Hildermeier zur Entstehung des Personenkults um Stalin (1998)

Von allen Versuchen der Politik, Einfluss auf das geistige Leben und öffentlich-kollektive Verhalten der Bevölkerung zu nehmen, ist die Verherrlichung Stalins am tiefsten ins Bewusstsein zeitgenössischer und späterer Beobachter eingedrungen. Was 1956 beim ersten Versuch der Vergangenheitsbewältigung sachlich-deskriptiv als „Persönlichkeitskult“, aber auch als „widerwärtige Lobhudelei“ bezeichnet wurde, galt zu Recht als charakteristisches Merkmal der von ihm geprägten Herrschaftsordnung. [...]
Offensichtlich ist, dass diese „Kanonisierung“ [= Heiligsprechung] inszeniert wurde. Presse, Rundfunk und Film traten ebenso in ihren Dienst wie Versammlungen und alle Arten öffentlicher Manifestation. Bauten, Skulpturen, Spruchbänder und Aufschriften machten sie im Stadtbild sichtbar; Monumente verkörperten sie durch Ehrfurcht gebietende physische Dimensionen; parteilich gesteuerte Organisationen verliehen ihr in politischen und geselligen Veranstaltungen Ausdruck. Stalin war überall, umgeben und bewacht von einem wachsenden Heer gefügiger Parteifunktionäre und allgegenwärtiger Geheimpolizisten. [...]
Die Art und Weise, wie Stalin am 21. Dezember 1929 seinen fünfzigsten Geburtstag beging, [begründete] einen neuen Stil. Der Generalsekretär hatte sich endgültig die alleinige Macht gesichert. Die letzte ernst zu nehmende Opposition war besiegt, sein Kurs bestätigt und auf den Weg gebracht. Auch wenn der Ausgang des neuen Bürgerkrieges, den er damit vom Zaun brach, ungewiss blieb – die politische Schlacht war geschlagen und der Zeitpunkt zum Feiern günstig. Doch nicht nur die innere Lage lud zur Besiegelung des Triumphes ein. Der Moment konnte kaum gelegener sein, um auch nach außen hin, für die eigene Bevölkerung und das Ausland, die endgültige Aszendenz [= Aufstieg] eines neuen starken Mannes zu signalisieren. Die Machtübernahme bedurfte der symbolischen Bestätigung, die Thronfolge der Krönung. Dabei mochte es wohl sein, dass er die Feier nicht selbst anregte, aber er brauchte sich nicht zu „überwinden“. Die Selbststilisierung war längst vorbereitet und ihr Inhalt stand weitgehend fest: Stalin war der neue Lenin.
Mit diesem Tenor wurden ihm zahllose Grußadressen aus dem ganzen Lande dargebracht. [...] Die dazu nötigen Korrekturen seiner Biographie waren größtenteils schon während der ideologischen Fehde mit Trotzki vorgenommen worden. So kam Stalin zu der unverdienten Ehre, neben Lenin der zweite Held der Oktobertage gewesen zu sein und maßgeblich zum militärischen Sieg gegen die Weißen beigetragen zu haben. Ähnlich stand er dem Gründervater danach in angeblich innigem Verständnis treu und aufmerksam zur Seite, um als kluger Lehrling die Voraussetzungen für die kongeniale Weiterführung des großen Werkes zu erwerben. In diesem Licht erschienen Planwirtschaft und Zwangskollektivierung als vorgezeichnete Schritte auf dem Wege, den der Staatsschöpfer selbst gewiesen hatte. Stalin wurde zum *Lenin redivivus* [wiederauferstanden] und erbte gleichsam auch dessen Eigenschaft, das Maß aller sozialistischen Dinge und Künder der großen Zukunft zu sein. [...]
Was in diesen Devotionsformeln zum Ausdruck kam, fand auch in vielen anderen Erscheinungen des öffentlichen Lebens seinen Niederschlag. Stalins Abbild begann, den Alltag zu prägen. Sein Konterfei zierte die Amtsstuben und die Vitrinen der großen Geschäfte. Seine Büste besetzte den Platz neben der Lenins und drang aus Parteigebäuden und Behörden auf Plätze und Straßen vor. Schon im Herbst 1933 glaubte ein ausländischer Beobachter feststellen zu können, dass der Generalsekretär dabei war, sogar den Staatsgründer an propagandistischer Präsenz zu verdrängen.

(Manfred Hildermeier, Geschichte der Sowjetunion 1917–1991, München (Beck) 1998, S. 554–557)

M 8 Klaus-Helge Donath zur heutigen Funktion des Stalin-Mythos (2007)

Donath ist seit 1990 der Russland-Korrespondent der „taz“ in Moskau.

18 Millionen Russen wurden unter Stalin in Lager verschleppt. Doch im heutigen Russland ist das Erinnern an die Opfer unerwünscht: Geschichte soll Erfolgsgeschichte sein.
„Wie lange wollen Sie noch an den Gulag erinnern und die Menschen aufwühlen? Es ist Zeit, zu verzeihen und zu vergessen.“ Unzählige Briefe empörter Bürger mit dem immer selben Tenor gingen Jahr für Jahr bei Alexander Jakowlew ein. Bis zu seinem Tod 2005 leitete der Architekt der Gorbatschowschen Perestroika die Kommission zur Rehabilitierung stalinistischer Opfer in Russland, die im Kreml beim Präsidenten angesiedelt ist. Die Politik mischte sich in seine Arbeit nicht ein. Gleichwohl klagte Jakowlew damals schon über die Gleichgültigkeit, mit dem der Staat den Millionen Opfern begegnete. Als er starb, hinterließ er 400 000 unerledigte Fälle.

Um die Kommission ist es seither noch ruhiger geworden. Auch der siebzigste Jahrestag des Großen Terrors hat daran nichts geändert. [...]
Im Juli 1937 hatte der Volkskommissar, Nikolai Jeschow, den Erlass mit der Nummer 00447 unterzeichnet. Hinter der unscheinbaren Zahl verbarg sich der Befehl, mit dem der KPdSU-Generalsekretär Josef Stalin die Zeit des Großen Terrors einleitete. Noch im selben Jahr vollstreckten Stalins Schergen 353074 Todesurteile, 328000 Menschen wurden 1938 liquidiert. „Volksfeinde“ und „Schädlinge“ verschwanden zu Hunderttausenden in den 30000 Lagern des staatlichen Gulag-Systems. Zwischen 1928, der „Zweiten Revolution“, und dem Todesjahr des Diktators 1953 waren 18 Millionen Menschen durch die Lager gegangen und sechs Millionen als „Sondersiedler“ in unwirtliches Exil geschickt worden.
Der Kreml überging den Jahrestag zunächst. Erst Ende Oktober, am Tag der Opfer des Stalin-Regimes, erschien Präsident Wladimir Putin überraschend auf einer Gedenkfeier in einem Waldstück am Rande Moskaus, wo 20000 Opfer der ersten Hinrichtungswelle verscharrt wurden. Der russische Menschenrechtsbeauftragte Wladimir Lukin soll es dem Kremlchef dringend nahegelegt haben. Ein schwerer Gang muss dies für den Präsidenten gewesen sein, unter dessen Ägide die sowjetische Vergangenheit, eine Geschichte der Gewalt, wieder als ein gelungenes Projekt mit unvermeidlichen Kollateralschäden ausgelegt wird.
Russland wehrt sich gegen eine Aufarbeitung der Geschichte. Wer Fragen stellt, forscht und gar von außen kommt, kein Russe ist, maßt sich etwas an, was ihm eigentlich nicht zustehe. Das Verschweigen hat fast alle Gesellschaftsschichten erreicht. Ein euphorischer, manchmal paranoid anmutender Jubel erweckt den Eindruck, als solle mit aller Kraft die Tragik übertönt werden. Dabei wird nicht die menschenverachtende Politik der Sowjetunion als Katastrophe empfunden, sondern der Zusammenbruch des Sowjetsystems.
Ein befremdliches Pathos durchzieht auch ein aktuelles Lehrerhandbuch zur Geschichte, das der Kreml in Auftrag gab. Das Autorenkollektiv um den Historiker Alexander Filippow stellt die Entwicklung der UdSSR seit dem Zweiten Weltkrieg als eine unbefleckte Erfolgsgeschichte dar, die 1991 durch unglückliche Umstände ein unverdientes Ende fand. In dieser Nachkriegshistorie kehrt Diktator Stalin als herausragender Staatsmann zurück. „Einerseits sieht man in Stalin den erfolgreichsten Staatsführer der Sowjetunion [...]. Im größten aller Kriege wurde ein Sieg errungen und es fand eine industrielle, wirtschaftliche und kulturelle Revolution statt.“ Terror und Millionen Tote werden nicht ganz verschwiegen, aber an den Rand verbannt. [...]
Die Aufarbeitung der Geschichte wird auch durch die beispiellose Willkür des Sowjetterrors erschwert. Auf dem Höhepunkt der Repressionswelle gab es keine Kriterien mehr, die jemanden als Opfer prädestinierten. [...] Oft hatten Täter keine andere Wahl und wurden über Nacht selbst zu Opfern. Alle fünf Hauptleiter des Gulag-Systems wurden in den Dreißigerjahren nacheinander erschossen. Nicht selten lebten Überwacher und Bewachte nach der Lagerzeit in derselben Stadt als Gefangene desselben Systems, das ihnen eine freie Wahl des Wohnortes untersagte. [...]
Von der eigenen Historie hat die Mehrheit der Bevölkerung nur verschwommene Kenntnisse, stellten Soziologen des Meinungsforschungsinstituts Lewada fest: Viele Bürger seien nach wie vor in mythologisierten Darstellungen der Sowjetzeit befangen, die auch die jüngere Generation unhinterfragt übernimmt. Bis heute gibt es kein zentrales staatliches Mahnmal für die Opfer und nicht eine Gedenktafel in Moskau.

(Zit. nach: http://www.taz.de/1/debatte/theorie/artikel/1/pathosstatt-aufarbeitung/?src=SZ&cHash=8ec5c21830; 6.10.2009)

Die weltpolitische Bedeutung der Russischen Revolution

Geschichte, das zeigt das Beispiel der Russischen Revolution, ist immer auch eine Deutung desjenigen, der sie untersucht. Von zahlreichen Historikern wurden die Ereignisse des Jahres 1917 bereits untersucht und beschrieben – ebenso zahlreich sind die Urteile über dieses bedeutende Ereignis der Weltgeschichte.

- **Welche weltpolitische Bedeutung hatte die Russische Revolution von 1917?**

Präsentieren Sie Antworten und Positionen, die in der öffentlichen fachlichen Diskussion zur Leitfrage vertreten werden, und setzen Sie sich im gemeinsamen Kursgespräch mit den unterschiedlichen Sichtweisen und Argumentationen auseinander.

Vorschläge zur Vorbereitung auf die Diskussion:

1. Lesen Sie die Textauszüge M1–M5 kursorisch und entscheiden Sie, welchen Text Sie in Partnerarbeit bearbeiten möchten.

2. Analysieren Sie gemeinsam den ausgewählten Text, indem Sie ausgehend von einer formalen Analyse der Merkmale des Textes die Kernaussagen und die Argumentation, mit der sie begründet und gestützt werden, strukturiert zusammenfassen.

   ➡ **Empfehlung, um den jeweiligen Gedankengang präzise zu erfassen:**

   a) zunächst individuelle Texterschließung in Einzelarbeit;

   b) in einem zweiten Arbeitsschritt Vergleich mit den Ergebnissen der Lernpartnerin/des Lernpartners;

   c) abschließend Formulierung eines gemeinsamen Lösungsvorschlags.

3. Präsentieren Sie Ihre Arbeitsergebnisse für die Mitschülerinnen und Mitschüler auf Plakaten, Folien oder als Handout, die jeweils die Gesprächsgrundlage für das gemeinsame Kursgespräch bilden.

Ende einer Epoche – Lenin als Kinderspielzeug (aufgenommen in Vilnius, der Hauptstadt Litauens, 1991)

M 1 Michail Gorbatschow über die Oktoberrevolution (1990)

Michail Gorbatschow

Je weiter wir zum Wesen unserer eigenen Geschichte vordringen, umso offenkundiger wird heute, dass die Oktoberrevolution kein Fehler war, denn die reale Alternative zu ihr war durchaus keine bürgerlich-demokratische Republik, wie uns heute mancher einzureden versucht, sondern ein anarchischer Putsch und eine blutige Militärdiktatur, die Errichtung eines reaktionären, volksfeindlichen Regimes. Es besteht auch kein Zweifel daran, dass die Oktoberrevolution kein Zufall, sondern ein gewaltiger welthistorischer Durchbruch in die Zukunft, der Anspruch war, die gesellschaftlichen Probleme im Interesse des Volkes zu lösen, soziale Bedingungen für den höchsten materiellen und geistigen Fortschritt zu schaffen, die gesamte Masse der Werktätigen in den Prozess bewussten gesellschaftlichen Schöpfertums einzubeziehen.

Die Jahre nach der Oktoberrevolution waren die erste praktische Prüfung der sozialistischen Idee. Es begann ein intensives Suchen nach den konkreten Formen der Organisation der Gesellschaft. Davon zeugen vor allem die Werke Lenins, angefangen mit der bekannten Arbeit „Die nächsten Aufgaben der Sowjetmacht". Unter dem Einfluss der von Stalin durchgesetzten dogmatischen Grundsätze, die ihn noch lange überlebten, wurde in unserem Lande unterschätzt, dass die Arbeiten Lenins nach dem Oktober eine Suche nach Lösungswegen darstellten. Die Veränderungen seiner Ansichten über den Aufbau des Sozialismus wurden vertuscht, denn sie hätten angeblich als Schwäche ausgelegt werden können. In Wirklichkeit ist das leninsche Suchen kein Zeichen von Schwäche sondern von Stärke. Im Strudel der Ereignisse, der stürmischen Umwälzungen, war Lenin in der Lage, vom Leben zu lernen, die Bedürfnisse der Massen feinfühlig zu erfassen, die Fakten zu verallgemeinern und aus den Prozessen in der Gesellschaft theoretische Schlussfolgerungen zu ziehen. [...]

Wieso ist es Stalin gelungen, der Partei und der ganzen Gesellschaft sein Programm und seine Methoden aufzuzwingen? Das ist die Frage aller Fragen für die Einschätzung unserer Geschichte. [...] Die stalinschen Entstellungen führten zum Verlust des Entscheidenden in der marxschen und leninschen Sozialismuskonzeption – der Auffassung vom Menschen als Ziel und nicht als Mittel. Anstelle der Idee von der freien Entwicklung eines jeden als Bedingung für die freie Entwicklung aller entstand die Vorstellung vom Menschen als einem „Schräubchen" in der Partei- und Staatsmaschinerie und von den Organisationen der Werktätigen als „Transmissionsriemen" dieser Maschine. Auch im Weiteren blieb der einmal entstandene Mechanismus im Wesentlichen erhalten. Mehr noch, im Grunde genommen nahm das administrativ-bürokratische System an Stärke zu, was sich äußerst negativ auf die Gesellschaft auswirkte, die letzten Endes in einen Zustand der Stagnation und an den Rand der Krise geführt wurde. [...]

(Michail Gorbatschow, Die sozialistische Idee und die revolutionäre Umgestaltung; in: Der Spiegel, Januar 1990, S. 3–5)

M 2 Alexander Solschenizyn über die Oktoberrevolution (2007)

Alexander Solschenizyn

Die sogenannte Oktoberrevolution – das ist ein Mythos, den sich die Bolschewiki nach ihrem Sieg zurechtgelegt haben und den sich der auf den Fortschritt fixierte Westen völlig zu eigen gemacht hat. Am 25. Oktober 1917 gab es in Petrograd einen gewaltsamen Staatsstreich. Er war eher für einen Tag konzipiert, methodisch aber brillant vorbereitet – und zwar von Leo Trotzki, denn Lenin musste sich in jenen Tagen noch wegen Hochverratsbeschuldigungen versteckt halten.

Was jetzt für die Russische Revolution von 1917 ausgegeben wird, war die Februarrevolution. Ihre Ursachen lagen tatsächlich in den Verhältnissen, die im damaligen Russland herrschten. Die Februarrevolution hatte tiefe Wurzeln. In erster Linie war das ein lang angestauter und gegenseitiger Hass der Bildungsschicht und der Machthaber. Er war es, der Kompromisse völlig undenkbar machte. Die Hauptverantwortung lastet natürlich auf dem Machtapparat. Wer soll eine größere Verantwortung für einen Schiffbruch tragen als der Kapitän? Die Voraussetzungen für die Februarrevolution ergaben sich aus dem damaligen russischen Regime. Am Oktoberumsturz ist nichts, was mit der Natur Russlands zu erklären wäre – im Gegenteil: Dieser Staatsstreich hat Russland das Rückgrat gebrochen. Der deutlichste Beweis dafür ist der rote Terror – die Bereitschaft der Revolutionsführer, Russland im eigenen Blut zu ersäufen.

(A. Solschenizyn, in: Spiegel Special – Geschichte, Nr. 4/2007, Experiment Kommunismus, S. 140)

M 3 Gerd Koenen über das „Experiment Kommunismus" (2007)

Wo sich kommunistische Parteien über den Zusammenbruch der Sowjetunion und des „sozialistischen Lagers" hinaus an der Macht haben behaupten können, da jedenfalls nur in ihrer Rolle als Hüter und Bewahrer ihrer Nation und als Garanten einer zentralen Staatlichkeit, der alle sozialen und ökonomischen Politiken letztlich untergeordnet sind – von der extremsten Staatssklaverei wie in Nordkorea bis zum exzessivsten Mischkapitalismus wie in China.
Die zentrale These Eric Hobsbawms in seinem großen Rückblick auf das „Zeitalter der Extreme" mutet angesichts all dessen noch ebenso paradox an wie vor 13 Jahren, als er schrieb: „Die Welt, die Ende der Achtzigerjahre in Stücke brach, war eine Welt, die von den Auswirkungen der Russischen Revolution 1917 geprägt worden war." Erst die Präsenz der Sowjetunion habe die kapitalistische Welt des Westens nämlich zu jenen wirtschaftlichen und sozialen Reformen gezwungen, die ihre angestammte Überlegenheit wieder gesichert hätten. Somit habe der Kommunismus sich „als Retter des liberalen Kapitalismus" erwiesen. Und darin liege „eine der Ironien dieses denkwürdigen Jahrhunderts".
Man wird diese Ironie, wenn schon, noch etwas weitertreiben müssen. Denn wenn an Hobsbawms Gedanken überhaupt etwas Richtiges ist, dann gewiss nicht im Sinne jenes friedlichen „Wettkampfs der Systeme", den Nikita Chruschtschow bei seinem Besuch in den USA 1959 gleichsam mit einem Paukenschlag auf den Gulaschkessel vollmundig angekündigt hatte. Diese Konkurrenz haben die Länder des Kapitalismus nie fürchten müssen. Und für die Gewerkschaften und sozialen Bewegungen des Westens waren die Verhältnisse im „realen Sozialismus" selten ein Ansporn, eher schon eine Hypothek.
Wenn die Herrscher des Westens und des Weltmarktes etwas gefürchtet haben, dann allenfalls jenes Gespenst eines „Weltkommunismus", das seit der Russischen Revolution von 1917 um die Welt zog und letztlich mehr in der Einbildung seiner Gegner als in der historischen Realität des 20. Jahrhunderts existiert hat.

(Gerd Koenen, Die Ära der Revolution; in: Spiegel Special – Geschichte, Nr. 4/2007, Experiment Kommunismus, S. 15)

Ukrainer in Kiew bejubeln die Unabhängigkeitserklärung (August 1991).

M 4 Aus einem DDR-Schulbuch

Die Große Sozialistische Oktoberrevolution hatte nicht nur das alte Russland entschieden verändert. Unter ihrem Einfluss veränderte sich das internationale Kräfteverhältnis grundlegend zugunsten des Friedens, der Demokratie und des Sozialismus. Mit dem Ausbruch Russlands aus dem bis dahin weltbeherrschenden System des Imperialismus und der Errichtung des ersten sozialistischen Staates standen sich zwei einander entgegengesetzte gesellschaftliche Systeme – das imperialistische und das sozialistische – gegenüber. […]
Innerhalb des imperialistischen Systems kam es unter den Auswirkungen der Oktoberrevolution zu gewaltigen revolutionären Erhebungen, die in einer Reihe kapitalistischer Hauptländer die Herrschaft der imperialistischen Bourgeoisie erschütterten. Eine mächtige Welle antiimperialistischer nationaler Befreiungskämpfe erfasste das Hinterland des Imperialismus, die kolonialen und abhängigen Länder, und leitete die Krise des imperialistischen Kolonialsystems ein.
Die junge Sowjetmacht wurde zum Zentrum für den Befreiungskampf der Arbeiterklasse und der Volksmassen aller Länder gegen Imperialismus, Kolonialismus und Krieg. […]
Die allgemeine Krise des Kapitalismus ist gekennzeichnet durch seine ständig fortschreitende Zersetzung und seine innere Schwächung. Sie ist die Epoche des Niedergangs und des Verfalls des Kapitalismus bis zu seinem völligen Untergang.
Mit der Großen Sozialistischen Oktoberrevolution begann die neue welthistorische Epoche des Übergangs vom Kapitalismus zum Sozialismus, „die Epoche des Kampfes der beiden entgegengesetzten Gesellschaftssysteme, die Epoche der sozialisti-

schen und der nationalen Befreiungsrevolutionen, die Epoche des Zusammenbruchs des Imperialismus und der Liquidierung des Kolonialsystems, die Epoche des Übergangs immer neuer Völker auf den Weg des Sozialismus, die Epoche des Triumphes des Sozialismus und Kommunismus im Weltmaßstab."

(Geschichte, Lehrbuch für Klasse 9, Berlin (Volk und Wissen/Volkseigener Verlag) 1980, S. 43 f.)

M 5 Spiegel-Streitgespräch über die Erinnerungskultur und die Bewertung der Oktoberrevolution (2007)

In einem Interview befragten die Spiegel-Redakteure Christian Neef und Rainer Traub die Moskauer Historiker Wladimir Buldakow und Michail Gorinow:

Spiegel: Eine Gruppe von Professoren hat sich jüngst in einem offenen Brief beschwert, dass es den Feiertag der Oktoberrevolution nicht mehr gibt. Ist der 25. Oktober (7. November) für Sie Anlass zum Feiern oder eher nicht?

Buldakow: Das ist ein bolschewistischer Standpunkt, eine Fortsetzung des Mythos vom Großen Oktober. Auch wenn ich mit den Professoren nicht einverstanden bin, möchte ich aber nicht, dass die Feiern abgeschafft werden. Das historische Gedächtnis des Volkes sollte man nicht vergewaltigen. Das haben schon die Bolschewiki versucht: Statt des orthodoxen Ostern wollten sie ein „Rotes Ostern". Ein banaler Betrug, mehr nicht. Die heutigen Eliten machen sich nichts aus Revolutionen, sie haben Angst vor ihnen.

Gorinow: Für mich gab es in der Jugend zwei ganz große Feiertage, den 1. Mai und den 7. November. Der 1. Mai war mit Frühling und Fröhlichkeit verbunden, auf allen Plätzen wurde getanzt. Den 7. November brachte ich wohl wie die meisten Sowjetmenschen mit der Macht unseres Vaterlandes in Verbindung, und die Militärparade auf dem Roten Platz gehörte unbedingt dazu. Man hatte das Gefühl, Teil eines großen und mächtigen Staates zu sein. Für mich war das ein wichtiger Tag im Kalender. Wenn die Franzosen ihre Revolution noch immer feiern, obwohl nicht alle von ihr begeistert sind – warum sollte das in Russland nicht gehen?

Buldakow: Am 7. November wollten die Machthaber der Sowjetunion etwas vortäuschen, was es so nicht gab. Am Mausoleum (von Lenin) fuhren Raketen vorbei, die nur Attrappen waren, das Volk aber wurde zur Teilnahme an der Demonstration gezwungen – auch bei Kälte und Regen. Man bekam blöde Plakate und musste sie den ganzen Weg schleppen – um sie nachher gegen Quittung wieder abzugeben. [...]

Spiegel: War Ihre Revolution im Rückblick eine Sackgasse der Geschichte?

Buldakow: Aus meiner Sicht ist der November 1917 keine Sackgasse gewesen, sondern ein große Lehre. Eine Utopie kann Menschen begeistern, doch man kann auf ihr nichts Festes aufbauen. Die Vorahnung, alles würde mit einem Riesenzusammenbruch enden, hatte man schon immer.

Gorinow: Die Französische Revolution bescherte der Welt die Idee von politischer Freiheit. Die Russische Revolution ging weiter, sie hat die politische durch die soziale zu ergänzen versucht. Die Idee, dass der Staat die Wirtschaft lenken solle, hing mit der Vorstellung zusammen, nur so Wohlstand erreichen zu

Das Gebäude der Moskauer Lubjanka ist immer noch Sitz der Geheimpolizei. Von hier gingen die Befehle aus, deren Folge Massengräber wie das in Tscheljabinsk (re.) waren.

können. Die Große Russische Revolution wollte denjenigen Hoffnung schenken, die in der kapitalistischen Welt nicht zur Elite gehörten. Dazu brachte sie eine neue Elite hervor, die an die Stelle der alten Zaren-Bürokraten trat.

Buldakow: Der November war kein Staatsstreich: Man kann sich kaum eine noch schlechtere Vorbereitung eines bewaffneten Aufstands vorstellen als damals unter Lenin. Seine Ideologen waren völlig zerstritten. Sie haben zwar das Winterpalais besetzt, doch bei Weitem nicht alle Minister wurden verhaftet. Das Volk aber schwieg, es war nicht der Vollzieher der Revolution. Die Provisorische Regierung machte viele Fehler und diese führten zu ihrem unrühmlichen Ende – nicht irgendeine Verschwörung.

Gorinow: Nach marxistischer Methodologie versteht man unter Revolution eine Veränderung der Eigentumsverhältnisse; ein Umsturz aber ist ein Wechsel in der Organisation der politischen Macht. Radikale Änderungen in den Eigentumsverhältnissen wurden durch den November eingeleitet; im Februar wurde nur eine Änderung im Machtgefüge des Staates durchgesetzt. So gesehen fand der Staatsstreich im Februar statt und die Revolution im November. Die Verschwörer des Februar hatten die Streikbewegung und den Hunger in Petrograd angefacht, um Unruhen zu provozieren. Es lief das dritte Weltkriegsjahr, die Unzufriedenheit im Volk war groß. Die Oberbefehlshaber der Kriegsfronten forderten den Zaren zur Abdankung auf und er folgte ihrem Ruf. Die Macht lag buchstäblich auf der Straße; wer entschlossen genug war und hinter sich gewisse Kräfte wusste, konnte nach ihr greifen.

Spiegel: Die Anhänger der Revolution behaupten, das Volk habe die Bolschewiki beispiellos unterstützt und im Bürgerkrieg die neue Macht sogar mit der Waffe in der Hand verteidigt. War es wirklich eine von den Volksmassen getragene Revolution?

Buldakow: Das ist eine der vielen Legenden. Die Leute hatten einige Jahre Weltkrieg und Schützengraben hinter sich. Es war nicht daran zu denken, dass jemand danach noch irgendeine Revolution verteidigen würde. Es wurde versucht, Freiwillige in die Rote Armee einzuberufen. Das funktionierte nicht. Dann wurde die totale Mobilisierung betrieben – die Bauern antworteten mit einer Welle von Aufständen. In den ersten Monaten waren es nur die lettischen Schützen und ungarische Kriegsgefangene, die die Revolution verteidigten. Die lettischen Soldaten wollten ihre baltische Heimat von deutschen Großgrundbesitzern befreien, sie zogen freiwillig an russischer Seite in den Krieg. […] Unter den ungarischen Kriegsgefangenen dagegen gab es Möchtegern-Revolutionäre. Sie zogen es vor, mit der Waffe in der Hand für die Weltrevolution zu kämpfen, in der ein freies Ungarn einen würdigen Platz finden würde. Auch anarchistische Matrosen kämpften mit. Es war eine Mischung aus Idealisten, Banditen und Söldnern, welche die Sowjetmacht unterstützten. Das russische Volk aber setzte sich damals zu 80 Prozent aus Bauern zusammen. Sie bekamen das Land, welches den Grundbesitzern mit Gewalt abgenommen worden war. Das teilten sie untereinander auf und verteidigten es. Welche Seite im Bürgerkrieg jeweils obsiegte, war ihnen völlig egal.

Spiegel: Lenin und Stalin – wer war für Sie der Gute, wer der Böse?

Buldakow: Die Gegenüberstellung hat eine lange Tradition. Im Moment (2007) ist bei uns mal wieder Stalin der gute Onkel. Lenin funktionierte in jener Phase, in der es um die Zerstörung der Macht ging.

Gorinow: Lenin war ein genialer Politiker in Krisenzeiten!

Buldakow: Lenin war eine große Persönlichkeit, daran führt kein Weg vorbei. Genauso offensichtlich ist, dass Stalin ein erbärmlicher Typ war, freilich mit einem geradezu animalischen Machtinstinkt […]. Geistig war er eine Null […]. Stalin hat nie an die sozialistischen Ideale geglaubt; er verkörperte den traditionellen Typ des Gutsherrn, der sich Leibeigene hält.

Gorinow: Wäre Lenin Parteiführer geblieben, hätte es keine Säuberungen gegeben. Stalin war keine schäbige Figur, er war durchaus Marxist. Kein großes Licht in der Theorie, aber er blickte durch.

Spiegel: Eine breite Auseinandersetzung mit dem kommunistischen Erbe hat in Russland nie stattgefunden, obwohl fast jede Familie vom Terror betroffen war. Warum dieses Schweigen?

Buldakow: Die Geschichte wird immer wieder umgeschrieben. In Russland sind es die Machthaber, die die Geschichtsauffassungen erstellen, nicht die Experten. Die Geschichtsinterpretation in den Schulbüchern ist ein besonderes Problem. Neuerdings gibt es die Prüfungen in Geschichte nur zum Ankreuzen per Computer. Das heißt, Schüler müssen die Antworten kennen, die als richtig gelten. Das Volk wird wieder einmal mehr für dumm verkauft.

Gorinow: Eine wirkliche Diskussion über unsere Vergangenheit fand nie statt.

(Spiegel Special – Geschichte, Nr. 4/2007, Experiment Kommunismus, S. 138 ff.)

Üben – Vertiefen – Anwenden

Russische Revolution und Sowjetunion – Sozialistischer Weg der Zukunftsgestaltung

Info, S. 108–117
Thema, S. 118ff.

1. Stellen Sie die Entwicklung der Sowjetunion in einer Zeitleiste dar. Nennen Sie dabei für jedes Schlüsselereignis auch das Datum und die historische Bedeutung.

Info, S. 109–111

2. Stellen Sie die grundlegenden Elemente des Selbstverständnisses der UdSSR dar und erklären Sie sie aus historischen Erfahrungen des russischen Volkes. Vergleichen Sie dieses Selbstbild mit der Wirklichkeit und beurteilen Sie seine Funktion.

Info, S. 109–111

3. Erläutern Sie die ideologischen Grundlagen des Marxismus-Leninismus. Beurteilen Sie die Bedeutung der einzelnen Elemente für die Entwicklung der Sowjetunion.

Info, S. 109–111
Thema, S. 125ff.

4. Charakterisieren Sie das sozialistische Herrschafts- und Gesellschaftsmodell in einer Mindmap.

Info, S. 111f.

5. Beschreiben Sie die Situation der Menschen im vorrevolutionären Russland und erläutern Sie die Ursachen für den Ausbruch der Revolution.

Kernbegriffe:

- ★ Marxismus-Leninismus
- ★ Sozialistische Revolution
- ★ Weltrevolution
- ★ Oktoberrevolution
- ★ Sozialismus in einem Lande
- ★ Bolschewiki
- ★ Menschewiki
- ★ Sowjet
- ★ Kriegskommunismus
- ★ Neue Ökonomische Politik
- ★ Stalinismus
- ★ Kollektivierung
- ★ Gulag

Info, S. 113–116 Thema, S. 118 ff.	6. Benennen und erläutern sie zentrale Problemfelder, mit denen sich die neuen kommunistischen Machthaber nach der Oktoberrevolution konfrontiert sahen.
Info, S. 115–117 Thema, S. 131 ff.	7. Zeigen Sie die zentralen Merkmale des Stalinismus auf und überprüfen Sie, inwiefern es gerechtfertigt ist, ihn als ein historisches Beispiel für totalitäre Herrschaft zu benutzen.
Info, S. 115–117 Thema, S. 131 ff.	8. Charakterisieren Sie die politischen Denkmuster, die dem Stalinismus zugrunde lagen, und die Techniken, die zur Machtsicherung angewandt wurden.
Info, S. 115 f. Thema, S. 125 ff.	9. Erläutern Sie die unter Stalin getroffenen Maßnahmen der Kollektivierung und Industrialisierung und bewerten Sie ihre Auswirkungen für die betroffenen Menschen.
Info, S. 116 f. Forum, S. 135 ff.	10. Bewerten Sie die Aussage „Wie lange wollen Sie noch an den Gulag erinnern und die Menschen aufwühlen? Es ist Zeit, zu verzeihen und zu vergessen.“
Info, S. 108 f.	11. Beschreiben Sie die weltweite Ausbreitung des Sozialismus und erläutern Sie die Gründe für die Entwicklung.
Info, S. 116 f. Thema, S. 131 ff.	12. Stellen Sie die zentralen Elemente des Stalin-Kultes im 21. Jahrhundert dar und beurteilen Sie seine Funktion vor dem Hintergrund der aktuellen gesellschaftlichen Entwicklung in Russland.
Ganzes Kapitel	13. Nehmen Sie Stellung zu dem Cover-Titel des Spiegels „Experiment Kommunismus“ (s. S. 106).

Klausurtraining

Interpretation eines Propagandaplakats

M Sowjetisches Propagandaplakat von 1936

Die Bildunterschrift lautet: „Haltet das Banner von Marx, Engels, Lenin und Stalin höher!“

Interpretieren Sie das Propagandaplakat, indem Sie

a) das Plakat beschreiben;

b) die Plakataussage im historisch-politischen Kontext ihrer Entstehungszeit erläutern;

c) die bildliche Gestaltung, die inhaltliche Plakataussage und die beabsichtigte Wirkung des Plakats beurteilen.

Industrialisierung: Wirtschaft und Gesellschaft verändern sich

Die Fotografie zeigt die Montage von Generatoren für die Stromerzeugung – unerlässliche Voraussetzung, um immer mehr Städte und Haushalte zu elektrifizieren. Um 1900 hatte der Strom in vielen Gebieten die Dampfkraft ersetzt und das Leben der Menschen in vielfältiger Hinsicht verändert. Es gab nicht wenige, die im Überschwang der Gefühle von einer „erleuchteten Gesellschaft" sprachen. Aber auch nüchterne Beobachter werden zugeben, dass Erfindergeist und Fortschrittsglaube zu beeindruckenden Leistungen geführt hatten. Noch wenige Jahrzehnte zuvor war die Gesellschaft überwiegend ländlich geprägt gewesen; jetzt fanden sich in großen Städten mächtige Fabriken, in denen alte Rohstoffe wie Eisen oder Erz zu neuen Werkstoffen wie Stahl verarbeitet wurden. Man spürt vielleicht etwas von der Faszination und dem Stolz, mit dem die zeitgenössischen Techniker und Ingenieure einen Blick in diese Montagehalle geworfen haben.

Die Fotografie verrät aber noch mehr: Es dominieren die Maschinen – und nicht die Menschen. Die Arbeiter erscheinen als kleine Rädchen in dem Getriebe der fast unüberschaubar wirkenden Fabrikhalle. Wenn man sich zudem klarmacht, dass in der Halle ein ohrenbetäubender Krach herrschte, steht die Frage nach den Arbeitsbedingungen im Raum und nach der Rolle, die die Arbeitskräfte in diesem neuen Umfeld gespielt haben.

Das folgende Kapitel soll beide Seiten der Industrialisierung sichtbar machen: die Errungenschaften und die eventuell problematischen Begleiterscheinungen. Dabei wird der Blick zunächst auf England fallen, den Vorreiter der Industrialisierung, und dann auf Deutschland, das sich verspätet industrialisierte, dann aber die Rolle des Senkrechtstarters einnahm.

Blick in eine Fabrikhalle der AEG, Berlin
(Fotografie um 1900)

Industrialisierung und Soziale Frage

1. Industrialisierung

Grundlegende Merkmale

Definition. Industrialisierung – in einem allgemeinen Sinne bezeichnet der Begriff den Wechsel von einer überwiegend agrarisch und ländlich strukturierten Gesellschaft zu einer Industriegesellschaft, in der immer mehr Menschen in Industriebetrieben arbeiten, die in städtischen Ballungsräumen angesiedelt sind. Im weiteren Sinne umfasst der Begriff alle denkbaren Tatbestände, die sich aus der Entwicklung von Industrie ergeben, etwa Folgen für die soziale Struktur, die Lebensverhältnisse einer Gesellschaft oder das Verhalten des Einzelnen. Die Veränderungen von einer Agrar- zu einer Industriegesellschaft waren so umfassend, dass man von einem epochalen Einschnitt in der Menschheitsgeschichte sprechen kann, der ähnlich umwälzend war wie der Wandel von den umherstreifenden Jäger- und Sammlerkulturen der Altsteinzeit zu den sesshaften Ackerbauerkulturen der Jungsteinzeit.

Industrialisierung oder Industrielle Revolution? Die Geschichtswissenschaft bevorzugt heute den Begriff der Industrialisierung, weil sich der gemeinte Sachverhalt über Jahrzehnte erstreckte, während „Revolution" eine eher kurzfristige Veränderung bezeichnet.

Industrialisierung – ein Prozess der Modernisierung. Industrialisierung ist streng genommen kein Phänomen, das erst seit 250 Jahren zu beobachten ist. Mitte des 18. Jahrhunderts jedoch beginnt ein Industrialisierungsprozess, der in seinem Umfang und seinen Auswirkungen solch grundlegende Bedeutung gewonnen hat, dass schon Anfang des 19. Jahrhunderts Zeitgenossen von der „Industriellen Revolution" sprechen. Ähnlich wie die Französische Revolution für die Entwicklung politischer Partizipation, wird deshalb die Industrialisierung für Veränderungen in Wirtschaft und Gesellschaft als revolutionär, als umwälzend eingeschätzt. Beide Phänomene kennzeichnen den Übergang von der vormodernen zur modernen Welt. Dass der Begriff „Industrielle Revolution" schon sehr früh verwendet wurde, macht deutlich, wie sehr die Menschen des 19. Jahrhunderts von den technischen Umwälzungen beeindruckt waren und wie sehr sie auch mit dieser Revolution Zukunftsvisionen verbanden. Heute sehen Historiker diesen Prozess zumeist nüchterner. Aus der Distanz erblicken sie das Phänomen der Industrialisierung als komplexen und langfristigen Prozess, der noch nicht als abgeschlossen gelten darf.

Ein Gedankenspiel zur Veranschaulichung. Der Historiker Christoph Nonn schlägt ein einfaches Gedankenmodell vor, um die Dimensionen dieses Modernisierungsprozesses zu veranschaulichen. Er lässt einen Wissenschaftler der Antike per Zeitmaschine zunächst ins 18. Jahrhundert reisen und behauptet, dieser Zeitgenosse eines Julius Caesar sei „ohne größere Probleme" zurechtgekommen. Die verblüffende Einschätzung begründet er durch zahlreiche Beispiele: Die Bauwerke in den Städten seien nach den gleichen Prinzipien errichtet worden wie in der Antike (der Petersdom in Rom nicht nur nach der gleichen Technik wie das Kolosseum, sondern auch mit dem gleichen Steinmaterial); die russische Zarin Katharina habe den Transport eines großen Steinblockes aus Finnland nach St. Petersburg nicht anders organisiert als ein Pharao in Ägypten, nämlich mit der Muskelkraft von Tieren und Menschen. Grundlagentexte bei der Ausbildung der Baumeister und Mathematiker waren die Schriften des Archimedes, die Ärzte lasen die Werke des Hippokrates und die Generäle erhielten ihre Ausbildung durch Caesars „De bello Gallico". Nichts davon hätte den antiken Wissenschaftler überrascht. Eine Reise von Rom nach London dauerte um 1750 genauso lange wie in der Antike. Man benutzte die gleichen Verkehrsmittel: das Segelschiff, das Pferd oder einen Pferdewagen; nur wenige Straßen waren ähnlich gut gepflastert wie die alten Römerstraßen, die meisten bestanden nur aus festgetretener Erde. In London angekommen wäre der zeitreisende antike Wissenschaftler vielleicht noch enttäuschter gewesen: An die Einwohnerzahl Roms reichte die größte Stadt Europas noch lange

nicht heran und auf den Straßen dieser Stadt fuhren Pferdegespanne mit zwei Rädern, die im Grunde an antike Streitwagen erinnerten, aber bei einem richtigen Rennen im Circus Maximus vermutlich chancenlos gewesen wären.
Auch die wirtschaftliche Basis war der antiken Welt im Grundsatz ähnlich, denn der allergrößte Teil der Bevölkerung war in der Landwirtschaft tätig. Genau wie in der Antike definierte sich die führende Schicht, der Adel, über Landbesitz. Die soziale Stellung bestimmte sich primär über die Geburt. Leistung und Geld waren demgegenüber zweitrangig. Die Voraussetzung zum sozialen Aufstieg war der Kauf von Land – im vorindustriellen Europa wie im antiken Rom.
Wäre der Zeitreisende jedoch ins 20. Jahrhundert gereist, so Nonn, wäre er verloren gewesen. Auf jedem Bauernhof hätte er sich über die seltsamen Maschinen gewundert, mit deren Hilfe eine einzige Familie riesige Flächen bestellen konnte. Auf dem Weg in die Stadt wäre er vielleicht von einem eigenartigen Gefährt angefahren worden, denn er hätte es nicht für möglich gehalten, dass irgendetwas sich so schnell bewegen könnte wie ein Automobil. In der Arztpraxis hätten sich viele fremdartige Geräte befunden, aber keine Spur von den Büchern des Hippokrates. Die Architektur aus Stahl und Glas hätte ihn weiter ins Staunen versetzt: Die Gebäude waren zigfach höher als die ihm vertrauten kolossalen Gebäude aus Stein. In Windeseile überbrückten die Menschen große Entfernungen – zu Lande, zu Wasser und sogar in der Luft. Kleine Geräte ermöglichten es den Menschen, mit anderen Personen zu sprechen, die gar nicht da waren usw. usf. Zu allem Überfluss hätte er feststellen müssen, dass Landbesitz keine erkennbare Bedeutung hatte. Der Eigentümer des riesigen Bauernhofes hatte in dieser Gesellschaft nicht viel zu sagen.
Nonns Fazit ist eindeutig: Der zeitreisende Wissenschaftler der Antike hätte keine Chance gehabt, weil sich das Leben in Europa innerhalb der letzten zwei Jahrhunderte stärker verändert hat als davor in zwei Jahrtausenden.

Bau des Chrystal Palace in London, 1850: 51 vorfabrizierte Bauteile aus Glas und Stahl ermöglichten es, das Gebäude von der Größe des Kölner Doms in 17 Wochen zu errichten.

Phasen der Industrialisierung

Für Mitteleuropa unterscheiden die Historiker drei Phasen der Industrialisierung, die eng mit der Entwicklung in den jeweiligen Führungssektoren zusammenhängen:
Die erste Phase der Frühindustrialisierung beginnt Mitte bzw. Ende des 18. Jahrhunderts und reicht etwa bis zum Jahre 1840. Leitsektor ist die Textilindustrie. Die Spinn- und die Webmaschine sind die auffälligsten Produkte dieser Zeit, die oft als „leichtindustrielle“ Phase bezeichnet wird.

http://www.bpb.de/publikationen/2OR8C7
Die Bundeszentrale für politische Bildung informiert umfassend über die Entwicklung der Industrialisierung (Abläufe, technische Erfindungen).
http://www.planet-wissen.de/politik_geschichte/wirtschaft_und_finanzen/industrialisierung/
Einen informativen Überblick gibt die Sendung der Reihe „Planet Wissen“ zum Titel „Industrialisierung – Mit Volldampf in die Moderne“.

Phase 1/Leichtindustrie: Baumwollfabrik mit Spinnmaschinen (um 1835)

Phase 2/Schwerindustrie: Dampflokomotive der Maschinenfabrik Esslingen, 1858

Phase 3/Hochindustrialisierung: Elektrotechnik

Die nächsten vier Jahrzehnte (etwa 1840–1880) gelten als Zeit, in der sich die Schwerindustrie mehr und mehr durchsetzt und Kohle und Stahl die Produktion prägen. Symbole dieser Phase sind die Fördertürme der Bergwerke und die Eisenbahn.
Die dritte Phase der Industrialisierung setzt mit den 80er-Jahren des 19. Jahrhunderts ein. Erfindungen in den Bereichen der Elektrotechnik und Chemie geben der Industrie einen neuen Akzent. Die Glühbirne wird zum strahlenden Symbol der Hochindustrialisierung. In den Jahrzehnten bis zum Ausbruch des Ersten Weltkriegs vollzieht sich endgültig die Umwandlung Deutschlands zum Industriestaat.

James Watt (1736–1819)

Regionale Besonderheiten. Begonnen hat die Industrialisierung jedoch nicht in Deutschland, sondern in Großbritannien. In den Ballungszentren Mittelenglands, etwa in Liverpool oder Manchester, stand die Wiege der neuen Maschinen, der neuen Produktionstechniken und der neuen Produkte. Länder wie Frankreich oder Deutschland folgten erst mit der Wende vom 18. zum 19. Jahrhundert. Zugespitzt kann man behaupten, dass die Europäer auf den britischen Industrialisierungszug aufgesprungen sind. Sie waren also „Nachzügler", aber sie haben das britische Vorbild nicht nur kopiert, sondern sie haben zumindest in der zweiten und dritten Phase der Industrialisierung das Tempo bestimmt und in einigen Bereichen den Vorsprung der Briten mehr als eingeholt.
Jedes europäische Land erlebte also den Prozess der Industrialisierung auf jeweils eigene Weise, sodass auch jeweils andere Periodisierungen gelten. Innerhalb der Länder gilt dies auch für einzelne Regionen. So weisen die Industrialisierungsprozesse im Ruhrgebiet und in Baden oder Württemberg zwar Gemeinsamkeiten auf, bei näherer Betrachtung aber stellt sich heraus, dass die unterschiedlichen Voraussetzungen auch zu unterschiedlichen Ausformungen der Industrie führten. Eine Sonderrolle kommt den USA zu, die im Laufe des 20. Jahrhunderts neue wesentliche Industrialisierungsimpulse setzten.

Modell der Dampfmaschine von Watt

Kennzeichen. Trotz zeitlicher und regionaler Unterschiede lassen sich vergleichbare Merkmale des Industrialisierungsprozesses benennen:

- Fester Bestandteil aller Industrialisierungsprozesse sind technische Erfindungen. Die Erfindung der Dampfmaschine (im Jahre 1782 hatte James Watt das erste zuverlässig funktionierende Modell konstruiert) gilt bis heute als Geburtsstunde der Industrialisierung, da sie ganz neue Möglichkeiten der Kraftübertragung bot. Aber auch die Eisenbahn, der Benzinmotor oder der Kunstdünger sind zu nennen. Diese Innovationen sprengten geradezu die althergebrachten Dimensionen von einfachen Produktionsstätten (etwa der Werkstatt eines Handwerkers) und verlangten nach großen Industrieanlagen und Massenproduktion.

- Für die Zeitgenossen waren diese neuen Produktionsanlagen das vielleicht auffälligste Signal der Veränderung. Innerhalb weniger Jahrzehnte entstanden fast überall Fabriken, in denen oft Hunderte von Arbeitern teure Maschinen bedienten – während in den früheren Agrargesellschaften Handwerker oder Bauern in kleinen sozialen Gruppen und mit einfachen Hilfsmitteln gearbeitet hatten.

Die Fabrik ist eine Produktionsstätte, in der die Arbeitsprozesse arbeitsteilig organisiert sind und die Handarbeit gegenüber der Arbeit an und mit Maschinen zurücktritt. Die Fabrikarbeit verlangt die Eingliederung in die allgemeinen Produktionsabläufe und die Abstimmung mit den Kollegen.

Die Badische Anilin- und Soda-Fabrik (BASF): Das Gemälde zeigt die Produktionsanlagen in Ludwigshafen Ende des 19. Jahrhunderts.

- Eng verknüpft mit technischen Erfindungen und mechanischer Arbeit in Fabriken war das starke Wirtschaftswachstum. Jahrhundertelang hatte das Wachstum des Sozialproduktes nur knapp über Null gelegen, in den industrialisierten Staaten Europas stieg es im 19. Jahrhundert im langfristigen Durchschnitt um 1,5 % pro Jahr. Zugespitzt bedeutet die Industrialisierung für das Wachstum einen Quantensprung.
- Ein weiteres grundlegendes Merkmal des Industrialisierungsprozesses war die Beschleunigung von Verkehr und Kommunikation. Die Eisenbahn ist hier stellvertretend zu nennen. In vielen Teilen Europas revolutionierte sie bereits Mitte des 19. Jahrhunderts den Güteraustausch und das Reisen. Für die Zeitgenossen war unfassbar, in welch hohem Tempo die Eisenbahn Städte oder Regionen miteinander verband. Für Heinrich Heine begann mit der Eisenbahn „ein neuer Abschnitt der Weltgeschichte".

Sozialprodukt = Menge aller Güter und Dienstleistungen, die in einem Staate während eines Jahres produziert bzw. erbracht werden.

Gegen Ende des Jahrhunderts hatten Dampfschiffe sich gegenüber den Segelschiffen durchgesetzt und der Automobilbau war auf dem Sprung, die Straßen zu erobern. In einem beindruckenden Tempo konnten auf der Schiene, auf dem Wasser und auf den Straßen große Entfernungen überwunden und neue „Welten" erschlossen werden.
Wie sehr die Entfernungen für die Zeitgenossen schrumpften, zeigt ein einfacher Vergleich: 1880 brauchte man zur Durchquerung Europas nur die Hälfte der Zeit, die man 100 Jahre zuvor zur Durchquerung Dänemarks benötigt hätte.
Mit den neuen Verkehrsmitteln konnten auch Nachrichten und Schriftstücke viel schneller und zuverlässiger transportiert werden als zuvor. Mit der Erfindung des Fernsprechers wurde zudem die mündliche Kommunikation revolutioniert.

Die Märkische Schweiz vom Schnellzug aus gesehen (Karikatur, 1860)

2. Die Industrialisierung beginnt: Erste Ausformungen in Europa und England

Warum Europa?

Leben in vorindustrieller Zeit. Noch zu Beginn des 18. Jahrhunderts lebten in Europa die meisten Menschen (ca. 90 %) auf dem Land. Sie wohnten seit Generationen in bäuerlichen Gemeinschaften zusammen und betrieben nicht nur Ackerbau, sondern stellten auch den Großteil ihrer Kleidung, ihrer Wohnungseinrichtung und ihrer Werkzeuge selbst her. Daran hatte sich seit dem Mittelalter kaum etwas geändert. Nahezu unverändert geblieben war auch eine über Generationen konstante soziale Rangordnung. Die Geburt entschied über den gesellschaftlichen Status. Söhne übernahmen in der Regel den Beruf des Vaters. Die Bindungen an einen bestimmten Lebensraum, an einen bestimmten Kulturkreis, an religiöse Traditionen und den christlichen Glauben waren stabil und setzten einen engen Rahmen für die Entfaltung der Menschen.
Auch das städtische Leben war nach wie vor weitgehend von Ständen und Zünften geprägt, die sich im Mittelalter herausgebildet hatten. Zudem wirkten die meisten der Städte ländlich. Großstädte – etwa London oder Paris – blieben eine Ausnahmeerscheinung.
Die Warenproduktion orientierte sich bis ins 18. Jahrhundert an Verfahren, die seit altersher bekannt waren, und erfolgte überwiegend in Handarbeit.

Alte und neue Strukturen. Über Jahrhunderte hinweg hatten sich also die Strukturen in Wirtschaft und Gesellschaft wenig geändert – es war keineswegs zwingend, dass sich um 1800 ganz neue Strukturen herausbildeten, und erst recht war es nicht selbstverständlich, dass dieser Prozess in Europa begann. In der Regel nennt man vier Faktoren, deren Zusammenwirken die Industrialisierung in Europa hervorbrachte.
Zwei davon waren nicht neu: Das Europa um 1800 war seit Jahrhunderten ein politisch und wirtschaftlich zersplitterter Raum, wodurch in einem grundsätzlichen Sinne die Konkurrenz untereinander gefördert wurde. Zum anderen gab es spätestens seit der Frühen Neuzeit in Europa ein funktionsfähiges grenzüberschreitendes System von Fernhandel und Bankwesen. Dieses hatte sich herausgebildet, weil in Europa die Bodenschätze und Agrarprodukte vielfältig und je nach Klima und Landschaft unterschiedlich verteilt waren, sodass ein internationaler Handel sinnvoll war. Das klassische Beispiel ist der Export von Wein vom südlichen ins nördliche Europa oder der Export von Metallwaren und Textilien in umgekehrter Richtung.
Zu diesen beiden Voraussetzungen traten um 1800 zwei weitere Faktoren hinzu, die man als „typisch europäisch" einstufen kann: Zum einen bildeten sich erst jetzt in Europa Staatswesen, die diesen Namen auch wirklich verdienten, die ihren Bürgern ein hohes Maß an Rechtssicherheit boten und ein Interesse daran hatten, die Produktion und den Vertrieb von Waren auf überregionalen Märkten zu erhöhen. Zum anderen trat ein Faktor hinzu, den die Wirtschaftswissenschaftler als Humankapital bezeichnen. Damit ist gemeint, dass alle Voraussetzungen folgenlos bleiben, wenn es nicht Menschen gibt, die Chancen auch nutzen. Letztendlich waren es europäische Wissenschaftler und Techniker, die mit ihren Erkenntnissen und Fertigkeiten den Prozess der Industrialisierung erst möglich machten, sowie Unternehmer, die den Mut besaßen, diese Chancen aufzugreifen und eigenverantwortlich zu wirtschaften. Im ostasiatischen Raum, um ein Beispiel zu nennen, entwickelte sich weder die staatliche noch diese personelle Anschubkomponente.

Anregendes Filmmaterial zum Prozess der britischen Industrialisierung bietet die DVD **„Die Industrielle Revolution – Großbritannien 1750–1850"** (Münster, Dokumentarfilm, 2004): Der als Überblick angelegte Hauptfilm (23 Minuten) wird durch sieben Filme (jeweils fünf bis neun Minuten) mit ausgewiesenen thematischen Schwerpunkten ergänzt, u. a. zur ersten Fabrik der Welt in Cromford Mill oder zur Entwicklung der Eisenbahn.

Warum England?

England als Vorreiter. Im historischen Prozess der Industrialisierung nahm England eine Vorreiterrolle ein. Von hier aus begann eine Entwicklung, die bald auch auf dem europäischen Kontinent aufgenommen wurde. Woran lag es, dass gerade England diese Schrittmacherrolle einnehmen konnte?

Agrarrevolution. Die Wiege für die britischen Fabriken, Schornsteine und Großstädte hat auf dem Lande gestanden, wo lange vor der Erfindung und dem Einsatz der ersten Maschinen die entscheidenden Voraussetzungen geschaffen wurden. Anders als in den meisten kontinentaleuropäischen Ländern befand sich in England der landwirtschaftlich nutzbare Boden Mitte des 18. Jahrhunderts in den Händen einer kleinen Gruppe zumeist adliger Grundbesitzer. Sie vergaben ihr Land durch langjährige Verträge an „Farmer". Diese Farmer beschäftigten ihrerseits Lohnarbeiter und waren bestrebt, ihre landwirtschaftlichen Betriebe wirtschaftlich erfolgreich und effektiv zu gestalten. Deshalb hatten sie ein großes Interesse an Neuerungen, die eine Steigerung der Erträge versprachen. Früher als in anderen Ländern wurde die alte Dreifelderwirtschaft durch die Fruchtwechselwirtschaft ersetzt. Die Nutzfläche erhöhte sich so um ein Drittel. Technische Neuerungen wie Sämaschinen und Metallpflüge wurden nun eingeführt. Man begann, sich intensiver mit Viehzucht und Saatgutauswahl zu beschäftigen. Pferde lösten Ochsen als Zugtiere ab. Gemeindeland wurde privatisiert und zusätzlich landwirtschaftlich genutzt. Die Produktivität explodierte geradezu, als die Technisierung der Landwirtschaft erfolgte und erste dampfbetriebene Maschinen eingesetzt wurden. In der Summe konnte die Effizienz einer landwirtschaftlichen Arbeitskraft bis zur Mitte des 19. Jahrhunderts um 1200 Prozent gesteigert werden. All dies machte die Landwirtschaft für viele Farmer und Grundbesitzer immer profitabler. Sie waren zunehmend in der Lage, ihre landwirtschaftlichen Unternehmungen auszuweiten oder ihre Gewinne anderweitig einzusetzen – etwa als Startkapital für ein Engagement in der aufkommenden Industrie.

Dreifelderwirtschaft: Wechsel von Wintergetreide, Sommergetreide und Brache.

Fruchtwechselwirtschaft: Anbau von verschiedenen Pflanzen in festgelegter Reihenfolge auf einer Ackerfläche, z. B. Getreide und Kartoffeln.

Dampfbetriebene Dreschmaschine (um 1850)

Bevölkerungswachstum und Landflucht. Die Modernisierung der Landwirtschaft hatte auch zur Folge, dass die Zahl der benötigten Arbeitskräfte sank. Damit wuchs die Zahl der Menschen, die ihren Lebensunterhalt nicht mehr auf dem Land verdienen konnten. Da sie weder durch Leibeigenschaft noch Besitz gebunden waren und der Zuzug in die Städte nicht behindert wurde, suchten viele von ihnen dort nach einem neuen Auskommen. Immer mehr Menschen drängten in die Städte. Grund dafür war auch, dass England seit Mitte des 18. Jahrhunderts ein bislang nicht gekanntes Bevölkerungswachstum erlebte. Verbesserte Hygienebedingungen und neue medizinische Errungenschaften sorgten dafür, dass Krankheiten wie Pest oder Tuberkulose, die zuvor viele Menschen dahingerafft hatten, zurückgedrängt wurden. Auch die Säuglingssterblichkeit ging zurück. Die Geburtenraten stiegen. Von 1750 bis 1850 verdreifachte sich die Bevölkerung Englands. Das bedeutete auch eine Zunahme der Arbeitskräfte und des Konsums.

Bevölkerungsentwicklung in Großbritannien im 18. Jh.

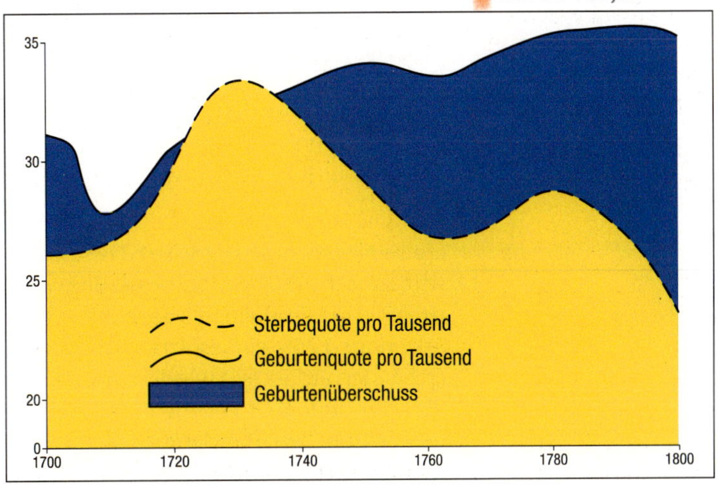

Verleger
↓
kauft Rohstoff ein, z. B. Wolle;
↓
gibt die Wolle an Heimarbeiter weiter;
↓
lässt Wolle verarbeiten, z. B. Webstuhl;
↓
kauft dem Heimarbeiter das Endprodukt ab;
↓
verkauft es auf dem Markt.

Frühformen der Industrialisierung. Für die beginnende Industrialisierung förderlich war das ländliche Heimgewerbe. Die Menschen auf dem Land waren es gewohnt, viele lebensnotwendige handwerkliche Tätigkeiten selbst zu verrichten. Dazu gehörte z. B. auch die Herstellung eigener Kleidung. Im 18. Jahrhundert wuchs die Zahl derjenigen, die ein Heimgewerbe betrieben und vor allem Textilien herstellten. Sie waren aber jetzt nicht mehr in Eigenregie tätig, sondern arbeiteten für einen Unternehmer, den Verleger, der das Rohmaterial zur Verfügung stellte und auch den Verkauf der fertigen Produkte organisierte. Die Heimarbeiter konzentrierten sich auf den Arbeitsprozess und folgten den Anweisungen ihrer Verleger – ähnlich den Arbeitern in den späteren Fabriken. Die Verleger besaßen keine eigenen Produktionsstätten, aber sie führten klassische Aufgaben eines Unternehmers aus, indem sie die Rohstoffe möglichst billig einkauften, die Arbeit organisierten und die Endprodukte möglichst teuer verkauften. Damit trainierten sie Tätigkeiten, die kurze Zeit später von Unternehmern in Industriebetrieben verlangt werden sollten.

Wirtschaftsgesinnung. In der Geschichtswissenschaft gibt es keine einheitliche Einschätzung, in welchem Maße die Industrialisierung in England auch durch eine religiöse Besonderheit gefördert worden ist. Zumindest ist es auffällig, dass fast die Hälfte der Unternehmer und Händler im England des 18. Jahrhunderts der Religionsgemeinschaft der Puritaner angehörte. Da die Puritaner, grob gesprochen, nicht als normale Christen, sondern als Sekte angesehen wurden, durften ihre Mitglieder nicht an den Universitäten studieren und weder im Staats- noch im Militärdienst Karriere machen. So blieben ihnen vor allem der Handel und das Unternehmertum. Historiker, die der religiösen Orientierung eine große Bedeutung beimessen, betonen nun, dass im puritanisch geprägten Christentum die Auffassung vorherrschte, dass man Heil im Jenseits vor allem dann erwarten durfte, wenn man auf Erden beruflichen und wirtschaftlichen Erfolg hatte. Diese Grundeinstellung, so die Befürworter dieser Deutungslinie, prägte nun das Selbstbewusstsein und das Handeln vieler englischer Unternehmer und beförderte eine entsprechend erfolgsorientierte Wirtschaftsgesinnung.

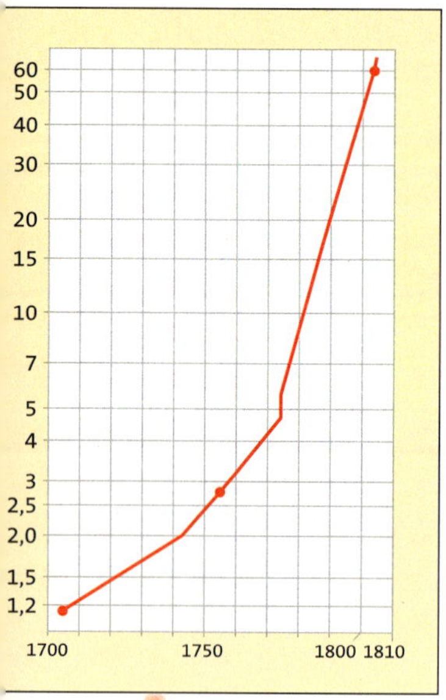

Produktion von Baumwolle in Mio. brit. Pfund

(Nach: Ch. Nonn, Das 19. und 20. Jahrhundert, Schöningh-UTB 2942, S. 41)

Startphase der Industrialisierung in England

Leitsektor Textilindustrie. Etwa seit Mitte des 18. Jahrhunderts wurde die Textilindustrie zum Leitsektor der Industrialisierung in England. Aufgrund eines weltweiten Handelsnetzes und überseeischer Kolonien war England in der Lage, große Mengen Baumwolle zu importieren. Die neue Baumwollindustrie war vor allem exportorientiert. Absatzmärkte fanden sich nicht nur in England und auf dem europäischen Festland, sondern auch in den Kolonien. Oft sicherten sich die Briten diese Absatzmärkte, indem sie die dort vorhandene Produktion – notfalls mit Waffengewalt – auflösten und eigene Baumwollprodukte einführten. Auf diese Weise wurde ein klassisches Baumwollexportland wie Indien zum Importland. Zu Beginn des 19. Jahrhunderts hatten Baumwollprodukte einen Anteil von ca. 50 % am englischen Gesamtexport.
Es ist davor zu warnen, die Ausbeutung der Kolonien als einzige Erklärung für die Vorreiterrolle Englands bei der Industrialisierung zu sehen, aber der ohnehin laufende Prozess wurde dadurch zweifellos unterstützt.

Von der Heim- zur Fabrikarbeit. Der Aufstieg der Textilindustrie wurde durch technische Neuerungen gefördert. Diese Innovationen in der Textilproduktion beschränkten sich zunächst auf die Verbesserung von Handmaschinen. Sie steigerten das Tempo, beließen die Produktion aber noch in Heimarbeit. Das änderte sich mit der von Richard Arkwright 1769 eingesetzten wassergetriebenen Spinnmaschine, die in besonderen Gebäuden aufgestellt werden musste; mit ihr begann die Fabrikproduktion. 1778 entwickelte Samuel Crompton die erste mit Dampf angetriebene Spinnmaschine, die bald den technischen Standard in der englischen Textilindustrie darstellte, ebenso wie dies der um 1785 von Edmund Cartwright entwickelte mechanische Webstuhl für die Webindustrie tat. Das Zusammenwirken von Maschinenarbeit und Fabrikproduktion erhöhte die Produktionsmenge und die Produktivität. Dabei standen die maschinell gefertigten Waren den Produkten aus Heimarbeit in nichts nach, waren meist sogar qualitativ besser – gleichzeitig aber erheblich preiswerter als die von Hand gefertigten Textilien. Dies bedeutete das Aus für die Heimarbeit. Die Textilproduktion verlagerte sich von den Stuben der Heimarbeiter in die Fabriken der Städte.

Mechanischer Webstuhl von J.-M. Jacquard (um 1805)

Anfänge der Schwerindustrie. Mit zeitlicher Verzögerung profitierten auch andere Industriezweige vom Aufschwung in der Textilbranche. Aufgrund des zunehmenden Energiebedarfs der Industrie und der Städte erhöhte sich die Nachfrage nach Kohle,

Einsatz einer Dampfmaschine in einem englischen Kohlebergwerk (Gemälde, 1792)

denn die Dampfmaschinen wurden nicht mehr durch Holz, sondern eben durch Kohle betrieben. Gleichzeitig gelang es, die Dampfmaschinen auch in Bergwerken einzusetzen, was die Kohleförderung erheblich erleichterte. Die Schwerindustrie hatte ebenfalls ein wachsendes Interesse an Kohle. Neue Verfahren des Einschmelzens von Eisen, für die Koks benötigt wird, ermöglichten es, Stahl von nicht gekannter Härte zu produzieren. Die Stahlindustrie begann sich in den großen Kohlerevieren anzusiedeln, in denen zugleich auch Eisenerz gefördert werden konnte. Bislang hatte die Eisenproduktion in England keinen großen Stellenwert besessen; abgesehen von der staatlichen Rüstungsindustrie hatte es keine nennenswerten Abnehmer gegeben. Jetzt stieg die Nachfrage nach Maschinen aller Art, die nicht nur in der Textil-, sondern auch in der metallverarbeitenden Industrie zum Einsatz kamen (z. B. um Bleche herzustellen, um Metalle zu stanzen usw.). Unerschöpflich schienen die neuen Einsatzmöglichkeiten. Die Schwerindustrie wurde zum zweiten Leitsektor der Wirtschaft und England auch auf diesem Gebiet zum Exporteur.

Das **Puddelverfahren** ist eines der ältesten Verfahren zur Stahlgewinnung. Es wurde 1784 von Henry Cort entwickelt. Roheisen wurde in großen Öfen geschmolzen und dann mit langen Stangen durchgerührt (puddled). Dabei wird es durch Oxidation von Begleitelementen gereinigt. Bei diesem Verfahren konnte erstmalig ein bruchfester, elastischer Stahl in größeren Mengen hergestellt werden.

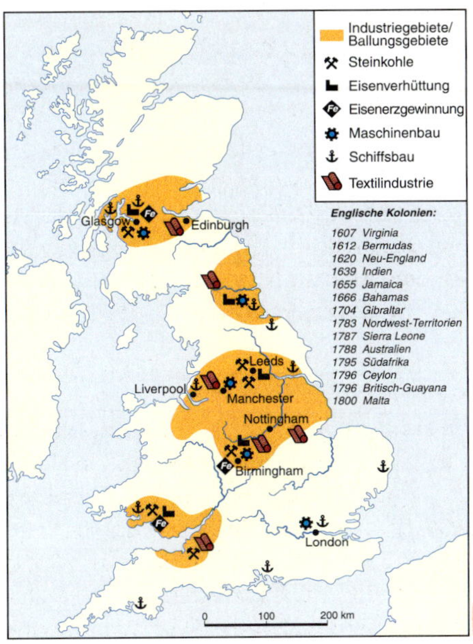

Großbritannien als Industrieregion im 19. Jahrhundert

Das Zusammenspiel von Kohleförderung und Stahlindustrie zeigte sich besonders deutlich bei der Weiterentwicklung der Dampfmaschine zur Lokomotive – die zunächst nichts anderes war als eine Dampfmaschine, die man auf Räder gesetzt hatte, um „sich selbst" fortzubewegen. Die ersten Erfahrungen hatte man in Bergwerken gemacht, wo die Dampfmaschinen eingesetzt worden waren, um die geförderte Kohle oder das Eisenerz aus den Schächten zu holen. Über Tage verlegte man nun Schienenbahnen, um die stetig wachsenden Fördermengen an Kohle und Erz zu den Hüttenwerken zu bringen. Nun war es nur noch ein kleiner Schritt, um die Eisenbahn auch für den Personenverkehr zu nutzen. 1825 wurde die erste Bahnlinie zwischen Stockton und Darlington eingerichtet. Trotz einiger Anfangsschwierigkeiten, die sich eher auf die Zuverlässigkeit der Schienenkonstruktion als auf die der Lokomotiven bezogen, setzte sich die Idee durch. Das Schienennetz wurde ausgebaut, immer mehr Züge fuhren in England – was wiederum die Nachfrage nach Stahl erhöhte.

Soziale Folgen und Reaktionen

Der Begriff **Pauperismus** erscheint in der englischen Sprache zu Beginn des 19. Jahrhunderts als „pauperism" und bezeichnet eine neue Form der Armut. Große Teile der Bevölkerung verelendeten trotz anstrengendster Arbeit.

Massenarmut. Die Industrialisierung wurde keineswegs von allen begrüßt. Eng verknüpft mit der neuen Produktionsweise waren Massenarbeitslosigkeit und Massenarmut (Pauperismus). Mindestens 50 Prozent der englischen Bevölkerung lebten zu Beginn der Industrialisierung am Rande des Existenzminimums – oder auch darunter.
Die ersten „Opfer" der aufstrebenden Fabrikproduktion waren diejenigen, die bislang im Heimgewerbe ihr Auskommen gefunden hatten. Die preiswerte Produktion mit Maschinen raubte ihnen die Existenzgrundlage. Einige Betroffene versuchten, sich dagegen zur Wehr zu setzen, indem sie Fabriken stürmten und Maschinen zerstörten. Polizei und Militär schlugen diese Protestaktionen nieder.
Die zweite Gruppe waren die Industriearbeiter selbst, die in den neuen Fabriken Beschäftigung gefunden hatten. Da Arbeitskräfte im Überfluss vorhanden waren, konnten die Unternehmer die Löhne niedrig halten. In der Industrie waren Arbeitszeiten von täglich 15 Stunden und mehr die Regel. Dennoch konnten viele Fabrikarbeiter ihre Familie nicht ernähren und waren genötigt, auch ihre Kinder arbeiten zu lassen. Mitte des 19. Jahrhunderts lag die Arbeitszeit der 9–13 Jahre alten Kinder bei 48 Stunden, die der 14 bis 18 Jahre alten bei 70 Stunden.
Die Arbeit in den Fabriken war vielerorts geprägt von Lärm, schlechter Luft und strenger Arbeitsdisziplin. Wegen fehlerhafter Maschinen und riskanter Einsätze kam es häu-

Kinderarbeit im Bergwerk (1844)

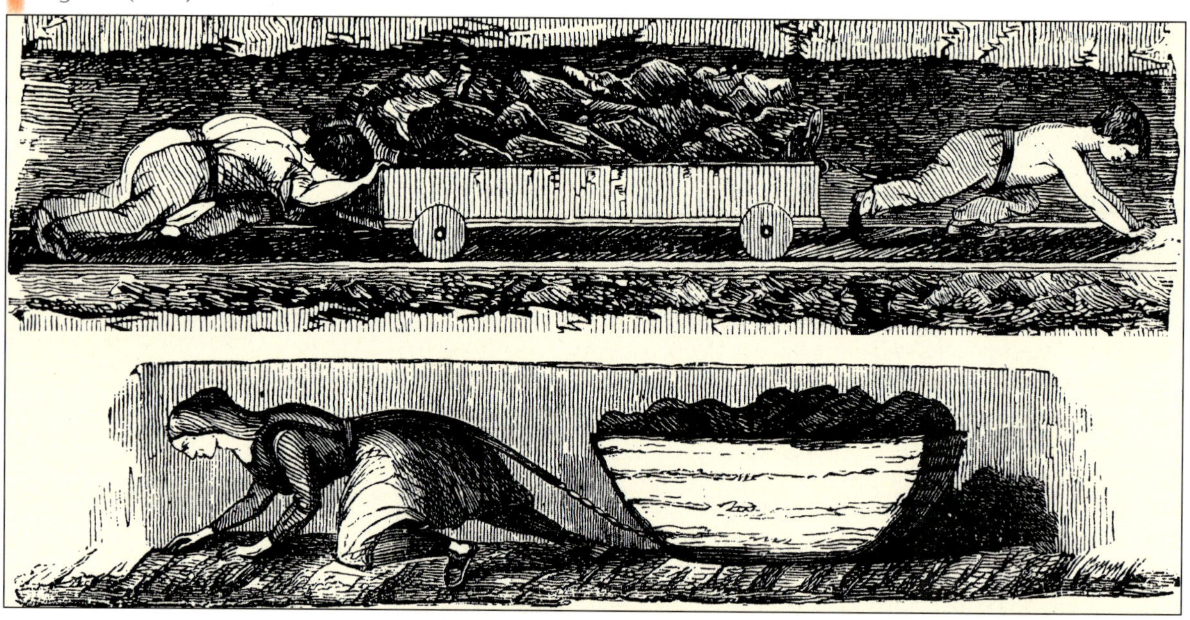

fig zu schweren Unfällen. Für die Stadt Liverpool ist berechnet worden, dass ein Arbeiter durchschnittlich nur 15 Jahre lang arbeitsfähig war. Dies bedeutet, dass kaum ein Arbeiter 40 Jahre alt wurde; fast alle waren bereits mit 30 Jahren körperlich am Ende. Wer seine Arbeit verlor, hatte keinerlei Rückhalt. Arbeitslosen-, Alters-, Kranken- oder Invalidenversicherungen gab es nicht. Ein geregeltes Familienleben war aufgrund der langen Arbeitszeiten kaum möglich. Zudem lebten viele Arbeiterfamilien unter menschenunwürdigen Verhältnissen.

Entstehung der Arbeiterbewegung. Die geschilderten Arbeits- und Lebensbedingungen führten unter den Betroffenen zu Protesten. Es bildeten sich Strukturen und Interessenvertretungen heraus, die bis heute in allen industrialisierten Gesellschaften von Bedeutung sind.
In einem allgemeinen Sinne gilt dies für eine Protestbewegung, die sich Chartismus nannte. Arbeiter und Kleinbürger formulierten 1839 einen Text, eine „Charta", der einen Katalog politischer und sozialer Forderungen enthielt. Protestaktionen und Streiks wurden als berechtigte Mittel bezeichnet, um die Interessen der „working class" durchzusetzen. Die Chartisten setzten sich für eine Verbesserung der Arbeitsbedingungen und eine Reform des Wahlrechts ein. Aus heutiger Sicht sind die Chartisten als Wegbereiter für andere Denkrichtungen und Entwicklungslinien einzustufen, die langfristig erheblich größere Bedeutung erlangen sollten.
Zum einen gilt dies für die frühen Formen der heutigen Gewerkschaftsbewegung. 1844 nutzten die Bergarbeiter die Aufhebung des Vereinigungsverbotes und gründeten die erste Interessenvertretung der Arbeiter, eine „Trade Union". Weitere Arbeitergruppen folgten, bis sich 1868 die unterschiedlichen Trade Unions zu einer Gesamtgewerkschaft vereinigten. Seit Mitte des 19. Jahrhunderts gewannen die Gewerkschaften zunehmend an Einfluss und es gelang ihnen, die Einkommensbedingungen der Arbeiter nach und nach zu verbessern, da sie bei fallenden Lebenshaltungskosten deutliche Lohnzuwächse durchsetzen konnten. Weitere gewerkschaftliche Forderungen waren die Verkürzung der Arbeitszeit, das Streikrecht, die Begrenzung der Kinderarbeit und die Schaffung von Sicherungssystemen bei Krankheit und Arbeitslosigkeit sowie die Einrichtung einer geregelten Altersversorgung.
Eng verknüpft mit der entstehenden Gewerkschaftsbewegung war die Entstehung von Parteien, die ganz gezielt die Interessen von Arbeitern im politischen Raum vertreten wollten. Es war zunehmend deutlich geworden, dass Arbeiter nicht nur an den Arbeitsplätzen, sondern auch im Parlament eine durchsetzungskräftige Stimme brauchten. So waren es hauptsächlich Gewerkschafter, die 1900 die britische „Labour Party" gründeten.

Theoretiker der Industrialisierung

Adam Smith (1723–1790)

Positive Einschätzung: Wirtschaftsliberalismus. Wirtschaftliche Freiheit und Gewinnstreben fanden eine theoretische Grundlegung und Legitimation in den Werken des Philosophen und Ökonomen Adam Smith, der u. a. als Professor in Glasgow lehrte und 1776 sein nationalökonomisches Hauptwerk „Der Wohlstand der Nationen" verfasste. Diese Schrift wurde zum Standardwerk über Kapitalismus und machte Smith zum „Vater" des Wirtschaftsliberalismus und der freien Marktwirtschaft (vgl. S. 200 f.). In der Folgezeit orientierten sich fast alle namhaften Wirtschaftswissenschaftler an Smith und entwickelten dessen Ansätze weiter. Smith's unerschütterlicher Optimismus und sein Geschick, treffende Formulierungen zu finden, machten ihn schon zu Lebzeiten populär – etwa sein Bild von der „unsichtbaren Hand", die zwangsläufig zu bestmöglichen Ergebnissen führe. Missstände wie der Konkurs von Unternehmen oder Massenarmut waren für Smith nur Ausdruck momentaner Krisen; langfristig sorge das „freie Spiel der Kräfte" dafür, dass aus dem Egoismus aller Wirtschaftsteilnehmer das Gemeinwohl resultiere – eben der Wohlstand der Nationen anwachse. Smith selbst

Karl Marx (1818–1883) wurde in Trier geboren. Nach einem Studium in Bonn und Berlin arbeitete er als Journalist. Die letzten Lebensjahrzehnte verbrachte er überwiegend in England.

Friedrich Engels (1820–1895) wurde in Wuppertal-Barmen als Sohn eines Textilfabrikanten geboren. Er arbeitete als Kaufmann und lebte viele Jahre im mittelenglischen Industrierevier.

folgte den Prinzipien des freien Marktes. Da er von dem Verkauf seines Buches nicht leben konnte, nahm er die gut bezahlte Stelle als Zollinspektor in Edinburgh an.

Kritische Einschätzung: Idee der Genossenschaft. Andere Theoretiker teilten Smith's Optimismus nicht. Als Reaktion auf die Auswirkungen der Industrialisierung entwickelten sich in Abgrenzung zum Wirtschaftsliberalismus erste sozialistische Vorstellungen. In England sprach sich Robert Owen (1771–1858) dafür aus, Produktion und Konsum in die Hände von Genossenschaften zu legen. Die Wirtschaftsteilnehmer sollten sich zusammenschließen, gemeinsam Eigentümer sein und die Gewinne bzw. Risiken ihren Eigentumsanteilen entsprechend teilen. Owen war selbst Textilfabrikant und einer der ersten Unternehmer, der sich um das Wohl der Arbeiter bemühte. Er baute Arbeiterwohnungen und richtete innerhalb des Fabrikbezirks Läden ein, in denen seine Arbeiter Lebensmittel billiger einkaufen konnten. Kinder unter zehn Jahren durften in seinem Betrieb nicht tätig werden. Die Arbeitszeit beschränkte er auf 10 1/2 Stunden täglich.

Kritische Einschätzung: Marxismus. Eine deutlich radikalere Kritik am Wirtschaftsliberalismus formulierten Karl Marx und Friedrich Engels. Beide hatten die wirtschaftliche Entwicklung in England genau studiert und ihre Lehre in mehreren Schriften veröffentlicht, von denen das „Kommunistische Manifest" (1848) und „Das Kapital" (1867) die größte Breitenwirkung erzielten. Im Kern lautet der Vorwurf, dass das Privateigentum an Produktionsmitteln (z. B. Maschinen) zur Ausbeutung und Verelendung der Arbeiter führen müsse. Ein Kapitalist, so Marx, sei nämlich gezwungen, möglichst viel Profit zu machen, damit er die nötigen Gelder erhalte, um in sein Unternehmen zu investieren. Wenn ein Kapitalist aber seinen Arbeitern höhere Löhne zahlte, so fehlten ihm diese Investitionsgelder; er könnte über kurz oder lang nicht mehr so günstig produzieren und wäre nicht mehr konkurrenzfähig. Marx unterstellt dem Kapitalisten also keinen bösen Willen, sondern spricht von einer systembedingten Notwendigkeit: Die Arbeiter hätten, so Marx, durch ihre Arbeit für die Wertsteigerung gesorgt (z. B. indem sie aus Stahl eine Maschine herstellten), aber innerhalb des kapitalistischen Systems könne der Kapitalist den Arbeitern nur einen Teil dieses Mehrwertes auszahlen. Auf diese Weise nimmt nach Marx und Engels die Verelendung der Arbeiterschaft zu. Eine Überwindung dieses Zustandes hielten Marx und Engels nur für möglich, wenn die Arbeiter selbst Eigentümer der Produktionsmittel würden. Der erste Schritt für eine solche Revolution sei gemacht, wenn sich die Arbeitergruppen untereinander anglichen und sich als eine ausgebeutete Klasse begriffen, die gegen die ausbeutende Klasse der Kapitalisten rebellieren müsse. Haben die Arbeiter erst einmal das Klassenbewusstsein, führt dies, so Marx, letztlich zur sozialistischen Revolution, in der die Arbeiter ihre Ausbeuter entmachten und die Diktatur des Proletariats ausüben. Die Analysen von Marx und Engels haben sich in den folgenden Jahrzehnten als sehr folgenreich erwiesen.

3. Vom Spätzünder zum Senkrechtstarter: Die Industrialisierung in Deutschland

Von England lernen: Die Frühindustrialisierung

Englische Textilien erobern den deutschen Markt. Der Anstoß zur Industrialisierung in Deutschland kam aus dem Ausland – und er bedeutete zunächst Hunger und Elend für große Teile der Bevölkerung. Man kann sagen, dass die deutsche Industrialisierung aus der Not geboren wurde und die Not zunächst noch verstärkte.

Die britischen Textilien, die mithilfe der Spinn- und Webmaschinen in den Fabriken preiswert und in hoher Stückzahl hergestellt worden waren, wurden auch auf dem deutschen Markt angeboten. Die Käufer hatten Vorteile, denn die Preise waren deutlich niedriger als die der einheimischen Anbieter. Die Produkte aus dem Heimgewerbe oder dem Handwerk, die in herkömmlicher Weise in reiner Handarbeit entstanden, konnten gegen diese Massenwaren nicht bestehen – für ihre teuren Produkte fanden sie keine Abnehmer mehr. Warum hätte man die teuren Produkte auch kaufen sollen, wenn die neuen Textilien aus Großbritannien keinen Deut schlechter und erheblich billiger waren? Die Heimgewerbler und Handwerker versuchten auf vielfältige Weise, die übermächtige Konkurrenz aus dem Ausland zu stoppen – sie forderten ein Einfuhrverbot, führten ein amtliches Qualitätssiegel für geprüfte Handarbeit ein und unterstellten den Maschinenprodukten Qualitätsmängel (die es nachweislich nicht gab). Der Widerstand nahm an Härte und Bitterkeit zu, als auch in Deutschland zunehmend Textilfabriken gegründet wurden. Aufgebrachte Pfarrer solidarisierten sich mit der verarmten Bevölkerung. Sie sprachen von der „Sünde der Fabrikarbeit", die „gegen Gottes Willen" sei. Die verzweifelten Spinner und Weber drohten – im Extremfall – sogar mit Attentaten. So erhielt etwa der Bielefelder Textilfabrikant Delius eine Morddrohung, weil er sein Unternehmen nicht schließen wollte. All dies konnte nicht verhindern, dass der traditionelle Markt für handgemachte Textilien seit den 1830er-Jahren schrumpfte und im Laufe von 20 Jahren völlig zusammenbrach. Die Produkte aus reiner Handarbeit wurden zu einem Luxusartikel. Viele Heimarbeiter, verlagsmäßig arbeitende Weber und das ländliche Nebengewerbe wurden brotlos.

Tuchmacherwerkstatt in Baden-Württemberg, 1836

Warum verspätete sich die Industrialisierung in Deutschland? Die erste Begegnung mit der Industrie hatten viele Deutsche also als zerstörerisch erlebt. Die Dynamik des Wandels von einer Agrar- zu einer Industriegesellschaft ließ sich jedoch nicht aufhalten und auch nicht umkehren. Spätestens seit Mitte des 19. Jahrhunderts war dies den nüchtern analysierenden Zeitgenossen klar. Ihnen stellte sich vor allem die Frage, warum Deutschland in Rückstand geraten war und warum es so schwierig schien, den Vorsprung der britischen Industrie aufzuholen. Der Blick auf die drei Produktionsfaktoren erlaubt eine Antwort.

Der Faktor Arbeit. In der Sprache der heutigen Wirtschaft fehlte es zunächst einmal an der „manpower", also an gut ausgebildeten und risikofreudigen Arbeitskräften. Bis ins 18. Jahrhundert hinein galt in fast allen Städten und fast unverändert die Zunftordnung aus dem Mittelalter. Die Qualitätskontrolle der Zünfte hatte für einen guten

Produktionsfaktoren

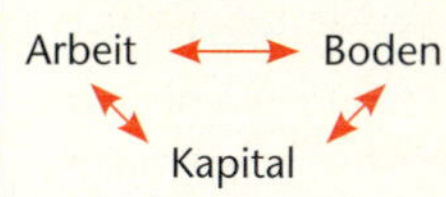

Standard der angebotenen Produkte gesorgt, aber die Preis- und Mengenabsprachen hatten auch jede Konkurrenz der Handwerksmeister untereinander verhindert. Einfallsreichtum hätte sich nicht „gelohnt". In vielen Städten war es nahezu unmöglich, neue Fertigungsmethoden anzuwenden. Sie wurden verboten, weil sie unweigerlich zur Konkurrenz der Handwerker untereinander geführt und damit das Gefüge einer homogenen Sozialstruktur unter den Meistern beendet hätten. Diese Tradition stand ingenieurtechnischen Innovationen entgegen.

Erst in den Jahren nach 1820 stritten sich die ersten Handwerker und einige Kaufleute darüber, wie man Produktionsweisen verändern könnte. Dass nach 1830 einige junge Männer nach England reisten, um dort die neuesten Techniken zu studieren, ist ein Indiz für das neue Denken. Diese Reisen, die teilweise an Spionage erinnern, waren oft die einzige Chance, um an das nötige Wissen über die Technologie zu kommen. Die Briten erteilten fast nie eine Ausfuhrgenehmigung für moderne Antriebsmaschinen und Fertigungstechnik. Wenn es überhaupt gelang, britische Maschinen zu kaufen, musste man sehr viel Geld dafür bezahlen – und britische Fachkräfte zusätzlich für ein oder zwei Jahre „einkaufen". In Deutschland gab es nämlich noch keine Fachschulen für Ingenieure und noch keine Fachkräfte, die über das Wissen verfügt hätten, um die Maschinen zu reparieren. Auch zum Nachbau fehlten oft die Kenntnisse. Aus Unsicherheit verweigerten die deutschen Behörden oft die Betriebserlaubnis. Unter den Pionieren, die den ersten Schritt zur Fabrik wagten, waren vielfach Außenseiter: abgeworbene britische Werkmeister, Handwerker ohne Chance auf einen eigenen Meisterbetrieb, risikofreudige Händler.

Der Faktor Boden. In England setzte die Industrialisierung mit der Textilindustrie ein, weil die britischen Kolonien den Rohstoff Baumwolle lieferten – Baumwolle aber hatte man in Deutschland nicht zur Verfügung, sondern musste sie, wenn überhaupt, zu weit höheren Preisen einführen, als die Briten zahlten. Dieser Standortnachteil führte dazu, dass die Mechanisierung viel später einsetzte und sich anfangs nur auf die einheimischen Materialien (etwa das Leinen) bezog. Erst mit Einsetzen der schwerindustriellen Phase der Industrialisierung (also ca. ab 1840) konnte Deutschland im internationalen Vergleich aufholen, denn die Kohlevorkommen (etwa im Ruhrgebiet, im Saarland oder in Schlesien) bildeten eine solide Rohstoffbasis.

Der Faktor Kapital. Auch das Bankwesen bildete sich in Deutschland erst während der zweiten Industrialisierungsphase und parallel zur Etablierung der Schwerindustrie heraus. Zu Beginn des 19. Jahrhunderts zögerten sowohl die Besitzer von großen Vermögen als auch die wenigen Bankhäuser, in Industrieunternehmen zu investieren. Die industrielle Textilproduktion schien, gerade vor dem Hintergrund der übermächtigen britischen Konkurrenz, zu riskant. Deshalb fand ein risikofreudiger, unternehmenslustiger junger Mensch kaum einen Geldgeber, der einen Kredit zur Fabrikgründung oder zum Kauf von Maschinen gewähren wollte. Mit der Gründung von Eisenbahnlinien änderte sich die Sachlage. Spätestens ab Mitte der 1840er-Jahre schien dieser Bereich auch den vorsichtigen Bankiers profitabel. Nicht selten gründeten sie mit ihren Einlagen Eisenbahngesellschaften und legten damit den Grundstock für die Finanzierung benachbarter Projekte (Bergbau, Stahl).

Fehlende politische, rechtliche und wirtschaftliche Infrastruktur. Neuere Untersuchungen deutscher Wirtschaftshistoriker setzen den Akzent auf einen weiteren Standortnachteil. Danach war in Deutschland nicht nur die Entwicklung der Produktionsfaktoren verzögert, um 1800 fehlten auch wichtige institutionelle Voraussetzungen für eine erfolgreiche Industrialisierung. Die politische Großwetterlage stand einer Industrialisierung und damit einer Massenproduktion von Gütern entgegen.

In erster Linie weisen die Historiker darauf hin, dass es bis weit ins 19. Jahrhundert hinein kein einheitliches Deutschland und damit auch kein einheitliches deutsches Wirtschaftsgebiet gab. Um 1800 behinderten zwischen den deutschen Staaten mehr

als 1800 Zollschranken den Warenverkehr, dazu kam eine Vielzahl von Binnenzöllen und weiteren Handelsbeschränkungen. Wer als Kaufmann einen Ballen Baumwolle von Hamburg nach Stuttgart schaffen wollte, hatte also eine wahrhaftige Herkulesarbeit vor sich, denn die – mindestens! – sieben Zollschranken, die zu passieren waren, verdoppelten den Endverkaufspreis der Ware und machten die Baumwolle für so manchen schwäbischen Interessenten unerschwinglich. Länder wie England und Frankreich kannten dieses System von Binnengrenzen und Binnenzöllen nicht.
Ein ausgebautes Straßensystem suchte man in Deutschland ebenfalls vergeblich, was den Handel zusätzlich verteuerte. Die Kutschen kamen nur langsam voran, gebrochene Räder und Achsen waren an der Tagesordnung. Die Briten transportierten viele Güter auf relativ kurzen Strecken zum nächstgelegenen Seehafen und von dort in den Zielhafen, die Franzosen besaßen (jedenfalls im Norden) ein hervorragendes Kanalsystem für die Binnenschifffahrt. In Deutschland gab es nichts Vergleichbares. Die Eisenbahn musste als Transportmittel erst noch erfunden werden. Der Handel beschränkte sich daher überwiegend auf regionale Kunden.
Wer zum Ein- oder Verkauf die Grenzen innerhalb Deutschlands passierte, musste überdies nicht nur Zölle zahlen, sondern sich auch von den Behörden umständliche Genehmigungen einholen – oder eben schmuggeln, was in vielen Gebieten alltäglich war. Ferner waren die Münzen sowie die Maße für Gewichte und Längen völlig uneinheitlich. Der Hamburger Kaufmann musste das Gewicht, die Außenmaße und den Kaufpreis des Ballens von seinen ortsüblichen Messgrößen in die schwäbischen Daten umrechnen, bevor das Geschäft zustande kam. In Köln, Berlin oder München galten wieder andere Daten. Sogar innerhalb einzelner Länder war von Einheitlichkeit keine Spur. Im Jahre 1817 war etwa die Zahl der Münzen, die nur in Preußen im Umlauf waren, für niemanden überschaubar. Deren Metallwert war häufig unbekannt und auch unsicher. Es ist nicht übertrieben, von einer undurchsichtigen, vielleicht sogar chaotischen Situation zu sprechen.
Rechtssicherheit gab es ebenfalls nicht. Fühlte sich der Hamburger Kaufmann von seinem Handelspartner in Stuttgart übers Ohr gehauen, konnte er klagen – aber viel Vertrauen in die Justiz hatte er mit Sicherheit nicht. Zu unterschiedlich waren die Vorschriften, zu vieles trennte die Deutschen in Hamburg und die Deutschen in Stuttgart.

Der Deutsche Zollverein. Wenn schon ein Handel mit einfachen Produkten so schwierig war, wie sollte dann eine industriell gefertigte Massenproduktion zum Zuge kommen? Die vielen unterschiedlichen (Wirtschafts-)Interessen der kleinen deutschen Staaten verhinderten lange Zeit eine Überwindung der ökonomischen Zersplitterung. Württemberg und Bayern hatten die gemeinsame Zollgrenze bereits 1828 aufgehoben, aber für die gesamtdeutsche Wirtschaft war damit noch nicht viel gewonnen. Es war der Nationalökonom Friedrich List aus Reutlingen, der den entscheidenden Vorstoß unternahm, um die Vision eines einheitlichen deutschen Wirtschaftsraums zu realisieren. List hatte sich nach einem Studienaufenthalt in New York sowohl für den Ausbau des Eisenbahnsystems als auch für eine deutsche Zollunion eingesetzt. Das politisch einflussreiche Preußen, das den Warenverkehr im eigenen Land ohnehin freigeben wollte, konnte zur Teilnahme am Zollverein gewonnen werden (1834). Dadurch erhielt das Bemühen den notwendigen Auftrieb. In kurzer Zeit nahm der Güteraustausch erheblich zu – auch wenn an eine Einheit der Münzen, Gewichte und Längenmaße noch nicht zu denken war und die Hansestädte Hamburg und Bremen mit ihren wichtigen Seehäfen sich dem Zollverein erst 1888 anschlossen. Im Binnenland aber war eine neue Zeit angebrochen. Der Zusammenschluss erreichte noch nicht das Niveau des französischen Zentralismus oder des britischen Freihandels, er löste allein auch noch keine industrielle Revolution aus, aber er war ein Meilenstein auf dem Weg zu mehr Handel und einer arbeitsteiligen Wirtschaft auf der Basis der Massenproduktion. Es war ein wichtiger Schritt bei der Aufholjagd gegenüber England.

Friedrich List (1789–1846)

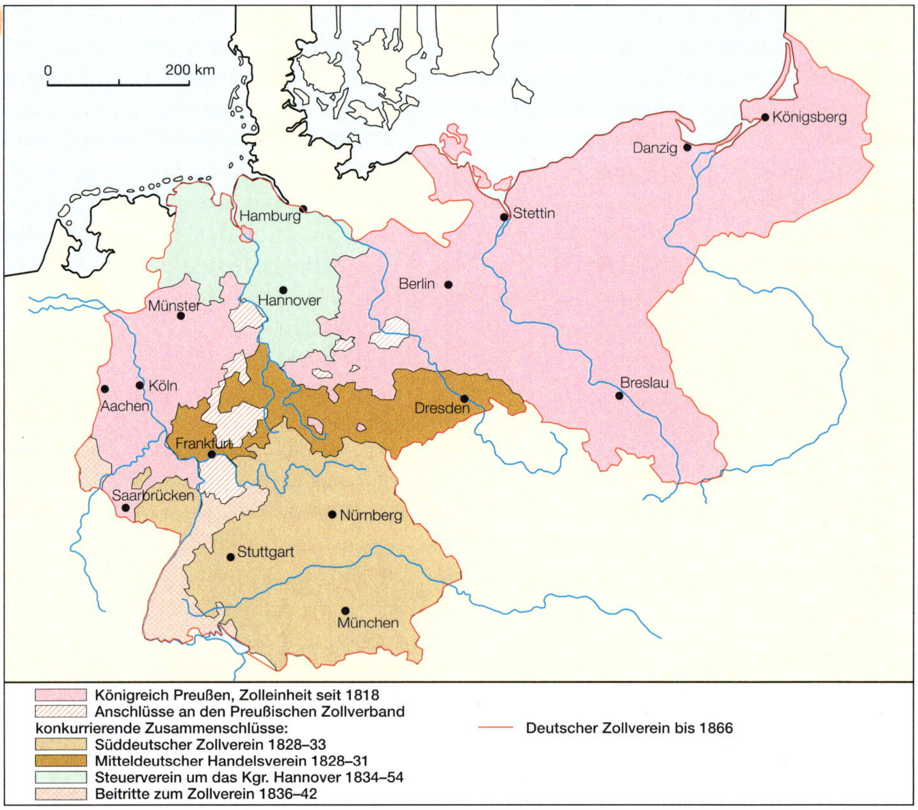

Die Konkurrenz der Zollvereine in Deutschland und die Durchsetzung des Deutschen Zollvereins 1834

Die schwerindustrielle Phase der Industrialisierung

Montansektor, Montanbereich: Sammelbegriff für alle Industrien, die sich direkt auf den Bergbau beziehen oder in enger Nachbarschaft dazu stehen (von lat. mons = Berg).

Die Ausbildung des Montansektors. Vier Branchen der Schwerindustrie übernahmen in den Jahren nach der Gründung des Zollvereins die Führungsrolle in der Industrialisierung: der Steinkohlenbergbau, die Eisen- und Stahlindustrie, der Maschinenbau und

Eröffnung der ersten deutschen Eisenbahnlinie zwischen Nürnberg und Fürth (1835). „Deutsch" war an der legendären Fahrt wenig: Die Lokomotive stammte aus England und auch der Lokomotivführer war ein Engländer, denn deutsche Fachkräfte gab es noch nicht.

die Eisenbahnen. Die wechselseitige Verflechtung dieser vier Sektoren aus dem Montanbereich ist gut am Vorzeigeobjekt der neuen Zeit abzulesen: der Lokomotive. Zu ihrem Bau brauchte man Stahl, zu ihrem Betrieb Kohle und produziert wurde sie in den neuen Maschinenfabriken. Vergleichbares gilt für Kohle: Um sie effizient zu fördern, brauchte man Maschinen (wie Pumpen, Förderanlagen), um sie in großen Mengen zu transportieren die Eisenbahn, und für den zunehmend benötigten Stahl stellte sie das Basismaterial dar. So griffen diese vier Bereiche wie Zahnräder ineinander und bildeten gemeinsam einen schwerindustriellen Komplex. In den 1860er-Jahren wurden nicht weniger als 27 % der Stahlproduktion von den Eisenbahnen nachgefragt, 25 % des Umsatzes erwirtschafteten die Eisenbahnen mit dem Transport von Steinkohle.

http://de.wikipedia.org/wiki/Geschichte_der_Eisenbahn_in_Deutschland
Guter Eintrag bei Wikipedia zum Stichwort „Geschichte der Eisenbahn in Deutschland“, mit Links zu den Regionen Baden und Württemberg

Der Montanbereich als Führungssektor. In viel stärkerem Maße, als es die deutsche Textilindustrie bis 1840 vermochte, gewann die Schwerindustrie gesamtwirtschaftliches Gewicht. Der Bereich wies über Jahrzehnte hinweg weit überdurchschnittliche Wachstumsraten auf, steigerte ständig die Qualität der hergestellten Produkte bei gleichzeitig sinkenden Preisen und entwickelte starke Ausbreitungseffekte: Zulieferindustrien (z. B. Schraubenfabriken) und Spezialunternehmen (Walzwerke für Stahlbleche) entstanden in großer Zahl. Nach Schätzungen des Wirtschaftshistorikers Rainer Fremdling flossen seit Ende der 1840er-Jahre 20 % aller Nettoinvestitionen der deutschen Wirtschaft allein in den Bau und Betrieb der Eisenbahnen, unter 12 % sank der Anteil auch in den folgenden Jahrzehnten nicht.

Aus heutiger Sicht verblüfft, in welch kurzer Zeit das deutsche Schienennetz immer engmaschiger wurde: Das atemberaubende Tempo der Entwicklung war nicht zuletzt Folge eines System konkurrierender Eisenbahnstrecken, die zum Teil in staatlicher Hand lagen, zum Teil unter staatlicher Verwaltung standen und sich zu einem dritten Teil in Privatbesitz befanden. Die Staatsbahnen der süddeutschen Staaten Baden, Württemberg und Bayern waren allerdings nicht sehr rentabel. Erklärtes Ziel der süddeutschen Fürsten war es, möglichst viele Kilometer Bahnstrecke über das eigene Staatsgebiet zu lenken und eine Abkehr der Bahnbenutzter von der eigenen Linie auf jeden Fall zu vermeiden. So entstanden in allen drei Ländern fast zeitgleich um 1850 Nord-Süd-Verbindungen, die nahezu parallel verliefen – aber die erste Ost-West-Verbindung dieser Strecken zog sich zehn Jahre hin.

Aus heutiger Sicht verblüfft ferner, in welch kurzer Zeit die deutsche Industrie die Fähigkeit erwarb, alle Produkte rund

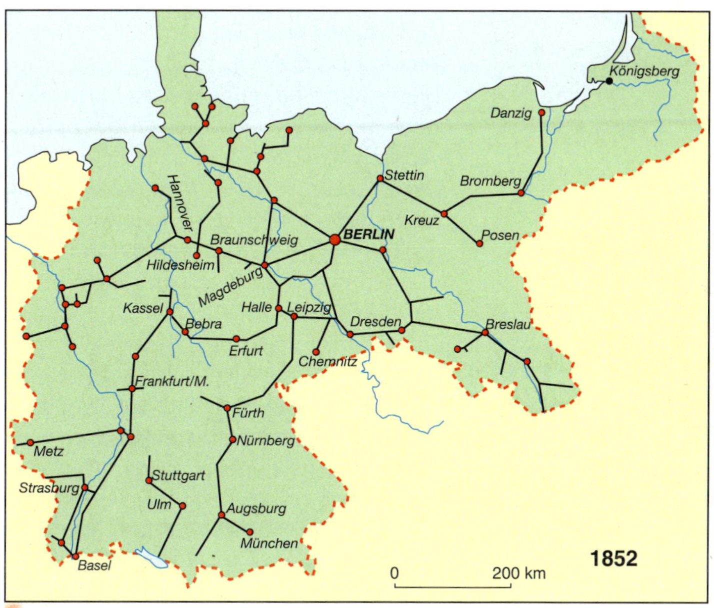

Entwicklung des Schienennetzes in Deutschland (1842–1852)

um den Eisenbahnbau (von der Schiene bis zur High-Tech-Lok) selbst herzustellen. In den 1840er-Jahren hatte man diese Produkte noch aus dem Ausland einführen müssen, in den 1860er-Jahren waren deutsche Unternehmen zu einem der weltweit größten Exporteure geworden.

Entstehung von Führungs- und Wachstumsregionen. Da die zweite Phase der Industrialisierung stark von der Schwerindustrie geprägt war, kann es nicht überraschen, dass sich die Industriestandorte zunächst dort konzentrierten, wo es Kohlefunde gab (etwa im Ruhrgebiet, im Saarland, in Schlesien oder im Aachener Raum). Schon Mitte der 1850er-Jahre erreichte die Industrieproduktion jedoch weitere Regionen. Traditionelle Gewerbegebiete, die sich durch hohe Bevölkerungsdichte, technisch erfahrene Meister, relativ gute Kapitalausstattung und qualifizierte Arbeitskräfte auszeichneten, boten sich an, wenn es galt, Maschinenfabriken zu gründen oder zu erweitern. So bildeten sich z. B. in Sachsen, in Württemberg und im Rhein-Main-Gebiet rasch leistungsfähige Industriezentren. Die Nähe zu Metropolen mit Verbindungen zum Ausland und wertvollen Bildungseinrichtungen beflügelte den Maschinenbau (Berlin, München, Karlsruhe, Hamburg, Leipzig, Kassel). Diese Gebiete können als Zentren der Innovation angesehen werden, in denen sich intensive Querverbindungen zwischen den Branchen ergaben. Der Erfolg hier wurde zum neuen Wachstumsimpuls dort.

Eine **Aktiengesellschaft** (AG) ist eine Organisationsform für Großunternehmen, die viel Kapital benötigen. Das Grundkapital einer AG ist in Anteile (= Aktien) geteilt. Die Eigentümer von solchen Aktien sind gleichzeitig Eigentümer des Unternehmens (entsprechend der Zahl der erworbenen Aktien). Sie haben Anspruch auf Gewinnbeteiligung (Dividende) und können an der Börse ihre Aktien verkaufen oder weitere Aktien hinzukaufen.

Entstehung von Aktiengesellschaften. Deutschland konnte die Aufholjagd gegenüber England nur gewinnen, wenn es gelang, Gewerberegionen zu verbinden, Energiequellen zu erschließen, Eisen und Stahl als Werkstoff zu verbessern. Die hierbei erforderlichen Betriebe oder Anlagen waren so groß und kostspielig, dass das Kapital nicht von einem Unternehmer allein aufgebracht werden konnte. Eine Eisenbahnlinie z. B. war so teuer, dass auch das Vermögen eines Multimillionärs nicht ausgereicht hätte, zumal eine mehrjährige Bauzeit eingeplant werden musste und die ersten Erträge erst nach vielen Jahren zu erwarten waren. Die Konstruktion der Aktiengesellschaft verteilte nun die Finanzierung dieser Großprojekte auf mehrere Schultern. Neben sehr reichen privaten Kapitalanlegern kauften auch Banken und teilweise Staaten Aktien und wurden so – dem Anteil der erworbenen Aktien entsprechend – Eigentümer von Großbetrieben, Eisenbahnlinien, Hafenanlagen usw. Allen Aktienbesitzern war das Interesse am Gewinn gemeinsam. Sie hofften, dass sich ihre Investition schon nach kurzer Zeit rentieren würde. In der Tat belohnte die fortschreitende Industrialisierung das Risiko der Kapitalgeber sehr häufig mit hohen Dividenden und deutlichen Kurssteigerungen.
Zur Struktur einer Aktiengesellschaft gehört es, dass sie nicht im Privateigentum einer Person oder einer Familie ist, sondern gemeinsames Eigentum vieler Gesellschafter. Dieser Tatbestand führte dazu, dass eine AG nicht mehr einen „Chef" hatte, der gleichzeitig Eigentümer und Lenker des Betriebes war, sondern dass sich eine gänzlich neue Verwaltungsstruktur herausbildete, wie sie auch heute noch für AGs kennzeichnend ist: Die Eigentümer bestimmen die Mitglieder des Aufsichtsrates, die über die satzungsgemäße Verwendung des Kapitals wachen und die einen oder mehrere Fabrikdirektoren einsetzen. Diese Direktoren (heute: Manager) treffen die unternehmerischen Entscheidungen des Tagesgeschäftes und treten gegenüber den Arbeitern als die wichtigen Handlungsträger auf.
Das schnelle Wachstum vieler Aktiengesellschaften bescherte den Investoren enorme Gewinne, die sie wiederum motivierten, ihre Überschüsse in anderen Industriewerten oder in der Bauwirtschaft anzulegen. Der Staat schuf einen stabilen, zuverlässigen Rechtsrahmen; er legte Industrienormen fest (z. B. für Schrauben oder für den Abstand der Eisenbahnschienen zueinander); er stellte auch eine Gewerbeaufsicht, um die Herstellung minderwertiger Produkte zu verhindern. Insgesamt jedoch beschleunigten die private Initiative und die (Hoffnung auf) Vermögenszuwächse den Wandel zur Industriegesellschaft mehr als staatliche Verordnungen. Daraus ergab sich seit den 1840er-Jahren zunehmend eine Eigendynamik, die nicht mehr aufzuhalten war: Die Industrielle Revolution war nach Deutschland gekommen.

Die Phase der Hochindustrialisierung

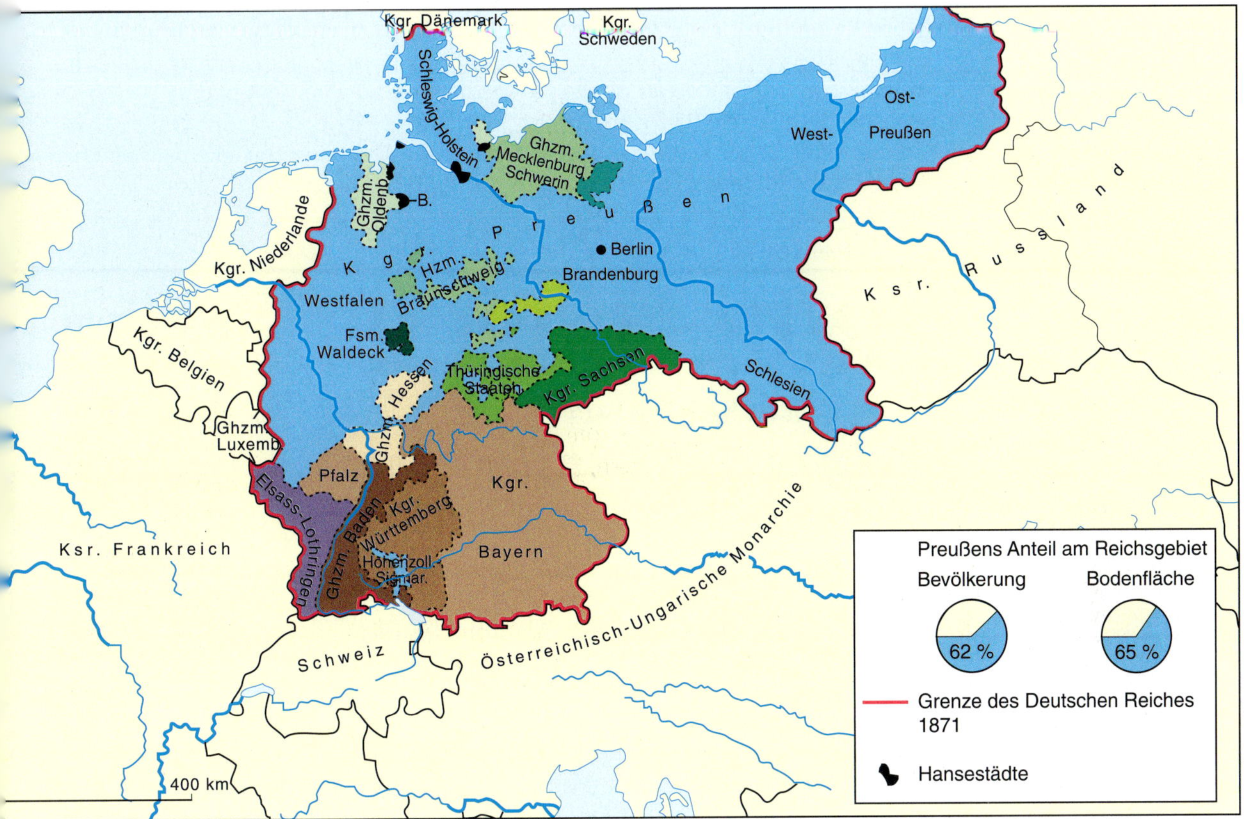

Das Deutsche Reich von 1871

Vom Boom zur Krise. Die Reichsgründung 1871, also ein politisches Großereignis, hatte für Deutschland auch eine große wirtschaftliche Bedeutung: Der deutsche Nationalstaat schuf einen rechtlich einheitlichen Wirtschaftsraum, in dem nach und nach auch die letzten innerdeutschen Hemmnisse verschwanden, z. B. Zollschranken, verschiedene Maß- und Längeneinheiten, unterschiedliche Währungen usw.. Risikofreudige Unternehmer hatten nun ganz Deutschland als Markt für ihre Produkte im Auge und steuerten neue Produktions- und Absatzrekorde an. Durch die Reparationen von fünf Mrd. Goldfranc, die Frankreich nach dem deutsch-französischen Krieg zahlen musste, strömte zusätzliches Kapital und damit zusätzliche Nachfrage in die Volkswirtschaft ein. In den Jahren 1871 bis 1873 entstanden zahlreiche neue Unternehmen und die alten Firmen expandierten kräftig. Vor allem in den Bereichen der Schwerindustrie (Kohle, Eisen, Stahl und Maschinenbau) konnte die steigende Nachfrage trotz dieser ständigen Ausweitung der Kapazitäten kaum befriedigt werden. Die Preise stiegen, ohne dass die Nachfrage nachließ; die Gewinne und die Gewinnerwartungen explodierten geradezu. Das Geld schien auf der Straße zu liegen, der große Jubel über die deutsche Nationalstaatsgründung verlängerte sich in einen allgemeinen wirtschaftlichen Optimismus.
Im Sommer 1873 jedoch veränderte sich die Lage grundlegend. Viele der neu gegründeten Unternehmen gingen schnell bankrott, weil die Produkte keine Käufer fanden. Die Aktien, vor allem diejenigen für Eisenbahngesellschaften und Montanwerte, purzelten in den Keller, weil sie weit überzeichnet waren. Die zusätzlichen Gelder aus Frankreich führten zur Inflation. Rückblickend erscheinen die drei „Gründerjahre" zwischen 1871 und 1873 als eine Zeit der völlig überhitzten Konjunktur, auf die bis zum Ende der 1870er-Jahre die Zeit der Gründerkrise folgte.

Nach dem deutsch-französischen Krieg wurde 1871 das Deutsche Reich gegründet.

http://www.dhm.de/lemo/htm/Kaiserreich/Industrie/Gründerkrach
Grundsätzliche Informationen zum neu gegründeten Kaiserreich und zur „Gründerkrise"

Bedeutende Erfindungen:
1866: Dynamoelektrisches Prinzip (Siemens)
1876: Otto-Motor
1886: „Motorkutsche" (Benz und Daimler)
1908: Ammoniak-Synthese (Haber)

Die neuen Industrien. Überwunden wurde diese erste Wirtschaftskrise modernen Zuschnitts durch die Phase der Hochindustrialisierung, die mitunter auch als „Zweite Industrielle Revolution" bezeichnet wird. In Deutschland meint dieser Begriff, dass die Schwerindustrie von neuen Industrien als Führungssektor abgelöst wurde. Die Erfindung der Dampfmaschine war der Frühindustrialisierung vorausgegangen, die Hochofentechnik hatte eine effiziente Schwerindustrie ermöglicht – auch der dritten Phase der Industrialisierung gingen Entdeckungen voraus, die dann mit einiger zeitlicher Verzögerung die folgende Epoche prägten. Die neuen „Lokomotiven" waren jetzt die Elektrotechnik, die Chemie und der Fahrzeugbau. Grob gesehen beginnt dieser Wandel mit dem Jahre 1880.

Farbstoff der Firma Siegle (Stuttgart)

Werbung der Firma Robert Bosch (Stuttgart) aus dem Jahr 1887

Autohaus Schoemperlen in Karlsruhe, gegründet 1898

Für den Bereich der Elektrotechnik ist die Entwicklung der Dynamomaschine von größter Bedeutung. Werner von Siemens konstruierte den ersten Gleichstromgenerator, mit dessen Hilfe es möglich wurde, relativ preisgünstig Strom zu erzeugen. Die ersten „Dynamos" wurden eingesetzt, um Motoren mit elektrischer Energie anzutreiben. 1879 führte Siemens erstmalig eine Lokomotive vor, die nicht mehr mit Kohle, sondern mit Elektroenergie angetrieben wurde. Zwei Jahre später fuhr die erste elektrische Straßenbahn in Berlin. In kürzester Zeit entstanden Großbetriebe wie Siemens oder

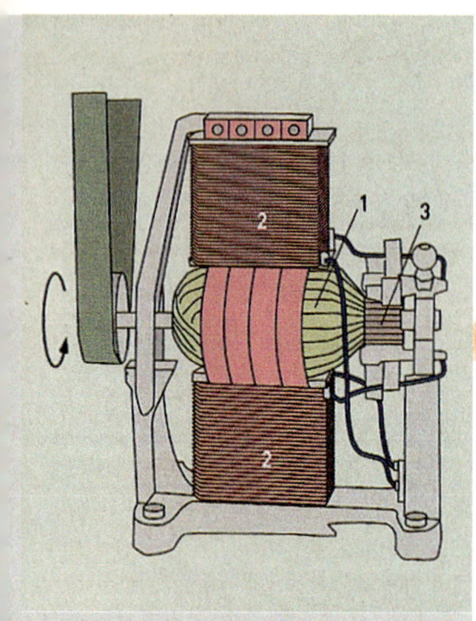

Siemens-Dynamomaschine von 1872: Elektrische Energie entsteht dadurch, dass zwischen zwei Elektromagneten eine Spule gedreht wird. Diese Energie wird durch einen Stromabnehmer abgenommen und wieder in die Magneten geleitet, wodurch deren Wirkung verstärkt wird. Energie, die für diesen Vorgang nicht benötigt wird, wird in das Stromnetz eingespeist.

AEG (Allgemeine Elektrizitäts-Gesellschaft), die in dieser Phase der Hochindustrialisierung den Grundstein für ihre bis heute bestehende weltweite Bedeutung legten.
Für den Bereich der Chemie ist die Entwicklung künstlicher Farbstoffe bahnbrechend. 1856 hatte ein junger britischer Chemiestudent zufällig entdeckt, dass sich aus dem giftigen Teerbestandteil Anilin ein Stoff gewinnen ließ, der Textilien dauerhaft violett färbte. In deutschen Chemie-Unternehmen wurden diese Ansätze weiterentwickelt, die Firmen Bayer (Leverkusen), Höchst (Frankfurt) und BASF (= Badische Anilin- und Soda-Fabrik) wurden zu Weltmarktführern. Um 1900 lag der Anteil der deutschen Chemie-Unternehmen am Weltmarkt bei 90 %. Im Jahre 1908 stellte der deutsche Chemiker Fritz Haber (1868–1934) sein Verfahren zur synthetischen Herstellung von Ammoniak vor und schuf damit die Voraussetzung für die industrielle Produktion von Kunstdünger. Innerhalb kürzester Zeit setzte sich diese Erfindung durch und sorgte in der Landwirtschaft für erhebliche Produktionszuwächse.
Der Fahrzeugbau bildete, zeitlich etwas versetzt, den dritten Führungssektor. Nikolaus Otto hatte 1876 einen Motor entwickelt, der vergleichsweise leicht war und auch nur wenig Raum beanspruchte. Unabhängig voneinander entwickelten Gottlieb Daimler (1834–1900) in Stuttgart sowie Carl Benz (1844–1929) in Mannheim Kraftfahrzeuge, in die sie Viertaktmotoren nach dem Otto-Prinzip einbauten. In einem Tank, der nur wenig Raum beanspruchte, konnten diese Fahrzeuge einen gewissen Vorrat an Treibstoff selbst mitführen, was ihre Mobilität erhöhte.

Werner von Siemens (1816–1892)

Die Industrie dehnt sich aus. Die neuen Industrien waren weit weniger standortgebunden als die Schwerindustrie mit ihrer Anbindung an Kohlevorkommen. Für die Chemie-Industrie war lediglich die Nähe zu einem großen Fluss unabdingbar. Im Laufe der Hochindustrialisierung wurde die Industrie in zahlreichen Regionen zum Standard, neben den alten Industrierevieren bildeten sich neue regionale Schwerpunkte heraus. In Mitteldeutschland war dies zunächst das Gebiet zwischen Magdeburg und Halle/Leipzig, wo Braunkohlevorkommen die Chemie-Industrie stützten; im Südwesten war es die Rhein-Main-Region zwischen Frankfurt und Mannheim/Ludwigshafen, wo Firmen mit Weltmarktbedeutung entstanden (Höchst, BASF, Benz usw.). Hinzu traten einzelne städtische Zentren wie Berlin, Hamburg oder München. Wiederum kann man von Zentren der Innovation sprechen, in denen sich intensive Querverbindungen zwischen den Branchen ergaben. Sicherlich hat auch die Gründung von technischen Hochschulen entscheidende Wachstumsimpulse gegeben, etwa in Leipzig oder Karlsruhe.
Die industrielle Eroberung des „platten Landes" ließ jedoch noch einige Zeit auf sich warten. Die Landwirtschaft profitierte zweifellos von den neuen Erfindungen (Landmaschinen, Kunstdünger), aber in den landwirtschaftlich geprägten Regionen siedelten sich nur selten Industriebetriebe an, vor allem Zuckerfabriken. In den abgelegenen Gebieten schaffte man den Anschluss erst im Laufe des 20. Jahrhunderts.
Die regionalen Unterschiede dürfen nicht darüber hinwegtäuschen, dass in den modernen Industrien wie der Chemie-, Elektro- und Fahrzeugbau-Industrie der Nachzügler Deutschland zum Pionierland geworden war. Viele technische Innovationen kamen jetzt nicht mehr aus dem Mutterland der Industrie, nämlich Großbritannien, sondern aus der „verspäteten" Industrienation Deutschland. Sie wurden auf der ganzen Welt zum Symbol deutscher Wissenschaft. Das Markenzeichen „Made in Germany", von den Briten einst als Warnung vor Produkten geringerer Qualität eingeführt, wurde in den Jahren vor dem Ersten Weltkrieg zum internationalen Gütesiegel.

Überall in der Welt ein klassisches Symbol für „Made in Germany": die Kuckucksuhr

Flankierende Modernisierungstendenzen. Die neuen Industrien veränderten nicht nur die reale Produktion, sie hatten auch großen Einfluss auf die Entwicklung der Rahmenbedingungen. Die ungeheure Schubkraft der Hochindustrialisierung zeigte sich vor allem in den Modernisierungen auf den Gebieten der Interessenorganisation, des Finanzsystems und der Staatsrolle. Die sich neu bildenden Strukturen sind bis heute für Industriestaaten kennzeichnend.

Kartelle sind Zusammenschlüsse oder Vereinbarungen von Unternehmen, um den Wettbewerb untereinander auszuschalten. Die Absprachen können sich auf Preise beziehen, auf Mengen oder Gebiete. Im Extremfall kann sich ein Monopol bilden (Alleinanbieter), häufiger sind Oligopole (kleine Zahl von Anbietern). Weitere Angaben unter: www.bundeskartellamt.de/

Interessenorganisation. Im Verlauf der Hochindustrialisierung arbeiteten Firmen aus gleichen oder benachbarten Branchen oft eng zusammen Die Neigung zur Zusammenarbeit war dort besonders groß, wo wenige Unternehmen den Löwenanteil der Produktion besaßen, etwa im Bergbau oder in der Chemie. Um gemeinsame Interessen wirksamer vertreten zu können, trafen diese Unternehmen Absprachen und gründeten Verbände. Die Hoffnung war, gegenüber den Arbeitern machtvoller auftreten zu können. Auch in der Diskussion über neue staatliche Gesetze, z. B. in der Frage von Schutzzöllen gegenüber ausländischen Anbietern, erhöhte ein einheitliches Auftreten die Durchschlagskraft. Tarifverhandlungen zwischen Arbeitgeberverbänden und den Gewerkschaften oder die Politik der Einflussnahme auf politische Entscheidungen in der „Lobby" des Bundestages sind aktuelle Ausformungen dieser Entwicklung, die ihren Ursprung in der Hochindustrialisierung hatte.
Von besonderer Bedeutung waren Absprachen über Mengen und Preise in sogenannten Kartellen. Im Extremfall teilten die Produzenten die Märkte untereinander auf und traten in bestimmten Gebieten als Monopolisten auf. Im Bereich der Steinkohle gründete sich 1893 ein solches Kartell, das über 87 Prozent der Produktion verfügte – die Kritiker sprachen von einem „organisierten Kapitalismus", der den Kapitalismus der freien Konkurrenz abgelöst habe. In den meisten Branchen waren Preiskartelle nicht möglich, weil es zu viele Anbieter gab. So lag beispielsweise der Anteil der 50 größten Textilbetriebe an der Gesamtproduktion der Branche nur bei etwa 5,5 %. Heute wird jede Kartellbildung als grobe Verletzung der marktwirtschaftlichen Spielregeln verstanden. Die Kartellgesetzgebung soll verhindern, dass wenige Anbieter durch Absprachen Märkte aufteilen oder Preise festlegen.

Finanzsystem. Bei der Finanzierung der Eisenbahnlinien und schwerindustrieller Großbetriebe hatten private Geldinstitute wertvolle Erfahrungen im Aufbau von Kapitalmärkten gewonnen. Sie wussten, dass Großprojekte nicht aus Eigenmitteln bezahlt werden konnten und hatten vor allem den Aktienmarkt als Geldbeschaffungsinstrument „getestet". Als in den „Gründerjahren" der Finanzbedarf der Firmen zunahm, gründeten sich auch die kapitalkräftigen Bankhäuser, die den expandierenden Industriebetrieben das benötigte Investitionskapital zur Verfügung stellten. Die Deutsche Bank, die Commerzbank und die Dresdner Bank sind alle zwischen 1870 und 1872 gegründet worden, in den Jahrzehnten bis zum Ausbruch des Ersten Weltkriegs entwickelten sie sich zu führenden Bankhäusern und sind bis heute erste Adressen bei der Finanzierung teurer Industrieprojekte.

Innenansicht der Berliner Reichsbank, 1873 fertiggestellt.

Neue Staatsrolle. Die Phase der Hochindustrialisierung gilt als Geburtsstunde des modernen Interventionsstaates in Deutschland. Innerhalb des Reiches entwickelte z. B. Preußen frühzeitig Instrumente, um Unterschiede zwischen „reichen" und „armen" Regionen auszugleichen. So wurden Großprojekte wie der Bau von Überlandstraßen zu gesamtstaatlichen Bauvorhaben erklärt – in armen Gebieten hätte die eine oder andere „Chaussee" nie gebaut werden können. Auch im Bereich der städtischen Infrastruktur gab es Maßnahmen, die man zu öffentlichen Angelegenheiten erklärte und den privaten Anbietern aus der Hand nahm, etwa die hygienische Trinkwasserversorgung oder die Versorgung mit Gas und Elektrizität. Die Größenordnung staatlicher Eingriffe in die Wirtschaft war erheblich geringer als heute. Um 1900 lag der Anteil der öffentlichen Hand etwa bei 5 bis 7 % des Sozialprodukts (in westlichen Industriestaaten liegt er heute bei etwa 40 %). Aber der Tatbestand, dass der Staat in das Wirtschaftsgeschehen eingriff, ist unbestritten und bedeutet zweifellos den ersten Schritt in die Richtung eines modernen Staates, der zielgerichtet Gelder einnimmt und ausgibt, um z. B. Wohlfahrtsleistungen zu finanzieren und einen sozialen Ausgleich zu sichern.

4. Die Industrialisierung verändert auch die Gesellschaft

Bevölkerungswachstum. Parallel zur Industrialisierung lässt sich für das 19. Jahrhundert ein fast kontinuierlich andauerndes Bevölkerungswachstum feststellen. Die verbesserte medizinische Versorgung war offenkundig. Die Säuglingssterblichkeit ging deutlich zurück und auch der Anstieg der Lebenserwartung spielte eine Rolle. Die Geschichtswissenschaft sieht die eigentliche Erklärung jedoch in dem Wechsel von der Agrar- zur Industriegesellschaft. Spätestens in der Hochindustrialisierung wurde deutlich, dass die Industrie in der Lage war, die zusätzlich auf den Arbeitsmarkt strömenden Menschen auch zu beschäftigen. Auf dem Lande fanden sie keine Arbeit, aber die Fabriken boten zumindest die Chance auf Beschäftigung und Lohn.

Bevölkerungszahl auf dem (späteren) Reichsgebiet:
1800: 20 Mio.
1871: 41 Mio.
1910: 65 Mio.

Durchschnittliche Lebenserwartung:

Jahr	Männer	Frauen
1871	35,6	38,5
1910	44,8	48,3

Migration. Bis weit in die Phase der Hochindustrialisierung hinein sahen viele Menschen jedoch nicht in einer deutschen Fabrik ihre Zukunft, sie hofften auf einen eigenen Bauernhof in Übersee. Jeder 20. Deutsche, so wird geschätzt, wanderte zwischen 1840 und 1860 aus, davon mindestens 90 % in die USA. Rund ein Viertel stammte aus Südwestdeutschland – fast immer war die wirtschaftliche Notlage die Ursache, verknüpft mit der Hoffnung, im Westen der USA ein eigenes Stück Land bewirtschaften zu können. Gegen Ende der 1850er-Jahre wurde erstmalig deutlich, dass die Auswanderung nach Übersee von einer Binnenwanderung begleitet wurde, denn Tausende strebten aus den Dörfern in die neuen Industriezentren.
In den 1890er-Jahren wanderten nur noch wenige Deutsche nach Übersee aus, aber allein aus Ostdeutschland und Polen zogen zwei Millionen Menschen in die Industrieregionen. Um 1900 hatte sich dieser Trend durchgesetzt: Deutschland war sogar von einem Auswanderungs- zu einem Einwanderungsland geworden, denn ins Ruhrgebiet und nach Berlin zogen fast eine halbe Million Menschen, die gar kein Deutsch, sondern Polnisch sprachen; in den Süden Deutschlands wanderten viele Menschen aus Italien und aus Südosteuropa ein. Diese Zuwanderung macht deutlich, dass es in der Phase der Hochindustrialisierung keine Arbeitslosigkeit gab.

Verstädterung. Der Bevölkerungszuwachs verteilte sich nicht gleichmäßig über das Land. Es entstanden städtische Ballungszentren, in denen auf engem Raum viele Menschen lebten. 1800 hatten etwa 90 % aller Westeuropäer auf dem Lande gewohnt und gearbeitet. Sie lebten in kleinen Siedlungen oder in Dörfern und arbeiteten überwiegend in der Landwirtschaft, um Lebensmittel zu produzieren. In der Mitte des Jahrhunderts galt dies immer noch für mindestens die Hälfte der Menschen, aber zu Beginn des Ersten Weltkriegs wohnte die deutliche Mehrheit in Städten – England war auch hier der Vorreiter, denn nur zehn Prozent der Engländer wohnten jetzt noch auf dem Land. Zum Zeitpunkt der Reichsgründung, also vor Einsetzen der Hochindustrialisierung, gab es in Deutschland nur fünf Großstädte mit mehr als 100 000 Einwohnern (Berlin, Hamburg, Breslau, München, Köln); gut eine Generation später hatte Deutsch-

Stadt	1800/1802	1849/1850	1913/1914
Berlin	177 000	424 000	2 079 000
Breslau	65 000	114 000	525 000
Hamburg	130 000	150 000	1 031 000
Köln	40 000	95 000	551 000
München	40 000	96 000	640 000
Karlsruhe	7 000	25 000	134 000
Mannheim	18 000	22 000	224 000
Stuttgart	22 000	48 000	308 000

Entwicklung der Einwohnerzahlen ausgewählter deutscher Städte

(Alle Angaben zusammengestellt nach verschiedenen Quellen)

Soziale Milieus in der Hochindustrialisierung

Adel, Großunternehmer und Großbankiers
Bildungs- und Besitzbürger, Großbauern
Angestellte, niedere Beamte (Post, Bahn), Handwerksmeister
Fabrikarbeiter

Freiherr von Stumm (Gemälde von 1890). Freiherr von Stumm gehörte zu einer der reichsten Familien Deutschlands. Der Stumm-Konzern umfasste Bergwerke und Unternehmen der Schwerindustrie. Die Familie war bürgerlicher Herkunft und wurde erst 1888 gegen Zahlung einer großen Geldsumme geadelt. Kurz darauf gab Freiherr von Stumm das Gemälde in Auftrag, um sich standesgemäß abbilden zulassen.

land schon 48 Großstädte, Hamburg und Berlin waren sogar Millionenstädte. Berlin reichte allerdings bei Weitem nicht an London heran, das etwa sieben Millionen Einwohner hatte.

Die Gliederung der Gesellschaft in Milieus. Der Wechsel von der Agrar- zur Industrieproduktion führte auch zu einer neuen inneren Ordnung der Gesellschaft. Zugespitzt lässt sich sagen, dass die herkömmliche feudale Struktur (mit den groben Abstufungen Adel – Bürger/Bauer – Eigentumslose) auf allen Ebenen ins Wanken geriet.
Die Mitglieder des Adels, die seit Generationen große landwirtschaftliche Güter bewirtschafteten, gehörten zwar zu den angesehensten Kreisen im Kaiserreich, aber spätestens mit der Reichsgründung 1871 wurde die aufstrebende Gruppe der Unternehmer zu einer ernst zu nehmenden Konkurrenz im Kreis der sozialen Eliten.
In den städtischen Industrieregionen bestimmten sich Rang und Ansehen nicht mehr nach der Herkunft und dem Namen der „Familie“, sondern weitgehend nach dem betrieblichen Erfolg. Gestützt auf ein hohes Vermögen und eine exzellente fachliche Ausbildung setzten die bürgerlichen Unternehmer dem Herkunftsprinzip der Adelsgesellschaft das moderne Leistungsprinzip entgegen und viele hielten voll Stolz Abstand zu den – aus ihrer Sicht – wenig leistenden, aber „hochnäsigen“ Adeligen. Einige „Industriebarone“ investierten auch in Landgüter, heirateten in adelige Kreise ein und zahlten hohe Beträge, um ein „von“ vor den Namen setzen zu dürfen, aber die meisten widerstanden – anders als in England – dem Angebot auf Erhebung in den Adel.
Die kleine Schicht der Bildungsbürger erlebte durch die Industrialisierung ebenfalls eine Erweiterung. In protestantischen Gebieten bildeten die Pastoren, Verwaltungsbeamten, Rechtsanwälte und Lehrer den klassischen Kern des Bildungsbürgertums. Neu war das gesellschaftliche Wachstum in der Gruppe der Ärzte, Ingenieure, Privatbeamten in Industrie und Bankwesen. Die neuen Ausbildungsordnungen und der Zwang zu Zugangsberechtigungen hatten ihnen die Chance zum Aufstieg geboten. Sie hatten Qualifikationen erworben, durch die sie sich gegenüber anderen abgrenzten – und das machte sie und ihre Kinder auch als Heiratspartner attraktiv. Neu war für diese Gruppe, dass ihr mehr der soziale Abstieg in das Kleinbürgertum als der Zuwachs von außen drohte. Ebendeshalb wurden hier die kulturellen Werte gegen die beschleunigte Veränderung in der Industriegesellschaft besonders intensiv verteidigt.
In der Phase der Hochindustrialisierung gewann eine weitere soziale Gruppe immer mehr an Bedeutung: die der Angestellten. In den Großbetrieben konnten nicht mehr alle Leitungsfunktionen von dem „Chef“ persönlich wahrgenommen werden. Aufgaben im Rahmen des Materialeinkaufs, des Verkaufs, der Buchhaltung usw. mussten an Fachkräfte delegiert werden, die häufig an einem Schreibtisch in einem Büro saßen. In der Produktion kamen technische Angestellte hinzu, die als Techniker oder Werkmeister arbeiteten. Da die Angestellten in der Regel ein höheres monatliches Gehalt bezogen (und keinen Lohn), dem Dreck und Lärm der Produktionshalle weniger ausgesetzt waren und vor allem den Arbeitern Anweisungen geben konnten, entwickelten die meisten Angestellten ein höheres Selbstbewusstsein und fühlten sich den Arbeitern überlegen.
Die Arbeiter in den Fabriken charakterisieren den Wandel zur Industriegesellschaft vielleicht am deutlichsten. Für das Gebiet des Zollvereins wird geschätzt, dass es um 1850 höchstens 270 000 Fabrikarbeiter und etwa 50 000 Bergleute gab; das entspricht etwa 5 % aller Erwerbstätigen. Die Zahl der Landarbeiter, der Handwerksgesellen und der Heimgewerbler war erheblich höher. Um 1870 lag der Anteil der Fabrikarbeiter schon bei 12 %, in den Industrieregionen über 50 %. Innerhalb der Arbeiterschaft gab es erhebliche Differenzierungen – vom handwerklich hoch qualifizierten und gut bezahlten Facharbeiter, über den angelernten Arbeiter bis zur ungelernten Hilfskraft. Facharbeiter mit längerer Lehrzeit und verantwortlicher Aufgabe im Betrieb galten als die Elite unter den Arbeitern. Ihr Stundenlohn konnte zehnmal höher sein als der eines ungelernten Kollegen.

Blick in ein Großraumbüro der AEG (Fotografie um 1910)

Trennung der sozialen Milieus: Schilder an einer Haustür

Untereinander grenzten sich die Angehörigen der einzelnen Gruppen mehr oder weniger deutlich voneinander ab. In Kleidung und Auftreten entwickelte jede Gruppe einen eigenen Stil, man wohnte in unterschiedlichen Stadtvierteln usw. Im Freizeitbereich war die Trennung in soziale Milieus besonders auffällig: Ein Arbeiter trank sein Bier in einer Arbeiterkneipe, turnte im Arbeitersportverein, entlieh Bücher beim Arbeiterbildungsverein und am Sonntag fuhr er vielleicht mit seinen Kollegen vom Radfahrverein „Solidarität" ins Grüne. Der Bürger verkehrte entsprechend in „gut"-bürgerlichen Gaststätten, Vereinen usw. Die Neigung, unter sich zu bleiben und damit unter seinesgleichen, war ein gesamteuropäisches Phänomen.

Auflösung der Traditionen. Die Männer, Frauen und Kinder, die in einer Fabrik einen Arbeitsplatz fanden, hatten oft ihre Heimat verlassen und außerdem die sozialen Kontakte und Bindungen verloren. Sie mussten sich in einer neuen Umgebung einrichten und sahen sich neuen Zwängen gegenüber. In der Fabrik mussten sie im Takt der Maschinen arbeiten, die Fabriksirene diktierte Anfang und Ende der Arbeitszeit. Auch auf dem Lande waren die Menschen fleißig gewesen und hatten hart gearbeitet, aber neben Fleiß waren jetzt auch Pünktlichkeit und Disziplin gefragt, was bei der Landarbeit eine wesentlich geringere Bedeutung hatte. Zudem musste sich jede Arbeitskraft der Fabrikordnung unterwerfen, die genau vorschrieb, was erlaubt war und was nicht.

Für viele der „neuen" Fabrikarbeiter versprachen „kleine Inseln" etwas Halt: die Bergarbeitersiedlung im Ruhrgebiet, das Berliner Mietshaus, die gleichförmigen Werkswohnungen von Großbetrieben. Auf der anderen Seite bedeutete die Auflösung der Tradition nicht nur einen Verlust, sondern auch sozialen Fortschritt. Man bekam regelmäßig Lohn, über den man selbst verfügen konnte. Die Söhne von Bauern oder Handwerkern hatten in der Vorindustrialisierung wenig Chancen auf Selbstständigkeit, sie mussten auf das Erbe warten. Die Fabriken versprachen auch für junge Menschen Selbstständig-

Arbeiterfamilie vor ihrem Wohnhaus in der Wohnsiedlung Alfredshof für die Kruppschen Arbeiter (Essen, 1897)

keit; erst recht galt dies für die Kinder aus den Unterschichten, denen kein Erbe in Aussicht stand. Der soziale Aufstieg konzentrierte sich allerdings auf kleine und kleinste Stufen. Aus der Mietskaserne in das Arbeiterwohnhaus umzuziehen, von der Fabrikarbeit zum kleinen Angestellten zu wechseln, aus der Textilfabrik in den Maschinenbau aufzusteigen – in diesen Dimensionen bewegten sich die beruflichen Erfolge für mehr als 70 Prozent der erwerbstätigen Bevölkerung. Die Karriere vom Tellerwäscher zum Millionär blieb auch in den Jahren des Aufbruchs eine Utopie.

Gewinner und Verlierer der Industrialisierung. Die Angehörigen der unterschiedlichen sozialen Milieus profitierten in unterschiedlicher Weise von der Industrialisierung. Hauptgewinner waren die erfolgreichen Unternehmer, die oft riesige Vermögen erwirtschafteten und gesellschaftlich an Einfluss gewannen. In ihren Händen sammelte sich das Kapital, das gewinnbringend reinvestiert wurde. An Vermögen und Ansehen gewannen zweifellos auch die gebildeten Bürger, für die eine dynamische Industriegesellschaft zahlreiche Aufstiegschancen bot (in den Betrieben, in den Hochschulen, im öffentlichen Dienst usw.).

Als Gewinner gelten letztendlich auch die Arbeiter, auch wenn die Anfänge überaus hart waren. Ihre Arbeitskraft wurde zu einer käuflichen Ware, deren Wert sich nach Angebot und Nachfrage richtete. Lohnarbeit und Mechanisierung in den Fabriken hatten die zünftische Ordnung des Handwerksbetriebs gesprengt, der Wert traditioneller Handwerksarbeit verlor an Bedeutung. Viele mussten die Heimat verlassen und regelrecht betteln, um als Arbeiter in einer Fabrik arbeiten zu dürfen. Unterm Strich ist jedoch festzuhalten, dass in den Fabriken die Arbeitsplätze entstanden, die zur Überwindung von Massenarmut und Hungerkrisen, die noch für die 1840er-Jahre typisch gewesen waren, führten.

Als Verlierer gilt der Adel, dessen politisch-soziale Vorherrschaft auf dem Besitz an Grund und Boden basierte. Nur wenige Zeitgenossen erkannten jedoch, dass mit der Verlagerung von der agrarischen zur industriellen Produktion das Ende der jahrhundertelangen Dominanz verknüpft war.

5. Entstehung der Arbeiterbewegung

Fahne der Zahlstelle Stuttgart des Holzarbeiterverbandes, 1901

Vereine, Gewerkschaften, Parteien. Schon im Mittelalter hatten sich Handwerksgesellen zusammengeschlossen, um sich gegenseitig zu unterstützen und die eigenen Interessen gegenüber den Meistern besser vertreten zu können. Auf diese Tradition lockerer Handwerkerbünde griffen während der Revolutionszeit 1848/49 Gesellen und Fabrikarbeiter zurück. Sie gründeten – vor allem im Rheinland, in Sachsen und Westfalen – Arbeitervereine, die sich zur „Arbeiterverbrüderung" zusammenschlossen und gegenüber der Nationalversammlung (s. S. 237 ff.) bereits politische Forderungen stellten.

Besonders eng war der Zusammenschluss von Arbeitern aus der gleichen Branche. So gründete sich bereits 1848 in Berlin die „Association der Zigarrenarbeiter Deutschlands", die rückblickend als die älteste deutsche Gewerkschaft gilt. Schnell folgten Drucker, Textil- und Metallarbeiter und Bergleute. Oft ging es den Mitgliedern um Geselligkeit und Gemeinschaft. Erklärter Zweck dieser Vereine war aber die Interessenvertretung gegenüber den Fabrikanten und dem Staat, weshalb die Arbeitervereine immer kritisch beobachtet, oft verfolgt und mehrfach verboten wurden.

Im Kaiserreich bildeten sich Gewerkschaften mit vielfältigen Programmatiken heraus, die auch regional sehr unterschiedlich stark waren:

- die sozialistischen Gewerkschaften, die den Kampf gegen das Kapital und die Kapitalisten anstrebten;
- die liberalen Gewerkschaften, die einen Reformkurs steuerten;
- die christlich orientierten Gewerkschaften, die auf einen christlich motivierten Ausgleich zwischen Kapital und Arbeit setzten.

Ein regelrechtes Gründungsdatum der deutschen Arbeiterbewegung gibt es nicht. Am ehesten ließe sich 1863 nennen. Der Journalist Ferdinand Lassalle gründete in diesem Jahr in Leipzig den Allgemeinen Deutschen Arbeiterverein (ADAV) als eine Partei, die speziell Arbeiterinteressen vertreten sollte. August Bebel (1840–1913) und Wilhelm Liebknecht (1826–1900) folgten 1869 mit der Gründung der Sozialdemokratischen Arbeiterpartei (SDAP), die sich an dem Gedankengut von Marx und Engels ausrichtete und den Gedanken einer internationalen Solidarität aller Arbeiter vertrat. 1875 schlossen sich die beiden Arbeiterparteien, der eher reformerische ADAV und die eher revolutionäre SDAP, zur Sozialistischen Arbeiterpartei Deutschlands (SAP) zusammen.

Ferdinand Lassalle (1825–1864)

In der Phase der Hochindustrialisierung hatte sich die Arbeiterbewegung sowohl auf der Ebene der Betriebe als auch auf der politischen Ebene organisiert und Instrumente zur Interessenvertretung geschaffen.

Um sich im Kampf zwischen Kapital und Arbeit behaupten zu können, nutzten die Arbeiter zunehmend diese wirkungsvollen Organisationen. Proteste der Unterschichten hatte es schon immer gegeben, aber die neuen Formen der Zusammenschlüsse sorgten vor allem in den Großstädten für wesentlich mehr Rückhalt, wenn es darum ging, solidarisch für „gerechten" Lohn und bessere Arbeitsbedingungen zu kämpfen. Die Arbeiter fanden in allen Städten Anlaufstellen. Sie verbreiteten ihre Erfahrungen, knüpften Kontakte und diskutierten regelmäßig mit Gleichgesinnten. Der Aufruhr der schlesischen Weber 1844 war nicht zuletzt deshalb gescheitert, weil der Protest weitgehend spontan abgelaufen war und keine Organisation Strategie und Ziel vorgegeben hatte. Jetzt waren die Erfolgschancen ungleich größer.

Weberaufstand: 1844 hatten schlesische Weber, die in Heimarbeit für Verleger arbeiteten, einen Aufstand unternommen. Das preußische Militär ging mit Waffengewalt vor, es kam zu Toten und Verletzten. Rückblickend gilt der Aufstand als hilfloser Versuch, den Pauperismus zu überwinden.

Streiks. Wichtigstes Mittel zur Durchsetzung von Lohnforderungen, zur Verbesserung des Arbeitsschutzes und gegen die vielfältigen Formen der Diskriminierung wurde der Streik. Die Arbeitsniederlegung war jedoch das äußerste Mittel der Arbeiter. Streiks waren nicht ohne Risiko: Für die Streiktage gab es keinen Lohn, es drohte die Entlassung – und solange Streiks verboten waren, konnte der Unternehmer die Streikenden von der Polizei verhaften lassen. Die ersten Streiks verlangten also großen persönlichen Mut. Sie gelangen erst, als mächtige Gewerkschaften und Parteien den Rücken stärkten.

In Deutschland kam es vergleichsweise selten zu Streiks. Zumeist gelang es, in Verhandlungen zwischen Unternehmern und Arbeitern bzw. Gewerkschaftssekretären Lösungen zu finden, z. B. Lohntarife festzulegen. Schrittweise konnten Vereinbarungen auf Betriebsebene die Notlage der Arbeiterschaft entschärfen. In England verliefen die Arbeitskämpfe viel härter und oft über Wochen und Monate hinweg. Schwer einzuschätzen ist, inwieweit Streiks das Klassenbewusstsein der Arbeiter stärkten – also die Bereitschaft, die Rolle des unterwürfigen Bittstellers abzustreifen, selbstbewusst aufzutreten und durch solidarisches Handeln die Übermacht des Kapitals zu brechen.

http://library.fes.de/library/netzquelle/index.html Zahlreiche Dokumente zu den Anfängen der Arbeiterbewegung (Gewerkschafts- und Parteiengeschichte) auf der Website der Friedrich-Ebert-Stiftung

Der Streik (Gemälde von Robert Köhler, 1866)

Stickbild mit einem Porträt des SPD-Führers August Bebel, um 1910

Arbeiterkultur. Wesentlichen Anteil an der Schaffung eines eigenständigen Arbeiterbewusstseins hatten liberale Bildungsbürger, die sich für die Arbeiter einsetzten. In der Frühphase beeinflussten Journalisten wie Marx und Lassalle, Schriftsteller wie Heinrich Heine oder Georg Herwegh durch kluge und aufrüttelnde Texte das Denken der Zeit. Schon bald aber stammten die Arbeiterführer aus dem Arbeitermilieu: August Bebel war als Waisenkind aufgewachsen und gelernter Drechsler, Friedrich Ebert Sattler. Beide kannten den Arbeitsalltag der Arbeiter aus eigener Anschauung und wirkten glaubhaft, wenn sie alltagsnahe Forderungen stellten.
Unter den konkreten Zielen kam es den Betroffenen in erster Linie darauf an, bei Krankheit, Not und Tod Unterstützung zu erhalten. Solche Kassen, daneben billige Einkaufsmöglichkeiten (Konsumgenossenschaften), die Förderung der Arbeiterbildung oder die Errichtung eines Arbeitsnachweises für Zuwanderer in den Städten stießen auf ein positives Echo unter den Arbeitern. In den örtlichen Gewerkschaften fanden sich schnell Arbeiter, die entsprechende Ideen vor Ort umsetzten. Oft waren es Schriftsetzer, Buchdrucker oder Schuster, die sich als Arbeiterelite verstanden und entsprechende Führungspositionen übernahmen. Ihnen fiel auch die Aufgabe zu, die aus ländlichen und fremden Kreisen zuwandernden Tagelöhner zu integrieren. Wegen der häufigen Verbote von Vereinigungen, die mehr politische als soziale Ziele verfolgten, mussten die frühen Organisationen als Lesevereine, Unterstützungskassen, Gesangvereine, Turnvereine usw. getarnt werden. Dennoch bildete sich aus diesen „Nebenbeschäftigungen" zugleich ein wichtiges Element der Arbeiterkultur, die das Arbeitermilieu stabilisierte.

6. Soziale Frage und Sozialpolitik

Tradition sozialer Hilfe. Wer in Not gerät, ist auf die Hilfe anderer Menschen angewiesen. In den heutigen Industriestaaten sorgt ein mehr oder weniger engmaschiges Netz an sozialen Einrichtungen dafür, dass niemand verhungert und niemand erfriert. Im Mittelalter oder der Frühen Neuzeit gab es bereits Ausformungen eines ähnlichen sozialen Netzwerkes – jedoch war es weit weniger leistungsfähig. Neben den Familien halfen vor allem Kirchen und Klöster, die sich oft aus privaten Stiftungen finanzierten. In Westeuropa gab es zudem seit altersher die Verpflichtung, dass sich die Dörfer und Städte um die ärmsten Gemeindemitglieder zu kümmern hatten. Dieses System der kommunalen Hilfeleistung war durch die Wanderungen besitzloser Unterschichten in die Industriestädte gesprengt worden. Wer in den Industriestädten des 19. Jahrhunderts keine Arbeit fand oder wegen Krankheit, Unfall oder Alter nicht mehr erwerbsfähig war, drohte tatsächlich zu verhungern oder zu erfrieren.

Das „Rauhe Haus" in Hamburg (Stich von 1846)

Christliche Sozialpolitik. Die christlichen Kirchen bemühten sich um neue, zeitgemäße Antworten, um die soziale Not in den Städten zu lindern. In der katholischen Kirche wurde vor allem Adolf Kolping bekannt, der 1846 einen katholischen Gesellenverein gründete, der in Mitteleuropa bald zahlreiche Kolpinghäuser betreute. Mittellose Gesellen und Arbeiter fanden hier Unterstützung. Der Mainzer Erzbischof Emmanuel von Ketteler entwickelte die maßgebende Soziallehre der katholischen Kirche. Für die evangelische Kirche sind die Innere Mission und die Diakonie zu nennen. Getragen von christlicher Nächstenliebe wollte man sich den Ärmsten der Armen zuwenden und tatkräftig helfen. Heinrich Wichern baute 1832 das erste Arbeiterheim, das „Rauhe Haus", in dem „Leute von der Straße" Unterkunft und Verpflegung fanden. Einrichtungen der Diakonie, etwa Kaiserswerth, Stetten oder Bethel, legten den Schwerpunkt auf die Pflege von Kranken und Alten. Hier fanden evangelische Frauen ein großes Betätigungsfeld.

Dr. Georg F. Müller gründete die Diakonie Stetten bei Vaihingen/Enz im Jahre 1849 als „Heil- und Pflegeanstalt für schwachsinnige Kinder". Ihn faszinierte die Idee, mit geistig Behinderten als „Schwestern und Brüder" zusammenzuleben. Weitere Informationen unter:
www.stetten.de/
www.bethel.de/
www.kaiserswerther diakonie.de/

Betriebliche Sozialpolitik. In Einzelfällen erbrachten auch Unternehmen soziale Leistungen, vor allem dann, wenn sich die sozialen Aufwendungen bezahlt machten. Musterbeispiel ist der Wohnungsbau durch Firmen wie Krupp. In Zeiten des Wohnungsmangels wirkte das Angebot, eine gut ausgestattete Werkswohnung kostengünstig beziehen zu können, auf viele Arbeitskräfte wie ein Magnet. Solche Unterkunft war natürlich mit einer Treueverpflichtung an den Betrieb erkauft. Alles andere als uneigennützig waren auch Fördermaßnahmen zur Erhaltung der Gesundheit. Sie dienten nicht nur dem Arbeiter, sondern vor allem der Erhaltung von dessen Arbeitsfähigkeit. Auch die Einrichtung von Fabrikschulen band die Arbeitskräfte an das Unternehmen. Mit anderen Worten: Diese sozialen Leistungen kosteten zwar Geld, mittelfristig aber rentierten sie sich. Ökonomisch sinnvoll war die betriebliche Sozialpolitik zudem im Hinblick auf ein gutes Image in der Öffentlichkeit. Bei den Weltausstellungen strebten Großbetriebe nicht allein danach, ihre neuesten Produktionserfolge vorzuführen, sondern gerade auch diese sozialen Leistungen wirkungsvoll darzustellen. Voller Stolz präsentierte die Firma Krupp die von ihr gebauten Siedlungen auf Weltausstellungen und machte somit Werbung in eigener Sache.

Die von Krupp errichtete Siedlung Friedrichshof in Essen, um 1905

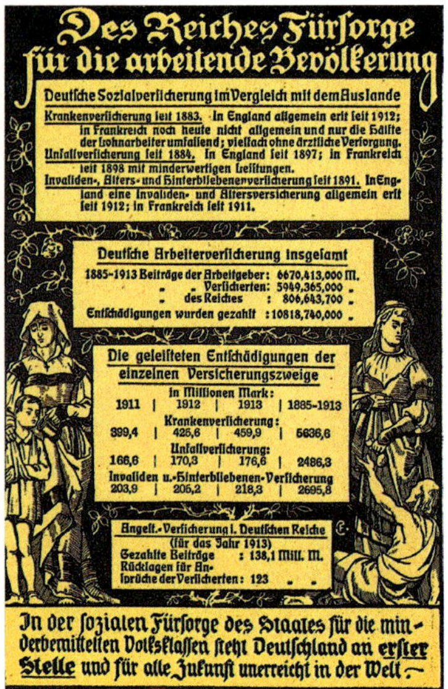

Postkarte: Die deutsche Sozialversicherung

Staatliche Sozialpolitik. Im 19. Jahrhundert fehlte noch das Bewusstsein dafür, staatliche Sozialhilfe als Selbstverständlichkeit zu verstehen. Erst nach und nach entwickelte sich das Bewusstsein einer gesamtstaatlichen Verantwortung. Geburtshelfer für ein Umdenken war das Erstarken der Arbeiterbewegung.
Für Reichskanzler Bismarck lag es auf der Hand, dass die Arbeiterbewegung und die SPD die Machtverhältnisse im Kaiserreich bedrohten und dass sie nur deshalb stärker wurden, weil es auf dem sozialen Sektor nachvollziehbare Missstände gab, etwa bei Altersarmut oder bei einem Unfall oder Tod des Ernährers einer Familie. In der Logik dieses Gedankens lag es, dass Bismarck die staatliche Sozialpolitik ausbauen musste, wenn er die Reichsfeinde in Schach halten wollte. Konsequent verfolgte er eine doppelte Strategie: die Bekämpfung der Sozialdemokratie und gleichzeitig die Verbesserung der Sozialleistungen des Staates.
Zwei Attentate auf Kaiser Wilhelm I. nahm Bismarck zum Anlass, ein „Gesetz gegen die gemeingefährlichen Bestrebungen der Sozialdemokratie“ (Sozialistengesetz) vorzulegen. Die Partei durfte bei Wahlen kandidieren, alle Organisationsformen und Druckschriften waren jedoch verboten. Durchsuchungen, Bespitzelungen, Verhaftungen waren an der Tagesordnung. Das Gesetz wurde mehrfach verlängert und war von 1878-1890 gültig.
Kernstück der Sozialpolitik war die Sozialgesetzgebung, die in mehreren Etappen durchgeführt wurde und die zunächst die Risiken im Krankheitsfall und bei Arbeitsunfällen abdeckte. 1889 kam die Rentenversicherung hinzu. Im Laufe der nächsten Jahre wurden diese Sozialmaßnahmen auch auf Geringverdiener und auf Familienangehörige ausgedehnt.

Die Sozialversicherung im deutschen Kaiserreich

Versicherungsart	Beiträge	Leistungen
Krankenversicherung 1883 für gewerbliche Arbeiter und (freiwillig ab 1892) Angehörige	2–3 % des Lohns: 2/3 vom Versicherten, 1/3 vom Arbeitgeber	ärztliche Behandlung und Medizin, Krankenhauskosten; nach zweitägiger Wartezeit Krankengeld (60 % des Durchschnittslohns)
Unfallversicherung 1884 für gewerbliche Arbeiter	als Haftpflicht vom Arbeitgeber zu zahlen	Heilungskosten; bei Erwerbsunfähigkeit 2/3 des Einkommens, 1/5 für Witwen
Invaliden- und Altersversicherung 1889 für gewerbliche und Landarbeiter (ab 1911 auch für Familienangehörige)	1 % (ab 1900:1,5–3 %) des Lohns: je zur Hälfte von Arbeitnehmer und -geber	Invalidenrente bei Erwerbsunfähigkeit (1911: 1,1 Mio. Renten von durchschnittlich 187 Mark/Jahr); Altersrente ab dem 70. Lebensjahr und 30 (ab 1900: 24) Beitragsjahren

Gegenüber den kirchlichen oder betrieblichen Sozialleistungen hatten diese Maßnahmen eine unvergleichlich höhere Qualität, denn sie galten für alle Beschäftigten unabhängig vom Wohlverhalten gegenüber einer Kirche, einer Firma oder einer Gemeinde – ein ungeheurer Zuwachs an Rechtsicherheit. Eine Modernisierungsleistung stellt auch das zugrunde liegende Finanzierungsmodell dar, denn es basiert auf dem Prinzip der „entpersonalisierten Gegenseitigkeit“ – ohne genaue Kenntnis, wer welchen Beitrag gezahlt und welche Leistung empfangen hat. Im Prinzip sind diese Mechanismen bis heute Grundlage der Sozialversicherungen. Die Arbeitslosenversicherung erschien in der Zeit der Hochindustrialisierung weniger wichtig, sie trat 1927 hinzu.
Die Geschichtswissenschaft ist sich einig, dass die Sozialpolitik die Notlage vieler Menschen gemildert und viel zur Versöhnung der Arbeiter mit dem Staat beigetragen hat. Den Aufstieg der Sozialdemokratie hat sie jedoch in keiner Weise verhindern können.

www.erziehung.uni-giessen.de/studis/Robert
Hintergründe zur Einführung der Sozialversicherung unter dem Stichwort „Projekt Sozialversicherung“

7. Jenseits des Atlantiks: Industrialisierung in den USA

Der Aufstieg der USA zur Wirtschaftsmacht

„Der Fortschritt Amerikas" (Gemälde von John Gast, ca. 1870): allegorische Darstellung der „Eroberung des Westens"

„Manifest Destiny": Der Aufstieg der USA wurde von der Gewissheit vieler US-Bürger begleitet, die USA besäßen einen nahezu göttlichen Auftrag zur Expansion der Freiheit in Richtung Westen. Der Journalist John L. O'Sullivan fand für dieses Gefühl die Formel vom „Manifest Destiny" (dem unabwendbaren Schicksal). Einiges von der Popularität dieses Gedankens findet sich bis heute in der US-Massenkultur, etwa in dem Popsong der Village People „Go West, young man".

Ein neuer Vorreiter in der Weltwirtschaft. Zwei Ereignisse hatten die USA zum Vorreiter der politischen Modernisierung gemacht: die Unabhängigkeitserklärung (1776) und die Verabschiedung einer liberal-demokratischen Verfassung, die 1789 in Kraft trat (s. S. 24ff.). Gegen Ende des 19. Jahrhunderts wurden die USA auch auf wirtschaftlichem Gebiet zum Vorbild für Europa und für viele außereuropäische Länder. Im Jahre 1900 produzierten die USA bereits mehr Stahl als England, Deutschland und Frankreich zusammen. Sie hatten sich zur weltweit führenden Wirtschaftsmacht entwickelt und das „alte Europa" deutlich überholt.

Land	1750	1800	1830	1860	1880	1900	1913
Großbritannien	1,9	4,3	9,5	19,9	22,9	18,5	13,6
Habsburger Reich	2,9	3,2	3,2	4,2	4,4	4,7	4,4
Frankreich	4,0	4,2	5,2	7,9	7,8	6,8	6,1
Deutsche Staaten/ Deutschland	2,9	3,5	3,5	4,9	8,5	13,2	14,8
Italienische Staaten/ Italien	2,4	2,5	2,3	2,5	2,5	2,5	2,4
Russland	5,0	5,6	5,6	7,0	7,6	8,8	8,2
Vereinigte Staaten	0,1	0,8	2,4	7,2	14,7	23,6	32,0

Relative Anteile an der Welt-Industrieproduktion zwischen 1750 und 1913

(Zusammengestellt nach verschiedenen Quellen)

Der rasche Aufstieg der USA hatte viele Ursachen. Für die drei Produktionsfaktoren (Arbeit, Boden, Kapital) existierten nahezu optimale Bedingungen und Entfaltungschancen. Zu den unermesslichen Rohstoffressourcen (z.B. fruchtbare Böden, Bodenschätze) traten bis 1900 ein enormer Bevölkerungszuwachs (Zuwanderung junger, tatkräftiger Menschen) und eine Ansammlung großer Kapitalmengen hinzu. Die verkehrstechnische Erschließung schritt rasch voran. Um 1900 besaßen die USA ein

Schienennetz von 350 000 km Länge. Ein riesiger Markt stand den Produzenten offen, denn Zollschranken zwischen den Einzelstaaten gab es nicht, wohl aber Einfuhrzölle für Importe. Die wachsende Nachfrage förderte den Einsatz technischer Innovationen und Rationalisierungsmaßnahmen. „Go west" wurde zum geflügelten Wort, das die allgemeine Aufbruchstimmung und die Zuversicht auf stetiges Wachstum zum Ausdruck brachte.

Big Business – Großkapital und Konzentration. Da die amerikanische Verfassung eine Zurückhaltung des Staates in wirtschaftlichen Fragen vorsah, konnte wirtschaftsliberales Denken Fuß fassen, vor allem in einem Land, das von puritanischem Leistungsdenken geprägt war. Eine herausragende Rolle wird den amerikanischen Unternehmern und ihrem Pioniergeist zugesprochen. Sie wussten sich die neuen technischen Produktionsformen zunutze zu machen und sie entwickelten Unternehmensformen, die der Größe des Landes entsprachen.

Besonderes Merkmal der amerikanischen Wirtschaft war die Monopolbildung. Durch Zusammenschluss konkurrierender Unternehmen entstanden Großunternehmen (Trusts) oder Unternehmen schlossen Kartellverträge, um Produktion, Preise und Warenverteilung absprechen und mögliche Konkurrenten ausschalten zu können. Auf diese Weise gelang es John D. Rockefeller (1839–1937) mit seiner Standard Oil Company das größte Erdöl fördernde und verarbeitende Unternehmen aufzubauen. Der Name Rockefeller gilt bis heute als Synonym für unermesslichen Reichtum. Andrew Carnegie (1835–1919) machte die Stahlindustrie zu einem der wichtigsten Wirtschaftszweige der USA. Henry Ford produzierte in großem Stil Automobile. 1890 verabschiedete der amerikanische Kongress ein Anti-Trust-Gesetz, aber dennoch gelang es den Großunternehmen, ganze Industriezweige für sich einzunehmen und erheblichen politischen Einfluss auszuüben – sei es, wenn es um kostenloses Land für die Eisenbahngesellschaften ging oder um die Vergabe lukrativer Regierungsaufträge.

Henry Ford (1863–1947), Gründer der Ford Motor Company

Zum Konstrukt des „Big Business" gehört auch, dass die Arbeiter keine Gegenmacht zur Kapitalseite aufbauen können. Zwar schlossen sich auch die amerikanischen Arbeiter mehrfach als „Knights of Labor" zusammen, aber zu keiner Zeit entwickelte sich ein Klassenbewusstsein der Arbeiter, wie es für die europäischen Länder typisch war. Sozialistische Positionen wurden selbst in weiten Kreisen der Arbeiterschaft als radikal und unamerikanisch angesehen.

Das Unternehmertum dagegen verstand es, seinen Einfluss im Kongress auszubauen und die staatliche Exekutive in seinem Sinne zu nutzen. Größere Streiks der Arbeiter in den Jahren 1877, 1886 und 1894 wurden nicht von den Unternehmern beigelegt, sondern von staatlicher Seite. Die Gerichte, auch das Oberste Bundesgericht, urteilten fast immer im Sinne der Unternehmer. Das betraf Versuche, Arbeitszeiten und Arbeitsverhältnisse einheitlich zu regeln oder Sozialgesetze einzuführen. Auch das Anti-Trust-Gesetz wurde durch konkrete Gerichtsentscheidungen oft unterlaufen.

Gesellschaftsstruktur um 1900. Vor dem Hintergrund des rasanten wirtschaftlichen Aufschwungs hatten sich in den USA vier gesellschaftliche Gruppen herausgebildet:

Die Oberschicht bildeten die Unternehmer und Bankiers. Diesen etwa 10 Prozent der Bevölkerung gehörten geschätzte 90 Prozent des gesamten Volksvermögens. Einen Adel gab es in den USA nicht. Die Elite leitete ihren Führungsanspruch ausschließlich aus dem wirtschaftlichen Erfolg her, den vor allem die ca. 5 000 Dollar-Millionäre nicht dezent, sondern sehr offensiv zur Schau stellten.

Die Mittelschicht der Beamten, Angestellten und Freiberufler war die zahlenmäßig stärkste Gruppe, die sich weitgehend an den Werten des Liberalismus und Puritanismus orientierte und sich vom wirtschaftlichen Aufschwung auch einen Anstieg des eigenen Wohlstands versprach.

Die etwa 12 Millionen Arbeiter in den USA unterschieden sich in ihren Lebens- und Arbeitsbedingungen wenig von den Klassengenossen in Europa und konnten wie sie kaum auf soziale Sicherungssysteme zurückgreifen.

Den Farmern gelang es zunächst, vom industriellen Aufschwung zu profitieren; sie waren jedoch zunehmend damit konfrontiert, dass Produktionssteigerungen sinkende Preise zur Folge hatten. Viele von ihnen verschuldeten sich bei Banken und Versicherungen oder waren gezwungen, ihre Höfe aufzugeben. Der Zusammenschluss einzelner Farmer zu Interessengruppen bewirkte eine gewisse Stabilisierung ihrer Lage.

Massenproduktion und Massenkonsum: die „Roaring Twenties"

American Way of Life. Was sich um 1900 angekündigt hatte, setzte sich nach dem Ersten Weltkrieg (1914–1918) für alle sichtbar durch. Die USA produzierten weltweit gesehen 43 % aller Industriegüter, sie waren jetzt unangefochten die Nummer 1 auf dem Globus. Da die europäischen Volkswirtschaften durch den Krieg zurückgeworfen waren, gab es kaum internationale Konkurrenz, sodass die amerikanische Wirtschaft jährlich um 5 % wachsen konnte. Die Unternehmen machten Gewinne wie nie zuvor, auch die Arbeiter und Angestellten profitierten (höhere Löhne bzw. Gehälter, sichere Arbeitsplätze). Es entstand der Traum von einer ewigen Prosperität.
Die gestiegene Kaufkraft breiter Bevölkerungsschichten und technische Innovationen veränderten in dieser Zeit auch die Gesellschaft. Es bildeten sich ein neues Konsumverhalten und ein neuer Lebensstil heraus, den man allgemein als „American Way of Life" bezeichnet hat. Er sollte künftig zum attraktiven Vorbild für die Menschen in den anderen Industriestaaten werden. Prägend für diese Einstellung war die Auffassung vom Recht und von der Freiheit des Einzelnen, sich selbst in der Gesellschaft durchzusetzen, Erfolg zu haben und Glück genießen zu können. Vielen Amerikanern wurde erst durch den wirtschaftlichen Aufschwung in den 1920er-Jahren bewusst, dass „the Pursuit of Happiness" keine leere Floskel war, sondern als Rechtsanspruch für alle Amerikaner formuliert worden war.

Beginn der amerikanischen Unabhängigkeitserklärung: „We hold these Truths to be self-evident: that all Men are created equal, that they are endowed by their Creator with certain unalienable Rights, that among these are Life, Liberty and the Pursuit of Happiness."

Neue Konsumchancen. „The Pursuit of Happiness" zeigte sich für viele Amerikaner ganz konkret in der Möglichkeit, komfortabler zu leben. Technische Innovationen für den Hausgebrauch brachten den Fortschritt in die eigenen vier Wände. Sogar der Traum vom Eigenheim rückte für viele Menschen in greifbare Nähe.
Zum Symbol der neuen Zeit wurde das Automobil. Von 1920 an verdreifachte sich die Zahl der Automobile in den USA auf 23 Millionen. Fließbandproduktion und Akkordarbeit erhöhten die Produktionszahlen und senkten die Preise. Der Unternehmer Henry Ford führte diese Elemente der Massenproduktion seit 1913 in seinen Fabriken ein.

Montagehalle der Ford-Werke in Detroit, 1930

Es gelang ihm auf diese Weise, die Fertigung eines komplizierten technischen Produktes rationell zu gestalten. Für die Beschäftigten seiner Betriebe bedeuteten diese Verfahren eine Zunahme an Stress und Monotonie, da jeder Arbeiter möglichst schnell immer gleiche Handgriffe verrichten musste. Ford entschädigte seine Arbeiter durch die Zahlung von branchenunüblich hohen Löhnen. Jeder Fabrikarbeiter sollte sich selbst ein Auto kaufen können, das Luxusprodukt war zum Massenprodukt geworden. Deutlicher konnte der wirtschaftliche Aufschwung nicht sichtbar werden.
Die Automobilindustrie wurde in diesen Jahren zum Leitsektor für andere Industriezweige, denn die Stahl-, Elektro- und Ölbranche profitierte vom Autoboom. Auch die rationellen Produktionsformen – oft verbunden mit einer Optimierung der Arbeitsabläufe durch Zeitmessung sowie durch gezielte Auslese und das Anlernen von Arbeitskräften – wurden auf andere Industriezweige übertragen.

Freizeit- und Unterhaltungskultur. Die Aufbruchstimmung der „stürmischen Zwanziger" führte verbunden mit technischen Neuerungen auch zur Entstehung einer völlig neuen Unterhaltungs- und Freizeitkultur. Radiostationen entstanden, die die Menschen täglich mit Unterhaltung belieferten und durch Werbespots für die Bekanntheit der neuen Konsumartikel sorgten. Auch die Schallplattenindustrie erlebte in dieser Zeit ihren Durchbruch und erwies sich in der Folgezeit als besonders stilprägend. Eines der größten Massenvergnügen war der Besuch von Kinoveranstaltungen. Die Filme, oft in den Studios von Hollywood gedreht, boten Unterhaltung am Wochenende und produzierten Filmstars, die im Gegensatz zu den Stars von Theater- oder Opernbühne wirklich jedermann kannte. Die Entwicklung war durchaus umstritten: Die alteingesessene bürgerliche Elite sah in der Entwicklung zur „Massenkultur" einen Niveauverlust, Befürworter sprachen von einer Demokratisierung.

Die Weltwirtschaftskrise

Börsenkrach. Ende Oktober 1929 fand der jahrelange Höhenflug ein plötzliches Ende. An der New Yorker Börse in der Wall Street wurden große Aktienpakete zum Kauf angeboten. Für die meisten Aktienbesitzer und Börsenmakler waren diese Verkäufe überraschend und nicht erklärbar. Sie reagierten, indem sie ihrerseits Aktien schnell zum Kauf anboten, um eigene Verluste gering zu halten. Dieses Verhalten löste eine Abwärtsspirale aus. Es entstand eine regelrechte Panikstimmung. Fast alle wollten jetzt Aktien verkaufen, so gut wie niemand wollte sie erwerben. Im Ergebnis verloren alle Aktien erheblich an Wert, einige fielen sogar auf 10 Prozent des Wertes, den sie noch am Vortag besessen hatten. In den nächsten Tagen und Wochen setzte sich dieser Trend nahezu ungebremst fort.

Börsenkrach an der Wall Street (zeitgenössische Darstellung)

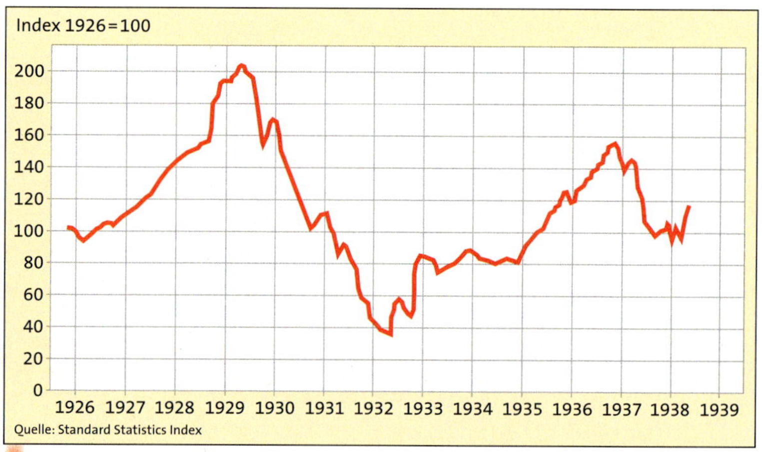

Entwicklung der Aktienkurse an der Wall Street 1926–1939

Great Depression. Der Börsenkrach, der als „Schwarzer Freitag" in die Wirtschaftsgeschichte einging, steht am Anfang einer jahrelangen Wirtschaftskrise, die von den Amerikanern als „Great Depression" bezeichnet wurde. In diesem Begriff spiegelt sich auch die Verzweiflung vieler Menschen, denen die Krise die materielle Lebensgrundlage vernichtete. Viele Farmer, Kleinunternehmer, aber auch einfache Hausfrauen hatten Kredite aufgenommen, die sie nach dem Börsenkrach nicht zurückzuzahlen in der Lage waren. In den folgenden Monaten mussten etwa 9 000 Banken und 100 000 Unternehmen Konkurs anmelden. Die Sparer verloren ihre Spareinlagen, die Beschäftigten die Arbeitsplätze. Als weitere Folge reduzierte sich die Nachfrage und die Warenpreise sanken um bis zu 40 Prozent. Die Industrieproduktion halbierte sich nahezu. Das Sozialprodukt fiel von 104 (1929) auf 56 Milliarden Dollar (1933). Bis zum Jahr 1932 stieg die Arbeitslosigkeit in den USA auf 15 Millionen, etwa ein Viertel der erwerbsfähigen Bevölkerung. Im Land der unbegrenzten Möglichkeiten gab es Massenarmut und Obdachlosigkeit.

Die Bezeichnung „**Schwarzer Freitag**" hat sich in Europa eingebürgert; in Wirklichkeit erlitt die New Yorker Börse am Mittwoch und Donnerstag, dem 24.10., schwere Verluste. Wegen der Zeitverschiebung realisierten die Europäer das Geschehen erst am 25.10., einem Freitag.

Arbeitslose in New York warten auf die Spenden wohltätiger Organisationen (1932).

Wodurch war die Krise ausgelöst worden? Die Zeitgenossen wussten keine Antwort. Der Präsident der Bank von England, Sir Montague Norman, sagte im Jahre 1932 auf die entsprechende Frage eines Journalisten: „Ich bin völlig ratlos, das alles ist so unfassbar". Der Schriftsteller Brecht spottete rückblickend: „Die Männer in den Konjunkturforschungsinstituten […] zeigten ihren Kopf nur dadurch, dass sie ihn schüttelten." In der Erklärungsnot wurde der Gedanke populär, dass der Börsenkrach die Krise verursacht habe. In dem Tatbestand, dass die Bezeichnung „Schwarzer Freitag" bis heute eine gängige Redewendung ist, spiegelt sich die große Verbreitung dieser Annahme. Heutige Wirtschaftshistoriker sind sich einig, dass der Verfall der Aktienkurse die Krise zwar spektakulär verschärft hat, aber nicht ihre Ursache war.
Die größte Verbreitung findet eine Erklärung, die den Keim für die Krise in der Hochkonjunkturphase sieht. In den vorangegangenen 15 Jahren war die Industrieproduktion in den USA um 75 % gestiegen (in Deutschland um 10 %, in Großbritannien um 9 %). In den 1920er-Jahren war sie geradezu explodiert. Mit dieser allgemeinen Produktionsausweitung hatte die Entwicklung der Einkommen jedoch nicht Schritt halten können. Schon ab 1926 war der Markt für höherwertige Produktionsgüter rückläufig

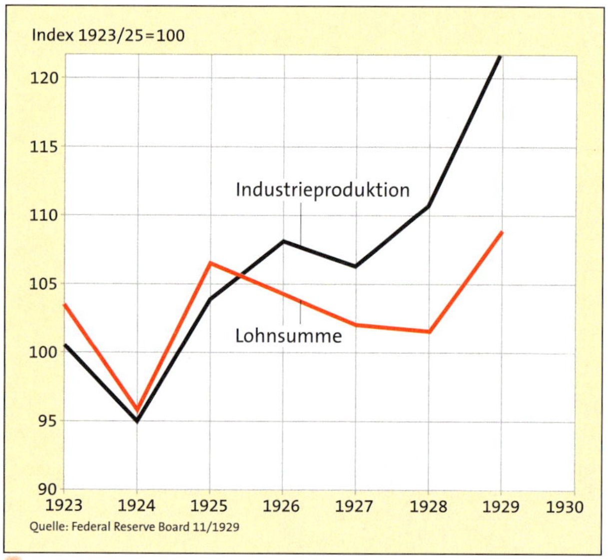

Entwicklung von Industrieproduktion und Kaufkraft (Lohnsumme) in der Industrie der USA, 1923–1929

Andrang auf die Berliner Sparkasse, nachdem sie ihre Zahlungen eingestellt und das Bankhaus geschlossen hatte (13.7.1931).

gewesen. Unverkaufte Autos, Kühlschränke usw. stapelten sich in den Lagerhallen der Firmen. Aber trotz gestiegener Löhne entsprach die Kaufkraft breiter Bevölkerungsschichten in den USA nicht mehr der Produktionsleistung, es fehlte an Nachfrage. Aus der Perspektive dieses Erklärungsansatzes war es nur eine Frage der Zeit, bis es sich auch an der Börse herumsprach, dass es auf dem Markt ein Überangebot gab und für die riesigen Aktiengewinne der Unternehmen die realwirtschaftliche Grundlage fehlte.

Dass die US-Krise zur Weltkrise wurde, lag an der herausragenden Bedeutung der USA für die Weltwirtschaft. Das Finanzsystem war international. Die Konkurse von Banken in den USA führten zwangsläufig auch in Europa zu instabilen Verhältnissen, denn die USA waren überall in der Welt zum Kreditgeber geworden. Nun forderten die US-Banken ihre Kredite zurück. Einige europäische Geldinstitute hatten in großem Maße Geld bei US-Banken angelegt, das jetzt verloren war. In allen europäischen Ländern mussten Banken und Sparkassen zeitweise schließen, einige Großbanken machten Bankrott. Auch die US-Regierung verstärkte durch (aus heutiger Sicht) grobe Fehler die Krisenlage: Sie betrieb eine falsche Geldmengenpolitik (Erhöhung der Geldmenge im Boom, Reduzierung der Geldmenge in der Krise) und eine sehr restriktive Zollpolitik, die den internationalen Handel fast zum Erliegen brachte.

„New Deal"

Die Politik lernt aus der Krise. Die Wirtschaftskrise schockte Amerika. Die Sicherheit, dass jeder aufgrund eigener Leistungsbereitschaft das Leben erfolgreich meistern könne, war verloren gegangen. Das freie Spiel der Kräfte hatte offensichtlich nicht zu einem allgemeinen Wohlstand geführt. Für viele bedeutete die Krise den sozialen Absturz, Elend und Not. Die Massenarbeitslosigkeit traf die ganze Nation unvorbereitet, das Fehlen eines sozialen Netzes wurde immer offensichtlicher.

Es dauerte einige Jahre, bis die Wirtschaftskrise zu einem Umdenken führte. Bei den Wahlen von 1932 verloren die bislang regierenden Republikaner die Macht. Der Demokrat Franklin D. Roosevelt zog in das Weiße Haus ein. Er bekämpfte die Wirtschaftskrise mit neuartigen Maßnahmen: Die Landwirtschaft sollte durch freiwillige, vom Staat prämierte Produktionsbeschränkungen saniert werden. Von schärferen Kontrollen des Kreditwesens versprach man sich mehr Sicherheit im Bankwesen. Eine Stärkung

Staatliche Werbung und Realität zur Zeit der „Großen Depression": Opfer einer Flutkatastrophe stehen um Wasser an.

der Gewerkschaften und die Einrichtung einer bundesstaatlichen Alters-, Unfall- und Arbeitslosenversicherung zielten auf die Minderung der bittersten Not. Kern der neuen Politik waren öffentliche Investitionen, vor allem im Straßen-, Brücken- und Gebäudebau. Die Verschuldung und die Einmischung in das freie Spiel der Kräfte nahm Roosevelt bewusst in Kauf.

Diese Politik veränderte die bisherige reine Lehre der liberalen Wirtschaftsordnung: Nicht Zurückhaltung des Staates sei gefragt, sondern die soziale Verantwortung des Staates. In Zeiten der Krise könne man nicht darauf hoffen, dass private Investoren bereit seien, neue Fabriken zu errichten und Maschinen zu kaufen oder neue Arbeitskräfte einzustellen, denn sie müssten damit rechnen, die zusätzlichen Produkte nicht verkaufen zu können. Aus der Sicht eines Unternehmers seien zusätzliche Investitionen also unsinnig, sie würden sogar in den Konkurs führen. Deshalb, so Roosevelt, wird es zur Aufgabe des Staates, zusätzliche Güter zu kaufen und Arbeitskräfte einzustellen, um die Nachfragelücke zu schließen. Für private Investoren sei in der Krise Zurückhaltung sinnvoll, für die gesamte Volkswirtschaft gelte das Gegenteil. Roosevelt nahm also Kredite auf und finanzierte viele Großprojekte „auf Pump". Seine neue Politik, die er „New Deal" nannte, orientierte sich an der Theorie des englischen Volkswirtschaftlers John M. Keynes, der staatliche Investitionen als Mittel zur Steigerung der Kaufkraft und des Sozialproduktes gefordert hatte.

Roosevelts Programm zeigte Wirkung, schon 1933 gab es Hinweise auf einen wirtschaftlichen Aufschwung. Dennoch war Roosevelts Konzept nur teilweise erfolgreich. Die Zahl der Arbeitslosen lag in den USA 1938 noch immer bei zehn Millionen. Aus heutiger Sicht war die Politik mutig, aber noch nicht mutig genug, um einen schnelleren Erfolg zu erzielen.

Franklin D. Roosevelt (1882–1945). Während der Weltwirtschaftskrise wandte er sich immer wieder mit Radio-Ansprachen an die amerikanische Bevölkerung.

Im Spiegel von Zahlen: Die Industrialisierung Deutschlands

Charakteristische Merkmale wirtschaftlicher Entwicklungen, Prozesse wirtschaftlichen Wachstums und Niedergangs, Produktionsdaten, Standortfaktoren, Branchenunterschiede, Zusammenhänge zwischen demografischen Entwicklungen und Wirtschaftsentwicklung lassen sich häufig durch Zahlen und Grafiken anschaulich zusammenfassen. So lässt sich auch der Verlauf der Industrialisierung Deutschlands im Vergleich mit dem Industrialisierungsprozess in anderen Ländern in wesentlichen Aspekten mithilfe von statistischen Daten darstellen und erörtern.

- **Welches sind die Kennzeichen des Industrialisierungsprozesses in Deutschland?**
- **Sind im Vergleich mit England oder anderen Staaten Übereinstimmungen und Unterschiede zu erkennen?**

Gestalten Sie eine PowerPoint-Präsentation zum Thema „Industrialisierung in Deutschland" und diskutieren Sie auf dieser Grundlage im Kursgespräch die These von Wirtschaftshistorikern, Deutschland sei im Hinblick auf die Industrialisierung ein „Nachzügler auf der Überholspur" gewesen.

Arbeitsempfehlungen für die inhaltliche Vorbereitung der Präsentation:

1. Bilden Sie kleine Arbeitsgruppen. Werten Sie das statistische Datenmaterial M 1 – M 6 aus, indem Sie die grundlegenden Arbeitsschritte – formale Analyse, inhaltliche Analyse, Interpretation (s. Methode „Statistisches Material interpretieren") – anwenden.
2. Stellen Sie, z. B. auf Karteikarten, zusammen,
   a) welche belegbaren Hauptaussagen und Schlussfolgerungen (z. B. länderspezifische Merkmale, zeitliche Verschiebungen, hemmende oder fördernde Faktoren) bezogen auf die einzelnen Materialien formuliert werden können und
   b) welche Antworten das statistische Material auf die beiden Leitfragen gibt.

   Tipp: Orientieren Sie sich bei der Zusammenfassung der Ergebnisse an der Phaseneinteilung des Infotextes: Frühindustrialisierung, schwerindustrielle Phase, Hochindustrialisierung.
3. Erstellen Sie Ihre Präsentation. Dabei sollten Sie folgenden Grundsatz beachten: Zentrale Grafiken und die jeweiligen Erläuterungen unter sachlichen Aspekten und mit Blick auf die Mitschülerinnen und Mitschüler, denen sie vermittelt werden sollen, so anordnen und visuell so gestalten, dass die jeweiligen Inhalte schnell und gut erfasst werden können. Kriterien: fachlich richtig, übersichtlich gegliedert, optisch ansprechend gestaltet, gut verständlich.

Methode — Statistisches Material interpretieren

A. Statistisches Material

Statistiken können unterschiedlich aussehen – etwa die Form einer Zahlenreihe haben, einer Tabelle, eines Schaubildes oder Diagramms. Aber alle haben einen großen Vorteil: Sie bündeln viele Informationen auf engem Raum. Komplizierte Sachverhalte, etwa langfristige Entwicklungen oder die Unterschiede zwischen Branchen, lassen sich anschaulich darstellen. Dennoch kann die Auswertung dieser Daten sehr riskant sein. Zum einen darf man sich von dem nüchternen und zuverlässigen Eindruck nicht täuschen lassen, den das reine Zahlenmaterial auf den ersten Blick hinterlässt. Stets ist zu prüfen, ob die Daten auch sorgfältig erhoben wurden. Vor allem historische Daten sind oft nur mühsam zu ermitteln, Lücken oder Unsicherheiten sind an der Tagesordnung. Zum anderen liefern die reinen Daten fast nie Ursachen oder Hintergründe mit; sie stehen also in der Gefahr, zu vereinfachen oder zu verallgemeinern.

Vor einfachen Schlussfolgerungen muss man sich hüten. Ein Beispiel: Wenn etwa die Industrieproduktion in einem Gebiet ansteigt und gleichzeitig auch die Bevölkerung wächst, so ist damit noch nicht geklärt, ob es einen unmittelbaren Zusammenhang gibt, geschweige denn ob das Wachstum in dem einen Bereich die Ursache für das Wachstum im anderen Bereich ist. Statistiken können wertvolle Hinweise geben, aber nicht immer erlauben sie einfache Antworten auf anspruchsvolle Fragestellungen. So wichtig das berechnete Material also ist, so wichtig sind auch die sorgfältige Analyse und Interpretation dieser Daten.

B. Arbeitsschritte der Interpretation statistischer Materialien

1. Schritt – Leitfrage(n) festlegen:

Klären Sie zu Beginn Ihr Frageinteresse: Welche Frage(n) wollen Sie beantworten?
Z. B. im vorliegenden Fall: Welches sind die Kennzeichen des Industrialisierungsprozesses in Deutschland? Sind im Vergleich mit England oder anderen Staaten Übereinstimmungen und Unterschiede zu erkennen?

2. Schritt – Formale und inhaltliche Analyse des Datenmaterials:

- Fundstelle des Materials nennen.
- Fachbegriffe benutzen, z. B. Überschrift, (Vor-)Spalte, (Kopf-)Zeile, absolute/prozentuale/relative Zahlen, Indexwerte, Balken-/Säulen-/Kreisdiagramm, Schaubild, Koordinatensystem.
- Unbedingt auf die Maßeinheiten achten: Was bezeichnen sie genau (Legende beachten)?
- Welche Daten werden wie aufeinander bezogen (z. B. Jahreszahlen und Bevölkerungszahlen)?
- Den Gegenstand des statistischen Materials richtig eingrenzen (etwa die Zeit, die Region).
- Erkennbare Tendenzen und/oder auffällige Besonderheiten im Datenmaterial herausarbeiten (etwa langfristige Zu- oder Abnahmen, Zahlensprünge, Hoch- oder Tiefpunkte).
- Aussagen des Materials im Rückgriff auf Kenntnisse erklären, Grundaussage herausarbeiten.
- Auffälligkeiten im Zusammenhang beschreiben und im Rückgriff auf Kenntnisse erläutern.
- Ablesbare Entwicklungen, Strukturen und Zusammenhänge beschreiben.
- Hinweis: Es kann manchmal hilfreich sein, das Datenmaterial grafisch in einer anderen Form darzustellen und so besser zu veranschaulichen (z. B. Diagramme, Kurven).

3. Schritt – Interpretation der Daten:

- Gesicherte Schlussfolgerungen ziehen.
- Erörtern, auf welche tatsächlichen und ursächlichen Zusammenhänge das Datenmaterial hinweisen könnte.
- Klar benennen, welche Rückschlüsse durch die vorliegenden Daten nur in Form von eher hypothetischen Aussagen festgehalten werden können.
- Ergebnisse in Bezug auf die Leitfrage(n) zusammenfassen und dabei zwischen gesicherten und eher wahrscheinlichen bzw. hypothetischen Erkenntnissen unterscheiden.
- Offene bzw. weiterführende Fragen notieren und mithilfe anderer Quellen oder Materialien zu klären versuchen.

MATERIALIEN

M 1 Bevölkerung europäischer Länder, 1750–1911

(in Mio., Gebietsstand 1914)

Jahr	Großbritannien	Frankreich	Deutschland	Russland
1750/51	7,4	21,0	–	28
1800/01	10,5	27,3	23,0	40/35,5
1820/21	14,1	30,5	25,0	48,6
1830/31	16,3	32,6	28,2	56,1
1840/41	18,5	34,2	31,4	62,4
1850/51	20,8	35,8	34,0	68,5
1860/61	23,1	37,4	36,2	74,1
1870/71	26,1	36,1 (1872)	40,8	84,5
1880/81	29,7	37,7	45,2	97,7
1890/91	33,1	38,3	49,4	117,8
1900/01	37,0	39,0	56,4	132,9
1910/11	40,8	39,6	64,9	160,7

(Nach: Jürgen Kocka/Bernd Mütter, Wirtschaft und Gesellschaft im Zeitalter der Industrialisierung, München (bsv) 1984, S. 93)

M 2 Roheisenproduktion in einzelnen Ländern, 1820–1913

(in 1000 metrischen Tonnen, Jahresdurchschnittswerte als Grundlage)

Jahr	Großbritannien	Frankreich	Deutschland	Russland
1820–1829	1087	212	165	164
1830–1839	1842	571	257	344
1840–1849	3249	keine gesicherten Angaben	344	384
1850–1859	6299	1461	667	485
1860–1869	9203	2327	1625	607
1870–1879	12964	2673	3349	799
1880–1889	16079	3544	6434	1093
1890–1899	16179	3384	6309	3077
1900–1909	18633	6056	18591	5572
1910–1913	9792	4664	14836	3870

(Nach: B.R. Mitchell, Statistischer Anhang; in: C. M. Cipolla/K. Borchardt (Hg.), Europäische Wirtschaftsgeschichte, Bd. 4, Stuttgart/New York (G. Fischer) 1977, S. 504 f.)

M 3 Entwicklung der industriellen Produktion in Europa nach Staaten, 1860–1913

(Index der Industrieproduktionen in europäischen Staaten, Großbritannien 1900 = 100)

Land	Insgesamt		Pro Kopf	
	1860	1913	1860	1913
Großbritannien	45,0	127,0	64	115
Frankreich	18,0	57,0	20	59
Deutschland	11,0	138,0	15	85
Russland	16,0	77,0	8	20

Die vorliegende Indexberechnung setzt den Wert der Industrieproduktion in Großbritannien im Jahr 1900 gleich „100“ und gibt alle anderen Werte in Prozentzahlen dieses Wertes an. Dadurch wird die Entwicklung der Industrieproduktion in verschiedenen Ländern und Zeiten relativ vergleichbar gemacht. Großbritannien als das am weitesten entwickelte Land wird somit zum Richtwert erklärt, bei dem viel später sich industrialisierenden Russland als Richtwert würde eine ganz andere Relation entstehen.

(Nach: Wolfram Fischer/Hermann Kellenbenz, Handbuch der europäischen Wirtschafts- und Sozialgeschichte, Bd. 5, Stuttgart (Klett) 1985, S. 149)

M 4 Entwicklung des Eisenbahnnetzes in Großbritannien und Deutschland, 1840–1900

(Länge der in Betrieb befindlichen Schienenwege in km, jeweils am Jahresende)

Jahr	Großbritannien	Deutschland
1840	1 348	549
1850	10 653	6 044
1860	16 787	11 633
1870	24 999	19 575
1880	28 854	33 838
1890	32 297	42 869
1900	35 186	51 391

(Nach: J. Kocka/B. Mütter, a. a. O., S. 54)

M 5 Beschäftigte in den drei Wirtschaftssektoren in verschiedenen Ländern, um 1850 und um 1910

Sektor I: Landwirtschaft, Fischerei, Forstwirtschaft
Sektor II: Industrie und Bergbau
Sektor III: Dienstleistungen

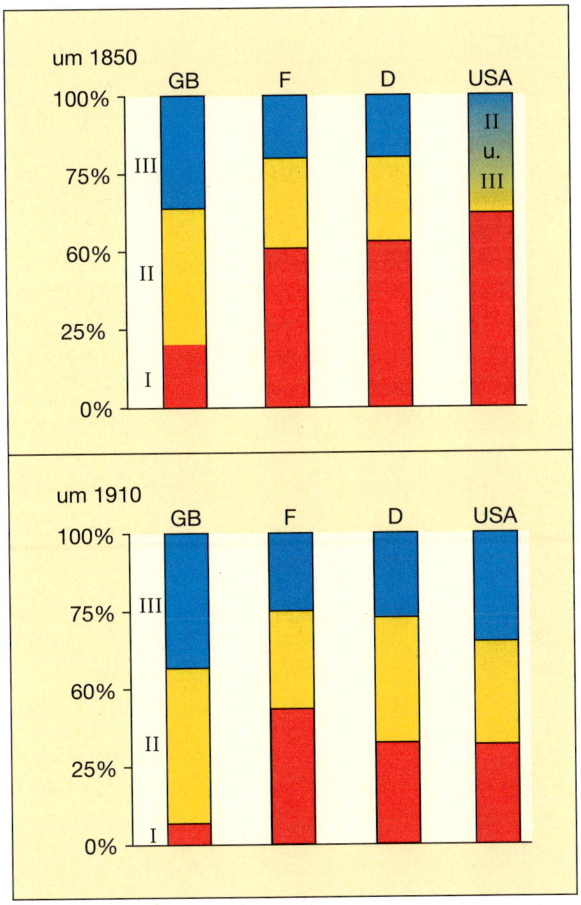

(Nach: Aubin/Zorn, Handbuch der deutschen Wirtschafts- und Sozialgeschichte, Bd. 2, Stuttgart (Klett) 1976, S. 215)

M 6 Wachstum der Wirtschaftsbranchen in Deutschland, 1800–1913

(Mio. Beschäftigte)

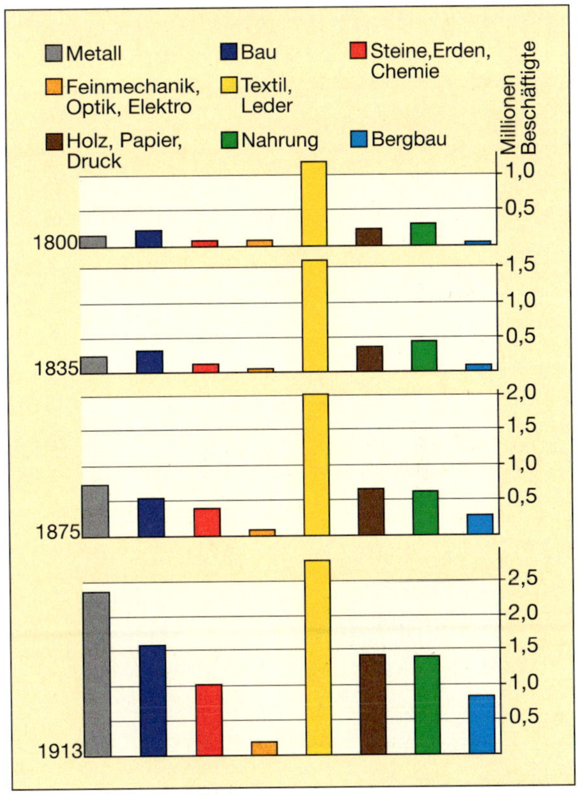

(Nach: F.W. Henning, Die Industrialisierung in Deutschland 1800–1914, Paderborn (Schöningh) 1973, S. 448)

Die Agrarrevolution

Im 19. Jahrhundert war ein allgemeiner Bevölkerungsanstieg zu verzeichnen, der Anteil der Bauern und Landarbeiter an der Gesamtbevölkerung ging jedoch fast kontinuierlich zurück. Die Ernährungslage war nicht immer gut, aber offenbar gab es einen langfristigen Trend, nach dem immer weniger Menschen ausreichten, um die Lebensmittel für immer mehr Menschen zu produzieren.
Wirtschaftshistoriker erklären dies mit einem tief greifenden Strukturwandel in der Landwirtschaft und sprechen von einer Agrarrevolution.

- **Agrarrevolution: Wie war es möglich, dass immer weniger Menschen Nahrung für immer mehr Menschen produzierten?**

Gestalten Sie zur Leitfrage ein Lernplakat, mit dem Sie als Expertin bzw. Experte den Prozess der Entwicklungen auf dem Agrarsektor anschaulich erklären.

Vorschläge zur Bearbeitung der Materialien in Einzel- oder Partnerarbeit:

1. Analysieren Sie die Statistiken M 1 und M 2 mithilfe der erlernten Arbeitsschritte zur Auswertung statistischen Materials (s. S. 181).

2. Arbeiten Sie heraus, wie die beiden Historiker Nonn (M 3) und Plumpe (M 4) die revolutionären Entwicklungen und Veränderungsprozesse erklären.
➡ **Präsentationsempfehlung:** Um die Vorgänge, Strukturen und Zusammenhänge begründet zu beschreiben und zu verdeutlichen, bietet sich ein Fließschema an.

3. Vergleichen Sie Plumpes Argumentation mit dem Denkansatz von Adam Smith (s. Infotext, S. 153). Prüfen Sie, inwiefern sich Parallelen zu den Überlegungen von Adam Smith nachweisen lassen.

4. Entwerfen Sie ein aussagekräftiges inhaltliches und grafisches Konzept für das Lernplakat, wobei Sie folgende Grundsätze beachten sollten:
- Ein Lernplakat informiert in Text und (Schau-)Bild zu einem Thema.
- Die Titelüberschrift gibt das Thema an.
- Kernaussagen werden präzise aufgelistet, Zwischenüberschriften dienen der Strukturierung (z. B. Entstehung – Abläufe – Folgen).
- Grafische Gestaltungsmittel (Strukturbilder, Pfeile, Spiegelstriche u. Ä.) sollten so gewählt werden, dass Inhalte schnell und anschaulich erfasst werden können.

Die Mühsal der Bauernarbeit aus der Perspektive des aufgeklärten Menschen des 18. Jahrhunderts, des Menschen „auf der Sonnenseite" des Lebens: im Vordergrund des Bildes Sonnenschein, im Hintergrund Regen (Stich von Daniel Chodowiecki)

MATERIALIEN

M 1 Entwicklung der landwirtschaftlichen Gesamtproduktion im 19. Jahrhundert in Deutschland[1]

(in Mio. Tonnen)

Jahr	Getreide[2]	Kartoffel	Fleisch	Milch	Zum Vergleich: Bevölkerung in Mio. Menschen
1800 bzw. 04	–	–	0,49	5,24	–
1820	8,00	–	0,39	5,15	25,5
1850	11,06	10,94	0,77	9,30	34,5
1870 bzw. 72	14,19	20,37	1,24	13,21	39,4
1900	22,49	40,59	2,48	22,90	56,4

(Nach: Herbert Prokasky, Das Zeitalter der Industrialisierung und die Utopie der bürgerlichen Gesellschaft, Paderborn (Schöningh) 1999, S. 64, ergänzt)

[1] Gebietsstand Deutsches Reich 1871, für die Zeit vor 1871 ohne Elsass-Lothringen

[2] Summe aus Roggen, Gerste und Hafer; Wert von 1820 ist ein Näherungswert, gebildet aus dem Wert für Preußen.

M 2 Entwicklung der landwirtschaftlichen Leistungsfähigkeit im 19. Jahrhundert in Deutschland

Zeitraum	Weizen[1]	Kartoffeln[1]	Milch[2]
um 1800	10,3	80,0	ca. 1 000
1858–1862	13,0	–	–
1893–1897	16,9	117,0	1 400
1908–1912	20,7	133,4	2 200
1984	61,0	336,0	4 750

(Nach: Herbert Prokasky, a. a. O., S. 64)

[1] Ertrag in 100 kg pro Hektar

[2] Milchertrag in Liter pro Kuh und Jahr

M 3 Der Historiker Christoph Nonn

Nonn vertritt zum Thema Veränderungen im Agrarsektor folgende These:

Grundlegende Voraussetzungen der Industrialisierung wurden durch Veränderungen auf dem Land geschaffen. In gewisser Weise war, so paradox es klingt, sogar die Landwirtschaft und nicht die Baumwollverarbeitung die erste industrialisierte Branche.

Die landwirtschaftliche Produktion wurde in allen sich industrialisierenden Ländern durch technische Neuerungen grundlegend verändert, bevor solche Veränderungen im gewerblichen Sektor einsetzten. [...] Die Sense ersetzte die Sichel, der Pflug wurde perfektioniert oder ersetzte die weniger effektive Hacke. Im 19. Jahrhundert kamen schließlich auch komplexe Maschinen zum Einsatz: Dampfkraft trieb nicht nur Lokomotiven und Fabrikproduktion an, sondern auch landwirtschaftliche Maschinen zum Säen, Ernten und Dreschen. Die Folge war eine rasante Steigerung der agrarischen Produktivität. [...] Insgesamt konnte die Effizienz einer landwirtschaftlichen Arbeitskraft so bis zur Mitte des 19. Jahrhunderts um 1200 Prozent gesteigert werden. Dazu kam noch die Erschließung von Neuland, vor allem durch Trockenlegung mittels neuer technischer Hilfsmittel, und die intensivere Nutzung des bereits erschlossenen Landes durch Aufgabe der traditionellen Dreifelderwirtschaft.

All diese technischen Neuerungen zusammen erhöhten die Produktivität des Agrarsektors gewaltig und setzten Menschen für eine Tätigkeit in der Industrie frei. Vor dem 18. Jahrhundert hatte eine Arbeitskraft in der englischen Landwirtschaft wenig mehr an Nahrungsmitteln produziert, als sie selbst verbrauchte. Drei bis vier Bauern waren nötig, um mit ihren mageren Überschüssen einen Erwerbstätigen im verarbeitenden Gewerbe oder Dienstleistungssektor mitzuernähren. Um die Mitte des 19. Jahrhunderts hatte sich dieses Verhältnis in Großbritannien umgekehrt: Nun versorgte ein einziger Landwirt drei bis vier Mitesser im sekundären oder tertiären Sektor. Und in anderen europäischen Ländern begann die Entwicklung in dieselbe Richtung zu laufen. Die Freisetzung von Arbeitskräften durch eine in der Menschheitsgeschichte einzigartige Erhöhung der agrarischen Produktivität war Grundvoraussetzung für die Industrialisierung.

(Christoph Nonn, Das 19. und 20. Jahrhundert, Paderborn (Schöningh-UTB) 2007, S. 46ff.)

M 4 Der Historiker Werner Plumpe

Der Wirtschaftshistoriker kommt zu dieser Einschätzung:

Nur freie Bauern ernähren die Menschheit. Wenn Bauern nicht den Boden besitzen, den sie bewirtschaften, ackern sie nur mit halber Kraft. Darum hat der preußische König Friedrich Wilhelm III. 1810 die Bauern befreit. Plötzlich gab es keine Hungersnöte mehr. Die Industrielle Revolution kam in Fahrt.

(Im Folgenden zitiert Plumpe aus dem Edikt des preußischen Königs Friedrich Wilhelm III. vom 9.10.1807 und fährt dann fort:)

Was den Bauern zu jener Zeit am meisten einschränkte, hatte der König bereits ausgemacht: Dass der Bauer unfrei war und nicht das Land besaß, auf dem er wirtschaftete, so sagte der König, würde ihm „eine große Kraft seiner Tätigkeit entziehen“ und „einen höchst schädlichen Einfluss haben, […] indem sie den Wert der Arbeit verringern“. Nach Martini 1810 sollte es keine unfreien Menschen in Preußen mehr geben, verfügte das Oktoberedikt. Und in dem wenig später erfolgenden Edikt zur Gewerbefreiheit wurde der Zunftzwang aufgehoben und die Ausübung eines Gewerbes dem Einzelnen überlassen – solange der nur bereit war, Gewerbesteuern zu entrichten.

Mit diesen Reformen vollzog sich nichts weniger als eine institutionelle Revolution. Denn sie brachen mit der bisherigen Wirtschaftsverfassung, die die Freiheit der Arbeit und des Gewerbes zumindest nach dem Gesetz nicht gekannt hatte. Zwar hielten sich vielerorts Handwerk und Landwirtschaft längst nicht mehr an die restriktiven Vorschriften oder unterliefen sie. Doch erst mit der Aufhebung solcher Vorschriften ließen sich die Möglichkeiten wirklich nutzen, die sich in der Frühindustrialisierung andeuteten. […]

Die Klagen der Grundbesitzer, die ihre billigen Arbeitskräfte verloren, verstummten bald, da erhebliches ländliches Vermögen mobilisiert wurde, das größere Betriebe gezielt zur Modernisierung einsetzten. Zudem bescherte die damalige Überbevölkerung auf dem Lande ein großes Potenzial an billigeren Arbeitskräften. Erst gegen Ende des Jahrhunderts wurde eine „Leutenot“ daraus, als etliche Arbeitskräfte aufgrund besserer Löhne und Arbeitsbedingungen in die rasch wachsenden industriellen Reviere abwanderten. Für die Landwirtschaft hatten die Bauernbefreiung und die Regulationsgesetzgebung[1] daher eine Modernisierung zur Folge, die zwar schon im 18. Jahrhundert eingesetzt hatte, nun aber mächtig in Fahrt kam und im Agrarkapitalismus der zweiten Hälfte des 19. Jahrhunderts endete.

Die Regulierung der Eigentumsverhältnisse ermöglichte Flurbereinigungen und eine Ausrichtung am wirtschaftlichen Erfolg. Aus der bisherigen bäuerlichen Subsistenzwirtschaft[2] wurde ein Gewerbe, das am Anbau und Verkauf von Agrarprodukten Geld verdiente. Die Auflösung der gemeinschaftlich genutzten Flächen vergrößerte die landwirtschaftlich genutzte Fläche überdies erheblich. Und die Großgrundbesitzer steigerten ihr ländliches Investitionsvolumen.

So stiegen die Erträge aus Ernte, Vieh- und Milchwirtschaft. Zugleich sank bei steigender Arbeits- und Bodenproduktivität der Faktoreinsatz[3]. Es wurde möglich und preiswerter, die wachsende Bevölkerung zu ernähren, sodass ein wachsender Teil des Sozialprodukts für die industrielle Entwicklung des Landes verwendet werden konnte. Die Modernisierung der Landwirtschaft wurde so zu einer wesentlichen Bedingung des wirtschaftlichen Strukturwandels. Erst mit dem entstehenden Agrarkapitalismus gelang es, […] Überbevölkerung, Hunger und Krisen in Europa endgültig zu überwinden. Preußen stand mit diesen Reformen nicht allein; es bewegte sich in der Mitte einer gesamteuropäischen Entwicklung. In Großbritannien war die Aufhebung der ländlichen Untertänigkeit und die Überführung des Landes in Privateigentum frühzeitig vollzogen. […] In Russland kam es erst in den 1860er-Jahren zur Bauernbefeiung. Überall aber war die Befreiung der Bauern die entscheidende Voraussetzung für jenen wirtschaftlichen Wandel, mit dem die Armut der traditionellen Welt überwunden werden konnte.

(Werner Plumpe, Nur freie Bauern ernähren die Menschheit, in: Frankfurter Allgemeine Sonntagszeitung, 11.10.2009)

---

1 Gemeint sind die Durchführungsbestimmungen zu dem Edikt.

2 Gemeint ist eine Landwirtschaft, die fast ausschließlich für die Selbstversorgung, nicht für den Markt produziert.

3 Gemeint ist das Zusammenwirken der Produktionsfaktoren Arbeit, Kapital und Boden.

Rückstand macht erfinderisch: Tüftler und Erfinder aus Baden und Württemberg

Wenn Deutschland im Vergleich zu England ein Spätstarter war, so war es innerhalb Deutschlands sicherlich der Südwesten. Sowohl in Baden als auch in Württemberg kam es nicht zu einer nennenswerten Frühindustrialisierung. Als Standortnachteile erwiesen sich die fehlenden Rohstoffe (es gab keine Kohle zum Aufbau einer „eigenen" Schwerindustrie), das Desinteresse der Regierungen und die mangelnde Bereitschaft zur kapitalintensiven Investition (die Vorstellung, sich größere Geldbeträge zu leihen, galt im Südwesten lange Zeit als unsolide). Der Eisenbahnbau brachte relativ spät die Veränderung. Dann aber ging es Schlag auf Schlag und heute gilt die Region, die im 19. Jahrhundert besonders arm und rückständig war, als besonders modern und wohlhabend.
Das Profil einer ganz besonderen Industrialisierung erhielt die Region durch die Erfindungen von technisch hochbegabten Tüftlern, die fehlende Rohstoffe durch pfiffige Ideen wettmachten. In der Phase der Hochindustrialisierung etablierten sich Baden und Württemberg als Produktionsstätte innovativer und qualitativ besonders hochwertiger Güter. Das Humankapital hatte die Wende gebracht.

- **Unternehmer aus Baden und Württemberg – gibt es typische Merkmale ihrer Karrieren?**

Präsentieren Sie Erfolgskarrieren von Unternehmern aus Südwestdeutschland und erörtern Sie auf dieser Basis in einem Auswertungsgespräch im Kurs, ob sich ein übergreifendes Verhaltensprofil für den Typ „erfolgreicher Unternehmer aus Baden-Württemberg" erstellen lässt oder ob Individualkarrieren dominieren.

Vorschläge zur Organisation des Arbeitsgangs:

1. Nehmen Sie in Einzelarbeit eine kursorische Lektüre aller Materialien (M 1 – M 4) vor und entscheiden Sie sich, welche Person Sie vorstellen möchten.

2. Erarbeiten Sie mit einer Partnerin bzw. einem Partner, der sich für die gleiche Person entschieden hat (ggf. auch in einer Kleingruppe), aus dem zugehörigen Material die zentralen Informationen zur Lebens- und Firmengeschichte (z. B. Ausbildung, Familie, Persönlichkeit, Unternehmensgründung und -entwicklung, Vorgehensweise, Führungsstil u. Ä.). Ziehen Sie für eine Ausweitung Ihrer Informationsbasis eine weiterführende Recherche (Internet, Bücher) in Betracht. Arbeitshilfen dazu finden Sie auf den Seiten 472 f. u. 484 f.

3. Entwerfen Sie gemeinsam ein Konzept für die inhaltliche und visuelle Gestaltung Ihres Unternehmerporträts, das Sie im Kurs vorstellen wollen.
   a) Überlegen Sie, welche Form der Präsentation Sie wählen möchten (z. B. Steckbrief/Lebenslauf, Würdigungsschrift der Heimatgemeinde in der Gemeindechronik, kurzer Festschriftbeitrag oder Zeitungsartikel aus Anlass eines Firmenjubiläums).
   b) Legen Sie fest, welche medialen Visualisierungen Sie begleitend einsetzen wollen, um Ihre Ausführungen zu veranschaulichen.

Alternativer Projektvorschlag:
Das Thema Unternehmer könnte auch Anlass zu lokal- oder regionalgeschichtlicher Spurensuche sein. Falls Sie lieber eine andere Person vorstellen möchten, können Sie nach dem gleichen Verfahren eigenständig recherchieren und Porträts weiterer erfolgreicher Unternehmerpersönlichkeiten aus dem Südwesten (z. B. Bosch, Junghans, Kessler, Kienzle, Märklin, Steiff, Zeppelin) erstellen und präsentieren.

MATERIALIEN

M 1 Matthias Hohner (1833 – 1902), Begründer der Harmonikafabrik Hohner in Trossingen

Hohner begann 1857 in seinem Wohnhaus mit der Herstellung von Mundharmonikas. 1860 waren bei Hohner etwa 50 Personen beschäftigt, um 1900 etwa 1000, um 1939 knapp 5000. Der Löwenanteil der Produktion wurde 1910 exportiert (ca. 43 % in die USA), der Weltmarktanteil lag bei 81 %.

Der junge […] Uhrmacher Matthias Hohner gründete Familie und Betrieb fast gleichzeitig. Seine ersten Arbeitskräfte, die ihm bei der Produktion von Mundharmonikas zur Hand gingen, waren seine Frau, der Bruder, andere Verwandte und bald schon die älteren der insgesamt dreizehn Kinder.

Da die meisten Bewohner der zwischen Schwarzwald und Schwäbischer Alb liegenden Kleinstadt Trossingen dem neuen Gewerbe misstrauten, gelang es Hohner nicht, am Ort weitere Arbeiter zu finden. Daher warb er Jugendliche aus den verarmten Dörfern des Umlandes an, die bis zum 20. Lebensjahr in seinem Haus wohnten, bevor sie in ihre Heimat zurückkehrten, um dort Heimarbeit für ihn zu leisten. Das gemeinsame Wohnen unter einem Dach, das im Alltag fast gleichberechtigte Nebeneinander von Hohners Kindern, „Lehrlingen" und „Gesellen", wie er die jugendlichen Arbeiter in Anlehnung an die handwerkliche Familienwirtschaft nannte, sowie die Doppelrolle Hohners als „Meister" und „Vater" verliehen dem Paternalismus[1] Authentizität[2]. Alle Hausbewohner verrichteten ungefähr die gleichen Arbeiten. Weder im Produktionsprozess noch im Lebenszuschnitt bestand ein großer Unterschied. Man stammte aus der gleichen Region, sprach denselben Dialekt und teilte vorerst noch das Lebensziel, die Rückkehr zur vollbäuerlichen Existenz. Dazu kam anfangs der soziale Druck der Umgebung, denn als „Fabrikler" fielen Hohner und seine Arbeiter gemeinsam unter den Bannstrahl der Trossinger Bauern und Handwerker.

Auch waren die psychosozialen Zumutungen der Arbeit trotz ihrer physischen Mühen noch vergleichsweise gering. „Die Arbeit ist damals um vieles beschwerlicher gewesen, aber im Ganzen ist es doch viel gemütlicher hergegangen, bis sich der Betrieb in den späten 80er- und frühen 90er-Jahren so rapide vergrößert hat", erinnerte sich ein ehemaliger Hohner-Arbeiter. Noch gab es keine strikte Trennung von Erwerbs- und Privatleben, standen Arbeit und Geselligkeit nebeneinander, durfte während der Arbeitszeit gesprochen, gegessen und getrunken werden. Über den Wochenrhythmus der 1870er-Jahre berichtete ein anderer Augenzeuge: „Des Samstags war […] früher Feierabend. Immerhin ging es aber bis 10 Uhr. Der Meister wusste aber gute Arbeit auch zu schätzen. Er stiftete uns deshalb des Samstags regelmäßig ein Fass Bier." Die Woche endete nicht nur mit der Lohnzahlung, sondern auch mit einem kleinen gemeinsamen Fest von Arbeitern und „Meister". Hinzu kam eine große Zahl unregelmäßiger Unterbrechungen aus besonderen Anlässen. „Wenn an einem Tage größere Sendungen die Fabrik verlassen hatten, war er (Hohner) besonders umgänglich. Er ließ ein Fässchen Bier anschlagen. […] Die Töchter […] umsorgten die Ofenrunde. Zum Bier gab es einen Schnaps und ein Stück kräftigen Hausbrotes. Manchmal, aber nicht immer, gab es auch etwas Speck. Der Meister unterhielt sich mit seinen Gesellen in seiner offenen, leutseligen Art, fragte nach diesem oder jenem, nach der Frau, den Kindern, dem Stand der Feldfrüchte und dem Vieh." Die Arbeit war noch kein monotoner, ewig gleichförmiger Prozess, sondern wurde beim Empfang oder Versand eines größeren Auftrages, bei Richtfesten der unzähligen Anbauten, bei der Geburt eines Kindes und vielen anderen Anlässen immer wieder unterbrochen. „Geschlachtet wurde in regelmäßigen Abständen. Die Arbeiter wurden immer zur Metzelsuppe eingeladen, bei der jeder nach Herzenslust essen und trinken durfte."

(Hartmut Berghoff, Unternehmenskultur und Herrschaftstechnik – Industrieller Paternalismus: Hohner von 1857 bis 1918; in: GG 23/1997, S. 180 f.)

---

1 Unter Paternalismus versteht Berghoff eine Unternehmenskultur, in der das Modell der Familie auf die Arbeitsbeziehungen und die Unternehmensführung übertragen wird. Der Familienvater ist dabei auch eine Symbolfigur für das Unternehmen.

2 Authentizität meint hier Stimmigkeit, Glaubwürdigkeit.

M 2 Daniel Straub (1815–1889), Gründer der Württembergischen Metallwarenfabrik (WMF) in Geislingen und Stuttgart

Straub wurde als Sohn eines Müllers in Geislingen geboren und lernte zunächst das Müllerhandwerk bei seinem Vater. Nachdem er von seinem Schwiegervater dessen Mühle geerbt hatte, entschloss er sich, ein neues, anderes Unternehmen zu gründen. WMF produziert seit 1853 Haushalts- und Hotelwaren aus Glas und Metall, unter anderem Essbestecke.

Im Oktober 1852 erhielt Straub vom Gemeinderat die Genehmigung, in dem ihm gehörigen Ökonomiegebäude bei der Lenz'schen Ölmühle ein Kupferwalzwerk einzurichten. In ihm wurden zunächst aus Kupferblech Kaffee- und Teekoch-Apparate hergestellt […]. Im Jahr darauf (1853) gründete Straub zusammen mit den Gebrüdern Friedrich und Louis Schweizer, gelernten Metalldruckern, die Firma „Metallwarenfabrik Straub und Schweizer, Geislingen", die im Volksmund bald den Namen „Plaquéfabrik" bekam, weil von Anfang an auch silberplattierte sog. Plaquéwaren hergestellt wurden. Damit war der Grund gelegt zur heutigen „Württembergischen Metallwarenfabrik Geislingen" (WMF).

Das neue Unternehmen blühte rasch auf, sodass der „Alb- und Filstalbote" am 29. Dezember 1853

rühmend über Straub vermerkte, dass „dessen auf die ökonomischen und kommerziellen Verhältnisse unseres Städtchens wohltätig einwirkender, lobenswerter Unternehmungsgeist längst erkannt und anerkannt" sei. Am 19. August 1854 besuchte Finanzminister Knapp in Begleitung von Handelsminister Heis und Gewerbegerichtspräsident von Diergardt aus Berlin die beiden Betriebe Straubs; die Herren äußerten sich in höchstem Maße anerkennend „sowohl über Zweckmäßigkeit und Solidität der Einrichtung als auch die gelungenen modernen Fabrikate". Die Fülle der Aufträge machte bei beiden Werken Erweiterungsbauten notwendig.
Unermüdlich war Straub auf die Verbesserung der Arbeitsmethoden und die Steigerung der Güte seiner Erzeugnisse bedacht. Der Qualitätsgedanke war von Anfang an der leitende Gesichtspunkt Straubs und blieb es auch in seinem Werk. Auch kam es der Plaquéfabrik sehr zustatten, dass sie sich von Anfang an auf einen Stamm von kunstgewerblich geübten Arbeitern aus dem seit Jahrhunderten immer mehr zurückgehenden Bein- und Elfenbeingewerbe Geislingens stützen konnte. […]
Der Krieg von 1870/71 hielt den Aufschwung der beiden Firmen nicht auf und der schon seit dem Ende der 1850er-Jahre wachsende und nach dem Krieg sich rasch verbreitende Wohlstand wirkte weiterhin günstig. So konnte der unternehmungslustige Müllerfabrikant auch auswärtige Betriebe seinen Geislinger Unternehmen angliedern; dazu gaben namentlich seine starken geschäftlichen Beziehungen zu Bayern Veranlassung. Es handelte sich dabei um die Holzstoff-Fabrik in Olching bei München, das Sägewerk mit Bretterhandlung und die Mahlmühle mit Mehlhandlung in Weichs und Miesbach (Landgericht Dachau) sowie die Bierbrauerei von Kloster Indersdorf mit den dazugehörenden Klostergütern (ebenfalls Landgericht Dachau). Zusammen mit seinem Bruder Lukas war Daniel Straub auch Eigentümer der Pfannenfabrik und des Hammerwerks Schwabbruck (Landgericht Schongau). Die Verwaltung all dieser Betriebe hatte ihren Sitz in Geislingen. Es gehörte schon ein reiches Maß von Organisationsgabe dazu, alle diese Unternehmen aus der Ferne zu leiten. Sie bereiteten ihrem Besitzer auch nicht immer Freude, weil die geringe Zuverlässigkeit und Arbeitswilligkeit der dortigen Angestellten oft Anlass zu vielen Geschäftsreisen und längerer Abwesenheit gaben. Trotzdem verlor Straub den Überblick nicht und hatte stets ein aufmerksames Auge selbst für Kleinigkeiten. Als er einmal auf einer Geschäftsreise in Wien war, um dort nach neuen Mustern zu suchen, schrieb er seiner Frau nach Geislingen, er habe beim Weggehen zum Bahnhof bemerkt, dass auf dem Dach der Fabrik zwei Dachplatten fehlten; sie sollten sogleich ersetzt werden. Ein andermal schrieb er nach Hause, sein Sohn Heinrich solle um halb fünf Uhr morgens aufstehen und durch den Betrieb laufen, reden brauche er dabei nichts.
Im persönlichen Verkehr war Daniel Straub gegenüber seiner Belegschaft human, leutselig und hilfsbereit. Auf handwerkliche Qualität hielt er viel. Alte Arbeitsveteranen stellten ihm das beste Zeugnis aus und schilderten ihn als gelegentlich treffenden Humoristen. Gründlichkeit und Anspruchslosigkeit waren weitere Züge seiner Persönlichkeit.

(Karlheinz Bauer, Geschichte der Stadt Geislingen, Bd. 2, Geislingen o. J., S. 276 f.)

M 3 Gottlieb Daimler (1834–1900), bekannt durch die Entwicklung von Verbrennungsmotoren und Fahrzeugen

Der Tüftler im Glashaus

Stuttgart-Bad Cannstatt, Taubenheimstraße. Ruhig ist es hier, der Autolärm hält sich in Grenzen. Kein Gedanke an das Gewirr von mehrspurigen Asphaltbahnen, Tunneln, Brücken, hässlichen Auf- und Abfahrten, das in der Stuttgarter City herrscht. Hohe Bäume säumen die kleine Straße, rechts und links stehen alte Villen mit schönen Gärten: bieder-bürgerliche Behaglichkeit, schwäbische Kurstadtatmosphäre.
Im Jahr 1882 ist es in der 20 000 Einwohner zählenden Oberamtsstadt Bad Cannstatt noch beschaulicher. Umso mehr fällt der merkwürdige Lärm auf, der aus einem Gewächshaus im Garten der Villa Taubenheimstraße 13 dringt. Ein gewisser Gottlieb Daimler (1834 bis 1900), vermögender Privatier, zuletzt leitender Ingenieur in Köln, hat Villa und Gewächshaus von einem Stuttgarter Kaufmann erworben, um sich, wie es heißt, in der vornehmsten Gegend Cannstatts zur Ruhe zu setzen und seiner angeschlagenen Gesundheit in den nahen Heilquellen aufzuhelfen. Jetzt hockt er, zusammen mit seinem Freund Wilhelm Maybach, Tag und Nacht in dem mit Vorhängen abgedunkelten Gartenhaus. Eigenartiges Hämmern und metallisches Scheppern dringt dort heraus. Daimlers Gärtner macht der Polizei Mitteilung von dem sinistren [undurchsichtigen] Treiben. Vielleicht handele es sich bei dem Treibhaus um eine Falschmünzerwerkstatt? Ein Nachschlüssel wird angefertigt, eine polizeiliche Razzia in Abwesenheit Daimlers und Maybachs anberaumt. Doch als ein Polizeiwachtmeister die Tür zum Daimlerschen Gewächshaus öffnet, entdeckt er darin nur allerlei Maschinenteile und

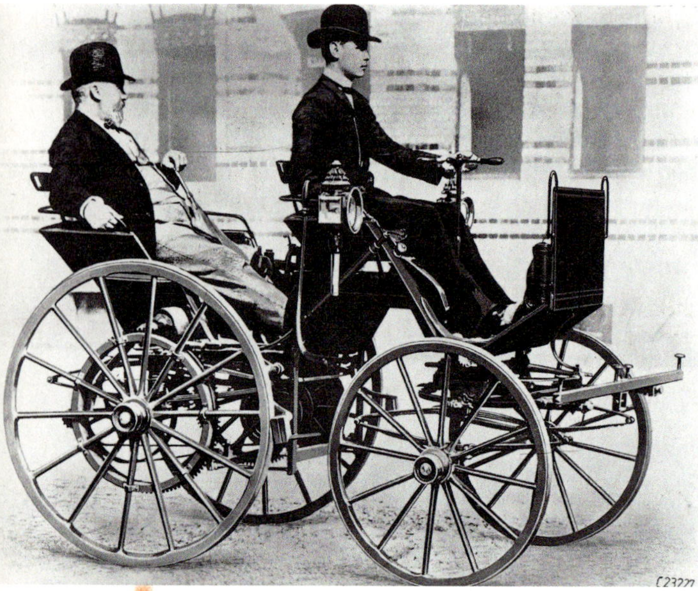

Daimlers erstes „Automobil“: die Motorkutsche (gebaut 1886). Gottlieb Daimler im Fond, chauffiert von seinem Sohn.

Räder – nichts, was auf eine Falschmünzerei hinweist. Die Sache ist erledigt, Daimler „rehabilitiert“.

Was die angebliche Falschmünzerei in Wirklichkeit ist, stellt sich erst heraus, als ein merkwürdiges Gefährt durch die Cannstatter Straßen knattert. 1885 absolviert Daimlers Sohn Paul eine Testfahrt mit dem hölzernen „Reitwagen“, dem ersten Motorfahrzeug der Welt. Angetrieben wird der primitive Vorläufer des Motorrades vom ersten kleinen und schnell laufenden Benzinmotor, der je konstruiert worden war. Das ist es also, was Daimler und Maybach in dem Gartenhaus, heute eine viel besuchte Gottlieb-Daimler-Gedächtnisstätte, getrieben haben. Sie haben der Vision allgemeiner Motorisierung erstmals ein Gesicht gegeben – einer Vision von schienenungebundener Mobilität, die den Menschen endlich und endgültig unabhängig machen soll von menschlicher und tierischer Muskelkraft, die bis dato die Grenzen des humanen Bewegungsdrangs zu Lande definiert hatte. Das Vehikel dazu sollte der kleine „Schnellläufer“ werden, eine geniale Schöpfung, mit der Daimler und Maybach das Zeitalter des Automobils einläuteten und nicht nur Technik-, sondern auch Menschheitsgeschichte schrieben. Zugleich waren die heimlichen Experimente im Gewächshaus ein Wendepunkt in der Karriere Gottlieb Daimlers, der im fortgeschrittenen Alter aus einer sicher geglaubten Stellung in die Selbstständigkeit hinausgestoßen wurde und die gebotene Chance ergriff. […]

Als Daimler nach Cannstatt zieht, ist er bereits ein arrivierter Mann. Er hat eine für die damalige Zeit beeindruckende, internationale Karriere absolviert. Der Bäckerssohn aus dem schwäbischen Schorndorf hat sich nach seiner Büchsenmacherlehre und dem Besuch des renommierten Polytechnikums in Stuttgart mit landestypischem Fleiß und Ehrgeiz emporgearbeitet. Längeren Aufenthalten in Frankreich und England folgt eine Art gründerzeitliches Job-Hopping: Tätigkeiten in der Unternehmung des Vaters seines Freundes Heinrich Straub, der späteren Württembergischen Metallwarenfabrik (WMF), und bei der Maschinenfabrik zum Bruderhaus in Reutlingen, wo er Maybach kennenlernt, der ihn fortan auf allen Wegen als treuer Adlatus und kongenialer Konstrukteur begleiten wird. Nach einer weiteren Anstellung bei der Maschinenbau-Gesellschaft Karlsruhe gelingt Daimler ein entscheidender Karrieresprung. Er wechselt 1887 zur renommierten Gasmotorenfabrik Deutz in Köln, dem damals weltgrößten Hersteller stationärer Gasmotoren. Dort trifft er auf Nicolaus August Otto, den Erfinder des „atmosphärischen Gasmotors“ sowie des heute noch gebräuchlichen Viertaktmotors. Daimlers Aufgabe ist es, für eine effektive industrielle Fertigung der schweren, mit Leuchtgas betriebenen Maschinen zu sorgen, die längst in Konkurrenz zur Dampfmaschine getreten sind.

Mit Maybach als Leiter der Konstruktionsabteilung an seiner Seite organisiert Daimler die Produktion mit schwäbischer Gründlichkeit. Früher als Otto erkennen die beiden Männer das enorme Potenzial des Viertakters. Vielleicht wäre Daimlers Karriere mit der auskömmlichen Stellung am Rhein ausgelaufen, wenn Daimler und Otto besser miteinander gekonnt hätten. Doch die Chemie zwischen den beiden Motor-Pionieren, zwischen denen der Unternehmer Eugen Langen erfolglos zu vermitteln versuchte, stimmt nicht. In Daimlers Augen ist Otto, gelernter Kaufmann, ein „Dilettant“ auf dem Felde des Maschinenbaus, auch wenn ihm in seinem Labor, das Daimler verächtlich „Murksbude“ nennt, bahnbrechende Erfindungen gelingen. Otto sieht in der Erfindung das Wesentliche, Daimler dagegen im Ergebnis. „Nicht aber Idee, gute Ausführung ist Hauptmoment“, notiert Daimler etwas hochmütig in sein Tagebuch. Das Hickhack in Deutz spitzt sich weiter zu und Daimler bekommt den Laufpass. 1882, nach einem letzten Versuch, die Wogen zu glätten, verlässt Daimler das Unternehmen mit einer Abfindung. Maybach folgt ihm in die Selbstständigkeit.

Die Zeit im Cannstatter Glashaus, dem Nukleus [Kern, Ausgangspunkt] der weltweiten Motorisierung, ist vielleicht die beste in Gottlieb Daimlers Berufsleben. Zwar muss die Entwicklung des „Schnellläufers“ unter konspirativen Bedingungen verlaufen, weil Daimler durch eine Konkurrenzklausel in seinem Abfindungsvertrag und patentrechtliche Hindernisse an einer offenen Arbeit gehindert wird. Aber der schwäbische Tüftler ist ganz in seinem Element – niemand pfuscht ihm ins Handwerk. [...]

Die erste Maschine revolutioniert den Motorenbau, macht in rascher Folge weitere Erfindungen möglich: Nach dem hölzernen Motorrad folgen 1886 das Motorboot und die Motorkutsche, im gleichen Jahr übrigens, in dem Karl Benz seinen „Patent-Motorwagen“ auf die Straße bringt, angetrieben von einem Zweitakter. Beide arbeiteten unabhängig voneinander an ihren revolutionären Projekten, haben sich wahrscheinlich nie persönlich gesprochen. Erst 1926, lange nach Daimlers Tod, werden die süddeutschen Pionierwerke zusammenfinden, wenn die Daimler-Motoren-Gesellschaft sowie Benz & Cie. in einer Gesellschaft aufgehen: der Daimler-Benz AG.

(Georg Etscheit, in: Die Zeit, 1.4.2004)

M 4 Carl Benz (1844–1929), Erfinder und Automobilpionier

Am 25. November 1844 wurde Carl Benz in Mühlburg, einem heutigen Stadtteil Karlsruhes, geboren. Sein Vater, der als Lokomotivführer bei der Badischen Eisenbahn beschäftigt war, starb bald nach der Geburt. Der Mutter gelang es nur unter großen Anstrengungen (kleine Witwenrente, Nähtätigkeiten, Zimmervermietung), ihrem einzigen Sohn eine sehr gute Schulausbildung und den Besuch der Polytechnischen Hochschule in Karlsruhe zu ermöglichen.

Mit Begeisterung führte er bereits als Schüler physikalische und chemische Experimente durch. Das vierjährige Studium in Karlsruhe nutzte er nicht nur zum Erwerb theoretischen Wissens, sondern auch zu dessen Umsetzung in der Praxis. Nach dem Studium arbeitete der 20-Jährige zwei Jahre lang als einfacher Arbeiter bei der Karlsruher Maschinenbau-Gesellschaft, um sich weitere praktische Kenntnisse und Fertigkeiten anzueignen.

1866 erfolgte der Umzug von Mutter und Sohn nach Mannheim, wo Carl Benz wiederum zwei Jahre lang als Konstrukteur bei einem Maschinenbauer arbeitete, um im Jahr 1868 nach Pforzheim zum Dampfmaschinen- und Brückenbauer Benckiser zu wechseln. Im Jahr darauf traf er mit Bertha Ringer zusammen, die ihm nach dem Tod seiner Mutter im Jahr 1870 größte Stütze war. Am 20. Juli 1872 heirateten Bertha Ringer und Carl Benz in Pforzheim, begannen ihr gemeinsames Leben aber in Mannheim, wo sich Carl Benz mit dem Mechaniker August Ritter zusammen selbstständig gemacht hatte und eine „mechanische Werkstätte“ betrieb, deren alleiniger Inhaber Carl Benz im Jahr 1873 wurde.

1876 stand der Betrieb des zweifachen Familienvaters wegen massiver Geldprobleme vor dem Ruin. Carl Benz startete jedoch unverdrossen sein nächstes Unternehmen, die Produktion von Zweitakt-Gasmotoren. Auch dieses Projekt hatte zunächst nicht den erhofften wirtschaftlichen Erfolg. Aber Benz hatte Glück. Er fand neue Geldgeber, die an sein Entwickler-Talent glaubten, und konnte 1883 die Firma Benz & Cie Rheinische Gasmotorenfabrik gründen. Die Serienproduktion von Gasmotoren lief an. Parallel hierzu beschäftigte sich Carl Benz mit der Idee, einen „pferdelosen Wagen“ zu konstruieren. Er entwickelte dieses Modell und erhielt am 29. Januar 1886 das Reichspatent für den ersten Wagen mit Verbrennungsmotor als Selbstfahrer.

Ein Jahr später wurde der dreirädrige Patent-Motorwagen in Paris auf einer Ausstellung präsentiert, brachte aber kaum Resonanz ein. Die zündende Marketing-Idee hatte Benz’ Frau Bertha. Sie setzte sich ans Steuer des eigenartigen Fahrzeugs und fuhr im August 1888 mit ihren beiden Söhnen Eugen und Richard innerhalb eines Tages von Mannheim nach Pforzheim. Von nun an entwickelte sich der pferdelosen Wagen prächtig. Die Kraft- und Maschinenausstellung in München bescherte dem „Selbstfahrer“ die höchste Auszeichnung der Schau, die Große Medaille. Erste Verkaufserfolge stellten sich ein. [...] Viele Weiterentwicklungen machten das Fahrzeug immer leistungsfähiger und variabler. Vierrädrige Motorkutschen unterschiedlicher Größe und Leistung entstanden und brachten steigende Umsatzzahlen mit sich, die mit 603 verkauften Wagen im Jahr 1900 ihren vorläufigen Höhepunkt fanden.

Mittlerweile war dem badischen Autobauer mit Gottlieb Daimler ein Konkurrent erwachsen, dessen Automodelle moderner als die Benz-Produkte waren. Bei Wettfahrten unterlagen seine Modelle denen des schwäbischen Autobauers häufig. Im Jahre 1926, kurz vor seinem Tode, kam es zur Fusion der Daimler Motorengesellschaft und der Mannheimer Firma Benz & Cie.

(Zusammengestellt nach: Winfried A. Seidel, Carl Benz – Eine badische Geschichte. Die Vision vom „pferdelosen Wagen“ verändert die Welt, Edition Diesbach 2005)

Arbeiterleben

Die Geschichte der Industrialisierung ist auch die Geschichte der einfachen Leute, der Industriearbeiter und -arbeiterinnen. Leider gibt es kaum geschlossene Überlieferungen aus diesem Milieu. Authentische Bilder oder Schriftstücke sind vergleichsweise selten; der Alltag wurde als so durchschnittlich empfunden, dass sich ein Aufbewahren nicht zu lohnen schien. Die meisten erhaltenen Autobiographien stammen von späteren Arbeiterführern. Sie sind kaum repräsentativ für die große Masse. Oft jedoch wird erst am Einzelschicksal die konkrete Not und Mühsal des Alltags deutlich. Die Sozialgeschichte bemüht sich deshalb, den Spuren der einfachen Leute nachzugehen und auf dieser Grundlage Erkenntnisse zu gewinnen, die für die Gesamtheit der Industriearbeiterschaft gelten (etwa Durchschnittswerte über die Lebenserwartung oder die Einkommenshöhe).

- **Wie lebten Arbeiter und ihre Familien um 1900?**

Gestalten Sie eine visualisierte Stafettenpräsentation, in deren Verlauf Sie sukzessive auf einer Plakatwand eine kleine, anschauliche Dokumentation des Arbeiterlebens entstehen lassen.

Vorschläge, wie Sie die Arbeitsprozesse arbeitsteilig organisieren und die Materialien gezielt untersuchen und auswerten können:

Entscheiden Sie sich für einen der thematischen Schwerpunkte und wählen Sie eine Sozialform, die Ihnen zur Bearbeitung geeignet erscheint; setzen Sie sich entsprechend zusammen (Einzel-, Partner-, Kleingruppenarbeit).

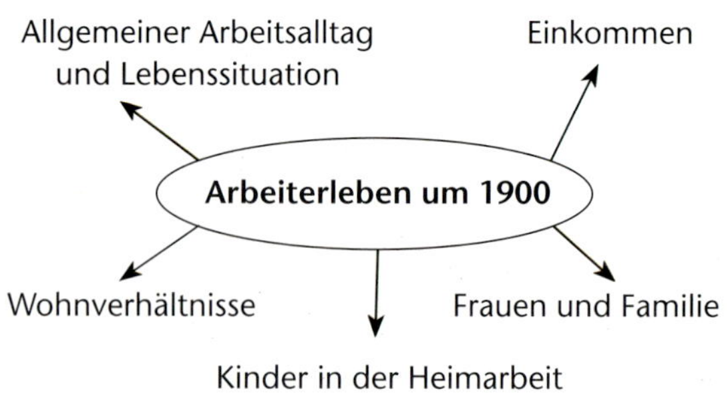

1. Allgemeiner Arbeitsalltag und Lebenssituation
a) Charakterisieren Sie anhand der Materialien M1 und M2 die Arbeits- und Lebenssituation Johann Fiesenigs.
b) Beurteilen Sie aus Ihrer persönlichen Sicht, ob Rupperts Einschätzung vom „alltäglichen Kampf" angemessen ist.

2. Wohnverhältnisse
Stellen Sie ausgehend von einer Analyse des Textauszugs M3 und der Interpretation der Bildmaterialien M4 und M5 die typischen Wohnverhältnisse eines Arbeiterhaushaltes zusammenfassend anschaulich dar.

3. Einkommen
Erläutern Sie die Einkommenssituation von Arbeitern, indem Sie
a) die Statistik M6 unter der Leitfrage „Wie hat sich die Einkommenssituation in der Maschinenfabrik Esslingen entwickelt?" analysieren;
b) am Beispiel der Eintragungen im Haushaltsbuch des J. Fiesenig (M1) den Einkommensalltag eines Arbeiters beschreiben und beurteilen.

4. Frauen und Familie
Charaktersieren Sie die Arbeits- und Lebenssituation der Arbeiterinnen auf der Grundlage der Berichte M7 und M8. Beachten Sie auch das Plakat M14.

5. Kinder in der Heimarbeit
Stellen Sie Umfang und Ausmaß der Kinderarbeit zur Zeit der Hochindustrialisierung dar, indem Sie
a) das statistische Material (M10, M11), die Bildquellen (M12, M13, M14) und die Textquellen (M9, M15) auswerten (s. methodische Empfehlungen S. 181, S. 508 und S. 503f.);
b) die Lebenssituation der Kinder zusammenfassend beurteilen.

➧ Präsentations- und Vortragstipps:
- Überlegen und entscheiden Sie gemeinsam, wie Sie Ihre Visualisierung der Arbeitsergebnisse auf dem Lernplakat strukturiert gestalten wollen.
- Integrieren Sie in Ihre Präsentation die Erläuterungen geeigneter Bildquellen.
- Treffen Sie Absprachen, wie Sie sich bei der Präsentation Ihres Themabereiches abwechseln wollen.

MATERIALIEN

M 1 Das Haushaltsbuch des Metallarbeiters Johann Fiesenig (1890)

Im vorliegenden Text wertet der Sozialhistoriker Wolfgang Ruppert das Haushaltsbuch aus. Fiesenig arbeitete jahrzehntelang in der Nürnberger Maschinenfabrik Haas, die von drei Brüdern geleitet wurde.

Der Arbeiter Johann Fiesenig begann 1890 ein Ausgabenbuch zu führen, in dem er seine Wochenlöhne und Ausgaben verzeichnete, aber auch die Schwankungen festhielt. Dieses Buch zeigt in erschütternder Klarheit seinen alltäglichen Kampf. Eine Seite darin enthält folgende Angaben, die beispielhaft die Grenzen und bestimmenden Faktoren seiner Existenz beschreiben:

Der Lohnzettel vom 22. April 1892 verzeichnet bei 6 Arbeitstagen mit 60 Arbeitsstunden einen Wochenlohn von	13 Mark 20Pf
Dies entspricht einem Tageslohn von 2 M 20 Pf.	
Für „17–18 Überstunden, mit Sonntag, 6 Std. à 20 Pf“	3 Mark 40 Pf
und „noch 25 Prozent dazugerechnet“	80 Pf
	17 Mark 40 Pf
„Wenn die II. Bank gelaufen“, in dieser Woche „41 Std. für Stunde 6 Pf macht“	1 Mark 70 Pf
Wochenlohn mit Zuschlägen aus Überstunden und Mehrarbeit	19 Mark 10 Pf
Davon gingen weg für „Altersrente“	12 Pf
für „Gemeinde Kassa“	18 Pf
„Bleibt für die Woche“	18 Mark 80 Pf
Davon bestritt er folgende Ausgaben:	
Für wöchentlich „weiß Brod“	91 Pf
Für wöchentlich „schwarz Brod“	84 Pf
Für „Doktors und Apotheken Kassa“	25 Pf
Für „Wöhrder Krankenkassa“	26 Pf
Für $^1/_2$ Pfund Kaffee	50 Pf
Für 1 $^1/_2$ Pfund Zucker	36 Pf
Für „Wochen Kaffe Milch“	80 Pf
Für 2 „Litter Erdöhl“	56 Pf
Für 10 Stück Eier „für Mich“	60 Pf
Für „Cichorie = Kaffeerüben“	25 Pf
Für Allerlei, Salz, Pfeffer	25 Pf
„Das sind die wöchentlichen Ausgaben – für Alle Wochen“	*6 Mark*
Für „Hauszins“	3 Mark 50 Pf
„noch Krankenkassageld“	1 Mark 50 Pf
„zu Kost, oder Fleisch, Volksküche“	3 Mark
für Holz, Kohlen	1 Mark
„zu Rathenzahlung“	2 Mark
„Ersparniß“	1 Mark 50 Pf
„zu Tabak, Weil ich Rauchte“	30 Pf
So sind die ausgegeben worden.	18 Mark 80 Pf

Fiesenig arbeitete von früh $^1/_2$ 6 Uhr bis abends $^1/_2$ 8 Uhr in der Fabrik. Danach ging er noch zwei bis drei Stunden zu Brauereibesitzer Strobel in Wöhrd zum „Stiefelputzen“.
Diese Aufzeichnungen spiegeln zweifellos den Lebensrhythmus eines großen Teils der Arbeiterschaft wider. Nach Arbeitszeiten von 10 bis 11 Stunden um 1900 waren viele gezwungen, einer Nebentätigkeit nachzugehen. Ihr Lohn aus der Haupttätigkeit reichte selbst mit Überstunden nicht aus, um eine Familie zu ernähren.
Der Arbeiter Fiesenig kam nur hin, wenn er über die Wochenarbeitszeit von 60 Stunden hinaus weitere Überstunden und Sonntagsarbeit machen konnte und darüber hinaus noch zusätzliche Mehrarbeit an einer zweiten Drehbank an seinem Arbeitsplatz leistete. Um jedoch die Unwägbarkeiten der ihm in der Fabrik angebotenen, je nach Auftragslage unterschiedlich hohen Zahl von Arbeitsstunden ausgleichen zu können, war er auf sein „Erspartes“ angewiesen. Die Unterstützung, die er im Krankheitsfall beziehen konnte, lag unter dem Minimum an täglichen Kosten, auf die er sich einschränken konnte. Er musste dann „zusetzen“. Sein „Erspartes“ war seine Sicherheit, Mittel der existenziellen Vorsorge.
Dass Fiesenig sehr gelitten hat unter diesem ständigen Ringen um das Notwendigste, geht aus den Aufzeichnungen sehr klar hervor. Als er 1907 siebzig Jahre alt wurde, sagte er den Fabrikbesitzern Haas, die ihm zum Geburtstag gratulierten, als Antwort: „Wenn ich einer ruhigeren Zukunft entgegensehen dürfte, als dass ich so angestrengt fortarbeiten muss als bisher. Ich wollte gerne bei Ihnen bleiben, bis ich gar nicht mehr kann, wenn ich wüsste, dass ich von Ihrer Güte nun eine kleine Unterstützung empfangen werde – nach Verfluss von 37-jähriger Arbeitszeit, wo ich treu und redlich zugebracht habe.“ Diese Bitte um eine betriebliche Altersunterstützung nach siebenunddreißigjähriger Arbeit für seine „Prinzipale“ blieb unbeantwortet: „Habe aber keine Antwort darüber erhalten von Seit der 3 Prinzipale, auch keine Pfennig Geld“. So steht es im Haushaltsbuch.

(Wolfgang Ruppert, Arbeiterschaft 1880–1912; in: Ders. (Hg.), Lebensgeschichten, Opladen (Leske + Budrich) 1980, S. 68 ff.)

M 2 Johann Fiesenig

M 3 Wohnverhältnisse der Arbeiter

In den Jahren zwischen 1871 und 1910 stieg die Bevölkerung des Deutschen Reiches von 41 auf 65 Mio.; ein zunehmend großer Anteil davon lebte in Städten. Wohnten 1871 erst 4,8 % der Bevölkerung in Orten mit über 100 000 Einwohnern, so waren es 1910 bereits 21,3 % – ein Anstieg, der vor allem durch die Land-Stadt-Wanderung zu erklären ist, die zur Herausbildung riesenhafter städtischer Ballungsgebiete führte, unter denen Berlin sowie das Ruhrgebiet die herausragenden Beispiele sind. Immer wieder genannt wird Hamborn, heute ein Stadtteil von Duisburg; hier explodierte die Bevölkerungszahl von 4260 im Jahre 1890 auf mehr als 100 000 zwanzig Jahre später. Es ist offensichtlich, dass dieses Bevölkerungswachstum zahlreiche Probleme aufwarf, vor allem aber die Frage, wie all die zusätzlichen Einwohner untergebracht werden könnten. Alleinstehende Arbeiter, die besonders mobil waren, konnten sich keine eigene Wohnung leisten. Sie wohnten bei ihren Eltern, konnten evtl. bei ihrem Meister oder Arbeitgeber unterkommen oder mussten eine Bleibe bei fremden Familien suchen und als Untermieter oder sog. Schlaf- bzw. Kostgänger wohnen. In einem Zuwanderungsgebiet wie dem Ruhrgebiet lebten von den 400 000 Bergleuten des Jahres 1914 etwa 20 % als Schlafgänger und es lässt sich schätzen, dass im Kaiserreich mehr als $^1/_3$ aller Arbeiterhaushalte zumindest vorübergehend Schlafgänger beherbergte.

Die Aufnahme von Fremden hat den ohnehin knapp bemessenen Wohnraum von Arbeitern noch weiter vermindert. Umfassende Statistiken, die eine genaue Erfassung der Wohnungsgrößen erlauben, liegen nicht vor. Es gibt jedoch einzelne Erhebungen, die Anhaltspunkte bieten, wie z. B. eine Münchener Statistik aus dem Jahre 1895. Ihr zufolge mussten sich nahezu $^2/_3$ der ungelernten Arbeiter bzw. deren Familien, d. h. 7000 Haushaltungen, mit einer Einzimmerwohnung (plus Küche) zufrieden geben und 2800 von ihnen verfügten tatsächlich nur über einen einzigen nutzbaren Raum.

(Franz-Josef Brüggemeier, „Trautes Heim – Glück allein?“; in: Wolfgang Ruppert (Hg.), Die Arbeiter, München (Beck) 1989, S. 117 ff.)

M 4 Blick in eine Arbeiterwohnung in Berlin-Weißensee (1907)

M 5 Großstädtische Mietskaserne (um 1900) und typischer Grundriss einer Etage

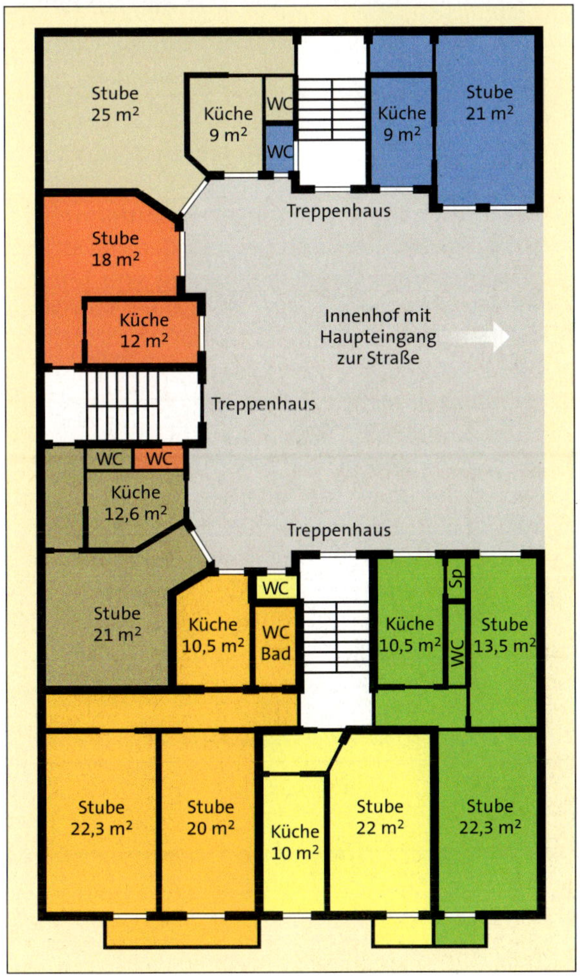

M 6 Durchschnittslöhne und -gehälter der Maschinenfabrik Esslingen (Index 1848 = 100)

Arbeiter	1848	1860	1870	1880	1890	1900	1912
Absolute Beträge in Mark	476	701	805	604	649	677	1251
Nominallöhne	100	148	169	127	136	142	263
Reallöhne	100	o. A.	o. A.	o. A.	130	o. A.	175
Angestellte	**1848**	**1860**	**1870**	**1880**	**1890**	**1900**	**1913**
Absolute Beträge in Mark	2267	1845	1871	2416	2515	2994	3753
Nominallöhne	100	81	83	107	111	132	166
Reallöhne	100	o. A.	o. A.	o. A.	80	o. A.	98

(Nach: Wolfram Fischer, Sozialgeschichtliches Arbeitsbuch, Bd. 1, München (Beck) 1982, S. 149 f.; ergänzt um eigene Berechnungen)

Hinweise: Die Daten fassen die unterschiedlichen Männer-, Frauen- und Kinderlöhne anhand der Lohnbücher zusammen. Die Einkommen für die Angestellten schwankten sehr stark, oft auch innerhalb weniger Monate. Die Reallöhne lassen sich, wenn überhaupt, für den Raum Esslingen nur grob ermitteln.

M 7 Bericht einer Arbeiterin über ihren Alltag

Meine tägliche Arbeitszeit in Haushalt und Fabrik beträgt 16 bis 18 Stunden. Unsere Familie zählt fünf erwachsene Köpfe im Alter von 15, 17, 19, 42 und 44 Jahren. Frühmorgens 4.30 Uhr ist die Nacht vorbei; dann ist es höchste Zeit, mich anzukleiden, zu waschen und das Frühstück für die anderen zu besorgen und alle zu wecken, denn 5.15 Uhr heißt es nach dem Betrieb gehen, da ich 45 Minuten bestimmt laufen muss. Um 6 Uhr beginnt die Arbeitszeit im Betrieb. Ich arbeite in einer Tuchfabrik und zwar in der Zwirnerei. Zuspätkommen darf im Betriebe nicht vorkommen. Wir arbeiten in Schichten von 6 bis 14 Uhr und von 14 bis 22 Uhr. Arbeite ich in der Vormittagsschicht, so geht von 14 Uhr die häusliche Arbeit an. Ich muss dann auf dem Wege von der Fabrik bis nach Hause die Einkäufe besorgen, sodass es dann meistens schon 16 Uhr ist, ehe ich im Heim bin. Hier angekommen geht es sofort hurtig weiter. Das Mittagessen ist zu kochen, denn der Ehemann und die Kinder haben auch bald Feierabend. In der Zeit von 18 bis 19 Uhr halten wir unseren Mittagstisch. Nachdem und während der Zeit, wo das Mittagessen kocht, werden andere häusliche Arbeiten verrichtet. Bei der Nachmittagsschicht kommt noch hinzu, dass ich an drei Vormittagen neben der häuslichen Arbeit die Wäsche für die Familie waschen muss. Wir wohnen in einer Siedlung und haben noch zwei Gärten, die erfordern ebenfalls vom Frühjahr bis zum Herbst nicht wenig Arbeit. Von meinem Mann kann ich dabei sehr wenig unterstützt werden. Er verrichtet in einer Hutfabrik schwere Arbeit und ist abends sehr abgespannt.

(Zit. nach: Wolfgang Ruppert (Hg.), Die Arbeiter, München 1989, S. 168 f.)

M 8 Bericht über einen Gerichtsprozess in Berlin (1897)

Auf der Anklagebank vor der zweiten Strafkammer des Landgerichts I befand sich die Zimmermannsehefrau K.D., die durch Fahrlässigkeit den Tod ihres Kindes verschuldet haben sollte. Sie entrollte folgendes trübe Bild aus dem Arbeiterleben: Sie sei Mutter von sechs lebenden Kindern, von denen das älteste 10 Jahre alt sei. Mit ihrem Ehemann und dessen Vater hatten sich neun Personen in die aus Stube und Küche bestehende Wohnung zu teilen. Die beiden Männer mussten schwer arbeiten, nach genossenem Abendbrot pflegten sie sich zur Ruhe zu legen. Aber auch sie sei von früh bis spät mit Arbeit überhäuft, wenn sie ihre Wohnung und ihre sechs Kinder in Ordnung halten wolle.
Am Morgen des 17. Januar sei sie wie gewöhnlich um drei Uhr aufgestanden, die beiden Männer mussten früh zur Arbeit und vorher Kaffee trinken. Sie habe in der Küche Wasser warm gemacht und einen Eimer lauwarmen Wassers in die Stube getragen, da sie ihr acht Wochen altes Kind baden wollte. Sie stellte den Eimer neben sich und setzte sich auf die Bettkante, um dem Kind vorher Nahrung zu geben. Ob sie nun hierbei einen Ohnmachtsanfall gehabt oder ob sie vor Übermüdung eingeschlafen sei, wisse sie nicht. Plötzlich sei sie aufgeschreckt; sie vermisste das Kind, das an ihrer Brust gelegen. Zu ihrem Entsetzen erblickte sie den kleinen Körper, mit dem Kopfe nach unten im Eimer liegen. Das Kind war dem kraftlosen Arme entglitten und in den Eimer gefallen. Es war bewusstlos, als die Mutter es emporzog und zu ihrem Manne ins Bett legte, den sie erst wecken musste. Dann eilte sie zum nächstwohnenden Arzt – er lehnte es ab zu kommen. Ein zweiter Arzt folgte ihrem Ruf, jedoch waren die von ihm angestellten Wiederbelebungsversuche erfolglos. Der Sachverständige begutachtete im Termin, dass das Kind den Erstickungstod erlitten habe. Der Staatsanwalt hielt eine Fahrlässigkeit vorliegend, für die er das zulässig niedrigste Strafmaß – einen Tag Gefängnis – beantragte. Der Gerichtshof sprach die Angeklagte frei. Der Vorsitzende führte aus, dass man es nicht als eine Fahrlässigkeit bezeichnen könne, wenn eine dermaßen mit Arbeit überbürdete Frau wie die Angeklagte sich unter den vorliegenden Umständen vom Schlafe überwältigen ließ.

(Zit. nach: Ernst Hirschberg, Die soziale Lage der arbeitenden Klasse in Berlin, Berlin 1897, S. 23 f.)

M 9 Gesetz zur Abänderung der Gewerbeordnung (1891), Auszüge

Das Gesetz gilt als das zentrale Arbeitsschutzgesetz des Kaiserreiches. Erstmals wurden für das gesamte Gebiet des Kaiserreiches Grundsätze der Kinderarbeit für alle Fabriken (= Produktionsstätten mit mehr als 20 Arbeitern) festgelegt. Die Bestimmungen folgen weitgehend dem Wortlaut des Jugendschutzgesetzes in Preußen von 1856.
Die mit diesem Gesetz getroffenen Regelungen betrafen allerdings nur die Kinderarbeit in Fabriken. Ganz anders sah es in der sogenannten „Heimindustrie" aus (vgl. dazu M 10–M 15).

§ 135: Kinder unter dreizehn Jahren dürfen in Fabriken nicht beschäftigt werden. Kinder über 13 Jahren dürfen in Fabriken nur beschäftigt werden, wenn sie nicht mehr zum Besuche der Volksschule verpflichtet sind. Die Beschäftigung von Kindern unter vierzehn Jahren darf die Dauer von sechs Stunden täglich nicht überschreiten.
§ 136: Die Arbeitsstunden der jugendlichen Arbeiter […] dürfen nicht vor fünfeinhalb Uhr morgens beginnen und nicht über achteinhalb Uhr abends dauern. Zwischen den Arbeitsstunden müssen an jedem Arbeitstage regelmäßige Pausen gewährt werden. Für jugendliche Arbeiter, welche nur sechs Stunden täglich beschäftigt werden, muss die Pause mindestens eine halbe Stunde betragen. […] An Sonn- und Festtagen […] dürfen jugendliche Arbeiter nicht beschäftigt werden.

(Zit. nach: Siegfried Quandt, Kinderarbeit und Kinderschutz in Deutschland seit dem 18. Jahrhundert, Paderborn 1977, S. 22)

M 10 Zahl der Kinder unter 14 Jahren, die „außerhalb der Fabriken" in der „Heimindustrie" tätig sind, ohne Landwirtschaft (1898)

Deutsches Reich insgesamt	544 283
Davon:	
Preußen	269 598
Bayern	12 997
Sachsen	137 831
Baden	28 788
Württemberg	19 546
Elsass-Lothringen	17 878

(Nach: Quandt, a. a. O., S. 24 f.)

Hinweis: Die Zahlen sind als Minimalzahlen zu betrachten; z. B. sind nur wenige Gebiete Bayerns erfasst worden.

M 11 Beschäftigungsbereiche der in der Heimindustrie tätigen Kinder unter 14 Jahren (1898), Auswahl

Weben/Spinnen	79 138
Häkeln/Sticken	22 149
Stricken	12 163
Zigarrenherstellung	22 668
Flechterei (Körbe, Hüte, Stühle)	19 312
Spielwaren	8 693

(Nach: Quandt, a. a. O., S. 25)

M 12 Kinder bei der Herstellung von Zigarrenkisten (Berlin, Ende 19. Jh.)

M 13 Heimarbeiterfamilie bei der Herstellung von Spielzeug (1909)

M 14 Porträt einer deutschen Heimarbeiterin

Plakat nach einem Entwurf von Käthe Kollwitz zur Heimarbeit-Ausstellung 1906. Auf Initiative von Kaiserin Auguste Viktoria wurde das Plakat verboten.

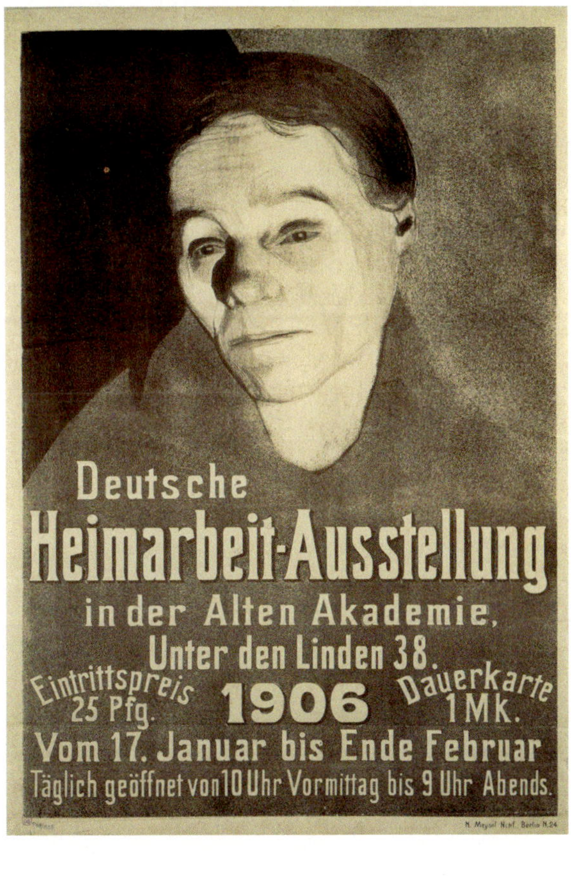

M 15 Bericht des Oberregierungsrates Karl Bittmann (1905)

Als Vorstand der Fabrikinspektion in Baden, einer staatlichen Aufsichtsbehörde, war Bittmann beauftragt worden, einen Bericht über das tatsächliche Ausmaß von Kinderarbeit im „Hausgewerbe" anzufertigen.

Im letzten, höchstgelegenen Hause der Nebengemeinde Heubach, etwa 740 m ü.d.M., wohnt ein Landwirt und Taglöhner mit Frau und elf Kindern zwischen $^1/_2$ und 14 $^1/_2$ Jahren. Das Bauerngut von 10 Hektar […] ist ziemlich verschuldet, sodass der Familienvater sich nicht auf den Betrieb der eigenen Landwirtschaft beschränken kann und sich als Taglöhner verdingen muss. Kartoffeln und Milch werden selbst produziert, Brotfrucht muss gekauft werden. […]

An einem Samstagnachmittag im Mai kurz nach 6 Uhr wurde die Familie besucht. Vor der Haustür war die Mutter […] mit Waschen beschäftigt. Sie gab etwas erstaunt, doch immerhin bereitwillig Antwort. Kaum waren die ersten Worte gewechselt, da kam aus der offenen Haustür ein ganzes Rudel Kinder herausgestürmt. Kleine schmächtige Gestalten, die aber gesund und munter aussahen.

In der geräumigen und hellen zweifenstrigen Stube […] sitzen um den großen Tisch am Fenster sechs Kinder und flechten. Das siebente Kind, ein Mädchen, flicht an einem besonderen Tische. Da ist als Ältester der vierzehneinhalbjährige Anton, dann kommt der zwölfjährige Joachim, die zehnjährige Lina, der neunjährige Joseph, der achtjährige Hermann, die siebenjährige Maria und als jüngster Arbeiter der noch nicht ganz sechsjährige Pius. Drei weitere Kinder von 5, 4 und 2 $^1/_2$ Jahren sitzen auf dem Boden oder auf der Ofenbank. […] Der jüngste halbjährige Spross der Familie schläft im Kinderwagen. Fleißig und ohne aufzusehen arbeiten die kleinen, sicher führen die geübten Fingerchen das Rohr durch die Löcher und zwischen den schon gezogenen Streifen hindurch.

Wir haben es hier mit einem fabrikmäßigen Betriebe mit Zwergarbeitern zu tun. Vater und Mutter stellen Betriebsleiter und Unternehmer vor, die zur Eile anspornen und zur Ausnützung der Arbeitskraft antreiben. Der älteste Bruder spielt den Vorarbeiter oder Kolonnenführer, er verteilt je nach der Leistungsfähigkeit die einzelnen Arbeiten an seine jüngeren Geschwister und beaufsichtigt die Arbeit. Strenge Arbeitsteilung ist durchgeführt. Das ‚Zetteln' oder das Einziehen des ‚Ersten' und ‚Vierten' wird dem kleinen Pius und der siebenjährigen Marie zugeteilt. Die drei nächstältesten Arbeiter stellen das eigentliche Geflecht her; der Vorarbeiter sieht die Arbeit seiner Untergebenen nach, lässt Fehler ausbessern und macht schließlich den Sitz fertig, indem er ihn ‚einfasst'. Jetzt kommt die gestrenge Kontrolle von Vater und Mutter.

Während der Unterhaltung mit Mutter und Kindern war auch der Vater in die Stube getreten; misstrauisch und zögernd gibt er Antwort, auch auf die an seine Kinder gerichteten Fragen. Dann fängt er an zu klagen. Wie der Verdienst gar so gering werde; wie besonders diesen Winter bei dem schlechten, rissigen Rohre gar nichts mehr zu verdienen sei; was besonders er für Ärger und Verdruss mit der Flechterei habe. Plötzlich reißt er einem der Kindern den Stuhlsitz aus den Händen und nun lässt sich sein ganzer verhaltener Ärger über den unbequemen Besucher gegen den Kleinen aus. Den Streifen hier hat er wieder nicht fest genug angezogen […], der muss sofort wieder herausgezogen werden! Was das für eine liederliche Arbeit sei! […]

Der Kleine erregt sich augenscheinlich über den Zornesausbruch des Vaters nicht besonders, solche Auftritte scheinen im Hause nichts Seltenes zu sein. Stumm und flink macht sich das Kind daran, den fehlerhaft eingezogenen Streifen wieder zu entfernen.

(Zit. nach: Quandt, a.a.O., S. 32ff.)

Industrialisierung = Modernisierung? Theoretische Denkansätze zu wirtschaftlichen und gesellschaftlichen Modernisierungsprozessen

„Wir sind nicht auf der Welt, um stillzustehen und sie zu genießen, sondern um fortzuschreiten" (Friedrich Harkort, westfälischer Industriepionier).
„Alles ist beweglich geworden oder wird beweglich gemacht; und in der Absicht [...], alles zu vervollkommnen, wird alles infrage gezogen, bezweifelt und geht einer allgemeinen Umwandlung entgegen" (Friedrich von Ancillon, preußischer Minister, 1828).
Diese beiden Zitate zeigen die Erwartungen und Ängste, von denen ein so umfassender Modernisierungsprozess wie die Industrialisierung begleitet wurde. Schon den Zeitgenossen fiel auf, dass die radikale Umstellung der Produktion mit den damit einhergehenden sozialen, politischen und ökologischen Auswirkungen unvergleichlich war. Sie suchten daher nach universalen Erklärungsansätzen. Eine überzeugende Antwort ist jedoch nicht leicht zu finden, hängt die Analyse doch sehr davon ab, aus welchem gedanklichen und politischen Kontext heraus die Industrialisierung betrachtet wird und welche Indikatoren zur Erklärung herangezogen werden. Manche Versuche, aus Einzelbeobachtungen Theorien von allgemeiner Gültigkeit abzuleiten, haben sich nicht bewahrheitet. Es gibt jedoch Erklärungsansätze, die so wesentliche Aussagen beinhalten und so gründlich verarbeitet worden sind, dass sie unsere Meinung und die wissenschaftliche Forschung bis heute bestimmt haben.

- **Wie wurden die wirtschaftlichen und gesellschaftlichen Umwälzungen durch die Industrialisierung von zeitgenössischen Denkern erfasst und theoretisch erklärt?**
- **Wie sind die Positionen aus heutiger Sicht zu beurteilen?**

Stellen Sie im Kurs die unterschiedlichen Denkansätze auf Plakaten vor, die die Grundlage für den Vergleich und die Beurteilung der Theorien aus heutiger Sicht im gemeinsamen Kursgespräch bilden.

Vorschläge zur inhaltlichen Erschließung der Textquellen sowie zur Vorbereitung der Präsentation und Diskussion:

1. Analysieren Sie eine der Quellen M 1 – M 5 in Partnerarbeit. Folgen Sie dabei den in der Basismethode „Sprachliche historische Quellen interpretieren" (s. S. 503 f.) aufgeführten Arbeitsschritten für den Bereich der Textanalyse.

   ➧ **Rechercheempfehlung:** Recherchieren Sie ergänzende biografische Informationen zu den Autoren.

2. Beurteilen Sie die gewählte Theorie, indem sie die jeweiligen zentralen Thesen und Aussagen im zeitgenössischen historischen Kontext erklären und auf ihre Stichhaltigkeit, Überzeugungskraft, mögliche Interessengebundenheit prüfen.
   Dabei sollten Sie Folgendes beachten: Sie müssen die erworbenen Kenntnisse über Struktur und Verlauf des Industrialisierungsprozesses in England und Deutschland (s. Infotext und die vorangehenden Themen) einbeziehen. Denn bei den ausgewählten Texten handelt es sich um theoretische Texte, die normativ (d. h. sie enthalten Sollwerte) und sehr allgemein gefasst sind. Für eine stimmige Beurteilung der Thesen des Autors müssen Sie von den vom Autor formulierten Thesen zu den Ereignissen wechseln, aus denen die Thesen gewonnen worden sind. Nur so gewinnen Sie sachangemessene Kriterien für die Prüfung der Thesen und Argumente des Autors sowie für ein eigenes Urteil.

3. Gestalten Sie Ihr Plakat so, dass die Inhalte übersichtlich gegliedert sind und schnell erfasst werden können.
   Auf Ihrem Plakat sollten Sie auf jeden Fall
   a) die Hauptaussagen und die zentrale Argumentationsstruktur festhalten sowie
   b) eine kurz gefasste Beurteilung (Leitfrage 2) in Thesenform vorstellen.

MATERIALIEN

M 1 Adam Smith, Der Wohlstand der Nationen (1776)

Adam Smith als Begründer des industriellen Fortschritts (britische Darstellung, 19. Jh.). Vgl. auch Infotext, S. 153.

Der Einzelne ist stets darauf bedacht, herauszufinden, wo er sein Kapital, über das er verfügen kann, so vorteilhaft wie nur möglich einsetzen kann. Und tatsächlich hat er dabei den eigenen Vorteil im Auge und nicht den der Volkswirtschaft. Aber gerade das Streben nach seinem eigenen Vorteil ist es, das ihn ganz von selbst oder vielmehr notwendigerweise dazu führt, sein Kapital dort einzusetzen, wo es auch dem ganzen Lande den größten Nutzen bringt. [...]
Da aber jeder Mensch Kapital zur Unterstützung eines Erwerbsstrebens nur mit Aussicht auf Gewinn einsetzt, wird er stets bestrebt sein, es zur Hilfe für solche Erwerbe anzulegen, deren Ertrag voraussichtlich den höchsten Wert haben wird oder für den er das meiste Geld oder die meisten anderen Waren bekommen kann. [...] Wenn daher jeder Einzelne so viel wie nur möglich danach trachtet, sein Kapital zur Unterstützung der einheimischen Erwerbstätigkeit einzusetzen und dadurch diese so lenkt, dass ihr Ertrag den höchsten Wertzuwachs erwarten lässt, dann bemüht sich auch jeder Einzelne ganz zwangsläufig, dass das Volkseinkommen im Jahr so groß wie möglich werden wird. Tatsächlich fördert er in der Regel nicht bewusst das Allgemeinwohl, noch weiß er, wie hoch der eigene Beitrag ist. Wenn er es vorzieht, die nationale Wirtschaft anstatt die ausländische zu unterstützen, denkt er eigentlich nur an die eigene Sicherheit und wenn er dadurch die Erwerbstätigkeit so fördert, dass ihr Ertrag den höchsten Wert erzielen kann, strebt er lediglich nach eigenem Gewinn. Und er wird in diesem wie auch in vielen anderen Fällen von einer unsichtbaren Hand geleitet, um einen Zweck zu fördern, den zu erfüllen er in keiner Weise beabsichtigt hat. Auch für das Land selbst ist es keineswegs immer das Schlechteste, dass der Einzelne ein solches Ziel nicht bewusst anstrebt. Ja, gerade dadurch, dass er das eigene Interesse verfolgt, fördert er häufig das der Gesellschaft nachhaltiger, als wenn er wirklich beabsichtigt, es zu tun. Alle, die jemals vorgaben, ihre Geschäfte dienten dem Wohl der Allgemeinheit, haben meines Wissens niemals etwas Gutes getan. [...]
Der Einzelne vermag offensichtlich aus seiner Kenntnis der örtlichen Verhältnisse weit besser zu beurteilen, als es irgendein Staatsmann oder Gesetzgeber für ihn tun kann, welcher Erwerbszweig im Lande für den Einsatz seines Kapitals geeignet ist und welcher einen Ertrag abwirft, der den höchsten Wertzuwachs verspricht. Ein Staatsmann, der es versuchen sollte, Privatleuten vorzuschreiben, auf welche Weise sie ihr Kapital investieren sollten, würde sich damit nicht nur, höchst unnötig, eine Last aufbürden, sondern auch gleichzeitig eine Autorität anmaßen, die man nicht einmal einem Staatsrat oder Senat, geschweige denn einer einzelnen Person getrost anvertrauen könnte. [...]
Gibt man daher alle Systeme der Begünstigung auf, so stellt sich ganz von selbst das einsichtige und einfache System der natürlichen Freiheit her. Solange der Einzelne nicht die Gesetze verletzt, lässt man ihm völlige Freiheit, damit er [...] seinen Erwerbsfleiß und sein Kapital im Wettbewerb mit jedem anderen oder einem anderen Stand entwickeln oder einsetzen kann. [...] Im System der natürlichen Freiheit hat der Souverän lediglich drei Aufgaben zu erfüllen [...]: Erstens die Pflicht, das Land gegen Gewalttätigkeit und Angriff anderer unabhängiger Staaten zu schützen; zweitens die Aufgabe, jedes Mitglied der Gesellschaft so weit wie möglich vor Ungerechtigkeit oder Unterdrückung durch einen Mitbürger in Schutz zu nehmen oder ein zuverlässiges Justizwesen einzurichten; und drittens die Pflicht, bestimmte öffentliche Anstalten und Einrichtungen zu gründen und zu unterhalten, die ein Einzelner oder eine kleine Gruppe aus eigenem

Interesse nicht betreiben kann, weil der Gewinn ihre Kosten niemals decken könnte.

(Adam Smith, Der Wohlstand der Nationen (1776), München (Beck) 1978, S. 369ff., übers. v. Horst Claus Recktenwald)

M 2 Karl Marx/Friedrich Engels: „Manifest der Kommunistischen Partei" (1848)

Karl Marx (1818–1883) hat wie kaum ein anderer den Einfluss der Wirtschaft auf Gesellschaft und Politik beschrieben. Schon in jungen Jahren verfasste der hochbegabte und lerneifrige Marx philosophische Abhandlungen, studierte erfolgreich und erwarb den Doktortitel. Seine kritische Einstellung verhinderte jedoch eine Karriere an der Universität; seine Texte wurden zensiert, ihm drohte die Inhaftierung. Seit Anfang der 1840er-Jahre musste er überwiegend im Ausland leben, vor allem in England. Nur in wenigen Lebensphasen konnte er von den Einkünften seiner schriftstellerischen Arbeit leben, zumeist war er auf Unterstützung angewiesen (aus dem Erbe seiner Frau Jenny von Westphalen oder durch Zuwendungen seines Freundes Engels).
Friedrich Engels (1820–1895) stammte aus der Familie eines erfolgreichen Textilunternehmers und war nicht unvermögend. 1842 bis 1844 arbeitete er in der Baumwollspinnerei „Ermen & Engels" im englischen Manchester, die seinem Vater anteilig gehörte. Dort lernte er das elende Leben der Textilarbeiter kennen – was ihn stark erschütterte. Die Bekanntschaft mit Marx im Jahre 1844 führte dazu, dass er sich dessen Ideen anschloss und sie gemeinsam Texte verfassten und veröffentlichten. Nach dem Scheitern der Revolution 1848/49, an deren Kämpfen Engels aktiv teilgenommen hatte, wandte er sich der sozialistischen Bewegung immer mehr zu. Er verkaufte seine Anteile an der Firma und engagierte sich in der Arbeiterbewegung. Bis an sein Lebensende bewunderte er das „Genie Marx".

Denkmal von Marx und Engels in Berlin

Die Geschichte aller bisherigen Gesellschaft ist die Geschichte von Klassenkämpfen. Freier und Sklave, Patrizier und Plebejer, Baron und Leibeigener, Zunftbürger und Gesell, kurz, Unterdrücker und Unterdrückte standen in stetem Gegensatz zueinander, führten einen ununterbrochenen, bald versteckten, bald offenen Kampf, einen Kampf, der jedes Mal mit einer revolutionären Umgestaltung der ganzen Gesellschaft endete oder mit dem gemeinsamen Untergang der kämpfenden Klasse. [...]
Unsere Epoche, die Epoche der Bourgeoisie[1], zeichnet sich jedoch dadurch aus, dass sie die Klassengegensätze vereinfacht hat. Die ganze Gesellschaft spaltet sich mehr und mehr in zwei große feindliche Lager, in zwei große, einander direkt gegenüberstehende Klassen: Bourgeoisie und Proletariat[2]. [...] Die Bourgeoisie, wo sie zur Herrschaft gekommen, hat alle feudalen, patriarchalischen, idyllischen Verhältnisse zerstört. Sie hat die buntscheckigen Feudalbande, die den Menschen an seinen natürlichen Vorgesetzten knüpften, unbarmherzig zerrissen und kein anderes Band zwischen Mensch und Mensch übrig gelassen als das nackte Interesse, als die gefühllose „bare Zahlung". Sie hat die heiligen Schauer der frommen Schwärmerei, der ritterlichen Begeisterung, der spießbürgerlichen Wehmut in dem eiskalten Wasser egoistischer Berechnung ertränkt. Sie hat die persönliche Würde in den Tauschwert aufgelöst und an die Stelle der zahllosen verbrieften und wohlerworbenen Freiheiten die eine gewissenlose Handelsfreiheit gesetzt. [...] Die Bourgeoisie hat durch ihre Exploitation[3] des Weltmarkts die Produktion und Konsumtion aller Länder kosmopolitisch gestaltet. Sie hat [...] den nationalen Boden der Industrie unter den Füßen weggezogen. Die uralten nationalen Industrien sind vernichtet worden und werden noch täglich vernichtet. Sie werden verdrängt durch neue Industrien, die nicht mehr einheimische Rohstoffe, sondern den entlegensten Zonen angehörige Rohstoffe verarbeiten und deren Fabrikate nicht nur im Land selbst, sondern in allen Weltteilen zugleich verbraucht werden. [...]
Die Arbeit der Proletarier hat durch die Ausdehnung der Maschinerie und die Teilung der Arbeit allen selbstständigen Charakter verloren. Er wird ein bloßes Zubehör der Maschine, von dem nur der einfachste, eintönigste, am leichtesten erlernbare Handgriff verlangt wird. Die Kosten, die der Arbeiter verursacht, beschränken sich daher fast nur auf die Lebensmittel, die er zu seinem Unterhalt und

zur Fortpflanzung seiner Race[4] bedarf. [...] Arbeitermassen, in der Fabrik zusammengedrängt, werden soldatisch. Sie werden als gemeine Industriesoldaten unter die Aufsicht einer vollständigen Hierarchie von Unteroffizieren und Offizieren gestellt. Sie sind nicht nur Knechte der Bourgeoisieklasse, des Bourgeoisiestaates, sie sind täglich und stündlich geknechtet von der Maschine. [...]
Wenn das Proletariat im Kampf gegen die Bourgeoisie sich notwendig zur Klasse vereint, durch eine Revolution sich zur herrschenden Klasse macht und als herrschende Klasse gewaltsam die alten Produktionsverhältnisse aufhebt, so hebt es mit diesen Produktionsverhältnissen die Existenzbedingungen des Klassengegensatzes, der Klassen überhaupt und damit seine eigene Herrschaft als Klasse auf. [...]
In einer höheren Phase der kommunistischen Gesellschaft, nachdem die knechtende Unterordnung der Individuen unter die Teilung der Arbeit [...] verschwunden ist, nachdem die Arbeit nicht nur Mittel zum Leben, sondern selbst das erste Lebensbedürfnis geworden, nachdem mit der allseitigen Entwicklung der Individuen auch ihre Produktivkräfte gewachsen und alle Springquellen des genossenschaftlichen Reichtums voller fließen – erst dann kann [...] die Gesellschaft auf ihre Fahnen schreiben: Jeder nach seinen Fähigkeiten, jedem nach seinen Bedürfnissen. [...]
Die Kommunisten verschmähen es, ihre Ansichten und Absichten zu verheimlichen. Sie erklären offen, dass ihre Zwecke nur erreicht werden können durch den gewaltsamen Umsturz aller bisherigen Gesellschaftsordnung. Mögen die herrschenden Klassen vor einer kommunistischen Revolution zittern. Die Proletarier haben nichts zu verlieren als ihre Ketten. Sie haben eine Welt zu gewinnen. Proletarier aller Länder, vereinigt euch!

(Karl Marx/Friedrich Engels, Werke, Berlin (Dietz) 1956ff., Bd. 4, S. 462ff.)

---

1 Bourgeoisie: Bezeichnung für eine soziale Schicht, identisch etwa mit (wohlhabendem) Bürgerstand; bei Marx herrschende Klasse der kapitalistischen Gesellschaft, die im Besitz der Produktionsmittel ist.

2 Proletariat: die von der Bourgeoisie abhängigen Lohnarbeiter, die ihre Arbeitskraft verkaufen müssen und selbst keine Produktionsmittel besitzen.

3 Exploitation: Ausbeutung

4 Race: Art, Gattung

M 3 Ferdinand Lassalle: Rede zum Arbeiterprogramm vom 12. April 1862

Ferdinand Lassalle wurde 1825 als Sohn eines vermögenden Textilkaufmanns geboren, reiste nach dem Studium durch viele Länder Europas und lernte u. a. auch Marx und Engels kennen. Er formulierte das Arbeiterprogramm und legte dieses Programm dem ADAV (= Allgemeiner Deutscher Arbeiterverein) zugrunde. Lassalle starb 1864 an den Folgen eines Duells.
In seiner Rede begründet Lassalle einleitend, warum seiner Meinung nach der „vierte Stand", das sind für ihn die Arbeiter, die „Herrschaft über den Staat" anstreben muss. Er fährt fort:

Ferdinand Lassalle mit der roten Fahne der Sozialdemokratie zertritt die Macht des Kapitals, die Menschenrechte siegen (Plakat, Ende 19. Jh.).

[...] Der vierte Stand hat nicht nur ein anderes formelles, politisches Prinzip als die Bourgeoisie [wohlhabendes Bürgertum], nämlich das allgemeine, direkte Wahlrecht anstelle des Zensus der Bourgeoisie, er hat ferner nicht nur durch seine Lebensstellung ein anderes Verhältnis zu den sittlichen Potenzen als die höheren Stände, sondern er hat auch – zum Teil infolge hiervon – eine ganz andere, ganz verschiedene Auffassung von dem sittlichen *Zweck des Staates* als die Bourgeoisie.
Die sittliche Idee der Bourgeoisie ist diese, dass ausschließend nichts anderes als die ungehinderte

Selbstbetätigung seiner Kräfte jedem Einzelnen zu garantieren sei. Wären wir alle gleich stark, gleich gescheit, gleich gebildet und gleich reich, so würde diese Idee als eine ausreichende und sittliche angesehen werden können. Da wir dies aber *nicht sind* und nicht sein *können*, so ist dieser Gedanke nicht ausreichend und führt deshalb in seinen Konsequenzen notwendig zu einer tiefen Unsittlichkeit. Denn er führt dazu, dass der Stärkere, Gescheitere, Reichere den Schwächeren ausbeutet und in seine Tasche steckt.

Die sittliche Idee des Arbeiterstandes dagegen ist die, dass die ungehinderte und freie Betätigung der individuellen Kräfte durch das Individuum noch nicht *ausreiche*, sondern dass zu ihr in einem sittlich geordneten Gemeinwesen *noch hinzutreten müsse*: die *Solidarität* der Interessen, die *Gemeinsamkeit und die Gegenseitigkeit in der Entwicklung*.

Entsprechend diesem Unterschied, fasst die Bourgeoisie den sittlichen Staatszweck so auf: Er bestehe ausschließend und allein darin, die persönliche Freiheit des Einzelnen und sein Eigentum zu schützen. Dies ist eine Nachtwächteridee, meine Herren, eine Nachtwächteridee deshalb, weil sie sich den Staat selbst nur unter dem Bilde eines Nachtwächters denken kann, dessen ganze Funktion darin besteht, Raub und Einbruch zu verhüten. Leider ist diese Nachtwächteridee nicht nur bei den eigentlichen Liberalen zu Hause, sondern selbst bei vielen angeblichen Demokraten, infolge mangelnder Gedankenbildung, oft genug anzutreffen. Wollte die Bourgeoisie konsequent ihr letztes Wort aussprechen, so müsste sie gestehen, dass nach diesen ihren Gedanken, wenn es keine Räuber und Diebe gebe, der Staat überhaupt ganz überflüssig sei. [...]

(Ferdinand Lassalle, Reden und Schriften, München (dtv) 1970, S. 54ff.)

Der „Sozialist“ (Gemälde von Robert Koehler, 1885). Nach zeitgenössischen Aussagen sollen Auftreten und Gesichtszüge der dargestellten Person an Bernstein erinnern.

M 4 Eduard Bernsteins Vorstellung von der Entwicklung der Gesellschaft und der richtigen Parteistrategie (1898)

Der SPD-Politiker Bernstein (1850–1932) wurde als Sohn eines Lokomotivführers geboren und engagierte sich früh in der Arbeiterbewegung. Zur Zeit des Sozialistengesetzes lebte er in der Emigration in England und beobachtete hier, wie sich die kapitalistische Gesellschaft entwickelte. Über viele Jahre war Bernstein SPD-Abgeordneter im Reichstag.

Ich bin der Anschauung entgegengetreten, dass wir vor einem in Bälde zu erwartenden Zusammenbruch der bürgerlichen Gesellschaft stehen und dass die Sozialdemokratie ihre Taktik durch die Aussicht auf eine solche bevorstehende große soziale Katastrophe bestimmen bzw. von ihr abhängig machen soll. [...]

Die Zuspitzung der gesellschaftlichen Verhältnisse hat sich nicht in der Weise vollzogen, wie sie das „Manifest“ schildert. Es ist nicht nur nutzlos, es ist auch die größte Torheit, sich dies zu verheimlichen. Die Zahl der Besitzenden ist nicht kleiner, sondern größer geworden. Die enorme Vermehrung des gesellschaftlichen Reichtums wird nicht von einer zusammenschrumpfenden Zahl von Kapitalmagnaten, sondern von einer wachsenden Zahl von Kapitalisten aller Grade begleitet. Die Mittelschichten ändern ihren Charakter, aber sie verschwinden nicht aus der gesellschaftlichen Stufenleiter. Die Konzentrierung der Produktion vollzieht sich in der Industrie auch heute noch nicht durchgängig mit gleicher Kraft und Geschwindigkeit. In einer großen Anzahl Produktionszweige rechtfertigt sie zwar alle Vorhersagungen der sozialistischen Kritik, in anderen Zweigen bleibt sie jedoch noch heute hinter ihnen zurück. Noch langsamer geht der Prozess der Konzentration in der *Landwirtschaft* vor sich. Die Gewerbestatistik weist eine außerordentlich abgestufte Gliederung der Betriebe auf; keine Größenklasse macht Anstalt, aus ihr zu verschwinden. [...]

(Man wird) vernünftigerweise daran keinen Anstoß

nehmen können, wenn erklärt wird, was die Sozialdemokratie noch auf lange hinaus zu tun habe, sei, statt auf den großen Zusammenbruch zu spekulieren, die Arbeiterklasse politisch zu organisieren und zur Demokratie auszubilden und für alle Reformen im Staate zu kämpfen, welche geeignet sind, die Arbeiterklasse zu heben und das Staatswesen im Sinne der Demokratie umzugestalten.

(Zit. nach: Wolfgang Lautemann/Manfred Schlenke (Hg.), Geschichte in Quellen – Das bürgerliche Zeitalter 1815–1914, München (bsv) 1980, S. 879f.)

M 5 Rosa Luxemburgs Antwort auf die Überlegungen Bernsteins (1899), Auszug

Die SPD-Politikerin Rosa Luxemburg (1871–1919) war ein führendes Mitglied der Arbeiterbewegung. Sie betonte stets die Solidarität der Arbeiter – nicht nur im Kampf gegen die Kapitalisten, sondern auch im Kampf gegen Militarismus und Krieg, was ihr mehrere Freiheitsstrafen einbrachte, aber auch ihre Popularität erhöhte. Bekannt ist ihr Ausspruch, Freiheit sei immer die Freiheit der Andersdenkenden. Rosa Luxemburg verfasste das Programm der am 1. Januar 1919 gegründeten KPD und wurde kurz darauf (15. Januar) von Angehörigen der rechtsgerichteten Freikorps ermordet.

Foto aus dem Jahr 1914

Sozialreform oder Revolution? Eine Antwort auf Eduard Bernstein

[…] Wie die Dinge jetzt liegen, werden [von Bernstein] der gewerkschaftliche und der parlamentarische Kampf als Mittel aufgefasst, das Proletariat allmählich zur Besitzergreifung der politischen Gewalt zu führen und zu erziehen. Nach der revisionistischen Auffassung sollen sie, angesichts der Unmöglichkeit und Zwecklosigkeit dieser Besitzergreifung, bloß im Hinblick auf unmittelbare Resultate, d.h. die Hebung der materiellen Lage der Arbeiter, und auf die stufenweise Einschränkung der kapitalistischen Ausbeutung und die Erweiterung der gesellschaftlichen Kontrolle geführt werden. Wenn wir von dem Zwecke der unmittelbaren Hebung der Lage der Arbeiter absehen, da er beiden Auffassungen, der bisher in der Partei üblichen wie der revisionistischen, gemeinsam ist, so liegt der ganze Unterschied kurz gefasst darin: Nach der landläufigen Auffassung besteht die sozialistische Bedeutung des gewerkschaftlichen und politischen Kampfes darin, dass er das Proletariat, d.h. den subjektiven Faktor der sozialistischen Umwälzung, zu deren Durchführung vorbereitet. Nach Bernstein besteht sie darin, dass der gewerkschaftliche und politische Kampf die kapitalistische Ausbeutung selbst stufenweise einschränken, der kapitalistischen Gesellschaft immer mehr ihren kapitalistischen Charakter nehmen und den sozialistischen aufprägen, mit einem Worte, die sozialistische Umwälzung in objektivem Sinne herbeiführen soll. Sieht man die Sache näher an, so sind beide Auffassungen sogar gerade entgegengesetzt. […]

Der sozialistische Charakter des gewerkschaftlichen und parlamentarischen Kampfes liegt also bei der Bernsteinschen Auffassung in dem Glauben an dessen stufenweise sozialisierende Einwirkung auf die kapitalistische Wirtschaft. Eine solche Einwirkung ist aber tatsächlich – wie wir darzutun suchten – bloße Einbildung. Die kapitalistischen Eigentums- und Staatseinrichtungen entwickeln sich nach einer entgegengesetzten Richtung. Damit aber verliert der praktische Tageskampf der Sozialdemokratie in letzter Linie überhaupt jede Beziehung zum Sozialismus. […] [Die revisionistische Strategie hört] auf, Erziehungsmittel der Arbeiterklasse zur proletarischen Machtergreifung zu sein.

(Zit. nach: Rosa Luxemburg, Gesammelte Werke, Bd. 2, Berlin 1925)

Lösungsversuche der Sozialen Frage

Die Notlage großer Teile der Industriearbeiterschaft wurden von den Zeitgenossen unter dem Begriff der „Sozialen Frage" zusammengefasst. Dazu gehörten die bittere Armut vieler Arbeiter, die oft katastrophalen Wohnverhältnisse, aber auch Probleme am Arbeitsplatz in der Fabrik. Von Arbeiterseite wurde immer wieder das Machtgefälle zwischen dem mächtigen Fabrikanten, der nach Gutdünken die Bedingungen der Arbeit bestimmen konnte, und dem fast machtlosen einzelnen Arbeiter angesprochen. Aus der Sicht der Kapitalisten stellte sich die Soziale Frage ganz anders. Wieder andere Perspektiven nahmen die christlichen Kirchen oder der Staat ein. Alle suchten nach Lösungen zur Linderung der Not und für eine gerechtere Gesellschaft.

- **Wie ist die Soziale Frage zu beantworten?**

Gestalten Sie eine Diskussionsrunde zur Leitfrage, die etwa im Jahre 1900 stattgefunden haben könnte, in der Sie die verschiedenen Positionen mit verteilten Rollen in einer historischen Spielszene simulieren.

So können Sie die historische Diskussionsrunde, die von ein oder zwei Mitschülerinnen oder Mitschülern moderiert werden sollte, vorbeiten:

1. Entscheiden Sie nach einer kursorischen Durchsicht der Materialien in Einzelarbeit, welche der folgenden Rollen Sie übernehmen wollen. Bilden Sie entsprechende (Klein-)Gruppen für die einzelnen Rollen.
   - Katholischer Priester, der ein Kolping-Haus leitet und in der Tradition von Bischof Ketteler und der päpstlichen Enzyklika „Rerum novarum" steht (M 1a, M 1b).
   - Bergmann, der am Streik von 1889 teilgenommen hat, der mit Bernstein (s. S. 203 f., M 4) sympathisiert und die Achtstundenmarseillaise mit Begeisterung singt (M 2a–c, M 3a).
   - Witwe eines Bergmanns, der als Streikender von der Polizei erschossen wurde; sie sympathisiert mit Rosa Luxemburg (s. S. 204, M 5) und singt die Internationale mit großer Begeisterung (M 2a–c, M 3b).
   - Fabrikbesitzer, der die Position Krupps bzw. des Freiherrn von Stumm vertritt (M 4a, M 4b).
   - Konservativer Reichstagsabgeordneter, der die Sozialgesetzgebung unterstützt, aber die Nichtverlängerung des Sozialistengesetzes für das Grundübel hält (M 5a, M 5b).
2. Interpretieren Sie unter der Leitfrage welche Antwort auf die Lösung der Sozialen Frage entwickelt und wie sie im Einzelnen begründet wird. Erschließen Sie dazu die Quellen, die für Ihre Rolle zentral sind, mit den Ihnen bekannten Arbeitsschritten (s. S. 503 f.).
   ➧ **Tipp:** Hier können Sie arbeitsteilig vorgehen, falls sich dies in der Sache anbietet und sinnvoll ist.
3. Entwerfen Sie in der Gruppe gemeinsam eine inhaltliche Diskussionsstrategie für Ihren Vertreter in der Diskussionsrunde.
   a) Bereiten Sie ein pointiertes, einleitendes Statement vor, mit dem Sie die Diskussion beginnen wollen.
   b) Stellen Sie Argumente zusammen, um auf Gegenüberlegungen oder auch Kritik an der Position, die Sie vertreten, anworten zu können.

MATERIALIEN

M 1 Die Position der katholischen Kirche – Zwei Zentraldokumente aus der katholischen Soziallehre

a) Papst Leo XIII., Enzyklika „Rerum Novarum" (1891)

Leo XIII. (1810–1903, seit 1878 Papst) ist als ausgesprochen politischer Papst in die Geschichte eingegangen.

[…] Aber was schwerer wiegt: Das von den Sozialisten empfohlene Heilmittel der Gesellschaft ist offenbar der Gerechtigkeit zuwider, denn das Recht zum Besitze privaten Eigentums hat der Mensch von der Natur erhalten. […] Aber sieht man selbst von der Ungerechtigkeit ab, so ist es ebenso wenig zu leugnen, dass dieses System [gemeint ist der Sozialismus] in allen Schichten der Gesellschaft Verwirrung herbeiführen würde. Eine unerträgliche Beengung aller, eine sklavische Abhängigkeit würde die Folge des Versuches seiner Anwendung sein. Es würde gegenseitiger Missgunst, Zwietracht und Verfolgung Tür und Tor geöffnet. Mit dem Wegfall des Spornes zu Strebsamkeit und Fleiß würden auch die Quellen des Wohlstandes versiegen. Aus der eingebildeten Gleichheit aller würde nichts anderes als der nämliche klägliche Zustand der Entwürdigung für alle. […]
Ein Grundfehler in der Behandlung der Sozialen Frage ist sodann auch der, dass man das gegenseitige Verhältnis zwischen der besitzenden und der unvermögenden arbeitenden Klasse so darstellt, als ob zwischen ihnen von Natur ein unversöhnlicher Gegensatz Platz griffe, der sie zum Kampfe aufrufe. Ganz das Gegenteil ist wahr. Die Natur hat vielmehr alles zur Eintracht, zu gegenseitiger Harmonie hin geordnet. […] So wenig das Kapital ohne die Arbeit, so wenig kann die Arbeit ohne das Kapital bestehen. […] Die Kirche, als Vertreterin und Wahrerin der Religion, hat zunächst in den religiösen Wahrheiten und Gesetzen ein mächtiges Mittel, die Reichen und Armen zu versöhnen und einander nahezubringen; ihre Lehrern und Gebote führen beide Klassen zu ihren Pflichten gegeneinander und namentlich zur Befolgung der Vorschriften der Gerechtigkeit.

(Zit. nach: Kursheft Geschichte, Cornelsen, S. 111)

b) Bischof von Ketteler zur Sozialen Frage

Wilhelm Emmanuel Freiherr von Ketteler (1811–1877) war katholischer Bischof und Politiker (Deutsche Zentrumspartei). Er gründete die KAB (Katholische Arbeitnehmer-Bewegung) und wurde der „Arbeiterbischof" genannt.

[…] Damit die Macht des Reichtums nicht die Armen erdrücke, dazu ist notwendig, dass die Reichen sich selbst beschränken und nicht alles, was einer

rein egoistischen Ausbeutung aller den Reichen zustehenden Mittel möglich wäre, sich auch erlauben. Ebenso kann aber auch nur dieser Geist der Selbstverleugnung und der Bescheidenheit, den allein das Christentum erzeugt, den aber der moderne Unglaube in sein gerades Gegenteil, in einen Geist der Begierlichkeit und Unzufriedenheit verkehrt, der arbeitenden Klasse jene Sittlichkeit und Mäßigung, jene Arbeitsamkeit, Sparsamkeit und Genügsamkeit verleihen, wovon ihr und ihrer Arbeitgeber wahres Beste abhängt. Auch darüber dürfen wir uns nicht täuschen, dass nur unter solchen Arbeitern, in denen der Geist des Christentums lebt, wahrhaft gedeihliche Genossenschaften, namentlich die Produktionsgenossenschaften, wovon wir unten reden, auf die Dauer möglich sein werden. [...]
Wir meinen hier erstens das Unternehmen des Handwerkervereins, der seit einigen Jahren entstanden ist und den Handwerkerstand wieder in eine zusammenhängende Genossenschaft vereinigen will. [...] Das zweite Unternehmen [...] sind die Gesellenvereine. Da sie hauptsächlich auf katholischem Gebiete entstanden sind, so dürfen wir sie mit allem Rechte einen katholischen Beitrag zur Lösung der Arbeiterfrage nennen. Schon das bisherige Resultat derselben übertrifft alle Erwartung und zeigt uns zugleich, was aus diesen Gesellenvereinen werden kann, wenn ihre ganze Entwicklung zum vollen Abschluss gebracht wird. Gott hat sich eines Gesellen bedient, um dieses Werk in Angriff zu nehmen, und nachdem er ihn in den Priesterstand erhoben, hat er den hochwürdigen Herrn Kolping, diesen alten Gesellen, zu einem wahren Vater des Gesellenstandes gemacht.

(Zit. nach: Werner Pöls (Hg.), Deutsche Sozialgeschichte – Dokumente und Skizzen, Bd. 1, München 1973, S. 288f.)

M 2 Der Bergarbeiterstreik an der Ruhr 1889

Dieser Streik gilt als Meilenstein der sozialistischen Arbeiterbewegung.

a) Information zum Streik von 1889

In den ersten Monaten des Jahres 1889 wurden die Forderungen der Bergleute im Ruhrgebiet nach höherem Lohn, Verkürzung der Arbeitszeit und einer guten Krankenversicherung immer lauter. Im Mai kam es zu ersten Streiks, die jedoch gewaltsam durch das Militär aufgelöst wurden (mehrere Streikende wurden erschossen). Nachdem am 14.5.1889 87 000 von 104 000 Bergleuten die Arbeit niedergelegt hatten, gewährten die Unternehmer eine Lohnerhöhung und die 8-Stunden-Schicht.

b) Die Forderungen der Bergleute am 10. März 1889

Da nun die Kohlenpreise eine nennenswerte Steigerung erfahren haben, so erachten wir es auch an der Zeit, dass unsere Löhne dem Verhältnis entsprechend aufgebessert werden. Als zurzeit die Kohlenpreise sanken, mussten wir uns den Abzug an unseren Löhnen gefallen lassen. Da nun die Kohlenpreise erheblich gestiegen sind, so glauben wir ein Anrecht auf Aufbesserung unserer Löhne zu haben. [...] Da wir als einzigen Kapitalbesitz unsere Arbeitskraft haben und wir denselben gern auf einen guten Zinsfuß bringen möchten, so geben wir unsern Arbeitgebern in kurzer Zusammenfassung unser Streben um Aufbesserung unserer wirtschaftlichen Lage hiermit kund – in der Erwartung, dass unseren Wünschen allseitig Rechnung getragen werde. Unsere Bestrebungen bezeichnen wir mit Folgendem:
(1) Aufbesserung der Löhne durch einen 15-prozentigen Zusatz für alle Bergarbeiter.
(2) Abschaffung der Überproduktion durch zu lange Arbeitszeit:
a) der Überarbeit von 1/4 bis 1/2 oder 1/1 Schichten und somit
b) Einführung der zurzeit üblich gewesenen achtstündigen Schicht, einschließlich Ein- und Ausfahrt.
Des Weiteren glauben wir darauf hinweisen zu dürfen, dass in sanitärer und anderer Hinsicht die Bergleute ein Interesse haben. [...]

(Zit. nach: Günter Schönbrunn (Hg.), Das bürgerliche Zeitalter 1815–1914, München (bsv) 1980, S. 761)

c) Der Bericht des Regierungspräsidenten v. Berlepsch (Düsseldorf)

Es ist bis heute nicht festzustellen gewesen, wer den Streik zuerst angezettelt und begonnen hat. Dass hierbei sozialdemokratische Führer die Hand im Spiel gehabt haben, ist zwar wahrscheinlich, indes mit Sicherheit nicht nachzuweisen. Die Arbeitseinstellung tritt, wie ich gestern auf Zeche Bonifacius zu beobachten Gelegenheit hatte, an den meisten Schächten spontan ein. Die Belegschaft erscheint vollzählig, kleidet sich in der sog. Kaue um und trifft Anstalten einzufahren. Dann erklärt der eine oder andere, nicht arbeiten zu wollen, Einzelne schließen sich ihm an und plötzlich verweigert die ganze Belegschaft die Einfahrt. Auf die Frage der Direktoren, Betriebsführer etc., warum sie denn streiken wollten, geben die Arbeiter zumeist entweder gar keine Antwort oder begnügen sich mit der allgemeinen Redewendung, dass sie mehr haben wollten. Ruhig, wie sie gekommen, pflegt die ausständige Belegschaft sich darauf auch wieder zu entfernen. Dass zwischen den Streikenden gewisse Beziehungen aufrechterhalten werden, ist zwar zu vermuten, eine allgemeine Organisation besteht aber ebenso wenig wie ein von der Gesamtheit bevollmächtigtes Streik-Comité. Dagegen scheinen für einzelne Distrikte, z. B. die Stadt Essen, und für eine Reihe von Zechen besondere Comités gewählt zu sein. Wenigstens sind mehrfach Veröffentlichungen durch Anschlag und Zuschriften an die Zechenverwaltungen erfolgt, welche mit dem Ausdruck „Das Comité“ unterzeichnet waren. Die Mitglieder dieses angeblichen Comités haben nicht festgestellt werden können.

(Zit. nach: Gerhard Adelmann, Quellensammlung zur Geschichte der sozialen Betriebsverfassung – Ruhrindustrie, Bonn (Hanstein) 1960, Bd. 1, S. 210)

M 3 Lieder der Arbeiterbewegung

a) Die Achtstundenmarseillaise

Text: Ernst Klaar, Musik: auf die Melodie der Marseillaise, Quelle: Sozialdemokratisches Liederbuch von 1896

Ihr Männer all, ob euch der Kittel
ob euch die blaue Bluse schmückt,
in euren Händen ruht das Mittel
zu ändern, was euch schwer bedrückt.
Reicht euch die Hand, schließt euch zusammen
zu einem großen Bruderbund,
und über's ganze Erdenrund
wird wie ein Blitz die Losung flammen:

Gebt den Achtstundentag!
Verkürzt der Arbeit Plag!
Zum Siegeszug
die Trommel schlug.
Acht Stunden sind genug! […]

Wir können nicht den Geist entfalten,
er wird zerrüttet durch die Not,
in uns're Phantasie Gestalten
drängt sich die Sorge um das Brot.
Doch will man uns zu Sklaven pressen,
so schalle donnernd unser: Nein!
Wir wollen freie Menschen sein
und mit vom Tisch des Lebens essen.

Refrain

Schon rafft sich rings in allen Ländern
empor das Proletariat.
Das Los der Armen soll sich ändern,
und ändern soll sich's durch den Staat.
O, wenn wir fest zusammenstehen,
wer will uns weigern unser Recht?
Empor, empor du neu Geschlecht,
lass trotzig deine Banner wehen!

Refrain

Der 8-Stundentag (Illustration zum neuen Jahr in „Der Wahre Jacob“, Dezember 1895)

b) Die Internationale

Text: Emil Luckhardt (Übersetzung aus dem Französischen, nach 1900), Musik: Pierre Degeyter (um 1870/71)

Wacht auf, Verdammte dieser Erde,
die stets man noch zum Hungern zwingt!
Das Recht wie Glut im Kraterherde
nun mit Macht zum Durchbruch dringt.
Reinen Tisch macht mit dem Bedränger!
Heer der Sklaven, wache auf!
Ein Nichts zu sein, tragt es nicht länger,
alles zu werden, strömt zuhauf.

Völker, hört die Signale! Auf, zum letzten Gefecht!
Die Internationale erkämpft das Menschenrecht!

Es rettet uns kein hö'hres Wesen,
kein Gott, kein Kaiser, noch Tribun.
Uns aus dem Elend zu erlösen,
können wir nur selber tun!
Leeres Wort: des Armen Rechte!
Leeres Wort: des Reichen Pflicht!
Unmündig nennt man uns und Knechte,
duldet die Schmach nun länger nicht!

Völker, hört die Signale! Auf, zum letzten Gefecht!
Die Internationale erkämpft das Menschenrecht!

In Stadt und Land, ihr Arbeitsleute,
wir sind die stärkste der Partei'n.
Die Müßiggänger schiebt beiseite!
Diese Welt wird unser sein.
Unser Blut sei nicht mehr der Raben
und der nächt'gen Geier Fraß!
Erst wenn wir sie vertrieben haben,
dann scheint die Sonn' ohn' Unterlass!

Völker, hört die Signale! Auf, zum letzten Gefecht!
Die Internationale erkämpft das Menschenrecht!

Titelblatt der Internationale, 1888

M 4 Die Position von Unternehmern

a) Carl Ferdinand Freiherr vom Stumm: Grundsätze der Unternehmensführung

Stumm (1836–1901, s. auch Bild S. 166) leitete das Eisenwerk Neunkirchen (Saarland) seit 1858 und baute es zu einem der führenden Unternehmen im Montansektor aus. Stumm engagierte sich in der Politik, u.a. als Reichstagsabgeordneter, und äußerte sich vor allem zu Fragen der Sozialpolitik. Kritiker nannten ihn den „Scheich von Saarabien". In regelmäßigen Abständen rief er „seine" Arbeiter zusammen, um Gottesdienste zu feiern und Ansprachen zu halten. Die folgenden Sätze stammen aus den Jahren 1889 und 1895:

Wenn ein Fabrikunternehmen gedeihen soll, so muss es militärisch, nicht parlamentarisch organisiert sein [...]. Wie der Soldatenstand alle Angehörigen des Heeres umfasst [...], so stehen die Angehörigen des Neunkirchener Werkes wie ein Mann zusammen, wenn es gilt, die Konkurrenz wie die finsteren Mächte des Umsturzes zu bekämpfen. [...] Hat der Arbeiter einmal die Autorität des Arbeitgebers über den Haufen geworfen [...], dann wird die Autorität auf anderen Gebieten, in Staat und Kirche, sehr bald folgen. [...] Ich [...] würde keinen Augenblick länger an eurer Spitze aushalten, wenn ich an die Stelle meines persönlichen Verhältnisses zu jedem von euch das Paktieren mit einer Arbeiterorganisation unter fremder Führung setzen müsste. Ein solches Verhältnis [...] würde mir schon mein sittliches Pflichtgefühl und meine christliche Überzeugung verbieten. [...] Ein Arbeiter, der sich außerhalb seines Betriebes einem liederlichen Lebenswandel hingibt, wird auch in dem Betrieb nichts leisten können.

Wer in dieser Beziehung meinen Anforderungen nicht entspricht, wird zunächst verwarnt, und, wenn da nichts hilft, wird ihm gekündigt werden. [...] Jeder Meister und Arbeiter soll sich auch außerhalb des Dienstes so aufführen, dass sie dem Hause Gebr. Stumm zur Ehre gereichen. [...] Was das Heiratsverbot anlangt, so habe ich [...] konstatiert [...], der Arbeiter soll mir vorher seine Absicht anzeigen, damit ich in der Lage bin [...], törichte Heiraten zu verhindern.

[...] Ich glaube mit gutem Gewissen sagen zu dürfen, dass ich keinem meiner Berufsgenossen in den Wohlfahrtseinrichtungen nachstehe, jedenfalls nicht in dem Bestreben, nach bestem Wissen und Gewissen für euer materielles und geistiges Wohl zu sorgen und das praktische Christentum zu betätigen, wofür ich mich vor Gott verantwortlich fühle. Auf diese Weise hoffe ich, weit über meine eigenen Lebenstage dafür zu sorgen, dass ihr für die Lockungen der Sozialdemokraten und anderen falschen Propheten unempfänglich bleibt; das ist die beste Wohlfahrtseinrichtung, welche ich euch gewähren und hinterlassen kann. Bleibt fest für alle Zeit in der alten, unerschütterlichen Treue zu unserem erhabenen Monarchen; bleibt fest in der christlichen Nächstenliebe und der echten Gottesfurcht, welcher Konfession ihr auch angehört, dann wird es euch nach menschlichem Ermessen auch fernerhin wohlergehen.

(Zit. nach: Ernst Schraepler, Quellen zur Geschichte der sozialen Frage in Deutschland, Bd. 2, Göttingen 1964, S. 100ff.)

b) Alfred Krupp: Ansprache an seine Arbeiter (1877)

Krupp (1812–1887) baute die von seinem Vater geerbte Gussstahlfabrik zu einem der größten Unternehmen der Welt aus. Als er starb, beschäftigten die Kruppschen Werke in Essen etwa 20000 Arbeiter. Der Aufstieg gelang ihm durch die Erfindung und Herstellung nahtloser Radreifen, die vor allem beim Bau von Lokomotiven und Eisenbahnwagen großen Absatz fanden. Spätestens seit einem Streik seiner Arbeiter im Jahre 1872 verknüpfte er jede kritische Bemerkung mit Untreue und Verrat. Häufig schrieb er Briefe an seine Arbeiter („Ein Wort an meine Angehörigen"), in denen er Verhaltensanweisungen erteilte.

Sie [gemeint sind die Vertreter der Sozialdemokratie] wollen keinen Thron, keine Regierung, keine Religion, kein Eigentum und kein Erbe, auch ebenso wenig Zucht, Scham und Sitte anerkennen und gelten lassen. Was Jahrhunderte an Gutem geschaffen, veredelt und geheiligt haben, soll vernichtet werden, und selbstverständlich geht das nicht ohne Feuer und Schwert. Was eine fleißige sparsame Familie, was eine Generation ehrlich erworben hat, soll der Faule, Liederliche sich aneignen dürfen […].

Ich habe die Erfindungen und neuen Produktionen eingeführt, nicht der Arbeiter. Er ist abgefunden mit seinem Lohne und ob ich darauf gewinne oder verliere, das ist meine eigene Sache. […]

Ich habe den Mut gehabt für die Verbesserung der Lage der Arbeiter Wohnungen zu bauen, worin bereits 20000 Seelen untergebracht sind, ihnen Schulen zu gründen und Einrichtungen zu treffen zur billigen Beschaffung von allem Bedarf. Ich habe mich dadurch in eine Schuldenlast gesetzt, die abgetragen werden muss. Damit dies geschehen kann, muss jeder seine Schuldigkeit tun in Friede und Eintracht und in Übereinstimmung mit unsern Vorschriften. […] Genießet, was euch beschieden ist. Nach getaner Arbeit verbleibt im Kreise der eurigen, bei den Eltern, bei der Frau und den Kindern, und sinnt über Haushalt und Erziehung. Das sei eure Politik, dabei werdet ihr frohe Stunden erleben. Aber für die große Landespolitik erspart euch die Aufregung. Höhere Politik treiben erfordert mehr freie Zeit und Einblick in die Verhältnisse, als dem Arbeiter verliehen ist. […]

Mit dem Laufe der Zeit von Jahrzehnt zu Jahrzehnt wird alles besser und wer zurückblickt in die Vergangenheit, kann sich der Überzeugung nicht verschließen, dass große Fortschritte gemacht worden sind zum Besten aller und so auch der arbeitenden Klassen. Vor fünfzig Jahren lebte kein Arbeiter so gut in Nahrung, Wohnung und Kleidung als heute. Keiner wird tauschen wollen mit dem Lose seiner Eltern und Vorfahren.

(Zit. nach: Ernst Schraepler, a.a.O., S. 89ff.)

M 5 Die Position des Staates – Sozialistengesetz und Sozialgesetzgebung

a) Das „Sozialistengesetz" (Auszüge)

Das „Gesetz gegen die gemeingefährlichen Bestrebungen der Sozialdemokratie" vom 19. Oktober 1878 wurde vom Reichstag mit Mehrheit verabschiedet und trat am 21. Oktober 1878 in Kraft. Es wurde viermal verlängert, bis der Reichstag 1890 eine erneute Verlängerung ablehnte.

§ 1: Vereine, welche durch sozialdemokratische, sozialistische oder kommunistische Bestrebungen den Umsturz der bestehenden Staats- oder Gesellschaftsordnung bezwecken, sind zu verbieten. Dasselbe gilt von Vereinen, in welchen sozialdemokratische, sozialistische oder kommunistische auf den Umsturz der bestehenden Staats- oder Gesellschaftsordnung gerichtete Bestrebungen in einer den öffentlichen Frieden, insbesondere die Eintracht der Bevölkerungsklassen gefährdenden Weise zutage treten. [...]

§ 7: Aufgrund des Verbotes sind die Vereinskasse sowie alle für Zwecke des Vereins bestimmten Gegenstände durch die Behörde in Beschlag zu nehmen. [...]

§ 9: Versammlungen, in denen sozialdemokratische, sozialistische oder kommunistische auf den Umsturz der bestehenden Staats- oder Gesellschaftsordnung gerichtete Bestrebungen zutage treten, sind aufzulösen.

Versammlungen, von denen durch Tatsachen die Annahme gerechtfertigt ist, dass sie zur Förderung der im ersten Absatze bezeichneten Bestrebungen bestimmt sind, sind zu verbieten.

Den Versammlungen werden öffentliche Festlichkeiten und Aufzüge gleichgestellt. [...]

§ 11: Druckschriften, in welchen sozialdemokratische, sozialistische oder kommunistische auf den Umsturz der bestehenden Staats- oder Gesellschaftsordnung gerichtete Bestrebungen in einer den öffentlichen Frieden, insbesondere die Eintracht der Bevölkerungsklassen gefährdenden Weise zutage treten, sind zu verbieten. [...]

§ 17: Wer an einem verbotenen Vereine (§ 1) als Mitglied sich beteiligt oder eine Tätigkeit im Interesse eines solchen Vereins ausübt, wird mit Geldstrafe bis zu fünfhundert Mark oder mit Gefängnis bis zu drei Monaten bestraft. Eine gleiche Strafe trifft denjenigen, welcher an einer verbotenen Versammlung (§ 9) sich beteiligt oder welcher nach polizeilicher Auflösung einer Versammlung (§ 9) sich nicht sofort entfernt. Gegen diejenigen, welche sich an dem Vereine oder an der Versammlung als Vorsteher, Leiter, Ordner, Agenten, Redner oder Kassierer beteiligen oder welche zu der Versammlung auffordern, ist auf Gefängnis von einem Monat bis zu einem Jahre zu erkennen.

(Reichs-Gesetzblatt, Nr. 34/1878, S. 351–358; zit. nach: Helga Grebing, a.a.O., S. 149ff.)

b) Ankündigung der Sozialgesetzgebung durch Kaiser Wilhelm I. (1881)

Schon im Februar dieses Jahres haben Wir Unsere Überzeugung aussprechen lassen, dass die Heilung der sozialen Schäden nicht ausschließlich im Wege der Repression sozialdemokratischer Ausschreitungen, sondern gleichmäßig auf dem der positiven Förderung des Wohles der Arbeiter zu suchen sein werde. Wir halten es für Unsere kaiserliche Pflicht, dem Reichstage diese Aufgabe von Neuem ans Herz zu legen, und würden Wir mit umso größerer Befriedigung auf alle Erfolge, mit denen Gott Unsere Regierung sichtlich gesegnet hat, zurückblicken, wenn es Uns gelänge, dereinst das Bewusstsein mitzunehmen, dem Vaterlande neue und dauernde Bürgschaften seines inneren Friedens und den Hilfsbedürftigen größere Sicherheit und Ergiebigkeit des Beistandes, auf den sie Anspruch haben, zu hinterlassen. [...]

Für diese Fürsorge die rechten Mittel und Wege zu finden, ist eine schwierige, aber auch eine der höchsten Aufgaben jedes Gemeinwesens, welches auf den sittlichen Fundamenten des christlichen Volkslebens steht. Der engere Anschluss an die realen Kräfte dieses Volkslebens und das Zusammenfassen der Letzteren in der Form korporativer Genossenschaften[1] unter staatlichem Schutz und staatlicher Förderung werden, wie Wir hoffen, die Lösung auch von Aufgaben möglich machen, denen die Staatsgewalt allein in gleichem Umfange nicht gewachsen sein würde.

(Zit. nach: Gerhard A. Ritter, Das deutsche Kaiserreich, Göttingen (Neuaufl.) 1977, S. 245f.)

[1] Gemeint ist hier die Gemeinschaft aller Personen, die in eine Versicherung einzahlen.

Bilanz – Der Preis des Fortschritts

Technischer Fortschritt und wirtschaftliche Freiheit haben das Verhältnis des Menschen zur Arbeit und auch das Leben außerhalb des Arbeitsplatzes nachhaltig verändert.
Unterschiedlich ist seit jeher die Einschätzung dieses Prozesses. Die einen urteilen positiv, stufen die Entwicklung als fortschrittlich und modern ein. Andere betonen negative Seiten. Die heutige Geschichtswissenschaft rückt vor allem das Problem ins Bewusstsein, dass ein ungebremstes Wirtschaften große, vielleicht nicht beherrschbare Risiken birgt, etwa die Umweltverschmutzung oder die Energieknappheit. Das Thema humaner Arbeitsbedingungen ist ebenfalls ein Schlüsselproblem unserer Zeit.
Der Blick auf eine fremde, vergangene Zeit, in der ähnliche Konflikte wie heute auftraten, könnte Hinweise liefern, den Problemgehalt aktueller Streitfragen trennschärfer wahrzunehmen.

- **Wie ist der Prozess der Industrialisierung zu beurteilen?**

Formulieren Sie für eine populäre Geschichtszeitschrift einen schriftlichen Beitrag, der die Leitfrage zum Thema hat.

Vorschläge, wie Sie in Einzel-, Partner- oder Gruppenarbeit auf der Grundlage der Textauszüge aus der Fachliteratur eine eigene Stellungnahme zur Leitfrage entwickeln können:

1. Analysieren Sie die Historikertexte M 1, M 2, M 3, indem Sie
   a) für jeden Textauszug benennen, welchen Standpunkt der Autor zur Industrialisierungsproblematik einnimmt;
   b) die Kernaussagen und wie sie jeweils argumentativ begründet und gestützt werden, herausarbeiten.
2. Setzen Sie sich kritisch mit den Positionen auseinander, indem Sie im Rückgriff auf Ihre Kenntnisse zur Industrialisierung die Stichhaltigkeit der jeweiligen Argumentation prüfen.
3. Entwickeln Sie vor dem Hintergrund Ihrer kritischen Stellungnahme und in Anbindung an die drei wissenschaftlichen Positionen eine eigene abwägende Antwort auf die Leitfrage.

➧ **Tipp:** Denkbare Urteilsperspektiven:
„Die Industrialisierung im 19. Jahrhundert – ein großer Schritt für die Menschheit"
Oder: „Die Industrialisierung im 19. Jahrhundert – etwas Licht, aber viel Schatten"

MATERIALIEN

M 1 Deutschlands Entwicklung zur Industrienation

Im Leitartikel der „Frankfurter Zeitung" vom 31.12.1899 nimmt der (namentlich nicht bekannte) Verfasser den Wechsel vom 19. zum 20. Jahrhundert zum Anlass, um sich hierüber zu äußern.

Das gegenwärtige Geschlecht genießt den Vorzug, die Menschheitsgeschichte von der Zinne einer Jahrhundertwende herab zu betrachten. Da richtet sich der Blick naturgemäß auf das abgelaufene Jahrhundert, um den Wert seiner Leistungen abzuschätzen. [...]
Die Gründung und der Ausbau der großen Reiche wird die politische Hauptaufgabe des kommenden Jahrhunderts sein. Wir wünschen und hoffen, dass Deutschland, das gestärkt durch die errungne Reichseinheit und einen großartigen wirtschaftlichen Aufschwung in das neue Jahrhundert eintritt, zu diesen Weltreichen gehöre; aber wir wünschen und hoffen auch, dass Deutschland seine wachsende Macht stets nur im Geiste der Gerechtigkeit zum Segen der ganzen Menschheit gebrauche, damit so das Wort des mittelalterlichen Dichters sich erfülle: Am deutschen Wesen werde noch einmal die Welt genesen!
Jetzt erst wird der Mensch seiner selbst, seiner Stellung und seiner Kraft bewusst; jetzt erst erkennt er seine großen Aufgaben und nimmt deren Verwirklichung in die Hand. Unendlich groß sind die Errungenschaften der Wissenschaft und der Technik im neunzehnten Jahrhundert! Dampfschiffe, Eisenbahnen, Telegraph, Telephon, Elektrizität als Licht und Kraftquelle, Spektral-Analyse, Übertragung der Kraft, Entdeckung des Äthers, Röntgen-

Strahlen, die erstaunlichen Fortschritte der Chemie und des Maschinenwesens, Phonograph, Kinematograph, drahtlose Telegraphie und wie die Erfindungen und Entdeckungen alle heißen mögen – es sind für ein Jahrhundert so viele, um mehrere Jahrhunderte damit versehen zu können! Es ist nicht auffallend, dass diese riesige Entwicklung der Wissenschaft, die den Weltraum verkleinert, die Zeit verkürzt und die Völker miteinander in die engste Berührung bringt, dem Weltverkehr nicht bloß, sondern auch der Weltpolitik den nachhaltigsten Vorschub leistet, sodass im allgemeinen Wettbewerb kein Volk zurückbleiben kann, wenn es nicht Gefahr laufen will, für immer übergangen und aus der Reihe der maßgebenden Kulturmächte gestrichen zu werden. So hat die Wissenschaft des neunzehnten Jahrhunderts das Gesetz des Fortschritts in wunderbarer Weise befruchtet. [...]

Manche Aufgaben hat das neunzehnte Jahrhundert gelöst, aber noch mehr überliefert es ungelöst dem zwanzigsten Jahrhundert, das sie wohl auch nicht alle lösen wird. Das kann nicht anders sein, denn die Menschheit will noch länger leben und spätere Jahrhunderte wollen auch Arbeit haben. Aber wenn die Menschheit mit erweiterten Aufgaben in das neue Jahrhundert eintritt, dann bringt sie zur Lösung dieser Aufgaben weit mehr Kräfte mit, als sie in früheren Jahrhunderten besaß. Die Erkenntnis hat eine Stufe erreicht und die Nutzbarmachung der Naturkräfte ist zu einem Grade gediehen wie nie zuvor. Wir haben bedeutungsvolle Schritte getan dem Ziele der Menschheit entgegen Dieses Ziel heißt: Beherrschung der Natur und Herstellung des Reiches der Gerechtigkeit.

(Zit. nach: Geschichte lernen, Heft 72/1999, S. 59)

M 2 Die Bedeutung der Industrialisierung in Deutschland

Hierzu äußern sich die Wissenschaftsjournalistin Insa Holst und der Wirtschaftshistoriker Hendrik Fischer wie folgt (2008):

Das Ende der alten Zeit

[...] Nach 1850 erfasst die Industrialisierung auch Deutschland mit voller Wucht. Binnen weniger Jahrzehnte entwickelt sich die deutsche Schwerindustrie: Kohlenbergbau, Eisen- und Stahlproduktion, Maschinenbau. Entsteht ein dichtes Netz von Eisenbahnstrecken, bilden sich, nun geprägt von wissenschaftlicher Forschung, die chemische und elektrotechnische Industrie. Beschleunigt sich der technische Fortschritt immer weiter, wird jede Innovation schon bald von der nächsten überholt.

Bürgerliche Unternehmer sind die Herren dieser neuen Zeit: Männer, die ihren Erfolg zelebrieren, indem sie den Lebensstil des Adels imitieren – auch wenn sie auf ihren Ländereien nicht Weizen anbauen oder Milchvieh halten, sondern Kohlengruben ausbeuten und Fabriken errichten. Die investieren, anstatt zu verwalten. Und Gewinnstreben nicht als verwerfliche Habgier betrachten, sondern als wirtschaftliches Grundprinzip.

Diese kapitalistische Marktwirtschaft – das freie Spiel von Angebot und Nachfrage, an dem teilhaben kann, wer Ehrgeiz und Wagemut mitbringt – zerstört die Überbleibsel des mittelalterlichen Feudalismus. So beginnt mit der Industrialisierung auch für das einfache Volk eine Zeit des Aufbruchs und der Mobilität. [...]

Die Lebenswelt der neuen Zeit ist die Stadt. [...]

In den Industriestädten zerbricht in dieser Zeit die Einheit von Leben und Arbeiten. Die Lohnarbeit, zuvor nur in wenigen Berufen üblich, wird zur Regel. Statt auf Äckern oder in Handwerksstuben gemeinsam für den Lebensunterhalt zu sorgen, gehen Männer und Frauen, Söhne und Töchter nun jeweils einer eigenen Beschäftigung nach.

Die Großfamilie löst sich nach und nach auf. Das Schwinden alter Bindungen schafft Unsicherheit – aber zugleich auch Freiheit. Denn erstmals ist es Menschen möglich, ein selbstbestimmtes Leben zu führen. Befreit von den Fesseln des Ständesystems und der Zünfte, können sie ihren Beruf, den Wohnort, den Ehepartner frei wählen.

Auch die Abhängigkeit von den Launen der Natur endet im 19. Jahrhundert. Und zunehmend schafft die Industrialisierung Wohlstand. So steigern Düngemittel und Arbeitsmaschinen nach 1850 fast überall in Europa die landwirtschaftlichen Erträge um ein Vielfaches: Die Preise für Nahrung sinken, zudem verbilligen Eisenbahn und Dampfschiffe den Transport. Neben Getreidebrei, Brot und Kartoffeln kommen gegen Ende des Jahrhunderts auch bei Arbeiterfamilien vermehrt Butter, Obst, Gemüse und Fleisch auf den Tisch.

Darüber hinaus ergänzen nunmehr in industriellem Maßstab erzeugte, besonders lange haltbare und günstige Lebensmittel die Ernährungspalette – etwa die Margarine und das Milchpulver, welches der Schweizer Industrielle Henri Nestlé ab 1867 produziert. Oder der Fleischextrakt aus dem Hause Liebig und die getrockneten Suppen von Knorr oder Maggi. Industrielle Produktion macht warme Kleidung, Heizmaterial und nun auch Medikamente für Ärmere erschwinglich, ebenso vormalige Luxusgüter wie Kaffee oder Zucker. [...]

Die moderne Kommunikation lässt die Welt auch

auf andere Weise schrumpfen. Brauchte die Nachricht vom Ausbruch des amerikanischen Unabhängigkeitskampfes 1775 per Schiff noch rund sechs Wochen über den Atlantik, erreicht 91 Jahre später die Kunde vom Friedensschluss im Preußisch-Österreichischen Krieg die Menschen in den USA binnen weniger Minuten – per Telegramm.

Doch es ist, als habe der Mensch einen faustischen Pakt geschlossen mit der Maschine: Denn der Durchbruch der industriellen Moderne fordert einen hohen Preis. So zerstört die Industrie gewachsene Landschaften, zerschneiden Schienenstränge, Kanäle und begradigte Flüsse die Natur. [...]

Nachdem der Stand der Sonne und der Wechsel der Jahreszeiten über Jahrtausende den Alltag bestimmt haben, zwingen nun Maschinen den Arbeitern ihren Takt auf. Menschen leben Zeit nicht mehr, sondern messen sie, zerteilen sie mithilfe mechanischer Uhrwerke in Stunden, Minuten, Sekunden. [...]

Es ist ein System, das nur bei Wachstum funktioniert und die Unternehmer zum ständigen Steigern ihrer Produktion und Umsätze zwingt; Stagnation bedeutet sinkende Löhne und Arbeitslosigkeit. So ersetzt die Industrialisierung die vormoderne Armut zwar allmählich durch Wohlstand – aber sie schafft auch viele nie zuvor gekannte Probleme. [...]

(Insa Holst/Hendrik Fischer, Das Ende der alten Zeit, in: GEO Epoche, Die Industrielle Revolution, Nr. 30/2008, S. 22f.)

M 3 Die Anfänge der chemischen Fabriken im Rhein-Main-Gebiet

Der Historiker Ralf Berhorst schildert die Situation am Ende des 19. Jahrhunderts:

Der Main stinkt nach Verwesung. Fischkadaver treiben im Sommer 1884 den Fluss hinab. In der Gemeinde Höchst läuft ein Bote der Stadtverwaltung mit Schellen durch die Straßen und warnt Einwohner vor dem Verzehr der verendeten Tiere. Denn dem Gewässer entströmt ein starker Teergeruch; offenbar hat eine chemische Substanz die Fische vergiftet.

Viele Menschen verdächtigen die Fabrik Dittler & Co., die in Höchst Fuchsin produziert, einen leuchtend roten Farbstoff. Ihre Arbeiter erhalten ihn, indem sie Anilin, einen aus Teer gewonnenen Stoff, zusammen mit giftiger Arsensäure erhitzen. Bei dem Verfahren entsteht arsenhaltiges Abwasser, das selbst in 100-facher Verdünnung Fische tötet. Die Indizien sind eindeutig.

Schließlich gibt ein Vertreter von Dittler & Co. gegenüber den Behörden ein „Versehen" zu. Ein Arbeiter habe irrtümlich eine Abwasserschleuse geöffnet. Doch das erste Massensterben im Main bleibt juristisch folgenlos. Weil die Farbenfabrik den Fischern in Höchst eine Entschädigung für entgangene Fänge zahlt, erstattet niemand Anzeige.

Das „Versehen" bleibt kein Einzelfall. Schon im Sommer darauf schwimmen wieder tote Fische den Main hinab und der ganze Fluss ist dunkelrot eingefärbt. Diesmal fällt der Verdacht auf die Farbenfabrik Cassella, die in Fechenheim Fuchsin erzeugt, etwa sechs Flusskilometer oberhalb von Frankfurt. Dort protestieren die Besitzer von Badeanstalten sowie die Fischerei-Genossenschaft beim Magistrat der Stadt gegen die Verschmutzung des Flusses. Sie ist so stark, dass sogar noch der Rhein, in den der Main fast 50 Kilometer flussabwärts mündet, rot eingetrübt ist.

Als sich auch Militärs der Garnison Kastel, die gleich unterhalb der Mainmündung liegt, über die immer häufiger auftretenden Verfärbungen des Wassers beschweren, schickt im Sommer 1885 der Landrat des Mainkreises ein Rundschreiben an die Gemeindevorsteher der Dörfer am Fluss.

Der Bürgermeister von Eddersheim meldet „frühere Rötungen" des Mains. Aus Hochheim wird berichtet, der Fluss schillere „bald rötlich, bald blau und zuweilen ganz schwärzlich" und verströme einen giftigen Geruch. Aus Flörsheim heißt es, dort habe eine Frau sich in dem rötlichen Wasser gewaschen, „worauf ihre beiden Arme mit Blasen überzogen wurden. Dieselbe liegt heute noch schwer krank im Bette".

Auch in den Zeitungen häufen sich in jenen Wochen Nachrichten über die „ekelerregende" Verschmutzung des Mains. Im August 1885 endlich ordnet die Frankfurter Polizei an, Wasserproben zu ziehen. Und zwei Monate später fährt ein Beamter der preußischen Regierung auf den Main hinaus, um den Fluss in Augenschein zu nehmen: Kein Zweifel, unterhalb der Farbenfabriken um Frankfurt sei der Fluss auffallend „verunreinigt", heißt es später im Bericht, die Gefahr für Mensch und Fischbestände erheblich.

Doch nichts geschieht. Im Gegenteil: Einen Monat zuvor hat die Fabrik Dittler & Co. die amtliche Erlaubnis erhalten, verdünnte Arsensäure mit Kalk neutralisiert in den Main einzuleiten. Einzige Auflage: Die Abwasserrohre müssen bis in die Flussmitte reichen und dürfen nur zwischen 23 und vier Uhr geöffnet sein.

[Schon seit Jahrzehnten haben Betriebe Deutschlands Flüsse als Abwässerkanäle genutzt, etwa bei der Bleiche von Papier oder der Herstellung von Glas und Seife. Auch die Bergwerksbetreiber in den

Kohlenrevieren haben versalztes und schlammiges Grubenwasser in Bäche und Flüsse gespült. Andere Gerüche haben sich noch stärker bemerkbar gemacht: Städte wie Hamburg, Berlin oder Frankfurt schwemmten ihre Fäkalien ungefiltert in die nahen Flüsse – aus denen sie zugleich ihr Trinkwasser bezogen. Hinzu kamen Abgänge aus Schlachtereien, Gerbereien, Öl- und Walkmühlen. Mit der aufkommenden Chemie-Industrie in der Zeit der Hochindustrialisierung gelangen noch viel giftigere Substanzen in die Flüsse.]

Anfangs nehmen nur die Anwohner von Teerfabriken die Verschmutzungen wahr. [...] Als 1876 die Teerfarbenfabrik Kalle in Biebrich am Rhein offiziell beantragt, „sämtliche von der Fuchsin-Fabrikation stammenden Brühen in den Rheinstrom laufen lassen zu dürfen", stimmt die Aufsichtsbehörde in Wiesbaden zu. Gegen den Protest der Bürger Biebrichs – von Hoteliers, Badewirten, Fischern sowie des Kommandeurs der nahen Unteroffiziersschule, die unterhalb der Fabrik für ihre Kadetten ein Schwimmbad betreibt.

Die Behörde schützt damit die „überwiegenden industriellen Interessen", wie sie selbst schreibt. Kurz nach einer Wirtschaftskrise, die das Land 1873 erfasst hat, will die Obrigkeit eine aufstrebende Industrie nicht behindern. Bereits 1877 erzeugt das Deutsche Reich die Hälfte aller synthetischen Farben weltweit. 1882 arbeiten rund 72000 Menschen in Chemiefirmen. Aus den Abfallprodukten gewinnen die Forscher synthetische Arzneimittel. Bald gibt es erste Impfstoffe, Antiseptika, Schmerzmittel und künstliche Hormone. Ab 1900 liefern deutsche Firmen sogar mehr als drei Viertel aller weltweit künstlich erzeugten Farbstoffe.

Dennoch wird bis zur Jahrhundertwende im gesamten Rhein-Main-Gebiet nur eine einzige Geldstrafe verhängt – 1888 muss ein Betriebsleiter von Dittler & Co. 15 Mark Strafe zahlen. Und die Justiz schränkt den Spielraum der Behörden weiter ein: 1886 entscheidet das Reichsgericht, dass Schadensersatz für Flussverunreinigungen durch die Industrie nur dann geltend gemacht werden könne, wenn die „ortsübliche Belastung" überschritten sei – die aber ist in den Ballungsgebieten der Chemiewerke bereits sehr hoch. Das Urteil [...] schützt künftig allenfalls die Bewohner von Villen- und Kurorten vor Gestank, Ruß und Lärm der Industrie. Denn als einige Jahre später ein Hausbesitzer im oberschlesischen Kohlerevier gegen den Rauch aus einem Hüttenwerk klagt, teilt ihm das Oberlandesgericht Breslau mit, die Bewohner einer Industriegegend könnten an die Luftverhältnisse nicht solche Ansprüche stellen, wie man sie in einem Bad- oder Luftkurort habe. Den Einwand, man könne die Wohnungen nicht mehr lüften, ließen die Richter nicht gelten: Das Öffnen der Fenster sei „in diesem Arbeiterviertel nicht üblich". Und 1897 wird das Reichsgericht definieren, ein Fluss sei „die von der Natur gegebene Abflussrinne für das vielfach mit fremden Stoffen vermischte Wasser, welches zu Wirtschaftszwecken gedient hat und künstlich fortgeschafft werden muss". [...]

[Der Widerstand gegen die Verunreinigungen durch die Industrie nimmt Ende des 19. Jahrhunderts deutlich zu.] Auch Fischer am Main schließen sich zusammen, sie ziehen Wasserproben und veröffentlichen die Messergebnisse. Die frühen Umweltschützer gelten dem Gewerbeinspektor vor Ort als Querulanten und verträumte „Fischereiliebhaber". Daher beauftragt die industrienahe Flusskommission 1889 einen Chemiker mit einer Denkschrift. Der Autor rechnet vor, dass auf einen Arbeitsplatz in der Binnenfischerei 377 in der Abwasser verursachenden Industrie kämen. Und insgesamt sei der „wirtschaftliche Wert der Industrien circa 1000-mal größer als der Wert der Binnenfischerei". Folglich sei die Ableitung der Fabrikabwässer „notwendig und berechtigt". Ein anderer Gutachter vertritt später sogar die These, chemische Abwässer könnten „Keime von Krankheiten" im Flusswasser abtöten. [...]

[Nach der Erfindung von synthetischem Indigo-Farbstoff wird die Firma BASF zum Weltmarktführer.] Der Preis für solche Triumphe: Allein die sechs Abwasserrohre der BASF-Werke in Ludwigshafen pressen Sekunde für Sekunde 870 Liter in den Rhein und verfärben ihn weithin rot. Alles Leben in der Nähe ist vernichtet, eine schmierige Masse aus Teer und Fett bedeckt die Ufer. An Rhein und Main geben immer mehr Fischer die Arbeit auf, denn die Gewässer veröden.

Dabei sind inzwischen Techniken entwickelt worden, mit denen die Umwelt geschützt werden könnte. Doch sie werden kaum angewandt, weil sie vielen Firmen zu teuer sind. [...]

Erst am 1. März 1960 tritt in der Bundesrepublik das „Wasserhaushaltsgesetz" in Kraft: das erste Gesetz, das auf Bundesebene die Flüsse und Seen Deutschlands schützt – nachdem sie ein Jahrhundert lang kaum mehr waren als „Abflussrinnen" der Industrie.

(Ralf Berhorst, Die Giftmacher, in: GEO Epoche, Die Industrielle Revolution, Nr. 30/2008, S. 130ff.)

Üben – Vertiefen – Anwenden

Industrialisierung: Wirtschaft und Gesellschaft verändern sich

Kernbegriffe:

- ★ Industrielle Revolution
- ★ Agrarrevolution
- ★ Schrittmacherindustrie(n)
- ★ Wirtschaftsliberalismus
- ★ Kommunismus/Marximus
- ★ Sozialismus
- ★ Arbeiterparteien (ab 1863) und Arbeiterbewegung
- ★ Streik
- ★ Sozialgesetzgebung (ab 1883)
- ★ Enzyklika Rerum Novarum (1891)
- ★ Big Business
- ★ Great Depression/Weltwirtschafts…
- ★ New Deal
- ★ Umwelt

Info, S. 144–147

1. Begründen Sie, warum man im Zusammenhang des Industrialisierungsprozesses von einer Modernisierung spricht. Legen Sie Ihrer Argumentation eine Definiton des Begriffes zugrunde, die wichtige Kennzeichen umfasst.

Info, S. 148–154

2. Erstellen Sie eine Mindmap, die grundlegende Informationen des Kapitels visualisiert und als Grundlage für einen Vortrag zum Thema „Die Anfänge der Industrialisierung in Europa und England“ dienen kann.

Info, S. 154–158
Thema, S. 180ff.

3. Erläutern Sie, warum sich die Industrialisierung in Deutschland gegenüber England verzögerte.

Info, S. 154–164
Thema, S. 180ff.

4. Charakterisieren Sie die besonderen Merkmale, die jede der drei Phasen des Industrialisierungsprozesses in Deutschland kennzeichnen.

Info, S. 158–160

5. Informieren Sie sich über die Entstehung des Schienennetzes im Südwesten und informieren Sie den Kurs über die Spezifika des Eisenbahnbaus in Baden und/oder Württemberg. Für einen ersten Überblick kann folgende Internetseite herangezogen werden, auf der sich auch weiterführende Links zu Baden und Württemberg finden: http://de.wikipedia.org/wiki/Geschichte_der_Eisenbahn_in_Deutschland

Info, S. 153f., 159
Thema, S. 199ff.

6. Soll der Staat die Industrialisierung fördern? Entwerfen Sie die Rede eines Politikers, der sich als Abgeordneter im württembergischen oder badischen Landtag zu der Frage äußert, ob der Ausbau einer Bahnstrecke zwischen Stuttgart und Karlsruhe durch staatliche Gelder gefördert werden sollte. Wählen Sie die Perspektive eines Anhängers von Adam Smith.

Info, S. 162f.
Thema, S. 199ff.

7. Informieren Sie in einem leicht verständlichen Vortrag über die Grundprinzipien von Aufbau und Funktionsweise einer bedeutenden technischen Erfindung (z. B. Dampfmaschine, Dynamo-elektrisches Prinzip, Otto-Motor, Glühbirne, Fetthärtung o. Ä.).

Info, S. 164
Thema, S. 192ff.

8. Interessenorganisation – Finanzsystem – Staatsrolle: Überprüfen Sie, inwieweit mit diesen Stichworten Modernisierungstendenzen verbunden sind.

Info, S. 165–168
Thema, S. 192ff.
Forum, S. 212ff.

9. Erklären Sie anhand selbst gewählter Beispiele aus dem Bereich der Industrialisierung in Deutschland die Wechselwirkung von wirtschaftlicher und gesellschaftlicher Veränderung; nutzen Sie dabei grafische Mittel der Veranschaulichung.

Info, S. 168–170

10. Überprüfen Sie, ob und ggf. in welcher Weise der Deutsche Gewerkschaftsbund (DGB) aktuell auf seine Vorläuferorganisationen aus dem 19. Jahrhundert zurückgreift und wie die damaligen Arbeiterführer bewertet werden. Internet-Tipp: www.dgb.de/dgb/geschichte/bewegtez/DiefrJahre/ • www.60-Jahre-dgb.de/vor-1949/

Info, S. 168–170

11. Überprüfen Sie, ob und ggf. in welcher Weise die SPD bzw. die Partei „Die Linke“ auf ihre Vorläuferorganisationen aus dem 19. Jahrhundert zurückgreifen und wie die damaligen Arbeiterführer bewertet werden. Internet-Tipp: www.spd.de/de/partei/geschichte • http://library.fes.de/fulltext/historiker/01705-02.htm

Info, S. 170–172
Thema, S. 205 ff.

12. Stellen Sie anhand ausgewählter Beispiele Ansätze zur Lösung der Sozialen Frage dar und beurteilen Sie die Wirkungsmöglichkeiten.

Info, S. 175 f.
Forum, S. 212 ff.

13. Massenproduktion und Massenkonsum – beurteilen Sie, welche positiven und welche negativen Aspekte mit dieser Entwicklung verbunden werden können.

Info, S. 176–178

14. Erläutern Sie auf der Grundlage der Diagramme auf S. 176 und S. 178, wie die Weltwirtschaftskrise von den Zeitgenossen wahrgenommen wurde und wie man sich ihr Entstehen aus heutiger Sicht erklärt.

Info, S. 178 f.

15. Erörtern Sie Vor- und Nachteile der Politik des New Deal.

Info, S. 148–153,
154–164, 173–176
Thema, S. 180 ff.

16. Vergleichen Sie die Industrialisierungsprozesse in England, Deutschland und den USA. Nutzen Sie die Bezugsgrößen „Voraussetzungen“, „Anfänge“, „Schlüsselindustrien“, „hemmende/beschleunigende Faktoren“ und „Staatsverständnis“, um Gemeinsamkeiten und Unterschiede zu erläutern.

Klausurtraining

Interpretation einer Statistik

1. Analysieren Sie die statistischen Daten, indem Sie sie nach formalen und inhaltlichen Gesichtspunkten beschreiben.
2. Erläutern Sie die in der Statistik zum Ausdruck kommenden wirtschaftlichen Entwicklungen und Zusammenhänge.
3. Erörtern Sie, welche gesicherten Schlussfolgerungen die Statistik zulässt auf die Frage, inwiefern sich die Lebensverhältnisse durch die Industrialisierung für die Arbeitnehmer in Deutschland verbessert haben.

M Einkommen von Arbeitnehmern in Industrie, Handel und Verkehr in den Jahren 1871 bis 1913 im Durchschnitt

	Mittlerer Jahresverdienst nominal		Index der Lebenshaltungskosten	Mittlerer Jahresverdienst real	
Jahr	Mark	1895 = 100	1895 = 100	In Preisen von 1895	1895 = 100
1871	493	74	105,8	466	70
1875	651	98	112,7	578	87
1880	545	82	104,0	524	79
1885	581	87	98,6	589	89
1890	650	98	102,2	636	96
1895	665	100	100,0	665	100
1900	784	118	106,4	737	111
1905	849	128	112,4	755	114
1910	979	147	124,2	789	119
1913	1083	163	129,8	834	125

(Nach: G. Hohorst u. a., Sozialgeschichtliches Arbeitsbuch, München (Beck) 1975, S. 107)

Neben den Produktionsziffern sind die Verdienste der Bevölkerung ein wichtiger Indikator für die gesamtwirtschaftliche Entwicklung. Vor 1913 ist der Warenkorb (durchschnittliche Ausgaben für Nahrung, Kleidung, Wohnung, Sonstiges) nicht systematisch berechnet worden. Man ist also auf Schätzungen und Vermutungen angewiesen, die sich vor allem auf die Preise von Waren stützen. In der Tabelle sind die Einzahlungen der Versicherten von Berufsgenossenschaften an die Reichsversicherungsanstalt berücksichtigt worden. Dabei fehlen also alle Einkommensbezieher, die keine Versicherungsbeiträge gezahlt haben oder die nicht in einer Genossenschaft organisiert waren. Unterschiede zwischen den Einkommen von gelernten und ungelernten Arbeitern, Frauen- und Männerlöhnen sind ebenfalls nicht berücksichtigt.

„Einheit“ und „Freiheit“: Die Märzrevolution von 1848/49

Frühjahr 1848: In ganz Europa brannten die Barrikaden. Der epochale Wandel, der 1789 begonnen hatte, nahm einen zweiten Anlauf.
Bürger, Handwerker, Arbeiter und Bauern kämpften gegen die alte monarchische Ordnung und die Herrschaft der Fürsten. Ihre Ideale: „Freiheit“ und „Nation“.
Die Revolution des Jahres 1848 markiert einen ersten Höhepunkt in der Geschichte Deutschlands im 19. und 20. Jahrhundert.
Es ist – zumindest aus der Rückschau betrachtet – allerdings offensichtlich eine besondere Geschichte, denn die Demokratie hatte es schwer in Deutschland: Die Revolution von 1848 konnte ihre Ziele nicht erreichen, das Kaiserreich (1871–1918) blieb politisch rückständig, die demokratische Ordnung der Weimarer Republik (1918–1933) scheiterte letztlich und mündete in die Katastrophe der nationalsozialistischen Diktatur (1933–1945). Die Sichtweise, dass es für Deutschland eine Geschichte im Spannungsfeld von Demokratie und Diktatur war, erscheint nachvollziehbar.
Was in der Rückschau auf den ersten Blick fast wie ein folgerichtiger Irrweg erscheint, war in Wirklichkeit ein komplexer Prozess. Mit richtigen Entscheidungen – und mit falschen.

Berlin 18./19. März 1848: Barrikadenkämpfe gegen die preußische Armee (zeitgenössische Lithografie)

Die Märzrevolution von 1848/49

1. 1848: Sturm über Europa

Barrikade in Mannheim, 26.4.1848 (zeitgenössischer Holzstich)

Mannheim, 26. April 1848: Badische Revolutionäre blockieren die Rheinbrücke mit einer Barrikade.
Kurz zuvor – am 27. Februar 1848 – war die Nachricht von der Februarrevolution in Paris eingetroffen. Sie verbreitete sich in Windeseile und löste auch in Baden eine Volkserhebung aus. Deren Anführer, Friedrich Hecker und Gustav Struve, wurden zu Helden der Revolution in ganz Deutschland und Europa.
Die Revolution von 1848 war eine europäische Revolution. Die vielfältigen Aufstände in Europa waren einerseits durch lokale und nationale Besonderheiten geprägt, waren aber andererseits eng miteinander verwoben. Ihre Ideale waren im Prinzip überall gleich – es ging um die „Freiheit". Ähnlich verlief auch überall die Dynamik der Revolution: Den Zeitraum von März 1848 bis Sommer 1849 haben deutsche Zeitgenossen als das „tolle Jahr" bezeichnet. Tatsächlich überschlugen sich in dieser Zeit die Ereignisse und – wenn man sie mit den vorhergehenden und den nachfolgenden Jahrzehnten vergleicht – dann hat sie etwas Verrücktes, Außergewöhnliches an sich. Aufstände und Barrikadenkämpfe zeigten schnelle Erfolge und in der euphorischen Stimmung im Frühjahr und Sommer 1848 schien es, als hätte die Revolution bereits über die alten Mächte gesiegt.
Das Jahr hatte im Januar mit einem Aufstand in Palermo und der Ausrufung einer liberalen Verfassung in Turin begonnen. Es folgten Barrikaden- und Straßenkämpfe in praktisch allen europäischen Großstädten, wie Paris, London, Manchester, Mailand, Berlin und Wien – mit unterschiedlichen Folgen: In Paris dankte König Louis Philippe ab, in Berlin lenkte der preußische König ein und versprach eine Verfassung, Wien wurde von monarchischen Truppen regelrecht belagert, in Italien begannen revolutionäre Truppen einen Feldzug gegen die österreichische Herrschaft, in Süddeutschland begann ein Aufstand radikaler Demokraten. Vielerorts zogen Bauern über das Land, plünderten Schlösser und verbrannten Urkunden.
Um heute zu verstehen, was die Zeitgenossen bewegte, muss man unter die Oberfläche schauen: Welche Themen bewegten die Menschen? Was war zuvor geschehen?

Friedrich Hecker (1811–1881), populärer Redner und Agitator der Märzrevolution 1848 in Baden; Anführer des Heckeraufstands, nach dessen Scheitern er in die USA emigrierte.
Gustav Struve (1805–1870), radikaldemokratischer Revolutionär, ebenfalls einer der Führer der Märzrevolution 1848 in Baden.

2. Die Vorgeschichte der Revolution

Revolutionäre Ideen: Nationalismus und Liberalismus

„Nation": (von lat. Natio = das Geborenwerden) ist ein nicht eindeutig definierter Begriff. In der Neuzeit werden solche Gemeinschaften als „Na-

„Nation" und „Nationalismus": Ambivalente Assoziationen. „Nation" und „Nationalismus" – das sind heute geläufige Begriffe. Aber sie sind mit sehr unterschiedlichen, ja gegenläufigen Assoziationen und Gefühlen verbunden. Manche verbinden mit ihnen Patriotismus, Vaterlandsliebe oder Heimatverbundenheit; in internationalen Wettkämpfen fiebern viele mit den Kandidaten, Sportlern oder Mannschaften der eigenen Nation. Für andere haben diese Begriffe den Geschmack der Überheblichkeit, der Ab-

grenzung gegenüber den anderen und Fremden. Besonders nach den Erfahrungen mit übersteigerten Nationalismen in der Geschichte, wie dem antisemitischen Nationalsozialismus in Deutschland oder den Bürgerkriegen im ehemaligen Jugoslawien, denken viele an Rassismus, Vertreibung und Völkermord.
Tatsache ist, dass die europäische Staatenordnung seit den vergangenen beiden Jahrhunderten wesentlich auf dem Prinzip der Nation beruht und in „Nationalstaaten" gegliedert ist. Fundamentale, heute weltweit gültige Prinzipien des Völkerrechts, wie das „Selbstbestimmungsrecht der Völker" oder die „nationale Souveränität", basieren auf der Idee der Nation.

„Nation" und „Nationalismus": Historische Ursprünge. Die Idee der „Nation" in ihrem modernen Bedeutungsgehalt wurde in der Zeit der Aufklärung (s. S. 21) entwickelt. Die Vielzahl der Denkansätze lässt sich – etwas verkürzt und pointiert – so zusammenfassen: Im Kern verstanden die Aufklärer unter „Nation" die historisch gewachsene, politisch aktive Gemeinschaft eines Volkes. Der prinzipiell gleichberechtigte Zusammenschluss aller (von Natur aus freien und vernunftbegabten) Individuen zur „Nation" schien den Philosophen der Aufklärung eine „vernünftige" Form des gesellschaftlich-politischen Zusammenschlusses zu sein. Die Idee der Nation entstand deshalb bewusst als Gegenmodell zu den damals gültigen – nach Ansicht der Aufklärer „unvernünftigen" – Strukturen der ständischen Gesellschaftsordnung und des monarchisch-dynastischen Herrschaftssystems. Während Letztere – wieder nach Ansicht der Aufklärung – die Individuen bevormundeten und in Unmündigkeit hielten, versprach die Idee der Nation im Gegenteil zur Emanzipation und Entfaltung der Individuen beizutragen.
Politische Sprengkraft entwickelte die Idee der Nation in einer zentralen Machtfrage: Wer sollte das Recht zur Gründung und Leitung eines Staates haben? Die sich auf das metaphysische Argument des „Gottesgnadentums" berufenden Fürsten (Fürstensouveränität) oder das sich auf die Idee der „Nation" berufende Volk (Volkssouveränität)? Nicht ein angeblich von Gottes Gnaden bestimmter Herrscher, sondern die Gemeinschaft aller Bürger sollte die Grundlage des Gemeinwesens sein. Nur diese Gemeinschaft, die Nation, sollte die legitime Grundlage staatlicher Gewalt, der staatliche Souverän, sein. Damit war der Gedanke der Nation von vorneherein mit dem Gedanken des „Nationalstaates" verbunden.

Europas Nationen huldigen der Statue der Bürgerrechte (Gemälde von Frédéric Sorrieu, Frankreich 1848).

tionen" bezeichnet, die (a) über gemeinsame Merkmale, wie Herkunft, Sprache, Geschichte oder Kultur, verfügen („objektiver Nationbegriff") und die sich (b) dieser Gemeinsamkeiten (im positiven Sinne) bewusst sind („subjektiver Nationbegriff").

Nationalstaat: Bezeichnung für solche Staaten, die sich als Ausdruck einer politisch handelnden Nation verstehen. Im 19. Jahrhundert entstanden einige Nationalstaaten (z. B. Frankreich) auf dem Territorium der absolutistischen „Territorialstaaten". In anderen Fällen (z. B. Deutschland vor 1871) verfügten sogenannte „Kulturnationen" zwar über ein gemeinsames Nationalbewusstsein, aber nicht über ein gemeinsames Staatsgebiet. In wieder anderen Fällen (z. B. Österreich-Ungarn) lebten mehrere Nationen in einem gemeinsamen Staat („Vielvölkerstaat"). Heute scheint die Zukunft der Nationalstaaten widersprüchlich: Einerseits wird ihre Bedeutung durch die Prozesse der Globalisierung ausgehöhlt, sodass manche Wissenschaftler bereits vom „Ende des Nationalstaats" sprechen. Andererseits scheint die Popularität des Konzepts, wie z. B. die vielen neuen Nationalstaatsgründungen in Osteuropa zeigen, ungebrochen.

Der Liberalismus. Der Nationalismus hatte von vorneherein eine Zwillingsschwester: den Liberalismus. Wie der Nationalismus hatte der Liberalismus seine geistigen Wurzeln in der Aufklärung. Der Grundgedanke des Liberalismus war der Glaube an die Vernunft und die Selbstverantwortlichkeit des Menschen. Als politische Grundströmung stellte er die Freiheit des Individuums gegen jede gesellschaftliche und politische Bevormundung als zentralen Wert in den Mittelpunkt seiner Weltanschauung. Als wirtschaftlicher Liberalismus wandte er sich gegen staatliche Reglementierungen der Wirtschaftstätigkeit, als politischer Liberalismus war er gegen politische Entmündigung und für politische Mitbestimmungsrechte.

Dynastie: Herrscherfamilie.
Dynastisches Herrschaftsprinzip: Vererbung des (monarchischen) Herrschaftsrechts in einer Herrscherfamilie.

Gemeinsame Frontstellung. Nationalismus und Liberalismus trafen sich also in der Ablehnung des seit Jahrhunderten in Europa gültigen monarchisch-dynastischen Herrschaftsprinzips und in dem gemeinsamen Ziel einer auf der Gemeinschaft der „Nation" gründenden staatlichen Gewalt. Allerdings darf man diese Zielvorstellung zu Beginn des 19. Jahrhunderts nicht mit unserem heutigen Verständnis eines demokratischen Nationalstaats verwechseln: Wie weitreichend die politischen Mitbestimmungsrechte sein sollten, war damals umstritten. Die Mehrheit der Liberalen befürwortete ein eingeschränktes, auf bestimmte Bevölkerungsgruppen (besitzende und/oder gebildete Schichten, Männer) beschränktes Wahlrecht. Auch billigte die Mehrheit der liberal-nationalistischen Denkansätze den Fürsten noch eine bedeutende Rolle als zentrale Exekutive zu.
Ihre ersten spektakulären Erfolge erreichte die Zusammenarbeit von Nationalismus und Liberalismus im amerikanischen Unabhängigkeitskrieg (1775–1781, s. S. 25 f.) und in der Französischen Revolution (1789–1799, s. S. 64 ff.). Dieser Erfolg strahlte für lange Zeit und weithin aus: Der Aufstieg des liberalen Nationalismus wurde in der ersten Hälfte des 19. Jahrhunderts zu einem gesamteuropäischen Phänomen.

Erfolgsfaktoren. Nationalismus und Liberalismus erschienen auch deshalb so erfolgreich auf der historischen Bildfläche, weil sie in der Lage waren, fundamentale Bedürfnisse der Zeit zu befriedigen: Modernisierung (s. S. 10 ff.) und Industrialisierung (s. S. 142 ff.) hatten zu einem Zerfall der alten Ordnungen, zu einer Erosion traditioneller Gewissheiten und Identitäten geführt. Dies betraf die „großen" Ordnungssysteme, wie Religion und Kirche, ständische Sozialordnung oder monarchische Regierung, aber auch die „kleinen", lebensnahen Strukturen, wie die ländliche Großfamilie oder die gewachsene Dorfgemeinschaft. Wo überkommene Orientierungsmöglichkeiten sich auflösten oder ins Wanken gerieten, da bot der Nationalismus eine neue Chance, Gemeinschaft zu empfinden, sich zu identifizieren und sich zu orientieren. Es war die starke Identifikationskraft der nationalen Ideen, die ihre Attraktivität für die Menschen im Europa des beginnenden 19. Jahrhunderts ausmachte.
Diese Attraktivität erhöhte sich noch durch ein starkes utopisches Moment. Die Idee einer Gemeinschaft der Nation war historisch neu und unverbraucht. Mit ihrem Konzept des „Nationalstaates" war sie gegen die traditionellen Herrschaftsstrukturen und die vielfältigen, von ihnen – angeblich oder tatsächlich – verursachten Probleme gerichtet. Sie verhieß eine „bessere" Zukunft, nicht nur für die Nation insgesamt, sondern auch – durch sie – für die einzelnen Menschen.

Territorialstaat: Staat mit einem geschlossenen, zusammenhängenden Staatsgebiet.

Realisierungsprobleme. Aber was in Frankreich – jedenfalls zunächst – so erfolgreich funktioniert hatte, erwies sich in anderen Regionen Europas aufgrund anderer historischer Voraussetzungen als komplexeres Problem. In Deutschland etwa hatte der Absolutismus – anders als in Frankreich – keinen geschlossenen Territorialstaat geschaffen. Deshalb bestand zu Beginn des 19. Jahrhunderts keine Übereinstimmung zwischen den sprachlichen und kulturellen Grenzen der „Nation" einerseits und den staatlichen Grenzen andererseits. So konnte die deutsche Nationalbewegung zwar auf gemeinsamen historischen Wurzeln und auf gemeinsamen kulturellen Eigenheiten (vor allem die deutsche Sprache, Literatur und Wissenschaft) aufbauen; eine politische Einheit der

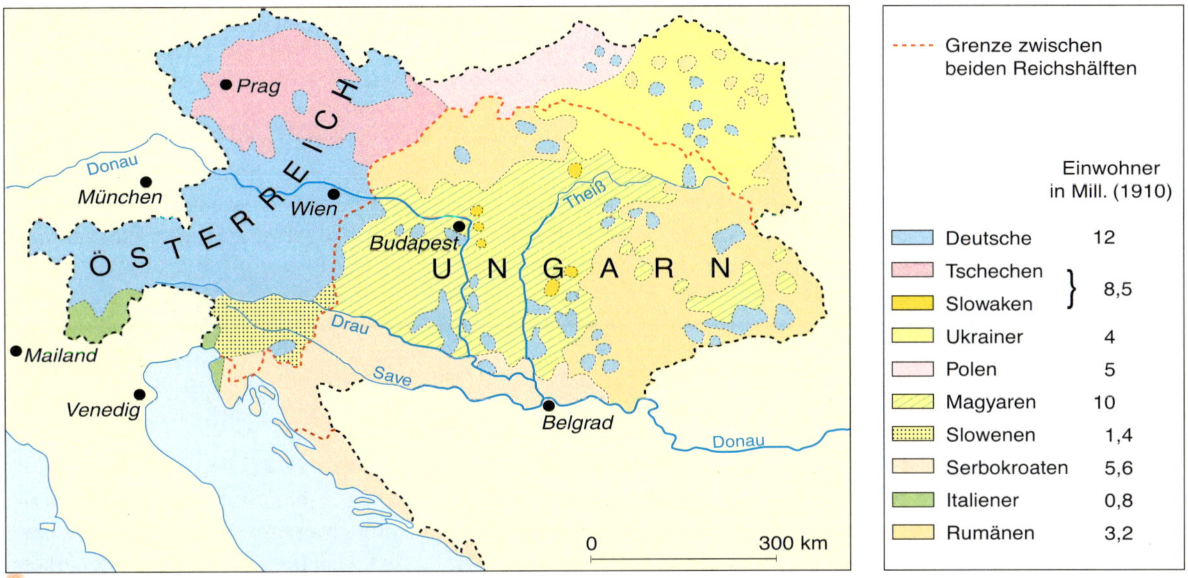

Nationalitäten im Vielvölkerstaat Österreich – Ungarn

durch Grenzen und unterschiedliche Gegebenheiten voneinander getrennten Staaten musste sie jedoch zunächst selbst herstellen.
Ein – in gewisser Hinsicht gegenläufiges – Problem bestand in den sogenannten „Vielvölkerstaaten", allen voran Österreich-Ungarn. In den vergangenen Jahrhunderten war hier durch Heiratsdiplomatie, Eroberungen, Zukäufe etc. ein Staatsgebilde entstanden, das eine Vielzahl von Völkern (in der Sicht der Nationalbewegungen: Nationen) umfasste. Die verschiedenen Nationalbewegungen in Österreich-Ungarn drohten, das Reich zu sprengen, und tatsächlich führten sie zu zunehmenden Spannungen zwischen den verschiedenen Bevölkerungsgruppen. Die berühmt gewordenen Sätze des österreichischen Kaisers Franz I. „Die Völker – was ist das? Ich kenne nur Untertanen." brachten dieses Problem prägnant auf den Punkt. Damit wollte Franz I. wohl auch seinen Willen zur Gleichbehandlung aller Untertanen ungeachtet ihrer nationalen Zugehörigkeit betonen. Doch was heute in unserer Zeit angesichts der Globalisierung wieder modern und zeitgemäß klingt, das war damals vor allem als Abwehr der von Nationalismus und Liberalismus geforderten Volkssouveränität und als Bekräftigung des dynastischen Machtanspruchs gegenüber den Nationalbewegungen gemeint.

Ambivalenz des Nationsbegriffs. Die europäischen Nationalbewegungen hatten jedoch nicht nur mit vielen konkreten Schwierigkeiten zu kämpfen. Der Begriff „Nation" enthielt von Anfang an auch eine Ambivalenz, die wir heute – in der historischen Rückschau und nach der Erfahrung der beiden Weltkriege – besonders deutlich erkennen können und die viele von uns heute vor allem mit dem Begriff „Nationalismus" assoziieren. Wie ein „Januskopf" vermag der Nationalismus einerseits, im positiven Sinne die Identifikation mit der Gemeinschaft einer „Nation" herzustellen sowie einen Staat auf dem Prinzip der nationalen Souveränität zu begründen.
Andererseits kann diese Identifikation auch auf der Abwehr anderer Nationalitäten, auf einer Abgrenzung gegenüber dem „Anderen" und auf der Definition eines gemeinsamen Feindes beruhen oder zu diesen Phänomenen hinführen. Vor allem die Erfahrungen der nationalen Spannungen vor und während des Ersten Weltkrieges, von Völkermord und Vertreibung im Nationalsozialismus sowie der „neonationalistischen" Bürgerkriege an der Wende zum 21. Jahrhundert (wie etwa auf dem Territorium des ehemaligen Jugoslawien) zeigen die hässliche Kehrseite des Nationalismus. Unweigerlich scheinen im Nationalismus die Mechanismen der inneren Identifikation (Inklusion) und der Abgrenzung nach Außen (Exklusion) miteinander verknüpft.

Janus: Römischer Gott mit Doppelgesicht. Als januskopfig werden Personen oder Institutionen bezeichnet, deren Charakter oder Verhalten zwei sich widersprechende Seiten zeigt.

Neonationalismus: Neuer, wieder aufkeimender Nationalismus.

Der zeitgenössische Historiker Jakob Burckhardt schrieb 1871:
„Patriotismus ist oft nur ein Hochmut gegenüber anderen Völkern und schon deshalb außerhalb des Pfades der Wahrheit, oft aber gar nur eine Art Parteisucht innerhalb des eigenen vaterländischen Kreises, ja er besteht oft nur im Wehetun gegen andere.“

Vom liberalen zum integralen Nationalismus. Dieser Charakter des Nationalismus als „Januskopf“ trat seit der Mitte des 19. Jahrhunderts immer deutlich zutage. Denker und Politiker verschiedener, besonders aber konservativer Prägung entdeckten die im Nationalismus liegende gesellschaftlich-politische Integrationskraft und begannen, sie für ihre Zwecke zu instrumentalisieren. Neben dem „liberalen Nationalismus“ bildeten sich verschiedene Formen eines „integralen Nationalismus“ heraus. In dieser Spielart des Nationalismus bedeutete „Nation“ nicht mehr die Gemeinschaft freier Bürger, die sich gegen die Bevormundung durch (monarchische) Herrschaft durchsetzt, sondern – oft genau im Gegenteil – den Versuch europäischer Regierungen, „ihr“ Volk hinter sich zu vereinen, innere politische Spannungen zu übertünchen und es für die Abwehr von „Gegnern“ oder „Feinden“ zu gewinnen. Die ursprünglich liberale Utopie der „nationalen Einheit“ wandelte sich zu einer Drohgebärde gegen innen- und außenpolitische Gegner. Der integrale Nationalismus war zu einer konservativen Herrschaftsideologie geworden. Er wurde schließlich zu einer der wesentlichen Ursachen der sich verschärfenden Spannungen zwischen den europäischen Staaten und des Ersten Weltkrieges.

Napoleon Bonaparte, 1812 (Gemälde von Jacques Louis David)

Die napoleonische Epoche und der Wiener Kongress

Die Kriege und Eroberungen Napoleons veränderten das Machtgefüge in ganz Europa – und dies nicht nur in machtpolitisch-territorialer, sondern auch in ideologischer Hinsicht. Der französischen Revolutionsarmee gelang es in vier „Koalitionskriegen“, mit revolutionärem Sendungsbewusstsein und nationalem Selbstbewusstsein bis 1812 sämtlichen Gegnern zu trotzen und weite Teile Europas zu kontrollieren.

Die napoleonischen Kriege

1792–1797: Erster Koalitionskrieg

1799–1802: Zweiter Koalitionskrieg

1803: Reichsdeputationshauptschluss
Die deutschen Fürsten werden auf Betreiben Napoleons für ihre Verluste westlich des Rheins nach zwei Prinzipien entschädigt:
(a) Säkularisierung: Geistliche Herrschaften werden in die Territorialstaaten eingegliedert.
(b) Mediatisierung: Aufhebung der Reichsunmittelbarkeit freier Reichsstädte.

1805: Dritter Koalitionskrieg
England bildet mit Russland, Österreich, Schweden und Neapel ein Bündnis gegen Frankreich, um das europäische Gleichgewicht wiederherzustellen. Preußen bleibt neutral. Niederlage der Koalition in der „Dreikaiserschlacht“ von Austerlitz.

1806/07: Vierter Koalitionskrieg
Preußen und Russland gegen Frankreich; Niederlage der Preußen bei Jena und Auerstedt (1806).

1806: Gründung des Rheinbundes
Zusammenschluss süddeutscher Staaten unter dem Protektorat Napoleons, dem bis 1811 zwanzig weitere deutsche Territorien beitreten.

1806: Ende des „Heiligen Römischen Reiches Deutscher Nation“
Durch die Niederlegung der Kaiserkrone durch Kaiser Franz II. (6.8.1806).

1807: Friede von Tilsit
Preußen verliert die Hälfte seines Staatsgebietes. Gründung des Königreiches Westfalen unter Napoleons Bruder Jerome.

1809: Fünfter Koalitionskrieg
Krieg Österreichs gegen Frankreich endet mit der Niederlage Österreichs.

Die Bedeutung der napoleonischen Ära für die Ausbreitung und Entwicklung des Nationalismus in Europa kann kaum unterschätzt werden. Wenn die Französische Revolu-

tion die moderne Idee der Nation „erfand', so war es Napoleon, der sie – direkt oder indirekt – in ganz Europa verbreitete.
Zunächst war das Image der französischen Volksarmee von großer Bedeutung. Schon die Zeitgenossen erkannten, dass die militärischen Erfolge Napoleons nicht nur auf dessen strategischem Geschick, sondern auch auf dem revolutionären Elan der französischen Volksarmee beruhten. Die Menschen in Europa begegneten deshalb der napoleonischen Armee mit gemischten Gefühlen: Man fürchtete sie, zugleich aber stellte sie allein aufgrund ihrer Schlagkräftigkeit die Überlegenheit einer modernen Nationalarmee gegenüber den traditionellen Söldnerarmeen unter Beweis.
Die Eroberungen Napoleons veränderten die europäische Landkarte (s. S. 227) und führten zu territorialen Um- und Neugestaltungen, die vor allem für die deutschen Staaten von großer Bedeutung waren. Das Ende des „Heiligen Römischen Reiches Deutscher Nation" (1806) schloss ein neun Jahrhunderte altes Kapitel deutscher Herrschaftsgeschichte endgültig ab und machte damit grundsätzlich den Weg für politische Neuerungen frei – auch wenn dieses Konstrukt schon lange kaum noch von tagespolitischer Bedeutung war und sein Ende aus diesem Grunde die Zeitgenossen nur wenig bekümmerte. Der Reichsdeputationshauptschluss (1803) und die Gründung des Rheinbundes (1806) beendeten die von vielen beklagte „Kleinstaaterei" und führten zu neuen, geschlossenen Flächenstaaten – eine der wesentlichen Voraussetzungen für die Herausbildung moderner Nationalstaatlichkeit.

Der „Code civil", auch als „Code Napoléon" bezeichnet, ist das durch Napoleon 1804 eingeführte französische Gesetzbuch zum Zivilrecht, ein bedeutendes Gesetzeswerk der Neuzeit, das auch in anderen durch Frankreich dominierten Staaten eingeführt wurde.

Innenpolitische Reformen. Unter dem Einfluss Napoleons wurden in vielen europäischen Staaten innenpolitische Reformen durchgeführt, die insgesamt eine nachhaltige Modernisierung zur Folge hatten und auch in der seit 1815 einsetzenden Phase der Restauration nie vollständig zurückgenommen werden konnten. Allerdings erfolgten diese Reformen mit unterschiedlicher Intensität und aus unterschiedlichen Motiven – je nachdem welcher der vielen, etwas unübersichtlichen Kategorien diese Staaten in der Ära Napoleons zuzuordnen waren.
Zunächst sind hier die Regionen zu nennen, die Napoleon dem französischen Reich zuschlug, wie z. B. die linksrheinischen Gebiete oder weite Teile der deutschen Nordseeküste. Die Bevölkerung dieser Gebiete kam – wie die Franzosen selbst – in den Genuss der in der Französischen Revolution erreichten Fortschritte, so wie sie sich unter Napoleons Herrschaft darstellten: Die demokratischen Partizipationsmöglichkeiten waren zwar weitgehend beschnitten, aber es gab ein modernes und effektives Verwaltungssystem, rechtsstaatliche Strukturen (Code Napoléon) sowie ein Steuersystem, das die Leistungsfähigkeit des Einzelnen berücksichtigte.
Die zweite Staatengruppe bildeten die von Napoleon auf eroberten Territorien neu geschaffenen Satellitenstaaten („Napoleoniden"), wie das von dem Bruder Napoleons, Jerome, regierte Königreich Westfalen oder die Großherzogtümer Berg, Frankfurt und Würzburg. In diesen Staaten ließ Napoleon eine fortschrittliche Rechts-, Verwaltungs- und Verfassungsordnung nach dem Vorbild Frankreichs einführen. Damit verfolgte er vor allem das Ziel, der ansässigen Bevölkerung die Identifikation mit den neuen Staaten zu erleichtern und sie im gesamteuropäischen Konflikt auf die Seite Frankreichs zu ziehen.
Die dritte Gruppe bildeten die formal unabhängigen, aber unter französischem Einfluss stehenden Staaten, wie vor allem die Staaten des Rheinbundes. Während in den kleineren Staaten des Nordens und Ostens die Veränderungen gering waren und die alten ständischen Strukturen im Wesentlichen erhalten blieben, waren die Reformen in den süddeutschen Flächenstaaten Bayern, Württemberg und Baden weitreichend („deutscher Frühkonstitutionalismus"): Bayern erhielt 1808 eine Verfassung, in Baden wurde der Code Napoléon in leicht modifizierter Form übernommen. Die drei Staaten verkündeten in Edikten das Prinzip der religiösen Toleranz, führten Verwaltungsreformen durch und beseitigten ständische Privilegien. Diese Reformen waren vor allem auf drei Motive zurückzuführen: Auf den mehr oder weniger mittelbaren Druck des

Der Frühkonstitutionalismus – frühe Verfassungen in Deutschand
1814: Nassau
1816: Schwarzburg-Rudolstadt, Schaumburg-Lippe, Waldeck, Sachsen-Weimar-Eisenach, Sachsen-Hildburghausen
1818: Bayern, Baden, Liechtenstein
1819: Württemberg
1820: Braunschweig, Hessen-Darmstadt
1821: Sachsen-Coburg

Die preußischen Reformen
1807: Bauernbefreiung – Abschaffung der Leibeigenschaft
1808: Städteordnung – Selbstverwaltungsrechte der Stadtbürger
1808: Verwaltungsreform – moderne Staatsverwaltung (Ministerien, Regierungsbezirke)
1810: Gewerbefreiheit – Aufhebung der Zünfte und Standesschranken, Hinwendung zur Marktwirtschaft
1810–12: Steuerreform – Vereinheitlichung des Steuersystems
1812: Judenemanzipation – staatsbürgerliche Gleichstellung der Juden
1807–14: Heeresreform – Wandel vom Söldner- zum Volksheer
1807–14: Bildungsreform – Schulpflicht, einheitliches Schulsystem, Freiheit von Lehre und Forschung an den Universitäten

französischen Protektorats, auf die Notwendigkeit der Eingliederung der säkularisierten oder mediatisierten Herrschaften und vor allem auf die Einsicht der Herrschaftshäuser und der Regierungen, dass die überkommenen Sozial-, Rechts- und Verwaltungsstrukturen angesichts des moderneren französischen Vorbilds ohnehin nicht zu halten waren.
Die vierte Staatengruppe bildeten solche Staaten, die von Napoleon (noch) nicht erobert waren, sich aber politisch und vor allem militärisch bedroht fühlen mussten. Dazu zählten vor allem Österreich-Ungarn sowie das nach dem Frieden von Tilsit (1807) auf einen östlichen Rumpfstaat reduzierte Preußen. Während in Österreich-Ungarn in dieser Situation eher konservative Kräfte Auftrieb erhielten, gewannen in Preußen Reformer, wie die Freiherren vom Stein und von Hardenberg, politischen Einfluss. Mit den „preußischen Reformen" setzten sie ihr Programm zur Modernisierung des Staates um, das Bürger und Bauern an den eigenen Staat binden und von Napoleon entfremden sollte. Nicht zuletzt verfolgte es das Ziel, die wirtschaftlichen und finanziellen Voraussetzungen für die kommenden militärischen Auseinandersetzungen mit den französischen Truppen zu schaffen.

Die Bedeutung der Befreiungskriege. Zusammenfassend lässt sich sagen, dass die napoleonische Hegemonialpolitik bis 1811 die alten europäischen Ordnungssysteme nachhaltig erschüttert und zu einer Vielzahl von Modernisierungsprozessen in der Staatlichkeit der europäischen Territorien geführt hatte. Dennoch ergab sich der entscheidende Schub für die Ausbreitung des nationalen Gedankens in Europa erst in den „Befreiungskriegen" gegen Napoleon. Der von Frankreich ausgehende Nationalstaatsgedanke wurde von den europäischen Völkern adaptiert und gegen Frankreich gerichtet. Antifranzösische Ressentiments hatten während der gesamten napoleonischen Ära bestanden; am geringsten waren sie noch in den am Rhein gelegenen Gebieten und den norddeutschen Städten. Aber auch in diesen Territorien nahm die Abneigung gegen die französische Hegemonie zu. Dazu trugen auch die negativen wirtschaftlichen Folgen der Kontinentalsperre bei. Mit diesem Embargo wollte Napoleon seinen Hauptgegner England wirtschaftlich in die Knie zwingen, schädigte damit aber auch die kontinentaleuropäische Wirtschaft.
Unter dem Druck der militärischen und politischen Expansionspolitik Napoleons entstanden zunehmend Solidarisierungs- und Zusammengehörigkeitsgefühle in den beherrschten Völkern, verbanden sich antifranzösische mit nationalistischen Gefühlen. Der zeitgenössische Schriftsteller Ernst Moritz Arndt schrieb: „Ich hasse alle Franzosen ohne Ausnahme im Namen Gottes und meines Volkes". Diese Stimmungen wurden von den gegen Napoleon kämpfenden Regenten, wie etwa dem preußischen König Friedrich-Wilhelm III., bewusst gefördert und zur Mobilisierung der Bevölkerung im „Befreiungskampf" gegen die verhasste „Franzosenherrschaft" genutzt. Nach dem Sieg über Napoleon hätten viele Monarchen diese Ideen gerne wieder in der Versenkung verschwinden lassen. Aber die Appelle an die patriotischen Leidenschaften hatten nicht nur die Kriegsbereitschaft gegen Napoleon, sondern in weiten Teilen der Bevölkerung auch die Hoffnung auf einen eigenen Nationalstaat gefördert. Auf Umwegen tauchte der in der Französischen Revolution entwickelte Gedanke der „Nation" in den europäischen Völkern wieder auf: Den enthusiastischen Kampf gegen Frankreich hatte man nicht für seine Monarchen, sondern für sein Vaterland aufgenommen. Dieser Gedanke ließ sich nicht mehr vertreiben.

Das Grundsatzprogramm des Wiener Kongresses
- **Restauration:** Wiederherstellung der politischen und gesellschaftlichen Verhältnisse aus der Zeit vor der Französischen Revolution.
- **Legitimität:** Nur die alten, ererbten Herrschaftsrechte nach dem Prinzip des Got-

Der Wiener Kongress. Die Attraktivität des liberalen Nationalismus war so groß, dass er letztlich auch von der seit 1815 einsetzenden, rückwärts gerichteten Politik der „Restauration" nicht unterdrückt werden konnte. Diese Politik der Restauration (wörtlich: „Wiederherstellung früherer Zustände") begann mit dem Wiener Kongress (1814/15), auf dem die europäischen Großmächte nach dem Sieg über Napoleon die europäische Landkarte neu ordneten und eine Art politisches Grundsatzprogramm für die europäische Politik ausarbeiteten.

Zur Bekräftigung dieser Prinzipien schlossen der russische Zar, der österreichische Kaiser und der preußische König die „Heilige Allianz" – ein Bündnis, das zu gegenseitigem Beistand gegen revolutionäre Bestrebungen verpflichtete, und dem in der Folge alle christlichen Staaten in Europa, außer England und dem Vatikan, beitraten.
Ein besonderes Problem stellte die politische Neuordnung Deutschlands dar. Zwar war durch die Befreiungskriege in den Bevölkerungen der deutschen Staaten ein starkes Gemeinschaftsgefühl entstanden, aber die Gründung eines neuen Deutschen Reiches kam für den Kongress nicht in Frage: Zum einen wurde ein solches Reich von den anderen Großmächten abgelehnt, weil es das europäische Gleichgewicht gefährdet hätte. Zum anderen stellten auch der innerdeutsche Machtgegensatz zwischen Preußen und Österreich sowie partikularistische Tendenzen in vielen deutschen Regierungen unüberwindliche Hindernisse dar.

Deutscher Bund. Die Verhandlungen auf dem Wiener Kongress mündeten deshalb nur in die Konstruktion eines lockeren Staatenbundes ohne zentrale Exekutive, den „Deutschen Bund", dessen Organisation in einer „Bundesakte" festgelegt wurde. Danach gehörten dem Bund insgesamt 39 Staaten an, Preußen und Österreich allerdings nicht mit ihrem gesamten Staatsgebiet, sondern nur mit den deutschsprachigen Gebieten, die schon zuvor Teile des „Heiligen Römischen Reiches Deutscher Nation" gewesen waren. Die zentrale Institution des Deutschen Bundes war der „Bundestag" in Frankfurt, zu dem die Regierungen der Einzelstaaten Vertreter entsandten. Die Bundesakte garantierte die Souveränität der Einzelstaaten (und damit der Fürsten); die Ausführung der Beschlüsse des Bundestages, die nur einstimmig gefasst werden konnten, blieb den Einzelstaaten überlassen. Die zweite ständige Institution neben dem Bundestag war das „Bundesheer", das aus Einheiten der Einzelstaaten gebildet wurde.
Insgesamt war der „Deutsche Bund" im Kern ein Defensivbündnis der deutschen Fürsten zur Erhaltung der inneren und äußeren Sicherheit. Mit seinen Bestimmungen enttäuschte er die in weiten Teilen der deutschen Bevölkerung verbreitete Hoffnung auf eine Entwicklung hin zu nationaler Einheit.

tesgnadentums werden als legitim anerkannt. Ansprüche nach dem Prinzip der Volkssouveränität werden abgelehnt.

- **Solidarität:** Zusammenhalt der Monarchen und Fürsten zur Abwehr revolutionärer Bestrebungen.
- **Gleichgewicht:** Gleichgewicht der fünf Großmächte (England, Frankreich, Russland, Preußen, Österreich-Ungarn) in Europa.

Mitteleuropa um 1789

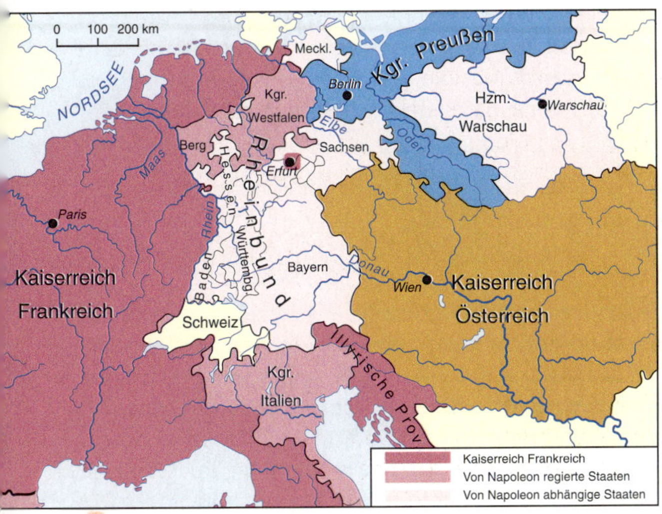

Mitteleuropa um 1812

Mitteleuropa um 1815

Die Politisierung der Kulturnation

Einfluss der Aufklärung. Erste Formen nationalen Denkens und Fühlens entwickelten sich in Deutschland gegen Ende des 18. Jahrhunderts unter dem Einfluss der Aufklärung. Sie gingen von einer zahlenmäßig kleinen, aber doch einflussreichen Schicht gebildeter Bürgerinnen und Bürger aus, die als Schriftsteller, Wissenschaftler, Buchhändler, Beamte, Universitätsprofessoren oder Studenten so etwas wie eine politische Öffentlichkeit schufen. Ihr gemeinsames Medium war die deutsche Hochsprache, die sich einerseits gegen die einzelstaatlichen und regionalen Dialekte und andererseits gegen die französische Sprache, als Sprache des europäischen Hochadels, abgrenzte. In der deutschen Hochsprache kommunizierten die Universitäten der verschiedenen deutschen Staaten, erschienen Bücher, Zeitungen und Zeitschriften für den deutschsprachigen Raum, wurde in den überall aufblühenden Lesegesellschaften diskutiert, entstand eine deutsche Nationalliteratur (Schiller, Goethe, Lessing u. a.).

Kulturnation: Eine Nation, deren Zusammenhang vornehmlich durch kulturelle Gemeinsamkeiten (Sprache, Literatur, Wissenschaft, Wert(e) gebildet wird.

Kulturnation. Diese sich um die deutsche Hochsprache kristallisierende politisch-kulturelle Öffentlichkeit des gebildeten Bürgertums bildete den Keim des sich erst nach 1813 ausbreitenden Bewusstseins einer deutschen „Kulturnation". Bis zu diesem Zeitpunkt allerdings blieb sie von randständiger Bedeutung, weil die politischen Strukturen, in denen sie sich entwickelte, kaum förderlich waren:
Einerseits waren nationales Denken und nationalstaatliche Bestrebungen oft zunächst auf die Einzelstaaten bezogen. Besonders in den Großstaaten Preußen und Österreich, aber auch in den Mittelstaaten wie Bayern, entstand ein jeweils besonderes Nationalbewusstsein, das vor allem von konservativen Führungskreisen getragen und gefördert wurde. Dieses einzelstaatliche Nationalbewusstsein war wesentlich näher an den politischen Realitäten der Zeit als die konkurrierende Vorstellung einer gemeinsamen „deutschen" Nation. Andererseits war das 1806 aufgelöste „Heilige Römische Reich Deutscher Nation" ein rein dynastischer Fürstenbund, dessen Strukturen sich kaum in nationalstaatliche Richtung reformieren ließen.
Es war schließlich der gemeinsame Kampf gegen die „Franzosenherrschaft", die aus dem deutschen Nationalismus ein Massenphänomen machte. Seit etwa 1810 einte der Protest gegen die napoleonische Besatzung die Bevölkerungen der deutschen Staaten, während ebendiese Bevölkerungen in unterschiedlicher Weise durch von Napoleon veranlasste oder gegen ihn gerichtete Modernisierungsmaßnahmen zunehmende politische Freiräume erhielten. Im Reformeifer bildeten sich Gruppen und Vereine, die antifranzösisches, liberales und nationales Gedankengut in unterschiedlichen Formen und Gewichtungen miteinander verbanden. Besonderen Einfluss erlangten die von „Turnvater" Friedrich Jahn gegründeten „Turnvereine", in denen sich vorwiegend Gymnasiasten und Studenten organisierten. Die Turnvereine verbanden körperliche Ertüchtigung mit einer egalitären Grundhaltung, die sich u. a. in einer einheitlichen, betont einfachen Kleidung ausdrückte und die damit gegen das ständische Denken der Zeit gerichtet war.

„Turnvater" Friedrich Jahn (1778–1852), der Initiator der deutschen Turnbewegung

Liberal-nationale Weltanschauungen. Diese Vereine und Gruppierungen hatten nur ein diffuses politisches Programm und waren insofern nicht mit heutigen Parteien vergleichbar. Aber sie bildeten in der Zeit der napoleonischen Hegemonie in Europa so etwas wie eine liberal-nationale Weltanschauung aus, die von Wissenschaftlern und Schriftstellern, wie Ernst Moritz Arndt, Johann Gottlieb Fichte, Friedrich Jahn oder Friedrich Daniel Schleiermacher weiter ausformuliert wurde. Ihr Denken lässt sich – vereinfacht – etwa so zusammenfassen: Wenn das – durchaus im liberalen Sinne begriffene – einzelne Individuum seine Freiheit und seine Entfaltungsmöglichkeiten verwirklichen wolle, so sei es wesentlich auf seine kulturelle Tradition und Umgebung angewiesen. Individuelle Freiheit sei nicht gegen das Volk und seine kulturellen Ausdrucksformen (vor allem Sprache und Geschichte) möglich, sondern nur durch das Volk und seine Kultur. Deshalb seien die Entfaltungsmöglichkeiten des Individuums nur so weit ge-

Johann Gottlieb Fichte (1762–1814), Philosoph, einer der bedeutendsten Vertreter des deutschen Idealismus

steckt wie die des Volkes. Ein Volk aber könne sich und seine Ausdrucksmöglichkeiten dann am besten entwickeln, wenn es auch über eine eigene staatliche Organisation – einen Nationalstaat – verfüge, während es unter fremder Okkupation an eigener Entwicklung gehindert sei. So verband sich in diesem Denkansatz antifranzösischer Protest mit deutschnationalen Utopien. Die nationalen Bewegungen und Vereine richteten sich gegen die französische „Fremdherrschaft" und die deutsche „Kleinstaaterei".

Idealismus und Romantik. Einen entscheidenden Schub erreichten diese nationalistischen Denkansätze durch die militärischen Siege in den Befreiungskriegen. In diesem historischen Umfeld erreichte das nationale Denken in Deutschland geradezu mythische Dimensionen. In weiten Teilen der Bevölkerung der deutschen Staaten wurde die deutsche Nation zum zentralen politischen Bezugspunkt, der in einer Vielzahl von Gedichten, Liedern, Schriften, Gemälden, Festen und Symbolen enthusiastisch gefeiert wurde. Dabei blieb der Begriff „Nation" schillernd: In seiner von der idealistischen Philosophie beeinflussten Ausprägung basierte er auf der Aufklärung und ihren Idealen, hatte eine stark vernunftbetonte, liberale und weltbürgerliche Färbung. Die eher gefühlsmäßigen Assoziationen mit dem Begriff „Nation" waren eng mit der geistesgeschichtlichen Strömung der Romantik verbunden. Sie stellten die ganzheitliche, eben auch seelisch-gefühlsmäßige, Prägung des Individuums durch die Nation und ihre historisch gewachsene Kultur in den Mittelpunkt. Besonders in seiner romantischen Ausprägung nahm die Idee der Nation jene quasi-religiösen Züge an, die uns in den Liedern, Gemälden und Symbolen der Nationalbewegung aus der Zeit der Befreiungskriege überliefert sind.

„Deutsche Stämme streben zur Einheit" (allegorische Darstellung).

Die Restaurationszeit (1815–1830)

Vor diesem Hintergrund ist es nicht verwunderlich, dass weite Teile der Bevölkerung in den deutschen Staaten von den Beschlüssen des Wiener Kongresses und insbesondere von der Konstruktion des „Deutschen Bundes" bitter enttäuscht waren. Das Wort vom „Verrat" an der Nation machte die Runde.
Trotz der restaurativen Politik der in der „Heiligen Allianz" zusammengeschlossenen europäischen Regierungen versuchte die Nationalbewegung, sich zu behaupten. Organisatorisch retteten vor allem die „Burschenschaften" die Kontinuität der Nationalbewegung aus der Zeit der Befreiungskriege in die Restaurationszeit hinüber. Sie hatten die nationale Einheit auf der Grundlage freiheitlicher Verfassung auf ihre Fahnen geschrieben.

Burschenschaften: Studenten-Vereinigungen (Bursche war der zeitgenössische Ausdruck für Student), die aus den Turnvereinen hervorgegangen und eng mit ihnen verbunden waren.

Wartburgfest (1817). Die Burschenschaften organisierten am 18./19.10.1817 ein gesamtdeutsches Nationalfest auf der Wartburg, das „Wartburgfest", an dem etwa 800 Personen, vorwiegend Studenten, teilnahmen. Man feierte die Reformation und den Sieg über Napoleon in der Vielvölkerschlacht von Leipzig – beides historische Ereignisse, die nach Ansicht der Teilnehmer Ausdruck des Strebens nach Freiheit und Einheit der Nation waren.

„Karlsbader Beschlüsse" (1819). Das Wartburgfest gab der deutschen Nationalbewegung noch einmal einen Schub, bevor sie dann massiv und mit polizeilichen Mitteln vom Deutschen Bund, vor allem auf Betreiben des österreichischen Staatskanzlers Fürst

Der Denker-Club (anonyme Karikatur zu den Karlsbader Beschlüssen).
Der Text auf der Tafel rechts oben lautet folgendermaßen:

Gesetze des Denker-Clubs:

I. Der Präsident eröffnet präzise 8 Uhr die Sitzung.
II. Schweigen ist das erste Gesetz dieser gelehrten Gesellschaft.
III. Auf dass kein Mitglied in Versuchung geraten möge, seiner Zunge freien Lauf zu lassen, so werden beim Eintritt Maulkörbe ausgeteilt.
IV. Der Gegenstand, welcher in jedesmaliger Sitzung durch ein reifes Nachdenken gründlich erörtert werden soll, befindet sich auf einer Tafel mit großen Buchstaben deutlich geschrieben.

„Der Bücherwurm" (Gemälde von Carl Spitzweg, 1839)

von Metternich, unterdrückt wurde. Den Anlass gab die Ermordung des Dichters und zaristischen Agenten August von Kotzebue durch den Burschenschaftler Carl Sand am 23.3.1819. Das eigentliche Motiv war das restaurative Programm der Heiligen Allianz, das Liberalismus und Nationalismus als Gefährdung der monarchischen Ordnung zu bekämpfen suchte. Die im August 1819 formell beschlossenen Unterdrückungsmaßnahmen – nach dem Ort ihrer Entstehung „Karlsbader Beschlüsse" genannt – richteten sich vor allem gegen Studenten und Universitäten, die als Hort oppositioneller Bestrebungen angesehen wurden. Die Burschenschaften wurden verboten, Universitäten sollten künftig durch staatstreue Beobachter politisch überwacht werden, eine polizeiliche Untersuchungsbehörde wurde ins Leben gerufen und eine strenge Pressezensur eingeführt. Der Deutsche Bund bekam nach den Karlsbader Beschlüssen das Recht, bei Unruhen in den Einzelstaaten eingreifen zu dürfen.

„Biedermeier". Tatsächlich war diese Politik bis zur Julirevolution in Paris im Jahre 1830, also für etwa ein Jahrzehnt, erfolgreich: Angesichts der polizeilichen Verfolgung aller liberalen und nationalen Bestrebungen flüchtete sich das Bürgertum in den deutschen Staaten mehrheitlich in den privaten Rückzug – eine Haltung, die diesem Jahrzehnt die spöttelnde Bezeichnung „Biedermeier" einbrachte.

Vormärz: Bezeichnung für die Zeit zwischen der Julirevolution in Frankreich 1830 und der Märzrevolution von 1848.

Der Vormärz (1830 – 1848)

In der Restaurationszeit konnte der liberale Nationalismus in den deutschen Staaten zwar nur im Verborgenen agieren, aber er überlebte vor allem deshalb, weil die Kulturnation trotz des Verbots politischer Betätigung eine Tatsache blieb. Das deutschsprachige Universitätssystem, die in Hochdeutsch verfasste Nationalliteratur, die Buchgesellschaften und Theater, nicht zuletzt auch die vielfältigen ökonomischen Kooperationen hielten den nationalen Gedanken vor allem im Bildungsbürgertum wach.

Julirevolution in Frankreich (1830). Wie lebendig der nationale Gedanke in Deutschland war, zeigte sich schlagartig, als im Gefolge der Julirevolution in Frankreich (1830) soziale Protestbewegungen und Forderungen nach politischen Reformen in einigen deutschen Staaten wieder aufflammten. Die enge Verbindung von Liberalismus und Nationalismus wird etwa in dem Namen des von den Publizisten Johann Georg August Wirth und Philipp Jakob Siebenpfeiffer gegründeten „Press- und Vaterlandsvereins" augenfällig. Der zur Unterstützung liberal gesinnter Journalisten gegründete Verein verknüpfte in seinem Namen das (liberale) Ziel der Pressefreiheit mit dem (nationalen) Ziel eines deutschen Vaterlandes.

Zug zum Hambacher Schloss (zeitgenössische Lithografie von 1832)

Hambacher Fest (1832). Dass der liberale Nationalismus unter der Hand in der Restaurationszeit weitere Anhänger gefunden hatte, zeigte sich dann bei dem sogenannten „Hambacher Fest" (27.5.1832), an dem nun schon 25 000 Menschen teilnahmen – darunter erstmalig auch viele Frauen, die eigens aufgerufen worden waren: „Deutsche Frauen und Jungfrauen, deren politische Nichtachtung in der europäischen Ordnung ein Fehler und ein Flecken ist, schmücket und belebt die Versammlung durch eure Gegenwart." Organisatoren und Träger des Hambacher Festes waren vor allem die Burschenschaften, deren schwarz-rot-goldene Fahnen nun zum Symbol der deutschen Einheit geworden waren.

„Völkerfrühling". Das politische Programm des „Hambacher Festes" knüpfte an das des „Wartburgfestes" an, hatte aber seine antifranzösischen Motive weitgehend hinter sich gelassen und im Gegenteil teilweise eine europäische Dimension gewonnen: Man forderte nicht nur die Einheit der deutschen Nation, sondern empfand auch viel Sympathie und Solidarität mit den Nationalbewegungen in anderen europäischen Staaten. Der liberale Nationalismus im Vormärz grenzte sich also mit seiner Vorstellung eines europäischen „Völkerfrühlings" weniger von anderen Nationen als von den allen Nationalbewegungen gemeinsamen Gegnern, den Adeligen, Fürsten und Monarchen, ab. Obwohl dies in heutigen Ohren paradox klingen mag, kann man dieses Programm als „internationalistischen Nationalismus" kennzeichnen.
Dennoch blieb das politische Programm des „Hambacher Festes" uneinheitlich. Liberale und Demokraten müssen in dieser Zeit deutlich unterschieden werden: Während die Liberalen eher eine politische Mitsprache über eine Volksvertretung forderten, aber die Monarchie erhalten wollten sowie das allgemeine und das Frauenwahlrecht ablehnten, forderten die Demokraten – unter ihnen einer der Mitinitiatoren und Redner auf dem Hambacher Fest, Philipp Jakob Siebenpfeiffer – weitaus mehr: Sie wollten eine Republik und damit die Abschaffung des Königtums und sie wollten das allgemeine Wahlrecht. So weit gingen damals nur wenige in Deutschland.

Philipp Jakob Siebenpfeiffer (1789–1845)

Unterdrückungsmaßnahmen. Genauso stürmisch, wie die Redner auf dem Hambacher Schloss von der Masse gefeiert wurden, genauso heftig war die Bekämpfung der

nationalen und liberalen Opposition durch die Fürsten und Monarchen. Metternich sorgte dafür, dass die Karlsbader Beschlüsse 1832 weiter verschärft wurden.
Letztlich aber konnte die deutsche Nationalbewegung damit nicht mehr aufgehalten werden. Studenten um den jungen Schriftsteller Georg Büchner, die politische mit sozialen Forderungen verknüpften und radikaler dachten, begannen gezielte Agitationen. Mit Flugblättern wollten sie untere Schichten aufklären und gegen den reaktionären Staat aufhetzen. Sie wurden verfolgt, verhaftet oder konnten ins Ausland fliehen; die Verbreitung ihrer Schriften wurde verboten. Heinrich Heine und Ludwig Börne, die zum Kreis des „Jungen Deutschland“ zählten, flohen nach Paris, dem damaligen „Puls der Zeit“. Aufsehen und Empörung im oppositionellen Lager erregte 1837 auch das Berufsverbot für die Gebrüder Grimm und weitere fünf Göttinger Professoren, die sogenannte „Göttinger Sieben“, die öffentlich ihre Einstellung gegenüber der Obrigkeit kundtaten. Im Vormärz nahm so die Schärfe der politischen Spannungen zu, da die deutschen Staaten, allen voran Preußen und Österreich, nur mit dem Mittel der Repression reagierten und keine Zugeständnisse zu machen schienen.

Das „Junge Deutschland“: Bezeichnung für eine literarische Bewegung junger, liberal gesinnter Dichter in der Zeit des Vormärz, die etwa ab 1830, beflügelt von der Julirevolution in Frankreich, publizistisch aktiv wurden und deren Schriften 1835 auf Beschluss des Deutschen Bundestages verboten wurden.

Wirtschaftliche und soziale Ursachen der Revolution

Neben der Anspannung der politischen Auseinandersetzung zwischen den restaurativen Kräften und der liberal-nationalistischen Opposition bildeten auch die katastrophalen wirtschaftlichen und sozialen Verhältnisse seit den 1830er-Jahren eine wesentliche Ursache der Revolution.

Bevölkerungswachstum. Seit 1815 hatte sich die Bevölkerung im Gebiet des Deutschen Bundes auf 35 Millionen Menschen verdoppelt. Deutschland stand kurz vor dem Beginn des industriellen Zeitalters, war aber im Gegensatz zur führenden Industrienation England noch weitgehend von der Landwirtschaft bestimmt. 60 Prozent der Menschen arbeiteten vor 1848 auf dem Land.

Pauperismus. Neue Dünge- und Anbaumethoden sowie erste Maschinen sicherten der Landwirtschaft zwar höhere Erträge, doch nicht mehr allen einen Arbeitsplatz. Das Bevölkerungswachstum überstieg die Beschäftigungsmöglichkeiten. Angesichts des Überangebots von Arbeitskräften senkten Gutsherren, Verleger und Unternehmer die Löhne. Die Folge: Bittere Armut wurde zu einem weit verbreiteten Massenphänomen. Der Pauperismus (vgl. auch S. 152) prägte den Alltag der Menschen. Die Arbeitsbedingungen waren katastrophal, die Wochenarbeitszeit betrug etwa 90 Stunden. Frauen- und Kinderarbeit waren weit verbreitet. Ein Indiz für die Verarmung waren steigende Ausgaben der Städte für das Armenwesen und hohe Auswandererzahlen. Um der Armut zu entgehen, flüchteten viele Menschen ins Ausland, vor allem nach Amerika, in eine ungewisse Zukunft oder – auf der Suche nach Arbeit und Brot – in die Städte. Dort aber war die Entwicklung der Industrie nicht so weit fortgeschritten, dass sie viele Arbeitsplätze anbieten konnte. Es gab nur wenige Fabriken, überwiegend improvisierte Bauwerke, in denen die Arbeit meist noch handwerksmäßig organisiert war und Dampfmaschinen noch eine Seltenheit waren. Wer eine Anstellung fand, konnte

„Die schlesischen Weber“ (Gemälde von Carl Wilhelm Hübner, 1844). Während der Fabrikbesitzer (li.) in seiner Gestik wie die Parodie auf ein Herrscherporträt wirkt, sind die von ihm abhängigen Weber durch Elend und Hunger gezeichnet.

aufgrund des hohen Arbeitskräfteangebots nur mit einem Hungerlohn rechnen. Das arbeitslose Proletariat in den Städten erhöhte sich sprunghaft.

Weberaufstand (1844). Die Not der Menschen wurde beispielhaft im Weberaufstand von 1844 deutlich. Infolge der Einfuhr englischer Textilwaren und des Überangebots von Arbeitskräften verschlechterte sich die Lage der Heimweber in Deutschland immer mehr. Besonders betroffen waren die Leinenweber im schlesischen Riesengebirge. 1844 brach eine Hungerrevolte aus. 3 000 Aufständische zerstörten Maschinen, Buchführungsunterlagen und Wohnungseinrichtungen der verhassten Fabrikanten und Verleger und forderten Lohnerhöhungen. Nach drei Tagen wurde der Aufstand von preußischen Truppen niedergeschlagen. Insgesamt wurden durch den Einsatz des Militärs in Niederschlesien elf Menschen getötet. Zahlreiche Verhaftete wurden zu Zuchthaus und Freiheitsstrafen verurteilt. Heinrich Heine in seinem Weberlied und Gerhard Hauptmann in seinem Drama „Die Weber" haben die Ereignisse literarisch behandelt. Als 1847 auch noch Hungersnöte aufgrund der Missernten der vorangegangenen Jahre ausbrachen, stieg der Leidensdruck der unteren Schichten ins Maßlose.

3. Ziele und Träger der Revolution

Märzforderungen. Die Ziele der Revolution in den deutschen Staaten, die sogenannten „Märzforderungen", waren seit Ende Februar 1848 zunächst in den süddeutschen Staaten formuliert und dann zwar in lokalen Variationen, aber doch mehr oder weniger übereinstimmend in allen Staaten übernommen worden. Sie enthielten politische und soziale Forderungen. Die typischen politischen Forderungen waren die nach Abschaffung der Karlsbader Beschlüsse, Einführung von Verfassungen, Garantie der Menschen- und Bürgerrechte, Erweiterung der politischen Mitbestimmungsrechte und nach Herstellung der Einheit der deutschen Nation. Die sozialen Forderungen bezogen sich auf die Herstellung sozialer Gerechtigkeit, die Hebung des Lebensstandards der unteren Schichten oder das Recht auf Arbeit.

Trägergruppen. Die weitgehende Übereinstimmung der „Märzforderungen" in allen deutschen Staaten darf aber nicht über ihre innere Spannbreite oder sogar Widersprüchlichkeit hinwegtäuschen, die wiederum auf die Heterogenität der Trägergruppen der Revolution zurückgeführt werden kann.
In sozialer Hinsicht lassen sich drei große Gruppen unterscheiden: Erstens die bürgerlichen, insbesondere bildungsbürgerlichen Schichten, die vor allem gegen überkommene ständische und monarchische Strukturen ankämpften und ihr liberales sowie nationalistisches Programm durchsetzen wollten. Aus diesen Schichten rekrutierten sich die führenden politischen Köpfe der Revolution; sie bildeten die überwältigende Mehrheit der Abgeordneten der Frankfurter Nationalversammlung (s. S. 238). Schon aufgrund ihres Bildungsvorsprungs sind die Positionen und Forderungen dieser Gruppe in den Märzforderungen – jedenfalls soweit sie schriftlich fixiert wurden – überrepräsentiert. Die zweite Gruppe bildeten die städtischen Unterschichten, vor allem Kleingewerbetreibende, Handwerker, Arbeitslose und – allerdings in zahlenmäßig noch eher geringer Zahl – Industriearbeiter. Diese Gruppe bildete die große Mehrheit der Revolutionäre, die sich in der Anfangszeit der Revolution in den Straßen- und Barrikadenkämpfen (insbesondere in Berlin und Wien) gegen die monarchischen Armeen stellten. Die dritte Gruppe bildete die einfache Landbevölkerung, unter ihnen vor allem Landarbeiter, selbstständige Kleinbauern, Pächter, aber auch Arbeiter in ländlichen Nebenerwerbsbetrieben und im frühindustriellen Verlagssystem. Diese Gruppe wandte sich in – oft gewalttätigen – Aktionen gegen Symbole adeliger Vorherrschaft, wie Schlösser oder Grundbucharchive, aber auch gegen Verleger und „Fabrikanten". Die beiden letzteren Gruppen waren vor allem von materieller Not angetrieben; soziale Forderungen hatten neben den politischen ein großes Gewicht.

Barrikadenkämpfer 1848, die sog. „Blusenmänner"

Politische Strömungen. In politischer Hinsicht ist vor allem zwischen gemäßigten Liberalen und radikalen Demokraten zu unterscheiden. Während die gemäßigten Liberalen zwar die Einführung von Verfassungen und rechtsstaatlichen Strukturen forderten, aber politische Partizipationsmöglichkeiten nur begrenzt ausweiten (Zensuswahlrecht) und die Monarchie erhalten wollten, plädierten die radikalen Demokraten für das allgemeine Wahlrecht und republikanische Staatsformen. Im Verlauf der Revolution und vor allem in der Frankfurter Nationalversammlung gewann eine weitere Gruppe, die Konservativen, Gewicht. Die Konservativen suchten das Ausmaß der Veränderungen auf ein Mindestmaß zu begrenzen, standen meist einer der beiden Großmächte, Preußen oder Österreich, nahe und versuchten auch, in deren Interesse zu wirken. Quer durch diese politischen Gruppen lief die Debatte um die Forderung nach nationaler Einheit, die zwar von allen geteilt, aber auf sehr unterschiedlichen Wegen und in sehr unterschiedlichen Formen angestrebt wurde. Diese Debatte bestimmte vor allem die Arbeit der Frankfurter Nationalversammlung.

4. Der Verlauf der Märzrevolution

1848: Revolutionärer Frühling

Februarrevolution in Paris. Auslöser der Aufstände in den deutschen Staaten war die Februarrevolution in Frankreich. Dort begann die Kette der revolutionären Ereignisse in Europa in der Nacht vom 22. zum 23. Februar 1848 in Paris: Für die meisten Zeitgenossen völlig unerwartet stürmten vor allem Kleinbürger und Arbeiter auf die Straßen und errichteten Barrikaden. Blutige Kämpfe gegen die königlichen Truppen begannen, die mit einem Sieg der Revolutionäre endeten. Wieder hatten sich die Wirkungen hoher Brotpreise, eine Konjunkturkrise mit sozialer Ungerechtigkeit sowie Beispiele krasser Selbstbereicherung gewaltsam entladen. Überraschend kamen diese Aufstände für die Zeitgenossen dennoch, weil Frankreich seit der Julirevolution 1830 über eine relativ fortschrittliche konstitutionelle Verfassung verfügte, die die Macht des Königs stark beschnitten hatte und der bürgerlichen Regierung große Machtbefugnisse einräumte. Das Problem dieser Verfassung bestand jedoch im Wahlrecht: Das Zensuswahlrecht hatte dazu geführt, dass nur eine kleine Schicht an Großbürgern an der politischen Macht teilhatte; die breite Masse blieb weiterhin ausgeschlossen. Unter dem Druck der Massen im Februar 1848 dankte die großbürgerliche Regierung unter dem sogenannten Bürgerkönig Louis Philippe am 24. Februar ab. Die Revolutionäre hatten gesiegt, die zweite französische Republik wurde ausgerufen.

Pariser Demonstration im Februar 1848 (nach einer zeitgenössischen Lithografie von A. Colette)

Süddeutsche Staaten. Schnell griff die Revolution nach Deutschland, zunächst auf die süddeutschen Staaten über. Der Funke entzündete sich zuerst in Baden, das an der Grenze zu Frankreich lag und über eine Volksvertretung in Form eines Zweikammersystems verfügte, also Erfahrungen in der politischen Mitbestimmung gesammelt hatte. Schon am 27. Februar

1848 fand in Mannheim, wo der Anwalt Friedrich Hecker freudig die Nachricht aus Frankreich verbreitet hatte, eine Versammlung von nahezu 2500 Menschen statt. Die Vertreter der liberalen Richtung aus dem Bildungsbürgertum, der Beamtenschaft und den freien Berufen lenkten zusammen mit den Demokraten, denen radikalere Ziele wie die Abschaffung der Monarchie und die Einrichtung einer Republik vorschwebten, die Volksversammlungen, die in den nächsten Tagen in ganz Deutschland folgten. Abgesandte trugen den Fürsten oder Königen ihre Forderungen, die „Märzforderungen", vor. Eine Radikalisierung ging von den Arbeitern und Handwerkern in den Haupt- und Großstädten aus, die unter der wirtschaftlichen Situation am meisten zu leiden hatten.

Anfangserfolge. In den Klein- und Mittelstaaten verlief die Revolution zu Beginn sehr erfolgreich. Die Fürsten und ihre Regierungen gaben schnell dem Druck der Proteste nach. Dazu trug neben der räumlichen Nähe zu Frankreich vor allem die – im Verhältnis zu den Großmächten – liberalere Tradition dieser Staaten bei, die jetzt die Übernahme der Märzforderungen erleichterte. Die alten Verfassungen aus der napoleonischen Zeit, die in der Phase der Restauration formal oder faktisch aufgehoben worden waren, wurden wieder aktiviert, liberale Regierungen eingesetzt.

Spaltung der Revolution. Im Verlauf des Jahres 1848 wurden dann aber die unterschiedlichen Interessen innerhalb der revolutionären Bewegung zunehmend deutlich und führten schließlich zu einer Spaltung. Der Protestdruck der städtischen und ländlichen Unterschichten ließ nach den schnellen Anfangserfolgen nach und die gemäßigten Liberalen begannen vielerorts, sich mit den alten Mächten gegen die – in den Klein- und Mittelstaaten besonders zahlreichen – radikalen Demokraten zu verbünden. Zu diesem Bündnis trug maßgeblich eine im gehobenen Bürgertum weit verbreitete Revolutionsfurcht, die Sorge vor einer der Jakobinerherrschaft während der Französischen Revolution vergleichbaren Entwicklung, bei. Beide Entwicklungen schwächten die revolutionären Kräfte, sodass sich im Laufe des Jahres 1849 in den Klein- und Mittelstaaten ebenso wie in Preußen und Österreich die Reaktion wieder durchsetzen konnte.
In den beiden deutschen Großstaaten, Preußen und Österreich, verlief die Revolution besonders in der Anfangsphase wesentlich konfrontativer.

Preußen. In Preußen regierte seit 1840 König Friedrich-Wilhelm IV.. Die mit dem Thronwechsel verbundene Hoffnung der preußischen Liberalen auf eine entgegenkommende Politik wurde bald enttäuscht. Ebenso wenig wie sein Vorgänger, Friedrich-Wilhelm III., war der neue König bereit, die 1815 – unmittelbar nach den Befreiungskriegen – versprochene Verfassung zu gewähren. Stattdessen etablierte er 1847 eine Ständevertretung nach altem, absolutistischem Muster und provozierte damit sogar das konservative Bürgertum. Diese Ständevertretung („Vereinigter Landtag") hatte außer dem Budgetrecht keinerlei Befugnisse. Sie konnte noch nicht einmal aus eigenem Antrieb oder regelmäßig, sondern nur auf Einladung des Königs zusammentreten. Auf seiner ersten Sitzung wandte sich der „Vereinigte Landtag" gegen diese Bestimmung und verweigerte das ihm vorgeschlagene Budget. Friedrich-Wilhelm IV. löste die Versammlung daraufhin auf, vollzog dann aber wenige Tage später eine Kehrtwende um 180 Grad. Der Grund: In Berlin machten Nachrichten von der Re-

Ausritt des Königs am 21. März 1848

www.zlb.de/projekte/1848
Internetausstellung der Berliner Landesbibliothek zur Märzrevolution mit Originalzeugnissen der Berliner Revolutionsöffentlichkeit

http://wiki.zum.de/Revolution_1848/49
Wiki zur Märzrevolution der „Zentrale für Unterrichtsmedien" (ZUM)

http://www.zlb.de/digitalesammlungen/f4index.php
Sammlung von Flugblättern aus der Revolutionszeit (Sammlung Friedlander) der Zentral- und Landesbibliothek Berlin

http://ka.stadtwiki.net/Badische_Revolution
Informatives Wiki der Stadt Karlsruhe zur badischen Revolution

http://www.ub-uni-heidelberg.de/helios/fachinfo/www/gesch/blic1848.htm
Sehr ausführliche Linksammlung der Universität Heidelberg zur Märzrevolution, für weiterführende Forschungen

volution in Paris und den Entwicklungen in Baden die Runde. Die Bevölkerung wurde unruhig. Friedrich-Wilhelm IV. wollte eine ähnliche Entwicklung in Preußen verhindern. Er versprach, den „Vereinigten Landtag“ wieder einzusetzen, eine Verfassung zu gewähren und die verhassten Zensurbestimmungen aufzuheben.
Am 18. März 1848 versammelte sich eine große Menschenmenge vor dem Berliner Schloss, um dem König für sein Entgegenkommen zu danken. Die zunächst friedliche Stimmung in der Menschenmenge kippte, als sich aus den Gewehren der vor dem Schloss postierten Truppen einige Schüsse – vermutlich unabsichtlich – lösten und die Menge glaubte, sie sei vom König verraten worden. In den folgenden erbitterten Straßenkämpfen zwischen Revolutionären und königlichen Truppen starben 143 Menschen, die sogenannten „Märzgefallenen“.
Der König versuchte, die außer Kontrolle geratene Situation zu beruhigen. Am 19.3. versprach er in einer Rede an „meine lieben Berliner“, die Truppen aus der Stadt abzuziehen. Wenige Tage später ritt er demonstrativ in Begleitung seiner Minister mit einer schwarz-rot-goldenen Armbinde bekleidet durch Berlin (21.3.) und berief ein liberales Regierungskabinett ein (28.3.). Auch den nationalen Forderungen kam er weit entgegen, als er öffentlich proklamierte: „Fortan geht Preußen in Deutschland auf“. Am 22.5.1848 trat eine aus allgemeinem Wahlrecht hervorgegangene verfassungsgebende Versammlung zusammen. Auch in Preußen – so hatte es den Anschein – hatte die Revolution gesiegt.

Österreich. In Österreich hatte sich die Kritik der oppositionellen Gruppen vor allem auf den Kanzler Metternich konzentriert, der nicht nur im Deutschen Bund die restaurative Politik dominierte („Karlsbader Beschlüsse“), sondern auch in der Donaumonarchie mit harter Hand jede oppositionelle Regung unterdrücken ließ. Damit hatte er – bildlich gesprochen – den Deckel auf einen brodelnden Topf gedrückt, in dem die Wut aus drei Richtungen anwuchs: Das liberale Bürgertum beklagte die politische und wirtschaftliche Rückständigkeit der Monarchie und forderte dringend entsprechende Reformen. Die Arbeiterschaft in den Vorstädten (besonders in Wien) litt unter dramatischen sozialen Missständen und entwickelte ein besonders ausgeprägtes revolutionäres Bewusstsein. Hinzu kam als Drittes die Tatsache, dass sich der nationale Gedanke auch in der nichtdeutschen Bevölkerung des „Vielvölkerstaates“ entwickelte: Tschechen, Ungarn und Italiener begannen, ihre nationale Unabhängigkeit von der deutschsprachig dominierten monarchischen Zentralgewalt zu fordern, und gefährdeten damit den territorialen Zusammenhalt der Monarchie.

Karikatur zur Flucht Metternichs im März 1848

Als am 13. März 1848 in Wien die Unruhen begannen, war Fürst Metternich ihr erstes Opfer: Er wurde vertrieben, floh nach England und wurde durch Fürst Schwarzenberg ersetzt. Kaiser Ferdinand I. zog die Armee aus Wien ab und versprach eine Verfassung. Aber die von ihm am 25.4. erlassene (oktroyierte) Verfassung wurde von der Bevölkerung nicht akzeptiert und nach einem weiteren Aufstand am 15.5.1848 zurückgezogen. Der kaiserliche Hof floh vor den Aufständen nach Innsbruck. Ein verfassungsgebender Reichstag wurde einberufen und am 22.7. eröffnet. Er hob am 17.8. alle bäuerlichen Untertänigkeitsverhältnisse auf und holte damit einen – im europäischen Vergleich – längst fälligen Modernisierungsschritt nach. Als sich die Lage etwas zu beruhigen schien, kehrt der kaiserliche Hof nach Wien zurück.

Oktroyieren: jemandem etwas aufzwingen (hier: dem Volk eine Verfassung).

Die Wahl der Frankfurter Nationalversammlung: Die Institutionalisierung der Revolution

Vorparlament. Die frühen Anfangserfolge der Märzrevolution in Süddeutschland bewogen süddeutsche Demokraten und Liberale dazu, bereits Anfang März ein provisorisches „Vorparlament“ nach Frankfurt einzuberufen. Dieses ohne Wahlen gebildete Vorparlament bereitete Wahlen zu einer deutschen Nationalversammlung vor. Schon im Vorparlament kam es zu einer wichtigen Vorentscheidung: Die (liberale) Mehrheit lehnte den Antrag der radikalen Demokraten unter Führung der süddeutschen Abgeordneten Hecker und Struve ab, schon zu diesem Zeitpunkt die Republik auszurufen. Stattdessen entschied man sich dafür, die Neuordnung Deutschlands gemeinsam mit den Fürsten zu klären.

Wahlen zur Nationalversammlung. Die 850 Abgeordneten der Frankfurter Nationalversammlung wurden in freier, gleicher und geheimer Wahl in allen deutschen Staaten gewählt. Am 18. Mai wurde die Nationalversammlung in der Frankfurter Paulskirche feierlich eröffnet. Zu ihrem Vorsitzenden wurde der ehemalige Burschenschaftler und angesehene Liberale Freiherr Heinrich von Gagern gewählt.
Ein Blick auf die berufliche und soziale Herkunft der Abgeordneten zeigt, dass mit der Wahl eine weitere Vorentscheidung getroffen worden war: Da es zu dieser Zeit noch keine festen politischen Gruppierungen oder gar Parteien im modernen Sinne gab und zudem die politischen Strömungen noch in verschiedenen Staaten oder Traditionen

Die Nationalversammlung
1.5.1848: Wahlen zur Nationalversammlung
29.6.1848: Wahl Erzherzog Johanns zum „Reichsverweser“ (vorläufiges Staatsoberhaupt)
5.7.1848: Beginn der Debatte über die Grundrechte
27.3.1849: Mehrheitsbeschluss für das Erbkaisertum in der Verfassung
28.3.1848: Wahl des preußischen Königs Friedrich Wilhelm IV. zum Erbkaiser
3.4.1848: Der preußische König lehnt die Kaiserkrone ab.
31.5.1848: Die Nationalversammlung beschließt, ihren Sitz nach Stuttgart zu verlegen.
18.6.1849: Auflösung des Rumpfparlaments durch preußische Truppen

Politische Gruppierungen in der Nationalversammlung

Nach dem Vorbild des französischen Parlaments (seit 1814) saßen die Abgeordneten in der Frankfurter Paulskirche je nach politischer Einstellung auf einer bestimmten Seite (vom Präsidenten aus gesehen). Die Übersicht stellt die Namen der politischen Gruppierungen, ihre zentralen politischen Forderungen sowie eine Auswahl bedeutender Vertreter dar.

Demokratische Linke				**Liberale Mitte**					**Konservative Rechte**
Radikale Linke	Gemäßigte Linke			Linke Mitte			Rechte Mitte		
Donnersberg	*Deutscher Hof*	*Nürnberger Hof*	*Westendhall*	*Württemberger Hof*	*Augsburger Hof*	*Landsberg*	*Kasino*	*Pariser Hof*	*Café Milani*
Großdeutsche Republik durch revol. Aktion	Republik	Kleindeutsches Erbkaisertum als formales Staatsoberhaupt mit geringen Rechten		Großdeutsche Lösung	Erbkaiserlich kleindeutsche Lösung	Konstitutionelle Monarchie mit starker preuß. Stellung	Mehrheitlich für preußische Führung	Großdeutsche Lösung	Erhalt der einzelstaatlichen Monarchien
	Parlamentarisch-demokratische Republik			Parlamentarische Monarchie			Starke monarchische Zentralgewalt; Volksvertretung auf Legislative beschränkt		Lockerer föderaler Rahmen
	Arnold Ruge (1802–1880)	Robert Blum (1807–1848)	Wilhelm Löwe (1814–1886)	Jakob Venedey (1805–1871) Franz Raveaux (1802–1851)	Karl Mittermeier (1787–1867) Arnold Duckwitz (1802–1881)	Robert von Mohl (1799–1875)	Ernst Moritz Arndt (1769–1860) Jakob Grimm (1785–1863)	Johann Heckscher (1797–1865)	Max Gravell (1781–1860) Joseph Maria von Radowitz (1797–1853)

Berufszugehörigkeit der Abgeordneten in der deutschen Nationalversammlung (Auswahl in %):

- Landwirte 5,5
- Kaufleute, Industrielle, Gewerbetreibende 6,5
- Beamte (außer Justiz und Lehrfach) 20,2
- Justizbeamte 16,6
- Lehrer, Gelehrte 19,6
- Rechtsanwälte 16,6
- Offiziere 2,2
- Geistliche 3,8
- Ärzte 2,4
- Schriftsteller, Journalisten 2,2
- Handwerker, Arbeiter, Angestellte 0,0
- Sonstige und ungenaue Angaben 4,4

(Zusammengestellt nach verschiedenen Quellen)

verwurzelt waren, trauten die Wähler die politische Arbeit im Parlament nur bekannten und gestandenen Persönlichkeiten der Opposition zu – meist Angehörige der bildungsbürgerlichen Schichten. Im Ergebnis setzte sich das „Professorenparlament“ zwar aus gebildeten und angesehenen Persönlichkeiten zusammen, repräsentierte aber die soziale Wirklichkeit in den deutschen Staaten in keiner Weise und begünstigte damit eine gewisse Abgehobenheit und Wirklichkeitsfremdheit des Parlaments.
Die politischen Kräfteverhältnisse im Frankfurter Parlament lassen sich nicht präzise beschreiben, da es keine fest umrissenen Parteien oder Gruppierungen gab. Hinzu kam, dass von den 830 Abgeordneten tatsächlich nur eine zwischen 300 und 500 schwankende Zahl anwesend war, weil die Abgeordneten weite und damals noch beschwerliche Reisen zurückzulegen sowie gleichzeitig andere Verpflichtungen zu erledigen hatten. Dennoch bildeten die Abgeordneten lockere Zusammenschlüsse, die nach ihren Tagungsorten benannt waren. Intensiv diskutierten die Abgeordneten die zukünftige politische Staats- und Verfassungsordnung sowie die nationale Frage.

Die Aufgaben und Streitfragen der Nationalversammlung

Monarchie oder Republik? Die Forderung nach der Errichtung einer Republik wurde nur von einer Minderheit der Abgeordneten, den Demokraten, unterstützt. Die große Mehrheit der Abgeordneten plädierte zwar für eine nach modernem Wahlrecht gewählte Legislative, hielt aber zugleich eine starke monarchische Zentralgewalt für notwendig.

Die deutsche Nationalversammlung in der Paulskirche

Einheits- oder Bundesstaat? In der Frage nach der Zentralisierung eines zukünftigen deutschen Staates verliefen die Fronten ähnlich: Die radikalen Demokraten warben für einen unitaristischen (einheitlichen) Staat und für eine möglichst weitgehend Beseitigung bestehender einzelstaatlicher Strukturen. Am anderen Ende der politischen Skala wollten die Konservativen die zukünftige Zentralgewalt auf ein Mindestmaß beschränken und neben den monarchischen auch die föderalistischen Elemente möglichst weitgehend erhalten. In der Mitte setzten sich die Liberalen mit ihrem Modell eines Bundesstaates durch, der die nationale Einheit in einer zentralen Legislative und einer monarchischen Zentralgewalt umsetzen, zugleich aber föderale Elemente sichern wollte.

Grundrechte. In der Frage der Grundrechte waren sich die Abgeordneten weitgehend einig und tatsächlich enthielt der Verfassungsentwurf am Ende einen für die damalige Zeit beeindruckend umfassenden Katalog persönlicher Freiheits- und Grundrechte. Die Sonderstellung des Adels sowie alle Feudallasten wurden entschädigungslos aufgehoben. Die Gleichheit vor dem Gesetz, die Freiheit der Person, die Versammlungsfreiheit, das Briefgeheimnis sowie die Presse- und Meinungsfreiheit, die Forschungs- und Lehrfreiheit, die Unverletzlichkeit der Wohnung wurden in der Verfassung garantiert. Aufgenommen wurde auch die – für die Liberalen zentrale – Unverletzlichkeit des Eigentums, während die von den Demokraten geforderten sozialen Grundrechte, wie etwa ein Recht auf Arbeit, keine Mehrheit fanden.

Kleindeutsche Lösung

Großdeutsche Lösung (nur mit Deutsch-Österreich)

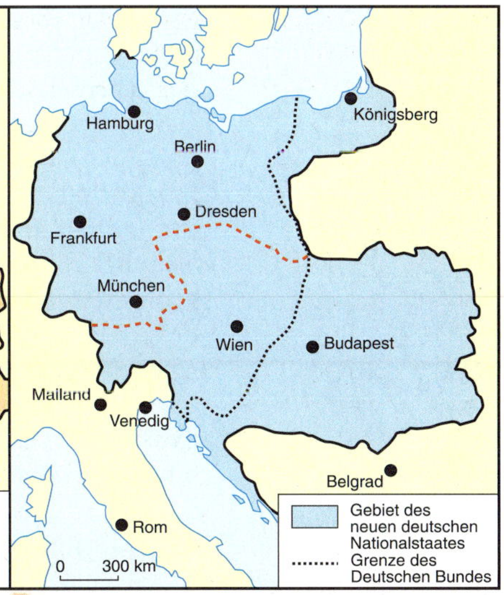

Großdeutsche Lösung (mit Gesamt-Österreich)

Wahlrecht. Die Frage des Wahlrechts war unter den Abgeordneten sehr umstritten. Die Konservativen und gemäßigten Liberalen plädierten für ein nach Besitzverhältnissen gestaffeltes Zensuswahlrecht. Zusammen mit den linken Liberalen setzten sich in dieser Frage die Demokraten durch: Die Verfassung sah ein allgemeines und gleiches Wahlrecht vor.

Klein- oder großdeutsche Lösung? Die wohl schwierigste Aufgabe der Nationalversammlung bestand in der Definition des zukünftigen Staatsgebietes. Die zunächst von vielen Abgeordneten favorisierte „großdeutsche Lösung" sah die Errichtung des neuen Nationalstaates auf dem Territorium des Deutschen Bundes vor. Dies hätte jedoch bedeutet, dass nationale Minderheiten im Deutschen Bund, wie z. B. die Polen in Ostpreußen, zum deutschen Staatsgebiet gehört hätten, was wiederum dem Prinzip der nationalen Selbstbestimmung widersprochen hätte. Das größte Hindernis lag aber in Österreich, das nur zu einem Drittel in den deutschen Nationalstaat aufgenommen worden wäre. Dies wiederum hätte entweder die Sprengung der Donaumonarchie zu Folge gehabt oder es hätte bedeutet, dass der zukünftige deutsche Nationalstaat und die nichtdeutschen Teile Österreichs von einem habsburgischen Kaiserhaus in Personalunion hätten regiert werden müssen. Zwar favorisierten viele Anhänger Österreichs die großdeutsche Lösung, weil sie zugleich den Einfluss Österreichs gestärkt hätte. Aber die Regierung der Donaumonarchie dachte gar nicht daran, der Forderung des Parlamentes nach einer getrennten Regierung der deutschen und der nichtdeutschen Gebiete nachzugeben. Der österreichische Ministerpräsident Schwarzenberg verlangte die Aufnahme des österreichischen Gesamtstaates in den zukünftigen deutschen Bundesstaat. Das wie-

Verfassung der Paulskirche

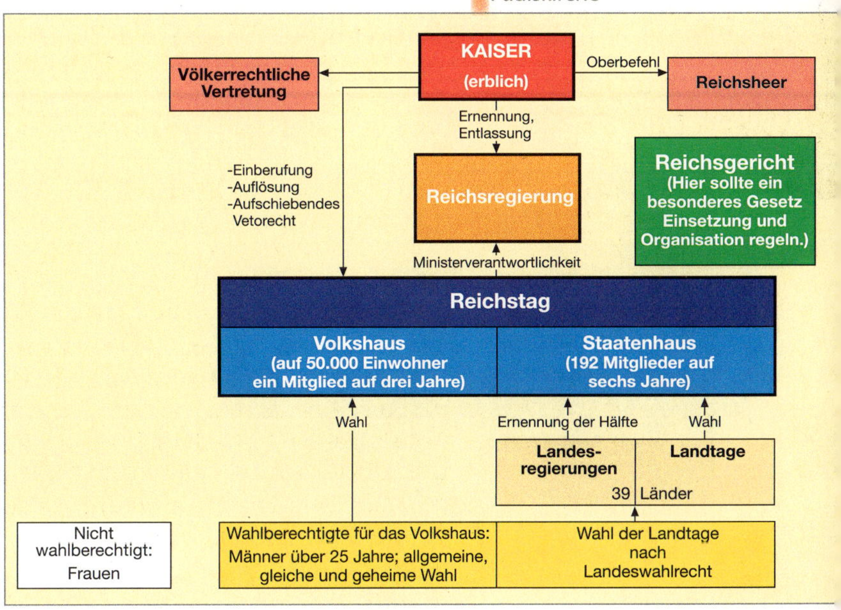

derum war für das Paulskirchenparlament inakzeptabel, denn dies hätte eine Art deutschen Imperialstaat unter Führung der Habsburger Krone bedeutet, der allen Prinzipien des Nationalstaatsgedankens widersprochen hätte.
Deshalb gewann die sogenannte „kleindeutsche Lösung" immer mehr Zustimmung unter den Abgeordneten. Sie sah die Errichtung des deutschen Nationalstaates unter preußischer Krone und unter Ausschluss der deutschen Gebiete in Österreich vor. Diese Lösung stellte zwar ebenfalls keine optimale Lösung des Nationalstaatsprinzips dar, war aber wesentlich leichter zu realisieren. Der größte Nachteil dieser letztlich dann von der Mehrheit der Nationalversammlung verabschiedeten Lösung bestand darin, dass man die deutschsprachige Bevölkerung in Österreich, ihre Abgeordneten und nicht zuletzt die österreichische Regierung verprellte. Diese zog ihre Abgeordneten aus Frankfurt ab. Die Entscheidung für Preußen und gegen Österreich als Führungsmacht forcierte den Gegensatz, den „Dualismus", dieser beiden Großmächte, der die deutsche und europäische Politik der folgenden Jahrzehnte prägte.

Revolution und Reaktion: Das Erstarken der gegenrevolutionären Kräfte

Süddeutschland. Seit dem Herbst 1848 wurde deutlich, dass sich die Lage in den deutschen Staaten unterschiedlich entwickelte. In den meisten Staaten Süd- und Mitteldeutschlands prägte die aktive Reformtätigkeit der liberalen und demokratischen Kräfte das Bild. Zwar verliefen hier die politischen Debatten nicht spannungsfrei, aber man konnte auf eine bereits längere konstitutionelle Tradition zurückgreifen. Oftmals wurden jetzt Gesetze umgesetzt, die bereits vor 1848 beraten worden waren, deren Verabschiedung aber am Widerstand des Adels gescheitert war.

Preußen. Ganz anders verlief die Entwicklung in Preußen und Österreich. Sowohl in Berlin wie in Wien hatte man den Rückzug des Militärs aus den Städten und das Nachgeben der Krone als endgültigen Sieg über die Monarchie gefeiert. Das erwies sich als verhängnisvoller Irrtum. Schon im Sommer 1848 wurden die Armeen, die sich nur zurückgezogen hatten, aber ansonsten vollständig intakt geblieben waren, auf die Wiedereroberung der Macht vorbereitet. Am 10. November 1848 marschierte die preußische Armee unter General Wrangel in Berlin ein und eroberte die Stadt ohne nennenswerten Widerstand. Danach hatte in Preußen die Reaktion wieder die Oberhand gewonnen.

Österreich. Auch in Österreich wurde die Revolution im Herbst 1848 militärisch besiegt. Bereits in den Monaten zuvor hatte die kaiserliche Armee ihre ungebrochene Schlagkraft im Kampf gegen die Aufstände der nichtdeutschen Nationalbewegungen unter Beweis gestellt. Im Juni schlug sie unter Fürst Windischgrätz einen Aufstand der tschechischen Nationalbewegung in Prag (Pfingstaufstand) mit militärischer Gewalt nieder. Aufstände in Oberitalien waren anfangs erfolgreich, im Laufe des Sommers jedoch gelang es kaiserlichen Truppen unter Feldmarschall Radetzki, die Stadt Mailand – das Zentrum des Aufstandes – zurückzuerobern. Länger konnte sich der Aufstand der Ungarn halten, der erst im Laufe des Jahres 1849 durch eine gemeinsame österreichisch-russische Militäroperation niedergeschlagen werden konnte. Den Anlass zur Rückeroberung der Stadt Wien bildete ein dritter revolutionärer Aufstand am 6.10.1848. Diesmal

Am 9.11.1848 wird der Revolutionär Robert Blum in Brigittenau bei Wien standrechtlich erschossen (Gemälde von Carl C. H. Steffeck, 1848/49).

handelt es sich um einen vor allem von der Arbeiterschaft der Stadt getragenen radikaldemokratischen Aufstand. Wieder floh der Hof aus Wien. Nun griffen kaiserliche Truppen unter Fürst Windischgrätz die Stadt an und eroberten sie nach achttägigen blutigen Straßenkämpfen zurück – um den Preis von mehreren Tausend Toten.

Spaltung der Revolution. Die militärischen Siege der Armeen wurden durch die innere Spaltung der Revolution erleichtert: Der mühsame Zusammenhalt des Bürgertums und der unteren Schichten brach vielerorts auseinander. Auch hier war Frankreich der Vorreiter: In blutigen Straßenkämpfen zwischen Arbeitern und der bürgerlichen Nationalgarde des Generals Cavaignac wurden zwischen dem 23. und 26. Juni 1848 viele Tausend Arbeiter getötet. Auch in Berlin kam es am 14. Juni zu Kämpfen zwischen Arbeitern und der Nationalgarde, als städtische Unterschichten das Zeughaus stürmten, um sich mit Waffen zu versorgen. In Wien trieb die Nationalgarde eine Arbeiterdemonstration am 23.8. mit Waffengewalt auseinander.

Das Scheitern der Nationalversammlung und der Sieg der gegenrevolutionären Kräfte

Reichsverfassungskampagne. Im März 1849 war die Beratung der Verfassung abgeschlossen. Am 28.3.1849 wählte die Frankfurter Nationalversammlung den preußischen König Friedrich-Wilhelm IV. zum „Kaiser der Deutschen". Als eine Delegation der Nationalversammlung dem preußischen König die Kaiserkrone antrug, lehnte dieser jedoch ab. In seinen Augen hätte die Annahme der Krone die Anerkennung der Volkssouveränität und eine Verletzung des Prinzips des Gottesgnadentums bedeutet. In einem vertraulichen Brief an den preußischen Diplomaten Freiherr von Bunsen schrieb Friedrich-Wilhelm IV.: „Soll die tausendjährige Krone deutscher Nation […] wieder einmal vergeben werden, so bin ich es und meinesgleichen, die sie vergeben werden."

Die Delegation der Nationalversammlung bietet dem König die Krone an.

Mit dieser Ablehnung war die gesamte Verfassungskonstruktion der Nationalversammlung hinfällig. Die mühsamen und zum Teil quälend komplizierten Debatten waren umsonst gewesen. Die Enttäuschung und Wut über diesen Gang der Dinge führte besonders in Südwestdeutschland zu einer neuen Revolutionswelle, der sogenannten „Reichsverfassungskampagne". In mehreren revolutionären Zentren brachen erneut Volkserhebungen aus. In Baden stellten sich sogar fast die gesamte Armee und staatliche Verwaltung auf die Seite der Revolution.
Zugleich fühlten sich jedoch die Fürsten, die die Verfassung zuvor nur widerwillig akzeptiert hatten, in ihrer Ablehnung bestärkt. Die Reichsverfassungskampagne in den süd- und mitteldeutschen Staaten wurde noch im Juni und Juli 1849 mithilfe preußischer Truppen niedergeschlagen. Viele Revolutionäre fielen Erschießungen oder Standgerichten zum Opfer; anderen gelang es, ins Exil zu fliehen.

Rumpfparlament. Als Österreich und Preußen die Mandate ihrer Abgeordneten in der Nationalversammlung für beendet erklärten, löste sich das Parlament weitgehend auf. Es blieb nur noch ein „Rumpfparlament" aus süddeutschen Abgeordneten übrig, das sich nach Stuttgart zurückzog und dort am 18. Juni 1849 von württembergischen Truppen auseinandergejagt wurde. Am 23. Juli 1849 ergaben sich die letzten kämpfenden Revolutionäre – es sollen an die 6000 gewesen sein – in der Festung Rastatt. Damit hatten die gegenrevolutionären Kräfte endgültig gesiegt. Der Versuch, einen deutschen Nationalstaat auf der Grundlage der Volkssouveränität zu errichten, war gescheitert. In Preußen und Österreich wurde die Beamtenschaft von liberalen Elementen gesäubert. Viele ehemalige Abgeordnete oder liberale Politiker flohen ins Ausland, um einer Verhaftung wegen Hochverrats oder Majestätsbeleidigung zu entgehen.

5. Warum scheiterte die Revolution?

Nach der Euphorie des „tollen Jahres“ muss das Scheitern der Revolution für die Zeitgenossen ungeheuer frustrierend gewesen sein. Das zeigen zum Beispiel die vielen bitteren, oft zynischen Karikaturen, die aus jener Zeit überliefert sind und die die Schuld an diesem Scheitern nicht nur den Fürsten, sondern auch der Unfähigkeit des „Professorenparlamentes“ oder der Demokratieunfähigkeit des deutschen Volkes anlasteten. Seither gibt es die Debatte um die Ursachen des Scheiterns der Märzrevolution. An die Stelle pauschaler Vorwürfe sind jedoch differenziertere Überlegungen getreten, die sich stichwortartig so zusammenfassen lassen:

- *Unterschiedliche Interessen:* Die Interessen der Trägergruppen der Revolution waren zu unterschiedlich, sodass eine einheitliche und belastbare revolutionäre Front – außer in der ersten Phase der Revolution – nicht dauerhaft zustande kam.
- *Doppelte Frontstellung des Bürgertums:* Die liberale Mehrheit des deutschen Bürgertums wollte zwar Reformen, aber keine radikalen Veränderungen. Aus Angst vor – aus Sicht des Bürgertums – unkalkulierbaren Folgen der radikalen Straßenkämpfe, den Forderungen der ihm kulturell und ökonomisch fremden Arbeiterschaft sowie in Sorge vor einer möglichen jakobinischen Entwicklung der Revolution blieb es vor „den Thronen stehen“ und suchte den Ausgleich mit den Fürsten. Durch die inneren Auseinandersetzungen zwischen (bürgerlicher) Bürgerwehr und dem radikalen Flügel der Revolution wurde Letzterer geschwächt. Am Ende fehlte der Revolution und der Frankfurter Nationalversammlung die Unterstützung der Straße.
- *Fehlende Führung:* Trotz aller Bemühungen um die nationale Einheit fehlte der Revolution ein zentraler Ort. Stattdessen fanden verschiedene Revolutionen mit jeweils besonderen Eigenarten statt. Dies erschwerte ein koordiniertes Vorgehen und eine effektive Organisation.
- *Schwächen der Nationalversammlung:* Obwohl die Abgeordneten intensiv und auf hohem intellektuellem Niveau diskutierten, so fehlte ihnen doch notwendigerweise die Erfahrung mit der Arbeit in demokratischen Institutionen. Die Parlamentsarbeit war noch sehr unstrukturiert, es gab keine festen Parteien oder Fraktionen, parlamentarische Verfahrensweisen mussten erst entwickelt werden. Das führte zu Reibungsverlusten, behinderte Kompromisse und verzögerte Entscheidungen.
- *Ausmaß der Aufgaben:* Das spezifisch deutsche Dilemma der Revolution, eine Vielzahl von höchst komplexen Aufgaben (Ausarbeitung einer freiheitlichen Verfassung, Ausarbeitung eines parlamentarischen Systems, Klärung sozialer und gesellschaftlicher Probleme, Herstellung der nationalen Einheit) gleichzeitig bewältigen zu müssen, stellte eine schier unlösbare Herausforderung dar.
- *Illusion einer erfolgreichen Revolution:* Die Anfangserfolge täuschten über die realen Machtverhältnisse hinweg. Während die Nationalversammlung ihre Aufgaben mit hoher Intensität und Ernsthaftigkeit anging, ebbte der revolutionäre Elan ab und die gegenrevolutionären Kräfte konnten sich wieder formieren. Letztlich scheiterten die Revolution und die von ihr einberufene Nationalversammlung daran, dass sie über keinerlei exekutive Macht verfügten, sondern diese vollständig bei den Regierungen

der Einzelstaaten und damit bei den Fürsten verblieben war. Auch wenn in den Einzelstaaten jetzt demokratisch gewählte Parlamente gebildet worden waren, so bedeutete dies noch lange nicht, dass diese Parlamente auch die Regierungen und die Exekutive (einschließlich der Armeen) kontrollierten.

6. Die Bilanz der Revolution

Negative Wirkungen. Die Bilanz der Revolution fällt gemischt aus. Auf der Negativseite ist zunächst festzuhalten, dass ihr Scheitern für Jahrzehnte den Emanzipationswillen des Bürgertums lähmte. Ein Teil des Bürgertums zog sich wieder – wie schon zuvor – ins Private zurück; ein anderer Teil konzentrierte sich auf die „Realpolitik" und suchte im Bündnis mit den feudalen Regierungen seine Interessen – vor allem auf wirtschaftlichem Gebiet – durchzusetzen. Mit dem Scheitern der Revolution von unten war auch der liberale Nationalismus gebrochen. Liberalismus und Nationalismus gingen fortan getrennte Wege.

Positive Wirkungen. Dennoch entfaltete die Revolution auch bedeutsame positive Wirkungen:

- Die deutsche Einheit hatte sich als Ziel der großen Mehrheit aller Deutschen erwiesen. Obwohl die Einzelstaaten erhalten blieben, blieb diese Tendenz bestimmend. Das von der Paulskirche entwickelte Modell eines deutschen Bundesstaates prägt die deutsche Verfassungsgeschichte bis heute.
- Das Bestreben, die Staatsordnungen auf Verfassungen zu gründen und damit die Willkürherrschaft der Fürsten zu begrenzen („Konstitutionalismus") hatte sich nach ersten Anläufen in der napoleonischen Ära und Rückschlägen in der Restaurationszeit nun endgültig durchgesetzt. Zwar waren die nach 1848 in den deutschen Staaten eingeführten Verfassungen alles andere als demokratisch, aber sie banden im Grundsatz die Fürstenherrschaft an Recht und Gesetz.
- Die Paulskirchenverfassung trat zwar nie in Kraft, aber sie entfaltete großen Einfluss auf alle folgenden deutschen Verfassungen. Das allgemeine Wahlrecht setzte sich durch und blieb auch in der Reichsverfassung von 1871 als fortschrittliches Element erhalten. Bis heute gilt der Grundrechtskatalog als zukunftsweisend.
- Die Revolution hatte eine ausgesprochen lebendige, den gesamten deutschen Sprachraum umfassende politische Öffentlichkeit geschaffen, die sich trotz allerlei Repressionen in der Folgezeit nicht mehr zurückschrauben ließ. Eine Vielzahl von Zeitungen und Zeitschriften waren entstanden, im Jahr 1849 lassen sich insgesamt 1700 Zeitungen nachweisen; von der auflagenstärksten liberalen „Kölnischen Zeitung" erschienen 17000 Exemplare pro Ausgabe. Es entstand sogar eine erste „Frauen-Zeitung", gegründet von Louise Otto, die als Begründerin der deutschen Frauenbewegung gilt. Satirezeitschriften wie „Die Fliegenden Blätter" versuchten, über Witz und Ironie ihre Kritik zu entfalten; die politische Karikatur wurde als politisches Mittel entdeckt. Neben den Zeitungen trug eine Vielzahl von Vereinen zur Herausbildung einer politischen Öffentlichkeit bei; sie bereiteten die spätere politische Parteienlandschaft vor.

Breitenwirkung der Presse nach dem Wegfall der Zensur: „Verkauf der Wahrheit" (Aquarell von Johann Nepomuk Höfel, 1848)

7. Vom liberalen zum integralen Nationalismus

Die Zeit der Reaktion

Wiederherstellung des Deutschen Bundes. Nach dem Scheitern des Frankfurter Paulskirchenparlaments und dem Sieg über die Revolution begann die Epoche der „Reaktion“, in der die Fürsten und ihre Regierungen versuchten, alle Errungenschaften der Revolution so weit als möglich wieder rückgängig zu machen. Der Deutsche Bund wurde auf Betreiben Österreichs, das im preußisch-österreichischen Dualismus die Vorherrschaft zurückgewinnen wollte, unter österreichischem Vorsitz wiederhergestellt. Der nach altem Muster gebildete Bundestag erklärte nicht nur die Paulskirchenverfassung für ungültig. Der im August 1851 gebildete „Reichsreaktionsausschuss“ erhielt zudem den Auftrag sicherzustellen, dass in keinem Einzelstaat des Bundes Einrichtungen oder Regelungen bestehen blieben, die Ruhe und Ordnung gefährden könnten. Die während der Revolution zugestandenen liberalen Verfassungen wurden durch rückschrittliche ersetzt.

Preußische (oktroyierte) Verfassung von 1850. Nach der Rückeroberung Berlins hatte der preußische König bereits im Dezember 1848 eine Verfassung erlassen (oktroyiert), die bis zu ihrem Inkrafttreten im Jahre 1850 noch im Sinne der Reaktion verändert wurde. Mit dieser Verfassung verfolgte Friedrich-Wilhelm IV. das Ziel, das Volk an die Monarchie zu binden und die Macht der Krone durch eine monarchisch-konstitutionelle (anstelle einer liberalen) Verfassung langfristig zu sichern.
Ein gewisses Zugeständnis gegenüber den Liberalen bestand in der formalen Zusicherung von bürgerlichen Freiheiten (z. B. Religionsfreiheit, Gleichheit vor dem Gesetz, Versammlungsfreiheit) sowie der Unabhängigkeit der Gerichte. Auf der anderen Seite betonte die Verfassung das Prinzip des Gottesgnadentums in der Monarchie, von Volkssouveränität war nicht die Rede. Die Armee unterstand weiterhin allein dem König, der damit das wichtigste Machtmittel in seinen Händen hielt. Das Abgeordnetenhaus übte zusammen mit der zweiten Parlamentskammer, dem Herrenhaus, und dem König die Gesetzgebung aus. Sein wichtigstes Recht war das Budgetrecht. Es wurde nach einem Dreiklassenwahlrecht (für Männer) gewählt, das die Bürger nach Steueraufkommen in drei Wahlklassen teilte, die jeweils ein Drittel der Abgeordneten stellten. Danach stellten die oberen 4 % der Bevölkerung ein Drittel der Stimmen, die folgenden 16 % das zweite Drittel. Dieses Wahlrecht sicherte dem Abgeordnetenhaus eine weitgehend konservative Mehrheit. Die preußische Verfassung von 1850 bestand bis 1918.

Einheit und Freiheit – zwei Ideen trennen sich

Integraler Nationalismus. Nach der fehlgeschlagenen Revolution schien die Utopie von der Einheit der deutschen Nation endgültig gescheitert zu sein. Tatsächlich scheiterte der für das frühe 19. Jahrhundert so typische liberale Nationalismus. Es war in den folgenden Jahrzehnten vor allem die preußische Regierung, die das integrative Potenzial des Nationalismus für ihre machtpolitischen Zwecke zu instrumentalisieren wusste. Mit massiver Wirtschaftsförderung und einer weitgehenden Liberalisierung im ökonomischen Bereich kam der preußische Staat seinem Bürgertum entgegen und stärkte seine Position als am weitesten entwickelter Industriestaat in Deutschland. Durch den Zollverein dehnte er seinen Wirtschaftsraum aus, durch Kriege gegen den innerdeutschen Konkurrenten Österreich sowie gegen Frankreich festigte er seine Großmachtposition. Mit der Gründung des Deutschen Reiches im Jahre 1871, die Preußens Vorherrschaft in mehrfacher Hinsicht institutionell absicherte, entstand schließlich ein deutscher Nationalstaat, der aber mit der Utopie des liberalen Nationalismus des frühen 19. Jahrhunderts nicht mehr viel gemein hatte. Aus einer der Aufklärung und der Freiheit der Völker verpflichteten Idee war ein Instrument obrigkeitsstaatlicher Herrschaftssicherung geworden.

Freiheit – aber welche?
Die Ziele der badischen Revolution in zeitgenössischen Dokumenten

Die Mannheimer Bürger Gustav Struve und Friedrich Hecker führen den Aufstand an (zeitgenössische Darstellung).

Die revolutionären Ereignisse in Baden gelten heute und galten schon den Zeitgenossen als ein Zentrum der Revolution in Deutschland. Von hier aus begann im Februar 1848 die Revolution, hier fanden sich mit der „Reichsverfassungskampagne" im Mai/Juni 1849 die entschiedensten und letzten Verteidiger der von der Frankfurter Nationalversammlung beschlossenen Verfassung.

- **Welche Forderungen wurden von den aufständischen Gruppen in Baden erhoben?**
- **Inwieweit wurden diese Forderungen von der Frankfurter Nationalversammlung in die Verfassung aufgenommen?**
- **Welche langfristige Wirkung in der deutschen Geschichte hatten diese Forderungen?**

Präsentieren Sie Ihre Untersuchungsergebnisse zu den zeitgenössischen Dokumenten und erörtern Sie auf dieser Grundlage im gemeinsamen Kursgespräch die Frage nach den langfristigen Wirkungen der Forderungen.

So können Sie vorgehen, um in kleinen Arbeitsgruppen die Materialien M 1 – M 4 fachgerecht zu untersuchen:

1. Interpretieren Sie die Materialien M 1 – M 3 unter der ersten Leitfrage.
   a) Arbeiten Sie heraus, welche Forderungen in den zeitgenössischen Dokumenten erhoben werden.
   b) Charakterisieren Sie diese Forderungen, indem Sie sie anhand der Zeittafel (s. S. 246) in den Verlauf der Revolution einordnen und den Interessen bestimmter revolutionärer Gruppen (vgl. Infotext, S. 233) zuordnen.
   c) Stellen Sie dar und begründen Sie am Quellentext, inwieweit „Ihr" Dokument Ausdruck der Kooperation oder der Spaltung innerhalb der Revolution ist.
2. Bearbeiten Sie in Ihrer Kleingruppe die zweite Leitfrage, indem Sie die Forderungen mit den Ergebnissen der Frankfurter Nationalversammlung (M 4 und Infotext S. 238 ff.) vergleichen.
3. Verschriftlichen Sie Ihre Interpretationsergebnisse (z. B. auf Flipchart, Folie, Plakat).
4. Bereiten Sie sich in einem Meinungsaustausch in Ihrer Arbeitsgruppe auf die gemeinsame Abschlussdiskussion zur dritten Leitfrage vor, indem Sie die revolutionären Forderungen systematisch mit späteren Verfassungen (1871, 1919, 1949) vergleichen.

MATERIALIEN

M 1 Bericht über Bauernunruhen in Baden (16. März 1848)

In Baden kam es – wie in vielen Gebieten Süd- und Westdeutschlands – in der Anfangsphase der Revolution zu Bauernunruhen. Am 16. März berichtete die „Karlsruher Zeitung":

Aus den standesherrlichen Gemeinden hatten sich Hunderte von Bauern des Schüpfer- und Taubergrundes zusammengerottet. Zuerst ging der Zug zum Rentamte in Tauberbischoffsheim, wo sie die geforderten Akten und Gült- und Zinsbücher ausgeliefert erhielten, und, nach sonstigen Zerstörungen in dem Rentamts-Gebäude und dem Amtsrevisorat, außerhalb der Stadt alles verbrannten. Von da wandte sich der Zug nach Unterschüpf. Die geforderten Bücher und Schriften händigte ihnen der Rentamtmann Bechler gutwillig ein. Ohne weitere Gewalttätigkeiten gegen die Person und das Eigentum dieses grundherrlichen Rechners zogen sie nach Zernichtung der Bücher am 7. März bei hellem Tage wieder ab. Nachts gegen 8 Uhr [...] rückte der helle Haufen nach Boxberg. Das Vorspiel bildete ein gegen die Fenster der Rentamts-Wohnung gerichteter Steinregen. [...] Der Haufe drängte sich an die Kellerei, erbrach die Türen, stürmte das Haus, drang in das Geschäftszimmer und warf sämtliche Bücher und Papiere zu den Fenstern hinaus. [...] Die in Bewegung gesetzte Zerstörungssucht und Plünderungswut blieb nicht bei ihrem ersten Ziele stehen, und nun wendete sich die Schar gegen das Privateigentum des 75-jährigen Rentamtmanns Herrmann, welcher in friedlicher Zurückgezogenheit 30 Jahre lang dem Rentamte zu Boxberg, vielleicht mit zu großem Eifer für seinen Dienstherrn, vorgestanden hatte. Hier blieb nichts, gar nichts verschont; Fenster und Türen, Schreinwerk, Bilder etc. wurden zerbrochen und fanden mit den Betten, den Kleidern, dem Weißzeug ihren Weg durch die Fenster auf die Straße, in die raubgierigen Hände, welche alles fortschleppten. [...] Die wehrlosen Bürger Boxbergs waren außer Stand, Widerstand zu leisten, und mussten ruhig zusehen. Durch Drohung und Gewalt verschafften sich die Plünderer Wägen zum Aufladen der in Säcke gepackten Akten und brachten sie auf die fürstliche Schafwiese zum Verbrennen. Die ganze Nacht hindurch und bis zum anderen Mittag loderte in drei haushohen Säulen das Feuer empor. [...] Der im ganzen Amt beliebte und bürgerfreundliche Bezirksamtmann

Die Revolution in Baden – Eine Zeittafel

27.2.1848: Nach dem Eintreffen der Nachricht von der Revolution in Paris werden auf einer Volksversammlung in Mannheim revolutionäre Forderungen erhoben.

1.3.1848: Demonstranten stürmen das Ständehaus des badischen Landtages. Friedrich Hecker verlangt die Abschaffung der Adelsprivilegien.

4.3.1848: Beginn der Bauernerhebungen in Nordbaden

19.3.1848: Versammlung der inzwischen gegründeten revolutionären badischen Volksvereine in Offenburg mit etwa 20 000 Teilnehmern

31.3.1848: Struve stellt im Frankfurter Vorparlament seine politischen Forderungen vor.

12.4.1848: Hecker und Struve rufen in Konstanz zu einem revolutionären Aufstand auf. Der sogenannte „Heckerzug" wird am 20.4.1848 von regulären Truppen besiegt. Hecker flieht ins Exil in die Schweiz, später in die USA.

24.4.1848: Das von Aufständischen besetzte Freiburg wird von Regierungstruppen gestürmt.

21.9.1848: Struve ruft in Lörrach die Republik aus. Der Aufstand wird militärisch niedergeschlagen, Struve verhaftet.

11.5.1849: Die „Reichsverfassungskampagne" erreicht einen ersten Höhepunkt durch die Meuterei der badischen Garnison in der Bundesfestung Rastatt.

13.5.1849: Eine Volksversammlung in Offenburg fordert die Anerkennung der Reichsverfassung und setzt in Baden eine liberale Regierung unter Lorenz Brentano ein. Der badische Großherzog Leopold flieht ins Exil.

1.6.1849: Lorenz Brentano bildet eine provisorische demokratische Regierung, die von gemäßigten Kräften dominiert wird. Dagegen bildet sich unter Führung von Struve ein „Klub des entschiedenen Fortschritts", der von der Regierung radikalere Maßnahmen fordert.

Juni 1849: Preußische Truppen unter Führung des preußischen Prinzen Wilhelm (des späteren deutschen Kaisers Wilhelm I.) dringen in Baden ein, um die Revolution niederzuschlagen. Die revolutionären badischen Truppen unter Führung von Ludwig Mieroslawski werden in verschiedenen Kämpfen immer weiter zurückgedrängt. Sie verschanzen sich schließlich in der Festung Rastatt, die nach dreiwöchiger Belagerung am 23.7.1849 von preußischen Truppen eingenommen wird.

wurde mit aller Artigkeit und unter sicherm Geleite während des Sturmes auf die Seite gebracht, weiter aber gegen seine Person nichts verübt. […]

(Karlsruher Zeitung, Nr. 75 vom 16. März 1848; zit. nach: Von den Anfängen der Demokratie bis zum Zeitalter der burgerlichen Revolutionen, Bamberg (Buchner) 1992, S. 319)

M 2 Forderungen der Volksversammlung zu Heidelberg vom 26. März 1848

Im Großherzogtum Baden fanden im März zahlreiche sogenannte Volksversammlungen statt, so auch in Heidelberg. Hierbei erhoben die Teilnehmer ihre Forderungen. Die Heidelberger „Märzforderungen" basieren auf Forderungen, deren Ursprung bei den „Entschiedenen Freunden der Verfassung" zu suchen ist. Diese Gruppe aus liberalen und demokratischen Bürgern traf sich im Offenburger Gasthaus „Salmen" seit September 1847. Erstmals als Programm wurden soziale und politische Forderungen am 19. März 1848 festgehalten. Dieses Programm breitete sich in Windeseile über Flugblätter und Zeitungsartikel in ganz Deutschland aus.

Die Beschlüsse der Offenburger Volksversammlung vom 19. März 1848 haben den kräftigsten Widerhalt gefunden nicht bloß im ganzen badischen, sondern auch im gesamten deutschen Vaterlande. Dieselben haben den Grund gelegt zu einer freiheitlichen Organisation des deutschen Volkes. Die blutigen Ereignisse, welche an dem Tage selbst, da das badische Volk in Offenburg die Angelegenheiten Deutschlands beriet, stattfanden und welche daher von demselben damals nicht in Erwägung gezogen werden konnten, bilden einen neuen Beweis von der blutdürstigen Unterdrückungswut deutscher Tyrannen und der erschöpften Geduld des deutschen Volkes.

Das deutsche Volk verlangt daher vor allen Dingen, dass ein von dem ganzen deutschen Volke unmittelbar aus seiner Mitte frei gewähltes deutsches Parlament

I. die von demselben zu entwerfende neue Verfassung Deutschlands auf den allerfreiesten Grundlagen ohne zweckwidrige Rücksicht auf die bestehenden Verhältnisse feststelle und durch eine Reihe von Gesetzen, welche ganz Deutschland gemeinsam umfassen, allen gerechten Forderungen des Volkes Genüge leiste. Die Mehrheit der Heidelberger Versammlung ist überzeugt, dass das deutsche Volk für die nordamerikanische Verfassung reif ist und sie wünscht.

Das Volk verlangt von dem zu erwartenden deutschen Parlamente,

II. dass dasselbe unter den vielen Gegenständen, welche neu zu gestalten sein werden, vor allen Dingen
(1) die Verschmelzung der Bürgerwehr und des stehenden Heeres zum Behufe der Bildung einer wahren, alle waffenfähigen Männer umfassenden Volkswehr,
(2) die vollständige Pressfreiheit,
(3) das Schwurgericht,
(4) gleiche Berechtigung aller Bürger ohne Unterschied des Glaubens,
(5) Abschaffung des Adels,
(6) allgemeines deutsches Niederlassungs- und Staatsbürgerrecht
anordne, überwache und leite.

III. Zu den mannigfaltigen Forderungen, welche das deutsche Volk aller Orten aufstellt, fügt dasselbe folgende hinzu:
Das Volk verlangt
(1) die Sicherstellung der persönlichen Freiheit des Bürgers durch ein Gesetz und
(2) vollständige Trennung der Kirche vom Staate;
(3) augenblickliche Aufhebung aller auf der Benutzung von Flüssen, Straßen und Brücken ruhenden Abgaben;
(4) sofortige Erleichterung des Notstandes der arbeitenden Klassen und des Mittelstandes. […]

(Zit. nach: Karl Obermann (Hg.), Flugblätter der Revolution – Eine Flugblattsammlung zur Geschichte der Revolution vor 1848/49 in Deutschland, Berlin 1970, S. 126f.)

M 3 Gustav Struves Antrag im Frankfurter Vorparlament vom 31. März 1848

Gustav Struve (1805–1870), ein Mannheimer Rechtsanwalt, gehörte zur Gruppe der radikalen Demokraten, die bei der Weichenstellung im Vorparlament versuchten, sich gegen die Liberalen durchzusetzen und eine gesamtdeutsche Republik anzustreben. Struves Antrag scheiterte; er selbst schloss sich dem radikalen Mitstreiter Friedrich Hecker (1811–1881) an, der von Konstanz aus einen bewaffneten Aufstand anzettelte.

Sicherheit des Eigentums und der Person, Wohlstand, Bildung und Freiheit für alle ohne Unterschied der Geburt, des Standes und des Glaubens, ist das Ziel, nach welchem das deutsche Volk strebt. Die Mittel, zu demselben zu gelangen, sind:
(1) Aufhebung der stehenden Soldatenheere und Verschmelzung derselben mit der Bürgerwehr zum Behufe der Bildung einer wahren, alle waffenfähigen Männer umfassenden Volkswehr.
(2) Aufhebung des stehenden Heeres von Beamten und Ersetzung derselben durch eine wohlfeile Regierung, welche aus freiwillig gewählten Volksmännern besteht.

(3) Abschaffung der stehenden Heere von Abgaben, welche an dem Marke des Volkes zehren […].
(4) Abschaffung aller Vorrechte, […] insbesondere des Adels […].
(6) Aufhebung aller Klöster […].
(7) Auflösung des Bundes, welcher bisher bestand zwischen Kirche und Staat und Kirche und Schule und Ersetzung desselben durch:
a) die Grundsätze der gleichen Berechtigung aller Glaubensbekenntnisse […].
c) Abschaffung des Schulgeldes.
(8) Abschaffung der Zensur […].
(9) Abschaffung der geheimen und schriftlichen Inquisitionsgerichte und Ersetzung derselben durch öffentlich und mündlich gepflogene Schwurgerichte.
(10) Abschaffung der Hunderte von Beschränkungen der persönlichen Freiheit der Deutschen […] durch ein besonderes Gesetz, welches insbesondere auch das Vereins- und Versammlungsrecht des Volkes feststellt.
(11) Beseitigung des Notstandes der arbeitenden Klasse und des Mittelstandes, Hebung des Handels, des Gewerbestandes und der Landwirtschaft. […]
(12) Ausgleichung des Missverhältnisses zwischen Arbeit und Kapital vermittelst eines besonderen Arbeitsministeriums, welches den Wucher steuert, die Arbeit schützt und derselben namentlich einen Anteil an dem Arbeitsgewinne sichert. […]
(14) Aufhebung der Zerrissenheit Deutschlands […].
(15) Aufhebung der erblichen Monarchie und Ersetzung derselben durch frei gewählte Parlamente, an deren Spitze frei gewählte Präsidenten stehen, alle vereint in der föderativen Bundesverfassung nach dem Muster der nordamerikanischen Freistaaten.
Deutsches Volk, dieses sind die Grundsätze, mit deren Hilfe allein Deutschland unseres Erachtens glücklich, geachtet und frei werden kann.

(Zit. nach: Helmut Berding (Hg.), Die deutsche Revolution von 1848/49, Stuttgart 1985, S. 41 f.)

M 4 Auszüge aus der von der Frankfurter Nationalversammlung beschlossenen „Verfassung des Deutschen Reiches“ vom 28. März 1849

Die „Grundrechte des deutschen Volkes“ waren bereits am 27. Dezember 1848 in Kraft gesetzt worden.

§ 132: Jeder Deutsche hat das deutsche Reichsbürgerrecht. […]
§ 133: Jeder Deutsche hat das Recht, an jedem Orte des Reichsgebietes seinen Aufenthalt und Wohnsitz zu nehmen, Liegenschaften jeder Art zu erwerben und darüber zu verfügen, jeden Nahrungszweig zu betreiben, das Gemeindebürgerrecht zu gewinnen. […]
§ 137: Vor dem Gesetz gilt kein Unterschied der Stände. Der Adel als Stand ist aufgehoben. Alle Standesvorrechte sind abgeschafft. Die Deutschen sind vor dem Gesetze gleich. […]
Die öffentlichen Ämter sind für alle Befähigten gleich zugänglich.
Die Wehrpflicht ist für alle gleich; Stellvertretung bei derselben findet nicht statt.
§ 138: Die Freiheit der Person ist unverletzlich.
§ 139: Die Todesstrafe, ausgenommen wo das Kriegsrecht sie vorschreibt oder das Seerecht sie im Fall von Meuterei zulässt, sowie die Strafe des Prangers, der Brandmarkung und der körperlichen Züchtigung sind abgeschafft.
§ 140: Die Wohnung ist unverletzlich. […]
§ 142: Das Briefgeheimnis ist gewährleistet. […]
§ 143: Jeder Deutsche hat das Recht, durch Wort, Schrift, Druck und bildliche Darstellung seine Meinung frei zu äußern.
Die Pressfreiheit darf unter keinen Umständen und in keiner Weise […] beschränkt, suspendiert oder aufgehoben werden. […]
§ 144: Jeder Deutsche hat volle Glaubens- und Gewissensfreiheit. […]
§ 152: Die Wissenschaft und die Lehre ist frei. […]
§ 155: Für die Bildung der deutschen Jugend soll durch öffentliche Schulen überall genügend gesorgt werden. […]
§ 158: Es steht jedem frei, seinen Beruf zu wählen und sich für denselben auszubilden, wie und wo er will. […]
§ 161: Die Deutschen haben das Recht, sich friedlich und ohne Waffen zu versammeln; einer besonderen Erlaubnis bedarf es nicht. […]
§ 162: Die Deutschen haben das Recht, Vereine zu bilden. Dieses Recht soll durch keine vorbeugenden Maßregeln beschränkt werden. […]
§ 164: Das Eigentum ist unverletzlich. […]
§ 166: Jeder Untertänigkeits- und Hörigkeitsverband hört für immer auf. […]
§ 174: Alle Gerichtsbarkeit geht vom Staate aus. […]
§ 178: Das Gerichtsverfahren soll öffentlich und mündlich sein. Ausnahmen bestimmt im Interesse der Sittlichkeit das Gesetz.

(Zit. nach: Walter Grab (Hg.), Die Revolution von 1848/49 – Eine Dokumentation, Stuttgart 1988, S. 182–192)

Hohn und Spott im Kampf um die öffentliche Meinung – Zeitgenössische Karikaturen zur Revolution

Als im März 1848 im Zuge der Revolution die strengen Zensurbestimmungen der „Karlsbader Beschlüsse" aufgehoben wurden, sprossen politische Druckschriften aller Art wie Pilze aus dem Boden. Forderungen wurden erhoben, Positionen begründet und politische Entwicklungen kommentiert. In allen deutschen Staaten entstand eine politische Öffentlichkeit, in der die verschiedenen Kräfte der Revolution und der Gegenrevolution um die Gunst der öffentlichen Meinung kämpften. Da aber zur Zeit der Revolution etwa 60% der Bevölkerung Analphabeten waren, griffen die Druckschriften zu einem scharfen, auch ohne Lesekenntnisse sofort verständlichen Kampfmittel: Spottbilder und Karikaturen. Damit begründeten sie eine bis heute bedeutsame Form der tagespolitischen Auseinandersetzung. Als historische Quellen bieten diese Karikaturen der Revolutionszeit uns heute eine besondere Chance. Auf pointierte und perspektivisch zugespitzte Weise spiegeln sie zeitgenössische Positionen zu Personen, Ereignissen und Haltungen wider. Sie reichen von scharfsinnigen Analysen bis hin zu vorurteilsbeladenen Diffamierungen. Weniger die historische Entwicklung selbst, sondern ihre Beurteilung und Bewertung durch die Zeitgenossen steht deshalb im Mittelpunkt dieses Themas. Die Auseinandersetzung mit den zeitgenössischen Urteilen kann auch unsere heutige Bewertung anregen.

- **Welche politischen Positionen zu welchen Themen werden in den Karikaturen deutlich?**
- **Wie bewerten Sie diese Positionen aus heutiger Sicht?**

Zwölf ausgewählte Karikaturen ermöglichen es, auf diese Fragestellungen eigenständige Antworten zu finden, wenn sie sach- und materialgerecht entschlüsselt werden.

Verschriftlichen Sie Ihre Ergebnisse, präsentieren Sie sie und stellen Sie Ihre Interpretation im Kurs zur Diskussion.

Interpretieren Sie arbeitsteilig die Karikaturen M 1 – M 12 anhand der auf S. 250 beschriebenen Arbeitsschritte.

Tipp: Nutzen Sie zur Klärung der zum Verständnis notwendigen historischen Zusammenhänge und Bezüge den Infotext und die weiteren Themeneinheiten zur Revolution 1848/49 in diesem Kapitel.

Wichtige Symbolgehalte, die heute nicht mehr ohne Weiteres verständlich sind, werden in einem kleinen Lexikon (s. S. 255) erläutert.

MATERIALIEN

M 1 „Frühling, Sommer, Herbst"

Zeitgenössische Karikatur

Methode

Karikaturen interpretieren

A. Karikaturen als historische Bildquellen

Karikaturen sind eine besondere Form historischer Bildquellen: Ein Karikaturist will seinen Gegenstand nicht umfassend beschreiben, sondern eine pointierte Position (meist eine Kritik) zum Ausdruck bringen. Wie alle Bildquellen arbeiten Karikaturen mit Bildsymbolen, ihre typischen und kennzeichnenden Stilmittel sind aber Übertreibungen und Verfremdungen (italienisch: *caricare* = überladen, übertreiben).

Die Interpretation von Karikaturen kann auf pointierte Weise zeigen, wie in der Vergangenheit Ereignisse, Personen und Sachverhalte aus bestimmten (politischen) Perspektiven bewertet wurden und wie diese Positionen um öffentliche Anerkennung rangen. Andererseits zeigen Karikaturen eben „nur“ eine zeitgenössische Meinung und müssen deshalb mit Vorsicht interpretiert werden. Sowohl aus zeitgenössischer wie aus heutiger Sicht kann eine Karikatur ihren Gegenstand nicht nur einfach zugespitzt, sondern möglicherweise auch auf diffamierende oder auf schlicht falsche, historische Fakten ignorierende Weise aufgreifen.

B. Schritte der Interpretation von Karikaturen

1. Schritt – Leitfrage(n) festlegen:

Aus möglichen Fragen, die an die Karikatur gestellt werden können, das eigene Erkenntnisinteresse festlegen und als Untersuchungsfrage(n) formulieren, auf die die Interpretation ausgerichtet werden soll.

Hier wären z. B. denkbar: Wie urteilen verschiedene revolutionäre Gruppen übereinander? Wie wird die Rolle des preußischen Königs beurteilt? Wie wird die Arbeit der Nationalversammlung beurteilt? Wie wird das Gesamtergebnis der Revolution gewertet?

2. Schritt – Analyse:

– Beschreibung und Klärung formaler äußerer Merkmale der Karikatur

- Den Karikaturtyp benennen und in seinen spezifischen Merkmalen charakterisieren.
- Soweit möglich und ermittelbar, den Karikaturisten, der die Karikatur gezeichnet hat, und das, was eventuell über ihn bekannt ist, vorstellen.
- Soweit es Informationen gibt, den Zeitpunkt der Entstehung und Veröffentlichung sowie das Publikationsorgan, in dem die Karikatur erschienen ist, benennen.
- Anhand der äußeren Daten, des Titels oder sonstiger Beschriftungen den Sachverhalt (das Thema), worauf die Karikatur Bezug nimmt, benennen.
- Soweit aus vorhandenen Daten möglich, den Anlass und die Zielgruppe der Adressaten bestimmen.

– Beschreibung und -erläuterung der Karikatur

- Die Karikatur (Überschrift, Bildaufbau, Bildelemente, Textelemente) in einer funktionalen Reihenfolge und Anordnung beschreiben.
- Die geschichtliche Situation und die historischen Zusammenhänge, auf die die Karikatur Bezug nimmt, erläutern.
- Die Bedeutung der verwendeten Bildsymbole entschlüsseln.
  Manche Symbolaussagen sind auch heute verständlich (z. B. Krone = König); andere waren zwar den Zeitgenossen unmittelbar zugänglich, erfordern heute aber historische Kenntnisse (z. B. die körperlichen Attribute Friedrich Wilhelms IV.: dicker Bauch, Halbglatze) und Wissen um zeitgenössische Symbolik (vgl. Symbollexikon S. 255).

3. Schritt – Interpretation:

– Ebene 1 Interpretation im engeren Sinne

- Die Botschaft der Karikatur und die damit vom Karikaturisten verfolgte(n) Absicht(en) und Ziele herausarbeiten.
- Die Wirkung der Karikatur bei den Zeitgenossen und aus heutiger Sicht aufzeigen. Zum Beispiel:
  - Wie überzeugend und wirkungsvoll sind die gewählten bildlichen und textlichen Darstellungsmittel, um die angestrebte Aussageabsicht und Wirkung beim Betrachter zu erreichen?
  - Welche Aussagen sind typisch zeitgenössischer Natur?
  - Welche Aussagen können Sie – aus heutiger Sicht und vor dem Hintergrund Ihrer Werthaltungen – unterstützen, welche sehen Sie kritisch oder lehnen Sie ab?
- Die sachliche Angemessenheit der Karikaturaussage prüfen. Das meint zum Beispiel:
  - Erörtern, ob bzw. inwieweit die Karikatur ihren Sachgegenstand sachlich angemessen kommentiert oder aber sachwidrig verzerrt wiedergibt.
  - Beurteilen, ob die Kritik der Karikatur tatsächlich die historische Realität trifft oder sie bewusst falsch wiedergibt.

– Ebene 2 Zusammenfassendes Resümee mit Blick auf die Leitfrage(n)

- Auf der Grundlage der Arbeitsergebnisse im Bereich der Analyse und der Interpretation im engeren Sinne zusammenfassende Schlussfolgerungen mit Blick auf die gestellte(n) Leitfrage(n) für die Interpretation (vgl. Arbeitsschritt 1) ziehen und formulieren.

M 2
Ohne Titel

Zeitgenössische Karikatur

M 3 **Szene aus einer demokratischen Volksversammlung**

Karikatur von 1848

M 4
„Politischer Damenklub“

Zeitgenössische Karikatur

M 5 „Hunds-Komödie“

Karikatur,12.8.1848

M 6 „Drei deutsche Professoren entwerfen den Entwurf eines Entwurfs für die Verfassung des deutschen Reichsheeres.“

Zeitgenössische Karikatur

M 7 „Taten und Meinungen des Herrn Piepmeyer"

Zeitgenössische Karikatur

M 8 „Piepmeyer … und beschließt, etwas weiter rechts zu rücken"

Zeitgenössische Karikatur

M 9 „Andere Zeiten – andere Sitten“

Zeitgenössische Karikatur

M 10 „Witterungsbeobachtung“

Zeitgenössische Karikatur (Eulenspiegel 1848)

M 11 „Soll ich? – Soll ich nicht? – Soll ich?!“

Zeitgenössische Karikatur

M 12 „Zwischen mich und mein Volk soll sich kein Blatt Papier drängen“

Zeitgenössische Karikatur

Kleines Symbollexikon

M 2	Zollschranke	Grenze, Kleinstaaterei
M 3	„Hecker“, „Struve“	Friedrich Hecker (1811–1881) und Gustav Struve (1805–1970): radikaldemokratische Revolutionäre und Organisatoren der Aufstände 1848/49 in Baden. Nach der Niederschlagung der Revolution wanderten beide in die USA aus.
M 5	An der Flöte An der Drehorgel Affe 1 Affe 2 Die Hündchen: Parlamentsglocke Gewehr, Pickelhaube Samtkappe, Bart Personen im Hintergrund	Friedrich Wilhelm IV. Erzherzog Johann von Österreich, von der Nationalversammlung am 29.6.1848 zum Reichsverweser ernannt Friedrich Christoph Dahlmann, Abgeordneter der Nationalversammlung Johann Gustav Heckscher (1797–1865), Außenminister „rechte“ Abgeordnete der Nationalversammlung Präsident der Nationalversammlung Heinrich von Gagern (1799–1880) Kriegsminister Eduard von Peucker (1791–1876) „Turnvater“ Friedrich Jahn (1778–1852) „linke“ Abgeordnete der Nationalversammlung, v.r.n.l.: Franz Heinrich Zitz (1803–1877), Gustav Rösler (1818–1855), Karl Vogt (1817–1895), Robert Blum (1807–1848)
M 7/ M 8	Piepmeyer	Hauptfigur einer 50 Seiten umfassenden Bildgeschichte, verfasst von dem Abgeordneten Johann Hermann Detmold (1807–1856) und illustriert von Adolf Schrödter (1805–1875). Vorbild der Figur war vermutlich der Präsident des Frankfurter Vorparlaments, Dr. Karl Mittermeier (1787–1867).
M 8	Cavaignac, Wrangel, Jellacic, Windischgrätz	Führende Feldherren bei der Rückeroberung Wiens durch gegenrevolutionäre, kaiserliche Truppen am 31.10.1848. Auf Befehl des Stadtkommandanten Fürst Windischgrätz wurde der Abgeordnete Robert Blum am 9.11.1848 standrechtlich erschossen.
M 10	Zopf, Dreispitzhut, Jacke, Kniebundhose, Strümpfe	Bekleidungsattribute des Adels

Freiheit – auch für Frauen?

Die Begeisterung für die Märzrevolution erfasste nicht nur Männer, sondern auch viele Frauen. Sie mischten sich ein und bezogen die liberalen Ideale von Freiheit und Selbstbestimmung auch auf sich selbst. Schon indem sie politisch aktiv wurden, änderte sich ihr weibliches Selbst- und Rollenverständnis. Das Selbstbewusstsein vieler Frauen wuchs; neue Formen politischer und gesellschaftlicher Aktivität rückten in den Bereich des Möglichen. Anders als die Männer befanden sich die in der Revolution engagierten Frauen in einer doppelten Frontstellung: Sie kämpften nicht nur gegen monarchische Bevormundung, sondern auch gegen ein Rollenbild, das ihnen diese Aktivität im öffentlichen Raum gar nicht zugestand. Dieses Rollenbild war allgemein: Es prägte nicht nur konservative Schichten, sondern auch die Vorstellungen liberaler und demokratischer Männer – und auch vieler Frauen.
Der beeindruckende Aufbruch der Frauen in der Märzrevolution gilt heute als Geburtsstunde der Frauenbewegung in Deutschland. Zeitgenössische Quellen zeigen, wie schwierig und vielschichtig dieser Kampf um die revolutionäre Neudefinition weiblichen Selbstverständnisses verlief.

- **Welche Vorstellungen von der politischen und gesellschaftlichen Rolle von Frauen entstanden im Verlauf der Revolution?**
- **Inwiefern bedeuteten diese Vorstellungen und Ziele mehr Freiheit für Frauen, inwiefern werden zeitgenössische Grenzen weiblicher Emanzipation deutlich?**

Moderieren Sie eine Expertenrunde, in der vor dem Plenum Kurzreferate zu den beiden Leitfragen vorgetragen und diskutiert werden.

Zur Vorbereitung der Kurzreferate in Gruppen:

1. Interpretieren Sie die Quellen M 1 – M 6 arbeitsteilig unter beiden Leitfragen (s. Methode S. 503 f.).
2. Halten Sie für jede Quelle Ihre Ergebnisse auf Karteikarten fest, stellen Sie sie der Gruppe vor.
3. Formulieren Sie gemeinsam einen zusammenhängenden Text für das Kurzreferat:
   a) Stellen Sie dar, gegen welche Beschränkungen der Frauenrolle sich die Autorinnen jeweils wenden.
   b) Beschreiben Sie die Eigenschaften oder Elemente, die die Frauenrolle nach Ansicht der Autorinnen definieren.
   c) Nennen und erläutern Sie die Argumente, mit denen die Autorinnen jeweils ihre Sicht der Frauenrolle begründen.
   d) Erörtern und beurteilen Sie aus Ihrer heutigen Sicht, inwieweit die Dokumente neue Freiheitsräume für Frauen in den Blick nehmen und inwieweit andererseits zeitgenössische Grenzen weiblicher Emanzipation deutlich werden.
4. Verabreden Sie, welches Gruppenmitglied Ihre Ergebnisse in der Expertenrunde vor dem Plenum präsentieren und ggf. diskuterien soll.

MATERIALIEN

M 1 Louise Otto-Peters: Das Ewig-Weibliche

Louise Otto-Peters gilt als eine der führenden Köpfe der Frauenbewegung in Deutschland im 19. Jahrhundert. Im folgenden Auszug aus einem Artikel mit dem Titel „Das Ewig-Weibliche“ beschreibt Louise Otto-Peters den Charakter des weiblichen Geschlechts. Der Artikel wurde 1851 in der „FrauenZeitung – Ein Organ für die höheren weiblichen Interessen“ veröffentlicht:

Oft sind uns Philister und Reaktionäre in ihrer Beschränktheit und ihrem Unverstand – um nicht zu sagen mit ihrer Böswilligkeit – begegnet, welche meinen, es käme uns allen, die wir danach trachten, dem Weibe zu einer würdigen Stellung zu verhelfen, darauf an, das Weib nach dem Bild des Mannes zu erziehen und es ihm gleichzumachen, weil wir darauf dringen, es ihm gleichzustellen. […]
Mann und Weib sind aus der Hand der Gottheit oder der Schöpfung […] als zwei vollkommen ebenbürtige Geschöpfe hervorgegangen; aber die Verschiedenheit der physischen Eigentümlichkeit macht sich auch im Seelenleben geltend.
Die Ausgleichung dieser Verschiedenheit ist gegeben in der Vereinigung beider. […] erst wenn beide vereinigt, bilden sie ein Ganzes. So wollte es die Weisheit der Schöpfung.
Das Weib ist vollkommen ebenbürtig in Bezug auf alle höheren Angelegenheiten des Lebens.
Eine Versündigung, nicht nur am Weibe, sondern an der Menschheit, am Prinzip der Schöpfung ist's:

das Weib in Knechtschaft zu stoßen und darin zu erhalten, es auf den engen Kreis der Häuslichkeit beschränken zu wollen und somit auszuschließen von jenen andern Zwecken des Menschentums, welche sich nicht auf die Familie beziehen.
Das Weib muss im Allgemeinen und für das Allgemeine sowie für die eigene Ausbildung mit derselben Freiheit wirken können wie der Mann. [...]
Was dem Weibe von der Gottheit als Erbe übergeben worden, in seiner ganzen Macht und Heiligkeit zur Geltung zu bringen gegen die Übermacht einer entweder kalten oder brutalen Kraft – dies ist das eigentlich erhabene und schöne Ziel, um das es sich bei allen unsern Bestrebungen handeln soll.

(Zit. nach: Margrit Twellmann (Hg.), Die Deutsche Frauenbewegung – Quellen 1843–1889, Meisenheim am Glan 1972, S. 36f.)

M 2 Louise Otto-Peters: Politische Forderungen

Die Forderungen wurden unter dem Titel „Die Teilnahme der Frauen an den Interessen des Staates" in „Vorwärts! Volks-Taschenbuch für das Jahr 1847" veröffentlicht.

Aber es tut not, dringend not, dem Weibe Gelegenheit zu verschaffen, sich, wenn es sein muss, den Lebensunterhalt selbst verdienen zu können. Schon bei den untersten Ständen steht der Verdienst der Frauen, die entweder für Tagelohn oder bei einer Heimarbeit dienen, im auffallenden Missverhältnis zu dem der Männer – doch dies möchte noch sein! Aber in den höheren Ständen ist dem weiblichen Geschlecht fast jede Gelegenheit genommen, sich selbstständig durchs Leben zu helfen. [...]
Wie schmachvoll für eine deutsche Jungfrau – aber noch mehr für Deutschland selbst, das zu seinen Töchtern sagt: Seht zu, dass ihr euch bald an einen Mann verkauft, der euch anständig ernähren kann und dem ihr dafür sein Hauswesen führt – was euer Herz dazu sagt, ist einerlei. [...] Ich erröte über diese Herabwürdigung der Ehe, dieses Hohnsprechen allen jungfräulichen Gefühles und aller keuschen Sitte. Aber wen soll ich anklagen? Die Mütter, welche diese Lehren geben? Die Töchter, welche ihnen gehorchen? Nein! Ich klage die Gesellschaft an, welche beide dazu zwingt! [...]
Selbstständig müssen die deutschen Frauen werden; nur dann werden sie auch fähig sein, ihrer Pflicht, teilzunehmen an den Interessen des Staates, immer und auf die rechte Weise nachzukommen. Diese Selbstständigkeit kann nur durch individuelle Bildung befördert werden, denn nur ein selbstständiges Herz führt zum selbstständigen Handeln. Die meisten Frauen bleiben Zeit ihres Lebens hindurch – Kinder. Erst leben sie unter steter, ja stündlicher Aufsicht im Elternhause und wagen keine anderen Ansichten zu haben als die in der Familie herrschenden; dann werden sie Gattinnen – und lieben sie den Gatten, so ist die Umbildung ihrer früheren Ansichten in die seinen leicht geschehen, gleichviel ob es ganz entgegengesetzte sind oder nicht [...].
Die Frau muss fähig sein, selbstständig zu urteilen, oder sie verletzt die menschliche Würde und ihre Weiblichkeit [...]. Und doch hat jede Frau in der edlen, frei entwickelten Weiblichkeit die Kraft, ohne fremden Einfluss ihr Denken und Tun zu regeln; [...] ja sie wird leichter und schöner die wahre Weiblichkeit entfalten können, wenn sie nicht ewig am Gängelbande von fremder Hand geführt wird, wenn sie die Stimme ihres eigenen Innern hören und ihr folgen kann, ohne dabei einer Aufsicht zu bedürfen, durch welche das Weib nicht nur zu einer Gefangenen, sondern auch zu einer Beargwöhnten gemacht wird [...].
Euch aber, deutsche Männer, deren Herzen glühen für unser Volk, die ihr es erkannt habt, dass die Freiheit ein einziges Gut ist, das nicht in den einen Zustand eindringen kann und in dem andern mangeln. Euch rufe ich bittend zu: Kämpft auch für die Rechte der deutschen Frauen; und wie ihr keinen Unmündigen mehr unter euch dulden möget, so helft auch den Frauen, geistig mündig zu werden.
Und ihr, deutsche Schwestern, die ihr aufgewacht seid zu dem hellen Tag der Gegenwart, in dem unser ganzes Volk für seine heiligsten Rechte kämpft – vergesset es nie, dass an euch das Vaterland heilige Forderungen hat, und so rufet die Schwestern wach, die noch träumen, und erzieht eure Mädchen zu würdigen Gefährtinnen eines frohen Volkes.
Alles, was nach Freiheit strebt, muss einander heben und tragen – denn die Freiheit ist nur eine!

(Zit. nach: Margrit Twellmann, a.a.O., S. 13–15)

M 3 Kathinka Zitz: Eine Bitte

K. Zitz (1801–1877) war Vorsitzende des Mainzer Frauenvereins „Humania" und hielt anlässlich der Generalversammlung im Juni/Juli 1849 folgende Rede (Auszug):

Jetzt aber, ihr Frauen und Jungfrauen, jetzt muss ich mich an eure Herzen mit der Bitte wenden: Bietet alles auf in dem schönen Zweck, unseren Verein nach Kräften zu unterstützen. Wir brauchen Geld, viel Geld. Wir brauchen Hemden und Kleidungsstücke. [...]; denn nicht nur die Frauen, sondern

hauptsächlich die Versprengten, die aus Patriotismus jetzt heimatlos gewordenen Männer, müssen die Mittel zu ihrem Fortkommen erhalten. Wir unterstützen in ihnen keine Aufrührer, sondern Vaterlandsfreunde, die für eine gesetzmäßige Sache kämpfen. Die Nationalversammlung war von allen Fürsten Deutschlands anerkannt. [...]
Unser Verein verfolgt keine politischen Tendenzen. Wir fordern nicht zum Aufruhr, zum Blutvergießen auf. Wir predigen keinen Fürstenhass, noch haben wir je die Guillotine herbeigewünscht. Jede Unweiblichkeit, jede exzentrische Ansicht war uns stets fern und wird uns stets fern bleiben. [...] Es kann uns daher kein Gericht und keine Macht der Welt das Geringste zur Last legen, wenn wir mit mildtätigem Sinn die Männer unterstützen, die unglücklich geworden sind. Und so, meine Schwestern, fordere ich euch denn auf, nicht zu ermatten und zu erlahmen, sondern festzuhalten an unserer Humania, an unserem Streben für das rein Menschliche. [...] Bedenkt, welch einen Berg von Sorgen ihr von der Brust mancher hilflosen Mutter, mancher verzweifelten Gattin nehmen werdet, wenn sie weiß, meinem Sohn, meinem Mann werden die Mittel gegeben, nicht ganz hilflos über die Grenze zu kommen.

(Zit. nach: Gerlinde Hummel-Haasis (Hg.), Schwestern, zerreißt eure Ketten – Zeugnisse zur Geschichte der Frauen in der Revolution 1848/49, München 1982, S. 271–273)

M 4 Fanny Lewald: Über die Teilnahme von Frauen an einem Trauerzug

F. Lewald (1811–1889) äußerte sich zur Teilnahme von Frauen an einem Trauerzug für die „Märzgefallenen“ am 4.6.1848:

In fester, sicherer Haltung, gehoben durch das Bewusstsein der errungenen Freiheit, traten sie auf, die Bürger Berlins, die Begründer des neuen Preußens. Ein Trupp berittener Bürgerwehr eröffnete den Zug. Dann kamen Frauen und Töchter der Mitglieder des Demokratischen Klubs. Sie wurden vom Volk nicht ohne Befremden betrachtet; denn mag man die geistige Berechtigung der Frauen noch so sehr anerkennen, ihr persönliches Auftreten in der Volksmasse liegt außerhalb des deutschen Charakters und sollte deshalb nicht absichtlich hervorgerufen werden, weil damit weder für die wirkliche Erhebung der Frauen noch für die des Volkes ein Wesentliches gewonnen, wohl aber verloren werden kann.

(Zit. nach: Gerlinde Hummel-Haasis, a. a. O., S. 15)

M 5 Stellungnahme der Konstanzer „Seeblätter“ zum lokalen Frauenverein

Die Redaktion der Konstanzer „Seeblätter“ schrieb am 20.6.1849 über den lokalen Frauenverein:

Ein rühmliches Zeichen der Zeit ist die Gründung von Frauenvereinen, die anfangs überall ins Leben traten. Wer nicht von jener Sorte ist, die das weibliche Geschlecht vom menschlichen ausschließt, wird dieser Bewegung, die den Bedürfnissen der Zeit so angemessen ist, nicht hemmend entgegentreten. [...] Auch das Weib ist berufen, als Mensch an menschheitlichen Zwecken teilzunehmen. Sie tritt in gegenwärtiger Zeit durchaus nicht aus ihrer naturgemäßen Stellung heraus, wenn sie an den öffentlichen Angelegenheiten teilnimmt. Es kommt nur darauf an, dass sie in weiblicher Weise daran teilnehme. Solange die Frauenvereine nur das Feld der Wohltätigkeit und derjenigen Arbeiten, die nur von weiblichen Händen und Augen besorgt und überwacht werden können, bestellen und sich von der polemisierenden Männerwelt fernhalten, solange verdienen ihre Bestrebungen unsere volle Achtung. Der wenn auch nur mittelbare Einfluss des Weibes auf das öffentliche Leben lässt sich nicht leugnen.

(Zit. nach: Gerlinde Hummel-Haasis, a. a. O., S. 55)

M 6 Adolph Dulon: Das Haus ist und bleibt des Weibes Welt

In einem 1849 erschienenen Band mit dem Titel „Vom Kampfe um Völkerfreiheit“ äußerte sich der Verfasser Adolph Dulon unter der Überschrift „Das Haus ist und bleibt des Weibes Welt“ wie folgt:

Die Frau soll nicht ausgeschlossen sein von der Herrschaft. Aber es [das Weib] soll sie üben, wie es sein hoher Beruf, seine Gemütslage und seine Körperkraft deutlich und unverkennbar vorschreiben. Es soll sich nicht auf dem Markte des öffentlichen Verkehrs bewegen, soll nicht da wirken, wo der Adel seines Wesens ersterben müsste, sondern da, wo es sich zum Segen der Gesellschaft entfalten und offenbaren kann. Das Haus ist und bleibt des Weibes Welt. Das Weib soll teilhaben an der Herrschaft, indem es des Mannes Leidenschaft zügelt, des Mannes Sorge teilt, des Mannes Tatkraft erhöht, indem es Söhnen und Töchtern den Stolz der Freiheit einhaucht, Söhne erzieht, die der Freiheit würdig sind und für die Freiheit kämpfen.

(Zit. nach: Gerlinde Hummel-Haasis, a. a. O., S. 146)

„Was ist des Deutschen Vaterland?" Über die Schwierigkeit, einen Nationalstaat zu gründen

Die Frage „Was ist des Deutschen Vaterland?" war für den Vaterlandsdichter Ernst Moritz Arndt 1812 einfach zu beantworten: „so weit die deutsche Zunge klingt […]".
Für die Frankfurter Nationalversammlung war die Antwort schwieriger. Denn sie stand vor der Aufgabe, aus einer vergleichsweise plausibel begründeten, aber praktisch diffusen „Kulturnation" einen ganz konkreten „Nationalstaat" mit präzisen Grenzen zu formen.
Überall dort, wo die Grenzen der Kulturnation nicht mit existierenden politischen Grenzen übereinstimmten (wie zum Beispiel im Vielvölkerstaat Österreich-Ungarn), bedrohte der deutsche Nationalstaatsanspruch das Machtgefüge in Europa.
Und überall dort, wo verschiedene Volksgruppen in einem Gebiet zusammenlebten, geriet der deutsche Nationalstaatsanspruch in Widerspruch zu den Vorstellungen der anderen dort lebenden Volksgruppen nach der Bewahrung ihrer eigenen nationalen Identität. Dieses Problem untersuchen wir am Beispiel der zu Preußen gehörenden Region Posen.

Germania, Gemälde von Philipp Veit für die Nationalversammlung in der Frankfurter Paulskirche (vgl. S. 238)

- **Welche zeitgenössischen Positionen standen sich in der Frage, wo die Grenzen eines deutschen Nationalstaates verlaufen sollten, gegenüber?**

Präsentieren Sie die verschiedenen in der Nationalversammlung formulierten Positionen zur Leitfrage mit verteilten Rollen in einer historischen Spielszene.

So bereiten Sie die Spielszene in mehreren Arbeitsschritten vor:

1. Beschreiben Sie die politischen Grenzen in Deutschland und insbesondere in Posen (M 1, M 2).
2. Arbeiten Sie arbeitsteilig in Kleingruppen die in der Nationalversammlung vertretenen Positionen (M 4–M 9) heraus, indem Sie
   a) für jede Quelle den Autor oder die Autoren benennen;
   b) die Position, die jeweils im Ergebnis vertreten wurde, zusammengefasst wiedergeben;
   c) die Argumente, die jeweils zur Begründung angeführt wurden, darstellen;
   d) erläutern, inwieweit die jeweils vertretenen Positionen und Argumente auf politische Grundüberzeugungen und Werte oder auf eine bestimmte historische Perspektive zurückgeführt werden können.
3. Halten Sie Ihre Arbeitsergebnisse der Kartenauswertung und der Quelleninterpretationen in knapper Form schriftlich fest (z. B. Folie, Plakat, Handout), damit für die Spielszene eine gesicherte sachgerechte Grundlage geschaffen wird.
4. Gestalten Sie Ihre Rolle, die Sie in der historischen Spielszene verkörpern möchten, indem Sie sich „Ihre" zeitgenössische Grundhaltung vergegenwärtigen und eine Argumentliste für „Ihre" Rolle erstellen.
   Beachten Sie dabei Folgendes: In einer historischen Spielszene werden tatsächliche historische Ereignisse oder Debatten nachgestellt. Dabei kommt es nicht auf schauspielerische Fähigkeiten an, sondern darauf, das historische Geschehen (hier: die in der Nationalversammlung vorgetragenen Argumente) möglichst treffend und sachgerecht darzustellen.

MATERIALIEN

M 1 „Deutscher Bund von 1848“

M 2 Neu gezogene Grenzen des Großherzogtums Posen im Jahr 1848

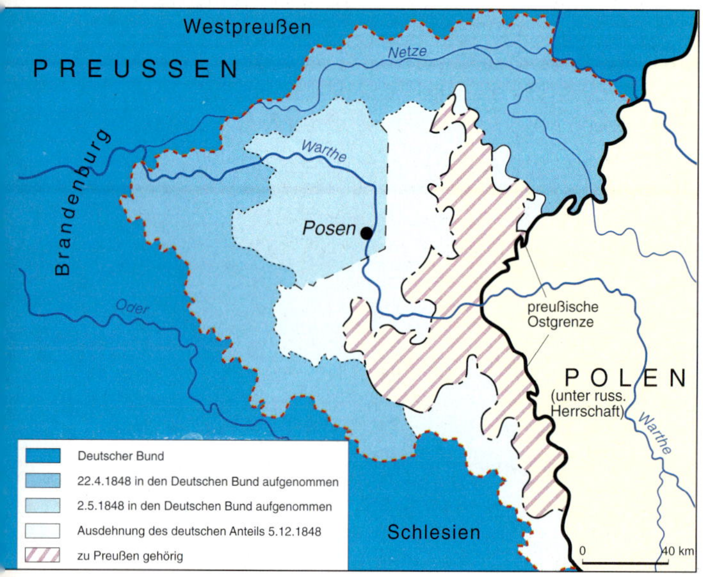

M 3 Die polnische Nationalbewegung – Eine Chronik

Die polnische Nationalbewegung nahm unter den Revolutionsbewegungen des Jahres 1848 einen besonderen Platz ein. Sie erregte besonders viel Sympathie, weil sie einen einerseits offensichtlich berechtigten und andererseits machtpolitisch schier aussichtslosen Kampf aufgenommen hatte.

1772, 1793 und 1795: In den drei „polnischen Teilungen“ teilten sich die umliegenden Großmächte Russland, Österreich-Ungarn und Preußen den machtpolitisch geschwächten polnischen Staat untereinander auf. Polnische Aufständische kämpfen seither gegen die Fremdherrschaft.

1807–1815: In der napoleonischen Ära tut sich ein Hoffnungsschimmer auf. Napoleon gründet das „Großherzogtum Warschau“ auf polnischem Gebiet.

1815: Wiener Kongress: Aus dem „Großherzogtum Warschau“ wird das „Königreich Warschau“ (auch

„Kongresspolen“ genannt). Der neue Staat steht unter russischer Oberherrschaft und bildet faktisch einen Teil des Zarenreiches.

1830: Ein polnischer Aufstand unter Fürst Czartoryski gegen die russische Herrschaft endet mit einer Niederlage. Der Aufstand löst in ganz Europa eine Sympathiewelle, eine Art „Polenbegeisterung“ aus.

1846: Ein für das Jahr 1846 geplanter Aufstand wird verraten, die Verschwörer werden verhaftet und in einem Aufsehen erregenden Prozess in Berlin verurteilt. Ein Restaufstand im österreichischen Teilungsgebiet wird von österreichischen Truppen blutig niedergeschlagen („galizisches Blutbad“ mit mehr als 2000 Toten). Es folgen Verhaftungen, Repressionen und Verfolgungen in allen drei Teilungsgebieten.

1848: Polnische Freiheitskämpfer beteiligen sich an den Aufständen in ganz Europa; sie hoffen auf Unterstützung vor allem durch die Revolution in den deutschen Staaten und verfolgen die Polendebatte in der Frankfurter Nationalversammlung mit großer Aufmerksamkeit. In den polnischen Gebieten Russlands, Österreich-Ungarns und Preußens brechen Aufstände los, die jedoch noch im Laufe des Jahres von preußischen und österreichischen Truppen niedergeschlagen werden. Für Jahrzehnte bleibt der Traum von einer polnischen Nation unerfüllt.

1921: Nach den Wirren des Ersten Weltkrieges und einem russisch-polnischen Krieg entsteht durch den Frieden von Riga (18.3.1921) eine polnische Republik. Großbritannien und vor allem Frankreich begreifen sich als Schutzmächte des neuen Staates.

1939 (25. August): Im sogenannten Hitler-Stalin-Pakt wird die Aufteilung Polens verabredet.

1939 (1. September): Angriff des nationalsozialistischen Deutschlands auf Polen (Beginn des Zweiten Weltkrieges), Einmarsch der sowjetischen Armee in Ostpolen (17. September).

1939–1945: Rassistische Besatzungspolitik des nationalsozialistischen Deutschlands.

1945: „Westverschiebung“ Polens. Kommunistische Republik als Teil des Ostblocks.

1985: „Solidarnosc“ – Aufstand gegen die kommunistische Regierung.

1989/90: Zusammenbruch des kommunistischen Regimes. Polen wird eine Demokratie nach westlichem Muster.

M 4 Ein Flugblatt zum 20. März 1848

Der Pole Ludwig Mieroslawski, der 1846 vom preußischen König Friedrich-Wilhelm IV. aus Angst vor einem geplanten Aufstand in Polen in ein Berliner Gefängnis verbracht wurde, musste vom preußischen König im Zuge der Märzrevolution befreit werden. Ein Flugblatt zum 20. März 1848 berichtet folgende Worte des Polen:

Nicht du, edles deutsches Volk, hast meinem unglücklichen Vaterlande Fesseln geschmiedet; deine Fürsten haben mit der Teilung Polens ewige Schmach auf sich geladen. Und wie es jüngst noch für euch und uns als Verbrechen galt, nach des Vaterslands Freiheit zu ringen, und wie sie uns darob, draußen im Kerker, in eiserne Bande schlugen, so warst du es, hochherziges Volk, dessen Blut in diesen Tagen der Befreiung auch für unsere Freiheit floss. Wir danken euch! Eure Freiheit ist unsere Freiheit und unsere Freiheit ist die eure! Herr sein oder Sklave sein, eins wie das andere läuft gegen die Gesetze der Natur. Nur freie Menschen, nur freie Völker können sich achten. […]

(Flugschrift „Die Öffnung des Polen-Kerkers in den blutigen Tagen in Berlin“; zit. nach: 1848/49 – Revolution, hg. v. d. Landeszentrale für politische Bildung, Heft Nr. 35/November 1997, S. 8)

M 5 Erklärung der Frankfurter Nationalversammlung über den Schutz der nichtdeutschen Nationalitäten vom 31. Mai 1848

Im Zuge des erwachten Nationalismus im „Völkerfrühling“ gab die Nationalversammlung in einer Erklärung über die Bedeutung der eigenen wie auch der fremden Nationalitäten ihre Einstellung zur Nationalitätenfrage kund:

Die verfassungsgebende deutsche Nationalversammlung erklärt feierlich: dass sie in vollem Maße das Recht anerkenne, welches die nichtdeutschen Volksstämme auf deutschem Bundesboden haben, den Weg ihrer volkstümlichen Entwicklung ungehindert zu gehen und in Hinsicht auf das Kirchenwesen, den Unterricht, die Literatur und die innere Verwaltung und Rechtspflege sich der Gleichberechtigung ihrer Sprache, soweit deren Gebiete reichen, zu erfreuen, wie es sich denn auch von selbst verstehe, dass jedes der Rechte, welche die im Bau begriffene Gesamtverfassung dem deutschen Volk gewährleisten wird, ihnen gleich zusteht.

Das fortan einige und freie Deutschland ist groß und mächtig genug, um den in seinem Schoße erwachsenen anders redenden Stämmen eifersuchtslos in vollem Maße gewähren zu können, was Natur und Geschichte ihnen zuspricht; und niemals soll auf deutschem Boden weder der Slawe, noch der Dänisch redende Nordschleswiger, noch der Italienisch redende Bewohner Süddeutschlands, noch wer sonst, uns angehörig, in fremder Zunge spricht, zu klagen haben, dass ihm seine Stammesart verkümmert werde oder die deutsche Bruderhand sich ihm entziehe, wo es gilt.

(Stenographische Berichte I, S. 183; zit. nach: Helmut Berding (Hg.), Die deutsche Revolution von 1848/49, Tempora – Quellen zur Geschichte und Politik, Stuttgart (Klett) 1985, Nr. 346, S. 57f.)

M 6 Der Abgeordnete Wilhelm Jordan (Deutscher Hof) in der „Posen" – Debatte der Nationalversammlung vom 24./25. Juli 1848

Der preußische König Friedrich-Wilhelm IV. betrieb seit Ende März 1848 eine eigene Politik; er wollte die Provinzen Westpreußen und Posen dem „Deutschen Bunde" einverleiben. Am 14. April 1848 wurde die Teilung der Provinz Posen verkündet, unterstützt durch die Deutschen dieser Provinz, die einer deutschen und nicht einer polnischen Nation angehören wollten. In der Folgezeit kam es zu bewaffneten Konflikten zwischen den polnischen Patrioten und dem preußischen Heer.

Soll eine halbe Million Deutscher unter deutscher Regierung, unter deutschen Beamten leben und zum großen deutschen Vaterlande gehören oder sollen sie in der sekundären Rolle nationalisierter Ausländer in die Untertänigkeit einer anderen Nationalität, die nicht so viel humanen Inhalt hat als das Deutschtum, gegeben und ausgestoßen werden in die Fremde? Wer die letztere Frage mit ja beantwortet, wer da sagt, wir sollten diese deutschen Bewohner von Posen den Polen hingeben und unter polnische Regierung stellen, den halt ich mindestens für einen unbewussten Volksverräter. […] Polen bloß deswegen herstellen zu wollen, weil sein Untergang uns mit gerechter Trauer erfüllt, das nenne ich eine schwachsinnige Sentimentalität. (Bravo von der Rechten, Zischen von der Linken) […]

Ich sage, die Politik, die uns zuruft: „Gebt Polen frei – es koste, was es wolle", ist eine kurzsichtige, eine selbstvergessene Politik der Schwäche, eine Politik der Furcht, eine Politik der Feigheit. Es ist hohe Zeit für uns, endlich einmal zu erwachen aus jener träumerischen Selbstvergessenheit, in der wir schwärmten für alle möglichen Nationalitäten, während wir selbst in schmachvoller Unfreiheit darniederlagen und vor aller Welt mit Füßen getreten wurden, zu erwachen zu einem gesunden Volksegoismus, um das Wort einmal geradeheraus zu sagen, welcher die Wohlfahrt und Ehre des Vaterlandes in allen Fragen obenan stellt.

[…] Aber eben dieser Egoismus, ohne den ein Volk niemals eine Nation werden kann, wird von den Polenfreunden als höchst verdammlich bezeichnet. Wir müssen vor allen Dingen gerecht sein, sagen sie, und sollte es uns auch manches schwere Opfer kosten. Wir haben, so lautet ihre Predigt, eine schwere Schuld unserer Väter zu tilgen, eine schwere Missetat gutzumachen, zu der die Fürsten uns missbraucht. Die Völker sind verpflichtet zu sühnen, was ihre Despoten verbrochen haben, sagt man mit einer neuen Version jenes alten Verses. Möge auch alles Übrige dagegen sprechen – die Gerechtigkeit verlangt es, dass wir Polen herstellen. […]

Nein, ich gebe es ohne Winkelzüge zu: Unser Recht ist kein anderes als das Recht des Stärkeren, das Recht der Eroberung. Ja, wir haben erobert, aber diese Eroberungen sind auf einem Wege, auf eine Weise geschehen, dass sie nicht mehr zurückgegeben werden können. Es sind, wie man es schon so oft gesagt hat, nicht sowohl Eroberungen des Schwertes als Eroberungen der Pflugschar.

(Stenographischer Bericht über die Verhandlungen der deutschen constituierenden Versammlung zu Frankfurt a. M., Frankfurt a. M. 1848, Bd. 2, S. 1143ff.)

M 7 Eine Stimme aus Polen

Janiszewski – ein polnischer Priester, der als einziger polnischer Abgeordneter in der Nationalversammlung saß und den Wahlkreis Buk und Samter vertrat – ergriff in der Debatte (25. Juli 1848) das Wort und beschrieb den Wählerwillen derer, die für ihn gestimmt hatten:

Sie haben ihn hierher geschickt, damit er ihre einzig wahren Wünsche frei und feierlich ausspreche, dass sie nie die Einverleibung ihrer Kreise verlangt haben, und zwar aus dem einfachen Grunde, weil sie keine Deutsche, sondern Polen seien, weil man von ihnen etwas Unmögliches verlange, wenn man ihnen zumute, Deutsche sein zu wollen, da sie es einmal nicht sind; sie haben ihn hierher geschickt, damit er vor der ganzen Repräsentation des deutschen Volkes ihre einzig wahren Wünsche […] vortrage, dass die Regierung von ihren Wünschen nicht gehörig unterrichtet war, wenn sie aufgrund derselben die Einverleibung beantragt hat, dass sie daher jede Trennung von ihren Brüdern, wenn sie je erfolgen sollte, als eine Gewalt jetzt und auch später ansehen werden, gegen welche sie ewig protestieren. (Bravo auf der Linken und im Zentrum) […] Ich habe sie [die Wahl] angenommen im Vertrauen auf die Gerechtigkeitsliebe und Gewissenhaftigkeit der deutschen Nation. (Stürmisches Bravo) […] ich habe sie angenommen, auch in der Überzeugung, weil ich es nicht glauben konnte, dass ein Volk, welches sich eben zu einem freieren Dasein emporschwingt, einem anderen, schwächeren Stamme wird Fesseln schmieden wollen. (Bravo im Zentrum und auf der Linken)

(Stenographischer Bericht über die Verhandlungen der deutschen constituierenden Versammlung zu Frankfurt a. M., a. a. O., S. 1166)

M 8 Der Abgeordnete Arnold Ruge (Donnersberg) in der „Posen"-Debatte vom 24./25. Juli 1848

Die Intervention der Gewalt und Tyrannei ist überall das schmachvolle Unrecht, die Propaganda der Freiheit und des Humanismus dagegen ist das welthistorische Recht der Völker und ihres Geistes [...]. Darum ist es ein richtiges Gefühl, und das Gefühl der Völker irrt sich nicht, dass die Teilung Polens ein schmachvolles Unrecht war. [...] Die Polen sind also ein wirkendes Element auch noch in der jetzigen Bildung. Sie wirken, füge ich hinzu, gut, und weil sie gut wirken, weil sie notwendig sind, so sind die Polen keineswegs tot. So wie die Juden nicht tot sind, die nicht aufhörten, in der Weltgeschichte zu wirken, wie Sie von Spinoza, Heine und Börne erfahren können, so haben die Polen nicht aufgehört zu wirken. Die Polen sind deshalb, ich wiederhole es, nicht aus der Geschichte zu streichen. Im Gegenteil, im Namen der Humanität und Gerechtigkeit verlange ich, dass Polen wiederhergestellt werde und dass wir das Vorparlament nicht Lügen strafen, welches erklärt hat, die Teilung Polens sei ein schmachvolles Unrecht. [...] An der Ehre Deutschlands ist es, dass es die lang fortgesetze Unterdrückung der slawischen Völker aufhebe; an der Ehre Deutschlands ist es, dass Deutschland die Freiheit nach Osten propagiere und nicht an der Grenze von Russland und Polen damit stehen bleibe. An unserer Ehre ist es, dass wir aufhören, Unterdrücker zu sein, dass wir Freunde aller befreiten Völker werden [...]. Die Frage, die uns hier beschäftigt, ist die Rekonstruierung eines neuen Völkerrechts der europäischen zivilisierten Nationen.

(Stenographischer Bericht über die Verhandlungen der deutschen constituierenden Versammlung zu Frankfurt a. M., a. a. O., S. 1184)

M 9 Protest

Auszug aus dem öffentlichen Protest der Fraktion Donnersberg gegen den antipolnischen Beschluss der Mehrheit der Frankfurter Nationalversammlung vom 27. Juli 1848:

Deutsches Volk, das Unglaubliche ist geschehen! Die Mehrheit deiner Vertreter hat die Revolution verleugnet und die teuersten Sympathien freier Völker verscherzt! Sie hat eine neue Teilung Polens ohne sichere Ermittlung der dortigen Bevölkerungsverhältnisse vorgenommen und die alten Teilungen für immer genehmigt.

Das ist der Sinn ihres heutigen Beschlusses in der Polensache. [...]

Dies ist ein unerhörtes Unglück, welches uns den Herzen unserer polnischen Brüder entfremdet, Misstrauen zwischen ihnen und uns gesät [...] hat [...].

Die Mehrheit der Nationalversammlung hat keinen Sinn und kein Herz für die Befreiung unserer Nachbarvölker gezeigt. Sie hat kein Wort des Friedens für Italien, keine Silbe des Mitgefühls für Polen gehabt. Es hat sich vielmehr ein brutaler Völkeregoismus erhoben, der die Italiener wieder unterwerfen und dem grausamen Bombardierer Radetzky wieder nach Mailand verhelfen, der die polnische Nation für immer aus der Reihe der Völker ausstreichen und die Slawen in Österreich zu keiner freien und eignen Gestaltung ihrer Angelegenheiten kommen lassen will. [...]

331 Stimmen gegen 101 Stimmen haben die Erklärung der Teilung Polens für ein schmachvolles Unrecht und die Anerkenntnis der heiligen Pflicht des deutschen Volkes zur Wiederherstellung eines selbstständigen Polens mitzuwirken verweigert. Und diese 331 sind zu einem Teile dieselben Leute, welche im Vorparlament jene schönen Beschlüsse fassten! [...]

Wir, die wir der Minderheit der Nationalversammlung angehören, wir erklären feierlich, vor aller Welt, dass wir nur die Gerechtigkeit gegen unsere Mitvölker, die Gründung eines neuen Friedens und neuer Verträge zwischen gleichen und freien Völkern gewollt und beantragt. [...] Unsere Ehre erfordert es, dass wir dies aussprechen, unser Gewissen, dass wir uns feierlich und förmlich verwahren gegen die Beschlüsse, die am heutigen Tage durch die Mehrheit der Versammlung gefasst worden sind.

Das Ende Polens wäre das Ende Deutschlands; die Teilung Polens durch die deutsche Nation teilt Deutschland zwischen Russland und Frankreich, zwischen Republik und Despotie, zwischen französischer Freiheit und russischer Knute. Deutsche, rettet Deutschland!

Die radikal-demokratische Partei der konstituierenden deutschen Nationalversammlung
Frankfurt am Main, den 27. Juli 1848

(Zit. nach: Walter Grab (Hg.), Die Revolution von 1848/49 – Eine Dokumentation, Stuttgart 1998, S. 106ff.)

Die Revolution von 1848/49 – Expertenurteile heutiger Historiker

„Es lebe die Republik! Unter den vielen finsteren Kapiteln der deutschen Geschichte findet sich ein erfreuliches: Vor 150 Jahren kämpften liberale Bürger erstmals für einen deutschen Nationalstaat. Mit dem Scheitern der Revolution von 1848/49 nahm auch die deutsche Tragödie ihren Lauf." So lauten Titel und Untertitel eines Artikels im „Spiegel" aus dem Jubiläumsjahr 1998. „Der Spiegel" stellte zum 150. Jubiläum der Revolution provokant die beiden Pole einander gegenüber, durch die die Revolution bewertet werden kann. Der Traum von der Freiheit endete in Blut und Resignation. Was war letztlich bedeutsamer: dass es diesen Traum gab oder dass er scheiterte?

- **Wie beurteilen Historiker heute die Bedeutung der Revolution von 1848/49 für die deutsche Geschichte?**

Präsentieren Sie Expertenurteile zur Leitfrage und vergleichen Sie diese Positionen sowie Ihre persönliche Stellungnahme dazu im Kursgespräch.

Arbeitsvorschlag zur Untersuchung der Materialien und zur Präsentationsgestaltung:

1. Entscheiden Sie sich nach kursorischer Lektüre für eine Historikerposition, die Sie analysieren und zu der Sie Stellung nehmen möchten.
   a) Arbeiten Sie heraus, welche historischen Tatsachen nach Ansicht des Autors dafür sprechen, dass die Revolution gescheitert sei, und welche Faktoren Ihrer Ansicht nach zu diesem Scheitern beigetragen haben.
   b) Arbeiten Sie heraus, inwiefern die Autoren negative und positive Wirkungen für die deutsche Geschichte zu erkennen glauben.
   c) Versuchen Sie zu einer eigenen begründeten Einschätzung zu gelangen, indem sie erörtern, welche Standpunkte und Argumentationen für Sie nachvollziehbar sind und welche Sie weniger überzeugen oder gar ablehnen.
   Tipp: Nutzen Sie die Ausführungen im Infotext.
2. Gestalten Sie ein Plakat und ein Handout als Begleitmaterial für die Präsentation und die vergleichende Erörterung im Kursgespräch.

MATERIALIEN

M 1 Der Historiker Dieter Hein (1998)

Hein zieht in seinem Buch „Die Revolution von 1948/49" zum 150. Jubiläum der Revolution folgende Bilanz:

Die Revolution war gescheitert. So sah es die überwiegende Mehrheit der Zeitgenossen, der Sieger wie Besiegten. Und so haben es über mehr als ein Jahrhundert auch die Historiker gesehen.
[…] Die jüngere Forschung hat sich von dieser Sicht eher wegbewegt und […] betont, dass „neben dem unbestreitbaren Scheitern auch die langfristigen Wirkungen und Erfolge" der Revolution berücksichtigt sein müssten. Zu den Aktiva einer solchen Bilanz zählen der Abschluss der Agrarreform, der Bauernbefreiung, ebenso wie die – abgesehen von Österreich und wenigen kleineren Staaten – endgültige Durchsetzung des Verfassungsprinzips, mit der zugleich eine weitgehende Sicherung individueller Grundrechte und die, ungeachtet aller fortwirkenden Widerstände und Gegengewichte, Parlamentarisierung der politischen Ordnung verbunden waren. In der Tat können historische Ereignisse und Abläufe und erst recht Revolutionen nicht allein nach den Intentionen der politisch Handelnden beurteilt und bilanziert werden. Geschichte vollzieht sich auch hinter dem Rücken der Akteure und in weiter ausgreifenden Perspektiven. Die Maßstäbe werden freilich, jedenfalls soweit es um die Beurteilung der langfristigen Wirkungen der Revolution geht, durchweg von einem spezifischen Begriff der Moderne abgeleitet, die durch individuelle Freiheit und staatsbürgerliche Gleichheit, durch eine marktwirtschaftlich strukturierte Ordnung, durch den parlamentarischen Verfassungsstaat und das nationalstaatliche Prinzip charakterisiert wird. […].

(Dieter Hein, Die Revolution von 1848/49, München 1998, S. 135 f.)

M 2 Der Historiker Wolfgang Hardtwig (1998)

Hardtwig äußert sich zur Revolution von 1848 folgendermaßen:

Die Revolution gilt jetzt [nach der Wiedervereinigung von 1989/90] als eine wesentliche Etappe auf dem Weg Deutschlands zur parlamentarischen Demokratie und zu einem partizipativen Nationalstaat – ungeachtet ihrer Erfolglosigkeit. Sie konnte ihre Ziele unmittelbar so gut wie nirgends erreichen – weder was die nationale Einheit, noch was ihre freiheitspolitischen Forderungen angeht. Gleichwohl ist die gängige Rede von ihrem „Scheitern" in den letzten Jahren vielfach modifiziert worden. Die Revolution bewirkte den – mehr oder weniger – retardierten Übergang der vorkonstitutionellen größten beiden deutschen Staaten, Preußens und Österreichs, zur Verfassungsstaatlichkeit; sie praktizierte in der Paulskirche und in den einzelstaatlichen Versammlungen vielfach Formen eines modernen Parlamentarismus; sie trieb die Auflösung der Ständeordnung entschieden voran; sie brachte einen Politisierungsschub bis in die unterbürgerlichen und bäuerlichen Schichten hinein, der in den nachfolgenden Jahren der Reaktion zwar massiv unterdrückt wurde, sich nach der Lockerung der nachrevolutionären Repression seit 1859 aber erneut Bahn brach und die politische Kultur in den deutschen Staaten erheblich veränderte. Und sie zeichnete die kleindeutsche Option für die nationalstaatliche Einigung 1864 bis 1871 vor. Gleichwohl sind die Brechungen zu beachten, die eine allzu einlinige Einordnung der Revolution in eine Vorgeschichte unserer heutigen politischen Ordnung nicht zulassen. Der Protest von Bauern und gewerblichen Schichten verfolgte z. T. eng begrenzte und mitunter durchaus traditionalistische Ziele. Vielfach verbanden sich die Absichten der politischen Demokratie mit sozial konservativen Weltordnungen und Forderungen. [...] Die Revolution scheiterte in Deutschland hauptsächlich an der von den Akteuren selbst nicht zu verantwortenden Überlastung von sich überschneidenden und gegenseitig verstärkenden Problemen und Aufgaben. Im Ergebnis setzten sich – kurzfristig und massiv, aber auch mit langfristigen Folgen – die einzelstaatlichen militärisch-bürokratischen Machtapparate durch.

(Wolfgang Hardtwig, Einleitung; in: Ders. (Hg.), Revolution in Deutschland und Europa 1848/49, Göttingen (Vandenhoeck & Ruprecht) 1998, S. 8f.)

M 3 Der Historiker H. A. Winkler (1998)

Winkler kommt zu folgendem Ergebnis:

Am Ende kommen wir wohl bei der Betrachtung der Revolution von 1848 um den viel missbrauchten Begriff der Tragik nicht herum. Stadelmann hat in seinem eingangs zitierten, 1946, ein Jahr nach dem Zusammenbruch der nationalsozialistischen Herrschaft, verfassten und zwei Jahre später veröffentlichten Aufsatz das „Scheitern der 48er-Bewegung" verhängnisvoll für die politische Entwicklung der Deutschen genannt und dies Urteil mit einer Metapher zu begründen versucht: „Das Gift einer unausgetragenen, verschleppten Krise kreist von 1850 ab im Körper des deutschen Volkes. Es war die typische Krankheit des Landes ohne Revolution. Das Scheitern der Revolution von 1848 hat die Wirkungen gehabt, die Stadelmann beschreibt: Es ist einer der Gründe für die Schwäche der freiheitlichen Traditionen im Deutschland des 20. Jahrhunderts oder, um denselben Sachverhalt anders auszudrücken, die obrigkeitliche Verformung großer Teile des deutschen Bürgertums oder, noch schärfer, die Brechung des liberalen Selbstbewusstseins. Und doch greift Stadelmanns Verdikt zu kurz. Denn wenn wir ernst nehmen, was die wirklichen (und nicht nur widerwilligen) Revolutionäre von 1848 wollten, müssen wir auch nach den Kosten des denkbaren Erfolgs dieser Revolution fragen. Ohne einen großen europäischen Krieg wäre dieser Erfolg schwerlich zu sichern gewesen. Wollen wir die gemäßigten Liberalen dafür tadeln, dass sie, bei allen ausufernden Visionen von künftiger deutscher Hegemonie, vor dieser Konsequenz zurückschreckten? Die Verfasser der Säkularbetrachtungen von 1948 konnten nur auf eine deutsche Demokratie, die gescheiterte Republik von Weimar, zurückblicken. Wir kennen mittlerweile auch die viel zitierte Erfolgsgeschichte der zweiten deutschen Demokratie, die bis 1990 freilich nur eine westdeutsche Demokratie war. Dass sie heute eine gesamtdeutsche Demokratie ist, hat seine Ursache nicht nur im Zusammenbruch des sowjetischen Imperiums. Zum Ende der zweiten deutschen Diktatur trugen auch jene Zehntausende bei, die der Partei- und Staatsführung der DDR im Herbst 1989 das selbstbewusste Wort entgegenriefen: „Wir sind das Volk!" Der Begriff „Revolution" mag für die Ereignisse von 1989/90 zu hoch gegriffen sein. Aber das Ergebnis des Umbruchs ist die Verwirklichung dessen, was die Träger der Revolution von 1848 erstrebten: Einheit in Freiheit.

(Heinrich August Winkler, Der überforderte Liberalismus; in: Hardtwig, a. a. O., S. 203f.)

Üben – Vertiefen – Anwenden

„Einheit" und „Freiheit": Die Märzrevolution von 1848/49

Kernbegriffe:

- ★ Nation
- ★ Kulturnation
- ★ Nationalstaat
- ★ Nationalismus
- ★ Liberalismus
- ★ Wiener Kongress
- ★ Restauration
- ★ Märzrevolution
- ★ Nationalversammlung
- ★ Konstitutionelle Monarchie

Info, S. 220–224
1. Charakterisieren Sie den „Liberalismus" und „Nationalismus" im 19. Jahrhundert.

Info, S. 220–224
2. Erläutern Sie, inwiefern die beiden Grundströmungen „Liberalisums" und „Nationalismus" in ihrem historischen Ursprung miteinander verwandt sind.

Info, S. 220–224
3. Benennen Sie wesentliche Bestandteile einer Definition des Begriffs „Nation".

Info, S. 223 f.
4. Erläutern Sie die Problematik des Nationsbegriffes ausgehend von der im Darstellungstext gewählten begrifflichen Charakterisierung als „Januskopf". Bewerten Sie den Begriff der „Nation" aus Ihrer persönlichen Sicht und diskutieren Sie Ihre Bewertung im Kursverband.

Info, S. 220–224
5. Erläutern Sie die geschichtswissenschaftlichen Begriffe „liberaler Nationalismus" und „integraler Nationalismus" an historischen Beispielen.

Info, S. 224–230
6. Stellen Sie die wesentlichen Merkmale der napoleonischen Epoche und der Restaurationszeit in einer Übersicht dar.

Info, S. 228
7. Erläutern Sie den Begriff der deutschen „Kulturnation" unter Berücksichtigung der konkreten Strukturen, auf denen sie gegen Ende des 18. Jahrhunderts beruhte.

Info, S. 228 f.
8. Stellen Sie den Prozess der „Politisierung der Kulturnation" in seinen wesentlichen Etappen von 1789 bis 1848 dar. Berücksichtigen Sie dabei folgende Aspekte: Einflüsse der europäischen Politik, besondere Bedingungen in Deutschland, soziale und organisatorische Träger des nationalen Gedankens.

Info, S. 224–229
9. Beurteilen Sie den Einfluss der napoleonischen Hegemonie für die Entstehung eines deutschen Nationalbewusstseins.

Info, S. 232–234
10. Stellen Sie die wesentlichen Ursachen der Revolution von 1848 in den deutschen Staaten dar. Visualisieren Sie Ihre Ergebnisse in geeigneter Form.

Info, S. 233 f.
Thema, S. 245 ff.
11. Ordnen Sie die in Baden erhobenen revolutionären Forderungen den verschiedenen Trägergruppen und politischen Positionen zu.

Info, S. 234–242
12. Stellen Sie den Ablauf der „Märzrevolution" in den deutschen Staaten in ihren verschiedenen Phasen dar und charakterisieren Sie diese Phasen.

Thema, S. 259 ff.
13. Stellen Sie am Beispiel Posens dar, welche Position die Nationalversammlung, der preußische König und Russland in der sogenannten Nationalitätenfrage vertraten.

Info, S. 238 ff.
14. Arbeiten Sie die verschiedenen in der Frankfurter Nationalversammlung vertretenen politischen Positionen zum Territorium und zur politischen Verfassung eines (damals) künftigen deutschen Nationalstaates heraus. Gestalten Sie ein historisches Rollenspiel (Sitzung der Nationalversammlung), in dem Sie diese Positionen darstellen und vergleichen.

Info, S. 239
15. Erläutern Sie den Verfassungsentwurf der Frankfurter Nationalversammlung von 1849. Stellen Sie dabei dar, welche politischen Kräfte sich bei den einzelnen Punkten durchsetzen konnten.

Info, S. 239, 243

16. Beurteilen Sie in einem schriftlichen Statement, ob bzw. inwiefern die Verfassung der Paulskirche als „fortschrittlich" bezeichnet werden kann. Sie können Ihre Beurteilung vertiefen, indem Sie sich – evtl. auf der Basis arbeitsteiliger Recherchen – über die deutsche Verfassungsgeschichte (preußische Verfassung von 1850, Verfassung des Deutschen Reiches von 1871, Weimarer Verfassung von 1919, Grundgesetz der Bundesrepublik Deutschland von 1949) informieren und einen systematischen Vergleich vornehmen.

Info, S. 242 f.

17. Stellen Sie die Ursachen des Scheiterns der Revolution in einer Übersicht, z. B. einer Mindmap, dar. Erörtern Sie, wie die verschiedenen Faktoren zu gewichten sind.

Info, S. 243
Forum, S. 264 f.

18. Erörtern sie die langfristige Bedeutung der Revolution von 1848 für die deutsche Geschichte in Form einer Podiumsdiskussion.

Klausurtraining

Interpretation einer nichtsprachlichen historischen Quelle

M Bilderbogen aus dem Jahr 1850

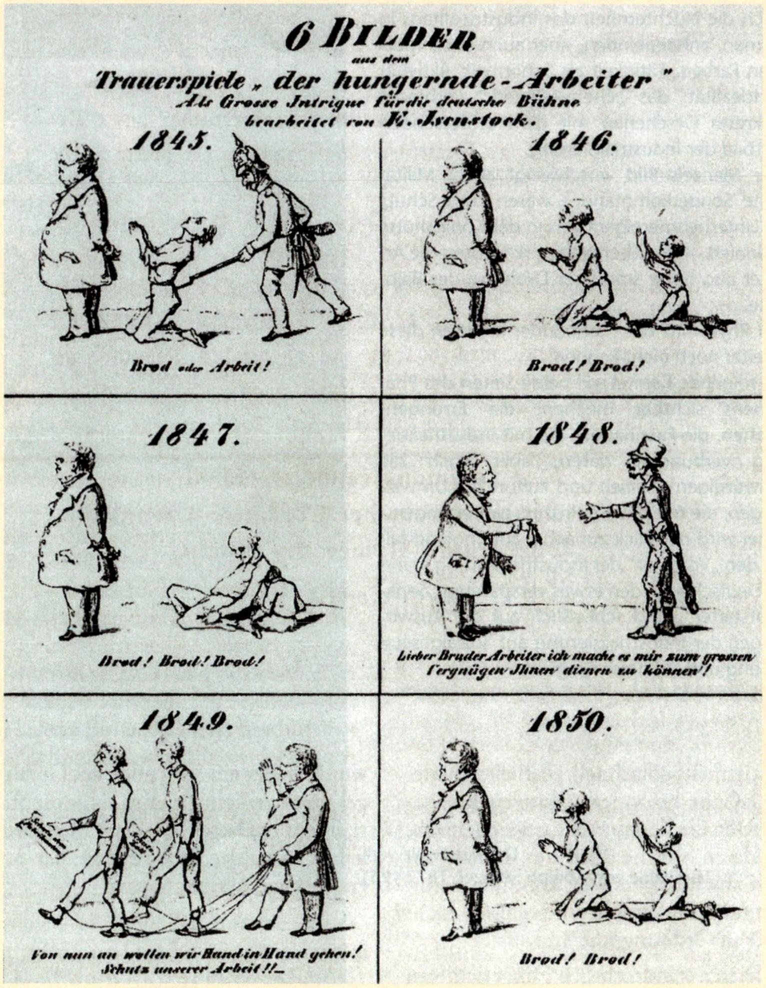

1. Beschreiben Sie die Bild- und Textelemente des Bilderbogens.
2. Arbeiten sie die Aussage der Karikatur im historischen Kontext und Problemzusammenhang der Märzrevolution von 1848 heraus.
3. Beurteilen Sie diese Aussage aus Ihrer heutigen Sicht.

Das Deutsche Kaiserreich – Nationalstaat zwischen Tradition und Moderne

1870/71 wurde das Wirklichkeit, was 1848/49 gescheitert war: die Gründung des deutschen Nationalstaates. Anders als 1848 stand dabei am Anfang keine Revolution. Die Staatsgründung war zu großen Teilen auf das Wirken des preußischen Politikers Otto von Bismarck zurückzuführen.

Die Proklamierung des Deutschen Kaiserreiches im Schloss von Versailles (Gemälde von Anton von Werner, 1877; farbiges Original verschollen). 1885 malte v. Werner dieses Ereignis nochmals (vgl. S. 295, M 1).

Wilhelm II., deutscher Kaiser seit 1888
(Gemälde von Max Koner, 1890)

Für jede spätere Epoche der deutschen Geschichte war der erste deutsche Nationalstaat, das Kaiserreich, ein wichtiger Bezugspunkt, ob positiv oder negativ. Nicht zuletzt verlegte der Deutsche Bundestag des wiedervereinigten Deutschlands seinen Sitz 1999 in das gut hundert Jahre zuvor errichtete Gebäude des Reichstags nach Berlin.
Einheit und Freiheit war die Devise der liberalen Nationalbewegung. Und an diesen Leitbildern muss sich das Kaiserreich messen lassen. Das Kaiserreich fand sich hin- und hergerissen zwischen Tradition und Moderne. Dieses Spannungsfeld sowie die daraus resultierenden Probleme sind Thema dieses Kapitels.

Der Sitz des deutschen Parlamentes, der Reichstag in Berlin

Wahlagitation in Berlin-Steglitz zur Reichstagswahl 1912

Das Deutsche Kaiserreich

1. Der Weg zum Deutschen Reich

Unter der Devise „Einheit und Freiheit“ waren 1848 Liberale und Demokraten angetreten, um einen deutschen Nationalstaat zu verwirklichen. Das Unternehmen scheiterte. Gut zwanzig Jahre später waren die Deutschen dann doch in einem Nationalstaat vereint. Die Reichseinigung 1871 stand allerdings unter gänzlich anderen Vorzeichen als die Revolution 1848.

Die 1850er-Jahre

Alte Strukturen – alte Probleme. In vielem glich das politische Leben der 1850er-Jahre der Zeit vor der Revolution: Liberale Minister wurden in der Regel durch konservative ersetzt, politische Vereine verboten, Oppositionelle suchten Zuflucht im Ausland.

Von einem einheitlichen Nationalstaat war man ebenfalls weit entfernt. Alle Einzelstaaten des wiederhergestellten Deutschen Bundes regelten wie zuvor unabhängig voneinander die Verhältnisse in ihren Ländern. Das Projekt eines Nationalstaats oder wenigstens eines reformierten und engeren Deutschen Bundes war allerdings mit der Niederschlagung der Revolution nicht vollkommen aufgegeben worden. Die einzelnen Bundesstaaten schlugen verschiedene Alternativen vor, doch keiner dieser Vorschläge hatte Aussicht auf Erfolg. Die alten Probleme waren ja nicht aus der Welt geschafft worden: Man war sich nach wie vor nicht einig, wie dieses deutsche Gebilde im Innern gestaltet werden sollte – wie zentralistisch, wie demokratisch. Das größte Hindernis waren aber die beiden deutschen Großmächte Preußen und Österreich. Sie standen sich im Weg, denn beide strebten die Führungsrolle in Deutschland an. Eine deutsche Einigung unter Einschluss beider Staaten war offenbar unmöglich.

Otto von Bismarck (Gemälde von F. v. Lenbach)

Beginn einer „Neuen Ära“

Otto von Bismarck. Die stagnierende nationalpolitische Entwicklung geriet zu Beginn der 1860er-Jahre durch den preußischen Politiker Otto von Bismarck (1815–1898) in Bewegung. Er gehört zu den bekanntesten deutschen Politikern des 19. Jahrhunderts, und das vor allem, weil es ihm gelungen ist, 1871 einen deutschen Nationalstaat, das Deutsche Reich, zu gründen. Seit 1862 bestimmte Bismarck als Ministerpräsident die preußische Politik. Seine Politik war von drei Grundkonstanten bestimmt: Erstens war er ein konservatives „Urgestein“. Deswegen trat er vehement für den Erhalt der Monarchie ein und war stets ein treuer Diener des preußischen Königs. Damit befand er sich in schroffem Gegensatz zu den Liberalen. Zweitens strebte er jedoch einen deutschen Nationalstaat an. Denn die Machtbehauptung Preußens, so seine feste Überzeugung, konnte nur dadurch gesichert werden, dass Preußen sich an die Spitze eines vereinten Deutschlands ohne Österreich setzte. In der Befürwortung des deutschen Nationalstaats sahen einige Liberale einen Anknüpfungspunkt für eine Zusammenarbeit mit dem preußischen Ministerpräsidenten. Drittens war Bismarck „Realpolitiker“. Politik war für ihn ein Kampf um die Macht, in dem sich derjenige durchsetzte, der seine Mittel am zweckmäßigsten einsetzte. Denn, so Bismarck vor dem preußischen Abgeordnetenhaus, „nicht durch Reden und Majoritätsbeschlüsse werden die großen Fragen der Zeit entschieden – das ist der große Fehler von 1848 und 1849 gewesen –, sondern durch Eisen und Blut“. Eine solche Einstellung beinhaltete die Bereitschaft zum erbitterten Streit mit der Opposition im Inneren und zu militärischen Auseinandersetzungen mit den Gegnern Preußens im Äußeren.

Zu Beginn der 1860er-Jahre war die Reaktionsperiode in Deutschland zu Ende. Der Liberalismus hatte wieder an Bedeutung gewonnen. Unter anderem stärkte auch die von der politischen Reaktion unberührt gebliebene wirtschaftliche Modernisierung das Bürgertum, das die liberale Bewegung trug. Volkstümliche Organisationen der Sänger, Turner oder Schützen veranstalteten vaterländische Feste. Die Liberalen erzielten wieder erste Wahlerfolge. In Preußen erhoffte man sich vom neuen König Wilhelm I. und der Berufung einer konservativ-liberalen Regierung den Beginn einer „Neuen Ära".

Wilhelm I. (1797–1888), König von Preußen, seit 1871 Kaiser des neu gegründeten Deutschen Reiches. Nach seinem Tod wurden ihm zahlreiche Denkmäler gesetzt (vgl. S. 304 und 307, M7).

Verfassungskonflikt in Preußen. Doch trotz eines vielversprechenden Anfangs kam es dann doch nicht zu den erhofften umfangreichen Liberalisierungen, sondern zu einem tief greifenden Konflikt zwischen der liberalen Mehrheit des Abgeordnetenhauses und dem preußischen König. Anlass dafür war die Auseinandersetzung um die Reform des preußischen Heeres. Eine Verstärkung des Heeres an sich war nicht umstritten, jedoch lehnten die Liberalen die konservativ-militaristische Ausrichtung des Vorschlags der königlichen Regierung ab. Insbesondere stießen die Erhöhung der Dienstzeit von zwei auf drei Jahre und die Verstärkung der vom Adel beherrschten „Linie" zulasten der von Bürgerlichen kommandierten „Landwehr" auf Widerstand. Der Konflikt schaukelte sich hoch. Regierung und König sahen durch die Forderungen der liberalen Parlamentsmehrheit ihre Unabhängigkeit in einem der wichtigsten Bereiche der königlichen Gewalt infrage gestellt: Das „Königsheer" durfte unter keinen Umständen zu einem „Parlamentsheer" werden. Das Abgeordnetenhaus sah dagegen seine verfassungsmäßigen Mitbestimmungsrechte, insbesondere sein Budgetrecht, missachtet.
Bismarck, in dieser Situation vom ratlosen preußischen König zum Ministerpräsidenten berufen, war bereit, sich offen gegen Parlament und Verfassung zu stellen: Die Heeresreform wurde ohne Zustimmung des Parlaments durchgeführt. Vier Jahre lang regierte daraufhin Bismarck ohne – wie von der Verfassung verlangt – ein vom Parlament genehmigtes Budget. Bismarck siegte und setzte damit rigoros den Machtanspruch des Königs durch. Denn die Liberalen scheuten die weitere Eskalation. Es kam nicht zum Aufstand.
Bismarck siegte in diesem Verfassungskonflikt nicht zuletzt, weil er durch seine Politik der nationalen Einigung einen wesentlichen Programmpunkt der Liberalen erfüllte und ihnen dadurch den Wind aus den Segeln nahm. 1867, vor dem Hintergrund der sich anbahnenden Gründung des Deutschen Reiches, schloss ein Teil der Liberalen schließlich Frieden mit Bismarck. Er brachte im preußischen Abgeordnetenhaus einen Antrag auf Indemnität (Schuldlosigkeit) ein, d.h. auf nachträgliche Billigung seines Verfassungsbruches von 1862. Der Antrag wurde mit großer Mehrheit angenommen. Die Liberalen hatten sich nun gespalten. Die Gegner Bismarcks fanden sich in der Deutschen Fortschrittspartei wieder, die sich schon 1861 auf der Höhe des Verfassungskonfliktes formiert hatte. In der Nationalliberalen Partei waren nun diejenigen Liberalen, die sich hinter Bismarck und seine Politik stellten.

„Einigungskriege" und Gründung des Deutschen Reiches

Die Reichseinigung wurde in der Tat durch „Eisen und Blut" herbeigeführt, denn drei Kriege führten zur Gründung des Deutschen Reiches. In diesen Kriegen setzte Preußen zunächst seinen Machtanspruch in Deutschland durch, schwächte dann Frankreich, das die Gründung eines mächtigen deutschen Nationalstaats ablehnte, und band nicht zuletzt die deutschen Einzelstaaten in einem siegreich geführten Krieg enger zusammen.

Krieg gegen Dänemark. Die kriegerischen Auseinandersetzungen mit Dänemark um die Zugehörigkeit von Schleswig und Holstein zum Deutschen Bund eröffneten die Reihe der Reichseinigungskriege. Den Anlass dazu lieferte Dänemark, als es aufgrund umstrittener erbrechtlicher Ansprüche Schleswig annektierte. Ähnlich wie schon während der Revolution 1848/49 reagierten die national Gesinnten in Deutschland mit einem empörten Aufschrei. 1864 kam es schließlich zum Krieg der beiden größten deutschen Mächte gegen Dänemark, das daraufhin auf seine Ansprüche verzichtete. Preußen besetzte nun Schleswig, Österreich verwaltete Holstein.

Krieg gegen Österreich. Der Streit um die Verwaltung der besetzten Gebiete führte recht schnell zur Konfrontation zwischen Österreich und Preußen, die zur Entscheidungsschlacht um die Vorherrschaft in Deutschland wurde. 1866 kam es zum Krieg zwischen Preußen sowie den mit ihm verbündeten kleineren norddeutschen Staaten einerseits und Österreich andererseits, das unter anderem von Hannover und den süddeutschen Staaten unterstützt wurde. Österreich unterlag Preußen bei Königgrätz in Nordböhmen. Bismarck setzte sich für einen milden Frieden ein, denn sein eigentliches Interesse galt der deutschen Nationalstaatsgründung. Österreich stimmte der Auflösung des Deutschen Bundes zu und gab Preußen freie Hand für die Neugestaltung Deutschlands. Österreich war damit bei der Bildung des deutschen Nationalstaates ausgeschlossen.
Als Ergebnis des sogenannten „Deutschen Krieges" annektierte Preußen die norddeutschen Staaten, die sich mit Österreich verbunden hatten (z. B. Hannover und Kurhessen). Mit den übrigen Staaten schloss es den Norddeutschen Bund. Ganz Deutschland nördlich der Mainlinie war nun vereint. Die süddeutschen Staaten waren dem Bund bzw. Preußen nur wirtschaftlich über den Zollverein (s. S. 157 f.) und durch geheime Militärbündnisse („Schutz- und Trutzbündnisse") verbunden, die sie unter dem Eindruck französischer Gebietsforderungen am Rhein geschlossen hatten.

Krieg gegen Frankreich. In Frankreich sah man die Entwicklung in Deutschland mit Sorge. Kaiser Napoleon III. war nur ungern gewillt, Deutschlands Einigung hinzunehmen, zumindest erwartete er Gebietskompensationen. Auch hier war man einer kriegerischen Konfrontation schon recht nahe. Den Anlass zum Krieg lieferte dann ein relativ unbedeutender Konflikt um die Nachfolge auf dem spanischen Königsthron. Es bestanden zum einen Ansprüche vonseiten Frankreichs auf die Neubesetzung des spanischen Thrones. Gleichzeitig hatte man auch der katholischen Linie des Hauses Hohenzollern, den Hohenzollern-Sigmaringen, die spanische Krone angeboten. Die diplomatischen Auseinandersetzungen um diese Streitfrage fanden in einer

Reichseinigungskriege

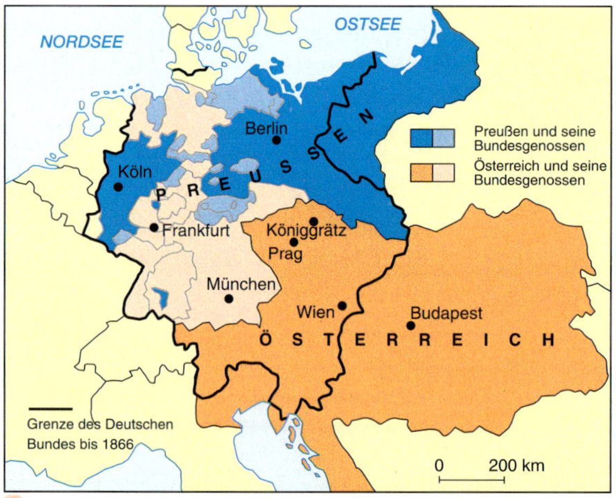

bis 1866

1867: Norddeutscher Bund

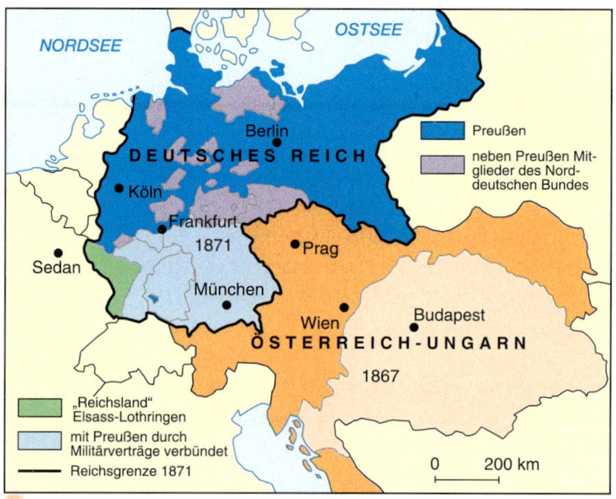

1871: Gründung des Deutschen Reiches

gespannten Atmosphäre statt. Bismarck, der Frankreich schwächen und die deutschen Staaten in einen siegreichen Krieg führen wollte, spitzte die Auseinandersetzungen noch künstlich zu, sodass schließlich Frankreich am 18. Juli 1870 Preußen den Krieg erklärte.
Nun war für die süddeutschen Staaten der Bündnisfall gegeben. Vereint mit den Truppen des Norddeutschen Bundes marschierten Baden, Württemberg und Bayern gegen den gemeinsamen Feind Frankreich. Der Krieg war kurz. Schon am 2. September 1870 geriet nach der Schlacht bei Sedan der französische Kaiser in deutsche Gefangenschaft. Frankreich gab sich geschlagen. Anstelle der erhofften Gebietserweiterungen musste es das Elsass und Lothringen an die Sieger abtreten.

Reichsgründung. Der siegreiche Krieg löste eine Welle der nationalen Begeisterung aus. Bismarck nutzte die Gunst der Stunde. Gegen die Gewährung einiger Sonderrechte (besondere Regelungen für Bahn, Post, Militär) gewann er die Zustimmung von Baden, Württemberg und Bayern zur Übernahme der Verfassung des Norddeutschen Bundes für das neu gegründete Deutsche Reich. Die Zustimmung des bayerischen Königs wurde zusätzlich durch finanzielle Zuwendungen erkauft. Am 18. Januar 1871 trafen sich die Fürsten und Heerführer im Schloss von Versailles, um dort den preußischen König Wilhelm als „Deutschen Kaiser" auszurufen. Nun gab es den einheitlichen deutschen Nationalstaat, doch die innere Einheit musste erst noch geschaffen werden.

Versailles wurde durch die deutsche Reichsgründung zum symbolträchtigen Ort der deutsch-französischen Beziehungen.
Ludwig XIV. residierte mit Familie und Hofstaat seit 1682 in dem von ihm erbauten Schloss. Der monumentale Bau und der weitgestreckte Garten waren Symbol der Macht des „Sonnenkönigs" und des französischen Staates. Nachdem im deutsch-französischen Krieg 1870 Napoleon III. von deutschen Truppen geschlagen worden war, fand die feierliche Kaiserproklamation des Deutschen Reiches im Spiegelsaal des Schlosses statt. In Versailles erfuhr auch das am Boden liegende Frankreich von den harten Friedensbedingungen, die Deutschland ihm auferlegte.
1919 wurden wieder in Versailles Friedensverhandlungen geführt. Diesmal saßen nur die Siegermächte des Ersten Weltkriegs am Verhandlungstisch, während Deutschlands Rolle sich darauf beschränkte, die Friedensbedingungen zur Kenntnis zu nehmen.

2. Das Deutsche Kaiserreich unter Reichskanzler Bismarck (1871–1890)

Die Bismarcksche Reichsverfassung

Die Verfassung des Deutschen Reiches (s. S. 295 f.) entsprach im Wesentlichen der Verfassung, die schon für den Norddeutschen Bund ausgearbeitet worden war. Sie stand im Spannungsfeld zwischen dem Einheit und Freiheit fordernden Bürgertum, den auf Wahrung der Eigenständigkeit bedachten deutschen Fürsten und dem Führungsanspruch Preußens.

Die Verfassung ist recht kurz, kürzer als die Paulskirchenverfassung, die Verfassung der Weimarer Republik oder das Bonner Grundgesetz. Man beschränkte sich auf das Notwendigste und überließ vieles der Regelung durch die Einzelstaaten. So fehlte im Gegensatz zur früheren und den späteren deutschen Verfassungen ein Grundrechtskatalog.

Konstitutionelle Monarchie. Das Deutsche Reich war ein Bundesstaat aus 25 Einzelstaaten (einen Sonderstatus hatte das von Frankreich abgetrennte „Reichsland" Elsass-Lothringen). Das Präsidium des Bundesstaates lag beim preußischen König, der den erblichen Kaisertitel trug. Er führte den Oberbefehl über die Truppen und ernannte den Regierungschef, den Reichskanzler. Diese Position übernahm zunächst natürlich der Reichsgründer Otto von Bismarck.

Die Einzelstaaten hatten ihre Vertretung im Bundesrat. Der mächtigste Staat, Preußen, verfügte dort über die meisten Stimmen und hatte bei allen Entscheidungen ein Veto-Recht. Der Bundesrat beschloss zusammen mit dem Reichstag die Gesetze. Bei Kriegserklärungen musste der Kaiser seine Zustimmung einholen. Ebenso war es der Bundesrat, der formal den Reichstag auflöste, wenn der Kaiser dies verlangte.

Das deutsche Volk hatte seine Vertretung im Reichstag. Die Abgeordneten wurden von allen Männern über 25 Jahre nach dem allgemeinen, gleichen, direkten und geheimen Wahlrecht gewählt. Das war für die damalige Zeit sowohl in Deutschland als auch im restlichen Europa sehr fortschrittlich. In Preußen, dem deutschen Hegemonialstaat, galt für die Wahlen zum Abgeordnetenhaus bis ans Ende des Kaiserreiches das Dreiklassenwahlrecht, bei dem das Gewicht der Stimme eines Wählers von seiner Steuerleistung abhing.

Der Reichstag konnte wie der Bundesrat Gesetze vorschlagen (Gesetzesinitiative). Er beschloss mit ihm gemeinsam die Gesetze und entschied über das Budget. Die kaiserliche Regierung konnte in der Hoffnung, dass Neuwahlen eine andere Parlamentsmehrheit bringen würden, über den Bundesrat den Reichstag auflösen. Seinerseits konnte der Reichstag den Reichskanzler weder wählen noch einen unliebsamen Reichskanzler stürzen: Das Regierungssystem des Deutschen Reiches war nicht parlamentarisch.

http://www.dhm.de/lemo/html/kaiserreich/innenpolitik/parteien/index.html
Das Deutsche Historische Museum bietet unter dieser Adresse Informationen zu **Wahlen und Parteien im Kaiserreich**. Auch die übrigen Seiten des „Lebendigen Museums Online" sind lohnend.

Die Parteien im Kaiserreich

Die nationale Politik wurde von nun an im Reichstag debattiert, der immer mehr von den politischen Parteien bestimmt wurde. Fünf Strömungen kämpften um die Gunst der Wähler.

Die politische Rechte. Auf dem rechten Rand standen die Deutschkonservativen. Für „Thron und Altar", so kann man ihr Programm auf eine Formel bringen. Sie strebten die Stärkung der Monarchie an und wandten sich gegen die modernen Tendenzen der Gesellschaft. Ein Staatswesen, das auf rechtliche Gleichheit, Naturrecht und Vernunft gegründet war, lehnten sie ab. Ebenso waren sie gegen den Parlamentarismus. Auch dem neuen Nationalstaat standen sie zunächst reserviert gegenüber, im Gegensatz zu

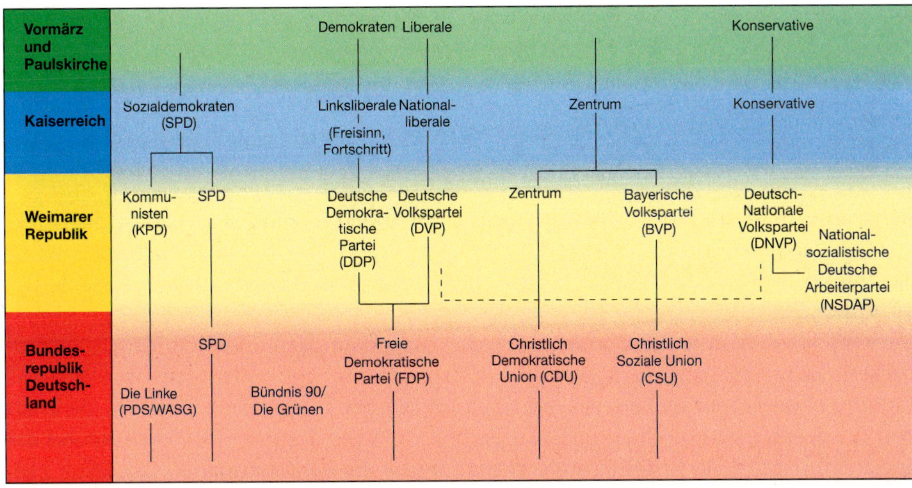

Entwicklung der Parteien in Deutschland

den sogenannten Freikonservativen. Diese traten unter dem Namen Reichspartei auf und unterstützten Bismarck vorbehaltlos. Die Wähler der Partei waren protestantisch; katholische Konservative schlossen sich weitgehend dem Zentrum an. Außerdem hatten die Deutschkonservativen ihren Schwerpunkt in Preußen und hier besonders in den agrarischen Gebieten östlich der Elbe, wo sie sich auf den Einfluss konservativer Landräte und wichtiger Personen der örtlichen Gesellschaft (Honoratioren) stützen konnten. Recht groß war ihr Einfluss im preußischen Landtag sowie in Militär und Verwaltung. In der zweiten Hälfte des Kaiserreiches, seit 1890, wählten immer weniger Menschen die Konservativen. Es gelang jedoch, den Niedergang durch eine Allianz mit dem Bund der Landwirte (BdL) etwas zu bremsen. Die moderne Massenorganisation des BdL intensivierte Parteiarbeit und Agitation bei Wahlkämpfen. Die politische Rechte vertrat nun immer stärker und lauter die Interessen des alten Mittelstandes und wurde zu einem einflussreichen Träger des Antisemitismus (s. S. 280 f. und 308 ff.).

Liberale Parteien. Etwas weiter links standen die Liberalen. Sie waren die eigentlich führende „Partei“ des 19. Jahrhunderts gewesen, die bürgerliche Bewegung, die für „Einheit und Freiheit“ gekämpft hatte. Im Kaiserreich gehörten sie nun neben den Konservativen zu den „staatstragenden“ Parteien. Besonders „staatstragend“ waren unter ihnen die Nationalliberalen. Sie vertraten den politisch „rechten“ Liberalismus und – wie der Name der Partei schon deutlich macht – stellten die Nation ins Zentrum ihrer Bestrebungen. Die Nationalliberalen standen treu zu Bismarck, der ihnen ja die Einheit gebracht hatte. Im Übrigen traten sie für „gemäßigten Fortschritt“ ein. Sie waren die Erben der „Mutig-Besonnenen“ der ersten Hälfte des 19. Jahrhunderts, mit dem Erreichten im Deutschen Reich zunächst zufrieden und bereit, im Bündnis mit Bismarck weitreichende Kompromisse einzugehen. Oppositioneller waren die Linksliberalen (unter Bezeichnungen wie Fortschrittspartei, Freisinnige Partei, Deutsche Volkspartei u. Ä.). Sie standen der Regierung kritisch gegenüber; die süddeutschen Demokraten wandten sich zudem auch noch lange Zeit gegen den starken Einfluss Preußens in Deutschland. Die Linksliberalen waren zersplittert. Erst 1910 schlossen sie sich zu einer Partei (Fortschrittliche Volkspartei) zusammen.

Dem Liberalismus gelang es über lange Zeit, breite Bevölkerungsgruppen für sein politisches Programm zu gewinnen. Doch im Kaiserreich geriet er unter Druck. Denn erstens fiel mit der Reichsgründung ein wesentlicher liberaler Programmpunkt weg, nämlich das Streben nach nationaler „Einheit“. Zweitens übernahmen andere Parteien – vor allem die Sozialdemokraten – eine starke Oppositionsrolle und liefen mit ihrer Forderung nach einer freiheitlichen Ausgestaltung des politischen Systems den zum Teil sehr eng mit Bismarck zusammenarbeitenden Liberalen den Rang ab. Und drittens bestimmten seit den 1890er-Jahren zunehmend wirtschaftliche Themen sowie Fragen

der sozialen und konfessionellen Gleichberechtigung die politische Diskussion. Auch dadurch gerieten die Liberalen mit ihrer primär politischen Programmatik ins Hintertreffen.
Die Liberalen wurden so zusehends nur noch von protestantischen, städtischen und bürgerlichen Schichten gewählt und büßten bei Wahlen kontinuierlich an Stimmen ein.

Ludwig Windthorst (1812–1891) wurde im Kulturkampf zum führenden Vertreter der katholischen Zentrumspartei und Gegenspieler Bismarcks.

Zentrumspartei und Kulturkampf. Nicht eindeutig im politischen Rechts-Links-Spektrum einzuordnen ist die Zentrumspartei. Sie war die Partei der Katholiken und vertrat die Interessen der katholischen Kirche gegenüber einer protestantisch dominierten Reichspolitik.
Die Katholiken wurden besonders durch den Kulturkampf für die Zentrumspartei mobilisiert. Bismarck hielt nicht sehr viel vom Reichstag und entsprechend war seine Haltung gegenüber den Parteien. Dies galt vor allem für diejenigen Parteien, die er als besonders schädlich für Staat und Nation brandmarken konnte: das Zentrum und die Sozialdemokratie. Als Erstes richtete er sich gegen die Zentrumspartei. Der Streit zwischen Staat und Kirche um Einfluss war nichts Neues. 1870 verschärfte sich jedoch die Auseinandersetzung, als der Papst versuchte, seine Autorität durch das Unfehlbarkeitsdogma zu festigen. Demnach war der Papst, wenn er in Sachen des Glaubens eine Lehre „ex cathedra" verkündete, unfehlbar. Schon sechs Jahre zuvor hatte das Papsttum im „Syllabus errorum" (Verzeichnis der Irrtümer) der Moderne, d. h. dem Liberalismus und der Säkularisierung (Entkirchlichung) den Kampf angesagt. Das Unfehlbarkeitsdogma löste große Empörung bei Protestanten und auch bei Katholiken aus. Viele sahen die Notwendigkeit, einen Kampf gegen eine rückwärtsgewandte Kirche und für die Kultur zu führen. Als der Papst vom preußischen Staat verlangte, diejenigen geistlichen Staatsbeamten zu entlassen, die die Entscheidung des Papstes in dieser Frage nicht anerkennen wollten, weigerte sich Bismarck. Der Konflikt entwickelte sich zum grundlegenden Streit um den Einfluss der Kirche im Staat. Bismarck suchte die Konfrontation und verstärkte in mehreren Bereichen die Autonomie des Staates: Geistliche Orden wurden aufgehoben, die Schule unter staatliche Aufsicht gestellt, die Priesterausbildung neu geregelt. Auf Reichsebene verbot man den Jesuitenorden und führte die obligatorische Zivilehe ein. Das Zentrum, die Partei der Katholiken, stellte sich hinter den Papst und prangerte den Kulturkampf als Kampf der protestantisch dominierten Reichsregierung gegen alle Katholiken an. Bismarck hingegen stellte das Zentrum als national unzuverlässig dar. Die Zentrumsleute konnten keine guten Deutschen sein, man nannte sie „Ultramontane" (lat. *ultra montes*: jenseits der Berge, d. h. der Alpen, wo in Rom der Papst residiert) und beschimpfte sie als Reichsfeinde. Die Fronten verhärteten sich. Letztlich musste aber Bismarck wegen der Zähigkeit der katholischen Kirche und der Wahlerfolge des Zentrums in den 1880er-Jahren einlenken. Einige der Kulturkampfgesetze wurde wieder zurückgenommen. So konnten mit Ausnahme der Jesuiten Orden wieder zugelassen werden.
Die Zentrumspartei ging aus dem Kulturkampf gestärkt hervor. Ihr gelang es, gerade in dieser Bedrohungssituation viele Katholiken auf sich einzuschwören. Zwar sanken nach dem Kulturkampf ihre Stimmanteile, aber insgesamt konnte sie ihre Stellung recht gut behaupten. Man sprach deshalb auch vom uneinnehmbaren „Zentrums-Turm." Der war nicht zuletzt deshalb so stabil, weil das Zentrum selbst nach Beendigung des Kulturkampfes immer wieder mit der Parole „Kirche in Gefahr!" antrat. Die Partei sah sich als eine klassen- und interessenübergreifende Volkspartei und in der Tat gelang es ihr, Katholiken aus breiten Bevölkerungsschichten für sich zu gewinnen. Entsprechend schwankte die Partei auch zwischen links und rechts. Einerseits trat sie immer für die Wahrung der Rechte des Parlamentes ein, andererseits verstand sie sich auf jeden Fall als staatstragend und hatte eine klare Tendenz zu einer konservativen Agrar- und Mittelstandspolitik. Organisatorisch stützte man sich auf ein dichtes Netz von katholischen Vereinen. Gerade auf dem Land konnte die Zentrumspartei in der fest

gefügten Lebenswelt aus dörflicher Gemeinschaft, Kirche und katholischem Vereinswesen auf sichere Wahlerfolge bauen. Sie blieb sie bis in die Weimarer Republik hinein eine rein katholische Partei. Zaghafte Ansätze, aus dem „Turm" herauszukommen und sich als überkonfessionelle christliche Partei zu etablieren, waren ohne Erfolg.

Postkarte von 1913 zur Erinnerung an die Gründung des ADAV 1863. Abgebildet sind Ferdinand Lassalle, Wilhelm Liebknecht und August Bebel.

Die Sozialdemokratie. Auf dem linken Rand des parteipolitischen Spektrums standen die Sozialdemokraten. Sie waren die politische Vertretung der Arbeiter. 1863 gründete Ferdinand Lassalle den Allgemeinen Deutschen Arbeiterverein (ADAV), 1869 formierte sich unter Führung von August Bebel und Wilhelm Liebknecht die an den Theorien von Karl Marx orientierte Sozialdemokratische Arbeiterpartei (SDAP) in Eisenach. Lassalleaner und Eisenacher vereinigten sich 1875 in Gotha zur Sozialistischen Arbeiterpartei (SAP). Karl Marx kritisierte den Kompromiss des Gothaer Programms, der sich deutlich an den gemäßigten Positionen des ADAV orientierte.

Das „Sozialistengesetz". Ähnlich wie den „Ultramontanen" wurde auch den Sozialdemokraten die Loyalität zum Reich abgesprochen. Ihre internationale Ausrichtung sowie ihr antibürgerliches und antikapitalistisches Programm ließen sie als die größte Gefahr für das bestehende System erscheinen. Die liberale Reichstagsmehrheit hatte zunächst Ausnahmegesetze abgelehnt, die die „staatsgefährdenden Umtriebe" der Sozialdemokraten unterbinden sollten. Zwei Attentate auf Kaiser Wilhelm I., die ihnen angelastet wurden, stimmten den Reichstag schließlich um. 1878 nahm er gegen die Stimmen von Zentrum und Linksliberalen ein „Gesetz gegen die gemeingefährlichen Bestrebungen der Sozialdemokratie" an. Sozialdemokratische Vereine und Gewerkschaften wurden verboten, ebenso Versammlungen und die Parteipresse. Sozialdemokraten konnten von den Einzelstaaten des Landes verwiesen werden. Dennoch durften die Bürger weiterhin Sozialdemokraten wählen, die trotz aller Unterdrückung bei Wahlen wachsende Erfolge erzielten.

Die Sozialgesetzgebung. Als Gegenstück zur staatlichen Repression war die Einführung des in der Welt bis dahin einzigartigen gesetzlich geregelten Systems sozialer Sicherung gedacht (vgl. auch S. 172). Bismarck versuchte, dadurch die Arbeiterklasse zu gewinnen. Mit der von Arbeitgeberseite mitfinanzierten Kranken-, Unfall-, Invaliditäts- und Altersversicherung wurden die Grundlagen für unser heutiges System der sozialen Sicherung gelegt, zu denen in der Weimarer Republik noch die Arbeitslosenversicherung hinzukam.

Die Rechnung Bismarcks ging nicht auf: Sozialistengesetz und Sozialgesetzgebung waren nicht geeignet, die Arbeiterbewegung auszuschalten; sie konnten allenfalls die Erfolge etwas aufstauen. Die gemeinsame Erfahrung der Unterdrückung schweißte die Arbeiterbewegung enger zusammen und machte sie auch radikaler. Als sich 1890 nach zwölf Jahren im Reichstag keine Mehrheit mehr fand, das Sozialistengesetz zu verlängern, wurden die Sozialdemokraten mit 1,5 Millionen Stimmen bei den Reichstagswahlen zur stimmenstärksten Partei in Deutschland. Angesichts des Mehrheitswahl-

Die **Grundstruktur des deutschen Sozialversicherungssystems** geht auf Bismarck zurück – die verpflichtende Versicherung von Arbeitnehmern gegen die wichtigsten Risiken unter Beteiligung der Arbeitgeber an den Beiträgen.

1883: Krankenversicherung
1884: Unfallversicherung
1889: Invaliditäts- und Altersversicherung
1927: Arbeitslosenversicherung
1995: Pflegeversicherung

Sozialdemokraten demonstrieren ihre politische Überzeugung. Auf dem Schild steht: „Haltet aus im Sturmgebraus" (Foto Ende der 1880er-Jahre).

Deutsche Parteien und Milieutheorie: Der deutsche Soziologe R.M. Lepsius hat 1966 in einem einflussreichen Aufsatz in der Gesellschaft des Deutschen Kaiserreichs vier voneinander abgeschottete „sozialmoralische Milieus" ausgemacht. Die Mitglieder eines Milieus waren miteinander verbunden über eine gemeinsame Sozialstruktur, gemeinsame Werte und eine gemeinsame Lebenswelt. Die Milieus strukturierten auch das deutsche Parteiensystem, denn jedes dieser Milieus hatte seinen politischen „Aktionsausschuss", d. h. eine oder mehrere Parteien, die es politisch vertraten. So fand das agrarisch-protestantische Milieu seine Vertretung in den Konservativen, das städtisch-bürgerlich-protestantische in den Liberalen, das Arbeitermilieu in den Sozialdemokraten und das katholische Milieu in der Zentrumspartei. Die Parteien und ihre Sozialmilieus standen sich unversöhnlich gegenüber.

rechtes und der Wahlbündnisse der anderen Parteien konnte dieser Erfolg allerdings zunächst nur bedingt in Reichstagsmandate umgesetzt werden. Doch der Aufschwung setzte sich unaufhaltsam fort. 1912 erreichte die Sozialdemokratie über vier Millionen Stimmen und stellte jetzt auch die stärkste Fraktion im Reichstag.

Neben dem Zentrum war die SPD die bestorganisierte Partei in Deutschland. Fast überall gab es Ortsvereine, die Mitglieder unterstützten die Partei durch das Zahlen von Mitgliedsbeiträgen, man stellte bezahlte Parteisekretäre ein usw. Viele Mitglieder waren so sehr in die Partei eingebunden, dass man sagte, sie begleite und bestimme „von der Wiege bis zur Bahre" ihr Leben. Die typischen sozialdemokratischen Wähler entstammten dem gleichen „Sozialmilieu". Sie waren in vielfacher Weise in einer gemeinsamen Lebenswelt miteinander verbunden. Geschaffen wurden diese Milieustrukturen durch Arbeitergesangsvereine, Arbeiterradfahr- und sonstige Sportvereine, das Wohnen im Arbeiterviertel, den Besuch bestimmter Kneipen, durch Konsumvereine und vor allem natürlich auch durch die Arbeit der Freien Gewerkschaften. Diese Strukturen ermöglichten hohe und stabile Wahlerfolge der SPD.

Nach dem Fall des Sozialistengesetzes hatten sich die Sozialdemokraten den Namen Sozialdemokratische Partei Deutschlands (SPD) gegeben und in Erfurt ein neues Programm beschlossen. Im Gegensatz zum Gothaer Programm wurde nun sehr deutlich die Lehre von Karl Marx zur revolutionären Überwindung des kapitalistischen Systems als programmatische Grundlage herangezogen. Freilich mehrten sich in dem Maße, wie die Partei wichtige Positionen im Reichstag und den Parlamenten der Einzelstaaten erreicht hatte, die Stimmen, die eine Abkehr vom marxistischen Radikalismus und eine Hinwendung zur reformorientierten Mitarbeit im Parlament forderten. Die Kritiker hinterfragten die Vorstellung vom baldigen Zusammenbruch des Kapitalismus und Sieg des Sozialismus. Immerhin konnten gegen die Theorie der zunehmenden Verarmung des Proletariats Reallohnsteigerungen angeführt werden und auch das kapitalistische Wirtschaftssystem erwies sich trotz Schwankungen als stabil. Vor allem Eduard Bernstein plädierte für eine Revision der bisherigen Theorie und Hinwendung zu einer reformorientierten Praxis. Im sogenannten Revisionismus-Streit entschied die Partei sich jedoch, die marxistische Interpretation beizubehalten. Das hinderte aber die meisten Sozialdemokraten nicht daran, in der Praxis konstruktiv an schrittweisen Verbesserungen zu arbeiten. So kennzeichnete ein Nebeneinander von radikaler Rhetorik und reformorientierter Praxis die SPD am Ende des Kaiserreiches. Freilich wurde dieser innerparteiliche Konflikt im Ersten Weltkrieg so stark, dass sich im Übergang vom Kaiserreich zur Weimarer Republik die deutsche Arbeiterbewegung in einen gemäßigten (SPD) und einen radikalen Flügel (KPD) aufspaltete.

3. Die wilhelminische Zeit (1890–1918)

Thronwechsel

Kaiser Wilhelm II. (1859–1941)

Kaiser Wilhelm I. starb 1888. Sein Sohn Friedrich (III.), der entsprechend der dynastischen Erbfolge als preußischer König und deutscher Kaiser folgte, war jedoch schwer krank. Nach nur drei Monaten starb er. An seine Stelle trat die nächste Generation, sein Sohn Wilhelm.

Sturz Bismarcks. Schon bald zeigten sich Differenzen zwischen dem Reichskanzler und dem neuen Kaiser. Wilhelm II. gehörte einer anderen Generation an. Er war bei der Thronbesteigung gerade 29 Jahre alt, der Reichskanzler Bismarck – der Mann, den der Großvater des neuen Kaisers in einer ausweglosen Situation zur Hilfe gerufen hatte – war 73 Jahre alt.

Anders als Wilhelm I. wollte der neue Kaiser selbst regieren, er strebte ein „persönliches Regiment" an. Das beschnitt natürlich den bisherigen Spielraum des Kanzlers. Hinzu kamen sehr ehrgeizige außenpolitische Vorstellungen, die denen Bismarcks deutlich

widersprachen (s. S. 288 ff.). Immer wieder warf der alte Bismarck dem neuen Kaiser einen Mangel an „Augenmaß" vor. Aufgrund politischer und persönlicher Differenzen reichte er, bevor es zum offenen Bruch kam, 1890 seinen Abschied ein.
Die Zeit ab 1890 bis zum Ende des Ersten Weltkriegs wird in Abgrenzung von der „Bismarck-Ära" nach dem neuen Kaiser als die „wilhelminische Zeit" bezeichnet. Die nachfolgenden Reichskanzler (Caprivi, Hohenlohe-Schillingsfürst, Bülow und Bethmann Hollweg) konnten nicht die prägende Kraft des „Eisernen Kanzlers" Bismarck erreichen. Der Kaiser griff im Sinne seines „persönlichen Regiments" stärker als bisher in die Entscheidungsprozesse ein. Doch insgesamt blieb auch sein direkter Einfluss recht beschränkt.

„Der Lotse geht von Bord" (Karikatur im „Punch",1890).

Filmtipp: „Majestät brauchen Sonne", Deutschland 2000. Peter Schamoni stellte Material zu einem Dokumentarfilm zusammen, das den „Medienkaiser" Wilhelm II. zeigt in einer Zeit, als nach der Fotografie gerade die bewegten Bilder entdeckt wurden.

Politische Massenmobilisierung

Im Bereich der öffentlichen politischen Auseinandersetzung fand seit den 1890er-Jahren eine politische Mobilisierung statt, die man auch als Durchbruch zum „politischen Massenmarkt" bezeichnet. Auch wenn der Reichstag von der Verfassung her nur beschränkte Kompetenzen hatte, erkannten die Menschen die Möglichkeit, über den Reichstag und die politische Öffentlichkeit Einfluss zu nehmen.

Interessenkämpfe. Neben den Arbeitern (vor allem die sozialistischen Freien Gewerkschaften) und den Unternehmern (Centralverband Deutscher Industrieller) organisierten immer mehr Gruppen ihre Interessen in Verbänden. So schlossen sich in den 1890er-Jahren die (nicht im katholischen Zentrum gebundenen protestantischen) deutschen Bauern im Bund der Landwirte (BdL) zusammen und forderten lautstark die Berücksichtigung ihrer Interessen.
Auch die Parteien bemühten sich jetzt deutlicher als zuvor, ihre Mitgliederbasis zu erweitern. Man warb jetzt mehr um den Wähler (vgl. Bild S. 269 u.r.). Die Wahlkämpfe dauerten länger, man hielt mehr Versammlungen ab und verteilte so viele Flugblätter, dass manche Beobachter schon von einer „Flugblatt-Sintflut" sprachen. Der Erfolg blieb nicht aus, denn bei den beiden letzten Reichstagswahlen ging bei einer Wahlbeteiligung von knapp 85 Prozent fast jeder Wahlberechtigte zur Wahl. Wie oben bei den einzelnen Parteien schon ausgeführt, waren vor allem die Sozialdemokraten, aber auch das Zentrum Gewinner dieser Wahlen auf dem durch „Interessenwahlkämpfe" geprägten „politischen Massenmarkt". Die großen Verlierer waren die liberalen Parteien.
Diese Aufwertung der Reichstagswahlen und des Wählers im öffentlichen Bewusstsein war eigentlich etwas Positives. Andererseits empfanden viele Beteiligte die Heftigkeit der Interessenkämpfe als unangenehm, als Sieg der egoistischen Standesinteressen, als Störung der Harmonie, die vor der Massenmobilisierung geherrscht habe. Erschwert wurde dieser Umstand dadurch, dass die deutsche Gesellschaft in „Milieus", d.h. Sozialgruppen aufgespalten war, die kompromisslos ihre Interessen einforderten (s. auch S. 166 f.). Außerdem ging auch von der Verfassung kein Zwang aus, der die Parteien dazu gebracht hätte, sich zur Bildung einer Regierungskoalition kompromissbereit zu zeigen, denn die Regierungsbildung war ja nicht Sache des Reichstags.

Reichsnationalismus als Grundlage der politischen Kultur

Integration durch Nationalismus. Das Streben nach nationaler Einheit war eine Konstante der politischen Auseinandersetzungen im 19. Jahrhundert gewesen. Es hatte die oppositionellen, liberalen Kräfte geeint. Im neu geschaffenen Deutschen Reich wurde nun dieses Ziel für alle Deutschen verwirklicht. Der Nationalismus wurde zum Integrationsmittel, das alle Deutschen einschloss. Auch die politisch Konservativen und die Fürsten, die einst der Nationalbewegung ablehnend gegenübergestanden hatten, waren jetzt ebenfalls „national". Dieser neue „Reichsnationalismus" hatte seine frühere

Literatur- und Filmtipp: 1951 verfilmte Wolfgang Staudte in der DDR den Roman „Der Untertan“ von Heinrich Mann. Darin wird das wilhelminische Kaiserreich als Untertanengesellschaft charakterisiert. An der Geschichte des Dietrich Heßling zeigt Mann, wie die Gesellschaft den Typus des Untertanen schafft und wie dieser agiert: unterwürfig nach oben, brutal nach unten, dumm, aber gerissen. Die größte Erfüllung des Romanhelden ist die persönliche Begegnung mit dem Kaiser.

liberale Zielrichtung verloren. Er wurde konservativ. National sein hieß, den bestehenden Staat und seine Führer möglichst vorbehaltlos zu unterstützen. Entsprechend standen das Reich und die Reichsgründer, Wilhelm I. und Bismarck, im Zentrum des Reichsnationalismus. Man war stolz auf die Einheit, Macht und Stärke des neuen Reiches. Aggressiv richtete man sich gegen die Feinde dieser Größe. Reichsfeind im Innern war die politische Opposition. Feinde außerhalb des Reiches waren die anderen, ebenfalls um internationalen Einfluss konkurrierenden Staaten. Gerade in der wilhelminischen Zeit strebte der deutsche Nationalismus nach einer Stärkung der internationalen Machtstellung des Reiches (vgl. S. 288 ff.).

Die (inoffizielle) Nationalhymne auf einer Reklamekarte der Firma Liebig

Werbung der Firma Bleyle

Militarismus. Eine entsprechend wichtige Rolle spielte das Militär. Es prägte in hohem Maße das öffentliche Leben. Man liebte Uniformen und Paraden. Als das Deutsche Reich begann, seine Flotte massiv aufzurüsten, entstanden überall Flottenvereine, um die Regierung darin zu unterstützen. Der Matrosenanzug für kleine Jungen wurde zum populären Kleidungsstück. In der gesellschaftlichen Hierarchie genoss der Offizier ein sehr hohes Prestige. Auch die große Bedeutung des Militärs verstärkte die konservative Ausrichtung des Nationalismus. Denn der Monarch hatte ja den Oberbefehl und somit diente der Soldat vorrangig „Seiner Majestät“.

Wie sehr die Gesellschaft Respekt vor dem Militär hatte, zeigte der Fall des „Hauptmanns von Köpenick“. Der arme Schuster und schon mehrmals wegen Diebstahls vorbestrafte Friedrich Wilhelm Voigt hatte sich 1906 bei einem Trödler eine Hauptmannsuniform gekauft. Mit dieser Uniform verkleidet kommandierte er auf der Straße zehn Infanteristen ab. Mit diesen marschierte er ins Rathaus von Köpenick, ließ ohne Angabe von Gründen „im Namen Seiner Majestät“ den Bürgermeister und den Oberstadtsekretär verhaften. Der Kassenverwalter händigte ihm anstandslos die Kasse aus. Der Schuster quittierte mit „v. Malzahn“. Mit seinen 4000 Mark und 70 Pfennigen verließ er daraufhin – unter den Augen der herangeeilten Polizeibeamten – das Rathaus. Erst zehn Tage später konnte der Gauner verhaftet werden.

Antisemitismus. Der neue Nationalismus war konservativ, aggressiv, militaristisch und zunehmend auch antisemitisch geprägt. Die im 19. Jahrhundert erfolgte rechtliche Gleichstellung der Juden („Judenemanzipation“) hatte mitnichten zu ihrer Integration in die Gesellschaft geführt. Seit Ende der 1870er-Jahre entstand vielmehr der moderne

Literatur- und Filmtipp: Die Geschichte des „Hauptmanns von Köpenick“ wurde schnell nach Bekanntwerden für das Theater und später im Film in verschiedenen Versionen und Ausschmückungen aufbereitet. Das berühmteste Werk wurde von Carl Zuckmayer verfasst. Viele Verfilmungen des Theaterstücks (Uraufführung 1931) folgten (z. B. 1956 mit Heinz Rühmann, s. die hier abgebildete Filmszene).

Antisemitismus. Er knüpfte an die Vorurteile der traditionellen Judenfeindschaft an und führte sie weiter. Viele Juden konnten von der Industrialisierung profitieren. Aufgrund ihrer gesellschaftlichen Sonderstellung wurden sie ökonomisch, intellektuell und politisch mit der Modernisierung identifiziert. Die Juden galten als die Vertreter des modernen Kapitalismus, der Marktkonkurrenz, als Zerstörer des alten Mittelstandes und als Feinde der traditionellen Wertordnung. So sah etwa die Handwerkerbewegung ihren Feind nicht nur in der „roten Internationalen“, das heißt der Sozialdemokratie, sie kämpfte ebenso gegen die vermeintliche „goldene Internationale“ der Juden. Dabei spielte es für die Antisemiten keine Rolle, welchen Glauben die Juden hatten. Das wesentlich Neue des modernen Antisemitismus war seine rassistische Ausrichtung: Jude wurde man durch Geburt und blieb es sein Leben lang. In der Regel war die Judenfeindschaft im Kaiserreich in den meisten Kreisen nur verdeckt vorhanden. Erst im Laufe des Ersten Weltkriegs gewann der Antisemitismus deutlich an Schärfe und Zulauf.

Wirtschaft und Gesellschaft: Entwicklungen

Vollständiger Durchbruch des Industriestaates. Deutschland entwickelte sich bis zum Ersten Weltkrieg vollständig zu einem Industriestaat (vgl. S. 161 ff.). Wirtschaftlich gesehen war die Zeit des Kaiserreichs sehr erfolgreich. Insbesondere seit Mitte der 1890er-Jahre bis zum Ersten Weltkrieg herrschte fast ununterbrochen ein konjunktureller Aufschwung. Viele verklärten diese Periode aus späterer Sicht, d. h. während der wirtschaftlich schwierigen Phasen der Weimarer Republik, als eine goldene Zeit des unbeschwerten Wohlstandes. Die neuen Leitsektoren in dieser Phase der Industrialisierung wurden der Maschinenbau, die Großchemie (Bayer, BASF, Hoechst) und die Elektrotechnik (AEG, Siemens). Am Ende des Kaiserreiches hatte Deutschland das Stammland der Industrialisierung, Großbritannien, in der Industrieproduktion überholt.

Traditionsbanner der SPD

Veränderungen in Berufsstruktur und Sozialgefüge. Die Industrialisierung brachte es mit sich, dass die Zahl der Arbeiter kontinuierlich anstieg. Höhere Löhne und die Sozialversicherung verbesserten ihre Lage, was aber nicht zu einer Abschwächung der sozialen Gegensätze führte. Die Arbeiter waren jedoch eine große und selbstbewusste Sozialgruppe geworden. Auch wenn der direkte Einfluss der SPD im Reichstag be-

schränkt blieb, wurde die Arbeiterbewegung zu einer politischen Kraft, die nicht mehr übergangen werden konnte.
Am Ende des Kaiserreiches arbeiteten nur noch ein Drittel der Beschäftigten im primären Sektor. Obwohl auch in der Landwirtschaft die Einkommen gestiegen waren, empfanden die Bauern den Übergang vom Agrar- zum Industriestaat als Bedrohung. Sie forderten den Schutz der Landwirtschaft vor ausländischer Konkurrenz. Mithilfe des Bundes der Landwirte, der enge Verbindungen zu den Konservativen unterhielt, gelang es den Bauern, eine protektionistische Zollpolitik (vor allem Schutzzölle auf ausländisches Getreide) auf Reichsebene durchzusetzen.
Handwerker, Einzelhändler und kleinere Gewerbetreibende, diejenigen, die gemeinhin unter dem Begriff städtischer Mittelstand zusammengefasst werden, sahen sich ebenfalls wie die Bauern als Opfer der Industrialisierung. Sie kamen unter den Druck der Fabriken oder auch der neuen Warenhäuser. Entsprechend forderten auch sie über ihre Interessenverbände Schutz der „ehrlichen deutschen Arbeit" vor dieser Konkurrenz. Während der alte Mittelstand schrumpfte, gewann der neue Mittelstand an Bedeutung. Industrie, Handel, Banken und Versicherungen benötigten Werkmeister, Buchhalter, Sekretäre. Man war dort zwar abhängig beschäftigt, genoss aber als Angestellter gegenüber dem einfachen Arbeiter eine bevorzugte Stellung.
Der Adel hatte im Industriestaat eigentlich keine Funktion mehr. Dennoch profitierte er nach wie vor von einem hohen Sozialprestige (Ansehen) und hatte vor allem im Militär und in den Parlamenten der Einzelstaaten teilweise beträchtliche Privilegien. Das Bürgertum war nun endgültig neben den Adel als führende Schicht getreten. Zum Teil orientierte es sich in Stil und Lebensweise sogar am Adel. Zu einer Angleichung oder Vermischung des Adels und des Bürgertums kam es jedoch nicht.

Anfänge der Frauenemanzipation

Auch wenn in der gesellschaftlichen Realität an der Rolle der Frau als Hausfrau und Mutter nicht wesentlich gerüttelt wurde, ist doch im Kaiserreich, vor allem seit der Jahrhundertwende, ein Prozess angestoßen worden, der weit ins 20. Jahrhundert hinein die Stellung der Frau grundlegend veränderte. Industrialisierung, gesellschaftliche Modernisierung und die Frauenbewegung trieben diesen Prozess an.

Politische Versammlung von Arbeiterinnen (um 1890)

Traditionelles Frauenbild. Frauen waren im Kaiserreich nicht gleichberechtigt. Zwar konnte im bürgerlichen Recht, das 1900 im BGB reichsweit bestimmt wurde, eine Frau etwa ohne die Zustimmung des Mannes ein Arbeitsverhältnis eingehen, doch in vielen Dingen waren Töchter und Ehefrauen der Vormundschaft von Vater oder Ehemann unterworfen. So hatte beispielsweise der Mann die Verfügungsgewalt über das eheliche Vermögen. Dem entsprach, dass Frauen kein Wahlrecht besaßen und in einigen Staaten – so z. B. Preußen und Bayern – lange Zeit nicht Mitglied in politischen Parteien sein konnten. „Weiber", „Frauenzimmer", Vertreterinnen des „schönen Geschlechts" hatten in der Politik nichts zu suchen. Sie waren, so die landläufige Meinung, abhängig vom Familienvorstand und Ernährer, auf die Familie und nicht das Gemeinwesen orientiert, eher irrational, vorrangig an Literatur und Kultur interessiert, schwach und schutzbedürftig sowie leicht beeinflussbar. Schließlich trage das Frauenstimmrecht den politischen Streit in die Familien und sei somit eine Gefahr für den Familienfrieden.

„Aber ich bitt' Sie, mit so einem lieben G'sichterl studiert man doch nicht!" (Karikatur, 1908)

Die traditionelle Rolle der Frau als Hausfrau und Mutter wurde durch die Trennung von Erwerbs- und Privatsphäre durch die Industrialisierung noch verstärkt. Besonders hart traf es dabei unverheiratete Frauen. Sie litten einerseits unter dem Makel, die eigentlich einer Frau bestimmte Rolle nicht erfüllen zu können; andererseits kämpften sie mangels eines Versorgers häufig mit wirtschaftlichen Schwierigkeiten. So ist es verständlich, wenn Eltern ungeduldig auf den Tag warteten, an dem die Tochter endlich standesgemäß „unter die Haube" kam. Sie selbst fürchtete sich nicht selten davor, ihr Leben lang „Fräulein" bleiben zu müssen. Natürlich gab es auch dazu Gegenentwürfe, von partnerschaftlicher Ehe bis hin zur vollkommenen sexuellen Befreiung. Doch sie blieben Randerscheinungen und änderten nichts an der Prägekraft des traditionellen Leitbildes, das selbst in breiten Kreisen der Frauenbewegung bestimmend blieb.
Entsprechend gering war der Anteil von verheirateten Frauen in der Erwerbsarbeit. 1907 waren 70 % der unverheirateten Frauen, aber nur 26 % der verheirateten erwerbstätig. Sehr viele Frauen halfen im Familienbetrieb – in Landwirtschaft, Handel und Gewerbe – mit. Für die Angehörigen der unteren Schichten gab es Fabrikarbeit oder eine Stellung als Dienstmädchen bzw. Dienstbote in einem bürgerlichen Haushalt. In der Fabrik lagen die Löhne für Frauen selbst bei gleicher Arbeit unter denen ihrer männlichen Kollegen. Auch Heimarbeit, etwa Näharbeiten oder die Herstellung von Kartonagen, Spielzeug oder Schmuckwaren, war bis ins Kleinbürgertum eine Möglichkeit, das Familieneinkommen aufzubessern. Für Frauen der bürgerlichen Mittel- und Oberschicht kam eine Tätigkeit als Gouvernante, Gesellschafterin, vor allem Lehrerin infrage. Hier galt besonders die Norm, dass erwerbstätige Frauen ledig zu sein hatten. Denn die Heirat bedeutete für eine Lehrerin fast automatisch die Beendigung ihres Arbeitsverhältnisses. Bestimmte Berufe kamen für Frauen schon allein deswegen nicht in Frage, weil ihnen Abitur und Universität verschlossen waren. Die Höhere-Töchter-Bildung der bürgerlichen Schichten unterschied sich wesentlich von der Schulbildung der Jungen und qualifizierte nicht fürs Berufsleben.

Frauenbewegung. Die organisierte Frauenbewegung begann 1865 mit der Gründung des Allgemeinen Deutschen Frauenvereins (ADF), dessen erste Vorsitzende Louise Otto-Peters, eine schon 1848 aktive Frauenrechtlerin, wurde (s. S. 256 f.). Andere Frauenvereine folgten, von denen sich viele 1894 zum Bund Deutscher Frauenvereine (BDF) zusammenschlossen. Dieser Bund wurde zum Zentrum der bürgerlichen Frauenbewegung und hatte, nachdem sich immer mehr – auch konfessionelle oder berufsständische – Frauenvereine gegründet hatten, zu Beginn des Ersten Weltkriegs 250 000 Mitglieder. Der BDF hatte einerseits aufgrund der Heterogenität (Unterschiedlichkeit) seiner Anhängerschaft eine begrenzte Schlagkraft, da er nach außen nur den kleinsten gemeinsamen Nenner vertreten konnte. Andererseits zeigte sich an ihm auch die vorherrschende konservative Richtung der Frauenbewegung. Der Bund verteidigte die traditionelle Ehe- und Familienform, radikalen Frauenvereinen wurde die Mitglied-

Louise Otto-Peters (1819–1895)

Clara Zetkin (1857–1933)

Fernsprechamt Berlin, 1906

Postkarte zur Frauenarbeit aus dem Ersten Weltkrieg, 1916

schaft verweigert. Konkrete weibliche Sozialarbeit und die Forderung nach Verbesserung der Bildungs- und Berufschancen standen im Vordergrund, im Gegensatz zu Fragen der politischen Gleichberechtigung oder gar der Sexualreform. Auch in der Diskussion des Schwangerschaftsabbruchs (§ 218 StGB) konnte sich der BDF erst in der Weimarer Republik zur Forderung nach einer Neufassung durchringen.
Entsprechend dieser Haltung wurde auch die „sozialistische" Frauenbewegung als zu parteipolitisch orientiert abgelehnt, die sich ihrerseits von der „bürgerlichen" Frauenbewegung distanzierte. Für die sozialistische Frauenbewegung war die Emanzipation der Frauen die logische Konsequenz aus der grundlegenden Forderung der Arbeiterbewegung, nämlich der Befreiung des Arbeiters und der Menschheit generell aus den Zwängen des Kapitalismus. Hinzu kamen natürlich die besonderen Belange der Fabrikarbeiterinnen. Der Parteiführer August Bebel mit seinem Buch „Die Frau und der Sozialismus" sowie Clara Zetkin als Kopf der sozialistischen Frauenbewegung haben hier eine wichtige Rolle gespielt. Auch auf der politischen Linken herrschte keine Einigkeit in der Frauenfrage. Schon allein die Frauenerwerbsarbeit wurde unterschiedlich beurteilt. Den einen erschien sie als Befreiung der Frau, den anderen als abzuschaffendes kapitalistisches Übel. Mit der Gründung der KPD 1918 spaltete sich auch die sozialistische Frauenbewegung auf.
Im Bereich von Bildung und Beruf fanden langsame, aber wesentliche Veränderungen statt. Zu Beginn des Kaiserreichs errichtete man erste Kindergärtnerinnen-Seminare und erreichte später nach einigen Widerständen die Zulassung von Frauen zum Bahn-, Post- und Telegrafendienst. In Handelslehrinstituten, Gewerbe-, Sekretärinnen-, Telegrafen- und anderen Schulen konnten Frauen sich für einen Beruf qualifizieren. Erst in den 1890er-Jahren wurden Frauen zunächst als Externe zur Abitur-Prüfung an Gymnasien zugelassen, später dann regulär. Auch an den Universitäten gab es zunächst vereinzelt Frauen als Gasthörerinnen. Baden war dann der erste Bundesstaat, der Frauen 1900 das Recht zur Immatrikulation verlieh. Bayern und Württemberg folgten kurze Zeit später. Als Preußen sich 1908 ebenfalls anschloss, konnten inzwischen in fast allen Einzelstaaten Frauen studieren. Die erste ordentliche Professorin in Deutschland gab es allerdings erst 1923. Ärztin wurde zunächst der wichtigste akademische Beruf, der von Frauen angestrebt wurde.
„Menschenrechte haben kein Geschlecht!", lautete eine Devise der Frauenbewegung. Und dies schloss eigentlich auch das Frauenwahlrecht mit ein. Obwohl 1902 ein Verband für Frauenstimmrecht gegründet wurde, erlangte der Kampf um das Frauenstimmrecht nicht die Stärke wie in England oder den USA. Erst 1912 kam es in München zu einer ersten Straßendemonstration. Von den politischen Parteien sprachen sich nur die Sozialdemokraten unmissverständlich für die Einführung des Frauenstimmrechts aus. Die anderen Parteien konnten sich zu einer eindeutigen Befürwortung nicht durchringen, obwohl selbst auf konservativer Seite diskutiert wurde, ob es Sinn mache, einer Ärztin das Wahlrecht zu verwehren, es ihrem Hausknecht jedoch zuzugestehen. Insgesamt wurde das Thema in Deutschland als nicht besonders dringlich angesehen und die Einführung des Frauenstimmrechtes allenfalls für eine fernere Zukunft vorgesehen. Andererseits erlaubte 1908 das neue Reichsvereinsgesetz in allen Einzelstaaten die Mitgliedschaft von Frauen in politischen Parteien. Auch wenn die Politik und insbesondere das Wahlrecht im öffentlichen Bewusstsein nach wie vor eine Domäne der Männer blieben, nahmen nun alle Parteien Frauen auf. Zaghaft, aber doch spürbar hatten die Frauen ihre Präsenz in der politischen Arena verstärkt.
Der Erste Weltkrieg veränderte nochmals deutlich die Rollenverteilung. Weil viele Männer an der Front waren, mussten Frauen notgedrungen bislang Männern vorbehaltene Funktionen erfüllen. Eine endgültig neue Situation schuf der politische Neuanfang auf den Trümmern des Kaiserreiches. Die Weimarer Republik brachte für Deutschland das Frauenwahlrecht. 1919 waren somit in den Bereichen Bildung, Beruf und Politik auf rechtlicher Ebene wesentliche Etappen der Gleichberechtigung der Geschlechter erreicht.

Urbanisierung – die Großstadt als Sinnbild der modernen Welt

Bevölkerungswachstum und Mobilität. Zwischen 1866 und 1914 stieg die Bevölkerung des Deutschen Reiches um über 70 Prozent von 40 auf 68 Millionen. Während die Landbevölkerung weitgehend stagnierte, kam dieses Bevölkerungswachstum in erster Linie den Städten zugute. Während 1871 fast zwei Drittel in Gemeinden unter 2000 Einwohnern, das heißt auf dem Land wohnten, waren es 1910 weit weniger als die Hälfte. Die Mehrzahl lebte nun also in Städten.

Die Menschen blieben sehr häufig nicht mehr an ihrem Geburtsort wohnen, sondern wanderten dorthin, wo es Arbeit gab. Die Binnenwanderung und somit das Wachstum der Städte ist aufs Engste mit der Industrialisierung verbunden. Das Land schuf keine neuen Arbeitsplätze für den Bevölkerungsüberschuss. Vielmehr setzte der Strukturwandel der Landwirtschaft noch zusätzliche Arbeitskräfte frei. Arbeit gab es in den Städten, den Hochburgen der Industrie. Dabei winkten nicht allein Industriearbeitsplätze. Die wachsende Industrie schuf auch Beschäftigungsmöglichkeiten im Handwerk und im Dienstleistungssektor. Vor allem junge, unverheiratete und damit mobile Menschen suchten ihr Glück in den Städten. Sie kamen hauptsächlich aus der näheren Umgebung.

Eine der Ausnahmen war die große Ost-West-Wanderung von Bewohnern der agrarischen Ostprovinzen Preußens. Diese Menschen, darunter viele Polen, zogen nach Berlin, Sachsen und seit den 1890er-Jahren vorrangig ins Ruhrgebiet.

Untergrundbahnhof Potsdamer Platz in Berlin, eröffnet 1902

Städtewachstum. Die Anzahl der Städte stieg. Schon bestehende Städte wuchsen über ihre bisherigen Grenzen hinaus und verbanden sich mitunter zu ganzen Städtelandschaften. An die Stadtverwaltungen wurden neue Aufgaben gestellt: Kanalisation, Straßenbeleuchtung, Verkehrswege, Transportmittel und vieles mehr. Dieser Prozess der Vermehrung und Ausdehnung der Städte im Vergleich zu ländlichen Siedlungsformen wird als „Verstädterung" bezeichnet.

Der Begriff der „Urbanisierung" meint jedoch mehr. Er bezeichnet die Ausbreitung und Verstärkung städtischer Lebens-, Wirtschafts- und Verhaltensformen. Denn das Wachstum der Städte war eingebettet in den Kontext der Industrialisierung und war begleitet von einer vielfältigen und grundlegenden Veränderung der Lebensverhältnisse. Obwohl viele der Veränderungen sich nicht allein auf die Städte beschränkten, so vollzog sich hier der Wandel besonders schnell und umfassend. Nicht umsonst wurde die Großstadt zur Chiffre für die moderne Zeit. Auch wenn viele die Lebensverhältnisse in der Stadt kritisierten und die modernen Entwicklungen anprangerten, so entwickelte sich doch der städtische Lebensstil zum allgemeinen gesellschaftlichen Leitbild – für die Stadt- wie auch die Landbewohner.

Wohnverhältnisse. Nur die vermögenden Bürger der Stadt lebten in Villen. Der Rest – auch das gehobene und mittlere Bürgertum – wohnte in Wohnungen. Die Größe der Wohnung entsprach natürlich dem Einkommen. Man konnte durchaus sehr vornehm zur Miete in einem „Mietspalast" mit feudalem Treppenhaus aus Marmor und mit Dienstboteneingang wohnen. Das kleine Bürgertum wohnte enger. Küche und Woh-

Ärmliche Wohnverhältnisse in Hamburg um 1900

nen waren dabei nicht immer getrennt. Sehr beengt stellte sich die Wohnsituation der Arbeiter dar. 1905 waren mehr als die Hälfte der Wohnungen in den großen Städten Ein- oder Zwei-Zimmer-Wohnungen, die zudem sehr häufig überbelegt waren. In den Kleinwohnungen in Berlin kamen im Durchschnitt vier Personen auf ein beheizbares Zimmer. Familien wohnten auch häufig nicht allein, sondern nahmen einen oder mehrere Untermieter auf. Selbst Betten mussten geteilt werden. Auch wenn sich die Wohnungssituation regional sehr unterschiedlich darstellte und etwas verbesserte, blieb die Wohnungsnot im Kaiserreich ein zentrales Problem der „Sozialen Frage" (vgl. S. 170 ff.).

Familie. Die Veränderung des Arbeitslebens durch die Industrialisierung hatte auch unmittelbare Auswirkungen auf die Familienstruktur, vor allem durch die Trennung von Arbeitsplatz und Haushalt. Im städtisch-industriellen Kontext trat die Kleinfamilie zunehmend an die Stelle der Großfamilie. Die Liebesheirat gewann an Bedeutung gegenüber der Heirat als Standesangelegenheit. Und schließlich kümmerte man sich mehr als bisher um Geburtenkontrolle.

Modernisierung in Wissenschaft und Technik. Sinnbild für die moderne Welt waren auch die Fortschritte in Wissenschaft und Technik. Im Deutschland nach der Jahrhundertwende gab es geradezu eine Explosion von Entdeckungen und Erfindungen. Sie nutzten der Industrieproduktion, der Landwirtschaft, der Medizin und der Kommunikation. Vieles davon veränderte aber auch unmittelbar das tägliche Leben. Nachdem zunächst das Fahrrad – es war nach der Erfindung von Luftreifen und Freilauf als Massengut eine Neuerung – die Straßen erobert hatte, tauchten immer mehr Automobile auf. Gaslampen wurden durch elektrisches Licht ersetzt. Immer mehr Häuser bekamen einen Telefonanschluss. Nach der Erfindung des „Kinematographen" entstanden in den Städten Kinos.

Deutsche Briefmarke (1984) – Philipp Reis (1834–1874): Erfindung des Telefons

Neue Lebenswelten. Ein allgemeiner Aufbruch zeigte sich auch in einer Vielzahl von neuen Lebensentwürfen. Neue Alltagsideale wie Gesundheit, Natürlichkeit und Sport wurden gegen die alte Steifheit und Prüderie gesetzt. Das „Familien-" oder „Frauenbaden" sowie die Veränderungen in der Bademode führten zu Begeisterung oder entrüsteter Ablehnung. Im „Wandervogel", einer Jugendbewegung nach der Jahrhundertwende, fanden sich Jugendliche zusammen, um dem Alltagsleben – gerade dem modernen Großstadtleben – beim Wandern, in Kluft gekleidet und mit der „Klampfe" am romantischen Lagerfeuer singend zu entfliehen. Die Veränderung der Lebensstile bedeutete nicht, dass alte Lebensweisen generell über Bord geworfen wurden. Sie blieben daneben bestehen. Auch gingen diese Neuentwürfe nicht alle in die gleiche Richtung. Rationalität stand neben Irrationalität, Fortschrittsoptimismus gegen Fortschrittskritik, Emotionalität gegen nüchterne Sachlichkeit. Es waren aber alles Aufbrüche aus einer alten Welt und Versuche, sich in neuen Lebenswelten einzurichten.

Modernisierung und Modernisierungsleiden. Die Moderne wurde von den Zeitgenossen zwiespältig beurteilt. Das galt umso mehr für die Großstadt, die ja für diese moderne Welt stand. Auf der einen Seite beklagte man den Verlust der überschaubaren dörflichen Lebensgemeinschaft sowie verlorene Familien- und Verwandtschaftsbeziehungen. Hektik, Lärm, Enge, die gesichtslose Vermassung, Anonymität, persönliche Entwurzelung und Selbstentfremdung, Vereinsamung, Trunksucht, Prostitution, Verbrechen – all das konnte mit der Großstadt als „modernem Babylon" in Verbindung gebracht werden. Das propagierte Gegenbild war eine verklärende Agrarromantik. Hier pries man vor allem von politisch konservativer Seite her die Ordnung und Geborgenheit der ländlichen Lebenswelt, die Ehrlichkeit von Landwirtschaft und Handwerk. Auf der anderen Seite lagen der Reiz und der Nutzen der Großstadt auf der Hand. Ansonsten wären ja nicht so viele Menschen in die Stadt gezogen und ansonsten hätte der städtische Lebensstil nicht diese prägende Kraft bekommen. Arbeit und Lohn, eine bessere medizinische Versorgung – die Säuglingssterblichkeit sank in den Städten schneller als auf dem Land –, ein größeres Warenangebot, moderne Kauf- und Warenhäuser, Kulturangebote, bessere Bildungsmöglichkeiten, Freizeitmöglichkeiten, Vitalität und Vielfalt, weniger Sozialkontrolle als im Dorf und vieles mehr begründeten die Attraktivität der Städte.
Diese zahlreichen Veränderungen in Wirtschaft, Gesellschaft und Kultur prägten also das Bewusstsein der Menschen. Die Gesellschaft des Kaiserreiches empfand die Jahrhundertwende nicht nur als kalendarische Besonderheit, sondern als Zeitenwende im Aufbruch zur Moderne des 20. Jahrhunderts. Deshalb kann man die Deutschen der wilhelminischen Zeit als „Übergangsmenschen" bezeichnen. Häufig standen dabei Altes und Neues scheinbar unversöhnlich nebeneinander. So war der wilhelminische Staat wirtschaftlich ein sehr modernes Gebilde. In seiner politischen Struktur war er aber an modernen demokratischen Maßstäben gemessen rückständig. Diese eigenartige Mischung des Alten und Neuen hat der Philosoph Ernst Bloch mit dem Begriff der „Ungleichzeitigkeit des Gleichzeitigen" versucht zu umschreiben. Darüber hinaus vollzogen sich in Deutschland viele Veränderungen in sehr kurzer Zeit. Der Wandel schuf auf der einen Seite eine positive Aufbruchstimmung, einen Fortschrittsoptimismus. Andererseits rief er – zumal bei denjenigen, die von der Modernisierung nicht profitierten – Verunsicherung und Ablehnung hervor. Dieses zwiespältige Verhältnis zur Moderne wurde zum wesentlichen Charakteristikum der deutschen Gesellschaft am Vorabend des Ersten Weltkrieges.

Das Titelbild der Zeitschrift „Jugend" vom 1. Januar 1900 charakterisiert durch den Januskopf die Doppelgesichtigkeit dieser Zeit.

4. Außenpolitik im Kaiserreich

So wie in der Innenpolitik die Bismarck-Ära von der wilhelminischen Zeit geschieden werden kann oder im gesellschaftlichen und kulturellen Bereich um die Jahrhundertwende ein bedeutender Modernisierungsschub festzustellen ist, so lässt sich auch die deutsche Außenpolitik grob in diese beiden Epochen einteilen.

Politik der Selbstbeschränkung unter Bismarck

Sicherung des Status quo. Durch die Reichsgründung wurde die Stellung Preußens und der mit ihm verbundenen Einzelstaaten in Europa deutlich gestärkt. Bismarcks vorrangiges Ziel war jedoch keine weitere territoriale Expansion. Er demonstrierte vielmehr den Großmächten sehr deutlich, dass das Deutsche Reich saturiert (gesättigt) und ausschließlich an der Beibehaltung des nunmehr erreichten Zustandes interessiert sei. Der Reichskanzler litt nämlich, wie ein russischer Botschafter zutreffend urteilte, unter dem „cauchemar des coalitions", dem Alptraum der (gegen Deutschland gerichteten und selbst schwierig zu schließenden) Bündnisse: Antideutsche Bündnisse sollten möglichst verhindert werden. Insbesondere galt es, den ehemaligen und auf „Revan-

Das europäische Bündnissystem zur Zeit Bismarcks

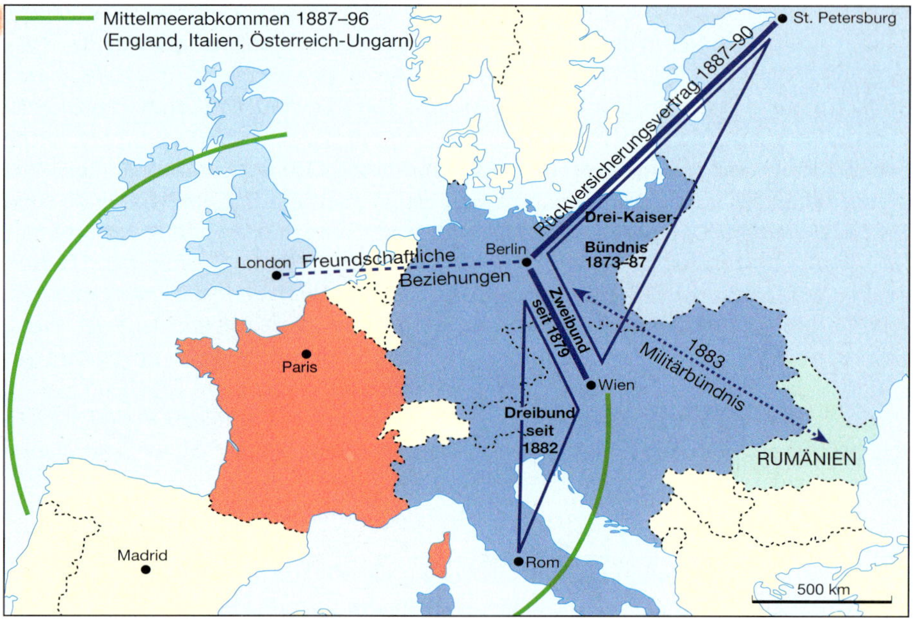

che" hoffenden Kriegsgegner Frankreich, das große Teile von Elsass und Lothringen an das Deutsche Reich hatte abgeben müssen, zu isolieren. Auf der anderen Seite schloss das Deutsche Reich mit möglichst vielen Staaten Defensiv-Bündnisse. Lediglich die angestrebte Verbindung mit Großbritannien kam nicht zustande.
Das außenpolitische Interesse war also auf die Sicherung des Status quo ausgerichtet. Im Gegensatz zu anderen Mächten gab sich das Deutsche Reich im imperialistischen Wettkampf (s. u.) desinteressiert. Bei internationalen Konferenzen gebärdete man sich sogar als „ehrlicher Makler", als unbeteiligter Vermittler. Entsprechend lehnte Bismarck eine aktive Kolonialpolitik ab. „Meine Karte von Afrika liegt in Europa", meinte er dazu. Der wirtschaftliche Nutzen sei fragwürdig, die destabilisierenden Folgen einer deutschen Kolonialpolitik zu riskant.
Dennoch kam es auch schon unter Bismarck zu vereinzelten Handelsniederlassungen durch deutsche Kaufleute, die in den 1880er-Jahren dann als deutsche Kolonien anerkannt wurden. Insgesamt blieb jedoch der deutsche Kolonialbesitz (vor allem Togo, Kamerun, Südwestafrika, Ostafrika) unbedeutend.

Der Übergang zur Weltpolitik unter Wilhelm II.

Zeit des Hochimperialismus. Die Ende des 19. Jahrhunderts einsetzende Phase des Imperialismus hatte gegenüber der europäischen Kolonialisierung, die es seit dem 16. Jahrhundert gab, eine neue Qualität. Die durch die Industrialisierung bedeutend gewachsene wirtschaftliche, technische und militärische Überlegenheit der Kolonialmächte war Grundlage einer Politik, sich nahezu sämtliche vermeintlich herrenlose Gebiete dieser Welt anzueignen. Der Expansion schienen fast nur noch durch die konkurrierenden Interessen der jeweils anderen Kolonialmacht Grenzen gesetzt. Staaten wie Japan, die USA und auch Deutschland drängten als neue Konkurrenten hinzu.
Die Gründe für die Unterwerfung fremder Gebiete sind vielfältig: die Suche nach Absatzmärkten, Rohstoffen und Siedlungsräumen, die Ablenkung innergesellschaftlicher Konflikte nach außen („Sozialimperialismus"), christliche Missionierung, Verbreitung der eigenen, als besonders vollendet angesehenen Kultur und schließlich der Drang, seine eigene Machtbasis und sein nationales Prestige zu erhöhen.
Ein zentrales Expansionsfeld war Afrika, wo sich vor allem Frankreich und Großbritannien einen Wettlauf (Scramble for Africa) lieferten. Ein weiteres wichtiges Gebiet kolo-

nialer Expansion war Ostasien, wo sich auch Japan, die USA und Russland engagierten. Deutschland erwarb hier z. B. 1897/98 das chinesische Kiautschou (Jiaozhou) mit dem Hafen Tsingtau (Qingdao).
Die Eroberungen brachten zum einen Konflikte mit der indigenen (einheimischen) Bevölkerung. Ein Aufstand der Herero in Deutsch-Südwestafrika wurde beispielsweise von deutschen Truppen blutig niedergeschlagen. Zum anderen kamen sich die europäischen Großmächte bei der Aufteilung der Welt zunehmend ins Gehege. Ein Beispiel dafür ist die Faschoda-Krise, als 1898 Franzosen und Briten am oberen Nil zusammenstießen und kurz vor einer militärischen Auseinandersetzung standen. Der Imperialismus schadete nicht nur den eroberten Gebieten, er trug auch wesentlich zu einem Ansteigen der Spannungen unter den europäischen Großmächten bei.

„Ein Platz an der Sonne". Der Sturz Bismarcks stellte eine deutliche Zäsur dar, indem er das Ende der Periode der Selbstbeschränkung des deutschen Machtpotenzials bedeutete. Der Wandel zeigte sich schon allein an der großsprecherischen Rhetorik des neuen Kaisers, der mit „Volldampf voraus" und wiederholt unter Missachtung aller diplomatischen Klugheit Deutschland endlich die ihm zustehende Weltgeltung verschaffen wollte. Der spätere Reichskanzler Bülow brachte die deutsche Außenpolitik 1897 im Reichstag auf die populäre Formel: „Wir wollen niemanden in den Schatten stellen, aber wir verlangen auch unseren Platz an der Sonne." Dieser Wandel hin zur „Weltpolitik" kann jedoch nicht allein auf Wilhelm II. zurückgeführt werden. Das Kraftgefühl, die Stimmung des Aufbruchs, der Wunsch, an der Gestaltung der Welt teilhaben zu wollen, entsprach dem Gefühl breiter Bevölkerungsschichten in Deutschland.

So stellte es eine Wahlpostkarte des Zentrums aus dem Jahr 1912 dar: Die Kolonialmächte teilen sich die Welt auf, während das Deutsche Reich von Sozialdemokraten daran gehindert wird, sich auch ein „Stück der Torte" zu sichern.

Letztlich war die Motivation für das neue weltpolitische Engagement einerseits deutsche Großmannssucht, andererseits aber auch Angst. Man fürchtete, in der Zeit des Hochimperialismus, als die anderen Großmächte in die Welt ausgriffen, relativ zu ihnen an Bedeutung und Macht zu verlieren und deutsche Sicherheitsinteressen zu gefährden.
Im Vergleich zu anderen Ländern kam diese imperialistische Wendung jedoch spät. Das Deutsche Reich stieß deshalb auf schon vergebene Einflusssphären und bestehende Interessen. Konflikte mit den anderen Kolonialmächten waren vorprogrammiert. Daran änderte wenig, dass im Grunde genommen die deutsche Kolonialpolitik auch unter Wilhelm II. reine Demonstrations- und Prestigepolitik blieb.

Flottenpolitik. Zum Symbol der neuen Weltpolitik wurde die Flottenrüstung. Wilhelm II. war überzeugt: Deutschlands „Zukunft liegt auf dem Wasser!" Seit 1897/98 ging man

Deutschland zur See (Schmuckblatt aus dem Kaiserreich)

zu einem massiven Ausbau der Schlacht- und Großschiffflotte über. Ziel des von Admiral Tirpitz propagierten Planes war es, zwei Drittel der Stärke der britischen Flotte zu erreichen. Das stand natürlich im Gegensatz zu den Zielen der Royal Navy, die ihre Vormacht dadurch zu sichern suchte, dass sie ihre Flotte auf dem Niveau der zwei nächstgrößeren Seemächte hielt („Two Power Standard“). Das deutsche Rüstungsprogramm zog britische Reaktionen nach sich. Das neue Jahrhundert brachte überhaupt in ganz Europa eine Phase der Hochrüstung. Die wenigen Ansätze zu einer Rüstungsbeschränkung wurden von keiner Macht, erst recht nicht von Deutschland, ernsthaft verfolgt.

Neue Mächtekonstellationen. Die neue deutsche Außenpolitik war von Ziellosigkeit und hektischer Unruhe geprägt. Die Diplomatie pendelte zwischen der Parteinahme für Russland und England. Schließlich entfremdete sich Deutschland von beiden. Die Flottenrüstung und die Kolonialpolitik taten ihr Übriges. Das vielschichtige Bündnissystem Bismarcks, das den nun maßgebenden Außenpolitikern als zu kompliziert erschien und deshalb nicht weiter gepflegt wurde, zerbrach. Schließlich sah sich Deutschland am Vorabend des Ersten Weltkriegs einer Bündniskonstellation gegenüber, die Bismarck unbedingt hatte vermeiden wollen: Großbritannien, Russland und Frankreich fanden sich miteinander verbündet. Deutschland stand an der Seite von Österreich-Ungarn. Italien hatte sich schon 1902 in einem Geheimabkommen mit Frankreich von seinen ursprünglichen Bündnispartnern im Dreibund entfernt. Deutschland war also isoliert und fühlte sich zunehmend von den Großmächten eingekreist.

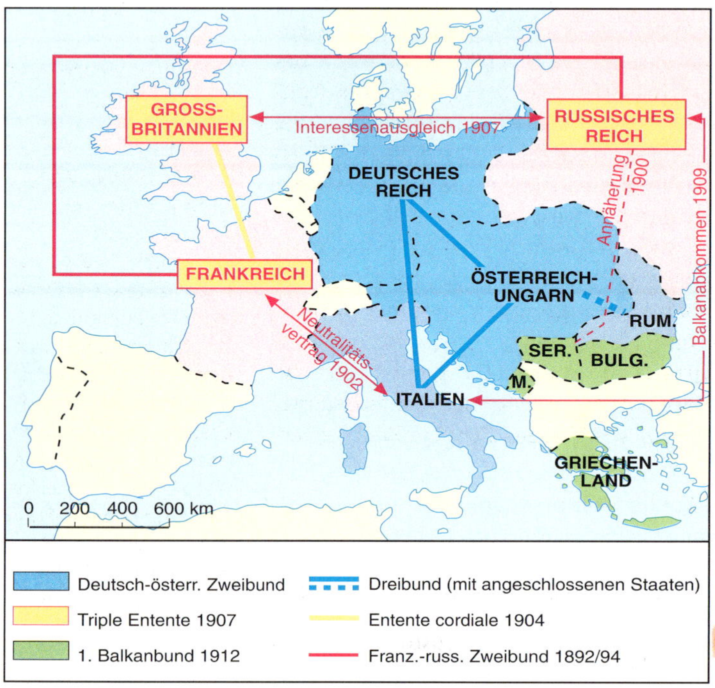

Das europäische Bündnissystem der wilhelminischen Zeit

Internationale Krisen und Ausbruch des Ersten Weltkriegs

Imperialismus, Hochrüstung, das Anwachsen der internationalen Spannungen und eine zunehmende Kriegsbereitschaft kennzeichneten die internationalen Beziehungen vor dem Ersten Weltkrieg.

Marokko-Krisen. Ein Beispiel für die ungeschickte, riskante und aussichtslose Außenpolitik des nach Weltgeltung strebenden Deutschlands war Marokko. Hier versuchte das Deutsche Reich, den zunehmenden Einfluss Frankreichs zurückzudrängen. 1905 besuchte deshalb Wilhelm II. Tanger, erklärte demonstrativ den Sultan zum freien Souverän und bekräftigte damit – freilich ohne Erfolg – die deutschen Interessen. Als französische Truppen 1911 Fes und Rabat besetzten, reagierte Deutschland mit der Entsendung des Kanonenbootes „Panther“ nach Agadir. Diese militärische Drohgebärde hatte nicht nur keinen Erfolg – 1912 wurde Marokko französisches Protektorat – der „Panthersprung nach Agadir“ erhöhte auch die allgemeine Kriegsgefahr.

Balkan-Krisen. Ein zweiter Krisenherd war der Balkan. Hier kam es im 19. Jahrhundert immer wieder zu Spannungen und militärischen Auseinandersetzungen. Starke nationalistische Strömungen drängten das immer schwächer werdende Osmanische Reich aus dem Balkan. Die jungen, nach Unabhängigkeit und Vergrößerung ihres Einflussgebietes strebenden Balkanstaaten kamen sich dabei auch untereinander ins Gehege. Serbien, das ein großserbisches Reich anstrebte, stieg dabei zur Regionalmacht auf. In das durch den „kranken Mann am Bosporus“ (d.h. das Osmanische Reich) hinterlassene Machtvakuum drängten aber auch die europäischen Großmächte. Russland sah sich als Verbündeten seines „slawischen Bruders“ Serbien und war selbst an einem Zugang zum Mittelmeer interessiert. Österreich-Ungarn strebte eine Ausdehnung seines Herrschaftsgebietes, zumindest jedoch ein ruhiges Hinterland an. So verleibte es sich 1908, mit Rückendeckung durch Deutschland, die vormals zum Osmanischen Reich gehörigen Gebiete Bosnien und Herzegowina ein. Wegen dieser spannungsvollen Gemengelage von verschiedenen Akteuren und deren Interessen sprechen viele auch vom „Pulverfass Balkan“.

Karikatur aus dem „Punch“, 1912: „Der kochende Kessel“ – die europäischen Mächte auf dem Pulverfass Balkan

Der Weg in den Krieg. Und in der Tat sollte ein Konflikt zwischen Österreich-Ungarn und Serbien zum Auftakt des Ersten Weltkriegs werden. Als am 28. Juni 1914 der österreichische Thronfolger Franz Ferdinand von der serbischen Organisation „Schwarze Hand“ ermordet wurde, sah Österreich-Ungarn sich verpflichtet zu handeln. Bestärkt durch die Rückendeckung Deutschlands („Blankoscheck“) eskalierte es den Konflikt und erklärte schließlich Serbien den Krieg. Diese Kriegserklärung setzte nun eine Bündnismechanik in Gang, in deren Folge innerhalb kurzer Zeit Deutschland mit Russland, Frankreich und schließlich auch mit Großbritannien (wegen der Verletzung der belgischen Neutralität durch deutsche Truppen) im Krieg stand.

Die Gefahr, dass ein österreichisch-serbischer Krieg schwerlich lokal bleiben konnte und andere Staaten mit hineinziehen würde, muss allen Beteiligten klar gewesen sein, auch Deutschland. Auf deutscher Seite war man allerdings einem Krieg gar nicht so abgeneigt. Viele deutsche Militärs fürchteten nämlich, im allgemeinen Rüstungswettlauf in einigen Jahren ins Hintertreffen zu geraten, und drängten darauf, jetzt die „Kraftprobe“ zu wagen. Insgesamt schien, angesichts Hochrüstung und internationaler Spannungen, den meisten Beteiligten in Europa auf längere Sicht ein Krieg unvermeidbar.

Der **Art. 231 des Versailler Vertrags** von 1919 kam zu dem Schluss, dass Deutschland und seine Verbündeten ihren Gegnern den Krieg aufgezwungen hätten und daher „als Urheber für alle Verluste und Schäden verantwortlich“ seien – eine Haltung, die in Deutschland einhellige Empörung hervorrief und zu einem wichtigen Belastungsfaktor der Weimarer Republik wurde.

Krieg und Ende des Kaiserreiches

Der erste „moderne Krieg“. Der amerikanische Historiker und Diplomat George F. Kennan hat den Ersten Weltkrieg im Rückblick als „Urkatastrophe des 20. Jahrhunderts“ („the great seminal catastrophe of this century“) bezeichnet. Dieser Krieg brach-

Aufruf zur Kriegsanleihe (Plakat von 1917)

Literaturtipp: Erich Maria Remarque schildert in dem 1929 erschienenen Roman „Im Westen nichts Neues" die Schrecken des Krieges aus der Sicht eines jungen Soldaten. 1930 wurde der Roman von Lewis Milestone (USA) verfilmt.

Paul von Hindenburg (1847–1934) stand mit Erich Ludendorff (1865–1937) seit 1916 an der Spitze der **Obersten Heeresleitung.** Als „Sieger von Tannenberg" (einer wichtigen Schlacht gegen die russische Armee 1914, die zwar unter seinem Kommando, aber ohne sein besonderes Zutun gewonnen wurde) war der damals fast 70-jährige Hindenburg in der Bevölkerung sehr beliebt. Die OHL wurde im Ersten Weltkrieg ein wichtiges Entscheidungszentrum, sodass manche Historiker sogar von einer „Militärdiktatur" durch die OHL sprechen.

te unsägliches Leid über die Menschen, verschärfte die gesellschaftlichen und politischen Konflikte und setzte schließlich in der Novemberrevolution 1918 dem Kaiserreich ein Ende.

Zu Beginn des Krieges prägte Begeisterung das allgemeine Bild. Viele zogen „freudig und siegessicher" in den Krieg, der für sie ein Verteidigungskrieg war. Für nicht wenige war der Kriegsdienst, in dem alle Deutschen gemeinsam das Vaterland verteidigen sollten, eine Befreiung aus den Zwängen der Klassengesellschaft oder der stickigen Welt der Bürgerlichkeit.

Auf die Soldaten und die Zivilbevölkerung wartete jedoch nicht ein kurzer, heftiger Waffengang, sondern ein langer Stellungs- und Abnutzungskrieg. Es war ein neuer Krieg, geprägt durch den maschinellen Einsatz von Waffen: Maschinengewehre, Handgranaten, Minen, Unterseeboote, Panzer, Giftgas und sogar die ersten Bomberflugzeuge. Symbol für die Materialschlachten wurde die „Hölle von Verdun", wo über Monate hinweg ohne wesentliche Verschiebung des Frontverlaufes unter massivem Artillerieeinsatz und unter großen Verlusten gekämpft wurde. Es war ein Völkerkrieg, in dem ganze Nationen gegeneinander kämpften. Und es war ein totaler Krieg, der die vollständige Inanspruchnahme der Bevölkerung bedeutete. Das galt für die Soldaten, für die auf Kriegsproduktion ausgerichtete Wirtschaft sowie für die Zivilbevölkerung an der „Heimatfront", wo Frauen in Rüstungsbetrieben Nachschub an Waffen und Munition für ihre Männer produzierten – und das galt für die Köpfe der Menschen, die mit massiver Kriegspropaganda bearbeitet wurden.

Innenpolitische Entwicklung. Die Politik in Deutschland gehorchte den Regeln des „Burgfriedens". Wie in einer Burg, wenn die Belagerung im Innern Einigkeit fordert, vermied man den politischen Streit. Zu Kriegsbeginn verkündete der Kaiser: „Ich kenne keine Parteien mehr, ich kenne nur noch Deutsche." Neuwahlen zum Reichstag sollten bis auf Weiteres nicht stattfinden. Wenn ein Abgeordneter starb, rückte in der Regel ein Kandidat der gleichen Partei nach. Die SPD, die noch Ende Juli 1914 Antikriegsdemonstrationen organisiert hatte, schwenkte in die nationale Phalanx ein und stimmte für die Bewilligung der Kriegskredite. Die Gewerkschaften erklärten sich bereit, auf Arbeitskämpfe zu verzichten.

Diese politische Einmütigkeit zerbrach jedoch im Laufe des Krieges. Einerseits stand nach wie vor die Forderung nach politischen Reformen im Raum. Das betraf im größten deutschen Einzelstaat Preußen die Abschaffung des Dreiklassenwahlrechts. Auf nationaler Ebene richteten sich die Forderungen auf die Aufwertung des Reichstags durch eine „Parlamentarisierung des Reiches": Die Regierung sollte vom Vertrauen des Reichstags abhängig sein. Andererseits mehrten sich die Stimmen, die für einen Verständigungsfrieden eintraten. Selbst Politiker, die zu Beginn des Krieges noch sehr weitreichende Kriegsziele propagiert hatten, schlossen sich den Friedensbefürwortern an.

Im April 1917 war der linke Flügel der SPD, der entschieden gegen die Weiterführung des Krieges und weitere Kriegskredite war, nicht mehr bereit, die bisherige Politik mitzutragen, und spaltete sich als „Unabhängige Sozialdemokratische Partei" (USPD) ab. Die Mehrheitsparteien des Reichstags, nämlich die Mehrheitssozialdemokraten (MSPD; so nannten sich die Sozialdemokraten, die nicht in der USPD waren), das Zentrum und die Linksliberalen, forderten in einer Friedensresolution einen Frieden der „Verständigung und der dauernden Versöhnung der Völker".

Kriegsende und Revolution. Zwar konnte das Deutsche Reich noch einen Sieg über das durch die Oktoberrevolution geschwächte Russland davontragen und nutzte dies, ihm 1918 den Eroberungs- und Gewaltfrieden von Brest-Litowsk aufzuzwingen. Das Ausscheiden Russlands änderte aber nichts an der militärisch aussichtslosen Lage, die sich nicht zuletzt wegen des Kriegseintritts der USA zuungunsten Deutschlands gewendet hatte. Schließlich war auch die Oberste Heeresleitung (OHL) unter Hindenburg und Ludendorff überzeugt, dass der Krieg verloren sei. Die Waffenstillstandsver-

handlungen sollte ihrer Meinung nach eine von den Mehrheitsparteien getragene Regierung führen. Und tatsächlich kam es nun in der militärisch ausweglosen Situtation zur „Parlamentarisierung". Ein neuer Reichskanzler, Prinz Max von Baden, bildete unter Beteiligung führender Reichstagsabgeordneter eine Regierung mit voller Verantwortlichkeit gegenüber dem Reichstag.
Diese für viele als längst überfällig geltende Reform war allerdings nicht von langer Dauer. Die Proteste gegen das alte Regime und der Widerstand gegen eine Weiterführung des Krieges waren inzwischen zu stark geworden. Als in Wilhelmshaven die Matrosen sich weigerten, von ihren Vorgesetzten in eine aussichtslose letzte Schlacht geschickt zu werden, sprang im November 1918 der revolutionäre Funke in kürzester Zeit auf andere Städte über: Arbeiter- und Soldatenräte bildeten sich und übernahmen die politische Führung. Die monarchischen Oberhäupter der Einzelstaaten wurden gestürzt. Auch die Tage Wilhelms II., der zuvor schon Berlin verlassen hatte und sich im militärischen Hauptquartier im belgischen Spa befand, waren gezählt. Prinz Max von Baden verkündete am 9. November 1918, übrigens ohne zuvor eine offizielle Bestätigung aus Spa erhalten zu haben, die Abdankung Wilhelms II. Das Deutsche Kaiserreich hatte am Ende des verheerenden Ersten Weltkriegs und in den Wirren der Novemberrevolution aufgehört zu existieren.

Hindenburg (l.), Wilhelm II. (M.) und Ludendorff (r.) im deutschen Hauptquartier.

Karikatur von 1918 zur Abdankung und Flucht des Kaisers. Wilhelm II. starb 1941 im Exil in den Niederlanden.

Reichsgründung und Reichsverfassung – Einheit und Freiheit?

Am 18. Januar 1871 wurde in Versailles das Deutsche Kaiserreich proklamiert: ein deutscher Staat, zwar ohne Einschluss Österreichs, aber mit einer Volksvertretung und einer Verfassung. Der Traum von Einheit und Freiheit, der vor gut 20 Jahren unrealisierbar war, schien nun endlich Realität geworden zu sein.

- **Was war das nun für ein Gebilde, dieser erste deutsche Nationalstaat?**
- **Inwiefern haben sich die Wünsche nicht nur nach staatlicher Einheit, sondern auch nach einer freiheitlichen, fortschrittlichen Ordnung verwirklicht?**

Beurteilen Sie in einem Streitgespräch ausgehend von den beiden Leitfragen die charakteristischen Merkmale und modernen Elemente der Reichsverfassung Bismarcks.
Sie können im Gespräch die Rolle eines „mutig-besonnenen" Nationalliberalen, eines „jugendlich-hitzigen" Linksliberalen oder/und die eines Sozialdemokraten besetzen.

So können Sie sich, am besten zusammen mit mehreren Lernpartnerinnen und Lernpartnern, eine inhaltliche Grundlage für Ihre Rolle schaffen:

1. Informieren Sie sich im Infotext (S. 270–273) über die Person des preußischen Ministerpräsidenten Bismarck und die Politik Preußens, die zur Reichsgründung 1871 in Versailles geführt hat.
2. Analysieren Sie M 1 und M 2 unter der Fragestellung, in welcher Form und von wem das Deutsche Reich gegründet wurde. Beziehen Sie dazu auch die Informationen des Infotextes (S. 271 ff.) ein.
3. Arbeiten Sie anhand des Verfassungsschaubilds des Deutschen Kaiserreichs (M 3 a) Ihrer Meinung nach belegbare fortschrittliche bzw. vorwärtsweisende und rückschrittliche Elemente heraus.
   Tipp: Ein Vergleich mit der Paulskirchenverfassung von 1849 (s. S. 239) kann als Maßstab dafür dienen, inwieweit hier Forderungen der liberalen Nationalbewegung erfüllt worden sind. Berücksichtigen Sie dabei folgende Punkte:
   - Verwirklichung von Gewaltenteilung und Gewaltenkontrolle,
   - Verhältnis der Bundesstaaten untereinander,
   - Rechte des Parlaments,
   - politische Mitwirkung des Volkes,
   - Sicherung der Grundrechte.
4. Analysieren Sie die Auszüge der beiden Historikertexte (M 4, M 5), indem sie die Kernaussagen sowie die Argumentation, mit der diese begründet und gestützt werden, herausarbeiten, und vergleichen Sie die Beurteilung der Verfassung durch die beiden Historiker.
5. Bereiten Sie sich auf der Grundlage Ihrer Untersuchungsergebnisse auf die Rolle vor und stellen Sie dazu in Thesenform eine Auflistung Ihrer Argumente zusammen.
   Zusätzlich könnten Sie ein zusammenfassendes Statement zu den beiden Leitfragen vorbereiten, mit dem Sie in das Streitgespräch einsteigen möchten.

MATERIALIEN

M 1 Proklamierung des Deutschen Reiches am 18. Januar 1871 in Versailles

Gemälde (1885) von Anton von Werner (1843–1915), das im Auftrag der kaiserlichen Familie zu Bismarcks 70. Geburtstag gemalt wurde. Im linken Teil des Bildes stehen auf einem Podest Wilhelm I. und der badische Großherzog Friedrich I., der den preußischen König zum Kaiser ausruft. Vor den Stufen sieht man Bismarck und den preußischen Generalstabschef Helmuth Graf von Moltke. Das Gemälde ist keine wirklichkeitsgetreue Darstellung der Ereignisse am 18. Januar 1871, sondern eine inhaltliche Deutung des Ereignisses. Die Zeremonie war in Wirklichkeit weniger prunkvoll (vgl. S. 268). Bismarck, hier in Weiß, trug nur eine blaue Uniform. Der preußische Kriegsminister Roon ist auf dem Bild (im Hintergrund mit weißem Schnauzbart) zu sehen, obwohl er bei der Zeremonie wegen Krankheit verhindert war.

M 2a Präambel der Bismarckschen Reichsverfassung von 1871

Seine Majestät der König von Preußen im Namen des Norddeutschen Bundes, Seine Majestät der König von Bayern, Seine Majestät der König von Württemberg, Seine Königliche Hoheit der Großherzog von Baden und Seine Königliche Hoheit der Großherzog von Hessen und bei Rhein für die südlich vom Main gelegenen Teile des Großherzogtums Hessen schließen einen ewigen Bund zum Schutze des Bundesgebietes und des innerhalb desselben gültigen Rechtes sowie zur Pflege der Wohlfahrt des deutschen Volkes. Dieser Bund wird den Namen Deutsches Reich führen und wird nachstehende Verfassung haben.

(Reichs-Gesetzblatt 1871, S. 63)

M 2b Präambel der Paulskirchenverfassung von 1849

Die deutsche verfassungsgebende Nationalversammlung hat beschlossen und verkündigt als Reichsverfassung: […]

(Reichs-Gesetzblatt 1849, S. 101)

M 3a Die Staatsorgane des Deutschen Reiches

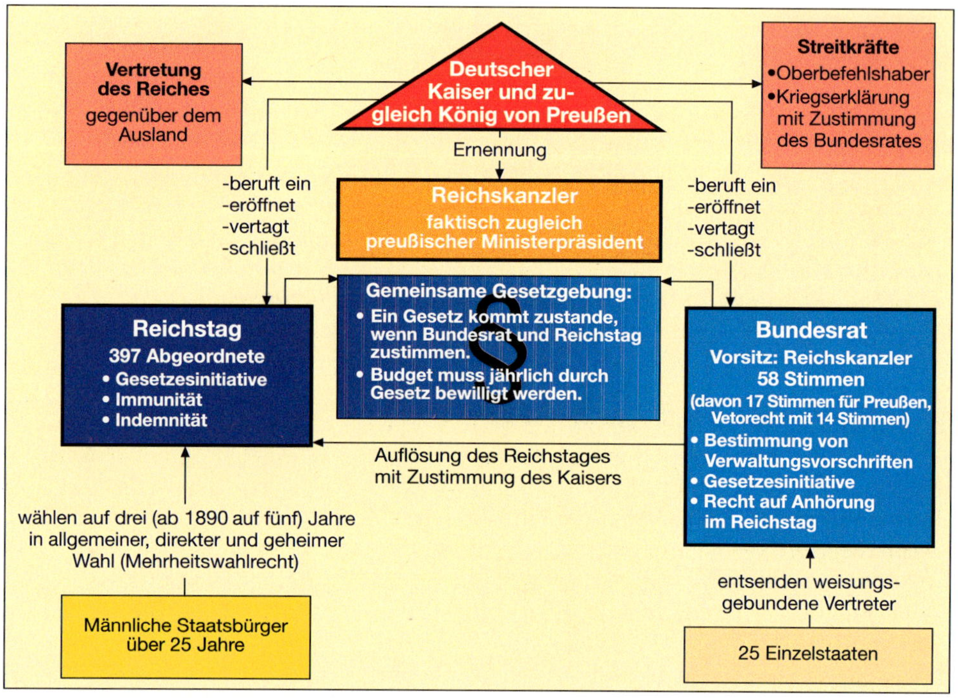

M 3b Übersicht über die Abschnitte der Bismarckschen Reichsverfassung

Die Überschriften der Abschnitte der 78 Artikel der Reichsverfassung lassen erkennen, welche Bereiche durch die Verfassung geregelt und welche nicht geregelt wurden. 1877 wurde in einem Reichsgesetz ein Reichsgericht als höchster Gerichtshof in Zivil- und Strafsachen eingerichtet, dessen Richter vom Kaiser auf Vorschlag des Bundesrates ernannt wurden.

I. Bundesgebiet
II. Reichsgesetzgebung
III. Bundesrat
IV. Präsidium (Kaiser, Reichskanzler)
V. Reichstag
VI. Zoll- und Handelswesen
VII. Eisenbahnwesen
VIII. Post- und Telegrafenwesen
IX. Marine und Schifffahrt
X. Konsulatswesen (Vertretung des Deutschen Reiches im Ausland)
XI. Reichskriegswesen (Wehrpflicht, Militärwesen)
XII. Reichsfinanzen
XIII. Schlichtung von Streitigkeiten und Strafbestimmungen (Hoch- und Landesverrat, Streitigkeiten zwischen Bundesstaaten)
XIV. Allgemeine Bestimmungen (Änderungen der Verfassung)

M 3c Übersicht über die Abschnitte der Paulskirchenverfassung

Abschnitte, die die 197 Paragraphen der Paulskirchenverfassung zusammenfassen:

I. Das Reich
II. Die Reichsgewalt (u.a. völkerrechtliche Vertretung, Militärwesen, Marine und Schifffahrt, Eisenbahnwesen, Zoll- und Handelswesen, Post- und Telegrafenwesen, Reichsgesetzgebung)
III. Das Reichsoberhaupt
IV. Der Reichstag
V. Das Reichsgericht
VI. Grundrechte des deutschen Volkes
VII. Die Gewähr der Verfassung (Eid auf die Verfassung, Verfassungsänderungen)

(Nach: W. Lautemann/M. Schlenke (Hg.), Geschichte in Quellen, Das bürgerliche Zeitalter 1815–1914, München (bsv) 1980, S. 223ff. u. 409ff.)

M 4 Der Historiker Hans-Ulrich Wehler über die konstitutionelle Monarchie

Das Hauptgewicht ruht bei dem Begriff der konstitutionellen Monarchie auf dem Substantiv, nicht auf dem Adjektiv. Und um eine „Königsherrschaft" handelte es sich durchaus. Der preußische Monarch kontrollierte nicht nur im Hegemonialstaat, der zwei Drittel des Reiches ausmachte, die drei Säulen des absolutistischen Staates: Heer, Bürokratie und Diplomatie, sondern auch als Reichsmonarch den Verwaltungsapparat der neuen Reichsbehörden, das Militär und die Außenpolitik. In diese Arcana Imperii[1] gelang es dem Reichstag niemals wirklich einzudringen. Institutionell blieb damit, verfassungsrechtlich abgeschirmt, das Machtgefüge des absolutistischen Staates im Wesentlichen erhalten. Wenn der Vorbehalt zugunsten der königlichen Exekutive das essenzielle Kriterium der konstitutionellen Monarchie ist, dann besaß der preußische König und deutsche Kaiser kraft seiner Verfügungsgewalt über diese drei Säulen den „entscheidenden und somit wesensbestimmenden" Einfluss innerhalb der Reichsverfassung; die absolutistischen Kräfte blieben, anders gesagt, von „verfassungsbestimmender Macht". Da mithin die Machtfaktoren des alten Obrigkeitsstaates weiter vom Monarchen (und seinen Beratern!) kontrolliert wurden, hing einmal Entscheidendes von der autoritären Spitze ab. Zum Zweiten blieb, obwohl die Verfassung als Konzession an die liberalen Forderungen der bürgerlichen Zeit unvermeidbar geworden war, der harte Kern des traditionellen Herrschaftssystem erhalten. [...] Es handelt sich um einen autokratischen, halbabsolutistischen Scheinkonstitutionalismus, da die realen Machtverhältnisse nicht entscheidend verändert worden waren.

(Hans-Ulrich Wehler, Das deutsche Kaiserreich, Göttingen (Vandenhoek & Ruprecht) 1994, S. 62f.)

M 5 Der Historiker Thomas Nipperdey über die konstitutionelle Monarchie

Die Monarchie im Reich war nicht mehr absolutistisch oder halbabsolutistisch. Sie war konstitutionell. Gewiss, sie hatte noch einen extrakonstitutionellen Kern, die „Kommando"-Gewalt des „obersten Kriegsherrn". [...] Dennoch, gesamtpolitisch war die Monarchie im Reich konstitutionell: Sie war an die Verfassung, die rechtsstaatlichen Normen, die Mitwirkung des Parlaments gebunden, an die Form der Regierung durch Beamten-Minister oder den einen Reichskanzler, die die politisch-moralische „Verantwortung" für das Handeln von Monarch und Regierung [...] übernahmen, und darum an einen – wenigstens prinzipiellen, langfristigen – Konsens der bürgerlichen Öffentlichkeit, ihrer Mehrheit. Dass die Regierung nicht vom Vertrauen des Parlaments abhängig war [...], ist demgegenüber kein Einwand. Die innere Geschichte des Reiches ist demgemäß vom Verhältnis der Regierung zu Parlament und Öffentlichkeit bestimmt. [...]
Gegenüber dem vom Monarchen ernannten Kanzler (und der „Regierung") und gegenüber den im Bundesrat institutionalisierten verbündeten Regierungen stand das Parlament, der Reichstag, Organ der einen Nation, unitarisch insoweit, nationaldemokratisch: das vierte Element dieser Verfassung neben Föderalismus, Hegemonie und monarchisch-bürokratischer Exekutive. Da der Reichstag keinen Einfluss auf die Zusammensetzung der „Regierung" und damit jedenfalls keinen bestimmenden Einfluss auf den Kurs der Gesamtpolitik hatte, steht er bei nachgeborenen Historikern nicht in hohem Ansehen. Aber so einfach ist es mit seiner Macht oder Ohnmacht nicht.

(Thomas Nipperdey, Deutsche Geschichte 1866–1918, Bd. 2: Machtstaat vor der Demokratie, München (C. H. Beck) 1992, S. 99f., S. 102)

[1] Arcana Imperii: geheime Bereiche der Regierung

Bismarck und die Parteien – Kulturkampf und Sozialistengesetz

War mit der staatlichen Einheit auch das Ziel einer freiheitlichen politischen Ordnung erreicht? Um diese Frage beantworten zu können, müssen mehrere Bereiche untersucht werden. Die Verfassung ist ein Aspekt. Hier war ohne Zweifel der Reichstag in Berlin mit seinem für die damalige Zeit sehr fortschrittlichen Wahlrecht das demokratische Element. Neben der Verfassung und dem Wahlrecht war entscheidend, wie der verfassungsrechtliche Rahmen in die Tat umgesetzt wurde. Ein besonderer Stellenwert kommt dabei dem Verhältnis von Regierung und Parlament und damit auch von Regierung und Parteien zu. Die Politik wurde im Kaiserreich immer mehr von Parteien geprägt. Sie standen teilweise für bestimmte Gesinnungsrichtungen oder vertraten direkt bestimmte soziale Gruppen – so war ganz deutlich die Sozialdemokratie die Vertretung der Industriearbeiter, das Zentrum die Partei der Katholiken.
Im Folgenden soll die Politik des Reichskanzlers Bismarck gegenüber den Parteien sowie deren Stärke und Rückhalt bei der Bevölkerung untersucht werden. Unproblematisch ist der Fall, wenn alle Beteiligten gleicher Meinung sind. Interessant wird es jedoch, wenn unterschiedliche Meinungen aufeinandertreffen.

- **Inwieweit wurden die Parteien von der Regierung als rechtmäßige Vertreter des politischen Willens des Volkes akzeptiert?**
- **Mit welchen Mitteln versuchte die Regierung, im Konfliktfall ihre Interessen durchzusetzen, und welchen Erfolg hatte sie dabei?**

Antworten auf diese Fragen lassen sich durch zwei historische Fallanalysen gewinnen: „Kulturkampf“ und „Sozialistengesetz“ sind zentrale Konflikte, an denen das Verhältnis von Bismarck und den politischen Parteien sowie Erfolg und Misserfolg seiner Strategie deutlich werden.

Präsentieren Sie kleine szenische Dialoge, in denen die Situation unter dem Sozialistengesetz oder dem Kulturkampf aus je zwei Perspektiven beleuchtet wird. Erörtern Sie ausgehend davon im weiterführenden Kursgespräch aus heutiger Sicht, inwieweit das Konzept der „negativen Integration“ auf den Kulturkampf oder das Sozialistengesetz angewandt werden kann sowie den Erfolgsgrad der Strategie Bismarcks.

Arbeitsvorschläge und Erschließungshilfen, mit denen Sie sich in kleinen Arbeitsgruppen in die jeweiligen zeitgenössischen Sicht- und Denkweisen hineinversetzen können:

1. Arbeiten Sie anhand der Bildquelle M 1 heraus, wie das Verhältnis des Reichskanzlers Bismarcks zum Reichstag – und damit auch zu den dort vertretenen politischen Parteien – dargestellt ist (s. methodische Hinweise S. 508).
2. Analysieren Sie die Bismarck-Rede M 2 unter der Frage, welchen Parteien Bismarck besonders ablehnend gegenüberstand und was seine Motive waren.
   Info-Tipp: Einen Überblick über die Parteien im Kaiserreich finden Sie im Infotext, S. 274 – 278.
3. Erläutern Sie den Zweck der staatlichen Regelungen im Kulturkampf gegen die (katholische) Kirche (M 3).
4. Analysieren Sie die Quellenauszüge M 4 und M 5 und vergleichen Sie die unterschiedliche Interpretation der Auseinandersetzung durch die beiden Konfliktparteien.
5. Arbeiten Sie anhand des Redeauszugs M 6 Bismarcks Vorstellungen über den Arbeiter und den Sozialismus heraus. Beziehen Sie unter dem Aspekt innerer Zusammenhang zwischen Sozialistengesetz und Bismarckscher Sozialversicherung M 8 mit ein. Charakterisieren sie mithilfe von M 7 die Auswirkungen des Sozialistengesetzes auf die politische Arbeit und Lebenssituation eines damaligen Sozialdemokraten.
6. Überprüfen Sie, inwieweit das Konzept der „negativen Integration“ (M 9) auch auf den Kulturkampf oder das Sozialistengesetz angewandt werden kann.
7. Bereiten Sie auf der Grundlage Ihrer Materialauswertung einen Dialog zur Präsentation vor. Wählen Sie dafür aus folgenden Dialogpartnern aus; Sie können sich aber auch andere Konstellationen vorstellen.
   - ein Sozialdemokrat (gemäßigt oder radikal) im Gespräch mit seiner Familie am Abendtisch,
   - ein radikaler Sozialdemokrat und ein Liberaler in einer Wahlversammlung,
   - ein Zentrumsanhänger und ein Liberaler in einer Wahlversammlung.

MATERIALIEN

M 1 Sitzung des Deutschen Reichstages am 6. Februar 1888

Gemälde von Ernst Henseler (1896)

M 2 Bismarck in einer Rede im preußischen Herrenhaus[1] am 24. April 1873

Ich verweise darauf, wo ich die Genesis meiner Überzeugung, dass zur Notwehr für den gefährdeten Staat die Regierung gezwungen sei, und ferner dargelegt habe, dass die Regierung und Seine Majestät der König mit ihr die Überzeugung haben, dass der Staat in seinen Fundamenten bedroht und gefährdet ist von zwei Parteien, die beide das gemeinsam haben, dass sie ihre Gegnerschaft gegen die nationale Entwicklung in internationaler Weise betätigen, dass sie Nation und nationale Staatenbildung bekämpfen. Gegen diese beiden Parteien müssen meines Erachtens alle diejenigen, denen die Kräftigung des staatlichen Elements, die Wehrhaftigkeit des Staates am Herzen liegen, gegen die, die ihn angreifen und bedrohen, zusammenstehen, und deshalb müssen sich alle Elemente zusammenscharen, die ein Interesse haben an der Erhaltung des Staats und an seiner Verteidigung teils gegen diejenigen, welche offen sagen, was sie an die Stelle des Staates setzen wollen, teils gegen diejenigen, welche einstweilen den Staat untergraben, sich aber noch vorbehalten, was sie an seine Stelle setzen wollen – gegen diese Gegner müssen sich alle treuen Anhänger des Königs, müssen sich alle treuen Anhänger des preußischen Staates, in dem wir leben, zusammenscharen.

Wenn ich mich nicht täusche, so zeigen schon die kommenden Wahlen die Symptome, dass alle Parteien, welche ohne Nebenzwecke, ohne Zorn und ohne Verstimmung den Staat als solchen wollen, sich um uns scharen und von ihrer Phalanx die Parteien ferne halten, von denen sie mit mir überzeugt sind, dass sie mit Wissen und unwissentlich Feinde dieses Staates sind.

(Otto v. Bismarck, Die gesammelten Werke, Bd. 11, Berlin (Verlag für Politik und Wirtschaft) 1929, S. 298)

---

[1] Das Herrenhaus ist neben dem Abgeordnetenhaus eine der zwei Kammern des preußischen Parlamentes.

M 3 „Kulturkampfgesetze" des preußischen Königreichs und des Deutschen Reiches

Auch in anderen deutschen Einzelstaaten (z. B. in Baden) wurden ähnliche Gesetze in Kraft gesetzt. Der Kulturkampf hatte zu den Reichstagswahlen 1874 seinen Höhepunkt. Ende der 1880er-Jahre flaute er deutlich ab. Einige der Kulturkampfgesetze wurden wieder aufgehoben.

1871
- Auflösung der katholischen Abteilung im preußischen Kultusministerium
- Kanzelparagraf: Geistliche, die in Ausübung ihres Amtes „Angelegenheiten des Staates in einer den öffentlichen Frieden gefährdenden Weise" behandeln, können mit Gefängnis oder Festungshaft[1] bis zu zwei Jahren bestraft werden (bis 1953).

1872
- Aufhebung der geistlichen Schulaufsicht und Einführung der staatlichen Schulaufsicht in Preußen (bleibt erhalten)
  Verbot des Jesuitenordens (bis 1917)

1873
- Staatliche Kontrolle der Ausbildung und Einstellung der Geistlichen in Preußen

1875
- Zivilehe: Die standesamtliche Trauung wird zur allein gültigen Form der Eheschließung (bleibt erhalten).
- Klostergesetz: Aufhebung fast sämtlicher Ordensniederlassungen in Preußen

(Zusammengestellt nach verschiedenen Quellen)

[1] Gefängnis und „Festungshaft" werden als „ehrenhaftere" Strafform von der härteren Zuchthausstrafe unterschieden.

M 4 Rede Bismarcks vor dem preußischen Herrenhaus am 10. März 1873

Die Frage, in der wir uns befinden, wird meines Erachtens gefälscht, und das Licht, in dem wir sie betrachten, ist ein falsches, wenn man sie als eine konfessionelle, kirchliche betrachtet. Es ist wesentlich eine politische; es handelt sich nicht um den Kampf, wie unseren katholischen Mitbürgern eingeredet wird, einer evangelischen Dynastie gegen die katholische Kirche; es handelt sich nicht um den Kampf zwischen Glauben und Unglauben; es handelt sich um den uralten Machtstreit, der so alt ist wie das Menschengeschlecht, um den Machtstreit zwischen Königtum und Priestertum. […]
Also dieser Machtstreit unterliegt denselben Bedingungen wie jeder andere politische Kampf und es ist eine Verschiebung der Frage, die auf den Eindruck auf urteilslose Leute berechnet ist, wenn man sie darstellt, als ob es sich um Bedrückung der Kirche handelte. Es handelt sich um Verteidigung des Staates; es handelt sich um die Abgrenzung, wie weit die Priesterherrschaft und wie weit die Königsherrschaft gehen soll, und diese Abgrenzung muss so gefunden werden, dass der Staat seinerseits dabei bestehen kann. Denn in dem Reiche dieser Welt hat er das Regiment und den Vortritt.

(Otto v. Bismarck, a. a. O., S. 289 ff.)

M 5 Aus dem Wahlaufruf der „Kölnischen Zentrumspartei" zur Reichstagswahl 1877

Der Angriff des Wahlaufrufs richtet sich nicht direkt gegen Bismarck, sondern gegen die in der Wahl angetretenen Liberalen, die im Kulturkampf Bismarck unterstützten.

Auf den 10. Januar seid ihr berufen, um zum dritten Mal seit dem Bestehen des Deutschen Reiches euren Vertreter in den Reichstag zu wählen. Was ihr wollt und wen ihr wollt, das wisst ihr schon. Nicht weitläufige Auseinandersetzung kann jetzt mehr die Pflicht der Presse sein, sondern nur ein kurzes kräftiges Wort der Erinnerung und Mahnung.
Ihr erinnert euch, dass der Friedensschluss mit Frankreich für die „liberale Gesamtpartei" das Signal bot, um den lange ersehnten Krieg im Inneren zu eröffnen. Kaum war der französische Krieg beendet, als der Kulturkampf losbrach. Die „Schwarzen" hatten ihre Schuldigkeit getan; weshalb sollte man sie nicht gehen lassen? Sie hatten geholfen, das Gebäude des Reiches unter Dach zu bringen; nichts stand im Wege, um sie unter die „Reichsfeinde" zu werfen. […] Mit welchen Mitteln und mit welchem Erfolge, das lebt in aller Gedächtnis. Das geeinigte Deutschland ist zerrissener wie seit langer, langer Zeit und triumphierend höhnt das Ausland über unsere Spaltung.
Ist es nötig, noch einmal die einzelnen Akte des Kulturkampfes zu erwähnen, auf die Trümmer hinzudeuten, mit welchen er unser Vaterland bedeckt hat? Seht euch in Köln um und ihr habt genug und übergenug. Wo ist der Erzbischof, der vor elf Jahren unter zuvorkommender Beteiligung aller offiziellen Kreise seinen Einzug in eure Stadt hielt? Er weilt im Ausland. Im Ausland weilen eure Söhne, die sich bis zum verflossenen Jahre in den jetzt verödeten Räumen des Kölner Seminars auf den Dienst des Herrn vorbereiteten, mit ihnen die Mehrzahl unserer Ordensmänner und Ordensfrauen. Was hat

man aus euren katholischen Schulen gemacht und was wird man in nächster Zeit aus ihnen machen? Und doch habt ihr die schlimmsten Folgen des Kulturkampfes noch nicht aus eigener Erfahrung kennengelernt. Wohl ist die Zahl eurer Priester stark gelichtet; aber noch vermögen die Übriggebliebenen die Lücke auszufüllen. Noch seid ihr nicht, wie Zehntausende in ländlichen Bezirken, des regelmäßigen Gottesdienstes beraubt. Aber wer bürgt euch dafür, dass nicht bald schon in Kölner Kirchen der h[eilige] Dienst aufhört? Daran denkt, und dann geht zur Wahl.

(Herbert Lepper (Bearb.), Volk, Kirche und Vaterland – Wahlaufrufe, Aufrufe, Satzungen und Statuten des Zentrums 1870–1933, Düsseldorf (Droste) 1998, S. 192f.)

M 6 Rede Bismarcks im Reichstag am 20. März 1884

Bismarck erreichte 1878, nach zwei Attentaten auf Kaiser Wilhelm I., die Zustimmung des Reichstages zum Reichsgesetz „wider die gemeingefährlichen Bestrebungen der Sozialdemokratie". In dieser Debatte wird die Forderung der Regierung beraten, das Sozialistengesetz auf weitere zwei Jahre zu verlängern. 1890 lief das Sozialistengesetz aus, nachdem der Reichstag es nicht weiter verlängert hatte.

[...] für den Arbeiter ist das immer eine Tatsache, dass der Armut und Armenpflege in einer großen Stadt zu verfallen gleichbedeutend ist mit Elend, und diese Unsicherheit macht ihn feindlich und misstrauisch gegen die Gesellschaft. Das ist menschlich nicht unnatürlich und solange der Staat ihm da nicht entgegenkommt oder solange er zu dem Entgegenkommen des Staates kein Vertrauen hat, solange ihm das Vertrauen in die Ehrlichkeit des Staates durch die Verdächtigung der Regierung genommen wird, da wird er, wo er es finden mag, immer wieder zu dem sozialistischen Wunderdoktor laufen [...] und ohne großes Nachdenken sich von ihm Dinge versprechen lassen, die nicht gehalten werden. Deshalb glaube ich, dass die Unfallversicherung [...] doch mildernd auf die Besorgnis und auf die Verstimmung der arbeitenden Klassen wirken wird. Ganz heilbar ist die Krankheit nicht, aber durch die Unterdrückung äußerer Symptome derselben durch Zwangsgesetze halten wir sie nur auf und treiben sie nach innen. [...] Nennen Sie es „sozialistische Gesetzgebung" auf der Fortschrittseite – ich ziehe den Ausdruck „christlich" vor. Der Sozialismus der Zeit der Apostel ging noch sehr viel weiter.

(Otto v. Bismarck, a. a. O., Bd. 12, S. 438f.)

M 7 Die Zeit des Sozialistengesetzes

Der Heilbronner Schreinermeister und Sozialdemokrat Gustav Kittler schreibt in seinen Erinnerungen über die Zeit des Sozialistengesetzes:

Acht Tage später trat das Schandgesetz, das Sozialistengesetz, in Kraft und am andern Tag schon wurde die hiesige Parteimitgliedschaft sozialistengesetzlich aufgelöst und das Vermögen konfisziert. Zu konfiszieren gab es hier so wenig wie bei den Flugblättern. Der Partei folgten die Gewerkschaften und unser Gesangverein auf dem Fuße. [...]
Mit den Auflösungen begann die Ära der Haussuchungen. Da wir erklärten, keinerlei Material mehr zu besitzen, suchte die Polizei erfolglos nach demselben. Nun war offiziell alles vernichtet, was halbwegs nach Petroleum roch; in Wirklichkeit brannte dasselbe lustig weiter, man nannte sich nur anders. Die Parteimitglieder gründeten einen Rauchklub und trafen sich dort jede Woche ebenso pünktlich wie früher. Es wurden Wachen aufgestellt, um vor Überraschungen der allzu neugierigen Hermandad [damals span. für Polizei] gesichert zu sein. Eine Anzahl ängstlicher Seelen blieb uns fern und etwas klein wurde das Häuflein der Treugebliebenen; das Schandgesetz sonderte den Weizen von der Spreu.
Am schmerzlichsten vermissten wir unser Parteiblatt, die „Süddeutsche Volkszeitung", sowie das Zentralorgan der Partei, den in Berlin erscheinenden „Vorwärts". Beide Blätter waren dem Gesetz zum Opfer gefallen. Nicht besser erging es denjenigen, die an ihre Stelle traten. Die Unmöglichkeit der Abhaltung von Versammlungen bedrückte uns gleichfalls schwer. Unter den nichtigsten Vorwänden wurden Versammlungen mit den harmlosesten Themen verboten. Es genügte schon zum Verbot, wenn der Redner Sozialdemokrat war.
Die gemeine Polizeiwirtschaft veranlasste uns, von einer Einberufung von Versammlungen abzusehen, dafür aber die gegnerischen Versammlungen zu benützen, um für unsere Partei zu wirken, im Übrigen aber die Hauptagitation [politische Werbung, Propaganda] mittels Flugblättern zu betreiben.
Das für die Partei neu geschaffene Blatt, „Der Züricher Sozialdemokrat", wurde auch hier gelesen. Ich war der Expedient [für die Auslieferung zuständig] davon und ausgelesene Nummern wurden regelmäßig, mit Rotstrichen versehen, unter Kuvert an hiesige Richter oder Polizeigrößen versandt. Der richtige Empfang der Zusendungen wurde im Anfang durch ergebnislose Haussuchungen quittiert, denen wir schmunzelnd und mit verschränkten Armen beiwohnten. [...]

[Wegen der Verbreitung eines sozialdemokratischen Flugblattes kam Kittler in Untersuchungshaft. Die Beweislage war allerdings so dürftig, dass es zu keiner Hauptverhandlung kam.]
14 Tage später wurden wir sämtlich außer Verfolgung gesetzt und das Verfahren wurde eingestellt. So endete die hiesige große Haupt- und Staatsaktion im Jahre 1881 gegen uns mit einer großen Blamage der Staatsretter. Unsere fünf Wochen Untersuchungshaft hatten wir dank dem Schandgesetz allerdings weg, doch mürbe hat uns die Haft nicht gemacht, höchstens verbissener.
Auch bei dieser Gelegenheit zeigte sich wieder die Opferwilligkeit unserer Genossen im schönsten Lichte, sie sorgten reichlich für uns und unsere Familien. An Kegelmeier [dem Untersuchungsrichter], der mir auf dem Wege zu meinem Geschäft fast täglich begegnete und den ich früher immer grüßte, ging ich von der Zeit ab vorbei, ohne zu grüßen.

(Gustav Kittler, Aus dem dritten württembergischen Reichstags-Wahlkreis, Heilbronn (Selbstverlag des Verfassers) 1910, S. 50ff. u. S. 83f.)

M 8 Bismarcksche Sozialversicherung

→ **1883:** Krankenversicherung; Beitrag: 2/3 Versicherter, 1/3 Arbeitgeber

→ **1884:** Unfallversicherung; Beitrag: Arbeitgeber

→ **1889:** Invaliditäts- und Altersversicherung; Beitrag: 1/2 Versicherter, 1/2 Arbeitgeber sowie staatlicher Zuschuss.

M 9 Der Historiker Hans-Ulrich Wehler über die Herrschaftstechnik der „negativen Integration"

Der Weg zur „Reichsnation" wurde überhaupt mit jeweils klassen- und gruppenspezifisch unterschiedlicher Geschwindigkeit eingeschlagen. Angesichts dieser Sachlage entwickelte Bismarck eine Herrschaftstechnik, die man auf den Begriff der „negativen Integration" gebracht hat. Er machte sich den uralten sozialpsychologischen Gegensatz von „in-group" und „out-group" zunutze und stilisierte innere Konflikte derart um, dass er eine Mehrheit von „reichstreuen" Elementen gegen eine Minderheit von „Reichsfeinden" führen konnte, die zwar als „ernsthafte Gefahr" erscheinen musste, das Gesamtsystem aber doch nicht wirklich infrage zu stellen vermochte. Vorwiegend durch Feindschaft gegen gemeinsame Gegner, daher unter negativem Vorzeichen, wurden diese Koalitionen der Reichsfreunde zusammengehalten.

(Hans-Ulrich Wehler, Das deutsche Kaiserreich, Göttingen (Vandenhoek & Ruprecht) 1994, S. 96f.)

M 10 Stimmanteile der Parteien bei den Reichstagswahlen

Konservative: Deutschkonservative und Freikonservative (Reichspartei); Linksliberale: verschiedene linksliberale Gruppierungen, 1912 Fortschrittliche Volkspartei.

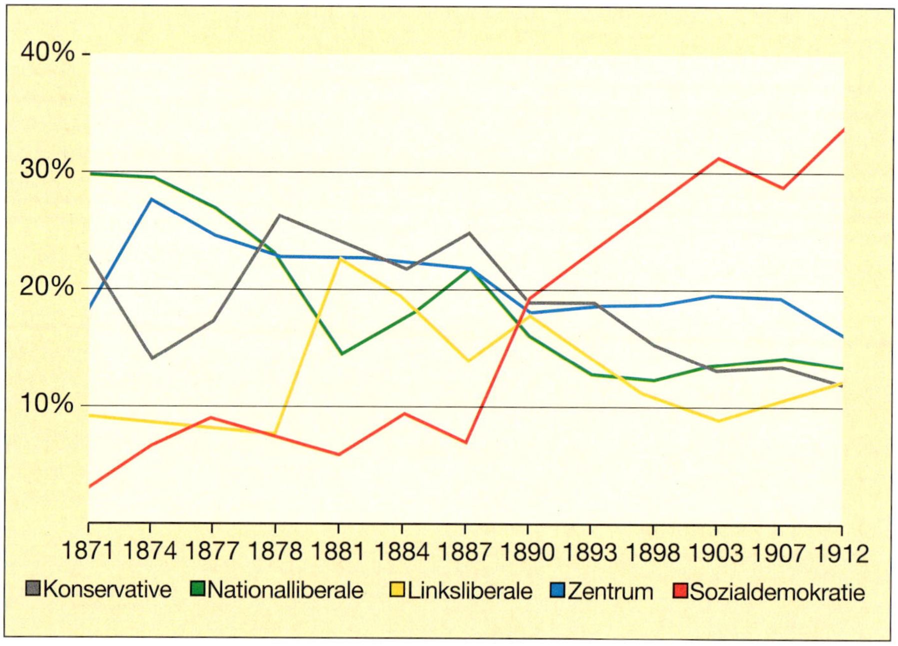

(Grafik basiert auf Zahlenangaben aus verschiedenen Quellen.)

Das Bild der Deutschen – Nationalismus

Der von oben geschaffene Staat des Deutschen Reiches bildete das Gehäuse für die deutsche Nation. Die deutsche Bevölkerung teilte nun gemeinsame Institutionen: den Kaiser, den Reichskanzler, das Militär, den Reichstag, gemeinsame Außengrenzen und schließlich auch eine gemeinsame Währung. Doch wie sah es mit der „inneren" Einheit aus? Denn die „innere Reichsgründung", das eigentliche „nation-building" findet in den Köpfen der Menschen statt. Die deutsche Gesellschaft war nicht einheitlich. Da waren die Spannungen zwischen den einzelnen politischen Lagern. Man denke nur an den Kulturkampf und das Sozialistengesetz. Es gab soziale Unterschiede, die durch die fortschreitende Industrialisierung neue Brisanz bekamen. Auch bauten die einzelnen Bundesstaaten auf jeweils verschiedenen regionalen kulturellen Traditionen auf.

- **Was war nun der „Kitt", der die Gesellschaft zusammenhielt?**
- **Welche Vorstellungen machten sich die Bürger des Deutschen Reiches über ihre nationale Identität?**
- **Und von wem grenzten sie sich ab?**

Sicher dachten nicht alle Deutschen gleich und die Gesellschaft setzte sich aus verschiedenen Teilidentitäten zusammen. Dennoch gab es Vorstellungsmuster, die sowohl von der Obrigkeit unterstützt als auch vom Großteil der Bevölkerung geteilt wurde.

Stellen Sie in einem Statement Ihre Antworten auf die drei Leitfragen mithilfe eines Lernplakats, auf dem Sie identitätsstiftende und integrierende Elemente des Kaiserreichs veranschaulichen, im Kurs zur Diskussion.

Vorschlag zur Untersuchen der Materialien und zur Präsentation:

1. Arbeiten Sie mithilfe einer jeweils fachgerechten Analyse und Interpretation bei jedem Material die identitäts- und gemeinschaftsstiftenden Elemente heraus.
2. Erklären Sie, ob und von wem sich die so geschaffene Gemeinschaft abgrenzt, und vergleichen Sie das Bild, das jeweils von „den anderen" entworfen wird, mit dem deutschen Selbstbild.
3. Erörtern Sie Chancen und Gefahren, die sich aus diesen Leitbildern für die Gesellschaft ergeben.
4. Formulieren Sie einen zusammenfassenden Text für Ihr Statement.
   Überlegen Sie, wie Sie die inhaltlichen Zusammenhänge anschaulich und strukturiert auf einem begleitenden Lernplakat visualisieren können (z. B. Nutzung von Bildern), damit Ihre Ausführungen anschaulich und leicht verständlich sind.

Weiterführender Projektvorschlag: Lokale bzw. regionale Spurensuche

1. Informieren Sie sich über Statuen, Türme, „Friedenslinden" oder andere Denkmäler aus der Zeit des Deutschen Kaiserreichs in Ihrer näheren Umgebung.
   - Suchen Sie eines dieser Denkmäler auf und untersuchen Sie es hinsichtlich Aufstellungsort und Gestaltung.
   - Arbeiten Sie heraus, auf welche Person oder welches Ereignis Bezug genommen wird. Versuchen Sie, die Aussage des Denkmals und seine Wirkung auf den Betrachter zu bestimmen.
2. Suchen Sie in der örtlichen Bibliothek oder im örtlichen Archiv nach Zeitungsbeständen aus der wilhelminischen Zeit.
   - Suchen Sie in Ausgaben zu einem der nationalen Feiertage nach Berichten über Festveranstaltungen (vgl. M 2).
   - Untersuchen Sie den Ablauf der Veranstaltungen und die dort gehaltenen Reden und versuchen Sie, die Aussage der Feier sowie ihre Wirkung auf die Besucher zu bestimmen.

MATERIALIEN

M 1a Kaiser-Wilhelm-Denkmal auf dem Kyffhäuser

Auf dem Kyffhäuser, einem Bergrücken in Thüringen, wurde 1896 ein Denkmal für Kaiser Wilhelm I. errichtet. Die Gesamthöhe beträgt 65 m, das Reiterstandbild Wilhelms ist 9,5 m hoch. Daneben gibt es noch eine steinerne Figur des mittelalterlichen Kaisers des Deutschen Reiches, Friedrich Barbarossa. Nach einer Legende schläft Barbarossa tief im Kyffhäuser-Gebirge. Eines Tages soll er aufgeweckt werden, um das mächtige Deutsche Reich wiederzuerrichten. Die Anlage wurde zu einem der zentralen Denkmäler des deutschen Reichspatriotismus.

M 1b Bismarck-Denkmal in Hamburg

Die Statue, die Bismarck zeigt, wie er auf das Meer hinausblickt, wurde 1906 eingeweiht. Das Denkmal ist insgesamt 43 m hoch, die Figur 15 m. Das Hamburger Denkmal steht in der Reihe von etwa 700 Bismarcksäulen und -türmen, die bis 1914 errichtet wurden.

M 1c Hermannsdenkmal

Das Nationaldenkmal wurde 1838–1875 im Teutoburger Wald errichtet. Es trägt die 26 m hohe Figur des Cheruskerfürsten Arminius (fälschlich Hermann genannt) auf einem 30,7 m hohen Sockel. Arminius führte die Germanenstämme in der siegreichen Schlacht gegen die Römer im Teutoburger Wald im Jahr 9 n. Chr.

M 1d Germania

Die Germania ist die Symbolfigur für Germanien. In der römischen Antike wurde sie als trauernde Gefangene dargestellt, im Mittelalter als gekrönte Frau. Obige Figur ist typisch für das ausgehende 19. Jahrhundert. Sie war auch das Symbol auf Banknoten und auf Briefmarken (1900–1919). Die abgebildete Germania gehört zum Niederwalddenkmal. Es wurde 1883 oberhalb von Rüdesheim (Rhein) zur Erinnerung an den deutsch-französischen Krieg 1870/71 errichtet. Die Figur ist 10,5 m hoch und steht auf einem 25 m hohen Sockel.

M 2 Der Geburtstag des Kaisers

Der „Volksfreund für Oberschwaben", eine süddeutsche Zeitung, widmet dem Geburtstag des Kaisers die erste Seite. Der Kaisergeburtstag gehörte neben dem Sieg über Frankreich am 2. September (1870) bei der Schlacht von Sedan (Sedantag) zu den wichtigsten nationalen Feiertagen. Weitere Anlässe zu politischen Feiern boten das Kaiserbegräbnis, der Reichsgründungstag, Geburtstage der Fürsten der Einzelstaaten, Regierungsjubiläen und Denkmalsenthüllungen.

Dem Kaiser Heil! Der *politische Hader*, der so schrill die deutschen Lande durchzogen hat, ist nun verklungen und die *Feiermelodie der Vaterlandsliebe* ringt sich in immer gewaltigeren Akkorden aus allen echt deutschen Herzen los und lässt in Berg und Tal, in Hütte und Palast, den *treudeutschen Gruß* dem Kaiser erklingen zu seinem *Geburtstage*.
Solche Stunden patriotischer Erhebung sind uns allen ein *inneres Herzensbedürfnis*, sie schlagen Brücken nach oben und unten und nach allen Seiten; sie *einigen*, was der politische Kampf und menschliche Leidenschaften entzweiten. Gilt dies insgemein, so muss sich doch heute noch heller und urgewaltiger die Vaterlandsliebe erheben, weil wir in *ernsten Zeiten* nach *innen* und *außen* leben, die uns zusammenketten und fester als je um den Thron scharen müssen. [...]
Indessen bleibt des Dichters Wort Wahrheit: „Es kann der Beste nicht in Frieden leben, wenn es dem bösen Nachbarn nicht gefällt." [...] Ihnen allen, die Deutschland seine stolze, aber ehrliche Machtentfaltung neiden, klingt heute das Wort entgegen: *„Wir Deutsche fürchten Gott und sonst niemand auf der Welt"*; mögen sie gewiss sein, dass im Ernstfalle ein hinreißender Zug der Begeisterung das ganze Volk erfasst und dass es von Nord zum Süd, vom Ost zum West erklingt: *„Fest steht und treu die Wacht am Rhein"*.
Ernst sind in unserer Zeit aber vor allem auch unsere inneren Verhältnisse, die *traurige Zerklüftung* der *bürgerlichen Parteien* einerseits und das riesenhafte Anschwellen der *Umsturzelemente* andererseits. [...] Die Bewegung [der Sozialdemokraten] an sich und der gewaltige Anhang, der ihr Nachdruck verliehen hat, zeigt uns deutlich, dass *Kaiser* und *Reich* und der *christlichen Staatsordnung*, welche für diese das *unverrückbare Fundament* abgibt, eine *große Gefahr droht!*

(Volksfreund für Oberschwaben, 27. Januar 1912; Hervorhebungen im Original)

M 3 Satzung des unter dem Protektorat Seiner Majestät des Königs stehenden Württembergischen Kriegerbundes

Die meisten Kriegervereine entstanden regional nach dem Krieg 1870/71. In ihnen organisierten sich die einfachen Soldaten. Im Laufe des Kaiserreiches schlossen sich die meisten Kriegervereine im Kyffhäuserbund zusammen. 1913 umfasste dieser Bund 32 000 Einzelvereine mit 2,8 Mio. Mitgliedern und wurde damit mit Abstand die größte Massenorganisation in Deutschland.

Der hauptsächliche Zweck des Bundes ist: militärische Kameradschaft auch im bürgerlichen Leben zu üben und in patriotischer Gesinnung und gegenseitiger Hilfeleistung zu betätigen.
Die Zwecke des Bundes gehen im Einzelnen dahin:

(1) das Band der militärischen Kameradschaft auch im bürgerlichen Leben unter seinen Mitgliedern zu erhalten und zu pflegen;
(2) das Nationalbewusstsein zu fördern, die guten Gesinnungen für Kaiser und Reich, für König und Vaterland in Treue und Liebe wach zu erhalten, zu befestigen und zu betätigen;
(3) den Sinn für die bürgerlichen Tugenden zu pflegen;
(4) den aktiven Mitgliedern (§ 10), insbesondere den Veteranen, d.h. denjenigen aktiven Mitgliedern, die während eines Feldzugs als Kombattanten[1] oder Nichtkombattanten der mobilen Armee angehört haben, bei eintretender Bedürftigkeit, Erwerbsunfähigkeit, in Krankheits- und Unglücksfällen und im Alter aus den Mitteln der Bundeskasse zur Hilfe zu kommen. [...]

Mitglied des Bundes kann hiernach insbesondere nicht werden oder bleiben:

(1) wer durch gerichtliches Urteil aus dem Soldatenstand oder ehrengerichtlich aus dem Offiziersstand entfernt oder wer in die zweite Klasse des Soldatenstandes versetzt[2] und nicht rehabilitiert worden ist;
(2) wer zu einer Zuchthausstrafe verurteilt worden ist, ferner wem die bürgerlichen Ehrenrechte in Verbindung mit einer Gefängnisstrafe aberkannt worden sind, im letzteren Falle mindestens während der Dauer dieser Ehrenstrafe [...];
(5) wer den satzungsgemäßen Zwecken des Bundes dadurch zuwiderhandelt, dass er sich der Sozialdemokratie anschließt oder ihre Bestrebungen durch Worte oder Handlungen fördert oder sonst eine auf Umsturz der bestehenden Ordnung abzielende Richtung verfolgt.

(Vierunddreißigster Geschäfts- und Rechenschaftsbericht des unter dem Protektorate Seiner Majestät des Königs stehenden Württembergischen Kriegerbundes für das Jahr 1910, Stuttgart (W. Kohlhammer) 1911, S. 1 ff.)

[1] Kombattant: an Kampfhandlungen beteiligter Soldat
[2] Versetzung in die zweite Klasse des Soldatenstandes: militärische Strafe, Verlust von im Dienst erworbenen Rechten und Ehren

M 4 Über die Ideologie des Offizierskorps

Das „Militär-Wochenblatt" von 1889 enthält eine Artikelserie über Bedeutung und Selbstverständnis des deutschen Offiziersstandes.

Der Stolz jedes Deutschen ist die Armee, die Blüte des Volkes. Deutschlands Heer – Deutschlands Ehr! Der ausgezeichnetste Teil aber, die Elite des Heeres, ist das Offizierskorps.
„Der Geist des Heeres sitzt in seinen Offiziers", sagt General v. Rüchel mit Recht. Sie sind die untrüglichen Wertmesser für die Brauchbarkeit und Tüchtigkeit der Armee, die Träger des moralischen Elements und all' jener idealen, ethischen Güter, die allein einen dauernden kriegerischen Erfolg verbürgen und ohne welche ein Heer seinen hohen Beruf als Schützer des Thrones und des Vaterlandes in schwerer Zeit nicht erfüllen kann.
Von der größten Wichtigkeit ist daher der Zustand des Offizierskorps: Er ist entscheidend für den Wert des ganzen Heeres. Es wiederholt sich hier, was im Leben allgemeine Erfahrung ist: Die unteren Schichten sind stets das, was die oberen aus ihnen machen. Solange die höheren, führenden Klassen, die oberen Zehntausend, sittliche Tüchtigkeit und moralische Gesundheit bewahren, bleibt auch das Volk stark und lebenskräftig, während die sittliche Fäulnis der herrschenden Schichten den Verfall und den Niedergang der ganzen Nation unaufhaltsam nach sich zieht. [...]
In keinem anderen Lande der Welt steht der Offiziersstand auf einer so hohen Stufe, nimmt er auf der Skala der menschlichen Gesellschaft einen so hohen Rang, eine so angesehene und geachtete Stellung ein als in Deutschland. [...]
Die dem Urgedanken des Offiziersstandes entstammenden Gesinnungen sind: dynastischer Sinn, unbedingte Treue gegen die Person des Monarchen, erhöhter Patriotismus, Erhaltung des Bestehenden, Verteidigung der seinem Schutze anvertrauten Rechte seines Königs und Bekämpfung vaterlandsloser, königsfeindlicher Gesinnung etc.

(Militär-Wochenblatt, Jg. 74, Berlin 1889, Nr. 62 vom 20. Juli, Sp. 1311 ff.)

M 5 „Es ist erreicht"

Postkarte aus dem Kaiserreich

M 6 Begrüßung der Rekruten

Der Text zur Karikatur von Olaf Gulbransson aus der politsch-satirischen Wochenschrift „Simplicissimus" (1910) lautet:
„Begrüßung der Rekruten ... und dann müsst ihr bedenken, als Zivilisten seid ihr hergekommen, und als Menschen geht ihr hier fort!"

M 7 Der Historiker Dieter Langewiesche über den Funktionswandel des Nationalismus

Es wäre unzulässig vergröbert, den Nationalismus vor der Gründung des Nationalstaates als durchweg demokratisch, egalitär und progressiv zu bezeichnen [...]. Ausgrenzungen aus der Nation hatte es auch zuvor schon gegeben. Aber erst im Vorfeld der Nationalstaatsgründung erreichten sie ein Ausmaß, das einen beginnenden Funktionswandel des Nationalismus anzeigt. Wer der preußisch-protestantischen Form des Nationalstaates nicht bedingungslos zustimmte, wurde in die lange Reihe der „Reichsfeinde" eingereiht. [...]
Einen dramatischen Einschnitt auf diesem gleitenden Weg des Nationalismus nach rechts bilden die späten 1870er-Jahre, [... die] konservative Inbesitznahme der „Nation" schritt nun rasch voran und erreichte in der wilhelminischen Ära einen Höhepunkt. Ablesbar ist dies unter anderem an der politischen Symbolik, [...] so dokumentierten sich in der Denkmalswelle seit den 90er-Jahren die Entliberalisierung und eine gewisse Entbürgerlichung des Nationalismus. Etwa 400 Denkmäler für Kaiser Wilhelm I. entstanden nach dessen Tod 1888 und über 300 Bismarck-Vereine errichteten über 700 Denkmäler ihres Idols.
Der neue Radikalnationalismus war entliberalisiert, militarisiert, antisemitisch und insofern entbürgerlicht, als er sich nun staatskonform gab und mit staatlicher Hilfe in der Öffentlichkeit, im Militär, in der Schule propagiert wurde und auch in der Kirche, vor allem in der evangelischen, Rückhalt fand. Aber es wäre völlig irreführend, ihn nur als ein Ergebnis staatlicher Manipulation verstehen zu wollen. Er war in der Gesellschaft verankert und er hatte seine überlegene Fähigkeit, die Gesellschaft zu mobilisieren und auch zu integrieren, nicht eingebüßt. Die nationalistischen Massenverbände, die nun entstanden, beweisen es. Der neue Radikalnationalismus verschob nicht nur das massenwirksame Leitbild „Nation" ins Konservative; er veränderte auch den Konservativismus, indem er ihn sozial und politisch den Bedingungen der modernen „Massengesellschaft" anpasste. [...] Er sog den Partizipationswillen auf, der immer zum Nationalismus gehört hatte, nicht aber dessen Freiheits- und Humanitätserbe.

(Dieter Langewiesche, Nation, Nationalismus, Nationalstaat in Deutschland und Europa, München (C.H. Beck) 2000, S. 209 ff.)

Juden in Deutschland – Antisemitismus im Kaiserreich

Der Umgang mit Minderheiten ist ein wesentliches Kriterium für die Liberalität einer Gesellschaft. Werden sie in die Gesellschaft integriert oder ausgegrenzt? Toleriert und respektiert man ihre Eigenheiten oder verlangt man vollständige Anpassung? Minderheiten gab es im Kaiserreich viele. Neben den politischen und sozialen Minderheiten denkt man hier vor allem an nationale Minderheiten wie Polen, Dänen und Elsass-Lothringer. Die traditionelle Minderheitenrolle kam aber den Juden zu.

Schon seit knapp zwei Jahrtausenden lebten Menschen jüdischen Glaubens in Europa. Dabei zwangen die christlichen Gesellschaften sie schon früh, unter besonderen Bedingungen zu leben. Sie zahlten besondere Steuern, wohnten oft abgesondert in eigenen Wohnvierteln, trugen besondere Kleidung, durften bestimmte Berufe nicht ausüben, hatten andererseits aber auch bestimmte Privilegien wie die Erlaubnis, bei Geldgeschäften Zins zu nehmen. Immer wieder kam es auch zu Ausschreitungen (Pogromen) der Bevölkerung und der Obrigkeit gegen die Juden. Untrennbar mit der deutschen Geschichte verbunden ist die spätere, mit allem Vorangegangenen nicht zu vergleichende Verfolgung der Juden durch die Nationalsozialisten.

Das Ziel der liberalen Nationalbewegung war es, ein modernes Staatswesen zu schaffen. Nach den Idealen der Aufklärung hatten hier weder die Vorrechte eines bestimmten Standes noch diejenigen bestimmter Religionen etwas zu suchen. Daher gehörte die Gleichstellung der Juden, die sogenannte „Judenemanzipation", zu den Errungenschaften des 19. Jahrhunderts. Die formale rechtliche Stellung ist eine Sache, die konkrete Praxis und das Zusammenleben in der Gesellschaft sind jedoch oft eine andere.

- **In welchem Maße gelang es dem Staat und der Gesellschaft, den deutschen Juden ein Leben als gleichberechtigte Bürger zu ermöglichen?**
- **Welche Gründe gab es für antisemitische Bestrebungen? Und wie schwerwiegend war der Antisemitismus im Kaiserreich für die deutschen Juden und für die deutsche Gesellschaft insgesamt?**

Entwickeln Sie in einem gemeinsamen Kursgespräch auf einem Plakat eine großformatige Mindmap, in der Sie die Ihrer Meinung nach relevanten Aspekte des Antisemitismus im Kaiserreich darstellen, und erörtern Sie auf dieser Basis mögliche Konsequenzen eines derartigen Antisemitismus sowie die Frage, welche Faktoren zu einer Abschwächung oder Verschärfung antisemitischer Haltungen führen können.

So können Sie in Arbeitsgruppen die breit gefächerte Materialbasis zum Problem Antisemitismus als Grundlage für die Mindmap und die Diskussion gezielt untersuchen:

1. Interpretieren Sie die Quelle M 1 unter der Fragestellung, inwieweit die Juden im Kaiserreich eine rechtliche oder sozioökonomische Sonderstellung einnahmen.

2. Charakterisieren Sie auf der Basis einer fachgerechten Analyse und Interpretation der Materialien M 2 – M 4 die Vorwürfe, die gegen Juden vorgebracht wurden, und erläutern Sie, welche Vorwürfe und Klischees traditionell waren und welche auf neuere Entwicklungen zurückzuführen sind.

3. Erarbeiten Sie aus den autobiographischen Quellen M 5 und M 6 zeitgenössische Beispiele für Diskriminierungen (Ausgrenzungen, Herabwürdigungen) von Juden im täglichen Leben.

4. Analysieren Sie die Materialien M 7 – M 9 und vergleichen Sie die Reaktionen von Juden auf ihre Lebenssituation.

5. Erläutern Sie anhand Ihrer Analyse des Historikertextes M 10, welchen Stellenwert der Antisemitismus nach Meinung des Historikers H. Berding in der Gesellschaft des Kaiserreiches einnahm.

➡ **Tipp:** Notieren Sie Ihre Arbeitsergebnisse auf Karteikarten.

6. Stellen Sie in Ihrer Arbeitsgruppe mit Blick auf die beiden Leitfragen in Stichworten zusammen, welche Aspekte Ihrer Ansicht nach in die Mindmap aufgenommen werden sollten.

MATERIALIEN

M 1 Der linksliberale Politiker Eugen Richter über die Situation des Judentums im Kaiserreich (1896)

Die politischen Parteien verfassten Broschüren, die zur Aufklärung der Wähler sowie als Argumentationshilfe für die eigenen Kandidaten gedacht waren. Richter widmete auch dem Problem des Antisemitismus ein Kapitel.

Die Zahl der Juden beträgt [...] wenig mehr als ein Prozent der Bevölkerung. Umso lächerlicher ist es, wenn von konservativer Seite von einer Deutschland beherrschenden und bedrückenden Macht des Judentums gesprochen wird. Wäre es wirklich der Fall, so würde gerade dies für die übrigen Deutschen ein beschämendes Zeugnis ausstellen. [...] Die Gleichstellung der Juden in Bezug auf staatsbürgerliche und bürgerliche Rechte besteht in Deutschland durchweg erst seit einem Menschenalter. Die preußische Verfassungsurkunde vom 31. Januar 1850 erklärt im Artikel 12: „Der Genuss der bürgerlichen und staatsbürgerlichen Rechte ist unabhängig von dem religiösen Bekenntnis". Bei Gründung des Deutschen Reiches entbehrten die Juden der Gleichheit in den bürgerlichen Rechten wesentlich nur noch in Mecklenburg. Hier konnten sie keinen Grundbesitz erwerben; auch war ihre Zulassung in mehreren Städten von einer besonderen Konzession abhängig. Massenpetitionen mecklenburgischer Bürger aller Konfessionen veranlassten das Reichsgesetz[1] vom 3. Juli 1869. Der einzige Artikel dieses Gesetzes lautet: „Alle noch bestehenden aus der Verschiedenheit des religiösen Bekenntnisses hergeleiteten Beschränkungen der bürgerlichen und staatsbürgerlichen Rechte werden hierdurch aufgehoben. Insbesondere soll die Befähigung zur Teilnahme an der Gemeinde- und Landesvertretung und zur Bekleidung öffentlicher Ämter vom religiösen Bekenntnis unabhängig sein." [...]

Tatsächlich ist aber bis jetzt weder die Bestimmung des Reichsgesetzes noch die der preußischen Verfassungsurkunde voll und ganz zur Geltung gelangt. [...]

Es wird den Juden zum Vorwurf gemacht, dass sie in Deutschland hauptsächlich vom Handel leben. Die Tatsache an sich ist richtig. [...] Die vorzugsweise Beschäftigung der Juden mit dem Handel findet ihre natürliche Erklärung wesentlich durch die frühere Gesetzgebung, welche sie geradezu vom Handwerk und Ackerbau ausschloss. [...] Dieses Verbot, Land zu besitzen und Handwerk zu betreiben, bestand in den meisten Ländern noch in diesem Jahrhundert. Unter Friedrich II. [König 1740–1786] war in Preußen den Juden der Aufenthalt auf dem Lande verboten. Wie konnten sie dann Ackerbauern sein? Noch im Jahre 1847 bestanden viele derartige Beschränkungen. Im Allgemeinen räumte erst das Jahr 1848 mit denselben auf. [...]

Seitdem den Juden öffentliche Ehrenämter und andere Anstellungen zugänglich sind, macht sich unter denselben ein starkes Bestreben geltend, in dieselben zu gelangen, auch wo mit der Erlangung derselben keinerlei materieller Vorteil verbunden ist. Nunmehr wird wiederum den Juden gerade von antisemitischer Seite zum Vorwurf gemacht, dass sie nicht beim Handel verbleiben. Aber auch die vermögen nicht zu leugnen, dass die jüdischen Eltern eifrig bemüht sind, ihren Kindern durch einen höheren Schulunterricht eine möglichst große allgemeine Bildung zuteil werden zu lassen. Während die Zahl der Juden 1 1/7 Prozent der Bevölkerung beträgt, waren im Winter 1889 nach der amtlichen Statistik unter den Gymnasiasten in Preußen 8,8 Prozent Juden; freilich kommt der jüdischen Bevölkerung dabei zustatten, dass sie vorzugsweise in Städten lebt, welche sich im Besitze höherer Lehranstalten befinden.

(Eugen Richter, Politisches ABC-Buch – Ein Lexikon parlamentarischer Zeit- und Streitfragen, Berlin (Verlag Fortschritt) 1896, S. 236ff.)

[1] Reichsgesetz des Norddeutschen Bundes, des Vorläufers des Deutschen Reiches

M 2 **Politischer Bilderbogen: „Im 20. Jahrhundert"**

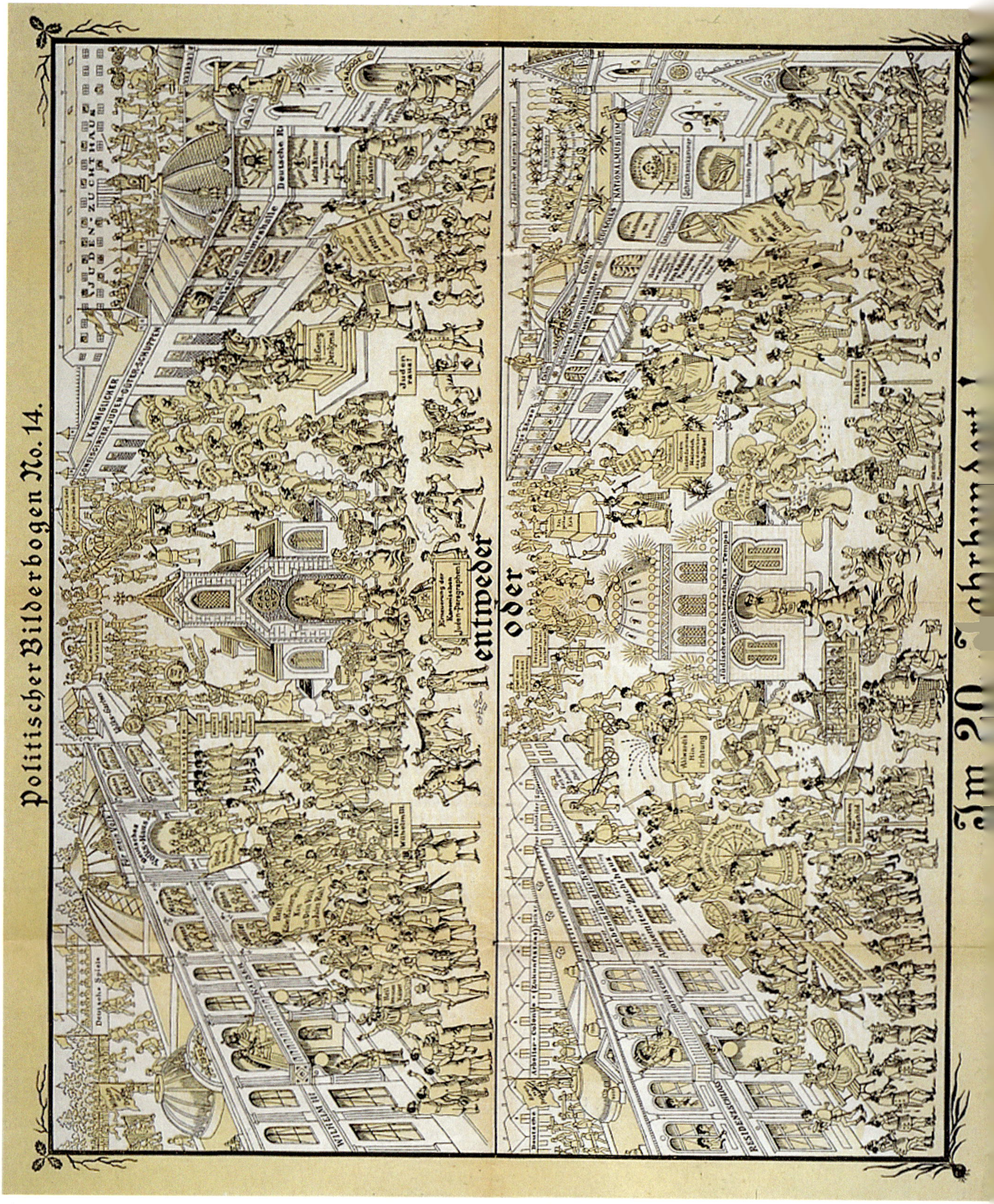

Erläuterungen zu M 2:
Der „Politische Bilderbogen" stammt aus einer Reihe ähnlicher antisemitischer Bilder aus einem Leipziger Verlag. Der Karikaturist entwirft Mitte der 1890er-Jahre eine Vision von Berlin im Jahre 1950. Die Karikatur ist ein Aufruf, den Zustand in der oberen Bildhälfte anzustreben.

Einige Aufschriften
Obere Hälfte – Links: „Deutsche Spiele"; „Volks-Garten"; „Für mein Volk. Deutsches Volks-Haus"; auf der Fassade Namen wie „Beethoven", „Mozart", „Schiller", „Goethe", „Wilhelm III Kaiser"; davor unter anderem eine Fahne: „Heil! Edler Kaiser Du! Nun hat dein Volk vor Juden Ruh!"; „Juden-Galgen".
Mitte: im Hintergrund Fahnen: „Hat der Bauer Geld, hat's die ganze Welt!", „Hat der Jude Geld, er's allein behält."
Rechts: „Juden-Zuchthaus"; „K. Königlicher Confiscirter [d. h. beschlagnahmter] Juden-Güter-Schuppen"; Säcke u. a. mit der Aufschrift „Juden-Gut"; „St. Georg-Denkmal" [der hl. Georg tötete einen Drachen und bekehrte dadurch eine heidnische Stadt zum Christentum]; „Deutsche-Ruhmeshalle" u. a. mit der Aufschrift „Berliner-Tageblatt [liberale Tageszeitung, bedeutendste im Verlag des Juden Rudolf Mosse] – Letzte Nummer wegen Aufgabe des Geschäfts"; „Synagoge", „polizeilich geschlossen, wegen Wegzugs"; davor u. a. eine Fahne: „Nun ist das Judenelend aus. Der Letzte zieht zum Land hinaus!"
Untere Hälfte – Links: „Deutsche Arbeiter-Colonie (Zukunftstaat)" [mit „Zukunftstaat" wurden die Zielvorstellungen der Sozialdemokraten bezeichnet]; auf der Fassade: „Nach dem Zukunft-Staat", „Lebenslängliches Antisemiten-Zuchthaus", ferner u. a. der Name des Antisemiten „Stöcker"; davor „Ahlwardt's Hinrichtung" [Hermann Ahlwardt, Reichstagsabgeordneter und antisemitischer Agitator, wurde wegen Verleumdung zu mehreren Monaten Haft gerichtlich verurteilt]; „Residenzschloss – Rothschild" [Rothschild ist der Name einer jüdischen Bankiersfamilie]; davor Körbe mit Aufschrift „Matzen" [ungesäuertes Brot]; Schild „Ständchen für Rothschild"; Schirm „Seid fruchtbar und vermehret Euch!"
Mitte: im Hintergrund „Das goldene Kalb"; im Vordergrund „Jüdischer Weltherrschafts-Tempel – Sektion Deutschland"; Säcke „Judensteuer"; Wagen „Junge Kinder – jeden Tag frisch"; „Der alte ehrliche Baumann"; „Daitsche raus!" [stereotype Anspielung auf jiddische Aussprachebesonderheiten].
Rechts: „Ewige Börse"; „Jüdischer-National-Friedhof"; „Jüdisches Nationaltheater – Unmoralische Anstalt"; darüber Statuen mit Bezeichnung „Cahn" und „Cohn" [stereotype Namen für Juden]; davor Statue „Helft dem armen Juden! Seinem lieben dummen Heinrich, das dankbare Volk Israel"; „Jüdisches Nationalmuseum", „Extra-Cabinet", „Schreckenskammer" mit „Ahlwardt's Kopf"; Fahne „Sieg des Judenthums"; Plakat „Für ewig geschlossen".

M 3 „Die Zukunft. Nach Palästina"

Diese Postkarte (um 1900) stammt aus einer Reihe von unzähligen Postkarten, die judenfeindliche Klischees im wilhelminischen Alltag zeigen.

M 4 Aus einem Programm der Deutsch-Sozialen Reformpartei (1899)

In den 1880er-Jahren entstanden verschiedene antisemitische Splittergruppen, die sich unter den Parteinamen Christlich-Soziale Partei, Deutsche Reformpartei, Deutsch-Soziale Reformpartei u. a. an Wahlen beteiligten. Bei Reichstagswahlen kamen diese Gruppierungen nie über einen Stimmenanteil von vier Prozent. Nach den 1890er-Jahren spielten sie kaum mehr eine Rolle. Träger des Antisemitismus waren nun vor allem wirtschaftliche Interessengruppen – z. B. der Bund der Landwirte – und nationale Verbände. Aber auch bei den „etablierten" Parteien gab es antisemitische Strömungen, vor allem bei den Konservativen, zum Teil auch bei der Zentrumspartei.

Abg. Liebermann v. Sonnenberg[1] wünscht eine schärfere Haltung in der Judenfrage und ein freundschaftlicheres Verhältnis zu verwandten Gruppen, insbesondere zum Bunde der Landwirte und zu den Konservativen, vielleicht auch zu den Nationalliberalen. […] Am folgenden Tage werden nach stürmischer Debatte folgende Beschlüsse gefasst:

(1) Es ist die Aufgabe der antisemitischen Partei, die Kenntnis vom wahren Wesen des Judenvolkes zu vertiefen und immer wieder zu verbreiten. Wir stehen erst am Anfang dieser Tätigkeit. […]

(4) Einer der ersten Schritte beim legislativen Einschreiten gegen das Judenvolk muss es sein, festzustellen, wer vor dem Gesetz als Jude gelten soll, und dass es die Abstammung und diese ganz allein ist, die die Zugehörigkeit zum Judentum bestimmt. Der Parteitag begrüßt den im Sommer 1898 veröffentlichten Entwurf zu einem Judenmatrikelgesetz[2] als willkommene Vorarbeit zur Lösung dieser grundlegenden Aufgabe.

(5) In Punkt 19 des Parteiprogramms werden statistische Erhebungen über die Juden gefordert. Es ist nötig, dass diese Statistik die in Deutschland befindlichen Juden in all den Lebensäußerungen erfasst, über die bezüglich der Gesamtbevölkerung Erhebungen angestellt werden.

(6) Der Parteitag empfiehlt der Fraktion, im Reichstag alljährlich durch geeignete Anträge die Parteien und die einzelnen Abgeordneten zur Stellungnahme in der Judenfrage zu zwingen.

(Schulthess' europäischer Geschichtskalender 1899, München (C. H. Beck) 1900, S. 142)

[1] Max Liebermann von Sonnenberg (1848–1911), Publizist, Reichstagsabgeordneter, war einer der einflussreichsten Führer des deutschen Antisemitismus.

[2] Matrikel: amtliches Personenverzeichnis

M 5 Aus der Autobiografie des Schriftstellers Jakob Wassermann

Jakob Wassermann (1873–1934), Kind jüdischer Eltern, war nach dem Ersten Weltkrieg einer der meistgelesenen deutschen Schriftsteller. Seine Werke wurden von den Nationalsozialisten verboten.

Obwohl ich meine Ehre und ganze Kraft darin setzte, als Soldat meine Pflicht zu tun und das geforderte Maß der Leistung zu erfüllen, wozu zuweilen keine geringe Selbstüberwindung nötig war, gelang es mir nicht, die Anerkennung meiner Vorgesetzten zu erringen, und ich merkte bald, dass es mir auch bei exemplarischer Führung nicht gelungen wäre, dass es nicht gelingen konnte, weil die Absicht dawider war. Ich merkte es an der verächtlichen Haltung der Offiziere, an der unverhehlten Tendenz, die befriedigende Leistung selbstverständlich zu finden, die unbefriedigende an den Pranger zu stellen. […] Auffallender, weitaus quälender war mir in dieser Beziehung das Verhalten der Mannschaften. Zum ersten Mal begegnete ich jenem in den Volkskörper gedrungenen dumpfen, starren, fast sprachlosen Hass, von dem der Name Antisemitismus fast nichts aussagt, weil er weder die Art noch die Quelle, noch die Tiefe, noch das Ziel zu erkennen gibt. Dieser Hass hat die Züge des Aberglaubens ebenso wie der freiwilligen Verblendung, der Dämonenfurcht wie der pfäffischen Verstocktheit, der Rankünе[1] des Benachteiligten, Betrogenen ebenso wie der Unwissenheit, der Lüge und Gewissenlosigkeit wie der berechtigten Abwehr, affenhafter Bosheit wie des religiösen Fanatismus. Gier und Neugier sind in ihm, Blutdurst, Angst, verführt, verlockt zu werden. […]

Jeder redliche und sich achtende Jude muss, wenn ihn zuerst dieser Gifthauch anweht und er sich dessen Beschaffenheit klar zu werden versucht, in nachhaltige Bestürzung geraten. Und so erging es auch mir. Kam hinzu, dass die katholische Bevölkerung Unterfrankens reichlich durchsetzt war mit einem unerfreulichen Schlag noch halb gettohafter[2], handelsbeflissener, wuchernder Juden, Krämer, Trödler, Viehhändler, Hausierer. […]

Es geschah, dass ich zu einem jungen Menschen in förderliche Beziehung trat; wenn dann die gewisse Enthüllung unvermeidlich war, zog er sich entweder vorsichtig zurück oder er gab sich eine Weile unbefangen, um schließlich doch ein schwer bekämpfbares Misstrauen durchblicken zu lassen, oder er ließ mich verstehen, dass er in meiner Person eine Ausnahme statuiere und sich eines begründeten Vorurteils zu meinen Gunsten entäußere. Das war dann das Beleidigendste von allem.

(Jakob Wassermann, Mein Weg als Deutscher und Jude, Berlin 1921, S. 38ff.)

---

[1] Rankûne: Groll

[2] Getto: abgeschlossenes Stadtviertel, in dem die jüdische Bevölkerung abgetrennt von der übrigen Bevölkerung leben musste.

M 6 Aus den Erinnerungen von Gustav Mayer

Gustav Mayer (1871–1948) war Sohn einer jüdischen Kaufmannsfamilie. Nach seinem Studium der Nationalökonomie (Volkswirtschaft) arbeitete er zunächst als Journalist, dann als Privatgelehrter. Sein Versuch, sich an der Berliner Universität für Geschichte zu habilitieren[1], scheiterte am Widerstand nationalistisch-antisemitischer Kreise.

Unter den Studenten war in meiner Jugend eine Art von Antisemitismus endemisch[2], der sich in der Hauptsache damit begnügte, die gesellige Mischung deutscher und jüdischer Jugend weitgehend zu erschweren. Jüdische Mitglieder waren von allen schlagenden, aber auch von den meisten nichtschlagenden Verbindungen, von akademischen Gesang- und Turnvereinen und zahlreichen Fachschaften entweder ausdrücklich oder stillschweigend ausgeschlossen. Eine Folge war, dass in den wenigen Fachschaften, die sich duldsamer erwiesen, ein sehr hoher Prozentsatz, wenn nicht gar die Mehrzahl, aus Juden bestand, und eine andere Folge, dass die Juden eigene wissenschaftliche Vereine gründeten und sogar schlagende Verbindungen, in die ausschließlich Juden aufgenommen wurden oder eintraten. Gegen eine solche Weise des Reagierens auf ihre Ausschließung ließ sich eigentlich kaum etwas Stichhaltiges einwenden; mich aber stimmte es immer traurig, wenn ich wahrnahm, dass jüdische Kommilitonen sich mit der Scheidewand als mit etwas Unabänderlichem abfanden oder wenn sie es gar als eine Bequemlichkeit betrachteten, so unter sich zu bleiben. […] Die schlagenden jüdischen Verbindungen durften ihre Daseinsberechtigung wenigstens auf das Argument stützen, dass sie mit der Waffe Herausforderungen Folge leisteten und dadurch dem Gerede von der Feigheit der Juden entgegentraten.

(Gustav Mayer, Erinnerungen – Vom Journalisten zum Historiker der deutschen Arbeiterbewegung, Zürich (Europa-Verlag) 1949, S. 38)

---

[1] Mit der Habilitation erwirbt man die Erlaubnis, als Professor an einer Universität zu lehren.

[2] endemisch: örtlich begrenzt auftretend

M 7 Der jüdische Journalist und Schriftsteller Theodor Herzl (1896)

Theodor Herzl (1860–1904) war ein österreichischer Schriftsteller und Politiker. Er wurde Kopf der zionistischen Bewegung, die die Errichtung eines jüdischen Staates in Palästina anstrebte (Zion ist einer der Hügel Jerusalems, der im Alten Testament von David erobert wurde). Herzl fand in Deutschland viele Anhänger.

Ich glaube, den Antisemitismus, der eine vielfach komplizierte Bewegung ist, zu verstehen. Ich betrachte diese Bewegung als Jude, aber ohne Hass und Furcht. Ich glaube zu erkennen, was im Antisemitismus roher Scherz, gemeiner Brotneid, abgeerbtes Vorurteil, religiöse Unduldsamkeit – aber auch, was darin vermeintliche Notwehr ist. Ich halte die Judenfrage weder für eine soziale noch für eine religiöse, wenn sie sich auch noch so und anders färbt. Sie ist eine nationale Frage und um sie zu lösen, müssen wir sie vor allem zu einer politischen Weltfrage machen, die im Rate der Kulturvölker zu regeln sein wird.

Wir sind ein Volk, *ein* Volk.

Wir haben überall ehrlich versucht, in der uns umgebenden Volksgemeinschaft unterzugehen und nur den Glauben unserer Väter zu bewahren. Man lässt es nicht zu. Vergebens sind wir treue und an manchen Orten sogar überschwängliche Patrioten; vergebens bringen wir dieselben Opfer an Gut und Blut wie unsere Mitbürger; vergebens bemühen wir uns, den Ruhm unserer Vaterländer in Künsten und Wissenschaften, ihren Reichtum durch Handel und Verkehr zu erhöhen. In unseren Vaterländern, in denen wir ja auch schon seit Jahrhunderten wohnen, werden wir als Fremdlinge ausgeschrieen. […] Der ganze Plan ist in seiner Grundform unendlich einfach und muss es ja auch sein, wenn er von allen Menschen verstanden werden soll.

Man gebe uns die Souveränität eines für unsere gerechten Volksbedürfnisse genügenden Stückes der Erdoberfläche, alles andere werden wir selbst besorgen.

(Theodor Herzl, Der Judenstaat, Berlin (Jüdischer Verlag) [11]1936 (1. Auflage 1896), S. 13ff., S. 30)

M 8 Kritik am Zionismus

Der Rechtsanwalt Ernst Herzfeld (1874–1947) war führendes Mitglied des „Centralvereins deutscher Staatsbürger jüdischen Glaubens", der 1893 zur Abwehr antisemitischer Strömungen gegründet wurde. Er schreibt in seinen Lebenserinnerungen über die Auffassungen des Centralvereins, die sich von denen der Zionisten unterscheiden.

Er [der Centralverein deutscher Staatsbürger jüdischen Glaubens] bestritt, dass ein nationales, ein völkisches Band alle Juden verbinde. Es bestehe eine Religions-, eine Geschichts- und eine Abstammungs-, aber keine Volksgemeinschaft. Alle Merkmale der nationalen Einheit fehlten, die objektiven wie die subjektiven. Die Juden besäßen keinen Raum, in dem sie ihren Staat aufbauen könnten. Es sei auch undenkbar, dass sie ein geeignetes, hinreichend großes Territorium dazu erlangen könnten. Der Wille, eine Nation zu bilden, sei nicht vorhanden. Ohne diesen Willen zur nationalen Einheit könne es aber kein Volk geben. Ein weiteres unentbehrliches Kennzeichen der Volksgemeinschaft sei die gemeinsame Muttersprache. Auch daran fehle es: Hebräisch sei eine tote Sprache. Wenn es Juden gäbe, die Hebräisch sprechen und schreiben könnten, so bildeten sie eine Minorität. Aber auch bei diesen Juden sei Hebräisch weder die Mutter- noch die Umgangssprache. In den Ländern, die ihre Juden emanzipiert hätten, seien Sprache, Kultur, Sitte, Lebensformen der Umwelt von den Juden übernommen worden. Dadurch und durch ihren Willen, der Volksgemeinschaft anzugehören, in deren Mitte sie lebten, seien Tatsachen geschaffen worden, die durch Leugnen nicht aus der Welt geschafft würden. Spräche man von Gästen und Wirtsvölkern, so eigne man sich die antisemitischen Propagandabehauptungen an und ermögliche es den Antisemiten, sich auf jüdische Zugeständnisse zu berufen.

(Ernst Herzfeld, Lebenserinnerungen, Maschinenschrift undatiert, verfasst in Palästina; zit. nach: Monika Richarz (Hg.), Jüdisches Leben in Deutschland – Selbstzeugnisse zur Sozialgeschichte im Kaiserreich, Stuttgart (Deutsche Verlags-Anstalt) 1979, S. 386)

M 9 Walther Rathenau während des Ersten Weltkriegs in einem Brief (1916)

Walther Rathenau (1867–1922) stammte aus einem jüdischen Elternhaus. Sein Vater Emil war Leiter der Allgemeinen Elektrizitäts-Gesellschaft (AEG). Auch Walther arbeitete zunächst in der Industrie, trat dann aber immer häufiger als linksliberaler Politiker auf. Zuletzt war er Reichsaußenminister der Weimarer Republik.

Ich habe und kenne kein anderes Blut als deutsches, keinen anderen Stamm, kein anderes Volk als deutsches. Vertreibt man mich von meinem deutschen Boden, so bleibe ich deutsch und es ändert sich nichts. […] Meine Vorfahren und ich selbst haben sich von deutschem Boden und deutschem Geist genährt und unserem, dem deutschen Volk erstattet, was in unseren Kräften stand. Mein Vater und ich haben keinen Gedanken gehabt, der nicht für Deutschland und deutsch war; soweit ich meinen Stammbaum verfolgen kann, war es das Gleiche. […] Ich bin in der Kultgemeinschaft der Juden geblieben, weil ich keinem Vorwurf und keiner Beschwernis mich entziehen wollte, und habe von beidem bis auf den heutigen Tag genug erlebt. Nie hat eine Kränkung mich unwillig gemacht. Nie habe ich meinem, dem deutschen Volke, mit einem Worte oder einem Gedanken derlei vergolten. Mein Volk und jeder meiner Freunde hat das Recht und die Pflicht, mich zurechtzuweisen, wo er mich unzulänglich findet.

(Walther Rathenau, Ein preußischer Europäer, Berlin (Vogt) 1955, S. 145)

M 10 Der Historiker Helmut Berding über den Stellenwert des Antisemitismus im Kaiserreich

Zusammenfassend bleibt festzuhalten, dass der Antisemitismus in den rund vier Jahrzehnten von der Reichsgründung bis zum Ausbruch des Ersten Weltkrieges stark an Bedeutung zunahm. Zwar ereigneten sich spektakuläre Ausschreitungen gegen Juden […] relativ selten. Auch konnte der Antisemitismus als eigenständige politische Kraft nur vorübergehend größere Erfolge erzielen. Aber er gewann beträchtlichen Einfluss in den politischen und gesellschaftlichen Organisationen, spielte eine wichtige Rolle im Denken des national gesinnten Bürgertums und wurde im gesellschaftlichen Leben zur sozialen Norm.
Die antijüdischen Animositäten[1] und Vorurteile, die weite Teile der wilhelminischen Gesellschaft prägten, reichten einerseits für die Herausbildung einer antisemitischen Massenbewegung nicht aus. So beschränkte sich der radikale und militante politische Antisemitismus auf eine kleine Minderheit. Andererseits genügte die Verbreitung antisemitischer Einstellungen, um nicht nur die „schweigende Mehrheit“, sondern auch die großen Parteien, Kirchen und andere Organisationen in der Gesellschaft daran zu hindern, dem Antisemitismus aktiv entgegenzutreten. Die jüdische Minderheit blieb im Abwehrkampf ziemlich auf sich allein gestellt. […]

(Helmut Berding, Moderner Antisemitismus in Deutschland, Frankfurt a. M. (Suhrkamp) 1988, S. 161 f.)

---

[1] Animositäten: feindliche Einstellungen oder Äußerungen

Der Ort des Kaiserreiches in der deutschen Geschichte

Das Kaiserreich ist eine unter den Historikern heftig umstrittene Periode und wird in der modernen Geschichtswissenschaft unterschiedlich beurteilt. In diesem Zusammenhang werden unter anderem zwei Fragen kontrovers diskutiert:

- **War es ein rückwärtsgerichtetes oder ein vorwärtsgerichtetes, modernes Gebilde?**
- **Wie ist es in die Entwicklung der deutschen oder gar der europäischen Geschichte einzuordnen?**

Präsentieren Sie die Positionen, die von den Historikern Nipperdey und Wehler vertreten werden, und diskutieren Sie deren und Ihre eigenen Einschätzungen zum Kaiserreich im gemeinsamen Kursgespräch.

So können Sie sich eine tragfähige Präsentations- und Diskussionsgrundlage verschaffen:

1. Analysieren Sie in Einzel- oder Partnerarbeit die beiden Textauszüge. Beachten Sie dabei die methodischen Hinweise zum Umgang mit historischer Sekundärliteratur (s. S. 506).
2. Vergleichen Sie die beiden Positionen und überprüfen Sie die Hauptthesen und Argumente. Auch hier helfen die methodischen Hinweise (s. insbesondere Arbeitsschritt 3, S. 506).
3. Bewerten Sie abschließend selbst, ausgehend von den beiden Historikerurteilen und auf der Grundlage Ihrer in diesem Kapitel erarbeiteten Kenntnisse, die Stellung des Kaiserreichs in der deutschen Geschichte. Dabei könnten Sie versuchen, auf einer weiterführenden, zeitübergreifenden, allgemeinen Ebene zu erörtern, aufgrund welcher Wertmaßstäbe geschichtliche Epochen beurteilt werden sollen.
4. Gestalten Sie einen Flipchart-Anschrieb, ein Plakat, eine Folie, ein Handout oder auch ein Thesenpapier, mit dem Sie Ihren Mitschülerinnen und Mitschülern die Historikerpositionen vorstellen.

MATERIALIEN

M 1 Thomas Nipperdey

Der Münchner Historiker Thomas Nipperdey hat eine dreibändige „Deutsche Geschichte“ von 1800–1918 verfasst. Am Ende seines Gesamtwerkes kommt er zu folgender Einschätzung:

Im Vergleich, zumal mit Westeuropa, war die Nationalstaats-, die Nationsbildung der Deutschen spät, „verspätet“, wie die berühmte Formel von Helmuth Plessner heißt. Auch wenn man nicht an eine Normal-Uhr und einen Normal-Fahrplan der Weltgeschichte glaubt, im Vergleich zu ihren westlichen Nachbarn konnten und mussten sich die Deutschen als Spätkommer fühlen. Und dieses Spätkommen stellt historisch eine besondere Problematik dar. Das Gemisch von Kontinuitäten und Diskontinuitäten […] war im Falle der Deutschen, ihrer Nation und ihres Nationalstaats, wohl komplizierter und spannungsvoller als in der „normalen“ historischen Realität.
Dazu kam die Häufung, die Gleichzeitigkeit von Problemen – Staats- und Nationsbildung, Liberalisierung und gar Demokratisierung der Verfassung, Bewältigung der sozialen Probleme der Klassengesellschaft –, die in älteren (vielleicht „glücklicheren“) Gesellschaften nacheinander zur Lösung angestanden hatten, kam das verdichtete Tempo der Modernisierung, ihrer Schübe wie ihrer Verluste. Das Spätsein war eine Belastung, denn indem meh-

rere Probleme gleichzeitig auf die Tagesordnung rückten, zerfiel die Gesellschaft über die möglichen Lösungen in jeweils verschiedene Lager, die sich verstärkten und überkreuzten; die Nation und ihr Staat wiesen deshalb mehr Sprünge und Risse auf als vergleichbare historische Gebilde. Aber diese Problematik kann nicht die Tatsache in Zweifel rücken, dass die Nation von 1871 und ihr Reich jedenfalls ein nicht weiter verwunderliches Ergebnis der deutschen Geschichte des 19. Jahrhunderts gewesen sind, das nicht aus der Kontinuität dieser Geschichte herausfällt, auch wenn es eine qualitativ neue Dimension besaß.

Schwieriger ist es mit dem, was damals Zukunft war. Die deutsche Geschichte in der Zeit des Kaiserreichs ist nicht nur eine Nach-Geschichte, sondern auch eine Vor-Geschichte. Und da drängt sich prominent das Jahr 1933 nach vorn und alles, wofür es historisch und symbolisch steht. Sind im Kaiserreich nicht Grundlagen, gar die Grundlagen für das Scheitern der Weimarer Republik, ja für den Aufstieg des Nationalsozialismus und für seine Machtergreifung gelegt worden? [...] Diese Perspektive ist legitim, sie ist fruchtbar, ja sie ist notwendig. Wer sich ihr entziehen wollte, verfiele der einsichtslosen Apologie der Vergangenheit.

Aber wo diese Perspektive allein gelten will, ist sie auch ganz und gar einseitig, in die Irre führend. [...] Ein Stück Geschichte ist immer – auch – ein Stück Vorgeschichte von etwas anderem; aber es gibt vieles, wovon es Vorgeschichte ist. Was unter der Perspektive von 1933 gewiss Vorgeschichte ist, ist Vorgeschichte auch von vielem anderen, es hat viele Nachgeschichten. Das Kaiserreich ist auch Vorgeschichte von Weimar, ja auch von unserer Nachkriegswelt, denkt man an die Modernisierungsschübe in Lebensstilen und Kultur oder an Sozialverfassung und Interventionsstaat. [...] Man muss lernen, mit der Vielfalt von Kontinuitäten und Diskontinuitäten zu leben, wenn man den Ort des Kaiserreichs in der deutschen Geschichte bestimmen will.

[...] Eine geschichtliche Zeit wie die des Kaiserreichs ist mehr als ein Ensemble von Vorgeschichten. Sie ist sie selbst. [...] Um das sichtbar zu machen, muss man jene Vorgeschichtsperspektiven hinter sich lassen. Deshalb auch geht es nicht darum, mit den Urgroßeltern vor dem Ersten Weltkrieg kritisch und besserwisserisch zu rechten, sondern darum, ihnen Gerechtigkeit widerfahren zu lassen.

(Thomas Nipperdey, Deutsche Geschichte 1866–1918, Bd. 2: Machtstaat vor der Demokratie, München (C.H. Beck) 1992, S. 879f.)

M 2 Hans-Ulrich Wehler

Der Bielefelder Historiker Hans-Ulrich Wehler ist Verfasser einer fünfbändigen „Deutschen Gesellschaftsgeschichte" von 1700–1990. Er fasst am Ende seines dritten Bandes zusammen:

Aus der Vogelperspektive erweist sich als ein Grunddilemma des reichsdeutschen „Sonderwegs", dass sich zum einen komplizierte Modernisierungsaufgaben ständig überlappten und sich zum andern, da der Umbau des Herrschaftssystems mit allen Mitteln verhindert wurde, die politische Verfassung für eine liberale und demokratische Lösung der anstehenden Probleme nicht durchsetzen konnte. Zur Erinnerung: Der Durchbruch der Industriellen Revolution, der Aufstieg der Klassengesellschaft und die Nationalstaatsgründung von oben überschnitten sich in ein und derselben Zeit. [...]

Zwar wurde eine konstitutionelle Monarchie eingerichtet, die Parlamentarisierung aber verweigert und das Heer der parlamentarischen Kontrolle entzogen. [...] Die Demokratie wurde unterdrückt. Das Reichstagswahlrecht und aufwühlende innere Konflikte trieben jedoch eine tendenziell demokratisierende Fundamentalpolitisierung voran, ohne dass ihr durch ein im Machtkampf durchgesetztes parlamentarisches System Rechnung getragen worden wäre.

Um nur noch einmal drei unterschiedliche Konflikte zu nennen, die sowohl gemeineuropäische als aber auch spezifisch deutsche Züge trugen: Zum Zusammenprall zwischen säkularisiertem Staat und katholischer Amtskirche, die mit neuem ultramontan-fundamentalistischen Diktatorialanspruch allen Gefahren der Moderne entgegentreten wollte, ist es in nicht wenigen europäischen Staaten gekommen. Im Reich aber schlugen die illiberalen Repressivgesetze des „Kulturkampfes" und die Diskriminierung einer konfessionellen Minderheit besonders tiefe Wunden. In allen europäischen Ländern warf die Gewöhnung an eine systemkritische sozialistische Opposition gravierende Probleme auf. Im Reich aber verband sich erneut ein illiberales Ausnahmerecht mit unnachgiebiger Klassenfeindschaft und preußischem Obrigkeitsstil, um die „vaterlandslosen Gesellen" dauerhaft auszugrenzen. Der moderne Antisemitismus trat in vielen Teilen Europas auf. Im Reich aber führte der Hass gegen „die" Juden als Verkörperung aller Übel der Moderne zu einer auf der Rassendoktrin beruhenden rechtsradikalen Agitationsbewegung, die sich sogar in politischen Parteien organisierte; darüber hinaus wurde der Antisemitismus in einem solchen Maße gesellschaftsfähig gemacht, dass dieses latente Sprengpotenzial – wie sich dann seit 1916/18 erweisen sollte – erschreckend schnell in offene Aggressivität übergehen konnte.

Alle drei Konflikte stießen mitten in die Formierung der neuen reichsdeutschen Gesellschaft, der neuen kleindeutschen Nation und einer neuen politischen Kultur hinein. Insofern gewannen sie eine zerstörerische Wirkung und einen gefährlicheren Stellenwert als in den meisten älteren westlichen Staaten, wo in der Gesellschaft und Politik stärkere liberale Abwehrkräfte und resistenzfähigere staatsbürgerliche Traditionen vorhanden waren.

In einer solchen Situation sich überschneidender, ja oft überstürzender Modernisierungskrisen hängt nun aber, an dieser Einsicht führt auch kein Weg vorbei, die Problembewältigung in einem entscheidenden Ausmaß vom Charakter des politischen Herrschaftssystems ab. Die historische Erfahrung der westlichen Länder lehrt, dass eine elastische, freiheitliche Verfassung, die, politischen Liberalismus und repräsentative Demokratie verbindend, im Parlament als wichtigstem Machtzentrum die Konflikte in der Selbstverantwortung der Gesellschaft zu regeln gestattet, der autoritären Steuerung und ihrer strukturell limitierten Fähigkeit zur dauerhaften Krisenmeisterung überlegen ist. [...] Natürlich ist der liberal-demokratische Parlamentarismus gegen zahlreiche Fehlentscheidungen nicht gefeit, aber er verkörpert die bisher elastischste Verfassung, die am ehesten imstande ist, aus eigenen Fehlern zu lernen und sie auf friedlichem Weg aus eigener Kraft zu korrigieren.

[...] Ausschlaggebend für den deutschen „Sonderweg" war [also] letztlich das politische Herrschaftssystem und die es tragende soziale Kräftekonstellation. Sie haben zusammen jene verhängnisvollen Belastungen geschaffen, welche die Deformationen der deutschen Geschichte bis 1945 ermöglicht haben. Das Kaiserreich hat zu einem deutschen „Sonderweg" geführt, weil seine politische und soziale Herrschaftsstruktur es ermöglichte, um es in den Worten Max Webers zu sagen, „in einem bürokratischen ‚Obrigkeitsstaat' mit Scheinparlamentarismus die Masse der Staatsbürger unfrei zu lassen und sie wie eine Viehherde zu ‚verwalten'", anstatt „sie als Mitherren des Staates in diesen einzugliedern".

(Hans Ulrich Wehler, Deutsche Gesellschaftsgeschichte, Bd. 3: Von der „Deutschen Doppelrevolution" bis zum Beginn des Ersten Weltkriegs – 1849–1914, München (C. H. Beck) 1995, S. 1292–1295)

Das Fazit (Karikatur im „Simplicissimus" zur Reichstagswahl 1912): „So, meine Herren, das Volk hat gesprochen – jetzt hat wieder fünf Jahre Seine Majestät das Wort!"

Üben – Vertiefen – Anwenden

Das Deutsche Kaiserreich – Nationalstaat zwischen Tradition und Moderne

Kernbegriffe:

- ★ Reichsgründung
- ★ Bismarck (Reichskanzler 1871–18
- ★ Wilhelminisches Zeitalter
- ★ Konstitutionelle Monarchie
- ★ Parlamentarische Monarchie
- ★ Obrigkeitsstaat
- ★ Nationalismus
- ★ Militarismus
- ★ Antisemitismus

Info, S. 270–273

1. Beschreiben Sie die Etappen, die ab 1850 zur Reichsgründung geführt haben.

Info, S. 274
Thema, S. 294 ff.

2. Vergleichen Sie die Paulskirchenverfassung 1849 und die Bismarcksche Reichsverfassung 1871. Erörtern Sie die Möglichkeit zur politischen Partizipation im Kaiserreich.

Info, S. 274–278

3. Nennen Sie die fünf parteipolitischen Richtungen des Kaiserreichs und deren politische Hauptinhalte. Beurteilen Sie die Folgen der Verankerung der Parteien in Sozialmilieus.

Info, S. 277 f.
Thema, S. 298 ff.

4. Erläutern Sie Bismarcks „Doppelstrategie" im Kampf gegen die Sozialdemokratie.

Info, S. 276 f.
Thema, S. 298 ff.

5. Erklären Sie den Begriff „Kulturkampf" und stellen Sie dar, welche Auswirkungen der Kulturkampf auf die politische Haltung der deutschen Katholiken hatte.

Info, S. 276–278
Thema, S. 298 ff.

6. Erläutern Sie den Begriff „negative Integration". Überprüfen Sie, inwiefern dieser Begriff auf den Kulturkampf und das Sozialistengesetz angewandet werden kann. Beurteilen Sie den Erfolg dieser Herrschaftsstrategie.

Info, S. 279–281
Thema, S. 303 ff.

7. Das „Ringen um die nationale Einheit" wird oft als die bestimmende Kraft des 19. Jahrhunderts bezeichnet. Erläutern Sie Ursachen des Wunsches nach nationaler Einigkeit und den „Funktionswandel", den der Nationalismus im Laufe des 19. Jahrhunderts erfahren hat. Erörtern Sie abschließend Chancen und Gefahren des Nationalismus.

Info, S. 280 f.
Thema, S. 308 ff.

8. Vergleichen Sie den Antisemitismus im Kaiserreich mit früheren Formen der Judenfeindschaft. Stellen Sie dann den Zusammenhang von Antisemitismus auf der einen und Nationalismus sowie Reaktionen auf die Modernisierung (Modernisierungskrise) auf der anderen Seite dar.

Info, S. 281–287

9. Die Menschen der wilhelminischen Zeit werden häufig als „Übergangsmenschen" bezeichnet. Erläutern Sie anhand von Beispielen, was damit gemeint ist.

Info, S. 282–284

10. Stellen Sie die Erfolge der Frauenbewegung im Kaiserreich in den Bereichen politische Rechte, Bildungs- und Berufschancen zusammen.

Info, S. 285 f.

11. Gestalten Sie ein Streitgespräch, in dem Vorteile und Nachteile des Lebens in der Großstadt nach der Jahrhundertwende gegeneinander angeführt werden.

Info, S. 287–291

12. Grenzen Sie die wilhelminische „Weltpolitik" von der Außenpolitik der Bismarck-Zeit ab und diskutieren Sie die Folgen der „Weltpolitik" für die internationalen Beziehungen bis zum Ersten Weltkrieg.

Gesamtes Kapitel;
Forum, S. 315 ff.

13. Erörtern Sie, ob und wie das Kaiserreich der heutigen Bundesrepublik als historischer Bezugspunkt dienen kann. Entwerfen Sie eine Rede zu diesem Thema – etwa aus der Perspektive des Bundespräsidenten – zum Jahrestag der Deutschen Einheit.

Klausurtraining

Analyse eines Textes der Sekundärliteratur

1. Arbeiten Sie heraus, wie Volker Ullrich die These von einer stillen Parlamentarisierung des Kaiserreiches beurteilt.

2. Stellen Sie die Stellung des Reichstages in der Bismarckschen Reichsverfassung dar.

3. In der historischen Forschung ist die Beurteilung des Kaiserreichs umstritten: Ein negatives, rückwärtsgerichtetes Bild steht einem anderen gegenüber, das die positiven, vorwärtsgerichteten Elemente betont. Erörtern Sie, welches Bild eher zutreffend ist. Konzentrieren Sie sich dabei auf die Bereiche der politischen Herrschaft und der Ideen.

M Der Historiker und Journalist Volker Ullrich über die Stellung des Reichstags

Über der Betrachtung des persönlichen Regiments Wilhelms II. und des Verhältnisses von Monarch und Reichskanzler darf die dritte Macht im Staate, das Parlament, nicht außer Acht gelassen werden. Denn der Reichstag war, trotz seiner verfassungsmäßigen Beschränkungen, keineswegs eine zur politischen Ohnmacht verdammte Institution. Vielmehr nahm sein Einfluss gerade in der Zeit des Wilhelminismus ständig zu. Das hing zum einen zusammen mit der Tendenz zum Interventionsstaat und, als deren Folge, der Expansion der öffentlichen Haushalte. Kolonien, Heeresvermehrungen, später die Schlachtflotte, dazu der Ausbau des Sozialstaats – all das kostete Geld und ließ sich nur in Zusammenarbeit mit dem Reichstag [...] verwirklichen. Zum anderen hatte das wachsende Gewicht des Parlaments auch etwas zu tun mit der Entstehung eines „politischen Massenmarktes“, der Politisierung und Mobilisierung breiter Wählerschichten. Der Reichstag war das öffentliche Forum, wo wirkungsvoll und lautstark Interessen artikuliert und die großen Fragen der Innen- und Außenpolitik debattiert werden konnten. [...] Schließlich spiegelten sich im Bedeutungszuwachs des Reichstags auch Veränderungen im Verfassungsgefüge selbst. Der Bundesrat, der nach Bismarcks Willen „das Bollwerk gegen die Parlamentarisierung“ bilden sollte, verlor im Zuge der „Ver-Reichung“, das heißt der Vereinheitlichung von Gesetzgebung und Verwaltung, an Gewicht zugunsten der zentralstaatlichen Behörden. Die Reichsämter, ursprünglich Hilfsorgane des Kanzlers, entwickelten sich zu einem eigenen, von den einzelstaatlichen Regierungen unabhängigen Machtzentrum. Für die Reichsleitung bürgerte sich im amtlichen Sprachgebrauch seit der Jahrhundertwende der – von Bismarck streng tabuierte – Begriff der Reichsregierung ein. [...] Bei der Ausarbeitung wichtiger Gesetzesvorlagen wurden, statt wie früher die preußischen Ministerien, die Reichsämter federführend. Und in der politischen Praxis wurde es üblich, dass die Staatssekretäre, statt die Vorlagen zuerst im Bundesrat einzubringen, sich vorab mit den Führern der Reichstagsfraktionen verständigten, um ein Gesetz über die parlamentarische Hürde zu bringen. [...] Manfred Rauh hat im Blick auf die skizzierten Veränderungen in der Verfassungswirklichkeit von einer „stillen Parlamentarisierung“ des Kaiserreichs vor 1914 gesprochen. [...]: „Durch die Zusammenarbeit mit der Regierung wird das Parlament seiner Macht erst gewahr, lernt es erst, dass und wie die Regierung in Abhängigkeit von ihm geraten kann.“ Das konstitutionelle System erscheint in dieser Sicht als ein transitorisches [übergangsweises] Phänomen, weil in ihm die Weiterentwicklung zum Parlamentarismus unausweichlich angelegt sei. [...] Doch Rauh unterschätzt die Stärke der antiparlamentarischen Gegenkräfte, die trotz der von ihm diagnostizierten Aufweichung des Bismarck'schen Systems fortbestanden. So war zwar durch den politischen Gewichtsverlust des Bundesrats auch die preußische Hegemonie über das Reich eingeschränkt – außer Kraft gesetzt aber war sie damit nicht. [... Auch der Kaiser selbst] machte aus seiner Geringschätzung der Volksvertretung nie einen Hehl. [... So] bekannte er, „es sei vollständig gleichgültig, ob in dem Reichstagskäfig rote, schwarze oder gelbe Affen herumsprängen.“ Solche Äußerungen offener Parlamentsfeindschaft waren keineswegs auf den Monarchen und seinen Hofstaat beschränkt.

(Volker Ullrich, Die nervöse Großmacht – Aufstieg und Untergang des deutschen Kaiserreichs 1871–1918, Frankfurt/Main (S. Fischer) 1997, S. 161 ff.)

Die Weimarer Republik – die erste deutsche Demokratie

Durch die Novemberrevolution 1918 ging die politische Macht vom Kaiser auf das Parlament über. Die Monarchie wurde eine Republik. Viele Zeitgenossen verknüpften mit dieser Veränderung große Hoffnungen. Aber ein Teil der Bevölkerung und ein Großteil der Führungskräfte in Staat, Wirtschaft und Gesellschaft hing nach wie vor an der gestürzten Monarchie und ihren Wertvorstellungen. Wie wirkte sich dies auf die Entwicklung des jungen Staates aus, der zugleich die Kosten des verlorenen Krieges verkraften musste? Warum gewannen schließlich die Befürworter einer autoritären Staatsform wieder die Oberhand und brachten Hitler an die Macht?
Diese Fragen stehen im Mittelpunkt des folgenden Kapitels, in dem die kurze Geschichte der Weimarer Republik im Spannungsfeld zwischen Demokratie und Diktatur dargestellt wird.

„Die Freiheitsbewegung in Berlin"
(Postkarte vom 9. November 1918)

Das Reichstagsgebäude in Berlin
(kolorierte Fotografie von H. Hoeffke)

Eine Fahnengruppe der SA, Berlin 1930

Die Weimarer Republik

Der Erste Weltkrieg bedeutete für die Länder Europas, aber auch für die ganze Welt eine tiefe Zäsur. Die demokratisch organisierten Nationalstaaten erwiesen sich als siegreich – die alte Welt mit ihren traditionellen Monarchien und Vielvölkerstaaten ging unter. Der militärischen Niederlage folgte der Zusammenbruch der politischen Systeme auf dem Fuß. Dies gilt auch für Deutschland. In der Novemberrevolution 1918 brach das Deutsche Kaiserreich zusammen und die Demokratie auf deutschem Boden entstand.

Bei den Auseinandersetzungen um die Neuordnung von Staat und Gesellschaft zeigte sich jedoch rasch, dass ein Teil der Bevölkerung wie auch ein Großteil der Führungskräfte in Staat, Wirtschaft und Gesellschaft nach wie vor der gestürzten Monarchie und ihren Wertvorstellungen anhingen. In den folgenden Jahren rangen die Anhänger des Alten und die Modernisierer, die Befürworter revolutionärer Veränderungen und die Verfechter einer maßvollen, evolutionären Entwicklung um die Gestaltung der politischen und gesellschaftlichen Ordnung sowie um Lösungen für die enormen politischen, wirtschaftlichen und sozialen Probleme, vor die sich die Weimarer Republik gestellt sah. Die antagonistischen Gegensätze und scheinbar unlösbaren Konflikte boten den Nährboden für den Aufstieg einer neuen sozialen Bewegung, den Nationalsozialismus, der die erste deutsche Demokratie schließlich hinwegfegte.

Die kurze Geschichte der Weimarer Republik demonstriert das Für und Wider politischer und wirtschaftlicher Lösungsstrategien, die auch heute noch diskutiert werden.

1. Die Formierung der Republik 1918–1920

Nach dem Abschluss des Waffenstillstands wurde das Deutsche Reich von Unruhen erschüttert, die das Ende des Kaiserreiches einläuteten. Doch so sicher der Untergang der Monarchie war, so ungewiss erschien die Zukunft des Reiches: Wie sollte die neue Ordnung aussehen?

Novemberrevolution. Die Weimarer Republik wurde durch die Novemberrevolution eingeleitet, die am 9. November 1918 zur Abdankung des Kaisers, Wilhelms II., führte. Sie begann als Befehlsverweigerung von Matrosen in Wilhelmshaven und Kiel, die sich

Eine Stunde nach Ausrufung der Republik: Ansprache eines Sozialisten von der Rampe des Berliner Kronprinzenschlosses aus (9.11.1918, Unter den Linden)

ab dem 28. Oktober 1918 angesichts des bereits verlorenen Krieges weigerten, sich von der Marineführung in eine letzte Schlacht schicken zu lassen und „in Ehren" unterzugehen. Um die Bestrafung der wegen Meuterei verhafteten Matrosen zu verhindern, suchten ihre Kameraden Unterstützung bei den kriegsmüden Soldaten und der Bevölkerung, vor allem bei den Arbeitern der Kieler Werften und Industriebetriebe: Sie veranstalteten Massenkundgebungen, entwaffneten Offiziere und bildeten nach russischem Vorbild Arbeiter- und Soldatenräte, die am 4. November die Macht in Kiel übernahmen. Von Kiel aus verbreitete sich die Aufstandsbewegung rasch in den Hafenstädten und im Binnenland. Überall bildeten sich spontan Arbeiter- und Soldatenräte, die vielerorts die Macht übernahmen, da die alte Ordnungsmacht angesichts der Aufstandsbewegung wie gelähmt war.

Bereits fünf Tage später, am 8./9. November, erreichte die revolutionäre Bewegung Berlin. Unter dem Eindruck der riesigen Demonstrationszüge erklärte der Reichskanzler, Prinz Max von Baden, den Rücktritt des Kaisers und übergab sein Amt an den Führer der stärksten Fraktion im Reichstag, den Mehrheits-Sozialdemokraten (MSPD) Friedrich Ebert. Am Nachmittag des 9. November wurde die Republik gleich zweimal ausgerufen: Der SPD-Abgeordnete Scheidemann beendete eine Ansprache vor Demonstranten mit der Proklamation der „Deutschen Republik". Nur kurze Zeit später erklärte der Sozialist Karl Liebknecht Deutschland in einer Rede zur „freien sozialistischen Republik".

2. Extraausgabe Sonnabend, den 9. November 1918.

Vorwärts

Berliner Volksblatt.

Zentralorgan der sozialdemokratischen Partei Deutschlands.

Der Kaiser hat abgedankt!

Der Reichskanzler hat folgenden Erlaß herausgegeben:

Seine Majestät der Kaiser und König haben sich entschlossen, dem Throne zu entsagen.

Der Reichskanzler bleibt noch so lange im Amte, bis die mit der Abdankung Seiner Majestät, dem Thronverzichte Seiner Kaiserlichen und Königlichen Hoheit des Kronprinzen des Deutschen Reichs und von Preußen und der Einsetzung der Regentschaft verbundenen Fragen geregelt sind. Er beabsichtigt, dem Regenten die Ernennung des Abgeordneten Ebert zum Reichskanzler und die Vorlage eines Gesetzentwurfs wegen der Ausschreibung allgemeiner Wahlen für eine verfassungsgebende deutsche Nationalversammlung vorzuschlagen, der es obliegen würde, die künftige Staatsform des deutschen Volk, einschließlich der Volksteile, die ihren Eintritt in die Reichsgrenzen wünschen sollten, endgültig festzustellen.

Berlin, den 9. November 1918. Der Reichskanzler.
Prinz Max von Baden.

Es wird nicht geschossen!

Der Reichskanzler hat angeordnet, daß seitens des Militärs von der Waffe kein Gebrauch gemacht werde.

Parteigenossen! Arbeiter! Soldaten!

Soeben sind das Alexanderregiment und die vierten Jäger geschlossen zum Volke übergegangen. Der sozialdemokratische Reichstagsabgeordnete Wels u. a. haben zu den Truppen gesprochen. Offiziere haben sich den Soldaten angeschlossen.

Der sozialdemokratische Arbeiter- und Soldatenrat.

Extraausgabe des SPD-Blattes „Vorwärts" vom 9. November 1918

Um eine weitere Radikalisierung der revolutionären Bewegung zu verhindern, ließ Ebert seinen ursprünglichen Plan, eine bürgerlich-sozialdemokratische Regierung zu bilden, fallen und einigte sich mit der USPD (Unabhängige Sozialdemokratische Partei Deutschlands) am 10. November auf die Einrichtung eines „Rats der Volksbeauftragten", in dem MSPD und USPD mit je drei Männern vertreten waren.

Erste Maßnahmen der neuen Regierung waren eine Übereinkunft mit der Obersten Heeresleitung über die Aufrechterhaltung von Ruhe und Ordnung, insbesondere bei der Rückführung der Truppen („Ebert-Groener-Bündnis"), am 10. November, die Unterzeichnung des Waffenstillstandes durch den Zentrumspolitiker Matthias Erzberger am folgenden Tag und das Abkommen der Zentralarbeitsgemeinschaft von Unternehmer- und Arbeitnehmer-Vertretern am 15. November, mit dem durch sozialpolitische Maßnahmen eine revolutionäre Veränderung der Eigentumsverhältnisse entsprechend dem sozialistischen Programm der Sozialdemokratie verhindert werden sollte.

Friedrich Ebert
1871: Geburt in Heidelberg
1912: Reichstagsabgeordneter der SPD
1913: Parteivorsitzender der SPD
9.11.1918: Reichskanzler
1919 bis zu seinem Tod 1925: Reichspräsident der Weimarer Republik

Parlamentarische Republik kontra Räterepublik. MSPD und USPD vertraten unterschiedliche Konzepte für den Aufbau einer neuen Staatsordnung. Die MSPD wollte eine parlamentarische Demokratie, deren Grundlagen von einer verfassungsgebenden Versammlung festgelegt werden sollten. Die USPD, vor allem ihr linker Flügel und der Spartakusbund, strebten dagegen eine sozialistische Rätedemokratie an. Sie wollten sich nicht mit einer neuen politischen Ordnung begnügen, sondern die alten Machteliten ausschalten und die gesellschaftlichen und wirtschaftlichen Verhältnisse grundlegend zugunsten der Arbeiterklasse verändern.

Der „Allgemeine Reichskongress der Arbeiter- und Soldatenräte" vom 16. bis 20. Dezember 1918 in Berlin, zu dem sich Arbeiter- und Soldatenräte aus ganz Deutschland versammelt hatten, war jedoch nicht bereit, den weitreichenden Vorstellungen der USPD zu folgen, sondern neigte eher dem pragmatischen Kurs der MSPD zu. Die De-

Rosa Luxemburg (1871–1919)

Karl Liebknecht (1871–1919)

legierten lehnten es ab, nach russischem Vorbild alle Macht den Räten zu übertragen, und legten mit dem 19. Januar 1919 einen frühen Wahltermin für die verfassungsgebende Nationalversammlung fest.

Januar-Aufstände 1919. Mit diesem Ergebnis des Rätekongresses wollten sich diejenigen Gruppen, die die Revolution weitertreiben wollten, nicht abfinden und es kam zwischen Januar und März 1919 zu Aufständen in Berlin, Bremen, im Ruhrgebiet, in Sachsen und Thüringen sowie in München. Sie wurden vor allem von der USPD, die die Regierung inzwischen verlassen hatte, und der neu gegründeten Kommunistischen Partei Deutschlands (KPD) organisiert. Die MSPD-Regierung konnte die Aufstände nur mithilfe regierungstreuer Truppen, aber auch sogenannter Freikorps, d. h. rechtsradikaler Freiwilligenverbände, unterdrücken, die ein Blutbad anrichteten. Unter anderem wurden Rosa Luxemburg und Karl Liebknecht, führende Vertreter der KPD, am 15. Januar 1919 ermordet.
So wurde Ebert in den Augen vieler Sozialisten zum „Arbeiterverräter" und Reichwehrminister Noske zum „Bluthund". Die Spaltung innerhalb der Arbeiterbewegung, die bereits während des Krieges begonnen hatte, vertiefte sich.

Wahlen zur Nationalversammlung. Bei den Wahlen zur Nationalversammlung am 19. Januar 1919 hatten erstmals auch Frauen das aktive und passive Wahlrecht. Die MSPD wurde mit 37,9 % der Stimmen stärkste Fraktion. Die beiden bürgerlichen Parteien, die die Republik bejahten, Zentrum und DDP, bekamen 19,7 % bzw. 18,5 %, während diejenigen Parteien, die der Republik ablehnend oder feindselig gegenüberstanden, eine schwache Minderheit blieben (DVP: 4,4 %; DNVP: 10,3 %).
Die große Mehrheit der Deutschen bekannte sich im Januar 1919 also zur parlamentarischen Demokratie und unterstützte den Weg eines gemäßigten, in Zusammenarbeit mit bürgerlichen Parteien möglichen Übergangs vom Kaiserreich zur Republik, welchen die MSPD im November 1918 gegenüber radikaleren Bestrebungen durchgesetzt hatte.
Die Nationalversammlung, die wegen der Unruhen in vielen Teilen des Landes in Weimar zusammentrat, wählte den Sozialdemokraten Friedrich Ebert, einen ehemaligen Sattler, zum ersten Reichspräsidenten der Republik. Er ernannte das erste Reichskabinett mit dem Reichsministerpräsidenten Philipp Scheidemann (MSPD), der sich auf eine Regierungskoalition aus MSPD, DDP und Zentrum stützte. Diese „Weimarer Koalition" vertrat jene politischen Kräfte, die im Kaiserreich politisch geächtet gewesen waren: Sozialdemokraten, Linksliberale und Katholiken.

Weimarer Verfassung. Der Weimarer Verfassung (WV), die die Nationalversammlung im Juli 1919 verabschiedete, lag im Kontrast zum Obrigkeitsstaat das Prinzip der Volkssouveränität zugrunde. Artikel 1 lautet: „Das Deutsche Reich ist eine Republik. Die Staatsgewalt geht vom Volke aus." Deshalb sollten die beiden Verfassungsorgane, die mit der größten Machtfülle ausgestattet wurden, Reichstag und Reichspräsident, direkt vom Volk gewählt werden. Außerdem wurden das Volksbegehren und der Volksentscheid als weitere Elemente einer direkten Demokratie eingeführt. Im Unterschied zur Verfassung des Kaiserreichs brauchte künftig die Regierung das Vertrauen der Reichstagsmehrheit, um im Amt bleiben zu können.
In einem zweiten Teil enthält die Weimarer Verfassung einen Grundrechte-Katalog, der heftig diskutiert wurde und in dem alle gesellschaftlichen Gruppen ihre speziellen Interessen verankert sehen wollten. So enthält er die traditionellen liberalen Freiheitsrechte, aber auch soziale Grundrechte, wie z. B. den Jugend- und Mutterschaftsschutz.

http://www.dhm.de/lemo/html/weimar/revolution/index.html
Angebot des Deutschen Historischen Museums zu den Ereignissen 1918/19. Weitere zuverlässige Informationen und ein reiches Materialangebot zur Geschichte der Weimarer Republik unter: http://www.dhm.de/lemo/html/weimar

Die wichtigsten Parteien in der Weimarer Republik

Kommunistische Partei Deutschlands (KPD)

Aus dem **Spartakusbund**, der sich im Ersten Weltkrieg von der SPD wegen deren „Burgfrieden-Politik" abgespalten hatte, entstand Ende Dezember 1918 die KPD. Sie verstand sich als Arbeiterpartei und als Teil der Kommunistischen Internationale. Ihre Ziele waren eine Revolution und eine Räterepublik nach dem Vorbild der Sowjetunion. Die Weimarer Republik und die parlamentarische Demokratie lehnte die KPD ab.

Sozialdemokratische Partei Deutschlands (SPD)

Die Sozialdemokraten hatten sich 1917 wegen der Kriegspolitik in zwei Flügel gespalten: die Unabhängigen Sozialdemokraten (**USPD**) und die Mehrheits-Sozialdemokraten (**MSPD**). Beide vertraten ein sozialistisches Programm und suchten ihre Wählerinnen und Wähler vor allem unter der Arbeiterschaft. Die MSPD wollte ihre Ziele allerdings auf parlamentarischem Wege erreichen und mit den bürgerlichen Parteien, die Republik und Demokratie bejahten, zusammenarbeiten. Ein Teil der USPD dagegen strebte eine sozialistische Revolution und eine Diktatur des Proletariats an. Diese Parteilinke schloss sich 1921 der KPD an, während sich die übrigen USPD-Mitglieder wieder der Mehrheitspartei annäherten. Die SPD betrachtete die Weimarer Republik und ihre Verfassung als Ergebnis ihres Engagements in der Novemberrevolution und versuchte, sie gegen alle Umsturzversuche von links und rechts zu verteidigen.

Deutsche Demokratische Partei (DDP)

Die DDP ging aus der Fortschrittlichen Volkspartei und Teilen der Nationalliberalen Partei des Kaiserreiches hervor. Sie war konfessionell ungebunden und vertrat die Interessen des gebildeten Bürgertums, des gewerblichen Mittelstandes und eines Teils der Großindustrie. Die DDP bekannte sich bedingungslos zur Republik und wandte sich gegen alle radikalen Tendenzen von links und rechts.

Zentrum und Bayrische Volkspartei (BVP)

Das Zentrum repräsentierte wie im Kaiserreich die katholischen Wähler aller Bevölkerungsschichten. Die wirtschaftlich-sozialen Interessen seiner Anhänger waren also sehr unterschiedlich. Deshalb verfolgte das Zentrum vor allem kultur- und bildungspolitische Zielsetzungen. Ab 1920 gab es dazu eine bayrische Variante: die BVP. Obwohl für viele Katholiken der Sturz des Kaiserreichs ein Verstoß gegen die gottgewollte Ordnung war, unterstützte das Zentrum die Republik, in der es seine Interessen besser vertreten konnte als im protestantisch dominierten Kaiserreich.

Deutsche Volkspartei (DVP)

Die DVP war die eigentliche Nachfolgepartei der Nationalliberalen des Kaiserreiches. Ihren Vorsitz übernahm Gustav Stresemann. Die DVP vertrat vor allem die Interessen des betont national gesinnten, protestantischen Bürgertums und forderte die wirtschaftliche Förderung von Industrie und Mittelstand. Zwar galt ihre Sympathie der Monarchie, sie war aber bereit, sich auf den Boden der durch die Revolution geschaffenen politischen Tatsachen zu stellen.

Deutschnationale Volkspartei (DNVP)

Zum Sammelbecken für die politische Rechte, für völkisch-nationalistische, antidemokratische und antisemitische Kreise wurde die DNVP. Sie vertrat vor allem die Interessen der Großgrundbesitzer, der Kriegsveteranen und von Teilen der Schwerindustrie. Republik und Demokratie lehnte sie ab und sie wollte die Gesellschaftsordnung des Kaiserreiches wiederherstellen.

Nationalsozialistische Deutsche Arbeiterpartei (NSDAP)

Die NSDAP war bei ihrer Gründung 1919 eine von vielen rechtsradikalen Splitterparteien, die die Republik und den Versailler Vertrag mit allen Mitteln bekämpften. Ihre Kennzeichen waren ein rassisch begründeter Antisemitismus und die Lebensraumdoktrin. Unter der Führung Hitlers entwickelte sie sich nach 1928 zu einer Massenbewegung, in der zwar alle Bevölkerungsschichten vertreten waren, der Mittelstand jedoch überproportional.

Daneben gab es in der Weimarer Republik noch zahlreiche Parteien, die die Interessen einzelner Bevölkerungsgruppen oder Regionen vertraten (z. B. Wirtschaftspartei, Bayrischer Bauernbund, Deutsch-Hannoversche Partei).

Als Gegengewicht zum Reichstag wurde der für sieben Jahre gewählte Reichspräsident mit weitgehenden Vollmachten ausgestattet, die ihn zu einer Art „Ersatzkaiser" machten. Die starke Stellung des Reichspräsidenten war eine Reaktion auf die aktuellen Erfahrungen mit Aufständen und bürgerkriegsähnlichen Zuständen und brachte zugleich ein gewisses Misstrauen der Verfassungsväter gegen die Parteiendemokratie zum Ausdruck, das in obrigkeitsstaatlichem Denken wurzelte, aber auch in der Erfahrung, dass die bisherigen Parteien wenig Bereitschaft zum Kompromiss und zur Übernahme gesamtstaatlicher Verantwortung entwickelt hatten, da ihnen dies im Kaiserreich auch nicht abverlangt worden war.

http://www.documentarchiv.de/wr.html
Zentrale Dokumente zur Weimarer Republik (u. a. Verfassung vom Juli 1919)

Die Verfassung, die von der Nationalversammlung mit großer Mehrheit (262 zu 75 Stimmen) verabschiedet wurde und am 11. August 1919 in Kraft trat, war ein System politischer und sozialer Kompromisse und entsprach damit den gesellschaftlichen Verhältnissen nach dem Ende des Kaiserreichs bzw. zu Beginn der Weimarer Republik. Sie fand jedoch in der Öffentlichkeit wenig Zustimmung: Den einen ging sie zu weit, den anderen nicht weit genug. Die Monarchie war beseitigt und mit ihr viele Vorrechte der alten Machteliten, aber die kaiserlichen Beamten in Verwaltung, Justiz und Polizei waren meist in ihren Ämtern verblieben. Auch die alte Armee blieb trotz ihrer Verkleinerung im Kern erhalten. Dass sich die Mehrheitssozialdemokraten aus Angst vor „russischen Zuständen", aber auch aus demokratischer Überzeugung auf solche Veränderungen beschränkten, die im Bündnis mit Teilen des Bürgertums durchführbar waren, enttäuschte viele ihrer Anhänger, sodass sie sich entweder radikalisierten und der USPD oder der KPD anschlossen oder resignierten und aus der Politik zurückzogen.

Die Weimarer Verfassung (1919)

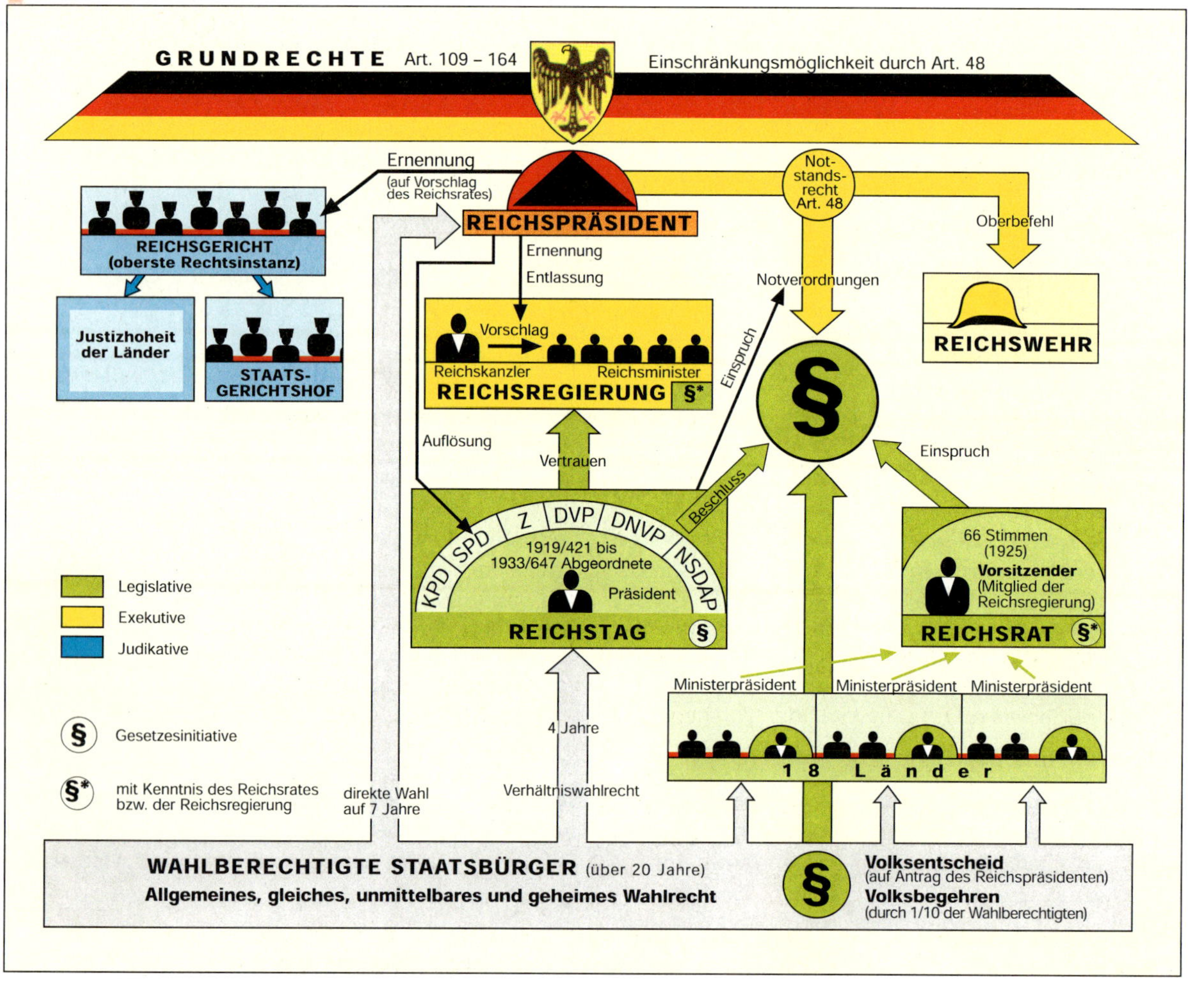

2. Die Krisenjahre der Republik 1920–1923

Auf die junge Republik wartete eine Vielzahl von Belastungen. Viele Deutsche waren verbittert über die Niederlage im Weltkrieg, da ihnen die Oberste Heeresleitung bis zum Ende ein vollkommen gegensätzliches Bild vermittelt hatte. Der Versailler Vertrag erschütterte das nationale Selbstbewusstsein noch einmal zutiefst. Die Dolchstoßlegende und die Kriegsschuldfrage sowie die Bestimmung der Reparationsleistungen lieferten ein Höchstmaß an politischem und wirtschaftlichem Sprengstoff. Die innenpolitische Stabilität wurde zudem durch die gewaltsamen Übergriffe der extremen Parteien gefährdet. Vor diesem Hintergrund wurde das Krisenjahr 1923 zu einer Bewährunsprobe für die junge Republik.

http://www.bpb.de/publikationen/4EOXFC,O,Kampf_um_die_Republik_19191923.html
Informationen der Bundeszentrale für Politische Bildung zu den Krisenjahren der Weimarer Republik

Versailler Vertrag. Für kritische Beobachter war schon Ende 1918 nicht zu verkennen, dass Deutschland einen wesentlichen Teil der Verantwortung für den Kriegsausbruch 1914 trug. Aus – unvollständigen und gekürzten – Dokumenten, die der Münchner Ministerpräsident Kurt Eisner (USPD) im November 1918 veröffentlichte, ging deutlich hervor, dass die deutsche Reichsleitung Österreich im Sommer 1914 zum schnellen Vorgehen gegen Serbien gedrängt und Englands Kriegseintritt durch die Verletzung Belgiens bewusst in Kauf genommen hatte. Im März und April 1919 befasste sich die Reichsregierung mehrmals mit der Kriegsschuldfrage, lehnte aber die Veröffentlichung belastenden Materials mit der Begründung ab, dies ergebe im In- und Ausland ein für Deutschland ungünstiges Bild.

Am 18. Januar 1919 – auf den Tag genau 48 Jahre nach der Kaiserproklamation und der Gründung des Deutschen Reiches in Versailles – wurde in Paris die Friedenskonferenz eröffnet. Beim Wiener Kongress von 1815 hatte man das besiegte Frankreich als Partner zugelassen und es um einer dauerhaften Regelung willen geschont. Die emotionalisierte Öffentlichkeit 1918/19 ließ eine Beteiligung der Kriegsverlierer nicht mehr zu, sodass an den im Januar 1919 eröffneten Friedenskonferenzen nur die Delegationen aus den 27 Staaten (ohne Russland) teilnahmen, die im Krieg gegen die Mittelmächte gestanden hatten. Die politischen Ziele der Siegermächte waren, auch soweit es die Behandlung Deutschlands betraf, durchaus unterschiedlich. Während Frankreich den Rang einer Hegemonialmacht auf dem Kontinent anstrebte und auch deshalb an einer nachhaltigen Schwächung Deutschlands interessiert war, wollte die englische Politik, unterstützt durch die USA, ein europäisches Gleichgewicht bewahren. Der amerikanische Präsident Wilson wollte vor allem sein Projekt eines Völkerbundes verwirklichen. Zwar ließen sich die französischen Forderungen einer Aufteilung Deutschlands in Einzelstaaten nicht durchsetzen, doch auch Wilson und der britische Premier Lloyd George mussten Zugeständnisse machen.

Versailles (aus der Satirezeitschrift „Simplicissimus" vom 3.6.1919).
Die im Frack dargestellten Personen sind von links nach rechts: der amerikanische Präsident Woodrow Wilson, der französische Ministerpräsident George Clemenceau und der englische Premierminister David Lloyd George.
Text dazu: „Auch Sie haben ein Selbstbestimmungsrecht. Wünschen Sie, dass Ihnen die Taschen vor oder nach dem Tod ausgeleert werden?"

Bestimmungen des Vertrags. Die Friedensbedingungen wurden der deutschen Delegation unter Außenminister Graf Brockdorff-Rantzau am 7. Mai 1919 überreicht. Deutschland musste Elsass-Lothringen an Frankreich und Westpreußen an Polen abtreten (das so einen Zugang zur Ostsee erhielt). Für andere Gebiete wurden Volksabstimmungen vorgesehen (Eupen, Nordschleswig, Südostpreußen, Oberschlesien). Das Saargebiet wurde dem Völkerbund unterstellt und Deutschland musste das Eigentum an den Saargruben an Frankreich abtreten. Insgesamt verlor das Deutsche Reich rund 10 % seiner Bevölkerung und 13 % des Vorkriegsterritoriums – die Verluste durch die Abtretung der Kolonien nicht mitgerechnet. Wirtschaftlich waren von den Gebietsabtrennungen der Bergbau, die eisenverarbeitende Industrie und die Landwirtschaft besonders betroffen. Psychologisch schwer erträglich war das Verbot eines Anschlusses Deutsch-Österreichs an das Reich, das man in Deutschland als Verletzung des Selbstbestimmungsgrundsatzes empfand. Die militärischen Bedingungen des Vertrags sahen die Reduzierung der deutschen Armee auf ein Berufsheer von 100 000 Mann, das Verbot von Flugzeugen, Panzern, U-Booten und schweren Kriegsschiffen, die Auslieferung der Kriegsflotte und das Verbot eines Generalstabs vor. Frankreich konnte sein

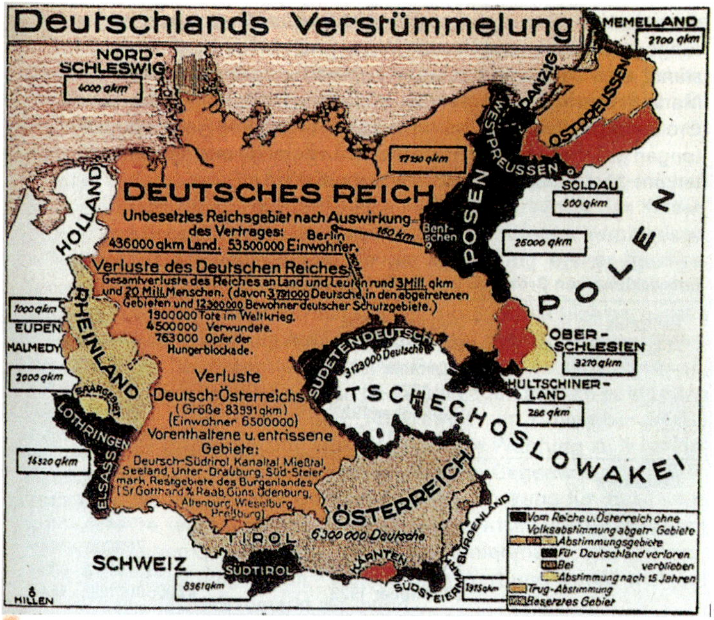

Zeitgenössische Karte über die Folgen des Versailler Vertrages. Die Karte wurde in vielen Schulbüchern der Weimarer Republik abgebildet.

Maximalziel, die Abtretung des linken Rheinufers, nicht durchsetzen, erreichte aber die militärische Besetzung des linken Rheinufers und einiger rechtsrheinischer Brückenköpfe auf 15 Jahre sowie die Entmilitarisierung eines rechtsrheinischen Gebietsstreifens. Bei den wirtschaftlichen Bestimmungen des Vertrags scheiterte der amerikanische Präsident Wilson mit seiner Konzeption, die Reparationsansprüche der Siegermächte an Deutschland und seine Verbündeten in engen Grenzen zu halten. Vor allem Großbritannien drängte mit Blick auf die eigenen Kriegsschulden bei den USA auf eine Ausweitung des Reparationsbegriffs. Das führte zu einer beträchtlichen Steigerung der deutschen Reparationsverpflichtungen, deren genaue Höhe jedoch zunächst nicht festgelegt wurde, da die Schätzungen der alliierten Sachverständigen über die deutsche Leistungsfähigkeit erheblich auseinandergingen. Um die Verpflichtung Deutschlands zur Reparationszahlung prinzipiell festzustellen, wurde diesem Teil der Vertragsbestimmungen der Artikel 231 vorangestellt, in dem Deutschland und seine Verbündeten für alle Verluste und Schäden verantwortlich gemacht wurden, die die alliierten „[...] Regierungen und ihre Staatsangehörigen infolge des Krieges, der ihnen durch den Angriff Deutschlands und seiner Verbündeten aufgezwungen wurde, erlitten haben". War dieser Artikel zunächst als ein juristischer Haftungsanspruch gegenüber Deutschland konzipiert, wurde aus ihm in der öffentlichen Auseinandersetzung jedoch mehr und mehr ein politisch-moralischer Kriegsschuldvorwurf.

Reaktionen auf den Vertrag. Die Friedensbedingungen lösten nicht nur in der deutschen Delegation, sondern auch in der deutschen Öffentlichkeit in allen politischen Lagern bis hin zur KPD einen Sturm der Entrüstung aus. Diese Reaktionen zeigten, dass sich Bevölkerung und Politiker auf die bitteren Konsequenzen der Niederlage noch nicht eingestellt hatten. Selbst das Außenministerium, wo man Wilsons „Vierzehn Punkte" immer in dem für Deutschland günstigsten Sinn gedeutet hatte, wurde völlig unvorbereitet von der Entscheidung der Alliierten getroffen, Deutschland zu mündlichen Verhandlungen nach der Bekanntgabe des Vertragsentwurfs gar nicht erst zuzulassen. Nachdem die Alliierten die deutschen Gegenvorschläge nahezu unberücksichtigt gelassen hatten und ultimativ eine Vertragsunterzeichnung innerhalb von fünf Tagen forderten, zogen Ministerpräsident Scheidemann und Außenminister Graf Brockdorff-Rantzau den Rücktritt vor. Gleichzeitig trat auch die DDP aus der Regierung aus, sodass Zentrum und Sozialdemokraten allein die Verantwortung für den Friedensvertrag übernehmen mussten. Ein Versuch des neuen Ministerpräsidenten Gustav Bauer (MSPD), in letzter Minute doch noch eine Abschwächung der Friedensbedingungen zu erreichen, scheiterte und die Regierung wurde am 23. Juni vom Reichstag zur Vertragsunterzeichnung ermächtigt. DNVP, DVP und DDP, die den Vertrag ablehnten, billigten denjenigen Politikern der Koalition, denen nur die Unterzeichnung blieb, in einer Erklärung ehrenhafte Motive zu – eine Erklärung, die bald in der Propaganda von rechts vergessen wurde und mit der sich die politische Rechte aus der Verantwortung fernhalten konnte.

Als **14 Punkte-Programm** werden die Grundzüge einer Friedensordnung für Europa bezeichnet, die US-Präsident Wilson im Januar 1918 formulierte.

Einerseits war der Versailler Vertrag eine beträchtliche Hypothek für die junge Republik. Die Folgen der Niederlage wurden nicht den für den Krieg verantwortlichen politischen Kräften, sondern ihren demokratischen Nachfolgern aufgebürdet. Andererseits erfüllte der Vertrag keineswegs die noch weiter gehenden Revancheforderungen, wie sie vor allem in Frankreich vertreten wurden. Die Einheit des Deutschen Reiches blieb erhalten und Deutschland behielt durchaus den Rang einer europäischen Großmacht mit der Aussicht, in absehbarer Zeit einen größeren Bewegungsspielraum wiederzugewinnen. Die ökonomischen Belastungen, die der Vertrag Deutschland aufbürdete, waren sicher hoch, aber auch nicht gänzlich unbezahlbar, wie das deutsche Angebot einer Reparationszahlung von 100 Mrd. Goldmark belegt. Nicht allein der Vertrag selbst, sondern mehr noch seine kompromisslose, rigorose Ablehnung im Innern hat der Weimarer Republik auf Dauer großen Schaden zugefügt.

Amerikanische Karikaktur (1930)

Selbst nach der Unterzeichnung des Versailler Vertrags sah sich Reichsfinanzminister Matthias Erzberger (Zentrum) wütenden Attacken im Reichstag ausgesetzt, als er im Juli 1919 bisher nicht bekannte Fakten über die Kriegspolitik der kaiserlichen Regierung in der letzten Kriegsphase aufdeckte. Erzberger konnte insbesondere mitteilen, dass die deutsche Regierung Friedensbestrebungen Österreichs und eine Vermittlung des Papstes 1917 torpediert hatte. Aus der Rede Erzbergers erfuhr die Öffentlichkeit auch, dass es General Ludendorff war, der am 29.9.1918 das überraschende und überstürzte Waffenstillstandsersuchen gefordert hatte. Dennoch führten auch Erzbergers Enthüllungen nicht zu einer neuen Positionsbestimmung der Regierung oder ihrer stärksten Fraktion, der SPD. Die „Kriegsunschuldlegende“ wurde nicht infrage gestellt und zu einer Lebenslüge der Weimarer Demokratie.

Dolchstoßlegende. Im November 1919 gab ein Untersuchungsausschuss des Reichstags Hindenburg und Ludendorff Gelegenheit zu einer skrupellosen Selbstdarstellung ihrer Rolle in der Kriegszeit und damit zur Verbreitung der sogenannten Dolchstoßlegende. Die Vernehmung gipfelte in Hindenburgs Aussage: „Die braven Truppen, die sich von der revolutionären Zermürbung freihielten, hatten unter dem pflichtwidrigen Verhalten der revolutionären Kameraden schwer zu leiden; sie mussten die ganze Last des Kampfes tragen […]. So mussten unsere Operationen misslingen, es musste der Zusammenbruch kommen; die Revolution bildete nur den Schlussstein.“ – Hindenburg galt nach der Vernehmung mehr denn je als der strahlende Sieger der Schlacht von Tannenberg (gegen die russischen Armeen 1914). Hindenburgs und Ludendorffs politische Rolle in den beiden letzten Kriegesjahren wurde dagegen nicht aufgeklärt.

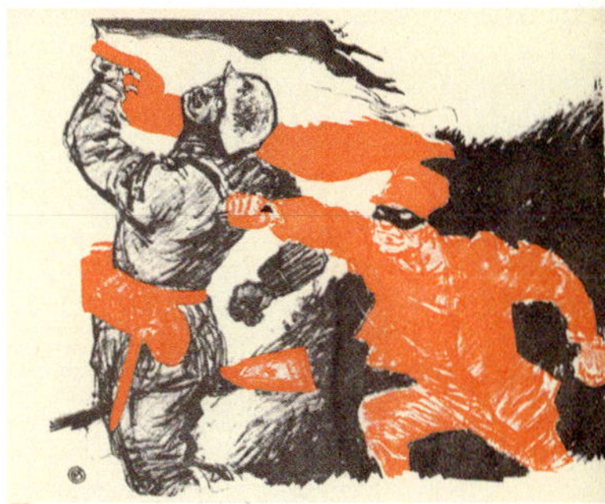
Darstellung der Dolchstoßlegende auf einem Propagandaplakat

Diese Legende fand rasch Verbreitung, denn der militärische Zusammenbruch war vielen unverständlich geblieben, da die deutsche Öffentlichkeit bis zuletzt von der zensierten Presse auf einen Sieg eingestellt worden war. Die Dolchstoßlegende verschleierte das politische und militärische Versagen der Führungsschicht des kaiserlichen Deutschland und stempelte die „Novemberverbrecher“ und die demokratische Republik zu Sündenböcken für die aktuelle Misere. Damit entsprach sie der Stimmung eines großen Teils der Deutschen, die die Niederlage nicht anerkennen wollten, und beschädigte die Akzeptanz der jungen Republik nachhaltig.

Kapp-Lüttwitz-Putsch. Vor diesem Hintergrund versuchten am 13. März 1920 militante Rechtskreise, mit dem „Kapp-Lüttwitz-Putsch“ die Regierungsgewalt an sich zu reißen. Wolfgang Kapp war ein hoher ostpreußischer Verwaltungsbeamter, Walther von Lüttwitz Kommandeur der östlich der Elbe gelegenen Reichswehrverbände. Sie konnten für ihren Putsch mit der Unterstützung zahlreicher Freikorps rechnen, die ebenso wie große Teile der Reichswehr aufgelöst werden sollten, weil der Versailler Vertrag Deutschland nur ein 100 000-Mann-Heer erlaubte. Am 13. März 1920 besetzten die Putschisten das Berliner Regierungsviertel und riefen Kapp zum neuen Reichskanzler aus.

Der Putsch brach rasch in sich zusammen, denn die Arbeiterschaft im ganzen Reich trat in den Generalstreik und die Ministerialbürokratie weigerte sich, den Anordnungen

http://www.dhm.de/lemo/forum/kollektives_gedaechtnis/060/index.html
Erinnerungen von Walter Koch, dem sächsischen Gesandten in Berlin, zum Kapp-Lüttwitz-Putsch

Aufmarsch bewaffneter Einheiten beim Kapp-Putsch im März 1920

Kapps Folge zu leisten. Die streikenden Arbeiter gingen in verschiedenen Teilen des Reiches, insbesondere in Sachsen und Thüringen wie auch im Ruhrgebiet, zum bewaffneten Kampf gegen die Freikorps und die Reichswehrtruppen über, der von der Regierung mithilfe der Reichswehr blutig niedergeschlagen wurde. Kapp-Putsch und Ruhraufstand zeigten die Gefährdung der Republik von rechts und links sowie den schwachen Rückhalt, den sie in der Armee und in der Bürokratie hatte.

Die ersten Reichstagswahlen am 6. Juni 1920 machten deutlich, wie sehr das Ansehen der Demokratie durch die Ereignisse 1919/1920 gelitten hatte: Die staatstragende „Weimarer Koalition" aus SPD, DDP und Zentrum verlor ihre große Mehrheit vom Januar 1919 und bekam nur noch 43,5 % der Stimmen. Der neue Staat war zu einer „Republik ohne Republikaner" geworden. Die SPD, die 47 % ihrer Wähler verloren hatte, wollte sich nun nicht mehr an der Regierung beteiligen. Es kam ein Minderheitskabinett aus Zentrum, DDP und DVP zustande – eine Situation, die kennzeichnend werden sollte für die Weimarer Republik, in der sich meist Minderheitsregierungen mit wechselnden Mehrheiten von rechts und links arrangieren mussten.

Reparationsfrage. Das innen- und außenpolitische Hauptproblem der folgenden Jahre war die Reparationsfrage. Dabei handelte es sich um eine wirtschaftspolitische Problematik, die für alle Staaten Neuland war. Sie behandelten sie aber nicht als internationales Problem, sondern jeder Staat versuchte, seine individuellen Interessen durchzusetzen: Deutschland wollte die Reparationslasten möglichst gering halten; die Siegerstaaten wollten alle mit dem Krieg zusammenhängenden Kosten ersetzt bekommen, ohne Rücksicht auf die Leistungsfähigkeit der deutschen Volkswirtschaft; Frankreich wollte darüber hinaus eine langfristige wirtschaftliche und militärische Schwächung Deutschlands erreichen, die es durch den Versailler Vertrag noch nicht gesichert sah. In der Reparationsfrage bestanden also unüberbrückbare Interessenunterschiede zwischen Deutschland und den Siegerstaaten.

Im Januar 1921 einigte sich eine Konferenz der Siegerstaaten auf eine deutsche Gesamtschuld von 226 Milliarden Goldmark, die jedoch bald auf 132 Milliarden Goldmark herabgesetzt wurde und in jährlichen Raten abbezahlt werden sollte.

Plakat zum Ruhrkampf 1923

„Erfüllungspolitik" und Ruhrkampf. Nach mehreren Regierungskrisen setzten sich die Vertreter der „Erfüllungspolitik" durch, die bestrebt waren, die Reparationsverpflichtungen genau zu erfüllen und durch die dadurch verursachte Wirtschaftkrise den Siegermächten zu beweisen, dass die Wiedergutmachungsforderungen unerfüllbar waren und revidiert werden mussten. Die Siegerstaaten, vor allem Frankreich, hielten diese Politik jedoch nicht für glaubwürdig und als Deutschland mit seinen Zahlungen in Verzug geriet, besetzte Frankreich im Januar 1923 das Ruhrgebiet. Reichsregierung und Gewerkschaften riefen daraufhin die Bevölkerung des Ruhrgebiets zum passiven Widerstand und zum Generalstreik auf („Ruhrkampf"). Frankreich verhängte den Belagerungszustand und es kam zu einer Art Kleinkrieg rechtsradikaler Wehrverbände gegen die Besatzungstruppen.

Fememorde. Die „Erfüllungspolitik" wurde von den nationalen Kreisen als Ausverkauf deutscher Interessen heftig bekämpft und ihre Repräsentanten als Helfershelfer der Alliierten gebrandmarkt. Vor allem der linke Zentrumspolitiker Matthias Erzberger, der bereits die deutsche Waffenstillstandsdelegation angeführt und den Versailler Vertrag befürwortet hatte, und Walther Rathenau, der jüdischer Herkunft war, gerieten ins Visier gewaltbereiter Rechtsradikaler, die sich seit 1920 in völkischen Zirkeln und Geheimbünden sammelten. Am 26. August 1921 wurde Matthias Erzberger ermordet, am 24. Juni 1922 Walther Rathenau. Sie waren die prominentesten Opfer einer ganzen Serie politischer Attentate, die das politische Klima jener Jahre prägten.

Kinder spielen mit wertlosem Inflationsgeld

Krisenjahr 1923. 1923 spitzte sich die wirtschaftliche und politische Krise der Weimarer Republik dramatisch zu, aber diesmal konnte sie sich noch behaupten. Bereits im Frühjahr zeichnete sich ab, dass der passive Widerstand im Ruhrgebiet nicht mehr lange durchzuhalten war. Die Unterstützung der dortigen Millionenbevölkerung durch Geld- und Sachleistungen im Wert von 40 Mio. Goldmark täglich war nicht lange leistbar und im September brach die Regierung Stresemann den Ruhrkampf ab.

Inflation. Die Kosten des passiven Widerstandes an der Ruhr hatten die deutsche Währung vollends zerrüttet, die bereits durch die Kosten des Krieges und die Reparationen angeschlagen war. Der rapide Wertverlust der Reichsmark ging im Herbst 1923 in eine galoppierende Inflation über. Die industrielle Erzeugung ging zurück und die Zahl der Arbeitslosen stieg rasch an. In der zweiten Jahreshälfte wurde die Hyperinflation immer mehr zu einem Albtraum. Die Löhne und Gehälter konnten mit der Inflation nicht mehr Schritt halten. Die Bauern und Einzelhändler waren immer weniger bereit, ihre Erzeugnisse und Waren gegen wertloses Geld zu tauschen. Deshalb drohte im Herbst 1923 der Zusammenbruch der lokalen Versorgung. Es kam zu Hungerunruhen und zur Plünderung von Lebensmittelgeschäften. Die verzweifelten Menschen machten die Behörden und den Staat dafür verantwortlich, der dadurch weiter an Autorität verlor.

Putschversuche. Das Wirtschafts- und Währungschaos im Herbst 1923 führte erneut zu Putschversuchen. Vor allem die Beendigung des Ruhrkampfes rief wütende Proteste auf der Rechten hervor, während die steigende wirtschaftliche Zerrüttung mit ihren sozialen Folgen bei der Linken die Hoffnung auf eine revolutionäre Situation nährte. Hinzu kamen separatistische Tendenzen im Rheinland und in der Pfalz, die von der französischen Besatzungsmacht gefördert wurden. Sie scheiterten jedoch vor allem am Widerstand der Bevölkerung.

Die Bedrohung von links ging von der KPD aus. Bereits im März 1921 hatte die KPD in Überschätzung ihres Aktionspotenzials von Mitteldeutschland aus einen Putsch versucht, der aber innerhalb weniger Tage von der preußischen Polizei niedergeschlagen wurde. Nun, 1923, verfügten SPD und KPD in Sachsen und Thüringen über die Mehrheit in den Landtagen. Sie bildeten in diesen Ländern gemeinsam eine „Einheitsfront"-Regierung und begannen mit der Aufstellung proletarischer Hundertschaften zur Abwehr rechter Putschversuche. Die KPD wollte so – auch auf Anweisung der Kommunistischen Internationale in Moskau – eine deutsche „Oktoberrevolution" nach russischem Vorbild vorbereiten. Die Reichsregierung ließ zügig die Reichswehr in Sachsen einmarschieren und machte allen Aufstandsplänen ein Ende.

Hitler, rechts neben Ludendorff (Bildmitte), posiert mit weiteren Teilnehmern des Hitler-Ludendorff-Putsches vor dem Gerichtsgebäude.

http://zukunft-braucht-erinnerung.de/drittes-reich/anfaenge-der-nsdap/150-der-hitler-putsch-1923.html
Die Darstellung des Hitler-Putsches im Informationsportal „Zukunft braucht Erinnerung"

Weniger entschieden ging sie vor, als sich parallel dazu ein Putsch von rechts in Bayern anbahnte. Im Gefolge des Kapp-Lüttwitz-Putsches 1920 hatte sich dort eine stramm rechte Regierung etabliert, die nun von noch weiter rechts stehenden Kreisen um General Ludendorff unter Druck gesetzt wurde. Auf einer Versammlung im Bürgerbräukeller am 8. November entschlossen sich Ludendorff und Hitler, „die nationale Erhebung" zu erzwingen, indem sie die bayrische und die Reichsregierung für abgesetzt erklärten und eine Gegenregierung ausriefen. Aber noch in derselben Nacht distanzierte sich ein Teil der in Aussicht genommenen Regierungsmitglieder von den Putschplänen. Als Ludendorff und Hitler am nächsten Tag mit ihren Anhängern durch die Münchener Innenstadt zogen, wurden sie an der Feldherrnhalle durch die Polizei aufgehalten und beschossen. Die „nationale Revolution" brach zusammen und ihre Anhänger zerstreuten sich.
Mit der Begründung, dass bei einem Mann, „der so deutsch denkt und fühlt wie Hitler" und der sich durch „rein vaterländischen Geist und edelsten Willen" auszeichne, das Motiv des Verrats nicht aufrechterhalten werden könne, wurde es vom Gericht ausdrücklich abgelehnt, Hitler als verurteilten Ausländer auszuweisen. Stattdessen wurde er zu fünf Jahren Festungshaft verurteilt. In seiner Haft verfasste Hitler Teile des ersten Bandes seines Buches „Mein Kampf". Nach neun Monaten wurde er Ende 1924 „wegen guter Führung" vorzeitig aus der Haft entlassen.
Mit dem Ende des Jahres 1923 war der Höhepunkt der inneren Krisensituation überwunden. Die Währungsreform schuf die Voraussetzung für eine wirtschaftliche Stabilisierung und allmählich setzte eine Beruhigung ein.

3. Die gefährdete Stabilität 1924–1929

Die Einführung der Rentenmark stoppte die Inflation. Schon bald setzte eine Phase wirtschaftlicher Aufwärtsentwicklung und politischer Beruhigung ein. Deutschlands Weg führte zurück in die Weltpolitik. Durch diese allgemeine Entspannungsphase kam es ab 1924 auch zur Blüte von Kunst und Kultur. Man spricht daher häufig von den „Goldenen Zwanzigern". Erst gegen Ende des Jahrzehnts verschärfte sich die Situation vor dem Hintergrund der Weltwirtschaftskrise erneut.

Außenpolitische Erfolge. Dass sich nach der Beendigung des Widerstandes im Ruhrgebiet und nach der Konsolidierung der Währung die diplomatischen Beziehungen zu den Siegerstaaten bald wieder besserten und Deutschland seine außenpolitische Isolierung überwinden konnte, war vor allem Gustav Stresemann zu verdanken. Als national orientierter Politiker strebte auch er eine Revision des Versailler Vertrages an, aber mit friedlichen, vor allem wirtschaftlichen Mitteln. Seine Hauptziele waren günstigere Bedingungen bei den Reparationen, die Räumung des Rheinlandes und die Revision des in Versailles festgelegten Grenzverlaufs gegenüber Polen.

Gustav Stresemann
1878: Geburt in Berlin
1907: Jüngster Abgeordneter im Reichstag
1918: Mitbegründer und Vorsitzender der DVP
1923: Reichskanzler
Ab Nov. 1923: Außenminister
1926: Friedensnobelpreis
1929: Tod in Berlin

Dawes-Plan und Locarno. Deutschland kam zugute, dass auch die Siegerstaaten inzwischen an tragfähigeren Übereinkünften mit Deutschland interessiert waren. Sie verständigten sich 1924 mit dem „Dawes-Plan" (benannt nach dem Vorsitzenden einer unabhängigen Sachverständigenkommission) auf eine realistischere Regelung für die Reparationszahlungen, die zugleich die Voraussetzung für die Räumung des Ruhrgebietes durch Frankreich war. Im folgenden Jahr kam auf Initiative Stresemanns die Konferenz von Locarno zustande, bei der Deutschland seine im Versailler Vertrag festgelegten Westgrenzen und die damit verbundenen Gebietsabtretungen akzeptierte. Deutschlands Verhältnis zur Sowjetunion hatte sich schon 1922 durch den Vertrag von Rapallo entspannt. Dort hatten sich die beiden international geächteten Staaten Deutschland und Sowjetunion am Rande der Konferenz von Genua darauf geeinigt, auf wechselseitige Entschädigungsansprüche zu verzichten und ihre Wirtschaftsbeziehungen zu intensivieren. Als Ergänzung schloss Deutschland im April 1926 mit der

Sowjetunion einen Freundschaftsvertrag, den „Berliner Vertrag", ab. Noch im selben Jahr, am 10. September 1926, wurde Deutschland zudem in den Völkerbund aufgenommen. Mit diesen außenpolitischen Erfolgen hatte Deutschland die moralische und politische Isolierung der Nachkriegszeit überwunden.

Stresemann vor dem Völkerbund in Genf am 10. September 1926

Innenpolitische Probleme und Stabilisierung. Nach der Währungsreform traten die wirtschaftlichen und sozialen Kosten des Krieges, die durch die Inflation zunächst überlagert worden waren, offen zutage. Es gab bei der Währungsreform Gewinner und Verlierer. Gewinner waren alle diejenigen, die in den Besitz von Sachwerten – Grundbesitz, Produktionsanlagen, Warenlager – gekommen waren. Verlierer waren die Besitzer von Kapitalvermögen: die Sparer und alle, die ihr Vermögen in Kriegsanleihen, Darlehen oder Versicherungen angelegt hatten. Dazu gehörte ein Großteil des Mittelstandes, vor allem die Handwerker, Kleinunternehmer, Kaufleute und Freiberufler, die im Alter von den Erträgen ihres Kapitalvermögens leben wollten, das sich nun buchstäblich in nichts aufgelöst hatte. Die Zahl der Verzweifelten und gegen die Republik Erbitterten stieg weiter an, als das Reich, die Länder und die Kommunen zur Sanierung ihrer Haushalte viele Angestellte und Beamte entlassen mussten. Auch viele Unternehmen, die von der Inflationskonjunktur profitiert hatten, machten Konkurs und die Arbeitslosigkeit stieg.

Die deutsche Wirtschaft erholte sich jedoch rasch, nachdem der Dawes-Plan 1924 den Zufluss ausländischer Kredite ermöglichte. Zwischen 1924 und 1929 wurden 20 Milliarden Goldmark aus den USA in Deutschland investiert. 1927 erreichte die deutsche Industrieproduktion erstmals wieder den Vorkriegsstand. Auch die Arbeitslosigkeit ging 1924/25 zurück, betrug aber selbst in den guten mittleren Jahren der Republik durchschnittlich 8–10%; die Durchschnittslöhne kamen nie über das Niveau von 1913 hinaus.

Für diese hohe Sockelarbeitslosigkeit waren strukturelle Ursachen verantwortlich, die viele Arbeitsplätze entbehrlich machten: In der Industrie wurden moderne Fer-

Handzettel der NSDAP zur Reichstagswahl 1930 gegen Reparationszahlungen und den Dawes-Plan

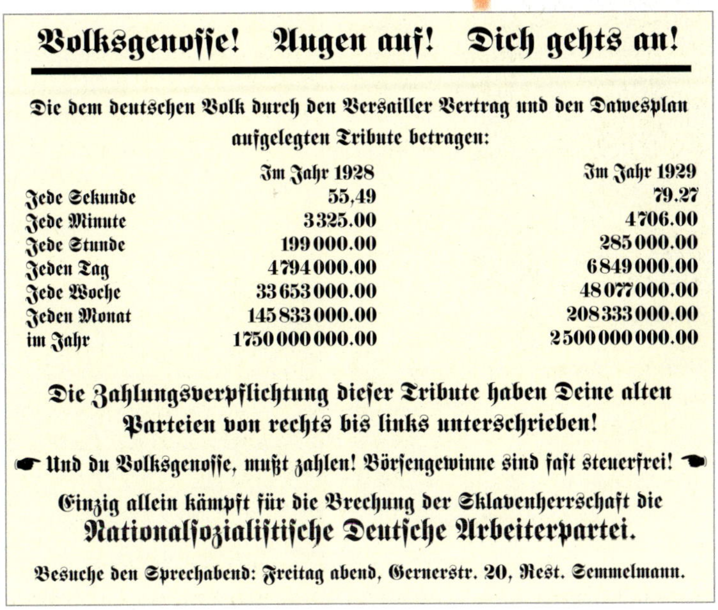

Volksgenosse! Augen auf! Dich gehts an!

Die dem deutschen Volk durch den Versailler Vertrag und den Dawesplan aufgelegten Tribute betragen:

	Im Jahr 1928	Im Jahr 1929
Jede Sekunde	55,49	79.27
Jede Minute	3325.00	4706.00
Jede Stunde	199000.00	285000.00
Jeden Tag	4794000.00	6849000.00
Jede Woche	33653000.00	48077000.00
Jeden Monat	145833000.00	208333000.00
im Jahr	1750000000.00	2500000000.00

Die Zahlungsverpflichtung dieser Tribute haben Deine alten Parteien von rechts bis links unterschrieben!

Und du Volksgenosse, mußt zahlen! Börsengewinne sind fast steuerfrei!

Einzig allein kämpft für die Brechung der Sklavenherrschaft die **Nationalsozialistische Deutsche Arbeiterpartei.**

Besuche den Sprechabend: Freitag abend, Gernerstr. 20, Rest. Semmelmann.

tigungsmethoden wie das Fließband eingeführt; in der Verwaltung hielt die Schreibmaschine Einzug, die eine Domäne weiblicher Arbeitskräfte wurde, wodurch viele männliche Büroangestellte ihre Arbeit verloren; der Prozess der Verdrängung des Handwerks aus vielen Produktionsbereichen durch industrielle, weniger arbeitsintensive Fertigung, der schon die Entwicklung in der zweiten Hälfte des 19. Jahrhunderts geprägt hatte, setzte sich weiter fort; im Handel begannen die Kaufhäuser ihren Siegeszug und machten den Einzelhandelsbetrieben das Überleben schwer. Hinzu kam, dass geburtenstarke Jahrgänge in das arbeitsfähige Alter kamen, aber keine berufliche Perspektive und Beschäftigungsmöglichkeit vorfanden.

http://www.dhm.de/lemo/html/weimar/innenpolitik/versicherung/index.html
Informationen des Deutschen Historischen Museums zur Einführung der Arbeitslosenversicherung 1927

Sozialpolitik. Die Auswirkungen der unsicheren Beschäftigungslage wurden durch sozialpolitische Maßnahmen gemildert. Zu den wichtigsten gehörte die Arbeitslosenversicherung, die 1927 eingeführt wurde. Mit dieser und anderen Maßnahmen wurde dem in der Weimarer Verfassung verankerten Sozialstaatsprinzip Rechnung getragen, das zum „Gründungskompromiss" der Weimarer Republik gehörte und das 1918/19 als Bestandteil des Konzepts der Sozialpartnerschaft von den Unternehmern mitgetragen worden war. Aber bereits in der Stabilisierungsphase der Weimarer Republik, als die Gefahr einer sozialistischen Revolution überwunden war, wollten die Arbeitgeber die Ergebnisse der Sozialpartnerschaft (z. B. Achtstunden-Tag, Lohnerhöhungen) wieder rückgängig machen. Zu den vorrangigen Zielen eines großen Teils der deutschen Unternehmer gehörte es, den Reichstag zu entmachten und wieder ein autoritäres Regierungssystem zu etablieren.

Zwei Kulturen. Die Spaltung der Gesellschaft in zwei Lager, die für die Arbeitsbeziehungen charakteristisch war, galt auch für den kulturellen Bereich. Einerseits entfaltete sich in den „goldenen Zwanzigerjahren" insbesondere in Berlin ein neues, modernes Lebensgefühl, das in zukunftsweisenden Leistungen auf dem Gebiet von Literatur und Theater, Film und Musik, Malerei, Design und Architektur seinen Ausdruck fand. Der „Expressionismus", der bald nach der Jahrhundertwende entstanden war, beherrschte noch bis 1922/23 die Kulturszene mit seiner Verneinung der bürgerlichen Welt und seiner Freude an formalen Experimenten. Er wurde in der Phase der Stabilisierung von der „Neuen Sachlichkeit" abgelöst, zu der sich z. B. die im „Bauhaus" zusammengeschlossenen Künstler bekannten, die bis heute die Architektur und das Design von Alltagsgegenständen beeinflussen. Diese Stilrichtung bemühte sich um eine nüchterne Auseinandersetzung mit der Wirklichkeit des Alltags und gilt als der typische „Weimarer Stil".

http://www.daserste.de/zwanzigerjahre/
Website „Die Zwanzigerjahre" der ARD

„Berliner Tageblatt" (Pastell von H. Ziegler, 1927/28)

Weißenhofsiedlung in Stuttgart im Bauhausstil (Gemälde von R. Nägele, 1927)

Neue Medien wie Film und Rundfunk, Wochenzeitungen und Illustrierte wurden zu Bestandteilen der Massenkultur. Dem neuen Lebensgefühl entsprach auch eine freiere Einstellung im Bereich der Lebensgestaltung und der Sexualität und damit eine Infragestellung überkommener Normen und Verhaltensmuster.
Wenn auch die Ausdrucksformen der Moderne das Bild der Weimarer Zeit prägten, so wurden sie doch andererseits nur von einem Teil der Weimarer Gesellschaft akzeptiert. Für einen anderen Teil waren sie unverständlich und wurden von vielen heftig als dekadent und „entartet" bekämpft, die an traditionellen Wertvorstellungen und Ausdrucksformen festhielten und sich von der Moderne bedroht fühlten. Heimat- und Kriegsromane erzielten hohe Auflagen.
Diese Spaltung der Gesellschaft führte dazu, dass es den Parteien nicht gelang, sich auf stabile, regierungsfähige Koalitionen zu einigen. Die bürgerlichen Kabinette, die zwischen 1924 und 1927 teils mit, teils ohne die DNVP zustande kamen, konnten sich zwar bei den außenpolitischen Entscheidungen auf die SPD stützen. Bei innenpolitischen Fragen war diese jedoch meist in der Opposition.

Die Regierungen der Weimarer Republik

Beginn	Koalition	Reichskanzler	Grund der Regierungskrise bzw. -neubildung
10.11.1918	Rat der Volksbeauftragten: SPD-USPD	Ebert, Scheidemann, Landsberg (SPD); Haase, Dittmann, Barth (USPD) (ohne Ressorts)	Dissens über Militärpolitik
29.12.1918	Rat der Volksbeauftragten: SPD	Ebert, Scheidemann, Landsberg, Wissel, Noske (SPD) (ohne Ressorts)	Weimarer Nationalversammlung
13.2.1919	SPD-Zentrum-DDP (Weimarer Koalition)	Scheidemann (SPD)	Versailler Vertrag
21.6.1919	SPD-Zentrum-DDP ab Oktober 1919	Bauer (SPD)	Kapp-Lüttwitz-Putsch
27.3.1920	SPD-Zentrum-DDP	H. Müller (SPD)	reguläre Reichstagswahlen
21.6.1920	Zentrum-DDP-DVP	Fehrenbach (Zentrum)	Reparationen – Londoner Ultimatum
10.5.1921	SPD-Zentrum-DDP	Wirth (Zentrum)	Scheitern der „Erfüllungspolitik"
22.11.1922	Zentrum-DDP-DVP	Cuno (parteilos)	Scheitern des „Ruhrkampfes"
13.8.1923	SPD-Zentrum-DDP-DVP (Große Koalition)	Stresemann (DVP)	Reichstag versagt Vertrauensvotum (Reichsexekution gegen Sachsen).
30.11.1923	Zentrum-BVP-DDP-DVP	Marx (Zentrum)	Reichstag verweigert Verlängerung des Ermächtigungsgesetzes.
3.6.1924	Zentrum-DDP-DVP	Marx (Zentrum)	Verteilung der Reparationskosten
15.1.1925	Zentrum-DDP-DVP-DNVP	Luther (parteilos)	Locarno – Anerkennung der Westgrenzen
20.1.1926	Zentrum-BVP-DDP-DVP	Luther (parteilos)	Flaggenstreit

17.5.1926	Zentrum-DDP-DVP	Marx (Zentrum)	Reichswehrpolitik
29.1.1927	Zentrum-BVP-DVP-DNVP	Marx (Zentrum)	Konflikt um die Schulfrage
29.6.1928	SPD-Zentrum-BVP-DDP-DVP	H. Müller (SPD)	Erhöhung der Beiträge zur Arbeitslosenversicherung
30.3.1930	Präsidialkabinett	Brüning (Zentrum)	Hindenburg missbilligt Ostsiedlungsprogramm.
1.6.1932	Präsidialkabinett	von Papen (parteilos)	Hindenburg befürchtet Bürgerkrieg.
3.12.1932	Präsidialkabinett	von Schleicher (parteilos)	Hindenburg verweigert Reichstagsauflösung.
30.1.1933	NSDAP-DNVP	Hitler (NSDAP)	

Flaggenstreit, Reichswehrpolitik und Schulkonflikt. Zwischen 1924 und 1928 brachen sechs Regierungskoalitionen auseinander. Die Anlässe erscheinen aus heutiger Sicht vergleichsweise gering, verweisen jedoch auf Grundkonflikte der Weimarer Gesellschaft. Dafür drei Beispiele:
1926 zerbrach die Regierung Luther am „Flaggenstreit", d.h. an der Frage, ob in den deutschen Auslandsvertretungen neben der Flagge der Weimarer Republik auch die Handelsflagge mit den Farben des kaiserlichen Deutschland gehisst werden durfte.
Im selben Jahr scheiterte die nächste Regierung unter dem Zentrums-Kanzler Marx an der Reichswehrpolitik. Denn mit Unterstützung nationalistischer Kreise unterlief die Reichswehr die Bestimmungen des Versailler Vertrages zur Rüstungsbeschränkung, indem sie mit der Roten Armee zusammenarbeitete und u.a. in der Sowjetunion eine geheime Luftwaffe aufbaute. Auf Betreiben der SPD entzog deshalb der Reichstag im Dezember 1926 der Regierung Marx das Vertrauen.
Marx brachte zwar erneut eine Koalition der bürgerlichen Parteien zustande, die jedoch im Februar 1928 an einem konfessionellen Konflikt scheiterte: Die Weimarer Verfassung hatte überkonfessionellen Gemeinschaftsschulen einen Vorrang gegenüber Konfessionsschulen eingeräumt. Die Rückkehr zur Konfessionsschule war für das Zentrum ein vorrangiges Ziel, das sie nun im Rahmen eines neuen Schulgesetzes durchsetzen wollte. Dies wurde von der DVP abgelehnt, da sie auf der Trennung von Kirche und Staat bestand. Trotz langer Verhandlungen kam kein Kompromiss zustande und die Regierungskoalition zerbrach. Infolgedessen löste der Reichspräsident im März 1928 den Reichstag auf.
Die folgenden Neuwahlen im Mai 1928 brachten den Linksparteien SPD und KPD Stimmengewinne, während die bürgerlichen Parteien, insbesondere die DNVP, starke Verluste hinnehmen mussten. Daraufhin war die SPD wieder bereit, sich an einer Regierung zu beteiligen. Kanzler wurde der SPD-Fraktionschef Hermann Müller, der sich auf die „Weimarer Koalition" und die DVP stützen konnte.

Weltwirtschaftskrise und Scheitern der Großen Koalition. Diese Große Koalition war von Anfang an gefährdet, denn im Zentrum gewannen die konservativen, antiparlamentarischen Kräfte bereits nach der Wahlniederlage im Mai 1928 die Oberhand. Auch die SPD unterstützte die Regierung Müller nur mit Vorbehalt. Bereits im August stand die SPD vor einer Zerreißprobe, als die Regierung Müller auf Betreiben der bürgerlichen Parteien den Bau des Panzerkreuzers A in Angriff nahm, der bereits von der vorherigen Regierung beschlossen worden war. Die SPD aber hatte im Wahlkampf mit der Parole „Kinderspeisung statt Panzerkreuzer" geworben.
Selbst die bisherigen Gemeinsamkeiten der Regierungsparteien in der Außenpolitik begannen bei den Auseinandersetzungen um den „Young-Plan" zu bröckeln: Da sich

http://www.deutschegeschichten.de
Detaillierte Informationen und Dokumente zur Geschichte der Weimarer Republik seit der Mitte der 20er-Jahre unter dem Link „Weltweite Wirtschaftskrise"

der Dawes-Plan als nicht durchführbar erwies, hatten sich die Siegermächte im August 1929 auf eine neue Regelung der Reparationsfrage geeinigt, den Young-Plan (benannt nach dem Vorsitzenden der internationalen Konferenz zur Revision des Dawes-Plans). Er setzte die Gesamtsumme der Reparationen weiter herab. Zudem billigte er Deutschland eine Erholungsphase mit geringen Reparationszahlungen bis 1932 zu. Danach sollten die Reparationsschulden mit jährlichen Raten bis 1988 abgetragen werden. Aus heutiger Sicht hatte dieser Plan wesentliche Vorteile für Deutschland, aber damals erhob sich ein Sturm der Entrüstung gegen einen Plan, nach dem auch noch die Enkel und Urenkel für den Ersten Weltkrieg „büßen" sollten. DNVP und NSDAP organisierten zusammen mit zahlreichen rechten Verbänden ein Volksbegehren gegen den Young-Plan, bei dem alle nationalen Ressentiments gegen die Republik mobilisiert wurden. Die Anti-Young-Plan-Kampagne scheiterte zwar, aber die DVP rückte im Verlauf der Kampagne weiter nach rechts.
In innenpolitischen Fragen, besonders in der Sozialpolitik, bestanden von Anfang an unüberbrückbare Gegensätze vor allem zwischen der SPD und der DVP. Diese wurden nun durch die Auswirkungen der Weltwirtschaftskrise weiter verschärft. Der Zusammenbruch der New Yorker Börse im Oktober 1929 hatte dazu geführt, dass die kurzfristigen ausländischen Kredite, die den moderaten Wirtschaftsaufschwung der letzten Jahre unterstützt hatten, gekündigt wurden, sodass viele Banken und Unternehmen zusammenbrachen. Dadurch wuchs die Zahl der Arbeitslosen sprunghaft, sodass die Arbeitslosenversicherung die notwendigen Zahlungen nicht mehr aufbringen konnte. Der Streit ging um die sozialpolitische Kernfrage, wie die Arbeitslosenversicherung saniert werden sollte: durch Leistungsabbau, wie das Unternehmerlager forderte, oder durch Beitragserhöhungen, was die Gewerkschaften verlangten. Die Regierung Müller beantragte, die Beiträge zur Arbeitslosenversicherung um 0,25 % auf 4 % zu erhöhen. Dies lehnten die bürgerlichen Parteien ab, die Koalition zerbrach und die Regierung trat am 27.3.1930 zurück. Eine neue Koalition kam nicht mehr zustande. Mit der Regierung Müller endete zugleich die parlamentarische Phase der Republik.

Plakat des Reichsausschusses für das Volksbegehren gegen den Young-Plan, 1929

4. Der Verfall der Weimarer Demokratie 1930–1933

Nun begann die Phase der Präsidialkabinette, die mit Notverordnungen nach Art. 48 der Weimarer Verfassung regieren konnten, wenn sie das Vertrauen des Reichspräsidenten hatten. In dieser Krise begann der Aufstieg der NSDAP zur stärksten politischen Kraft, was schließlich zur Übernahme der Macht durch die Nationalsozialisten am 30. Januar 1933 führte.

Rolle Hindenburgs. Es zeigte sich, dass der Wechsel im Amt des Reichspräsidenten 1925 von entscheidender Bedeutung war. Nach dem frühen Tod Friedrich Eberts hatten die deutschen Wählerinnen und Wähler im April 1925 mit knapper Mehrheit im 2. Wahlgang einen Mann zum Reichspräsidenten gewählt, der ein erklärter Monarchist war und der neuen Ordnung mit Unverständnis und Ablehnung gegenüberstand: den damals 77-jährigen Paul von Hindenburg, Mitglied der Obersten Heeresleitung im Ersten Weltkrieg und Kronzeuge der Dolchstoßlegende, der vielen Deutschen als Verkörperung der guten alten Zeit, als „Ersatzkaiser" galt. Die Sozialdemokraten waren ihm zuwider. Die alten, 1918 entmachteten Eliten in Armee, Bürokratie und Wirtschaft hofften, er werde sein politisches Gewicht für die nationalistische Rechte in die Waagschale werfen und eine autoritäre Regierungsform durchsetzen. Diese Erwartungen erfüllte Hindenburg zunächst nicht, sondern bemühte sich redlich, sein Amt in dem von der Verfassung gesetzten Rahmen auszuüben. Als jedoch die Parteien 1930 nicht mehr bereit waren, einen Kanzler mit regierungsfähigen Mehrheiten zu unterstützen, nutzte er die starke Stellung des Reichspräsidenten in der Weimarer Verfassung, um Regierungen seines Vertrauens einzusetzen.

Reichspräsident von Hindenburg in der Uniform des kaiserlichen Generalfeldmarschalls

Heinrich Brüning
1885: Geburt in Münster
1929: Fraktionsvorsitzender der Zentrumspartei im Reichstag
1930: Reichskanzler des 1. Präsidialkabinetts, einschneidende Spar- und Deflationspolitik
1932: Rücktritt Brünings
1934: Emigration in die USA
1970: Tod in Norwich (USA)

http://www.dhm.de/lemo/html/biografien/BrueningHeinrich/index.html
Tondokument der Regierungserklärung Brünings vom 13.10.1931

Brüning als Reichskanzler. Zunächst ernannte Hindenburg am 29.3.1930 den Fraktionsvorsitzenden des Zentrums, Heinrich Brüning, zum Reichskanzler. Brünings oberstes außenpolitisches Ziel war es, den Young-Plan zu Fall zu bringen und die Reparationszahlungen zu beenden. Innenpolitisch wollte er die Krise der Wirtschaft und der Staatsfinanzen durch eine konsequente Sparpolitik überwinden. Das bedeutete Steuererhöhungen und die Kürzung von Löhnen, Gehältern und Unterstützungsleistungen. Diese „Deflationspolitik" verminderte die Massenkaufkraft und damit die Nachfrage nach Gütern. Sie beschleunigte so den Zusammenbruch vieler Betriebe und führte zu einem weiteren Anwachsen der Arbeitslosigkeit, die viele in Not und Verzweiflung stürzte. Solche Folgen seiner Finanzpolitik nahm Brüning auch deshalb in Kauf, weil damit unter Beweis gestellt werden konnte, dass Deutschland nicht in der Lage war, weiter Reparationen zu zahlen.
Am 16. Juli 1930 hob der Reichstag eine Notverordnung mit Brünings Sanierungsmaßnahmen auf. Daraufhin wurde er vom Reichspräsidenten aufgelöst. Brüning konnte nun 60 Tage ohne die Kontrolle des Parlaments regieren, bis am 14. September 1930 Neuwahlen stattfanden.

Aufstieg der NSDAP. Bei dieser Wahl konnte die Nationalsozialistische Deutsche Arbeiterpartei (NSDAP) einen erdrutschartigen Wahlsieg verbuchen: Mit 18,2 % wurde sie zur zweitstärksten Partei nach den Sozialdemokraten (24,5 %). Seit 1928 hatte sie sich von einer Splitterpartei (2,6 %) der radikalen Rechten zu einer Massenpartei entwickelt, die in allen Bevölkerungsschichten Anklang fand, am stärksten jedoch bei den Mittelschichten, bei Neuwählern und bei bisherigen Nichtwählern.
Dieser Erfolg beruhte darauf, dass die NSDAP eine rasche Überwindung der wirtschaftlichen Not unter einem starken „Führer" versprach, der die in Versailles erlittene „Schmach" beseitigen würde. Dieser Führer war Adolf Hitler. Trotz seines gescheiterten Putschversuchs 1923 in München erschien er bereits 1925 wieder auf der politischen Bühne. Er war zwar zu fünf Jahren Festungshaft verurteilt, jedoch bereits nach einem halben Jahr im Dezember 1924 begnadigt worden.
Nach seiner Entlassung war Hitler ab 1925 wesentlich daran beteiligt, von München aus eine straff organisierte, führerzentrierte Parteiorganisation aufzubauen, deren Ortsgruppen-Netz sich bereits 1926 über weite Teile Deutschlands spannte. Es gelang der NSDAP, einen Großteil der bestehenden völkischen Gruppierungen aufzusaugen und große, nationalistisch und antisemitisch geprägte Verbände wie den „Deutschnationalen Handlungsgehilfenverband" oder den „Reichslandbund" auf ihre Seite zu ziehen. Außer ihrer paramilitärischen Organisation, der SA („Sturm-Abteilung"), baute sie Parteigliederungen für einzelne Gruppen und Berufe auf, z. B. für Ärzte, Lehrer, Kulturschaffende, Arbeiter, den gewerblichen Mittelstand u. a.; besonders erfolgreich war sie damit bei den Studenten und Jugendlichen, von denen sich viele von der Weimarer Republik abgewandt hatten. Die NSDAP verstand es, den Eindruck einer jungen, dynamischen „Bewegung" zu vermitteln, die eher als die traditionellen Parteien in der Lage schien, aller Schwierigkeiten Herr zu werden. Dennoch blieb die NSDAP bis 1928 eine Splitterpartei. Erst die Kampagne gegen den Young-Plan mit ihrer Mobilisierung aller nationalen Ressentiments verschaffte ihr einen Massenzulauf. Ihre aggressiven Propagandamethoden und ihre hemmungslose Hetze gegen das Weimarer „System", dem sie den „Führerstaat" als Ideal entgegenstellte, sowie ihre brutalen Kampfmethoden gegen politische Gegner wurden salonfähig. Die Auswirkungen der Weltwirtschaftskrise kamen ebenfalls vor allem der NSDAP zugute, die in einer Situation allgemeiner Verunsicherung ein klares und einfaches Konzept zur Krisenbewältigung zu haben schien. Nach dem sensationellen Wahlerfolg Hitlers am 14. September 1930 hieß die Frage nicht mehr: „Wird Brüning bleiben?", sondern: „Wird Hitler kommen?" (Sebastian Haffner).
Das Wahlergebnis hatte die Hoffnungen auf eine regierungsfähige Koalition im Parlament zunichte gemacht. Denn die zweite Gewinnerin dieser Wahl war die KPD, die

„Das Firmenschild" (Karikatur in der satirischen Zeitschrift „Der wahre Jacob", 1931)

ebenfalls die Weimarer Republik ablehnte. Ihr Stimmenanteil war von 10,6 auf 13,1 % gestiegen; sie konnte vor allem unter der wachsenden Zahl von Arbeitslosen neue Anhänger gewinnen. Alle übrigen Parteien verloren, wobei die katholischen Parteien Zentrum und BVP noch am glimpflichsten davonkamen.

Wahlplakat der KPD

Tolerierungspolitik der SPD. Bei der Durchsetzung seiner Politik konnte sich Brüning nicht nur auf den Reichspräsidenten stützen, sondern auch auf die SPD. Trotz starken Widerstands in den eigenen Reihen hatte sich die SPD zur Tolerierung seiner Politik entschlossen. Zum einen hielt sie Brüning für das kleinere Übel im Vergleich zu Hitler und seinem Anhang. Zum anderen nahm die SPD Rücksicht auf Preußen, wo eine Koalitionsregierung aus SPD, Zentrum und DDP/Staatspartei unter dem SPD-Ministerpräsidenten Otto Braun regierte. Das „Bollwerk Preußen" wollte die SPD nicht dadurch gefährden, dass sie dem Zentrums-Kanzler Brüning das Regieren im Reich unmöglich machte.

Der Reichstag verlor zunehmend an Einfluss und trat immer seltener zusammen. Dafür verselbstständigte sich der bürokratische Verwaltungsstaat immer mehr und trug bereits unverkennbar autoritäre Züge.

Dieses halbparlamentarische System dauerte 20 Monate, bis Brüning das Vertrauen des Reichspräsidenten verlor. Dazu trugen verschiedene Faktoren bei:

Auswirkungen der Weltwirtschaftskrise. Die Auswirkungen der Weltwirtschaftskrise, verstärkt durch Brünings Deflationspolitik, führten zu einem kontinuierlichen weiteren Anstieg der Arbeitslosigkeit – 1932 auf über sechs Millionen – und zum Zusammenbruch vieler Betriebe, da die Kaufkraft zurückging. Zwar führte die dramatische wirtschaftliche Lage Deutschlands dazu, dass die Reparationszahlungen zunächst ausgesetzt und dann, auf der Reparationskonferenz 1932 in Lausanne, ganz aufgehoben wurden. Dieser große außenpolitische Erfolg konnte jedoch die Folgen der Arbeitslosigkeit – Hunger, Elend, Verzweiflung und Anstieg der Selbstmorde sowie Verlust an Orientierung – nicht aufwiegen. Brüning verlor 1931/32 bei der Bevölkerung allen Kredit, der ihm noch verblieben war. Da auch die wohlhabenderen Schichten unter Brünings Deflationspolitik litten – er führte eine „Krisensteuer" für Besserverdienende ein und ordnete eine Senkung der Mieten und Zinsen an – drängten in der Umgebung Hindenburgs immer mehr auf seine Entlassung.

Berliner Arbeitslose in ihrer Sperrmüll-Laube, 1931

Arbeitslose protestieren gegen die Kürzungen der staatlichen Leistungen durch die Regierung Brüning.

Entlassung Brünings. Hindenburgs Vertrauen in Brüning wurde jedoch erst durch die Reichspräsidentenwahl 1932 nachhaltig erschüttert. Es zeigte sich nämlich, dass sich viele aus den nationalen und konservativen Kreisen, die ihn 1925 zu seiner Kandidatur bewogen hatten, diesmal von ihm abwandten und Hitler wählten. Hindenburg war nun auf die Unterstützung der „Weimarer Koalition" (SPD, Zentrum/BVP, DDP) angewiesen und benötigte einen zweiten Wahlgang für die Bestätigung im Amt des Reichspräsidenten am 10. April 1932. Obwohl er seine Wiederwahl dem rastlosen Einsatz Brünings verdankte, nahm er ihm übel, dass dessen Politik ihn seinem Milieu entfremdet hatte.
Den letzten Anstoß für Brünings Entlassung gab die Ostsiedlungsnotverordnung der Regierung. Diese sah vor, dass hoch verschuldete große Landgüter zwangsweise enteignet werden sollten, um das Land an Not leidende Bauern zu verteilen. Davon wären viele adlige Standesgenossen Hindenburgs betroffen gewesen, die nun all ihren Einfluss geltend machten, um Brüning zu stürzen. Mit Erfolg – Hindenburg entließ ihn am 30. Mai 1932.
In den restlichen acht Monaten der Weimarer Republik wurde die Rolle des Reichstages noch weiter zurückgedrängt. Die politischen Entscheidungen fielen in einem kleinen Personenkreis um den Reichspräsidenten, der von Machtkämpfen und Intrigen geprägt war.

Gesetzgebungspraxis unter den Präsidialregierungen	1930	1931	1932
Vom Reichstag beschlossene Gesetze	98	34	5
Präsidiale Notverordnungen	5	44	66
Sitzungstage des Reichstages	94	41	13

(Zusammengestellt nach verschiedenen Quellen)

von Papen. General von Schleicher schlug zunächst Franz von Papen als Reichskanzler vor, der am 1. Juni 1932 von Hindenburg ernannt wurde. Papen bildete ein „Kabinett der Barone" aus preußischen Konservativen und Vertretern des ostelbischen Landadels, dem Schleicher als Reichswehrminister angehörte. Schleicher wollte Hitler und die NSDAP in die politische Verantwortung einbeziehen und dadurch „zähmen". Die Papen-Regierung löste sogleich, am 4. Juni 1932, den Reichstag mithilfe einer präsidialen Notverordnung auf und setzte Neuwahlen für den 31. Juli an. Der Wahlkampf war von politischem Terror bestimmt. Vor allem in Preußen kam es zu blutigen Straßenkämpfen zwischen SA, Kommunisten und der Polizei.
Dies nahm die Papen-Regierung zum Anlass, um kurz vor den Neuwahlen, am 20. Juli 1932, die SPD-Regierung in Preußen mit Billigung Hindenburgs durch eine Art Staatsstreich, den „Preußenschlag", abzusetzen und dort selbst kommissarisch die Regierung zu übernehmen. Die SPD konnte sich, anders als 1920, zum offenen Widerstand nicht entschließen, denn die Kampfkraft der Arbeiterschaft war durch die hohe Arbeitslosigkeit und die tiefe Feindschaft zwischen SPD und KPD geschwächt.

http://www.dhm.de/lemo/objekte/sound/papen2/index.html
Rundfunkansprache von Papens zum „Preußenschlag"

Reichstagswahlen 1932. Die Reichstagswahl am 31. Juli 1932 brachte bei hoher Wahlbeteiligung der NSDAP erneut einen großen Wahlsieg. Auch die Kommunisten gewannen Stimmen hinzu. Während Zentrum/BVP und SPD sich behaupten konnten, wurde die bürgerliche Mitte fast vollständig aufgerieben. Daraufhin verlangte Hitler die Neubildung der Regierung unter seiner Führung. Hindenburg lehnte dies jedoch ab und hielt an der Regierung Papen fest.
Bereits im September wurde der Reichstag erneut aufgelöst, weil er der Regierung Papen das Misstrauen aussprach. Bei den Neuwahlen, die sechs Wochen später, am 6. November 1932, fällig waren, erlitt die NSDAP erstmals Stimmenverluste und verlor damit den Nimbus der Unaufhaltsamkeit. Hitler verlangte dennoch abermals die Kanzlerschaft und wurde dabei von immer mehr einflussreichen Wirtschaftskreisen unter-

stützt. Hindenburg aber lehnte dies ab und beauftragte wiederum von Papen mit der Regierungsbildung. Dieser wollte den Reichstag ganz auflösen und nur gestützt auf Hindenburg und die Reichswehr regieren.

Schleicher. Hindenburg schreckte jedoch vor einem offenen Verfassungsbruch zurück und auch Schleicher verweigerte Papen die Unterstützung, da er jetzt selbst Kanzler werden wollte. Er stellte in Aussicht, die NSDAP spalten und einen Teil um Georg Strasser auf seine Seite ziehen zu können. Außerdem erwartete er, die Unterstützung der Gewerkschaften zu gewinnen, denen er Arbeitsbeschaffungsprogramme und eine arbeiterfreundliche Politik zusagte. Deshalb entließ Hindenburg am 3. Dezember 1932 von Papen und ernannte Schleicher zum Reichskanzler.
Hitler gelang es jedoch, eine Spaltung der NSDAP zu verhindern, und auch die Gewerkschaften ließen sich nicht auf Schleichers Versprechungen ein. Daraufhin verlangte Schleicher von Hindenburg ebenfalls die verfassungswidrige Auflösung des Reichstags, was dieser abermals ablehnte.
Inzwischen war es Papen gelungen, sich mit Hitler zu verständigen und eine Koalition von NSDAP und DNVP zustande zu bringen. Dies wurde von einflussreichen Kreisen in der Wirtschaft und auch von Hindenburgs Sohn Oskar unterstützt. So war Hindenburg nach dem Rücktritt der Regierung Schleicher schließlich bereit, Hitler am 30. Januar 1933 zum Reichskanzler zu ernennen. Hitler gelang es innerhalb weniger Monate, die totalitäre nationalsozialistische Diktatur durchzusetzen.
Nach 14 Jahren war die Weimarer Republik beendet.

Plakat der SPD zur Reichstagswahl 1932

http://www.fes.de/archiv/adsd_neu/inhalt/downl.htm
Archiv der Friedrich-Ebert-Stiftung (zahlreiche Dokumente zum Download)

Fackelzug uniformierter Hitler-Anhänger am 30. Januar 1933 (nachgestelltes Bild am dritten Jahrestag des Ereignisses, es gibt keine Originalfotos).

Hoffnungen, Befürchtungen, Erwartungen – Zeitgenossen über Revolution und Republik

Die Weimarer Republik wurde mit einer Bevölkerung errichtet, die in ihrer Mehrheit obrigkeitshörig und national gesinnt war und sich mit dem Kaiserhaus verbunden fühlte.

Die Novemberrevolution 1918 und die Abdankung des Kaisers kamen für die meisten Zeitgenossen völlig überraschend. Auch der Waffenstillstand wirkte wie ein Schock, da die zensierte Presse bis zuletzt Siegesmeldungen verbreitet hatte, sodass die Aussichtslosigkeit der militärischen Lage nur wenigen bewusst war. Je nach ihren weltanschaulichen Grundeinstellungen, ihren Interessen und politischen Vorerfahrungen reagierten die Menschen verschieden auf die Revolution und die neu entstandene Republik; sie versuchten, sich in dieser Situation zurechtzufinden und neu zu orientieren.

„Szylla und Charybdis – Der Sonne entgegen!" („Der Wahre Jacob", 1920)

- **Wie erlebten und bewerteten Zeitgenossen die Revolution und ihre Folgen?**
- **Welche Perspektiven sahen sie für die Republik?**

Präsentieren Sie Interpretationsergebnisse und erörtern Sie auf dieser Grundlage die beiden Leitfragen in einem gemeinsamen Kreisgespräch.

Auf diese Weise können Sie sich auf das Kreisgespräch vorbereiten:

1. Interpretieren Sie arbeitsteilig in Partnerarbeit die Materialien M 1 – M 6 unter den beiden Leitfragen.
2. Wenden Sie die in der Basismethode „Sprachliche historische Quellen" (s. S. 503 f.) empfohlenen Arbeitsschritte an.
3. Verschriftlichen Sie Ihre Interpretationsergebnisse auf einer Flipchartseite (alternativ Plakat oder Folie) und stellen Sie sie vor.

MATERIALIEN

M 1 Theodor Wolff (1868 – 1943)

Wolff war 1918 Mitbegründer der Deutschen Demokratischen Partei (DDP) und gilt als einer der führenden liberalen deutsch-jüdischen Publizisten im Kaiserreich und in der Weimarer Republik. Er war Chefredakteur des „Berliner Tageblatts". Dort schrieb er am 10.11. 1918:

Die größte aller Revolutionen hat wie ein plötzlich losbrechender Sturmwind das kaiserliche Regime mit allem, was oben und unten dazugehörte, gestürzt. Man kann sie die größte aller Revolutionen nennen, weil niemals eine so fest gebaute, mit so soliden Mauern umgebene Bastille so in einem Anlauf genommen worden ist. Es gab noch vor einer

November 1918: Revolutionäre vor dem Brandenburger Tor in Berlin (zeitgenössische Fotopostkarte)

Woche einen militärischen und zivilen Verwaltungsapparat, der so verzweigt, so ineinander verfädelt, so tief eingewurzelt war, dass er über den Wechsel der Zeiten hinaus seine Herrschaft gesichert zu haben schien. Durch die Straßen von Berlin jagten die grauen Autos der Offiziere, auf den Plätzen standen wie Säulen der Macht die Schutzleute, eine riesige Militärorganisation schien alles zu umfassen, in den Ämtern und Ministerien thronte eine scheinbar unbesiegbare Bürokratie. Gestern früh war, in Berlin wenigstens, das alles noch da. Gestern nachmittag existierte nichts mehr davon. […]

Wer gestern in den Nachmittagstunden Berlin gesehen hat, trägt Eindrücke und Bilder in sich, die unauslöschbar sind. Dort, wo bisher noch das Leben nach preußischem Zuschnitt sich abspielte, feierte die Revolution ihre Triumphe. Endlos lange Züge von Arbeitern, Soldaten und Frauen marschierten vorbei. Rote Fahnen wurden vorangetragen, Ordner gingen neben den Reihen. Die Soldaten und auch viele Zivilisten hatten die Gewehre über die Schulter gehängt. Die schweren Lastautos der Militärdepots und die grauen Autos, in denen eben noch die Offiziere gesessen hatten, jagten herum, bis zum letzten Stehplatz mit bewaffneten Soldaten, Zivilpersonen, Trägern großer roter Fahnen gefüllt. Vieles erinnerte an Zeichnungen der alten französischen Revolutionsmaler und ein Schauspiel für Nervenschwache war es mitunter nicht. Das waren die ersten Freudenkundgebungen und hoffentlich werden schnell die Worte wirken, mit denen der neue Volkskanzler zum Verlassen der Straße, zu Ruhe und Ordnung mahnt. Auch im Volke dürfte jeder empfinden, dass jede Ausschreitung zu unsagbarem Unglück führen, Unordnung die Ordnungsstifter und die Gegenrevolution mit unsagbarem Blutvergießen herbeirufen kann. […]

Die Nationalversammlung wird, frei und souverän, über die Frage entscheiden, ob Deutschland eine Republik werden oder in welcher Form es in Zukunft seine neuen Wege beschreiten soll. Es ist eine große, aber absolut notwendige Aufgabe, mitten in der allgemeinen Auflösung die Wahlen zu dieser Versammlung so vorzubereiten, dass jede Meinung sich sicher und unbehelligt äußern kann. Das, was geschaffen werden soll, muss durch die Volksmehrheit verbürgt und dauernd sein. Es dürfen nicht unterdrückte Kräfte sich hinterher in der Behauptung zusammenfinden, die neue Volksherrschaft habe einen Zwang auf sie ausgeübt. […]

(Th. Wolff, Der Erfolg der Revolution, in: Berliner Tageblatt und Handels-Zeitung, Morgen-Ausgabe, 47. Jg./Nr. 576, S. 1)

M 2 Betty Scholem (1866–1946)

Betty Scholem hatte mit ihrem Mann eine Druckerei in Berlin. Sie war die Mutter des jüdischen Religionshistorikers Gershom Scholem, der 1918 in Bern studierte. An ihn schrieb sie:

Berlin, 9.11.1918
Liebes Kind! Sonnabend
Ich teile dir zur Beruhigung mit, dass bisher alles in größter Ruhe sich vollzieht und es noch zu keinerlei Störungen gekommen ist. Heute Mittag begann mit der Abdankung des Kaisers die Volksregierung, aber Soldaten und Sozialdemokratie sind einig in der Aufrechterhaltung der Ordnung, also hoffentlich geht es gut ab. Ich bin mit Kätchen von 3 Uhr bis 1/2 5 durch Leipziger, Königgrätzer und Linden gewandelt und wir sahen mit erstaunten Nasenlöchern die rote Fahne am alten Schloss wehen. Der Frieden kommt, alles wird gut!
Kuss Mutt

Berlin, 11.11.1918
Liebes Kind! Montag
Es war keine Kleinigkeit, Vater und ich sind am Sonnabend auf der Schlossbrücke in die Schießerei geraten. Na, ich habe aber Beine gemacht! Ich schrieb dir Sam(stag) nachmittags eine Karte, die du hoffentlich erhalten hast. Dann ging ich mit Vater, da alles ruhig schien, noch ein bisschen zur Revolution. Als wir ganz harmlos auf den Lustgarten kamen, fielen vom Schlossplatz her Schüsse, die sich schnell zu gewaltigem Knattern und Maschinengewehrfeuer steigerten. Alles raste flüchtend über die Schlossbrücke, wir mittenmang. Das soll mir passieren! Ich habe noch das Zittern im Gebein.
Gestern sah es noch bedrohlich so aus, als ob die Unabhängigen die Regierung an sich reißen und ihrerseits eine Autokratie aufrichten würden. Aber dank der Energie der Soldatenräte ist eine Einigung erzielt worden und hoffentlich geht es ohne Bürgerkrieg ab. Die Sache sieht heute schon besser aus. Der heutige Generalstreik hatte den Zweck, alle Arbeiter an den Versammlungen teilnehmen zu lassen; morgen wird überall gearbeitet. Bei uns waren die Leute vollzählig erschienen, aber Vater schickte sie selbst um 12 Uhr weg, um die Versammlungen zu besuchen.
Die Druckerei von Hermann, die Brotkarten und Geld drucken, ist behördlich geschützt und damit auch wir. An unserem Eingang hängt das rote Plakat des Arbeiter- und Soldatenrats: „Gemeinnützige Anstalt! Ist zu schützen!“. Soldaten mit der roten Armbinde stehen an den Haustüren. Alle Organisationen und Institutionen sind so vernünftig, sich ganz in den Dienst der neuen Regierung zu stellen, um mit allen Mitteln die Ordnung aufrechtzuerhalten und vor allen Dingen die Hungersnot abzuwenden. Die schweren Zeiten glaubten wir hinter uns zu haben; es scheint jedoch, als ständen sie uns erst bevor. Die Waffenstillstandsbedingungen sind wahrhaft unmenschlich. Da sie aber vor der Abdankung des Kaisers aufgestellt wurden, so ist zu hoffen, dass man sie der Republik gegenüber mildern wird. […]

(Betty Scholem – Gershom Scholem, Mutter und Sohn im Briefwechsel 1917–1946, München (Beck) 1989, S. 22f.)

M 3 Gustav Landauer (1870–1919)

Der Schriftsteller und Politiker vertrat einen radikalen Sozialismus und gewaltlosen Anarchismus. In der Münchner Räteregierung 1919 war er Volksbeauftragter für Volksaufklärung. Nach dem Sturz der Räterepublik wurde er ermordet. In einem Brief an seinen Freund Fritz Mauthner schrieb er am 28.11.1918:

[…] Das deutsche Volk hat geschehen lassen, dass von seinen Herrschern dieser Krieg nicht heraufbeschworen, sondern nach langer Vorbereitung gemacht wurde; nun ist es besiegt worden, sein Reich ist zusammengebrochen und mit einem Mal steht es an der Spitze aller Völker im Ringen um Gerechtigkeit und Vernunft in den öffentlichen Einrichtungen; ein Mann, der ein kümmerliches, reines, ehrenhaftes Leben als hungernder Schriftsteller bisher geführt hat, Kurt Eisner[1], steht mit einem Mal, bloß weil er ein Mann des Geistes ist, dieser tapfere Jude, moralisch als Haupt Deutschlands da; ungeahnte Kräfte regen sich; wilde Gärung ist da und wird wachsen und es geht um den Sinn oder den Wahn oder die Idee, nenne es, wie du willst, sei ein Kämpfer oder ein Zuschauer, aber, Philosoph, warum dankst du nicht vor allem andern dem Schicksal für die Gnade, dass du diese Zeit miterleben darfst? Lass doch untergehen, was untergehen muss, und sich neu bilden, was sich kann, hilf mit oder steh beiseite, aber wir haben doch Spinoza[2] nicht für die Schule, sondern fürs Leben gelernt. Diese Revolution wird vielleicht nicht kürzer dauern als dieser Krieg, aber wie ich diesen Entsetzenskrieg nur ertrug in der Erwartung dessen, was nun gekommen ist, so bin ich nun entspannt und frei und sage mir nur immer vor: Revolution! Es wird entsetzliche Nöte geben, vielleicht hunderttausendfache Arbeitslosigkeit und schließlich Industrieruinen wie früher Burgruinen – denn aus diesem Krieg haben wir das eine gelernt: Dass die

Menschen das Gebotene und Nahliegende erst dann tun, wenn die bitterste Not da ist und gar kein verkehrter Weg mehr übrig ist; so werden sie die Rettung, die da ist und die man ihnen empfiehlt, wahrscheinlich nicht ergreifen und sich in unsägliches Unheil stürzen – aber die Revolution wird bringen, was der Krieg nicht im Entferntesten gebracht hat, es sei denn auf der Seite derer, die schon Revolutionäre waren: Genialität in Wort und Tat, Schwung und Feuer, glühendes und inniges Leben, Erfüllung der Augenblicke wie mit Jahrhunderten, geschichtliches Leben. [...]

(Gustav Landauer – Fritz Mauthner, Briefwechsel 1890–1919, München 1994, S. 352f.)

---

[1] Kurt Eisner (1867–1919), Publizist und USPD-Mitglied, wurde am 8.11.1918 bayrischer Ministerpräsident. Am 21.2.1919 wurde er ermordet.

[2] Baruch de Spinoza (1632–1677): niederländischer Philosoph

M 4 Friedrich Ebert (1871–1925)

Ebert war ursprünglich Sattler. 1889 schloss er sich der Sozialdemokratie an, in der er 1913 zum Vorsitzenden aufstieg. Ab 1912 war er Mitglied des Reichstages. Am 10.11.1918 übernahm er als Vertreter der MSPD den Vorsitz im Rat der Volksbeauftragten. Am 11.2.1919 wurde er von der Weimarer Nationalversammlung zum ersten Reichspräsidenten der Weimarer Republik gewählt. In einer Volksversammlung sagte er am 1.12. 1918:

Die große deutsche Revolution wird keine neue Diktatur, keine Knechtschaft über Deutschland bringen, sondern die deutsche Freiheit fest begründen. Die Diktatur der Junker und des Militarismus hat unser Land ins Unglück gestürzt, eine neue Willkürherrschaft erträgt unser Volk nicht. Politische Freiheit ist Demokratie auf der festen Grundlage der Verfassung und des Rechts. Diese Demokratie unerschütterlich zu festigen, ist Aufgabe der Nationalversammlung, zu der wir am 16. Februar wählen werden. [Der Wahltermin wurde dann auf den 19. Januar 1919 vorgezogen.] Auf Recht und Vernunft soll die junge deutsche Volksrepublik aufgebaut werden. Für die Sozialdemokratie ist dazu der Weg klar vorgezeichnet. [...] Sie kämpft nicht nur den Klassenkampf gegen Ausbeutung und Unterdrückung der Lohnarbeiter, sondern auch den großen idealen Menschheitskampf gegen jede Art der Ausbeutung und Unterdrückung. [...] Der Sozialismus ist nicht Selbstzweck; auch er ist nur ein Mittel, Freiheit, Glück und Wohlstand des Volkes zu erhöhen. Nur dort, wo die sozialistische Wirtschaftsweise höhere Erträge bringt, dem Volke weniger Arbeitslast auferlegt und mehr Möglichkeiten des Verbrauchs und der Freude eröffnet, ist der Sozialismus am Platze, nur dort kann er sich dauernd behaupten.

Von links her wird behauptet, man müsse erst sozialisieren und dann wählen; das Volk sei angeblich zum Wählen noch nicht reif. Solch junkerliche Geringschätzung des Volkes steht Proletariern schlecht zu Gesicht. Diese Parole ist ebenso unsinnig wie gefährlich. Sozialistische Experimente in einzelnen Betrieben können nur zum Schaden der Arbeiter und Diskreditierung des Sozialismus ausschlagen. Sozialismus bedeutet die planmäßige Ordnung der Wirtschaft durch die Gesamtheit, zum Nutzen der Allgemeinheit. Sozialismus schließt jede Willkür aus, er ist Ordnung auf höchster Basis; Unordnung, persönlicher Wille und Gewalttat sind Todfeinde des Sozialismus. [...]

Soll die Revolution und ihr Sieg gesichert werden, dann muss jede politische und wirtschaftliche Putschtaktik abgelehnt und aufs Entschiedenste bekämpft werden. Die deutschen Arbeiter mögen nach Russland sehen und sich warnen lassen! [...]Freiheit in Wort und Schrift, gleiches Recht für alle, das sind und bleiben unsere Grundlagen. Beseitigung jeder Unterdrückung und Ausbeutung bleibt unverrückbar unser Ziel. Jetzt gilt es, das deutsche Volk nicht in Hunger und Unordnung untergehen zu lassen. Was uns für die Zukunft vor Augen steht, ist ein freies, gesundes, frohes Volk, das keine Schmerzen, kein Elend mehr kennt. Wer das Gleiche will, kämpfe mit uns gegen jede Gewaltpolitik, von wem sie auch komme, für Freiheit, Demokratie und Sozialismus, für volle Befreiung des ganzen Menschengeschlechts.

(Friedrich Ebert, Schriften – Aufzeichnungen, Bd. 2: Reden, Dresden 1926, S. 120ff.)

M 5 Oswald Spengler (1880–1936)

Der Geschichtsphilosoph gehörte u.a. mit seinem Hauptwerk „Der Untergang des Abendlandes“ (1918) zu den einflussreichsten intellektuellen Gegnern der Weimarer Republik. In einem Brief schrieb er am 18.12.1918:

[...] Ich habe die widerlichen Szenen vom 7. November [1918 in München] zum Teil aus der Nähe erlebt und bin vor Ekel beinahe erstickt. Und dann die Art, wie Kaiser Wilhelm fortgejagt wurde, wie jeder Lumpenhund sich herausnimmt, dem Manne Kot anzuwerfen, der 30 Jahre lang selbstlos und aufopfernd an der Größe Deutschlands mitgearbeitet hat. Ich weiß sehr wohl, dass der Pöbel in ande-

ren Ländern über alle Maßen gemein ist, aber ob er uns in seiner Gemeinheit erreicht? [...]
Ich sehe, dass die deutsche Revolution den typischen Verlauf nimmt: langsamer Abbau der bestehenden Ordnung, Sturz, wilder Radikalismus, Umkehr. Denn was uns heute Hoffnung gibt, ist die Gewissheit, dass die Monarchie gestärkt aus dieser Krise hervorgehen wird; [...] wir müssen wie das Frankreich von 1793 das Unglück bis zu Ende durchmachen; wir brauchen eine Züchtigung, gegen die die vier Kriegsjahre noch harmlos sind, bis die Zeit für die kleine Gruppe gekommen ist, die 1813 wie 1870 zur Führung berufen war: preußischer Adel und preußisches Beamtentum, die Tausende unserer Techniker, Gelehrten, Handwerker, Arbeiter mit preußischen Instinkten; bis vor allem auch der Terror eine solche Empörung und Verzweiflung angesammelt hat, dass eine Diktatur, irgendetwas Napoleonisches, allgemein als Erlösung empfunden wird. Aber dann muss Blut fließen, je mehr, desto besser. [...]

(Zit. nach: Weimar – Ein Lesebuch zur deutschen Geschichte 1918–1933, München [3]1999, S. 57f.)

M 6 Walther Rathenau (1867–1922)

Der Industrielle, (Wirtschafts-)Politiker und Publizist wurde 1920 Mitglied der Deutschen Demokratischen Partei (DDP). Er beteiligte sich an den Vorbereitungen zur Versailler Friedenskonferenz und an Konferenzen über die Reparationsverpflichtungen Deutschlands. Ab dem 1.2.1922 war er Reichsaußenminister Am 24.6.1922 wurde er von rechtsextremen Offizieren ermordet. Er veröffentliche zahlreiche politische Schriften. 1919 schrieb er:

Es ist kein Zweifel mehr: Was wir deutsche Revolution nennen, ist eine Enttäuschung. Misstrauen gebührt jedem Zufallsgeschenk und jedem Verzweiflungsprodukt. Nicht wurde eine Kette gesprengt durch das Schwellen eines Geistes und Willens, sondern ein Schloss ist durchgerostet. Die Kette fiel ab und die Befreiten standen verblüfft, hilflos, verlegen und mussten sich wider Willen rühren. Am schnellsten rührten sich, die ihren Vorteil erkannten. Den Generalstreik einer besiegten Armee nennen wir deutsche Revolution. Die Arbeitsaufnahme einer neuen Versuchsarmee nennen wir deutsche Gegenrevolution.
Die Arbeiterschaft ließ sich in den Sattel setzen und reitet den alten Streiktrab. Das Volk blieb abseits und wählte ein bürgerliches Parlament. Die verbürgerlichte Sozialdemokratie ließ sich im Bürgerhause bewirten und die Führung aufnötigen, Führung ohne Macht. Die Extremisten laufen neben dem Gaul und peitschen ihn mit der Knute des Bolschewismus. [...] Die Revolution war kein Produkt des Willens, sondern ein Ergebnis des Widerwillens. [...]
Freilich ist etwas objektiv Bedeutendes geschehen: Die Erkenntnis ist gewachsen. Angebetete Mächte haben sich als hohle Götzen erwiesen, Not hat die trägen Massen aktiviert, die starren Einrichtungen sind flüssig geworden, das Indiskutable ist diskutabel, das Problemlose ist Problem geworden; man hat das unschätzbar Wertvolle gelernt, dass es auch anders geht, dass es auf tausend verschiedene Weisen geht. [...]
Die äußere Revolution ist der inneren vorausgeeilt. Deshalb trägt sie schon heute alle entwürdigenden Zeichen des Interessenkampfes. Interessierte Romantik herrscht auf der Rechten, interessierter Radikalismus auf der Linken und in der Mitte wird um Besitz und Einkommen gehandelt. Ein spießiges Parlament bürgerlichen Mittelmaßes, verkrampft und erstarrt in unversöhnlichen Gegensätzlichkeiten, entkernt und entgeistet jede seiner Aufgaben und rüstet die Gegenrevolution. Die verbürgte Gefahrlosigkeit radikaler Tiraden ermutigt umgelernte Tribunen, das Pathos ihrer früheren Kriegsberichte auf die Schlagworte Sozialisierung und Rätesystem abzustellen.
Aufrechter und aufrichtiger Idealismus findet sich bei den Extremisten. Doch sie haben kein anderes Vorbild und keinen anderen Gedanken als Russland; sie sind Geschöpfe und Gefesselte der Massen, denen sie täglich mit unerfüllbaren materiellen Hoffnungen schmeicheln. Enthüllten sie ihr Herz, so wären sie verlassen.
Das zerfleischte, blutleere Land aber verkommt von Tag zu Tag. Wille und Arbeitskraft sind gebrochen. Widerliche Leidenschaften wachsen: Spekulation, Genusssucht, Spiel, Bestechung; Müßiggang und Geschwätz gedeihen. Arbeitsmittel und Werte, Häuser, Felder, Vieh verderben; die Jugend erwächst roh und unwissend. Dämmernde Gleichgültigkeit und Verzagtheit sinken herab. Zuversicht, Vertrauen und Respekt sind gewesen. Der Geist erstickt im endlosen Gerede. Noch ein Jahr dieser Erbärmlichkeit, ein entschlossener Führer der Gegenrevolution, und das entmannte Land gehorcht ihm.

(Walther Rathenau, Kritik der dreifachen Revolution, Berlin 1919, S. 9–14)

Parteien – neue Akteure auf der politischen Bühne

Mit der Weimarer Republik entstand 1919 ein Staat in Deutschland, in dem die Wahlberechtigten über das Gewicht, das sie den Parteien im Parlament verliehen, die Politik beeinflussten. Erstmals war es Aufgabe des Parlaments, handlungsfähige Regierungen zu bilden. Noch im Kaiserreich hatte die Verantwortung für die Regierung und für die Funktionsfähigkeit des Staates beim Monarchen gelegen. Somit mussten sich das Parlament und die darin sitzenden Parteien mit eingeschränkten Befugnissen zufriedengeben und gerieten eher mit der politischen Macht in Konflikt als an deren Ausübung mitzuwirken.
In der Demokratie mussten die Parteien und das Parlament diese wichtige und für sie neue Aufgabe mit übernehmen. Sie wurden so zum Träger des politischen Systems, dessen Bestand wesentlich von ihrer Fähigkeit abhing, zugunsten des neuen Staates erfolgreich Kompromisse zu schließen und regierungsfähige Mehrheiten zu bilden. Eine erfolgreiche Bewältigung dieser Herausforderung sollte damit letztlich der neuen politischen Ordnung Stabilität verleihen.
Inwieweit ihnen dies wirklich gelang, beurteilen namhafte Historiker mit deutlicher Skepsis und vielen Vorbehalten, wenn sie formulieren, dass Parlamente und Parteien der Weimarer Republik „nicht die Rolle und die Funktionen ausgefüllt haben, die ihnen im Rahmen einer parlamentarischen Demokratie nolens volens zugefallen waren" (Hagen Schulze), oder wie Ernst Friesenhahn bilanzieren, „es seien in erster Linie die politischen Parteien und das Volk (in den Wahlen) gewesen, die den Untergang der Republik verschuldeten".
Gesellschaftliche Verhältnisse und Mentalitäten spiegeln sich in Parteien. Ihre Wahlplakate verraten durch ihre Inhalte und Gestaltung viel über politische Grundhaltungen und die politische Realität einer Epoche. Wahlergebnisse geben Auskunft darüber, wie sich Grundhaltungen verändern und welche politischen Strömungen dominieren.

- **Welche Botschaften transportieren Wahlplakate in der Weimarer Republik mit Blick auf die politischen Grundhaltungen und politischen Strategien der jeweiligen Partei, für die sie werben?**
- **Inwiefern dokumentieren die Wahlplakate aktuelle politische Streitthemen und Konflikte, die zum Zeitpunkt ihrer Veröffentlichung die öffentliche und politische Diskussion bestimmten?**
- **Welche Entwicklungen und Tendenzen lassen sich anhand der Wahlergebnisse aufzeigen?**
- **Welche Bedeutung kommt den Faktoren Parteien und Wählerverhalten im Rahmen der Suche nach den Gründen und Ursachen für die latent beobachtbare Instabilität und für das Scheitern der Weimarer Demokratie zu?**

Gestalten Sie eine mediengestützte Präsentation (z. B. PowerPoint-Präsentation, plakatähnliche Papiere, Folien o. Ä.), die die Leitfragen zum Thema hat.

➧ **Tipps zur Präsentationstechnik:**
Gute Hilfen und Anregungen finden Sie unter www.inf.ethz.ch/vs/publ/slides/Vortragshinweise.pdf.

So können Sie in Partnerarbeit oder kleinen Arbeitsgruppen die Präsentation erstellen:

1. Interpretieren Sie die Wahlplakate M 1 – M 7 unter den ersten beiden Leitfragen mithilfe der Arbeitsschritte, die in der methodischen Anleitung „Wahlplakate interpretieren" (S. 348) vorgeschlagen werden. Greifen Sie für die historische Kontextualisierung und Einordnung in die ereignisgeschichtlichen Zusammenhänge auf die entsprechenden Passagen im Infotext zurück.
   ➧ Tipp: Sie könnten die Wahlplakate in Form einer animierten PowerPoint-Präsentation vorstellen. Fügen Sie zu jedem Wahlplakat einen interpretierenden Begleittext hinzu, der die Kernbotschaft, die Symbolik und die zentralen bild- und textgestalterischen Elemente vorstellt und erläutert sowie eine historische Einordnung vornimmt.
2. Interpretieren Sie das statistische Material M 8 und M 9. Beachten Sie dabei die Grundschritte: formale Analyse – inhaltliche Analyse – Interpretation der Analysebefunde mit Blick auf die dritte Leitfrage.
3. Erstellen Sie auf der Grundlage Ihrer Analyse- und Interpretationsergebnisse ein Thesenpapier, in dem Sie ausgehend von den zitierten Historikerurteilen zusammenfassend Auswirkungen und Stellenwert der Faktoren Parteien und Wählerverhalten beurteilen.

Methode

Wahlplakate interpretieren

A. Politische Plakate als historische Quellen

Politische Plakate sind uns allen insbesondere aus Wahlkampfzeiten bekannt, wo wir sie in Massen an Straßen und öffentlichen Plätzen finden. Alle Parteien bedienen sich des Mediums Plakat, um in prägnanter, kurzer Form für ihre Ziele und Abgeordneten zu werben.

Wer von vielen gewählt werden möchte, greift oftmals den politischen Gegner scharf an, spricht Hoffnungen, bewusste und unbewusste Wünsche, aber auch Emotionen wie Furcht an. Komplexe Sachverhalte werden im Plakat auf eine einfache und scheinbar leicht verständliche Ebene reduziert. Bessere Lösungen für politische, soziale und wirtschaftliche Probleme als von anderen werden von den Parteien versprochen.

Deshalb sind Wahlplakate eine wichtige Quelle, um etwas über die Parteienlandschaft und über das Selbstverständnis der Parteien zu erfahren.

Der aufmerksame Beobachter erfährt jedoch aus Wahlplakaten noch sehr viel mehr: Als Ausdruck und Spiegel des Zeitgeistes lassen Wahlplakate Rückschlüsse auf Einstellungen und Mentalitäten der Menschen in ihrer Zeit zu. Dabei lassen sich kontroverse zeitgenössische Denkweisen am besten herausarbeiten, wenn wir mehrere Plakate miteinander vergleichen.

B. Schritte der Interpretation von Wahlplakaten

1. Schritt – Leitfrage(n) festlegen:

Die Erkenntnisinteressen bestimmen und als Untersuchungsfrage(n) formulieren, die für die Interpretation leitend ist (sind).

2. Schritt – Analyse:
– Beschreibung und Klärung formaler äußerer Merkmale
– Plakatbeschreibung und -erläuterung

- Den Auftraggeber und die Zielgruppe des Plakats vorstellen.
- Den Inhalt/das Thema des Plakats benennen.
- Systematisch und genau beschreiben, was auf dem Plakat im Einzelnen zu sehen ist, und im Zusammenhang der Beschreibung den historischen Sachverhalt sowie die aktuelle historisch-politische Situation, in der das Plakat entstanden ist und auf die es Bezug nimmt, erläutern.
- Den Plakataufbau und die Gestaltungselemente, die verwendet werden, darstellen.

  Aspekte, auf die der Blick gerichtet werden sollte:
  - Schriftelemente
  - Bildelemente
  - Farbwahl
  - Perspektive, z. B. Auf- oder Untersicht
  - Verwendung von Symbolen
  - Komposition, z. B. Staffelung von Hintergrund, Mitte, Vordergrund; Verhältnis von Schrift- und Bildelementen

3. Schritt – Interpretation:
– Ebene 1 Interpretation im engeren Sinne

- Die Plakataussage im historischen Entstehungskontext sowie in ihrer Darstellungsabsicht unter Berücksichtigung des Zusammenspiels von Inhalt und Form deuten.

  Mögliche Fragestellungen für eine Interpretation:
  - Welche „Botschaft“ vermittelt das Plakat?
  - Welche Zielgruppe wird umworben?
  - Welche Wirkung dürfte das Plakat auf den zeitgenössischen Betrachter ausgeübt haben?
  - Ist das Plakat in seinen Formulierungen und seiner grafischen Gestaltung überzeugend gestaltet, sodass es dem Betrachter effektiv auf den ersten Blick einen „Schnelldialog“ mit der Plakataussage ermöglicht?
  - Wie zeittypisch ist das Plakat in seiner Zielsetzung, seiner inhaltlichen Aussage und seiner Gestaltungsweise?

– Ebene 2 Zusammenfassendes Resümee mit Blick auf die Leitfrage(n)

- Auf der Grundlage der Ergebnisse der Interpretation im engeren Sinne belegbare Schlussfolgerungen mit Blick auf die gestellte(n) Leitfrage(n) ziehen und tragfähige Antworten formulieren.

MATERIALIEN

Wahlplakate der Parteien in der Weimarer Republik

M 1 DDP, Reichstagswahl 1928

M 3 KPD, Reichstagswahl 1928

M 2 SPD, Reichstagswahl 1928

M 4 Zentrum, 1930

M 5 DVP, um 1920/24

M 6 DNVP, Reichstagswahl 7.12.1924

Der Blitz trifft den Reichspräsidenten Friedrich Ebert, SPD.

M 7 Völkischer Block, 1924

M 8 Parteien im Reichstag 1918–1933

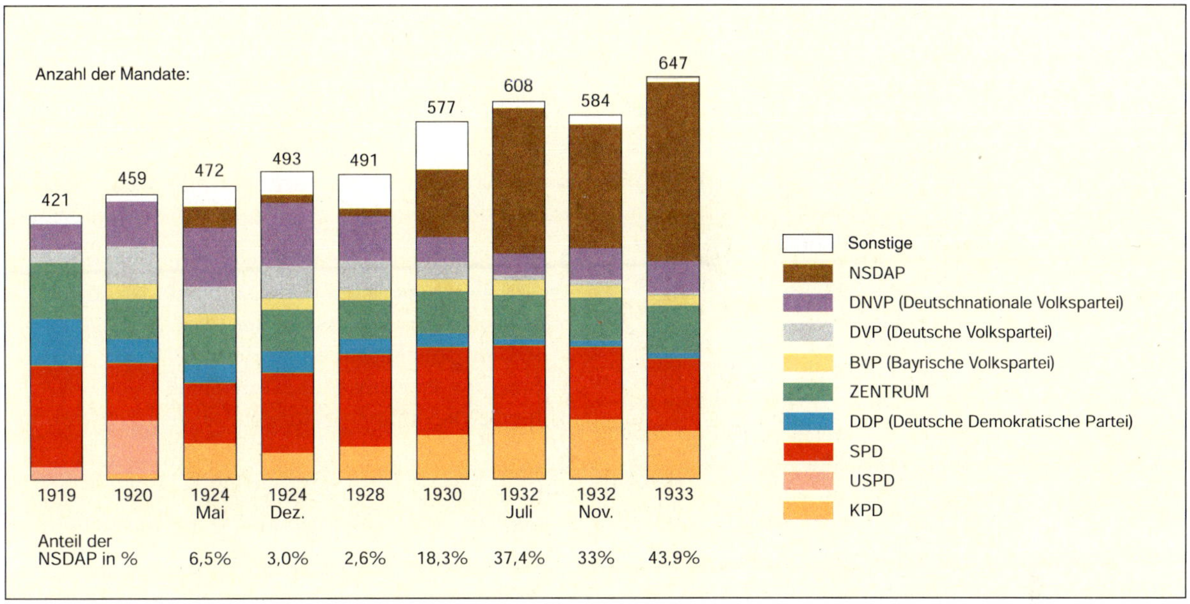

(Grafik basiert auf Zahlenangaben aus verschiedenen Quellen.)

M 9 Politische Grundorientierungen im deutschen Parteienspektrum 1919–1933

Der Historiker Hans-Ulrich Wehler unterscheidet in seiner „Deutschen Gesellschaftsgeschichte" mit Blick auf die übergreifenden politischen Grundorientierungen drei Lager: ein autoritäres (DNVP, DVP, NSDAP), ein demokratisches (SPD, DDP, Zentrum, BVP) und ein linkes (USPD, KPD).
Für den Wahlzeitraum Januar 1919 bis März 1933 stellen sich die wechselnden Kräftekonstellationen wie folgt dar:

Lager	1919	1920	1924/1	1924/2	1928	1930	1932/1	1932/2	1933
1. Autoritäres Lager	15	30	36	35	26	30	45	42	55
2. Demokratisches Lager	76	47	46	50	49	43	38	36	33
3. Linkes Lager	7	20	13	9	11	13	14	17	12
4. Splitterparteien	2	3	5	6	14	14	3	5	–

(Nach: Hans-Ulrich Wehler, Deutsche Gesellschaftsgeschichte 1914–1949, Bd. 4, München (Beck) 2008, S. 359)

Der demokratische Staatsentwurf: Verfassung und Verfassungswirklichkeit

Die Verfassung von Weimar, die am 11. August 1919 verabschiedet wurde, war die erste demokratische Verfassung Deutschlands. Die Veränderungen der politischen Machtverhältnisse in Deutschland durch die Revolution 1918/19 fanden auch in der Weimarer Verfassung ihren Niederschlag. Der federführende Entwurf, in dem anstelle der in der Monarchie vom Kaiser ausgehenden Staatsgewalt in der neuen Republik das Volk als Souverän gesetzt wurde, stammte von dem liberalen Staatsrechtslehrer und Staatssekretär des Inneren Hugo Preuß (1860–1925).

In dieser Funktion wählten alle Bürger, Männer wie Frauen über 20, die im Parlament vertretenen Parteien und den als Staatsoberhaupt fungierenden Reichspräsidenten. Beide, Reichstag und Reichspräsident, sollten als Träger politischer Macht auch Gegengewichte füreinander sein. Über Volksentscheide und Volksbegehren konnte das wählende Volk zudem auf politische Entscheidungen Einfluss nehmen. Die Abgeordneten in der Nationalversammlung „hatten stellvertretend für das deutsche Volk einen Kompromiss gefunden, von dem sie hoffen durfte[n], dass er eine friedensstiftende und friedensbewahrende politische Ordnung sein würde. Leider hat sich die Hoffnung, die für die folgenden schwierigen Jahre geeignete staatliche Lebensform der Nation gefunden zu haben, nicht erfüllt“ (Ernst Friesenhahn, 1979). Eine differenzierte, ausgewogene Urteilsbildung zur Frage nach den Gründen ihres Scheiterns muss neben deren Analyse auch die Entstehungsbedingungen, die Konzeption und die Umsetzung der Verfassung berücksichtigen.

- **Was waren zentrale Begleitumstände der Verfassungsentstehung?**
- **Worin lag Innovatives und Problematisches der neuen Verfassung?**
- **Was waren letztlich die Gründe für das Versagen der Weimarer Verfassungsordnung und inwiefern trug dies zum Scheitern der Weimarer Republik bei?**

Stellen Sie Ihre Untersuchungsergebnisse zu den drei Leitfragen mithilfe einer Mindmap oder mit Metaplan-Karten oder -Folien, auf denen Sie Ihre Arbeitsergebnisse sammeln und ordnen können, vor.

Arbeitsvorschläge zur Untersuchung der Materialien in Partnerarbeit oder kleinen Arbeitsgruppen:

1. Charakterisieren Sie mithilfe des Infotextes (S. 322–326) sowie auf der Grundlage der Ausführungen des Historikers Volker Ullrich (M 1) die Entstehungsbedingungen des neuen Weimarer Staatswesens sowie die unterschiedlichen wertenden Reaktionen auf die neue Reichsverfassung.
2. Beschreiben Sie anhand des Verfassungsschemas (s. S. 326) sowie der ausgewählten Verfassungsartikel (M 2) Struktur und Aufbau der staatlichen Ordnung und des Regierungssystems.
   ➧ **Tipp:** Berücksichtigen Sie dabei insbesondere die Machtverteilung zwischen Reichstag, Reichskanzler und Reichspräsident.
3. Fassen Sie in Thesenform zusammen, welche Positionen Hugo Preuß (M 3) sowie die Wissenschaftler Hans Boldt (M 4), Dieter Grimm (M 5) und Hagen Schulze (M 6) zur Problematik der grundlegenden Strukturen der Weimarer Reichsverfassung vertreten und wie sie ihre Sichtweisen im Einzelnen begründen.
4. Notieren Sie, welche Standpunkte und Argumentationen für Sie nachvollziehbar sind und welche Sie weniger überzeugen.
5. Formulieren Sie auf der Grundlage Ihrer gesamten Arbeitsergebnisse ein abwägendes Gesamturteil zur dritten Leitfrage.

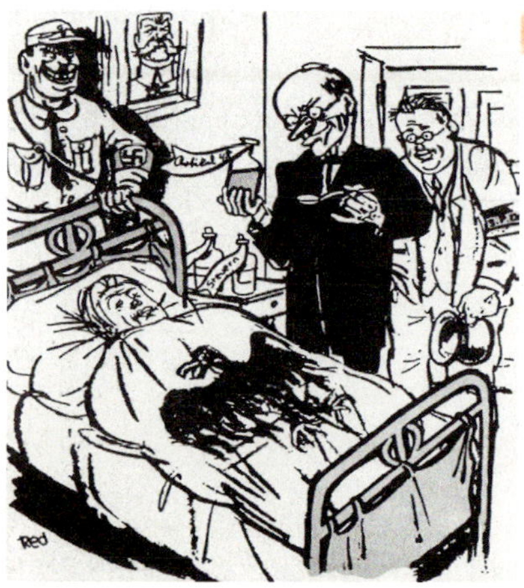

Brüning: „Nach dieser Medizin (Artikel 48), Madame Republik, werden Sie die Verfassung endgültig abführen“ (Karikatur aus der Satirezeitschrift „Eulenspiegel“, 1931).

MATERIALIEN

M 1 Volker Ullrich über die Weimarer Republik

Der Historiker (geb. 1943) schreibt zu den Umständen der Geburt der Weimarer Reichsverfassung und den ersten Reaktionen auf diese Folgendes:

Zu den wichtigsten Aufgaben der in Weimar tagenden Nationalversammlung gehörte – neben dem Abschluss des Friedensvertrages – die Ausarbeitung einer neuen Reichsverfassung. […] [Diese Verfassung] war kein konsistenter Entwurf, sondern ein Sammelsurium von Einzelforderungen, die einen Kompromiss darstellten zwischen sozialistischen, liberalen, konfessionellen und konservativen Zielvorstellungen. In dieser Kompromissstruktur zeigte sich, dass die Weimarer Verfassung nicht das Ergebnis einer erfolgreichen, sondern einer stecken gebliebenen Revolution war – „einer Revolution, der es nicht gelungen war, die tatsächlichen Machtverhältnisse zu ändern und eine wirkliche Neuordnung durchzusetzen" (Reinhard Rürup).
Am 31. Juli 1919 wurde die Verfassung von der Nationalversammlung mit 262 gegen 75 Stimmen angenommen. Für die Vorlage stimmten DDP, Zentrum und MSPD, dagegen USPD, DNVP und DVP. 86 Abgeordnete, überwiegend der Mehrheitsparteien, blieben der Abstimmung fern – was kein gutes Omen für die Zukunft war. Dennoch feierte die liberale „Frankfurter Zeitung" das Verfassungswerk mit den Worten des Reichsinnenministers Eduard David (MSPD): Deutschland könne nun als „die demokratischste Demokratie der Welt" bezeichnet werden. Auch für den sozialdemokratischen „Vorwärts" markierte der 31. Juli 1919 einen Tag „von größter historischer Bedeutung", da nun das „ganze Leben der deutschen Nation […] auf eine neue und nun endgültig sichere Grundlage" gestellt worden sei und „die Revolution […] in ihm ihren Abschluss" gefunden habe. Die meisten bürgerlichen Blätter machten hingegen aus ihrer Skepsis bzw. offenen Ablehnung keinen Hehl. Und auch von vielen Deutschen wurde die Weimarer Reichsverfassung „mehr hingenommen als angenommen" (Heinrich August Winkler). Nicht sie stand im Vordergrund der öffentlichen Aufmerksamkeit, sondern das „Friedensdiktat" von Versailles". […]
Der glanzlose Start selbst sprach nicht gegen das, was die Schöpfer der Verfassung ersonnen und in zäher Arbeit unter den widrigsten inneren und äußeren Bedingungen in Weimar zustande gebracht hatten. Ungeachtet aller Mängel stellte diese Verfassung, wie Arthur Rosenberg hervorgehoben hat, „ein Werkzeug" dar, „dessen sich das deutsche Volk durchaus im fortschrittlichen Sinne zum Ausbau der Demokratie und des Sozialismus hätte bedienen können".
Doch eben das geschah nicht. Nicht nur unter Militärs, ostelbischen Junkern und der völkischen Rechten, sondern auch im akademischen Bürgertum, vor allem unter Studenten, wurde die Verfassung zum verhassten Symbol des „Systems". „In manchen juristischen Kollegien wird gescharrt, wenn das Wort ‚Reichsverfassung' fällt", beobachtete Ernst Troeltsch im Dezember 1919.

(Volker Ullrich, Die Revolution von 1918/19, München (Beck) 2009)

M 2 Ausgewählte Artikel zur politischen Machtverteilung und zur Wirtschaft aus der „Verfassung des Deutschen Reichs"

Art. 1: Das Deutsche Reich ist eine Republik. Die Staatsgewalt geht vom Volke aus.
Art. 20: Der Reichstag besteht aus den Abgeordneten des deutschen Volkes.
Art. 22: Die Abgeordneten werden in allgemeiner, gleicher, unmittelbarer und geheimer Wahl von den über zwanzig Jahre alten Männern und Frauen nach den Grundsätzen der Verhältniswahl gewählt. […]
Art. 25: Der Reichspräsident kann den Reichstag auflösen, jedoch nur einmal aus dem gleichen Anlass. Die Neuwahl findet spätestens am sechzigsten Tage nach der Auflösung statt.
Art. 41: Der Reichspräsident wird vom ganzen deutschen Volk gewählt. […]
Art. 47: Der Reichspräsident hat den Oberbefehl über die gesamte Wehrmacht des Reiches.
Art. 48: Wenn ein Land die ihm nach der Reichsverfassung oder den Reichsgesetzen obliegenden Pflichten nicht erfüllt, kann der Reichspräsident es dazu mithilfe der bewaffneten Macht anhalten.
Der Reichspräsident kann, wenn im Deutschen Reich die öffentliche Sicherheit und Ordnung erheblich gestört oder gefährdet wird, die zur Wiederherstellung der öffentlichen Sicherheit und Ordnung nötigen Maßnahmen treffen, erforderlichenfalls mithilfe der bewaffneten Macht einschreiten. Zu diesem Zweck darf er vorübergehend die in den Artikeln 114, 115, 117, 118, 123, 124 und 153 festgesetzten Grundrechte ganz oder zum Teil außer Kraft setzen. Von allen gemäß Abs. 1 oder Abs. 2 dieses Artikels getroffenen Maßnahmen hat der Reichspräsident unverzüglich dem Reichstag

Kenntnis zu geben. Die Maßnahmen sind auf Verlangen des Reichstages außer Kraft zu setzen. […] Das Nähere bestimmt ein Reichsgesetz.

Art. 50: Alle Anordnungen und Verfügungen des Reichspräsidenten, auch solche auf dem Gebiete der Wehrmacht, bedürfen zu ihrer Gültigkeit der Gegenzeichnung durch den Reichskanzler oder den zuständigen Reichsminister. Durch die Gegenzeichnung wird die Verantwortung übernommen.

Art. 53: Der Reichskanzler und auf seinen Vorschlag die Reichsminister werden vom Reichspräsidenten ernannt und entlassen.

Art. 54: Der Reichskanzler und die Reichsminister bedürfen zu ihrer Amtsführung des Vertrauens des Reichstags. Jeder von ihnen muss zurücktreten, wenn ihm der Reichstag durch ausdrücklichen Beschluss sein Vertrauen entzieht.

Art. 68: Die Gesetzesvorlagen werden von der Reichsregierung oder aus der Mitte des Reichstages eingebracht. Die Reichsgesetze werden vom Reichstag beschlossen.

Art. 70: Der Reichspräsident hat die verfassungsmäßig zustande gekommenen Gesetze auszufertigen und binnen Monatsfrist im Reichsgesetzblatt zu verkündigen.

Art. 73: Ein vom Reichstag beschlossenes Gesetz ist vor der Verkündigung zum Volksentscheid zu bringen, wenn der Reichspräsident binnen eines Monats es bestimmt. […]

Art. 76: Die Verfassung kann im Wege der Gesetzgebung geändert werden. Jedoch kommen Beschlüsse des Reichstags auf Abänderung nur zustande, wenn zwei Drittel der gesetzlichen Mitgliederzahl anwesend sind und wenigstens zwei Drittel der Anwesenden zustimmen.

Art. 151: Die Ordnung des Wirtschaftslebens muss den Grundsätzen der Gerechtigkeit mit dem Ziele der Gewährleistung eines menschenwürdigen Daseins für alle entsprechen. In diesen Grenzen ist die wirtschaftliche Freiheit des Einzelnen zu sichern. Gesetzlicher Zwang ist nur zulässig zur Verwirklichung bedrohter Rechte oder im Dienst überragender Forderungen des Gemeinwohls. […]

Art. 153: Das Eigentum wird von der Verfassung gewährleistet. Sein Inhalt und seine Schranken ergeben sich aus den Gesetzen.

Eine Enteignung kann nur zum Wohle der Allgemeinheit und auf gesetzlicher Grundlage vorgenommen werden. […] Eigentum verpflichtet. Sein Gebrauch soll zugleich Dienst sein für das Gemeine.

(Zit. nach: http://www.dhm.de/lemo/html/dokumente/verfassung/index.html)

M 3 Hugo Preuß über die Weimarer Verfassung

Der Entwurf von Preuß, vielfach verändert und oft angegriffen, bildete die maßgebliche Grundlage für die Weimarer Verfassung. Diese Rechtfertigungsschrift mit dem Titel „Parlamentarismus und Verfassung" erschien zuerst 1921:

Der echte Parlamentarismus setzt zwei einander wesentlich ebenbürtige höchste Staatsorgane voraus, unterscheidet sich jedoch vom Dualismus dadurch, dass diese beiden höchsten Organe nicht unverbunden neben- und gegeneinander stehen, sondern dass die parlamentarische Regierung das bewegliche Bindeglied zwischen ihnen bildet. In der parlamentarischen Monarchie steht die Krone neben dem Parlament. In der parlamentarischen Demokratie, in der alle politische Gewalt vom Volkswillen ausgeht, erhält der Präsident die ebenbürtige Stellung neben der vom Volke unmittelbar gewählten Volksvertretung nur, wenn er nicht von dieser, sondern selbst unmittelbar vom Volke gewählt wird. Für Wahl und Wiederwahl ist er also vom Parlament unabhängig; seine sämtlichen Regierungsfunktionen aber kann er nur unter der verantwortlichen Mitwirkung der von ihm ernannten, doch vom Vertrauen des Parlaments abhängigen Reichsminister ausüben. Dies System schafft die belebende Wechselwirkung zwischen Regierung und Parlament; es sichert der Volksvertretung in vollstem Maße den ihr gebührenden Einfluss auf die politische Führung; aber es begründet keinen schrankenlosen Parlaments-Absolutismus. Die unmittelbare Volkswahl gibt dem Präsidenten eine Art tribunizischer[1] Stellung neben dem Parlament. Der Gefahr, dass die tribunizische Gewalt zur cäsarischen werde, wirkt das streng parlamentarische Regierungssystem entgegen; aber seine Selbstständigkeit gegenüber dem Parlament gibt dem Präsidenten, wenn er der Mann danach ist, die Möglichkeit, dem Kleinkriege der Parteien und ihren Eintagsintrigen in verhältnismäßiger Unabhängigkeit ein Gegengewicht zu bieten, ihnen gegenüber die großen Grundfragen des politischen Lebens zur Geltung zu bringen. Deshalb greift der Einwand nicht durch, den man gegen die unmittelbare Volkswahl aus der Vielspältigkeit und Zerrissenheit unseres Parteiwesens, aus der unpolitischen Neigung zu Sektiererei und Eigenbrödelei entnimmt. Das einzige, wenn auch langsam wirkende Heilmittel dagegen ist die breite Öffentlichkeit der Volkswahl. […] Natürlich werden die politischen Parteien auch die Volkswahl zu organisieren haben; aber es ist immerhin vorzuziehen, wenn das im Geheimnis des Fraktionszimmers Geplante vor der Gesamtheit des Volkes vertreten und gerechtfertigt werden muss, als wenn es ohne diese Kontrolle entscheidend wäre. Ein sicher wirkendes Rezept für die Auslese der Besten gibt es so wenig bei der Wahl wie bei der Ernennung.

(Hugo Preuß, Deutschlands republikanische Reichsverfassung, 2. erw. Aufl. 1923, S. 69ff.)

---

[1] Hier wird Bezug genommen auf die besondere Stellung des Volkstribunen in der römischen Republik.

M 4 Hans Boldt über die Weimarer Verfassung

Der Professor für Politikwissenschaft (geb. 1930) kommt zu folgender Einschätzung:

Die Weimarer Verfassung ist […] eine ausgesprochene Kompromissverfassung gewesen. Nun ist das bei einem Gesetzeswerk, an dessen Einstellung viele Parteien mit unterschiedlichen Vorstellungen und Interessen beteiligt waren, nicht weiter verwunderlich […]. Die eigentliche Problematik der Verfassung lag aber darin, dass sich die politische Basis, auf der die Verfassungskompromisse beruhten – die Weimarer Koalition – auf Dauer nicht als tragfähig erwies und mit der schon 1920 beginnenden Veränderung der Parteien- und Koalitionsverhältnisse allmählich der die Republik und ihre Verfassung tragende Konsens schwand. Das hatte zur Folge, dass man die auf die Zukunft hin geschlossenen Kompromisse der Verfassung nicht realisieren konnte und dass überhaupt – nicht zuletzt unter dem Druck der wirtschaftlichen Verhältnisse und der Kriegsfolgen – der Schwerpunkt der Verfassung sich deutlich vom Reichstag zum Reichspräsidenten hin verlagerte. Die mangelnde Koalitionsbereitschaft der Parteien, ihre Unfähigkeit, stabile Mehrheitsregierungen zu bilden, führte zu einem Abschieben der Verantwortung auf die Regierung (durch Ermächtigungsgesetze) und den Präsidenten, der mit seinem Notverordnungsrecht zu einer Art Ersatzgesetzgeber avancierte. Der Übergang zum Präsidialkabinett seit 1930 war daher nicht mehr nur als ein vorübergehendes Notstandsregime für die Zeit der Weltwirtschaftskrise zu verstehen, sondern als Auftakt zu einem größeren Verfassungswandel, zu einer Remonarchisierung des Reichs, mit der man der zunehmenden Verfassungsprobleme Herr zu werden hoffte. Allerdings wurde daraus am Ende – zur Überraschung vieler – ein Übergang in die nationalsozialistische Diktatur.

Man hat oft der Verfassung selbst den Vorwurf gemacht, dass sie diesen Übergang nicht verhindert, sondern eigentlich erst ermöglicht habe. Man verweist dabei auf den Art. 76, der einer Zweidrittelmehrheit des Reichstages Verfassungsänderungen jeder Art und jeden Umfanges erlaubte. Dadurch sei Hitler der Weg zu einer „legalen" Revolution geöffnet worden. Auch die Option für das Verhältniswahlrecht in Art. 22 habe einen das parlamentarische System Weimars destruierenden Effekt gehabt und schließlich sei die Idee, dem Reichstag einen Reichspräsidenten als hemmendes Gegengewicht gegenüberzustellen, von Anfang an verfehlt gewesen. Das sind schwere Vorwürfe gegen die Verfassungskonstruktion, die […] bei den Beratungen des Bonner Grundgesetzes zu verschiedenen Neuerungen und zur ausdrücklichen Distanzierung von der Weimarer Reichsverfassung geführt haben.

(Hans Boldt, Die Weimarer Reichsverfassung; in: Bracher/Funke/Jacobsen (Hg.), Die Weimarer Republik 1918–1933, Düsseldorf (Droste-Verlag) 1988, S. 59f.)

M 5 Dieter Grimm über die Weimarer Verfassung

Der Wissenschaftler und ehemalige Verfassungsrichter (geb. 1937) vertritt folgende Meinung:

Der Vorwurf, der der Weimarer Verfassung gemacht wird, lautet […], dass die Konstruktion misslungen sei und die Demokratie bei einer anderen Staatsorganisation nicht gescheitert wäre. Kritik zieht dabei vor allem das Verhältnis von Reichstag und Reichspräsident auf sich. Beide wurden vom Volk gewählt. Zwar nahm der Reichstag den ersten Rang ein. Doch war dem Präsidenten von vornherein die Rolle des Gegengewichts gegen parlamentarische Fehlentwicklungen zugedacht. […] Hinter dieser Gestaltung stand einerseits die bürgerliche Furcht vor „Mehrheitsdiktatur" und „Parlamentarismus" […]. Andererseits war es das Erlebnis bürgerkriegsartiger Zustände in Berlin, welches die nach Weimar ausgewichene Nationalversammlung bewog, auf die Handlungsfähigkeit des Staates in der Ausnahmesituation besonderes Gewicht zu legen. Daraus erklären sich die weitreichenden Notstandsbefugnisse des Reichspräsidenten. Allerdings lag es in den Augen der Verfassungskritiker gerade an dem Zusammentreffen dieser Befugnisse mit dem Recht zur Parlamentsauflösung, dass aus dem beabsichtigten Gleichgewicht zwischen den beiden demokratisch legitimierten Organen ein schädliches Übergewicht des Reichspräsidenten geworden war. Frei von dem Einigungszwang, den die parlamentarische Regierungsbildung erzeugt, und im Verlass darauf, dass der Reichspräsident einspringt, habe sich der

Reichstag außerdem allzu leicht seiner Verantwortung entziehen können. […]
Nach dem Zweiten Weltkrieg wurde die Mängelliste der Weimarer Verfassung zur Gestaltungsvorlage für das Grundgesetz. […] Liegt es daran, dass Bonn nicht Weimar geworden ist? Für die Antwort ist es aufschlussreich, dass die verfassungsrechtlichen Vorkehrungen gegen eine Wiederholung der Weimarer Erfahrung in der fünfzigjährigen Geschichte der Bundesrepublik wenig aktuelle Bedeutung erlangt haben. […] Tragender für das Gelingen der Demokratie war aber wohl, dass sie 1949 nicht mit der Hypothek von 1918/19 ins Leben trat, sondern weithin akzeptiert wurde. Tragend war ferner die Neuformierung, Grundeinigkeit und Konzentration der Parteien, die dem Grundgesetz im Wesentlichen vorausging und ihm Fundamentalkonflikte erspart hat. Tragend war schließlich, dass sich in einer langen Phase von Frieden und Wohlstand ein Grundeinverständnis mit der Verfassungsordnung herausbilden konnte, das diese dann auch über Krisenzeiten, die freilich nie Weimarer Dimensionen erreichten, hinweg trug. Auf dieser Grundlage konnte sich der Verfassungsstaat entfalten.

(Dieter Grimm, Die Weimarer Verfassung im Widerstreit; in: Heinrich August Winkler (Hg.), Weimar im Widerstreit, München 2002, S. 153f., 159ff.)

M 6 Hagen Schulze

Der Historiker (geb. 1943) urteilte 1982 über das Versagen der Weimarer Verfassung:

Man glaubt an die Vernunft und das Gute in den Menschen; Instinkte und Emotionen, Verführbarkeit der Massen […] – alles das entfernt vom […] Weimarer Staatstheater, in dem würdige, freiheitlich gestimmte Männer im Geiste Kants und Goethes ein Staatsgrundgesetz erdenken. In einem Staatswesen, dessen demokratische Verfassung tief in seiner Kultur verankert wäre, hätte das keine erheblichen Folgen. In Frankreich, England, Amerika sind die Verfassungsgrundlagen unbefragter Teil des nationalen Selbstverständnisses; sie sind in die Mythen eingegangen, die über die Parteien hinweg die Einheit der Nation begründen.
Anders in Deutschland; gewiss ist auch hier die Nation Fluchtpunkt und Gemeinschaftsstiftung, aber sie ist gestaltlos und nur Idee, ein spätes Konstrukt des beginnenden 19. Jahrhunderts und ohne Anschauung […]. Viel dringender als ihre westlichen Nachbarn bedarf die deutsche Nation einer Verfassung, die ihr Umriss und Inhalt gibt, letztes, unwiderlegliches und gemeinsames Argument im Streit der Parteien ist. Vor dieser gemeinschaftsstiftenden Aufgabe versagt Weimar kläglich […].
Die politische Utopie scheint wirklicher als die Wirklichkeit, der für das deutsche politische Denken so kennzeichnende Realitätshass und Realitätsverlust wird prämiert, die Bindungen an das Gemeinwesen von Weimar verkümmern zu beliebig interpretierbaren Teil-Loyalitäten: Ist es die Republik, die zu verteidigen ist, ist es die Verfassung, die Demokratie, der Staat, das Volk, das Vaterland, die Nation? Jeder dieser Begriffe steht im politischen Denken Weimar-Deutschlands für das Ganze und ist eine Hohlform, beliebig mit Inhalten zu füllen.
Auf den Ernstfall ihrer Existenz gestellt, wendet sich die Verfassung ohne normative Verankerung gegen sich selbst. So kann es kommen, dass am 30. Januar 1933 Reichspräsident v. Hindenburg den Führer der Nationalsozialisten zum Reichskanzler ernennt. […] und an dieser Ernennung ist tatsächlich nichts Verfassungswidriges, Adolf Hitlers Weg zur Macht ist legal. […] „Die nationalsozialistische Bewegung", erklärt er, „wird in diesem Staat mit den verfassungsmäßigen Mitteln das Ziel zu erreichen suchen. Die Verfassung schreibt uns nur die Methoden vor, nicht aber das Ziel. Wir werden auf diesem verfassungsmäßigen Wege die ausschlaggebenden Mehrheiten in den gesetzgebenden Körperschaften zu erlangen versuchen, um in dem Augenblick, wo uns das gelingt, den Staat in die Form zu gießen, die unseren Gedanken entspricht."[1]
Die offene Ankündigung, den Staat und dessen Verfassungsordnung im Moment der Machtergreifung völlig umzustülpen, stört die Richter des höchsten deutschen Gerichtes keineswegs, denn daran ist nichts verfassungswidrig; ihnen war es nur darum gegangen, die Legalität des nationalsozialistischen Wegs zur Macht zu überprüfen, und Hitler hat die Prüfung glänzend bestanden. Joseph Goebbels sagt hinterher lachend […]: „Was wollen die Brüder danach noch gegen uns machen? Sie haben doch nur darauf gewartet, zupacken zu können. Nun sind wir streng legal, egal legal."
Die Weimarer Reichsverfassung in ihrer bodenlosen Liberalität hilft ihren eigenen Verderbern. Es kommt, wie Hitler vor Gericht gesagt hat, und die Verfassung stört dabei nicht im Geringsten; die Machthaber des „Dritten Reichs" bekunden ihr ihre tiefe Verachtung, indem sie sie nicht einmal außer Kraft setzen. Die Weimarer Reichsverfassung gilt, formal gesehen, bis zum 8. Mai 1945.

(Hagen Schulze, Weimar – Deutschland 1917–1918, München (Siedler) 1982, S. 103ff.)

---

[1] Äußerung Hitlers vor Gericht im Prozess gegen ihn und seine Mitverschwörer wegen des Hitler-Putsches 1923

Wirtschaft und Wirtschaftskrisen

Die Weimarer Republik wurde zweimal in ihrer kurzen Geschichte, 1923 und nach 1929, von schweren Wirtschaftskrisen erschüttert, die wesentlich zu schwindendem Vertrauen in den Staat und entscheidend zum Untergang beitrugen. Schon bei ihrer Gründung sah sich die Weimarer Republik vor Aufgaben gestellt, die noch nie da gewesen waren:

– Die von der Front zurückkehrenden Soldaten mussten wieder in das Wirtschaftsleben integriert werden, das zudem von der Kriegsproduktion auf eine Friedenswirtschaft umgestellt werden musste. Dabei richteten sich große Erwartungen an den Staat, der sich bereits im Kaiserreich zu einer scheinbar über den Parteien und Interessenvertretern stehenden Instanz entwickelt und im Krieg regulierend und steuernd in das Wirtschaftsgeschehen eingegriffen hatte.

– Der Staat stand vor der Aufgabe, seine Kriegsschulden bei den Banken zurückzuzahlen, während er gleichzeitig mit den Reparationsforderungen der Alliierten konfrontiert wurde. Da Steuererhöhungen zur Füllung der Staatskasse politisch schwer durchzusetzen waren, blieb nur die Notenpresse als Ausweg und damit eine hohe Inflationsgefahr.

– Die politischen Konflikte und unterschiedlichen Wertvorstellungen, die es durchgängig nur schwer ermöglichten, im Parlament regierungsfähige Mehrheiten zu erreichen, führten zu einer Wirtschaftspolitik, die vor allem die unterschiedlichen Interessen befriedigen und den Bürgerkrieg vermeiden wollte.

– Die staatliche Subventionierung des Widerstandes an der Ruhr gegen die französische Besetzung führte schließlich 1923 zum völligen Zusammenbruch der Staatsfinanzen und der Wirtschaft. Die Währungsreform im November 1923 ermöglichte dann zwar eine Phase relativer wirtschaftlicher Erholung, zumal nach einer Einigung in der Reparationsfrage wieder ausländische Kredite ins Land flossen.

– Die hohen Kredite erwiesen sich allerdings in der Weltwirtschaftskrise als verhängnisvoll, da die plötzliche Kündigung dieser Kredite mit dazu führte, dass die Folgen der Weltwirtschaftskrise in Deutschland besonders krass ausfielen.

- **Wie wirkte sich die wirtschaftliche Entwicklung auf die Lebensumstände und das Lebensgefühl der Menschen aus?**
- **Inwiefern beeinflusste die Wirtschafts- und Sozialpolitik das Vertrauen in Republik und Demokratie?**

„So, wie ich es sehe": Gestalten Sie eine dialogische Spielszene zum Thema Wirtschaft und Wirtschaftskrisen mit verteilten Rollen, in der Sie als Zeitzeugen, die zu dieser Zeit gelebt und sie selbst erlebt haben, zu Beginn des Jahres 1933 kritisch auf die Weimarer Zeit zurückschauen.

Vorschlag zur Vorgehensweise:

1. Stellen Sie eine Gesprächsrunde – 3 bis 4 Personen – zusammen, in der Sie die angebotenen Materialien gemeinsam arbeitsteilig analysieren.
   a) Notieren Sie die Informationen, die der Infotext (S. 327ff.) sowie die Statistiken M1–M4 und M9/M10 zu den Aspekten Wirtschaft und Wirtschaftskrisen liefern, in kurzer Form auf Karteikarten.
   b) Arbeiten Sie anhand der zeitgenössischen Erinnerungen und Beschreibungen (M5, M6, M7) heraus, wie sich die wirtschaftlichen Entwicklungen auf das persönliche Lebensgefühl und die Lebensumstände auswirkten.
   c) Analysieren Sie die Historikertexte M8, M11 und M12 (s. Arbeitsschritte der Basismethode „Historische Sekundärliteratur analysieren", S. 506). Erläutern Sie auf dieser Grundlage erkennbare Zusammenhänge zwischen Wirtschafts- und Sozialpolitik und Vertrauen in Republik und Demokratie, wie sie Zeitgenossen erfahren, gespürt und bewertet haben dürften.
2. Verarbeiten Sie Ihre vielfältigen Erkenntnisse, die Sie aus der Untersuchung aller Materialien gewinnen konnten, zu einer Gesprächsrunde mit verteilten Rollen und üben Sie sie ein.

„Jetzt bin ich Millionär – mein Gott, wie werd ich erst als Milliardär aussehn!" (Karikatur von 1923)

MATERIALIEN

Daten zur wirtschaftlichen Entwicklung

M 1 Volkseinkommen je Kopf der Bevölkerung (1913–1932)

(umgerechnet in Preisen von 1928)

1913	1 505 Mark	100 %
1925	1 285 RM	84 %
1926	1 318 RM	86 %
1927	1 413 RM	92 %
1928	1 453 RM	94 %
1929	1 436 RM	92 %
1930	1 372 RM	89 %
1931	1 201 RM	78 %
1932	1 094 RM	72 %

(Nach: Walter Tormin (Hg.), Die Weimarer Republik, Hannover 1962, S. 281)

M 2 Lohnentwicklung (1913–1932)

Jahr	Reallöhne je Woche in % von 1928	Arbeitszeit durchschnittlich wöchentlich in Std.
1913/14	93	ca. 50–60
1925	81	49,5
1926	84	–
1927	89	46
1928	100	46
1929	102	–
1930	97	–
1931	94	–
1932	86	41,5

(Nach: D. Petzina/W. Abelshauser/A. Faust, Sozialgeschichtliches Arbeitsbuch III, München (Beck) 1978, S. 98)

M 3 Industrieproduktion (1913–1932)

(durchschnittliche jährliche Zuwachsraten in %)

Bereich	1913–1925	1925–1929	1929–1932
Metallerzeugung	−2,9	5,1	−28,1
Metallverarbeitung	2,3	6,7	−20,9
Steine und Erden	0,6	5,9	−31,3
Chemische Industrie	2,4	8,8	−9,4
Textilindustrie	−1,7	−0,4	−6,8
Gas-, Wasser- und Elektrizitätswirtschaft	5,8	7,7	−7,8

(Nach: Harold James, Deutschland in der Weltwirtschaftskrise 1924–1936, Darmstadt (WBG) 1988, S. 122, übers. v. Werner Stingl)

Die Inflation und ihre sozialen Auswirkungen

M 4 Dollarpreise (1914–1923)

Ein US-Dollar kostete am/im:	
1. Juli 1914	4,20 Reichsmark
Dezember 1918	8,00 Reichsmark
Mai 1921	62,75 Reichsmark
Sommer 1921	100,00 Reichsmark
Sommer 1922	500,00 Reichsmark
November 1922	6 000,00 Reichsmark
Januar 1923	10 500,00 Reichsmark
Februar 1923	40 000,00 Reichsmark
Juni 1923	150 000,00 Reichsmark
15. November 1923	1 260 Milliarden Reichsmark
20. November 1923	4 200 Milliarden Reichsmark
danach	4,20 Rentenmark

(Nach: Ludger Grevelhörster, Kleine Geschichte der Weimarer Republik, Münster (Aschendorff) 2000, S. 83)

M 5 Betty Scholem (1866–1946)

Betty Scholem hatte mit ihrem Mann eine Druckerei in Berlin. Sie schrieb an ihren Sohn, den jüdischen Religionshistoriker Gershom Scholem, in Jerusalem:

Berlin, 15.10.1923
Mein liebes Kind! Montag
[…] Inzwischen haben sich hier die Zustände katastrophal verschlimmert. Du siehst, dieser Brief kostet 15 Millionen Porto und von übermorgen an 30,

aber höchstens gelten die Erhöhungen zwei Tage. Es geht nur noch nach Milliarden.
Um für den nächsten Freitag die Löhne wertbeständig aufzubewahren, haben die Jungen am Sonnabend für 1 1/2 Billionen (!!lächerlich!!) Dollarschätze gekauft, die dann am Donnerstag wieder verkauft werden, um die Leute zu bezahlen. Der Lohn dieser Woche beträgt vorläufig 8 Milliarden, es sind aber heute schon Verhandlungsschmuse, weil die Arbeiter das Doppelte verlangen.
Die Brotkarte ist aufgehoben, ein Einheitsbrot heute 540 Millionen, morgen gewiss wieder das Doppelte. Die Lektrische 20 Mill. (morgen 50 Millionen!). Ach Gott, du hast wahrscheinlich keinen Schimmer mehr von diesem Millionen-Hexensabbat und kannst dir gar nichts dabei denken. […]

(Betty Scholem – Gershom Scholem, Mutter und Sohn im Briefwechsel 1917–1946, München 1989, S. 84 f.)

M 6 Curt Riess

Riess (geb. 1902), Buchautor, in der Weimarer Republik Sportberichterstatter in Berlin. Sein Vater besaß eine Schneiderei.

[…] Mein Vater begriff erst, woran er war, als er feststellen musste, dass die Rechnung für 3,20 Meter Tuch, aus dem ein Anzug gemacht werden konnte, höher war als die Rechnung, die er einem Kunden für den Anzug ausstellen konnte. Von diesem Tag an fertigte er nur noch Anzüge gegen Dollar an. So blieb ihm sein Geschäft erhalten. Aber nicht jeder deutsche Kaufmann reagierte so schnell. Viele gingen zugrunde.
Und wie stand es um die sogenannten kleinen Leute, die Gehaltsempfänger? Sie mussten am Ende des Monats feststellen, dass sie sich für den Lohn, den sie erhielten, so gut wie nichts mehr kaufen konnten. […]
Ich erinnere mich noch, wie grotesk die Zustände wurden, weil ich sie am eigenen Leib zu spüren bekam. Ich war krank geworden und ich sollte zur Erholung in den „Weißen Hirsch“, den damals noch feudalen Kurort oberhalb von Dresden. Mein Vater hatte mir für vierzehn Tage vierzehn Dollar mitgegeben, in Scheinen, die man in Mark umwechseln konnte. Er hatte mir eingeschärft, jeden Tag zu warten, bis der jeweils neue Dollarkurs verkündet wurde. Das war so um 15 Uhr. Um 15 Uhr wechselte ich also einen Dollar und bekam dafür die entsprechende Marksumme und konnte die tägliche Pensionsrechnung bezahlen, auch die Straßenbahn nach Dresden, eine Karte für die Oper oder das Schauspielhaus und die Fahrt zurück. Und das alles für einen Dollar, wenn ich überhaupt den ganzen Dollar, will sagen die Unsummen an Mark, innerhalb von 24 Stunden ausgeben konnte. […]
Freilich, ich war in einer bevorzugten Position. Wer konnte schon von Dollarscheinen leben? […]

(Curt Riess, „Weltbühne Berlin“; in: Rudolf Pörtner (Hg.), Alltag in der Weimarer Republik, Düsseldorf u. a. (Claasen) 1990, S. 34 ff.)

M 7 Leserbrief in der Braunschweigischen Landeszeitung vom 27. Oktober 1923

Diese Zeitung wurde vorwiegend vom Bürgertum gelesen.

In den ausländischen Blättern sind Berichte über das verschwenderische Deutschland zu lesen, das prasst und schwelgt und in Üppigkeit lebt, aber seine Schulden nicht bezahlen will. […] Ausländer, die außerhalb der Riesenstädte Deutschlands leben und dort ihre Studien betreiben, mit offenen Augen und ohne Vorurteile durch die Straßen gehen, müssen zu einer anderen Beurteilung kommen, wenn sie die vielen hohlwangigen, bleichen Kindergesichter, die Jammergestalten des Alters sehen, die entkräftet durch die Straßen schleichen, Hunger und Kummer als Last mit sich schleppend.
Freilich, auch bei uns in Braunschweig geht's in mancher Beziehung noch viel zu toll und üppig her, was zu der großen Not der Massen in schreiendem Widerspruch steht. Aber nachgerade erstirbt auch hier das Großstadtleben; darüber können die vielen betrunkenen Halbwüchsigen, die sich nachts in den Straßen herumtreiben und das Geld zu solcher Lebensweise entweder unredlich verdienen oder leider über ihren Verdienst bezahlen werden, nicht hinwegtäuschen. […]
Schon zwischen 8 und 9 sieht man, wie das Licht eins nach dem anderen in den Häusern erlischt. Die Treppenhäuser der großen Mietskasernen und die besseren Wohnhäuser sind unbeleuchtet und in vielen Straßen kommt man schon in den frühen Abendstunden vor verschlossene Haustüren, weil man sein Eigentum gegen Diebstahl auf jede mögliche Art und Weise schützen muss.
Die Millionenrechnungen für Gas und elektrisches Licht, auch für Heizung, zwingen zu den äußersten Einschränkungen; Gesundheit und Bequemlichkeit werden hintangestellt, um nur die allernotwendigsten Lebensbedürfnisse noch bestreiten zu können, Not und Elend überall.
[…] Die Konzertsäle sind leer, die Kunst geht betteln und mit ihr der Mittelstand. […]
In den letzten Wochen sind schon wieder 20 Selbstmorde vorgekommen, die ihre Ursache in Hunger,

Kummer, Not, Elend, Unzufriedenheit und Verzweiflung haben!
Wann kommt der Retter? Reden haben bisher nicht geholfen und helfen auch jetzt nicht mehr. Das Volk, der Mittelstand, will endlich Taten sehen!

(Zit. nach: Reinhard Bein, Die Hyperinflation – eine traumatische Erfahrung; in: Praxis Geschichte Nr. 2/1992)

M 8 Bernd Weisbrod

Weisbrod (geb. 1946) war Professor für Mittlere und Neuere Geschichte in Göttingen.

[…] Auf dem flachen Lande und in den kleinen und mittleren Bürgerstädten, die immer noch das nationale Rückgrat der bürgerlichen Gesellschaft stellten, erschien die Revolution zunächst nur als schwacher Widerschein des roten Leuchtens in den Metropolen. […] Aber erst die Inflation stiftete überall die Erfahrung einer „Great disorder“ (Gerald Feldman). Sie erfasste schließlich alle wohletablierten Maßstäbe der bürgerlichen Ordnung: die Sicherheit des Einkommens, die Verlässlichkeit der Bildungsprivilegien, die fein austarierte[1] soziale Distanz und die diskreten[2] Unterschiede des sozialen Status. Zwar wurden verschiedene Vermögens- und Einkommensarten unterschiedlich betroffen: Die Sachwertbesitzer erzielten einen spürbaren Vorteil gegenüber den Beziehern von Kapitaleinkünften […]. Aber schließlich konnten sich fast alle als Verlierer fühlen, weil mit dem Geldwert auch das Vertrauen in die Verlässlichkeit des Wirtschaftslebens überhaupt geschwunden war.
Hinzu kam die Zerstörung der Vertrauensbasis für jegliche bürgerliche Lebensplanung und die drastische Erosion des Einkommensgefälles in den bürgerlichen Berufen, insbesondere im beamteten Bildungsbürgertum. So schrumpfte beispielsweise im preußischen Staatsdienst der Abstand der Bezüge zwischen den höheren Beamten und den mittleren und unteren Beamten von fünf zu eins vor dem Krieg auf zwei zu eins. Zwar öffnete sich die Einkommensschere in der Beamtenschaft wieder bis zur Weltwirtschaftskrise, aber das Bewusstsein der Deklassierung[3] blieb. […]

(Bernd Weisbrod, Die Krise der bürgerlichen Gesellschaft und die Machtergreifung von 1933; in: Hans-Ulrich Wehler (Hg.), Scheideweg der deutschen Geschichte – Von der Reformation bis zur Wende 1517–1989, München (Beck) 1995, S. 175 f.)

[1] austarieren: ins Gleichgewicht bringen
[2] diskret: unauffällig
[3] Deklassierung: Herabsetzung

Die Weltwirtschaftskrise

M 9 Preis- und Produktionsrückgang in vier europäischen Ländern (1928–1932/34)

Land	Depression	Preisrückgang in %	Produktionsrückgang in %
Großbritannien	1928–1932	7,1	3,3
Italien	1929–1934	25,9	3,8
Deutschland	1928–1932	21,9	22,6
Österreich	1929–1934	5,0	21,9

(Nach: Harold James, a. a. O., S. 163)

M 10 Arbeitslosigkeit in Deutschland (1921–1932)

Jahr	Abhängige Erwerbspersonen in 1000	Arbeitslose in 1000	Arbeitslose in % der abhängigen Erwerbspersonen
1921	19126	346	1,8
1922	20184	215	1,1
1923	20000	818	4,1
1924	19122	927	4,9
1925	20176	682	3,4
1926	20287	2025	10,0
1927	21207	1312	6,2
1928	21995	1391	6,3
1929	22418	1899	8,5
1930	21916	3076	14,0
1931	20616	4520	21,9
1932	18711	5603	29,9

(Nach: D. Petzina/W. Abelshauser/A. Faust, a. a. O., S. 119)

M 11 Die Kontroverse um Brünings Wirtschaftspolitik

Der Politikwissenschaftler Roland Sturm fasst die wissenschaftliche Diskussion, ob Brünings Deflationspolitik geeignet war, die Wirtschaftskrise zu bekämpfen, wie folgt zusammen:

Die Deflationspolitik der Jahre 1930 bis 1932 wird in der Geschichtsforschung kontrovers beurteilt. Der Wirtschaftshistoriker Knut Borchardt vertritt die Ansicht, dass Brüning unter den damaligen Bedingungen keine wesentlich andere Finanz- und Wirtschaftspolitik hätte betreiben können. Er argumentiert im Kern folgendermaßen:

– Die deutsche Wirtschaft befand sich schon vor 1929 infolge zu hoher Löhne, Steuern, Rohstoffpreise und Kreditkosten in einer Strukturkrise, die 1930 bis 1932 zunächst (wie von Brüning versucht) bereinigt werden musste, bevor an eine aktive Konjunkturpolitik zu denken war.

– Zur Zeit der Kanzlerschaft Brünings war die mit dem Namen des britischen Wirtschaftswissenschaftlers John Maynard Keynes verbundene Theorie der „antizyklischen Wirtschaftspolitik" und des „deficit spending" (bei sinkender privater Nachfrage müsse der Staat mit kreditfinanzierten Aufträgen einspringen, um die Wirtschaft wieder anzukurbeln) noch nicht ausreichend entwickelt und bekannt.

– Die strengen Vorschriften des Reichsbankgesetzes und des Young-Planes erlaubten weder eine Kreditausweitung noch eine Abwertung der Reichsmark als konjunkturbelebende Maßnahmen.

– Für eine Abwertung der Reichsmark und für ein „deficit spending" gab es damals bei den Parteien und Verbänden wegen der verbreiteten Inflationsfurcht keine ausreichende Unterstützung.

Demgegenüber hat die Historikerin Ursula Büttner nachgewiesen, dass es sehr wohl Alternativen zur Deflationspolitik gegeben hat. Ihre Einwände gegen Borchardts Argumentation lauten zusammengefasst so:

– Die schon vor 1929 entstandenen Strukturprobleme waren in einer wachsenden Wirtschaft sicher leichter zu lösen als in einer schrumpfenden.

– Am erforderlichen Know-how für eine aktive Konjunkturpolitik fehlte es durchaus nicht. Keynes erläuterte 1930/32 in Deutschland in einer Reihe von Vorträgen und Zeitungsartikeln seine bereits ausgereifte Theorie der antizyklischen Wirtschaftspolitik und stieß dabei auf großen Widerhall. So legte der Oberregierungsrat im Wirtschaftsministerium Wilhelm Lautenbach im September 1931 einen an Keynes orientierten Plan zur Ankurbelung der Wirtschaft (ohne inflatorische Auswirkungen) mittels kreditfinanzierter Staatsaufträge in Höhe von drei Milliarden RM vor. […]

– In der Krise des Sommers 1931 verloren das Reichsbankgesetz und der Young-Plan an Bedeutung, da sie ohnehin nicht mehr einzuhalten waren. Die Vertragspartner hätten sich mit einer geringeren Deckung der Reichsmark abgefunden, deren Abwertung nach britischem Vorbild im Ausland allgemein erwartet wurde.

– Der Wunsch nach einer Bekämpfung der Krise mit den Mitteln der Finanz- und Geldpolitik breitete sich seit Herbst 1931 so stark aus, dass entsprechende Maßnahmen der Regierung – trotz der ablehnenden Haltung der Unternehmerverbände und der Parteiführungen – in der Bevölkerung breite Unterstützung gefunden hätten. Ein klares Indiz dafür ist insbesondere der vom ADGB[1] im April 1932 beschlossene sog. WTB-Plan (benannt nach seinen Verfassern Wladimir Woytinski, Fritz Tarnow und Fritz Baade). Das Konzept sah vor, rund eine Million Arbeitslose mit öffentlichen Arbeiten zu beschäftigen; die dafür erforderlichen zwei Milliarden RM sollte der Staat durch Kredite aufbringen. Weil sich die Ausgaben für die Arbeitslosen entsprechend verringern, die Steuereinnahmen erhöhen würden, veranschlagte man die realen Kosten auf 1,2 Milliarden RM. Der WTB-Plan zielte auf eine Wiederbelebung der Konsumgüterindustrie mit weiteren positiven Beschäftigungseffekten, sodass eine inflatorische Wirkung vermieden würde. Die SPD lehnte jedoch eine Kreditfinanzierung ab, weil sie davon eine Inflation, zumindest nach den Erfahrungen von 1923 eine neuerliche Inflationsfurcht in der Bevölkerung erwartete. […]

(Roland Sturm, in: Informationen zur politischen Bildung, Nr. 261/1998, S. 53)

[1] ADGB: Allgemeiner Deutscher Gewerkschaftsbund, sozialdemokratisch

M 12 Hagen Schulze

Schulze (geb. 1943) ist Professor für Neuere Deutsche und Europäische Geschichte in Berlin.

[…] Der demokratische Staat der Weimarer Republik war […] ein schwacher Staat ohne wirkliche Legitimation, der den Bürgerkrieg zu vermeiden und die Zuneigung des Wählervolkes zu erkaufen suchte, indem er zum Subventions- und Umverteilungsstaat wurde. In einem Ausmaß, das weit über das der Vorkriegszeit hinausging, wurden nach allen Seiten hin Wünsche befriedigt, die von den organisierten Interessen an den Staat herangetragen wurden. Quantitativ wurde das am sprunghaften Anstieg der öffentlichen Ausgaben, vor allem im Sozialbereich, sichtbar. Während 1929 die Steuerlastquote das Doppelte des Prozentsatzes von 1913 betrug, nämlich 18 Prozent anstatt 9 Prozent am Vorabend des Ersten Weltkrieges, stiegen die Sozialausgaben von Reich, Ländern und Gemeinden im selben Zeitraum […] auf […] das Dreizehnfache. So verschaffte sich der ungeliebte Staat der Weimarer Republik die Loyalität der gesellschaftlichen Interessengruppen durch Stützungs- und Hilfszusagen, die im Krisenfall allesamt eingelöst werden mussten.

Und als die Krise kam, als die Volkswirtschaften der Industrieländer nach dem „Schwarzen Freitag", dem 25. Oktober 1929, in die schwerste Bewährungsprobe der neueren Wirtschaftsgeschichte stürzten, als die Banken zusammenbrachen, die industrielle Produktion Europas innerhalb von drei Jahren um die Hälfte zurückging und ein Drittel der erwerbstätigen Bevölkerung in Deutschland arbeitslos war, als sämtliche Ausfallbürgschaften, die der Staat übernommen hatte, gleichzeitig eingelöst werden mussten, da war der deutsche Staat dem Problemlösungsdruck nicht mehr gewachsen.

[…] Und da die Loyalität der deutschen Bevölkerung gegenüber ihrer Staatsverfassung davon abhing, dass diese Verfassung und ihre Institutionen die sozialen Verteilungskonflikte lösen konnten, standen beim Scheitern des Umverteilungsstaates auch dessen Verfassungsgrundlagen zur Disposition. […]

(Hagen Schulze, Staat und Nation in der europäischen Geschichte, München 1994, S. 290f.)

Schlange von Arbeitslosen vor einem Arbeitsamt (in Hannover) zur Zeit der Weltwirtschaftskrise

Warum scheiterte die Weimarer Republik? Kritische Bilanz aus der Sicht der Geschichtswissenschaft

Woran scheiterte die erste deutsche Demokratie? Wie wurde Hitler möglich?
Solange der Nationalsozialismus, seine Verbrechen und seine Folgen, die Gemüter der Menschen, vor allem in Deutschland, bewegen, wird auch darüber diskutiert werden, wie es dazu kommen konnte, dass die Weimarer Republik scheiterte und eine totalitäre Diktatur aus ihr hervorging. Eine Fragestellung, die angesichts der Komplexität der Faktoren und angesichts der weltgeschichtlichen Tragweite des Geschehens in der Geschichtsschreibung zu heftigen Kontroversen geführt hat.
Die Historiker sind dabei zu ganz unterschiedlichen Interpretationen für das Scheitern der Weimarer Republik gelangt. Dabei interessiert die Weimarer Republik nicht nur als Vorgeschichte des Dritten Reiches, quasi „als Schleuse zur Hitlerdiktatur", sondern auch als erste Demokratie auf deutschem Boden, die in einer Zeit des Umbruchs, d.h. gesellschaftlicher, politischer, wirtschaftlicher und mentaler Verwerfungen aufgebaut wurde. Daraus können und sollen künftige Generationen Lehren ziehen.
Der kritische Vergleich von solchen wissenschaftlichen Erklärungsansätzen und -mustern ist ein Weg, selbst urteilsfähig zu werden.

- **Wie erklären namhafte Historiker das Scheitern der ersten deutschen Demokratie?**
- **Welche der Positionen und Argumente erscheinen Ihnen besonders einleuchtend und überzeugend?**

Erstellen Sie als Grundlage für eine gemeinsame Diskussion der Leitfragen eine ausdifferenzierte Mindmap zu den wesentlichen Belastungsfaktoren der Weimarer Republik, die großflächig präsentiert allen Diskussionsteilnehmerinnen und -teilnehmern als visuelle Orientierung und inhaltlich roter Faden für die Gesprächsführung dienen soll.

So können Sie Ihre Beiträge für die Mindmap erstellen:

1. Stimmen Sie in der gesamten Kursgruppe ab, welche Form der Präsentation – z. B. großes Plakat, Karten-Pinnwand, (beamergestützte) Folienpräsentation, Whiteboard-Präsentation – Sie wählen möchten.
2. Untersuchen Sie in Dreiergruppen einen der angebotenen Erklärungsansätze, indem
   a) jedes Gruppenmitglied in Einzelarbeit ausgehend von einer formalen Analyse für jeden Sekundärliteraturauszug die Kernaussagen sowie die Argumentation, mit der sie begründet und gestützt werden, herausarbeitet;
   b) Sie Ihre Ergebnisse abgleichen und eine Gruppenlösung formulieren.
   Beziehen Sie zur Erläuterung der Aspekte auch die Ausführungen im Infotext mit ein.
3. Entwerfen Sie auf dieser Basis zunächst jeder einzeln Vorschläge für Mindmap-Einträge, die Sie in Ihrer Gruppe diskutieren.
   Formulieren Sie daraus ein gemeinsames inhaltliches Gruppenergebnis und übertragen Sie es in die Mindmap für die Plenumsdiskussion, für die folgende inhaltliche Grundstruktur vorgeschlagen wird:

MATERIALIEN

M 1 Der Historiker Eberhard Kolb

Kolb ist Professor für Neuere Geschichte an der Universität Köln. Er kommt zu folgendem Ergebnis:

[...] Wie wurde Hitler möglich? War die „Machtergreifung" der Nationalsozialisten unter den gegebenen Bedingungen unvermeidlich? Diese Fragen, um die alle Erörterungen über das Scheitern der Weimarer Republik kreisen, werden von der bisherigen Forschung auf recht unterschiedliche Weise beantwortet. Allerdings sind die in der wissenschaftlichen Diskussion zunächst dominierenden monokausalen Erklärungsversuche, in denen der Aufstieg des Nationalsozialismus und die Machtübertragung an Hitler auf eine einzige oder eine allein ausschlaggebende Ursache zurückgeführt wurden, inzwischen ad acta gelegt worden, denn alle derartigen einlinigen Deutungen haben sich als untauglich erwiesen. Die Historiker sind sich heute zumindest darin einig, dass das Scheitern der Republik und die nationalsozialistische ,,Machtergreifung" nur plausibel erklärt werden können durch die Aufhellung eines sehr komplexen Ursachengeflechts. Dabei sind vor allem folgende Determinanten zu berücksichtigen: *institutionelle Rahmenbedingungen*, etwa die verfassungsmäßigen Rechte und Möglichkeiten des Reichspräsidenten, zumal beim Fehlen klarer parlamentarischer Mehrheiten; die *ökonomische Entwicklung* mit ihren Auswirkungen auf die politischen und gesellschaftlichen Machtverhältnisse; Besonderheiten der *„politischen Kultur"* in Deutschand (mitverantwortlich z. B. für die Republikferne der Eliten, die überwiegend der pluralistisch-parteienstaatlichen Demokratie ablehnend gegenüberstanden); Veränderungen im *„sozialen Gefüge"*, beispielsweise Umschichtungen im „Mittelstand" mit Konsequenzen u. a. für politische Orientierung und Wahlverhalten mittelständischer Kreise; *ideologische Faktoren* (autoritäre Traditionen in Deutschland; extremer Nationalismus, verstärkt durch Kriegsniederlage, Dolchstoß-Legende und Kriegsunschuldspropaganda; „Führererwartung" und Hoffnung auf den „starken Mann", wodurch einem charismatischen Führertum wie dem Hitlers der Boden bereitet wurde); *massenpsychologische Momente*, z. B. Erfolgschancen einer suggestiven Massenpropaganda infolge kollektiver Entwurzelung und politischer Labilität breiter Bevölkerungssegmente; schließlich die *Rolle einzelner Persönlichkeiten* an verantwortlicher Stelle, in erster Linie zu nennen sind hier Hindenburg, Schleicher, Papen. Die Antwort, die auf die Frage nach dem Scheitern der Weimarer Demokratie und der Ermöglichung Hitlers gegeben wird, hängt in ihrer Nuancierung wesentlich davon ab, *wie* die verschiedenen Komponenten gewichtet und dann zu einem konsistenten Gesamtbild zusammengefügt werden, denn Gewichtung und Verknüpfung sind nicht durch das Quellenmaterial in einer schlechthin zwingenden Weise vorgegeben; sie bilden die eigentliche Interpretationsleistung des Historikers. Diese wird beeinflusst durch das – sich wandelnde – Erkenntnisinteresse und durch die – aus Erfahrungshorizont, Wertvorstellungen und Beurteilungsmaßstäben erwachsende – Perspektive des einzelnen Forschers oder einer ganzen Forschergeneration. [...]

(Eberhard Kolb, Die Weimarer Republik, München [6]2002, S. 250 f.)

M 2 Der Historiker Hans-Ulrich Wehler

Interview zum 75. Jahrestag der Machtübergabe:

„Hitler wurde völlig unterschätzt"

Der weitaus größte Teil der heute in Deutschland lebenden Menschen ist [...] nach der Befreiung von der nationalsozialistischen Herrschaft geboren. Der Bielefelder Historiker H.-U. Wehler versucht, dieser Generation im Gespräch mit *Bernhard Hänel* den Weg Hitlers an die Macht zu erklären.

Herr Wehler, für Kinder der Demokratie ist kaum vorstellbar, wie und warum Hitler heute vor 75 Jahren zum Reichskanzler ernannt wurde. Wie soll man es ihnen erklären?

WEHLER: Man sollte anfangen mit der existenziellen Krise, in der sich die meisten Deutschen fühlten nach der Niederlage im Ersten Weltkrieg. Sprechen sollte man über die empfundene Kränkung durch den Versailler Vertrag, der eine eben noch glänzende Militärmacht entmilitarisierte, der im Osten Westpreußen und Posen und im Westen Elsass-Lothringen abtrennte. Hinzu gehört die Hyper-Inflation, die das Vermögen vieler Menschen zerstörte und eine tiefe Depression nach sich zog. Das politische und gesellschaftliche System war dieser Krise nicht gewachsen. In dieser Situation steigt eine bayerische Exotenpartei auf und vereint 1933 über 13 Millionen Stimmen auf sich. In einem parlamentarischen System ist es äußerst schwer, um solch eine Konstellation herumzukommen.

War den Deutschen nicht klar, auf wen und was sie sich einließen?

WEHLER: Ich glaube, das war ihnen nicht klar.

Nachdem binnen drei Jahren drei Reichskanzler gescheitert waren, waren sie an eine autoritäre Politik gewöhnt, die mit dem Notverordnungsrecht des Reichspräsidenten arbeitete. Brüning, Papen und Schleicher regierten nicht mit Gesetzen, die von einer Mehrheit verabschiedet wurden. Sie übergingen den Reichstag, weil sie dort keine Mehrheit hatten. Diese Möglichkeit war in der Weimarer Verfassung vorgesehen und daran hatte man sich gewöhnt. Aber es gehörte noch nicht zur Vorstellung, [...] dass daraus in ganz kurzer Zeit eine totalitäre Diktatur entstehen könnte.

Aber warum wehrte sich in den Monaten nach dem 30. Januar 1933 niemand dagegen, dass Hitler die ganze Macht bekam?

WEHLER: Die geläufige Interpretation der Historiker ist: Die Parteien außerhalb der Hitler-Bewegung waren nicht imstande, sich auf eine Koalition zu einigen. Gleichzeitig gab es die Massenbewegung der Nationalsozialisten, die im Sommer 1932 aus dem Stand über drei Millionen Stimmen erobert hatten. Um solch große politische Lager kann man nicht auf Dauer herumregieren. Deshalb hatten alle genannten Reichskanzler bereits schon mal mit dem Gedanken gespielt, ob man die NSDAP nicht in das politische Alltagsgeschäft einbinden könne; dann würden sie ihre extremen Forderungen schon aufgeben und durch den Alltagsprozess gezähmt. Die Konservativen und Deutschnationalen waren tatsächlich von dem Gedanken beseelt, sie könnten diesen Hitler zähmen. Das zeigt sich am besten am Satz Papens nach der Ernennung Hitlers zum Reichskanzler: „Wir haben ihn in unserer Hand und drücken ihn an die Wand, bis er quietscht."

Ein naiver Irrglaube, wie sich bald herausstellte.

WEHLER: Das ist richtig. Tatsächlich wurde Hitler von diesen Zähmungsexperten völlig unterschätzt. Obwohl er zunächst nur zwei nationalsozialistische Minister an seiner Seite hatte, ist es ihm gelungen, sich ganz schnell durchzusetzen und das Parlament zu degradieren zu einer Runde von Befehlsempfängern. Als dann Ende Februar der Reichstag brannte und die Nationalsozialisten die Gelegenheit ergriffen, mit neuen Notverordnungen „zum Schutze von Volk und Staat" die Grundrechte außer Kraft zu setzen, Presse-, Rede- und Versammlungsfreiheit einzuschränken, war der Weg in eine auffällig autoritäre Regierungsform eingeschlagen. Als dann die Wahlen im März 1933 der NSDAP nicht die absolute Mehrheit brachten – ihnen fehlten nur fünf Mandate – brachte ihnen die schwarz-weiß-rote Kampffront (bürgerliche Parteien rechts von der Mitte) 50 Mandate zusätzlich. Das reichte für die absolute Mehrheit. Das hat Hitler sofort genutzt und in atemberaubender Geschwindigkeit alle Entscheidungen an sich gezogen.

Hat sich deswegen der Begriff Machtergreifung für diese Ereignisse eingebürgert?

WEHLER: Das ist ein Begriff der Goebbels-Propaganda, der damals nur von den Nationalsozialisten gebraucht wurde. Damit wollten sie das Dynamische, Zugreifende ausdrücken. In Wirklichkeit war es eine klassische Machtübergabe.

Nun hatten ja auch andere Nationen, ich denke an Italien, eine autoritäre Regierung. Warum war das NS-Regime so grausam einzigartig?

WEHLER: Benito Mussolini war im Vergleich zu Hitler zahm. Er arbeitet während der ganzen Zeit seiner Herrschaft mit dem König, mit der Armee und nach den Lateran-Verträgen mit dem Papsttum zusammen. Als ihm 1944 diese Unterstützung entzogen wird, wurde er gestürzt. Diese Situation gab es in Deutschland nicht. Hitler schaffte es mit dem Tod von Hindenburg im August 1934, die Ämter des Reichskanzlers und des Reichspräsidenten zusammenzufügen. Er wird auch Oberbefehlshaber der Reichswehr und bündelt damit alle Machtapparate des Reiches in der Hand des „Führers".

War Hitler also einzigartig wie seine Verbrechen?

WEHLER: Hitler hat eine moderne Diktatur geschaffen, wie es sie bis dahin in Europa nicht gegeben hat. Diese Diktatur ist ein historischer Sonderfall. Das kann man nur verstehen, wenn man Hitler ein großes politisches Talent zubilligt und bereit ist anzuerkennen, dass er als Berufspolitiker allen Konkurrenten überlegen war. Darum ist es ihm gelungen, eine abgehobene Führerposition in Deutschland aufzubauen. Die kulminiert nach den sogenannten Friedensjahren bis 1939 in der Vernichtungspolitik gegen die Juden und die Slaven. Ähnliches hat es nicht in Italien und in anderen faschistischen Diktaturen gegeben. Da gab es auch böse Pogrome und Kujonierung anderer Nationalitäten, aber den beispiellosen industriellen Massenmord an Juden und Slaven gab es nur in Deutschland.

(Neue Westfälische vom 30.01.2008)

M 3 Der Historiker Hagen Schulze

Schulze ist Professor für Neuere Geschichte an der FU Berlin. Er formuliert diese Gesamteinschätzung:

[...] Woran ist also Weimar gescheitert? Die Antwort ist nicht mit letzter wissenschaftlicher Präzision zu geben, aber einiges lässt sich doch ausmachen: Die wichtigsten Gründe liegen auf dem Feld der Mentalitäten, der Einstellungen und des Denkens. In der Mitte des Ursachenbündels finden sich eine Bevölkerungsmehrheit, die das politische System von Weimar auf die Dauer nicht zu akzeptieren bereit war, sowie Parteien und Verbände, die sich den Anforderungen des Parlamentarismus nicht gewachsen zeigten. Die Ursachen für diese Defekte dürften überwiegend in langfristigen, aus den besonderen Bedingungen der preußisch-deutschen Geschichte zu erklärenden Zusammenhängen zu suchen sein, verstärkt durch die Entstehungsbedingungen des Weimarer Staatswesens und seiner außenpolitischen Belastungen. Die Übertragung dieser ungünstigen Gruppenmentalitäten auf das Weimarer Regierungssystem wurde durch den Wahlrechtsmodus erheblich begünstigt; andere Merkmale der formalen Verfassungsordnung, wie ihr mangelnder normativer Charakter oder der Föderalismus, wirkten nur in zweiter Linie destabilisierend, während das starke präsidiale Moment daneben auch stabilisierende Komponenten enthielt, die allerdings letzten Endes nicht zum Zuge kamen. Die antirepublikanischen Tendenzen in Armee, Bürokratie und Justiz waren grundsätzlich beherrschbar, eine Frage des Machtbewusstseins von Parteien und Regierung. Die gesellschaftlichen und wirtschaftlichen Rahmenbedingungen waren hauptsächlich langfristig wirksam, indem sie auf die Mentalitäten von Bevölkerung und einzelnen Gruppen einwirkten; aktuelle ökonomische Krisen verstärkten die destabilisierenden Momente, verursachten sie aber nicht.

Lapidar lässt sich also schließen: Bevölkerung, Gruppen, Parteien und einzelne Verantwortliche haben das Experiment Weimar scheitern lassen, weil sie falsch dachten und deshalb falsch handelten. Auch auf dem Umweg über die Strukturanalyse gelangt man so zu dem Schluss, dass Weimar nicht schicksalhaft oder bedingt durch anonyme Sachzwänge scheitern musste – die Chance der Gruppen wie der Einzelnen, sich für Weimar zu entscheiden und dem Gesetz der parlamentarischen Demokratie zu gehorchen, nach dem man angetreten war, hat immer bestanden.

(Hagen Schulze, Weimar-Deutschland 1917-1933, Berlin (Siedler) 1982, S. 425)

M 4 Der Historiker H. A. Winkler

Heinrich August Winkler vertritt diese Ansicht:

[...] Als 1930 das parlamentarische durch ein Präsidialsystem abgelöst wurde, gab das den außerparlamentarischen Kräften Auftrieb. Hitler verdankte seine Wahlerfolge nicht zuletzt seinem Geschick, an beides zu appellieren: an das verbreitete Ressentiment gegenüber der parlamentarischen Demokratie, die ja tatsächlich gescheitert war, und an den Teilhabeanspruch des Volkes [gemeint ist das allgemeine und gleiche Reichtagswahlrecht], der von den Präsidialkabinetten um seine politische Wirkung gebracht wurde. Ein Zufall oder „Betriebsunfall" war Hitlers Ernennung zum Reichskanzler also nicht. Es gab historische Gründe, die diese Krisenlösung über andere obsiegen ließ.

Aber daraus folgt noch nicht, dass die Berufung des nationalsozialistischen Parteiführers zum Reichskanzler zwangsläufig war. Die dramatische Zuspitzung der deutschen Staatskrise durch Brünings Entlassung im Mai 1932 war in keiner Weise „notwendig", sondern ein Ausdruck rücksichtsloser Interessenpolitik militärischer und großagrarischer Kreise. Und noch im Januar 1933 hätte es nicht des verfassungswidrigen Aufschubs von Neuwahlen bedurft, um Hitler von der Macht fernzuhalten. Ein Reichspräsident, der entschlossen war, Hitler die Kanzlerschaft zu verweigern, hätte sich über das zu erwartende Misstrauensvotum gegen den von ihm ernannten Reichskanzler von Schleicher hinwegsetzen können, weil es nur ein negatives und destruktives Misstrauensvotum war. Er hätte Schleicher geschäftsführend im Amt behalten können: Praktiker und Theoretiker empfahlen um die Jahreswende 1932/33 diesen Weg, fanden allerdings weder bei Hindenburg noch bei Schleicher Gehör – vielleicht, weil sie beide Soldaten waren und eine Niederlage in einem zu positiven Entscheidungen unfähigen Reichstag ernster nahmen, als sie es verdiente. Hindenburg hätte Schleicher auch durch einen „unpolitischen", nicht polarisierenden Nachfolger ablösen können und damit zumindest Zeit gewonnen. Aber der greise Reichspräsident wollte nun einmal „rechts" regieren und ließ sich zuletzt von Papen und anderen Ratgebern davon überzeugen, dass Hitler als Chef eines mehrheitlich konservativen Kabinetts die am wenigsten gefährliche Krisenlösung wäre.

Man mag darüber streiten, ob die Mehrheit der Deutschen politisch „versagt" hat, als sie 1932 für Parteien stimmte, die die Demokratie abschaffen wollten. Aber gewiss haben jene versagt, die die Macht hatten, Hitler zu verhindern. Denn im entscheidenden Augenblick nutzten sie ihren Einfluss, um Hitler an die Macht zu bringen. „Versagen" ist ein Werturteil, und damit [stellt sich] die Frage, was den Historiker berechtigt, ein solches Urteil abzugeben.

Einen gemeinsamen Werthorizont [der in der Weimarer Republik politisch Handelnden] im Sinne eines auf die Menschen- und Bürgerrechte gegründeten Minimalkonsenses der konkurrierenden politischen Kräfte gab es nicht. Hätte es ihn gegeben, wäre aus dem „Streben und Ringen der Menschen damals", ihrem „Wettkampf" nicht die Richtung als Siegerin hervorgegangen, der nichts fremder war als ein „ethischer Horizont". Der Historiker, der sich bei der Betrachtung des Untergangs der Weimarer Republik und der Machtübertragung an Hitler den „ethischen Horizont" der Menschen- und Bürgerrechte zu eigen macht, geht dennoch nicht unhistorisch vor. Denn dieser „ethische Horizont" war der des Grundrechtsteils der Weimarer Reichsverfassung und einer alten Wert- und Rechtstradition, die Deutschland mit dem Westen verband. Wenn wir unser Urteil über den historischen Ort des 30. Januar 1933 nicht an diesem Maßstab messen – welcher Maßstab bliebe uns dann?

(Heinrich August Winkler, Auf ewig in Hitlers Schatten? Anmerkungen zur Deutschen Geschichte, München (Beck) 2007, S. 101 ff.)

M 5 Der Historiker Otto Dann

Dann ist Professor für Geschichte an der Universität Köln. Er misst in seinen Überlegungen dem Verhältnis von Staat und Nation eine große Bedeutung für die Entwicklung der Weimarer Republik bei:

[…] Die Nation der Republik von Weimar war eine gespaltene Nation, wie schon die Gesellschaft des Kaiserreiches. Doch die Abgrenzungen verliefen anders. Im Kaiserreich herrschte eine weitgehende Übereinstimmung zwischen dem Gegensatz der Klassen und den Lagern der politischen Gesellschaft. Im Weltkrieg war dann der Begriff „Volksgemeinschaft" populär geworden. Er war das Symbol der weit verbreiteten Hoffnung auf eine Überwindung der Spaltung der Nation, die alle empfanden. Unter diesem Begriff wurde jedoch links und rechts Verschiedenes verstanden und viele falsche Hoffnungen waren mit ihm verbunden.

Auch in der Republik spielten die Klassengegensätze eine zentrale Rolle; doch sie waren vielfach überlagert und sie prägten nicht mehr allein das politische Spektrum. Durch die Verarmung der Mittelschichten hatten sich die Verhältnisse verschoben. Sozialpolitisch beruhte der Weimarer Nationalstaat sogar auf einer Koalition, in der die alten Klassengegensätze durch eine sozialdemokratisch-bürgerliche Koalition überbrückt waren. Die damit politisch vollzogene neue Nationsbildung im Zeichen der Demokratie konnte sich jedoch an der Basis, im Verhalten der Gesellschaft, noch nicht fest durchsetzen. Das führte im politischen Leben zu neuen Gegensätzen: auf der Linken zwischen SPD und USPD bzw. KPD, im bürgerlichen Lager zwischen demokratischen und antidemokratischen Parteien. Kennzeichnend für die Gesellschaft von Weimar war damit eine neue Spaltung, die sich aus dem Kampf um den Staat ergab: der Gegensatz zwischen den Anhängern und Gegnern des demokratisch-republikanischen Nationalstaates.

Diese Spaltung wurde bedrohlich, weil unter den Gegnern der Republik sich schon bald eine Totalopposition durchsetzte, der es gelang, die nationale Parole für sich zu besetzen und damit dem Staat und seinen tragenden Kräften die wichtigste Identität zu nehmen, die nationale. Zwischen den Trägern des Weimarer Nationalstaates und der Totalopposition von rechts tobte ein Kampf um die Nation, um den Anspruch, die Nation zu repräsentieren. Es ging dabei letztlich um zwei gegensätzliche Konzepte von der Nation, das demokratische und das des Nationalismus. Dieser Kampf um die Nation hatte nicht nur eine ideologische, sondern auch eine soziale Dimension; es war ein Kampf um die deutsche Gesellschaft.

Warum konnte die Totalopposition von rechts ihn für sich entscheiden? Zunächst deshalb, weil sie lernfähig und in der Lage war, neue Ressourcen zu mobilisieren. Nach den Jahren der Putschtaktik (1919–1923) stellte sie sich um auf eine Strategie organisierten Vorgehens und manipulativer Massenagitation. Außerdem war es ihr gelungen, eine Militarisierung des politischen Lebens durch die Aufstellung von uniformierten Kampfverbänden durchzusetzen, und diese konnten das politische Leben ständig zu einer Bürgerkriegssituation eskalieren und außer Kontrolle bringen. Letztlich aber war der Sieg über den Nationalstaat nur möglich, weil die Führungsgruppen der beiden einzigen seit 1930 noch zählenden bürgerlichen Parteien, Zentrum und DNVP, ihren begrenzten Konsens mit diesem Staat aufgegeben und eine andere als die modern-demokratische Nation ins Auge gefasst hatten.

Schließlich darf nicht übersehen werden, dass es neben der nationalistischen Totalopposition von rechts auch die kommunistische von links gab, die ebenso militant mit einer antidemokratischen Klassenkampfparole die Weimarer Nation aufsprengte und vor allem die Sozialdemokratie, die tragende Partei dieser Republik, ständig verunsicherte. […]

(Otto Dann, Nation und Nationalismus in Deutschland 1770–1990, München [3]1996, S. 271 f.)

Üben – Vertiefen – Anwenden

Die Weimarer Republik – die erste deutsche Demokratie

Kernbegriffe:

- ★ Versailler Vertrag
- ★ Dolchstoßlegende
- ★ Reparationen
- ★ Parlamentarische Demokratie
- ★ Verfassung
- ★ Inflation
- ★ Notverordnungen
- ★ Weltwirtschaftskrise
- ★ Präsidialkabinette

Info, S. 322–341

1. Erstellen Sie eine Zeitleiste zur Geschichte der Weimarer Republik mit den Spalten Datum/Ereignis/Bedeutung des Ereignisses für die Entwicklung der Republik.

Info, S. 322–326
Thema, S. 342ff.

2. Skizzieren Sie die beiden Demokratiemodelle, die nach dem Sturz der Monarchie diskutiert wurden (z. B. in einer Tabelle). Stellen Sie dar, wer ihre Befürwörter waren und auf welche Vorbilder sie sich stützten. Nennen Sie Gründe, warum sich die parlamentarische Demokratie durchsetzen konnte.

Info, S. 329

3. Erläutern Sie, wie und warum die Dolchstoßlegende entstand und welche Auswirkungen sie hatte.

Info, S. 325
Thema, S. 347ff.

4. Beschreiben Sie, welche Parteien es in der Weimarer Republik gab und in welchem Verhältnis sie zu den Parteien des Kaiserreiches standen. Skizzieren Sie ihr Verhältnis zu Republik und parlamentarischer Demokratie.

Info, S. 322–326, 332–341
Thema, S. 342ff., 347ff.
Forum, S. 363ff.

5. Charakterisieren Sie die Wertvorstellungen und politischen Ziele der Republikbefürworter und der Republikgegner. Sie können dazu eine Pro-Contra-Diskussion führen.

Info, S. 327–329

6. Der Historiker Karl Dietrich Erdmann vertritt die Auffassung, der Versailler Vertrag sei – je nachdem, wie man ihn ansehe – entweder zu hart oder zu milde gewesen: „Zu hart: denn Deutschland konnte nicht anders, als vom ersten Augenblick an zu versuchen, ihn abzuschütteln; zu milde: denn der Eingriff in die deutsche Substanz war nicht tief genug, um Deutschland die Hoffnung und die Möglichkeit zu nehmen, den Vertrag revidieren zu können – sich ihm zu entwinden oder ihn zu zerreißen." Erläutern Sie diese These und nehmen Sie dazu Stellung.

Info, S. 332f.

7. Stellen Sie in einer Zeitleiste die Etappen der außenpolitischen Rehabilitierung Deutschlands dar.

Info, S. 333–336

8. Arbeiten Sie heraus, welche Bedeutung die innenpolitischen Konflikte hatten, die zu Regierungskrisen führten. Stellen Sie die unterschiedlichen Interessen und Wertvorstellungen dar, die dabei eine Rolle spielten. Dabei können Sie arbeitsteilig vorgehen.

Info, S. 337–341
Thema, S. 352ff.

9. Erläutern Sie die Bedeutung der Notverordnungen für das Regierungssystem der Präsidialkabinette. Nehmen Sie zu der These Stellung, dadurch sei die Weimarer Demokratie ausgehöhlt worden.

Info, S. 324, 330, 338ff.
Thema, S. 351

10. Untersuchen Sie anhand der Wahlergebnisse, wie sich der Systemkonsens bei den Wählerinnen und Wählern entwickelt hat. Zeigen Sie auf, ab wann diejenigen Parteien, die die Weimarer Republik vorbehaltlos befürworteten, im Reichstag in die Minderheit gerieten bzw. wann ihre erklärten Gegner die Mehrheit bekamen.

Info, S. 338–341

11. Beschreiben Sie die Faktoren, die zum Aufstieg der NSDAP zur Massenpartei führten.

Info, S. 337–339
Thema, S. 360ff.

12. Beschreiben Sie den Mechanismus der Weltwirtschaftskrise und erläutern Sie, warum Deutschland besonders davon betroffen war.

Forum, S. 363ff.

13. Diskutieren und bewerten Sie im Kursgespräch die Leistungen der Weimarer Republik und Gründe für ihr Scheitern.

Klausurtraining

Interpretation einer nichtsprachlichen Quelle

1. Analysieren Sie das Plakat.
2. Erläutern Sie die Plakataussage und -intention im historisch-politischen Kontext ihrer Entstehungszeit.
3. Beurteilen Sie die zeitgenössische Bedeutung des Plakats und seiner Botschaft als Ausdruck und Spiegel von Zeitgeist in der Weimarer Republik.

M „Sie tragen die Buchstaben der Firma – wer aber trägt ihren Geist?“

Karikatur von Thomas Theodor Heine aus dem Jahre 1927, veröffentlicht in der satirischen Zeitschrift „Simplicissimus“.

Die Zerstörung der Demokratie durch den Nationalsozialismus

Das nationalsozialistische Deutschland steht für das Grauen, das eine moderne Industriegesellschaft hervorzubringen vermag. Der systematisch betriebene Völkermord an den europäischen Juden und der zielstrebig in Gang gesetzte Zweite Weltkrieg brachten weit über 50 Millionen Menschen den Tod.
Wie war das möglich?
Eine Antwort auf diese Frage fällt nicht leicht, schon das genaue Hinschauen scheint immer wieder unmöglich.
Fest steht: Diese Katastrophe begann mit der Abschaffung der Demokratie und der Menschenrechte im Namen einer menschenverachtenden Ideologie.
Heute ist der Nationalsozialismus Vergangenheit, aber keine „vergangene Vergangenheit". Auch wenn sie keine persönliche Schuld tragen, leben die nach dem Zweiten Weltkrieg geborenen Generationen in seinem Schatten – ob sie wollen oder nicht. Wie alle historische Vergangenheit ist auch die nationalsozialistische Katastrophe für die Nachgeborenen unentrinnbar. Vielleicht aber liegt in dieser Belastung auch eine Chance.

Maria Matlak, geb. 1928, Häftlingsnummer 39847, am 2. April 1943 nach Auschwitz verschleppt

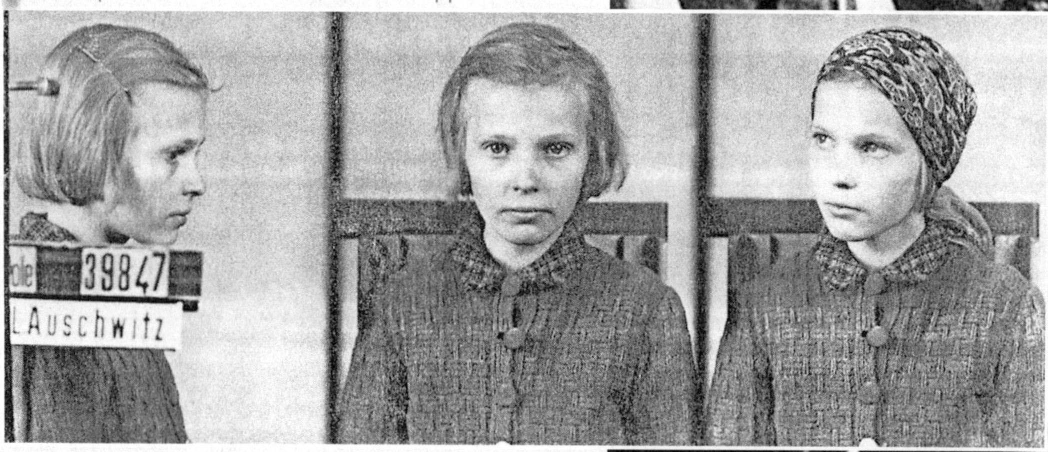

„Erntedankfest" in Norddeutschland (Bückeberg, 1937)

Nationalsozialismus und Zweiter Weltkrieg

1. Vergangenheit, die nicht vergeht?

Die nationalsozialistische Herrschaft
30.1.1933: Ernennung Hitlers zum Reichskanzler
27.2.1933: Reichstagsbrand
23.3.1933: Ermächtigungsgesetz
14.10.1933: Austritt aus dem Völkerbund
5.11.1937: Hoßbach-Niederschrift
13.3.1938: Anschluss Österreichs
29.9.1938: Münchner Viermächte-Konferenz
9./10.11.1938: Judenpogrom
23.8.1939: Hitler-Stalin-Pakt
1.9.1939: Angriff auf Polen, Beginn des Zweiten Weltkrieges
8.12.1941: Kriegseintritt der USA
20.1.1942: Wannseekonferenz
8.5.1945: Kapitulation Deutschlands im Zweiten Weltkrieg

Die nationalsozialistische Herrschaft in Deutschland dauerte nur 12 Jahre: von der Ernennung Adolf Hitlers zum Reichskanzler am 30. Januar 1933 bis zur Kapitulation Deutschlands im Zweiten Weltkrieg am 8. Mai 1945. Aber in diesen 12 Jahren geschah etwas, das zuvor niemand für möglich gehalten hätte und das auch noch heute unfassbar erscheint: Der Rückfall einer zivilisierten Gesellschaft in die Barbarei – mitten im zwanzigsten Jahrhundert. Der Nationalsozialismus prägt unser Bild von dem Grauen, das eine moderne Industriegesellschaft hervorzubringen vermag. Er stellt gewissermaßen die schwarze Kehrseite der Moderne dar.
Unter den Deutschen, dem Volk der „Dichter und Denker", entstand ein terroristischer Staat der planmäßig und mit allen seinen Machtmitteln die Ermordung des jüdischen Volkes betrieb und der Welt einen Krieg aufzwang, der über 50 Millionen Menschen den Tod brachte.
Im Weltmaßstab gesehen sind die große Mehrzahl der Menschen Opfer der nationalsozialistischen Diktatur und des Zweiten Weltkrieges oder Nachfahren dieser Opfer. Besonders im jüdischen Volk lebt die „Shoah" im Alltag der Familien, die sie überlebten, auf unentrinnbare Weise fort.
Unentrinnbar ist die nationalsozialistische Vergangenheit auch für uns Deutsche. Unsere Erinnerung beginnt unweigerlich aus der Täterperspektive, denn es waren „die Deutschen" als politisch handelndes Volk, die die nationalsozialistischen Verbrechen begingen. Die nach dem Zweiten Weltkrieg geborenen Generationen tragen keine persönliche Verantwortung für die Vergangenheit, aber sie leben – ob sie wollen oder nicht – in ihrem Schatten. Darin liegt eine Belastung, aber auch eine Chance: Die Auseinandersetzung mit gerade dieser Vergangenheit kann helfen, den Blick für die Möglichkeiten und Gefahren der Zukunft zu schärfen.

2. Nationalsozialismus und Faschismus

Schon als Adolf Hitler am 30. Januar 1933 zum Reichskanzler ernannt wurde, ahnten alle aufmerksamen Zeitgenossen, dass dies kein normaler demokratischer Regierungswechsel war. Mit Adolf Hitler und seiner Partei, der „Nationalsozialistischen Deutschen Arbeiter-Partei" (NSDAP), konnte sich in Deutschland eine Bewegung an die Spitze des Staates setzen, die seit Beginn der 1920er-Jahre in vielen europäischen Staaten raschen Zulauf gefunden hatte und die sich selbst als radikale Alternative sowohl zur westlichen Demokratie wie auch zum Kommunismus verstand: der Faschismus.

Faschismus: (von lat. „fasci" = „Rutenbündel", Machtsymbol römischer Beamter). Antidemokratische, nationalistische Ideologie oder Herrschaftsform, geprägt durch ein autoritäres Herrschafts- und Gesellschaftsbild; Führerkult; ausgeprägte und gewalttätige Inklusion (Volk) und Exklusion (Fremde, Andersartige); aggressive Außenpolitik.

Faschismus. Der Begriff „Faschismus" bezeichnete zunächst (seit 1919) die italienischen Kampfbünde Benito Mussolinis. Später wurde „Faschismus" über Italien hinaus zum Sammelbegriff für einen bestimmten Typus von Parteien und Bewegungen in ganz Europa. Den faschistischen Bewegungen gelang es nur in Italien (1922) und Deutschland (1933), die Macht im Staat zu erringen, aber sie bewirkten in ganz Europa Unruhe und Instabilität.
Wesentliche Aspekte des faschistischen Denkens erklären sich aus seinen Ursprüngen im Ersten Weltkrieg, der „Urkatastrophe des 20. Jahrhunderts": Versprengte Reste der aus dem Ersten Weltkrieg heimkehrenden Soldaten bildeten die anfänglichen Kerngruppen des Faschismus. Schwierigkeiten bei der Wiedereingliederung in die zivile Gesellschaft mischten sich mit politischer Unzufriedenheit über die militärische Nieder-

lage und nicht erreichte Kriegsziele. Hinzu kam der Hass auf die demokratischen Nachkriegsregierungen, deren Realismus und Kompromissbereitschaft als nationaler Verrat interpretiert wurden. Zuflucht fanden diese Menschen in paramilitärischen Kampfgruppen, deren Weltbild von ihrer Kriegserfahrung geprägt war: Dazu gehörte ein ausgeprägtes Freund-Feind-Denken, verbunden mit einer Überhöhung der eigenen und Abwertung fremder Nationen. Eine kriegerische Grundhaltung galt als Idealbild des Mannes, Gewalt und Gewalttätigkeit als selbstverständlicher und akzeptierter Teil des Lebens; Kameradschaft und Gleichheit sollten – gewissermaßen wie im Schützengraben – den gesellschaftlichen Zusammenhalt bilden. Alle faschistischen Bewegungen wollten die zivile Gesellschaft militarisieren, sie nach dem Vorbild des kriegerischen Lebens gestalten. Das Prinzip von Befehl und Gehorsam sollte an die Stelle der als viel zu umständlich und ineffektiv verspotteten demokratischen Entscheidung treten.
Dieses militaristische Welt- und Menschenbild blieb der Kern aller faschistischen Bewegungen. Trotz erheblicher nationaler Unterschiede lassen sich weitere Gemeinsamkeiten festhalten: Der Faschismus befand sich seinem eigenen Anspruch nach in einer doppelten Frontstellung gegen den Kommunismus einerseits und das liberaldemokratische Denken andererseits. Er verfolgte jeweils einen extrem übersteigerten Nationalismus nach außen und einen totalitären, antiliberalen Herrschaftsanspruch nach innen. Das vom faschistischen Staat erfasste und durchorganisierte Volk sollte von oben durch einen „Führer" gelenkt werden. Der einzelne Mensch sollte sich ganz dem nationalen Interesse des Staates unterordnen. Individuelle Grundrechte wurden rücksichtslos verletzt, wenn sie einem solchen angenommenen nationalen Interesse widersprachen.

Mussolini und Hitler, der „Führer" und der „Duce" (1937)

Benito Mussolini
Führer („Duce") des italienischen Faschismus.
1883: Geburt (29.7.)
1919: Mussolini ruft in Mailand den ersten faschistischen Kampfverband („Fasci di combattimento") ins Leben.
1921: Gründung der „Partito Nazionale Fascista" (PNF)
1922: Mit dem „Marsch auf Rom" an der Spitze seiner Kampftruppen erreicht Mussolini seine Ernennung zum Ministerpräsidenten.
1925: Staatsstreich, danach herrscht Mussolini mit diktatorischen Vollmachten in einem Einparteiensystem.
1940: Eintritt Italiens in den Zweiten Weltkrieg
1945: Mussolini wird auf der Flucht von Partisanen erschossen (28.4.).

Foto aus den 1930er-Jahren

Nationalsozialismus. Der deutsche Nationalsozialismus bildete eine Variante des europäischen Faschismus und teilte mit ihm alle wesentlichen Merkmale. Nur im Nationalsozialismus wurden allerdings Rassismus und Antisemitismus zu Kernelementen einer umfassenden Weltanschauung ausgeformt. Der Versuch, diese Weltanschauung in die Realität umzusetzen, mündete in den Zweiten Weltkrieg und den Völkermord an den europäischen Juden.

3. Die Ideologie des Nationalsozialismus

Die Grundelemente der nationalsozialistischen Ideologie

Rassismus. Im Mittelpunkt des nationalsozialistischen Weltbildes stand die Vorstellung eines permanenten Kampfes der menschlichen „Rassen" um „Lebensraum". Nur die „arische Rasse", zu der die Deutschen und andere „nordische" Völker gehörten, sei kulturbildend und zur Herrschaft über die Menschheit berufen. An zweiter Stelle stünden die „slawischen Rassen", die nur als dem „arischen Herrenvolk" untergeordnetes

Sozialdarwinismus: Vereinfachende und verzerrende Interpretation der von dem englischen Biologen Charles Darwin entwickelten Evolutionstheorie seit dem 19. Jahrhundert. Die von Darwin für die Entwicklung der Tier- und Pflanzenwelt entdeckten Gesetzmäßigkeiten wurden – gegen Darwins ausdrücklichen Willen – auf die menschliche Geschichte übertragen.

„Der ewige Jude" (Plakat zur gleichnamigen Ausstellung, 1937)

Propagandaplakat der NSDAP

Volk eine Lebensberechtigung hätten. Als unterste Gruppe sahen die Nationalsozialisten „das Judentum", dem jede Daseinsberechtigung abgesprochen wurde. Im Laufe der Zeit radikalisierte sich diese Rassenlehre weiter: Alle „Nicht-Arier" wurden als „Untermenschen" betrachtet, die ihr Leben in einer Art Zwischenposition zwischen Tierreich und Menschheit fristeten. In einer weiteren Verkürzung wurden schließlich „Arier" und „Deutsche" synonyme Begriffe.
Der nationalsozialistische Rassismus griff eine seit dem 18. Jahrhundert existierende Tradition des „Sozialdarwinismus" auf. Im sozialdarwinistischen Geschichtsverständnis erscheint die menschliche Geschichte und Kultur als ständiger Kampf der Völker und Rassen, wobei sich die Stärkeren gegen die Schwächeren durchsetzen. Diese Tendenz zur Biologisierung der Politik stand in scharfem Gegensatz zum bürgerlichen Gleichheitsgrundsatz, denn sie gab einzelnen Menschen oder ganzen Volksgruppen einen unterschiedlichen Wert – je nach der angeblichen Qualität ihres Erbgutes.

Antisemitismus. Der zum fanatischen Hass gesteigerte nationalsozialistische Antisemitismus betrachtete „die Juden" als „feige Schmarotzer", die auf hinterhältige Weise nach der Weltherrschaft strebten und die arische Rasse zu zersetzen drohten. Hitler bezeichnete das Judentum als „schädlichen Bazillus". Die Hauptaufgabe des Staates sei die Reinhaltung des Blutes und der Rasse. Da die Juden diese Reinheit ständig bedrohten, sei ihre Bekämpfung eine notwendige Aufgabe staatlicher Politik. In der Bekämpfung und schließlich physischen Vernichtung des Judentums wähnte sich der nationalsozialistische Rassenwahn im Einklang mit einer naturgesetzlichen Notwendigkeit.
Der europäische Antisemitismus reicht bis früh in das Mittelalter zurück. Im Verlauf des 19. Jahrhunderts war er in neuer Form wieder aufgelebt: Er legitimierte sich nicht mehr mit religiösen Weltbildern, sondern mit einem pseudowissenschaftlichen Rassismus. Nicht aufgrund ihres religiösen Glaubens, sondern aufgrund ihrer angeblichen rassischen, also erblichen, Eigenschaften seien Juden als Feinde zu betrachten. Damit war der moderne Antisemitismus um einen entscheidenden Schritt gefährlicher geworden: Während man sich früher (zumindest theoretisch) der Verfolgung durch einen Wechsel des Glaubens entziehen konnte, war man ihr nun ohne Ausweg ausgeliefert.

„Lebensraum". In merkwürdiger Rückwärtsgewandtheit und Verkennung der Merkmale des Industriezeitalters gingen die Nationalsozialisten davon aus, dass die Stärke und die Entwicklungsmöglichkeiten eines Volkes von dem ihm zur Verfügung stehen „Lebensraum" abhängig seien. In Schulbüchern, Zeitungen und Propagandaheften häuften sich grafische Darstellungen verschiedenster Art, in denen die Bevölkerungsdichte in Deutschland dargestellt und beklagt wurde, die Deutschen seien ein „Volk ohne Raum". Von dieser Haltung führte ein direkter Weg in die nationalsozialistische Expansionspolitik, den Zweiten Weltkrieg und die Versklavung und Vernichtung der Bevölkerung in den besetzten Gebieten.

„Volksgemeinschaft". Das propagandistische Gegenstück zum antisemitischen Feindbild war die Vorstellung einer „Volksgemeinschaft" aller arischen Deutschen, in der alle sozialen Unterschiede, gegensätzlichen Interessen und Streitigkeiten zugunsten einer harmonischen, auf Ausgleich bedachten und auf der prinzipiellen Gleichheit aller „Volksgenossen" beruhenden Gemeinschaft aufgehoben sein sollten. Aus diesem Grunde lehnten die Nationalsozialisten alle politischen Parteien oder Interessengruppen ab. Nach ihrer Ansicht säten sie nur Zwietracht und gefährdeten damit die nationale Einheit des Volkes. Unter „nationalem Sozialismus" wurde – in Umkehrung der ursprünglichen Bedeutung des Wortes „sozialistisch" – nicht der Klassenkampf und die Enteignung der Produktionsmittel verstanden, sondern die Verschmelzung aller Individuen in der Volksgemeinschaft. Da das „Volk" im Verständnis der Nationalsozialisten durch rassische Zugehörigkeit bestimmt war, waren alle diejenigen, die nicht als Arier galten oder die in den Augen der Nationalsozialisten rassisch „entartet" waren, von der „Volksgemeinschaft" ausgeschlossen.

Die propagandistische Bedeutung der nationalsozialistischen Ideologie

Gerade vor dem Hintergrund ihrer beispiellos verbrecherischen Folgen erscheint diese Ideologie heute (und erschien rational denkenden Zeitgenossen auch schon damals) als merkwürdig banal und realitätsfern. Dennoch besteht kein Zweifel, dass sie einen wichtigen Beitrag zur Akzeptanz des Nationalsozialismus in weiten Teilen der deutschen Bevölkerung leistete. Wie ist das zu erklären?

Die nationalsozialistische Ideologie konnte nie einen Beitrag zur rationalen Erklärung der Welt leisten. Sie stellte ein wahnhaftes Zerrbild der Wirklichkeit dar und trug eher den Charakter einer Ersatzreligion. Gerade darin aber lag ihre propagandistische Stärke: Gefühle und Stimmungen anzusprechen, denen weite Teile der deutschen Bevölkerung nur allzu gerne folgen wollten. Um an dieser quasi-religiösen Stimmung teilhaben zu können oder zumindest von ihr nicht ausgeschlossen zu werden, waren viele bereit, über ihre verbrecherische Seite hinwegzusehen oder diese als einzelne Auswüchse im Sinne des Sprichwortes „Wo gehobelt wird, fallen Späne" zu verharmlosen.

Gerade die Grobschlächtigkeit des Antisemitismus ermöglichte es der nationalsozialistischen Propaganda, in einem ebenso absurden wie effektvollen Schachzug die beiden Hauptgegner des Nationalsozialismus, den liberalen Kapitalismus und den Kommunismus, zu einem einzigen, monumentalen Feindbild zu verschmelzen. In ihrer Propaganda lenkten jüdische Agenten sowohl die kommunistische Sowjetregierung wie auch die amerikanischen Banken in der Wallstreet. Damit konnte man sowohl diejenigen gewinnen, die Angst vor einem kommunistischen Umsturz hatten, wie auch diejenigen, die unter der Weltwirtschaftskrise oder Zinszahlungen zu leiden hatten. Da angeblich auch die sozialdemokratische und die kommunistische Parteiführung in Deutschland ebenso wie die Regierungen der Siegermächte, insbesondere die der USA, jüdisch „unterwandert" waren, konnte man „den Juden" die Niederlage im Ersten Weltkrieg und die Versailler Friedensbedingungen anlasten. Der Antisemitismus konstruierte ein Feindbild, das die verschiedensten und zum Teil einander sogar widersprechenden Nöte, Ängste und subjektiv empfundenen Belastungen in der deutschen Bevölkerung auf einen Nenner brachte. Je weitläufiger und tiefer dieses Feindbild verankert war, desto leichter hatten es die Nationalsozialisten, Zustimmung für ihre Politik zu gewinnen.

Die Nationalsozialisten stilisierten alle Belastungen, denen Deutschland nach dem Ersten Weltkrieg ausgesetzt war, zu einer existenziellen Bedrohung durch „das Judentum". Vor diesem Hintergrund konnten sie ihre aggressive Politik als Rettung und Verteidigung des deutschen Volkes darstellen.

Da die nationalsozialistische Ideologie in Anlehnung an das Darwinsche Selektionsprinzip den ewigen Kampf ums Dasein als „ehernes Naturgesetz" betrachtete, in dem der Stärkere überlebt und der Schwächere untergeht, konnte sie das Recht des Stärkeren als natürliches Mittel der Selektion rechtfertigen. Damit wurde Gewalt zum legitimen Mittel der Politik. Dies galt nicht nur für die Auseinandersetzung mit Minderheiten und innenpolitischen Gegnern, sondern auch für die Außenpolitik. Krieg galt den Nationalsozialisten als notwendiger Bestandteil des Rassenkampfes, die Unterdrückung und Vernichtung der Bevölkerung in den eroberten Gebieten als Naturrecht des Stärkeren.

Die große Mehrheit der Deutschen konnte sich im rassistischen Werteschema der Nationalsozialisten selbst als „Arier" einordnen. Im Spiegel der nationalsozialistischen Ideologie waren sie damit etwas Besonderes, Wertvolles, Teil eines zur Führung der Menschheit berufenen Volkes – unabhängig von persönlicher Leistung, Bildung oder Reife. Das Versprechen, Teil der arischen Herrenrasse zu sein, vermochte besonders diejenigen zu überzeugen, die über ein schwaches Selbstwertgefühl verfügten. Die im Ideal der Volksgemeinschaft behauptete Gleichheit aller „Volksgenossen" wurde zwar nie Wirklichkeit, erlaubte aber doch eine Zeitlang die Illusion, in einer Gemeinschaft ohne Vorurteile und soziale Unterschiede aufgehoben zu sein.

Propagandistische Bedeutung der NS-Ideologie:
- Emotionalität, Ersatzreligion
- Verschmelzung von Feindbildern
- Aggression als Befreiung
- Legitimation von Gewalt
- Selbstaufwertung
- Gemeinschaftsgefühl
- Einheit von Integration und Terror

Inklusion: Einschluss in eine Gemeinschaft.
Exklusion: Ausschluss aus einer Gemeinschaft.
Demokratische Systeme zeichnen sich durch „Inklusion" aller Menschen und Bevölkerungsgruppen aus.
Totalitäre oder faschistische Systeme sind durch die systematische „Exklusion" von als feindlich oder minderwertig betrachteten Bevölkerungsgruppen gekennzeichnet.

In der Euphorie der Anfangsjahre waren viele zunächst noch bereit, die andere Seite der Medaille zu übersehen. Minderheiten – wie Juden, politische Gegner, Geisteskranke oder Homosexuelle – waren von dieser Gemeinschaft ausgeschlossen und wurden von Beginn an verfolgt. Demütigungen, Verhaftungen und Folterungen wurden nicht heimlich durchgeführt, sondern öffentlich inszeniert. Von Anfang an bildeten die Versprechung der Integration in die Volksgemeinschaft (Inklusion) und die Drohung mit dem Ausschluss aus ihr (Exklusion) eine untrennbare Einheit.

4. Die Übertragung der Macht: Der 30. Januar 1933

Adolf Hitler
„Führer" des deutschen Nationalsozialismus.
1889: Geburt (20.4.) in Braunau (Österreich)
1914–1918: Teilnahme als Freiwilliger am Ersten Weltkrieg
1921: Vorsitzender der NSDAP
1923: Der sogenannte „Hitler-Putsch" gegen die Weimarer Regierung scheitert.
1924: Verurteilung zu fünf Jahren Festungshaft (Entlassung nach acht Monaten).
1925: In der Haft verfasst Hitler seine Programmschrift „Mein Kampf".
1933: Ernennung zum Reichskanzler
1934: Nach dem Tod Hindenburgs wird Hitler „Führer und Reichskanzler".
1939: Überfall auf Polen, Beginn des Zweiten Weltkriegs
1945: Selbstmord (30.4.) in Berlin

Die Ernennung Hitlers zum Reichskanzler. Unter rein formalen Gesichtspunkten betrachtet, war die Ernennung Adolf Hitlers zum Reichskanzler durch den Reichspräsidenten von Hindenburg am 30.1.1933 rechtmäßig, da sie – wie zuvor schon die Ernennung Brünings, von Papens und von Schleichers – dem Paragraphen 53 der Weimarer Verfassung entsprach. Die Berufung eines offenen Antidemokraten an die Spitze der Regierung widersprach zwar offensichtlich dem Geist der Verfassung. Da aber die Autorität der demokratischen Verfassung durch die lange Kette der Notverordnungen in der Zeit der Präsidialkabinette bis zum Januar 1933 bereits stark gelitten hatte, beschäftigte diese Frage die Zeitgenossen kaum.
Einen tiefen Einschnitt bedeutete dieser Tag aus einem anderen Grund: Hitler verfügte im Unterschied zu seinen Vorgängern über eine breite und gewaltbereite Massenbasis im Volk. Die Massenaufmärsche und Fackelzüge der SA am Abend des 30. Januar 1933 versetzten das Land in eine ungeheure Spannung. Der aggressive Tonfall der NSDAP und die bürgerkriegsähnlichen Methoden der SA hatten schon seit Jahren – je nach politischem Standpunkt – Bewunderung und Angst provoziert. Niemand wusste, wie sich die Dinge nun weiterentwickeln würden.

„Machtergreifung" oder „Machtübertragung"? Die spätere nationalsozialistische Propaganda bezeichnete den 30. Januar 1933 als „Machtergreifung" und verband damit das Bild einer aktiven „nationalen Revolution", die die alte Ordnung hinweggefegt und Hitler an die Macht gebracht habe. In Wirklichkeit hatte weder eine Revolution stattgefunden noch hatte die nationalsozialistische Bewegung in irgendeiner Form aktiv zu Hitlers Ernennung beigetragen. Tatsächlich übertrug Hindenburg Hitler ohne Not das Amt des Reichskanzlers. Die Verwendung des nationalsozialistischen Begriffes „Machtergreifung" ist deshalb irreführend, die Formulierung „Machtübertragung" angemessener.
Die eigentliche Machtergreifung fand in den auf den 30. Januar 1933 folgenden Monaten statt, in denen die NSDAP alle Gegner ausschaltete und die Weimarer Republik in eine totalitäre Diktatur umwandelte. Der 30. Januar 1933 wurde zu einem der tiefsten Einschnitte in der deutschen Geschichte.

5. Der Ausbau der Herrschaft und die Zerstörung der Demokratie

Die ersten Ziele der NSDAP. Am Tage der Ernennung Hitlers zum Reichskanzler schrieb Goebbels in sein Tagebuch: „Die deutsche Revolution beginnt." Damit waren – aus der Sicht der nationalsozialistischen Führung – zunächst zwei vordringliche Aufgaben verbunden:
Erstens sollte eine von demokratischen Entscheidungen unabhängige Machtposition errungen werden. Dies bedeutete die Entmachtung und Ausschaltung aller politischer

Gegner und solcher staatlicher oder gesellschaftlicher Institutionen, die der Herrschaft der Nationalsozialisten gefährlich werden konnten.
Zweitens galt es aus Sicht der NSDAP, die Hälfte der deutschen Bevölkerung, die bis dahin nicht zur Anhängerschaft der NSDAP gezählt hatte, auf ihre Seite zu ziehen oder zumindest von Protest abzuhalten. Deshalb sollte ein allgemeiner Stimmungsumschwung zugunsten der „nationalen Revolution" erreicht werden.

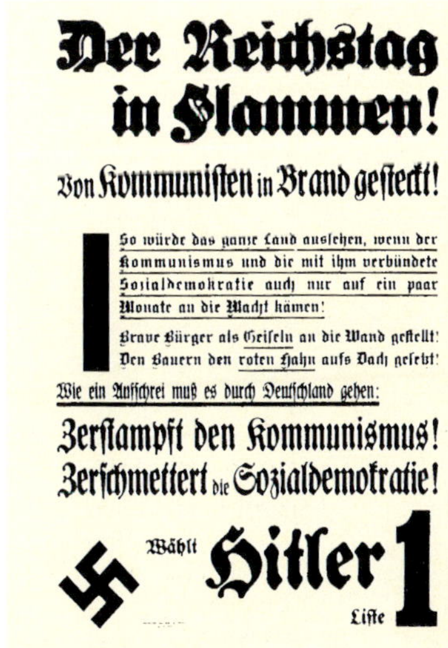

NS-Wahlplakat 1933

„Reichstagsbrandverordnung". Am 31. Januar 1933 ließ Hitler den Reichstag auflösen. Er hoffte, bei den Neuwahlen, die für den 5. März 1933 festgelegt wurden, die absolute Mehrheit und damit die Möglichkeit zu „legalen" Verfassungsänderungen zu erhalten. Die NSDAP führte den Wahlkampf nun mit den ihr zur Verfügung stehenden staatlichen Machtmitteln und einem aufwendigen Propagandafeldzug.
Am Abend des 27. Februar kam ihr ein Brandanschlag auf den Berliner Reichstag zu Hilfe. Bis heute ist ungeklärt, ob die Tat von dem noch in der Nacht am Tatort festgenommenen holländischen Kommunisten Marinus van der Lubbe begangen wurde oder ob die Nationalsozialisten den Reichstag selbst in Brand setzten. Jedenfalls zeigte sich nun, wie perfekt die nationalsozialistische Propagandamaschinerie funktionierte: Schon am nächsten Morgen legte Hitler einen – offensichtlich bereits seit Langem vorbereiteten – Gesetzentwurf vor, der alle durch die Weimarer Verfassung garantierten Grundrechte aufhob, die „Verordnung des Reichspräsidenten zum Schutz von Volk und Staat" oder – im Volksmund – „Reichstagsbrandverordnung". Alle Zeitungen und das Radio meldeten, dass ein kommunistischer Staatsstreich nur durch das entschlossene Eingreifen Hitlers in letzter Sekunde habe verhindert werden können.
Die Staatsführung nutzte die Situation, um über 20 000 Kommunisten, Sozialdemokraten und andere politische Gegner in – wie es damals die Realität in ihr Gegenteil verkehrend hieß – „Schutzhaft" zu nehmen. Da die Gefängnisse bald überfüllt waren, wurden die ersten Konzentrationslager (KZ) eingerichtet. Die SA eskalierte ihren Terror gegen alle, die sich wirklich oder vermeintlich der „nationalen Revolution" widersetzten.

SA = „Sturmabteilung": Kampfverband der NSDAP. Ursprünglich als Saalschutz bei Parteiveranstaltungen eingesetzt, entwickelte sich die SA zu einer faschistischen Schlägertruppe im Dienste der Parteiführung.

Trotz dieser Umstände erreichte die NSDAP bei den Reichstagswahlen vom 5. März 1933 ihr Ziel nicht. Sie verbesserte zwar ihren Stimmenanteil auf 43,9 %, verfehlte aber die absolute Mehrheit im Reichstag. Zusammen mit der „Kampffront Schwarz-Weiß-Rot" erreichten die Nationalsozialisten eine knappe Mehrheit von 52 %.

„Tag von Potsdam" und „Ermächtigungsgesetz". Im weiteren Verlauf des Monats März gelang den Nationalsozialisten ein weiteres taktisches Meisterstück: Am 21. März 1933 wurde der neu gewählte Reichstag feierlich in der Potsdamer Garnisonskirche, der Begräbniskirche Friedrichs des Großen, eröffnet. Vor dem Staatsakt tauschte Hitler einen Händedruck mit Hindenburg aus. Mit dieser hochsymbolischen Geste stellte sich Hitler in eine Reihe mit dem berühmten preußischen König und dem Feldmarschall des Kaiserreiches, sie entfaltete im In- und Ausland eine enorme Werbewirkung. Hitler erschien nun als legitimer Erbe preußischer und wilhelminischer Größe. In dieser von nationalem Überschwang geprägten Stimmung legte Hitler dem Reichstag das sogenannte „Ermächtigungsgesetz" zur Abstimmung vor (23. März 1933). Es räumte der Regierung das Recht ein, Gesetze ohne Zustimmung des Reichstages zu erlassen. Das Ermächtigungsgesetz bedeutete nichts weniger als eine Selbstentmachtung des Parlamentes. Um den Anschein von Legalität zu wah-

Propagandapostkarte von 1933

ren, legte Hitler Wert darauf, die nach der Weimarer Verfassung für Verfassungsänderungen notwendige Zweidrittelmehrheit für das Gesetz zu erreichen. Am Ende stimmten 444 Abgeordnete für das Ermächtigungsgesetz. Nur die noch anwesenden 94 Abgeordneten der SPD stimmten dagegen.

Da die alte Weimarer Verfassung nie formell abgeschafft wurde, bildeten die „Reichstagsbrandverordnung" und das „Ermächtigungsgesetz" eine Art Quasi-Verfassung der nationalsozialistischen Diktatur. Sie bildeten die scheinbar legale Grundlage für alle Willkürmaßnahmen der Regierung. Historiker sprechen deshalb heute von einem „Doppelstaat": Auf der einen Seite gab sich die Diktatur den Anschein eines Rechtsstaates, in dem alte Gesetze formell weiterbestanden und neue Gesetze formuliert wurden („Normenstaat"). Auf der anderen Seite wurden ebendiese Gesetze nach dem „Führerprinzip" systematisch durch willkürliche Maßnahmen immer wieder gebrochen und missachtet („Maßnahmenstaat"). Die (Fort-)Existenz von Gesetzen sollte die an „Recht und Ordnung" orientierten Bevölkerungsschichten beruhigen, während der Maßnahmenstaat jedes Recht und jede Ordnung untergrub.

„Doppelstaat": Gleichzeitigkeit von formalem „Normenstaat" und tatsächlichem „Maßnahmenstaat" im Nationalsozialismus.

Die „Gleichschaltung" der Länder und die Ausschaltung der Parteien. Unmittelbar nach dem Wahltag begann die NSDAP mit der „Gleichschaltung" der Länder. Im „Vorläufigen Gesetz zur Gleichschaltung der Länder mit dem Reich" (31.3.1933) wurden die Länderregierungen ermächtigt, ohne Beschluss der Landtage Gesetze zu erlassen. Im „Zweiten Gesetz zur Gleichschaltung der Länder mit dem Reich" (7.4.1933) wurden die Länderregierungen durch elf „Reichsstatthalter" ersetzt. Damit war der Weimarer Föderalismus, der von den Verfassungsvätern als Bollwerk gegen übermächtige Machtkonzentration gedacht war, innerhalb weniger Tage zerstört.

Im Zusammenhang mit der Gleichschaltung sicherte sich die NSDAP die Loyalität der staatlichen Beamten mit einer Säuberungsaktion und einer unverhüllten Drohung: Im „Gesetz zur Wiederherstellung des Berufsbeamtentums" (7.4.1933) gab sich die Staatsführung das Recht, alle Beamten, die „nach ihrer bisherigen politischen Betätigung nicht die Gewähr dafür bieten, dass sie jederzeit rückhaltlos für den nationalen Staat eintreten", zu entlassen. Alle Beamten, die „nicht-arischer Abstammung" waren, wurden in den Ruhestand versetzt.

Die Kommunisten zählten zu den ersten Opfern der NS-Herrschaft. Die Abgeordneten und Funktionäre der KPD, die der auf das KPD-Verbot am 28. Februar 1933 folgenden Verhaftungswelle entkommen konnten, gingen in den Untergrund oder flüchteten ins Ausland.

Als Nächstes zielten die Nationalsozialisten auf die Gewerkschaften. Sie erklärten den 1. Mai zum „Tag der nationalen Arbeit" und feierten ihn mit großem propagandistischen Aufwand. Am nächsten Tag (2.5.1933) besetzte die SA alle Gewerkschaftshäuser, verhaftete die Funktionäre und beschlagnahmte das Gewerkschaftsvermögen. Zeitgleich trat die nationalsozialistisch gelenkte „Deutsche Arbeitsfront" (DAF) an die Stelle der Gewerkschaften, verfolgte allerdings völlig andere Ziele. Dem Ideal der „Volksgemeinschaft" entsprechend sollten Arbeitnehmer und Arbeitgeber gemeinsam zur „Gesundung des deutschen Volkes" beitragen. Damit waren die Arbeitnehmer ihrer Interessenvertretung beraubt.

NS-Propagandapostkarte zum 1. Mai 1933

Am 22. Juni wurde die SPD durch ein Bündel von Maßnahmen praktisch verboten. Die allgemeine politische Atmosphäre und die Machtlosigkeit der noch verbliebenen Parteien (DNVP, DStP, DVP, BVP) führte schließlich zu deren Selbstauflösung im Juni und Juli 1933. Am 5. Juli löste sich als letzte Partei auch das Zentrum auf. Ein wesentlicher Grund für die Selbstauflösung dieser letzten noch verbliebenen Partei waren Verhandlungen zwischen der deutschen Regierung und dem Vatikan um ein Konkordat, das am 20. Juli 1933 unterzeichnet wurde. In diesem Konkordat verzichtete der Vatikan – um den Bestand der katholische Kirche in Deutschland zu retten – auf politische Betätigung in Deutschland und beschränkte sich auf rein seelsorgerische Aufgaben.

Nach dem 5. Juli 1933 existierte nur noch eine Partei: die NSDAP. Im „Gesetz gegen die Neubildung von Parteien“ vom 14. Juli 1933 erklärte sie sich zur einzig legalen Staatspartei. Jeder Versuch, eine neue Partei zu gründen, wurde unter Strafe gestellt. Deutschland war zu einem Einparteienstaat geworden.

Die Ausschaltung der SA. Im Sommer des Jahres 1934 hatte die nationalsozialistische Führung fast alle Personen und Institutionen, die ihre Herrschaft hätten gefährden können, ausgeschaltet. Es blieben noch die Industrie und die Reichswehr, deren Loyalität sich Hitler sichern wollte.
Die nationalsozialistische „Sturmabteilung“ (SA) begann, dieses Ziel zu gefährden: Erstens strebte sie nach einer „zweiten Revolution“, in der sie „den Bonzen“ den Kampf ansagen und die bürgerlich-kapitalistische Ordnung aufheben wollte. Damit gefährdete sie Hitlers Absicht, beim Aufbau der Wirtschaft und der Rüstung mit den bürgerlichen Industriellen und Wirtschaftsfachleuten zusammenzuarbeiten. Zweitens begriff sich die SA selbst als Keimzelle eines „Volksheeres“, das nun an die Stelle der Reichswehr treten sollte. Hitler aber wollte die Reichswehr nicht gegen sich aufbringen, sondern sie im Gegenteil für seine expansionistischen Pläne umformen und nutzen.
Mithilfe der SS löste Hitler diese Probleme mit einem Schlag in einer kriminellen Aktion (sog. „Röhm-Putsch“, 30.6.–3.7.1934): Er lockte am 30. Juni 1934 den Chef der SA, Ernst Röhm, in eine Falle und ließ ihn selbst sowie weitere Spitzenfunktionäre der SA und andere politische Gegner sofort erschießen. In der Öffentlichkeit wurde die gesamte Aktion als Abwehr eines angeblich von Röhm und seinen Verbündeten geplanten Putsches gerechtfertigt. Den geplanten Staatsstreich habe der „Führer“ nur durch „schnelles und entschlossenes Handeln“ verhindern können.
Aus der historischen Rückschau markiert die brutale Ermordung der SA-Spitze in zweierlei Hinsicht einen wichtigen Einschnitt. Erstens demonstrierte dies offen, dass die Willkür des Maßnahmenstaates sich jederzeit auch gegen vermeintliche Freunde und Weggefährten richten konnte. Der Terror disziplinierte von nun an nicht nur politische Gegner, sondern auch die Nationalsozialisten selbst. Zweitens bedeutete dies eine politische Richtungsentscheidung Hitlers gegen eine weiterführende Umgestaltung der Gesellschaft und zugunsten einer Zusammenarbeit mit der Industrie und der Reichswehr, die am 2.8.1934 auf Hitler als Person vereidigt wurde.

SS = „Schutzstaffel“: 1925 zum persönlichen Schutz Hitlers gegründet, unterstand die SS zunächst der SA und verstand sich als eine Art Elitetruppe. Nach der Zerschlagung der SA entwickelte sich die SS unter Heinrich Himmler zum zentralen Terrorinstrument des nationalsozialistischen Staates.

Tod Hindenburgs. Die Gelegenheit zu einem letzten symbolischen Schlusspunkt im Prozess der Machtsicherung ergab sich, als am 2. August 1934 der schon seit Langem erkrankte Reichspräsident Hindenburg starb. Kein Widerstand regte sich, als das Kabinett beschloss, das Amt des Reichspräsidenten aufzulösen und mit dem des Reichskanzlers zusammenzufügen. Hitler erhielt nun den Titel „Führer und Reichskanzler“.

6. Integration und Ausgrenzung – Die Grundlagen der nationalsozialistischen Herrschaft

Integration und Ausgrenzung

Der „zweite Aufstieg“ des Nationalsozialismus. Da nach dem 5. März 1933 bis zum Ende der nationalsozialistischen Herrschaft keine Wahlen in Deutschland mehr stattfanden, existieren keine exakten Zahlen über die Höhe der Zustimmung zum Nationalsozialismus in der Bevölkerung. Viele Indizien sprechen jedoch dafür, dass sie seit der Mitte des Jahres 1934 bis weit in den Zweiten Weltkrieg hinein eher noch zunahm. Mit einer Formulierung des Historikers Klaus Bergmann kann man von einem „zweiten Aufstieg“ des Nationalsozialismus sprechen. Es handelte sich nicht um eine „Diktatur gegen das Volk“, sondern um eine „Diktatur mit dem Volk“.
Dieser Befund lässt sich nicht erklären, wenn man das Dritte Reich ausschließlich als terroristischen Staat versteht. Die hohe Zustimmung der Bevölkerung beruhte – darin

Hitler in einer Rede vor den Reichsstatthaltern (6.7.1933): „Der Erringung der äußeren Macht muss die innere Erziehung der Menschen folgen. Man muss sich davor hüten, rein formale Entscheidungen von heute auf morgen zu treffen und davon eine endgültige Lösung zu verlangen. […] Man muss den frei gewordenen Strom der

Revolution in das sichere Bett der Evolution hinüberleiten. Die Erziehung der Menschen ist dabei das Wichtigste. Der heutige Zustand muss verbessert und die Menschen, die ihn verkörpern, müssen zur nationalsozialistischen Staatsauffassung erzogen werden."

ist sich die heutige Geschichtswissenschaft einig – auf zwei einander wechselseitig bedingenden Faktoren: einerseits auf der Effektivität der nationalsozialistischen Propaganda und Erziehung sowie andererseits auf der Bereitschaft der Bevölkerung, dieser Propaganda bereitwillig zu glauben und sich von den Erziehungsmaßnahmen des Staates beeinflussen zu lassen. Jedenfalls wäre es falsch, die deutschen Anhänger des Nationalsozialismus nur als passive Opfer nationalsozialistischer Verführung zu betrachten. Tatsächlich rangierte die Zustimmung im Einzelfall von fanatischer Begeisterung über hoffnungsvolles Wohlwollen bis hin zu opportunistischem Mitläufertum. Der weitaus größere Teil der Bevölkerung folgte bereitwillig der nationalsozialistischen Weltsicht.

Begeisterte Massen mit Hakenkreuzfähnchen begrüßen den „Führer" (1938).

Ausgrenzung durch Terror. Dessen ungeachtet blieb das Dritte Reich zugleich auch ein terroristischer Staat, der seine Gegner mit unbarmherziger Brutalität verfolgte. Nach 1934 nahmen diese Verfolgungen sogar noch deutlich zu – bis hin zum Völkermord an den europäischen Juden. Bezeichnend ist aber, dass diese Verfolgungen sich – im Unterschied zur Phase der Machtergreifung in den ersten anderthalb Jahren nach dem 30. Januar 1933 – kaum noch gegen mächtige Gegner der Diktatur richteten, sondern gegen schon früher schwache und ausgegrenzte Minderheiten in der Gesellschaft, vor allem gegen sogenannte Asoziale (wie z. B. Obdachlose), Behinderte, Zigeuner und Juden. So behielt der Terror zwar seine machtpolitische Abschreckungsfunktion, wurde aber mehr und mehr selbst zu einem Instrument im Dienst der Propaganda, mit dem man die Bevölkerung auf seine Seite zu ziehen hoffte. Das Dritte Reich war terroristische Herrschaftsform und Erziehungsdiktatur zugleich.

Der Führerstaat

Kundgebung zum 1. Mai 1939 im Berliner Olympiastadion: Einfahrt des „Führers"

Führerkult. Adolf Hitler war im Verständnis seiner Anhänger kein Diktator, sondern „der Führer". Das war etwas völlig anderes. Ein Führer beherrschte sein Volk nicht von oben herab, sondern er verkörperte das Wesen des Volkes. Nach diesem Verständnis war der Führer mit seinem Volk wesensgleich; er fasste das Volk und seine Interessen in seiner Person zusammen. Der Wille des Volkes wurde also nicht – wie in der Demokratie – durch den Streit der Meinungen und durch Wahlen gefunden, sondern der Volkswille war – im Selbstverständnis der nationalsozialistischen Rassenlehre – schon ganz selbstverständlich vorhanden und wurde nun – ohne die in einer Demokratie üblichen umständlichen Streitereien – durch den Führer verkörpert und in politisches Tun umgesetzt.

Die nationalsozialistische Propaganda stellte Hitler auf der einen Seite als Mann aus der Mitte des Volkes dar, der Tag und Nacht ununterbrochen und selbstlos für die Volksgemeinschaft arbeitete. Auf der anderen Seite war er aber kein gewöhnlicher Mensch, sondern ein Retter, eine Art Messias, der das deutsche Volk vor dem Untergang bewahrte und es zu seiner wahren Größe führte.
Es gelang der nationalsozialistischen Propaganda, dieses Führerbild fest und tief in der Bevölkerung zu verankern. Der Führerglaube entwickelte sich zu einer Art Religion und trug wesentlich dazu bei, nicht nur Zustimmung, sondern geradezu ekstatische Begeisterung auszulösen. Weite Teile der Bevölkerung vertrauten „dem Führer" bis buchstäblich zum letzten Tag.

„Ein Volk, ein Reich, ein Führer" (NS-Propagandaplakat)

Die „polykratische" Organisation des Staates

Einparteienstaat. Seit dem 14. Juli 1933 war Deutschland ein Einparteienstaat. Die Institutionen und Organe des Staates existierten neben denen der NSDAP. Beide vermischten sich zunehmend miteinander. Die Überlagerung von Partei- und Staatsorganen war eines der grundlegenden Merkmale der nationalsozialistischen Herrschaftsordnung. Dies wird in Hitlers offiziellem Titel „Führer und Reichskanzler" besonders sinnfällig.

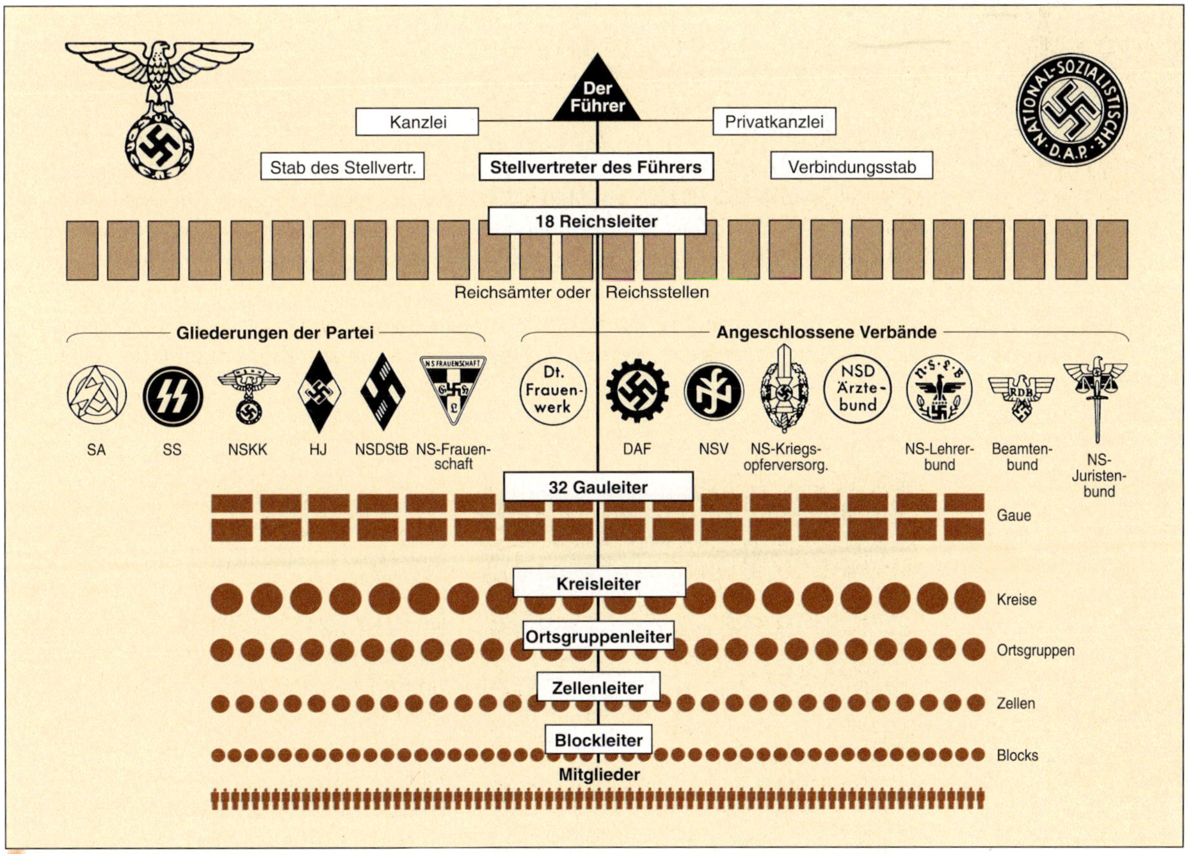

Organisationsstruktur des Staates und der NSDAP

Formal existierten die aus der Weimarer Zeit übernommenen staatlichen Regierungsressorts und Verwaltungen in der Regel fort. Da die NSDAP nicht über genügend Verwaltungsfachleute verfügte, blieben auch die meisten Beamten im Amt. Um sie dennoch ideologisch kontrollieren zu können, wurden ihnen „Sonderbeauftragte" Hitlers oder „Führer" übergeordnet, die in engem Kontakt mit Hitler standen. Außerdem

Heinrich Himmler (1900–1945): Als „Reichsführer SS" (1929–1945) organisierte Himmler nach dem Machtantritt Hitlers das Terrorregime der NSDAP sowie die rassistische „Germanisierungspolitik" in Osteuropa während des Zweiten Weltkrieges. In Gefangenschaft beging Himmler 1945 Selbstmord.

wurden neue Organe und Organisationen geschaffen, die neben den traditionellen staatlichen Organen existierten und sie kontrollierten. So entstand die typische Struktur des nationalsozialistischen Doppelstaates.

Polizei, SS, SD und Gestapo. Am Beispiel Heinrich Himmlers, eines der mächtigsten Männer des Dritten Reiches, lässt sich diese typische Struktur verdeutlichen. Himmler war „Reichsführer SS und Chef der Deutschen Polizei im Reichsministerium des Inneren". Die SS war – nach der Ausschaltung der SA – die zentrale Parteiorganisation, die nun auch staatliche Aufgaben übernahm. Während die Ordnungs- und Kriminalpolizei relativ unangetastet blieb, wurde die gesamte politische Polizei, die Gestapo (Geheime Staatspolizei), mit SS-Leuten besetzt und zum entscheidenden Machtfaktor der nationalsozialistischen Herrschaft. Die Aufgabe der Gestapo war die Ausschaltung der politischen Gegner, ihr wichtigstes Mittel die sogenannte „Schutzhaft", also die Einweisung in ein Konzentrationslager. Die Arbeit der Gestapo beruhte zu großen Teilen auf den Informationen des SS-eigenen Nachrichtendienstes, des „SD" („SS-Sicherheitsdienst") unter Führung von Reinhard Heydrich. Der SD sammelte aus allen möglichen Quellen Informationen über Gegner des Systems, wertete sie aus und übermittelte sie der Gestapo.
Auf den ersten Blick scheint die nationalsozialistische Herrschaft wie ein perfekt durchorganisiertes System aus einem Guss. Diesem ersten Eindruck widerspricht die Vielzahl miteinander konkurrierender Personen und Organisationen, deren Kompetenzen nicht klar voneinander abgrenzt waren, sondern sich oftmals überschnitten. Bei genauerem Hinsehen scheint die NS-Diktatur deshalb eher wie ein chaotisches Durcheinander konkurrierender und einander widersprechender Interessen, Dienststellen und Organisationen.
Heute ist sich die historische Forschung darin einig, dass Kompetenzüberlagerungen sich teils durch die Geschwindigkeit und den chaotischen Ablauf des Prozesses der Machtsicherung ergeben hatten, teils aber von Hitler auch bewusst gefördert wurden. So blieb in allem politischen Handeln der staatlichen Institutionen und der Parteiorganisationen eine gewisse Unsicherheit, die letztlich nur in der Person Hitlers entscheidbar war und entschieden wurde. Die fehlenden formalen Kompetenzabgrenzungen eröffneten einen entscheidenden Spielraum für Willkürentscheidungen von oben.

Die Erfassung und Überwachung der Bevölkerung

Die Hitlerjugend (HJ): Seit 1926 Jugendorganisation der NSDAP, erhielt die HJ mit dem „Gesetz über die Hitlerjugend" (1936) den Auftrag, die „deutsche Jugend" außerhalb von Elternhaus und Schule im Sinne des Nationalsozialismus zu erziehen. Für die 10- bis 14-Jährigen gab es das „Deutsche Jungvolk" bzw. den „Jungmädelbund", für die 14- bis 18-Jährigen die HJ bzw. den „Bund deutscher Mädel".

NS-Propagandaplakate

Volksgemeinschaft. Unmittelbar nach der Machtübertragung begann die NSDAP, ihren ideologischen Anspruch auf ein vorbehaltloses Aufgehen des Einzelnen in der „Volksgemeinschaft" umzusetzen. Um allen „Volksgenossen" die Erfüllung dieser „selbstverständlichen völkischen Pflicht" auch praktisch zu ermöglichen, wurde die – wie es im Jargon der Zeit hieß – „einheitlichen Reorganisation des Volkskörpers" vorangetrieben.
Einheitliche Organisationen wurden geschaffen, die zunächst allen „Volksgenossen" offen standen und später verpflichtend wurden. Diese Organisationen begleiteten die Menschen „von der Wiege bis zum Grabe". Besondere Bedeutung kam den Jugendorganisationen der NSDAP, der „Hitlerjugend" (HJ) und dem „Bund deutscher Mädel" (BDM) zu, da man hoffte, Kinder und Jugendliche besonders leicht und tief greifend beeinflussen zu können. Die HJ wurde seit dem 1.12.1936 zur Pflichtorganisation für alle Kinder und Jugendlichen.
Die zahlreichen berufsständischen Organisationen sollten nicht spezifische Interessen vertreten, sondern im Gegenteil die reibungslose Eingliederung der Berufsstände in die nationalsozialistische Volksgemeinschaft garantieren. Besondere Bedeutung erlangte die Deutsche Arbeitsfront (DAF) und ihre Unterorganisation „Kraft durch Freude" (KdF), die verschiedene Freizeitaktivitäten und Urlaubsreisen versprach. Wichtigen Einfluss erlangte auch die „Reichskulturkammer", in der Künstler, Musiker und Literaten zwangsweise organisiert waren. Ein Ausschluss aus der Reichskulturkammer kam – ebenso wie im Falle der anderen berufständischen Organisationen – einem Berufsverbot gleich.

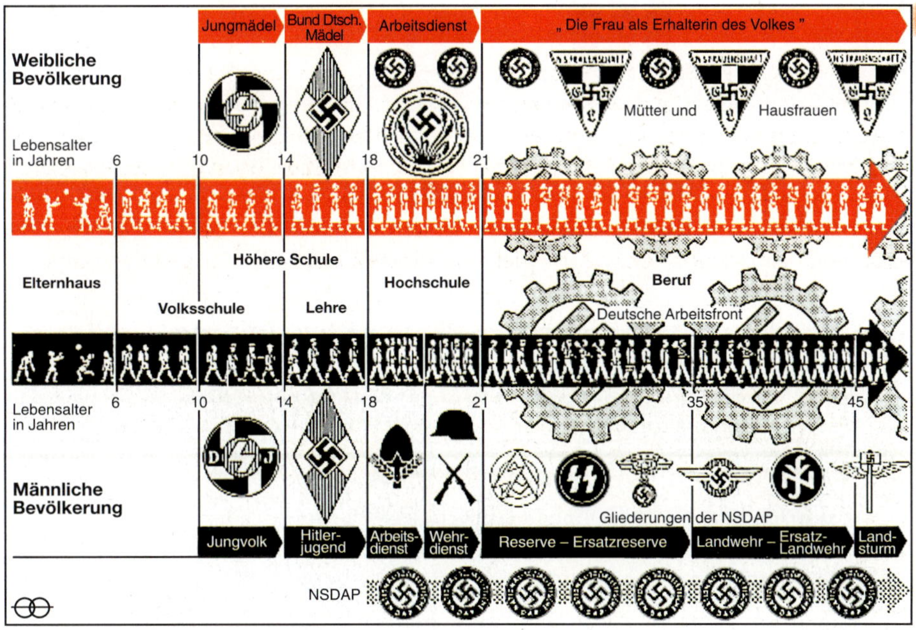

Der Weg des „gleichgeschalteten Staatsbürgers"

Die wichtigsten Propagandainstrumente

Medien. Schon am 4.10.1933 sicherte sich die Partei- und Staatsführung mit dem „Schriftleitergesetz" eine unmittelbare Kontrolle über die Presse. Es ermächtigte das Reichspropagandaministerium, die „völkische" Einstellung der leitendenden Journalisten und Redakteure zu überprüfen und Berufsverbote auszusprechen. In täglichen Pressekonferenzen wurde den Zeitungen praktisch diktiert, was sie zu schreiben und zu veröffentlichen hatten. Zuwiderhandlungen wurden mit hohen Strafen geahndet. Missliebige Journalisten gehörten zu den ersten Insassen der Konzentrationslager.

„Der Führer spricht" (Gemälde von P. M. Padua, 1939)

Konsequent nutzte die nationalsozialistische Propaganda die damals neuen Massenmedien Rundfunk und Film. Auf Initiative von Goebbels verpflichteten sich alle großen Hersteller, ein preiswertes Radiogerät, den sogenannten ,,Volksempfänger", gemeinsam zu produzieren. Mithilfe des Volksempfängers konnte die NSDAP die Reden der Parteiführer fast flächendeckend verbreiten, in Nachrichtensendungen und Unterhaltungsprogrammen ihre Weltsicht verbreiten. Mithilfe der Reichskulturkammer kontrollierte die NSDAP auch die deutsche Filmindustrie, die jetzt auf die Produktion von seichten Unterhaltungsfilmen oder NS-Propagandafilmen verpflichtet wurde.

Rhetorik. Von besonderer Bedeutung blieb die Wirkung der Reden des „Führers". Ein Zeitgenosse beschrieb ihre Wirkung so:
„Augenblicklich waren meine kritischen Fähigkeiten ausgeschaltet […]. Ich weiß nicht, wie ich die Gefühle beschreiben soll, die mich überkamen, als ich diesen Mann hörte. Seine Worte waren wie Peitschenschläge […]. Sein Appell an die deutsche Manneshre war wie ein Ruf zu den Waffen, die Lehre, die er predigte, eine Offenbarung. Er erschien mir wie ein zweiter Luther. Ich vergaß alles über diesen Mann. Als ich mich umschaute, sah ich, dass seine Suggestivkraft die Tausende in Bann hielt wie einen Einzigen. […] Natürlich war ich reif für dieses Erlebnis. Ich war ein Mann von 32, der Enttäuschungen müde, auf der Suche nach einem Lebensinhalt. […] Die Willenskraft dieses Mannes, die Leidenschaft seiner ehrlichen Überzeugung schien auf mich über-

Ein wichtiges Propagandamittel waren die aufwendig inszenierten nationalsozialistischen Kundgebungen und Feiern, die das quasi-religiöse Zusammengehörigkeitsgefühl der „Volksgemeinschaft" in emotionalisierten und ebenso einfachen wie beeindruckenden Ritualen zum Ausdruck bringen sollten. Solche Kundgebungen und Feiern fanden über das ganze Jahr verteilt auf lokaler Ebene, in Betrieben, Schulen oder Vereinen statt. Besonders herausgehoben waren die Reichsparteitage (hier 1934), deren Höhepunkt immer die Rede des „Führers" war.

zuströmen. Ich hatte ein Erlebnis, das sich nur mit einer religiösen Bekehrung vergleichen ließ." (Kurt Luedecke, zit. nach: Weltgeschichte im Aufriss – Der europäische Faschismus und das Dritte Reich, Ffm 1977, S. 58f.)
In dieser Schilderung eines Zeitgenossen lassen sich die zentralen Elemente der Hitlerschen Rhetorik und ihrer Wirkung erkennen: Hitler ging in seinen Reden kaum auf konkrete und jeweils aktuelle politische Fragen ein, sondern stellte einen absoluten Glauben an ein abstraktes Ziel in den Mittelpunkt seiner Rede. Er stilisierte diesen Glauben und den aus ihm resultierenden unbedingten Willen als Voraussetzung für jede Leistung und als entscheidendes Element der nationalsozialistischen Bewegung. Diese zentrale Rolle des „Glaubens" ließ seine Reden auf viele Zeitgenossen wie „eine Offenbarung" oder eine „religiöse Bekehrung" wirken. Um diesen Effekt zu verstärken, stellte Hitler nie abwägende Überlegungen an und formulierte niemals Selbstzweifel. Im Gegenteil versuchte er stets, den Eindruck dynamischer, kompromissloser und erfolgreicher Entschlossenheit zu vermitteln.
Um alle seine Zuhörer zu erreichen, vereinfachte er alle Sachfragen zu simplen Glaubenssätzen und zerlegte sie in eindeutige Schwarz-Weiß-Gegensätze (Freund-Feind, richtig-falsch). Die abstrakte und stark vereinfachende Stereotypie seiner Glaubenssätze vermittelte den Eindruck großer und weitreichender Gesichtspunkte und Zielsetzungen. An die Stelle rationaler und differenzierter Argumente trat der diffuse, aber mit viel Pathos vorgetragene Appell an tief sitzende Werte (wie die „deutsche Mannesehre") und an das Selbstwertgefühl seiner Zuhörer.
Selbstkritisch macht das oben angeführte Zitat aber auch deutlich, dass diese Strategie vor allem auch deshalb so erfolgreich war, weil sich viele Zeitgenossen entmutigt und orientierungslos fühlten, Hitlers Angebot eines unbedingten Glaubens geradezu sehnsüchtig aufnahmen und alle „kritischen Fähigkeiten" verloren.

Das nationalsozialistische Terrorsystem

Die Unterdrückung und Verfolgung politischer Gegner war ein zentrales und unverzichtbares Herrschaftsinstrument des nationalsozialistischen Staates. Die Formierung der „Volksgemeinschaft" im nationalsozialistischen Sinne setzte die Brechung jeglichen Widerstandes sowie die Ausgrenzung und Ausschaltung jener Teile der Bevölkerung voraus, die nach nationalsozialistischem Verständnis nicht in die „arische Volksgemeinschaft" integrierbar waren.

Konzentrationslager. Die ersten Opfer nationalsozialistischer Verfolgung waren ihre politischen Gegner. In der auf die Machtübernahme unmittelbar folgenden Phase der Gleichschaltung und Machtsicherung übernahm diese Aufgabe die SA, die politische Gegner (oder solche, die sie dafür hielt) willkürlich drangsalierte, verhaftete und folterte. Von Anfang befanden sich aber auch Juden, sogenannte „Asoziale", Homosexuelle und Kriminelle unter den Gefangenen. Der zunächst eher unkoordinierte Charakter dieser Verfolgungen führte zur Einrichtung sogenannter „wilder" Lager durch die SA, in denen je nach lokalen Gegebenheiten sehr unterschiedliche Verhältnisse herrschten.
Mit der Ausschaltung der SA im Juni 1934 wandelte sich diese Verfolgungsstruktur. An die Stelle der SA trat die SS, die nun unter der zentralen Führung von Heinrich Himmler gemeinsam mit Polizei, Gestapo und SD systematisch zu agieren begann. Die „wilden Lager" der SA wurden aufgelöst und durch zentral verwaltete Konzentrationslager ersetzt. Der dezentrale Terror der SA wandelte sich in ein durchorganisiertes staatliches Terrorsystem.
Mit Beginn des Vierjahresplans 1936 setzte ein neuer Wandel ein. Neben die ursprünglichen Aufgaben der Konzentrationslager, die Ausschaltung und Abschreckung politischer Gegner, trat nun auch eine ökonomische Funktion: Die SS zwang die Gefangenen, schwere Arbeiten für SS-eigene Wirtschaftsunternehmen zu verrichten. Kurze Zeit

Internettipps
Die folgenden Adressen bieten Informationen zu Konzentrationslagern und Gedenkstätten:
www.diz-emslandlager.de
Papenburg (Emslandlager)
www.kz-gedenkstaette-neuengamme.de
Neuengamme
www.ravensbrueck.de
Ravensbrück
www.stiftung-bg.de/gums/de/index.htm
Sachsenhausen
www.bergenbelsen.de
Bergen-Belsen
www.buchenwald.de
Buchenwald und Mittelbau-Dora
www.gedenkstaette-flossenbuerg.de
Flossenbürg
www kz-gedenkstaette-dachau.de
Dachau
www.mauthausen-memorial.at
Mauthausen

später wurden die Gefangenen als Arbeitskräfte samt Bewachungspersonal an Großunternehmen gegen ein Entgelt „ausgeliehen". Auf diese Weise konnte die SS ein beträchtliches Vermögen anhäufen und ihre Stellung im Machtgefüge des nationalsozialistischen Staates weiter ausbauen. Allerdings milderte die ökonomische Bedeutung ihrer Arbeitskraft die Lebensbedingungen der Gefangenen in den Lagern nicht, die Todesrate blieb hoch.

Die Ausgrenzung und Verfolgung von Minderheiten und Behinderten

Gemäß ihrer sozialdarwinistischen Ideologie begannen die Nationalsozialisten unmittelbar nach der Machtübernahme mit einer – in ihrem Sinne – aktiven Bevölkerungspolitik. Diese Politik verfolgte zwei Ziele: Zum einen sollte die arische und „gesunde" Bevölkerung möglichst schnell wachsen, um ihre „Widerstandskraft" im „Kampf der Rassen um Lebensraum" zu stärken. Zum anderen sollte „artfremdes" und „lebensunwertes" Leben ausgemerzt werden oder gar nicht erst entstehen.

Zwangssterilisation. Am 14. Juli 1934 erließ die NS-Regierung das „Gesetz zur Verhütung erbkranken Nachwuchses". Es erlaubte die Sterilisation ohne Einwilligung des oder der Kranken (Zwangssterilisation) und verpflichtete alle mit dem oder der Kranken beschäftigten Personen, Erbkrankheiten anzuzeigen. Bis 1937 wurden genau 197 419 Männer und Frauen zwangssterilisiert; für die folgenden Jahre ist die Zahl der Opfer nicht exakt rekonstruierbar.

Bild aus der Dia-Serie „Blut und Boden", die in der NS-Zeit zu Propagandazwecken eingesetzt wurde.

Euthanasie. Kurz vor Beginn des Zweiten Weltkrieges ging die NS-Führung noch einen wesentlichen, allerdings seit Langem geplanten Schritt weiter und begann, ihr Euthanasieprogramm in die Tat umzusetzen. Seit 1938 begann ein planmäßiger Propagandafeldzug, in dem auf die hohen Kosten der Heimunterbringung in den psychiatrischen Anstalten hingewiesen wurde. Aus der Reichskanzlei wurden Briefe an den „Führer" veröffentlicht, in denen Eltern um die Erlaubnis baten, dem „Leiden ihrer kranken Kinder ein Ende setzen zu dürfen."
Grundlage der Tötungen war ein formloses Schreiben Hitlers vom 1.9.1939: „Reichsleiter Bouhler und Dr. med. Brandt sind unter Verantwortung beauftragt, die Befugnisse namentlich zu bestimmender Ärzte so zu erweitern, dass nach menschlichem Ermessen unheilbar Kranken bei kritischster Beurteilung ihres Gesundheitszustandes der Gnadentod gewährt werden kann." Um mögliche Widerstände zu vermeiden, lief

Bild aus „Neues Volk" – Blätter des Aufklärungsamtes für Bevölkerungspolitik und Rassenpflege, 1934

die gesamte Aktion unter einem Decknamen („T4") und wurde von Tarngesellschaften, wie der „Gemeinnützigen Krankentransport GmbH", durchgeführt. Ermordet wurden nicht nur „Geisteskranke", sondern auch Personen mit chronischen Krankheiten wie Krebs oder Tuberkulose. Die Tötungen erfolgten meist durch Giftspritzen oder durch Kohlenmonoxydgas, das man in Busse oder geschlossene Räume leitete, sodass die Insassen qualvoll erstickten.
Den Angehörigen wurde der wahre Tod der Opfer verheimlicht, die ihnen mitgeteilten Diagnosen waren frei erfunden. Trotzdem gelang der Versuch, die gesamte Aktion geheim zu halten, nicht. Zu offensichtlich waren ihre Begleitumstände, insbesondere die massenhaften Abtransporte in Bussen aus den Krankenanstalten. Das Euthanasieprogramm provozierte Widerstand in der Bevölkerung. So weigerte sich Fritz von Bodelschwingh, Leiter der psychiatrischen Anstalten von Bethel, die Meldebögen für den Abtransport der Kranken auszustellen. Der katholische Bischof Kardinal von Galen klagte die nationalsozialistische Staatsführung in mehreren Predigten im Sommer des Jahres 1941 des Mordes an. Als derartige Verweigerungen und Proteste anhielten, ordnete Hitler am 23.8.1941 offiziell das Ende des Euthanasieprogramms an. Obwohl die Aktion insgeheim weitergeführt wurde, zeigt der Vorgang doch, dass widerständige Opposition das Regime beeindrucken konnte. Der offiziellen Aktion „T4" fielen insgesamt mehr als 70 000 Menschen zum Opfer; den folgenden „wilden" Tötungen weitere 50 000 Menschen.
Neben den Behinderten verfolgte der nationalsozialistische Staat alle Bevölkerungsgruppen, die aus rassistischen oder anderen Gründen nicht in das Konzept der „Volksgemeinschaft" passten. Dazu gehörten die Sinti und Roma, Homosexuelle, Bibelforscher (Zeugen Jehovas) und Kriminelle. Sie wurden nach Denunziationen aus der Bevölkerung oder Hinweisen der Gestapo und des SD verhaftet und in Konzentrationslager verschleppt.

www.dhm.de/lemo/html/wk2/holocaust/euthanasie/index.html
Überblicksdarstellung des Deutschen Historischen Museums zur Euthanasie

Die Entrechtung und Vertreibung der jüdischen Bevölkerung

Einmal an der Macht setzte die NSDAP ihre antisemitische Ideologie in praktische Politik um. Die ersten antisemitischen Verfolgungsaktionen umfassten Drohungen und Boykottmaßnahmen. Sie wurden meist von lokalen SA- oder SS-Gruppen initiiert und waren noch nicht in großem Umfang organisiert – wenn man davon absieht, dass die antisemitische Grundstimmung in Deutschland zu einer Art Staatsdoktrin geworden war. Jeder, der Juden beleidigte oder bedrohte, konnte mit Zustimmung und Ermunterung von höchster Stelle rechnen. So ergab sich für NS-Aktivisten ein weites Feld, ihren Aggressionen freien Lauf zu lassen.
Am 1.4.1933 organisierte Reichspropagandaminister Goebbels eine reichsweit koordinierte Boykottaktion gegen jüdische Geschäfte und Betriebe. Die Aktion traf jedoch auf sehr unterschiedlichen Wiederhall in der Bevölkerung, die sich insgesamt wesentlich

Phasen der Judenverfolgung:
- Hetze und Terror (1933/1934)
- „Nürnberger Gesetze" und systematische Ausgrenzung (1935–1938)
- Einengung und Kontrolle der jüdischen Lebensverhältnisse (1938–1941)
- Der Holocaust (1941–1945)

zurückhaltender und passiver verhielt, als die NSDAP gehofft hatte. Die NSDAP weitete derartige Aktionen deshalb in der Folgezeit eher vorsichtig aus und setzte verstärkt auf staatlich-administrative Maßnahmen der Ausgrenzung der jüdischen Bevölkerung.

Buchtipp: Victor Klemperer, „Ich will Zeugnis ablegen bis zum letzten" – Tagebücher 1933 bis 1945 (Band I–VIII), Berlin 1995.
Der Literaturwissenschaftler Victor Klemperer (1881–1960) hielt seine Beobachtungen und Erlebnisse im Alltag in einem sehr anschaulichen und detailreichen Tagebuch fest. Er gilt als einer der wichtigsten Chronisten der Judenverfolgung im Nationalsozialismus.

„Nürnberger Gesetze" und systematische Ausgrenzung (1935–1938). Diese Maßnahmen beruhten – typisch für den nationalsozialistischen Doppelstaat – auf einer pseudolegalen Grundlage, den sogenannten „Nürnberger Gesetzen". Das „Reichsbürgergesetz" (15.9.1935) bestimmte, dass nur Staatsangehörige „deutschen oder artverwandten Blutes" „Reichsbürger" sein könnten und dass nur „Reichsbürger" Träger der vollen politischen Rechte sein könnten. Das am selben Tag erlassene „Gesetz zum Schutz des deutschen Blutes und der deutschen Ehre" bestimmte:

- Eheschließungen zwischen Juden und „Staatsangehörigen deutschen und artverwandten Blutes" sind verboten; sofern solche Ehen existieren, werden sie aufgelöst.
- Außerehelicher Geschlechtsverkehr zwischen Juden und „Staatsangehörigen deutschen und artverwandten Blutes" (im Jargon der NS-Propaganda: „Rassenschande") ist verboten und wird unter Strafe gestellt.
- Juden ist das Hissen und Zeigen der Reichsflagge verboten.

Die Nürnberger Gesetze bildeten die Basis für eine Vielzahl diskriminierender, tief in den Alltag eingreifender Einzelmaßnahmen. Diese Politik hatte zunächst das vorrangige Ziel, die jüdische Bevölkerung zur Ausreise aus dem Deutschen Reich zu zwingen. Die Nationalsozialisten hofften, die „Judenfrage" durch eine Politik der Vertreibung zu lösen. Tatsächlich gelang es insgesamt etwa 300 000 Juden, sich bis zum Ausreiseverbot im Herbst 1941 im Ausland in Sicherheit zu bringen. Diese Möglichkeit blieb allerdings vielen versperrt, teils weil sie nicht über das nötige Vermögen verfügten, teils weil viele Staaten im Ausland einen Aufnahmestopp erlassen hatten und Visa nur schwer zu erhalten waren.

Einengung und Kontrolle der jüdischen Lebensverhältnisse (1938–1941). Etwa ein Jahr vor Beginn des Zweiten Weltkrieges inszenierte die NSDAP, zentral gesteuert durch Joseph Goebbels und das Reichspropagandaministerium, die sogenannte „Reichskristallnacht" (9./10.11.1938). Die Ermordung des deutschen Legationsrates von Rath in Paris durch einen polnischen Juden gab Goebbels den Anlass, zu Strafaktionen gegen Juden in ganz Deutschland aufzurufen. In der Nacht vom 9. auf den 10. November 1938 gingen jüdische Synagogen in Flammen auf, Geschäfte wurden geplündert und in Brand gesteckt, Juden aus ihren Privatwohnungen vertrieben, Hunderte wurden ermordet, Tausende in Konzentrationslager verschleppt. Am nächsten Tag bezeichnete die Presse die Aktionen als „Ausdruck gerechten Volkszorns". Der zynische Höhepunkt der gesamten Aktion war die Forderung der Reichsregierung an die noch verbliebene jüdische Bevölkerung, für die Ermordung von Raths 1 Mrd. Mark „Sühneleistung" zu zahlen. Eine „Verordnung zur Wiederherstellung des Straßenbildes bei jüdischen Gewerbebetrieben" bestimmte, dass Juden die Beseitigung der in der Pogromnacht entstanden Schäden selbst zu bezahlen hatten.

In der Folgezeit wurden immer mehr Juden in die Konzentrationslager eingewiesen, in denen sie – relativ zu den „arischen" Gefangenen – die Gruppe mit den schlechtesten Lebensbedingungen und der höchsten Todesrate bildeten. Der Bewegungsspielraum derjenigen, die der Einweisung in ein KZ entkommen konnten, wurde immer weiter eingegrenzt. Eine Vielzahl von Aufforderungen, Besitzgegenstände abzugeben, Vermögen anzumelden, in sog. Judenhäusern zu wohnen usw., diente der Vorbereitung des Abtransportes in Zwangsgettos im Osten und des Holocaust (vgl. S. 398f.).

Foto aus Cuxhafen, Juli 1933

Bestimmungen zur Diskriminierung der jüdischen Bevölkerung 1933–1942 (Auswahl)

1933
07.04.: Gesetz zur Wiederherstellung des Berufsbeamtentums
22.04.: Jüdischen Ärzten wird die Kassenzulassung entzogen.
25.04.: Nur „Arier“ dürfen Mitglied in Sportvereinen werden.

1934
28.02.: Alle „Nichtarier“ werden aus der Wehrmacht entlassen.
05.03.: Auftrittsverbot für jüdische Schauspieler
22.07.: Jüdische Jurastudenten werden nicht mehr zur Prüfung zugelassen.

1935
05.02.: Jüdische Medizinstudenten werden nicht mehr zur Prüfung zugelassen.
15.09.: „Nürnberger Gesetze“
14.11.: Alle Juden werden ohne Ausnahme aus dem Staatsdienst entlassen.

1936
15.04.: Berufsverbot für jüdische Journalisten

1937
15.04.: Promotionsverbot für Juden an allen deutschen Universitäten

1938
26.04.: Jüdische Vermögen über 5 000 Mark müssen angemeldet werden.
06.07.: Juden wird untersagt, Auskunftsdateien, Heiratsvermittlungen, Hausverwaltungen und Maklergeschäfte zu betreiben.
23.07.: Die Einführung von „Kennkarten“ für Juden wird angekündigt.
25.07.: Generelles Berufsverbot für jüdische Ärzte
17.08.: Alle Juden müssen den zusätzlichen Vornamen „Sarah“ (Frauen) oder „Israel“ (Männer) tragen.
27.09.: Generelles Berufsverbot für jüdische Rechtsanwälte
05.10.: Reisepässe von Juden werden mit einem großen „J“ gestempelt.
09./10.11.: „Reichspogromnacht“

1939
17.01.: Berufsverbot für jüdische Zahnärzte, Apotheker und Tierärzte
30.04.: Juden müssen „arische“ Wohnhäuser räumen und in sog. „Judenhäuser“ umziehen.
04.07.: Alle „Nichtarier“ müssen einer „Reichsvereinigung der Juden in Deutschland“ beitreten.
01.09.: Ausgehverbot für Juden ab 21 Uhr (im Winter ab 20 Uhr)
20.09.: Juden müssen alle Rundfunkgeräte abliefern.

1940
12.02.: Erste Deportationen in Zwangsgettos im Osten
19.07.: Juden wird der Besitz eines Telefons verboten.

1941
18.02.: Alle „arbeitsfähigen Juden“ werden zum Arbeitseinsatz beordert.
01.09.: Alle Juden müssen – gut sichtbar – den „Judenstern“ tragen.
14.10.: Alle Deutschen, die in der Öffentlichkeit freundschaftliches Verhalten gegenüber Juden zeigen, sind zu verhaften.
12.12: Juden dürfen keine öffentlichen Telefonzellen benutzen.

1942
15.02.: Juden dürfen keine Haustiere halten.
24.03.: Juden dürfen keine öffentlichen Transportmittel mehr benutzen.
Juni: Beginn der Massenvergasungen in Auschwitz

7. Der Weg in den Krieg (1934–1939)

Die nationalsozialistische Wirtschaftspolitik

Reichsarbeitsdienst (RAD): Sechsmonatiger Arbeitsdienst vor dem Wehrdienst; zunächst freiwillig, ab 1935 verpflichtend für alle männlichen Jugendlichen zwischen 18 und 21 Jahren. Mit Beginn des Zweiten Weltkrieges galt der RAD auch für die weibliche Bevölkerung.
Weitere Informationen zum RAD: www.dhm.de/lemo/html/nazi/inne

Die Ziele der NS-Wirtschaftspolitik. Nach dem 30.1.1933 verfolgte die nationalsozialistische Wirtschaftspolitik zwei wesentliche Ziele: die Festigung der nationalsozialistischen Herrschaft durch die Überwindung der Arbeitslosigkeit sowie die Schaffung der wirtschaftlichen Voraussetzungen für die nationalsozialistischen Expansionspläne, was nach Hitlers Ansicht bis spätestens 1938 erreicht sein sollte.
Das erste Ziel, die Überwindung der Arbeitslosigkeit, verwirklichten die Nationalsozialisten in für die Zeitgenossen erstaunlich schneller Weise. Ihr Erfolg beruhte – neben einer allgemeinen Verbesserung der weltwirtschaftlichen Rahmenbedingungen – auf zwei Grundpfeilern:
Zum einen führte eine Reihe von einzelnen Maßnahmen zu einer Verbesserung der Arbeitslosenstatistik: Die nationalsozialistische Regierung propagierte ein Frauenbild, in dem die Rolle der Frau vor allem als Mutter und „Hüterin der Familie" gesehen wurde. Als Mütter konnten Frauen hohes Ansehen gewinnen, während außerhäusliche Berufstätigkeit in der Regel als „wesensfremd" angesehen wurde. Auf diese Weise wurde im Prinzip die gesamte weibliche Bevölkerung dem Arbeitsmarkt entzogen. Die Einführung der allgemeinen Wehrpflicht (zwei Jahre) und des „Reichsarbeitsdienstes" entzog darüber hinaus nahezu die gesamte männliche Jugend dem Arbeitsmarkt.
Zum anderen verfolgte die nationalsozialistische Regierung eine Wirtschaftspolitik, die der zuvor verfolgten Sparpolitik diametral entgegengesetzt war. Anstatt den Versuch, durch Sparmaßnahmen einen ausgeglichenen Staatshaushalt zu erreichen, weiter fortzusetzen, erhöhte die neue Regierung die Staatsausgaben kräftig. Gleichzeitig wurden Steuern gesenkt.
Durch diese Maßnahmen wurden neue Arbeitsplätze geschaffen. Die Kehrseite: Die Schulden des Staates nahmen dramatisch zu. Um diese Tatsache zu verschleiern, nahm die Regierung keine Kredite bei Banken auf, sondern schuf eine neue, künstliche Währung, von der die normalen Bürgerinnen und Bürger im Alltag gar nichts bemerkten: die „Mefo-Wechsel".

„Mefo"-Wechsel. Das System der „Mefo-Wechsel" funktionierte so: Reichsbank, Reichswehr und die vier größten Rüstungskonzerne gründeten eine Scheinfirma, die „Metallurgische Forschungs-GmbH" („Mefo"). Die „Mefo" vergab Rüstungsaufträge an die Rüstungskonzerne, die sie mit Wechseln bezahlte. Die Reichsbank garantierte den Konzernen, dass sie diese Wechsel nach einer gewissen Frist bei ihr einlösen und gegen „richtiges" Geld umtauschen könnten. Bis Ende 1939 wurde auf diese Weise eine „Nebenwährung" von 14,5 Mrd. Reichsmark geschaffen, mit der vor allem die gigantische Wiederaufrüstung bis zum Beginn des Zweiten Weltkrieges finanziert wurde.
Selbstverständlich hätte dieses System nicht ewig funktioniert, denn der Umtausch der Wechsel in reguläres Geld hätte entweder die Reichsbank dazu gezwungen, zusätzliches reguläres Geld in Umlauf zu bringen und damit (wie 1923) eine Inflation hervorzurufen, oder die Reichsbank hätte keine Mittel gehabt, um die Wechsel einzulösen. Am Ende des Mefo-Systems stand deshalb der Krieg: Letztlich bezahlte der nationalsozialistische Staat seine Schulden bei den Rüstungsunternehmen mit seiner Kriegsbeute.

Lektüretipp: Hans-Ulrich Thamer, Wirtschaft und Gesellschaft unterm Hakenkreuz; in: Bundeszentrale für politische Bildung (Hg.), Nationalsozialismus II, Informationen zur politischen Bildung, Heft 266

Der „Vier-Jahres-Plan" (1936). Das zweite Ziel, die Vorbereitung für den Krieg, nahm die nationalsozialistische Regierung seit 1936 systematisch und gezielt, zunächst aber noch insgeheim, in den Blick. Die gesamte staatliche Wirtschaftspolitik wurde in einem „Vierjahresplan" zusammengefasst. Adolf Hitler legte die Aufgaben dieses Plans in einer geheimen Denkschrift fest. Danach sollte die gesamte Wirtschaft dem Ziel einer „schnellstmöglichen" Aufrüstung dienen. Das zentrale Problem der deutschen Wirtschaft sah Hitler darin, dass Nahrungsmittel und Rohstoffe aus dem Ausland importiert

werden müssten. Auf die Dauer sollte durch militärische Eroberungen Abhilfe geschaffen werden. Bis dahin sollten aber ohne Rücksicht auf Kosten neue Produktionsverfahren entwickelt und Ersatzprodukte geschaffen werden, die Deutschland unabhängig von Importen aus dem Ausland machen sollten („Autarkie"). Die geheime Denkschrift schloss mit den Sätzen:
„Ich stelle damit folgende Aufgabe:
Die deutsche Armee muss in 4 Jahren einsatzfähig sein.
Die deutsche Wirtschaft muss in 4 Jahren kriegsfähig sein."

Die nationalsozialistische Außenpolitik

Hitlers außenpolitisches Programm. Die große Mehrheit der Zeitgenossen im In- und Ausland interpretierte die nationalsozialistische Außenpolitik – zumindest bis etwa 1938 – als Fortsetzung der Revisionspolitik der Weimarer Regierungen. Hitler bemühte sich nach Kräften, diese Fehlinterpretation aufrechtzuerhalten, denn sie half ihm bei seinem Versuch, seine Absichten zu verschleiern. Das außenpolitische Programm der nationalsozialistischen Führung unterschied sich in Wirklichkeit fundamental von der hergebrachten Weimarer Revisionspolitik. Es beruhte konzeptionell auf der rassistisch-sozialdarwinistischen Vorstellung eines „Kampfes der Rassen" um „Lebensraum". Die Notwendigkeit, ja die Verpflichtung zur gewaltsamen Eroberung neuen „Lebensraumes" war die logische Konsequenz in einer Ideologie, die auch das Verhältnis zwischen den Völkern als einen Prozess der Auslese nach naturgesetzlichen Regeln begriff. Den neuen „Lebensraum" sah Hitler vor allem in Osteuropa. Die dort ansässige slawische Bevölkerung wurde im Rahmen der NS-Ideologie als minderwertig angesehen; sie sollte vertrieben werden oder als eine Art Sklavenvolk der Deutschen fungieren.
Vor Beginn der militärischen Expansion zur Eroberung „neuen Lebensraumes" verfolgte die nationalsozialistische Außenpolitik das Ziel, eine möglichst günstige territoriale, wirtschaftliche und militärische Ausgangslage herzustellen. Dazu mussten notwendigerweise eine ganze Reihe von Bestimmungen des Versailler Vertrages verletzt werden. Gleichzeitig jedoch sollten die Siegermächte des Ersten Weltkrieges von entscheidenden Schritten gegen Deutschland abgehalten werden, um Zeit für die Aufrüstung zu gewinnen. Aus diesen Gründen war die nationalsozialistische Außenpolitik bis 1939 von einem Wechselspiel zwischen aggressiver Machtausdehnung einerseits und ständiger Betonung des deutschen Friedenswillens sowie propagandistischen Gesten der Besänftigung andererseits geprägt.

„Appeasement". In diesem Wechselspiel testete Hitler immer deutlicher die Bereitschaft der Regierungen der Siegermächte, seine Verletzungen des Versailler Vertrages und des Völkerrechtes hinzunehmen. Tatsächlich zeigte sich, dass keine Regierung bereit war, sich der nationalsozialistischen Politik ernsthaft in den Weg zu stellen. Stresemann und Brüning, die beide im Ausland hohes Ansehen genossen, hatten erreicht, dass bis in Regierungskreise hinein deutsche Revisionsforderungen als durchaus gerechtfertigt akzeptiert wurden. Hinzu kam die Vorstellung, dass man Hitlers aggressive Bestrebungen durch Zugeständnisse bremsen, vielleicht sogar einen Regierungswechsel in Deutschland begünstigen könne. Diese Idee prägte wie ein Leitmotiv die Politik besonders der englischen Regierung gegenüber dem nationalsozialistischen Deutschland („Appeasementpolitik"). Zum Verständnis dieser bis heute umstrittenen Politik ist zudem wesentlich, dass die Westmächte durch interne Probleme in ihrer Handlungsfähigkeit behindert waren: Frankreich hatte mit einer ernsthaften Wirtschaftskrise sowie scharfen innenpolitischen Auseinandersetzungen zwischen Befürwortern und Gegnern der Volksfrontpolitik des Sozialisten und Premierministers Léon Blum zu kämpfen; Großbritannien hatte erhebliche Anstrengungen zur Modernisierung der heimischen Industrie zu bewältigen und stand zugleich vor der Herausforderung, den Wandel seines ehemaligen Kolonialreiches angesichts zunehmender Unabhängigkeitsbestrebun-

Arthur Neville Chamberlain (1869–1940): Der konservative englische Ministerpräsident (seit 1937) versuchte, der expansiven Außenpolitik Hitlers mit einer Politik der Beschwichtigung („Appeasement") zu begegnen, verließ diesen Kurs aber nach dem deutschen Einmarsch in die Tschechoslowakei im Frühjahr 1939. Im Mai 1940 trat Chamberlain zugunsten des Kriegskabinetts unter Winston Churchill zurück.

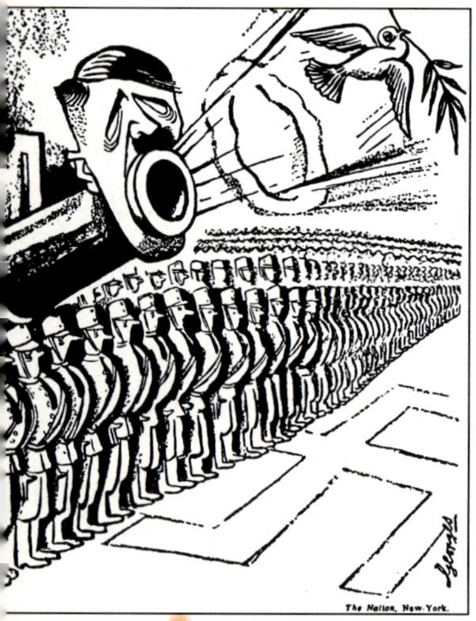

Amerikanische Karikatur (1933)

gen in den „Dominions" (so die Bezeichnung der ehemaligen Kolonien), vor allem in Indien, zu bewältigen. Zusammengenommen führten diese Faktoren dazu, dass weder Frankreich noch Großbritannien in der Lage waren, zugleich die Kosten für den inneren Strukturwandel und für umfassende Rüstungsmaßnahmen aufzubringen.

Die erste Phase der NS-Außenpolitik (1933–1936). Die erste Phase der nationalsozialistischen Außenpolitik war durch ein noch eher vorsichtiges Vorgehen gegen die Versailler Friedensordnung sowie die Suche nach Bündnispartnern geprägt.
Am 14.10.1933 verstieß die nationalsozialistische Regierung zum ersten Mal offen gegen die Nachkriegsordnung des Versailler Vertrages und verkündete den Austritt Deutschlands aus dem Völkerbund. Dann wiederum betonte sie ihren angeblichen Friedenswillen, indem sie am 26.1.1934 einen Nichtangriffspakt mit der polnischen Regierung abschloss.
Am 13.1.1935 entschieden sich 90,3 % der Saarländer in einer noch vom Versailler Vertrag vorgesehenen Volksabstimmung für die Zugehörigkeit zum Deutschen Reich. Da die Urabstimmung unter internationaler Beobachtung stattfand, konnte die nationalsozialistische Propaganda mit – auch aus heutiger Sicht – einigem Recht das Abstimmungsergebnis als Erfolg ihrer Politik und als Unterstützung ihres weltanschaulichen Kurses feiern.
Am 16.3.1935 führte Deutschland die allgemeine Wehrpflicht ein und brach damit offen und eindeutig eine der wichtigsten Bestimmungen des Versailler Vertrages.
Unmittelbar danach traf der britische Außenminister in Berlin ein, um über ein deutsch-britisches Flottenabkommen zu verhandeln. Es wurde am 18.6.1935 unterzeichnet und gestand Deutschland den Ausbau der Marine bis zu 35 % des britischen Kriegsschiffbestandes zu. Angesichts der englischen Flottenstärke war dies ein großer Erfolg für die deutsche Regierung. Noch wichtiger aber war, dass die englische Regierung mit diesem Vertrag selbst dem Versailler Vertrag widersprach und ihn damit weiter desavouierte.
Durch diese englische Haltung ermutigt, wagte Hitler am 7.3.1936 einen weiteren wichtigen Schritt und ließ die entmilitarisierte Zone im Rheinland von deutschen Truppen besetzen. Um ein militärisches Eingreifen der Siegermächte zu verhindern, hielt er an diesem Tag eine an die internationale Öffentlichkeit gerichtete Rede im Reichstag, in der er verkündete, Deutschland erhebe keine weitere territorialen Ansprüche in Europa.
Eine deutsch-italienische Übereinkunft hatte 1936 die weltanschauliche Nähe zwischen dem faschistischen Italien unter dem „Duce" Mussolini und dem nationalsozialistischen Deutschland formell in einem Staatenbündnis bekräftigt. Kurze Zeit später (25.11.1936) schloss Deutschland mit Japan ein Militärabkommen, den „Antikomintern"-Pakt, dem dann auch Italien beitrat. Damit hatten sich die europäischen faschistischen Staaten und das kaiserlich-autoritäre Japan in einer gemeinsamen Frontstellung gegen die kommunistische Sowjetunion vereint. Auf dieser Grundlage wollte das nationalsozialistische Deutschland seine Lebensraumpolitik und Japan seine Hegemonialpolitik in Asien verwirklichen. Damit zeichnete sich die Grundkonstellation des Zweiten Weltkrieges ab.

Der Weg in den Zweiten Weltkrieg

Die zweite Phase der nationalsozialistischen Außenpolitik (1937–1939). Der Beginn der zweiten Phase der nationalsozialistischen Außenpolitik kann auf das Jahr 1937 datiert werden. In einer geheimen Rede vor den Oberbefehlshabern der Wehrmacht (5.11.1937), die in der sogenannten „Hoßbach-Niederschrift" erhalten ist, entfaltete Hitler seine Kriegspläne in detaillierter Weise. Bevor man sich gegen den Westen wende, müssten die CSR und Österreich ausgeschaltet werden, um eine Verwicklung an zwei Fronten zu vermeiden. Tatsächlich erreichte Hitler dieses Ziel noch vor Beginn des

Krieges. Dabei bediente er sich weiterhin seiner schon bis dahin erfolgreichen Doppelstrategie aus Drohungen und Beschwichtigungen.
Am 12.3.1938 gelang Hitler der Anschluss Österreichs an das Deutsche Reich. Der Versailler Vertrag hatte eine solche Verbindung nach den Erfahrungen des Ersten Weltkrieges strikt untersagt. Im Februar 1938 erzwang Hitler unter Androhung militärischer Maßnahmen die Übergabe der Regierungsgeschäfte an die DNSAP – einem von Berlin aus gelenkten Ableger der NSDAP –, die unmittelbar danach deutsche Truppen „um Hilfe" bei der Herstellung von Ruhe und Ordnung „bat". Der Einmarsch der deutschen Wehrmacht am 12. März 1938 wurde auf bewährte Weise als imposantes Ereignis inszeniert. Am 13. März verkündete Hitler die „Wiedervereinigung" mit Österreich, das nun als ,,Ostmark" Teil des Deutschen Reiches wurde.
Mit ähnlichen Methoden gelang es der deutschen Regierung im nächsten Schritt, die CSR unter Druck zu setzen und das Sudetenland – in der Diktion Hitlers – „heim ins Reich zu holen". Hitler forderte propagandistisch geschickt das „Selbstbestimmungsrecht" für die deutschstämmige Bevölkerung im Sudetenland. Auf einer von Mussolini initiierten Konferenz in München (29.9.1938) trafen sich die Regierungschefs Chamberlain (Großbritannien), Daladier (Frankreich), Mussolini (Italien) und Hitler. Kurz vor Beginn der Konferenz erklärte Hitler öffentlich: „Ich habe Chamberlain versichert, dass das deutsche Volk nichts anderes will als Frieden […]." Die vier Mächte einigten sich ohne Beteiligung der CSR auf die Abtretung des Sudetenlandes an das Deutsche Reich. Dafür garantierten sie die (neue) Grenze der CSR. In der Weltöffentlichkeit schien es, als hätten England und Frankreich den Frieden noch einmal gerettet.
Schon wenige Monate später – im März 1939 – waren die Beteuerungen der Münchner Vier-Mächte-Konferenz nur noch Makulatur. Hitler zielte jetzt auf die – wie es bereits in einer Weisung an die Wehrmacht vom Oktober 1938 hieß – „Erledigung der Resttschechei". Am 15.3.1939 marschierten deutsche Truppen in der CSR ein, deren westlicher Teil nun als „Protektorat Böhmen und Mähren" in das Deutsche Reich eingegliedert wurde, während die Slowakei zu einem formell eigenständigen, politisch aber abhängigen Satellitenstaat umgeformt wurde. Am 22.3.1939 trat auch Litauen „freiwillig" das Memelland an Deutschland ab.
Die gewaltsame Zerstörung der CSR bedeutete kurz vor Beginn des Zweiten Weltkrieges eine deutliche außenpolitische Kursänderung: Die deutsche Regierung hatte nun ihre Friedensrhetorik aufgegeben und fühlte sich offensichtlich wirtschaftlich und militärisch stark genug, ihre Gegner offen zu provozieren. In den westlichen Staaten wurde das Scheitern der „Appeasement"-Politik offenkundig und führte zu verzweifelten Rüstungsanstrengungen.
Das Deutsche Reich und die Sowjetunion schlossen am 23.8.1939 ein Abkommen, den sogenannten „Hitler-Stalin-Pakt". Im öffentlichen Teil des Abkommens vereinbarten beide Seiten, im Falle eines Krieges neutral zu bleiben. In einem geheimen Zusatzprotokoll wurden die Interessenssphären beider Seiten in Osteuropa abgesteckt. Eine fiktive Grenze teilte Polen in einen westlichen Teil, der Deutschland, und einen östlichen, der der Sowjetunion zufallen sollte.

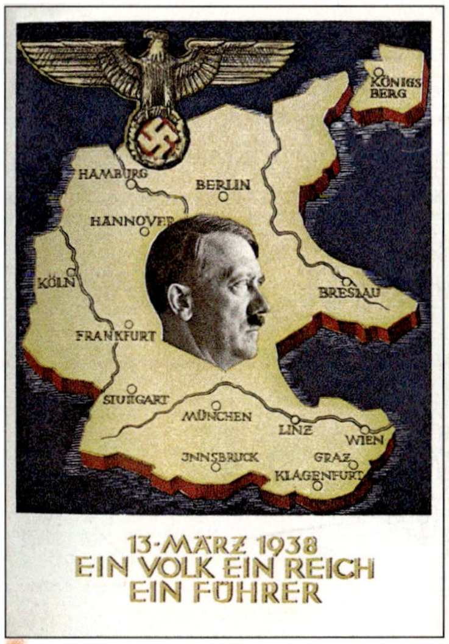

NS-Propagandapostkarte zum Anschluss Österreichs

Hitler-Stalin-Pakt: Der Vertrag zwischen den ideologischen Todfeinden überraschte viele Zeitgenossen. Er ging voll zulasten Polens, das dem Vertrag entsprechend zu Beginn des Zweiten Weltkrieges von zwei Seiten besetzt wurde. Tragisch wirkte er auch auf die deutschen Kommunisten, die sich in ihrem Kampf gegen den Nationalsozialismus verraten fühlten. Stalin gewann durch das Abkommen Zeit für die eigene Aufrüstung.

8. Der Zweite Weltkrieg und die Steigerung der nationalsozialistischen Diktatur (1939–1945)

Der Zweite Weltkrieg

Der Zweite Weltkrieg begann am 1. September 1939 mit dem deutschen Angriff auf Polen und endete etwa 5 1/2 Jahre später mit der bedingungslosen Kapitulation Deutschlands (8. Mai 1945) und Japans (2. September 1945). Er kostete weltweit etwa 55 Millionen Menschen – Soldaten und Zivilisten – das Leben.

Tote Mutter mit Kind

Der Charakter des Zweiten Weltkrieges. Letztlich ist diese bis heute größte Katastrophe der Menschheitsgeschichte nur auf eine einzige Idee zurückzuführen: auf die rassistische Vorstellung eines „Kampfes der Rassen um Lebensraum" in der nationalsozialistischen Ideologie. Anders als im Falle des Ersten Weltkrieges ging der Zweite Weltkrieg so eindeutig von einer in Deutschland entwickelten und in die Tat umgesetzten Idee aus, dass die Kriegsschuld Deutschlands nie infrage gestellt wurde.

Der spezifische Charakter des Zweiten Weltkrieges ist nicht nur durch seine weltweite Ausdehnung auf Europa, Afrika und den gesamten pazifischen Raum oder durch den waffentechnischen Fortschritt (Panzer-, Flugzeug- und Raketentechnik, Atombombe) geprägt, sondern vor allem durch die rassistische und menschenverachtende Ausrottungspolitik in den von Deutschland besetzten Gebieten, die alle bis dahin geltenden Kriegsregeln missachtete und zu einer bis dahin unbekannten Brutalität im kriegerischen Handeln führte.

Opfer des Zweiten Weltkrieges	
Gefallene deutsche Soldaten	3 000 000
Vermisste deutsche Soldaten	1 300 000
Deutsche Zivilbevölkerung	500 000
Deutsche Verluste durch Vertreibung und Verschleppung	2 250 000
Japanische Soldaten	1 200 000
Japanische Zivilisten	600 000
Chinesische und südostasiatische Streitkräfte und Zivilisten	unbekannt
Soldaten der USA	229 000
Westliche Alliierte	610 000
Zivilbevölkerung der westlichen Alliierten	690 000
Soldaten der ost- und südosteuropäischen Länder	1 000 000
Zivilbevölkerung der ost- und südosteuropäischen Länder	8 000 000
Sowjetische Soldaten	13 600 000
Sowjetische Zivilbevölkerung	6 700 000
Opfer insgesamt etwa	55 000 000

Die Phase der „Blitzkriege" in Europa (1939/1940)

Ohne Kriegserklärung oder Vorwarnung griffen deutsche Truppen am 1. September 1939 Polen an. Der Feldzug war nach drei Wochen beendet. Deutsche Truppen besetzten das Land bis zu der im Hitler-Stalin-Pakt vereinbarten Linie. Etwa die Hälfte dieses Territoriums (Posen und Westpreußen) wurde dem Reich eingegliedert, die andere Hälfte (das Gebiet um Warschau, Posen und Lublin) wurde als „Generalgouvernement" vom Deutschen Reich aus verwaltet. Heinrich Himmler wurde Anfang Oktober mit der rassischen „Säuberung" in den eroberten Gebieten beauftragt.

Juni 1940: Deutsche Soldaten marschieren über die Champs Elysees in Paris.

Anders als zu Beginn des Ersten Weltkrieges reagierte die deutsche Öffentlichkeit verhalten bis entsetzt auf den Kriegsbeginn. Die Schrecken des Krieges waren vielen noch deutlich in Erinnerung.
Zwischen April und Juni 1940 eroberten und besetzten deutsche Truppen Dänemark und Norwegen sowie Frankreich. Der nördliche Teil Frankreichs blieb von deutschen Truppen besetzt, der südliche Teil wurde von einer Marionettenregierung unter General Petain formell selbstständig regiert.
Als die englische Regierung unter dem neuen Premierminister Winston Churchill auf die offen oder versteckt vorgetragenen Bündnisangebote des Deutschen Reiches nicht reagierte, überzog die deutsche Luftwaffe England von Juli bis November 1940 mit einem Bombenkrieg, der sogenannten „Luftschlacht um England". Trotz massiver Zerstörungen misslang der Versuch, die Besetzung Englands vorzubereiten. Der Luftkrieg wurde im November 1940 erfolglos abgebrochen.
Im März 1941 begann der Afrikafeldzug: Deutsche Truppen landeten zur Unterstützung italienischer Verbände in Nordafrika. Im Südosteuropafeldzug wurden Jugoslawien und Griechenland zwischen April und Juni 1941 erobert und besetzt.

Die Ausweitung zum Weltkrieg (1941/42)

Nach den – bis auf die „Luftschlacht um England" – erfolgreichen Blitzkriegen in Europa wandte sich die nationalsozialistische Regierung dem eigentlichen Kernstück ihrer ideologisch motivierten Eroberungspolitik zu: dem „Siedlungsraum im Osten".

Ostfeldzug. Der deutsche Angriff auf die Sowjetunion begann am 22. Juni 1941. Er verlief zunächst – aus nationalsozialistischer Sicht – erfolgreich. Unmittelbar hinter der Frontlinie folgte – wie schon im Falle Polens und der anderen bereits eroberten Länder – die SS, die mit der „Ausschaltung" der slawischen und jüdischen Bevölkerung beauftragt war. Zur Organisation von Vertreibung und Völkermord und der späteren deutschen Besiedlung wurden in den besetzten Gebieten die „Reichskommissariate" „Ostland" und „Ukraine" geschaffen und weitere geplant.

Stalingrad: deutsche Gefangene

Im Spätherbst des Jahres 1941 geriet der Ostfeldzug ins Stocken. Auf die extrem kalten Temperaturen waren die deutschen Truppen nicht vorbereitet, die Waffentechnik versagte, viele Soldaten erfroren aufgrund unzureichender Kleidung. Kurz vor Moskau endete der deutsche Vormarsch; der sowjetischen Armee gelang es nun, mithilfe massiver Truppeneinsätze die Deutschen immer weiter zurückzudrängen. Weiter südlich wurde die 6. Armee in der Stadt Stalingrad eingekesselt. Hitler – seit Dezember 1941 auch formell Oberbefehlshaber des Heeres – verbot Kapitulationsverhandlungen. Anfang Februar 1943 musste die 6. Armee aufgeben, das völlig zerstörte Stalingrad wurde zum Symbol menschenverachtender Kriegsführung und zugleich der Wende im Krieg.

Kriegseintritt der USA. In den USA befürwortete Präsident Franklin D. Roosevelt den von ihm ohnehin langfristig als unvermeidlich angesehenen Eintritt in den Zweiten Weltkrieg, konnte sich mit dieser Position aber nicht gegen den mehrheitlich isolationistisch orientierten Kongress durchsetzen. Die Haltung der amerikanischen Öffentlichkeit und des Kongresses änderte sich schlagartig mit dem japanischen Überraschungsangriff auf den amerikanischen Kriegshafen Pearl Harbour (7.12.1941). Die USA erklärten am folgenden Tag, dem 8. Dezember 1941, Japan den Krieg.
Der Eintritt der Weltmacht USA mit ihrer enormen Wirtschaftskraft und ihrem ungeheuren Waffenpotenzial bedeutete die entscheidende Wende im Zweiten Weltkrieg; die Niederlage der Achsenmächte war nur noch eine Frage der Zeit.

Der pazifische Kriegsschauplatz

Mit der Übernahme des Kaiserthrones durch den Prinzregenten Hirohito (1901–1989) im Jahre 1926 wurde Japan unter wechselnden Regierungen faktisch zu einer Militärdiktatur, deren Außenpolitik durch ein aggressives Großmachtstreben im asiatischen Raum geprägt war. Es wendete sich zunächst gegen China und löste 1937 den japanisch-chinesischen Krieg aus, der bis zum 9. September 1945 andauerte und von Exzessen brutaler Gewalt gegen die chinesische Zivilbevölkerung begleitet war.
Mit dem Ausbruch des europäischen Krieges wurden die kolonialen Besitzungen Frankreichs, der Niederlande und Englands in Asien zum bevorzugten Ziel der japanischen Expansion. Japan besetzte ehemalige französische Stützpunkte in Indochina und überrannte in schneller Folge die Philippinen, Hongkong, Singapur, Burma und Neuguinea. Als im Frühjahr 1942 die Gegenangriffe der USA begannen, kontrollierte Japan in Asien und im Pazifik in terroristischer Manier ein riesiges Herrschaftsgebiet mit 450 Millionen Einwohnern.
Die Serie japanischer Niederlagen begann am 5. Juni 1942 in der Seeschlacht von Midway. In den folgenden Monaten rückten amerikanische Truppen mit ihren Alliierten weiter vor und erreichten am 1. April 1945 das japanische Mutterland. Als in dieser Situation die japanische Regierung die geforderte bedingungslose Kapitulation ablehnte, setzte die amerikanische Regierung ihre während des Krieges neu entwickelte Atomwaffe gegen die japanische Zivilbevölkerung ein. Der Abwurf der Atombombe auf Hiroshima am 6. August 1945 zerstörte die Stadt vollständig und kostete über 90 000 Menschenleben. Der Abwurf einer zweiten Atombombe auf Nagasaki am 9. August 1945 beendete den pazifischen Krieg.

Die Rückeroberung Europas und die Niederlage Deutschlands

Nach der Rückeroberung Stalingrads drängte die sowjetische Rote Armee im „Großen Vaterländischen Krieg" die deutschen Truppen immer weiter nach Westen zurück. Die deutsche Front musste – wie es im nationalsozialistischen Propagandajargon hieß – immer wieder „begradigt" werden. Auf ihrem Rückzug drangsalierten Wehrmacht und SS die ansässige Bevölkerung weiter und führten einen erbarmungslosen Krieg gegen Partisanen und solche, die sie dafür hielten.

Die Westmächte konzentrierten sich zunächst auf Nordafrika und besiegten im Mai 1943 das deutsche Afrikakorps. In Italien führte die Kriegswende zum Sturz des Diktators Mussolini am 25. Juli 1943, die faschistische Bewegung zerplatzte wie eine Seifenblase. Wenige Wochen später landeten alliierte Truppen in Sizilien und Süditalien.

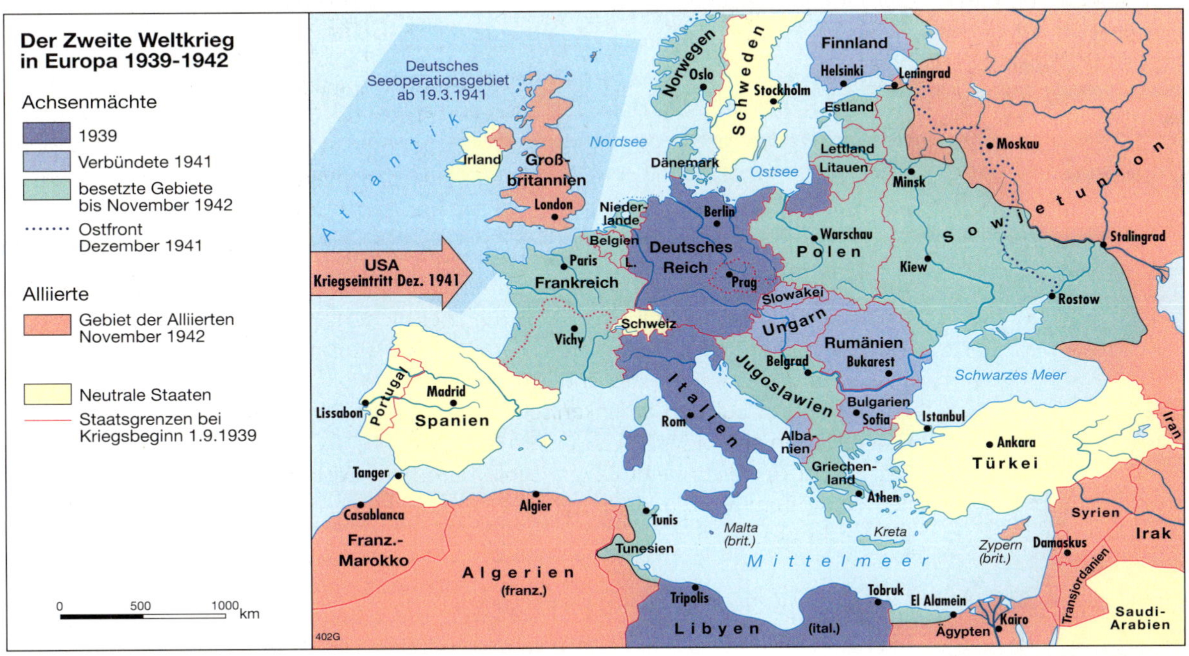

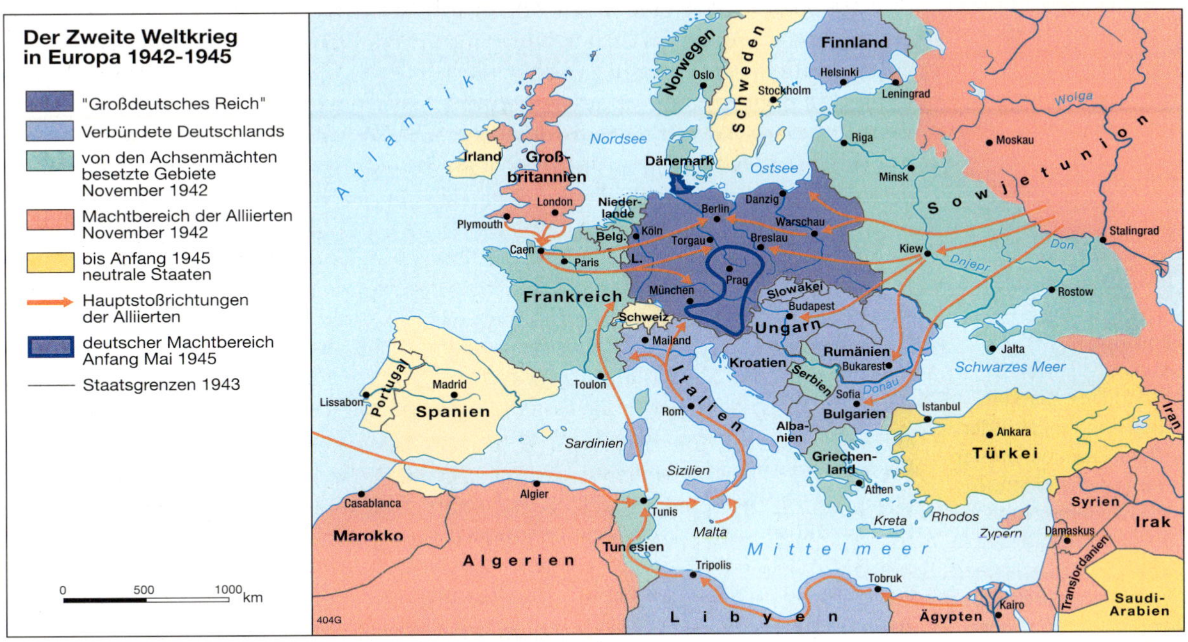

Bombenkrieg und alliierte Invasion. Im Juli 1943 begannen die britische und amerikanische Luftwaffe mit einem gezielten Bombenkrieg gegen deutsche Großstädte, um die Bevölkerung zu demoralisieren und zu einem Aufstand gegen das Regime zu veranlassen. Städte wie Köln (Mai 1942), Hamburg (Juli 1943), Dresden (13./14. Februar 1945) oder Würzburg (16. März 1945) wurden fast vollständig zerstört. Der Bombenkrieg brachte Angst, Zerstörung und Tod nach Deutschland und beherrschte in den letzten Kriegsjahren das Alltagsleben der deutschen Zivilbevölkerung, die bis dahin von Kriegshandlungen verschont geblieben war.

Filmtipp: „Der Soldat James Ryan", USA 1998 (Regie: Steven Spielberg). Der amerikanische Antikriegsfilm schildert auf beeindruckende Weise die alliierte Invasion in der Normandie am 6. Juni 1944.

Heute wird die Bombenkriegsstrategie der Alliierten in Öffentlichkeit und Geschichtswissenschaft durchaus unterschiedlich bewertet. Während einerseits ihre Legitimität aus dem Kontext des vom nationalsozialistischen Deutschland begonnenen Eroberungskrieges betont wird, wird andererseits das bewusste Zielen oder zumindest die Inkaufnahme vieler ziviler Opfer als Verletzung der Genfer Konvention kritisiert.

Nach langen Planungen leitete schließlich die alliierte Invasion am 6. Juni 1944 in der Normandie (Nordfrankreich) den endgültigen Sieg der Alliierten ein. Sie besetzten Frankreich, Belgien und die Niederlande und erreichten schließlich Anfang September mit Aachen die erste deutsche Stadt.

Die deutsche Besatzungspolitik im Zweiten Weltkrieg

Exekution (Ukraine 1942)

Die Behandlung der Bevölkerung in den von deutschen Truppen besetzten Gebieten hing von der von den Nationalsozialisten geplanten Neuordnung Europas und von ihrer Bewertung nach den Kriterien der NS-Rassenideologie ab. Die als „arisch" oder „germanisch" eingestuften Bevölkerungsteile sollten im nationalsozialistischen Geist umerzogen und in ein „Großgermanisches Reich deutscher Nation" eingegliedert werden. Die slawische Bevölkerung Osteuropas sollte je nach Bedarfslage versklavt, vertrieben oder physisch vernichtet werden. In der Praxis war ihre Behandlung von äußerster Willkür bestimmt. Etwa eine Million Russen und Polen wurden von sogenannten Einsatzgruppen der SS erschossen. Das Ziel systematischer Versklavung wird vor allem in den bildungspolitischen Maßnahmen der Besatzungsmacht deutlich: Der slawischen Bevölkerung war nur der Besuch einer vierjährigen Volksschule gestattet, in der nur einfaches Rechnen bis 500 und die Fähigkeit, den eigenen Namen zu schreiben sowie Erlasse lesen zu können, vermittelt werden sollten.

Geleitet und durchgeführt wurden diese Maßnahmen von den Verwaltungen der in das Reich eingegliederten Gaue bzw. der in den besetzten Gebieten gebildeten „Reichsprotektorate" sowie von den Einheiten der Waffen-SS. Die reguläre Wehrmacht konnte in diesem Prozess, der – wie die Herrschaftsstruktur des Nationalsozialismus insgesamt – von polykratischen Strukturen geprägt war – nicht unschuldig bleiben. Das Ausmaß der Beteiligung der Wehrmacht an den deutschen Besatzungsverbrechen ist allerdings bis heute umstritten.

Der Mord an den europäischen Juden

Filmtipps:
„Shoah", Frankreich 1985 (Regie: Claude Lanzmann). In dem vierteiligen Dokumentarfilm zeigt Lanzmann Interviewaufnahmen mit Opfern und Tätern des Holocaust (hebräisch: Shoah). Die intensiven Befragungen der Zeitzeugen

Der Holocaust. Der Holocaust (griech: holos = ganz, kaustes = verbrannt) oder – im Nazi-Jargon – die „Endlösung der Judenfrage" kennzeichnet den singulären Charakter der Verbrechen des nationalsozialistischen Regimes in der Weltgeschichte. Die Umsetzung der wahnsinnigen Idee der systematischen Ausrottung eines ganzen Volkes in die Realität begann im Frühjahr 1942 mit der sogenannten Wannseekonferenz (20.1.1942) unter Leitung Reinhard Heydrichs. Auf dieser Konferenz wurden die bisherigen Tötungsverfahren (v. a. Massenerschießungen) als zu ineffektiv eingestuft und die Einrichtung von Massenvernichtungslagern beschlossen. Das nationalsozialistische Herrschaftsgebiet sollte systematisch durchkämmt werden; die Juden sollten in Gettos zusammengefasst, zu mörderischen Arbeitseinsätzen gezwungen und schließlich in

ermöglichen und verlangen vom Zuschauer eine schmerzhafte Auseinandersetzung mit der historischen Wahrheit.
„Schindlers Liste", USA 1993 (Regie: Steven Spielberg). Spielberg schildert in seinem Spielfilm die Geschichte des deutschen Industriellen Oskar Schindler, der mit dem Holocaust konfrontiert wurde, auf historisch und künstlerisch anspruchsvolle Weise.

Konzentrations- und Vernichtungslager (ohne Außen-/Nebenlager)

den Massenvernichtungslagern ermordet werden. Zu diesem Zweck wurde das nationalsozialistische System der Konzentrationslager um die Vernichtungslager Sobibor, Belzec, Chelmno, Maidanek, Treblinka und Auschwitz erweitert.
Diese Lager waren räumlich sehr klein und hatten ausschließlich die Funktion, möglichst viele Menschen auf möglichst effektive Weise in Gaskammern zu ermorden. Sie lagen abgelegen in ländlichen Gebieten am Ende kleiner Bahnlinien, die zum Transport der Juden in Güterzügen von den Sammelpunkten und Gettos in die Lager dienten. Die Züge wurden geleert; Männer, Frauen und Kinder wurden in die als Duschen getarnten Gaskammern geführt. Allein in Treblinka, das zur Liquidierung der Bewohner des Warschauer Gettos gebaut worden war, wurden etwa 800 000 Menschen ermordet. Als die im Warschauer Getto zusammengepferchten Menschen nach den ersten Transporten keinen Zweifel mehr über ihr Schicksal hatten, begannen sie einen verzweifelten Aufstand im April und Mai 1943, der von der SS niedergeschlagen wurde.
Zum Symbol des Völkermordes an den europäischen Juden ist Auschwitz geworden. Allein im Lager Auschwitz II/Birkenau, das vier große Gaskammern besaß, wurden 1,4 Millionen Menschen ermordet. Die Gesamtzahl der Opfer bewegt sich nach heutigen, gesicherten Erkenntnissen zwischen 4,6 und 6 Millionen Menschen.

Deportation: Ankunft ungarischer Juden in Auschwitz, Juni 1944

Widerstand im nationalsozialistischen Deutschland

Obwohl eine breite Mehrheit der deutschen Bevölkerung das nationalsozialistische Regime zumindest bis 1939 unterstützte oder jedenfalls akzeptierte, waren nicht alle Deutschen nationalsozialistisch gesinnt. Es gab Gruppen und Einzelpersonen, die widerständig blieben und ihre von der Staatsdoktrin abweichenden Haltungen gegen den Erziehungs- und Terrorapparat (vgl. S. 379 ff.) verteidigen konnten. Wie groß war ihr Handlungsspielraum, welche Formen nahm ihre Widerständigkeit an, welche Motive bestimmten ihr Handeln?

Lektüretipps:
Deutscher Widerstand 1933–1945, Bundeszentrale für politische Bildung (Hg.), Informationen zur politischen Bildung, Heft 243/2004. www.bpb.de/publikationen
Ausführliche Darstellung der verschiedenen Widerstandsformen und -gruppen

Widerstandsbedingungen. Ablehnende Positionen konnten sich während der gesamten Dauer der nationalsozialistischen Diktatur nie offen äußern. Die Angst vor Misshandlungen, KZ-Haft und Todesurteilen war allgegenwärtig; hinzu kam die Sorge vor Denunziation, die auch in der näheren persönlichen Umgebung zur Tarnung zwang. Allerdings gab es durchaus Möglichkeiten, seine Haltung zum Regime in feinen Nuancen, aber eindeutig (die Art und Weise, wie jemand „Heil Hitler" sagte; die Körperhaltung beim Fahnenappell etc.) zum Ausdruck zu bringen. Umgekehrt führte die allumfassende Kontrolle durch die Sicherheitsapparate allerdings auch dazu, dass an sich harmlose und zufällige Verhaltensweisen als Widerstand interpretiert und verfolgt wurden.

Der wohl entscheidende Faktor für den eng begrenzten Handlungsspielraum des Widerstandes war die breite Popularität des Nationalsozialismus in der deutschen Bevölkerung, zumindest bis 1943. Wer Widerstand leisten wollte, konnte nicht mit Zustimmung der Bevölkerung rechnen. In ihrer Mehrzahl waren deshalb die Widerstandshandlungen darauf ausgerichtet, die Haltung der Bevölkerung zu beeinflussen oder sich auf für den Widerstand „bessere" Zeiten vorzubereiten. In der Geschichtswissenschaft hat sich deshalb das Schlagwort vom „Widerstand ohne Volk" durchgesetzt.

Zusammengenommen führten diese ungünstigen Bedingungen dazu, dass Widerstand in Deutschland sich kaum entfalten konnte. Die Zahl der Menschen, die organisiert und systematisch Widerstand leisteten, wird auf insgesamt nur 20 000 bis 30 000 Personen geschätzt. Bis auf ganz wenige Ausnahmen wurden alle diese organisierten Gruppen von der Gestapo aufgespürt und zerschlagen.

Gemessen am Ziel einer Destabilisierung der nationalsozialistischen Diktatur blieb der deutsche Widerstand letztlich erfolglos. Aber es gelang ihm, den Zeitgenossen im In- und Ausland und uns Nachfahren deutlich zu machen, dass es auch das „andere" Deutschland gab. Gerade im mutigen und rückhaltlosen Eintreten für Freiheit und Menschenrechte unter gefährlichsten Bedingungen liegt die historische Bedeutung des deutschen Widerstandes.

Widerstandsbegriff. Die systematische Erforschung des deutschen Widerstandes hat vor etwa zwei Jahrzehnten in der Geschichtswissenschaft zu einer Diskussion um den Begriff „Widerstand" geführt. Im Mittelpunkt der historischen Forschung hatte nach 1945 zunächst der organisierte, systematische und durch öffentliche Aktionen sichtbare Widerstand gestanden.

Vor allem lokal- und alltagsgeschichtliche Forschungsergebnisse bewirkten dann aber eine Erweiterung des Widerstandsbegriffes. Sie förderten ein breites Spektrum zwar begrenzter und unsystematischer, aber dennoch bedeutender Handlungen zutage, die eindeutig gegen die herrschende Staatsdoktrin oder zumindest einzelne ihrer Erscheinungsformen gerichtet waren. Sie reichten vom privaten, kritischen Gespräch über das Erzählen sogenannter „Flüsterwitze", das Nichtteilnehmen an staatlich verordneten Umzügen, das Hören verbotener Radiosender bis hin zu versteckten Hilfen für Verfolgte, heimlicher Sabotage in der Rüstungsproduktion oder dem Verteilen regimekritischer Flugblätter.

In der historischen Forschung herrschte

Kategorien widerständigen Verhaltens nach Detlev Peukert

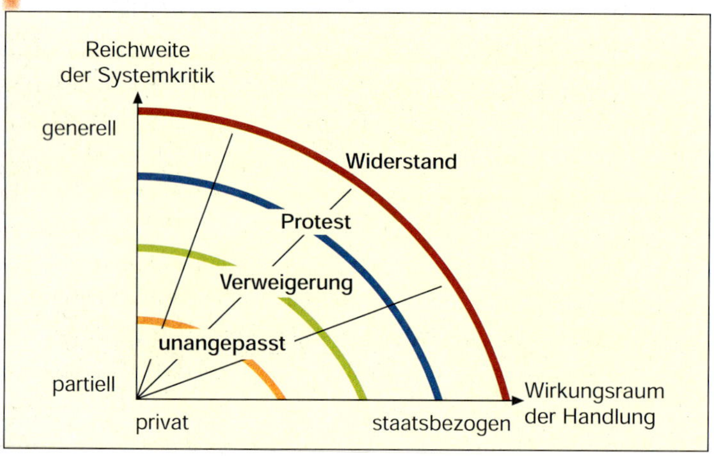

Einigkeit darin, dass all diese Aktivitäten in eine Gesamtschau widerständigen Verhaltens in Deutschland einbezogen werden müssen. Sollte man aber sie alle als „Widerstand" bezeichnen? Wo wäre eine Grenze zwischen bloßer Nicht-Zustimmung und aktivem Widerstand zu ziehen? Diese Debatte mündete in verschiedene Versuche, den Begriff „Widerstand" auszudifferenzieren. Der bis heute bekannteste Ansatz stammt von dem Historiker Detlev Peukert. Er unterscheidet zwischen „unangepasstem Verhalten", „Verweigerung", „Protest" und „Widerstand" nach zwei Kriterien: der Reichweite der Systemkritik und dem Wirkungsraum der Handlung. Unabhängig von derartigen Ansätzen hat sich heute die begriffliche Unterscheidung von „Resistenz" (= Widerständigkeit) und „Widerstand" (organisierte, zielgerichtete und systematische Aktivität gegen ein Regime als Ganzes) durchgesetzt.

Widerstandsformen. Unangepasstes Verhalten gab es in den verschiedensten Formen, am weitesten verbreitet sicher innerhalb privater Familienräume. Aber auch Jugendgruppen, wie die Kölner ,,Edelweißpiraten" (die Bezeichnung stammt von ihrem Erkennungszeichen, einem angesteckten Edelweiß), verteidigten ihr Lebensgefühl gegen die Staatsdoktrin und versuchten, sich zunächst vor allem in kultureller Hinsicht von der HJ abzugrenzen. Gestapoberichte beklagen, dass jugendliches „Gesindel" sich herumflegele und zu „Negermusik", dem verbotenen amerikanischen Swing, tanze. Manche Mitglieder der Edelweißpiraten oder ähnlicher Gruppen schlossen sich Widerstandsgruppen an, verteilten heimlich Flugblätter oder schrieben nachts Parolen an Häuserwände. Das Beispiel der Edelweißpiraten zeigt deutlich, wie fließend die Übergänge zwischen unangepasstem Verhalten, Verweigerung und Protest verliefen.

Bartholomäus Schink, Mitglied der Edelweißpiraten Köln (geb. 1927, öffentlich gehängt am 10.11.1944)

Ein weiteres Beispiel ist die studentische Widerstandsgruppe „Weiße Rose" an der Universität von München um die Geschwister Hans und Sophie Scholl. Die Mitglieder dieser Widerstandsgruppe lehnten die Ideologie und das Herrschaftssystem des Nationalsozialismus grundsätzlich ab, wehrten sich gegen die geistige Bevormundung durch die Diktatur und riefen zur Verweigerung, vor allem der Teilnahme am Vernichtungskrieg, auf. Vom Sommer 1942 an verteilte die Gruppe Flugblätter an der Münchner Universität; beim Abwurf ihrer letzten Flugschrift am 18.2.1943 wurden ihre Mitglieder verhaftet und zum Tode verurteilt.

Die vielfältigen Formen der Verweigerung im Alltag werden vor allem in autobiografischen Berichten deutlich. Sie umfassten das Festhalten an altem Brauchtum, das sich auf diese Weise von den „neuen" nationalsozialistischen Ritualen abgrenzte. Besonders markant waren solche Verweigerungsstrategien in ländlichen, katholischen Regionen ausgeprägt. Einzelne Personen oder Gruppen versuchten, den Einfluss der Nationalsozialisten in bestimmten Berufsgruppen, Behörden oder Institutionen (Kirchen, Unternehmen, Militär, Justiz etc.) zu begrenzen oder unter der Hand, z. B. durch Sabotage, zu unterlaufen.

Derartige Aktionen wurden nicht immer koordiniert durchgeführt, sondern beruhten oft auf der moralischen Integrität und dem Mut Einzelner. Ein besonders spektakuläres Beispiel stellt Georg Elser dar, ein Schreiner, der im Alleingang und ohne Verbindung zu anderen Widerstandsgruppen ein Attentat auf Hitler im Münchner Bürgerbräukeller mithilfe einer in einem Hohlraum versteckten Zeitbombe plante, vorbereitete und durchführte. Sein Attentat misslang nur knapp durch einen Zufall.

Die Geschwister Scholl und Christoph Probst

Kurt Schumacher (1895–1952): 1930–1933 Abgeordneter der SPD im Reichstag. 1933–1945 Haft in verschiedenen Konzentrationslagern. Nach 1945 baute er – von der KZ-Haft gesundheitlich schwer gezeichnet – die SPD in den Westzonen wieder auf.

Clemens August Graf von Galen (1878 – 1946): Der Bischof von Münster (seit 1933) war ein entschiedener Gegner des Nationalsozialismus, den er in Hirtenbriefen und Predigten offen kritisierte.

Martin Niemöller (1892–1984): Er grün-

Emigranten. Führende Politiker und Politikerinnen der von den Nationalsozialisten verfolgten Parteien sowie eine große Zahl von Intellektuellen und Künstlern hatten sich frühzeitig vom Nationalsozialismus abgewandt und waren – um der sicheren Verfolgung zu entgehen – ins Ausland geflohen. Unter meist sehr schwierigen materiellen Bedingungen mussten sie sich in der Emigration eine neue Existenzgrundlage schaffen. Manche begannen, aus der Emigration heraus gegen die Diktatur zu kämpfen. Politiker gründeten Exilorganisationen ihrer Parteien und versuchten, Widerstandszellen in Deutschland zu unterstützen. Bekannte Intellektuelle versuchten, eine internationale Öffentlichkeit für das demokratische Deutschland herzustellen und die deutsche Bevölkerung zum Widerstand aufzurufen. Der Schriftsteller Thomas Mann wurde aufgrund seines hohen Ansehens sogar zu einer Art Gegenspieler Hitlers. Auf Vortragsreisen, in Briefen und Broschüren versuchte er, die internationale Öffentlichkeit gegen den Nationalsozialismus aufzurütteln. In Rundfunkansprachen, die von der britischen BBC nach Deutschland ausgestrahlt wurden, rief er die deutsche Bevölkerung zum Widerstand auf.

Widerstand der Arbeiterbewegung. Die Organisationen der Arbeiterbewegung – Gewerkschaften, KPD und SPD – leisteten schon sehr früh Widerstand gegen den nationalsozialistischen Staat. Die unmittelbar auf die Machtübertragung beginnenden Verfolgungen zwangen sie zum Aufbau von Untergrund- und Exilorganisationen. Dabei kamen ihnen ihre relativ verlässlichen, zum Teil schon in der illegalen Arbeit erfahrenen Organisationsstrukturen zugute. Allerdings wurden alle diese Gruppen mit der Zeit von der Gestapo aufgespürt und bis etwa 1938 fast vollständig zerschlagen. Sowohl die KPD wie auch die SPD gründeten Exilorganisationen im Ausland, die versuchten, über Vertrauensleute in Deutschland Informationen zu gewinnen und zu verbreiten sowie Flugblätter und Broschüren zu verteilen.

Kirchlicher Widerstand. Die beiden großen Kirchen waren in ihrer Haltung zum nationalsozialistischen Regime gespalten.
In der katholischen Kirche hielten sich zunächst Sympathien und Skepsis die Waage. Als jedoch deutlich wurde, dass das Konkordat zwischen dem Vatikan und der deutschen Regierung keinen Schutz vor Übergriffen bot, wuchs die Opposition der Geistlichen. Am 14.3.1937 verurteilte Papst Pius XI. in seiner Enzyklika „Mit brennender Sorge" die Angriffe gegen deutsche Priester, Mönche und Nonnen. Ihren Höhepunkt erreichte die katholische Opposition mit den Predigten des Bischofs Kardinal von Galen im Sommer 1941, in denen er öffentlich gegen das Euthanasieprogramm protestierte.
In der evangelischen Kirche führten die unterschiedlichen Positionen zu einer organisatorischen Spaltung: Während die „Deutschen Christen" das Regime aktiv unterstützten, distanzierte sich die „Bekennende Kirche", gegründet von Pastor Martin Niemöller, Karl Barth und Dietrich Bonhoeffer, vom Nationalsozialismus.
Insgesamt zeigt der kirchliche Widerstand ein uneinheitliches Bild: Während einzelne Geistliche mutigen Widerstand leisteten und viele dafür mit dem Leben bezahlen mussten, blieb der Widerstand beider Kirchen als Institutionen eher schwach und halbherzig.

Bürgerlicher Widerstand. Der bürgerliche Widerstand formierte sich in informellen Gruppen, die vor allem auf der Grundlage persönlicher Beziehungen und einer grundlegenden Übereinstimmung in der Ablehnung des Nationalsozialismus beruhten. Die eher lockere Struktur dieser Gruppen ermöglichte es, Menschen verschiedener weltanschaulicher Orientierungen und aus verschiedenen gesellschaftlichen Bereichen zusammenzuführen.
Der sogenannte „Kreisauer Kreis", benannt nach dem schlesischen Landgut des Grafen Helmuth von Moltke, vereinte Politiker von den christlichen Parteien und den Kirchen bis zu Sozialdemokraten. Unter ihnen waren hohe Offiziere der Wehrmacht und Diplo-

maten. Die Debatten des Kreisauer Kreises drehten sich um die Frage einer Neuordnung Deutschlands nach der erwarteten militärischen Niederlage. Die Mehrheit zielte auf den Aufbau eines konservativen Ständestaates. Deutsches Hegemonialstreben wurde abgelehnt, wenngleich manche für die Beibehaltung eines großdeutschen Reiches unter Einschluss Österreichs und des Sudetenlandes plädierten.

Im sogenannten „Goerdeler-Kreis" sammelte der ehemaliger Leipziger Bürgermeister Carl Goerdeler Oppositionelle um sich: bürgerliche Politiker, Gewerkschafter, Sozialdemokraten sowie Mitglieder der „Bekennenden Kirche". Der Goerdeler-Kreis hielt engen Kontakt zu Widerständlern in der Armee und im Auswärtigen Amt. Er verfolgte das Ziel, noch vor der erwarteten militärischen Niederlage einen Staatsstreich von innen durchzuführen. Ähnlich wie im „Kreisauer Kreis" gab es weitreichende Meinungsverschiedenheiten über die innere Beschaffenheit und die außenpolitische Rolle eines künftigen Deutschland.

Militärischer Widerstand. Bereits vor Beginn des Zweiten Weltkrieges hatten sich innerhalb der Reichswehr oppositionelle Zirkel gebildet, die den Kriegskurs Hitlers ablehnten. Ihre Pläne scheiterten jedoch vor dem Hintergrund der militärischen Anfangserfolge, die auch innerhalb der Militärs die Zustimmung zum Nationalsozialismus gefestigt hatten. Säuberungen, wie die Entlassung des Generals Ludwig Beck 1938, schwächten den Widerstand weiter.

Die Wende im Krieg beförderte und beschleunigte die Aktivitäten des militärischen Widerstandes in Richtung eines Attentates auf Hitler. Es gab Offiziere, die sich für ein solches Attentat zur Verfügung stellten. Das zentrale Problem aber war, in die Nähe Hitlers, der zunehmend von der Öffentlichkeit abgeschirmt wurde, zu gelangen.

Im März 1943 schmuggelte eine Verschwörergruppe um den Stabschef der Heeresgruppe Mitte in Russland, Generalmajor von Tresckow, eine Bombe in ein Flugzeug Hitlers, die allerdings trotz zahlreicher vorhergehender Versuche, die erfolgreich gewesen waren, nicht funktionierte.

Das Attentat des Obersten Claus Graf Schenk von Stauffenberg vom 20. Juli 1944 ist – obwohl es sein eigentliches Ziel verfehlte – die erfolgreichste Aktion des militärischen Widerstandes und bis heute das Symbol für den deutschen Widerstand überhaupt.

Stauffenberg war Anhänger des Nationalsozialismus gewesen, hatte sich aber – als er die grundlegenden Widersprüche zu seinem religiös geprägten Humanismus erkannte – schon vor dem Krieg von ihm abgewandt. Er plante das Attentat in engem Kontakt zu Beck und dem Kreis um Goerdeler. Bereits im Herbst 1943 waren alle technischen Voraussetzungen für das Attentat abgeschlossen, aber erst knapp ein Jahr später gelang es Stauffenberg – als Kommandeur des Ersatzheeres –, in Hitlers Nähe zu gelangen. Am 20. Juli 1944 wollte er Hitler während einer Lagebesprechung mit einer Zeitzünderbombe töten.

Das Attentat sollte das Signal für einen Staatsstreich werden, den die Verschwörer sorgfältig geplant und vorbereitet hatten. Stauffenberg zündete die Bombe, aber Hitler überlebte den Anschlag leicht verletzt. Der vorbereitete Staatsstreich brach in sich zusammen; die Nationalsozialisten verbreiteten die Nachricht von Hitlers Überleben, das auf „göttliche Vorsehung" zurückzuführen sei.

Stauffenberg wurde ebenso wie andere unmittelbar beteiligte Personen noch am selben Tag standrechtlich erschossen. Die nationalsozialistischen Verfolgungsapparate verhafteten über 7000 Personen; Tausende wurden entweder standrechtlich erschossen oder nach Schauprozessen vor dem Volksgerichtshof hingerichtet.

dete als scharfer Gegner des Nationalsozialismus 1933 den „Pfarrernotbund", aus dem 1934 die „Bekennende Kirche" hervorging. Von 1938–1945 war er als „persönlicher Gefangener" Hitlers in den Konzentrationslagern Sachsenhausen und Dachau inhaftiert. Nach dem Zweiten Weltkrieg beteiligte er sich maßgeblich am Wiederaufbau der evangelischen Kirche.

Dietrich Bonhoeffer (1906–1945): Der evangelische Theologe war Mitglied der „Bekennenden Kirche" und Leiter eines illegalen Priesterseminars. 1943 wurde er verhaftet und kurz vor Kriegsende im Konzentrationslager Flossenbürg hingerichtet.

Claus Graf Schenk von Stauffenberg (1907–1944)

NS-Propagandaplakat von 1943

Die Zerstörung der Diktatur von außen

Der „totale Krieg". In einem Versuch, die letzten Kräfte zu mobilisieren, hatte die nationalsozialistische Führung seit 1942 den „totalen Krieg" ausgerufen. Jugendliche und Kinder sowie alte Menschen wurden als Flakhelfer in den sogenannten „Volkssturm" einberufen; die Rüstungsproduktion wurde mithilfe von Kriegsgefangenen und KZ-Häftlingen noch einmal mit größter Härte und Brutalität forciert.
Seit dem Winter des Jahres 1944/45 brach jedoch jeder deutsche Widerstand zusammen. In Deutschland herrschte Chaos. Riesige Flüchtlingsströme bewegten sich auf der Flucht vor der heranrückenden Roten Armee von Osten nach Westen. Die SS versuchte, ihre Spuren zu verwischen, löste die östlichen Konzentrationslager auf, sprengte die Gebäude in die Luft und zwang die Häftlinge auf mörderische „Todesmärsche" nach Westen.

Das Ende des Krieges. Als Berlin von der Roten Armee eingekesselt war, beging Adolf Hitler im Führerbunker Selbstmord. Am 8. Mai 1945 kapitulierte die deutsche Wehrmacht bedingungslos. Der Krieg in Europa war zu Ende.
Je nach Lebenssituation und politischem Standpunkt empfanden die Menschen in Deutschland den Sieg der alliierten Truppen als Niederlage oder als Befreiung. Spätestens jetzt waren aber alle Deutschen vom nationalsozialistischen Terror eingeholt worden. Die Bilanz der vergangenen zwölf Jahre war niederschmetternd: Jede staatliche Ordnung hatte aufgehört zu existieren; viele Städte waren verwüstet, Familien zerrissen, auf der Flucht, auf der Suche nach Angehörigen. Erleichterung über das Ende des Krieges mischte sich mit quälenden Selbstzweifeln angesichts der Hybris und der Verbrechen des eigenen Volkes, mit der Ungewissheit über die Zukunft und der Sorge um das eigene Überleben. Ein neues Zeitalter würde beginnen, aber – so berichten viele Zeitzeugen übereinstimmend – in den ersten Tagen und Wochen schien die Zeit stillzustehen.

Das Brandenburger Tor in Berlin nach Kriegsende

Zwei Reden im Vergleich: Otto Wels und Adolf Hitler in der Debatte zum „Ermächtigungsgesetz“ am 23. März 1933

Am 23. März 1933 trat der Reichstag in der Berliner Kroll-Oper zusammen, um über das sogenannte „Ermächtigungsgesetz“ abzustimmen. Hitler hatte Wert auf die Abstimmung gelegt, um der Entmachtung des Parlamentes den Anschein von Legalität zu verleihen. In dieser letzten Sitzung des Reichstages, die wenigstens noch halbwegs an demokratische Gepflogenheiten erinnerte, sprachen zwei sehr ungleiche Redner: Otto Wels (SPD) und Adolf Hitler (NSDAP). Die Auseinandersetzung der Redner war nicht mehr frei, sondern stand ganz unter dem Eindruck des Terrors und der Einschüchterung.
Beide Redner interpretieren und werten die Vergangenheit der Weimarer Zeit aus ihrer Perspektive. Auf diese Weise wollen sie ihre Haltungen in der Gegenwart sowie ihre Ziele für die Zukunft begründen.
Und diese hätten kaum gegensätzlicher sein können: Wie in einem Brennglas zeigen beide Reden den Grundkonflikt der Zeit.

- **Welche Perspektiven auf Vergangenheit, Gegenwart und Zukunft standen sich am 23. März 1933 gegenüber?**
- **Wie sind sie aus heutiger Sicht zu bewerten?**

Stellen Sie auf der Basis eines Handouts in einem Kurzvortrag Untersuchungsergebnisse zu zwei historischen Schlüsselreden deutscher Geschichte im 20. Jahrhundert vor. Diskutieren Sie diese im Kursgespräch, indem sie beide Reden systematisch vergleichen und aus Ihrer heutigen Sicht Stellung nehmen.

Sie können Sie sich darauf vorbereiten:

1. Entscheiden Sie nach Lektüre der Materialien M 1 und M 2, welche der beiden Reden Sie in Einzel- oder Partnerarbeit untersuchen möchten.
2. Rekonstruieren Sie den Ablauf der Reichstagssitzung vom 23.3.1933 mithilfe der Darstellung (S. 411) und der Materialien M 3–M 4. Weisen Sie in der Regierungserkärung (M 3) die für Hitler typische Mischung aus Zugeständnissen und Drohung nach.
3. Interpretieren Sie die gewählte Rede (s. Methode S. 406).
4. Erstellen Sie zu Ihren Ausführungen ein Handout (Gliederungsvorschlag s. u.). Inhaltlich sollte festgehalten werden, (a) welche Ereignisse und Vorgänge aus der Zeit der Weimarer Republik aufgegriffen und wie sie jeweils gewertet werden; (b) welche Konsequenzen jeweils daraus für die damalige Gegenwart und die damalige Zukunft gezogen werden.

So könnte Ihre Handout-Skizze gegliedert sein:

Otto Wels	Adolf Hitler	Ihre heutige Perspektive
Vergangenheit (1918–1933)	**Vergangenheit (1918–1933)**	**Damalige Vergangenheit (1918–1933)**
> … > … ↕	> … > … ↕	> … > … ↕
Gegenwart (1933)	**Gegenwart (1933)**	**Damalige Gegenwart (1933)**
> … > … ↕	> … ↕	> … ↕
Zukunft (nach 1933)	**Zukunft (nach 1933)**	**Damalige Zukunft (nach 1933)**

← Vergleichende Interpretation →

Methode

Vergleichende Interpretation politischer Reden

A. Politische Reden als historische Quellen

Politische Reden sind eine besonders interessante Form sprachlicher historischer Quellen. Ein Redner will nicht nur etwas mitteilen, sondern seine Zuhörer von einer Haltung, einer Meinung oder einem bestimmten Programm überzeugen. Pointierter als andere Quellen können politische Reden deshalb über bestimmte zeitgenössische Perspektiven Auskunft geben.
Andererseits ist dadurch ihre Aussagekraft auch begrenzt: Einer bestimmten Rede lässt sich in der Regel nur eine bestimmte Perspektive auf ein Thema entnehmen. Zeitgenössische Kontroversen lassen sich deshalb am besten erarbeiten, wenn man mehrere, zumindest zwei, unterschiedliche Reden zu einem Thema miteinander vergleicht. Zunächst gilt es, in einem ersten Schritt auf der Ebene der Analyse jede Rede für sich zu erschließen, bevor man sie vergleichend unter einer gemeinsamen Leitfrage interpretieren kann.

B. Schritte einer vergleichenden Interpretation politischer Reden

1. Schritt – Leitfrage festlegen:

Das eigene Erkenntnisinteresse bestimmen und eingrenzen sowie als Untersuchungsfrage formulieren, die dann für die Interpretation leitend ist.
Welche Perspektiven auf Vergangenheit, Gegenwart und Zukunft standen sich am 23. März 1933 – in der Auseinandersetzung um das Ermächtigungsgesetz – gegenüber?

2. Schritt – Analyse:

– Beschreibung und Klärung der äußeren formalen Merkmale

- Die Textsorte „politische Rede" in ihren besonderen textspezifischen Merkmalen charakterisieren.
- Den Redner vorstellen.
  Wer ist der jeweilige Redner, was kennzeichnet seine spezifisch soziale bzw. politische Stellung?
- Den engeren situativen historischen Kontext, in den die gehaltene Rede einzuordnen ist, darstellen.
  Zu fragen wäre zum Beispiel:
  – Wann (genauer Zeitpunkt) wird sie gehalten?
  – Was kennzeichnet die politische Gesamtsituation zu diesem Zeitpunkt?
  – Was ist der unmittelbare Anlass der Rede?
  – Wo wird sie gehalten?
- Den Adressatenkreis benennen.

– Strukturierte Textwiedergabe

- Das Thema der Rede formulieren und den Redeinhalt in seinen zentralen Aspekten entlang des Gedankengangs des Redners und der von ihm gewählten Argumentationsstruktur reorganisiert zusammengefasst wiedergeben.
- Die Intention, die der Redner mit Blick auf seine Adressaten verfolgt, in knapper Form aufzeigen.
  Welches – offensichtlich erkennbare – Ziel verfolgt der Redner?

3. Schritt – Interpretation:

Bezogen auf die beiden vorliegenden Quellen könnten die Inhalte der Reden im Vergleich unter diesen Fragestellungen interpretierend in den Blick genommen werden:

– Kritische Erläuterung, Deutung und Beurteilung bzw. Bewertung im historischen Kontext auf textinterner und textexterner Grundlage

- Welche – nach Kenntnis des Inhalts genauer erkennbaren – tieferen Absichten und Interessen verfolgen die Redner?
  – Wie lassen sie sich im historisch-politischen Gesamtkontext erklären?
  – Lassen sich jeweils bezogen auf bestimmte Adressatengruppen unterschiedliche Absichten erkennen?
- Welche sprachlichen (rhetorischen) Stilmittel werden genutzt, um bestimmte Aussagen zu betonen bzw. bestimmte Absichten zu erreichen?
- *Welche Einstellungen gegenüber der Vergangenheit und der Gegenwart, welche auf die Zukunft gerichteten Erwartungen oder Bestrebungen werden deutlich?*

- Wie sind Redeinhalt und -form jeweils vor dem Hintergrund des konkreten Kontextes *(Verhaftung der KPD-Abgeordneten, Verfolgungsdruck, Anwesenheit von SA- und SS-Leuten im Sitzungssaal, Demonstration vor der Kroll-Oper, Stimmungslage der „nationalen Revolution“)* zu beurteilen?
- Wie sind die sprachlichen Mittel, die die Redner verwenden, zu beurteilen?
- *Welche zusätzlichen Erkenntnisse erlauben Tonlage, Pausen, Betonungen etc. der Redner? (Tipp: Beide Reden sind auch als Tondokumente überliefert.)*
- *Wie beurteilen und bewerten Sie beide Reden vor dem Hintergrund Ihrer Kenntnisse der Geschichte der Weimarer Republik, des Nationalsozialismus sowie – aus der historischen Rückschau – der (damaligen) Zukunft?*

– Zusammenfassendes Resümee mit Blick auf die Leitfrage

Ein zusammenfassendes Resümee mit Bezug auf die Leitfrage formulieren.
Welches Ergebnis ergibt ein Vergleich der beiden Reden?
Welche Perspektiven auf Vergangenheit, Gegenwart und Zukunft standen sich am 23. März 1933 gegenüber und wie sind sie aus heutiger Sicht zu bewerten?

MATERIALIEN

M 1 Rede des Abgeordneten Otto Wels (SPD) zur Begründung der Ablehnung des „Ermächtigungsgesetzes“ durch die sozialdemokratische Fraktion in der Reichstagssitzung vom 23. März 1933 in der Berliner Kroll-Oper

Meine Damen und Herren! Der außenpolitischen Forderung deutscher Gleichberechtigung, die der Herr Reichskanzler erhoben hat, stimmen wir Sozialdemokraten umso nachdrücklicher zu, als wir sie bereits von jeher grundsätzlich verfochten haben.
(Sehr wahr! bei den Sozialdemokraten.)
Ich darf mir wohl in diesem Zusammenhang die persönliche Bemerkung gestatten, dass ich als erster Deutscher vor einem internationalen Forum, auf der Berner Konferenz am 3. Februar des Jahres 1919, der Unwahrheit von der Schuld Deutschlands am Ausbruch des Weltkrieges entgegengetreten bin.
(Sehr wahr! bei den Sozialdemokraten.)
Nie hat uns irgendein Grundsatz unserer Partei daran hindern können oder gehindert, die gerechten Forderungen der deutschen Nation gegenüber den anderen Völkern der Welt zu vertreten.
(Bravo! bei den Sozialdemokraten.)
Der Herr Reichskanzler hat auch vorgestern in Potsdam einen Satz gesprochen, den wir unterschreiben. Er lautet: „Aus dem Aberwitz der Theorie von ewigen Siegern und Besiegten kam der Wahnwitz der Reparationen und in der Folge die Katastrophe der Weltwirtschaft.“ Dieser Satz gilt für die Außenpolitik; für die Innenpolitik gilt er nicht minder.
(Sehr wahr! bei den Sozialdemokraten.)
Auch hier ist die Theorie von ewigen Siegern und Besiegten, wie der Herr Reichskanzler sagte, ein Aberwitz. Das Wort des Herrn Reichskanzlers erinnert uns aber auch an ein anderes, das am 23. Juli 1919 in der Nationalversammlung gesprochen wurde. Da wurde gesagt: „Wir sind wehrlos, wehrlos ist aber nicht ehrlos.
(Lebhafte Zustimmung bei den Sozialdemokraten.)
Gewiss, die Gegner wollen uns an die Ehre, daran ist kein Zweifel. Aber dass dieser Versuch der Ehrabschneidung einmal auf die Urheber selbst zurückfallen wird, da es nicht unsere Ehre ist, die bei dieser Welttragödie zugrunde geht, das ist unser Glaube bis zum letzten Atemzug.“
(Sehr wahr! bei den Sozialdemokraten.)

(Zuruf von den Nationalsozialisten: Wer hat das gesagt?)

Das steht in einer Erklärung, die eine sozialdemokratisch geführte Regierung damals im Namen des deutschen Volkes vor der ganzen Welt abgegeben hat, vier Stunden bevor der Waffenstillstand abgelaufen war, um den Weitervormarsch der Feinde zu verhindern. – Zu dem Ausspruch des Herrn Reichskanzlers bildet jene Erklärung eine wertvolle Ergänzung. Aus einem Gewaltfrieden kommt kein Segen;

(Sehr wahr! bei den Sozialdemokraten.)

im Innern erst recht nicht.

(Erneute Zustimmung bei den Sozialdemokraten.)

Eine wirkliche Volksgemeinschaft lässt sich auf ihn nicht gründen. Ihre erste Voraussetzung ist gleiches Recht. Mag sich die Regierung gegen rohe Ausschreitungen der Polemik schützen, mag Sie Aufforderungen zu Gewalttaten und Gewalttaten selbst mit Strenge verhindern. Das mag geschehen, wenn es nach allen Seiten gleichmäßig und unparteiisch geschieht und wenn man es unterlässt, besiegte Gegner zu behandeln, als seien sie vogelfrei.

(Sehr wahr! bei den Sozialdemokraten.)

Freiheit und Leben kann man uns nehmen, die Ehre nicht.

(Lebhafter Beifall bei den Sozialdemokraten.)

Nach den Verfolgungen, die die Sozialdemokratische Partei in der letzten Zeit erfahren hat, wird billigerweise niemand von ihr verlangen oder erwarten können, dass sie für das hier eingebrachte Ermächtigungsgesetz stimmt. Die Wahlen vom 5. März haben den Regierungsparteien die Mehrheit gebracht und damit die Möglichkeit gegeben, streng nach Wortlaut und Sinn der Verfassung zu regieren. Wo diese Möglichkeit besteht, besteht auch die Pflicht.

(Sehr richtig! bei den Sozialdemokraten.)

Kritik ist heilsam und notwendig. Noch niemals, seit es einen Deutschen Reichstag gibt, ist die Kontrolle der öffentlichen Angelegenheiten durch die gewählten Vertreter des Volkes in solchem Maße ausgeschaltet worden, wie es jetzt geschieht

(Sehr wahr! bei den Sozialdemokraten.)

und wie es durch das neue Ermächtigungsgesetz noch mehr geschehen soll. Eine solche Allmacht der Regierung muss sich umso schwerer auswirken, als auch die Presse jeder Bewegungsfreiheit entbehrt.

Meine Damen und Herren! Die Zustände, die heute in Deutschland herrschen, werden vielfach in krassen Farben geschildert. Wie immer in solchen Fällen fehlt es auch nicht an Übertreibungen. Was meine Partei betrifft, so erkläre ich hier: Wir haben weder in Paris um Intervention gebeten, noch Millionen nach Prag verschoben, noch übertreibende Nachrichten ins Ausland gebracht.

(Sehr wahr! bei den Sozialdemokraten.)

Solchen Übertreibungen entgegenzutreten wäre leichter, wenn im Inlande eine Berichterstattung möglich wäre, die Wahres vom Falschen scheidet.

(Lebhafte Zustimmung bei den Sozialdemokraten.)

Noch besser wäre es, wenn wir mit gutem Gewissen bezeugen könnten, dass die volle Rechtssicherheit für alle wiederhergestellt sei.

(Erneute lebhafte Zustimmung bei den Sozialdemokraten.)

Das, meine Herren, liegt bei Ihnen. Die Herren von der Nationalsozialistischen Partei nennen die von ihnen entfesselte Bewegung eine nationale Revolution, nicht eine nationalsozialistische. Das Verhältnis ihrer Revolution zum Sozialismus beschränkt sich bisher auf den Versuch, die sozialdemokratische Bewegung zu vernichten, die seit mehr als zwei Menschenaltern die Trägerin sozialistischen Gedankengutes gewesen ist

(Lachen bei den Nationalsozialisten.)

und auch bleiben wird. Wollten die Herren von der Nationalsozialistischen Partei sozialistische Taten verrichten, sie brauchten kein Ermächtigungsgesetz.

(Sehr wahr! bei den Sozialdemokraten.)

Eine erdrückende Mehrheit wäre Ihnen in diesem Hause gewiß. Jeder von Ihnen im Interesse der Arbeiter, der Bauern, der Angestellten, der Beamten oder des Mittelstandes gestellte Antrag könnte auf Annahme rechnen, wenn nicht einstimmig, so doch mit gewaltiger Majorität.

(Lebhafte Zustimmung bei den Sozialdemokraten.)

(Lachen bei den Nationalsozialisten.)

Aber dennoch wollen Sie vorerst den Reichstag ausschalten, um Ihre Revolution fortzusetzen. Zerstörung von Bestehendem ist aber noch keine Revolution. Das Volk erwartet positive Leistungen. Es wartet auf durchgreifende Maßnahmen gegen das furchtbare Wirtschaftselend, das nicht nur in Deutschland, sondern in aller Welt herrscht.

Wir Sozialdemokraten haben in schwerster Zeit Mitverantwortung getragen und sind dafür mit Steinen beworfen worden.

(Sehr wahr! bei den Sozialdemokraten.)

(Lachen bei den Nationalsozialisten.)

Unsere Leistungen für den Wiederaufbau von Staat und Wirtschaft, für die Befreiung der besetzten Gebiete werden vor der Geschichte bestehen.

(Zustimmung bei den Sozialdemokraten.)

Wir haben gleiches Recht für alle und ein soziales Arbeitsrecht geschaffen. Wir haben geholfen, ein Deutschland zu schaffen, in dem nicht nur Fürsten

und Barone, sondern auch Männern aus der Arbeiterklasse der Weg zur Führung des Staates offensteht.
(Erneute Zustimmung bei den Sozialdemokraten.)
Davon können Sie nicht zurück, ohne Ihren eigenen Fuhrer preiszugeben.
(Beifall und Händeklatschen bei den Sozialdemokraten.)
Vergeblich wird der Versuch bleiben, das Rad der Geschichte zurückzudrehen. Wir Sozialdemokraten wissen, dass man machtpolitische Tatsachen durch bloße Rechtsverwahrungen nicht beseitigen kann. Wir sehen die machtpolitische Tatsache Ihrer augenblicklichen Herrschaft. Aber auch das Rechtsbewusstsein des Volkes ist eine politische Macht und wir werden nicht aufhören, an dieses Rechtsbewusstsein zu appellieren. Die Verfassung von Weimar ist keine sozialistische Verfassung. Aber wir stehen zu den Grundsätzen des Rechtsstaates, der Gleichberechtigung, des sozialen Rechtes, die in ihr festgelegt sind. Wir deutschen Sozialdemokraten bekennen uns in dieser geschichtlichen Stunde feierlich zu den Grundsätzen der Menschlichkeit und der Gerechtigkeit, der Freiheit und des Sozialismus.
(Lebhafte Zustimmung bei den Sozialdemokraten.)
Kein Ermächtigungsgesetz gibt Ihnen die Macht, Ideen, die ewig und unzerstörbar sind, zu vernichten. Sie selbst haben sich ja zum Sozialismus bekannt. Das Sozialistengesetz hat die Sozialdemokratie nicht vernichtet. Auch aus neuen Verfolgungen kann die deutsche Sozialdemokratie neue Kraft schöpfen.
Wir grüßen die Verfolgten und Bedrängten. Wir grüßen unsere Freunde im Reich. Ihre Standhaftigkeit und Treue verdienen Bewunderung. Ihr Bekennermut, ihre ungebrochene Zuversicht
(Lachen bei den Nationalsozialisten.)
(Bravo! Bei den Sozialdemokraten.)
verbürgen eine hellere Zukunft.
(Wiederholter Beifall bei den Sozialdemokraten.)
(Lachen bei den Nationalsozialisten.)

M 2 Antwortrede des Reichskanzlers Adolf Hitler in der Reichstagssitzung zum „Ermächtigungsgesetz" am 23. März 1933

Spät kommt ihr, doch ihr kommt!
(Lebhafte Zustimmung bei den Nationalsozialisten.)
Die schönen Theorien, die Sie, Herr Abgeordneter, soeben hier verkündeten, sind der Weltgeschichte etwas zu spät mitgeteilt worden.
(Heitere Zustimmung bei den Nationalsozialisten.)
Vielleicht hätten diese Erkenntnisse, praktisch angewendet vor Jahren, weitere Klagen von Ihnen heute erspart. Sie erklären, dass die Sozialdemokratie unser außenpolitisches Programm unterschreibt, dass sie die Kriegsschuldlüge ablehnt, dass sie gegen die Reparationen sich wende. Und nun erhebe ich nur die eine Frage: Wo war dieser Kampf in der Zeit, in der Sie die Macht in Deutschland hatten, denn gewesen?
(Sehr wahr! bei den Nationalsozialisten.)
Sie hatten einst die Möglichkeit, dem deutschen Volk das Gesetz des inneren Handelns vorzuschreiben. Sie haben es auch auf anderen Gebieten gekonnt. Es wäre genauso möglich gewesen, der deutschen Revolution, die von Ihnen mit ausging, denselben Schwung und dieselbe Richtung zu geben, die einst Frankreich seiner Erhebung im Jahre 1870 gegeben hat.
(Sehr richtig! bei den Nationalsozialisten.)
Es wäre in Ihrem Ermessen gewesen, die deutsche Erhebung zu einer wirklich nationalen zu gestalten, und Sie hätten das Recht gehabt, wenn die Fahne der neuen Republik dann nicht siegreich zurückgekommen wäre, immerhin zu erklären: Wir haben das Äußerste getan, um diese Katastrophe durch den letzten Appell an die Kraft des deutschen Volkes abzuwenden.
(Lebhafte Zustimmung von den Nationalsozialisten und den Deutschnationalen.)

In der Zeit, da mieden Sie den Kampf, den Sie heute in Worten plötzlich der Mitwelt mitteilen wollen.

Sie sagen, dass wehrlos nicht ehrlos ist. […] Auch hier lag es ja an Ihnen, die Sie vierzehn Jahre lang fast die Macht besessen haben,

(Rufe bei den Sozialdemokraten: O nein!)

dafür zu sorgen, dass dieses deutsche Volk der Welt das Beispiel einer Ehre gegeben hätte. Es lag an Ihnen, dafür zu sorgen, dass, wenn schon die äußere Welt uns unterdrückt, die Art, in der das deutsche Volk diese Unterdrückung entgegennimmt, dann aber wenigstens eine würdige ist. Sie hatten die Gelegenheit, gegen alle die Erscheinungen der Entwürdigung unseres Volkes aufzutreten. Der Landesverrat, der konnte von Ihnen genauso beseitigt werden, wie er von uns beseitigt werden wird.

(Lebhafter Beifall bei den Nationalsozialisten und den Deutschnationalen.)

Sie haben kein Recht, diesen Spruch überhaupt auf sich zu beziehen: Denn dann hätten Sie damals in dieser Stunde, da jede deutsche Revolution Hochverrat in Tateinheit mit Landesverrat sein musste, da hätten sie damals nicht zu dieser Handlung, auch nur indirekt, Ihre Hand bieten dürfen. Und Sie hätten vermeiden müssen, dass man dann dem deutschen Volk auf Wunsch und Befehl des Auslands eine neue Verfassung aufoktroyierte. Denn das ist nicht ehrenvoll, sich vom Feinde seine innere Gestaltung aufzwingen zu lassen.

(Lebhafter Beifall und Händeklatschen bei den Nationalsozialisten.)

Und Sie hätten damals weiter sich zur deutschen Trikolore bekennen müssen und nicht zu einer Farbe, die der Feind in Flugblättern in unsere Gräber warf,

(Erneuter starker Beifall von rechts.)

weil man gerade in der Zeit der Not und der Unterdrückung durch den Gegner erst recht seinen Stolz zeigen muss und sich erst recht bekennen muss zu seinem Volk und zu seinen Symbolen. Und Sie hätten dann die Gelegenheit gehabt, selbst wenn die Umwelt uns gezwungen, das alles preiszugeben, was uns früher hoch und heilig war, Sie hätten dann die Gelegenheit gehabt, in der inneren Ausführung aber die nationale Ehre der Welt gegenüber in Erscheinung treten zu lassen. Sie haben dafür kein Verständnis gehabt!

(Sehr richtig! rechts.)

Sie sagen: gleiches Recht! So wie wir es nach außen wünschen, so auch nach innen. Für dieses ‚gleiche Recht', Herr Abgeordneter, haben wir vierzehn Jahre gekämpft! Für dieses gleiche Recht des nationalen Deutschlands Ihnen gegenüber, vierzehn Jahre haben Sie das nicht gekannt! Reden Sie heute nicht von gleichem Recht!

(Lauter Beifall von rechts.)

Sie sagen, man solle nicht einen Besiegten vogelfrei erklären. Nun, Herr Abgeordneter, vogelfrei sind wir gewesen, solange Sie die Macht hatten.

(Erneuter stürmischer Beifall bei den Nationalsozialisten. – Widerspruch bei den Sozialdemokraten. – Zuruf des Präsidenten Göring: Severing!)

Sie reden von Verfolgungen. Ich glaube, es sind wenige unter uns, die nicht die Verfolgungen Ihrer Seite im Gefängnis büßen mussten. Es sind wenige unter uns, die nicht die Verfolgungen Ihrer Seite an den tausendfältigen Schikanen, an der tausendfältigen Unterdrückung zu spüren bekommen haben!

(Lebhafte Zustimmung rechts.)

Und außer uns hier, da weiß ich eine Schar von Hunderttausenden, die einem System der Verfolgung ausgesetzt waren, das entwürdigend, geradezu niederträchtig sich oft an ihnen ausließ! Sie scheinen ganz vergessen zu haben, dass man uns jahrelang die Hemden sogar herunterriss, weil die Farbe Ihnen nicht passte.

(Stürmische Pfui-Rufe bei den Nationalsozialisten.)

Bleiben Sie jetzt im Bereich der Wirklichkeit! Aus Ihren Verfolgungen sind wir gewachsen!

Sie sagen weiter, dass die Kritik heilsam sei. Gewiss, wer Deutschland liebt, mag uns kritisieren; wer eine Internationale anbetet, kann uns nicht kritisieren!

(Stürmischer, sich immer wieder erneuernder Beifall.)

Damals sind Ihnen diese Zitate noch nicht zu Gesicht gekommen, sondern damals hat man unsere Presse verboten und verboten und wieder verboten, unsere Versammlungen verboten und uns das Reden verboten und mir das Recht verboten, jahrelang! Und jetzt sagen Sie: Kritik ist heilsam!

(Lachen bei den Nationalsozialisten. – Zurufe von den Sozialdemokraten. – Glocke des Präsidenten.)

Präsident Göring: Reden Sie keine Geschichten und hören Sie sich das jetzt an!

(Bravo! bei den Nationalsozialisten.)

Sie sind wehleidig, meine Herren, und nicht für diese heutige Zeit bestimmt, wenn Sie jetzt schon von Verfolgungen sprechen. Was ist Ihnen geschehen? Sie sitzen hier und geduldig hört man Ihren Redner an.

(Sehr gut! und Heiterkeit bei den Nationalsozialisten.)

Sie reden von Verfolgungen. Wer hat Sie denn bisher verfolgt?

(Präsident Göring: Sehr richtig!) […]

Dem deutschen Arbeiter werden wir Nationalsozialisten von jetzt ab die Bahn freimachen zu dem, was er fordern und verlangen kann. Wir Nationalsozialisten werden seine Fürsprecher sein; Sie, meine Herren *(zu den Sozialdemokraten)*, sind nicht mehr benötigt!

(Sehr gut! und lang anhaltender, stürmischer Beifall bei den Nationalsozialisten.)

[…]

Auch Ihre Stunde hat geschlagen, und nur weil wir Deutschland sehen und seine Not und die Notwendigkeit des nationalen Lebens, appellieren wir in dieser Stunde an den Deutschen Reichstag, uns zu genehmigen, was wir auch ohne dem hätten nehmen können.

(Sehr richtig! bei den Nationalsozialisten.)

Des Rechts wegen tun wir es – nicht, weil wir die Macht überschätzen, sondern weil wir mit denen, die am Ende vielleicht von uns heute getrennt, aber doch irgendwo auch an Deutschland glauben, einst uns vielleicht dann leichter finden können.

(Lebhaftes Bravo bei den Nationalsozialisten.)

[…]

Ich glaube, dass Sie *(zu den Sozialdemokraten)* für dieses Gesetz nicht stimmen, weil Ihrer innersten Mentalität nach die Absicht Ihnen unbegreiflich ist, die uns dabei beseelt.

(Sehr gut! bei den Nationalsozialisten.)

[…]

Und ich kann Ihnen nur sagen: Ich will auch gar nicht, dass Sie dafür stimmen! Deutschland soll frei werden, aber nicht durch Sie!

(Lang andauernde, stürmische Heil-Rufe und Beifallskundgebungen bei den Nationalsozialisten und auf den Tribünen. Händeklatschen bei den Deutschnationalen. Immer erneut einsetzender stürmischer Beifall und Heil-Rufe.)

(M 1/M 2: Verhandlungen des Reichstags, VIII. Wahlperiode 1933, Band 457, Berlin 1934, S. 34–37; zit. nach: Geschichte lernen, Heft 85/Historische Reden, S. 42f.)

Dokumente zur Rekonstruktion der Reichstagssitzung vom 23. März 1933

Der Ablauf der Reichstagssitzung vom 23. März 1933

Die Reichstagssitzung fand, da der Plenarsaal des Reichstages nach dem Brand vom 27. Februar nicht benutzt werden konnte, in der nahe gelegenen Kroll-Oper statt.
An der Sitzung nahmen 535 Abgeordnete teil. Die Abgeordneten der KPD fehlten, da sie entweder in „Schutzhaft“ genommen worden oder ins Ausland geflohen waren. Von den 120 Abgeordneten der SPD fehlten 25 aus demselben Grund. Noch kurz vor Beginn der Sitzung wurden unmittelbar vor dem Portal der Kroll-Oper der ehemalige Minister Carl Severing (SPD) und der Abgeordnete Dr. Julius Leber (ebenfalls SPD) verhaftet.

14.05 h: Beginn der Reichstagssitzung in der Kroll-Oper. Nach einer kurzen Geschäftsordnungsdebatte begründet Reichskanzler Hitler den Antrag auf das „Ermächtigungsgesetz“ (M 3).

15.12 h: Unterbrechung der Sitzung für drei Stunden für Sitzungen der Fraktionen.

18.16 h: Wiederaufnahme der Sitzung:
Rede des SPD-Abgeordneten Wels (M 1);
Spontane Antwortrede des Reichskanzlers (M 2);
Rede des Abgeordneten Kaas (Zentrum);
Rede des Abgeordneten Ritter von Lex (Bayrische Volkspartei);
Rede des Abgeordneten Dr. Maier (Staatspartei);
Rede des Abgeordneten Simpfendörfer (Volkspartei).
Namentliche Abstimmung und Verkündung des Abstimmungsergebnisses durch den Präsidenten des Reichstages, Göring: 94 Nein-Stimmen zu 441 Ja-Stimmen. Göring stellt fest, dass das Ermächtigungsgesetz die verfassungsändernde Mehrheit von 2/3 der Stimmen erreicht hat.

19.52 h: Schluss der Sitzung. Die Abgeordneten der NSDAP und die im Saal anwesenden SA- und SS-Leute feierten das Abstimmungsergebnis mit einem dreifachen „Sieg Heil“ und dem Absingen des „Horst-Wessel-Liedes“. Die Abgeordneten der anderen Parteien konnten den Sitzungssaal ungehindert verlassen.

M 3 Adolf Hitler: Regierungserklärung zum Ermächtigungsgesetz

Mit dieser Rede eröffnete Hitler am 23.3.1933 die Debatte um das Ermächtigungsgesetz im Reichstag.

[...] Die theoretische Gleichheit vor dem Gesetz kann nicht dazu führen, grundsätzliche Verächter der Gesetze und der Gleichheit zu tolerieren, ja ihnen am Ende aus irgendeiner demokratischen Doktrin die Freiheit der Nation auszuliefern. Sie wird die Gleichheit vor dem Gesetz aber all denjenigen zubilligen, die in der Frage der Rettung unseres Volkes sich hinter die nationalen Interessen stellen und der Regierung ihre Unterstützung nicht versagen. Überhaupt soll es ihre höchste Aufgabe sein, die geistigen Führer dieser Vernichtungstendenz zur Verantwortung zu ziehen, die verführten Opfer aber zu retten. [...] Gleichlaufend mit dieser politischen Entgiftung unseres öffentlichen Lebens wird die nationale Regierung eine durchgreifende moralische Sanierung an unserem Volkskörper vornehmen. [...] Blut und Rasse werden wieder zur Quelle der künstlerischen Inspiration. [...] Indem die Regierung entschlossen ist, die politische und moralische Entgiftung unseres öffentlichen Lebens durchzuführen, schafft und sichert sie die Voraussetzungen für eine wirklich tiefe, innere Religiosität. [...] Die nationale Regierung sieht in den beiden christlichen Konfessionen wichtigste Faktoren der Erhaltung unseres Volkstums. Sie wird die zwischen ihnen und den Ländern abgeschlossenen Verträge respektieren; ihre Rechte sollen nicht angetastet werden. [...] Die nationale Regierung wird in Schulen und Erziehung den christlichen Konfessionen den ihnen zukommenden Einfluss sicherstellen. Ihre Sorge gilt dem aufrichtigen Zusammenleben zwischen Kirche und Staat. [...]
Um die Regierung in die Lage zu versetzen, die Aufgaben zu erfüllen, die innerhalb dieses allgemein gekennzeichneten Rahmens liegen, hat sie im Reichstag [...] das Ermächtigungsgesetz einbringen lassen. Es würde dem Sinn der nationalen Erhebung widersprechen, [...] wollte die Regierung sich für ihre Maßnahmen von Fall zu Fall die Genehmigung des Reichstages erhandeln und erbitten. [...]
Sie zieht in jedem Fall eine klare Entscheidung vor. Sie bietet den Parteien des Reichstages die Möglichkeit einer ruhigen deutschen Entwicklung und einer sich daraus in der Zukunft anbahnenden Verständigung; sie ist aber ebenso entschlossen und bereit, die Bekundung der Ablehnung und damit die Ansage des Widerstandes entgegenzunehmen. Mögen Sie, meine Herren, nunmehr selbst die Entscheidung treffen über Frieden oder Krieg.

M 4 Wortlaut des „Ermächtigungsgesetzes"

„Gesetz zur Behebung der Not von Volk und Reich" vom 23. März 1933

Der Reichstag hat das folgende Gesetz beschlossen, das mit Zustimmung des Reichstages hiermit verkündet wird, nachdem festgestellt ist, dass die Erfordernisse verfassungsändernder Gesetzgebung erfüllt sind:

Artikel 1
Reichsgesetze können außer in dem in der Reichsverfassung vorgesehenen Verfahren auch durch die Reichsregierung beschlossen werden. [...]

Artikel 2
Die von der Reichsregierung beschlossenen Reichsgesetze können von der Reichsverfassung abweichen, soweit sie nicht die Einrichtung des Reichstags und des Reichsrats als solche zum Gegenstand haben. Die Rechte des Reichspräsidenten bleiben unberührt.

Artikel 3
Die von der Reichsregierung beschlossenen Reichsgesetze werden vom Reichskanzler ausgefertigt und im Reichsgesetzblatt verkündigt. Sie treten [...] am folgenden Tage in Kraft. [...]

Artikel 4
Verträge des Reiches mit fremden Staaten, die sich auf Gegenstände der Reichsgesetzgebung beziehen, bedürfen nicht der Zustimmung der an der Gesetzgebung beteiligten Körperschaften.

Artikel 5
Dieses Gesetz tritt mit dem Tage seiner Verkündigung in Kraft. Es tritt mit dem 1. April 1937 außer Kraft; es tritt ferner außer Kraft, wenn die gegenwärtige Reichsregierung durch eine andere abgelöst wird.

Berlin, den 24. März 1933.

Der Reichspräsident von Hindenburg

Der Reichskanzler Adolf Hitler

Der Reichsminister des Innern Frick

Der Reichsminister des Auswärtigen von Neurath

Der Reichsminister der Finanzen von Krosigk

(M 3/M 4 zit. nach: Rudolf Morsey, Das „Ermächtigungsgesetz" vom 23. März 1933, Düsseldorf 1992, S. 52ff.)

Der totalitäre „Führerstaat"

„Das einzelne Individuum ist vergänglich, das Volk ist bleibend" – im nationalsozialistischen „Führerstaat" zählte der oder die Einzelne nichts, das „Volk" alles. Dieser Staat war weit mehr als nur eine politische Diktatur. Denn er reglementierte und kontrollierte das gesamte politische, gesellschaftliche und kulturelle Leben auf der Grundlage einer Ideologie mit umfassendem Anspruch.

Schon zeitgenössische Wissenschaftler bezeichneten solch einen Staat als „totalitären" Staat. Er stand in scharfem Gegensatz zum Konzept eines liberalen Rechtsstaates, wie es die Weimarer Republik gewesen war.

Um diesen „totalitären" Staat gewissermaßen „von innen" kennenlernen zu können, stehen Ihnen auf den folgenden Seiten Quellen zur Verfügung, die allesamt von Nationalsozialisten oder zumindest ihnen nahestehenden Autoren verfasst wurden. Eine angemessene Interpretation setzt voraus, dass Sie die methodischen Schritte der Quelleninterpretation genau beachten (s. S. 503 f.).

- **Welche Merkmale kennzeichneten den nationalsozialistischen „Führerstaat"?**
- **Inwiefern waren sie alle auf einen ideologischen Kern zurückzuführen?**
- **Wie sind diese Merkmale aus heutiger Sicht zu beurteilen?**

Totalitarismus
Der Begriff bezeichnet solche Staatsordnungen im 20. Jahrhundert, in denen das gesamte staatliche, gesellschaftliche und kulturelle Leben entsprechend einer Ideologie reglementiert, vereinheitlicht und von oben kontrolliert wird.
Der Totalitarismusbegriff wurde in den 1920er-Jahren von Kritikern des Faschismus entwickelt und später sowohl auf die nationalsozialistischen/faschistischen Staaten Deutschland und Italien wie auch auf die stalinistische Sowjetunion angewendet. Nach diesem Ansatz unterscheiden sich zwar die jeweils zugrunde liegenden Ideologien deutlich, das auf ihnen aufbauende Herrschaftssystem weist jedoch ähnliche (totalitäre) Züge auf.

Stellen Sie die Merkmale und den ideologischen Kerngedanken des nationalsozialistischen Führerstaates in einem Kurzvortrag dar und bewerten Sie diese Staatsordnung im gemeinsamen Kursgespräch.

Arbeitsvorschlag zur inhaltlichen Vorbereitung des Kurzvortrags und des Kursgespräches:

1. Organisieren Sie ein Gruppenpuzzle zur Untersuchung der Materialien.

Gruppenpuzzle – Gruppenarbeit in zwei Schritten:

a)

① ①	② ②	③ ③	④ ④
① ①	② ②	③ ③	④ ④

b)

① ②	① ②	① ②	① ②
③ ④	③ ④	③ ④	③ ④

2. Erarbeiten Sie mithilfe der Quellen, welche Merkmale den „Führerstaat" charakterisieren. Gehen Sie arbeitsteilig vor, indem Sie jeweils Quellen zu einer bestimmten Themengruppe interpretieren: „Volksgemeinschaft" (M 1 – M 3), „Staat" (M 4 – M 6), „Justiz" (M 7 – M 9), „Polizei" (M 10 – M 12), „Wissenschaft" (M 13, M 14), „Kultur" (M 15) und „Erziehung" (M 16, M 17).

3. Bilden Sie neue Kleingruppen, in denen jeweils mindestens eine Person aus jeder Expertengruppe vertreten ist. Tragen Sie die Ergebnisse aus Ihren Expertengruppen vor und beantworten Sie – soweit möglich – Fragen der anderen Gruppenmitglieder zu Ihrem Thema.

4. Arbeiten Sie auf der Grundlage Ihrer Kenntnisse heraus, inwieweit die Merkmale des „Führerstaates" auf einen gemeinsamen ideologischen Kern zurückgeführt werden können.

5. Kehren Sie in Ihre Expertengruppen zurück und tragen Sie dort die Antworten auf die zweite Leitfrage vor, die Sie zuvor erarbeitet haben.

6. Erstellen Sie in Ihrer Expertengruppe ein gemeinsames Vortragskonzept für die Präsentation im Plenum. Entscheiden Sie, ob Sie begleitend eine Visualisierung einsetzen wollen, um Ihre Ausführungen zu veranschaulichen.

MATERIALIEN

Volksgemeinschaft

M 1 Aus der Rede Hitlers zum Erntedankfest in Bückeburg, 1.10.1933

Der Nationalsozialismus hat weder im Individuum noch in der Menschheit den Ausgangspunkt seiner Betrachtungen, seiner Stellungnahmen und Entschlüsse. Er rückt bewusst in den Mittelpunkt seines ganzen Denkens das Volk. Dieses Volk ist für ihn eine blutmäßig bedingte Erscheinung, in der er einen von Gott geweihten Baustein der menschlichen Gesellschaft sieht. Das einzelne Individuum ist vergänglich, das Volk ist bleibend. Wenn die liberale Weltanschauung in ihrer Vergötterung des einzelnen Individuums zur Zerstörung des Volkes führen muss, so wünscht dagegen der Nationalsozialismus das Volk zu schützen, wenn nötig auf Kosten des Individuums. Es ist notwendig, dass der Einzelne sich langsam zur Erkenntnis durchringt, dass sein eigenes Ich unbedeutend ist, gemessen am Sein des ganzen Volkes [...], dass vor allem die Geistes- und Willenseinheit einer Nation höher zu schätzen sind als die Geistes- und Willenseinheit des Einzelnen.

(Zit nach: H. Krieger (Hg.), Materialien für den Geschichtsunterricht, Bd. V, Frankfurt (Diesterweg) 1980, S. 254)

M 2 Aus einer Rede Hitlers von 1922

Erstens: „national" und „sozial" sind zwei identische Begriffe. Dem Juden erst ist es gelungen, durch die Umfälschung des sozialen Gedankens zum Marxismus diesen sozialen Gedanken nicht nur dem nationalen zu entfremden, sondern, was ja praktisch erreicht worden ist, sie als stärkste Gegensätze hinzustellen. Wir haben uns bei Gründung dieser Bewegung entschlossen, sie (trotz aller Abmahnungen) aufgrund der Erkenntnis und der Wahrhaftigkeit des Willens, diese Erkenntnis auszudrücken, als „Nationalsozialistische" zu taufen. Wir sagten uns, dass „national" sein in allererster Linie heißt, in grenzenloser, alles umspannender Liebe zum Volke handeln und, wenn nötig, dafür auch zu sterben. Und also heißt sozial sein, den Staat und die Volksgemeinschaft so aufbauen, dass jeder Einzelne für die Volksgemeinschaft handelt und demgemäß auch überzeugt sein muss von der Güte und der ehrlichen Redlichkeit dieser Volksgemeinschaft, um dafür sterben zu können.

Zweitens aber sagten wir uns: Es gibt und kann keine Klassen geben. Klasse heißt Kaste und Kaste heißt Rasse. Wenn es in Indien Kasten gibt – jawohl –, dort ist das möglich, dort waren einst Arier und dunkle Ureinwohner. So war es auch in Ägypten und auch in Rom. Bei uns aber in Deutschland, wo jeder gleiches Blut trägt, der überhaupt Deutscher ist, und gleiche Augen hat und die gleiche Sprache spricht, da kann es keine Klassen geben, da gibt es nur ein Volk und weiter nichts. [...] Ja, Stände kann es geben. Aber was diese Stände auch untereinander um den Ausgleich ihrer Wirtschaftsbedingungen zu kämpfen haben, so groß darf der Kampf nie werden und die Kluft, dass darüber die Bande der Rasse zerreißen.

(Zit. nach: Bernd Hey/Joachim Radkau, Nationalsozialismus und Faschismus, Politische Weltkunde II, Stuttgart (Klett) 1976, S. 14)

M 3 Aus einem deutschen Schulgeschichtsbuch von 1941

Deutscher Sozialismus. Die Marxsche Botschaft trat unter dem Kennwort „Sozialismus" auf, obwohl sie mit wahrem Sozialismus nichts zu tun hatte. Für uns Deutsche ist Sozialismus die Anerkennung der Gemeinschaft als oberster Lebenswert. „Sozialistisch" waren die Ritterorden und Bürgerzünfte des Mittelalters, „sozialistisch" das Preußentum; „sozialistischer" Geist durchglühte die deutschen Regimenter des Großen Krieges [Erster Weltkrieg].
An einer Stelle hatte im liberalen Jahrhundert dieser Sozialismus im deutschen Sinn noch Stätte und Verkörperung gefunden – im deutschen Heer. Das Heer hob die Menschen aus ihrer Besonderheit heraus, steckte sie in die gleiche Uniform und schob sie ausnahmslos in Reih und Glied; es lehrte sie, ihre persönlichen Wünsche und Bedürfnisse zu vergessen und gemeinsam Idealen zu dienen, die höher liegen als alles, was der Einzelne je erstreben kann, und für diese Ideale selbstverständlich und bedingungslos auch das Letzte herzugeben. Der Einzelne war „eingezogen" zum Dienst an der Gemeinschaft, der Nation.

(Volk und Führer, Ausgabe für Oberschulen, Klasse 8 – Der Weg zum Großdeutschen Reich, Frankfurt (Diesterweg) 1941, S. 57f.; zit. nach: Bernd Hey/Joachim Radkau, a. a. O. S. 14)

Staat

M 4 Aus einer Rede des Reichsinnenministers Frick vom 19.11.1936

Als nicht den völkischen Grundsätzen entsprechend, ist der sich auf der formalen Gleichheit und

auf der von jeder Gemeinschaftsbildung freien Einzelpersönlichkeit aufbauende demokratische und liberale Staat abzulehnen. Parlamentarismus und formale Demokratie passen nicht zum deutschen Volk. An ihre Stelle musste der von einem verantwortlichen Führer geleitete echte Volksstaat treten. Der Nationalsozialismus hatte diese politische Form spezifisch deutschen Wesens bereits in seiner Parteiorganisation geschaffen; sie galt es auch im Staatsleben zu verwirklichen.
Das Wesen dieses so entstehenden nationalsozialistischen Führerstaates besteht einmal darin, dass an der Spitze ein Führer steht, dessen Geist und Wille den Staat beseelt und gestaltet, ihm sein Gepräge gibt. Bei ihm liegt die höchste und letzte Entscheidung in allen Angelegenheiten des Staates. In seiner Hand ruht damit letzten Endes alle Macht. „Es muss ein Wille sein, und es muss ein Wille führen." [...] Zum Führer gehört die Gefolgschaft. Der Führer führt daher nicht mithilfe äußerer Zwangsmittel, sondern durch die Überzeugungskraft seiner Leistung. Um der Gemeinschaft willen unterstellt die Gefolgschaft sich in freiwilligem Dienst dem Führer. [...]

(Zit. nach: Materialien für den Geschichtsunterricht, a. a. O., S. 254 f.)

M 5 Aus dem Buch „Der Deutsche Führerstaat" von Otto Koellreutter (1934)

Otto Koellreutter (1883–1972) war Staatsrechtslehrer und Professor in Freiburg, Halle, Jena und München.

Das Führerprinzip des deutschen Führerstaates baut demgegenüber auf völkischer Grundlage auf. Es wurzelt in der Staatsautorität des völkischen Staates, d. h. in einer Gemeinschaftsethik. Die Idee der Gemeinschaft, die Idee des „Wir" als Ganzheit eines Volkes bildet die politische Kraft des Führerstaates. Die seelische Verbindung des Volkes mit dem Staate bildet das Wesen der Staatsautorität, die auf der Vorstellung der Einheit von Volk und Staat beruht. Nur der völkische Staat hat diese natürliche Gemeinschaftsbasis, nur in ihm gibt es deshalb echte Staatsautorität. Der Liberalismus, dem diese Ganzheits- und Einheitsvorstellung von Volk und Staat fehlte, hatte deshalb auch kein Verständnis für das Wesen der Autorität; der liberale Staat ist der Idee nach immer ein „autoritätsloser Freiheitsstaat." Wenn Hitler als Grundsatz des Aufbaus des deutschen Führerstaates bezeichnet hat „Autorität jedes Führers nach unten und Verantwortlichkeit nach oben", so hat er damit das Wesen der echten Führerschaft umschrieben. Denn wesentlich ist für den Führerstaat die Anerkennung des Grundsatzes der offenen Verantwortlichkeit der Führer. Nur sie kann politisch einheits- und gemeinschaftsbildend wirken; nur durch sie wird die bewusste politische Verbundenheit von Volk und Staat erreicht, die zum Wesen des echten autoritären Staates gehört. Der Führerstaat trägt immer antiliberale Züge; und er kann auch niemals geprägt und gestaltet werden durch den Typus des liberalen Menschen, sondern nur durch den Typus von Männern, die sich ihrer inneren Verbundenheit mit Volk und Staat stets bewusst sind. [...]

(Zit. nach: W. Hofer (Hg.), Der Nationalsozialismus – Dokumente 1933–1945, Frankfurt (Fischer Bücherei) 1957, S. 82 f.)

M 6 Aus dem Buch „Der totale Staat" von Ernst Forsthoff (1933)

Ernst Forsthoff (1902–1974) war Professor für Staats- und Verwaltungsrecht.

Der totale Staat muss ein Staat der totalen Verantwortung sein. Er stellt die totale Inpflichtnahme jedes Einzelnen für die Nation dar. Diese Inpflichtnahme hebt den privaten Charakter der Einzelexistenz auf. In allem und jedem, in seinem öffentlichen Handeln und Auftreten ebenso wie innerhalb der Familie und häuslichen Gemeinschaft verantwortet jeder Einzelne das Schicksal der Nation. Nicht dass der Staat bis in die kleinsten Zellen des Volkslebens hinein Gesetze und Befehle ergehen lässt, ist wesentlich, sondern dass er auch hier eine Verantwortung geltend machen kann, dass er den Einzelnen zur Rechenschaft ziehen kann, der sein persönliches Geschick nicht dem der Nation völlig unterordnet. Dieser Anspruch des Staates, der ein totaler ist und an jeden Volksgenossen gestellt ist, macht das neue Wesen des Staates aus [...].

(Zit. nach: W. Hofer, a. a. O., S. 83 f.)

Justiz

M 7 Aus einer Rede des „Reichsrechtsführers" Reichsminister Dr. Frank vom 14. 9. 1935

Hans Frank (1900–1946, als Kriegsverbrecher hingerichtet), 1933–1942 „Reichsleiter des Rechtsamtes der NSDAP" (ab 1934 „Reichsminister"), 1939–1945 „Generalgouverneur von Polen".

Dem ehernen Staat des Nationalsozialismus entspricht die eherne Rechtsauffassung, wonach Treue und Disziplin, Opfergeist und Volksgemeinschaft die tragenden Gedanken der Gesamtordnung unseres völkischen Gemeinschaftslebens und damit der Rechtsordnung werden. Durch das Gesetz vom 18. Juni 1935 wurde der liberalistische Ausgangspunkt des alten Strafgesetzbuches: „Keine Strafe ohne formelles Gesetz" endgültig verlassen und an seine Stelle die unserem Gerechtigkeitsempfinden entsprechende Forderung: „Kein Verbrechen ohne Strafe" verwirklicht [...]. In Zukunft wird ein verbrecherisches Verhalten, auch wenn es vom Gesetzgeber vor der Tat nicht ausdrücklich formell unter eine Strafbestimmung gestellt worden ist, die verdiente strafrechtliche Sühne finden können, wenn dieses Verhalten nach gesunder Volksanschauung strafwürdig ist.

(Zit. nach: Materialien für den Geschichtsunterricht, a. a. O., S. 266)

M 8 Leitsätze des „Reichsrechtsführers" Dr. Frank vom 14.1.1936

1. Der Richter ist nicht als Hoheitsträger des Staates über den Staatsbürger gesetzt, sondern er steht als Glied in der lebendigen Gemeinschaft des deutschen Volkes. Es ist nicht seine Aufgabe, einer über der Volksgemeinschaft stehenden Rechtsordnung zur Anwendung zu verhelfen oder allgemeine Wertvorstellungen durchzusetzen; vielmehr hat er die konkrete völkische Gemeinschaftsordnung zu wahren, Schädlinge auszumerzen, gemeinschaftswidriges Verhalten zu ahnden und Streit unter Gemeinschaftsgliedern zu schlichten.
2. Grundlage der Auslegung aller Rechtsquellen ist die nationalsozialistische Weltanschauung, wie sie insbesondere in dem Parteiprogramm und den Äußerungen unseres Führers ihren Ausdruck findet.
3. Gegenüber Führerentscheidungen, die in die Form eines Gesetzes oder einer Verordnung gekleidet sind, steht dem Richter kein Prüfungsrecht zu. Auch an sonstige Entscheidungen des Führers ist der Richter gebunden, sofern in ihnen der Wille, Recht zu setzen, unzweideutig zum Ausdruck kommt.
4. Gesetzliche Bestimmungen, die vor der nationalsozialistischen Revolution erlassen worden sind, dürfen nicht angewendet werden, wenn ihre Anwendung dem heutigen gesunden Volksempfinden ins Gesicht schlagen würde [...].
5. Zur Erfüllung seiner Aufgaben in der Volksgemeinschaft muss der Richter unabhängig sein. Er ist nicht an Weisungen gebunden [...].

(Zit. nach: Materialien für den Geschichtsunterricht, a. a. O., S. 266)

M 9 Aus einem „Richterbrief" des Justizministers Thierack (1942)

Otto Georg Thierack (1889–1946, Selbstmord), Präsident des Volksgerichtshofes (1936–1942) und Reichsminister der Justiz (1942–1945). In seinen sogenannten „Richterbriefen" nahm Thierack Einfluss auf die Justizbehörden.

Deutsche Richter!
Nach alter germanischer Rechtsauffassung war immer der Führer des Volkes sein oberster Richter. Wenn also der Führer einen anderen mit dem Amt eines Richters belehnt, so bedeutet das, dass dieser nicht nur seine richterliche Gewalt vom Führer ableitet und ihm verantwortlich ist, sondern auch, dass Führertum und Richtertum wesensverwandt sind.
Der *Richter* ist demnach auch *Träger der völkischen Selbsterhaltung*. Er ist der Schützer der Werte eines Volkes und der Vernichter der Unwerte. Er ist der Ordner von Lebensvorgängen, die Krankheiten im Leben des Volkskörpers sind. Ein starkes Richtertum ist für die Erhaltung einer wahren Volksgemeinschaft unerlässlich.
Mit dieser Aufgabe ist der *Richter* der unmittelbare *Gehilfe der Staatsführung*. Diese Stellung hebt ihn heraus; sie lässt aber auch die Begrenzung seiner Aufgaben erkennen, die nicht, wie eine liberalistische Doktrin glaubte, in der Kontrolle der Staatsführung liegen kann. Denn wenn ein Staat nicht eine Organisation besitzt, die dem Besten die Führung gibt, so kann die Rechtspflege durch ihre Tätigkeit diese Auslese nicht ersetzen.
Diese Aufgaben stellen den *Richter* in den *Mittelpunkt der Rechtspflege*. Sie lassen den *Richterberuf* als einen *Urberuf* dem des Bauern und Soldaten vergleichbar erscheinen. [...]
Ein solches Richterkorps wird sich nicht sklavisch der Krücken des Gesetzes bedienen. Es wird *nicht ängstlich nach Deckung durch das Gesetz suchen, sondern verantwortungsfreudig* im Rahmen des Gesetzes die Entscheidung finden, die für die Volksgemeinschaft die beste Ordnung des Lebensvorgangs ist.

(Zit. nach: Heinz Boberach (Hg.), Richterbiefe, Boppard (Boldt) o. J., S. 9)

Polizei

M 10 Aus dem parteiamtlichen Werk „Das Recht der NSDAP" (1936)

Die Polizei hat im nationalsozialistischen Staat die umfassende Aufgabe, unter Anerkennung der freien Verantwortlichkeit des Einzelnen über das Wohl des Volkes nach allen Richtungen hin zu wachen und es zu fördern. Deshalb ist nicht nur die ‚Gefahrenabwehr‘ im liberalistischen Sinne Aufgabe der Polizei, sondern die Kontrolle des gesamten Pflichtenkreises des Einzelnen gegenüber der Volksgemeinschaft. Aus diesem Grunde besteht zwischen der Polizei, als Hüterin der Volksgemeinschaft, und der NSDAP, als Trägerin des Volkswillens, eine innige Beziehung. Als Ausdruck dieser engen Verbundenheit hat der Führer und Reichskanzler auf Vorschlag des Reichs- und preußischen Ministers des Innern durch Erlass vom 17.6.1936 zur einheitlichen Zusammenfassung der politischen Aufgaben im Reich den Reichsführer SS Heinrich Himmler zum Chef der Deutschen Polizei im Reichsministerium des Innern ernannt.

(Zit. nach: Materialien für den Geschichtsunterricht, a. a. O., S. 265)

M 11 Aus einem Vortrag Himmlers vor der Akademie für Deutsches Recht am 11.10.1936

Heinrich Himmler (1900–1945, Selbstmord), 1929–1945 „Reichsführer SS“, 1935 „Chef der politischen Polizei des Reiches“, 1936–1945 „Leiter der deutschen Polizei, 1943–1945 „Reichsminister des Inneren“.

Als wir Nationalsozialisten im Jahre 1933 an die Macht kamen, erhielt ein Teil von uns die Aufgabe, die Polizei zu übernehmen. […] Wir Nationalsozialisten fanden damals eine Polizei vor, die ursprünglich als stur gehorchendes Machtinstrument eines absolutistischen Staates ins Leben gerufen worden war, die sich aus dieser Zeit die Unbeliebtheit und den Hass der Bevölkerung als größtes und gewaltigstes Erbe mitgebracht hatte, die aber die Machtvollkommenheit der Polizei des absolutistischen Staates verloren hatte. Sie hieß noch ‚Machtapparat‘, war aber in Wirklichkeit keiner mehr; sie war ein hilfsbedürftiges, an allen Ecken und Enden eingeschnürtes Gebilde. Überall mussten sich die Beamten vorsehen, dass sie nicht bei der Verhaftung eines Verbrechers selbst hereinfielen und der Verbrecher leer ausging. Wir Nationalsozialisten haben uns dann […] nicht ohne Recht, das wir in uns trugen, wohl aber ohne Gesetz an die Arbeit gemacht. Ich habe mich dabei von vornherein auf den Standpunkt gestellt, ob ein Paragraf unserem Handeln entgegensteht, ist mir völlig gleichgültig; ich tue zur Erfüllung meiner Aufgaben grundsätzlich das, was ich nach meinem Gewissen in meiner Arbeit für Führer und Volk verantworten kann und dem gesunden Menschenverstand entspricht. Ob die anderen Leute über die „Brechung der Gesetze“ jammerten, war in diesen Monaten und Jahren, in denen es um Leben oder Sterben des deutschen Volkes ging, gänzlich gleichgültig. Das Ausland […] sprach natürlich von einem rechtlosen Zustand in der Polizei und damit im Staate. Rechtlos nannten sie ihn, weil er nicht dem entsprach, was sie unter Recht verstanden. In Wahrheit legten wir durch unsere Arbeit die Grundlagen zu einem neuen Recht, dem Lebensrecht des deutschen Volkes.

(Zit. nach: Materialien für den Geschichtsunterricht, a. a. O., S. 265 f.)

M 12 Aus einem Artikel des „Völkischen Beobachters“ über die Tätigkeit der Geheimen Staatspolizei (Gestapo) vom 29.8.1933

Die Arbeit der Geheimen Staatspolizei hat diese zum Muster einer Behörde im neuen Deutschland erhoben. Niemand kann behaupten, dass hier etwa mit bürokratischen Methoden vorgegangen werde, im Gegenteil, in engster Zusammenarbeit mit den Trägern des Staates im Volk selbst werden hier die großzügigen Anordnungen der Regierung erfolgreich in die Praxis umgesetzt. Die großen Razzien, die […] überall durchgeführt werden und für die Betroffenen stets überraschend kommen, haben zur Aufdeckung marxistischer Waffenlager geführt, die, zusammengenommen, ein anschauliches Bild für die Ausrüstung des Staatsfeindes darstellen. In den *Konzentrationslagern*, die zum Schutz des Volkes vor den gefährlichsten Hetzern unerlässlich sind, haben die staatsfeindlichen Elemente Gelegenheit, über ihre Schandtaten nachzusinnen. Ohne Unterschied der Person wird hier wertvolle Erziehungsarbeit geleistet. […].

(Zit. nach: Materialien für den Geschichtsunterricht, a. a. O., S. 267)

Wissenschaft

M 13 Aus einer Schrift des Physikers Philipp Lenard (1936)

Philipp Lenard (1862–1947), Professor für Physik, Nobelpreis für Physik (1905).

„Deutsche Physik?“, wird man fragen. Ich hätte auch arische Physik oder Physik der nordisch gearteten Menschen sagen können, Physik der Wirklichkeits-Ergründer, der Wahrheit-Suchenden, Physik derjenigen, die Naturforschung begründet haben. – „Die Wissenschaft ist und bleibt international!“, wird man mir einwenden wollen. Dem liegt aber ein Irrtum zugrunde. In Wirklichkeit ist die Wissenschaft, wie alles, was Menschen hervorbringen, rassisch, blutmäßig bedingt. Ein Anschein von Internationalität kann entstehen, wenn aus der Allgemeingültigkeit der Ergebnisse der Naturwissenschaft zu Unrecht auf allgemeinen Ursprung geschlossen wird oder wenn übersehen wird, dass die Völker verschiedener Länder, die Wissenschaft gleicher oder verwandter Art geliefert haben wie das deutsche Volk, dies nur deshalb und insofern konnten, weil sie ebenfalls vorwiegend nordischer Rassenmischung sind oder waren. Völker anderer Rassenmischung haben eine andere Art, Wissenschaft zu treiben […].

(Volk im Werden, Heft 7/Sonderheft der Heidelberger Studentenschaft zum 550-jährigen Universitätsjubiläum, Leipzig 1936, S. 414; zit. nach: W. Hofer, a. a. O., S. 98)

M 14 Aus einer Abhandlung des Physikers Johannes Stark (1934)

Johannes Stark (1874–1957), Professor für Physik, Nobelpreis für Physik (1919).

Es ist das Schlagwort geprägt und besonders von jüdischer Seite verbreitet worden, die Wissenschaft sei international. Man meint mit ihm weniger die Wissenschaft selbst als vielmehr die wissenschaftlichen Forscher und fordert für diese eine Sonderstellung in der Nation; sie sollen nicht unter nationalen Gesichtspunkten betrachtet werden, sondern sollen ohne Rücksicht auf ihre völkische Zugehörigkeit rein nur nach dem Erfolg ihrer wissenschaftlichen Tätigkeit bewertet werden. Nach dieser Auffassung dürften allerdings jüdische Wissenschaftler auch im nationalsozialistischen Staat nicht angetastet werden und könnten unbehindert weiter maßgebenden Einfluss ausüben. Demgegenüber muss von nationalsozialistischer Seite mit allem Nachdruck betont werden, dass im nationalsozialistischen Staat auch für den Wissenschaftler die Verpflichtung gegenüber der Nation über allen anderen Verpflichtungen steht; auch der wissenschaftliche Forscher […] ist nicht um seiner selbst oder um der Wissenschaft willen da, sondern hat mit seiner Arbeit in erster Linie der Nation zu dienen. Darum können im nationalsozialistischen Staate an den führenden wissenschaftlichen Stellen nicht volksfremde, sondern nur nationalbewusste deutsche Männer stehen. […]

(Johannes Stark, Nationalsozialismus und Wissenschaft, München 1934, S. 10; zit. nach: W. Hofer, a. a. O., S. 98f.)

Kultur

M 15 Aus einer Rede von Goebbels zur Eröffnung der „Reichskulturkammer" am 15.11.1933

Joseph Goebbels (1897–1945, Selbstmord), 1933–1945 „Reichsminister für Volksaufklärung und Propaganda". Die im Reichskulturkammergesetz vom 22.9.1933 errichtete „Reichskulturkammer" unter Führung des „Reichsministers für Volksaufklärung und Propaganda" diente der Lenkung und Kontrolle des gesamten kulturellen Lebens. Alle Schriftsteller, Musiker, Bildhauer, Schauspieler, Regisseure, Journalisten etc. waren Zwangsmitglieder der Reichskulturkammer. Ein Ausschluss aus der Reichskulturkammer kam einem Berufsverbot gleich.

Die Revolution, die wir gemacht haben, ist eine totale. Sie hat alle Gebiete des öffentlichen Lebens erfasst und von Grund auf umgestaltet. Sie hat die Beziehungen der Menschen untereinander, die Beziehungen der Menschen zum Staat und zu den Fragen des Daseins vollkommen geändert und neu geformt. Es war in der Tat Durchbruch einer jungen Weltanschauung, die 14 Jahre lang in der Opposition um die Macht gekämpft hatte, um dann unter ihrer Zuhilfenahme dem deutschen Volk ein neues Staatsgefühl zu geben. Das, was sich seit dem 30. Januar dieses Jahres abgespielt hat, ist nur der sichtbare Ausdruck dieses revolutionären Prozesses. Hier aber hat die Revolution an sich begonnen. Sie ist damit nur zu Ende geführt worden. […]
Das System, das wir niederwarfen, fand im Liberalismus seine treffendste Charakterisierung. Wenn der Liberalismus vom Individuum ausging und den Einzelmenschen in das Zentrum aller Dinge stellte, so haben wir Individuum durch Volk und Einzelmensch durch Gemeinschaft ersetzt. Freilich musste dabei die Freiheit des Individuums insoweit eingegrenzt werden, als sie sich mit der Freiheit der Nation stieß oder im Widerspruch befand. Das ist keine Einengung des Freiheitsbegriffes an sich. Ihn für das Individuum überspitzen, heißt die Freiheit des Volkes aufs Spiel setzen oder doch ernsthaft gefährden. Die Grenzen des individuellen Freiheitsbegriffes liegen deshalb an den Grenzen des völkischen Freiheitsbegriffes.
Kein Einzelmensch, er mag hoch oder niedrig stehen, kann das Recht besitzen, von seiner Freiheit Gebrauch zu machen auf Kosten des nationalen Freiheitsbegriffes. Denn nur die Sicherheit des nationalen Freiheitsbegriffes verbürgt ihm auf die Dauer persönliche Freiheit. Je freier ein Volk ist,

desto freier können sich seine Glieder bewegen. Je eingeengter aber seine nationale Daseinsgrundlage, umso illusorischer eine vermeintliche Freiheit, die seine Kinder genießen.
Das gilt auch für den schaffenden Künstler. Kunst ist kein absoluter Begriff; sie gewinnt erst Leben im Leben des Volkes. Das war vielleicht das schlimmste Vergehen der künstlerisch schaffenden Menschen der vergangenen Epoche, dass sie nicht mehr in organischer Beziehung zum Volke selbst standen und damit die Wurzel verloren, die ihnen täglich neue Nahrung zuführte. Der Künstler trennte sich vom Volke; er gab dabei die Quelle seiner Fruchtbarkeit auf. Von hier ab setzt die lebensbedrohende Krise der kulturschaffenden Menschen in Deutschland ein. Kultur ist höchster Ausdruck der schöpferischen Kräfte eines Volkes. Der Künstler ist ihr begnadeter Sinngeber. Es wäre vermessen, zu glauben, dass seine göttliche Mission außerhalb des Volkes vollendet werden könnte. Sie wird für das Volk durchgeführt und die Kraft, derer er sich dabei bedient, stammt aus dem Volk. Verliert der künstlerische Mensch einmal den festen Boden des Volkstums, auf dem er mit harten, markigen Knochen stehen muss, um den Stürmen des Lebens gewachsen zu sein, dann ist er damit den Anfeindungen der Zivilisation preisgegeben, denen er früher oder später erliegen wird […].

(Zit. nach: W. Hofer, a. a. O., S. 89 f.)

Jugend und Erziehung

M 16 Gesetz über die Hitlerjugend vom 1.12.1936

Von der Jugend hängt die Zukunft des deutschen Volkes ab. Die gesamte deutsche Jugend muss deshalb auf ihre künftigen Pflichten vorbereitet werden. Die Reichsregierung hat daher das folgende Gesetz beschlossen, das hiermit verkündet wird:

§ 1. Die gesamte deutsche Jugend innerhalb des Reichsgebietes ist in der Hitlerjugend zusammengefasst.

§ 2. Die gesamte deutsche Jugend ist außer in Elternhaus und Schule in der Hitlerjugend körperlich, geistig und sittlich im Geiste des Nationalsozialismus zum Dienst am Volk und zur Volksgemeinschaft zu erziehen.

§ 3. Die Aufgabe der Erziehung der gesamten deutschen Jugend in der Hitlerjugend wird dem Reichsjugendführer der NSDAP übertragen. Er ist damit „Jugendführer des Deutschen Reiches". Er hat die Stellung einer Obersten Reichsbehörde mit dem Sitz in Berlin und ist dem Führer und Reichskanzler unmittelbar unterstellt.

§ 4. Die zur Durchführung und Ergänzung dieses Gesetzes erforderlichen Rechtsverordnungen und allgemeinen Verwaltungsvorschriften erlässt der Führer und Reichskanzler. […]

(Zit. nach: W. Hofer, a. a. O., S. 87 f.)

M 17 Adolf Hitler über Jugenderziehung

Hermann Rauschning (1887–1982) war von 1933 bis 1934 Senatspräsident von Danzig. 1934 flüchtete er aus dem nationalsozialistischen Deutschland in die Schweiz und anschließend in die USA. Im Exil veröffentlichte er 1940 sein Buch „Gespräche mit Hitler", aus dem der folgende Auszug stammt.

Meine Pädagogik ist hart. Das Schwache muss weggehämmert werden. In meinen Ordensburgen wird eine Jugend heranwachsen, vor der sich die Welt erschrecken wird. Eine gewalttätige, herrische, unerschrockene, grausame Jugend will ich. Jugend muss das alles sein. Schmerzen muss sie ertragen. Es darf nichts Schwaches und Zärtliches an ihr sein. Das freie, herrliche Raubtier muss erst wieder aus ihren Augen blitzen. Stark und schön will ich meine Jugend. Ich werde sie in allen Leibesübungen ausbilden lassen. Ich will eine athletische Jugend. Das ist das Erste und Wichtigste. So merze ich die tausende von Jahren der menschlichen Domestikation aus. So habe ich das reine, edle Material der Natur vor mir. So kann ich das Neue schaffen.
Ich will keine intellektuelle Erziehung. Mit Wissen verderbe ich mir die Jugend. Am liebsten ließe ich sie nur das lernen, was sie ihrem Spieltriebe folgend sich freiwillig aneignen. Aber Beherrschung müssen sie lernen. Sie sollen mir in den schwierigsten Proben die Todesfurcht besiegen lernen. Das ist die Stufe der heroischen Jugend. Aus ihr wächst die Stufe des Freien, des Menschen, der Maß und Mitte der Welt ist, des schaffenden Menschen, des Gottmenschen. In meinen Ordensburgen wird der schöne, sich selbst gebietende Gottmensch als kultisches Bild stehen und die Jugend auf die kommende Stufe der männlichen Reife vorbereiten […].

(Zit. nach: W. Hofer, a. a. O., S. 88)

Zustimmung, Anpassung, Kritik – Haltungen zum Nationalsozialismus in der Wahrnehmung von Zeitzeugen

Wie ist zu erklären, dass breite Massen den Nationalsozialismus und seine zutiefst menschenverachtende Politik akzeptierten?
Diese Frage kann man nicht hinreichend beantworten, wenn man nur die „große Politik" betrachtet. Der Alltag im Dritten Reich sah oft ganz anders aus, zumeist ganz undramatisch und völlig normal. Die meisten Deutschen lebten zumindest bis 1939 nicht anders als zuvor. Sie verliebten und zankten sich, feierten Geburtstage und Weihnachten, gingen ins Kino oder spielten Fußball – wie sie es gewohnt waren.
In der Rückschau verschwimmt diese „zivile Normalität" (so der Historiker von Krockow) des Dritten Reiches, aber sie kann einen Schlüssel bilden, um die Haltungen vieler Deutscher zum Nationalsozialismus zu erklären. Der Historiker Rolf Schörken hat dafür eine einfache Typologie vorgeschlagen.

Schörken unterscheidet in einem abgestuften System fünf verschiedene Haltungen in der deutschen Bevölkerung zur Zeit des Nationalsozialismus:

(1) entschiedene Nationalsozialisten
(2) Sympathisanten
(3) Unpolitische
(4) „Resistente" (sich im Alltag Widersetzende)
(5) aktive Widerständler

Ein typologisches Modell, das sich bei genauerem Hinsehen für die Betrachtung der nachfolgenden Fallbeispiele als hilfreich erweist.

- **Welche Haltungen zum Nationalsozialismus sind in den vorliegenden Fallbeispielen zu erkennen?**
- **Ergeben sich Hinweise auf die Attraktivität des Nationalsozialismus im Alltag?**
- **Welche Rolle spielte die „zivile Normalität" für Zustimmung, Anpassung oder Kritik?**

Präsentieren Sie die verschiedenen in den Materialien erkennbaren Haltungen zum Nationalsozialismus auf Lernplakaten.

In diesen Schritten können Sie in Partnerarbeit Ihre Lernplakate gestalten:

1. Entscheiden Sie sich für ein Fallbeispiel nach Ihrer Wahl.
2. Skizzieren Sie auf der Grundlage des Infotextes (insbesondere S. 379–389) in zwei Stichwortlisten, welche Elemente der NS-Politik zwischen 1933 und 1939 zu Zustimmung, welche zu Kritik oder Ablehnung geführt haben könnten. Erklären Sie, warum sich Probleme beim Versuch einer eindeutigen Zuordnung ergeben können.
3. Interpretieren Sie das gewählte Material, indem Sie jeweils mögliche Antworten auf die drei Leitfragen herausarbeiten.
4. Gestalten Sie jeweils für Ihr Beispiel ein aussagekräftiges Lernplakat, z. B. nach folgendem Muster:

M 1 Erinnerungen von Eva Sternheim-Peters

- Welche Haltungen zum Nationalsozialimus sind zu erkennen?
  Eva empfand als Kind eine „kindliche Liebe zum Führer".
  (Typologie Schörken: Gruppe 2/„Sympathisanten")
- Ergeben sich Hinweise auf die Attraktivität des Nationalsozialismus im Alltag?
  Ja. Eva verband als Kind den Aufstieg des Nationalsozialismus mit der Wandlung einer Nachbarin, die zuvor (1931/32) in ärmlichen Verhältnissen gelebt hatte und der es nun (1935/36) sehr viel besser ging, weil ihr Mann wieder Arbeit gefunden hatte.
- Welche Rolle spielte die „zivile Normalität" für Zustimmung, Anpassung oder Kritik?

…

MATERIALIEN

M 1 Erinnerungen an den sozialen Aufstieg

Eva Sternheim-Peters, geb 1925, schrieb etwa seit ihrem 50. Geburtstag ein Buch über ihre Kindheit und Jugend in Paderborn. Sie stellt rückblickend dar, wie sich ihr Weltbild als Kind und junges Mädchen ausbildete. Von sich selbst spricht die Verfasserin stets in der 3. Person; sie nennt sich „E.".

Einmal in jenen Jahren [= 1931/32] [...] klingelte Frau Steinhauer, die Mutter ihrer Vorschulfreundin Anneliese. Ihr Mann war arbeitslos, solange E. zurückdenken kann. Frau Steinhauer und die Mutter sprachen zuweilen am Gartentor miteinander und Steinhauers Kinder durften im Garten von E.s Elternhaus spielen, weil sie aus einer „ordentlichen, anständigen Familie" kamen, aber gegenseitige Hausbesuche waren nicht üblich.

Frau Steinhauer brachte ihren Wunsch – „Ich möchte deine Mutter sprechen" – sehr bestimmt vor, und so führte E. sie wie „richtigen Besuch" ins ungeheizte Esszimmer. Schon nach etwa zehn Minuten geleitete E.s Mutter die Nachbarin zur Tür, und als sie ihr die Hand gab und mehrmals versicherte, dass es ihr sehr leid tue, lächelte keine der beiden Frauen.

Frau Steinhauer hatte sich für Näh- und Flickarbeiten angeboten, die damals in jedem Haushalt anfielen, da es allgemein üblich war, zerrissene Bettbezüge zu flicken, dünn gewordene Laken in der Mitte durchzutrennen und die noch strapazierfähigen Seiten wieder zusammenzunähen sowie durchgescheuerte Kragen und Manschetten von Herrenoberhemden durch neue zu ersetzen. [...]

Solche und andere Näharbeiten erledigte aber schon seit vielen Jahren Frau Michels, die einmal im Monat aus einem weit entfernten Stadtviertel kam, um sie sich abzuholen. Frau Michels, so erklärte die Mutter, war auch eine arme Frau, „die es nötig hatte" und „damit rechnete". Sie fühle sich daher nicht berechtigt, ihr diese Arbeit wegzunehmen [...].

[...] und wenn sie [= E.] heute an die „Zeit der schweren Not" zurückdenkt, so sieht sie nicht die zahlreichen namenlosen Vertreter des „Bettelunwesens" vor sich, sondern Frau Steinhauer, wie sie an jenem Nachmittag langsam und schwerfällig die Treppen wieder hinunterging: die unförmige Gestalt mit der alten Jacke über der Kittelschürze, die glanzlos-fettigen Haare, das breitflächige Gesicht mit dem grauen, hoffnungslosen Ausdruck. [...]

Irgendwann in jenen Aufbruchsjahren [= 1935/36] trafen E. und ihre Mutter auf dem Wochenmarkt Frau Steinhauer [...]. Sie hatte frische Dauerwellen, trug einen Pelzkragen auf dem Wintermantel und glich in nichts mehr jenem Urbild bedrückender, hoffnungsloser Verzweiflung, als welche sie E. einige Jahre zuvor so deutlich wahrgenommen hatte. Erst als sie laut und aufgeräumt grüßte: „Guten Tag, Frau Peters!", erkannte die Mutter, wen sie vor sich hatte, und sagte erstaunt: „Mein Gott, Frau Steinhauer, ich hab Sie gar nicht wiedererkannt. Wie geht es Ihnen denn?", obwohl diese Frage überflüssig war, weil jeder sehen konnte, dass es ihr gut ging. Das sagte sie dann auch: „Danke! Mir geht es gut! Mein Mann hat wieder Arbeit!", und in diesen Worten lag mehr als ein vom Herzen fallender Stein, lag ein ganzes Gebirge von Erleichterung und neu erwachtem Lebensmut. [...]

Ihre [= E.s] kindliche Liebe zum „Führer" hatte nicht unwesentlich mit der wundersamen Verwandlung von Frau Steinhauer zu tun [...].

(Eva Sternheim-Peters, Habe ich denn allein gejubelt? Eine Jugend im Nationalsozialismus, Köln (Wiss. u. Politik) 2000, S. 48f. und S. 66f.)

M 2 Als „Neger" im Dritten Reich

Hans-Jürgen Massaquoi, geb. 1926 in Hamburg, wuchs als Sohn einer weißen Mutter und eines schwarzen Vaters, des Sohnes vom Generalkonsul Liberias, auf. Als der Vater Deutschland verließ, lebten Mutter und Sohn in sehr bescheidenen, fast ärmlichen Verhältnissen. Massaquoi überlebte das Dritte Reich und arbeitete nach Kriegsende als Journalist in den USA.

Am 30. Januar 1933, drei Monate bevor ich in die zweite Klasse kam, wurde Adolf Hitler deutscher Reichskanzler. [...] Mit meinen knapp sieben Jah-

ren wurde ausgerechnet ich zum eifrigen Anhänger der Nazis, und das nur, weil sie ungeheuer was hermachten, wenn sie mit ihren tollen Uniformen und Marschkapellen zackig im Gleichschritt aufmarschierten. All das sprach meine erwachende Männlichkeit an. Im Vergleich zu ihnen sahen die Kommunisten und Sozialdemokraten, die kein preußisch-militaristisches, sondern bewusst ein übertrieben proletarisches Image verfolgten, auf ihren Demonstrationen oft abgerissen und undiszipliniert aus. Folglich ließ ich mir von Tante Möller, die es nicht besser wusste, ein Hakenkreuz auf einen meiner Pullover nähen, und als meine Mutter es schließlich wieder entfernte, protestierte ich aus Leibeskräften. [...]

Als ich an einem schönen Sommermorgen des Jahres 1934 in meiner Schule in Barmbek ankam, teilte uns Herr Grimmelshauser, unser Lehrer in der dritten Klasse, mit, dass sich die gesamte Schülerschaft und der Lehrkörper auf Anordnung von Schulleiter Wriede auf dem Schulhof versammeln sollten. Dort verkündete Herr Wriede, wie so oft bei besonderen Gelegenheiten in seiner braunen Naziuniform, dass „der größte Moment in eurem jungen Leben bevorsteht". Wir seien nämlich vom Schicksal dazu auserkoren worden, „unseren geliebten Führer Adolf Hitler" mit eigenen Augen sehen zu dürfen. Um diese Ehre, so versicherte Herr Wriede uns, würden uns unsere zukünftigen Kinder und Kindeskinder dereinst beneiden. Ich war damals acht Jahre alt und ich hatte noch nicht begriffen, dass ich unter den fast sechshundert Schülern auf dem Schulhof der Einzige war, den Herr Wriede nicht meinte. Wir nahmen Wriede beim Wort und schon bald herrschte in der gesamten Schule helle Aufregung und Vorfreude auf dieses seltene, völlig unerwartete Glück eines praktisch schulfreien Tages. Wir waren alle gründlich indoktriniert, wussten vom heldenhaften Aufstieg des Führers zur Macht, von seinen übermenschlichen Anstrengungen, Deutschland von der „Versklavung" zu befreien, unter der es seit dem verlorenen Ersten Weltkrieg litt, von Hitlers Entschlossenheit, die Nation wieder zu Ruhm und Stärke zu führen. Die Allgegenwart des Führers war bereits zu spüren. Seine Porträts hingen wirklich überall – in der ganzen Schule, in öffentlichen und privaten Räumen, waren auf Plakaten und Briefmarken, in Zeitungen und Zeitschriften zu sehen. Noch eindringlicher waren seine mittlerweile vertraute Stimme im Radio und seine regelmäßigen Auftritte in den Wochenschauen. Jetzt hatten wir die Chance, diesen sagenhaften Retter und Wohltäter des Vaterlandes mit eigenen Augen zu sehen. Für die meisten von uns, auch für mich, bedeutete das Ereignis eine unvorstellbare Sternstunde.

(Massaquoi berichtet, dass alle Kinder nach einem langen Fußmarsch sich am Straßenrand aufstellten und – inmitten „von tausenden fast hysterischer Menschen" – ausharrten, bis der ersehnte Führer eintraf.)

Der Augenblick, auf den alle gewartet hatten, war da. Der Führer stand aufrecht neben dem Fahrer seines Mercedes-Kabrioletts, den rechten Arm zum Hitlergruß erhoben, ausdruckslos geradeaus starrend, und der Wagen rollte in flottem Schritttempo vorbei. Der „größte Moment unseres Lebens", auf den Schulleiter Wriede uns vorbereitet hatte, währte nur wenige Sekunden, aber mir kamen sie wie eine Ewigkeit vor. Da stand ich, ein achtjähriger, kraushaariger, dunkelhäutiger Junge in einem Meer von blonden und blauäugigen Kindern, erfüllt von kindlichem Patriotismus und noch geschützt durch selige Unwissenheit. Wie alle um mich herum jubelte ich dem Mann zu, der sein Leben der Vernichtung aller „minderwertigen nichtarischen Menschen", wie ich einer war, gewidmet hatte. [...]

(An Hans-Jürgens Schule hatte der Schulleiter sich eine Art Wettbewerb ausgedacht: Die Klasse, die als Erste geschlossen dem Jungvolk beitrete, sollte einen Tag schulfrei als Belohnung erhalten.)

Eines Morgens nahm Herr Schürmann [= der Klassenlehrer] sich die letzten Zögerer zur Brust und wollte wissen, warum sie „nicht genug Liebe für Führer und Vaterland" empfanden. [...] Als ich an die Reihe kam, öffnete ich den Mund, um etwas zu sagen, doch Herr Schürmann schnitt mir das Wort ab: „Schon gut, du bist ja sowieso vom Jungvolk ausgeschlossen." Ich war wie vom Donner gerührt. Ausgeschlossen? Wieso? Ich hatte ihm sagen wollen, dass ich mich noch nicht endgültig entschieden hatte. Und jetzt erfuhr ich, dass ich, selbst wenn ich wollte, nicht beitreten durfte. Herr Schürmann bemerkte meine Verwirrung und sagte mir, ich solle in der Pause zu ihm kommen. [...] „Ich dachte, du wüsstest, dass du nicht ins Jungvolk darfst, weil du Nicht-Arier bist", fing er an. „Du weißt doch, dass dein Vater Afrikaner ist und dass Afrikaner und andere nichteuropäische Menschen als Nicht-Arier gelten. Nicht-Ariern ist es untersagt, der Hitlerjugend beizutreten." „Aber ich bin doch Deutscher", schluchzte ich unter Tränen. „Meine Mutter sagt, dass ich Deutscher bin, so wie alle anderen."

(Massaquoi durfte trotz sehr guter Noten wegen seiner Hautfarbe nicht das Gymnasium besuchen; nach der 8. Klasse verließ er die Volksschule und begann im April 1940 eine Lehre als Bauschlosser.)

(Hans-J. Massaquoi, „Neger, Neger, Schornsteinfeger!" – Meine Kindheit in Deutschland, München (Scherz) 1999, S. 65f., S. 15ff., S. 129f., S. 184f.)

M 3 Erfahrungen einer Ausgestoßenen

Lilli Jahn, geborene Schlüchterer, wuchs in einer wohlhabenden jüdischen Familie in Köln auf, studierte Medizin, erwarb den Doktortitel, heiratete 1926 den (evangelischen) Mediziner Ernst Jahn, den sie liebevoll Amadé nannte, und eröffnete mit ihm gemeinsam eine Arztpraxis in der Gemeinde Immenhausen bei Kassel. Das Ehepaar bekam fünf Kinder, die evangelisch getauft und auch konfirmiert wurden. Bereits im Frühjahr 1933 verzichtete Lilli auf die weitere Ausübung ihres Berufes; die zuvor geachtete Arztfamilie wurde im Dorfe zunehmend isoliert. Besuche von Festveranstaltungen oder Konzerten waren für die Jüdin Lilli nicht mehr möglich; auch Urlaubsquartiere ließen sich nicht mehr finden. Lilli konzentrierte sich auf die Hausarbeit und die Erziehung der Kinder. Mit Verwandten und Freunden hielt sie brieflichen Kontakt. Als sich Ernst Jahn 1942 von Lilli scheiden ließ, verlor sie den Schutz, den ihr die Ehe mit einem arischen Mann bislang geboten hatte. Sie wurde in das Arbeitslager Breitenau gebracht, dann nach Auschwitz deportiert und dort im Juni 1944 getötet. Die Biografie stützt sich auf mehr als 560 Briefe und weitere Dokumente, die in der Familie aufbewahrt wurden.

Brief Lillis vom 2. April 1933 an ihre Freunde Hanne und Leo:

Ihr Lieben, nur ein paar Zeilen, um euch zu sagen, dass wir uns von Herzen freuen über die so guten Berichte von Hanne und eurem Baby. Wir denken ja so oft und voll Liebe an euch! Dir, liebe Hanne, besonderen Dank für deine fürsorgliche Karte. Es hat mir gut getan, dass ihr auch solchen Anteil nehmt an den kleinen Alltäglichkeiten dieses Lebens. [...] Gesund sind wir alle, die Kinder sind lieb und munter, und auch ich kann den Umständen entsprechend zufrieden sein! Aber sonst! Wir haben Erschütterndes erlebt! Und könnt ihr euch vorstellen, wie mir zumute ist? Könnt ihr begreifen, wie schwer mir ums Herz ist und wie bitter weh das alles tut? So, dass die Freude auf das Kommende ganz verschüttet ist? Denkt euch doch, auch über meinen Amadé hat man gestern den Boykott verhängt, weil er mich – eine Jüdin – zur Frau hat!! Wie mich das zutiefst erschüttert hat, dafür fehlen mir die Worte. Und dazu kommt nun die große, bange Sorge: Wird es noch weitere Folgen für uns haben? Wir wagen gar nicht weiterzudenken. [...]

Brief Lillis vom 10. Mai 1933:

Ihr Lieben, Guten, Hanne und Leo,
lasst mich euch von ganzem Herzen danken für eure guten Wünsche zur Geburt unseres Babys [...], für das mich während des Wochenbetts sehr erquickende Heft über die Jesuitenkirche und vor allem für eure guten Worte, die Beweise eures Verständnisses und eurer Liebe, die meinem so sehr verwundeten Herzen wirklich wohlgetan haben. [...]
Unser Evalein geht gut voran [...], die Großen verfolgen mit großem Interesse jede Prozedur des Waschens und Trinkens und würden ihr Schwesterchen gar nicht mehr missen mögen. Sonst sind sie natürlich viel zu sehr mit ihren eigenen Erlebnissen beschäftigt, zumal sie den ganzen Tag draußen sind und für nichts anderes mehr Interesse haben – vor allem der Junge – als für SA und SS; sie marschieren und exerzieren und beglücken uns unentwegt, von früh bis spät, mit dem Horst-Wessel-Lied. [...]

Brief Lillis vom 4. Februar 1934:

Meine lieben guten Leo und Hanne, dieses Mal stehen wir aber sehr tief in eurer Schuld und ich bitte euch sehr um Entschuldigung wegen unseres fast ungezogenen Schweigens. Wir haben uns ja noch nicht einmal so richtig für eure lieben Weihnachtsgrüße und warmen Neujahrsgrüße bedankt. Wir sind aber seit vor Weihnachten kaum zur Ruhe, geschweige denn zur Selbstbesinnung gekommen. Und wir beide, Amadé und ich, sind reichlich abgekämpft; Amadé durch eine – man muss ja eigentlich sagen: Gott sei Dank – sehr lebhafte und angestrengte Praxis, ich durch allerlei Hausfrauen-Nöte und durch ziemlich häufiges Erkranktsein der verschiedenen Kinder. [...]
Weihnachten war schön, sehr schön. Die Kinder mit ihrem rührenden Glauben und ihrer strahlenden Freude haben auch unsere Herzen licht und froh gemacht und dadurch reicher und empfänglicher für unsere gegenseitige Verbundenheit und Liebe, die wir immer wieder als Wall aufrichten müssen gegen das „Draußen“. Ich glaube, ich bin seit dem Herbst doch etwas ruhiger geworden; die Wunde, die man uns geschlagen hat, bleibt zwar und brennt auch, aber ich versuche schon um meines Mannes und unserer Kinder willen, das uns auferlegte Schicksal von einer höheren Warte aus zu betrachten.
[...] Im Übrigen ist der gesellschaftliche Boykott hier in Immenhausen uns gegenüber von einer ungeahnten Vollkommenheit. Dem Bonsmann [Kollege der Jahns] hat die SA-Leitung das Betreten unseres Hauses verboten! Dass er sich's hat verbieten lassen, dazu ist jeder Kommentar überflüssig. Ich selbst gehe fast überhaupt nicht mehr vor die Tür. Wie sieht es denn bei euch aus? [...]

Brief Lillis an Hanne Barth vom 11. März 1943:

Meine liebe gute treue Hanne,
[...] Ich habe in den letzten 2½ Jahren sehr viel

Hartes und Bitteres durchgemacht und hab's auch jetzt noch nicht überwunden. Hanne, am 8. Oktober 1942 sind Amadé und ich geschieden worden, und am 14. November 1942 hat er wieder geheiratet, die Rita Schmidt, die du ja kennst, nachdem [...] hier bei uns ein Kind der beiden, ein kleines Mädchen, Magda, geboren wurde. Wie soll ich das nun alles erklären, vor allem dir Amadés Verhalten verständlich machen, damit du ihn begreifst und nicht verurteilst?!! [...] Siehst du, Hanne, sie gehen zusammen zur Kirche, der Amadé und die Rita. Und sie ist eine Frau deutschen Blutes und verwandterer Art für ihn. Und dass die unglückliche, fast unerträgliche Situation, in der er mit mir leben musste, wenn auch nicht ausschlaggebend, aber doch sehr erschwerend ins Gewicht fiel, wirst du erst voll ermessen können, wenn ich sie dir einmal in Worten und Erzählungen vor Augen führen kann. [...] Für heute leb' wohl. Alles Gute dir und den Kindern und einen festen herzlichen Kuss, deine Lilli

(Zit. nach: Martin Doerry, „Mein verwundetes Herz" – Das Leben der Lilli Jahn 1900–1944, Stuttgart/München (DVA) 2002, S. 88, 89f., 94ff., 144ff.)

Prinzregentenpalast: Hitlers Residenz

Teilnehmer beim Festzug

Zuschauer beim Festzug

M 4 Ein Wochenende in München

Mitte Juli 1939, nur sechs Wochen vor Ausbruch des Zweiten Weltkrieges, war fast die gesamte Nazi-Prominenz nach München gekommen. Anlass waren die Feiern zum „Tag der Deutschen Kunst". Mehr als eine Million Zuschauer bejubelten den ca. acht Kilometer langen Festzug. Der begeisterte Amateurfilmer Hans Feierabend hielt die festlich geschmückten Straßen und Plätze fest, die Vorbereitung für den Festmarsch, die Parade selbst, Hitlers Eröffnungsrede und natürlich die Naziführer und die Menschenmengen. Nachdem der Film 1993 durch einen Zufall aufgefunden worden war, kam es zu einer öffentlichen Vorführung, zu der auch Teilnehmer der Veranstaltung geladen wurden: Frau Hammann, Frau Peitz und Frau Knobloch. Der Film wurde für sie Anlass der Erinnerung; ihre Kommentare werden hier in Auszügen aufgelistet. Alle hier abgedruckten Abbildungen stammen aus dem Film.

Josefa Hammann,
geb. 1921, nahm am Umzug als Tänzerin teil.
Es war ein herrlicher Tag. Das war ein so schönes Erlebnis, dass ich es bis heute mit meinen siebzig Jahren noch nicht vergessen habe. Und offiziell hatte es für uns eigentlich nichts mit Politik zu tun. Es war einfach ein schöner Tag, wo man sich mit anderen Menschen getroffen hat und wo man sich unterschiedlich verkleiden und etwas darstellen konnte – und da waren wir dann eigentlich ganz glücklich. [...]
Wie marschierten mal eben zum Haus der Deutschen Kunst und dann weiter durch die Stadt zum Odeonsplatz, wo die hohen Herren alle saßen und uns zuwinkten [...]. Am Abend konnten wir dann

Ein Volksgenosse grüßt den Führer.

Hitler eröffnet die Ausstellung.

Zuschauerinnen vor der Haupttribüne

zum Tanzen gehen, weil auf allen öffentlichen Plätzen getanzt und gefeiert wurde. […]
Hitler war ein bisschen größenwahnsinnig, nicht wahr, und wollte sich bei diesen Festlichkeiten besonders herausstellen. Ich habe keine Ahnung davon, was er wirklich von Kunst verstand. […] Vor allem war Hitler ja sehr geltungsbedürftig. Er musste sich ja mit solchen Massenveranstaltungen irgendwie sein Publikum verschaffen. So stelle ich mir das wenigstens vor. Wie gesagt, habe ich damals nicht richtig darüber nachgedacht.

Else Peitz,
geb. 1920 (?), kannte als Tochter des Verlegers Adolf Müller viele Nazi-Führer persönlich. Hitler wurde ihr Trauzeuge. Frau Peitz war Ehrengast beim Umzug.
Im Haus der Kunst – ach, das war wunderbar, wissen Sie. Es wurde immer das Schöne gezeigt, immer die schönen und interessanten Dinge. Niemals die modernen Künstler. Ich bin natürlich nicht für diese moderne Malerei, weil man sich zu wenig vorstellen kann. […]
Später, als es Sommer war und wir im Haus meiner Eltern am Tegernsee Besuch hatten, kam er [= Hitler] mit sechs oder acht anderen Leuten, wie etwa Goebbels und vielen anderen von der Partei, und die haben dann bei uns Kaffee getrunken oder haben zugeschaut, wie wir jungen Mädchen im See herumgeschwommen sind und so. Es war alles sehr lustig. […]
Ja also, wir haben ihn [= Hitler] als einen guten Mann kennengelernt, aber was dann rausgekommen ist, war wirklich ganz schrecklich. Na ja, vielleicht war er auch nur ein Schauspieler […]. Diese riesigen Festveranstaltungen haben natürlich einen großen Eindruck auf die übrige Welt gemacht.

Charlotte Knobloch,
lebte als junges jüdisches Mädchen bis 1942 in München. Sie überlebte das Dritte Reich als Einzige ihrer Familie, weil Bauern in einem kleinen bayrischen Dorf sie versteckten.
Es ist unglaublich, in welchem Glanz die Stadt erstrahlte […]. Die ganze Stadt wurde mit großem Aufwand präsentiert, so richtig als Hauptstadt der Bewegung – sie hat ihrem Beinamen alle Ehre gemacht […]. Das ist einfach für mich völlig unvorstellbar, dass die Leute hier so fröhlich sein können, wenn nur 20 Kilometer entfernt das Konzentrationslager Dachau steht, überfüllt mit Menschen, die nichts verbrochen haben […] und gequält werden. Es ist unglaublich. […]
Man könnte meinen, es wäre gestern gewesen, wenn man die Menschen auf diesen Bildern sieht. Unglaublich. Das haben die perfekt gemacht; die Deutschen sind wirklich ein perfektionistisches Volk. Ich muss sagen, was sie tun, das tun sie perfekt. Sie haben auch die Juden perfekt vernichtet.

(Abbildungen und Texte nach: Robert S. Wistrich, Ein Wochenende in München – Kunst, Propaganda und Terror im Dritten Reich, Frankfurt a. M. (Insel) 1996)

Die „völkische Wirtschaft" – Ideologie, Motive, Ziele und Interessen

Die Wirtschaftspolitik gehört zu den Bereichen nationalsozialistischer Politik, die – sogar über die Niederlage im Krieg hinaus – mit dem Mythos einer „erfolgreichen" Politik behaftet waren. Dazu hatten vor allem die sinkende Arbeitslosigkeit zu Beginn der NS-Herrschaft (vgl. Infotext, S. 119) sowie die bis 1939 steigenden Reallöhne beigetragen. Aber auch die neu geschaffene „völkische Wirtschaftsordnung", die die Überwindung von Interessengegensätzen und sozialpolitische Fortschritte versprach, stieß – jedenfalls in Teilen der Bevölkerung – auf Zustimmung. Sie versprach die Überwindung des ökonomischen Interessengegensatzes zwischen Arbeit und Kapital sowie sozialpolitische Fortschritte für die Arbeiterschaft.
Tatsächlich aber lagen die Dinge anders. Eine genauere Betrachtung der „völkischen Wirtschaftsordnung" zeigt, wie ideologische Einflüsse, handfeste materielle Motive und Interessen sowie politische Ziele die nationalsozialistische Wirtschaftsordnung und -politik bestimmten.

- **Welche ideologischen, materiellen und politischen Faktoren beeinflussten die Herausbildung der nationalsozialistischen Wirtschaftsordnung und Wirtschaftspolitik?**
- **Wie ist die Wirksamkeit dieser Einflussfaktoren zu gewichten und wer profitierte von der „völkischen Wirtschaftsordnung"?**

Stellen Sie in einem Vortrag die grundlegenden Strukturen und Merkmale der nationalsozialistischen Wirtschaftsordnung und Wirtschaftspolitik dar.

So können Sie in kleinen Arbeitsgruppen die inhaltlichen Grundlagen für einen Vortrag erarbeiten:

1. Interpretieren Sie anhand der bekannten Arbeitsschritte arbeitsteilig die Textquellen M 1 – M 7 unter der ersten Leitfrage.
   a) Arbeiten Sie jeweils heraus, welche Einflüsse (Bestimmungsfaktoren) auf die nationalsozialistische Wirtschaftsordnung und -politik erkennbar sind.
   b) Arbeiten Sie jeweils heraus, ob es sich um ideologische, materielle oder politische Faktoren handelt.
2. Analysieren Sie die vorliegenden Statistiken (M 8 – M 12) unter der zweiten Leitfrage.
   a) Stellen Sie dar und belegen Sie anahnd des Datenmaterials, welche Wirkungen die nationalsozialistische Wirtschaftspolitik tatsächlich erzielte.
   b) Arbeiten Sie heraus, welche Bevölkerungsgruppen von dieser Wirtschaftspolitik profitierten.
3. Beziehen zu den Aspekten Ideologie, Ziele und Maßnahmen auch die Ausführungen im Infotext (S. 390 f.) mit ein.
4. Erstellen Sie auf der Grundlage Ihrer Analyse- und Interpretationsergebnisse gemeinsam in der Gruppe ein Vortragskonzept, das z. B. so aussehen könnte:

A) Einleitung
① Thema
② Materialgrundlagen
③ Vorstellung der Gliederung

B) Hauptteil
① Überblick über Ziele und Maßnahmen der nationalsozialistischen Wirtschaftspolitik (nach Infotext S. 390 f.)
② Ideologische Grundlagen und ihre Folgen
③ Politische Motive und Ziele
④ Materielle Interessen bestimmter Bevölkerungsgruppen
⑤ Tatsächliche Wirkungen der Wirtschaftspolitik
⑥ Gewinner und Verlierer

C) Fazit
① Zusammenfassung der Ergebnisse
② Persönliches Schlusswort

5. Entscheiden Sie, welche Visualisierungen Sie begleitend einsetzen wollen und welche Form der Darstellung (z. B. Einzelvortrag durch ein Gruppenmitglied, Gruppenvortrag mit wechselnden Beiträgen) Sie wählen wollen.

MATERIALIEN

Teil I: Textquellen

M 1 „Völkische Wirtschaft" – Aus der öffentlichen Abhandlung „Das Reich im nationalsozialistischen Weltbild" (1943)

Im Verlauf des Prozesses der Gleichschaltung hatte sich Hitler mit der Ausschaltung der SA und des „sozialrevolutionären" Flügels der NSDAP im sogenannten „Röhm-Putsch" (vgl. Infotext, S. 379) gegen Sozialisierungstendenzen und für eine Zusammenarbeit mit dem bürgerlichen Unternehmertum zur Durchsetzung seiner Ziele entschieden. Die aus dieser Zusammenarbeit resultierende „völkische Wirtschaftsordnung" charakterisierte später eine für den öffentlichen Gebrauch bestimmte ideologische Abhandlung folgendermaßen:

Die Aufgaben der Wirtschaft

I. *Die Wirtschaft dient* dem *Staat und* damit dem *Volk*. Sie ist eine völkische Wirtschaft, also eine Wirtschaftsordnung, deren Aufgaben und Ziele *vom völkischen Geschehen bestimmt* werden.

1. *Sie ist* einerseits *keine Staatswirtschaft*, d.h. keine Wirtschaft, die vom Staat als Ganzes verwaltet wird.

2. *Sie ist* andererseits *keine gesellschaftliche Interessenwirtschaft*, die in einer vom Staat völlig losgelösten Selbstständigkeit nur den höchsten individuellen Nutzen erstrebt.

3. *Sie ist* vielmehr *gleichzeitig gebunden und frei*.

a) *Gebunden* ist die Wirtschaft, *weil sie völkischen Lebensgesetzen* vorbehaltlos *verpflichtet* ist.

b) *Frei* ist die Wirtschaft, *weil* die *persönliche Schöpferkraft* und Leistung in ihr sich voll *entfalten* können [...].

(Hermann Messerschmidt, Das Reich im nationalsozialistischen Weltbild, Leipzig [6]1943, S. 94; zit. nach: W. Hofer (Hg.), Der Nationalsozialismus – Dokumente 1933–1945, Frankfurt (Fischer Bücherei) 1957, S. 84)

M 2 Aus einer Studie der Reichswehr über die Gefahren, die von der DAF ausgehen (1934)

Die am 2.5.1933 als Ersatz für die tags zuvor verbotenen Gewerkschaften gegründete „Deutsche Arbeitsfront" (DAF) (vgl. Infotext, S. 378) vereinigte als Zwangsinstitution Arbeitnehmer und Unternehmer in einer Organisation.

1. Die Arbeitnehmer der öffentlichen Hand, von Industrie, Handel und Gewerbe haben früher in einer großen Anzahl von sich teilweise feindlich gegenüberstehenden Gewerkschaften organisiert (sic!)[1]. Ein Streik schon einer dieser Gewerkschaften allein hatte oft für die Wirtschaft und das politische Leben des Staates schwerste Folgen. Der Munitionsstreik von 1917 war z. B. mit schuld an dem Verlust des Krieges. [...]

3. Der Arbeitsfront waren bisher nur erzieherische, politische und Fürsorgeaufgaben zugeteilt. Dies stellte eine bewusste Abkehr von der Hauptaufgabe der früheren Gewerkschaften, nämlich der wirtschaftlichen Betreuung der Mitglieder, dar. Das Gesetz zur Ordnung der nationalen Arbeit hat den Gedanken der Regelung der Arbeitnehmerbelange in den Betriebsgemeinschaften gebracht. Dieser Gedanke erfordert Idealmenschen, die den nationalsozialistischen Gedanken voll erfasst haben und die ihnen durch das Gesetz gegebene Machtfülle nicht missbrauchen. [...] Damit ist der Arbeitsfront die Möglichkeit einer tief gehenden Einflussnahme auf Industrie, Handel, Gewerbe und auch auf die Dienststellen der öffentlichen Hand gegeben, die bei der gewaltigen Größe dieser Organisation einen erheblichen Gefahrenherd darstellen kann.

(Zit. nach: H. Mommsen/Susanne Willems (Hg.), Herrschaftsalltag im Dritten Reich, Düsseldorf (Schwann) 1988, S. 167f.)

---

[1] sic! = betonender Ausruf: Man beachte!

M 3 Aus der Denkschrift der IG Farbenindustrie AG für den Rüstungsbeirat[1] des Reichswehrministeriums (März 1935)

Die 1925 gegründete deutsche „Interessengemeinschaft Farbenindustrie AG" war mit 110000 Mitarbeitern (1928) der größte Chemiekonzern der Welt. Nach 1933 näherten sich die IG Farben und die Reichsregierung schrittweise an, vor allem weil sich die Regierung von dem Chemiekonzern die Umsetzung der von ihr verfolgten Autarkiebestrebungen durch die Entwicklung von künstlichen kriegswichtigen Ersatz-Rohstoffen – Benzin, Kautschuk (Buna), Kunststoffe – erhoffte. Während des Zweiten Weltkrieges erwarb die IG Farben Unternehmen in den besetzten Ländern und errichtete in Zusammenarbeit mit der SS in Auschwitz ein eigenes Konzentrationslager, in welchem Häftlinge Zwangsarbeit verrichten mussten. Nach der Niederlage im Zweiten Weltkrieg wurde das Unternehmensvermögen von den alliierten Besatzungsmächten beschlagnahmt und der Konzern in drei verschiedene Unternehmen (Bayer, Hoechst, BASF) aufgeteilt.

Wenn man sich nicht nur an die im Kriege[2] unter dem Zwange der Not entstandene Organisationsform anlehnen will, sondern wenn man darauf ausgeht, die gesamten produktiven Kräfte auf weite Sicht vorbereitend einem einheitlichen Zweck unterzuordnen, so heißt dies – naturgemäß unter Benutzung der im Kriege gesammelten Erfahrungen –, eine wehrwirtschaftliche Neuorganisation zu schaffen, die den letzten Mann und die letzte Frau, die letzte Produktionseinrichtung und Maschine sowie den letzten Rohstoff der Erzeugung von kriegswichtigen Produkten zuführt und alle Arbeitskräfte, Produktionseinrichtungen und Rohstoffe in einem straff militärisch geführten wirtschaftlichen Organismus eingliedert. Die gesamte Erzeugung der Industrie, des Handwerks und Gewerbes sowie der Landwirtschaft gilt in diesem Sinne als kriegswichtig und muss daher in den Rahmen einer umfassenden Wehrwirtschaft einbezogen werden.

[…] Das durch eine umfassende wehrwirtschaftliche Organisation zu erreichende Ziel stellt sich dann etwa folgendermaßen dar: Die für den Frontdienst benötigten Kräfte werden von der Wehrmacht aus dem Volk und damit aus der Wirtschaft herausgezogen. Hierbei wird der Grundsatz maßgebend sein, den Spezialarbeiter der Industrie, insbesondere den der Heeresgerät herstellenden Betriebe („Rüstungsarbeiter"), der Wirtschaft zu belassen, da er an seinem Arbeitsplatz einen wertvolleren Anteil an der gesamten Landesverteidigung schaffen kann, als er es mit seinem Dienst mit der Waffe in der Hand je ermöglicht. […]

Die Planung der Wehrwirtschaft bzw. die Aufstellung der wehrwirtschaftlichen Mobilisierungspläne muss unter Berücksichtigung der vorhandenen Friedenswirtschaft, d. h. unter Mitarbeit der bestehenden Fachorganisationen der Wirtschaft bzw. der Unternehmer selbst, erfolgen, um die Initiative, Anregung und Mitarbeit der freien Wirtschaft in den Dienst der Sache zu stellen. […] Die gesamte Organisation muss von dem Gedanken getragen werden, trotz einer straffen Zentralisation der Planung die private Entwicklungsfreudigkeit zu fördern […].

(Zit. nach: Dietrich Eichholz/Wolfgang Schumann, Anatomie des Krieges, Ostberlin (Deutscher Verlag der Wissenschaften) 1969, S. 130ff.)

---

[1] Gremium zur Beratung des Reichswehrministers, in dem Vertreter der Reichswehr und der Privatwirtschaft vertreten waren

[2] Gemeint ist der Erste Weltkrieg.

M 4 Aus Hitlers geheimer Denkschrift über den Vierjahresplan (1936)

[…] Deutschland wird wie immer als Brennpunkt der abendländischen Welt gegenüber den bolschewistischen Angriffen anzusehen sein. Ich fasse dies nicht als eine erfreuliche Mission auf, sondern als eine leider durch unsere unglückliche Lage in Europa bedingte Erschwerung und Belastung unseres völkischen Lebens. Wir können uns aber diesem Schicksal nicht entziehen. […]

Es ist nicht der Zweck dieser Denkschrift, die Zeit zu prophezeien, in der die unhaltbare Lage in Europa zur offenen Krise werden wird. Ich möchte nur in diesen Zeilen meine Überzeugung niederlegen, dass diese Krise nicht ausbleiben kann und nicht ausbleiben wird und dass Deutschland die Pflicht besitzt, seine eigene Existenz dieser Katastrophe gegenüber mit allen Mitteln zu sichern und sich vor ihr zu schützen, und dass sich aus diesem Zwang eine Reihe von Folgerungen ergeben, die die wichtigsten Aufgaben betreffen, die unserem Volk jemals gestellt worden sind. *Denn ein Sieg des Bolschewismus über Deutschland würde nicht zu einem Versailler Vertrag führen, sondern zu einer endgültigen Vernichtung, ja Ausrottung des deutschen Volkes.*

Das Ausmaß einer solchen Katastrophe kann nicht abgesehen werden. Wie denn überhaupt der dicht bevölkerte Westen Europas (Deutschland inbegriffen) nach einem bolschewistischen Zusammenbruch wohl die grauenhafteste Völkerkatastrophe erleben würde, die seit dem Verlöschen der antiken Staaten die Menschheit heimgesucht hat. *Gegenüber der Notwendigkeit der Abwehr dieser Gefahr haben alle anderen Erwägungen als gänzlich belanglos in den Hintergrund zu treten!*

[…] Die militärische Auswertung soll durch die neue Armee erfolgen. *Das Ausmaß und das Tempo der militärischen Auswertung unserer Kräfte können nicht groß und nicht schnell genug gewählt werden!* Es ist ein Kapitalirrtum, zu glauben, dass über diese Punkte irgendein Verhandeln oder ein Abwägen stattfinden könnte mit anderen Lebensnotwendigkeiten. So sehr auch das gesamte Lebensbild eines Volkes ein ausgeglichenes sein soll, so sehr müssen doch in gewissen Zeiten einseitige Verschiebungen zuungunsten anderer, nicht so lebenswichtiger Aufgaben vorgenommen werden. *Wenn es uns nicht gelingt, in kürzester Frist die deutsche Wehrmacht in der Ausbildung, in der Aufstellung der Formationen, in der Ausrüstung und vor allem auch in der geistigen Erziehung zur ersten Armee der Welt zu entwickeln, wird Deutschland verloren sein!* Es gilt hier der Grundsatz, dass das, was in Monaten des Friedens versäumt wurde, in Jahrhunderten nicht mehr eingeholt werden kann.

Es haben sich daher dieser Aufgabe alle anderen Wünsche bedingungslos unterzuordnen.

[...] Wir sind übervölkert und können uns auf der eigenen Grundlage nicht ernähren.

[...] Die endgültige Lösung liegt in einer Erweiterung des Lebensraumes bzw. der Rohstoff- und Ernährungsbasis unseres Volkes. Es ist die Aufgabe der politischen Führung, diese Frage dereinst zu lösen. Die Erfüllung dieser Aufgaben in der Form eines Mehrjahres-Plans der Unabhängigmachung unserer nationalen Wirtschaft vom Ausland wird es aber auch erst ermöglichen, vom deutschen Volk auf wirtschaftlichem Gebiet und dem Gebiete der Ernährung Opfer zu verlangen, denn das Volk hat dann ein Recht, von seiner Führung, der es die blinde Anerkennung gibt, zu verlangen, dass sie auch auf diesem Gebiete durch unerhörte und entschlossene Leistungen die Probleme anfasst und sie nicht bloß beredet, dass sie sie löst und nicht bloß registriert!

Es sind jetzt fast 4 kostbare Jahre vergangen. Es gibt keinen Zweifel, dass wir schon heute auf dem Gebiet der Brennstoff-, der Gummi- und zum Teil auch in der Eisenerzversorgung vom Ausland restlos unabhängig sein könnten. Genauso wie wir zur Zeit 7 oder 800000 t Benzin produzieren, könnten wir 3 Millionen t produzieren. Genauso wie wir heute einige tausend t Gummi fabrizieren, könnten wir schon jährlich 70 und 80000 t erzeugen. Genauso wie wir von 2½ Millionen t Eisenerz-Erzeugung auf 7 Millionen t stiegen, könnten wir 20 oder 25 Millionen t deutsches Eisenerz verarbeiten und, wenn notwendig, auch 30. Man hat nun Zeit genug gehabt, in 4 Jahren festzustellen, was wir nicht können.

Es ist jetzt notwendig, auszuführen das, was wir können.

Ich stelle damit folgende Aufgabe:

I. Die deutsche Armee muss in 4 Jahren einsatzfähig sein.

II. Die deutsche Wirtschaft muss in 4 Jahren kriegsfähig sein.

(Zit. nach: Wilhelm Treue (Hg.), Denkschrift Hitlers über die Aufgabe eines Vierjahresplans, Vierteljahreshefte für Zeitgeschichte 3, Stuttgart (DVA) 1955, S. 204ff.)

M 5 1938 – Selbstverständnis der Deutschen Arbeitsfront (DAF)

Das Sozialamt der Deutschen Arbeitsfront hat für das Gebiet des Leistungseinsatzes folgenden Aufruf erlassen: „An die Schaffenden der deutschen Betriebe! Fünf Jahre nach der Machtübernahme konnte der Führer dem deutschen Volk verkünden, dass das Recht auf Arbeit sichergestellt ist. Dank der Arbeitsenergien der nationalsozialistischen Bewegung ist in Deutschland das Gespenst der Arbeitslosigkeit für alle Zeiten gebannt. Jeder arbeitsfähige Volksgenosse hat entsprechend seinem Leistungseinsatz seinen sicheren Arbeitsplatz und eine stetige Beschäftigung. Mag der Lohn in manchen Wirtschaftszweigen den Wünschen des Einzelnen noch nicht ganz entsprechen, so kann doch jeder befriedigt in dem Gefühl arbeiten, dass im Gegensatz zu den Geschehnissen in den anderen Staaten der Welt Entlassungen, verbunden mit Arbeitslosigkeit, die leidige Kurzarbeit und Feierschichten das Arbeitseinkommen nicht schmälern. [...] Die Weiterführung und endgültige Sicherstellung des wirtschaftlichen Wohlergehens aller Bevölkerungsschichten ist aber nur möglich bei einer Steigerung und Verbesserung der Arbeitsergiebigkeit. Getreue Arbeitspflichterfüllung und innere Arbeitsbereitschaft sind darum oberstes Gebot. [...] Es ist selbstverständlich, dass vom schaffenden Volksgenossen nicht eine Arbeitsleistung verlangt wird, der er nicht gewachsen ist und für die er einen Nachteil erleidet. Die Treuepflicht erfordert aber, dass sich der schaffende Volksgenosse in jedem Fall mit seiner ganzen Kraft an jeder Stelle zur Verfügung stellt [...]."

(Zit nach: Klaus-Jörg Siegfried, Rüstungsproduktion und Zwangsarbeit im Volkswagenwerk 1939–1945, Frankfurt/M. (Campus) 1987, S. 81)

M 6 Aus einem Lagebericht der Staatspolizei Dortmund (9.1.1938)

Unternehmer und Polizei sahen deutliche Anzeichen für eine sinkende Arbeitsbereitschaft; bei der Gelsenkirchener Bergwerks-AG z.B. war die Schichtleistung pro Mann von 1,96 t 1932 auf 1,75 t 1937 gefallen.

Im weiteren Bereich der Staatspolizei Dortmund ist es im Berichtsjahre zu größeren Aktionen gegen die illegale KP nicht gekommen. Das scharfe Durchgreifen im Jahre 1936 mit seinen Aktionen in Dortmund, Bochum, Wattenscheid und angrenzenden Großstädten dürfte seine Wirkung nicht verfehlt haben. Diese Feststellung soll aber nicht zu der Annahme verleiten, als ob in einem wesentlichen Teil des Ruhrgebietes die kommunistische

Gefahr endgültig gebannt sei. Vielmehr ist damit zu rechnen, dass der Gegner sich zurzeit abwartend verhält, um zu einer für ihn günstiger erscheinenden Zeit noch über ein genügendes Kräfte-Reservoir verfügen zu können. [...] Ein ernster Hinweis war in dieser Richtung die Streikgefahr im Sommer 1937 auf dem Eisen- und Stahlwerk Hoesch, dem größten Schwerindustrie-Unternehmen Dortmunds. Nach größten Bemühungen gelang es, diese Gefahr zu bannen. Es muss darauf hingewiesen werden, dass die Unterminierarbeit und Stimmungsmache auf dem Werk von den Drahtziehern so geschickt durchgeführt worden war, dass keiner der Streikhetzer ermittelt werden konnte. Es dürfte weiter zu beachten sein, dass es den Hetzern möglich geworden ist, auf diesem Werk eine so ernste Situation zu schaffen, obwohl die Arbeiter dort ein monatliches Einkommen von 220,– bis 340,– RM haben.

(Zit. nach: Timothy W. Mason, Arbeiterklasse und Volksgemeinschaft, Opladen (Westdeutscher Verlag) 1975, S. 424f.)

M 7 Aus einem von „Reichsarbeitsführer" Robert Ley im „Völkischen Beobachter" veröffentlichten Zeitungsartikel „Sozialismus gegen Kapitalismus!" (19.11.1939)

Arbeiter und Arbeiterinnen! Betriebsführer und Gefolgschaft! Schaffende in Stadt und Land! Der uns von England aufgezwungene Krieg dauert nun zehn Wochen. [...] Unser unverrückbares Ziel ist: Sieg, Sieg und nochmals Sieg und damit die endgültige Niederwerfung Englands und der Herrschaft seines Geldsacks über die übrigen Völker des Erdballs. Sozialismus gegen Kapitalismus! Das ist unser Schlachtruf. Ziehen wir als klar denkende Menschen die Zwischenbilanz der ersten zehn Wochen: [...]

Am Beginn des Krieges die schwersten Opfer, der engste Engpass; nach zehn Wochen normales Leben, nur ein Bruchteil der Vollmachten brauchte ausgenützt zu werden. Alles das nicht etwa, weil die Führung vor euren Forderungen, Arbeiter und Arbeiterinnen, zurückgewichen wäre, sondern weil alles so gut vorbereitet war, dass man diese Opfer nicht benötigte. Mit unserem geringen Anteil an den Kriegsopfern der Nation müssen wir uns fast schämen, vor allem, wenn wir an die Blutopfer der Soldaten denken. Umso mehr wollen wir Arbeiter und Arbeiterinnen, Betriebsführer und Gefolgsleute dem Führer geloben, alles zu tun, was er von uns verlangt.

Führer! Du hast der arbeitenden Klasse nur ein geringes materielles Opfer auferlegt, umso mehr werden wir durch Fleiß und Leistung uns deiner und deines Vertrauens würdig erweisen. Solange der Krieg dauert, wird kein Arbeiter und keine Arbeiterin versuchen, aus der Not des Volkes Gewinn zu schlagen. Das nationalsozialistische Arbeitertum hat mit jenem marxistischen Gesindel der Munitionsstreiks des Weltkriegs nichts zu tun.

Darin liegt enthalten, dass Deutschland den Krieg um sein Dasein zugleich für alle unterdrückten Nationen dieser Erde führt. In den sozialen Verbesserungen, die der Leiter der Arbeitsfront ankündigt, wird sichtbar, wie ein sozialistisches Volk selbst in Kriegszeiten Nöte und Opfer verteilt. Eines aber gibt der Krieg uns: die Gewissheit, dass unser Sieg für alle Zeiten die Befreiung aus den kapitalistischen Fesseln bringt, in die die westlichen Demokratien uns mit der gesamten Erde zu legen suchen. In diesem Gefühl marschiert die deutsche Nation, begleitet von der inneren Anteilnahme der anderen jungen Völker sozialistischen Sehnens, als der Stoßtrupp für eine gerechtere Ordnung der ganzen Welt.

(Zit. nach: Timothy W. Mason, a.a.O., S. 1192ff.)

Teil II: Statistiken

M 8 Entwicklung der Arbeitslosigkeit im Deutschen Reich

Jahr	Arbeitslose (in Tausend)	Arbeitslosigkeit (in v. H. der abhängigen Erwerbspersonen)
1928	1 391	~~18,[illegible]~~ 6,3
1929	1 899	~~13,1~~ 8,5
1930	3 076	~~22,2~~ 14,0
1931	4 520	~~33,7~~ 21,9
1932	5 603	~~43,7~~ 29,9
1933, Jan.	6 014	[illegible] 25,9
1934, Jan.	3 773	13,5
1935, Jan.	2 974	10,3
1936, Jan.	2 520	7,4
1937, Jan.	1 853	4,1
1938	–	1,9

(Nach: B. Sösemann, Der Nationalsozialismus und die deutsche Gesellschaft, Stuttgart/München (dva) 2002, S. 350)

M 9 Entwicklung der realen Wochenarbeitslöhne und der Wochenarbeitszeit im Deutschen Reich

Jahr	Reallohn je Woche (1928 = 100)	Wochenarbeitszeit (in Stunden)	Index der Lebenshaltungskosten (1932 = 100)
1932	86	41,5	100,0
1933	91	42,9	
1934	94	44,6	100,4
1935	95	44,4	
1936	97	45,6	103,2
1937	101	46,1	
1938	105	46,5	104,1
1939	108	47	

(Zusammengestellt nach: B. Sösemann, Der Nationalsozialismus und die deutsche Gesellschaft, Stuttgart/München (dva) 2002, S. 353 und R. Hachtmann, Industriearbeit im Dritten Reich, Göttingen (Vandenhoek) 1989, S. 159)

M 10 Entwicklung der Lohn- und Gewinnquote im Deutschen Reich[1]

Jahr	Lohnquote	Gewinnquote
1929	60,7	31,7
1932	61,9	31,1
1933	61,0	32,4
1934	59,6	33,7
1935	58,3	34,9
1936	56,8	36,5
1937	55,7	37,9
1938	54,9	39,1

(Nach: Rolf Schörken, Das Dritte Reich – Geschichte und Struktur, Stuttgart (Klett) 1982, S. 109)

[1] Lohnquote = Anteil der Einkommen aus unselbstständiger Arbeit (also Lohn und Gehalt) am Volkseinkommen in v. H.; Gewinnquote = Anteil der Einkommen aus selbstständiger Arbeit (also v.a. Unternehmereinkommen und Kapitaleinkünfte) am Volkseinkommen in v. H.

M 11 Anteil des Privatkonsums am Sozialprodukt in Deutschland und den USA

Jahr	Deutschland	USA
1929	73	72
1932	79	78
1933	76	78
1934	71	76
1935	64	74
1936	60	72
1937	58	72
1938	52	74

(Nach: Rolf Schörken, Das Dritte Reich – Geschichte und Struktur, Stuttgart (Klett) 1982, S. 109)

M 12 Entwicklung der Rüstungsausgaben im Deutschen Reich

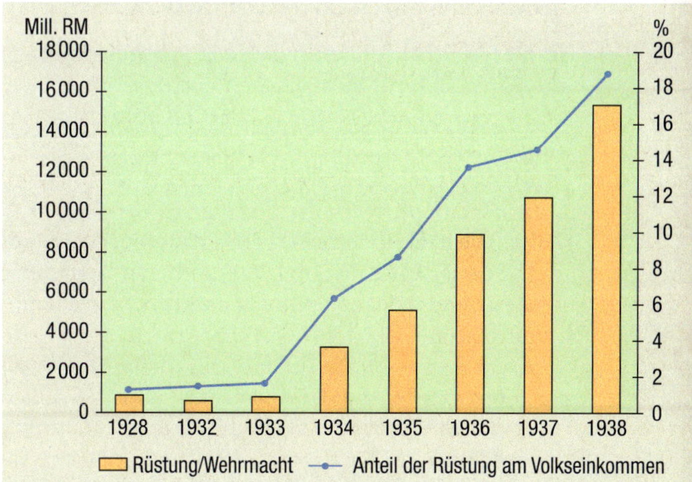

(Nach: B. Sösemann, Der Nationalsozialismus und die deutsche Gesellschaft, Stuttgart/München (dva) 2002, S. 354)

„Die Umstände haben mich gezwungen, fast nur vom Frieden zu reden" – Die nationalsozialistische Außenpolitik von 1933 bis 1939

Als Deutschland am 1.3.1939 mit dem Überfall auf Polen den Zweiten Weltkrieg begann, hatte es bereits eine – aus Sicht des Nationalsozialismus – günstige Ausgangslage erreicht. Massive Aufrüstung und territoriale Gewinne hatten gegen sämtliche Bestimmungen des Versailler Vertrages verstoßen.
In der historischen Rückschau ist erstaunlich, dass diese Politik weder zu Widerstand in der Bevölkerung noch zu Gegenmaßnahmen der europäischen Großmächte führte.

- **Wie konnte es der nationalsozialistischen Reichsführung gelingen, ihre außenpolitischen Ziele durchzusetzen und Widerstände zu vermeiden?**

Gestalten Sie ein Thesenpapier als Grundlage für eine gemeinsame Diskussion der Leitfrage.

In diesen Schritten können Sie in Partnerarbeit die Formulierung Ihrer Thesen vorbereiten:

1. Erstellen Sie zur Einordnung der Quellen M1–M6 eine Zeitleiste außenpolitischer Ereignisse von 1933 bis 1939 (s. Infotext, S. 391 ff.).

2. Welche außenpolitischen Ziele verfolgte das nationalsozialistische Regime? Interpretieren Sie unter dieser Frage das sogenannte „Hoßbach-Protokoll" (M1).
- a) Benennen Sie die äußeren, formalen Merkmale der Quelle, die dafür sprechen, dass sie Aussagen über die tatsächlichen Ziele der NS-Führung erlaubt.
- b) Listen Sie die Grundelemente des außenpolitischen Programms auf, die von Hitler skizziert werden.
- c) Stellen Sie fest, welche der von Hitler genannten Ziele schon vor 1939 erreicht werden konnten.
- d) Erörtern Sie, inwieweit Hitlers Programm der Revisionspolitik der Weimarer Regierungen ähnelt und inwiefern es sich von ihr unterscheidet.

3. Welche taktisch-propagandistischen Prinzipien prägten die NS-Außenpolitik? Interpretieren Sie unter dieser Frage die Quellen M2–M6.
- a) Arbeiten Sie heraus, welche Begründungen Hitler jeweils für seine Politik nennt.
- b) Erläutern Sie, inwiefern diese Begründungen jeweils auf einen bestimmten Adressatenkreis und bestimmte politische Umstände abgestimmt waren.

4. Wie reagierten die europäischen Mächte auf die NS-Außenpolitik? Interpretieren Sie unter dieser Frage die Rede des englischen Premierministers Neville Chamberlain (M7).
- a) Stellen Sie auf der Grundlage des Infotextes (S. 391 f.) Merkmale und Hintergründe der „Appeasement"-Politik dar.
- b) Arbeiten Sie heraus, wie Chamberlain über seine eigene, vergangene Politik gegenüber Deutschland urteilt.
- c) Beurteilen Sie diese Politik aus Ihrer heutigen Sicht.

Spruchband in einer deutschen Kleinstadt, um 1935

MATERIALIEN

M 1 Aus der „Hoßbach-Niederschrift“

Oberst Hoßbach, Adjutant der Wehrmacht bei Hitler, erstellte am 10.11.1937 aus dem Gedächtnis ein Protokoll einer geheimen Führerkonferenz vom 5.11.1937. Das Dokument ist erst nach dem Ende des Zweiten Weltkrieges unter dem Begriff „Hoßbach-Niederschrift“ oder „Hoßbach-Protokoll“ bekannt geworden.

Berlin, den 10. Nov. 1937

NIEDERSCHRIFT

über die Besprechung in der Reichskanzlei am 5.11.1937 von 16.15–20.30 Uhr.

Anwesend:

Der Führer und Reichskanzler
Der Reichskriegsminister, Generalfeldmarschall v. Blomberg
Der Oberbefehlshaber des Heeres, Generaloberst Frh. v. Fritsch
Der Oberbefehlshaber der Kriegsmarine, Generaladmiral Dr. h. c. Raeder
Der Oberbefehlshaber der Luftwaffe, Generaloberst Göring
Der Reichsminister des Auswärtigen Amtes, Freiherr v. Neurath
Oberst Hoßbach

Der Führer stellt einleitend fest, dass der Gegenstand der heutigen Besprechung von derartiger Bedeutung sei, dass dessen Erörterung in anderen Staaten wohl vor das Forum des Regierungskabinetts gehörte; er – der Führer – sähe aber gerade im Hinblick auf die Bedeutung der Materie davon ab, diese im Kreise des Reichskabinetts zum Gegenstand der Besprechung zu machen. Seine nachfolgenden Ausführungen seien das Ergebnis eingehender Überlegungen und der Erfahrungen seiner 4½-jähr. Regierungszeit; er wolle den anwesenden Herren seine grundlegenden Gedanken über die Entwicklungsmöglichkeiten und Notwendigkeiten unserer außenpolitischen Lage auseinandersetzen, wobei er im Interesse einer auf weite Sicht eingestellten deutschen Politik seine Ausführungen als seine testamentarische Hinterlassenschaft für den Fall seines Ablebens anzusehen bitte.

Der Führer führte sodann aus: Das Ziel der deutschen Politik sei die Sicherung und die Erhaltung der Volksmasse und deren Vermehrung. Somit handele es sich um das Problem des Raumes.

Die deutsche Volksmasse verfüge über 85 Millionen Menschen, die nach der Anzahl der Menschen und der Geschlossenheit des Siedlungsraumes in Europa einen in sich so fest geschlossenen Rassekern darstelle, wie er in keinem anderen Land wieder anzutreffen sei, wie er andererseits das Anrecht auf größeren Lebensraum mehr als bei anderen Völkern in sich schlösse. Wenn kein dem deutschen Rassekern entsprechendes politisches Gebiet des Raumes vorläge, so sei das eine Folge mehrhundertjähriger historischer Entwicklung und bei Fortdauer dieses politischen Zustandes die größte Gefahr für die Erhaltung des deutschen Volkstums auf seiner jetzigen Höhe. […]

Die einzige, uns vielleicht traumhaft erscheinende Abhilfe läge in der Gewinnung eines größeren Lebensraumes, ein Streben, das zu allen Zeiten die Ursache der Staatenbildung und Völkerbewegung gewesen sei. Dass dieses Streben in Genf und bei den gesättigten Staaten keinem Interesse begegne, sei erklärlich. Wenn die Sicherheit unserer Ernährungslage im Vordergrund stünde, so könne der hierfür nötige Raum nur in Europa gesucht werden, nicht aber ausgehend von liberalistisch-kapitalistischen Auffassungen in der Ausbeutung von Kolonien. Es handelt sich nicht um die Gewinnung von Menschen, sondern von landwirtschaftlich nutzbarem Raum. Auch die Rohstoffgebiete seien zweckmäßiger im unmittelbaren Anschluss an das Reich in Europa und nicht in Übersee zu suchen, wobei die Lösung sich für ein bis zwei Generationen auswirken müsse. Was darüber hinaus in späteren Zeiten notwendig werden solle, müsse nachfolgenden Geschlechtern überlassen werden. Die Entwicklung großer Weltgebilde gehe nun einmal langsam vor sich, das deutsche Volk mit seinem starken Rassekern finde hierfür die günstigsten Voraussetzungen inmitten des europäischen Kontinents. […]

Zur Lösung der deutschen Frage könne es nur den Weg der Gewalt geben, diese werde niemals risikolos sein. Die Kämpfe Friedrich d. Gr. um Schlesien und die Kriege Bismarcks gegen Österreich und Frankreich seien von unerhörtem Risiko gewesen, und die Schnelligkeit des preußischen Handelns 1870 habe Österreich vom Eintritt in den Krieg ferngehalten. Stelle man an die Spitze der nachfolgenden Ausführungen den Entschluss zur Anwendung von Gewalt unter Risiko, dann bleibe noch die Beantwortung der Fragen „wann“ und „wie“. Hierbei seien drei Fälle zu entscheiden:

Fall 1: Zeitpunkt 1943–1945:

Nach dieser Zeit sei nur noch eine Veränderung zu unseren Ungunsten zu erwarten. Die Aufrüstung

der Armee, Kriegsmarine, Luftwaffe sowie die Bildung des Offizierkorps seien annähernd beendet. Die materielle Ausstattung und Bewaffnung seien modern, bei weiterem Zuwarten läge die Gefahr ihrer Veralterung vor. [...] Die Gewinnung von Reserven beschränke sich auf die laufenden Rekrutenjahrgänge, ein Zusatz aus älteren unausgebildeten Jahrgängen sei nicht mehr verfügbar. Im Verhältnis zu der bis dahin durchgeführten Aufrüstung der Umwelt nähmen wir an relativer Stärke ab. [...] Hierin sei ein „Schwächungsmoment des Regimes" zu erblicken. Zudem erwarte die Welt unseren Schlag und treffe ihre Gegenmaßnahmen von Jahr zu Jahr mehr. Während die Umwelt sich abriegele, seien wir zur Offensive gezwungen.
Wie die Lage in den Jahren 1943/45 tatsächlich sein würde, wisse heute niemand. Sicher sei nur, dass wir nicht länger warten können. [...] Sollte der Führer noch am Leben sein, so sei es sein unabänderlicher Entschluss, spätestens 1943/45 die deutsche Raumfrage zu lösen. Die Notwendigkeit zum Handeln vor 1943/45 käme im Fall 2 und 3 in Betracht.
Fall 2: Wenn die sozialen Spannungen in Frankreich sich zu einer derartigen innenpolitischen Krise auswachsen sollten, dass durch Letztere die französische Armee absorbiert und für eine Kriegsverwendung gegen Deutschland ausgeschaltet würde, sei der Zeitpunkt zum Handeln gegen die Tschechei gekommen.
Fall 3: Wenn Frankreich durch den Krieg mit einem anderen Staat so gefesselt ist, dass es gegen Deutschland nicht „vorgehen" kann.
Zur Verbesserung unserer militärpolitischen Lage müsse in jedem Fall bei einer kriegerischen Verwicklung unser erstes Ziel sein, die Tschechei und gleichzeitig Österreich niederzuwerfen, um die Flankenbedrohung eines etwaigen Vorgehens nach Westen auszuschalten. [...] Wenn auch die Besiedelung insbesondere der Tschechei keine dünne sei, so könne die Einverleibung der Tschechei und Österreichs den Gewinn von Nahrungsmitteln für 5–6 Millionen Menschen bedeuten unter Zugrundelegung, dass eine zwangsweise Emigration aus der Tschechei von zwei, aus Österreich von einer Million Menschen zur Durchführung gelange. Die Angliederung der beiden Staaten an Deutschland bedeute militärpolitisch eine wesentliche Entlastung infolge kürzerer, besserer Grenzziehung, Freiwerden von Streitkräften für andere Zwecke und der Möglichkeit der Neuaufstellung von Truppen bis in Höhe von etwa 12 Divisionen.[...]

(Zit. nach: H. Krieger (Hg.), Materialien für den Geschichtsunterricht, Bd. V, Ffm (Diesterweg) 1980, S. 288f.)

M 2 Reichstagsrede Hitlers anlässlich der Besetzung der entmilitarisierten Rheinlandzone durch deutsche Truppen (7.3.1936)

Am 7.3.1936 ließ Hitler Truppen der Wehrmacht in die entmilitarisierte Rheinlandzone einmarschieren. Damit verstieß er gegen eine zentrale Bestimmung des Versailler Vertrages. Rückblickend bezeichnete Hitler später diese Situation als den gefährlichsten Moment seines außenpolitischen Vorgehens, denn er befürchtete eine militärische Reaktion Frankreichs, der das Deutsche Reich zu diesem Zeitpunkt nicht gewachsen gewesen wäre.

[...] Nach drei Jahren glaube ich so mit dem heutigen Tage den Kampf um die deutsche Gleichberechtigung als abgeschlossen ansehen zu können. Ich glaube, dass damit aber die erste Voraussetzung für unsere seinerzeitige Zurückziehung aus der europäischen kollektiven Zusammenarbeit weggefallen ist. Wenn wir daher nunmehr wieder bereit sind, zu dieser Zusammenarbeit zurückzukehren, dann geschieht dies mit dem aufrichtigen Wunsche, dass vielleicht diese Vorgänge und ein Rückblick auf diese Jahre mithelfen werden, das Verständnis für diese Zusammenarbeit auch bei den anderen europäischen Völkern zu vertiefen.
Wir haben in Europa keine territorialen Forderungen zu stellen. Wir wissen vor allem, dass alle die Spannungen, die sich entweder aus falschen territorialen Bestimmungen oder aus den Missverhältnissen der Volkszahlen mit ihren Lebensräumen ergeben, in Europa durch Kriege nicht gelöst werden können. Wir hoffen aber, dass die menschliche Einsicht mithelfen wird, das Schmerzliche dieser Zustände zu mildern und Spannungen auf dem Wege einer langsamen evolutionären Entwicklung in friedlicher Weise zu beheben. Und insbesondere empfinde ich mit dem heutigen Tage erst recht die Notwendigkeit, die Verpflichtung zu würdigen, die uns die wiedergewonnene nationale Ehre und Freiheit auferlegen. Verpflichtungen nicht nur unserem eigenen Volke gegenüber, sondern auch gegenüber den übrigen europäischen Staaten. [...]

(Zit. nach: J. Hohlfeld (Hg.), Dokumente der deutschen Politik und Geschichte, Bd. IV, S. 276)

M 3 Rede Hitlers auf dem Reichsparteitag in Nürnberg (12.9.1938)

Die folgende in Auszügen abgedruckte öffentliche Rede Hitlers steht im Zusammenhang mit der sogenannten „Sudetenkrise" (vgl. Infotext S. 393).

Ich bin Nationalsozialist und als solcher gewohnt, gegen jeden Angriff sofort zurückzuschlagen. Ich

Hitler auf der Rednertribüne des Reichsparteitagsgeländes und bei einer Rede

weiß auch ganz genau, dass durch Nachgiebigkeit ein so unversöhnlicher Feind, wie es das Tschechentum ist, nicht versöhnt, sondern nur noch mehr zur Überheblichkeit gereizt wird. […] Ich habe unter Berücksichtigung dessen nunmehr am 28. Mai sehr schwere Maßnahmen getroffen:
Erstens: Die angekündigten Verstärkungen des Heeres und der Luftwaffe wurden auf meinen Befehl hin außerordentlich erweitert und augenblicklich eingeleitet und ausgeführt. Zweitens: Ich befahl den sofortigen Ausbau unserer Festungsanlagen im Westen. […]
Ich habe diese gewaltigste Anstrengung aller Zeiten gemacht, um dem Frieden zu nutzen. Ich werde aber unter keinen Umständen gewillt sein, einer weiteren Unterdrückung der deutschen Volksgenossen in der Tschechoslowakei in endloser Ruhe zuzusehen.
Herr Benesch[1] treibt Taktik, er redet und will Verhandlungen organisieren, nach Genfer Muster die Frage der Prozeduren klären und kleine Beruhigungsgeschenke geben. So geht das auf die Dauer nicht!
Hier handelt es sich nicht um Redensarten, sondern um Recht, und zwar um verletztes Recht. Was die Deutschen fordern, ist das Selbstbestimmungsrecht, das jedes andere Volk auch besitzt, und keine Phrase.
Herr Benesch hat diesen Sudetendeutschen keine Geschenke zu geben; sie haben das Recht, ein eigenes Leben zu beanspruchen, genau wie jedes andere Volk. Wenn die Demokratien aber der Überzeugung sein sollten, dass sie in diesem Falle, wenn notwendig, mit allen Mitteln die Unterdrückung der Deutschen beschirmen müssten, dann wird dies schwere Folgen haben!
Ich glaube, dem Frieden mehr zu nutzen, wenn ich darüber keinen Zweifel lasse. Ich habe nicht die Forderung gestellt, dass Deutschland 3½ Millionen Franzosen unterdrücken darf, oder die, dass uns etwa 3½ Millionen Engländer zur Unterdrückung ausgeliefert werden, aber ich stelle die Forderung, dass die Unterdrückung der 3½ Millionen Deutschen in der Tschechoslowakei aufhört und an deren Stelle das freie Recht der Selbstbestimmung tritt.
Ich bin […] keineswegs gewillt, hier mitten im Herzen Deutschlands durch die Tätigkeit anderer Staatsmänner ein zweites Palästina[2] entstehen zu lassen. Die armen Araber sind wehrlos und vielleicht verlassen. Die Deutschen in der Tschechoslo-

wakei sind weder wehrlos, noch sind sie verlassen. Das möge man zur Kenntnis nehmen.

(Zit. nach: H. Krieger (Hg.), Materialien für den Geschichtsunterricht, Bd. V, Ffm (Diesterweg) 1980, S. 296f.)

[1] Eduard Benesch (1884–1948), Staatspräsident der Tschechoslowakei von Dezember 1935 bis zum Oktober 1938, ab 1940 Präsident der tschechischen Exilregierung in London, ab Mai 1945 wieder Staatspräsident, Rücktritt nach dem kommunistischen Staatsstreich im Februar 1948.

[2] „Zweites Palästina": Anspielung auf den jüdisch-arabischen Konflikt in Palästina, insbesondere: Mandat des Völkerbundes an Großbritannien, eine „nationale Heimstätte" für Juden in Palästina zu errichten, ohne die „Rechte nichtjüdischer Gemeinschaften [...] in Palästina zu beeinträchtigen"; jüdische Einwanderungswelle nach Palästina aufgrund der nationalsozialistischen Machtergreifung in Deutschland 1933–35; arabischer Generalstreik für einen totalen Einwanderungsstopp für Juden 1936.

M 4 Rede Hitlers im Berliner Sportpalast (26.9.1938)

Öffentliche Rede Hitlers im Berliner Sportpalast (Auszüge), vgl. auch M 3.

Deutsche! Volksgenossen und -genossinnen! Am 20. Februar habe ich vor den deutschen Reichstagsabgeordneten zum ersten Mal eine grundsätzliche Forderung unabdingbarer Art ausgesprochen. Damals hörte mich die ganze Nation und sie hat mich verstanden! Ein Staatsmann hat dieses Verständnis nicht aufgebracht. Er ist beseitigt und mein Versprechen von damals ist eingelöst![1]

Und nun steht vor uns das letzte Problem, das gelöst werden muss und gelöst werden wird! Es ist die letzte territoriale Forderung, die ich in Europa zu stellen habe, aber es ist die Forderung, von der ich nicht abgehe und die ich, so Gott will, erfüllen werde. [...]

Ich bin Herrn Chamberlain dankbar für alle seine Bemühungen. Ich habe ihm versichert, dass das deutsche Volk nichts anderes will als Frieden; allein, ich habe ihm auch erklärt, dass ich nicht hinter die Grenze unserer Geduld zurückgehen kann.

Ich habe ihm weiter versichert und wiederhole es hier, dass es – wenn dieses Problem gelöst ist – für Deutschland in Europa kein territoriales Problem mehr gibt! Und ich habe ihm weiter versichert, dass in dem Augenblick, in dem die Tschechoslowakei ihre Probleme löst, das heißt, in dem die Tschechen mit ihren anderen Minderheiten sich auseinandergesetzt haben, und zwar friedlich und nicht durch Unterdrückung, dass ich dann am tschechischen Staat nicht mehr interessiert bin. Und das wird ihm garantiert! Wir wollen gar keine Tschechen! Allein, ebenso will ich nun vor dem deutschen Volk erklären, dass in Bezug auf das sudetendeutsche Problem meine Geduld jetzt zu Ende ist! Ich habe Herrn Benesch[2] ein Angebot gemacht, das nichts anderes ist als die Realisierung dessen, was er selbst schon zugesichert hat. Er hat jetzt die Entscheidung in seiner Hand: Frieden oder Krieg! Er wird entweder dieses Angebot akzeptieren und den Deutschen jetzt endlich die Freiheit geben, oder wir werden diese Freiheit uns selbst holen! [...] Wir sind entschlossen! Herr Benesch mag jetzt wählen!

(Zit. nach: H. Krieger (Hg.), Materialien für den Geschichtsunterricht, Bd. V, Ffm (Diesterweg) 1980, S. 298ff.)

[1] Anspielung auf die Drohungen Hitlers und die Reaktion des österreichischen Bundeskanzlers Schuschnigg vor dem „Anschluss" Österreichs am 13.3.1938. Schuschnigg hatte versucht, den drohenden Anschluss durch eine Volksabstimmung in Österreich zu verhindern bzw. hinauszuzögern. Als der Einmarsch deutscher Truppen nicht mehr zu verhindern war, trat Schuschnigg am 11.3.1938 von seinem Amt zurück.

[2] Siehe Fußnote 1 zu M 3.

M 5 „Münchener Abkommen" zwischen Deutschland, dem Vereinigten Königreich von Großbritannien, Frankreich und Italien (29./30.9.1938)

Vgl. zum Hintergrund des Abkommens Infotext S. 393.

Deutschland, das Vereinigte Königreich, Frankreich und Italien sind unter Berücksichtigung des Abkommens, das hinsichtlich der Abtretung des sudetendeutschen Gebiets bereits grundsätzlich erzielt wurde, über folgende Bedingungen und Modalitäten dieser Abtretung und über die danach zu ergreifenden Maßnahmen übereingekommen [...]:

1. Die Räumung beginnt am 1. Oktober.
2. Das Vereinigte Königreich, Frankreich und Italien vereinbaren, dass die Räumung des Gebiets bis zum 10. Oktober vollzogen wird, und zwar ohne Zerstörung irgendwelcher bestehender Einrichtungen, und dass die Tschechoslowakische Regierung die Verantwortung dafür trägt, dass die Räumung ohne Beschädigung der bezeichneten Einrichtungen durchgeführt wird. [...]
4. Die etappenweise Besetzung des vorwiegend deutschen Gebiets durch deutsche Truppen beginnt am 1. Oktober. [...]
8. Die Tschechoslowakische Regierung wird innerhalb einer Frist von 4 Wochen vom Tage des Abschlusses dieses Abkommens an alle Sudetendeut-

schen aus ihren militärischen und politischen Verbänden entlassen, die diese Entlassung wünschen. Innerhalb derselben Frist wird die Tschechoslowakische Regierung sudetendeutsche Gefangene entlassen, die wegen politischer Delikte Freiheitsstrafen verbüßen.

Zusatz zu dem Abkommen

Seiner Majestät Regierung im Vereinigten Königreich und die Französische Regierung haben sich dem vorstehenden Abkommen angeschlossen auf der Grundlage, dass sie zu dem Angebot stehen, welches in Paragraph 6 der englisch-französischen Vorschläge vom 19. September enthalten ist, betreffend eine internationale Garantie der neuen Grenze des Tschechoslowakischen Staats gegen einen unprovozierten Angriff[1]. [...]

(Zit. nach: Der Nationalsozialismus – Dokumente 1933-1945, hg. von W. Hofer, Frankfurt (Fischer Bücherei) 1957, S. 205f.)

[1] Garantie der englischen und französischen Regierung hinsichtlich der (neuen) Grenze der Tschechoslowakischen Republik zum Deutschen Reich.

M 6 Geheime Rede Hitlers vor Verlegern und führenden Redakteuren der deutschen Presse (10.11.1938)

Hitler hielt die im Folgenden in Auszügen abgedruckte Rede vor einem ausgewählten Kreis führender Redakteure der deutschen Presse. Über diesen Adressatenkreis hinaus wurde die Rede nicht veröffentlicht.

Die Umstände haben mich gezwungen, jahrzehntelang fast nur vom Frieden zu reden. Nur unter der fortgesetzten Betonung des deutschen Friedenswillens und der Friedensabsichten war es mir möglich, dem deutschen Volk Stück für Stück die Freiheit zu erringen und ihm die Rüstung zu geben, die immer wieder für den nächsten Schritt als Voraussetzung notwendig war. Es ist selbstverständlich, dass eine solche jahrzehntelang betriebene Friedenspropaganda auch ihre bedenklichen Seiten hat; denn es kann nur zu leicht dahin führen, dass sich in den Gehirnen vieler Menschen die Auffassung festsetzt, dass das heutige Regime an sich identisch sei mit dem Entschluss und dem Willen, den Frieden unter allen Umständen zu bewahren. Das würde aber nicht nur zu einer falschen Beurteilung der Zielsetzung dieses Systems führen, sondern es würde vor allem auch dahin führen, dass die deutsche Nation, statt den Ereignissen gegenüber gewappnet zu sein, mit einem Geist erfüllt wird, der auf die Dauer als Defätismus[1] gerade die Erfolge des heutigen Regimes nehmen würde und nehmen müsste. Der Zwang war die Ursache, warum ich jahrelang nur vom Frieden redete. Es war nunmehr notwendig, das deutsche Volk psychologisch allmählich umzustellen und ihm langsam klarzumachen, dass es Dinge gibt, die, wenn sie nicht mit friedlichen Mitteln durchgesetzt werden können, mit Mitteln der Gewalt durchgesetzt werden müssen. Dazu war es aber notwendig, nicht etwa nun die Gewalt als solche zu propagieren, sondern es war notwendig, dem deutschen Volk bestimmte außenpolitische Vorgänge so zu beleuchten, dass die innere Stimme des Volkes selbst langsam nach der Gewalt zu schreien begann. Das heißt also, bestimmte Vorgänge so zu beleuchten, dass im Gehirn der breiten Masse des Volkes ganz automatisch allmählich die Überzeugung ausgelöst wurde: Wenn man das eben nicht im Guten abstellen kann, dann muss man es mit Gewalt abstellen; so kann es aber auf keinen Fall weitergehen. Diese Arbeit hat Monate erfordert; sie wurde planmäßig begonnen, planmäßig fortgeführt, verstärkt. Viele haben sie nicht begriffen, meine Herren; viele waren der Meinung, das sei doch alles etwas übertrieben. Das sind jene überzüchteten Intellektuellen, die keine Ahnung haben, wie man ein Volk letzten Endes zu der Bereitschaft bringt, geradezustehen, auch wenn es zu blitzen und zu donnern beginnt. [...]

Ich habe, das muss ich Ihnen noch dazu sagen, oft ein einziges Bedenken, und das ist folgendes: Wenn ich so die intellektuellen Schichten bei uns ansehe – leider, man braucht sie ja; sonst könnte man sie eines Tages ja, ich weiß nicht, ausrotten oder so was (Bewegung). Aber man braucht sie leider. Wenn ich mir also diese intellektuellen Schichten ansehe und mir nun ihr Verhalten vorstelle und es überprüfe, mir gegenüber, unserer Arbeit gegenüber, dann wird mir fast angst. Denn seit ich nun politisch tätig bin und seit ich besonders das Reich führe, habe ich nur Erfolge. Und trotzdem schwimmt diese Masse herum in einer geradezu oft abscheulichen, ekelerregenden Weise. Was würde denn geschehen, wenn wir nun einmal einen Misserfolg hätten? Auch das könnte sein, meine Herren. Wie würde dieses Hühnervolk denn dann sich erst aufführen? Die sind schon jetzt, da wir doch überhaupt nur Erfolge haben, und zwar weltgeschichtlich einmalige Erfolge, unzuverlässig.

(Zit. nach: B. Hey/J. Radkau, Nationalsozialismus und Faschismus, Politische Weltkunde II, Stuttgart (Klett) 1976, S. 97)

[1] Defätismus: Neigung zum Aufgeben eines Zieles angesichts fehlender Erfolgsaussichten.

M 7 Aus einer Rede des britischen Premierministers Chamberlain in Birmingham (17.3.1939)

Was ist aus der Erklärung „Keine territorialen Ansprüche mehr" geworden? Was ist aus der Versicherung „Wir wollen keine Tschechen im Reich" geworden? Wie viel Rücksicht hat man genommen auf den Grundsatz der Selbstbestimmung, worüber Herr Hitler in Berchtesgaden mit mir so heftig diskutierte, als er die Trennung des Sudetengebietes von der Tschechoslowakei und dessen Einverleibung in das Reich forderte? [...]
Wird sich uns nicht die Frage aufdrängen: Wenn es schon so leicht ist, gute Gründe zu entdecken für die Missachtung von so feierlich und so häufig gegebenen Zusicherungen, wie viel Vertrauen kann man dann noch in die übrigen Zusicherungen setzen, die aus derselben Quelle stammen? Deutschland hat der Welt unter seinem jetzigen Regime eine Serie von unangenehmen Überraschungen bereitet. Das Rheinland, der Anschluss Österreichs, die Lostrennung des Sudetengebietes – alle diese Dinge erregten und empörten die öffentliche Meinung der ganzen Welt. Jedoch, soviel wir auch einwenden mögen gegen die Methoden, die in jedem einzelnen dieser Fälle angewandt wurden, etwas ließ sich doch sagen – entweder wegen der rassemäßigen Zugehörigkeit oder wegen allzu lang missachteter gerechter Ansprüche – etwas ließ sich doch sagen zugunsten der Notwendigkeit einer Änderung der vorhandenen Lage.
Aber die Dinge, die sich diese Woche unter völliger Missachtung der von der deutschen Regierung selbst aufgestellten Grundsätze ereignet haben, scheinen zu einer anderen Kategorie zu gehören, und sie müssen uns allen die Frage nahelegen: „Ist dies das Ende eines alten Abenteuers oder ist es der Anfang eines neuen?" „Ist dies der letzte Angriff auf einen kleinen Staat oder sollen ihm noch weitere folgen? Ist dies sogar ein Schritt in der Richtung auf den Versuch, die Welt durch Gewalt zu beherrschen?" [...]
Ich glaube nicht, dass irgendjemand meine Aufrichtigkeit infrage stellen wird, wenn ich sage, dass es kaum etwas gibt, was ich nicht für den Frieden zu opfern bereit wäre; aber etwas gibt es, was ich davon ausnehmen muss, und das ist die Freiheit, die wir seit hunderten von Jahren genießen und die wir niemals preisgeben werden [...].
Es sind erst sechs Wochen her, dass ich in dieser Stadt sprach [...]. Ich wies darauf hin, dass jeder Anspruch auf Weltherrschaft durch Gewalt den Widerstand der Demokratien finden müsse, und ich fügte hinzu, ich könne nicht glauben, dass eine solche Herausforderung geplant sei, weil keine Regierung, der die Interessen ihres Volkes am Herzen liegen, eines solchen Anspruches wegen dieses Volk den Schrecken des Weltkrieges aussetzen könnte. [...]
Ich fühle mich verpflichtet zu wiederholen, dass ich zwar nicht bereit bin, unser Land durch neue, nicht spezifizierte und unter nicht voraussehbaren Bedingungen funktionierende Verpflichtungen zu binden, dass aber kein größerer Fehler begangen werden könnte als der, zu glauben, unsere Nation habe, weil sie den Krieg für eine sinnlose und grausame Sache hält, so sehr ihr Mark verloren, dass sie nicht bis zur Erschöpfung ihrer Kraft einer solchen Herausforderung entgegentreten werde, sollte sie jemals erfolgen. Für diese Erklärung habe ich – davon bin ich überzeugt – nicht nur die Unterstützung, die Sympathie und das Vertrauen meiner Mitbürger und Mitbürgerinnen, sondern ich werde auch die Zustimmung des gesamten britischen Weltreiches und aller andern Nationen haben, die zwar den Frieden hochschätzen, aber die Freiheit noch höher.

(Zit. nach: H. Krieger (Hg.), Materialien für den Geschichtsunterricht, Bd. V, Ffm (Diesterweg) 1980, S. 308)

Unverstehbares verstehen? Die Konzentrations- und Vernichtungslager

Zufahrt zum Vernichtungslager Auschwitz-Birkenau

Die Wirklichkeit der nationalsozialistischen Konzentrations- und Vernichtungslager muss letztlich unverständlich bleiben. Das Ausmaß der dort verübten Verbrechen übersteigt unser Vorstellungsvermögen. Dennoch ist eine Nahsicht auf die abgeschlossene Welt der Lager, auf die erzwungene und von der Umgebung fast vollständig isolierte Gesellschaft der Gefangenen möglich. Und sie ist notwendig, wenn man verstehen will, wie diese Lager funktionierten, was dort tatsächlich geschah, welche Machtstrukturen herrschten, wie menschliche Beziehungen aufgelöst wurden. In den Lagern zeigte der totalitäre Staat in seiner allerschlimmsten Form seinen Anspruch, das Leben von Menschen absolut, „total" zu beherrschen – bis hin zum systematischen Massenmord.
Bevor man auf die Frage „Wie war das möglich?" antworten kann, ist es notwendig, die Frage „Was war eigentlich der Fall?" zu untersuchen. Das soll in diesem Thema erfolgen.

- **Was geschah in den Konzentrations- und Vernichtungslagern?**
- **Ist diese Wirklichkeit rational verstehbar oder letztlich unverstehbar?**

Bereiten Sie sich auf eine Diskussion der beiden Leitfragen im Plenum vor.

So können Sie gemeinsam mit Lernpartnerinnen und Lernpartnern in Arbeitsgruppen benötigtes Sachwissen erwerben:

1. Informieren Sie sich in Einzelarbeit anhand des Infotextes (S. 385 f., 398 f.) darüber, wie sich das System der Konzentrationslager von 1933 bis zu den Vernichtungslagern im Zweiten Weltkrieg entwickelte und welche Funktionen es im Einzelnen erfüllte.
2. Für die Bearbeitung der Materialien M 1 – M 19, die exemplarische Einblicke in die Wirklichkeit der Konzentrationslager ermöglichen, ist eine arbeitsteilige Vorgehensweise empfehlenswert.
   a) Untersuchen Sie nach Absprache in Ihrer Gruppe die folgenden Themenfelder und halten Sie Ihre Arbeitsergebnisse auf Karteikarten fest:
      - räumliche und zeitliche Ordnung im Lager (M 1 – M 6),
      - soziale Strukturen und Staffelung der Ohnmacht (M 7 – M 13),
      - Arbeit (M 14, M 15),
      - Selektion und Tod (M 16 – M 19).

   b) Es bietet sich für die einzelnen Bearbeiter(innen) an, zu den einzelnen Themen zusätzlich jeweils vertiefende Informationen aus Lexika, Handbüchern oder dem Internet (zu Letzterem s. M 20) hinzuziehen.
   c) Verschriftlichen Sie Ihre Arbeitsergebnisse in skizzenhafter kurzer Form (z. B. Mindmap-Skizze, Cluster, Thesenpapier) und informieren Sie alle Gruppenmitglieder über das jeweilige Themenfeld.
3. Erarbeiten Sie in der Gesamtgruppe das Konzept von Wolfgang Sofsky zur Machtstruktur der Konzentrationslager (M 21) und vergleichen Sie dieses mit Ihren eigenen Arbeitsergebnissen.
4. Reflektieren Sie jeder für sich (denkbar wäre auch zusammen mit einem Partner) Ihre Ergebnisse über die soziale Wirklichkeit in den Konzentrations- und Vernichtungslagern sowie ihre Deutung in dem Konzept von Wolfgang Sofsky. Versuchen Sie abschließend, eine persönliche Haltung zur zweiten Leitfrage zu entwickeln.

MATERIALIEN

Räumliche und zeitliche Ordnung

M 1 Aufbau eines Konzentrationslagers

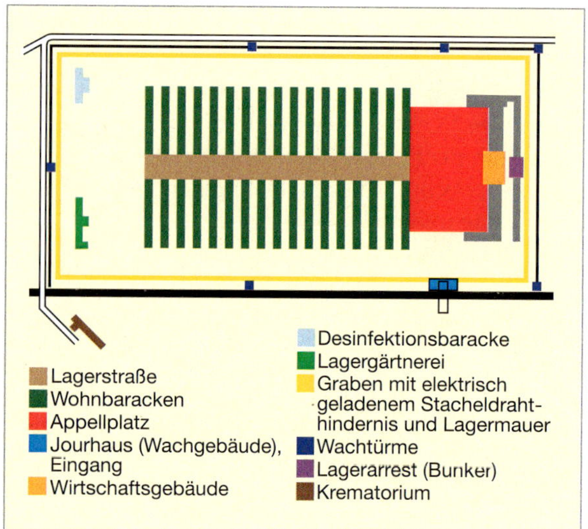

Lageplan des KZ Dachau

M 2 Lagergelände

Lagerstraße im KZ Dachau (1938)

M 3 Im Block

Primo Levi schreibt in seinem autobiografischen Bericht über die Platzsituation in den Lagerbaracken, auch Blocks genannt.
Levi wurde 1919 in Turin geboren, studierte Chemie. Im Februar 1944 wurde er als Jude und Mitglied der „Resistenza" verhaftet und nach Auschwitz deportiert. Dort blieb er bis zur Befreiung im Januar 1945. 1958 erschien auf Italienisch die Erstveröffentlichung seines Buches „Ist das ein Mensch?", aus dem der folgende Auszug stammt.

Wer mein Bettkamerad ist, weiß ich nicht. Ich bin nicht einmal sicher, dass er immer ein und derselbe ist, denn ich habe ihn nie von Angesicht gesehen, es sei denn für kurze Augenblicke mitten im Aufruhr des Weckens, sodass ich seinen Rücken und seine Füße weit besser als sein Gesicht kenne. Er arbeitet nicht in meinem Kommando und kommt erst ins Bett, wenn Stillschweigen befohlen ist; er rollt sich in die Decke, schubst mich mit seinen knochigen Hüften beiseite, dreht mir den Rücken zu und fängt augenblicklich zu schnarchen an. Rücken an Rücken versuche ich, mir einen angemessenen Platz auf dem Strohsack zu erkämpfen; mit meinem Kreuz drücke ich immer stärker gegen sein Kreuz, dann drehe ich mich andersherum und nehme die Knie zu Hilfe, ergreife seine Füße und bemühe mich, sie etwas von meinem Gesicht wegzuschieben. Aber alles ist vergeblich, denn er ist bedeutend schwerer als ich, und der Schlaf scheint ihn versteinert zu haben. Da bleibe ich eben so liegen, zur Regungslosigkeit verdammt und halb auf der Holzkante. Immerhin bin ich dermaßen müde, dass auch ich bald dem Schlafe verfalle, und mir ist, als läge ich auf Eisenbahnschienen.

(P. Levi, Ist das ein Mensch?, München [3]1994, S. 68f., übers. v. Heinz Riedt)

M 4 Unterbringung: Schlafplätze in einer Baracke

Kleines Lager in Buchenwald, kurz nach der Befreiung am 11. April 1945

M 5 Die Außengrenze: gescheiterter Fluchtversuch

Der Fluchtversuch eines Häftlings endete tödlich in der mit Starkstrom geladenen Stacheldrahtbegrenzung des Lagers (KZ Dachau, undatiert).

M 6 Der Tagesablauf

Aus den Lagervorschriften des Konzentrationslagers Dachau lässt sich folgende Tageseinteilung entnehmen, die nur den Sonntag ausgenommen gültig war:

Sommer	
4.00:	Wecken
5.15:	Zählappell
6.00–12.00:	Arbeitszeit
12.00–13.00:	Mittagessen (einschließlich Ein- und Ausmarsch)
13.00–18.30:	Arbeitszeit
19.00:	Zählappell (Dauer ca. eine Stunde; häufig wurden diese in Form von „Strafstehen" über Stunden ausgedehnt.)
20.45:	„Alles in die Baracken"
21.00:	„Alles in die Betten" – „Licht aus"
Winter	
5.00:	Wecken Arbeitszeit: vom Morgengrauen bis zum Einbruch der Dunkelheit

Soziale Strukturen

M 7 – M 9 : Eingliederung in die Häftlingsgesellschaft

M 7 Ankunft im Konzentrationslager

(KZ Dachau, undatiert)

M 8 Scheren der Haare und Desinfektionsbad

Die Häftlinge wurden dieser Behandlung direkt nach der Ankunft in der „Sonderzone" des KZ Buchenwald unterzogen. Diese Prozedur war in allen Konzentrationslagern gleich, allerdings meist in festen Gebäuden (KZ Buchenwald, 1939).

M 9 Lagerinsassen beim Appell

(KZ Dachau, undatiert)

M 10 Kleidungsverteilung

W. Poller, ein überlebender Häftling des KZ Buchenwald, schreibt 1946 über die Vorgänge bei der Kleidungsverteilung an neue Häftlinge:

Wir kommen in die Häftlingsbekleidungskammer. In den Regalen sind Uniformen, Wäschestücke, Stiefel usw. in großer Zahl gestapelt. Häftlinge sind hier beschäftigt, die verhältnismäßig gut und sauber aussehen. Fast alle tragen den roten „Winkel". Wir Zugänge werden von ihnen zunächst sortiert. Hier die Politischen, die den roten Winkel haben sollen, da die Arbeitsscheuen und Asozialen für den schwarzen Winkel, die Bibelforscher[1] für den violetten, die Kriminellen für den grünen, die Homosexuellen für den rosa Winkel. Die Juden erhalten noch zu ihrem Winkel einen gelben, den sie mit ihrem Farbwinkel zu einem Davidsstern zu kreuzen haben. Von fast jedem Häftling hinter dem Ausgabetisch werde ich zunächst gefragt, welche Farbe ich habe. Neben mir steht ein „Schwarzer". Er bekommt offensichtlich schlechtere Kleidungsstücke als ich. Bei der Stiefelausgabe erhalte ich zunächst ein Paar „ausgetretene Latschen". Als der Häftling sie mir aushändigen will, fragt er: „Politisch?", und als ich bejahe, holt er mir ein Paar bessere Stiefel. Nur wir Politischen werden gefragt, ob wir einen Pullover oder eine Wolljacke mitgebracht hätten. Wer es nicht hat, bekommt ein solches Kleidungsstück, alle anderen Häftlingskategorien nicht.

(W. Poller, Arztschreiber in Buchenwald, Hamburg 1946, S. 28)

[1] Zeugen Jehovas

M 11 Kennzeichentafel der Häftlinge

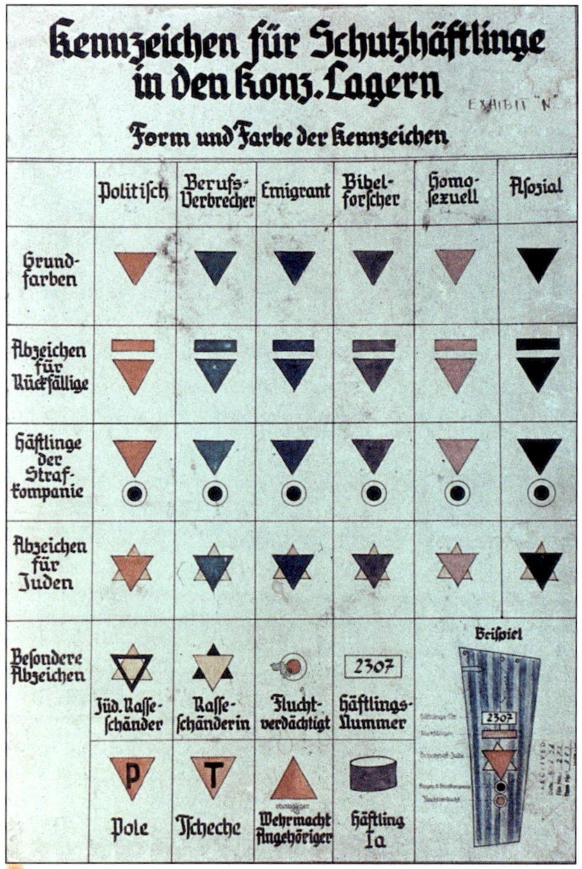

Im Kasten unten rechts wird die Klassifizierung beispielhaft erläutert: Angabe der Häftlings-Nr., darunter die jeweiligen Kennzeichen (aus SS-Bestand des Lagers Dachau).

M 12 Lagerverwaltung

Benedikt Kautsky berichtet in einer eidesstattlichen Erklärung 1951 und in seinem Erinnerungsbuch von 1961 über die Lagerverwaltung und die sogenannte „Lageraristokratie" im Konzentrationslager Buchenwald.

Zur Person: 1894 in Stuttgart geboren, Sohn des sozialdemokratischen Politikers Karl Kautsky; 1923–1934 Redakteur von „Arbeit und Wirtschaft"; 1938 verhaftet und als „politischer Jude" inhaftiert, zunächst KZ Dachau, ab September 1938 KZ Buchenwald, 1942–1945 KZ Auschwitz; 1955 stellvertretender Generaldirektor des größten österreichischen Bankinstituts, 1960 gestorben.

Für die Häftlinge, die sich an der Lagerverwaltung beteiligten, ergab sich ständig eine Reihe von schwer lösbaren Problemen, denn sie hatten Befehle der SS entgegenzunehmen und durchzuführen. Sie wirkten also dem Lager gegenüber sozusagen als der „verlängerte" Arm der SS; andererseits vermochten sie gerade dadurch, dass die SS sich vielfach um die Ausführung ihrer Befehle im Einzelnen nicht mehr kümmerte und sich bei dem sprunghaften Anwachsen der Lager seit 1938 nicht mehr kümmern konnte, die Brutalität vieler Befehle wesentlich abzumildern, wenn sie es nicht vorzogen, sie noch zu verschärfen.
Für die Leiter der Häftlingsautonomie ergab sich daher eine große Machtfülle – erstaunlich groß für jeden, der die inneren Verhältnisse eines deutschen Konzentrationslagers nicht beobachten konnte – und mit der Macht kamen alle Versuchungen, die die Macht mit sich bringt. Blockälteste[1] und Kapos[2] waren Herren über Leben und Tod der ihnen anvertrauten Häftlinge und sie haben in zahlreichen Fällen von dieser Macht Gebrauch gemacht. Mir ist kein Fall bekannt geworden, dass einer dieser Häftlingsfunktionäre von der SS zur Verantwortung gezogen worden wäre, weil er einen Mithäftling zu Tode brachte. Gerade wegen dieser Macht war es daher das denkbar größte Interesse der Häftlinge, dass sie ausgeübt wurde von Personen, die sie nicht für ihre eigenen Zwecke missbrauchten.

(Eidesstattliche Erklärung von Benedikt Kautsky, 1951; zit. nach: Gedenkstätte Buchenwald (Hg.), Konzentrationslager Buchenwald 1937–1945, Göttingen 1999, S. 99f.)

[1] verantwortlicher Häftling für eine Wohnbaracke
[2] Häftlinge, die die Arbeitskommandos befehligten

M 13 „Lageraristokratie"

(Zu Autor und Textherkunft s. M 12.)

Der Blockälteste hatte unumschränkte Macht im Block. Er vertrat den Block nach außen, das heißt er musste zweimal täglich in der Schreibstube und beim Zählappell die Stärke und die Veränderung – Todes- und Krankheitsfälle, Zugänge, Entlassungen, Verlegungen – melden; er war dafür verantwortlich, dass der Block vollzählig zum Appell antrat oder dass rechtzeitig gemeldet wurde, welcher Häftling fehlte. Er hatte aber auch die innere Disziplin aufrechtzuerhalten, für die Sauberkeit zu sorgen, die Verteilung des Essens zu überwachen, die Post einzusammeln und zu verteilen. Dabei hatten ihm die Häftlinge unbedingt zu gehorchen; er besaß absolute Strafgewalt und die Zahl der Häftlinge, die von der Hand ihrer Blockältesten gestorben sind, geht zweifellos in die Tausende. Überflüssig zu betonen, dass sich dabei die Grünen besonders auszeichneten […].

(B. Kautsky, Teufel und Verdammte – Erfahrungen und Erkenntnisse aus sieben Jahren in deutschen Konzentrationslagern, Wien 1961; zit. nach: Gedenkstätte Buchenwald, a. a. O., S. 101)

Arbeit

M 14 Arbeit im Steinbruch

Der im KZ Buchenwald wegen Homosexualität inhaftierte Tscheche Jaroslav Bartl schildert die Arbeit:

Im Steinbruch begann ich, an der Lore zu arbeiten. Die Loren waren eiserne Kippwagen, die wir bis über den Rand mit Steinen beluden, und sechzehn Häftlinge zogen sie den steilen Berg hinauf. Das war eine ungeheure Schinderei, die Gleise ruhten auf Schotter und wir hatten plumpe Holzschuhe an den Füßen. Oben wurden die Loren ausgekippt und herunter ging es im Laufschritt. Sehr oft gab es dabei Beinbrüche und aufgeschlagene Köpfe. Der Vorarbeiter begleitete mit Vorliebe die beladenen Loren den Hang hinauf und trieb die Häftlinge mit Knüppelschlägen auf Kopf und Rücken an.
In einer halben Stunde mussten wir die Lore fünfhundert Meter den Hang hinaufziehen, dann fünfhundert Meter zurücklaufen und dabei den schweren Wagen halten, der durch sein Eigengewicht bergab sauste. Wenn die Lore aus den Gleisen heraussprang, und das geschah nicht selten, war die Hölle los. Dabei fuhr der nächste Wagen oft mitten unter die Häftlinge und verursachte schwere Verletzungen. Oft musste ein Häftling, dem eine Lore das Bein überfahren hatte, weggetragen werden – so einer war erledigt, er kam aufs Revier und niemand sah ihn jemals im Lager wieder. Im Revier gab ihm ein SS-Arzt die tödliche Injektion – was konnte man auch im Konzentrationslager mit einem beinlosen Häftling anfangen?

(Homosexuelle Häftlinge im Konzentrationslager Buchenwald, Nationale Mahn- und Gedenkstätte Buchenwald, 1987. Zit nach: Gedenkstätte Buchenwald, a. a. O., S. 96)

M 15 Lorentransport

Häftlinge auf dem KZ-Gelände bei der Arbeit (KZ Dachau, 1938)

Selektion und Tod

M 16 Selektion

Reska Weiss, aus Ungvár in Ungarn stammend, wurde ins KZ Auschwitz deportiert. Nach der Ankunft des Zuges erlebte sie dort die Selektion an der Rampe. In ihrem Erinnerungsbericht 1961 schildert sie die Vorgänge:

Plötzlich hält der Zug. Von draußen dringt Lärm von Stimmen und Gelächter. [...] „Raus – alles raus!"

„Wir sind angekommen", flüstern wir uns zu, als wir nach unseren Bündeln tasten. Aber wieder stoßen SS-Männer mit schneidender Stimme einen Befehl aus; wir müssen alles liegen lassen. Die Bündel werden auf den Boden geworfen. Steif gewordene, zitternde und gefühllose Füße setzen sich in Bewegung. Viele versuchen, ihre verwundeten Angehörigen zu stützen, andere wollen ihre Toten nicht verlassen. Aber die SS-Männer brüllen in die Waggons: „Tote und Kranke bleiben drin!"

Mein Mann legt seinen Arm um mich, meine ganze Familie steht in meiner Nähe. Wie gut, dass wir alle zusammen sind, denke ich. Aber ich täusche mich. Ein schrilles Kommando ertönt; die Männer und Jungen müssen sich auf der Seite aufstellen.

So beginnt die Selektion. Frauen werden von ihren Männern getrennt, Mütter von ihren Söhnen. Der Arm meines Mannes löst sich von mir. Meine Brüder murmeln etwas, durch Tränen lächeln wir uns zu. Und so sagen wir einander auf Wiedersehen.

„In Fünferreihen aufstellen!", brüllt ein SS-Mann. Wir gehorchen, aber es gibt ältere Frauen und Kinder, die den Befehl nicht verstehen. Wer zögernd stehen bleibt, bekommt einen Schlag auf den Kopf. Unter den Schlägen fallen viele Frauen zu Boden; anderen gelingt es, stehen zu bleiben, obwohl sie ganz benommen sind. Die zu Boden Gestürzten werden von den SS-Männern mit Fußtritten bearbeitet. Sobald sich die Kolonne formiert hat, lassen die SS-Männer die Menschen einzeln vortreten und befehlen einigen nach rechts, anderen nach links zu gehen. Wir überlegen, welche Seite besser ist, weil wir den Zweck der Aussortierung nicht kennen. [...]

„Rechts! Links! Rechts! Links! Rechts! Links!" Junge Mütter mit verschreckten Kindern in den Armen und alte Frauen werden auf der einen Seite zusammengetrieben, die Kräftigeren auf der anderen Seite. Einigen jungen Müttern wird befohlen, ihre Kinder älteren Leuten zu geben und sich der anderen Gruppe anzuschließen. Sie pressen ihre Kleinen an die Brust und wollen sich von ihnen nicht trennen. Schlag auf Schlag trifft sie, bis sie die Kinder aus ihrer Umklammerung freigeben und auf unsere Seite kommen; oder sie werden erbarmungslos in die Gruppe der Mütter und Kinder zurückgeprügelt. Nach weniger als einer Stunde ist die Selektion beendet.

(R. Weiss, Journey through hell, London 1961, S. 35–43; Übersetzung zit. nach: G. Schoenberner, Zeugen sagen aus, Berlin 1998, S. 262–264)

M 17
Die Rampe

Hier fand die Selektion der zur Vernichtung bestimmten Juden statt. In der Regel wurden 70–75 % eines Transportes direkt zur Tötung in die Gaskammern geführt (KZ Auschwitz, SS-Aufnahme 1944).

M 18 **Massenvernichtung**

Bevor Dr. Miklos Nyiszli deportiert und mit der Häftlingsnummer A8450 ins KZ Auschwitz eingeliefert wurde, arbeitete er als Gerichtsmediziner in Nagyvárad in Ungarn. Aufgrund seiner Ausbildung als Arzt bekam er eine Sonderstellung als „Funktionshäftling", die ihm sein Leben rettete. Er unterstand dem SS-Arzt Josef Mengele, der eine Vielzahl von medizinischen Versuchen an Häftlingen durchführte, die häufig zu deren Tode führten. Nyiszlis Aufgabe war, Autopsien durchzuführen und bei den „wissenschaftlichen Forschungen" zu helfen. Schon 1947 schrieb er – im Originaltext auf Ungarisch – seine Erlebnisse auf, in denen er auch den Verlauf der Ermordung von neu ankommenden Häftlingen schildert:

Der Raum, in den die Ankommenden nun geführt werden, ist ungefähr zweihundert Meter lang, weiß gekalkt und grell erleuchtet. In der Mitte des Saales stehen Säulenreihen. Um die Säulen herum und an den Wänden entlang stehen Bänke, über denen sich nummerierte Kleiderhaken befinden. Zahlreiche Tafeln weisen jeden in seiner eigenen Sprache an, die zusammengebundenen Schuhe und die Kleider an den Haken zu hängen. [...] Dreitausend Menschen sind nun im Saal, Männer, Frauen, Kinder. SS-Männer erscheinen und befehlen ihnen, sich innerhalb von zehn Minuten splitternackt auszuziehen.

[...]

Ein SS-Mann drängt sich durch die Masse und öffnet die beiden Flügel der großen Eichentür am Ende des Saales. Die Menge schiebt sich durch die Tür in den anliegenden Raum, der ebenfalls hell erleuchtet ist. Er hat dieselbe Größe wie der erste, aber keine Bänke und keine Kleiderhaken. In der Mitte des Saales, im Abstand von etwa dreißig Metern, stehen Säulen, die vom Betonboden bis zur Decke führen. Es sind keine Stützsäulen, sondern viereckige Eisenblechrohre, deren Wände wie ein Drahtgitter durchlöchert sind.

Es sind jetzt alle eingetreten. Ein scharfer Befehl: SS und Sonderkommando raus! Sie gehen hinaus und zählen ab, ob keiner von ihnen fehlt. Dann wird die große Tür verschlossen und das Licht von draußen ausgeschaltet.

Im selben Augenblick hört man ein Auto vorfahren. Es ist ein Luxuswagen mit dem Zeichen des internationalen Roten Kreuzes. Ein SS-Offizier und ein Sanitätsgefreiter steigen aus. Der Gefreite hat vier grüne Blechdosen in der Hand. Er geht über den Rasen, wo im Abstand von dreißig Metern kleine Betonschornsteine aus der Erde herausragen. Er setzt sich eine Gasmaske auf und hebt den Betondeckel des ersten Schornsteins ab. Dann öffnet er eine der Dosen und schüttet den Inhalt – eine violette, körnige Masse – in die Öffnung. Es ist Zyklon oder B-Chlor in Pulverform, das sich bei Berührung mit Luft sofort in Gas verwandelt. Dieses Pulver fällt auf den Grund der Blechrohre, ohne sich zu zerstreuen. Das entstandene Gas entströmt durch die Löcher und füllt in wenigen Augenblicken den Raum, in dem die Deportierten zusammengepfercht sind. In fünf Minuten sind alle getötet. [...]

Die Türen öffnen sich, Lastwagen kommen herangefahren. Eine Sonderkommandogruppe lädt die Kleider und Schuhe getrennt auf. Die Sachen werden zur Desinfektion gebracht – diesmal handelt es sich tatsächlich um eine Desinfektion. Anschließend werden sie dann mit der Eisenbahn nach Deutschland transportiert. [...]
Um die im Todeskrampf erstarrten geballten Fäuste werden Riemen geschnallt; an ihnen schleift man die feuchten, glitschigen Leichen zum Fahrstuhl im anliegenden Raum. Vier große Lastenaufzüge sind in Betrieb. [...] Der Aufzug hält beim Einäscherungssaal des Krematoriums, dessen große Türflügel sich automatisch öffnen.[...]
Nachdem die letzte Goldprothese herausgebrochen ist, kommen die Leichen zum Verbrennungskommando. Sie werden zu dritt auf eine Schiebe aus Stahlblech gelegt. Automatisch öffnen sich die schweren Ofentüren und das Schiebewerk wird in den bis zur Weißglut erhitzten Ofen eingeführt. In zwanzig Minuten sind die Leichen eingeäschert.

(M. Nyiszli, Mengele boncolo oroosa, voltam, Debrecen 1947; Übersetzung zit. nach: G. Schoenberner, a. a. O., S. 256–260)

M 19 Verbrennungsöfen im Gebäude des Krematorium II

Im selben Gebäude wie die Verbrennungsöfen auf dem Foto befand sich auch eine Gaskammer. Es wurden hier Hunderttausende Juden durch Gas ermordet und anschließend in den Öfen verbrannt. Nach deutschen Berechnungen konnten in diesem Krematorium im Verlaufe von 24 Stunden 1440 Leichen verbrannt werden. Nach Aussagen ehemaliger Häftlinge lag die Zahl höher. Gaskammer und Krematorium II funktionierten von März 1943 bis November 1944 (KZ Auschwitz, SS-Aufnahme 1943).

M 20 Vertiefung über Internetrecherche

Die folgenden Adressen bieten gute Ausgangspunkte für eine eigene Suche im Internet:

http://www.lernen-aus-der-geschichte.de
(Informationsseite zum Thema Konzentrationslager mit Möglichkeit zur Präsentation eigener Projekte)
http://www.wsg-hist.uni-linz.ac.at/Auschwitz/htmld/Seite1.html
(Internet-Ausstellung zu Auschwitz)
http://www.erinnern-und-verstehen.de
(Umfangreiche Linkliste zum Thema KZ/Holocaust)

M 21 Typologie der Machtstrukturen im Konzentrationslager

Wolfgang Sofsky hat ein typologisches Gerüst der Machtstrukturen der Konzentrationslager entwickelt. Dieses Konzept der „absoluten Macht" versucht, das Besondere der Situation in den Konzentrationslagern abzugrenzen gegenüber anderen Machtformen.

Absolute Macht ist eine Machtstruktur eigener Art. Das Konzentrationslager fügt sich weder ein in die Geschichte der Despotie noch der Sklaverei oder der modernen Disziplin. Auf einem Kontinuum zunehmender Beherrschung lässt sich der organisierte Terror nicht abtragen. Die Unterschiede sind nicht graduell, sondern fundamental. [...] Hier streift die Macht ihre Fesseln erst ab, nachdem alle Gegner längst bezwungen sind. Sie verzichtet nicht auf Gewalt, sondern befreit sie von allen Hemmungen und potenziert sie durch Organisation. Wo der Terror der Tyrannis endet, fängt sie erst an. Nicht auf blinden Gehorsam oder Disziplin ist sie aus, sondern auf ein Universum völliger Ungewissheit, in dem auch Fügsamkeit nicht vor Schlimmerem bewahrt. Sie zwingt ihre Opfer zur Masse zusammen, schürt Gegensätze und errichtet eine Sozialstruktur mit extremen Unterschieden. Sie benutzt manche Verfahren der totalen Kontrolle, aber nicht zur Formierung der individuellen Selbstdisziplin, sondern als Instrument tagtäglicher Schikane und Quälerei. Terror löst die Verknüpfung von Vergehen und Sanktion auf. Er braucht weder Anlässe noch Begründungen; er denkt gar nicht daran, sich durch Drohungen selbst zu verpflichten. Absolute Macht tobt sich aus, wann immer sie will. Sie will Freiheit nicht beschränken, sondern vernichten, das Handeln nicht steuern, sondern zerstören. Sie zehrt die Menschen aus, durch nützliche und sinnlose Arbeiten. Sie setzt ökonomische Ziele, von denen sie sich selbst emanzipiert. Sie befreit sich von ideologischen Überzeugungen, nachdem sie die Lagergesellschaft nach ihrem ideologischen Klassenmodell organisiert hat. Selbst mit dem Töten, diesem letzten Bezugspunkt aller Macht, begnügt sie sich keineswegs. Zuvor transformiert sie die universalen Strukturen des menschlichen Weltbezugs: Raum und Zeit, das soziale Verhältnis zu anderen, das Sachverhältnis zur Arbeit, die Selbstverhältnisse des Menschen. Sie greift manche Elemente und Methoden der überlieferten Machtformen auf, kombiniert und steigert sie, entledigt sich ihrer Instrumentalität und wird dadurch zu einer Machtform eigener Art. [...]

(1) Absolute Macht ist organisierte Macht. Sie stützt sich nicht allein auf ein Monopol militärischer Gewaltmittel, sondern vor allem auf ein stabiles Gerüst sozialer Strukturen. Nicht Legitimität oder Gewohnheit waren die Quellen der Lagermacht, sondern Terror und Organisation. Sie sperrte die Menschen in ein räumliches Zonen- und Rastersystem und formierte ihre Bewegungen; sie steuerte die soziale Zeit, errichtete eine Sozialstruktur, organisierte die Arbeit, die Gewalt und das Töten. In Teilbereichen wies das Lager die Merkmale einer formalen Organisation auf: eine Kommandohierarchie, Arbeitsteilung, standardisierte Dienst- und Zeitabläufe, Disziplinarordnungen für Personal und Insassen [...]. Die SS erließ ein undurchdringliches System von Vorschriften, die kein Häftling jemals alle befolgen konnte und die vom Wachpersonal beliebig benutzt werden konnten. Die formellen Regeln begrenzten die Macht nicht, sie lieferten der Freiheit des Terrors den institutionellen Unterbau.

(2) Absolute Macht ist absolute Etikettierungsmacht. Sie kehrt das Verhältnis von Klasse und sozialer Klassifikation um. Durch die Definition einer Taxonomie von Kategorien, in die jeder Häftling einsortiert wurde, errichtete sie eine Sozialstruktur, die die Verteilung von Gütern, Privilegien und Prestige regulierte. Dieser praktische Schematismus, der gesellschaftliche Stereotype aufnahm und radikalisierte, ordnete das soziale Feld und schürte soziale, politische, nationale und rassistische Gegensätze unter den Insassen. Die Klassenhierarchie war eine Strategie der gestaffelten Diskriminierung, Verfolgung und Vernichtung. Denn der letzte Wert, der dieser Rangskala zugrunde lag, war der Wert, den das Leben eines Menschen hatte. Er wurde ihm für alle sichtbar an die Kleidung geheftet. [...]

(3) Absolute Macht ist gestaffelte Macht. Sie errichtet ein ausgeklügeltes System der Kollaboration, indem sie einige Opfer zu Mittätern macht und die Funktionselite mit beträchtlichen Vollmachten ausstattet. Das Lagersystem verdankte seine Stabilität nicht zuletzt einer Hilfstruppe von Kapos und Schreibern, die den Alltagsbetrieb aufrechterhielten und das SS-Personal entlasteten. [...] Dabei war die Rivalität um die Aufsichts-, Verwaltungs- und Versorgungsposten für die SS nur eine willkommene Gelegenheit, um die Fraktionen der Häftlingselite gegeneinander auszuspielen und sie in Abhängigkeit zu halten. Der normale Gefangene jedoch war einer doppelten Obrigkeit ausgeliefert: der SS, die häufig kaum mehr im Lager erschien, und den Funktionshäftlingen, die immerzu da waren. [...]

(5) Absolute Macht transformiert den Sinn menschlicher Arbeit. Mit Zwangsarbeit ist die Arbeit im Lager keinesfalls zu verwechseln. Bei Zwangsarbeit ist der Zwang ein Mittel zur Arbeit, im Lager jedoch war die Arbeit ein Mittel der Unterdrückung und des Terrors. Sie sollte demütigen, quälen, die Widerstandskraft brechen, die Menschen ausmergeln und zerstören. Wer Zwangsarbeiter oder Sklaven beschäftigt, hat noch ein gewisses Interesse daran, sie bei Kräften zu halten. [...] Im Lager hingegen zerstörte die Arbeit die Lebenskraft ganz und gar. Die Ökonomie der KZs war eine Ökonomie der Verschwendung menschlicher Arbeitskraft. An deren Reproduktion war das Personal trotz gegenteiliger Anweisungen während der totalen Kriegswirtschaft kaum interessiert. [...]

(7) Die direkteste Form absoluter Macht ist die schiere Gewalt. Durch Gewalt zeigt sie ihre überwältigende Kraft. Absolute Aktionsmacht droht nicht, sie verletzt, verstümmelt, tötet. [...] Das Lager war wie ein Laboratorium der Gewalt. Absolute Aktionsmacht befreit von allen Hemmungen und entgrenzt die Grausamkeit. Fast alles konnte erprobt, wiederholt, gesteigert oder abgebrochen werden, ohne Bindung an Normen oder Ziele. [...]

(8) Absolute Macht bewirkt absolute Ohnmacht. Die allermeisten Häftlinge lebten in ständiger Sterbens- und Todesangst. Keiner konnte mit Sicherheit erwarten, dass er den nächsten Tag überleben würde. Die fraglose Idealisierung der eigenen Fortexistenz, auf der alles Handeln aufruht, war zersprengt. Ob das Handeln noch etwas ausrichtete, ob Anpassung und Gehorsam tatsächlich das Leben verlängerten, dies war ganz ungewiss. Absolute Macht macht aus jeder Situation eine Situation auf Leben und Tod. Sie kann jeden Handlungsplan durchkreuzen. Die Kontinuität des inneren Zeitbewusstseins wird zerstückelt. Vergangenheit und Zukunft werden radikal entwertet.

(W. Sofsky, Die Ordnung des Terrors – Das Konzentrationslager, Frankfurt, ^{3}1999, S. 27–38)

Wie war das möglich? Erklärungsansätze für den Aufstieg des Nationalsozialismus

Warum konnten die Nationalsozialisten 1933 in Deutschland an die Macht kommen? Wie konnten sie ihre Macht auch noch ausbauen? Schließlich die Welt mit Krieg und Völkermord überziehen? Diese Fragen beschäftigten nicht nur Zeitgenossen, sondern sie sind vor allem auch Gegenstand kontroverser Debatten in der Geschichtswissenschaft seit 1945. Entsprechend vielfältig und unterschiedlich sind die verschiedenen bis heute entwickelten Erklärungsansätze.
In diesem Forum steht eine Auswahl solcher Erklärungsansätze zur Debatte, die sich vorrangig mit den Voraussetzungen und Ursachen für den Nationalsozialismus beschäftigen.

- **Wie ist der Aufstieg des Nationalsozialismus in Deutschland zu erklären?**

Formulieren Sie eine persönliche Stellungnahme zu einem Erklärungsansatz für den Aufstieg des Nationalsozialismus. Stellen Sie Ihre Ausführungen mithilfe eines Lernplakats im Plenum zur Diskussion.

So können Sie Ihre Stellungnahme vorbereiten:

1. Wählen Sie einen der Erklärungsansätze M1–M5 zur Bearbeitung aus.
2. Analysieren Sie ausgehend von einer Beschreibung der formalen Textmerkmale und Daten (s. Basismethode S. 506) den gewählten Erkärungsansatz, indem Sie
   a) die jeweils zentralen Aussagen in Form von Thesen herausarbeiten;
   b) die jeweils angeführten Argumente benennen;
   c) erläutern, in welchem Verhältnis kurzfristige und langfristige Ursachen gesehen werden;
   d) herausarbeiten und darstellen, welche Bedeutung einerseits Strukturen und andererseits Personen zugemessen wird;
   e) den Schwerpunkt des Erklärungsansatzes einem der vier Bereiche zuordnen, die das folgende Schema zeigt:

Politik Politisches System, politische Kräfte; Herrschaft, Macht, Legitimation	**Soziale Struktur/ soziale Ungleichheit** Gesellschaftliche Klassen, Schichten, Milieus, Lebenschancen
Wirtschaft Ökonomisches System, ökonomische Kräfte; Zusammenhang von natürlichen Ressourcen, menschlicher Arbeit und Produktion von Gütern/Bereitstellung von Dienstleistungen	**Kultur** Ideelle Kultur: Welt- und Sinndeutungen, Ideologien, Mentalitäten; materielle Kultur: Alltag, Lebensweise

   f) vor dem Hintergrund eigener historischer Kenntnisse erörtern, welche Stärken und Schwächen der Erklärungsansatz aus Ihrer persönlichen Sicht aufweist.
3. Überlegen Sie, wie Sie Ihre inhaltlichen Ausführungen auf einem Lernplakat strukturiert und übersichtlich anordnen können, um den Zuhörern das Verständnis zu erleichtern.

Gedenkpostkarte der NSDAP an den Tag der „Machtergreifung"

MATERIALIEN

M 1 Leo Trotzki (1933)

Leo Trotzki (1879–1940) war einer der Führer der Oktoberrevolution in Russland. Im Machtkampf nach Lenins Tod unterlag er, wurde 1929 aus der Sowjetunion ausgewiesen und 1940 in Mexiko von einem Agenten Stalins ermordet. Bis 1933 lebte er auf der türkischen Insel Prinkipo. Da er seine politische Niederlage in der Sowjetunion auf das Ausbleiben einer proletarischen Weltrevolution zurückführte, beschäftigte er sich intensiv mit der Entwicklung in Deutschland, weil dort die Arbeiterbewegung besonders stark war.

Das Nachkriegschaos traf die Handwerker, Krämer und Angestellten nicht weniger heftig als die Arbeiter. Die Landwirtschaftskrise richtete die Bauern zugrunde. Der Verfall der Mittelschichten konnte nicht ihre Proletarisierung bedeuten, da ja im Proletariat selbst ein riesiges Heer chronisch Arbeitsloser entstand. Die Pauperisierung[1] der Mittelschichten – mit Mühe durch Halstuch und Strümpfe aus Kunstseide verhüllt – fraß allen offiziellen Glauben und vor allem die Lehren vom demokratischen Parlamentarismus.
Die Vielzahl der Parteien, das kalte Fieber der Wahlen, der fortwährende Wechsel der Ministerien komplizierten die soziale Krise durch das Kaleidoskop unfruchtbarer politischer Kombinationen. In der durch Krieg, Niederlage, Reparationen, Inflation, Ruhrbesetzung, Krise, Not und Erbitterung überhitzten Atmosphäre erhob sich das Kleinbürgertum gegen alle alten Parteien, die es betrogen hatten. Die schweren Frustrationen der Kleineigentümer, die aus dem Bankrott nicht herauskamen, ihrer studierten Söhne ohne Stellung und Klienten, ihrer Töchter ohne Aussteuer und Freier, verlangten nach Ordnung und nach einer eisernen Hand.
Die Fahne des Nationalsozialismus wurde erhoben von der unteren und mittleren Offiziersschicht des alten Heeres. Die ordengeschmückten Offiziere und Unteroffiziere konnten nicht darin einwilligen, dass ihr Heroismus und ihre Leiden nicht allein fürs Vaterland umsonst hingegeben seien, sondern auch ihnen selbst keine besonderen Rechte auf Dank gebracht haben sollten; daher stammt ihr Hass gegen die Revolution und das Proletariat. Sie waren unzufrieden damit, dass die Bankiers, Fabrikanten, Minister sie wieder in die bescheidenen Stellungen von Buchhaltern, Ingenieuren, Postbeamten und Volksschullehrern schickten – daher ihr „Sozialismus". An der Yser und vor Verdun[2] hatten sie gelernt, sich und andere aufs Spiel zu setzen und im Kommandoton zu reden, was dem kleinen Mann im Hinterland mächtig imponierte. So wurden diese Leute Führer.

(Leo Trotzki, Porträt des Nationalsozialismus; in: Ders., Ausgewählte Schriften 1930–34, Essen (Arbeiterpresse) 1999, S. 301 f.)

---

[1] Verarmung
[2] Orte von Schlachten im Ersten Weltkrieg

M 2 Golo Mann (1958)

Golo Mann (1909–1994) war Historiker und Publizist. Er lebte ab 1933 in der Emigration und lehrte ab 1942 in den USA, von 1960–1964 an der TH Stuttgart.

Das Versagen der Republik beweist nichts für die historische Gültigkeit dessen, was nach ihr kam, und die Geschichtsschreiber tun Hitler viel zu viel Ehre an, die uns glauben machen wollen, es habe Deutschland seit hundert Jahren nichts anderes getrieben, als sich auf das unvermeidliche Ende, den Nationalsozialismus, vorzubereiten. Einzelne Gedanken und Gefühlsstücke, mit denen er hantierte, der großdeutsche Nationalismus, Imperialismus, Sehnsucht nach dem Cäsar, Judenhass, schwammen freilich längst in der deutschen Seele herum, aber solche Tendenzen ergaben an sich noch keine geschichtlich wirksame Macht. Wenn wir in gewissen Schlagworten der Alldeutschen schon Hitlers Stimme zu hören glauben, so machen doch die Spätbismarckianer, die Alldeutschen, die Ludendorffianer, die Vaterlandspartei, die Freikorps, wenn man sie alle zusammenzählt, noch nicht den Nationalsozialismus aus. Er wird durch sie nicht identifiziert. Für seinen Aufstieg waren noch andere Dinge notwendig: die Wirtschaftskrise und dies eine unvergleichliche Individuum. Die Wirtschaftskrise half dem Individuum zum Durchbruch; verhalf damit im Jahre 1933 Gefühlen zum Durchbruch, die aus dem Jahre 1919 stammten und 1933 im Grunde schon veraltet waren. So verdreht kann es in der Geschichte zugehen. Das, was sich in der Tat seit Bismarck vorbereitete und was der Weltkrieg zur Reife brachte, war das Interregnum[1]: die Unfähigkeit der Nation, mit ihren inneren Konflikten nach Regeln fertig zu werden und ihrem Staat einen befriedigenden Sinn zu geben. Der Rest war nicht vorbestimmt. Hätte es den einen Menschen nicht gegeben, so wäre gekommen niemand weiß was, aber nicht der Nationalsozialismus, so wie wir ihn erlebten.

Zufällig gab es ihn. In einem Interregnum nimmt der Stärkste sich die Macht, und dieser eine, Hitler, war nun einmal der Stärkste.

(Golo Mann, Deutsche Geschichte des 19. und 20. Jahrhunderts, Frankfurt/M. 1958, S. 787f.)

---

[1] Interregnum: Zeit, in der die vorherige Herrschaft abgetreten oder z.B. durch Tod ausgeschieden ist und eine neue noch nicht bestimmt ist. Hier wird auf den Rücktritt Wilhelms II. angespielt und das Ende der Monarchie in Deutschland.

M 3 Dietrich Eichholtz/Wolfgang Schumann (1969)

Eichholtz und Schumann waren Historiker in der ehemaligen DDR.

Alle Bestrebungen des Revanchismus und Antikommunismus sowie der aggressiven Expansionspolitik des deutschen Imperialismus in der Weimarer Republik kulminierten in der Herrschaft des Hitlerfaschismus. Diese These wird von fast allen bürgerlichen und rechtssozialdemokratischen Historikern und Publizisten Westdeutschlands bestritten, wobei die Skala ihrer Beweisführung beträchtlich variiert. So bezeichnet z.B. eine vom westdeutschen Industrieinstitut 1963 unter der Überschrift „Die Legende von Hitler und der Industrie" herausgegebene Studie die Unterstützung der Machtergreifung der Nazipartei durch Großindustrielle als eine 1945 von den Gewerkschaften in die Welt gesetzte „politische Zwecklüge". Ernst Nolte schrieb in seinem Standardwerk „Der Faschismus in seiner Epoche", dass der Charakter des Faschismus vor allem durch die „relativ klassenlose Erscheinung" seiner Führungsschicht bestimmt werde. Niemals sei der Faschismus „primär eine Sache der Aristokratie und des Großbürgertums" gewesen. [...]
Die in diesem Band vorgelegten Dokumente beweisen genau das Gegenteil. Sie zeigen, wie eine entscheidende Gruppe deutscher Industrieller, Bankiers und Großagrarier, z.B. diejenigen, welche im November 1932 die Eingabe an den Reichspräsidenten Paul von Hindenburg zur Übergabe der Regierungsgewalt an Hitler unterzeichneten oder ihr zustimmten, direkten oder indirekten Einfluss auf die deutsche Politik nahm und wie sie die Machtergreifung der Nazipartei, die Kanzlerschaft Adolf Hitlers und die Errichtung der faschistischen Diktatur gewollt und organisiert hat. Ausgangs der Weltwirtschaftskrise war das kapitalistische System in Deutschland in eine tief gehende wirtschaftliche, politische und ideologische Krise geraten. Angesichts dieser Situation schien es den reaktionärsten und aggressivsten Gruppen des deutschen Finanzkapitals angeraten, sich auf eine neue Massenbasis mit der faschistischen Nazipartei an der Spitze zu orientieren, um die Durchführung ihrer weit gespannten Expansionsziele zu sichern.

(Dietrich Eichholtz/Wolfgang Schumann, Anatomie des Krieges, Berlin (VEB Deutscher Verlag der Wissenschaften) 1969, S. 10ff.)

M 4 Fritz Fischer (1979)

Fischer erregte als Historiker zunächst großes Aufsehen mit seiner These, schon der Erste Weltkrieg sei von der deutschen Reichsregierung mit ähnlichen Zielen entfesselt worden wie der Zweite Weltkrieg von Hitler. Er trug anschließend stark zur Debatte über die Kontinuität vom Kaiserreich zum Nationalsozialismus bei.

Das „Dritte Reich" und damit der Zweite Weltkrieg wären nicht möglich gewesen ohne das Bündnis zwischen dem aus dem Kleinbürgertum aufgestiegenen „Führer", dem Beweger der Massen und Willensmenschen, und den traditionellen agrarischen und industriellen Machteliten, die zugleich in der Wehrmacht und in der Diplomatie dominierten. [...] Generelles Ziel war für sie die Wiederaufrichtung der deutschen Großmacht über die bloße Revision von Versailles hinaus, vor allem mit Blick auf Osteuropa, auf ein Ostimperium, das wehrwirtschaftliche Autarkie sicherte. Der Einsatz militärischer Macht war ein selbstverständlicher Faktor im Rahmen dieses politischen Kalküls. Diese Zielsetzung war im Kaiserreich entstanden, führte zum Ersten Weltkrieg, schien im Frieden von Brest-Litowsk ihre Erfüllung zu finden, lebte latent im Interregnum der Weimarer Republik (die sich weiter Deutsches Reich nannte) fort und steigerte sich im Dritten Reich bis in den Zweiten Weltkrieg hinein. [...] Zweimal, im Kaiserreich und im Hitlerreich, verkannten die führenden Schichten des Deutschen Reichs die historisch-politischen Realitäten Deutschlands in der modernen Welt:
(1) dass ihr Versuch, dem Wandel der Gesellschaft im Industriezeitalter zu entgehen durch Behauptung ihrer privilegierten sozialen Stellung im Innern, notfalls auch durch kriegerische Expansion nach außen, zum Scheitern verurteilt war;
(2) dass weder die europäischen Nachbarn noch die USA jemals bereit waren, eine deutsche Hegemonie auf der Basis kriegerischer Expansion hinzunehmen.

(F. Fischer, Bündnis der Eliten – Zur Kontinuität der Machtstrukturen in Deutschland 1871–1945, Düsseldorf (Droste) 1979, S. 93f.)

M 5 Der Historiker Ian Kershaw (1992)

Ein Schlüssel zum Verständnis der allmählichen Machtausweitung Hitlers ist auch in einem anderen Begriff von Max Weber zu finden – dem der „charismatischen Herrschaft“. Bei diesem […] Terminus […] wird „Charisma“ in einem speziellen Sinne verstanden, der nicht mit der lockeren Anwendung dieses Wortes etwa auf demokratische Politiker oder auf andere Personen, die im Rampenlicht der Öffentlichkeit stehen und ein beeindruckendes oder anziehendes Wesen besitzen, gleichzusetzen ist. Im Gegensatz zu Herrschaftsformen, die auf der „traditionalen Herrschaft“ ererbter Titel oder der (die meisten modernen politischen Systeme kennzeichnenden) „legalen Herrschaft“ unpersönlicher Bürokratien beruhen, gründet „charismatische Herrschaft“ darauf, daß die gläubige Anhängerschaft bei dem erklärten „Führer“ Heldentum, Größe und Sendungsbewußtsein wahrnimmt. […]

Der Begriff der „charismatischen Herrschaft“ sagt für sich genommen noch nichts über den *Inhalt* eines spezifischen Führungsanspruchs und die Gründe für dessen Akzeptanz aus. Diese sind je nach den Umständen und der jeweiligen „politischen Kultur“ verschieden. Ein psychologischer Faktor von allgemeiner Bedeutung für die weite Verbreitung von faschistisch geprägten „charismatischen“ Formen des Führungsanspruchs in den zwanziger und dreißiger Jahren war der damals erst relativ kurz zurückliegende Zusammenbruch verschiedener Monarchien, der in manchen Teilen der Gesellschaft allerdings von Resten einer quasi religiösen Sehnsucht nach einer „gottgegebenen“ Form höchster Autorität begleitet wurde, welche nun in einem neuen und mehr volksnahen Gewand zum Ausdruck kam. Darüber hinaus waren durch die traumatischen Auswirkungen des Krieges und die mit ihm einhergehenden übersteigerten militaristisch-chauvinistischen Wertvorstellungen Bedingungen entstanden, in denen „heroische“ Führungsansprüche Gehör finden konnten.

Die spezifischen Merkmale der deutschen Variante „charismatischer Herrschaft“ – die sie zum Beispiel vom Duce-Kult um Mussolini oder vom Personenkult um Stalin und andere Führer in den unterschiedlich strukturierten kommunistischen Systemen unterscheiden – rühren von dem Zusammenspiel der umfassenden Krise, die Deutschland nach dem Ersten Weltkrieg […] erlebte, mit speziellen Eigenarten der deutschen politischen Kultur her. Eine „nationale“ Geschichte, die oft als langwierige Vorgeschichte einer verspätet und nur partiell erlangten nationalen Einheit gesehen wird und großteils durch (sieg- oder verlustreiche) Kriege auf „deutschem“ Boden geprägt und stark durch Diskontinuitäten und Uneinigkeit gekennzeichnet ist, hat dazu geführt, daß viele Menschen […] schließlich zu einer Heroisierung der Politik neigten. […]

Schon bevor Hitler Prominenz erlangte, war in den zwanziger Jahren in der deutschen Rechten die Sehnsucht nach einem neuen großen Führer – den sich manche als eine Mischung aus Krieger, Hohempriester und Staatsmann vorstellten – weit verbreitet. Ein solcher Führer, so glaubte man, würde Deutschland aus seiner Zersplitterung herausführen und das Reich […] in alter Einigkeit und Größe wiederherstellen.

Mit Beginn der Krise Anfang der dreißiger Jahre, die für eine weitere Verbreitung solcher Ideen sorgte, war ein Anwärter zur Hand, der marktschreierisch die für eine „charismatische“ Führerschaft erforderlichen „heroischen“ Qualitäten propagierte und von einer Organisation gestützt wurde, die alle Kennzeichen einer „charismatischen Gemeinschaft“ in sich vereinigte. […]

Die Anziehungskraft, die ein „charismatischer“ Führer auf die Massen ausübt, steht in keinem direkten Verhältnis zu der eigentlichen Persönlichkeit und den tatsächlichen Charaktereigenschaften dieses Führers. Empfindungen sind hier wichtiger als die Realität. Nur wenige der 13 Millionen Deutschen, die 1932 für Hitler stimmten, waren ihm je persönlich begegnet. Der „Führer“, von dem sie gehört beziehungsweise in der Zeitung gelesen oder den sie auf Wahlkampfveranstaltungen und Massenkundgebungen gesehen hatten, entsprach einem Bild, das durch Propaganda geschaffen und ausgeschmückt worden war. Auf die Vermarktung dieses „Image“ kam es an. Entscheidend war aber auch die vorhandene Bereitschaft, ein solches Bild zu akzeptieren. Die meisten Anhänger des Nationalsozialismus waren wohl schon zumindest halb von der Sache überzeugt, ehe ihnen Hitler leibhaftig begegnete oder ehe sie auf andere Weise seinem „Charisma“ erlagen. Aber die meisten derjenigen, die schließlich für die Nationalsozialisten stimmten, waren keine ideologischen Eiferer […]. Ihnen ging es wohl eher um ganz alltägliche Dinge wie Arbeit und Brot, die Durchsetzung örtlicher Interessen, den eigenen Vorteil; viele meinten vielleicht auch nur, daß Hitler es kaum schlechter machen könne als die anderen und man ihm deshalb eine Chance geben solle.

(Ian Kershaw, Hitlers Macht, übers. v. Jürgen Peter Krause, München (dtv) 1992, S. 24–28, 71 f.; aus lizenzrechtlichen Gründen in alter Rechtschreibung)

Vergangenheit, die nicht vergeht?

Der Nationalsozialismus endete als historische Epoche der deutschen Geschichte am 8. Mai 1945. Er ist also Vergangenheit.
Aber er ist keine „vergangene Vergangenheit". Die Erinnerung an die Verbrechen des Nationalsozialismus beschäftigt – wie wohl kein anderes geschichtliches Thema – die Menschen bis heute.
Dies sind zwei Tatsachen, die von niemandem bestritten werden. Wie aber Menschen sich erinnern, welche Gefühle damit verbunden sind und welche Konsequenzen gezogen werden – da beginnt die Debatte.
Zwei Faktoren machen diese Debatte für uns Deutsche heute besonders schwierig:
Erstens beginnt sie unweigerlich aus der „Täterperspektive", denn unstreitig waren es „die Deutschen" als politisch handelndes Volk, die die nationalsozialistischen Verbrechen begingen.
Zweitens befreiten sich die Deutschen – trotz bedeutsamer Widerstandsbestrebungen – nicht aus eigener Kraft vom Nationalsozialismus, der stattdessen von außen, durch die Niederlage Deutschlands im Zweiten Weltkrieg, besiegt wurde.

- **Welche Rolle spielt die nationalsozialistische Vergangenheit in der Gegenwart der Deutschen?**
- **Welche Rolle soll sie spielen?**

Bereiten Sie ein Kreisgespräch zu den beiden Leitfragen vor, in dem Sie die von den Historikern vertretenen Positionen erörtern und zu den Historikerurteilen Stellung nehmen.

Vorschläge, wie Sie sich zusammen mit einem oder mehreren Lernpartnern inhaltlich auf ein solches Gespräch vorbereiten können:

1. Beginnen Sie mit Ihren eigenen Erfahrungen. Schreiben Sie in Einzelarbeit jeder für sich in Stichworten auf, was Ihnen spontan zu diesen beiden Leitfragen einfällt.
2. Analysieren Sie die Texte M 1 – M 3 arbeitsteilig unter beiden Leitfragen, indem Sie
   a) herausarbeiten, welche Fragen oder Aspekte die Autoren jeweils zur Debatte stellen und welche Position sie jeweils dazu einnehmen;
   b) erläutern, welche Rolle die historische Erfahrung des Nationalsozialismus nach Ansicht der Autoren heute spielen sollte.
   ➧ Tipp: Fassen Sie Ihre Arbeitsergebnisse für alle Gruppenmitglieder strukturiert in einem Thesenpapier zusammen.
3. Vergleichen Sie in Ihrer Arbeitsgruppe die drei in den Textauszügen vertretenen Positionen miteinander und in einem zweiten Schritt mit Ihren ersten spontanen eigenen Überlegungen (s. 1.). Arbeiten Sie Gemeinsamkeiten und Unterschiede heraus.
4. Formulieren Sie auf Karteikarten in knapper Form Aspekte und Beiträge, die Sie aus Ihrer persönlichen Sicht zu den beiden Leitfragen im Kreisgespräch einbringen möchten.

Demonstration in Leipzig (3.10.2003)

MATERIALIEN

M 1 Ansprache des Bundespräsidenten Richard von Weizsäcker am 8.5.1985

Zum 40. Jahrestag der Beendigung des Krieges in Europa und der nationalsozialistischen Gewaltherrschaft hielt der damalige Bundespräsident Richard von Weizsäcker am 8. Mai 1985 in der Gedenkstunde im Plenarsaal des Deutschen Bundestages eine viel beachtete Rede. Sie wird im Folgenden in Auszügen wiedergegeben.
Den vollständigen Redetext können Sie vom Deutschen Historischen Museum (unter der Internet-Adresse www.dhm.de) erhalten.

Viele Völker gedenken heute des Tages, an dem der Zweite Weltkrieg in Europa zu Ende ging. Seinem Schicksal gemäß hat jedes Volk dabei seine eigenen Gefühle. Sieg oder Niederlage, Befreiung von Unrecht und Fremdherrschaft oder Übergang zu neuer Abhängigkeit, Teilung, neue Bündnisse, gewaltige Machtverschiebungen – der 8. Mai 1945 ist ein Datum von entscheidender historischer Bedeutung in Europa.
Wir Deutsche begehen den Tag unter uns, und das ist notwendig. Wir müssen die Maßstäbe allein finden. Schonung unserer Gefühle durch uns selbst oder durch andere hilft nicht weiter. Wir brauchen und wir haben die Kraft, der Wahrheit, so gut wir es können, ins Auge zu sehen, ohne Beschönigung und ohne Einseitigkeit.
Der 8. Mai ist für uns vor allem ein Tag der Erinnerung an das, was Menschen erleiden mußten. Er ist zugleich ein Tag des Nachdenkens über den Gang unserer Geschichte. Je ehrlicher wir ihn begehen, desto freier sind wir, uns seinen Folgen verantwortlich zu stellen. […]
Die meisten Deutschen hatten geglaubt, für die gute Sache des eigenen Landes zu kämpfen und zu leiden. Und nun sollte sich herausstellen: Das alles war nicht nur vergeblich und sinnlos, sondern es hatte den unmenschlichen Zielen einer verbrecherischen Führung gedient. Erschöpfung, Ratlosigkeit und neue Sorgen kennzeichneten die Gefühle der meisten. Würde man noch eigene Angehörige finden? Hatte ein Neuaufbau in diesen Ruinen überhaupt Sinn?
Der Blick ging zurück in einen dunklen Abgrund der Vergangenheit und nach vorn in eine ungewisse, dunkle Zukunft.
Und dennoch wurde von Tag zu Tag klarer, was es heute für uns alle gemeinsam zu sagen gilt: Der 8. Mai war ein Tag der Befreiung. Er hat uns alle befreit von dem menschenverachtenden System der nationalsozialistischen Gewaltherrschaft. […]
Wir haben wahrlich keinen Grund, uns am heutigen Tag an Siegesfesten zu beteiligen. Aber wir haben allen Grund, den 8. Mai 1945 als das Ende eines Irrweges deutscher Geschichte zu erkennen, das den Keim der Hoffnung auf eine bessere Zukunft barg.
Der 8. Mai ist ein Tag der Erinnerung. Erinnern heißt, eines Geschehens so ehrlich und rein zu gedenken, daß es zu einem Teil des eigenen Innern wird. Das stellt große Anforderungen an unsere Wahrhaftigkeit.
Wir gedenken heute in Trauer aller Toten des Krieges und der Gewaltherrschaft.
Wir gedenken insbesondere der sechs Millionen Juden, die in deutschen Konzentrationslagern ermordet wurden. […]
Die Ausführung des Verbrechens lag in der Hand weniger. Vor den Augen der Öffentlichkeit wurde es abgeschirmt. Aber jeder Deutsche konnte miterleben, was jüdische Mitbürger erleiden mußten, von kalter Gleichgültigkeit über versteckte Intoleranz bis zu offenem Haß.
Wer konnte arglos bleiben nach den Bränden der Synagogen, den Plünderungen, der Stigmatisierung mit dem Judenstern, dem Rechtsentzug, der unaufhörlichen Schändung der menschlichen Würde?
Wer seine Ohren und Augen aufmachte, wer sich informieren wollte, dem konnte nicht entgehen, daß Deportationszüge rollten. Die Phantasie der Menschen mochte für Art und Ausmaß der Vernichtung nicht ausreichen. Aber in Wirklichkeit trat zu den Verbrechen selbst der Versuch allzu vieler, auch in meiner Generation, die wir jung und an der Planung und Ausführung der Ereignisse unbeteiligt waren, nicht zur Kenntnis zu nehmen, was geschah.
Es gab viele Formen, das Gewissen ablenken zu lassen, nicht zuständig zu sein, wegzuschauen, zu schweigen. Als dann am Ende des Krieges die ganze unsagbare Wahrheit des Holocaust herauskam, beriefen sich allzu viele von uns darauf, nichts gewußt oder auch nur geahnt zu haben.
Schuld oder Unschuld eines ganzen Volkes gibt es nicht. Schuld ist, wie Unschuld, nicht kollektiv, sondern persönlich. […]
Es geht nicht darum, Vergangenheit zu bewältigen. Das kann man gar nicht. Sie läßt sich ja nicht nach-

träglich ändern oder ungeschehen machen. Wer aber vor der Vergangenheit die Augen verschließt, wird blind für die Gegenwart. Wer sich der Unmenschlichkeit nicht erinnern will, der wird wieder anfällig für neue Ansteckungsgefahren. Das jüdische Volk erinnert sich und wird sich immer erinnern. Wir suchen als Menschen Versöhnung. Gerade deshalb müssen wir verstehen, daß es Versöhnung ohne Erinnerung gar nicht geben kann. Die Erfahrung millionenfachen Todes ist ein Teil des Innern jedes Juden in der Welt, nicht nur deshalb, weil Menschen ein solches Grauen nicht vergessen können. Sondern die Erinnerung gehört zum jüdischen Glauben. [...]

Würden wir unsererseits vergessen wollen, was geschehen ist, anstatt uns zu erinnern, dann wäre dies nicht nur unmenschlich. Sondern wir würden damit dem Glauben der überlebenden Juden zu nahe treten, und wir würden den Ansatz zur Versöhnung zerstören. [...]

Wir können des 8. Mai nicht gedenken, ohne uns bewußtzumachen, welche Überwindung die Bereitschaft zur Aussöhnung den ehemaligen Feinden abverlangte. Können wir uns wirklich in die Lage von Angehörigen der Opfer des Warschauer Ghettos oder des Massakers von Lidice versetzen?

Wie schwer mußte es aber auch einem Bürger in Rotterdam oder London fallen, den Wiederaufbau unseres Landes zu unterstützen, aus dem die Bomben stammten, die erst kurze Zeit zuvor auf seine Stadt gefallen waren! Dazu mußte allmählich eine Gewißheit wachsen, daß Deutsche nicht noch einmal versuchen würden, eine Niederlage mit Gewalt zu korrigieren.

Bei uns selbst wurde das Schwerste den Heimatvertriebenen abverlangt. Ihnen ist noch lange nach dem 8. Mai bitteres Leid und schweres Unrecht widerfahren. Um ihrem schweren Schicksal mit Verständnis zu begegnen, fehlt uns Einheimischen oft die Phantasie und auch das offene Herz. [...]

Früh und beispielhaft haben sich die Heimatvertriebenen zum Gewaltverzicht bekannt. Das war keine vergängliche Erklärung im anfänglichen Stadium der Machtlosigkeit, sondern ein Bekenntnis, das seine Gültigkeit behält. Gewaltverzicht bedeutet, allseits das Vertrauen wachsen zu lassen, daß auch ein wieder zu Kräften gekommenes Deutschland daran gebunden bleibt. [...]

Darin liegt der eigentliche, der menschliche Beitrag zu einer europäischen Friedensordnung, der von uns ausgehen kann. [...]

Es gab keine „Stunde Null", aber wir hatten die Chance zu einem Neubeginn. Wir haben sie genutzt, so gut wir konnten. An die Stelle der Unfreiheit haben wir die demokratische Freiheit gesetzt.

Vier Jahre nach Kriegsende, 1949, am heutigen 8. Mai, beschloß der Parlamentarische Rat unser Grundgesetz. Über Parteigrenzen hinweg gaben seine Demokraten die Antwort auf Krieg und Gewaltherrschaft im Artikel 1 unserer Verfassung: „Das deutsche Volk bekennt sich darum zu unverletzlichen und unveräußerlichen Menschenrechten als Grundlage jeder menschlichen Gemeinschaft, des Friedens und der Gerechtigkeit in der Welt."

Auch an diese Bedeutung des 8. Mai gilt es heute zu erinnern. [...]

Bei uns ist eine neue Generation in die politische Verantwortung hereingewachsen. Die Jungen sind nicht verantwortlich für das, was damals geschah. Aber sie sind verantwortlich für das, was in der Geschichte daraus wird.

Wir Älteren schulden der Jugend nicht die Erfüllung von Träumen, sondern Aufrichtigkeit. Wir müssen den Jüngeren helfen zu verstehen, warum es lebenswichtig ist, die Erinnerung wachzuhalten. Wir wollen ihnen helfen, sich auf die geschichtliche Wahrheit nüchtern und ohne Einseitigkeit einzulassen, ohne Flucht in utopische Heilslehren, aber auch ohne moralische Überheblichkeit.

Wir lernen aus unserer eigenen Geschichte, wozu der Mensch fähig ist. Deshalb dürfen wir uns nicht einbilden, wir seien nun als Menschen anders und besser geworden.

Es gibt keine endgültig errungene moralische Vollkommenheit – für niemanden und kein Land! Wir haben als Menschen gelernt, wir bleiben als Menschen gefährdet. Aber wir haben die Kraft, Gefährdungen immer von neuem zu überwinden.

Hitler hat stets damit gearbeitet, Vorurteile, Feindschaften und Haß zu schüren. Die Bitte an die jungen Menschen lautet: Lassen Sie sich nicht hineintreiben in Feindschaft und Haß. [...]

Lernen Sie, miteinander zu leben, nicht gegeneinander. [...]

Ehren wir die Freiheit.

Arbeiten wir für den Frieden.

Halten wir uns an das Recht.

Dienen wir unseren inneren Maßstäben der Gerechtigkeit.

Schauen wir am heutigen 8. Mai, so gut wir können, der Wahrheit ins Auge.

(Zit. nach: www.dhm.de; der Text ist aus lizenzrechtlichen Gründen nicht an die neue Rechtschreibung angepasst.)

M 2 Rede von Martin Walser zur Verleihung des Friedenspreises des Deutschen Buchhandels am 11. Oktober 1998

Die Dankesrede des Schriftstellers Martin Walser zur Verleihung des Friedenspreises des Deutschen Buchhandels in der Frankfurter Paulskirche am 11.10.1998 löste eine heftige innenpolitische Debatte in der Bundesrepublik aus. Sie wird im Folgenden in Auszügen wiedergegeben. Den vollständigen Redetext können Sie vom Deutschen Historischen Museum (unter der Internet-Adresse www.dhm.de) erhalten.

In jeder Epoche gibt es Themen, Probleme, die unbestreitbar die Gewissensthemen der Epoche sind. Oder dazu gemacht werden. [...]

Jeder kennt unsere geschichtliche Last, die unvergängliche Schande, kein Tag, an dem sie uns nicht vorgehalten wird. Könnte es sein, daß die Intellektuellen, die sie uns vorhalten, dadurch, daß sie uns die Schande vorhalten, eine Sekunde lang der Illusion verfallen, sie hätten sich, weil sie wieder im grausamen Erinnerungsdienst gearbeitet haben, ein wenig entschuldigt, seien für einen Augenblick sogar näher bei den Opfern als bei den Tätern? Eine momentane Milderung der unerbittlichen Entgegengesetztheit von Tätern und Opfern. Ich habe es nie für möglich gehalten, die Seite der Beschuldigten zu verlassen. Manchmal, wenn ich nirgends mehr hinschauen kann, ohne von einer Beschuldigung attackiert zu werden, muß ich mir zu meiner Entlastung einreden, in den Medien sei auch eine Routine des Beschuldigens entstanden. Von den schlimmsten Filmsequenzen aus Konzentrationslagern habe ich bestimmt schon zwanzigmal weggeschaut. Kein ernstzunehmender Mensch leugnet Auschwitz; kein noch zurechnungsfähiger Mensch deutelt an der Grauenhaftigkeit von Auschwitz herum; wenn mir aber jeden Tag in den Medien diese Vergangenheit vorgehalten wird, merke ich, daß sich in mir etwas gegen diese Dauerpräsentation unserer Schande wehrt. Anstatt dankbar zu sein für die unaufhörliche Präsentation unserer Schande, fange ich an wegzuschauen. Wenn ich merke, daß sich in mir etwas dagegen wehrt, versuche ich, die Vorhaltung unserer Schande auf Motive hin abzuhören, und bin fast froh, wenn ich glaube, entdecken zu können, daß öfter nicht mehr das Gedenken, das Nichtvergessendürfen das Motiv ist, sondern die Instrumentalisierung unserer Schande zu gegenwärtigen Zwecken. Immer guten Zwecken, ehrenwerten. Aber doch Instrumentalisierung. Jemand findet die Art, wie wir die Folgen der deutschen Teilung überwinden wollen, nicht gut und sagt, so ermöglichten wir ein neues Auschwitz. Schon die Teilung selbst, solange sie dauerte, wurde von maßgeblichen Intellektuellen gerechtfertigt mit dem Hinweis auf Auschwitz. [...]

Ein gutes Gewissen ist keins. Mit seinem Gewissen ist jeder allein. Öffentliche Gewissensakte sind deshalb in der Gefahr, symbolisch zu werden. Und nichts ist dem Gewissen fremder als Symbolik, wie gut sie auch gemeint sei. Diese „durchgängige Zurückgezogenheit in sich selbst" ist nicht repräsentierbar. Sie muß „innerliche Einsamkeit" bleiben.

(Zit. nach: Börsenverein des Deutschen Buchhandels (Hg.), Friedenspreis des Deutschen Buchhandels 1998/Martin Walser – Ansprachen aus Anlass der Verleihung, Frankfurt a.M. 1998; aus lizenzrechtlichen Gründen nicht in neuer Rechtschreibung)

M 3 Christian Graf von Krockow: Hitler und seine Deutschen (2001)

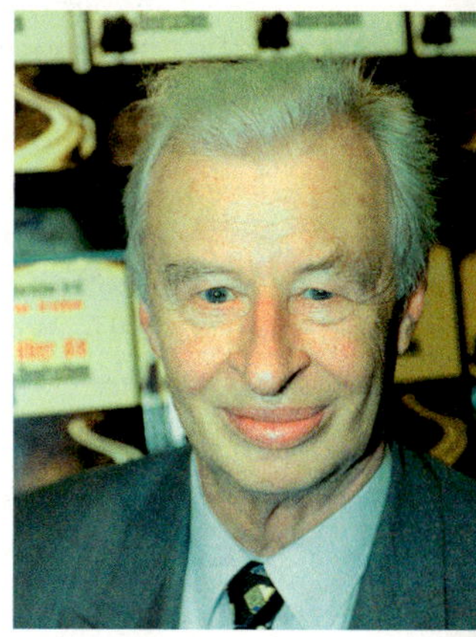

Christian Graf von Krockow, Professor für Politikwissenschaft und Publizist, beschäftigt sich in seinem 2001 erschienenen Buch mit der Frage nach der inneren Befindlichkeit und den Sehnsüchten der Deutschen, die zur Machtergreifung und Machtsicherung des Nationalsozialismus beigetragen haben.
In seinem Schlusskapitel, das im Folgenden in Auszügen abgedruckt ist, geht er auch auf die heutige Bedeutung des Nationalsozialismus ein. Darin bezieht er sich u. a. auf den sogenannten „Historikerstreit" in den Jahren 1986 ff. in der Bundesrepublik, in dessen Kern die Frage stand, ob die nationalsozialistischen Verbrechen legitimerweise mit den stalinistischen Verfolgungen verglichen oder möglicherweise sogar erklärt werden könnten.

Adolf Hitler und seine Herrschaft liegen um mehr als ein halbes Jahrhundert zurück. Die meisten Deutschen, die einst seinem Bann erlagen, haben sich gründlich gewandelt. Sie sind überzeugte Zivilisten und Demokraten geworden, erst recht ihre Kinder und Enkel. Sie haben, so hieß es schon 1979 in einer genauen und vergleichenden Untersuchung, eine politische Kultur entwickelt, „die sich in kurzer Zeit nicht mehr von den alten Demokratien Europas und Nordamerikas unterscheiden wird".

Doch was bleibt im Rückblick? Ist das „Dritte Reich" in der Geschichte versunken wie Karthago oder Preußen? [...]

Über solche Fragen ist schon heftig gestritten worden und muss wohl auch weiter gestritten werden. Es hagelte Vorwürfe. Wer die Judenvernichtung mit anderen Schreckenstaten verglich, geriet in den Verdacht, dass er der Beschwichtigung, der Verharmlosung das Wort rede […]. Wer umgekehrt das Einzigartige betonte, bekam zu hören, dass er ins Unhistorische und womöglich in eine Unart von negativem Stolz verfiel, indem er von der Sonderrolle, der Auserwähltheit der Deutschen wenigstens zum Bösen nicht lassen wollte.

Nun ist zunächst festzustellen, dass es in der Geschichte stets um das Einmalige geht. Nationen haben wie Menschen ihre Individualität und Biografie; jede geht ihren eigenen Weg und hinterlässt ihre unverwechselbaren Spuren. Insofern ist die Betonung des Einzigartigen beinahe trivial. Andererseits ist nicht einzusehen, warum Vergleiche verboten sein sollen. Ein Mörder bleibt ein Mörder und kann sich nicht darauf hinausreden, dass es vor oder neben ihm andere Mörder gab. Wenn man feststellt, dass im sowjetischen „Archipel Gulag" mehr Menschen umkamen als in den nationalsozialistischen Konzentrationslagern oder dass der bewusst gegen die Zivilbevölkerung geführte Bombenkrieg der Alliierten, der Einmarsch der Roten Armee in den deutschen Osten und die Vertreibung von Millionen von Menschen aus ihrer angestammten Heimat schreckliche Opfer forderten, dann wird damit nicht entschuldigt, was unter Hitler die Deutschen taten. Im Übrigen macht erst der Vergleich das Einzigartige kenntlich.

So gesehen ist am Hin und Her der Vorwürfe etwas seltsam Steriles. Falls allerdings der Vergleich zum Aufrechnen missbraucht wird, ist er nicht bloß eine Torheit, sondern des Teufels, weil er die Kenntlichkeit zerstört.

Indessen ist die Gefahr des Beschwichtigens auch, und sei es ungewollt, in der Betonung des Einzigartigen angelegt, weil es das nicht Wiederholbare bezeichnet. Wie Karthago oder Preußen entschwindet das „Dritte Reich" [dann] tatsächlich in der Geschichte. Je lauter die rückwärts gerichteten Anklagen, desto geringer in Wahrheit die Beunruhigung, denn damit allein scheint schon bewiesen zu sein, dass man nicht zu den Verharmlosern oder gar Verteidigern des Bösen gehört. Demgegenüber lautet eine Grundthese dieses Buches, dass auf die Frage, ob Hitler wiederkehren kann, die Antwort lautet: ja, selbstverständlich.

Er ist uns fern gerückt in seiner historisch einmaligen Gestalt, aber noch immer nahe in den abgründigen Möglichkeiten oder Versuchungen, die er offenbart. […] Natürlich wird sich Hitler nicht noch einmal als Hitler zeigen. Zu den Bedingungen seines Erfolges gehörte, dass man ihn unterschätzte, und das dürfte auch in Zukunft so sein. […]

Zum unerhört Neuen an der nationalsozialistischen Vernichtung gehörten der europaweite Massentransport der Opfer mit Eisenbahnen und der Einsatz von Giftgas. Inzwischen mutet das altmodisch an und der Fantasie sind keine Grenzen gesetzt, wie bis hin zu den Sternenkriegsserien alltäglich Kino- und Fernsehfilme die Zukunft der Gewalt demonstrieren. […] Hitler hat sich nicht ein für alle Mal und als eine im Rückblick eher skurrile Gestalt in der Geschichte verloren, sondern er bleibt heimlich und unheimlich unser Bruder.

Am Ende stellt sich die Frage, wie wir uns gegen seine Wiederkehr wappnen können. Dafür gibt es kein Patentrezept, schon darum nicht, weil wir die zukünftigen Umstände nicht kennen. Aber drei Grundregeln lassen sich formulieren.

Erstens hat Hitler in *Mein Kampf* die Prinzipien der Propaganda dargestellt, die zur Herstellung einer fanatischen Massengefolgschaft notwendig sind. Es geht darum, Vielfalt in Einfalt zu verwandeln, alle Weltübel aus einer einzigen Quelle abzuleiten und damit ein radikales Freund-Feind-Verhältnis zu schaffen, das die Vernichtung des Gegners zur Bedingung des Überlebens verklärt. Im Gegenzug kommt es darauf an, die Vielfalt der Interessen und Anschauungen und die Möglichkeiten, sie zum Ausdruck zu bringen, um jeden Preis zu verteidigen. Man könnte das die Pflicht zur aktiven *Toleranz* nennen.

Zweitens kommt es auf die *Solidarität* an, darauf, nicht gleichgültig zu bleiben, solange von der Feindschaft und Verfolgung nicht wir selbst, sondern nur Menschen betroffen sind, die uns fern stehen. […]

Drittens ist das *Vorbeugen* wichtig. Man muss handeln, ehe eine Machtergreifung vollzogen ist. Die Erfahrung mit Hitlers Herrschaft sagt, dass später kaum noch Möglichkeiten zum Widerstand bleiben, weil das Wechselverhältnis von Begeisterung und Terror jede Auflehnung entweder erstickt oder aussichtslos macht. […]

(Christian Graf von Krockow, Hitler und seine Deutschen, München (List Verlag) 2002, S. 297 ff.)

Üben – Vertiefen – Anwenden

Die Zerstörung der Demokratie durch den Nationalsozialismus

Kernbegriffe:

- ★ Nationalsozialismus
- ★ Antisemitismus
- ★ Rassenlehre
- ★ Volksgemeinschaft
- ★ Führerprinzip
- ★ Lebensraum
- ★ Machtübertragung
- ★ „Gleichschaltung"
- ★ Konzentrationslager
- ★ Holocaust
- ★ Widerstand

Info, S. 373–376
1. Stellen Sie die Grundmerkmale der nationalsozialistischen Ideologie (z. B. in einer Mindmap) dar und beurteilen Sie, inwiefern diese einerseits ältere ideologische Traditionen aufgriffen und andererseits zeitgenössische propagandistische Funktionen erfüllen konnten.

Info, S. 376–379
2. Stellen Sie die wichtigsten Stationen der Machteroberung und Machtsicherung durch die Nationalsozialisten zwischen dem 31. Januar 1933 und dem 2. August 1934 in einer Zeitleiste dar und erläutern Sie die taktischen Prinzipien, mit denen die NSDAP in diesem Prozess vorging.

Info, S. 379–389
Thema, S. 413 ff.
3. Erläutern Sie die Kennzeichen und Bedingungen der totalitären nationalsozialistischen Herrschaft in einem Kurzvortrag. Erstellen Sie ein Organigramm des nationalsozialistischen Herrschaftssystems zur visuellen Unterstützung Ihres Vortrages.

Info, S. 391–393
Thema, S. 432 ff.
4. Stellen Sie die wichtigsten Stationen der nationalsozialistischen Außenpolitik bis 1939 in einer Zeitleiste dar. Erläutern Sie, welches außenpolitische Programm ihr zugrunde lag und aus welchen Gründen es bis 1939 ohne nennenswerten Widerstand umgesetzt werden konnte.

Info, S. 393–399
5. Stellen Sie die besonderen Kennzeichen des Zweiten Weltkrieges in einem Kurzvortrag dar und beurteilen Sie, inwieweit sie als unmittelbares Resultat des nationalsozialistischen Regimes und seiner Ideologie angesehen werden können.

Info, S. 379–385
Thema, S. 420 ff.
6. Nennen und erläutern Sie in einem Thesenpapier die Gründe für die Akzeptanz der nationalsozialistischen Diktatur in weiten Teilen der deutschen Bevölkerung.

Info, S. 390 f.
Thema, S. 426 ff.
7. Stellen Sie Ziele und Merkmale der nationalsozialistischen Wirtschaftspolitik dar und erläutern Sie, inwiefern sie auf die nationalsozialistische Ideologie bezogen werden können.

Info, S. 399–403
8. Erörtern Sie die Möglichkeiten und Grenzen des Widerstandes gegen das Regime.

Info, S. 386 f.
9. Beschreiben Sie die nationalsozialistische Politik gegenüber Minderheiten und Behinderten. Erklären Sie unter dem Stichwort „Biologisierung der Politik", wie eine solche Politik möglich werden konnte und welche Ethik Sie ihr gegenüberstellen würden.

Info, S. 387–389, 398 f.
10. Stellen Sie die Etappen des nationalsozialistischen Terrors und Völkermordes an Juden, Sinti und Roma in einer Übersicht dar. Überprüfen Sie, inwieweit Terror und Völkermord als Ausfluss nationalsozialistischer Ideologie und als Mittel nationalsozialistischer Herrschaft gesehen werden können.

Thema, S. 439 ff.
11. Erörtern Sie im Kursgespräch die Möglichkeiten und Grenzen, das „Unverstehbare zu verstehen".

Forum, S. 448 ff.
12. Gestalten Sie eine Podiumsdiskussion, in der Sie die Kernaussagen verschiedener Erklärungsansätze für den Nationalsozialismus miteinander vergleichen.

Forum, S. 452 ff.
13. Stellen Sie zeitgenössische Positionen zur Frage einer möglichen „Kollektivschuld" der Deutschen dar und erörtern Sie aus Ihrer Sicht die Rolle der nationalsozialistischen Vergangenheit für Ihre Gegenwart und Zukunft.

Klausurtraining

Interpretation einer sprachlichen historischen Quelle

1. Beschreiben Sie die äußeren formalen Textmerkmale und ordnen Sie die Quelle in den engeren historischen Kontext ein.
2. Arbeiten Sie aus dem Quellentext die moralischen Vorstellungen Himmlers heraus.
3. Ordnen Sie diese moralischen Vorstellungen in die NS-Ideologie ein.
4. Erläutern Sie, inwiefern der Redeauszug Rückschlüsse auf Schwierigkeiten innerhalb der SS bei der konkreten Durchführung des Vernichtungsprogramms der NSDAP zulässt und auf welche Weise Himmler in seiner Rede auf diese Probleme reagierte.
5. Erörtern Sie, inwieweit die vorliegende Quelle als „Schlüsselquelle" des Nationalsozialismus angesehen werden kann.

M Rede Heinrich Himmlers über die SS-Moral vom 4.10.1943 (Auszug)

Himmler, der Reichsführer SS und Chef der deutschen Polizei, hielt diese Rede am 4.10.1943 vor SS-Führern in Posen. Sie dauerte insgesamt etwa dreieinhalb Stunden.

Ein Grundsatz muss für den SS-Mann absolut da sein: ehrlich, anständig, treu und kameradschaftlich haben wir zu unserem eigenen Blut zu sein, zu sonst niemand anderem. Wie es dem Russen geht, wie es dem Tschechen geht, ist mir total gleichgültig. Das, was in den Völkern an gutem Blut unserer Art da ist, das werden wir uns holen, indem wir ihnen, wenn notwendig, die Kinder rauben und bei uns großziehen. Ob die anderen Völker in Wohlfahrt leben, ob sie verrecken vor Hunger, das interessiert mich nur so weit, als wir sie als Sklaven für unsere Kultur brauchen, anders interessiere ich mich nicht. Ob bei dem Bau eines Panzergrabens 10000 russische Weiber an Entkräftung umfallen oder nicht, interessiert mich nur so weit, als der Panzergraben für Deutschland fertig wird.

Unter Hitler erste Tierschutzgesetze
Andere Völker: „Menschentiere"
Widerspruch „anständige Einstellung"

Wir werden niemals roh sein und herzlos, wo es nicht sein muss; das ist klar. Wir Deutschen, die wir als Einzige auf der Welt zum Tier eine anständige Einstellung haben, werden zu diesen Menschentieren ja auch eine anständige Einstellung haben; aber uns Sorge machen, denen Ideale bringen, damit unsere Söhne und Enkel es noch schwerer haben mit denen, ist ein Verbrechen gegen unser eigenes Blut. Wenn mir einer kommt und sagt: „Ich kann mit den Kindern oder mit den Frauen den Panzergraben nicht bauen, das ist unmenschlich, denn dann sterben die daran" – dann muss ich sagen: Du bist ein Mörder an deinem eigenen Volk, denn wenn der Panzergraben nicht gebaut wird, dann sterben nämlich deutsche Soldaten, und das sind Söhne deutscher Mütter. Das ist unser Blut. Zuerst haben wir nur uns auf dieser Welt, und das ist das, was ich dieser SS einimpfen möchte – ich glaube, eingeimpft habe, und einimpfen möchte – als eines der heiligsten Gesetze für die Zukunft: Unsere Sorge, unsere Pflicht, ist unser Volk und unser Blut, dieses tragende nordisch-germanische Blut; dafür haben wir zu sorgen und zu denken, zu arbeiten, zu kämpfen, zu bluten, und kein anderes. Alles andere kann uns gleichgültig sein […].

Wie wir darüber niemals gesprochen haben und sprechen werden, das war so eine Gott sei dank in uns wohnende Selbstverständlichkeit des Taktes, dass wir uns unter-

einander nie darüber unterhalten haben, nie darüber sprachen. Es hat jeden geschauert, und jeder war sich klar, dass er es das nächste Mal wieder tun würde, wenn es befohlen wird und wenn es notwendig ist. Ich meine die Judenevakuierung, die Ausrottung des jüdischen Volkes. Es gehört zu den Dingen, die man leicht ausspricht. – „Das jüdische Volk wird ausgerottet", sagt Ihnen jeder Parteigenosse, „ganz klar, steht in unserem Programm, Ausschaltung der Juden, Ausrottung, machen wir, ha, Kleinigkeit." Und dann kommen sie alle, alle die braven 80 Millionen Deutschen, jeder hat seinen anständigen Juden, sagt, alle anderen sind Schweine, der ist ein prima Jude. Und zugesehen, es durchgestanden hat keiner. Von euch werden die meisten wissen, was es heißt, wenn 100 Leichen beisammenliegen, wenn 500 daliegen oder wenn 1 000 daliegen. Und dies durchgehalten zu haben und dabei – abgesehen von menschlichen Ausnahmeschwächen – anständig geblieben zu sein, hat uns hart gemacht und ist ein niemals genanntes und niemals zu nennendes Ruhmesblatt, denn wir wissen, wie schwer wir uns täten, wenn wir heute noch in jeder Stadt – bei den Bombenangriffen, bei den Lasten des Krieges und bei den Entbehrungen des Krieges – wenn wir da noch die Juden als geheime Saboteure, Agitatoren und Hetzer hätten. Wir würden wahrscheinlich in das Stadium des Jahres 16/17 jetzt gekommen sein, wenn die Juden noch im deutschen Volkskörper säßen. [...]
Wir haben das moralische Recht, wir haben die Pflicht unserem Volk gegenüber, das zu tun, dieses Volk, das uns umbringen wollte, umzubringen. Wir haben aber nicht das Recht, uns auch nur mit einem Pelz, mit einer Mark, mit einer Zigarette, mit einer Uhr, mit sonst etwas zu bereichern. Das haben wir nicht. Denn wir wollen nicht am Schluss, weil wir den Bazillus ausrotten, an dem Bazillus krank werden und sterben. Da werde ich niemals zusehen, dass so etwas, überhaupt nur auch eine kleine Fäulnisstelle, eintritt oder sich festsetzt, sondern wo sich eine festsetzen sollte, werden wir sie gemeinsam ausbrennen. Insgesamt aber können wir sagen, wir haben diese schwerste Aufgabe in Liebe zu unserem Volk getan. Und wir haben keinen Schaden in unserem Innern, in unserer Seele, in unserem Charakter daran genommen.

(Zit.nach: Geschichte lernen, Heft 85, S. 49)

Heinrich Himmler (7.10.1900–23.5.1945)
Heinrich Himmler, Sohn eines Gymnasialdirektors, war seit 1929 „Reichsführer SS". Er übernahm nach Hitlers Regierungsübernahme die politische Polizei der Länder und nach dem sog. Röhm-Putsch für die SS die Konzentrationslager. Im Juni 1936 wurde er Chef der gesamten deutschen Polizei.
Unter dem zunächst harmlos klingenden Titel „Reichskommissar für die Festigung des deutschen Volkstums" organisierte Himmler seit 1939 die Umsetzung der nationalsozialistischen Rassenideologie in Ost- und Südosteuropa, insbesondere in Polen. Mit der Waffen-SS und insbesondere ihrer für die Bewachung der Konzentrationslager geschaffenen Untergliederung, den „SS-Totenkopfverbänden", verfügte Himmler über die zentrale und mächtigste Terroreinheit des nationalsozialistischen Regimes.
Am 23.5.1945 beging Heinrich Himmler in britischer Gefangenschaft Selbstmord.

Im Rückblick: Bilanz deutscher Geschichte bis 1945

1848 – 1945: 100 Jahre deutscher Geschichte
Sie begann mit einer Revolution, die ihre Ziele nicht erreichen konnte.
Und sie endete in einer barbarischen Katastrophe.
Ist dies eine Geschichte politischer Rückständigkeit und gescheiterter Demokratisierung?

1848/49: Märzrevolution

18. Mai 1848: Einzug der Nationalversammlung in die Frankfurter Paulskirche

1871 – 1918: Deutsches Kaiserreich

1888 – 1918: Drei Jahrzehnte herrschte Wilhelm II. als Deutscher Kaiser.

1916: Kampfszene bei Verdun (Erster Weltkrieg)

1918/19 – 1933: Weimarer Republik

9. November 1918: Philipp Scheidemann ruft vom Reichstagsgebäude die Republik aus.

1933 – 1945: Nationalsozialistische Diktatur

30. Januar 1933: Am Abend feiert die NSDAP mit einem paramilitärischen Aufmarsch am Brandenburger Tor in Berlin die Ernennung Hitlers zum Reichskanzler.

1945: Das Brandenburger Tor in Berlin nach dem Ende des Zweiten Weltkriegs

Deutschland im Spannungsfeld von Demokratie und Diktatur – ein Sonderweg?

Gingen die Deutschen im 19. und 20. Jahrhundert einen besonderen historischen Weg, einen „Sonderweg“, der sie von ihren Nachbarn unterschied und der erklären könnte, warum gerade in Deutschland ein nationalsozialistisches Regime entstehen konnte?

Gestalten Sie in Plakatform eine Mindmap zur sogenannten Sonderwegsdebatte und erörtern Sie auf dieser Grundlage die Frage nach einem deutschen Sonderweg im Kursgespräch.

Vorschlag:

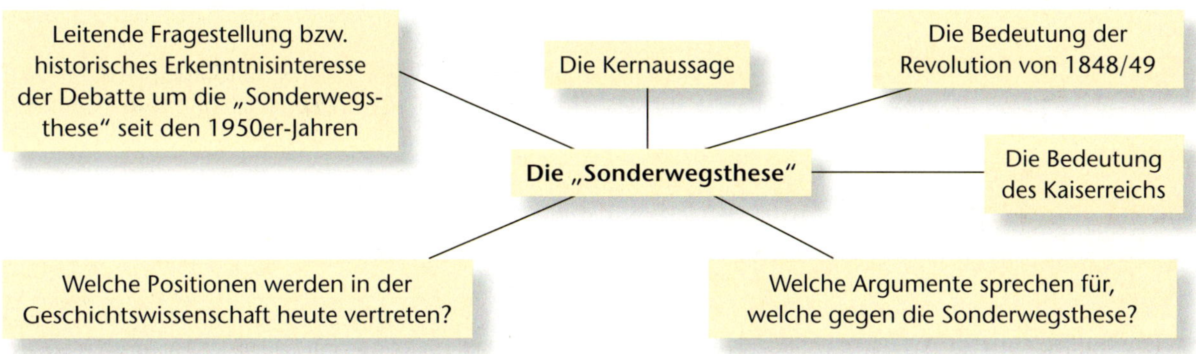

Industrialisierung und Demokratisierung. Früher herrschte in der Geschichtswissenschaft die Vorstellung, dass die beiden tief greifenden Prozesse des 19. Jahrhunderts, die Industrialisierung und die Demokratisierung, unmittelbar miteinander verbunden seien. Die Gleichzeitigkeit der großen politischen Revolutionen in Großbritannien, Amerika und in Frankreich mit der ökonomisch-technischen Revolution der Industrialisierung hatte diese Schlussfolgerung nahegelegt. Heute ist hingegen die Mehrzahl der Historiker der Auffassung, dass die Demokratisierung in den westlichen Staaten Europas bereits wesentlich früher angelegt war. Dennoch ist auffällig, dass in Deutschland im Unterschied zu den westeuropäischen Staaten die Industrialisierung so erfolgreich verlief, während das politische System rückständig und in seinem Kernbereich bis zum Ende des Ersten Weltkrieges undemokratisch blieb.

Sonderwegsthese. Schon während des Ersten Weltkrieges formulierte vor diesem Hintergrund der amerikanische Soziologe Thorstein Veblen die These von einem „deutschen Sonderweg“, der die deutsche Geschichte des 19. Jahrhunderts grundsätzlich von der seiner westlichen Nachbarn unterscheide und der durch den Kontrast zwischen ökonomischer Modernität und Dynamik einerseits sowie politischer und gesellschaftlicher Rückständigkeit andererseits geprägt sei.
In Deutschland selbst wurde diese Besonderheit durchaus auch wahrgenommen, aber in der Zeit des Kaiserreiches und selbst noch in der Zeit der Weimarer Republik eher positiv gewertet: als Überlegenheit der besonderen deutschen, insbesondere preußischen Tugenden gegenüber dem vielfach als „schwach“ empfundenen Liberalismus und Parlamentarismus des Westens. Erst die Erfahrung des verbrecherischen nationalsozialistischen Regimes und seiner Niederlage im Zweiten Weltkrieg veränderte diese Sichtweise grundlegend. Auf der Suche nach möglichen Erklärungen für einen solchen Rückfall in die Barbarei mitten im 20. Jahrhundert schien die Sonderwegsthese eine

Antwort geben zu können: Waren es die mangelnde demokratische Erfahrung und Übung, das in der Zeit des Kaiserreiches eingeübte autoritäre Duckmäusertum, die fortdauernden obrigkeitsstaatlichen und militaristischen Traditionen, die Hitler und seine Diktatur erst möglich gemacht hatten?

Befürworter und Kritiker. In Deutschland wurde die Sonderwegsthese vor allem von dem Soziologen Ralf Dahrendorf zu Beginn der 1960er-Jahre weiterentwickelt und präzisiert. Im Unterschied zu anderen Ansätzen, die eine Art „deutsches Wesen" bis weit ins Mittelalter hinein zu entdecken versuchten, reduzierte Dahrendorf seine Analyse auf die beiden vergangenen Jahrhunderte und versuchte, bestimmte, den Aufstieg des Nationalsozialismus begünstigende Mentalitäten auf spezifische historische Strukturen, insbesondere im Kaiserreich, zurückzuführen.
Allerdings blieb die Sonderwegsthese immer umstritten. Eingewandt wird vor allem ihre Konzentration auf das Kaiserreich und dessen allzu negative Wertung. Neben Untertanengeist, Militarisierung und Bürokratisierung habe das Kaiserreich durchaus auch Elemente eines Rechtsstaates und einer bürgerlichen Gesellschaft hervorgebracht. Ein weiterer gewichtiger Einwand lag in der Mahnung, man dürfe die Katastrophe des Nationalsozialismus keinesfalls als zwangsläufige Folge der vorhergehenden deutschen Geschichte auffassen und damit ungewollt die persönliche Rolle und historische Verantwortung der Unterstützer des Nationalsozialismus mindern.

So beurteilen es Experten: Historikerurteile zur Sonderwegsthese:

M 1 Ralf Dahrendorf (1968)

Das kaiserliche Deutschland war politisch autoritär. „Autoritär" heißt etwas gänzlich anderes als „totalitär". Der autoritäre Staat beruht auf dem unbestrittenen Führungsanspruch einer meist traditional legitimierten Schicht, die keiner verbindlichen Kontrolle durch repräsentative Institutionen ausgesetzt ist, die vielmehr die Vielen an politischer Teilnahme hindert, bis sie selbst auf ihren Anspruch verzichten. Der autoritäre Staat ist in dieser Hinsicht kein Willkürregime. Seine Träger herrschen nicht mit Terror, sondern mit jener Mischung von Strenge und Wohlwollen, die die patriarchalische Familienstruktur kennzeichnet. […]
Der Autoritarismus ist, vor allem in der Form des kaiserlichen Deutschland, vergleichsweise aufgeklärt. Er ist keine Tyrannis oder Despotie, keine absolute Herrschaft. Man wird auch zugestehen müssen, dass der autoritäre Wohlfahrtsstaat ernstlich um die Wohlfahrt der Untertanen besorgt ist. […]
Das kaiserliche Deutschland hat es manchem seiner Bewohner schwer gemacht; im Großen und Ganzen aber konnte man in ihm in einer Freiheit leben.
Nur eines erlaubt der autoritäre Wohlfahrtsstaat nicht: die Entfaltung des Untertanen zum vollen Staatsbürger mit allen Rechten dieser Sozialfigur. Seine Basis ist die Unmündigkeit derer, die in ihm leben und die wie die Kinder der patriarchalischen Familie gehalten werden. Den Liberalen macht ein solcher Staat es schwer; dem liberalen Prinzip gibt er keine Heimstatt. Aus der Perspektive der politischen Theorie also sind die Verwerfungen der deutschen Gesellschaft des Kaiserreiches ebenso viele Kompromisse; und es lässt sich nicht von der Hand weisen, dass auch die größten Vertreter dieser Zeit die Kompromisse ihrer Umwelt anerkannt, wenn nicht mitgemacht oder gar herbeigeführt haben. Man mag ihnen zugute halten, dass sie sich über die vulkanische Natur der verworfenen Gesellschaft noch nicht im Klaren sein konnten.
Damit klingt das Thema an, durch das sich die so schmerzliche deutsche Geschichte des letzten Jahrhunderts beschreiben lässt und in dem sie mehr Kontinuität enthüllt, als wir gemeinhin in ihr zu entdecken meinen: Der Ausgang des Deutschen aus seiner selbst verschuldeten Unmündigkeit – so könnte man es in Abwandlung von Kants berühmter Definition der Aufklärung, und nicht ganz ohne Bitterkeit, nennen. Das Bemerkenswerte am kaiserlichen Deutschland war, dass es durch die Industrielle Revolution diesen Weg in die Moderne noch nicht fand, sich vielmehr zunächst als industrielle Feudalgesellschaft mit autoritärem Wohlfahrtsstaat konsolidierte. Auch das Deutschland der Weimarer Republik fand diesen Weg noch nicht. An seinem Anfang stand eben keine Revolution. Erst die furchtbare Erschütterung des Nationalsozialismus sollte die deutsche Gesellschaft an den Punkt der Sozialentwicklung bringen, der Modernität und Liberalität zur realen Möglichkeit machte.

(Ralf Dahrendorf, Gesellschaft und Demokratie in Deutschland, München (Piper) 1975, S. 68–70)

M 2 Geoff Eley (1980)

Wenn man das Problem behandelt, warum es in Deutschland nicht gelang, einen stärkeren Anstoß in Richtung auf eine erfolgreiche „Parlamentisierung" vor 1914 hervorzubringen, muss man sich wirklich im Klaren darüber sein, welche Art von Frage man damit stellt, denn im Augenblick werden zwei ganz unterschiedliche Probleme miteinander verquickt.

Das eine lautet: Unter welchen Bedingungen konnte eine bürgerlich-kapitalistische Gesellschaft sich erfolgreich reproduzieren, d. h. was waren die gesetzlichen, politischen und ideologischen Grundlagen für einen erfolgreichen deutschen Kapitalismus? Und das zweite lautet: Wie konnte ein liberales politisches System geschaffen werden?

Das ist nicht dasselbe. [...] Keinesfalls können wir eine „natürliche" oder „logische" Verbindung zwischen einer kapitalistischen Gesellschaft und einer liberalen demokratischen Politik ansetzen. Wenn man erst einmal beginnt, diese Dinge zu konzedieren, dann wird das gesamte Vokabular der deutschen Geschichtsschreibung – nämlich das der „Fehlentwicklung" und der „Diskrepanz" zwischen ökonomischer Entwicklung und politischer Rückständigkeit – überflüssig. [...]

Wenn eine einzelne These dieses Aufsatzes besonders deutlich hervortritt, dann die Betonung der Tatsache, dass das Kaiserreich aufgrund seiner eigenen Bedingungen betrachtet werden sollte: nicht als Arena des Zusammenspiels „vorindustrieller Kontinuitäten"[1], auch nicht als bloßer Auftakt zur späteren Weimarer Zeit und den Dreißigerjahren, eingezwängt zwischen einer vertrauten Vergangenheit und einer bekannten Zukunft, sondern im Gegenteil als eine wichtige Gründerzeit mit eigener Signatur[2].

Die besondere Struktur des kaiserlichen Staates und seine Probleme am Vorabend des Ersten Weltkrieges – die Uneinigkeit der Machtblöcke und das auf lange Sicht verschlechterte Potenzial für eine Hegemonie[3] – rührte nicht von einem besonderen Erbe politischer „Rückständigkeit" her (und daher von einer „anomalen" Bedingung, die durch „Modernisierung" hätte überwunden werden „müssen"), sondern von einer Anhäufung konjunktureller Widersprüche[4] [...]. Wenn wir die idealistische Auffassung linearer Kontinuitäten und die ihr zugrunde liegende teleologische[5] Konzeption aufgeben, die die deutsche Geschichte des 19. und des 20. Jahrhunderts auf das wohlbekannte Schlussergebnis von 1933 reduzieren, können wir den dichten Schleier der Ausweglosigkeit, der über der deutschen Vergangenheit liegt, eher lüften. [...]

Ganz wichtig ist, dass es jene besonderen Formen des Antagonismus[6] von Kapital und Arbeit waren – also die Fähigkeit der großen Konzerne, den Gewerkschaften Widerstand entgegenzusetzen, und ihre gleichzeitige Schwäche auf der politischen Bühne, wie sie sich in den Wahlergebnissen spiegelt –, die beträchtliche Teile der Bourgeoisie zu einer rechtsgerichteten Bündnispolitik mit den Großgrundbesitzern veranlasste. Eher handelt es sich hier um eine besondere Kombination von politischen Zwängen als um ein besonderes Verhaltensmuster „staatsbürgerlicher Unmündigkeit".

(Geoff Eley, Deutscher Sonderweg und englisches Vorbild; in: David Blackbourn/Geoff Eley, Mythen deutscher Geschichtsschreibung, Frankfurt/M./Berlin/Wien (Ullstein) 1980, S. 55–58, übers. v. Ulla Haselstein)

---

1 vorindustrielle Kontinuitäten: fortdauernde Traditionen aus vorindustrieller Zeit
2 Signatur: prägendes Kennzeichen
3 Hegemonie: Vorherrschaft
4 konjunkturelle Widersprüche: hier = vorübergehende, nicht fest andauernde Widersprüche
5 teleologisch: von einem späteren Ziel oder Effekt her bestimmt
6 Antagonismus: scharfer Gegensatz

M 3 Hans-Ulrich Wehler (1983)

Wie der ökonomische Erfolg der deutschen Industrialisierung enorme soziale und politische Probleme aufwarf, so forderte auch der Erfolg der Verteidigung traditioneller Machtverhältnisse in Politik, Gesellschaft und Wirtschaft seinen Preis, spät zwar, dann jedoch umso höher und länger. Der Stau an ungelösten Fragen, die schließlich anstanden; die Petrifizierung[1] überlebter Institutionen, die der Regeneration bedurften; das starrsinnige Beharren auf Vorrechten, die längst nicht mehr Domänen weniger Privilegierter hätten sein sollen; die Permanenz der Ausflüchte und Ablenkung von inneren Reformen; die Entscheidung, lieber das Kriegsrisiko zu wählen, als Konzessionen zu machen – sie sprechen das Urteil über die Lernbereitschaft der Machteliten, die sich weder willens noch fähig zeigten, rechtzeitig den Übergang zu modernen politischen und sozialen Verhältnissen einzuleiten. Denn hier handelt es sich nicht um theoretische Spekulationen, sondern um Prozesse, die in den revolutionären Bruch und Untergang des alten Regimes mündeten.

Diese Zäsur gehört zur nicht wegdiskutierbaren Faktizität[2] der Geschichte, sie bedeutete die Rechnung für die Unfähigkeit zur produktiven Anpassung. Dass dieser Einschnitt nicht tief genug reichte und überall die Folgen der erfolgreichen Behaup-

tung unzeitgemäßer Traditionen weiter spürbar blieben, macht die Schärfe des Kontinuitätsproblems in der deutschen Geschichte des 20. Jahrhunderts aus. [...]
[Es gilt,] sich den Kontinuitätsproblemen zu stellen und sie zu differenzieren, statt zum Eskapismus[3] zu raten. Dabei geht es selbstredend nicht um eine in der Tat oberflächliche Personalisierung (von Bismarck über Wilhelm II. und Hindenburg zu Hitler), sondern sowohl um soziale, ökonomische, politische, psychische Strukturen, die, wie Matrizen[4] wirkend, lange Zeit dieselben oder ähnlichen Konfigurationen aufzubauen imstande waren, als auch um die Faktoren, die Abweichung und Diskontinuität unterstützten.
Vor dem Hintergrund solcher Strukturen muss dann allerdings die Frage nach den spezifischen Voraussetzungen, die charismatische Politiker in Deutschland begünstigten, erneut gestellt werden. Bis 1945, ja in manchen Bereichen darüber hinaus, wirkte sich, durch ältere historische Traditionen und neue Erfahrungen begünstigt, der fatale Erfolg der kaiserlichen Machteliten aus: in der Anfälligkeit für autoritäre Politik; der Demokratiefeindschaft im Bildungs- und Parteiwesen; im Einfluss vorindustrieller Führungsgruppen, Normen, Wunschbilder; in der Zähigkeit der deutschen Staatsideologie; im Mythos der Bürokratie; in der Überlagerung von ständischem Gefälle und Klassengegensätzen; in der Manipulation des politischen Antisemitismus – so beginnt ein langer Katalog schwerer historischer Belastungen.

(Hans-Ulrich Wehler, Das Deutsche Kaiserreich 1871–1918, Göttingen (Vandenhoeck & Ruprecht) 1983, S. 238f.)

---

1 Petrifizierung: Versteinerung, Konservierung
2 Faktizität: Tatsache
3 Eskapismus: Neigung zur Flucht
4 Matrizen: Vorlagen zur Vervielfältigung

M 4 Heinrich August Winkler (2005)

Gab es ihn oder gab es ihn nicht, den umstrittenen „deutschen Sonderweg"? [...]
Im Verhältnis zu Westeuropa, und nur im Hinblick auf *dieses* Verhältnis ist in der wissenschaftlichen und allgemeinen öffentlichen Diskussion von einem „deutschen Sonderweg" die Rede, fällt eine doppelte Verspätung ins Auge: Deutschland wurde sehr viel später als beispielsweise England und Frankreich ein Nationalstaat und noch viel später eine Demokratie. [...]
Der erste Versuch der Deutschen, einen freiheitlich verfassten Nationalstaat zu schaffen, scheiterte 1848/49 an einer Überforderung des deutschen Liberalismus: Es erwies sich als unmöglich, Einheit und Freiheit zugleich zu erringen. [...] Bismarck löste die Einheitsfrage (im Jahr 1871) auf seine Weise: unter preußischer Führung und gegen Österreich. [...] Die Gründung eines deutschen Nationalstaates bedeutete zunächst einmal ein Stück Verwestlichung oder Normalisierung: Die Deutschen unterschieden sich [...] von den Nationalstaaten Westeuropas weniger als zuvor.
In anderer Hinsicht aber waren die Unterschiede zum Westen nach wie vor tief. Denn Bismarcks „Revolution von oben" hatte nur die Einheitsfrage, nicht aber die Freiheitsfrage gelöst. Das deutsche Kaiserreich war eine *konstitutionelle*[1], keine *parlamentarische* Monarchie, und selbst der Konstitutionalismus war begrenzt: In Gestalt der militärischen Kommandogewalt des Königs von Preußen, der seit 1871 der Deutsche Kaiser war, ragte ein Stück Absolutismus in die Gegenwart hinein. Dennoch wäre es verfehlt, im Kaiserreich nur den Obrigkeitsstaat zu sehen. Das allgemeine, gleiche Wahlrecht für Männer, das Bismarck 1867 im Norddeutschen Bund und 1871 im Deutschen Reich einführte, machte Deutschland in Sachen Wahlrecht zu einer fortschrittlicheren Monarchie als etwa England oder Belgien. Das Etikett „fortschrittlich" verdienen auch die Sozialversicherungsgesetze der 1880er-Jahre. Das deutsche Kaiserreich trug also einen Januskopf. Es war altertümlich und modern zugleich, und es war eine Frage des Blickwinkels, welche Züge jeweils schärfer hervortraten. [...]
Die Parlamentarisierung erfolgte erst im Zeichen der Niederlage im Ersten Weltkrieg – jener „Urkatastrophe" des 20. Jahrhunderts, für die das Deutsche Reich und Österreich-Ungarn die Hauptverantwortung trugen. [...]
Es gab einen „deutschen Sonderweg". Es war der lange Weg eines tief vom Mittelalter geprägten Landes in die Moderne. Die teilweisen Überwindungen des Mittelalters, die Deutschland zuwege brachte, lassen sich auch als teilweise Modernisierungen beschreiben. Was vom Mittelalter blieb, stand neben dem, was modern war, und formte es so lange um, bis das Alte vom Neuen und das Neue vom Alten durchdrungen war. Das galt vom Bismarckreich und auf andere, nur noch diabolisch zu nennende Weise vom „Dritten Reich".
Hitlers Herrschaft war der Gipfelpunkt der deutschen Auflehnung gegen die politischen Ideen des Westens, mit dem Deutschland kulturell und gesellschaftlich doch so vieles verband. Nur vor dem Hintergrund dieser Gemeinsamkeiten lässt sich

uberhaupt von einem „deutschen Sonderweg" sprechen.

Der stärkste Einwand gegen die These vom „deutschen Sonderweg" lautet noch immer, dass es einen oder gar *den* „westlichen „Normalweg" nicht gibt: Der englische war es so wenig wie der französische oder der amerikanische. Aber der Begriff westliche Demokratien" verweist doch auf ein gemeinsames Merkmal der Staaten, von deren politischer Entwicklung sich die deutsche bis 1945 scharf abhob. Die Menschen- und Bürgerrechte in der Tradition der englischen Habeas-Corpus-Akte von 1679, der amerikanischen Unabhängigkeitserklärung von 1776 und der Erklärung der Menschen- und Bürgerrechte durch die französische Nationalversammlung am 26. August 1789 waren tief genug in der politischen Kultur der westlichen Demokratien verankert, um Verstöße gegen dieselben zum öffentlichen Skandal zu machen und den Kampf um ihre weitere Verwirklichung voranzutreiben. *Diese* Tradition fehlte in Deutschland nicht, aber sie war schwächer als die des langlebigen Obrigkeitsstaates. Anders gewendet: Die Verschleppung der Freiheitsfrage im 19. Jahrhundert bildet eines der wichtigsten Kapitel in der Vorgeschichte der „deutschen Katastrophe" der Jahre 1933 bis 1945.
[...]

In Wirklichkeit war die Gründung des deutschen Nationalstaates im 19. Jahrhundert ein widerspruchsvoller Vorgang: einerseits Verwestlichung, andererseits Festigung des Obrigkeitsstaates. Nicht die Lösung der Einheitsfrage stand am Beginn des Weges in die Katastrophe, sondern die Nichtlösung der Freiheitsfrage. Nicht der Nationalstaat, sondern der Mythos vom Reich, das mehr sein wollte als ein Nationalstaat, führte in die Selbstzerstörung Deutschlands in den Jahren 1933 bis 1945.

Im Jahre 1945 endete der antiwestliche Sonderweg des Deutschen Reiches. [...]

Während Nationen mit alter demokratischer Tradition auf erfolgreiche Revolutionen zurückblicken können, drängt sich den Deutschen, wenn sie ihre Demokratie historisch begründen wollen, *zuerst* die Erinnerung an den katastrophalen Fehlschlag ihrer Revolution gegen die Demokratie in den Jahren *1933* bis *1945* auf. Die nationalsozialistische Diktatur wurde im Nachhinein zum großen argumentum e contrario[2] für die westliche Demokratie, für die Menschen- und Bürgerrechte.

Doch die historische Erinnerung an das „Dritte Reich" verlangt mehr als nur den Blick auf die Jahre 1933 bis 1945 und ihre unmittelbare Vorgeschichte: Sie kommt nicht aus ohne den Versuch, den Ort dieser Epoche in der deutschen Geschichte zu bestimmen. Die Erinnerung an die Zeit des Nationalsozialismus kann auch nicht der einzige Bezugspunkt eines aufgeklärten Demokratie- und Nationalbewusstseins des vereinigten Deutschland sein. Freiheit und Einheit, Demokratie und Nation haben eine Geschichte, die weit in die Vergangenheit zurückreicht. Es ist eine widerspruchsvolle Geschichte, die der kritischen Aneignung bedarf.

Deutschlands Weg nach Westen war lang und auf weiten Strecken ein Sonderweg. Und wenn auch alle Geschichte eine Geschichte von Sonderwegen ist, so gibt es doch einige, die noch besonderer sind als die anderen. Die Deutschen bedürfen der Vergegenwärtigung ihrer Geschichte aber nicht nur um ihrer selbst willen. Sie sind diese Anstrengung auch dem gemeinsamen Projekt Europa schuldig.

(Heinrich August Winkler, Der lange Weg nach Westen – Deutsche Geschichte, Bd. 2, Vom „Dritten Reich" bis zur Wiedervereinigung, München (C. H. Beck) 2005, S. 640ff.)

---

1 konstitutionell: auf einer Konstitution, einer Verfassung beruhend

2 argumentum e contrario (lat.): Argument aus dem Gegenteil

Individuum und Gesellschaft im Wandel

Menschenrechte – Familie – Migration

Drei Projektangebote, die Sie nach freier Wahl eigenständig bearbeiten können.

Auf den folgenden Seiten finden Sie für jedes Einzelthema eine Ausgangsplattform als Einstiegshilfe und Angebot für die inhaltliche Projektplanung und Projektdurchführung in Ihrer Arbeitsgruppe. Konzipiert als Startrampe werden auf den folgenden Projektseiten mögliche Zugänge und Wege eröffnet, den jeweiligen Themenbereich projektorientiert zu bearbeiten.

Familie

Familie in ihrer Wohnung (Berlin-Weißensee, 1907)

Menschenrechte

Erklärung der Menschen- und Bürgerrechte von 1789 (zeitgenössisches Schmuckblatt)

Migration

Deutsche Auswanderer im Hamburger Hafen (kolorierter Stahlstich, 1875)

Methode

Ein Projekt durchführen

Ein Projekt ist eine sehr offene Arbeitsform, die von allen Beteiligten ein hohes Maß an Teamfähigkeit, Disziplin und Verantwortungsbewusstsein verlangt. Zu Beginn eines Projektes sind nur Start und Ziel bekannt: die Projektidee (der Start) und der Zeitpunkt sowie die Form der Ergebnispräsentation (das Ziel). Alle Teilnehmer einer Projektgruppe haben nun die Aufgabe, gemeinsam zu einem guten Ergebnis zu kommen.
Diese Arbeit verläuft in der Regel in vier Phasen.

1. Schritt – Projekt beginnen:

- Projektideen sammeln und diskutieren.
- Ein Projektthema sowie eine oder mehrere Leitfragen festlegen.
- Zeitpunkt der Ergebnispräsentation festlegen.

2. Schritt – Projekt planen:

- Thematische Aspekte erkennen und dokumentieren (z. B. mithilfe einer Mindmap zum Thema).
- Einen Arbeitsplan erstellen.
  - Arbeitspakete festlegen: Welche Aufgaben müssen zu den einzelnen Aspekten erledigt werden?
  - Arbeitsteilig vorgehen und Verantwortlichkeiten festlegen: Wer übernimmt welche Arbeitspakete?
  - Zeitplan erstellen: Bis wann sollen welche Aufgaben erledigt sein?
  - Haltestellen einplanen: Wann sollen Zwischenergebnisse kontrolliert und Fragen gemeinsam geklärt werden?
- Produktform festlegen (z. B. Ausstellung, Referat, Staffettenpräsentation, szenische Darstellung, Podiumsdiskussion mit verteilten Rollen, schriftliche Ausarbeitung …).

3. Schritt – Projekt ausarbeiten:

- Quellen und Informationen recherchieren (z. B. Bibliothek, Internet, …).
- Material ordnen und auswerten (z. B. Interpretation sprachlicher Quellen, Bildmaterialien auswerten, Analyse von Historikertexten, sonstige Materialien fachgerecht auswerten …).
- Ergebnisse dokumentieren (exzerpieren, Thesen formulieren).
- An den Haltestellen: Arbeitsfortschritt vorstellen, diskutieren und ggf. den Arbeitsplan verändern.

4. Schritt – Projekt präsentieren:

- Präsentation vorbereiten: Ergebnisse in die festgelegte Produktform bringen.
- Präsentation durchführen.

Worauf geachtet werden sollte: Eine gute Projektpräsentation ist …

- auf die thematischen Leitfragen konzentriert,
- klar gegliedert,
- fachlich korrekt (Ergebnisse zuvor überprüfen!),
- anschaulich und auch für Laien verständlich gestaltet.

„Die Würde des Menschen ist unantastbar“: Menschenrechte im Zeitalter der Globalisierung – zwischen Bewahrung und Bedrohung?

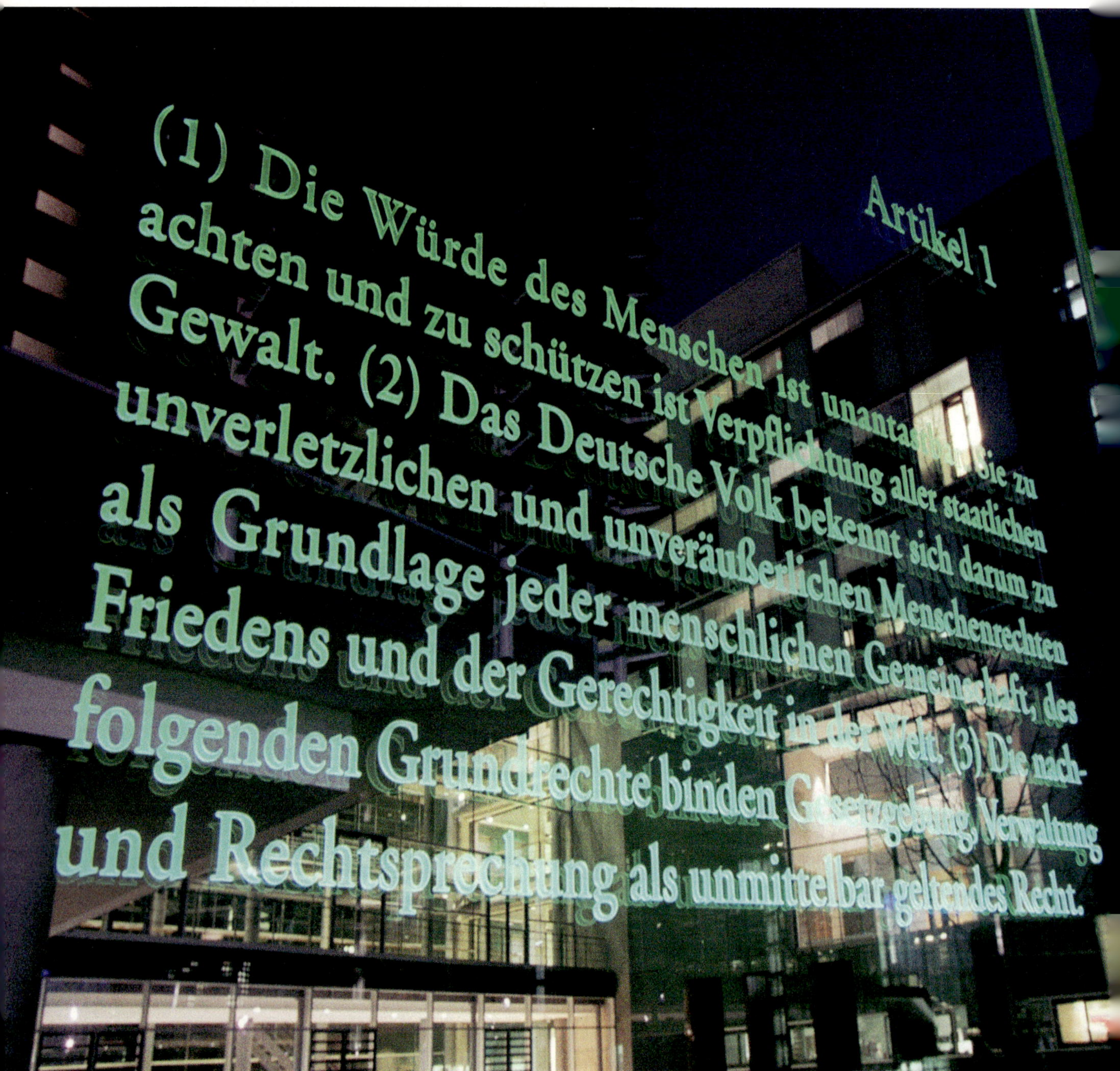

Beleuchtete Glastafeln mit den Artikeln 1 bis 19 des Grundgesetzes am Jakob-Kaiser-Haus im Berliner Regierungsviertel

Persönliche Freiheit und Gleichheit, auch die Sicherheit der eigenen Würde – dies ist für uns alltäglich und selbstverständlich. Das, was uns heute jedoch so selbstverständlich erscheint, war nicht immer so. Es ist das Ergebnis jahrelanger, sogar Jahrhunderte andauernder Aushandlungsprozesse: Es sind die „Menschenrechte".
Es begann bereits in der Antike und es ist nunmehr schon über 60 Jahre her, dass die „Allgemeine Erklärung der Menschenrechte" durch die Vereinten Nationen verkündet wurde. Doch der Auseinandersetzung darüber, was zu den wichtigsten Rechten eines Menschen gehört, begegnen wir Tag für Tag: Menschen streiten darüber, was alles zu den Menschenrechten gehören soll. Dabei treffen durchaus unterschiedliche Vorstellungen aufeinander.
So ist in unterschiedlichen Regionen und Kulturen der Welt das Verständnis von Menschenrechten durchaus unterschiedlich.
Durch die „vernetzte" Welt, besonders durch die neuen Informationstechnologien, erfahren wir viel darüber: Blicken wir in die Zeitung oder ins Internet, können wir Berichte über Menschenrechtsverletzungen lesen. Oft rücken Krisengebiete in die Schlagzeilen. Auch im Fernsehen werden wir über Demonstrationen von Menschenrechtsorganisationen informiert, die sich für die Einhaltung von Menschenrechten einsetzen. Doch ebenso werden Menschen geehrt, die sich in besonderem Maße für die Menschenrechte einsetzen. Und es ist ein Thema auf nationaler und internationaler Ebene: Mit Menschenrechten beschäftigen sich beispielsweise Verfassungs- oder Strafgerichte.
Globale Veränderungen stellen die Welt und damit die Menschenrechte vor neue Herausforderungen: Welche Menschenrechte sollen für alle in der internationalen, globalisierten Welt gültig sein? Wie setzt man die Menschenrechte durch? Neue Bedrohungen – zum Beispiel durch den Terrorismus – erfordern mitunter auch die Einschränkung von Rechten – ein nicht einfacher Abwägungsprozess.
Welche Rechte wir haben oder haben sollen, ist sowohl in der Vergangenheit als auch in der Gegenwart einem ständigen Wandel unterworfen. Zeichnen wir diesen Prozess nach:

- **Welche „Menschenrechte" gibt es? Was sind ihre historischen Ursprünge und auf welchem Selbstverständnis beruhen sie?**
- **Wie steht es um die „Menschenrechte" im Zeitalter der Globalisierung? Von welcher Seite drohen den „Menschenrechten" Gefahren und wie lässt sich darauf reagieren?**

Kämpfte in der Zeit des Nationalsozialismus für die Rechte der Menschen: Sophie Scholl (1921–1943).

Martin Luther King (1929–1968), amerikanischer Bürgerrechtler, war einer der bedeutendsten Vertreter des Kampfes gegen soziale Unterdrückung und Rassismus.

1. Menschenrechte im Internet – Ein Rechercheprojekt

Vier Themenschwerpunkte eröffnen mögliche Zugänge und Wege, solche zentralen Fragestellungen zum Themenbereich „Menschenrechte“ (s. S. 469) selbstständig und zielführend zu erarbeiten.

1. Im Schwerpunkt soll das Recherchemedium Internet herangezogen werden. Nutzen Sie dazu die Methode „Recherchieren im Internet“ (S. 472f.).
2. Lesen Sie sich auf der Grundlage des Infotextes (S. 474ff.) in die Thematik Menschenrechte ein und entscheiden Sie, welchen Themenschwerpunkt und damit Problemhorizont Sie in einer Teilgruppe mit Mitschülerinnen und Mitschülern bearbeiten möchten.
   Tipp: Gehen sie dabei arbeitsteilig vor.

Themenschwerpunkt 1: Geburt der Menschenrechte

Mit einer gewissen Selbstverständlichkeit leben Menschen in demokratischen Staaten heute mit bestimmten unveräußerlichen Rechten. Menschen- und Bürgerrechte sind unverzichtbarer Bestandteil demokratischer Verfassungen geworden.
Weniger bewusst ist die Jahrhunderte andauernde Entwicklung dieser Rechte. Sie sind eben nicht selbstverständlich, sondern haben sich über die Jahrhunderte entwickelt, sind über Jahrhunderte hinweg von Menschen erkämpft worden.
Betrachten Sie die „Geburt der Menschenrechte“ und zeichnen Sie damit eine Geschichte der Menschrechte nach. Zentrale Dokumente können der Ausgangspunkt zur weiteren Auseinandersetzung mit den historischen Ursprüngen der Menschenrechte und ihrem Selbstverständnis sein: Die Menschenrechtserklärungen der Amerikanischen und der Französischen Revolution sind historische Dokumente, die deutlich ein zugrunde liegendes Menschenbild und Grundwerte erkennen lassen und damit die Amerikanische und die Französische Revolution bestimmten.

Themenschwerpunkt 2: Frauen und Menschenrechte

Dass Frauen dieselben Rechte beanspruchen können wie Männer, war lange Zeit nicht selbstverständlich und ist es auch heute noch nicht in vielen Teilen der Welt.
Menschenrechte setzten sich zunehmend durch, doch Frauen waren und sind oft von der Teilhabe an derartigen Rechten ausgeschlossen. Eine entscheidende Rolle in diesem historischen Aushandlungsprozess spielte eine Frau namens „Olympe de Gouges“ (s. S. 90ff.).
Recherchieren Sie und zeichnen Sie ein historisches und gegenwärtiges Rollenverständnis zwischen Mann und Frau nach.

Themenschwerpunkt 3: Menschenrechte in totalitären Systemen

Im Europa des 20. Jahrhunderts entstanden totalitäre Systeme, was gravierende Folgen für die Menschenrechte hatte: systematische Einschränkung und Unterdrückung dieser Rechte im Faschismus in Deutschland und Italien sowie im Staatssozialismus in der Sowjetunion und nach 1945 in den osteuropäischen Staaten. Die Vorstellung, alle Menschen hätten unveräußerliche Grundrechte, lehnten diese Systeme ab und bekämpften sie sogar.

Themenschwerpunkt 4: Menschenrechte – weltweit gültig?

Menschenrechte befinden sich auch im Zeitalter der Globalisierung in einem Spannungsverhältnis: Vorstellungen darüber, welche Rechte einem Menschen als unveräußerlich zustehen, entstehen aus einem zugrunde liegenden Menschenbild. Welche Rolle der einzelne Mensch in einer Gesellschaft spielt, ist wiederum durch Traditionen und Religionen bestimmt. Oft unterscheiden sich diese Traditionen und Religionen von Gesellschaft zu Gesellschaft. So können Menschenrechte je nach Kulturraum und religiösem Hintergrund durchaus unterschiedlich gesehen werden, z. B. wenn dem Individuum gegenüber der Gemeinschaft aufgrund kultureller bzw. religiöser Traditionen nur geringe Wertschätzung zugemessen wird. Andererseits ist die Staatengemeinschaft bestrebt, eine staaten- und damit auch gesellschaftsübergreifende Übereinkunft über die Menschenrechte zu schaffen, Menschenrechte mit globaler Gültigkeit abzufassen, wie z. B. die „Allgemeine Erklärung der Menschenrechte“ durch die UNO (1948) zeigt.

Internet-Tipps

Folgende Internetseiten können für die Bearbeitung des jeweiligen Themenschwerpunktes ein hilfreicher Ausgangspunkt sein:

- www.bpb.de (Thema/Stichwort: „Menschenrechte“, hier bietet die Bundeszentrale für politische Bildung ein umfangreiches Angebot)
- www.bundesregierung.de (Bundespresseamt)
- www.coe.int (Webseite des Europarates)
- www.coe.int/T/D/Menschenrechtsgerichtshof (Europäischer Gerichtshof für Menschenrechte, Bestandteil der Seite des Europarates)
- www.dadalos.org/deutsch/Menschenrechte/Start_mr.htm (deutscher Teil des internationalen UNESCO Bildungsservers d@dalos)
- http://europa.eu/lisbon_treaty/index_de.htm (Webseiten der Europäischen Union)
- www.forum-menschenrechte.de (Forum Menschenrechte e. V., Netzwerk deutscher Menschenrechtsorganisationen)
- www.gfbv.de (Gesellschaft für bedrohte Völker e. V.)
- www.icj-cij.org (Internationaler Gerichtshof Den Haag, International Court of Justice)
- www.institut-fuer-menschenrechte.de (Webseite des Deutschen Instituts für Menschenrechte e. V.)
- www.schule-weltethos.de (Angebot der Stiftung Weltethos mit Materialien)
- www.unesco.de/menschenrechte.html (Deutsche UNESCO-Kommission e. V.)
- www.unhcr.ch (Der Hohe Flüchtlingskommissar der Vereinten Nationen)
- www.unicef.de (Deutsches Komitee für UNICEF e. V.)
- www.un.org (Webseite der Vereinten Nationen)
- www.unric.org/de/menschenrechte (Regionales Informationszentrum der Vereinten Nationen für Westeuropa)

Nutzen Sie insbesondere die Internetplattformen der Menschenrechtsorganisationen (vgl. S. 479).

Methode

Recherchieren im Internet

Wenn es um wissenschaftliche Forschung geht, waren die Bibliotheksrecherche und das Bibliographieren bislang die „klassischen" Wege der Informationsbeschaffung. Beides hat bis heute nichts an Bedeutung eingebüßt, doch seit einigen Jahren bietet sich ein weiteres Recherchemedium an: das Internet.
Diese neue Informationsquelle ist jedoch kein exklusives Medium für Forschende. Hier findet man Werbung, Verkaufsangebote, private Homepages, Unterhaltung und vieles mehr. Allerdings gibt es auch Abertausende von Seiten mit historischem Inhalt und täglich werden es mehr. Für den Historiker stellt sich die Aufgabe, für ihn interessante Websites aufzuspüren, Wichtiges von Unwichtigem zu trennen und auch zwischen Seriösem und Unseriösem zu unterscheiden.

Suchstrategien

Suchmaschinen, Meta-Suchmaschinen und Kataloge

Hilfreich ist es, wenn man auf Internetseiten hingewiesen wird, die für die eigene Recherche aussagekräftig sind. Das ist aber nicht immer gegeben. In diesem Fall können Suchmaschinen, Meta-Suchmaschinen oder Kataloge eine große Hilfe sein.

Suchmaschinen

Suchmaschinen sind Programme, die das Internet beständig absuchen und Stichwörter sowie Zuordnungen in einer Datenbank ablegen. Dabei entgehen einer Suchmaschine jedoch in der Regel viele relevante Internetseiten. Es empfiehlt sich deshalb, mit mehreren Suchmaschinen zu arbeiten. Aber auch dann bleiben etwa 60 % des Internets unerfasst.

Meta-Suchmaschinen

Eine Alternative stellen Meta-Suchmaschinen dar, die unterschiedliche Suchmaschinen parallel zum gleichen Begriff abfragen. Auch hier bleibt ein Teil der eventuell relevanten Websites unerfasst.

Kataloge

Kataloge wiederum sind strukturierte Linksammlungen, die zu einem bestimmten Thema von Menschenhand angelegt wurden. Aber nicht zu jedem Thema gibt es umfassende und seriös recherchierte Kataloge.

Hilfreiche Rechercheangebote in deutscher Sprache (Auswahl):

Suchmaschinen
www.altavista.de
www.excite.de
www.fireball.de
www.google.de
www.lycos.de

Meta-Suchmaschinen
www.apollo7.de
www.metabot.de
www.metager.de
www.metasuche.de
www.suchen.com

Kataloge
www.dino-online.de
www.sharelook.de
www.web.de
www.yahoo.de

Suchworte und Boolesche Operatoren

Suchworte

Boolesche Operatoren

Obwohl Suchmaschinen nur einen Teil der relevanten Seiten erfassen, bieten sie oft ein nicht zu bearbeitendes Übermaß an Verweisen. So liefert die Suchmaschine „Google" allein zum Stichwort „Hitler" über eine Million Fundstellen. Suchmaschinen liefern nur dann überschaubare Ergebnisse, wenn man eine kluge Suchstrategie entwickelt. Es ist also zunächst sinnvoll, verschiedenartige Such- und Schlagworte zu bestimmen, die das Ziel der eigenen Suche möglichst genau beschreiben. Gute Suchmaschinen bieten die Möglichkeit, mehrere Suchbegriffe einzugeben und sogar logisch miteinander zu verknüpfen. Die sogenannten Booleschen Operatoren erlauben es, Suchbegriffe mit „und",

„oder" bzw. „nicht" zu verbinden. Erst ein geschickter Umgang mit Suchbegriffen und logischen Verknüpfungen gewährleistet eine effektive Nutzung von Suchmaschinen und ein brauchbares Ergebnis.

Suche nach Internetseiten mithilfe Boolescher Operatoren (Auswahl):

and/und/+	Alle verknüpften Begriffe müssen enthalten sein.
or/oder	Mindestens einer der Suchbegriffe ist enthalten.
not/nicht/–	Ein bestimmter Suchbegriff wird ausgeschlossen.

Kritischer Umgang mit Internetseiten

Problem der Seriosität

Die Fülle der zu Verfügung stehenden Internetseiten sagt noch nichts über ihre Qualität oder gar Seriosität aus. So führen viele der zum Stichwort „Hitler" angezeigten Verweise der Suchmaschinen direkt auf Seiten, die rechtsextreme bzw. revisionistische Absichten verfolgen und auf Wissenschaftlichkeit keinen besonderen Wert legen.

Notwendigkeit von Quellen- bzw. Ideologiekritik

Neben der klugen Strukturierung der Recherche ergibt sich also die zwingende Notwendigkeit, die Qualität einer jeden Seite kritisch zu prüfen. Eine besondere Art des quellen- bzw. ideologiekritischen Umgangs mit Internetseiten ist zwingend erforderlich, wenn man sie für seriöse historische Arbeit nutzen will.

Fragen zum kritischen Umgang mit Internetseiten historischen Inhalts

Der folgende Fragebogen ist sicherlich nicht für jeden denkmöglichen Recherchefall vollständig hinreichend, er kann aber als methodische Basis für einen kritischen Umgang mit Internetseiten gelten:

- Wer ist Autor bzw. Herausgeber der Internetseite (Einzelperson, Institution etc.)?
- Wer ist Empfänger bzw. Zielgruppe der Seite?
- Wie seriös ist dieser Autor bzw. die Institution, die diese Internetseite herausgibt?
- Welche wissenschaftliche Qualifikation hat der Autor?
- Welche Intention verfolgt der Autor bzw. die jeweilige Institution mit dieser Seite?
- Welche Haltung nimmt der Autor/Herausgeber zum Sachverhalt ein?
- Wie fundiert ist der Inhalt der Seite?
- Entsprechen die Materialien auf dieser Seite wissenschaftlichen Ansprüchen?
- Welche Informationsquellen bzw. Belege werden genannt?
- Wann hat der Autor/Herausgeber die Seite verfasst?
- Lässt sich die Seite zitieren? Ist ein Copyright vorhanden?
- Was erfahren wir zur Ausgangsfrage unserer Recherche?
- Sind die Informationen wirklich ausreichend oder muss weiter recherchiert werden?

2. Über Menschen-, Grund- und Bürgerrechte

Nelson Mandela war einer der führenden Anti-Apartheid-Kämpfer Südafrikas und von 1994–1999 der erste schwarze Präsident des Landes. Er gilt als einer der wichtigsten Vertreter im Kampf gegen die weltweite Unterdrückung der Schwarzen.

„Rechte in/von Generationen"

Mit dem Begriff der „first generation rights" werden die Menschenrechte der sogenannten „ersten Generation" bezeichnet. Diese umfassen elementare Freiheitsrechte. Dazu zählen das Recht auf Leben und auch die eigene, persönliche Freiheit der Person. Diese Freiheit umfasst zum Beispiel die eigene Sicherheit, Meinungs- oder Versammlungsfreiheit sowie den Schutz des Eigentums. Freiheitsrechte entwickelten sich früh und finden sich bereits in europäischen und nordamerikanischen Verfassungen im 18. und 19. Jahrhundert. Diese klassischen Schutzrechte sollen dem Einzelnen Freiheit gegenüber der Gesellschaft und dem Staat garantieren.

Menschen-/Bürgerrechte im Grundgesetz (Auswahl)
Art. 1: Menschenwürde
Art. 2: Freiheit
Art. 3: Gleichheit vor dem Gesetz
Art. 4: Glaubens- und Gewissensfreiheit
Art. 5: Meinungsfreiheit
Art. 8: Versammlungsfreiheit
Art. 10: Brief- und Postgeheimnis
Art. 11: Freizügigkeit
Art. 12: Freie Wahl der Arbeit und des Berufs
Art. 12a: Wehr- und Zivildienst
Art. 13: Unverletzlichkeit der Wohnung
Art. 14: Eigentum
Art. 16: Staatsangehörigkeit und Asylrecht
Art. 20: Volkssouveränität
Art. 101/103: Recht auf einen gesetzlichen Richter und ein Gericht

Der Dalai Lama ist das geistige und weltliche Oberhaupt der Tibeter, für deren Autonomie er sich weltweit einsetzt. Seit dem Einmarsch chinesischer Truppen in Tibet 1959 lebt er im Exil in Indien.

Denkmal auf dem Platz der Vereinten Nationen in New York

Erst Mitte des 19. Jahrhunderts bildeten sich die Rechte der „zweiten Generation“ heraus. Wirtschaftliche, soziale und ebenso kulturelle Rechte sollten die klassischen Freiheitsrechte fortan ergänzen: Ein Recht auf Arbeit, angemessene Entlohnung und Arbeitsbedingungen gehörten nun dazu. Auch die Gleichberechtigung der Geschlechter sowie ein Anspruch auf Krankenversorgung und Bildung wurden ergänzt. Ziel war, es jedem zu ermöglichen, auch am kulturellen Leben teilzuhaben.
Nicht auf das Individuum beschränkt, sondern mit einem universalen Geltungsanspruch für ganze Völker traten die Rechte der „dritten Generation“ hinzu: Schutz der Umwelt oder ein Recht auf Frieden sind wesentliche Aspekte. So forderten Staaten der „Dritten Welt“ in diesem Zusammenhang in den 70er-Jahren des 20. Jahrhunderts das Recht auf „Entwicklung“ ein.
Menschenrechte lassen sich darüber hinaus als Abwehr- oder Teilhabe- bzw. Gewährleistungsrechte klassifizieren. Sie dienen einerseits dazu, bestimmte Gefahren von einer Person abzuwehren (Inhaftierung oder Unterdrückung u. a.). Andererseits sollen sie Menschen bestimmte Rechte (wie beispielsweise auf Arbeit oder Bildung) gewährleisten. Ebenso ist eine Unterscheidung in Freiheitsrechte, politische und soziale Rechte möglich.
Menschenrechte gelten in vielen Regionen der Welt als angeboren und vor- oder überstaatlich, d. h. den Menschen stehen diese Rechte von Geburt an zu. Staaten erlassen diese Rechte nicht, sondern erkennen sie lediglich als völkerrechtlich gegeben an. In Deutschland sind sie im Grundgesetz als Grundrechte verankert.

Setzte sich für die Menschenrechte ein: Mahatma Gandhi (1869–1948).

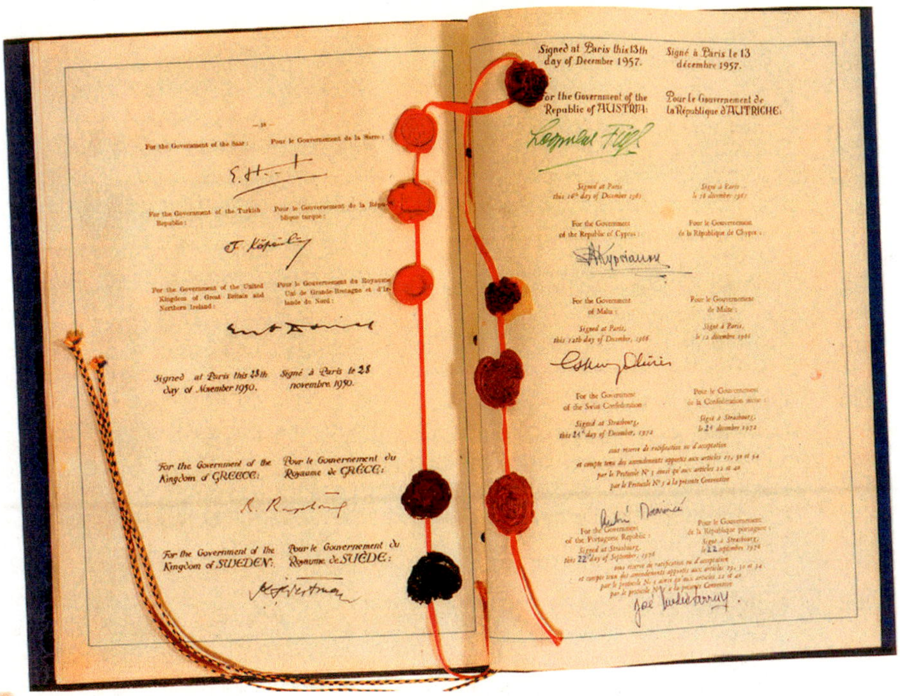

Menschenrechte wurden zunehmend festgeschrieben. Hier ist die europäische Menschenrechtskonvention von 1950 zu sehen: Seite mit Unterschriften und Siegeln.

Buchtipp: Sigrun von Hasseln, Jugendrechtsberater, Baden-Baden/Nomos Verlagsgesellschaft 2003.
Die Autorin stellt Näheres über die Menschenrechte und darüber hinaus über Jugendrecht vor.

Grundrechte des deutschen Volkes von 1848 (zeitgenössisches Flugblatt)

Grundgesetz der Bundesrepublik Deutschland von 1949

Flaggen mit dem Symbol des UN-Menschenrechtsrats in Genf

Menschenrechte – Ein Überblick	
1215:	Magna Charta Libertatum: Ein englischer Herrscher gesteht Adel und Freien Rechte zu (Schutz des Eigentums u. a.).
1628:	Petition of Rights: Schutz gegen Willkür, ein Parlament muss Zustimmung erteilen (England).
1679:	Habeas-Corpus-Akte: Gerichte und Rechtsprechung gelten als anzuhörende Instanzen, die nicht übergangen werden dürfen (England).
1776:	Festschreibung einiger Grundrechte in der Bill of Rights von Virginia: Menschen gelten als frei und gleich (s. S. 42).
1776:	Amerikanische Unabhängigkeitserklärung umfasst auch Grundrechte (s. S. 42 f.).
1789:	Französische Revolution: Die Menschen- und Bürgerrechte werden in Frankreich festgeschrieben (s. S. 71).
1791:	Olymp de Gouges: Erklärung der Rechte der Frau und Bürgerin (s. S. 90 ff.).
1849:	Frankfurter Nationalversammlung: Ein Grundrechtskatalog wird entwickelt, der später auch in die Weimarer Verfassung eingeht (s. S. 238).
1918:	Erstmals werden in Deutschland Grundrechte, u. a. die Gleichberechtigung der Geschlechter, in der Weimarer Verfassung festgeschrieben (s. S. 324).
1933–1945:	Die Nationalsozialisten heben die verfassungsmäßigen Grundrechte nach und nach auf. Die ständige Missachtung der Menschenrechte war ein wesentliches Charakteristikum des „Dritten Reiches“, das ein totalitäres Herrschaftssystem etabliert hatte.
1946:	UN-Menschenrechtskommission (MRK)
1948:	Allgemeine Erklärung der Menschenrechte der Vereinten Nationen
1949:	Im Bonner Grundgesetz werden die Grundrechte festgeschrieben. Sie gelten bis heute und werden auch durch das Bundesverfassungsgericht geschützt.
1953:	Europäische Kommission für Menschenrechte: Die sogenannte EKfM soll für die Einhaltung der europäischen Menschenrechtskonvention (EMRK) von 1950 sorgen.
1969:	Amerikanische Menschenrechtskonvention
1981:	Afrikanische Charta der Menschenrechte und Rechte der Völker/Allgemeine Islamische Menschenrechtserklärung
1990:	Islamische Menschenrechtserklärung von Kairo
1993:	Menschenrechts-Weltkonferenz in Wien
2000:	Charta der Grundrechte der Europäischen Union
2006:	Einrichtung des UN-Menschenrechtsrats (Human Rights Council)
2009:	Zentrale Werte werden dem Vertrag von Lissabon vorangestellt.

Philosophische Ursprünge

Vorstellungen über grundlegende Rechte des Menschen finden sich bereits in der Antike. Aber erst mit dem Zeitalter der Aufklärung beginnen sich Menschenrechte für den Einzelnen zu verwirklichen: Besonders das aufstrebende Bürgertum setzte ein Recht auf Freiheit und Gleichheit in der vorherrschenden absolutistischen Ständegesellschaft zunehmend durch. Hobbes, Locke oder Rousseau waren die wichtigen Personen, die sich mit Fragen der Staatsorganisation und damit auch des Menschenrechts auseinandersetzten. Nach Hobbes ist ein Recht auf Leben durch die Natur (und damit bereits durch die Geburt) gegeben. Für Locke zählt auch das Recht auf Freiheit und Eigentum dazu, worunter er ebenso die Freiheit versteht, sich eine eigene Religion selbst zu wählen. Jean-Jacques Rousseau entwickelte diese Gedanken weiter und übertrug sie auf den Staat: Er überlegte, wie politische Macht ausgeübt werden kann und zugleich die Bürger Freiheit genießen können – und schuf als Ergebnis den Begriff der „Volkssouveränität".
Es dauerte einige Zeit, aber zunehmend setzten sich die Rechte des Menschen durch; Staaten schrieben sie in nationalen Verfassungen nieder, internationale Vereinbarungen folgten.

Volkssouveränität: Das verfassungsrechtliche Grundprinzip der Volkssouveränität (von „Souveränität" = Staatshoheit) findet sich in vielen demokratischen Verfassungen, z. B. im Art. 20 GG: „Alle Staatsgewalt geht vom Volke aus." Das Volk hat entscheidende Mitspracherechte und stellt die höchste Gewalt im Staat.

Thomas Hobbes (1588–1679): Für den Engländer war der Schutz des Lebens die wichtigste Aufgabe des Staates.

John Locke (1632–1704): Der einflussreichste Begründer der Menschenrechtslehre sah das Recht auf Leben (life), Freiheit (liberty) und Eigentum (property, estate) als wichtige Menschenrechte.

Charles de Montesquieu (1689–1755): Der Franzose entwickelte Lockes Gedanken weiter. Er gilt als Begründer der Gewaltenteilung.

Jean-Jacques Rousseau (1712–1778) entwickelte den Begriff der Volkssouveränität.

Über Organe und Institutionen – Wer setzt die Menschenrechte durch?

Wer überwacht die Einhaltung der Menschenrechte? Instanzen, die sich für die Bewahrung von Menschenrechten einsetzen und ihre Durchsetzung überwachen, gibt es auf unterschiedlichen Ebenen.

In Deutschland ist dafür im Besonderen das Bundesverfassungsgericht zuständig. Es sorgt für die Sicherstellung der Grundrechte.

Buch-Tipp – Näheres über die UN lässt sich erfahren in: Sven Gareis/Johannes Varwick, Die Vereinten Nationen – Aufgaben, Instrumente und Reformen, Opladen & Bloomfield Hills (Verlag Barbara Budrich) 2006.

Auf internationaler Ebene gibt es mehrere Institutionen: Eine ist die 1946 gegründete UN-Menschenrechtskommission (MRK). Schwerpunkt ihrer Aufgaben war die Ausarbeitung von Standards, die für alle gelten sollten. Verstieß jedoch ein Staat gegen von der Kommission ausgearbeitete Menschenrechte, waren ihre Sanktionsmöglichkeiten eher gering. 2006 wurde die MRK durch eine neue Einrichtung abgelöst: Es wurde der Menschenrechtsrat der Vereinten Nationen mit Sitz in Genf geschaffen. Zu seinen Aufgaben zählt die in regelmäßigen Abständen stattfindende Veröffentlichung von Berichten über die Lage der Menschenrechte in einzelnen Staaten. Er unterstützt Regierungen bei der Umsetzung der vereinbarten Standards.

Ein eigens bereits 1993 eingesetzter „Hochkommissar für Menschenrechte" arbeitet mit den UN-Gremien zusammen.

Eine weitere Einrichtung ist der Europäische Gerichtshof für Menschenrechte mit Sitz in Straßburg. Er behandelt Verstöße gegen die Europäische Konvention zum Schutz der Menschenrechte und Grundfreiheiten von 1950.

1998 einigte sich die Staatengemeinschaft darauf, ein „Weltstrafgericht" einzurichten. Seit 2002 gibt es den sogenannten Internationalen Strafgerichtshof in Den Haag. Er ist im Besonderen befugt, Straftaten wie Völkermord, Verbrechen gegen die Menschlichkeit oder Kriegsverbrechen zu verfolgen – allerdings mit der Einschränkung, erst handeln zu dürfen, wenn ein Staat selbst das Verfahren nicht durchführen kann oder will. Weitere Strafgerichtshöfe sind in Kambodscha oder zum Beispiel in Sierra Leone tätig.

Internationaler Strafgerichtshof in Den Haag

Daneben setzen sich zahlreiche Nicht-Regierungs-Organisationen (sogenannte „NGOs") für die Einhaltung der Menschenrechte ein, darunter: amnesty international, Food First, Human Rights Watch, Reporter ohne Grenzen, Terre des Femmes oder Transparency International.
Auch die Medien als eine „vierte Gewalt" sind in der Lage, Öffentlichkeit für Menschenrechte herzustellen.

Menschenrechte – vor neuen Herausforderungen?

Die Durchsetzung der Menschenrechte war und ist auch heute nicht immer leicht. Menschenrechte wurden damals und werden heute oft gegen Widerstände erkämpft und gesichert. Damit bleiben Menschenrechte auch in heutiger Zeit Ergebnis von Aushandlungsprozessen. Schnell fühlen sich Staaten in ihrer Souveränität übergangen, wenn sie von außen kontrolliert oder möglicherweise sogar kritisiert werden. Da unterschiedliche Vorstellungen und damit auch Weltbilder aufeinandertreffen, kann es zu Konflikten kommen.
Menschenrechte führen zu öffentlicher Diskussion: Müssen dieselben Menschenrechte in allen Staaten gelten, besitzen sie universale Gültigkeit? Darf ein Staat für sich das Recht einfordern, gegen Menschenrechte zu verstoßen, um ein politisches Ziel zu erreichen? Kann andererseits das Ziel, Menschenrechte zu verteidigen, den Verstoß gegen Menschenrechte rechtfertigen?
Globale Entwicklungen bedingen das Entstehen von Zielkonflikten: Bedrohungen durch Terrorismus, neue Informations- und Kommunikationstechnologien sowie wachsende Mobilität stellen Menschenrechte vor neue Herausforderungen. So kann ein Recht auf Sicherheit dem Recht auf Freiheit durchaus entgegenstehen.
Trotz vieler Unterschiedlichkeiten ist sich die Gemeinschaft in vielen Punkten einig, wie auch die Geschichte zeigt. „Die Würde des Menschen ist unantastbar", heißt es in Artikel 1 des Grundgesetzes, „Sie zu achten und zu schützen ist Verpflichtung aller staatlichen Gewalt."

Internet-Adressen von einigen Menschenrechtsorganisationen:
www.amnesty.de
(amnesty international)
www.fian.de
(Food First)
www.hrw.org
(Human Rights Watch)
www.rsf.org
(Reporter ohne Grenzen)
www.terres-des-femmes.de
(Terre des Femmes)
www.transparency.org
(Transparency International)

Familie im Zeitenwandel zwischen Vorstellung und Realität

Familiendarstellungen: Über die Jahrhunderte gehören Abbildungen familiärer Szenen zu einem der ältesten Motive der darstellenden Künste und trotzdem spiegeln sich in jeder Darstellung andere Vorstellungen und Zustände wider.

Oben links: Kaiserliche Familie des Septimus Severus Tondo, um 200. n. Chr.
Oben rechts: Die Heilige Familie beim Mahl (Gemälde von Jacob Jansz, um 1500)
Unten links: Bildnis der Familie von Ferdinand Bergmüller, um 1845 (Gemälde von Franz Schrotzberg)
Unten rechts: Familie auf dem Lande (zeitgenössisches Gemälde, um 1845)

Menschen müssen ihr Zusammenleben organisieren. Das gilt aber nicht nur für Staaten, sondern auch schon auf viel kleinerer Ebene. Die Verbindung von Mann und Frau zu einem Paar sowie die Erzeugung und Versorgung von Kindern gehören von der Steinzeit bis in die Gegenwart zum Menschsein. Die Familie ist die Keimzelle jeder Gesellschaft: Was jedoch unter Familie verstanden wird, welche Personen dazugehören, wie das Verhältnis der Geschlechter zueinander, das Zusammenleben und die Rolle der Kinder definiert werden, auch wie und zu welchem Zweck Ehen geschlossen werden – alles das ist überaus komplex und unterliegt einem stetigen historischen Wandel. Schon die Bilder verdeutlichen, dass es nicht die *eine* Familie gibt. Jede Zeit brachte ihre Typen familiären Lebens hervor und damit eine ganz eigene Kultur des Lebens, Arbeitens und Wohnens.

Wenn Historiker die Geschichte der Familie untersuchen, müssen sie sich daher mit Rollenerwartungen und Vorstellungen von Familie auseinandersetzen, vor allem aber auch mit den sozioökonomischen und gesellschaftlichen Rahmenbedingungen befassen. Dabei sollten zwei Ebenen, die sich zwar gegenseitig beeinflussen, aber eben nicht ein und dasselbe sind, voneinander getrennt werden: die Vorstellungen von Familie, die sich in Idealen und Normen äußern, und die Realitäten, die sich in Strukturen und Funktionen niederschlagen. In Bild- und Textquellen wird zugleich deutlich, dass diese „realen" Formen familiären Zusammenlebens mit zeitgenössischen Idealvorstellungen von Familie verbunden waren, dass Ideal und Realität aber eben doch auseinanderklafften.

Beginnend mit dem Blick ins eigene Familienalbum zeigen schon die Bilder der Eltern-, Groß- und Urgroßeltern offensichtliche Veränderungen. Was Familie sein sollte (und was nicht) – und was sie war – das war ein umkämpftes Terrain: Ausdruck von Lebensumständen und Werthaltungen. So erscheinen bei der Beschäftigung mit dem „historischen Phänomen Familie" drei Kernfragen sinnvoll:

- **Welche Familienideale lassen sich auf die Zeit bezogen unterscheiden und wie stark war ihr Einfluss auf die Realität?**
- **Welche Bedürfnisse, Ansichten und Lebensumstände lagen diese Idealen und Realitäten zugrunde?**
- **Welche Elemente familiären Lebens wandelten sich im Laufe der europäischen Neuzeit, welche Strukturen haben – im Gegenteil – die Zeit überdauert? Und wie werden die „Zukunft der Familie" und die „Familie der Zukunft" aussehen?**

In der Steinzeit war die das Überleben der Mitglieder garantierende Sippe wichtiger als die Familie.

Der Sonntagsausflug gehörte lange Zeit zur Idealvorstellung einer bürgerlichen Familie.

1. Familie gestern, heute und morgen – zwischen Vorstellung und Realität

Auf dieser Seite finden Sie Anregungen für vier mögliche Projekte zum Thema „Familie im Wandel". Dabei soll Ihnen die Startplattform erste Orientierung und Hilfestellung geben und mögliche Fragestellungen anbieten. Natürlich können Sie auch eigene Schwerpunkte setzen, die Sie besonders interessieren. Bestimmt fallen Ihnen noch mehr Fragen zu Frauen, Kindern, Männern, Familien, unterschiedlichen Formen des Zusammenlebens und den Gesellschaften, die sie prägten und hervorbrachten, ein.

Themenschwerpunkt 1: Bewahrer, Reformer, Taktgeber? Familienbeziehungen und staatliche Regelung

§

Art. 6 GG:
(1) Ehe und Familie stehen unter dem besonderen Schutze der staatlichen Ordnung.
(2) Pflege und Erziehung der Kinder sind das natürliche Recht der Eltern und die zuvörderst ihnen obliegende Pflicht. Über ihre Betätigung wacht die staatliche Gemeinschaft.

§

Mit seiner Gesetzgebung stellt der Staat grundlegende Regeln für das Zusammenleben von Ehepartnern, Eltern und Kindern zusammen. Weil Gesetzestexte ein wesentliches Mittel der Einflussnahme auf das gesellschaftliche Leben sind, lässt sich daran auch die gesellschaftspolitische Ausrichtung eines Staates untersuchen. Auf jeden Fall kann die Auswertung des juristischen Rahmens Aufschluss geben, welche Leitbilder, Lebensrealitäten und Vorstellungen sie prägten.

- **Wie werden/wurden die Rechte der einzelnen Familienmitglieder heute und früher geregelt? Welche Rolle spielt der Staat dabei?**
- **Was könnte man von einem Familiengesetz der Zukunft erwarten?**

§

Tipp: Viele Gesetzestexte finden sich unter www.lexetius.com

Themenschwerpunkt 2: Bürgerliches Ideal und Arbeiterrealität – Spiegelbild der Ungleichheit?

Im 19. Jahrhundert schälten sich im Rahmen der Industrialisierung veränderte Vorstellungen von Familie heraus, die bis heute unser Familienbild prägen. Alle Bereiche waren dabei betroffen: Arbeit und Haushaltsführung genauso wie die Freizeit und die Gestaltung der eigenen vier Wände.

- **Wie veränderten sich die einzelnen Lebensbereiche der Familie im Zeitalter der Industrialisierung in der Arbeiterschaft und im Bürgertum?**
- **Was sind charakteristische Merkmale der unterschiedlichen Rollen, die Mann, Frau und Kind innerhalb der Familie ausfüllen sollten und die sie ausfüllten?**

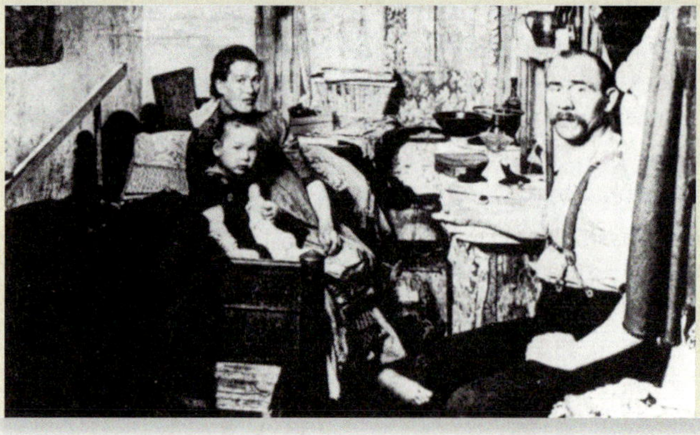

Themenschwerpunkt 3:
Zurück in die Vergangenheit? Familie unterm Hakenkreuz

Totalitäre Regierungen fangen nicht erst in der großen Politik an, die Menschen unter ihren Einfluss zu bringen. Schon in der Familie wird die Keimzelle der Gesellschaft gesehen, so auch während der nationalsozialistischen Diktatur in Deutschland.

- **Welche Ziele verfolgten die Nationalsozialisten mit ihrer Familienpolitik und welche Bedeutung hatte sie im Rahmen ihrer Weltanschauung?**

Themenschwerpunkt 4:
Alternativen zur traditionellen Familie?

Das Idealbild der bürgerlichen Familie ist stets auch Gegenstand der Kritik gewesen und Projektionsfläche für alternative Formen des gesellschaftlichen Zusammenlebens, egal ob im Rahmen der 68er als Kommune oder innerhalb der sozialistischen Ideologie in der DDR mit der Kinderkrippe.

- **Welche Alternativen zur bürgerlichen Familie gibt es und wie soll(t)en sie aussehen?**
- **Wie spiegeln sich wirtschaftliche, politische und gesellschaftliche Vorstellungen und Zustände wider?**

Literatur-Tipps

Folgende Bücher können für die Bearbeitung des jeweiligen Themenschwerpunktes ein hilfreicher Ausgangspunkt sein:

- Gunilla-Friederike Budde, Auf dem Weg ins Bürgerleben – Kindheit und Erziehung in deutschen und englischen Bürgerfamilien, Göttingen 1994
- Alexander Demandt, Über die Deutschen – Eine kleine Kulturgeschichte, Berlin 2007
- Peter Dinzelbacher, Europäische Mentalitätsgeschichte, Stuttgart 2008
- Lothar Gall, Bürgertum in Deutschland, Berlin 1989
- Gestrich/Krause/Mitterauer (Hg.), Geschichte der Familie, Stuttgart 2003
- Ralph Giordano, Wenn Hitler den Krieg gewonnen hätte – Die Pläne der Nazis nach dem Endsieg, Köln 2000
- Jack Goody, Die Entwicklung von Ehe und Familie in Europa, Frankfurt 1989
- Hardach-Pinke/Hardach, Deutsche Kindheiten – Autobiographische Zeugnisse 1700–1900, Kronberg/Ts. 1978
- Gisela Helwig/Hildegard-Maria Nickel, Frauen in Deutschland 1945–1992, Bonn 1993
- Thomas Nipperdey, Deutsche Geschichte, Bd. 1: 1866–1918 – Arbeitswelt und Bürgergeist, München 1994
- Rudolf Pörtner (Hg.), Kindheit im Kaiserreich, Düsseldorf 1988
- Hans-Ulrich Wehler, Deutsche Gesellschaftsgeschichte, Bd. 3: 1849–1914, München 1994
- Edgar Wolfrum, Die geglückte Demokratie – Geschichte der Bundesrepublik Deutschland von ihren Anfängen bis zur Gegenwart, Stuttgart 2006

Internet-Tipps:

- Gutes Bildmaterial finden Sie in der Sammlung: www.germanhistorydocs.ghi-dc.org
- www.bpb.de – Thema/Stichwort z. B. „Familie“, „Frauen“: Hier bietet die Bundeszentrale für politische Bildung ein umfangreiches Angebot.

Nutzen Sie insbesondere die Internetplattformen der Bundeszentrale für politische Bildung und des Bundesamtes für Statistik, die auch viele Materialien online oder als Downloads aufbereitet haben (s. auch S. 489).

Methode

Sich Informationen aus Büchern beschaffen und bearbeiten

Das Ziel wissenschaftlichen Arbeitens besteht darin, zu einem anspruchsvollen Thema in selbstständigen Methodenschritten Erkenntnisse zu gewinnen, die z. B. in eine schriftliche Arbeit, einen Vortrag oder eine Ausstellung Eingang finden. Auch wenn Arbeiten im Rahmen der schulischen Projekt- oder Facharbeit keine wissenschaftlichen Arbeiten im engen Sinne sind, so orientieren sie sich doch an den Prinzipien wissenschaftlichen Arbeitens, etwa bei Beschaffung, Verarbeitung und schließlich der Präsentation von Informationen. Der traditionelle Fundort für wissenschaftliche Informationen und Erkenntnisse sind Bücher. Angesichts der Informationsflut besteht die Aufgabe darin, zielgerichtet Bücher zu sichten und auszuwerten, um themenbezogenes Material zu erschließen.
Die dabei angewandten Verfahrensschritte sind prinzipiell auch bei der Erschließung und Nutzung von Informationen aus dem Internet zu befolgen.

Das Erfassen des Themas

Wer Literatur zu einem Thema sucht, muss sich zunächst Klarheit über die genaue Problemstellung verschaffen. Dazu kann es hilfreich sein, Fragen an das Thema zu stellen, um eine Eingrenzung vorzunehmen.

Erster Überblick zum Thema

Nach der Erfassung des Themas kommt es darauf an, möglichst gezielt und ohne Umwege die benötigten Informationen zu erhalten. Es erscheint nützlich, sich nicht sofort in Spezialliteratur zu vertiefen. Zunächst sollte man sich einen Überblick verschaffen.

Übersichtsliteratur

Als Übersichtsliteratur bieten sich Nachschlagewerke oder enzyklopädische Lexika (z. B. Brockhaus, Encarta) an. Häufig finden sich in der Übersichtsliteratur ausgewählte Literaturhinweise, die den Weg zur gezielten Informationsbeschaffung öffnen können.

Fachlexika, Lehrbücher

Auf der Grundlage dieser ersten Informationen lassen sich Fachlexika oder Lehrbücher heranziehen, um den Problemzusammenhang zu erschließen. Der Nutzer trifft dabei auf weitere Stichworte, Eigennamen oder Begriffe, die mit dem Thema verbunden sind.

Die Suche in der Bibliothek

Am Anfang steht wieder die Zielbestimmung. Zunächst muss Klarheit über die Art der gesuchten Literatur bestehen. Werden eher populärwissenschaftliche oder spezialisierte Darstellungen gesucht? Geht es um Erklärungen und Einschätzungen oder um Daten? Müssen die Darstellungen auch aktuelle Probleme aufgreifen?

Stichwortkatalog

Suchbegriff

Die Suche beginnt mit dem Stichwortkatalog der jeweiligen Bibliothek. Dabei macht es keinen Unterschied, ob der gedruckte Katalog oder die computerisierte Form gewählt wird: Am Anfang steht der Suchbegriff. Dabei sollten unterschiedliche Begriffe benutzt werden, die im Zuge der ersten Themenerschließung ermittelt wurden, denn in der Regel wird das eigene Thema nicht durch eine Gesamtdarstellung behandelt.
Die auf diese Weise gefundene Literatur ist, soweit sie nicht vorübergehend ausgeliehen wurde, in der Bibliothek sofort verfügbar. Allerdings ist die Auswahl begrenzt, abhängig vom jeweiligen Bibliotheksbestand, da auswärtige Bibliotheken nicht erfasst werden. Außerdem werden über Stichwortkataloge nur Bücher und Zeitschriftentitel gefunden, nicht aber einzelne Zeitschriftenartikel.

Bibliographien, Datenbanken

Wenn die Suche auf diesem Wege noch nicht zum Ergebnis führt, werden sog. Bibliographien oder Datenbanken benutzt. Solche Bücherkunden oder -verzeichnisse bieten den Vorteil, dass sie die Literatur zum jeweiligen Sachgebiet ziemlich vollständig erschließen. Oft enthalten sie auch zu den einzelnen Literaturangaben Zusammenfassungen, die die Beurteilung der Brauchbarkeit erleichtern.

Bibliographieren

Korrektes Bibliographieren ist ein wichtiger Bestandteil wissenschaftlichen Arbeitens. Es schafft Transparenz. Informationen können schnell aufgefunden, ausgewertet und überprüft werden.
Es dient der Arbeitsökonomie, die bibliographischen Angaben des gefundenen Materials sofort zu notieren. Diese Angaben folgen festen Regeln: Sie enthalten Nachnamen und Vornamen des Autors bzw. des Herausgebers, den genauen Titel, die Angabe des Bandes, Verlagsort und Erscheinungsjahr mit Auflagennummer. Bei einem Aufsatz aus einer Zeitschrift werden Autor und Titel des Aufsatzes, dann der Titel der Zeitschrift, die Nummer der Ausgabe, das Erscheinungsdatum und der Jahrgang festgehalten.
Außerdem werden die Seiten des Bandes/der Zeitschrift angegeben, auf die man sich konkret bezieht bzw. auf denen sich ggf. zitierte Stellen befinden.

Auswertung der Bücher

Auch für die Durchsicht der aufgefundenen Literatur besteht wiederum folgendes oberste Prinzip: Das gestellte Thema ist das anzulegende Suchraster.

Überblick

Zunächst gilt es, sich einen Überblick zu verschaffen. Den Einstieg bieten das Inhaltsverzeichnis, das Vorwort, die Einleitung oder das Register. Es kann auch ratsam sein, einzelne Kapitel kurz anzulesen.

Markierungen

Wenn geeignete Passagen oder Kapitel gefunden wurden, müssen diese intensiv gelesen und mit Markierungen versehen werden (soweit es sich um Kopien handelt).
Es kann hilfreich sein, Textmarkierungen nach Farbe und Form unterschiedlich zu gestalten, um unterschiedliche Aspekte zu kennzeichnen.

Exzerpieren

Die zentralen Informationen sollten darüber hinaus schriftlich festgehalten werden, d. h. wichtige Auszüge werden aus dem Gesamttext herausgezogen, sie werden exzerpiert. Dazu können die Textauszüge **zusammengefasst**, wörtlich **zitiert** oder in eigenen Worten sinngemäß wiedergegeben (**paraphrasiert**) werden.

Vorläufige Gliederung

Die bisherigen Vorarbeiten dienen der Informationsbeschaffung. Diese Informationen gilt es zu bearbeiten. Geleitet durch die Problemstellung des Themas wird eine vorläufige Gliederung entworfen.
Den einzelnen Gliederungspunkten werden die unterschiedlichen Exzerpte zugeordnet. Dazu kann man eine Materialkartei anlegen, in der auf einzelnen Karteikarten unter einem Stichwort die Exzerpte eingeordnet werden.

Das Verfassen der Arbeit

Auf der Basis des Materials erfolgt die strukturierte Auseinandersetzung mit dem gestellten Thema.

2. Familie im Wandel

Das „ganze Haus“ und die große Haushaltsfamilie

Bedeutendste Voraussetzungen für die Entwicklung der „europäischen Familie“ sind das **Christentum**, das der Familie religiöse Bedeutung gab, und das **Lehenswesen**, das ihre materielle Funktion betonte.

Zur **Gemeinschaft des „ganzen Hauses“** gehörten alle: Familie, Verwandte, Knechte, Mägde, Gesellen, sogar die Toten. Die biologische Kernfamilie war durch die Blutsverwandtschaft definiert.

Vielfältigkeit und Flexibilität kennzeichneten die Familienstruktur des Mittelalters. Den Rahmen der Familie bildete die Funktionsgemeinschaft des „ganzen Hauses“: Eltern und Kinder, unverheiratete Verwandte, aber auch nicht verwandte Personen wie Dienstboten konnten zusammen in einem großen Haushaltsverband leben.

Die Familie wurde vorrangig als Wirtschafts- und Sozialgemeinschaft verstanden, in der Arbeit, Ausbildung, materielle Sicherung und soziales Leben eine untrennbare Einheit bildeten. Alles fand an einem Ort statt, alle hatten ihre Aufgaben.

Vom „ganzen Haus“, das sowohl räumlich als auch rechtlich einen eigenen Bereich darstellte, sprach man begrifflich, noch nicht von der Familie. Die Verpflichtungen der wirtschaftenden Haushaltsgemeinschaft bildeten die zentrale Klammer des „ganzen Hauses“. Persönliche Gefühle wie Liebe und Zuneigung stellten keine Notwendigkeit dar bzw. hatten sich unterzuordnen.

Zudem normierte die Kirche auch das familiäre Leben, indem sie die Prinzipien von Monogamie und Konsensehe durchsetzte. Gegenüber der Tradition der Heirat unter nahen Verwandten wurden scharfe Inzesttabus errichtet. An der Spitze der streng hierarchisch gegliederten Familie stand als Oberhaupt der „Hausvater“, ihm untergeordnet war die „Hausmutter“. Kinder und Gesinde waren auf der untersten Ebene der Hierarchie angesiedelt. Kinder wurden im Wesentlichen unter dem Aspekt ihres Beitrags zum Unterhalt der Familie betrachtet.

Insgesamt zeigt sich jedoch bereits im Mittelalter eine deutliche Tendenz zur Pluralisierung familiärer Haushaltsformen, die, sowohl was den Umfang als auch die Zusammensetzung betraf, vielfältig waren. Familienformen im Mittelalter und in der Frühen Neuzeit liegen im Schnittpunkt zweier Ebenen: Einerseits entwickelt sich die Familie im Wiederschein idealisierender Vorgaben durch Religion und Kirche von oben, andererseits wird sie durch die wirtschaftlichen und sozialen Realitäten von unten geformt.

Einen deutlichen Einschnitt gegenüber dem Mittelalter setzte die Reformation. Der Sakramentscharakter der Ehe wurde von Luther abgelehnt, jedoch besaß der christlich-protestantische Haushalt eindeutig religiöse Funktionen und wurde viel stärker als Erziehungsinstanz gefordert. Arbeit, Ernährung, Erziehung und Gottesdienst waren zentrale Aufgaben der Familie in der Frühen Neuzeit.

Der Reformator **Martin Luther** (1483–1556) betonte die pädagogische Funktion der Familie: „Die erst Sorg des Hausvaters soll sein gen der Hausfrauen, wie er die lieben mag und sie ihm nicht hässig sei […]. Die ander Sorg des Hausvaters soll sein gen den Kindern. Die dritt Sorg soll sein gen den Knechten.“

Einfluss der Aufklärung und Verweltlichung der Familie

Gegen Ende des 18. Jahrhunderts änderte sich das religiös geprägte Familienbild der vormodernen Gesellschaft durch die umwälzenden Gedanken der Aufklärung. Familie und Ehe sollten nicht mehr ausschließlich als durch göttlichen Willen gestiftete Institutionen, sondern als rechtliches Vertragswerk freier Menschen verstanden werden. Neben die kirchliche Eheschließung trat der staatliche Ehevertrag, der prinzipiell, in Form der Scheidung, auch kündbar war.

Aufklärerisches Gedankengut rückte auch den Umgang der Eltern mit ihren Kindern

Die Darstellung dieser Familienszene von 1784 trägt den Titel „Das wahre Glück“.

in ein neues Licht: Eine „vernünftige" Erziehung wurde als wesentlicher Schlüssel für eine aufgeklärte Gesellschaft gesehen. Dadurch entstand allmählich die Auffassung von der Kindheit als einer eigenen und besonderen Lebensphase, die vor allem der Bildung und Erziehung gewidmet sein sollte. Vor allem in den Oberschichten wurden pädagogische Familienanforderungen formuliert, deren Augenmerk auf umfassender Bildung als entscheidender Kompetenz für das heranwachsende Individuum ruhte.

Aus dem Bürgerlichen Gesetzbuch (BGB) vom 1.1.1900
§1354: Dem Manne steht die Entscheidung in allen das gemeinschaftliche eheliche Leben betreffenden Angelegenheiten zu; er bestimmt insbesondere Wohnort und Wohnung. Die Frau ist nicht verpflichtet, der Entscheidung des Mannes Folge zu leisten, wenn sich die Entscheidung als Missbrauch seines Rechtes darstellt.

Wandel der Familie in der sich entwickelnden industriellen Gesellschaft

Die Industrialisierung veränderte das Bild und die Realität der Familie nachhaltig. Die moderne Produktionsweise bedingte eine völlig neue Form der Arbeitsorganisation, bei der nicht mehr zu Hause, sondern in Fabrikhallen, großen Werkräumen oder auch in Büros nun der Arbeits- und Produktionsprozess stattfand. Dies führte zu einer Trennung von Arbeits- und Wohnbereich, von privatem und öffentlichem Bereich. Die Arbeitszeit war zudem streng reglementiert und unterlag festgelegten, wenn auch sehr langen Arbeitszeiten. Von diesen Veränderungen waren nicht nur die wachsende Zahl der Fabrikarbeiter betroffen, sondern auch Unternehmer und Angestellte. Damit hatte das „ganze Haus" als Wohn- und Arbeitseinheit bis auf wenige Ausnahmen ausgedient.
Technischer und medizinischer Fortschritt bewirkten zudem einen deutlichen Anstieg der Lebenserwartung sowie einen Rückgang der Kindersterblichkeit. Heirats- und Mobilitätsbeschränkungen in ganz Europa wurden weitestgehend aufgehoben. Dies alles führte zu einem erheblichen Bevölkerungswachstum, das mit einer beschleunigten Urbanisierung in den neu entstandenen Industriegebieten einherging.
Viele dieser Entwicklungen traten nicht über Nacht ein, sondern müssen als langfristige und komplexe Veränderungen betrachtet werden. Einzelne Faktoren für sich alleine genommen reichen für eine differenzierte Betrachtungsweise nicht aus.

Ein Arztsohn über seine bürgerliche Erziehung in den 1880er-Jahren:
„Man musste ‚artig sein'. Musste ‚Händchen geben'. Musste ‚Diener machen'. Bekam Kuchen. Musste ‚danke' sagen. Durfte endlich wieder ins Kinderzimmer, wo ich in meine ‚Ecke' kroch. […] Vater und Mutter kamen ins Kinderzimmer, tadelten, schalten, verboten und gingen wieder. Gott sei Dank!"

Die bürgerliche Familie

In den bürgerlichen Schichten gewann schon zu Beginn des 19. Jahrhunderts mit der Romantik ein neues Ideal an Bedeutung, in dessen Sichtweise die Emotion den entscheidenden Impuls gab. Im Verständnis der Romantik waren Ehe und Familie weder göttliche Fügung noch rationales Vertragswerk, vielmehr sollten sie ausschließlich auf der Liebe von Eheleuten, Eltern und Kindern gründen, was im von der Öffentlichkeit abgeschiedenen Raum des Privaten angesiedelt sein sollte.
Im Gegensatz zu bürgerlichen Gleichheitsvorstellungen war jedoch die Wirklichkeit der bürgerlichen Familie streng hierarchisch-patriarchalisch strukturiert, wobei die traditionellen Geschlechtsrollenzuschreibungen weiter differenziert und akzentuiert wurden. Die öffentliche Sphäre gehörte den Männern, die familiäre und damit private Sphäre den Frauen. Im Bürgerlichen Gesetzbuch (BGB) von 1900 wurde die Dominanz des Mannes in der Ehe – wenn auch mit einer Einschränkung – in §1354 festgelegt: „Dem Mann steht die Entscheidung in allen das gemeinschaftliche eheliche Leben betreffenden Angelegenheiten zu […]."

Darstellung einer bürgerlichen Familienszene um 1894

Der Arzt Heinrich Hoffmann veröffentlichte 1845 den „Struwwelpeter", der als Erziehungshilfe und pädagogische Lektüre für Kinder von 3 bis 6 gedacht war.

In der bürgerlichen Kleinfamilie hatten weitere Verwandtschaftsverhältnisse geringe Bedeutung, nur die Eheleute und ihre Kinder bildeten den Kern der Gemeinschaft; Dienstpersonal als Symbol des bürgerlichen Lebensstils gehörte jedoch – insofern das Geld vorhanden war – dazu.

Die gesteigerte innerfamiliäre Emotionalität führte auch zu einer deutlicher gefühlsbetonten Mutter-Kind-Beziehung. Aber Kinder und Jugendliche wurden nun auch außerhalb der Familie erzogen. Die Durchsetzung der allgemeinen Schulpflicht und die wachsende Zahl von Bürgerschulen erhöhten den Erziehungsanteil des Staates. Kinder aus bürgerlichen Familien sollten an höheren Schulen eine gute Bildung genießen, welche oftmals ein exklusives Privileg dieser Schichten blieb.

Auch die Bedeutung bürgerlichen Wohnens erhöhte sich. Die Wohnkultur des Biedermeier war von häuslicher Gemütlichkeit geprägt, das Wohnzimmer als „gute Stube" und das Kinderzimmer erweiterten die Zimmervielfalt.

Mit dem Bedeutungsgewinn der Kinder im Rahmen der bürgerlichen Familie gestaltete sich auch die Altersphase der Kindheit neu, welche nunmehr deutlich vom Leben der Erwachsenen getrennt war.

Die Arbeiterfamilie

Wohn-/Schlafzimmer und Küche einer Arbeiterfamilie um 1900

Ein Arbeitermädchen erinnert sich an seine Kindheit: „Lange bin ich nicht in die Schule gegangen. Als ich 13 Jahre alt wurde, zog der Vater mit uns nach Berlin, und hier war es mit meinem Schulbesuch vorbei. Ich musste arbeiten und musste mitverdienen. Es brauchte kein großer Familienrat abgehalten zu werden, um den richtigen Beruf zu wählen, denn groß war die Auswahl für Mädchen damals nicht. […] Wie oft mögen mir jungem Ding da wohl die Augen zugefallen sein, wie mag der Rücken geschmerzt haben. 12 Stunden Arbeitszeit hatte man immer hinter sich, von morgens 8 bis abends 8, mit kurzer Mittagspause."

Das bürgerliche Familienideal konnte in der Realität der Arbeiterklasse zwischen qualmenden Fabrikschloten und in die Höhe schießenden Mietshäusern kaum erreicht werden. Da das Einkommen des Mannes zum Familienunterhalt meistens nicht ausreichte, waren in der Regel die Ehefrau, oft auch die Kinder, zur Erwerbstätigkeit gezwungen.

Die allgemeine Wohnungsnot führte zu beengten und gewissermaßen „öffentlichen" Wohnverhältnissen. Ein Zimmer, in dem nicht selten bis zu zehn Personen lebten und schliefen, bewohnte eine Arbeiterfamilie; oft teilten sich mehrere Familien eine Wohnung. Nicht selten kamen noch verheiratete oder ledige Männer hinzu, die in den Industriestädten nach Arbeit und Unterkunft suchten.

Arbeiterfamilien konnten kein Personal zur Erziehung der Kinder bezahlen. Schon die Beaufsichtigung der Kinder wurde zum Problem, wenn beide Elternteile arbeiteten. Kinder besaßen jedoch als Arbeitskräfte einen Wert, Kinderarbeit war weit verbreitet und wurde erst im Laufe des 19. Jahrhunderts eingeschränkt und reglementiert.

Da viele Familien unter diesen widrigen Umständen ihre Funktion der materiellen Absicherung nicht erfüllen konnten, traten im Kaiserreich staatliche Sozialversicherungen an ihre Stelle, welche im Notfall die materielle Existenz sicherstellten. Dieses erlaubte auch den Arbeiterfamilien zunehmend eine Orientierung an Idealen bürgerlicher Familienformen, sodass sich klassenspezifische Unterschiede zwischen bürgerlichen Familien und Arbeiterfamilien gegen Ende des 19. Jahrhunderts abschwächten.

Die Familie im 20. und 21. Jahrhundert

Im 20. und 21. Jahrhundert sind auch die Vorstellungen und Realitäten von Familie weiterhin einem erheblichen Wandel unterworfen: So erwies sich die Dynamik der Industriellen Revolution als Konstante, welche die moderne Gesellschaft permanent und in immer kürzeren Intervallen veränderte.
Durch die Anpassung an die Erfordernisse der modernen Berufswelt veränderten sich auch die Auffassungen und Realitäten von Familie immer mehr und unterschieden sich in mancherlei Hinsicht zunehmend von der Idealvorstellung der bürgerlichen Familie der frühen Industrialisierungsphase. Trotzdem, so äußern sich manche Historiker, überwiegen eher die Kontinuitäten im europäischen Kulturkreis, sodass beispielsweise die oft geäußerte „Kontraktionsthese" – gemeint ist die Schrumpfung der Familiengröße – so nicht haltbar ist, weil die Großfamilie nie die Norm war, sondern eine besonders idealisierte Form von vielen.
In der Sicht der reformorientierten Gruppen der ausgehenden 1960er-Jahre stellten die überkommenen Familienverhältnisse, insbesondere die Unterdrückung der Frauen sowie die auf gesellschaftliche Anpassung zielende Erziehung der Kinder und Jugendlichen, eine wesentliche Ursache für gesellschaftliche und politische Fehlentwicklungen dar. Die Studentenbewegung lehnte deshalb die Familie im bürgerlichen Sinne ab und ersetzte sie durch „Kommunen" oder Wohngemeinschaften, in denen Liebe und Sexualität sich frei entwickeln und Kinder frei von Bevormundung aufwachsen sollten. Diese Vorstellungen hatten indirekt tief greifenden Einfluss auf die Pädagogik, das Erziehungssystem und die staatliche Familienpolitik.
Die Emanzipation der Frau, die vermehrte Berufstätigkeit beider Ehepartner, die enorme Steigerung der materiellen Lebens- und der Bildungsstandards sowie eine hohe Mobilität beeinflussen als Faktoren eine Umgestaltung der familiären Lebensgemeinschaft, in deren Kern immer mehr die individuellen Interessen und Bedürfnisse der einzelnen – erwachsenen – Mitglieder stehen und Aufgaben verlagert wurden. Damit hat die Familie nicht ihre Funktion verloren, wohl aber sind Aufgaben abgegeben bzw. verlagert worden. So trat der Versorgungsaspekt zunehmend in den Hintergrund und auch die Erziehung wurde teilweise aus den Familien in den öffentlichen Raum verlagert. Beibehalten hat die Familie ihre materielle Erbfunktion und intensiviert wurden Möglichkeiten der emotionalen Beziehungsgestaltung zwischen den Familienmitgliedern.
Alternative Formen des Zusammenlebens, eine veränderte Sexualität, insgesamt eine Liberalisierung und Individualisierung der Gesellschaft beeinflussen auch die Entwicklung familiärer Gemeinschaften in der Gegenwart. Die in den westlichen Industrienationen tendenziell sinkende Geburtenrate, eine steigende Zahl der Scheidungen und die Zunahme von Variationsmöglichkeiten der individuellen Lebensentwürfe sind die Indikatoren dieser Entwicklungen, deren Ursachen und Auswirkungen erst auf längere Sicht überschaubar werden, sodass viele Fragen offen bleiben.

Onlinequellen, Informationsportale und Bildersammlungen zum Thema:
www.bpb.de
Literaturanschaffung und Onlinepublikationen
www.destatis.de
Statistisches Bundesamt
www.planet-wissen.de
www.berlin-institut.org
www.dhm.de
www.efh-bochum.de
ww.ddr-fotos.de

Zukunft der Familie? Familie der Zukunft?
In über 80 % der modernen Haushalte leben die Menschen in vier Grundformen: verheiratet – ledig bei den Eltern – ledig allein – ledig in Lebensgemeinschaften.

Alleinerziehend

„Patchwork"-Familie

Ehepaar mit zwei Kindern

Migration – Warum wandern Menschen?

Hoffnung auf ein besseres Leben: Auswanderer bei der Einfahrt in den New Yorker Hafen, 19. Jahrhundert

Rückkehr: Russlanddeutsche Aussiedler bei der Ankunft in der BRD (1990er-Jahre)

Angst vor Verfolgung: Menschen auf der Flucht vor dem Krieg im Kosovo (1999)

In der Hoffnung auf Arbeit sind viele Menschen aus anderen Ländern als Gastarbeiter nach Deutschland gekommen.

Viele Menschen aus Afrika fliehen vor Armut und Elend: Ein spanischer Militärpolizist bewacht illegale Immigranten.

In Baden-Württemberg leben heute im Vergleich mehr Menschen mit Migrationshintergrund als in anderen Bundesländern. Sie machen etwa 12% der Gesamtbevölkerung des Bundeslandes aus und konzentrieren sich besonders auf die großen Städte. Seit 1952, dem Jahr der Gründung Baden-Württembergs, sind etwa 16 Millionen Menschen in die Bundesrepublik zugewandert: Flüchtlinge, Vertriebene, die sogenannten Gastarbeiter, Asylbewerber, Spätaussiedler, Spezialisten aus der IT-Branche. Gleichzeitig wanderten etwa 13 Millionen Menschen aus. In den letzten Jahren steigt allerdings die Zahl derer, die gehen, während immer weniger hinzukommen. Die Wirtschaft ist jedoch immer stärker auf Migranten angewiesen, weil die Zahl einheimischer Arbeitskräfte mit dem demographischen Wandel sinkt.
Auswanderung und Einwanderung sind zwei Seiten einer Medaille und begleiten die Menschheit seit ihren Anfängen. Archäologische Forschungen haben ergeben, dass die Wiege der Menschheit in Nordostafrika stand und die Menschen sich von dort über die Erdkugel verbreitet haben.
Menschen haben aus verschiedensten Motiven ihre alte Heimat verlassen, um sich in der Fremde eine neue Existenz aufzubauen. Neben ökonomischen sind politische, gesellschaftliche, demographische und kulturelle Ursachen ausschlaggebend.
In ihrer neuen Heimat wurden die Einwanderer nicht immer mit offenen Armen empfangen. Nicht selten entstanden Konflikte und Diskriminierung. Ob und in welchem Umfang sich Migranten in die Kultur ihres Gastlandes eingliedern müssen und inwieweit sie ein Recht auf ihre eigene Identität haben, ist eine Frage, die sich immer wieder neu stellt. In Vergangenheit und Gegenwart gibt es viele Beispiele für kulturellen Austausch und gute Nachbarschaft.
Die Rahmenbedingungen für Migration haben sich im Laufe der Zeit geändert, aber der Blick in die Vergangenheit kann helfen, Antworten auf grundlegende Fragen zu finden, die bis in unsere heutige Zeit an die Prozesse von Einwanderung und Auswanderung gestellt werden.

- **Welchen Formen grenzüberschreitender Migration und daraus resultierenden Problemen begegnen wir in der Geschichte?**
- **Was sind Motive und tiefer liegende Ursachen für Migrationsbewegungen?**
- **Wie laufen solche Auswanderungsprozesse ab und wie reagieren Bevölkerung sowie staatliche und gesellschaftliche Institutionen auf Ein- und Auswanderung?**

Symbolische Darstellung zum Thema Migration

Literaturhinweise:
Kulturelle Vielfalt – Baden-Württemberg als Einwanderungsland, K.-H. Meier-Braun/Reinhold Weber (Hg.), 2004.
Migration – Deutschland & Europa, Reihe für Politik/Geschichte/Deutsch/Geographie/Kunst, Heft 45, Landeszentrale für politische Bildung Baden-Württemberg (Hg.), 3. Aufl. 2004

1. Aus- und Einwanderung im Prozess der Modernisierung

Fallbeispiel Amerika

Themenschwerpunkt 1: Umfang und Motive der Auswanderung in die USA

Aus verschiedensten Motiven sind Menschen aus ihrer alten Heimat im 19. Jahrhundert, besonders zwischen 1820 und 1890, nach Amerika ausgewandert und stellten dort in diesem Zeitraum die größte Einwanderergruppe dar. Die Auswanderung verlief nicht kontinuierlich, sondern in Wellen und aus unterschiedlichen Gebieten Deutschlands.

- **Aus welchen Gebieten Deutschlands und in welchem Umfang wanderten Menschen in die USA aus?**
- **Aus welchen Gründen erfolget diese Auswanderung und welche Hoffnungen verbanden sich damit?**

Recherche- und Arbeitstipps: Erkunden Sie den Umfang und die Herkunftsorte der Auswanderung in statistischen Daten (vielleicht auch anhand von Angaben zu ihrer Heimatstadt) und arbeiten Sie mithilfe von autobiographischen Dokumenten und offiziellen Äußerungen von Regierungsstellen die Motive der Emigranten heraus.

Themenschwerpunkt 2: Die Überfahrt – Organisation, Ablauf und Probleme

Die Überfahrt in die USA war mit vielerlei Vorbereitungen, mit Kosten und großen Strapazen verbunden. Erst ab 1860 ersetzten allmählich die Dampf- die Segelschiffe und verringerten die Überfahrtszeit.

- **Wie war die Überfahrt organisiert, welche Kosten mussten die Auswanderer aufbringen?**
- **Unter welchen Bedingungen und Problemen fand die Überfahrt statt?**

Recherche- und Präsentationstipp: Diese und ähnliche Fragen können Sie bei Ihren Recherchen z. B. in autobiographischen Dokumenten, in Passagierlisten und Kostenaufstellungen erkunden und in einem interessanten Produkt (z. B. einem Hörfeature oder einer PowerPoint-Präsentation) darstellen.

Themenschwerpunkt 3: Erfahrungen in der neuen Heimat

Entgegen dem Mythos der sich reibungslos eingliedernden Deutschen gab es im 19. Jahrhundert eine Reihe von Schwierigkeiten. Das begann schon bei der Aufnahme in Ellis Island und setzte sich bei der Arbeitssuche, der Organisation des Alltags und der Gewöhnung an die neue Gesellschaft fort. Aber es gab auch unerwartete oder erhoffte soziale und ökonomische Erfolge.

- **Wie erlebten die Auswanderer die Aufnahme?**
- **Was erwartete sie?**
- **Wie kamen sie mit den neuen Lebensverhältnissen zurecht?**
- **Wie konnten sie sich eine soziale und ökonomische Existenz aufbauen?**

Recherchetipp: Recherchieren Sie besonders in autobiographischen Dokumenten, aber auch in Zeitungsberichten u. a. Quellen zu den genannten Fragen und stellen Sie dann die Problematik anhand von Einzelschicksalen dar (z. B. in einem fiktiven Interview auf Quellenbasis).

Themenschwerpunkt 4: Integrationsverhalten und -formen der Auswanderer in den USA

Die deutschen Auswanderer siedelten sich vornehmlich im Mittleren Westen an, wo es noch heute viele deutsche Ortsnamen gibt. Dort bildeten sie zum Teil eigene „communities". Die Auswanderer versuchten oft, ihre Kultur zu bewahren. Erst allmählich integrierten sie sich in die amerikanische Gesellschaft.

- **Welche Berufe, Orte und Lebensverhältnisse bevorzugten die deutschen Auswanderer? Welche politischen Positionen brachten sie mit? Welche kulturellen Formen entwickelten die Auswanderer?**
- **Wie sahen die Amerikaner das Verhalten der deutschen Auswanderer?**

Recherche- und Präsentationstipp: Recherchieren Sie die in den Fragen aufgeworfenen Integrationsprozesse anhand von Sekundärliteratur und verschiedenartigen Quellen, stellen Sie sie auf Plakaten oder Folien dar und diskutieren Sie auf dieser Grundlage Integrationsprobleme von Einwanderern damals und heute.

Literatur-Tipps

- W. P. Adams (Hg.), Die deutschsprachige Auswanderung in die Vereinigten Staaten, Berlin 1980
- K. J. Bade, Vom Auswanderungsland zum Einwanderungsland? Deutschland 1880–1980, Berlin 1983
- A. Bretting u. a., Deutsche in den USA; in: K. J. Bade (Hg.), Deutsche im Ausland – Fremde in Deutschland, München 1992, S. 135 ff.
- W. J. Helbich, „Alle Menschen sind dort gleich" – Die deutsche Amerika-Auswanderung im 19. und 20. Jahrhundert, Düsseldorf 1988
- D. Kügler, Die Deutschen in Amerika – Die Geschichte der deutschen Auswanderung in die USA seit 1683, Stuttgart 1983
- Landesarchivdirektion Baden-Württemberg (Hg.), USA und Baden-Württemberg in ihren geschichtlichen Beziehungen, Stuttgart 1986 (mit zahlreichen Einzelbildern von Auswanderern)
- H. J. Pandel (Hg.), Angelockt und fortgetrieben – Migration in der Neuzeit, Wochenschau Verlag, Heft 3/1998
- W. J. Helbich u. a. (Hg.), Briefe aus Amerika – Deutsche Auswanderer schreiben aus der Neuen Welt 1830-1930, München 1988

Internet - Tipps

- http://www.migration-info.de
- http://www.forum-auswanderung.de
- http://www.history.chanel.com/ellisisland (Ellis Island war die Einwandererzentrale.)
- http://fisher.lib.virginia.edu/census/
- http://www.ballinstadt.de (Hamburger Auswanderungsmuseum zur Auswanderung in die USA)
- http://www.dhm.de/ausstellungen/bildzeug/22.html
- http://www.deutsche-auswanderer-datenbank.de
- http://www.ancestry.de (Auskunft über einzelne Personen)

Tipp: Stadtarchiv! Dort finden Sie Quellenmaterial zu Ihrer Stadt und Bücher, evtl. auch Informationen online sowie qualifizierte Hilfe.

Statistik der deutschen Amerika-Auswanderung 1820–1920

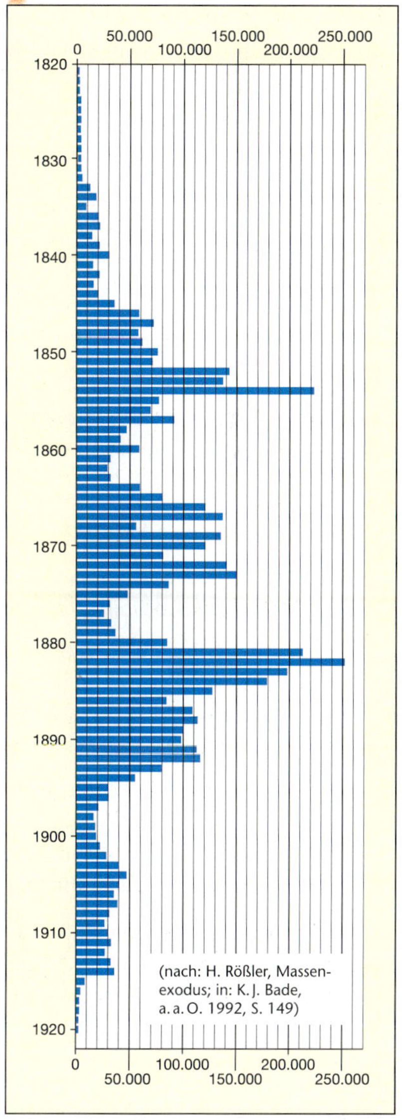

(nach: H. Rößler, Massenexodus; in: K. J. Bade, a. a. O. 1992, S. 149)

Fallbeispiel: Polnische Arbeiter im Ruhrgebiet

Themenschwerpunkt 1: Bedingungen der Einwanderung und demographische Entwicklung

Deutschland wurde durch die staatliche Modernisierung des 1871 gegründeten Kaiserreichs und die dadurch verstärkte Industrialisierung besonders in der Schwer- und Metallindustrie sowie im Bergbau zu einem Einwanderungsland mit einer zunehmenden Binnenwanderung. Weil der Arbeitsmarkt im Ruhrgebiet vor Ort zu wenig Arbeiter für die expandierende Industrie bereithielt, kamen auch viele polnische Arbeiter ins Revier.

- **Unter welchen Bedingungen entwickelte und vollzog sich die Einwanderung der Arbeitskräfte? Wie entwickelte sich die Bevölkerung in den Städten des Ruhrgebiets? Welchen Anteil hatten die polnischen Arbeiter daran?**

Recherchetipp: Untersuchen Sie Bedingungsfaktoren und demographische Entwicklungen anhand von Sekundärliteratur und Statistiken.

Themenschwerpunkt 2: Wahrnehmung der Einwanderung durch offizielle Stellen und Bewohner des Ruhrgebiets

- **Wie reagierten offizielle Stellen und die Einheimischen auf die Einwanderer? Welche unterschiedlichen Standpunkte lassen sich ausmachen?**

Recherchetipp: Antworten auf diese und ähnliche Fragen können Sie z. B. durch die Auswertung offizieller Stellungnahmen, autobiographischer Dokumente und Statistiken finden.

Themenschwerpunkt 3: Motivierung von Arbeitskräften und Integration der Einwanderer

Viele Betriebe, die ihren Arbeitskräftemangel beheben wollten, ließen bei Polen in Deutschland und in Polen Werbeaufrufe verteilen, um sie zu motivieren, die Reise ins Ruhrgebiet aufzunehmen.

- **Was versprachen die Anwerbungen?**
- **Wie erlebten die Einwanderer die Aufnahme? Was erwartete sie? Wie kamen sie mit den neuen Lebensverhältnissen zurecht? Wie konnten sie sich eine soziale und ökonomische Existenz aufbauen?**

Recherchetipp: Recherchieren Sie in öffentlichen Werbeschriften und autobiographischen Dokumenten, in Zeitungsberichten, auf der Basis von Fotos u. a. Quellen, die Sie finden.

Präsentationstipp zum Thema „Ruhrpolen“: Sie können die Problematik „Ruhrpolen“ in einer Wandzeitung oder auch PowerPoint-Präsentation darstellen. Gute Hilfen und Anregungen finden Sie unter www.inf.ethz.ch/vs/publ/slides/Vortragshinweise.pdf

Internet-Tipps

- http://migration-info.de
- http://www.dhm.de/ausstellungen/zuwanderungsland-deutschland/migrationen
- http://www.exil-club.de
- http://www.ancestry.de

Literatur-Tipps

- K. J. Bade, a.a.O. (s. S. 493)
- Ders. (Hg.), Deutsche im Ausland – Fremde in Deutschland, München 1992
- Chr. Brüggemann, Migration in Geschichte und Gegenwart, München 1992
- F.-J. Brüggemeier, Leben vor Ort – Ruhrbergleute und Ruhrbergbau 1889–1919, München 1983
- A. Dahlmann u. a. (Hg.), Schimanski, Kuzorra und andere – Polnische Einwanderer im Ruhrgebiet zwischen Reichsgründung und Zweitem Weltkrieg, Essen 2005
- D. Gosewinkel, Einbürgern und Ausschließen, Göttingen 2001
- F. Heckmann, Ethnische Minderheit, Volk und Nation, Stuttgart 1992
- C. Kleßmann, Polnische Bergarbeiter im Ruhrgebiet 1870–1945, Göttingen 1978
- H. U. Wehler, Moderne deutsche Sozialgeschichte, Köln 1968, S. 437–455

2. Migration zwischen Ein- und Auswanderung

Der Begriff Migration

Um die vielschichtige Tatsache, dass Menschen freiwillig oder gezwungen ihre Heimat verlassen, begreifbar zu machen, hat man nach Definitionen gesucht, die erklären, was Migration ist, welche Ursachen sie hat und welche Folgen mit ihr verbunden sind. Sie sind zum Teil zu Kampfbegriffen in der aktuellen Diskussion geworden oder tauchen dort als Schlagworte immer wieder auf.
Migration ist die Veränderung des Lebensmittelpunktes, wobei die Vereinten Nationen zwischen der langfristigen Migration von mindestens zwölfmonatiger und der kurzfristigen von mindestens dreimonatiger Dauer unterscheiden. Internationale Migration bedeutet die Wanderung von einem Staat in einen anderen, interregionale Migration oder Binnenwanderung erfolgt innerhalb eines Staates. Aus historischer Sicht stellt sich hier die Frage, was unter Staat und Nation zu verstehen ist und ob beide Begriffe überhaupt deckungsgleich sind. An dieser Stelle zeigen sich bereits die Grenzen einer trennscharfen Terminologie.

Ein Beispiel – Definition nach deutschem Rechtsverständnis: Migranten sind „alle nach 1949 auf das heutige Gebiet der BRD Zugewanderten sowie alle in Deutschland geborenen Ausländer und alle in Deutschland als Deutsche Geborenen mit zumindest einem zugewanderten oder als Ausländer in Deutschland geborenen Elternteil" (Statistisches Bundesamt).

Ursachen von Migration

Es gibt vielfältige und sehr unterschiedliche Gründe, warum ein Mensch seine Heimat verlässt. Es kann sich um natürliche Gründe handeln, wenn er zum Beispiel durch Überschwemmungen oder andere Klimakatastrophen zum Ortswechsel gezwungen ist. Der heutige Klimawandel macht deutlich, dass die Ökologie häufig vom Handeln der Menschen abhängt, ökologische und gesellschaftliche Ursachen von Migration sich also gegenseitig bedingen können. Die gesellschaftlichen Ursachen sind wirtschaftlicher, politischer, sozialer und kultureller Natur, wobei jeweils ein ausgeprägtes Gefälle zwischen dem Abwanderungs- und dem Zuwanderungsort festzustellen ist.

Gute Überblicke für verschiedene Formen von Wanderungsbewegungen:
Klaus J. Bade (Hg.), Enzyklopädie Migration in Europa, Paderborn 2008.
Ders., Deutsche im Ausland – Fremde in Deutschland: Migration in Geschichte und Gegenwart, München 1992

Ökonomische Ursachen. Die Auswanderer versprechen sich sichere Arbeit und ein mehr an Einkommen, sodass man von Arbeitsmigration spricht. Dieser neutrale Begriff wird in der Regel aufgegeben, wenn Arbeitsmigration engagiert befürwortet oder kritisiert wird – und es ist dann zum Beispiel von ausländischen Spezialisten oder Leistungsträgern, Wirtschaftsflüchtlingen oder ausländischem Subproletariat die Rede. Der Blick in die Vergangenheit zeigt, dass deutsche Einwanderer in ihrer neuen Heimat jeder dieser drei Statusgruppen zugeordnet worden sind. Das Herkunftsland wie auch das Zielland kann, von ethischen Beweggründen einmal abgesehen, die Auswanderung verhindern oder fordern, je nachdem ob es die Migranten als wertvolle wirtschaftliche Ressource oder als teure Belastung einschätzt. Dafür gibt es unterschiedliche Beispiele, die von politischen und ökonomischen Anreizen bis zu den Zwangsmaßnahmen der Sklaverei und Zwangsarbeit reichen. Die Bevölkerung des Gastlandes selbst kann gleichermaßen positiv oder negativ auf die ökonomische Rolle ihrer neuen Mitbürger reagieren, indem sie sie entweder als Bedrohung ihres eigenen Wohlstandes oder als notwendige Voraussetzung für ebendiesen Wohlstand empfindet.

Politische Ursachen. Auch auf der politischen Ebene kann ein Gefälle zwischen Herkunftsland und Zielgebiet zu Migration führen. Hier geht es um Mitbestimmung und Meinungsfreiheit oder viel grundlegender um das Recht auf körperliche Unversehrtheit, die in einem Land mit Füßen getreten werden, in einem anderen aber selbstverständlich sind. Fliehen Menschen aus einer individuellen Entscheidung heraus, spricht man in der Regel von Emigration und Emigranten. In anderen Fällen werden Staaten von sich aus tätig, indem sie Menschen vertreiben, deportieren oder unter Zwang aussiedeln. Die Zielländer können die Betreffenden ausweisen oder an der Grenze zurückschicken, sie dulden, ihnen Asyl gewähren oder sie mit oder ohne Auflagen einbürgern.

Soziale und kulturelle Ursachen. Ein soziales Gefälle liegt vor, wenn die gesellschaftliche Anerkennung im Herkunftsland niedriger ist, zum Beispiel wenn Frauen von der Berufstätigkeit ausgeschlossen sind und diskriminiert werden. Zu den sozialen Motiven im engeren Sinne gehören die Familienzusammenführung und die sogenannte Kettenmigration, bei der eine erste kleinere Gruppe Verwandte, Freunde und Nachbarn dazu bewegt nachzukommen.
Man spricht von einem kulturellen Gefälle, wenn der Grad weltanschaulicher und religiöser Freiheit in der neuen Heimat höher ist. Die Einheimischen können die Einwanderer als Bereicherung ihrer eigenen Kultur oder als Bedrohung ihrer kulturellen Identität betrachten, wie auch der betreffende Staat sie möglicherweise als Störfaktor in der nationalen Leitkultur empfindet.

Die Folgen der Migration

Im Herkunftsland führt Abwanderung, wenn sie in großem Stile erfolgt, häufig zu ökonomischen Verwerfungen, übrigens auch in den Fällen, wo ein Staat Menschen bewusst dazu zwingt. Das Einwanderungsland profitiert in der Regel, woraus sich jedoch nicht zwangsläufig ergibt, dass die Migranten dort mit offenen Armen aufgenommen werden und bleiben sollen. Zum Teil entsteht ein stabiler Widerspruch zwischen ihrer „ökonomisch induzierten Permanenz" und dem rechtlichen Provisorium, in dem sie leben müssen. Ihre Situation reicht von Segregation und Diskriminierung über Integration bis zur Assimilation, wobei nicht nur die Einheimischen, sondern auch sie selbst ein Rolle spielen.

Segregation. Dies meint die weitgehende Trennung beider Gruppen, sodass sich Parallelgesellschaften bilden, die ihre jeweilige Kultur und Sprache bewahren, ohne sich auf die des Gegenübers einzulassen. Was übrigens im eigenen Land als ein Manko angesehen wird, erscheint oft akzeptabel, ja bewundernswert, wenn es bei Landsleuten beobachtet wird, die im Ausland ihre deutschen Traditionen zum Teil über mehrere Generationen bewahrt haben.

Diskriminierung. Dies ist eine weniger scharfe Abgrenzung, die den Einwanderern seitens der Einheimischen die gesellschaftliche Teilhabe in bestimmten Bereichen versagt, die aber auch darauf zurückzuführen sein kann, dass sich Migranten entsprechenden integrativen Angeboten verweigern.

Integration. Dies findet statt, wenn sich die verschiedenen Lebenswelten schrittweise und in Ausschnitten einander annähern. Das geschieht zuerst und umfassender als an anderen gesellschaftlichen Orten am gemeinsamen Arbeitsplatz, in Schule und Universität. Ein wichtiges Indiz für Integration ist, dass sich beide Seiten sprachlich verständigen können.

Assimilation. Dies führt dazu, dass eine gemeinsame Identität entsteht – sei es, dass eine Seite ihre ursprüngliche Eigenart aufgibt, sei es, dass ihre Identitäten miteinander verschmelzen. Ob Assimilation überhaupt möglich und ob sie des ungeachtet wünschenswert ist, sei dahingestellt.

Der Blick in die Vergangenheit

Es hat verschiedene Versuche gegeben, Migration geschichtlich in Zeitabschnitte einzuteilen. Dabei werden eine merkantile, koloniale Phase (1500–1800), eine industrielle Phase (1800–1925), eine Phase begrenzter Migration (1925–1960) und eine nachindustrielle Phase (1960 bis zur Gegenwart) unterschieden.
Ein anderer Ansatz argumentiert geographisch und historisch und lässt im 19. Jahrhundert einen „kontinentalen Oststrom", einen „transatlantischen Weststrom" und eine Binnenwanderung innerhalb Deutschlands, die Landflucht aus den agrarisch ge-

prägten Ostgebieten in die industriellen städtischen Zentren, aufeinander folgen. An den konkreten Beispielen aus der Vergangenheit zeigt sich, dass eine solche Einteilung, abgesehen davon, dass sie neben den wirtschaftlichen kaum andere Ursachen berücksichtigt, nicht sinnvoll durchzuhalten ist. Migration ist ein vielschichtiger Prozess, der sich je nach Lebensbereich und -situation unterschiedlich darstellt und unterschiedliche Chancen und Probleme mit sich bringt. Der Blick in die Vergangenheit bietet dazu ein reiches Anschauungsmaterial.

Die Auswanderung nach Osteuropa: Mittelalter und frühe Neuzeit. Die Geschichte der Auswanderungen aus dem deutschsprachigen Kulturraum begann schon im Mittelalter. Die erste große Auswanderung war die Ostsiedlung, die in ihren Ursprüngen an die Völkerwanderung anknüpfte, von Karl dem Großen und den Ottonen gefördert wurde und ab dem 12. Jahrhundert eine zweite größere Welle erlebte. So siedelten Deutsche in Böhmen, Ungarn, Polen sowie im heutigen Rumänien die sogenannten „Siebenbürger Sachsen", die eigentlich von Rhein und Mosel kamen. Staatlicherseits beabsichtigte man die Ausweitung des eigenen Herrschaftsbereiches, die Migranten selbst handelten vor allem aus wirtschaftlichen Motiven und wollten sich eine eigenständige bäuerliche Existenz aufbauen.

Deutsche Auswanderung nach Russland im 18. und 19. Jahrhundert

Das 19. Jahrhundert: Osteuropa. Seit dem 18. Jahrhundert gab es eine dritte Auswanderungswelle aus Deutschland nach Osteuropa, die vor allem wirtschaftliche und religiöse Gründe hatte. Baden und Württemberg litten besonders unter kriegerischen Auseinandersetzungen und den damit verbundenen Plünderungen. In den sogenannten „Schwabenzügen" wanderten Tausende aus Baden und Württemberg nach Ost- und Südosteuropa aus. In Siebenbürgen siedelten 2 000 Menschen aus dem Württemberger Unterland, dem Schwäbischen Wald und der Schwäbischen Alp. Auswanderer

aus den Ämtern Balingen, Biberach, Brachenheim, Herrenberg, Neckarsulm, Rottweil, Spaichingen, Sulz, Tuttlingen, Tübingen, Vaihingen und Weinsberg schifften sich auf Flusskähnen, den „Ulmer Schachteln", ein und reisten über die Donau in Richtung Balkan, wo die habsburgische Krone für ihre im Kampf gegen das Osmanische Reich eroberten Gebiete ab 1689 Neusiedler suchte. 1772 bemühten sich Preußen und Russland um Kolonisten, nachdem sie Polen unter sich aufgeteilt hatten. Um Lodz lassen sich bis 1945 schwäbischstämmige Siedlungen nachweisen. Etwa 9000 Schwaben siedelten sich zwischen 1815 und 1842 in Bessarabien am Schwarzen Meer an. Die Auswanderer wurden gezielt angeworben, indem man ihnen zumindest in der Anfangsphase großzügig Land zuwies und Religions- sowie für die ersten Jahre Steuerfreiheit versprach.
In der Regel lebten die verschiedenen Volksgruppen, Einheimische und Zuwanderer, friedlich zusammen, obwohl beide ihre kulturelle Eigenart nicht aufgaben. Der Zweite Weltkrieg änderte die Situation grundlegend. Nach 1945 und dann wieder nach dem Ende der Sowjetunion kehrten viele Deutsche als Vertriebene oder Spätaussiedler in die Heimat ihrer Ahnen zurück.

Aus einer Auswandererwerbeschrift von 1751:
„Weil Neu-Schottland in einer so gesegneten und fruchtbaren Gegend liegt und die Regierung so vortrefflich eingerichtet ist, dass ein jeder, wenn er nur will, in seinem Stand ruhig, vergnügt und glückselig leben kann, so darf man sich nicht wundern, dass alljährlich so viele Personen Deutschland verlassen und sich in großer Menge in dieses gesegnete und glückselige Land begeben."

Die Auswanderung nach Nordamerika. Bis weit in das 19. Jahrhundert hinein emigrierten mehr Menschen nach Osteuropa als in die spätere USA, aber bereits zur Zeit der Amerikanischen Revolution Ende des 18. Jahrhunderts waren etwa 225000 Personen beziehungsweise 8 % der um ihre Freiheit kämpfenden Amerikaner Deutsche. Im 19. Jahrhundert trat Osteuropa als Migrationsraum zugunsten der überseeischen Massenauswanderung allmählich zurück. Der Anstieg der deutschen Bevölkerung, die Verknappung der Arbeitsmöglichkeiten und vorindustrielle Hungerkrisen (z. B. 1816/17) führten zu einem Massenexodus vor allem in die USA. Bis 1914 wanderten etwa 5,5 Millionen Deutsche dorthin aus. Viele Orte in den USA tragen bis heute deutsche Namen; es ist aber eine Legende, dass es eine Abstimmung über die offizielle Amtssprache der jungen Republik gegeben habe, bei der das Deutsche nur knapp gegenüber dem Englischen unterlegen sei.
Die deutschen Einwanderer pflegten zum Teil ein reiches Vereinsleben, sie gründeten deutsche Schulen und deutsche Zeitungen und wurden gleichzeitig loyale amerikanische Staatsbürger. Aktuell lässt sich das interessante Phänomen beobachten, dass unter anderem in mennonitischen Kreisen versucht wird, Familienstammbäume zu erstellen, die bis in die Zeit der Einwanderung zurückgehen, und sie ins Internet zu stellen. Viele Namen lassen sich bis nach Baden und Württemberg zurückverfolgen.
Auswanderung gab es auch aus politischen Gründen, so z. B. nach den Karlsbader Beschlüssen 1819 im Rahmen der „Demagogenverfolgung" oder 1848/49, als preußische Truppen den ersten Versuch gewaltsam unterdrückten, ein demokratisches und geeintes Deutschland zu schaffen. Die fliehenden Revolutionäre nannte man in den USA und Australien die „Forty-Eighters". Sie fanden dort die politische Freiheit, die sie in ihrer Heimat zunächst erkämpft und dann wieder verloren hatten. In der Zeit des Nationalsozialismus in Deutschland gab es erneut politische Emigration in 75 Staaten der Welt, besonders aber in die USA. Für viele Menschen bleibt Amerika bis heute das „gelobte Land" und das Beispiel für die Chancen einer multikulturellen Einwanderungsgesellschaft.

Deutschland als Einwanderungsland: Mittelalter und Neuzeit. Gleichzeitig zu den oben beschriebenen Auswanderungsbewegungen war Deutschland immer schon ein Ziel für Einwanderer. Schon im Mittelalter holte sich der „einheimische" Klerus zum Aufbau von Kirchen und Klöstern Kleriker aus anderen Ländern, so z. B. Mönche aus Zwolle (Holland) nach Kloster Bödeken. Ihres Glaubens wegen verließen Niederländer, Hugenotten (Franzosen), Waldenser und Salzburger im 16. und 17. Jahrhundert ihre katholische Heimat, zum Teil auf die Initiative deutscher protestantischer Landesherren, die sie in ihren Territorien ansiedeln wollten. Das damalige Herzogtum Württemberg versuchte um 1700, Waldenser anzuwerben, um das durch den Dreißigjährigen Krieg

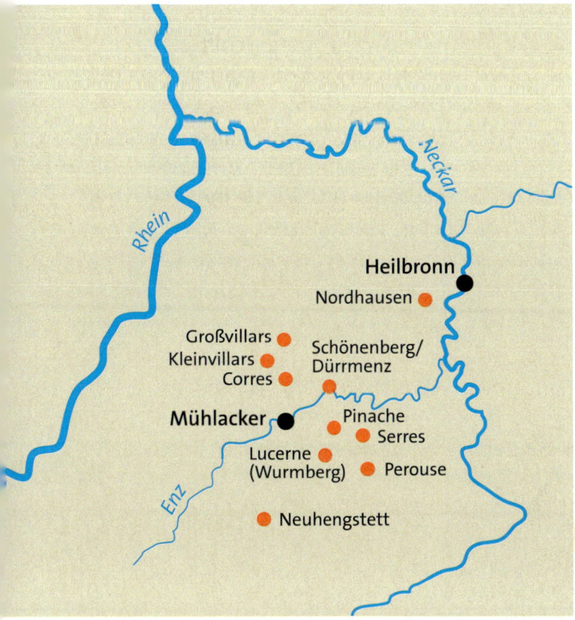

Waldenserorte in Württemberg

(Quelle: Landesarchivdirektion Baden-Württemberg)

und den Pfälzischen Erbfolgekrieg entvölkerte Land zu „peupliren" (bevölkern). Daraufhin gründeten zum Beispiel Waldenser aus dem Piemont (Italien) den Ort Nordhausen. Familien- und Flurnamen künden noch heute von ihrer Geschichte.

Das „lange" 19. Jahrhundert. Während der Industrialisierung hatten die deutschen Staaten einen erheblichen Vorsprung Großbritanniens aufzuholen. Die englische Konkurrenz zerstörte die einheimische handwerkliche Textilindustrie, das sogenannte Verlagssystem, sodass Unternehmer und Staat nach Alternativen suchen mussten. Um wettbewerbsfähig zu werden, warb man Spezialisten an – von den Maschinenführern und Mechanikern, die die neuen Dampfmaschinen bedienen konnten, bis zu den irischen Spinnereiarbeiterinnen –, um einen Wissenstransfer zu ermöglichen. Die deutschen Textilfabriken konnten sich schrittweise Marktanteile erkämpfen, aber nicht so viele ungelernte Arbeitskräfte beschäftigen, wie durch den technologischen Fortschritt in den Ruin getrieben wurden. Viele von ihnen gingen in die USA.

http://www.forum-auswanderung.de
Unterrichtsmaterial, Hintergrundinformationen, Forschungsstand zur Auswanderung in die USA

Der Prozess kehrte sich in den 1890er-Jahren um, als das Deutsche Kaiserreich in der sogenannten Gründerzeit ein enormes ökonomisches Wachstum zu verzeichnen hatte. Durch die große Nachfrage auf dem Arbeitsmarkt wurde Deutschland zu einem Einwanderungsland, einem „Arbeitseinfuhrland". Vor dem Ersten Weltkrieg gab es bereits mehr als eine Million „ausländische Wanderarbeiter", vor allem Polen, Weißrussen und Italiener, die besonders in die industriellen Ballungszentren strömten. Aber auch im landwirtschaftlichen Bereich waren in der Erntezeit Arbeitskräfte gefragt. Die Angst der Deutschen vor den Fremden führte Ende des 19. Jahrhunderts zu einer restriktiven Wanderungssteuerung, bei der ein Teil der ausländischen Arbeiter nach einer bestimmten Zeit Deutschland wieder verlassen musste.

Gleichzeitig verstärkte sich die Binnenwanderung im Deutschen Reich. Durch Technisierung und Rationalisierung wurden viele Menschen in den agrarischen Regionen arbeitslos beziehungsweise konnten mit der agrarkapitalistischen Produktionsweise nicht mehr mithalten und wanderten in die großen Städte ab. Von den etwa 60 Millionen Deutschen wohnten 1907 rund 29 Millionen nicht mehr an ihrem Geburtsort. Lebten 1871 noch etwa 64 % der Bevölkerung in Landgemeinden unter 2 000 Einwohnern, waren es 1910 nur noch 40 %. Stuttgart wuchs von 23 000 Einwohnern im Jahr 1816 auf 92 000 in 1870, um dann seine Bevölkerung bis 1910 auf 286 000 in etwa zu verdreifachen. Infolge dieses Prozesses änderte sich auch das Stadtbild dramatisch, denn die Neubürger konzentrierten sich vor allem in den neuen Arbeitervierteln in den Außenbezirken. Weil es sich bei den Zuwanderern vor allem um junge Menschen handelte, die in der Regel ihrerseits Familien gründeten, wurde die Bevölkerung der Städte jünger, während die auf dem Land tendenziell „vergreiste".

Die Zeitgeschichte

7.11.1939: Beginn der Deportation der Juden im Wartheland vor allem in die Gettos von Lodz, Warschau und Radom.
22.12.1939: Die ersten etwa 1000 Volksdeutschen aus Wolhynien treffen in Pabianice bei Lodz ein.
Januar 1940: Bis zum 8. Januar steigt die Zahl der Volksdeutschen im Raum Lodz auf etwa 40 000.

Die erste Hälfte des 20. Jahrhunderts. In der Weimarer Republik regulierte man die Zuwanderung nach Bedarfsmeldungen der Unternehmen, denen nicht genug deutsche Kräfte zur Verfügung standen. In den Weltkriegen wurden repressive Methoden der Einwanderungspolitik angewendet: im Ersten Weltkrieg in Form von Rückkehrverboten und Arbeitszwang für die ausländischen Landarbeiter und durch den Einsatz von Kriegsgefangenen. Dieses System wurde von den Nationalsozialisten im Zweiten Weltkrieg noch verschärft und führte zur millionenfachen Sklaverei der deportierten Fremdarbeiter und Kriegsgefangenen. 1944 befanden sich etwa 107 000 ausländische Zwangsarbeiter in Baden, die zu je 50 % in der Landwirtschaft und in der Industrie arbeiten mussten.
Um die mit dem Überfall auf Polen und die Sowjetunion eroberten Gebiete zu „germanisieren", vertrieb oder ermordete man die Einheimischen und siedelte dort neben „Reichsdeutschen" „Volksdeutsche" aus dem Baltikum, Bessarabien, der Dobrudscha, Kroatien, Serbien und Südtirol an, deren Vorfahren dorthin ausgewandert waren. Die Ende 1939 gegründete „Deutsche Umsiedlungs-Treuhand-Gesellschaft mbH" betreute bis 1942 etwa 600 000 solcher Fälle. Man brachte die Betreffenden zum Teil zunächst in Lagern, unter anderem im Umkreis von Stuttgart, unter, bevor sie in den „deutschen Osten" transportiert wurden. Die Neusiedler übernahmen in der Regel das Eigentum, das die Einheimischen hatten zurücklassen müssen, als sie durch die deutsche Verwaltung von Haus und Hof vertrieben worden waren, und wurden durch großzügige Kredite bezuschusst.

Literaturhinweise:
Stefan Aust/Stephan Burgdorf (Hg.), Die Flucht – Über die Vertreibung der Deutschen aus dem Osten, Stuttgart/München 2002.
Ulrich Herbert, Geschichte der Ausländerpolitik in Deutschland – Saisonarbeiter, Zwangsarbeiter, Gastarbeiter, Flüchtlinge, München 2001

Vertriebene, Gastarbeiter, Spätaussiedler, Asylbewerber. Durch die Teilung Deutschlands kamen fast 15 Millionen Vertriebene, Flüchtlinge und Aussiedler aus dem Osten, deren Familien dort zum Teil seit dem Mittelalter gelebt hatten, in einigen Fällen aber erst im Rahmen der nationalsozialistischen Lebensraumpolitik ansässig geworden waren. Mitte der 1950er-Jahre galt die Integration dieser ersten großen Welle der deutschen Vertriebenen und Flüchtlinge als abgeschlossen. Nach Baden-Württemberg kamen vor allem Menschen aus dem Sudetenland, aus Ungarn und aus Südosteuropa, insgesamt etwa 1,2 Millionen, die neben den Einheimischen schließlich 15,6 % der Bevölkerung ausmachten.

Ankunft Vertriebener am Bahnhof in Seckach bei Buchen im Neckar-Odenwald-Kreis

Mit der wirtschaftlichen Konsolidierung begann eine zweite Einwanderungsphase mit dem deutsch-italienischen Vertrag von 1955, durch den Arbeitskräfte angeworben wurden. Die Initiative für diesen Vertrag ging übrigens von dem baden-württembergischen Bauernverband aus. Anwerbeabkommen mit anderen Ländern folgten. Der 500 000ste „Gastarbeiter" in Baden-Württemberg kam 1970 aus Kroatien. Trotz des Anwerbestopps von 1973 wuchs der Anteil ausländischer Mitbürger auf 4,8 Millionen im Jahr 1990. Die Erwartung, dass die Gäste je nach Wirtschaftslage wieder in ihre Herkunftsländer zurückkehren würden, erfüllt sich nicht, und es verstärkten sich ausländerfeindliche Tendenzen. 1991 kam es zu rassistischen Ausschreitungen in Hoyerswerda, Mölln und Solingen.

Nach dem Zusammenbruch des Sozialismus kamen in einer dritten Einwanderungswelle vor allem die sog. Russlanddeutschen in die Bundesrepublik, weil sie relativ unproblematisch deutsche Staatsbürger wurden, wenn sie deutsche Vorfahren nachweisen konnten. Die damalige Bundesregierung förderte zunächst diese Migration durch Eingliederungsbeihilfen, reagierte aber bald zurückhaltender.

Ein zentrales Problem bleibt die Frage des Asylrechtes. Als Konsequenz aus der bitteren Erfahrung, dass in der Zeit des sogenannten Dritten Reichs Menschen aus Deutschland fliehen mussten und darauf angewiesen waren, in anderen Ländern Zuflucht zu finden, ist das Asylrecht im Grundgesetz verankert worden. Heute ist Europa damit konfrontiert, dass immer mehr Menschen sich vor Hunger und Verfolgung auf diese Insel des Wohlstandes und der Sicherheit retten wollen, weil sich die Schere zwischen Reich und Arm weltweit immer mehr öffnet. Die Bundesrepublik hat in Absprache mit ihren europäischen Partnern ihr Asylrecht empfindlich verschärft. In kritischen Kreisen spricht man von der „Festung Europa". Gleichzeitig bemüht man sich von Regierungsseite, die Zuwanderung besonders qualifizierter Menschen, zum Beispiel im IT-Bereich, zu fördern. Seit dem 1. Januar 2005 ist das neue Zuwanderungsgesetz in Kraft, das zwar Erleichterungen für Einwanderer gebracht hat, vielen aber nicht weit genug geht.

Anwerbung von Gastarbeitern Karl Lutterbeck (Bauernverband Baden-Württemberg) erzählte in Sendungen des Süddeutschen Rundfunks von seinem Besuch in Italien 1953: „Da saßen wir an einem Tisch, […] und die defilierten dann also an uns vorbei. Und dann haben wir sie uns nach der Größe, nach der Stärke, nach Körperbau angeguckt. […] Ab und zu guckte man einem dieser Italiener in den Mund, um festzustellen, ob auch seine Zähne einigermaßen in Ordnung sind."

http://www.migration-info.de mit aktuellen Informationen

Stimmen zum Zuwanderungsgesetz von 2005:

Der damalige Innenminister Otto Schily (SPD): „Dieses Gesetz stiftet auch gesellschaftlichen Frieden."

Frankfurter Rundschau: „Wenig Offenheit für Arbeitsmigration"

Andreas Richter (IHK Stuttgart): „Wir begrüßen es, dass Menschen, die gegen Recht und Demokratie verstoßen, leichter abgeschoben werden. Dafür bedauern wir, dass Deutschland an die Intelligenz der Welt nicht eindeutigere Signale ausgesandt hat, zu uns zu kommen."

Karikatur zum Zuwanderungsgesetz

Methodenkompetenz für Geschichte

Basismethode Sprachliche historische Quellen interpretieren

A. Historische Interpretation

Geschichte ist das Bild, das sich Menschen der Gegenwart von der Vergangenheit machen. Erfahrungen, Fragen, Erkenntnisinteressen der Gegenwart bestimmen somit die Beschäftigung mit der Vergangenheit.
Erkenntnisse über die Vergangenheit gewinnen wir, indem wir aus zeitgenössischer Gegenwartsperspektive Fragen an historische Quellen richten. Quellen sind Zeugnisse der Vergangenheit über menschliches Handeln und Leiden; sie sind die Materialien, die in der Vergangenheit entstanden sind und nun der Gegenwart vorliegen. Diese Quellen können verbal, bildlich oder gegenständlich sein.
Quellen sind nicht die Vergangenheit selbst, mit ihrer Hilfe erschließen wir die Vergangenheit. Sie sind Einzelstücke, gelöst aus ihrem ursprünglichen Zusammenhang, Mosaiksteine, aus denen die originale Wirklichkeit durch ein verlässliches Erkenntnisverfahren rekonstruiert werden muss. Dieses Verfahren wird historische Interpretation genannt. Die Interpretation erschließt aus Quellenmaterial Sinn, um die Fragen zu beantworten, die der Mensch der Gegenwart an die Vergangenheit richtet.
Gegenstand der historischen Interpretation sind für die Historiker alle Formen von Nachrichten, die Menschen unabsichtlich oder aber absichtlich über ihre Zeit hinterlassen haben. Ein so verstandener Quellenbegriff umfasst sowohl **Dokumente** als auch **Monumente**.

Dokumente

Überreste, die im Prozess der Geschichte hinterlassen wurden, ohne der Nachwelt gezielt Botschaften übermitteln zu wollen.

Dazu zählen:
- Urkunden
- Akten
- Allgemeine Inschriften
- Verfassungstexte
- Briefe
- Tagebücher, die nicht zur Veröffentlichung bestimmt waren
- Reden
- Flugblätter
- Streit- und Denkschriften
- Berichte und Kommentare in zeitspezifischen Massenmedien
- Literarische Zeugnisse aus einer Epoche

Monumente

Nachrichten, die mit Absicht für Betrachter geschaffen wurden. Sie sind bewusste Botschaften für eine spätere Zeit. Diese Quellen, die die Nachwelt bewusst beeinflussen wollen, werden in der Geschichtwissenschaft als **Tradition** bezeichnet.

Zu solchen sprachlichen Monumenten zählen zum Beispiel:
- Chroniken
- Viten
- Spezielle ereignis- oder personenbezogene Gedenkinschriften
- Memoiren
- Autobiografien
- Tagebuchaufzeichnungen, die bewusst zur Veröffentlichung bestimmt waren
- Gedenk- und Rechtfertigungsreden, die in klar erkennbarer Absicht an eine Nachwelt gerichtet sind

B. Schritte der Interpretation sprachlicher historischer Quellen

Eine historische Quelleninterpretation wird systematisch angelegt. Am Anfang steht die Frage, nicht die Quelle. Da Textquellen in der Regel Aussagen, Schlussfolgerungen und Rückschlüsse zu unterschiedlichen historischen Sachverhalten und Problemstellungen zulassen, gilt es zu Beginn, in einem ersten Schritt das eigene erkenntnisleitende Interesse – die Leitfrage(n), unter der/denen der Quellentext interpretiert werden soll – festzulegen. Daran schließen sich zwei weitere grundsätzliche Arbeitsschritte an. Zunächst die Analyse des Quellentextes. Sie dient dazu, die Textform zu bestimmen und die Inhaltserfassung sicherzustellen. In einem weiteren Schritt wird auf der Grundlage der Ergebnisse der Quellenanalyse die Interpretation der Quelle vorgenommen, die zwei Ebenen umfasst. Der Quellentext wird erläutert, gedeutet, kritisch gewürdigt (Interpretation im engeren Sinn) und es wird sein „Sinn" (die Erkenntnis) bezogen auf die formulierte(n) übergeordnete(n) Leitfrage(n) der Interpretation erschlossen.

1. Schritt – Leitfrage(n) festlegen:

Das eigene Erkenntnisinteresse bestimmen und eingrenzen und als Untersuchungsfrage formulieren, die dann für die Interpretation leitend ist.

2. Schritt – Analyse:

– Beschreibung und Klärung der formalen äußeren Merkmale

- Den Autor/die Autorin vorstellen (z. B. Angaben zur Biografie, zum sozialen Status, zur politischen Position u. Ä.).
- Die Textsorte benennen und in ihren spezifischen Merkmalen kurz charakterisieren.
  Es ist wichtig, Textsorten zu unterscheiden, da unterschiedliche Textsorten unterschiedliche Wirklichkeit erfassen und deshalb einen unterschiedlichen Aussagewert und bestimmte Aussagegrenzen haben, z. B.:
  - Normative schriftliche Quellen: Sie sind Ausdruck dessen, was sein soll, etwa eine Verfassung oder ein Vertrag.
  - Deskriptive Quellen: Sie beschreiben Wirklichkeit, wie sie der Quellenautor sieht, weshalb die Beschreibung in unterschiedlichem Grad subjektiv und parteiisch ausfallen kann.
  - Selbstzeugnis oder Fremdzeugnis.
  - Ein öffentliches, d. h. ein für die Öffentlichkeit bestimmtes Dokument.
  - Ein internes Dokument, d. h. ein eher für einen begrenzten Kreis von Privatpersonen verfasstes Schriftstück.
- Das Thema der Quelle präzise und knapp zusammengefasst formulieren.
- Den engeren situativen historischen Kontext der Quelle darstellen (den konkreten Ereigniszusammenhang, in dem die Quelle steht, den Zeitpunkt der Entstehung und des Anlasses sowie den Entstehungsort der Quelle knapp skizzieren).
- Den oder die Adressaten der Quelle benennen.
- Die Intention – erkennbare Ziele und Absichten, die der Autor mit Blick auf seine(n) Adressaten verfolgt – in knapper Form aufzeigen.

– Strukturierte Textwiedergabe

Drei alternative Möglichkeiten bieten sich an:

- Den Textinhalt auf der Grundlage einer Gliederung nach Sinnabschnitten im textdurchschreitenden Verfahren auf die Hauptaussagen beschränkt wiedergeben.
- Den Inhalt nach zentralen Aspekten reorganisiert zusammengefasst wiedergeben.
- Den Textinhalt entlang der erkennbaren Argumentationsstruktur auf die wesentlichen Aussagen beschränkt wiedergeben (z. B. Standpunkt, These(n), Argumente).

3. Schritt – Interpretation: Zusammendenken und problematisieren der in der Quellenanalyse gewonnenen Informationen auf der Ebene des Erläuterns, Deutens, Urteilens und Wertens im historischen Kontext auf textinterner und textexterner Grundlage

Methodisch wichtig und unverzichtbar ist es, die Interpretation durch konkreten Textbezug zu fundieren. Der Quellentext ist die Grundlage der Erkenntnisgewinnung. Für jeden der nachfolgend genannten Arbeitsschritte gilt, dass die Ausführungen immer zum Quellentext zurückführen und an ihm belegt werden müssen.
Grundlegend für die sachgerechte historische Interpretation ist auch, dass die formalen äußeren Merkmale bedacht und einbezogen werden.

– Ebene 1
Interpretation im engeren Sinne

- Die Intention des Autors unter Berücksichtigung von erkennbaren Motiven, Interessen und Perspektiven im historischen Gesamtkontext erklären und kritisch hinterfragen.
  (Z. B.: Zwischen offenen und verdeckten Absichten unterscheiden; seine Intentionen vor dem Hintergrund von eigener Biografie, Status und persönlicher Interessenlage erläutern; auffallende Rechtfertigungsmuster aufzeigen; darlegen, auf welche Weise der Quellenautor den oder die Adressaten zu beeinflussen versucht, sowie die Wirksamkeit und gewählte Strategie beurteilen.)
- Besonderheiten und Auffälligkeiten der zentralen Quellenaussagen benennen und erklären bzw. erläutern.
- Die gedankliche Schlüssigkeit der Ausführungen bzw. der Argumentation beurteilen.
- Auffallende sprachliche Besonderheiten erläutern, wenn dies für die Intention des Autors und/oder den Aussagegehalt und Erkenntniswert der Quelle von ganz entscheidender Bedeutsamkeit ist.
- Die Textaussagen unter Einbringung von eigenem historischen Umfeldwissen im größeren historischen Gesamtkontext und Problemzusammenhang, in dem die Quelle steht, beurteilen.
- Eine eigene persönliche Stellungnahme im Sinne eines Werturteils, das sich auf eigene Wertvorstellungen und Normen gründet, entwickeln, wenn dies quellenbezogen sinnvoll, ertragreich und zielführend für die Leitfrage(n) der Interpretation ist.

– Ebene 2
Zusammenfassendes Resümee der Erkenntnisse mit Blick auf die Leitfrage(n)

- Ein abwägendes differenziertes Gesamturteil mit Bezug auf die Leitfrage(n) formulieren.

Historische Sekundärliteratur analysieren und sich kritisch mit ihr auseinandersetzen

Basis-methode

A. Historische Sekundärliteratur

Wenn wir von historischer Sekundärliteratur sprechen, denken wir in erster Linie an Darstellungen, in denen Geschichtsforscherinnen und Geschichtsforscher unter Beachtung genauer wissenschaftlicher Standards ihre Forschungsergebnisse, Schlussfolgerungen und Urteile darlegen. Das grundlegende Merkmal der Textart „historische Sekundärliteratur" ist, dass die jeweiligen Autorinnen und Autoren unter Verarbeitung von Quellen und anderer vorhandener Fachliteratur aus ihrer Sicht historische Wirklichkeit konstruieren. Das heißt, sie stellen unter Verarbeitung und wertender Einbeziehung dessen, was andere Historikerinnen und Historiker schon erforscht haben, sowie auf der Grundlage ihrer eigenen Quellenforschung und -interpretationen ihre Ergebnisse und Deutungen der Vergangenheit vor, indem sie Deutungen und Interpretationen von Fachkollegen ergänzen, sie weiterführen oder zu ihnen Stellung nehmen.
Der Karikaturist setzt die Spezifik des Texttyps „historische Sekundärliteratur" treffend ins Bild: Vorhandenen Deutungen von geschichtlichen Ereignissen und Zusammenhängen wird eine weitere perspektivisch gebundene Sichtweise und Bewertung von Sachverhalten hinzugefügt, der ein bestimmtes persönliches Erkenntnisinteresse zugrunde liegt.

Luis Murschetz (geb. 1939): „Der Eindringling" (Karikatur von 1996)

Wissenschaftliche Sekundärliteratur im engeren Sinne

Adressat ist ein fachwissenschaftlich gebildetes bzw. zumindest interessiertes Publikum, bei dem zumindestens Grundkenntnisse des Faches, der Methoden und der Begrifflichkeit vorausgesetzt werden.
Kennzeichen wissenschaftlicher Sekundärliteratur sind detaillierte Belege und damit intersubjektive Nachvollziehbarkeit.

Textarten:
- Wissenschaftliche Abhandlungen zu historischen Themen und Fragestellungen
- Spezialuntersuchungen zu einzelnen Themen
- Wissenschaftliche Vorträge
- Wissenschaftliche Aufsätze
- Essays in historischen Fachzeitschriften und seriösen Wochenzeitungen

„Nichtwissenschaftliche" Sekundärliteratur

Adressat ist ein breiteres Publikum interessierter Laien. Im Vordergrund steht nicht so sehr die Darstellung von detailliert belegten Erkenntnissen über historische Befunde und Interpretationen, sondern es geht primär darum, komplexe geschichtliche Zusammenhänge vereinfacht und anschaulich darzustellen.

Wichtige Textarten, die diesem Typ zuzurechnen sind:
- Populärwissenschaftliche Literatur
- Historische Essays in Magazinen
- Schulbuchtexte
- Publizistische Texte zu historischen Themen

B. Arbeitsschritte zur Auswertung historischer Sekundärliteratur

Da es sich bei dieser Textsorte um perspektivisch gebundene Deutung von geschichtlichen Sachverhalten und Problemstellungen handelt, besteht die Aufgabe darin, die Intentionen und Ansprüche des jeweiligen Textes sowie die dargestellten Sachverhalte und Problembereiche zu erkennen und die Deutung mit ihren autorenbedingten Grundannahmen und Wertmaßstäben zu erschließen. Eine sachgerechte, abwägende Auseinandersetzung erfordert eine Tätigkeit auf zwei Ebenen: auf der Ebene der **Analyse** und auf der Ebene der darauf aufbauenden **Urteilsbildung**.

1. Schritt – Leitfrage(n) festlegen:

Das eigene, persönliche Erkenntnisinteresse festlegen und als Untersuchungsfrage(n) formulieren, die dann für die Analyse und kritische Auseinandersetzung mit dem Text leitend ist/sind.

2. Schritt – Analyse:

– Vorstellung des Textauszugs

Die äußeren formalen Textmerkmale und -daten beschreiben und charakterisieren:

- Den Autor/die Autorin des Textes vorstellen.
- Die spezifische Textsorte von Sekundärliteratur, der der Text zuzurechnen ist, benennen und die besonderen Merkmale dieser Textsorte kurz charakterisieren.
- Den genauen Fundort und das zeitliche Erscheinungsdatum des vorliegenden Textes benennen.
- Beschreiben, an welche(n) Adressaten die Publikation vornehmlich gerichtet ist.

– Strukturierte Textwiedergabe

Den Inhalt und den Gedankengang (Argumentationsstruktur) des Textes in seinen Hauptaussagen zusammengefasst wiedergeben.

Das verlangt:

- Präzise benennen, mit welchem Thema bzw. mit welcher Fragestellung der Autor/die Autorin sich beschäftigt.
- Schlussfolgerungen und Hauptthese(n), die vertreten werden, aufzeigen.
- Die zentralen Argumente, die von der Autorin/dem Autor als Beleg für seine/ihre Aussagen angeführt werden, herausarbeiten.

3. Schritt – Kritische Auseinandersetzung:

Die Textaussagen und Argumente auf textinterner und textexterner Grundlage erläutern, erörtern und auf diese Weise zu einem kritisch abwägenden eigenen Gesamturteil gelangen.

Dies kann unter folgenden Leitperspektiven geschehen:

- Für das Verständnis der Position und der Argumentation des Autors/der Autorin zentrale historische Sachverhalte und Problemzusammenhänge bzw. Erklärungsansätze erläutern.
- Aufzeigen, mit welchem Erkenntnisinteresse und aus welcher – möglicherweise sogar klar erkennbar einseitig ideologisch geprägten – Perspektive der/die Verfasser/in schreibt.
- Die Logik und Schlüssigkeit des Gedankengangs des Autors/der Autorin prüfen.
- Erörtern, ob die Ausführungen durch einseitige Sichtweise und Begründung (monokausal) geprägt sind oder ob auch andere konkurrierende fachliche Auffassungen und Perspektiven Eingang finden und ein mehrschichtiges Gesamtbild (multikausaler Erklärungsansatz) entwickelt wird.
- Sich auf dem Hintergrund eigener historischer Kenntnisse und im Vergleich zu anderen bekannten Historikerpositionen mit den inhaltlichen Hauptaussagen und der Argumentation des Autors/der Autorin zustimmend, die Thesen relativierend oder ablehnend auseinandersetzen und
- in differenzierter Abgrenzung oder Zustimmung zum Text unter Rückbezug auf die gestellte(n) Leitfrage(n) eine eigene begründete Sichtweise formulieren.

Bildquellen interpretieren

Basismethode

A. Bildquellen

Auf dem Bild links oben ist nicht Karl der Große zu sehen, sondern – und das ist für den sachgerechten Umgang mit Bildern von entscheidender Bedeutung – ein Bild von Karl dem Großen. Denn dieses Bild zeigt uns, wie der Maler Albrecht Dürer – Jahrhunderte später – den Kaiser gesehen hat und wie er ihn seine Mitmenschen und die Nachwelt hat sehen lassen wollen. Bilder sind keine Abbilder der Wirklichkeit, sondern Deutungen von Wirklichkeit. Sie sind keine objektive Momentaufnahme historischer Wirklichkeit, sondern zeigen eine perspektivische Sicht auf die jeweilige Wirklichkeit.

Ganz gleich, ob es sich um eine griechische Vasenmalerei, ein Personenbild wie das Karls des Großen, ein historisches Gemälde zur Kaiserproklamation von 1871, um Karikaturen, Fotos, politische Plakate, Postkartenbilder, Mosaike, mittelalterliche Buchmalereien oder Kunstwerke der Bildenden Kunst handelt: Sie alle können als Bildquellen – d. h. Bilder, die in der Vergangenheit entstanden sind und uns in heutiger Zeit zugänglich sind – für historische Erkenntnisgewinnung genutzt werden. Da sie jedoch kein objektives Abbild historischer Realität bieten, sondern als perspektivische Darstellungen und Wahrnehmungen immer Interpretation von Wirklichkeit darstellen, müssen Bildquellen wie schriftliche Quellen als Überlieferungen von Vergangenheit nach quellenkundlichen Kriterien entschlüsselt werden. Dabei folgt das Interpretationsverfahren, dessen Ziel es ist, aus „bildlichen Zeichen Sinn zu entnehmen“, dem dreistufigen Arbeitsschema Beschreibung – Analyse – Interpretation, das in dieser Grundstruktur auch bei der Interpretation schriftlicher Quellen angewendet wird.

B. Schritte der Interpretation von Bildern als historische Quelle

Der Grundsatz, dass eine **Frage** der Ausgangspunkt einer jeden historischen Interpretation ist, gilt auch für die Gattung Bild. Wie im Falle schriftlicher historischer Quellen schließt sich auch bei der systematischen Interpretation von Bildern als historische Quellen der Arbeitsschritt **Analyse** an, die die Voraussetzung für den dritten Arbeitsschritt, die **Bildinterpretation**, darstellt.

1. Schritt – Leitfrage(n) festlegen:

Aus der Vielfalt an möglichen Fragen, die an die Bildquelle gestellt werden können, das eigene Erkenntnisinteresse festlegen und als Untersuchungsfrage(n) formulieren, die dann als Leitfrage(n) zielführend den Interpretationsprozess steuert(n).

2. Schritt – Analyse:

– Beschreibung und Klärung formaler äußerer Merkmale der Bildquelle

- Die Bildart einschließlich ihrer gattungsspezifischen Merkmale kurz charakterisieren.
- Den Bildautor unter Einschluss bekannter biografischer Informationen vorstellen.
- Das Bildthema bzw. den Bildgegenstand und, soweit bekannt, die Situation, in der das Bild entstanden ist (d. h. Zeitpunkt der Entstehung, das Veröffentlichungsdatum, Entstehungsort), benennen.
- Den Anlass, den Auftraggeber und die Zielgruppe der Adressaten benennen.

– Bildbeschreibung und -erläuterung

- Die Einzelelemente der Darstellung beschreiben und die sachlichen historischen Zusammenhänge, auf die sich die Bildquelle bezieht, erläutern. Das bedeutet:
  – In einer zweckmäßigen Reihenfolge und Anordnung (z. B. vom Zentralen zu den Einzelheiten, vom Bildmittelpunkt zum Vorder-, Hintergrund, Bildrand) genau in allen Einzelheiten beschreiben, was auf dem Bild zu sehen ist und
  – im Zusammenhang der Beschreibung die historischen Sachverhalte, die ins Bild gesetzt werden, erläutern.
- Wesentliche Einzelelemente des Bildes, die Bildkomposition und verwendete bildliche Gestaltungsmittel (z. B. Perspektive, Darstellungstechnik, Bildgröße, Präsentationsform, Farbgestaltung, Verwendung von zeittypischen Symbolen und symbolhaften Darstellungsformen) darstellen und bildbezogen erläutern.

3. Schritt – Interpretation: Deuten und Urteilen im historischen Kontext

- Die zentrale(n) Bildaussage(n) in ihrem historischen Entstehungskontext und in ihrer Darstellungsabsicht unter Berücksichtigung des Zusammenspiels von Inhalt und gewählter Darstellungsform deuten.

– Ebene 1 Interpretation im engeren Sinne

Zentrale Fragestellungen, die für eine zusammenfassende Interpretation auf dieser Ebene hilfreich sein können:
– Welche Absicht(en) verfolgen der Bildautor und mögliche Auftraggeber des Bildes?
– Welche „Botschaft" und Deutung zur gewählten Bildthematik wird vermittelt?
– Wie ist das Verhältnis von bildlicher Interpretation des historischen Sachverhalts durch den Bildautor und „historischer Wirklichkeit und Wahrheit" zu beurteilen?
– Sind klare zeittypische Deutungsmuster erkennbar?
– Wie überzeugend und wirkungsvoll sind die gewählten bildlichen Darstellungsmittel, um die gewollte Aussageabsicht und Wirkung beim Betrachter zu erreichen?

– Ebene 2 Zusammenfassendes Resümee mit Blick auf die Leitfrage(n)

- Auf der Grundlage der Arbeitsergebnisse im Bereich Analyse und der Ergebnisse der Interpretation im engeren Sinne belegbare Schlussfolgerungen mit Blick auf die gestellte(n) Leitfrage(n) für die Interpretation (1. Schritt s. o.) ziehen und tragfähige Antworten formulieren.

Arbeitsaufträge zielgerichtet und erfolgreich bearbeiten

„Wenn man nicht genau weiß, wohin man will, landet man leicht da, wo man gar nicht hin wollte." Dieser zugleich warnende und gut gemeinte Hinweis des amerikanischen Lernpsychologen R. Mager erscheint besonders hilfreich und einleuchtend für den richtigen Umgang mit Arbeitsaufträgen. Sie beinhalten durch die jeweils gewählten Formulierungen klare Aufträge, welche inhaltlich-thematischen Perspektiven zu behandeln sind und welche methodische Vorgehensweise gefordert ist. Solche Arbeitsanweisungen bestehen in der Regel aus einer eingeforderten Tätigkeit (Operation), z. B. etwas zusammenzufassen oder zu erklären, und aus inhaltlichen Vorgaben, auf die die Operation gerichtet ist. Die in der Tabelle aufgeführten Operatoren-Beschreibungen entsprechen dem verbindlichen „Basisoperatorenkatalog" für das schriftliche Abitur in Baden-Württemberg in den gesellschaftswissenschaftlichen Fächern.

nennen	Entweder Informationen aus vorgegebenem Material entnehmen oder Kenntnisse ohne Materialvorgabe anführen.
herausarbeiten	Informationen und Sachverhalte unter bestimmten Gesichtspunkten aus vorgegebenem Material entnehmen, wiedergeben und/oder gegebenenfalls berechnen.
beschreiben	Wesentliche Informationen aus vorgegebenem Material oder aus Kenntnissen zusammenhängend und schlüssig wiedergeben.
charakterisieren	Sachverhalte und Vorgänge mit ihren typischen Merkmalen beschreiben und in ihren Grundzügen bestimmen.
erstellen	Sachverhalte inhaltlich und methodisch angemessen graphisch darstellen und mit fachsprachlichen Begriffen beschriften (z. B. Fließschema, Diagramm, Mindmap, Wirkungsgefüge).
darstellen	Strukturen und Zusammenhänge beschreiben und verdeutlichen.
analysieren	Materialien oder Sachverhalte systematisch und gezielt untersuchen und auswerten.
ein-, zuordnen	Sachverhalte, Vorgänge begründet in einen vorgegebenen Zusammenhang stellen.
begründen	Komplexe Grundgedanken argumentativ schlüssig entwickeln und im Zusammenhang darstellen.
erklären	Informationen durch eigenes Wissen und eigene Einsichten begründet in einen Zusammenhang stellen (z. B. Theorie, Modell, Gesetz, Regel, Funktionszusammenhang).
erläutern	Sachverhalte im Zusammenhang beschreiben und anschaulich mit Beispielen oder Belegen erklären.
vergleichen	Gemeinsamkeiten und Unterschiede gewichtend einander gegenüberstellen und ein Ergebnis formulieren.
überprüfen	Vorgegebene Aussagen bzw. Behauptungen an konkreten Sachverhalten und innerer Stimmigkeit messen.
beurteilen	Aussagen, Behauptungen, Vorschläge oder Maßnahmen im Zusammenhang auf ihre Stichhaltigkeit bzw. Angemessenheit prüfen und dabei die angewandten Kriterien nennen.
bewerten	Aussagen, Behauptungen, Vorschläge oder Maßnahmen beurteilen, eine persönliche Stellungnahme abgeben und dabei die eigenen Wertmaßstäbe offenlegen.
erörtern	Zu einer vorgegebenen Problemstellung durch Abwägen von Für- und Wider-Argumenten ein begründetes Urteil fällen.
gestalten	Sich produkt-, rollen- bzw. adressatenorientiert mit einem Problem durch Entwerfen z. B. von Reden, Streitgesprächen, Strategien, Beratungsskizzen, Szenarien oder Modellen auseinandersetzen.

Glossar

Agrarrevolution
Der Übergang von der traditionellen zur industrialisierten Agrargesellschaft wird wegen seiner umfassenden Auswirkungen Agrarrevolution genannt. Damit einher gehen die Abnahme des Landwirtschaftssektors am Bruttosozialprodukt, die Aufhebung persönlicher und dinglicher Einschränkungen der Bevölkerungsmobilität, des Eigentums und der Produktionsweise, der Verzicht auf unökonomische Abgaben an Grundbesitzer. Stattdessen entsteht ein Markt für Agrargüter (besonders die Städte und Industriezentren), womit Massenproduktion verbunden ist (Aufgabe der Subsistenzwirtschaft: vorrangig Selbstversorgung). Die Verwendung von Saat- und Viehzucht, von Maschinen zur Feldarbeit, von Kunstdünger und Flächenbereinigungen ermöglicht gewinnorientiertes Arbeiten auf dem Lande.

Aktiengesellschaft
Zur Akkumulation von Kapital, das große Produktionsbetriebe zur Investition benötigten, wurden im Wert fest vereinbarte Kapitalgutschriften (Aktien) ausgegeben, die einzelne Kapitalbesitzer erwerben konnten. Den Gegenwert der Aktien stellten sie dem Betrieb zur Verfügung. Dafür wurden die Aktienbesitzer am Gewinn und Verlust des Unternehmens beteiligt. Durch den Handel mit Aktien an der Börse konnte sich der Realwert und der Schätzwert eines Betriebes erheblich unterscheiden.

Alltagsgeschichte
Kultur- und sozialgeschichtliche Sichtweise zur Untersuchung der materiellen (z. B. Wohnen, Arbeiten, Ernährung), sozialen (z. B. Schichten, Geschlecht) und ideellen (z. B. Symbole, Erleben, Deuten) Strukturen und Erscheinungsformen des Alltags. Sie wird oft auf regionaler Ebene angewendet.

Ancien Régime
(franz. = alte Herrschaftsordnung). Bezeichnung für die (feudale) Gesellschaftsordnung und das (absolutistische) politische System in Frankreich vor der Revolution von 1789.

Angestellte
Angestellte arbeiten an der Entwicklung, Einrichtung, Steuerung, Verwaltung, Kontrolle von Arbeitsabläufen und Produkten in Unternehmen oder im Bereich von Beratung, im Vertrieb und in der Verwaltung im Dienstleistungsgewerbe. Zu ihren wesentlichen Funktionen zählen: leiten, planen, vorbereiten, kontrollieren, verwalten, Informationen bearbeiten, registrieren und verteilen. Sie verfügen über eine höhere Ausbildung als Arbeiter; sie sind weniger manuell tätig, aber stärker in die unternehmerische Verantwortung einbezogen. Sie erhalten Gehalt statt Lohn und waren bis ins 20. Jahrhundert besonders in Deutschland darum bemüht, sich organisatorisch, in Lebensstil und Verhalten von den Arbeitern abzugrenzen. Daher wurden sie als neuer Mittelstand bezeichnet. Ein eigenes Klassenbewusstsein bildeten Angestellte nicht aus, da ihre Arbeit sehr unterschiedlich war, sie sich vorwiegend gegen die Arbeiter abgrenzen wollten und eher an den höheren Schichten orientierten. Die weiblichen Angestellten (Verkäuferinnen, Sekretärinnen) blieben insgesamt deutlich minder qualifiziert und angesehen als ihre männlichen Kollegen.

Antisemitismus
Seit den 70er-Jahren des 19. Jahrhunderts gebräuchlicher Ausdruck für eine judenfeindliche Haltung und Ideologie, in der politische und gesellschaftliche Konflikte auf Juden als Feindbild übertragen werden. Die ablehnend-distanzierte Haltung gegenüber den Juden tritt bereits in der Antike auf und durchzieht die Geschichte des christlich geprägten Abendlandes. Mehrfach entlud sich der „Judenhass“ (z. B. im Zusammenhang mit der Kreuzzugsbewegung oder der Pestepidemie um 1347) in aggressiven Handlungen gegen die als „Mörder Christi“ diffamierten Juden. In der Regel meint der Begriff den modernen Antisemitismus, der gegen Ende des 19. Jahrhunderts entstanden ist. Der moderne Antisemitismus betrachtet in (verfälschender) Anlehnung an die Evolutionstheorie Darwins die Juden als eine minderwertige „Rasse“ und ersetzt damit zusehends die kulturell-religiöse Argumentation (Sozialdarwinismus). In allen Ländern, in die die Juden eingewandert seien, würden sie ihre „Wirtsvölker“ ausbeuten, ohne selbst zu positiven Leistungen fähig zu sein. Dabei wurden die Juden häufig mit den modernen Entwicklungen – Industrialisierung, Kapitalismus, Kommunismus – identifiziert. Um die Jahrhundertwende hatte sich der moderne Antisemitismus zu einem gesamteuropäischen Phänomen entwickelt. Der moderne Antisemitismus wurde wichtiger Bestandteil der nationalsozialistischen Ideologie und führte zum grausamen Völkermord an den Juden (Holocaust).

Appeasementpolitik
(engl. *to appease* = beruhigen). Außenpolitische Strategie der britischen Regierung gegenüber dem nationalsozialistischen Deutschland, die von dem Versuch geprägt war, das NS-Regime durch diplomatische und territoriale Konzessionen von expansiver Aggression abzuhalten. Höhepunkt dieser Politik war das Münchner Abkommen vom 29.9.1938. Als mit dem deutschen Einmarsch in die CSR am 15.3.1939 das Scheitern der Appeasementpolitik offenkundig wurde, ging die britische Regierung von dieser problematischen Strategie ab und begann eine militärische Aufrüstung, um der deutschen Diktatur notfalls mit Waffengewalt entgegentreten zu können.

Arbeiter
Arbeiter sind überwiegend manuell tätig. Die Handarbeit kann ungelernt, angelernt oder gelernt sein. Männer,

Frauen und Kinder wurden beschäftigt, ohne dass der Grundsatz „Gleicher Lohn für gleiche Arbeit" verwirklicht worden wäre. Arbeiter waren zu Hause (Heimarbeiter), im Handwerksbetrieb (Gesellen), in der Fabrik (Fabrikarbeiter) oder in Produktionssystemen (Bergarbeiter, Straßenarbeiter, Steinbrucharbeiter usw.) eingesetzt. Die Arbeitsbedingungen unterschieden sich erheblich nach Branchen und technischem Entwicklungsstand. Auch nach ihrer sozialen Herkunft war die Gruppe sehr unterschiedlich zusammengesetzt. Je mehr sich die Fabrikarbeit durchsetzte, desto weniger bedeutsam wurden die Unterschiede zugunsten des gemeinsamen Merkmals, dass Arbeiter Lohnarbeit verrichten ohne selbst im Besitz von Produktionsmitteln außer ihrer Arbeitskraft zu sein. In dieser Lage entstand das Bewusstsein für Gemeinsamkeiten (Klasse für sich), da auch gesamtgesellschaftlich die Ähnlichkeiten innerhalb der Großgruppe überwogen (Klasse an sich). Mit zunehmender Arbeitsteilung und Expansion veränderte sich das Profil der Arbeiterschaft wieder. Das zentrale Steuerungselement für die Lage des Arbeiters wurde der Markt; ohne genug Macht und Qualifikation war die soziale Stellung des Arbeiters ständig gefährdet. Trotz aller Rückschläge nahm die Integration der Arbeiterschaft in die Gesellschaft bis 1914 tendenziell zu: Bessere Ausbildung, höhere Löhne, Versicherungen und kulturelle Einrichtungen hatten daran Anteil.

Arbeiterbewegung

Die Lage der Arbeiter im Kapitalismus führte zur Notwendigkeit, organisiert für die Verbesserung der eigenen sozialen, wirtschaftlichen und politischen Lage einzutreten. Die Arbeiterbewegung entwickelte regional unterschiedlich zwei Stoßrichtungen: die wirtschaftlich ausgerichteten Gewerkschaften und die politisch ausgerichteten Arbeiterparteien.

Aufklärung

Seit Ende des 17. Jahrhunderts von England und Frankreich ausgehende Denkrichtung, derzufolge die vernünftige Natur des Menschen einen obersten Wert darstellt. Im Licht der menschlichen Vernunft sollten alle traditionellen Wahrheiten und Autoritäten in Wissenschaft und Religion, in Staat und Gesellschaft überprüft werden. Aufgrund seiner vernünftigen Natur sollte jeder Mensch geachtet und respektiert werden. Jedem Menschen sollten gleiche Freiheitsrechte (Menschenrechte) eingeräumt werden. Die Aufklärung richtete sich an das Individuum, sich seines Verstandes zu bedienen und sich von Bevormundung zu befreien. Die Herrschenden in Staat und Gesellschaft waren aufgerufen, das absolutistische Herrschaftssystem und die Ständeordnung aufgrund des Widerspruchs zur natürlichen Freiheit und Gleichheit aller Menschen zu verändern. Träger der Aufklärung war vor allem das wirtschaftlich selbstständige und gebildete Bürgertum.

Autokratie

Autokratie (Selbstherrschaft) ist ein Sammelbegriff für Regierungsformen, bei denen die Staatsgewalt uneingeschränkt in der Hand eines Einzelnen liegt.

Bevölkerung

Die Bevölkerung ist ein zentraler Faktor der gesellschaftlichen Entwicklung. Er prägt sich in den Merkmalen Menge, Wachstum und Differenzierung aus und ist abhängig von ökonomischen, sozialen und kulturellen Bedingungen. In Agrargesellschaften (begrenzte Anbaufläche, wenig Technik) führte ein Bevölkerungswachstum über die Ertragslage hinaus zu Krisen, sinkenden Reallöhnen und Hungersnot mit hoher Sterblichkeit oder Auswanderung. Die Geburtenkontrolle konnte diese Entwicklung wegen des hohen Risikos der Kindersterblichkeit und der geringen Lebenserwartung insgesamt nicht ausgleichen. Erst die Industrialisierung ermöglichte eine langfristig wachsende Bevölkerung und steigendes Pro-Kopf-Einkommen zugleich und konnte damit die strukturelle Armut (Pauperisierung) bekämpfen. Der Preis für diesen Fortschritt lag in hohen sozialen Anpassungskosten (Urbanisierung, Kinderarbeit, Funktionsverlust der Familie).

Bill of Rights

Ursprünglich das englische Staatsgrundgesetz von 1689. Die 13 Artikel regelten vor allem die Rechte des Parlaments gegenüber der Krone. Sie untersagten u. a. den Erlass und die Aufhebung von Gesetzen durch den König, sie beseitigten geistliche Gerichtshöfe, sie verboten Folter und grausame Bestrafungen, sicherten Untertanen, die Petitionen einreichten, Straffreiheit zu und garantierten die parlamentarische Rede-, Debattier- und Verfahrensfreiheit. Die Bill of Rights bildete gemeinsam mit der Petition of Rights von 1628, die die bürgerlichen Freiheiten der englischen Untertanen garantierte, eine Grundlage der parlamentarischen Regierungsform in Großbritannien.

Im amerikanischen Verfassungsrecht bezeichnet die Bill of Rights die ersten zehn Zusatzartikel der amerikanischen Verfassung, die 1791 in Kraft traten.

Bolschewismus

Dieser Begriff wird oft gleichbedeutend mit Kommunismus verwendet. Er leitet sich ab von den „Bolschewiki", den „Mehrheitlern", jenem radikalen Flügel der Sozialdemokratischen Arbeiterpartei Russlands, der seit 1903 den revolutionären Gedanken Lenins folgte.

Bourgeoisie

Der Begriff stammt aus der Zeit der Französischen Revolution und bezeichnete dort das besitzende Bürgertum. Durch Karl Marx ist der Begriff auf alle Besitzer von Produktionsmitteln (Boden, Kapital, Werkzeuge, Maschinen, Arbeit, Wissen, Beziehungen) ausgeweitet worden. Der Begriff soll zum Ausdruck bringen, dass ihnen eine gemeinsame Interessenlage und Stellung im Produktionsprozess eigen ist.

Budgetrecht

Das Recht des Parlamentes, über den Staatshaushalt zu bestimmen. Es war eines der ersten Rechte, die den Parlamenten in ihrer Entwicklung von den Monarchen zugestanden wurden, da der Haushalt in die Einkommensverhältnisse der Untertanen (Steuern und Abgaben) eingriff. Es war auch zugleich ein sehr wichtiges Kontrollmittel des Parlamentes gegenüber der Regierung, da die konkrete Regierungspolitik in hohem Maße von der Regelung der Einnahmen und Ausgaben des Staates abhing.

Bürger
Seit der griechisch-römischen Antike galt der Bürger als Träger des politischen Gemeinwesens. Wer das Bürgerrecht besaß, durfte alle politischen Vorrechte wie beispielsweise Abstimmungen in Volksversammlungen ausüben. Neben den Vollbürgern unterschied man in der Antike auch Bürger minderen Rechts wie die Metöken („Fremde") in Athen oder die Periöken („Anwohner") in Sparta. Kein Bürgerrecht besaßen Frauen und Sklaven. Der Begriff Bürgertum ist jedoch nicht nur eine politischrechtliche Bezeichnung, sondern meint auch den Stand „Bürgertum", zu dem seit dem 18. Jahrhundert Angehörige einer Bevölkerungsschicht zählen, die sich von den privilegierten Ständen (Adel und Klerus) einerseits, von den Bauern und städtischen Unterschichten andererseits unterscheidet. Kennzeichnend sind Besitz und Bildung sowie vom Leistungsprinzip geprägte Einstellungen. In Frankreich erstarkt vor allem die Schicht der Besitz- oder Wirtschaftsbürger (= Bourgeoisie: Großkaufleute, Unternehmer, Bankiers), die sich in ihrer Lebensform gern an adlige Muster angleichen. Nach der Französischen Revolution entsteht in Frankreich eine neue soziale Führungsschicht aus Großbürgern und Adel. In Deutschland entwickelt sich im 18. Jahrhundert eine mit besonderen Vorrechten ausgestattete Oberschicht von Bildungsbürgern. Sie ist durch eine höhere Schul- und Universitätsbildung gekennzeichnet und verdankt ihren Aufstieg staatlichen Diensten. Von Wirtschaftsbürgern und Kleinbürgern (Handwerksmeister, Händler, Wirte) grenzte sich diese bevorrechtigte Oberschicht ab. Der Begriff Staatsbürger (frz. *citoyen*) bezeichnet alle Bürger, die ungeachtet ihrer sozialen Stellung aktiv am politischen Leben teilnehmen und gleiche Rechte und Pflichten haben. Nichtbesitzende Schichten und (bis ins 20. Jahrhundert) Frauen waren nicht als Staatsbürger anerkannt.

Bürgerkrieg, amerikanischer
1861 traten 7 der 15 sklavenhaltenden Südstaaten aus der Union der amerikanischen Staaten aus. Sie gründeten die „Konföderierten Staaten von Amerika". Ihr „Austritt" (lat. *secessio*) löste den amerikanischen Bürgerkrieg (Sezessionskrieg) aus. Den Hintergrund bildete der Gegensatz zwischen dem industrialisierten, auf freier Lohnarbeiterschaft basierenden bzw. in freier Farmwirtschaft betriebenen Norden und der Pflanzeraristokratie des Südens, deren Plantagenwirtschaft auf Sklavenarbeit beruhte.

Bürgerrechtsbewegung
Im Jahr 1896 bestätigte der Oberste Gerichtshof die Rassentrennung („Segregation") im öffentlichen Verkehrswesen. Durch dieses *„separate-but-equal"*-Urteil, das ein gesellschaftliches Ordnungsprinzip ausdrückte, wurde die soziale Benachteiligung der afroamerikanischen Bevölkerungsgruppe bei formaler rechtlicher Gleichheit festgeschrieben. Nach ersten Verordnungen gegen Rassendiskriminierung im Zweiten Weltkrieg markiert das Urteil des Obersten Gerichtshofes von 1954 zur Verfassungswidrigkeit der Rassentrennung an Schulen den Beginn einer organisierten Bewegung mit dem Ziel, die Menschen- und Bürgerrechte für farbige Amerikaner durchzusetzen. Diese Bürgerrechtsbewegung kämpfte gegen Diskriminierung und für rechtliche und vor allem gesellschaftliche Gleichheit. Neben rechtlichen Maßnahmen gehörten dazu im Besonderen Demonstrationen und Boykottkampagnen. Den Höhepunkt bildete der „Marsch auf Washington" vom 28. August 1963, an dem, angeführt von Martin Luther King, 200 000 Bürgerrechtler teilnahmen. Daneben gab es auch massive gewalttätige Auseinandersetzungen. Die Bürgerrechtsgesetzgebung von 1964 markiert den vorläufigen rechtlichen Schlusspunkt des Kampfes um die Gleichstellung der afroamerikanischen Bevölkerung.

Demokratie
Der Begriff stammt aus dem Griechischen und bedeutet „Volksherrschaft". Sie bezeichnet eine Herrschaftsform, in der die Macht bei allen Vollbürgern lag, die sich in ihren Poleis unmittelbar, d.h. in einer Volksversammlung, an den politischen Grundsatzentscheidungen beteiligten. Seit dem 18. Jahrhundert wurde die Demokratie als repräsentative Demokratie in den Staaten Nordamerikas, West- und Mitteleuropas bis 1918 schrittweise durchgesetzt. Auf der Grundlage einer selbst gegebenen Verfassung wählt das Volk auf Zeit seine Vertreter (Repräsentanten), die die Gesetzgebung und die Kontrolle der Regierung wahrnehmen sollen. Diesem liberalen Verständnis zufolge zeichnet sich eine Demokratie durch Rechtsstaatlichkeit, die Existenz von Grundrechten, Minderheitenschutz und Gewaltenteilung aus.

Diktatur
Der Begriff bezeichnet die auf Gewalt beruhende, uneingeschränkte Herrschaft eines Einzelnen oder einer Gruppe. Im 20. Jahrhundert können z.B. der Nationalsozialismus oder der Stalinismus als Diktaturen bezeichnet werden.

Diktatur des Proletariats
Karl Marx prägte diesen Begriff als Bezeichnung für die Übergangsphase zwischen der proletarischen Revolution und der anzustrebenden herrschaftsfreien, klassenlosen Gesellschaft. In dieser Übergangsphase herrscht die Mehrheit des Proletariats über die Minderheit der Bourgeoisie.

Dolchstoßlegende
Behauptung, nicht die militärische Führung des Deutschen Kaiserreiches sei schuld an der Niederlage Deutschlands im Ersten Weltkrieg, sondern Demokraten und Sozialisten, die sich gegen einen Siegfrieden als Kriegsziel gewandt hatten. Die Dolchstoßlegende wurde zu einer

politischen Kampfparole der antidemokratischen, nationalistischen Kräfte in der Weimarer Republik.

Emanzipation
Der lateinische Begriff *emancipatio* bezeichnet ursprünglich den Rechtsakt, durch den ein erwachsener Sohn aus der väterlichen Verfügungsgewalt in die Selbstständigkeit entlassen wurde. Allgemein meint er die rechtliche und faktische Befreiung von Zwang und Unterdrückung. Mit politischer Emanzipation kann man generell den Prozess der Demokratisierung beschreiben. Mit dem Begriff der „Judenemanzipation" wird die rechtliche Gleichstellung der Juden bezeichnet. Sie erlangten beispielsweise in Frankreich während der Französischen Revolution, in Deutschland im Laufe des 19. Jahrhunderts zumindest die rechtliche Gleichstellung mit den anderen Staatsbürgern. Auch der Kampf der Schwarzen in den USA oder das Eintreten der Frauenbewegung für Gleichberechtigung werden als Emanzipationsbewegungen bezeichnet.

Entente
(von franz. Einverständnis). Bezeichnung für eine diplomatische Verständigung zwischen Staaten. Die Entente Cordiale von 1904 ist z. B. die Verständigung zwischen England und Frankreich über Kolonialfragen. Sie war kein förmlicher Bündnisvertrag, aber eine politische Zusammenarbeit, die sich gegen die Weltpolitik Deutschlands richtete.

Euthanasie
(griech. *euthanasia* = leichter Tod). Bezeichnet im medizinischen Sinne die Herbeiführung des Todes bei unheilbar Kranken oder die Linderung von Todesschmerzen. Seit der Epoche des Nationalsozialismus steht der Begriff aber auch für die planmäßige Tötung von Menschen, denen das Recht auf Leben gemäß der nationalsozialistischen Rassenlehre abgesprochen wurde („lebensunwertes Leben"). Von 1939 bis 1945 fielen dem Euthanasieprogramm in Deutschland etwa 120 000 Menschen zum Opfer.

Fabrik
Ein räumlich zentral organisierter Großbetrieb zur Herstellung von Industriewaren wird als Fabrik bezeichnet. Darin wird der Produktionsprozess in kleine, immer gleiche Schritte zerlegt (Arbeitsteilung) und vorwiegend durch Maschinen ausgeführt, die gleichbleibende Qualität bei hoher Stückzahl garantieren. Die Waren werden auf Vorrat für einen überörtlichen, unpersönlichen Verbrauchermarkt hergestellt. Als soziales System ist die Fabrik ein hierarchisch gegliederter Bereich zum Zweck der gewinnorientierten Massenproduktion. Im Zuge der ökonomischen Differenzierung können sich Teile der Produktion in Zulieferbetriebe, Fabriken zur Erzeugung von Halbfertigwaren oder Veredlungsbetriebe spezialisieren. Fabriken sind anfänglich private oder staatliche Großbetriebe mit klarer Eigentumsbindung; sie differenzieren sich bei zunehmender Arbeitsteilung in Gesellschaften, meist auf Aktienbasis kapitalisiert, mit angestellten Fabrikdirektoren, Geschäftsführern und selbstständigen Abteilungen. Im 20. Jahrhundert setzt sich im Zuge der Rationalisierung und Automatisierung die Fließbandarbeit durch.

Familie
Die Familie entwickelte sich im 18./19. Jahrhundert von einer wirtschaftlichen Erwerbsgemeinschaft mit produktiven und reproduktiven Funktionen zu einer sozialen, emotional gebundenen Kernfamilie. Damit verschoben sich die Rollen innerhalb der Familie, was Auswirkungen auf die primäre Sozialisation der Kinder hatte. Der Mann als Erzeuger und Ernährer sowie als Außenvertretung der Familie und die Frau als Gebärerin und Haushälterin mit karitativen Funktionen wurden in ihrer Rolle durch die außerhäusliche Erwerbsarbeit, besonders die Fabrikarbeit, infrage gestellt. Die bürgerliche Familie fand Entlastung der Funktionen durch ein mitunter vielfältiges Hauspersonal, die Arbeiterfamilie ermöglichte weiter reichende Emanzipation der Mitglieder und fand allmähliche Entlastung durch die Sozialgesetzgebung des Staates. Immer war die Familie eine vielfältige, flexible Form von sozialen Beziehungen. Die ganzheitliche Einbindung der Mitglieder in der Familie stand im Widerspruch zu der aufgeteilten Marktbeziehung von Angebot und Nachfrage sowie zum Leistungsprinzip in der Industriegesellschaft. Dadurch konnte die Familie gerade manche Härte der Arbeitswelt abmildern und manche Beziehung erst ermöglichen, die zu wirtschaftlichem Erfolg führte.

Faschismus
(von lat. *fasces* = Rutenbündel, Machtsymbol römischer Beamter und ital. *fascio* = der Bund). Seit den 1920er-Jahren zusammenfassende Bezeichnung für politische Bewegungen nach dem Vorbild der italienischen „fasci di combattimento" unter Benito Mussolini, die durch bestimmte gemeinsame Merkmale (u. a. Führerprinzip, Übertragung militärischer Prinzipien und Umgangsformen auf das zivile Leben, Überhöhung des nationalen Selbstwertgefühls) sowie die doppelte Frontstellung gegen den Kommunismus einerseits und die liberale Demokratie andererseits gekennzeichnet sind. Als Selbstbezeichnung blieb der Begriff auf Italien beschränkt; die deutschen Nationalsozialisten haben sich selbst nie als Faschisten bezeichnet. Man unterscheidet zwischen faschistisches Bewegungen, die es in vielen europäischen Ländern gegeben hat, und faschistischen Regimes, die nur in Italien und Deutschland entstanden.

Frontier
1893 vertrat der amerikanische Historiker Frederik Jackson Turner (1861 – 1932) die These, dass das Vorhandensein freien Landes und das Vordringen der Siedlungsgrenze nach Westen die amerikanische Entwicklung erkläre. Die Bedingungen des Grenzraums, des Aufeinandertreffens besiedelten und unbesiedelten Landes, der Frontier, hätten die Möglichkeiten des sozialen Aufstiegs, des Individualismus und der Demokratie gefördert. Turner sah den Westen als das wahre Amerika. Damit erklärte er die

fortschrittlichen politischen und gesellschaftlichen Institutionen Amerikas nicht aus der europäischen Tradition, sondern leitete sie aus dem demokratisierenden Einfluss der Siedlungserfahrung ab. Zwar wurde Turners These kritisiert, die besondere Bedeutung der ständigen Grenzverschiebung ist jedoch unbestritten, insbesondere die durch die Pioniergesellschaften aus Farmern, Kaufleuten, Händlern, Handwerkern, Arbeitern und freien Berufen geförderte Tendenz zur gleichberechtigten, Standesunterschiede einebnenden und vom Einzelnen zu verantwortenden Teilhabe an sozialen und ökonomischen Chancen.

Führer (Führerprinzip, Führerstaat)

Offizieller Titel Hitlers seit August 1934: „Führer und Reichskanzler"; Anrede: „Mein Führer"; der mit quasi religiöser Verehrung umgebene, aus der Mitte des Volkes stammende Leiter des Volkes mit uneingeschränkten Befugnissen; der Führer verkörperte das Volk, den „wahren Volkswillen". Das Führerprinzip verlangte – in scharfem Gegensatz zur demokratischen Vorstellung politischer Meinungsbildung – den unbedingten Gehorsam der „Gefolgschaft" gegenüber ihrem „Führer". Nach dem Führerprinzip wurde der nationalsozialistische Führerstaat hierarchisch durchorganisiert, mit Adolf Hitler als „Oberstem Führer" an der Spitze. Rivalisierende Ämter und Befugnisse schufen zugleich ein undurchschaubares Entscheidungssystem, das Raum für Willkürentscheidungen auf allen politischen Ebenen schuf (Maßnahmenstaat, Polykratie).

Gesellschaftsvertrag

Die Lehre vom Gesellschaftsvertrag versucht die Entstehung des Staates oder die Verteilung von Herrschaft zwischen (Staats-)Oberhaupt und (Staats-)Volk zu erklären. Sie geht von der fiktiven Annahme aus, dass die Menschen zuerst im Naturzustand vereinzelt gelebt haben, bevor sie übereinkamen, das Zusammenleben zu ordnen und einen Herrscher einzusetzen bzw. die Herrschaft zu regeln (im Prinzip kann der Mayflower Compact als ein solcher Gesellschaftsvertrag angesehen werden). Die bedeutendsten Theoretiker der Lehre vom Gesellschaftsvertrag sind die englischen Philosophen Hobbes und Locke sowie der Franzose Rousseau. Locke und vor allem Rousseau vertraten den Standpunkt der Volkssouveränität, nach dem die Bürger als Ursprung und Träger der Staats- und Herrschaftsgewalt gelten.

Gestapo

„Geheime Staatspolizei", ursprünglich von Göring in Preußen eingerichtete Polizeidienststelle zur Verfolgung politischer Gegner, wurde die Gestapo seit 1939 eine der SS unterstellte Reichsdienststelle unter der Leitung von Reinhard Heydrich. Zentrale der Gestapo war das „Reichssicherheitshauptamt" (RSHA) der SS in Berlin. Die Gestapo erzwang Aussagen durch Folter, ließ Gefangene ermorden und organisierte die Einweisung in Konzentrations- und Vernichtungslager.

Gewerkschaft

Zur Verbesserung der sozialen und wirtschaftlichen Verhältnisse der Arbeiterschaft haben Arbeiter diese Interessenverbände geschaffen. Hatten sich anfangs nur Handwerkergesellen gegen ungerechte Behandlung durch die Meister, gegen Lohndrückerei und den Zunftregeln widersprechende Arbeitsmethoden zusammengeschlossen, so traten bald auch die Lohnarbeiter mit höherer fachlicher Qualifikation und schließlich die un- bzw. angelernten Arbeiter hinzu. Ihr wichtigstes Kampfmittel war der Streik. Die Ausprägung und Bedeutung von Gewerkschaften ist von Land zu Land verschieden gewesen: In England und Deutschland erlangten sie große wirtschaftliche und politische Bedeutung, in den USA war ihr Einfluss geringer.

Gleichschaltung

Der Begriff taucht zuerst im „Vorläufigen Gesetz zur Gleichschaltung der Länder" (31.3.1933) auf, das die aus der Weimarer Zeit stammenden Landtage auflöste und ihre Neuzusammensetzung nach dem Stärkeverhältnis des (nationalsozialistisch dominierten) Reichstages regelte. Die gewählten Länderregierungen wurden offiziell am 7.4.1933 durch von der Reichsregierung ernannte „Reichsstatthalter" ersetzt. Die formelle Aufhebung der Länderrechte und damit der föderalen Struktur der Weimarer Republik erfolgte 1934. Später bezeichnete der Begriff in einem weiteren Sinne den gesamten Prozess der Ausschaltung politischer Gegner und der Schaffung linientreuer Organisationen und Institutionen in Gesellschaft, Politik und Wirtschaft im Zeitraum von Januar 1933 bis August 1934.

Heimatfront

Bezeichnung für die Einbeziehung der Zivilbevölkerung in das Militärsystem während des Krieges durch Arbeit in der Rüstungsindustrie, Sammelaktionen, Kriegsanleihen usw.

Hitler-Stalin-Pakt

Umgangssprachliche Bezeichnung für das zwischen dem Deutschen Reich und der Sowjetunion am 23.8.1939 geschlossene Abkommen, in dessen geheimem Zusatzprotokoll die Interessensphären beider Staaten in Osteuropa, insbesondere eine zukünftige Aufteilung Polens, festgelegt wurde.

Holocaust

(griech. *holos* = ganz, *koustes* = verbrannt; engl. *holocaust* = Inferno). Bezeichnung für den systematisch betriebenen Völkermord der Nationalsozialisten an den europäischen Juden, dem etwa sechs Millionen Menschen zum Opfer fielen (Konzentrationslager).

Ideologie

Im engeren Sinne bezeichnet der Begriff eine Ansammlung von Ideen oder Wertvorstellungen, die beansprucht, die Wirklichkeit sinnvoll zu deuten – seien die politischen, wirtschaftlichen oder gesellschaftlichen Verhältnisse auch noch so kompliziert. Wichtige Elemente der NS-Ideologie sind z. B. das Führerprinzip, die Idee des (knappen) Lebensraumes, der Rassismus und der Antisemitismus.

Imperialismus

In der Geschichtswissenschaft wird die Bezeichnung vor allem als Epochenbegriff für die weltweite Ausbreitung, Konkurrenz und direkte oder indirekte Herrschaft über fremde Länder durch die europäischen Großmächte, Japan und die USA im Zeitraum zwischen 1880 und dem Ersten Weltkrieg angewandt. Der Imperialismus war darauf gerichtet, besonders in Afrika und Asien neue Kolonien zu gründen und Interessenssphären abzustecken, um Rohstoffquellen und Absatzmärkte zu erschließen, aber auch um nationales Prestige als Großmacht zu festigen und zum Teil von eigenen innenpolitischen Spannungen abzulenken. Historiker unterscheiden dabei zwischen „formeller" und „informeller" Herrschaft: Formelle Herrschaft bedeutet die Eroberung eines Gebietes und die Übernahme der Macht durch die Kolonialherren. Bei der informellen Herrschaft werden die politischen Machtstrukturen des Landes belassen und die Herrschaft der Großmacht über militärische Stützpunkte und ökonomische sowie politische Druckmittel ausgeübt, die die eigenen Interessen sichern.

Industrialisierung/Industrielle Revolution

Wegen der umfassenden Veränderungen der gesamten Gesellschaft auch als „Industrielle Revolution" bezeichnet, ist die Industrialisierung eigentlich ein langfristiger, voraussetzungsreicher und komplexer Prozess. Industrialisierung meint den Übergang von einer agrarisch-handwerklich bestimmten Wirtschaftsordnung zu fabrikmäßiger Massenproduktion, bei der die Waren in arbeitsteiligem, durchrationalisiertem Verfahren und mit weitgehendem Einsatz von Maschinen für einen unpersönlichen Markt hergestellt werden. Dieser Vorgang hat Einfluss auf die gesellschaftliche Zusammensetzung der Bevölkerung, verändert Produktionsvolumen und die Verteilung des Wohlstands und beeinträchtigt die Umwelt, besonders in der Frühphase, durch Raubbau an Rohstoffen und mangelhafte Entsorgung. In der Frühphase wurde die Industrialisierung von bestimmten Schrittmacherindustrien begünstigt. Je nach Industrieland spielten ferner die Agrarrevolution, die Bevölkerungsentwicklung und politische Bedingungen eine förderliche Rolle. Im weiteren Verlauf der Industrialisierung wurden neue Industriezweige als Leitsektoren wirksam.

Kapitalismus

Wenn alle Abläufe der Wirtschaft vom Besitz/Nichtbesitz von Kapital sowie von der Art seines Einsatzes abhängen, gilt ein Wirtschaftssystem als kapitalistisch. Kapital umfasst dabei sowohl das frei verfügbare Vermögen als auch das in Grundstücken, Gebäuden, Maschinen, Werkzeugen und anderen Betriebsmitteln investierte Kapital.

Klasse

Eine gesellschaftliche Klasse ist eine Gruppe, die wesentliche Merkmale gemeinsam hat. Diese Merkmale betreffen den Zugang zu den Produktionsmitteln, den Grad der beruflichen Selbstständigkeit, die Ausbildung, die Höhe des Einkommens, den Lebensstil und Wertvorstellungen. Bei hoher Übereinstimmung in der Ausprägung der Merkmale spricht man von einer „Klasse für sich"; sofern den Zugehörigen dieses auch bewusst ist und sich in ihren Einstellungen widerspiegelt, ist von einer „Klasse an sich" die Rede. Berufstätige lassen sich auch nach ihren Erwerbsverhältnissen (Erwerbsklasse) oder ihrem Besitz und Vermögen (Besitzklasse) unterteilen. Schließlich kommt es darauf an, dass sich die Mitglieder einer solchen Klasse auch ihrer Ähnlichkeit bewusst sind und sich entsprechend verhalten (Klassenbewusstsein).
Als **„Klassenkampf"** bezeichnet man das feindliche Aufeinandertreffen gegensätzlicher Klassen, die sich den Herrschaftsanspruch in der Gesellschaft streitig machen.

Konjunktur

Die Dynamik der wirtschaftlichen Entwicklung in kapitalistischen Systemen wird als Konjunktur bezeichnet. Eine gewisse Regelmäßigkeit von Aufschwung und Abschwung über lange Zeiträume hinweg wurde zuerst um 1920 erkannt. Das Wechselverhältnis der ökonomischen, technischen und sozialen Umstände einerseits und der emotionalen Antriebs- und Widerstandskräfte andererseits beschäftigt seither die Konjunkturforschung, die neben den langen auch kürzere Wellen erkannt hat. Seit der Industrialisierung sind die konjunkturellen Schwankungen berechenbarer geworden, aber nicht erst entstanden. Entscheidend ist die Frage, welche Faktoren (Preise, Löhne, Dienstleistungen) in die Bewertung eingehen, um den Konjunkturverlauf zu bestimmen, zu erklären oder sogar vorherzusagen. Aus der Perspektive der Konjunkturlage lassen sich einzelne politische und ökonomische Ereignisse plausibel erklären.

Kolonie

Ansiedlung bzw. Niederlassung außerhalb des eigenen Staatsgebietes aus wirtschaftlichen, militärischen oder machtpolitischen Gründen. Die Kolonialisierung ging in der Regel mit der Unterdrückung, Ausrottung und Ausbeutung der ursprünglichen Bevölkerung einher, zu der die Kolonialherren sich aus dem Gefühl der eigenen rassischen und zivilisatorischen Überlegenheit heraus berechtigt sahen. Unter dem eigentlichen Kolonialzeitalter versteht man die Zeit der spanisch-portugiesischen (1492-1598), der holländischen (1598–1688) und der englisch-französischen (1688–1783) Eroberungen in Übersee sowie die Zeit des Imperialismus.

Kommunismus

Zum einen steht dieser Begriff für die von Karl Marx und Friedrich Engels angestrebte herrschaftsfreie, klassenlose Gesellschaft. Oft wird der Begriff auch ähnlich wie „Sozialismus" als Bezeichnung für die mit der Oktoberrevolution in Russland etablierte Herrschaftsform verwendet.

Konstitutionelle Monarchie
Staatsform, in der der regierende Monarch (oder die regierende Monarchin) an eine Verfassung (Konstitution) gebunden ist. Das Parlament hat in der Regel eingeschränkte Gestaltungsmöglichkeiten. Es hat keinen verfassungsmäßigen Einfluss auf die Zusammensetzung und die Handlungen der Regierung, bestimmt aber über den Staatshaushalt und die Gesetzgebung (Budgetrecht und Parlamentarisierung).

Konzentrationslager
Ursprünglich (seit der Machtübertragung 1933) Internierungslager für politische Häftlinge als „Schutzhäftlinge", vor allem Politiker der KPD und der SPD; erste Lager waren Oranienburg, Dachau und Buchenwald bei Weimar. Seit Sommer 1934 Auflösung der „wilden Lager" der SA und Übernahme durch die SS. Nach Kriegsbeginn wurden riesige Arbeits- und Vernichtungslager für Juden, Polen, Sinti, Roma u. a. vor allem im besetzten Polen errichtet: Auschwitz, Treblinka, Majdanek, Sobibor, Chelmno u. a. (Holocaust).

Kulturkampf
Konflikt zwischen der katholischen Kirche und dem preußisch-protestantisch dominierten Deutschen Reich sowie seiner Einzelstaaten zwischen 1871 und 1880. Der Ausdruck stammt von dem linksliberalen Politiker Rudolf Virchow, der in der Auseinandersetzung des preußischen Staates mit der katholischen Kirche einen „Kampf für die Kultur", einen Kampf gegen den antiliberalen Vatikan sah. Die Zwangsmaßnahmen der Einzelstaaten und des Deutschen Reiches gegen die katholische Kirche wurden in den 1880er-Jahren weitgehend zurückgenommen. Aus dem Konflikt ging die katholische Zentrumspartei gestärkt hervor.

Lebensraum
Gegen Ende des 19. Jahrhunderts entwickelter geopolitischer, von der nationalsozialistischen Rassenlehre aufgenommener Begriff, der das einem Volk zur Verfügung stehende Territorium bezeichnete und implizierte, dass ein Volk umso mächtiger sei, je mehr Land ihm zur Verfügung stünde. Die nationalsozialistische Propaganda betonte immer wieder, dass dem deutschen Volk ein zu enger „Lebensraum" zur Verfügung stünde („Volk ohne Raum"). Dieser „Lebensraum"-Begriff bildete als Rechtfertigung der deutschen Expansionspolitik im Zweiten Weltkrieg einen der zentralen Begriffe der nationalsozialistischen Ideologie.

Leninismus
Bezeichnung für die politische Theorie und Praxis Wladimir Iljitsch Lenins (1870–1924), der sich auf die marxistische Theorie stützte. Lenin beschäftigte sich vor allem mit der Frage, wie es in einem industriell unterentwickelten, landwirtschaftlich geprägten Land wie Russland zu einer sozialistischen Revolution kommen könne. Dazu hielt er u. a. eine zentralistisch aufgebaute Partei von Berufsrevolutionären für erforderlich, die als Vorhut und Motor einer revolutionären Bewegung die gesellschaftliche und politische Umwälzung durchführen und eine sozialistische Gesellschaft aufbauen sollten, in der der Staat als Unterdrückungsapparat nach und nach absterben werde. Der Leninismus wurde unter Stalin als **Marxismus-Leninismus** dogmatisiert und zur Staatsdoktrin der Sowjetunion.

Liberalismus
Der Liberalismus (lat. *liber* = frei) entstand als politische Bewegung des Bürgertums Ende des 18. Jahrhunderts. Grundlage bildeten die Ideen der Aufklärung wie die der Freiheit und Selbstbestimmung des Menschen in geistiger, politischer und wirtschaftlicher Hinsicht. Die Liberalen kämpften in der Zeit der Restauration für mehr Freiheitsrechte und in diesem Zusammenhang für einen Nationalstaat, der den Menschen diese Rechte garantieren sollte.

Manifest Destiny
Der Begriff wurde 1845 durch den Journalisten John L. O'Sullivan geprägt, der in einem Artikel ausführte, die Erschließung und der Besitz des amerikanischen Kontinents sei „die offenkundige Bestimmung" der Vereinigten Staaten. Das Bekenntnis zur *„Manifest Destiny"* beinhaltete vor allem die Verpflichtung, die demokratischen Institutionen auszubreiten. Neben den rein machtpolitischen Triebkräften spiegelte sich in dieser Auffassung der heilige Eifer der puritanischen Kolonisten. Amerika galt als der Hort politischer Demokratie, die den Menschen überall Glück und Freiheit bringen sollte. Wenige Jahrzehnte später wurde der Begriff zur Rechtfertigung der außerkontinentalen Expansion der USA benutzt.

Markt
Die Durchstrukturierung des öffentlichen Lebens nach dem Mechanismus von Angebot und Nachfrage ist typisch für das Industriezeitalter. Marktgeschehen war zuvor überwiegend nur in der Wirtschaft bekannt gewesen; seither müssen sich auch politische, soziale und kulturelle Leistungen dem Markt stellen. Ihm liegt eine Wettbewerbsordnung zugrunde, die mehr oder weniger reglementiert ist. Die Härte des Wettbewerbs hat allmählich zu sozialen Abstützungen geführt, um mehr Menschen den Zugang zu den Märkten zu erleichtern. Dennoch besteht die Erwartung, dass sich über den Markt die beste Leistung durchsetzen soll (Leistungsprinzip).

Marxismus
Die Lehre von Karl Marx und Friedrich Engels ist im 19. Jahrhundert als eine Theorie der Weltgeschichte auf der Basis dialektisch-materialistischen Denkens entwickelt worden. Sowohl der „Historische Materialismus", der letztlich die Entstehung einer sozialistischen Gesellschaftsordnung als notwendige Konsequenz aus der Geschichte der Klassenkämpfe entwickelte, als auch die „Politische Ökonomie", die eine Kritik des Kapitalismus darstellte, wurden von vielen Nachfolgern verwendet und weitergedacht, die das System von Marx und Engels ihren Bedürf-

nissen und den konkreten gesellschaftlichen Situationen anpassten. Vor allem Lenin hat aus dem so verstandenen Marxismus die Revolution in Russland 1917 begründet, aber auch revolutionäre Bewegungen und linke Kritiker von Gesellschaft und Politik nutzen die systematischen Überlegungen von Marx und Engels für ihre Zwecke. Mit dem Zerfall des Sowjetsystems hat der Marxismus an Attraktivität sehr verloren.

Maschinen
Maschinen übernehmen Arbeit in gleichbleibender Qualität bei außerdem höherer Produktivität als der der menschlichen oder tierischen Arbeitskraft. Durch die Verbindung von Kraft- und Arbeitsmaschine wurde die industrielle Fertigung von Waren möglich (Mechanisierung). Maschinen verdrängen insofern Menschen von ihrem Arbeitsplatz, sie erleichtern aber auch die Arbeit und schaffen neue Arbeitsplätze in anderen Bereichen.

Massenproduktion
Handwerkliche Arbeit geschieht meist auf Bestellung für einen bekannten Kundenkreis, dessen individuelle Wünsche berücksichtigt werden können. Massenproduktion dagegen gilt für einen anonymen Kundenkreis und erfolgt auf Vorrat. Die Befriedigung einer großen Nachfrage, weitgehende Standardisierung der Waren und damit Kostensenkung ist nur bei Massenproduktion möglich. Allerdings erhöht sich dabei das Geschäftsrisiko.

Maßnahmenstaat
Im Gegensatz zu einem Normenstaat ist staatliches Handeln in einem Maßnahmenstaat nicht an gesetzlich festgelegte Normen gebunden, sondern erfolgt fallweise und willkürlich, ist also für Bürgerinnen und Bürger nicht kalkulierbar. Ein Maßnahmenstaat ist typisch für undemokratische Staaten und wird meist mit angeblich „höheren" Zielen oder Notwendigkeiten begründet.

Menschenrechte
Im materiellen Sinn werden darunter vor- und überstaatliche Rechte verstanden, die dem Menschen nach naturrechtlicher Auffassung nicht vom Staat verliehen werden, sondern ihm kraft seines Menschseins zustehen. Als Menschenrechte werden vor allem die politischen Freiheitsrechte oder Grundfreiheiten (Recht auf Gleichheit, Unversehrtheit, Eigentum, Meinungs- und Glaubensfreiheit) gefasst. Seit dem 19. Jahrhundert werden diese Rechte auch auf den sozialen Bereich (Recht auf Arbeit, Bildung, soziale Sicherheit) ausgedehnt. Die Aufgabe des Staates besteht darin, diese Rechte zu respektieren und durch die Gewährleistung von politischen Mitwirkungsrechten, d. h. Bürgerrechte, zu garantieren. Wegweisend für die Neuzeit wurden die Menschenrechte in der Unabhängigkeitserklärung der Vereinigten Staaten (1776) und in der Erklärung der Menschen- und Bürgerrechte durch die französische Nationalversammlung (1789). In beiden Erklärungen hatten sie den Charakter unantastbarer Wahrheiten. Menschenrechte, die als verbindliche Rechte in die Verfassung eingebaut sind, bezeichnet man als Grundrechte (z. B. Grundrechte der Paulskirche 1848, der Weimarer Verfassung 1919).

Migration
Unter Migration versteht man den Prozess räumlicher Bewegung von Menschen. Dabei unterscheidet man je nach Perspektive die Auswanderung (vom ursprünglichen Wohnort in ein fremdes Land) von der Einwanderung (Zuzug von Menschen aus einem fremden Land) und der Binnenwanderung (Bewegung innerhalb eines Landes oder Kontinents). Migration ist ein immer wiederkehrendes Phänomen der Geschichte, das weit bis in die Vorzeit zurückreicht. Die Ursachen dafür sind vielfältig: Krieg, Armut, Suche nach Arbeit, Bedrohung von Minderheiten, Umweltprobleme, religiöse Intoleranz u. a. Große Migrationen waren z. B. die Völkerwanderung im Altertum, die Ostkolonisation im Mittelalter, die Amerikaauswanderung im 19. Jahrhundert. Das 20. Jahrhundert mit den Vertreibungs- und Fluchtwellen und dem massenhaften Hereinholen von Arbeitskräften wird gar als das Zeitalter der Migration bezeichnet.

Milieu (soziales)
Die Sozialwissenschaft geht von der einfachen Überlegung aus, dass zwar jedes Mitglied einer menschlichen Gesellschaft unverkennbare Merkmale aufweist, dass sich aber trotz individueller Unterschiede Menschen mit gleichen oder ähnlichen Merkmalen zu Gruppen zusammenfassen lassen. Der Begriff des „Sozialmilieus" dient nun dazu, solche Menschen zu einer Bevölkerungsgruppe zusammenzufassen, die ähnliche Einkommen und Bildungsabschlüsse aufweisen und sich auch hinsichtlich der Wertorientierungen, der Lebensweisen und der Einstellungen vergleichen.

Militarismus
Bezeichnung für die Überbewertung des Militärischen gegenüber dem zivilen Leben. Die Sicherung und der Ausbau der militärischen Stärke des Staates steht im Zentrum des politischen Interesses. Vertreter des Militärs werden sozial und wirtschaftlich bevorzugt. Militärische Führer besetzen oft politische Führungspositionen. Auch das zivile Leben wird durch militärische Formen und Ideale wie Uniformierung oder Gehorsam geprägt. Der Militarismus steht damit im Gegensatz zu den Idealen des Liberalismus und der Demokratie.

Moderne
Bezeichnung für die grundlegenden (politischen, gesellschaftlichen und kulturellen) Strukturen der Welt seit Beginn des 18. Jahrhunderts. Dazu gehören vor allem: Rationalität, Fortschrittsgläubigkeit, Wissenschaftlichkeit, Industrialisierung, Demokratisierung.

Münchner Abkommen
Das Münchener Abkommen vom 29.9.1938 zwischen Deutschland, Frankreich, Großbritannien und Italien sah die sofortige Abtretung des Sudetenlandes von der CSR an das Dritte Reich vor. Die CSR war kein Vertragspartner,

sondern reines Objekt der Verhandlungen. Das Abkommen ist Bestandteil der deutschen Expansionspolitik vor dem Zweiten Weltkrieg und stellt den letzten und historisch bedeutsamsten Ausdruck der Appeasementpolitik Großbritanniens und Frankreichs gegenüber dem nationalsozialistischen Deutschland dar.

Nation
In der Umgangssprache wird Nation oft mit Nationalstaat verwechselt. Eine Nation besitzt jedoch keine festen Grenzen, sie ist eher eine Vorstellung oder eine „gedachte Ordnung". Sie existiert dann, wenn eine nennenswerte Zahl von Menschen davon überzeugt ist, dass man aufgrund vieler oder wichtiger Gemeinsamkeiten zusammengehört. Diese Gemeinsamkeiten können sich auf recht unterschiedliche Merkmale beziehen: auf die Herkunft, das Wohngebiet oder die Religion, auf Sprache, Kultur oder Geschichte, auch auf gleiche Welt- und Gesellschaftsvorstellungen. Nicht immer sind alle diese Merkmale vorhanden. Wichtig ist aber, dass die Angehörigen einer Nation sich mit den Angehörigen anderer Nationen vergleichen und von ihrer Andersartigkeit überzeugt sind. In der Abgrenzung entwickeln sie ihr eigenes Nationalgefühl.

Nationalismus/Nationalstaat
Politische Ideologie, die auf die Bildung, Stärkung und Ausweitung eines Nationalstaates zielt. Staat und Nation gelten dem Nationalismus als höchste Werte. Gegner dieses Zusammenhaltes und fremde Nationen werden als Feinde gesehen und aggressiv abgelehnt. An der Wende vom 18. zum 19. Jahrhundert entstand in Deutschland eine Bewegung, die die deutschen Staaten (Preußen, Bayern, Sachsen usw.) zusammenschließen und alle Menschen im deutschen Sprach- und Kulturraum in einem Nationalstaat vereinen wollte. Nach dem Scheitern der Revolution von 1848 wurde der deutsche Nationalismus zunehmend von Irrationalismus, Antisemitismus und einer Überschätzung der eigenen Nation gegenüber anderen geprägt. Nach der Gründung des Deutschen Kaiserreiches 1871 unter preußischer Führung entwickelte der deutsche Nationalismus aggressive und intolerante Züge nach innen und außen (Imperialismus). Er richtete sich gegen die inneren „Reichsfeinde" wie z. B. die Sozialdemokraten und zunehmend, vermengt mit dem Militarismus, auch gegen die anderen europäischen Nationen. Die Niederlage im Ersten Weltkrieg war für den deutschen Nationalismus inakzeptabel (Dolchstoßlegende). Die Revision der Kriegsergebnisse (Versailler Vertrag) wurde zu einem Hauptziel des deutschen Nationalismus. Hierin stimmte er mit dem Nationalsozialismus überein.

Nationalsozialismus
Nach dem Ersten Weltkrieg in Deutschland aufgekommene, dem Führerideal huldigende, antidemokratische Bewegung mit extrem nationalistischer, rassistischer und antisemitischer Weltanschauung. Nach der Machtübertragung am 30.1.1933 bezeichnet der Begriff neben der so charakterisierten Weltanschauung und politischen Bewegung (NSDAP) auch das nun errichtete Herrschafts- und Gesellschaftssystem sowie die Epoche der deutschen Geschichte zwischen 1933 und 1945.

New Deal
Nach einer Phase des *„Big Business"* im 19. und beginnenden 20. Jahrhundert erlebten die USA 1929 einen Einbruch der Aktienkurse, gefolgt von einer nationalen und schließlich weltweiten Wirtschaftskrise. Als Antwort auf die Phase der *„Great Depression"* entwickelte Präsident Franklin D. Roosevelt die Politik des New Deal. Produktionsbeschränkungen für die Landwirtschaft, Kontrollen des Bank- und Kreditwesens, Ausweitung öffentlicher Aufträge, Förderung freier Gewerkschaften und die Einführung bundesstaatlicher Sozialversicherungen sollten den Weg aus der Krise bahnen. Roosevelts Konzept war teilweise erfolgreich, bewirkte jedoch hinsichtlich der Arbeitslosenzahlen wenig.

Normenstaat
In einem Normenstaat ist privates und staatliches Handeln an verbindliche Normen (Gesetze, Verordnungen) gebunden.

Notverordnungen
Durch Regierung oder Staatsoberhaupt ohne Beteiligung des Parlamentes erlassene Gesetze. Viele Verfassungen enthalten solche Bestimmungen für den Fall, dass das rechtmäßige Gesetzgebungsorgan, das Parlament, nicht handlungsfähig ist, so z. B. die Weimarer Verfassung mit dem Art. 48.

Obrigkeitsstaat
Gesellschaftliche und politische Ordnung, in der die politischen Entscheidungen weitgehend von einem Herrscher oder einer kleinen Führungselite getroffen werden. Die traditionelle, autoritär ausgerichtete Obrigkeit (monarchische Regierung, Verwaltung, Militär) steht dabei im Gegensatz zu den demokratisch ausgerichteten Kräften wie z. B. Parlament oder politische Parteien.

Parlamentarisierung
Begriff für die Erweiterung der Rechte des Parlamentes. Die Parlamentarisierung zielt letzten Endes darauf, dem Parlament Einfluss auf die Regierungsbildung zu verschaffen. Im Gegensatz zum konstitutionellen System ist in einer parlamentarischen Monarchie das Parlament und nicht der König der eigentliche Souverän. Die Parlamentarisierung des Deutschen Reiches wurde nach der Jahrhundertwende von der politischen Linken immer energischer gefordert. Erst unter dem Druck des verlorenen Krieges erfolgte die Parlamentarisierung des Kaiserreiches, kurz vor der Novemberrevolution 1918.

Pauperisierung
Wenn herkömmliche Arbeitsverhältnisse durch veränderte Technologien verloren gehen oder wenn sich soziale Bindungen an Arbeitgeber auflösen, ohne dass es Beschäftigungsalternativen gibt, oder wenn eine Wirt-

schaftsordnung zu wenig Menschen erfasst, kommt es zu Verarmung (Pauperisierung, von lat. *pauper* = arm) ganzer Bevölkerungsgruppen. So litten z. B. die Heimarbeiter um 1830 unter der beginnenden Industrialisierung. Man spricht dabei von einer strukturellen Armut, da sie nicht durch persönliches Schicksal verursacht wird. Abhilfe schafft nur eine Weiterentwicklung des Wirtschaftssystems, weil sich durch Hilfe für den Einzelnen oder durch Selbsthilfe die Bedingungen der Armut nicht verändern.

Pilgrim Fathers
Die 41 erwachsenen männlichen Passagiere des Schiffes „Mayflower", die 1620 mit insgesamt 102 Männern, Frauen und Kindern bei Cape Cod in der Massachusetts Bay landeten. Sie gehörten zur Glaubensgemeinschaft der Puritaner, die die hierarchische Struktur der anglikanischen Kirche ablehnten und stattdessen Presbyter oder Kirchenälteste als Vertreter an die Spitze ihrer Gemeinden wählten. Diese basisdemokratischen Vorstellungen wurden mit in die neue Heimat übernommen. Die Männer der Gemeinden berieten sich in Kirchen und regelten Probleme des Zusammenlebens im Sinne einer echten Selbstverwaltung.

Planwirtschaft
Bezeichnung für die Wirtschaftsordnung in sozialistischen Staaten wie der Sowjetunion oder der DDR. Die Planwirtschaft beruht auf dem staatlichen Eigentum an Produktionsmitteln. Das gesamte Wirtschaftsgeschehen wird von einer zentralen Behörde gelenkt, die festlegt, wann welche Güter von welchen Betrieben zu welchen Preisen produziert werden.

Polykratie
(griech. = „Vielherrschaft"). Bezeichnung für ein staatliches Herrschaftssystem, das durch eine Vielzahl von miteinander konkurrierenden Institutionen ohne klare Kompetenzabgrenzung gekennzeichnet ist.

Präsidialkabinette
Regierungen, die ohne Unterstützung durch das Parlament regieren und sich dabei nur auf das Vertrauen des Staatsoberhauptes stützen. Ab 1930 wurde in der Weimarer Republik der Reichstag handlungsunfähig, sodass der Reichspräsident zum eigentlichen Machtzentrum wurde. Die Reichskanzler benötigten seine Unterstützung, um mit Notverordnungen nach dem Art. 48 der Weimarer Verfassung regieren zu können.

Privilegien
Entsprechend der ständischen Gesellschaftsordnung verfügten die herrschenden Stände über mehr Rechte als die Untertanen, was man als Vorrechte (Privilegien) bezeichnete. Seit dem Mittelalter waren auch andere Großgruppen (Städte, Universitäten, Zünfte, Kaufleute) mit Privilegien ausgestattet. Die Abschaffung aller Privilegien ist erklärtes Ziel der Aufklärung.

Proletariat
So bezeichnete Karl Marx alle Arbeiter, die als Gegenpart der Bourgeoisie auf dem Markt nur ihre Arbeitskraft verkaufen konnten. Die Fabrikarbeiterschaft wurde z. T. als Industrieproletariat hervorgehoben, die pauperisierten Armen galten als Lumpenproletariat. Zutreffend betont der Begriff Proletariat den Nichtbesitz von Produktionsmitteln, differenziert aber nicht genug zwischen den einzelnen Gruppierungen der Arbeiterschaft.

Protoindustrialisierung
Bezeichnung für eine die spätere Industrialisierung vorbereitende historische Phase, insbesondere durch die Freisetzung von Arbeitskräften, die Herausbildung unternehmerischer Qualifikationen und die Ansammlung von Kapital (Verlag).

Rätedemokratie
Dieses Regierungssystem entstand in Russland, wo es sich 1917 durchsetzte. Eine Aufteilung der Gewalten in Exekutive, Legislative und Judikative wird abgelehnt, die gesamte Gewalt liegt bei den sogenannten Räten. Die Mitglieder entstammen der Klasse der Arbeiter, Bauern und Soldaten. Anders als die Abgeordneten im parlamentarischen System, die ihrem Gewissen verpflichtet sind, sind Räte an die Beschlüsse der Gruppe gebunden, die sie gewählt hat. Sie sind jederzeit abwählbar. Die Regierung ist an die Weisungen des Rätekongresses gebunden. Die politische Zielsetzung besteht in der Enteignung der Besitzenden, der Beseitigung der Klassenunterschiede und damit der Durchsetzung einer sozialistischen Staats- und Wirtschaftsordnung.

Rassenlehre
Die pseudowissenschaftliche Übertragung der biologischen Abstammungslehre auf die menschliche Geschichte und Politik (Sozialdarwinismus). Menschen werden in dieser Lehre z. T. aufgrund ethnischer Merkmale, wie z. B. der Haut- oder Haarfarbe, z. T. aufgrund besonders konstruierter Merkmale, wie der Schädelform, in angeblich von Natur aus unterschiedene Gruppen geteilt und in eine Rangfolge der Höher- bzw. Minderwertigkeit eingeordnet. Die Vertreter einer solchen Rassenlehre definieren sich dabei selbst immer in der höchsten dieser Ranggruppen und begründen ihre Ablehnung bzw. Verfolgung anderer Gruppen mit deren angeblich naturgegebener Minderwertigkeit. Eine besondere Spielart dieser Rassenlehre bildete der nationalsozialistische Antisemitismus. Um eine angeblich höherwertige Rasse durch ein bestimmtes Fortpflanzungsverhalten zu „schützen", mündete die Rassenlehre im ausgehenden 19. und frühen 20. Jahrhundert häufig in die politische Forderung nach „Rassenhygiene" (Heiratsverbote, Zwangssterilisationen) bis hin zur nationalsozialistischen Euthanasie.

Rechtsstaat
Der Rechtsstaat garantiert die Gültigkeit der in der Verfassung festgelegten Rechte (Menschenrechte) und aller nachgeordneten Gesetze und Verordnungen ohne Anse-

hen der Person (Normenstaat), einklagbar vor Gerichten. Zur Durchsetzung des Rechts und der Rechtssicherheit für alle Individuen beansprucht der Staat das Gewaltmonopol. Gleichzeitig untersteht alles staatliche Handeln der Kontrolle durch Gerichte. In der Bundesrepublik Deutschland bildet das Bundesverfassungsgericht in Karlsruhe die oberste Gerichtsinstanz. Den Gegenbegriff zum Rechtsstaat bildet der Maßnahmenstaat.

Reform
(lat. *reformare* = erneuern). Mit dem Begriff Reform bezeichnet man systematisch vorgenommene Veränderungen zur Verbesserung gesellschaftlicher, wirtschaftlicher, organisatorischer oder politischer Zustände. Von Revolutionen unterscheiden sich Reformen durch ihren eher gewaltfreien, sachlich begrenzten und weniger tief greifenden Charakter. Im Unterschied zu Revolutionen werden Reformen in der Regel von Führungsschichten oder -personen (Regierungen, Unternehmensleitungen etc.) initiiert und umgesetzt.

Restauration
Mit dem Begriff Restauration wird die Zeit zwischen dem Wiener Kongress (1815) und der Märzrevolution (1848) bezeichnet. Die deutschen Fürsten versuchten eine „Wiederherstellung vorrevolutionärer Zustände" (Restauration heißt Wiederherstellung). Sie verfolgten damit auch ein politisches Programm, welches sie auch mittels Polizeigewalt und Restriktionen gegen die national und liberal gesinnte Opposition durchzusetzen beabsichtigten.

Revolution
Eine Revolution markiert den tief greifenden Umbau der gesamten politischen und sozialen Strukturen eines Staates, unter Umständen auch des kulturellen Normensystems einer Gesellschaft. Typisch ist das Vorhandensein eines bewussten Willens zur Veränderung und einer Aktionsgruppe mit Unterstützung im Volk. Charakteristisch sind häufig ferner Rechtsverletzung und Gewaltanwendung. Auffallend ist die schnelle Abfolge der Ereignisse. Zu unterscheiden ist eine Revolution vom reinen Bruch mit der bestehenden Verfassung und dem Austausch des Führungspersonals.

SA
„Sturmabteilung", ursprünglich als „Saalschutz" bei politischen Veranstaltungen gegründete Unterabteilung der NSDAP. Nach der Machtübertragung geriet die SA infolge ihrer gegen die Wehrmacht und das Großbürgertum gerichteten Ambitionen in Konflikt mit der Führung der NSDAP und wurde im Sommer 1939 entmachtet.

Soziale Frage
Eine der großen Herausforderungen des 19. Jahrhunderts war die Bewältigung der gesamtgesellschaftlichen Probleme, die sich aus der Industrialisierung ergaben. Die vielfältigen Probleme werden unter dem Begriff „Soziale Frage" zusammengefasst. Im engeren Sinne umfasst die Begrifflichkeit die konkreten Überlegungen und Lösungsansätze im Blick darauf, wie die Nachteile dieser Entwicklung für die arbeitende Bevölkerung in Stadt und Land aufgefangen werden sollten. In Europa und den USA hat es verschiedene Lösungswege gegeben, je nach den sozialökonomischen Traditionen und gesellschaftlichen Machtverhältnissen.

Sozialgesetzgebung
Erst langsam erkannte der Staat im 19. Jahrhundert die Notwendigkeit einer Sozialpolitik, nachdem er durch die Förderung der Industrialisierung einen Teil der sozialen Ungleichheiten selbst hervorgerufen hatte. Das Versicherungswesen, problembezogene Beihilfen und Entlastungen, Vorsorgemaßnahmen, Aufklärung und soziale Einrichtungen sind die wichtigsten Felder der Sozialpolitik geworden.

Sozialismus
Der Begriff steht sowohl für eine Weltanschauung als auch für eine politische Bewegung mit sozialistischen Zielen (z. B. Marxismus). Als Gegenbewegung zum Kapitalismus und Liberalismus verfolgte der Sozialismus das Ziel einer umfassenden Veränderung von Staat, Gesellschaft und Wirtschaft. Es gibt im 19. Jahrhundert verschiedene Ausprägungen des Sozialismus. Im Kern geht es jedoch allen Richtungen darum, eine sozial ungleiche und als ungerecht empfundene Verteilung von Besitz in der Gesellschaft zu beseitigen oder zumindest Eigentum umzuverteilen und politisch eine demokratische Gleichberechtigung unterprivilegierter Schichten zu erkämpfen.

Sozialistengesetz
Reichsgesetz „wider die gemeingefährlichen Bestrebungen der Sozialdemokratie". Versuch Bismarcks, die sozialdemokratische Bewegung durch staatliche Unterdrückung zu zerschlagen. Als Vorwand dienten zwei Attentate von Anarchisten auf Wilhelm I. Nachdem der Reichstag den Gesetzesvorschlag zunächst abgelehnt hatte, wurde er 1878 mit den Stimmen der Nationalliberalen angenommen. Vereine, Versammlungen und Druckschriften sozialdemokratischen, sozialistischen oder kommunistischen Inhalts wurden verboten. Die Reichstagsfraktion der Sozialdemokraten blieb jedoch bestehen. Ebenso konnten Sozialdemokraten bei Wahlen gewählt werden. 1890 verlängerte der Reichstag das Gesetz nicht mehr. Bei den Reichstagswahlen im selben Jahr wurden die Sozialdemokraten stimmenstärkste Partei.

SS
„Schutzstaffel"; ursprünglich eine Art Eliteorganisation der NSDAP, entwickelte sich die SS zu einer Massenorganisation, die unter der Führung des „Reichsführer SS und Chef der deutschen Polizei", Heinrich Himmler, den Kern des NS-Terrorsystems bildete. Verbände ihrer zahlenmäßig größten Untergliederung, der „Waffen-SS", agierten gemeinsam mit der Wehrmacht, kontrollierten ihre ideologische Zuverlässigkeit und organisierten die rassistische Besatzungspolitik in den eroberten Ostgebieten; die sogenannten „SS-Totenkopfverbände" übernahmen die Bewachung der Konzentrationslager.

Ständegesellschaft
Seit dem Mittelalter und bis in die Frühe Neuzeit in Europa vorherrschende Gesellschaftsordnung, die durch eine Gliederung in Stände (Klerus, Adel, Dritter Stand) gekennzeichnet ist. Den Ständen sind bestimmte Aufgaben, Rechte (Privilegien) und Pflichten zugeordnet. Die Abgrenzung zwischen den Ständen wurde durch Verordnungen betont, weil sie ein Ausdruck für die jeweilige Teilhabe der Stände an der Macht war. Heiratsverbote und Privilegien machten den Wechsel von einem Stand zum anderen fast unmöglich.
Mit der Frühen Neuzeit geriet diese starre Gesellschaftsordnung durch den ökonomischen Aufstieg des Bürgertums und durch die Kritik der Aufklärung an der ungleichen Verteilung politischer und gesellschaftlicher Macht in Bewegung.

Stalinismus
Der Begriff wird mit mehreren Bedeutungen verwendet. Er meint einerseits eine historische Periode in der Entwicklung der Sowjetunion und der Ostblock-Staaten, die von 1924, als Stalin die Führung der Kommunistischen Partei der Sowjetunion (KPdSU) übernahm, bis 1956 währte, als der XX. Parteitag der KPdSU eine Entstalinisierung einleitete. Er meint andererseits eine totalitäre Gesellschafts- und Staatsverfassung, zu deren markanten Merkmalen Terror, willkürliche Verfolgungen, Straflager, straffe wirtschaftliche Organisation und Personenkult gehören. Außerdem meint er eine politische Theorie, in der Elemente der Theorien von Marx, Engels und Lenin kanonisiert und dogmatisiert wurden, sodass sie eine theoretische Rechtfertigung für alle praktisch-politischen Maßnahmen der stalinistischen Parteiführung liefern konnte.

Totalitarismus
Mit diesem Begriff werden die Eigenarten solcher politischen Systeme des 20. Jahrhunderts bezeichnet, deren Absicht es ist, alle Lebensbereiche der Gesellschaftsmitglieder vollständig zu erfassen und gleichzuschalten. Dabei spielt die Ausrichtung auf ein neues, dem bisher bestehenden entgegengesetztes Wertesystem eine entscheidende Rolle: Ein „neuer Mensch“ soll geschaffen werden. Um dies zu erreichen, bedienen sich totalitäre Systeme neuartiger Mittel, die erst durch die moderne Technik zur Verfügung gestellt werden: Informations- und Propagandamonopol durch Beherrschung der Massenmedien, Geheimpolizei, die gegen die eigene Bevölkerung eingesetzt wird, eine Monopolpartei als Mittel der Massenerfassung und -mobilisierung.

Unabhängigkeitserklärung
In einer Unabhängigkeitserklärung verlautbart eine zuvor von einer Führungsmacht abhängige Körperschaft ihre politische Selbstständigkeit. In der folgenreichsten Unabhängigkeitserklärung der Weltgeschichte, der der 13 englischen Kolonien in Nordamerika, erklärten diese am 4. Juli 1776 ihre Unabhängigkeit vom englischen Mutterland. In der feierlichen Erklärung legten die Kolonien die Prinzipien ihres Zusammenlebens dar und begründeten mit Bezug zum Selbstbestimmungsrecht ausführlich ihre Trennung von England. Die Unabhängigkeitserklärung wurde von Thomas Jefferson im Auftrag der Repräsentanten der Kolonien, die sich im zweiten Kontinentalkongress zusammengeschlossen hatten, ausgearbeitet. Im anschließenden Unabhängigkeitskrieg besiegten die amerikanischen Truppen unter dem Oberbefehl von George Washington die englischen Truppen. Im Frieden von Paris (1783) anerkannte England die Unabhängigkeit der Vereinigten Staaten von Amerika.

Unternehmer
Unternehmer entscheiden in einem Betrieb über die Ziele des Unternehmens, sie planen und bestimmen den Einsatz von Personal und Material, sie wählen das geeignete Personal besonders in leitenden Positionen aus, sie kennen die Marktlage und passen ihr Unternehmen entsprechend an, sie beobachten und beeinflussen das wirtschaftspolitische Umfeld und sind am Gewinn des Unternehmens interessiert. Die Vielzahl dieser Entscheidungen erfordert Durchsetzungsvermögen, fachliche Kompetenz und ein Gespür für Markttendenzen. In der Frühzeit der Industrialisierung waren Unternehmer oft Handwerker, später auch Kaufleute, Techniker, Angestellte und schließlich Söhne von Unternehmern. Selbst bei Betriebsgesellschaften spielte die Unternehmerpersönlichkeit eine zentrale Rolle.

Urbanisierung
Die Veränderung eines Gebietes in einen überwiegend städtischen Raum wird Urbanisierung genannt. Sie vollzog sich häufig zusammen mit der Industrialisierung, verlief aber nicht deckungsgleich. Urbanisierung ist am Wandel der Beschäftigungsstruktur (wenig Landwirtschaft, große Arbeitsteilung), an der Dichte und segregierten Verteilung der Bevölkerung, an der größeren Vielfalt an Erwerbs- und Dienstleistungsangeboten und an der professionellen Infrastruktur (Ver- und Entsorgung, Energie, Verkehr, soziale Dienste, Gesundheit, Bildung) ablesbar. Zugleich nimmt die Bildung und Entwicklung unterschiedlicher Stadtviertel (Segregation) zu, was hauptsächlich über die Bodenpreise, die Ausstattungsmerkmale und die Lage zur City vermittelt wird. Urbanisierung bedeutet deshalb nicht für alle Bewohner, wohl aber insgesamt eine Verbesserung der Lebensqualität und des Wohlstands. Sie lässt sich nicht vollständig planen, verläuft aber auch nicht ungeplant (vgl. Bauordnungen, Bebauungspläne, Ortsstatute, Kontrollen). Im 20. Jahrhundert unterstützen Gesellschaften (Wohn-, Bau-, Konsumgenossenschaften, Gartenbauvereine, Wohlfahrtsverbände) die kommunale Stadtentwicklung.

Verfassung
Die vertragsmäßige Regelung der grundlegenden Ordnung eines Staates, der Aufgaben, Rechte und Pflichten seiner Organe und Bürger. Eine Verfassung kann sich über einen längeren Zeitraum hin aufgrund einzelner Rechtsakte entwickeln oder in einem einmaligen Gesetzgebungsakt (z. B. Verfassung der USA, 1789) geschaffen werden.

Verlag
In der Zeit der Frühindustrialisierung verbreitete Unternehmensform (v.a. in der Textilproduktion), die eine Art Zwischenposition zwischen Handwerksbetrieb und Fabrik bedeutete. Der „Verleger" stellte das Rohmaterial zur Verfügung und organisierte den Absatz der fertigen Produkte zentral, die „verlegten Handwerker" produzierten auf noch traditionelle Weise dezentral (oft in Heimarbeit) für den „Verleger" (Protoindustrialisierung).

Versailler Vertrag
Am 28.6.1919 wurde im Schloss von Versailles, einem Vorort von Paris, zwischen dem Deutschen Reich und 27 alliierten Staaten der Versailler Vertrag zur Beendigung des Ersten Weltkrieges unterzeichnet. Deutschland, das von den Verhandlungen ausgeschlossen war, verlor 13% seines Gebietes, wichtige Rohstoffvorkommen und Produktionseinrichtungen. Einhellige Empörung in der Bevölkerung riefen vor allem die zeitweilige Besetzung deutscher Gebiete an Rhein und Saar, die erzwungene Abrüstung sowie der „Kriegsschuldartikel" hervor.

Völkerbund
(*League of Nations*). Der Völkerbund war eine internationale Organisation zur Wahrung des Friedens nach dem Ersten Weltkrieg, wie sie in den 14 Punkten des amerikanischen Präsidenten Wilson bereits 1918 vorgeschlagen wurde. Sie erhielt ihre Satzung im Versailler Vertrag (1919) und hatte ihren Sitz in Genf von 1920 bis 1946. Oberste Organe waren die Bundesversammlung und der Völkerbundsrat, dem die Hauptmächte (England, Frankreich, Italien bis 1937, Japan bis 1933, Deutschland 1926–1933, UdSSR 1934–1939, nicht jedoch die USA) angehörten. Die Mitgliedstaaten verpflichteten sich zur Schlichtung von internationalen Streitfragen, die Machtmittel beschränkten sich jedoch auf wirtschaftliche Druckmittel und politische Maßnahmen (Verurteilungen, Ausschluss) und konnten daher nur wenig ausrichten. Der Völkerbund wurde 1946 von der UNO abgelöst.

Volksgemeinschaft
Nationalsozialistischer Propagandabegriff, der die innere Geschlossenheit des von der NS-Rassenlehre konstruierten arischen (deutschen) Volkes sowie die angebliche Aufhebung innerer sozialer Konflikte (z.B. zwischen Arbeitgebern und Arbeitnehmern) behauptete.

Volkssouveränität
(franz. *Souveraineté* = höchste Gewalt, Staatsgewalt) bezeichnet die Legitimation staatlicher Herrschaft durch das Volk. Der Grundsatz der Volkssouveränität wird in der Demokratie vor allem durch das Wahlrecht umgesetzt. Von Jean-Jacques Rousseau erstmals in seinem „Du contrat social" (1762) formuliert, ging die „Volkssouveränität" zunächst in die amerikanische Unabhängigkeitserklärung ein und bestimmte das politische Handeln in der Französischen Revolution.

Vormärz
Epochenbezeichnung für die Jahre vor der Märzrevolution (1848) in den deutschen Staaten. Der Vormärz war einerseits durch die restaurative und repressive Politik der deutschen Fürsten und des Deutschen Bundes (unter Leitung des Fürsten Metternich) und andererseits durch gegen diese Politik gerichtete liberale und nationale Aktivitäten gekennzeichnet.

Weltwirtschaftskrise
Die rasche Entwicklung der Industrialisierung und ihre Ausdehnung auf immer mehr Länder führte in den 1920er-Jahren zu einer Überproduktion von industriellen Gütern bei gleichzeitigem Absinken der Rohstoffpreise auf dem Weltmarkt. Dies führte im Oktober 1929 an der New Yorker Börse zu einem Kursverfall, der eine panikartige Kettenreaktion über das Banken- und Kreditsystem auslöste (Bankenzusammenbrüche, Konkurse, Verfall nationaler Währungen). Da Deutschland über kurz- und mittelfristige Kredite eng mit dem amerikanischen Banken- und Wirtschaftssystem verflochten war, war es besonders stark von diesem wirtschaftlichen Zusammenbruch betroffen. Die industrielle Produktion ging zurück, die Löhne und Gehälter sanken, die Arbeitslosigkeit stieg. Dies trug zu einer gesamtgesellschaftlichen Krise bei, die den Aufstieg des Nationalsozialismus begünstigte.

Wilhelminische Epoche
Bezeichnung für die 30-jährige Regierungszeit Wilhelms II. (1888–1918), die als Musterbeispiel für einen Obrigkeitsstaat gilt. Wilhelm repräsentierte in seiner Person die Widersprüchlichkeit dieser Epoche, die nebeneinander beeindruckende Modernisierungsleistungen und Rückständigkeiten aufwies und in der die zahlreichen Konflikte hinter der Fassade einer allgemeinen vaterländischen Gesinnung hervortraten.

Wirtschaftsliberalismus
Die Vorstellung, dass der Wirtschaftsprozess nicht vom Staat, sondern von den privaten Wirtschaftsteilnehmern auf der Grundlage des freien Wettbewerbs und des Privateigentums bestimmt wird, ist Grundgedanke des Wirtschaftsliberalismus, der seine klassische Grundlegung durch Adam Smith erhalten hat. Smith geht von der Annahme aus, dass der Egoismus eine angeborene Eigenschaft des Menschen ist, der durch freien Wettbewerb jedoch zum volkswirtschaftlichen Nutzen ausschlägt. Angebot und Nachfrage in einer freien Marktwirtschaft sorgen für niedrige Preisbildungen, die wiederum dem Gemeinwohl zugute kommen. Bedingt durch globale Verflechtungen hat Marktwirtschaft heute zunehmend weniger nationalen Charakter.

Zensuswahlrecht
Ein Wahlrecht, das die Möglichkeiten zur Ausübung der Wahl an die Höhe des Vermögens bzw. der Steuerleistung bindet.

Register

Bildquellenverzeichnis

AEG-Firmenarchiv, Frankfurt/M.: S. 167 o.l.; AFP/Anatoly Sapronyenko: S. 137; akg-Images/Archiv für Kunst und Geschichte: S. 14, S. 25, S. 29 o., S. 41, S. 43, S. 52, S. 57, S. 70 o., S. 73 o., S. 74, S. 79, S. 82/1.-3.v.l., S. 90, S. 97, S. 115, S. 132 o.l. und re., S. 146 l.M., S. 153, S. 154, S. 164, S. 166, S. 170 o., S. 175, S. 194 u., S. 197 r.u., S. 204, S. 206 r., S. 208, S. 218/219, S. 220, S. 224, S. 228 u., S. 230, S. 231 o., S. 232, S. 234, S. 243, S. 249, S. 251 o., S. 252 u., S. 280 r., S. 291, S. 295, S. 320 u., S. 323 u., S. 324, S. 331 o., S. 332, S. 362, S. 381 o., S. 391, S. 399 u., S. 403 u., S. 404 o., S. 460 l.o., S. 466, S. 477, S. 481 o., S. 507 l.u.; Altonaer Museum, Hamburg: S. 255 l.; American Jewish Joint Distribution Committee, New York/USHMM: S. 441 r.u.; Angermuseum, Erfurt: S. 299; Anschläge/Verlag Langewiesche-Brandt: S. 329 u., S. 330 u., S. 337 o., S. 349 o.l., S. 350 u.r., S. 377 o.; Anthony: S. 268/269 M., S. 304 l., S. 305; Antikensammlung, Berlin: S. 480 o.l.; AP: S. 131 (Ivan Sekretarev), S. 163 u., S. 490 r.u.; Archiv der sozialen Demokratie/Friedrich Ebert-Stiftung: S. 281 u., S. 323 o., S. 341 o.; Aschendorff Verlag/Borgas Fotoverlag: S. 402 M.; BASF, Ludwigshafen: S. 147 o.; Berlinische Galerie/Landesmuseum für Moderne Kunst, Fotografie und Architektur: S. 334 l.; Bibliothèque Nationale, Paris: S. 19 o., S. 86; Bildungshaus Schulbuchverlage/www.westermann.de: S. 23, S. 36, S. 397; Bleyle/Presseabteilung, Stuttgart: S. 280 l.; bpk/Bildarchiv Preußischer Kulturbesitz: S. 42, S. 48 o., S. 54, S. 82 r., S. 88/beide, S. 142/143, S. 197 l.u. und r.o., S. 221, S. 235, S. 255 r., S. 268 l., S. 269 o. und M., S. 282, S. 283 o., S. 287, S. 317, S. 320/321 o., S. 327, S. 328, S. 329 o., S. 374 o., S. 376, S. 386, S. 445, S. 460 l.M., S. 476 o., S. 486 r.; Brend' amour, Simhart & Co., München: S. 393; Bridgeman Art Library LTD, London: S. 151 M.; British Museum, London: S. 95, S. 507 M.; Bulloz Photo, Paris: S. 93; Bundesarchiv, Koblenz: S. 374 u., S. 382 u./beide; Bundesarchiv, Rastatt: S. 245, S. 253 u.; Bundesbildstelle/Presse- und Informationsamt der Bundesregierung: S. 402 o., S. 404 u., S. 453, S. 460 r.u., S. 476 M.; Cartoon-Caricature-Contor: S. 469 u. (Brigitte Schneider/CCC, www.c5.net), S. 479 (Sakurai/CCC,www.c5.net), S. 501 (Jan Tomaschoff/CCC, www.c5.net), S. 505 (Luis Murschetz/CCC, www.c5.net); Chicago Historical Society: S. 34; Cigaretten-Bilderdienst, Hamburg-Bahrenfeld (1936): S. 435 l.; Cinetext Bildarchiv: S. 281 o.; Corbis: S. 28 M. (Ariel Skelley), S. 31 l. (Bettmann), S. 33 o. (Francis G. Mayer), S. 37, S. 111 M. (Peter Turnley), S. 135 (Sygma); Giancarlo Costa, Mailand: S. 176 l.; Culture-Images/Photo12: S. 46; Daimler AG, Stuttgart: S. 190; Deutsches Museum, München: S. 146 l.u., S. 155; DHM/Deutsches Historisches Museum, Berlin: Umschlag hinten, S. 8, S. 169 u., S. 202, S. 203, S. 210, S. 310, S. 380 u., S. 448; dtv-Atlas Weltgeschichte, Werner Hilgemann/Hermann Kinder (Hg.), Grafiken von Ruth und Harald Bukor, © 1966/2000 Deutscher Taschenbuch Verlag, München: S. 32 u.; Yurj Feklistov: S. 136 r.; Fischer Verlag: S. 421; Agentur FOCUS: S. 138 r.; Fotoarchiv Isolde Ohlbaum: S. 315; Fried. Krupp GmbH/Historisches Archiv, Essen: S. 167 u., S. 171; Gedenkstätte Deutscher Widerstand, Berlin: S. 401 o.; GEO Epoche, Nr. 32/2008 – Die Industrielle Revolution: S. 162 l.u.; Germanisches Nationalmuseum, Nürnberg: S. 259, S. 507 l.o.; Gerstenberg Archiv, Wietze: S. 233; Thomas Gilcrease Institute, Tulsa: S. 56; Giraudon, Paris: S. 70 u., S. 73 u., S. 76 u., S. 81, S. 92; Granger Collection, New York: S. 19 u., S. 24, S. 30 M., S. 55 r.; Hessisches Landesmuseum, Darmstadt: S. 349 l.u. und r.o., S. 350 o. und u.l.; Historisches Museum der Stadt Wien: S. 236; Historisches Museum, Frankfurt/M.: S. 146 o.r., S. 238, S. 267, S. 292; Hoffmann Photo, München: S. 378; Heinrich Hoffmann, Der Struwwelpeter, Frankfurter Originalausgabe/Loewes Verlag o.J., nach der Urfassung neu gezeichnet von Fritz Kredel: S. 488 l.; Hulton Archives/Getty Images: S. 9, S.146 o.l.; Imperial War Museum, London: S. 440 u.r.; Ingenieurbüro für Kartographie J. Zwick, Gießen: S. 497; Interfoto: S. 162 l.o.; Internationales Institut für Sozialgeschichte, Amsterdam: S. 330 o.; Jugenddorf „Klinge"/Archiv, Seckach bei Buchen (Neckar-Odenwald-Kreis): S. 500; Enno Kapitza: S. 489 l.; Diethart Kerbs, Berlin: S. 343; Keystone: S. 388, S. 403 o., S. 469 r.M.; David King Collection: S. 120; Tomasz Kizny Collection: S. 116 u.; Klett-Perthes Verlag GmbH, Gotha: S. 29 u.; Kreisheimatverein Herford: S. 45; KZ-Gedenkstätte Dachau/Archiv: S. 441 l., S. 442 r.; Landesbildstelle Berlin: S. 482 u.; Landschaftsverband Westfalen: S. 304 r.u.; Lenbachhaus/Städtische Galerie, München: S. 270; Library of Congress/Prints and Photographs Division, Washington: S. 35 u., S. 40, S. 63, S. 173, S. 206 l.; Life Magazine/Time Warner Inc., New York: S. 179 o.; Louvre, Paris: Umschlag vorne; Magnum/Ferdinando Scianna: S. 107; Mansell Collection, London: S. 64; mediacolors/Reto Socorro: S. 28 o.; Giovanna Moro, Rom: S. 114 o.l.; Musée Carnavalet, Paris: S. 78; Musées de la Ville de Paris: S. 96; Musée Royaux des Beaux-Arts de Belgique, Brüssel: S. 89, S. 480 u.r.; New York State Historical Association, Cooperstown: S. 26; Panstwowe Muzeum, Auschwitz: S. 446; Vangelis Pavlidis: S. 491; G. G. Petrusow/Sammlung Daniela Mrázkowá: S. 130; Photos.com/Jupiterimages: S. 22; picture-alliance: S. 20 (dpa-Bildarchiv), S. 117 u. (dpa-Bildarchiv), S. 136 l. (dpa-Fotoreport/Stephanie pilick), S. 304 r.o. (dpa/Kay Nietfeld), S. 316 (dpa-Fotoreport), S. 402 u. (dpa), S. 452 (ZB), S. 455 l. (dpa-Fotoreport) und r. (dpa/Schmitt), S. 471 o. (dpa-Fotoreport/Peter Kneffel), S. 474 l.o. und l.u. (dpa), S. 475 o. (dpa-Bildarchiv), S. 476 u. (dpa), S. 478, S. 490 l.u. (dpa-Bildarchiv) und r.o. (dpa) und r.M. (dpa-Fotoreport/Vuk Brankovic); Reiss-Museum, Mannheim: S. 252 o.; RIA Novosti/V. Babailov: S. 15 u.; Viola Roehr-von Alvensleben, München: S. 11;

Margret Schmidt, Solingen: S. 481 u.; Klaus Schreiner, Bielefeld: S. 229; Science Museum/SSPL/Interfoto: S. 145 u.; S & G Automobil AG, Karlsruhe: S. 162 r.u.; Siedler Verlag, Berlin: S. 147 u.; Norbert Simianer, Ostfildern: S. 162 r.o., S. 178 r., S. 201, S. 283 u., S. 284 o., S. 390; SPIEGEL: S. 106, S. 108 u., S. 112 o.; Staatliches Museum Auschwitz-Birkenau (Foto: Adam Bujak): S. 439; Staatsarchiv für filmische und fotografische Dokumente, St. Petersburg: S. 119; Stadtarchiv Butzbach: S. 251 u., S. 252 M., S. 253 o.; Stadtarchiv Nürnberg: S. 194 o., S. 482 o.; Karl Stehle, München: S. 311; Wilhelm Stöckle, Filderstadt: S. 172, S. 277 o., S. 278, S. 289, S. 293 u., S. 307 o.; SZ-Photo/Süddeutscher Verlag – Bilderdienst: S. 167 o.r., S. 177, S. 321 u., S. 337 u., S. 339 u., S. 340, S. 341 u., S. 370/371, S. 384 u., S. 407, S. 435 r., S. 441 r.o., S. 460 l.u. und r.M., S. 474 u.; TASS: S. 122; Terre des Femmes/Grafikdesign Ingrid Meyerhöfer, Tübingen: S. 471 u.; Theodor Zink-Museum, Kaiserslautern: S. 231 u.; Tretjakow-Galerie, Moskau: S. 109 o.; TV-Dokumentation "Good Morning, Mr. Hitler", BBC/Channel Four, 1994: S. 424, S. 425; ullstein bild: S. 32 o., S. 44, S. 49, S. 113 M. und u., S. 117 o., S. 121, S. 132 M.l. und r. und u.r., S. 149 M., S. 179 u., S. 269 u., S. 276, S. 286 o., S. 293 o., S. 322, S. 331 u., S. 333, S. 338 o., S. 373 o., S. 380 o., S. 382 o., S. 395, S. 396, S. 459, S. 460 r.o., S. 468; Universitätsbibliothek Heidelberg: S. 507 r.M.; Verkehrsmuseum, Nürnberg: S. 158 u.; Verlag Dr. Neufang: S. 489 r.; © VG Bild-Kunst, Bonn 2010: S. 113 o., S. 334 r. (Staatsgalerie Stuttgart), S. 369 (bpk); Wallraf-Richartz-Museum, Köln: S. 480 o.r.; White Tousing: S. 138 l.; Wiener Museum, Wien: S. 480 u.l.; Württembergische Landesbibliothek, Stuttgart: S. 254 u.; Württembergisches Landesmuseum, Stuttgart: S. 168; www.wahlplakate-archiv.de: S. 349 u.r.; Yad Vashem, Jerusalem/ Courtesy of USHMM: S. 398; Zahlenbilder/Erich Schmidt Verlag: S. 381, S. 383; Zeitenspiegel/Ciara Moro: S. 489 M.; Zentrale Stelle der Landesjustizverwaltungen, Ludwigsburg: S. 440 u.l., S. 442 l., S. 444; Zuma Press/Action Press: S. 33 M.; weitere: Verlagsarchiv Schöningh.

Sollte trotz aller Bemühungen um korrekte Urheberangaben ein Irrtum unterlaufen sein, bitten wir darum, sich mit dem Verlag in Verbindung zu setzen, damit wir eventuell notwendige Korrekturen vornehmen können.